读客®图书

THE HOUSE OF
MORGAN

摩根财团

美国一代银行王朝和现代金融业的崛起
（1838~1990）

【美】罗恩·彻诺 著

金立群 校译

文汇出版社

推荐序一

摩根大通银行很高兴看到由罗恩·彻诺所著《摩根财团》一书中文版的再版。

我们丰厚的传统可以追溯到1838年的"前摩根时代",那时的摩根从伦敦的一家小公司起步。1895年,正是由于约翰·皮尔庞特·摩根将其家族私人银行的资金注入J.P.摩根公司,才由此成就了公司的百年辉煌。

本书之所以广受追捧,得益于该书对J.P.摩根公司逐步演变为全球最具影响的金融机构之一的翔实追溯。从J.P.摩根公司与西奥多·罗斯福的亲密关系,到随后使摩根大通银行成为世界行业领先者的数次兼并,它讲述的是一部悠久的、令人骄傲的历史。

J.P.摩根对中国经济发展的倾力投入也是公司历史重要的组成部分。1911年,J.P.摩根公司担任了湖广铁路债券发行承销团的主承销商。此后数十年间,公司持续投资,并扩大了在华发展的影响。J.P.摩根公司为中国的航天、电力、石化、钢铁、金属矿产等行业募集了大量资本。时至今日,我们仍通过设在北京、上海、天津、广州、成都、哈尔滨、苏州和中山的分支机构,继续为中国本土及跨国公司、金融机构和政府机构提供服务。

我们希望本书能使你有所感受,了解到J.P.摩根公司在全球银行系统发展历程中所扮演的极具影响力的角色,以及如今它在华的发展。金立群先生曾先后出色地担任过中国财政部副部长、亚洲开发银行副行长、中投公司监事长，我本人曾在许多场合下与金先生会面和共事。我们在此感谢金先生为《摩根财团》中文版的校译和出版所作出的支持与贡献。

Jamie Dimon
杰米·戴蒙
Chairman and CEO of JPMorgan Chase
摩根大通银行董事长兼CEO

推荐序二
再版随想录

我在《摩根财团》这部书上所花的时间可谓不少,前后一共用了两年的时间,三译三校,可以说对书中的很多细节都很熟悉。但是,有时候拿出书来信手翻阅,总会有一些新的体会和感受。这些心得,往往和我偶尔翻阅时的客观环境有关,彼时彼刻,国内外有何动态,难免会使我产生一些联想。

首先想到的是华尔街的象征性。说到华尔街,就会想到华尔街23号那栋根本称不上雄伟高大的老楼,而直到1980年代末,一直是J.P.摩根银行的大本营。你一走进这座建于1914年的大楼,抬头就会看到装缀着1900颗水晶片的路易十五吊灯,光芒四射,熠熠生辉。而摩根银行总部离开此地,纯属业务发展需要。1989年夏天,J.P.摩根乔迁到华尔街60号,以便容纳日益壮大的队伍。当时就有人建议把这栋楼卖掉,以解决购置新楼超预算的问题,不失为一个弥补资金不足的好办法。但是,时任董事长刘易·普雷斯顿认为,华尔街23号是纪念碑,于摩根自己很重要,对其他人不见得有什么价值。确实如此,即使是华尔街本身,华尔街23号的象征意义较其实际意义更大。然而,人总不能光顾实际利益,而忽视象征意义。眼下,中国人似乎不太在意象征意义,非常讲究"务实"。中国大陆不少地方尚未走出"狂拆"的阶段。"拆"和"挖"大行其道。这固然可以增加国民生产总值，但头脑一热，就把祖上留下来的建筑和家当拆得一干二净。老祖宗传给我们的遗产，留在地面上的东西本来就不多，又经过"文革"扫荡一遍，更所剩无几。有些地方大员也许事后想想可惜，特别是看到没有实力拆的穷乡僻壤无意中居然留下了一份重要的旅游资源，天天坐收红利，大小商铺刷卡机忙个不停，非常眼红，似乎突然顿悟，于是再耗费巨资复建、仿造，权且仍当作历史文物来看待。现在，剩下不多的一些古城、古镇、古建筑，在游人的践踏之下，也已经不堪重负，或者被抹上了过于浓重的商业色彩，其淳朴的历史意义和价值，几乎荡然无存。象征意义固然重要，但是，一旦为商业利益覆盖，就变质了。

　　华尔街的历史不算太长，但是其象征意义很大，因为这与美国的经济和金融史有着十分紧密的关系，使得不少首次到曼哈顿来的游客怀着好奇心来这里看个究竟。但是，拿它来比作耶路撒冷、麦加或洛阳，就不甚恰当。因为这不能算是"圣地"，华尔街象征的是资本主义的寡头资本，不少人痛恨它，因而是绝对不能和宗教圣地相提并论的。但是，华尔街的历史值得研究，其象征的资本主义金融更需要我们深入了解。至少在《摩根财团》成书的那个年代，大多数国人对此所知甚少。由此，我又想到一个历史事实。1974年，复出不久、担任国务院副总理的邓小平同志受毛主席的委托，率领中华人民共和国代表团出席联大第六次特别会议。4月10日，小平同志作了非常重要的，可以说是震惊世界的发言。他全面阐述了中国的对外政策，还对建立国际经济新秩序的问题，第一次提出了中国政府的主张。他指出，国际经济事务应该由世界各国共同来管，而不应该由少数国家垄断；占世界人口绝大多数的发展中国家应该参与决定国际贸易、货币、航运等方面的大事等等。小平同志的发言，不禁使人耳目一新。这表明中国在实现四个现代化的进程中，将更多地关心和参与国际经济和金融领域里的竞争和合作。尽管由于众所周知的原因，小平同志在那之后不久又遇到一段艰难曲折，一直要到1978年之后，他才能真正开始实施他振兴中华，为中国人民谋求福祉的宏伟目标。

　　有一个鲜为人知，但含义深刻的细节，值得提一下。在联大开会余暇，陪同人员想知道小平同志是否有兴趣出去看看，毕竟来一次美国不容易。小平同志不假思索，非常爽快地说："好！去华尔街！"那天刚好是周末，狭窄的华尔街上显得有点冷清，全无平时那一派繁忙的景象。华尔街23号摩根公司的大楼，也无任何特别之处。但是，置身于纽约曼哈顿岛的最南端，仰望周边高耸入云的摩天大楼气冲牛斗，不可能不使人思考美国建国以来迅速崛起的缘由。小平同志早年留学法国，在苏联也生活过，并非不晓得外面的世界，但是，毕竟是事隔多年，他需要重新体会一下，更需要观察外面的新动态。正如他后来在日本坐新干线一样，对高速发展的时代，他需要把一下脉搏。对当年的中国人来说，华尔街的名称并不陌生，但是，仍然觉得这个资本主义的堡垒充满着神秘性。华尔街几乎是资本主义的代名词，而摩根财团则是美国金融资本的象征。几年之后，人们才会明白，小平同志直奔华尔街时，便已经在深刻地思考中国未来的改革和开放，中国应该向西方发达国家学什么？怎么学？吸收什么？扬弃什么？

改革开放初期，中国普通民众对于现代金融还很生疏。1980年，中国终于恢复了在国际货币基金组织和世界银行的合法席位，此后，又加入亚洲开发银行，全面参与国际多边金融机构的决策，并大力利用这些机构的资金，用于基础设施的建设，促进我国的经济和社会发展。从80年代开始，外资进入中国，涉足制造业和服务行业，中国与国际金融界和企业界的交往日益加深。特别是中国加入世贸组织之后，国际上的跨国金融公司纷纷开进中国，开展业务；与此同时，中国的国有大银行也不断地开拓海外业务，在其他国家建立和扩大分支机构，形成了全方位的国际竞争的格局。

上世纪90年代的东亚金融危机，给受困国家造成了巨大的损失和创痛。中国犹如中流砥柱，巍然不动。中国政府宣布人民币不贬值，以帮助稳定周边国家的宏观态势，赢得国际社会一致赞扬。中国财政部就在此时到国际市场融资，发行"百年债"，意喻中华人民共和国永远兴旺。百年债受到热烈追捧，市场狂抢。此后财政部发行的主权债一直为投资者看好。我当时主管国际融资业务，有一次发债，聘请高盛领衔主承销团，承销团中没有摩根士丹利，他们心中大为不爽，问我是何缘故。我说："我每次到高盛总部，大楼门前总有五星红旗高高飘扬，你们知道吗？"摩根人沉默不语。此后，我又拜访了摩根士丹利，他们特意让我在大楼外面看楼顶上打出的红色的霓虹灯欢迎标语。这一次,摩根就支持中国的态度,给予我象征性的作答。

我想到的第二点,是华尔街和资本主义制度的关系问题。我们历来把华尔街视为资本主义的象征,或是资本主义的代表,因此,华尔街和资本主义制度等同。照此逻辑再推论,华尔街和美国政府是一回事,沆瀣一气。这样看问题,未免过于简单化,这是过去极左思潮泛滥时期的思维范式。读了本书,就会明白,华尔街固然是资本主义的代名词,或者更确切地说是资本主义金融业的代名词,但是,华尔街与资本主义制度是两个不同的概念。前者所代表的是资本主义制度之下运营的一个领域,一个行业,受制于资本主义制度的法律、法规和其他监管规定。读了这本书就会知道,华尔街和美国政府的麻烦一直不断:摩根和华盛顿的历届政府之间始终是非常错综复杂的博弈关系,双方斗智斗勇,经常搞得很紧张;在西奥多·罗斯福政府(1902—1908)和富兰克林·罗斯福政府(1932—1945)任期内,摩根和政府间总是磕磕碰碰,本书有非常生动具体的叙述。摩根是受到佩科拉调查的第一家私人银行,旷日持久的佩科拉听证会把杰克·摩根和其他人搞得筋疲力尽。《格拉斯-斯蒂格尔法案》产生的一个直接的动因,就是要剥夺摩根财团巨大的市场控制力,以平衡各方利益,尤其是保护中小银行的利益,同时防范金融风险。2008年的金融危机爆发之后,华尔街又成为众矢之的,美国监管部门受到社会上各方的口诛笔伐:人们认为监管的失职,是造成金融危机的重要原因之一。于是,加强对金融机构监管的呼声震天,美国国会和政府也迫于压力,着手治理"大而不倒"等问题,于是有了《多德-法兰克法案》《沃尔克规则》等等的出台。

人们对金融领域里的系统性风险所造成的损失,并由纳税人负担的结果,非常气愤,由此爆发了2011年9月17日开始的"占领华尔街"群众集会。示威者占居了位于曼哈顿下城的祖科蒂公园,搭起帐篷,安营扎寨,这场抗议活动搞得声势浩大,连诺贝尔经济学奖得主约瑟夫·斯蒂格利茨也现身其中。其实,抗议者的矛头虽然直指华尔街,但是他们不满的实质问题,却不是华尔街所能解决的。这里涉及宏观经济政策,就业困难和收人分配不均等社会问题，需要联邦政府统筹考虑解决。金融领域里的问题，折射出整个宏观经济管理和社会政策方面的失误、失当或失衡。

第三个问题也许是老生常谈，即公司治理和人才培育。一个百年以上的企业，在激烈的市场上拼搏，决不会始终一帆风顺、如履平地，是什么力量和智慧使之立于不败之地；一个成功的公司，应该有什么样的领航人；他们应该具备什么样的素质；应该如何保持良好的公司治理？公司治理的关键，是人才和公司制度的关系。公司制度不能压抑人才，人才不能凌驾于公司治理之上。这看起来是一对矛盾，其实两者应该是能够相辅相成的。良好的公司治理应该是人才培养的优质环境。公司的制度应能促进人的行为规范，而又不束缚人的创意精神；公司的制度是管理人员和员工的导航，而不是限制他们创新活动的桎梏。这就是平常我们所说的"公司文化"。公司文化看起来非常抽象，但是，毫不含糊地体现在公司抗风险的能力和经营业绩上。读了本书，就会对什么是摩根人，或者说摩根人的特点是什么的问题，有所领悟。

从80年代后期开始，我和摩根先后几位执掌者的交往，使我深切体会到摩根文化中深厚的底蕴。摩根文化是几代人逐步建立和发展起来的，这种文化体现的是一脉相承的竞争意识，与时俱进的经营策略，以及纠错和自省意识。我们谁也没有接触过摩根早期和中期的高级管理人员，也无缘见到上世纪中叶直至70年代的摩根精英。但是，那些不属于摩根家族的摩根人，却和摩根创业者的企业家精神、视野、执著、毅力，有着惊人的相似之处。另一方面，他们各自都有独特的性格，为人处世有很大的差别。读过《摩根财团》一书的人都知道，书中叙述未到一半，摩根的掌舵早已易手，当家的不再是摩根家族的人了。事实上，这是摩根财团的福分，使得摩根尽快地摆脱家族统治最终导致衰败的命运。杰克是摩根家族的第三代掌门人，但是，显然已经很难适应形势的发展。汤姆·拉蒙特以其睿智和视野，早已具备了继承摩根事业的领袖的条件。而《格拉斯-斯蒂格尔法案》迫使摩根财团一分为三，将其在美国之外的业务分拆，组建成摩根建富银行（Morgan Grenfell，多年之后，几经并购，今天已是德意志银行的一部分）；将其在美国的证券业务分拆，组成新的摩根士丹利投资银行，由J.P.摩根的合伙人哈罗德·斯坦利执掌。这样，摩根财团的实际领导权就不可避免地转入业内的精英的手中，从此，摩根的管理团队和摩根家族渐行渐远。

摩根的历史说明了现代企业的命脉是公司治理，公司高管的素质和能力是公司成败的关键所在。在用人上，究竟该任人唯亲，还是任人唯贤？道理谁都明白，实施却很困难。80年代我在美国，看到王安电脑公司非常风光，独占鳌头，华人为此感到非常自豪。但是，由于王安先生一心要传位于儿子，致使人才流失，公司终于销声匿迹。实际情况是，无论是政府机关还是工商企业，问题往往不是血缘之亲，而是气味之亲，即趣味和情调之亲。虽然选拔的人不见得是血缘上的七大姑、八大姨，但是，不是按能力和德行来选拔人才，只是提拔和自己气味相投的庸碌之辈，一样会出问题。

1984年，第一位进入了摩根高层队伍的犹太人——鲍里斯·贝科维奇成为摩根银行的副董事长。也许更有意思的是丹尼斯·韦瑟斯通，他出身于伦敦工人阶级的家庭，一辈子都没有改掉英国下层民众的口音，常调侃自己当年当簿记员时穷得连鞋子也穿不上。但他是外汇交易的天才，他的经验居然得益于在皇家空军短暂服役期间的工作：他的任务是在模拟飞行中监控雷达屏幕，计算飞行的耗油量，要算到飞机降落时，油箱里只剩一滴油。在金融行业里，能做到"一滴油降落"，也是避免发生危机的关键所在。有的企业就是靠这剩下的"一滴油"，安全降落；而没有最后一滴油的"飞机"都摔掉了。我和韦瑟斯通有过交往，但是不深。他的精明和睿智，我有所体会。有一次，我参加了国家领导人接见他的会议，他推荐了《摩根财团》这部书，以解答世界上究竟有多少个摩根的问题。这也是《摩根财团》中文本产生的缘由。

普雷斯顿独具慧眼，韦瑟斯通是他一手提拔的。J.P.摩根这家"贵族银行"，向来不屑于和囊中羞涩的平民打交道，只是和高端客户来往。到了80年代末，这种经营理念似乎已经走到尽头。J.P.摩根日益受到被众多的"金融利维坦"吞没的威胁。J.P.摩根需要变革，需要变得更有冒险性，更为激进，因为如要生存，就无法回避在有利可图的公司融资和证券市场上的拼搏。另一方面，J.P.摩根又不能放弃其恪守稳健、诚信的传统，否则就不能称其为"摩根"。风险管理成为一个重要的议题，在拓展新业务的过程中，J.P.摩根到底在面临着什么样的风险；如何准确无误地测定这些风险？丹尼斯·韦瑟斯通——这个曾经几乎是光脚的工人阶级的后代，现在已经是有爵士头衔的J.P.摩根掌门人——急于要找到答案。也许他又想到了在皇家空军服役的经历。在他的带领下，J.P.摩根在风险管理的理论和实践上取得了突破。1994年，J.P.摩根的管理部门推出"风险矩阵"（Risk Metrics）系统；1997年，又推出"信用矩阵"（Credit Metrics）系统。这两套管理系统成为金融行业风险管理的滥觞。也正是利用了这两个系统，J.P.摩根才有可能在市场竞争风云突变的情况下，进入他人不敢涉足的领域，而且成就骄人。在当时监管政策许可的条件下，J.P.摩根从一家保守的传统商业银行，一跃而成为集商业银行、投资银行和证券交易为一体的全能金融机构，走出神秘的堡垒，在国际金融舞台上叱咤风云。韦瑟斯通功不可没。

我最早熟悉的摩根人士，则是栽培韦瑟斯通的刘易·普雷斯顿先生。不过，我认识他时，他已经从J.P.摩根董事长的位置上退下，到世界银行集团担任董事长兼行长。本书中提到他推动摩根业务转型，是"改革的动力"："他体现了这个银行悠久而雅致的魅力，但是注入了一种新的、有时是猛烈的能量。"用今天的惯用语来说，就是一种巨大的"正能量"。作者提到，他极有个性，对愚蠢的人简直是无法忍受，有时对属下的态度会很强硬，甚至极为生硬。但是，他对病人、鳏夫寡妇、离异者和其他弱者都十分关心，他的属下对他既敬佩，又畏惧。我第一次走进他办公室里，他对我说的第一句话是："我在上海的时候你还没有出生呢！"普雷斯顿此话表现了投资银行家的精准，他说得没错，我差一点就要出生了。他指的是二次大战时，他参加美国海军陆战队，驻扎在上海一年多。值得一提的是，他回到美国时从上海带走了一对年轻夫妇，在他家当管家，彼此相处几十年，非常融洽。有一次，我在华盛顿普雷斯顿的寓所参加晚宴，结束之后，客人纷纷离去，这对夫妇走过来和我打招呼，我用上海话和他们寒暄。他们对我说："几十年了，我们对他们很满意，他们对我们也很满意。"这就是这位令下属畏惧的普雷斯顿的管家,对他们夫妇的评价。这一点,未必是典型的摩根人的品性,但是,至少是可贵的人性。贵为美国著名的大公司的董事长,对其管家和服务人员的态度,使人感动。

如果说普雷斯顿似乎对中国有天然的好感,那么,他离任之后先后接任的几位董事长,如丹尼斯·韦瑟斯通、道格拉斯·沃纳、威廉·哈里森和吉米·戴蒙等,都对中国非常友好,对在华开拓业务很热心。如果认为只要是摩根的高管,就一定会对中国友好,那显然是非常天真的想法。我并不怀疑许多跨国公司的高级管理人员对于发展中国业务的重视,也赞赏他们对华的友好。但是,当我们读到本书中汤姆·拉蒙特对中国的态度时,可能会有点不舒服。拉蒙特在1920年到中国访问,还见到了孙中山先生,他对当时中国的印象很差。书中说到,"拉蒙特从来没有对中国人产生好感,提起他们往往不乏轻蔑口吻"(见第十二章"奥德赛")。相反,拉蒙特对日本的态度就绝然不同,结交了不少日本的朋友,对他们极为友善。本书作者彻诺的立场比较公正,他写道:"当时,在许多方面,摩根财团和日本一样对中国抱有偏见,西方金融界都是这一态度。"在九一八事变(即书中所谓"柳条湖事件")之后,日本受到国际舆论的巨大压力,此时拉蒙特居然私下起草了为日本开脱的新闻稿,日本大藏省哪里写得出这么好的英文辩白,大喜过望,只是对文字略加修改,就在《纽约时报》上发表了,误导不明真相的美国和其他西方国家的民众。直至日本在上海狂轰滥炸的镜头在美国的电影院里播放,拉蒙特和摩根的另一位高管莱芬韦尔才不得不修正对日本的看法。接着,日本军国主义者和激进分子大肆暗杀有正义感的政治家和企业家,此时,拉蒙特才感到日本并非那么理想。他对日本的认识,对日本态度的转变,有一个非常痛苦的过程,在很长一段时间里,他几乎是拒绝承认他所见到的丑恶的现实。

如果拉蒙特是J.P.摩根今天的首席执行官,他也会这样蔑视中国吗?恐怕不会。我猜想他也一定会常来中国,也会对中国的高速发展充满赞誉,表示要和中国合作。可以这么认为,外界对我们的认识和态度,其实在很大程度上是我们自身的折射,对个人来说如此,对机构和国家亦是如此。一般情况下,公众对某个人的态度,主要取决于此人的言行举止。就拿一个国家来说，一国的自重、自信、自尊往往是国际社会对该国看法的基本要素；这个国家所取得的成就，是决定其他国家对其评价和态度的参数。当然，在这个世界上，歧视和偏见是不可避免的，总会有人不讲道理，总会有某个国家的某任政府无端挑衅，怀有恶意。但是，只要我们自强不息，这又何妨？

第四点，如何治学？想起本书中文本出版之后，我和作者罗恩·彻诺先生在纽约有一次酣畅的谈话，我们谈到美国的历史，特别是金融史，摩根银行当时所起的历史作用，以及当今世界面临的种种挑战。彻诺先生完成《摩根财团》（1990）之后，还出版了《沃伯格家族》（1993），记述洛克菲勒家族的《泰坦：洛克菲勒传》（1998）和《华盛顿一生》（2011）。他每出一部书，都深受读者喜爱。他的领域涉猎之广，治学态度之严谨，梳理资料之细致，堪称有志于撰写传记的年轻学者之表率。

在80年代和90年代初期，国内读者对美国和其他发达国家经济和金融方面的书籍怀有浓厚的兴趣。就是在这样的历史背景下，J.P.摩根公司的几位负责人和我商量翻译出版中文本《摩根财团》的事宜。本书荣获1990年美国国家图书奖，国内读者需求甚殷。多年之后，此书不断再版，为一代又一代的读者所喜爱。也就在我当年翻译这部书的时候，J.P.摩根早年分出的一脉，即摩根士丹利正在和我国有关方面商谈，组建第一家中外合资的投资银行。这个想法得到了当时国务院领导的积极支持，于是中国国际金融有限公司（简称"中金公司"）诞生了。这是新中国成立之后，摩根在中国大陆最有创意、最成功的业绩；中金公司成立之后，在相当长一段时间里，独当一面，为我国各个行业里的大型国有企业的改制和上市提供承销服务。

截至2012年，由中金公司主承销的中国石油、工商银行、中国移动均位居全球市值最大的十家企业榜单之列。中国企业也逐渐在国际资本市场上拥有举足轻重的地位。在2005年至2010年期间，有四年中金公司都承担了当年度全球最大的IPO业务，如2005年建行H股IPO、2006年工行A+H股IPO、2007年中石油A股IPO、2010年农行A+H股IPO，其中农行为有史以来全球最大IPO。1997年，中金公司作为主承销商，出色完成中国电信

（现中国移动）香港IPO，融资42亿美元，拉开了中国大型国有企业整体改制上市的帷幕。自1995年创立以来，中金公司协助中国企业共完成3281亿美元的股本融资，3548亿美元的债务融资，以及3534亿美元的兼并收购交易，公司在中国资本市场上始终保持着主力军的地位。我也根本没有想到，多年之后，我会到中金公司来担任董事长、法人代表，也许这就是我们中国人常说的"缘分"。

J.P.摩根现任董事长兼首席执行官吉米·戴蒙是我的老朋友。我请他拨冗为新版作序，他欣然允诺，为本书增色。戴蒙董事长在不寻常的时期执掌J.P.摩根，可以说是在惊涛骇浪之中，带领摩根的管理团队和全体员工奋斗拼搏。他所面临的诸多挑战，可以在本书中找到历史上的影子，其难度和险峻绝不亚于摩根的先驱所遇到的困难。我在此也祝愿戴蒙执掌下的J.P.摩根克服困难，取得新的业绩。

2014年1月于北京

中译本第二版序言

《摩根财团》中译本第一版于1996年出版。

出版一部书固然不易，使之不被束之高阁更难。在书刊林立的当今世界，一本书若总能不乏读者，应该说是作者的幸事。该书面世后，受到了国内广大读者的热烈欢迎，在海外华人华侨读者中也引起了很大的反响。这也是实现了我当年组织翻译此书的初衷，我深感欣慰，倍受鼓舞。

六年来，国际国内形势发生了深刻的变化。进入新世纪，经济全球化蓬勃发展，世界范围内大国综合国力的位序排列正在加速形成，并随时调整。中国的改革开放步步深入，综合国力扶摇直上。以加入世界贸易组织为标志，中国全面建设小康社会的现代化进程和对国际经济活动的参与步入了新的阶段，我们正处在一个全新的历史坐标点上，中华民族伟大复兴的百年梦想将变为现实。但是，应当看到形势逼人，不进则退。在一个现代开放经济的条件下，在西方发达国家占据经济优势的压力面前，如何科学地认识市场经济的发展历程与客观规律，不断提高驾驭现代市场经济的能力，是我们这一代中国人必须面对和解决的一个重大课题。

我以为，要真正掌握现代市场经济的运行规律，除了研究既有的经济理论之外，很重要的一项工作是要下工夫研究西方发达国家的市场经济发展史。近现代历史上一个引人注目的现象：举凡居于强势地位的国家，大都是那个时代经济思潮的引导者,这些时代思潮固然有其先进性和真理性的一面,但同时也包含着有利于强势国家的形而上学的成分——仅从技术性的层次来讲,这些时代思潮往往将其在某个历史阶段的经验加以绝对化,还常常混淆强势国家与后进国家发展阶段的差别。不明白这一点,不能坚持独立思考,只知照抄照搬的人,往往是要吃大亏的。我们对这个问题应有清醒的认识。我们要知其"然",更要知其"所以然"。从这个角度来说,研究西方国家的市场经济发展史恐怕至少是与研究西方经济理论一样重要的。

移译西方市场经济史料,是我们探索现代市场经济规律的基础性工作。近代中国人移译西方经济典籍,起到了开启心智,活跃学术气氛的积极作用。但其中经济理论居多,而经济史料甚少,这不能不说是有所缺憾的。

《摩根财团》一书作为对叱咤英美经济政治舞台达两个世纪之久的摩根财团,并逐步演变为J.P.摩根、摩根士丹利和摩根建富的专史,有着很高的史料价值。作者罗恩·彻诺先生凭借客观的史实和生动的叙述,为我们研究英美金融史乃至西方经济发展史提供了鲜活的素材。该书清晰地展示了两百年来美国各个历史阶段中金融界、工商界与政府角色的嬗变,揭示出美国现代金融体制的来龙去脉,这些史实和分析对我国金融改革是具有一定参考价值的。积我多年从事金融工作的经验,深知金融工作的重要性、复杂性和艰巨性,也感受到包括《摩根财团》在内的一些国外金融史对我的启迪。譬如,《摩根财团》书中展示出的美国经济史上金融自由化与金融监管之间的关系给人留下了深刻的印象。近来美国安然、世界通信等一些大公司频频传出财务造假的丑闻,暴露出当代美国金融监管的薄弱,使美国经济遭受了沉重打击。成熟的市场经济中尚且发生如此令人震惊的怪事,发展中国家在前进过程中出现问题,也就不足为奇了。但是,这决不能成为发展中国家宽容自己和自我安慰的借口。历史和现实都在昭示我们,包括中国在内的发展中国家一定要正确认识金融自由化与金融监管之间的关系,在金融深化、放松管制、推进金融自由化的同时,必须把加强政府监管的文章做足、做好。

《摩根财团》确是一本值得一读的金融史书。我对此深信不疑,十年前我初读此书时如此，十年后的今天我重读此书时亦是如此。为此，我决定再次向国内读者推介此书。

值再版之机，我想对近几年摩根财团的发展情况做一点说明。自《摩根财团》原书（英文版）面世十多年来，摩根财团又经历了新的发展与变迁。摩根建富已于1989年被德意志银行收购；摩根士丹利也于1997年同添惠合并，成为新的更为庞大的摩根士丹利添惠；但最突出的自然是J.P.摩根与大通银行合并一事了。2000年9月，大通曼哈顿公司与J.P.摩根公司宣布合并，合并后新公司的名称为摩根大通公司。其投资银行业务仍沿用J.P.摩根品牌，形成了一个自身高达3000多亿美元，并管理7000多亿美元资产的新的庞大的全球性金融机构。这次合并，标志着20世纪30年代分离摩根财团为J.P.摩根与摩根士丹利的格拉斯-斯蒂格尔法案的废止，也是为顺应20世纪90年代以来国际金融业并购浪潮而做出的主动调整。可见在市场经济运行中起着神经中枢作用的现代金融机构，在经济全球化的大环境下为提高竞争力而做出与时俱进的战略性行动的务实性。

此番再版，我对全书译文作了修订，补正了某些遗漏，也改正了一些错字，并对译文做了润色。在修订过程中，力求译文更加贴近原文，在理解上更加顺畅。

是为序。

金立群

英文第二版前言

1987年美国股市大崩溃前夕,我思量撰写一部华尔街通俗史。然而,我亦心存疑虑,担心最终的作品会令作者及读者感到冗长乏味。但随后的一个突发奇想让我独辟蹊径。倘以一个银行帝国的财富为唯一的折射点来看待整个华尔街的辉煌历史如何?直觉告诉我,若以翔实生动的描述再辅以丰富的数据,读者也可以在不知不觉之间了解华尔街光辉的过去,甚至在书中找到乐趣。但哪一个银行帝国最能反映华尔街历史呢?很自然地,我想到了铸就摩根财团的J.P.摩根家族及其在大洋彼岸所建立的银行帝国。

这一狂热及近乎孤注一掷的构思在一定程度上得益于我个人的挫折经历。多年来,我一直为处女作的着落而四处碰壁,而在结束了自己撰稿人的乏味而疲倦的工作后,我在一个公共政策研究基金会的文员工作中苦苦不得终日。当我最终获得撰写《摩根财团》的合约之时,我感到欣喜若狂,心中如释重负。上帝知道我需要它,我将从历史及新闻的角度再现一百五十多年前维多利亚时代伦敦摩根的辉煌,追溯其在当时的华尔街辉煌而又混乱的发展历程。我将详审以往的历史记录,然后在钢筋与玻璃铸成的摩天大楼中访谈一些年轻有为的管理人员以获取更详尽的资料。在两年半的时间内,我一边抓紧时间四处进行考察,一边又在潜心撰写《摩根财团》一书。当我回顾往昔,十余年前的这段日子在记忆中是如此之忙乱，不知经历了多少个无眠的日日夜夜。心中不禁有些诧异，这部作品竟可以一气呵成？

　　随着探究的进一步深入，我将此书视作追悼往昔华尔街的挽歌，那是个高贵而审慎入微，聚集众多金融精英，只专注服务于政府客户、大型企业及达官贵人的金融帝国。然而，还在我埋头撰写，而新世纪即将来临之时，这个傲然的帝国却趴地倒卧在华尔街上，瞬间分崩瓦解。随着买卖股票取代棒球成为美国最受欢迎的大众活动，数以千万计的散户投资者成为新型经济中最巨大的盈利来源。曾长期为摩根银行引以为豪的大规模或巨额融资在零售银行业的兴起中黯然失色。目睹大势已去，摩根士丹利与添惠的经纪人合作，将J.P.摩根出售予大通曼哈顿，并入其强大的银行业务中；而摩根建富则被另一个银行巨头德意志银行所吞并，从此成为历史。为人所惊叹的并非摩根集团最终顺应时代的变迁，转变经营策略以吸引众多投资者，而是摩根这一名字依旧令人不能忘怀，其拥有的神奇而瑰丽的光环将永不会随时间的流逝而褪色。

2001年8月
于纽约布鲁克林高地

中译第一版译后记

《摩根财团》一书出版后，反响很大，荣获1990年美国国家图书奖。一部书的成功，是由多方面的因素决定的，除了作者本身的投入和功底以外，题材无疑也非常重要。就史书而言，一部精当的通史固然可以为读者提供很多历史资料和信息，但是，这也许并不能代替某一实体的专史。当历史的演进和某一时期的巨变对社会、机构和个人发生作用时，承受这种影响的主体的应变能力和力度会表现出很大的差别。因此，观察和研究某个有历史知名度的机构或个人的发展，能使人对重大历史事件的整体效应知之甚多，知之甚深。这一点对于金融发展史而言也不例外。这也许正是《摩根财团》一书引人之处。在中国改革开放深入发展之际，把《摩根财团》一书介绍给中国广大读者，让他们一窥美国19世纪至20世纪金融发展史的一个缩影，应该说是很有意义的。这对于我们进一步扩大对外开放，更多更好地利用国外资金、资源、技术和管理经验，会有一定的启迪。

出版《摩根财团》中文版的想法，在很大程度上是近年来J.P.摩根公司和我们加强合作的结果。1994年1月31日，J.P.摩根公司北京代表处宣告成立，当时的董事长丹尼斯·韦瑟斯通首次正式访问中国，表示要为中国的客户提供最新的国际资讯服务和更加广泛的金融服务。同年2月27日至3月1日，J.P.摩根公司的国际顾问委员会在北京开会，前美国国务卿舒尔茨主持了会议，韦瑟斯通代表J.P.摩根公司和国际顾问委员会拜会了中国领导人，并和外交界和企业界讨论中国近期经济发展形势。新任董事长道格拉斯·沃纳上任伊始，即于1994年4月14日至15日访问中国，表达了继续推进中国业务的意愿。与此同时，J.P.摩根公司与中国有关部门和金融机构密切合作，开展了多方面的业务，特别是参与推进中国主权发行体和金融机构进入全球债、扬基债、武士债等市场，帮助中国筹集发展资金，同时也让世界更好地了解中国。随着J.P.摩根公司在中国业务的扩大，它也在中国日益为人所熟知。然而，摩根财团究竟是怎么一回事，世界上到底有多少"摩根"，很多人并不是十分清楚。

这部《摩根财团》当然是一个答案，然而，本书涉及的不只是摩根家族和财团本身的历史。作者把这一代金融王朝的兴起和发展置于资本主义世界全球演变的背景下。从乔治·皮博迪在伦敦创建的商人银行开始，由朱尼厄斯·摩根发展起来的摩根财团已有一百五十多年的发展历史，其间经历了两次世界大战，1929年的股市崩溃和30年代大萧条，直至1987年的股市崩溃。摩根财团的发展轨迹揭示了典型的资本主义社会发展过程中许多生动的历史画卷：这里有私人企业和政府之间的较量；政府调控和市场作用之间的冲突；孤立主义和海外扩张主义之间的斗争；商业利益和民族利益之间的碰撞；个人意志和历史规律的矛盾和最终统一。所有这一切，都紧紧地交织在一起。《摩根财团》一书可以满足多方面的历史资料，政府监管部门可以研究如何加强对实业和金融界的管理而不扼杀其活力，企业家则可以学习如何把握市场的脉搏和趋势，从而在竞争中稳操胜券。

摩根财团的发展，像其他金融机构和工商业一样，经历了资本主义发展过程中的风风雨雨，但是它之所以能够在激烈的竞争中历经磨难而不衰，并取得卓尔不群的业绩，这是与其各代领导人的经营视野和战略分不开的。除此之外，更有他们周围一批有见识、有才华的得力助手的贡献。"以第一流的方式从事第一流的业务"——摩根财团的这一经营座右铭是其多年来立于不败之地的谋略。

摩根财团从上世纪末开始就已经涉足于中国了。中国读者是很难忽略本书关于当年中国的描述的，尤其是摩根在美国国务院的授意下组织的两次对华银团贷款的记载。从本世纪初开始，在那动荡的年代里，国难当头，民族存亡，危如累卵，西方列强一意瓜分中国，摩根等银行勉强秉承政府意志，但对旧中国毫无信心。在当时的条件下，西方金融机构在中国的活动又何益于中国广大民众？新中国成立以后，中国已经发生了翻天覆地的变化，改革开放以来，中国更是日新月异。中国需要外资，也确实给国外的大公司、大企业带来了新的发展机遇。

《摩根财团》一书并不是J.P.摩根公司、摩根士丹利或摩根建富的官方历史，这只是作者利用开放的档案，并通过大量的采访写成的。J.P.摩根公司公开自己的历史，让当代人和后人去评说，这是值得称道的。书中对历史事件和历史人物的评价，当然只是作者的观点。作为一位西方学者，作者在史料剪裁、臧否人物、评说史实等方面有其自己的立场和观点，在许多方面我们会有不同的看法，此处就不作评论了。我们相信中国广大读者是有鉴别力的。总的来说，作者极力真实地再现摩根财团的历史，把自己的想象控制到最低限度，诉诸史实，出言有据，对每一个历史细节的描述，都以档案和各种原始资料为支撑，包括业务活动记录、书信、电报，以及当事人的回忆。这就使本书值得一读，值得向中国广大读者推荐。

鉴于本书的读者都有经济和金融方面的常识，而且书中也对某些概念作了说明，凡是这类内容，我在译文中一律不再作注。但是，为了帮助读者理解，我对其文化、宗教、历史、文学等方面的背景提供了一些注释；凡是不影响理解原文的，也不再作注。书中涉及的重要历史人物和事件的中文译名，一般以约定俗成的用法和中文版《简明不列颠百科全书》《中国大百科全书》为准，这样也便于有兴趣的读者去查阅。我们非常感谢J.P.摩根公司慷慨资助，使《摩根财团》中文译本的出版成为可能。我特别要感谢J.P.摩根公司的执行董事蓝德彰先生（Mr.John D.Langlois）积极筹划了中文本的出版事宜，并为我提供了必要的参考资料；执行董事瞿王慧允（Mrs.Rewena Chu）就版权和出版细节和我们进行了密切的配合；财政部国际合作司副司长赵晓宇先生和中国财政经济出版社世界经济编辑室副主任徐聿璠女士为出版中文本的各项事务做了很多工作。我也要在此感谢作者罗恩·彻诺先生为我提供了有关背景资料，澄清和解答了不少疑难问题。

在中译本完稿之后，我与彻诺先生在纽约的深谈，令人难以忘怀。

中文译文的初稿是由下列人员完成的：李长栓（序言）、郭雪艳（第1章）、刘芳（第2、3章）、黄进舟（第4章）、丁卫宇（第5章）、江一陟（第6章）、陈建文（第7、8章）、韩永春（第9、10、11章）、徐聿璠（第12、15、21、26、32、36章和"致谢"）、吴晋康（第13、14章）、邹加怡（第16章）、扬少林（第17章）、洪越（第18、19章）、陈欢（第20、22、23章）、刘小西、李光辉（第24、25章）、项颖（第27章）、梅鸿（第28章）、马小虹（第29、30章）、莫小龙（第31章）、王冰（第34、35章）。焦小平做了大量的计算机文字处理工作。我对全书译文初稿进行了全面的校订，对各章都做了大幅度的修改或重译，力求做到中文译本准确无误，文体统一。人名、地名、术语前后一致。利用余暇，历时二载，凡三校，尽管如此，疏漏纰缪，在所难免，望读者不吝赐教。

金立群
1996年9月14日于北京

英文第一版前言

本书叙述美国银行业帝国摩根财团的兴盛、衰落和复兴的历史。也许再没有别的组织机构比摩根财团更富于传奇色彩,更充满神秘气氛,以及更让人争论不休。直到1989年,坐落在百老汇街和华尔街相交的"街角"处的J.P.摩根公司一直威严地主宰着美国金融界。华尔街23号这座低矮的建筑物,两侧分别为纽约证券交易所和联邦纪念馆,入口在两条道路的交点上,并无悬挂字号,表现出一副贵族般超然的气派。我们的故事就紧紧地围绕着这座轮廓清晰的大理石建筑以及曾经踏上过其台阶的众多总统、总理、显贵和百万富翁而展开。根据现已公开的资料,我们可以沿着他们当年的足迹,步入这家世界上最为秘而不露的银行。

1935年以前的老一代摩根财团可能是世界上最可畏的金融联合机构。它由美国银行家乔治·皮博迪于1838年创办于伦敦,后由摩根家族所继承,迁至纽约后声名鹊起。在一般人的心目中,两位最为著名的摩根——老J.P.摩根(1837—1913)和小J.P.摩根(1867—1943)——被揉成了一个复合式巨人——J.P.摩根,其势力整整持续了长达100多年之久。他们父子两人相貌酷似,都是秃脑门,圆鼻头,鸭梨般的身材,这就使人们分不清谁是谁。对于钦佩者来讲,这两位J.P.摩根代表了正统的旧式银行家,他们以言为约,以握手为印;对于诋毁者来说,他们是伪君子,欺压其他公司，里通外国，诱使美国参与战争，大发不义之财。对于摩根的评价，从未有过中立之论。

在20世纪30年代大萧条之前，华尔街23号是一个金融帝国及其外国前哨办事处的总部。在百老汇街一侧，坐在拉盖办公桌后面的是纽约的合伙人，他们还联合了另外三个合作伙伴——伦敦的摩根建富、巴黎的摩根公司及J.P.摩根所谓的费城分公司德雷克塞尔公司。其中摩根建富无疑势力最大，形成了摩根帝国伦敦—纽约的轴心，成为越过大西洋传递英美国家机密的邮局。在实行"新政"之前，"摩根财团"可指纽约的J.P.摩根公司；广义上讲，亦指全部合伙人这张无形的大网。

老字号摩根财团滋生出上千条阴谋理论，使好几代爱揭丑的记者忙得不亦乐乎。摩根财团作为最显赫的银行，服务对象包括许多名门望族，例如，阿斯特家族、古根海姆家族、杜邦家族和范德比尔特家族等。它避免与小人物打交道，因而引起诸多的猜忌。因为它的融资对象中有很多工业巨头，如美国钢铁公司、通用电气公司、通用汽车公司、杜邦公司和美国电话电报公司等，所以它打入了这些公司的理事会，从而引起了人们的恐惧，使大家害怕银行势力过大。早期摩根财团的性质似乎介于中央银行和私人银行之间。它曾经制止过几次大恐慌，拯救过金本位，三次解救纽约股市，还仲裁过不少金融争端。如果说除了唯利是图之外它还关心什么的话，那便是它有一套特殊的本领，使人觉得其优质的服务确实应该一分钱一分货。

摩根财团的神秘之所以引人入胜，欲罢不能，乃是由于它与政府有着广泛的联系。和古老的罗斯柴尔德家族、巴林家族一样，摩根财团似乎渗透到许多国家的权力结构之中，尤其是美国、英国、法国以及在某种程度上的意大利、比利时和日本。作为美国海外势力的工具，摩根财团的行动具有十分广泛的外交政策的意义。曾几何时，当美国眼光偏狭、孤立于世之时，摩根银行的海外关系，特别是与英国君主的关系，使其性质变得模棱两可，它究竟效忠于哪个国家引起了人们的质疑。老一代摩根合伙人是金融大使，其日常工作与国家事务密不可分。即使在今天，与其他银行相比，J.P.摩根银行与各国中央银行的关系也许最为密切。

1933年的格拉斯-斯蒂格尔法案瓦解了这个金融帝国,因为该法案在经营存贷款业务的商业银行和发行银行、债券的投资银行之间竖起了一道高墙。1935年,J.P.摩根决定继续从事商业银行业务,分离出摩根士丹利这一投资公司。摩根士丹利从资本到人员都来源于J.P.摩根公司,所以,几十年来,清楚地表现出与其相隔一街之距的摩根兄弟拥有共同的祖先。它们有许多共同客户,保持着家族般的感情,既不拘礼节,又有活力。然而,格拉斯-斯蒂格尔法案并不禁止J.P.摩根持有一家海外证券公司的少数股。1981年之前,它持有摩根建富三分之一的股权。随着故事的进展,我们会看到,这三家摩根公司在新政结束之后很久,其作用仍然相当于昔日一统的摩根大财团。在20世纪70年代早期,它们甚至考虑过重新联合起来。今天,这三家公司没有正式联系,相互之间竞争激烈,这在历史上还是第一次。伦敦和纽约对金融业放松管制之后,铲除了规章制度上的障碍,这三家公司便争相提供类似的服务,于是冲突便日益增加。人们往往只知道三个摩根公司的名字,而对它们的业务甚感困惑。它们所进行的银行业务与标准的零售银行业务大相径庭。在这里没有出纳员的隔离式柜台,不发放消费者贷款,不进行抵押。相反它们的银行业务继承了欧洲古老的传统——批发银行业务,服务于政府、大公司和大富豪。因为它们实行高额融资,所以养成了谨慎的工作作风。它们避免设立分行,极少悬挂招牌,直到最近还不肯做广告。它们的战略是使客户感到自己获准参加了一家私人俱乐部,摩根银行的账户就相当于贵族社会的会员卡。

老一代摩根财团最正统的继承者是J.P.摩根公司,亦以其商业银行子公司的名字称为摩根担保信托公司。J.P.摩根公司的世界远离大通银行或花旗银行之类凡夫俗子的尘嚣,它用皮革软椅、座钟和擦得锃亮的黄铜灯具吸引着富人。他们在私人餐室里举行各个账户的周年纪念,而客户们收到的纪念品则是雕版印刷的菜单。摩根银行不会随便让任何人的金钱玷污它的白手套。另外,很多储户也将公司的关系网一并带来。虽然银行不愿透露精确数字,但它吸收个人存款时要求至少有500万美元,偶然才会屈尊降至200万美元,作为特殊照顾。摩根银行是早期美国资金储存的最重要的机构。

虽然私人账户给摩根银行盖上了迷人的印记，但其产生的利润仅占一小部分。银行的业务集中在蓝筹公司和各国政府，以及组织大额信贷、发行证券、买卖外汇和其他金融工具。摩根银行曾夸口说，美国100家最大的公司中有96家都是它的客户，并暗示剩下的4家中有两家不够资格，因而被拒之门外。至于个人账户，它从来不想显得过于热衷，它不是到处设办事处，而宁愿让客户到这里朝圣。这一原则也同样适用于其海外前哨办事处：要想见到摩根银行家，里昂的商人就必须到巴黎，英格兰中部地区的商人就必须到伦敦。即使在今天竞争愈发激烈的世界上，J.P.摩根在一国设立办事处超过一个的情况也十分罕见。一百多年以来，这一经过反复验证的传统模式所获得的回报是相当可观的。在1987年股市崩溃的前夕，J.P.摩根公司是美国要价最高的银行。虽然按规模讲，它仅屈居第四位，但按股票价格计算，其价值为85亿美元，超过了花旗银行。尽管J.P.摩根的子公司摩根担保信托公司为拉美40多亿美元的债务所困扰，它仍不失为美国唯一一家信用评级为AAA的大银行。20世纪80年代的大部分时间，它的股本收益率在所有银行中最高，利润仅次于花旗银行，而资产却仅相当于花旗的一半。它作为美国主要的信托银行，在1987年的黑色星期一，经手证券达650亿美元。人们称赞它"无论以何种尺度衡量，质量都是第一"，"对很多人来说完美无暇"。虽然颇有一些重大失误和互不关联的丑闻减弱了这种夸张的说法，但这种论断一般说来仍然名副其实。

  20世纪80年代后期，摩根担保公司卷入一股敌意兼并的狂潮。至少在此以前，它还最好地保持了历史上的摩根文化——绅士般的礼让和保守的交易。它作为联邦储备银行和其他中央银行的密友，仍然表现出一派老政治家的风范。相反，摩根士丹利游离得距其老祖宗最远，从1935年到整个20世纪70年代，它一统天下的威力今后再也不会有哪个投资银行能与之相提并论。它的客户包括七个姊妹石油公司中的六个（海湾石油公司除外），美国十大公司中的七个。如此巨大的成功使其傲睨自若和虚荣谐谑。20世纪70年代中期，一位合伙人离开该公司加入了第一波士顿，这时，另一位合伙人向他"祝贺"道："真是令人激动。现在您将和一些二流客户打交道了。"诚然，任何两个竞争对手的客户名单加在一起也赶不上摩根士丹利的客户。该公司于70年代开始做广告时，一家广告代理商设计了一幅图画，画面上是一道闪电刺破乌云，标题为："如果上帝要融资，他也会找摩根士丹利。"对于摩根士丹利的合伙人来说，这句话简明地概括了它在宇宙中的地位。在1988年年会上，有人询问该公司关于受限客户的政策，帕克·吉尔伯特董事长若有所思地沉默片刻，答道："我们没有受限客户。"

摩根士丹利曾得了个绰号："血缘、智能和金钱"公司。它十分讲究，要求各公司客户与其建立独家业务关系。如果客户胆敢问津另一家公司，它们便会得到告诫："那就上别的地方找银行吧！"华尔街对这副"金手铐"也嘟嘟囔囔，但无论是华尔街还是司法部都砸不开这条锁链。然而，各家客户并不感到受约束，相反，它们对摩根神话趋之若鹜，以俯首帖耳、任其摆布为荣。在上市股票或发行债券时，摩根士丹利坚持要求只有它一家担任主干行，并独领风骚，将其名字光彩照人地印在募资碑铭的上端。这种神气十足的派头本身就是个聪明的广告，它使得摩根士丹利成为"投资银行家中的劳斯莱斯"。

今天，摩根士丹利占据了纽约市埃克森大厦中的16层。它从一个弱小的、文质彬彬的证券承销公司起步，逐步成为令人目眩的大金融集团，这一历程也勾画出现代华尔街兴盛的历史。摩根士丹利一直是战后金融不折不扣的带头人。有好长时间，人们一直认为虽然该公司获得了异乎寻常的成功，但是过于保守。然而，在20世纪70年代，它发生了令人震惊的质变。从此以后，它面目全非，变得咄咄逼人。从前，它曾是华尔街最为保守的公司，可现在它却违反了刻意坚持多年的禁忌，使一种极为粗野的金融方式显得颇为体面。1974年，它进行了第一次现代敌意大兼并，就此主宰了那个蛮横的世界（1989年初，它仍旧是美国头号兼并顾问，据称，同年上半年交易额达600亿美元）。20世纪80年代，它使垃圾债券登上大雅之堂，积聚了高达12亿美元的巨额专项基金，进行杠杆收购，成为20世纪80年代最富于风险的创举。摩根士丹利竟然与公司兼并者为伍，震惊了华尔街。后来它又亲自下水，购得40个公司的股票。十多年来，一家对此难以置信的商报惊呼："难道这就是摩根士丹利吗？"同时，它的股本收益率达30%，一直被列为上市证券公司中效益最好的。摩根士丹利的战略决断向来正确无误。

摩根家谱中还剩最后一位，就是摩根建富，它是伦敦声望最高的商人银行。纵观其全部历史，我们可以感觉到伊顿公学、乡村别墅、绅士俱乐部和萨维尔街的成衣商号裁剪考究的气息。该公司地处相当于华尔街的伦敦金融城，位于L形的大温彻斯特街的拐角处，没有悬挂招牌，为一面高大的饰有山花图案的薄纱门帘所遮挡。大楼内部像私人宅邸那样，有着曲折隐蔽的走廊，旁边是一排以已故合伙人的名字命名的小会议室。

二战结束初期，摩根建富的经营者是一群无精打采、心灰意冷的老贵族，因此，摩根担保公司的人就将之讥称为"上议院"（现在它高贵的董事会中还剩几个骑士和勋爵）。在20世纪50年代和60年代的大部分时间，它主要为几个受人尊敬的工业客户发行证券，并极力试图克服因成功而产生的懒惰和疲沓风气。后来，像摩根士丹利一样，它振作起来，一举成为伦敦最强大的公司，专门从事气势夺人的企业兼并。像摩根士丹利一样，它利用自己的声望来尽量提高人们对其行为的容忍程度，从而成为伦敦金融城的绅士强盗。它作为20世纪80年代伦敦兼并市场上的一颗巨星，一扫曾将其作为典范的英国金融城的稳健作风。整个20世纪80年代，在伦敦的兼并大战中，它总是名列榜首。到了1985年，在伦敦金融城六个最大的收购业务中，有四项收购业务都是摩根建富承办的。后来，公司搞蓄谋控股投资的花花公子们肆无忌惮地操纵股票价格，酿成了一场吉尼斯大丑闻，这起丑闻号称为本世纪伦敦第一，当事者为摩根建富两个管理人员，玛格丽特·撒切尔首相亲自出马，下令拿他们开刀。

这三家摩根银行的历史就是英美金融界本身的历史。一百五十多年来，它们在华尔街或伦敦金融城的每一次恐慌、繁荣和股市崩溃中都首当其冲。它们经受了战争和萧条、丑闻和审讯、轰炸和未遂暗杀。现代世界还没有哪个金融王朝如此稳定地维持着其显赫地位。它的编年史就像一面镜子，从中我们可以研究高额融资的风格、职业道德及礼仪规范上的变化。为使这个巨大的历史画卷井然有序，我们将其传奇经历划分为三个阶段。这一划分框架主要适用于摩根各家公司，但我认为也大体适用于其他银行。

1913年以前是皮尔庞特·摩根的领主时代。这时银行家是经济体系中的主人,用弗雷德里克·刘易斯·艾伦的话讲就是"万物之灵"。他们为运河、铁路、炼钢厂、航运公司融资,从而为新生的工业社会提供了资本。在那样一个桀骜不驯的竞争时代,是银行家解决了公司间的争端,并组织了托拉斯来遏制竞争。他们作为资本提供者和使用者的主要中介,监督着大规模的工业发展。因为是他们在配置稀有的资金,所以他们往往比接受融资的公司更有势力,日益掌握对这些公司的控制权,由此产生了一代难以驯服的银行家。他们的钱财如神话般滚滚而来,引起了公众的恐慌,最后促成了一场政治运动,以控制银行家过度的影响。

在小J.P.摩根的外交时代,私人银行家们处于两次世界大战期间,摇身成为政府的左膀右臂,完成了一次又一次秘密使命,与各国的中央银行平起平坐。摩根银行家们这时变成了政权掮客和全球会议上政府的非正式代表。他们作为国王、总统和教皇的挚友,在华盛顿或英国白厅的严密监督之下从事外交活动。在国外,他们似乎经常成为政府政策的化身;在国内,它们仍旧是各个公司"传统的开户银行",但是这些公司尽管仍然算得上忠诚,却越来越不需要强大的银行家的帮助。摩根合伙人与客户维持着排他的关系,因而享受一个高贵奢华的世界,似乎是那么文雅,那么悠闲自得,不受现代标准的侵扰。

在战后的赌场时代,银行家们面临着全球市场激烈的隐姓埋名的竞争,对客户失去了控制。跨国公司此时压倒了银行家,在资本和金融技巧上与他们一争高低。机构投资者,比如说保险公司、共同基金、养老基金等成为新的抗衡力量。由于公司和政府能够在各国筹措各种货币的资金,所以力量的天平已朝着不利于银行家的方向大大倾斜了。这听起来似乎有点奇怪,因为我们这个时代,每天都充斥着令人眩目的新闻报道:买卖一锤子就是十亿美元。然而,正如摩根财团的历史所表明的那样,这一新型的金融攻势,实在是银行家虚弱的症状。随着老客户们翻身得解放,昔日的绅士银行家们也不得不东奔西跑地去揽生意,以便找到新的地盘。他们就在那残酷无情的公司兼并的世界里找到了自己的地盘,这样一个世界挽救了他们，却危害了经济。在这个竞争激烈的金融新时代，银行家们已经抛弃了自维多利亚时期就已统治英美金融界的传统。

　　本书的主题是，今后再也不会有哪家银行能像老牌的摩根财团那样强大，那样神秘，那样富裕了。19世纪的罗斯柴尔德和20世纪的摩根所代表的那一切，在21世纪任何一家公司都不能再现。银行家们不再能够垄断巨额资金，世界金融已经成熟，权力也已分散到众多机构和金融中心。回顾历史，往日的银行世界——大笔的财产、丰富的艺术收藏、豪华的远洋游艇以及与国家元首摩肩接踵、自视为君主的银行家们，一切的一切，都从我们的视野中迅速地远离了。然而，与一般的透视法相反，摩根财团离我们愈远，其形象就愈加高大。

1989年7月
于纽约布鲁克林

目 录

第一篇 领主时代
（1838～1913）

第一章	吝啬鬼 3
第二章	波洛涅斯 19
第三章	王子 33
第四章	海盗号 52
第五章	垄断 82
第六章	托拉斯 110
第七章	恐慌 138
第八章	泰坦尼克号 158

第二篇 外交时代
（1913～1948）

第九章　　　　　　　　　变形记 185

第十章　　　　　　　　　战争 206

第十一章　　　　　　　　爆炸 231

第十二章　　　　　　　　奥德赛 259

第十三章　　　　　　　　爵士乐时代 284

第十四章　　　　　　　　金本位 303

第十五章　　　　　　　　圣人 322

第十六章　　　　　　　　崩溃 339

第十七章　　　　　　　　大萧条 361

第十八章　　　　　　　　侏儒 390

第十九章　　　　　　　　分家 426

第二十章　　　　　　　　巫师 442

第二十一章　　　　　　　贪污者 460

第二十二章　　　　　　　绥靖主义 484

第二十三章　　　　　　　人质 506

第二十四章　　　　　　　过渡 527

第三篇 赌场时代
（1948~1990）

第二十五章	玛士撒拉 543
第二十六章	离经叛道者 560
第二十七章	约拿 591
第二十八章	小报 626
第二十九章	武士 648
第三十章	酋长 674
第三十一章	募资碑铭 694
第三十二章	桑巴舞 710
第三十三章	交易者 728
第三十四章	大冲击 747
第三十五章	牛市 768
第三十六章	摩天大楼 790

| 致 谢 | 803 |
| 人名、专有名词中英文对查表 | 809 |

摩根帝国年代简表

伦敦		纽约		巴黎	
1838	皮博迪-里格斯公司成立	1861	J.P.摩根公司成立	1868	德雷克塞尔-哈耶斯公司成立
1843	乔治·皮博迪撤资	1864	更名为达布尼-摩根公司	1895	更名为摩根-哈耶斯公司
1851	乔治·皮博迪公司成立	1871	更名为德雷克塞尔-摩根公司	1926	更名为摩根公司
1854	朱尼厄斯·摩根成为乔治·皮博迪的合伙人	1895	更名为J.P.摩根公司	1940	摩根公司被批准为巴黎J.P.摩根公司分公司
1864	更名为J.S.摩根公司	1935	J.P.摩根公司（商业银行） / 摩根士丹利（投资银行）	1962	创立摩根股份有限公司（摩根担保信托公司和摩根建富的欧洲市场承销业务部门）摩根担保公司继续从事其巴黎分公司的业务，作为一项平行业务
1910	更名为摩根建富	1940	更名为J.P.摩根股份公司		
1934	更名为摩根建富有限公司（J.P.摩根公司的股份减少到1/3，而这1/3在1981—1982年出售）	1942	J.P.摩根首次公开出售股份		
		1959	和担保信托公司合并，组成纽约摩根担保信托公司		
1981	创立摩根建富股份公司，这是设在纽约的从事投资银行业的分行	1935	实行部分股份公司化		
		1975	实行全部股份公司化		
		1977	在伦敦成立摩根士丹利国际公司		
		1986	摩根士丹利首次公开出售股份		

年份	事件	年份	事件
1967	更名为摩根国际公司(摩根担保信托公司出售2/3的股份给摩根士丹利)	1969	创立J.P.摩根股份公司(摩根担保信托公司的独家银行控股公司)
1975	摩根士丹利从摩根担保公司和摩根建富购买了摩根国际公司其余的1/3股份	1979	创立伦敦摩根担保有限公司(1988年更名为摩根证券有限公司)
1986	摩根建富首次共公开出售股份	1988	J.P.摩根成为在全世界代表J.P.摩根股份公司和摩根担保信托公司从事经营业务的名称
1989	德意志银行收购摩根建富		

第一篇

领主时代
（1838～1913）

第一章
吝啬鬼

1835年，巴尔的摩商人乔治·皮博迪搭上邮轮，奔赴伦敦。此时，全世界都在经历一场债务危机的阵痛。这场危机中的拖欠国既不是没有名气的巴尔干半岛各国，也非南美洲各共和国，而是美国的州政府。在此之前，美国疯狂地建筑铁路，开凿运河，修建公路，这些项目的建设全靠各州的信贷。而现在，马里兰州的议员们发出破产者的喧嚷，威胁说该州也要学其他州的样子，不按期支付他们的债券利息。这些债券主要在伦敦上市。皮博迪作为三名政府特派员之一被派去重新商谈债务问题，他敦促官员们讲话谦和，抚慰英国银行家。可美国议员们发现，通过开征新税来偿付债务较难，而迎合人们对外国银行家的憎恨较为容易。

伦敦是金融太阳系中的太阳。在资本短缺的世界上，只有伦敦拥有大量剩余资金；英镑又是世界贸易的通用货币，早在征服者威廉时期就开始正式使用了。在拿破仑战争的余辉中，伦敦金融城的银行家们都是自封的君主，他们所能获得的金钱，比接受他们资金供给的政府或公司的钱都多。像巴林和罗斯柴尔德这样的公司，保持着帝王般的威严，高深莫测，门口不挂牌子，信笺上不印公司笺头，决不招揽业务，也不开设分部，而是要求客户与其建立独家业务关系。欧洲及拉丁美洲的政治家们谦卑地结队于他们门前。一位观察家曾说:"应邀参加他们的宴请就像被国王接见一样。"[1]

40岁的皮博迪非常爱国,但这没有影响他和英国的债权人打成一片。从马里兰州来的其他特派员都失望地踏上归途。此时,皮博迪却为十几个银行家设下盛宴,劝说他们相信美国人并不都是粗俗的骗子。他分辩说只有向美国提供新的贷款才能保证先前所欠债务的偿还——这句可以被信手应用的话后来一再为许多债务国所引用。结果,银行家们不但没有中断对马里兰州的贷款,反而又拨给他们800万美元。正如他的朋友、英国政治领袖乔治·欧文所说:"皮博迪靠自己的脸面借到了这笔钱。"[2]为减少英国人对"见钱眼开"的美国人的偏见,他毅然放弃了马里兰州方面应付给他的60000美元佣金。

皮博迪是个很健谈的人,却不怎么讨人喜欢。他身高六英尺多,淡蓝色眼睛,深棕色头发,脸上布满皱纹,球形下巴,蒜头鼻子,连鬓胡,肿眼泡。如此相貌平平的人竟会创建摩根财团,并使财团成为高雅的公司,其出身于名门望族的合伙人以貌美和时髦著称,这很具讽刺意味。他没有消除早年贫困所留下的烙印,可以迅速地觉察出对方的轻蔑和敌意。和许多全凭刻苦努力摆脱困难的人一样,他很傲气,却没有安全感,总和这个世界格格不入,点数着自己所受的伤害。

皮博迪出生在马萨诸塞州丹弗斯市,只上过几年学。在他只有十几岁时,父亲去世了,皮博迪开始在他哥哥的店里干活,以养活自己的寡母和六个同胞弟妹。后来,他在巴尔的摩和一个有钱的年长的合伙人伊莱沙·里格斯做纺织物生意取得成功,但昔日的情景一直骚扰着他。后来他说:"我从未忘记也永远不会忘记早年历经的贫困。"[3]他积聚钱财,不停地工作,孤芳自赏。

1837年,皮博迪迁居伦敦。一年后,在伦敦穆尔门街31号开了一个商号,办公用具只有一个红木柜台、一只保险箱和几张书桌。他进入了一个由卓越商人银行家组成的圈子。这些人既做织物生意,又为此生意提供资助,于是,他们的商号就成了商人银行。他们完善了批发处理银行业务的形式,远远摆脱了需要银行存折、出纳窗口及支票存款账户的平庸世界。

他们的特长是高额融资，只为各国政府、大公司和有钱人服务。他们为海外贸易提供资金，发行股票和债券，也从事商品交易。普通人根本不可能与乔治·皮博迪做生意，就像他们现在不可能在摩根担保公司、摩根建富公司或摩根士丹利公司存款一样。

通过在伦敦设立商号，皮博迪把美国的旗帜插在异域的土地上。由于其发展必须依赖英国的资本供给，美国常常因本国的经济命运由海外决定而耿耿于怀。正如1833年一位国会议员所说："美国货币市场的晴雨表挂在伦敦的证券交易所里。"[4]皮博迪利用跨越大西洋的资金流动，成了驻伦敦的美国各州债券的主要经手人，这恰恰和当时伦敦各银行往美国派驻代表的流行做法背道而驰。巴林财团资助路易斯安那购地*，且其董事会中总有一位美国人——他们雇用了托马斯·沃德作为其美国代理人，而罗斯柴尔德银行对美国爱恨交加，他们把奥古斯特·贝尔蒙特爵士派往纽约。

皮博迪并未投身于英国，与之融为一体；他机敏地炫耀自己的美国气派，高举着国旗宣扬美国的产品。他宣称乔治·皮博迪公司是"一家美国商号"，他要赋予它"美国氛围——用美国出版的杂志来装点，使之成为美国新闻的中心，并使美国朋友到伦敦来时感到这是一个惬意的地方"。[5]不过，在这种爱国主义的自豪感之中潜藏着殖民地的心态，也许是自卑感，他不断地需要让英国人不要小看了自己，希望驳斥"当时在英国人中几乎已成为笑柄的事实，即没有一家美国商号可以在伦敦长久地支撑其信用"。[6]

在友好的外表下，皮博迪是个孤独的小气鬼。他住在摄政街一家配置了家具的饭店房间里，除了偶尔外出钓钓鱼，他总不停地工作。在整整十二年间，他从未连续休息过两天，平均每天工作长达10个小时。尽管他做了不少关于美国命运的激动人心的演说，可他二十年都没回过国。这二十年里，美国州政府公债券境况不佳，他的人格也随之黯然失色。在19世纪40年代早期的大萧条中，也就是所谓的"饥饿的40年代"，州政府的债券价值从一美元跌到50美分。当美国5个州——宾夕法尼亚、密西西比、印第安纳、阿肯

---

* 美国于1803年以1500万美元从法国手中收购密西西比河流域西半部214万平方公里的土地，是美国历史上最大的土地收购交易。

色以及密歇根——和准州佛罗里达不能按期支付利息时，最糟糕的局面出现了。一些美国的州长联合起来，组成了早期债务人卡特尔*，拒绝还债。直至今日，"罪孽深重"的密西西比州仍无耻地拖欠着。

英国投资者痛骂美国是骗子、流氓和忘恩负义的国度。各州的拖欠还影响到联邦信用。1842年当财政部代理人从华盛顿去欧洲时，詹姆斯·罗斯柴尔德怒吼道："回去告诉他们，你已见到欧洲金融最具权威的人，那个人要你告诉他们，一美元也甭想借到，哪怕是一美元。"[7]悉尼·史密斯牧师讥笑这些美国"乌合之众"说，无论何时，只要他在伦敦的宴会上碰到宾夕法尼亚人，他"都想抓住他，将其撕碎……这样一个人如何能坐在英国餐桌旁，而不感到他欠在座的每个人两三英镑，我想象不出来。他没有权利和诚实的人们一起就餐，就像麻风病人无权和干净人一道就餐一样"。[8]就连查尔斯·狄更斯也忍不住加入了攻击者的行列，他描绘了一场噩梦，梦中吝啬鬼的全部英国资产都转换成了"可怜的美国证券"[9]。

当他深爱的马里兰州拖欠债款时，皮博迪自己着实像做了场噩梦。他说，无论何时碰到英国投资者，他都感到耻辱。英国人对马里兰州和宾夕法尼亚州的拖欠尤为愤怒，因为这两个州居住的是盎格鲁-萨克逊血统的人，他们本来是不应该这么干的。皮博迪将马里兰州债券的大约半数发售给欧洲的个人投资者，这样他成了自己成功的牺牲品。这场骚动产生的直接影响是皮博迪在伦敦成了不受欢迎的人。伦敦《泰晤士报》特别指出，虽然皮博迪是"最清白的美国绅士"，但是改革俱乐部曾投票拒绝他加入，因为他是来自一个拒偿债务的国家的公民。[10]在给一位朋友的信中他沮丧地提到："我相信，你我会看到光明的未来。届时将和从前一样，我可以在欧洲承认自己是美国人，而不必为我们国家的品行而脸红。"[11]

商人银行家们的一个特点就是他们为自己发售的债券作担保。起初，皮博迪只是写信责备巴尔的摩的朋友们，说服马里兰州必须恢复利息偿付。后来，他厌倦了劝说，转而用小账酬谢发表对马里兰州有利报道的记者们。最后，在1845年，他和巴林银行一道促使马里兰州恢复偿还债务。

---

* 以协定形式组成的同盟，卡特尔在19世纪60年代发展成为最早期的垄断模式。

他设立了用于收买政治官员的资金,以扩大恢复还债的宣传,选举同情他们的议员。他们甚至拉拢牧师,就合同的神圣性布道。通过秘密账户的方式,这两家公司转给巴尔的摩1000英镑,巴林兄弟公司出90%,皮博迪出10%。巴林兄弟公司对宾夕法尼亚州也用了同样的策略。最让人吃惊的是,巴林兄弟公司贿赂演说家和政治家丹尼尔·韦伯斯特,请他就债务的偿还问题作演说。银行家们怀着一种躲躲闪闪的内疚情感进行这场卑鄙的活动,而这不是他们喜欢的方式。"你给韦伯斯特先生塞钱的事一旦泄漏出去,将很不光彩。"巴林高级合伙人乔舒亚·贝茨这么告诫贿赂事件的美方中间人托马斯·沃德。[12]贝茨是波士顿人,他冷静且勤快,对他们正在做的事情有些畏畏缩缩。他向沃德坦白说:"对于举一事以成另一事或利用任何诡计和储备金,我都有一种直觉上的恐惧。"[13]

尽管有各种顾忌,他们的密谋终究奏效了:赞成偿还债务的辉格党党员在马里兰州和宾夕法尼亚州皆当选,于是伦敦的银行家重新收到了两个州的还款。[14]皮博迪从来不会忘记他受到的伤害,在后来的慈善活动中,最顽固的债务人——佛罗里达州和密西西比州——被排斥在外。由此看来,利他主义也是有限度的。

皮博迪在19世纪40年代早期买的贬值的州政府债券再次付息,这使他发了一笔大财。后来,当1848年革命的火焰燃遍整个欧洲大陆的时候,与欧洲证券相比,美国证券非常安全。19世纪40年代末,加利福尼亚的淘金热和墨西哥战争抹去了萧条的最后痕迹。此时,皮博迪重新为自己的出生地而自豪。他自视为美国驻伦敦的文化大使,散发一桶桶来自美国的苹果、波士顿饼干及玉米粥粉。

1851年7月4日,他第一次举办独立日宴会,邀请年长的威灵顿公爵做主宾。在维多利亚女王的画像和吉尔伯特·斯图尔特绘画的乔治·华盛顿的肖像下面,驻华盛顿的英国公使和驻伦敦的美国公使轮流举起双柄橡木大酒杯干杯,为在伦敦新水晶宫举办的盛大展览会的开幕祝酒。因国会不向美国的参展者提供资助,皮博迪充当主持人的角色,为赛勒斯·麦考密克的收割机和萨缪尔·科尔特的旋转装置的展示出资。但是皮博迪在7月4日英美友谊的庆典表演,并不都是按照理想的脚本演出的。1854年,皮博迪当着皮尔斯总统的面，向维多利亚女王祝酒——华盛顿人认为这是极大的异端行为——这时，美国驻伦敦大使，后来当了总统的詹姆斯·布坎南愤慨地拂袖而去。

作为驻伦敦的银行家和美国人的向导，他曾在一周内宴请了80位来访的美国人，带着35人去看歌剧。为此，他经常遭遇到英国贵族对美国商业阶层的强烈蔑视。这种倚老卖老的态度，在1853年商船队长范德比尔特到伦敦旅行时尤为明显。这位污言秽语粗俗好色的商船队长，试图向伦敦社交界展示一下美国最富有的人的风采。他携带妻子和12个孩子乘坐自己的装饰华丽、2000吨级的北星号轮船来到英格兰，船上有专人供应膳食，还有医生、牧师。皮博迪护卫范德比尔特一家去海德公园，然后把他们安置在考文特加登剧院自己的包厢里；可同时，英国宫廷却把这位爱讲排场的商船队长拒之门外。

皮博迪在19世纪50年代里积攒了2000万美元的财富，这段时间里他为各种交易提供融资，从与中国的丝绸贸易到向美国出口铁轨等各种交易。尽管他在19世纪50年代早期就为丹弗斯市乡亲建造了一座会堂和图书馆，他把大部分的钱都储存起来，以备应付下一次金融恐慌。随着他可能损失的财富不断增加，他的不安全感也加剧了。1852年，他告诉一位朋友："我有足够的资本（当然是快40万而不是30多万英镑）……但我经历了太多的金融恐慌，虽没受损失，可不是没见过多少巨额资金被席卷一光的场面。即使是我自己的钱，我也必须小心谨慎。"[15]

1854年，朱尼厄斯·摩根成了皮博迪的合伙人。后来摩根谈起一天早晨他发现皮博迪在办公室，风湿病发作，身体十分虚弱。吝啬的皮博迪连一辆马车都没有，总是坐公共马车上班。摩根劝他："皮博迪先生，您患感冒，不该再坚持在这里工作。"皮博迪拿起帽子、雨伞，答应回家去。20分钟后，在回伦敦交易所的路上，摩根发现皮博迪还站在雨里。他说："皮博迪先生，我以为您回家了。""噢，摩根，我是要回家去，"皮博迪回答，"可是只过去了一辆两便士的公车，我在等一便士的车。"[16]此时，皮博迪的银行账户上已激增至100万英镑。

皮博迪的助手托马斯·珀曼十分欣赏职员私下的的报复行为，传下来许多恶毒的故事,使皮博迪因致力于慈善事业而得的光环黯然失色。他讲道,他的老板每天在办公桌旁吃午餐,用的是一个小皮饭盒,他总派勤杂员去给他买个苹果。一个苹果要花一个半便士,皮博迪总给他两便士;尽管每次勤杂员都梦想能得到这半便士的小费,但皮博迪总把剩下的钱要回去。

到19世纪50年代初,皮博迪快60岁了,身患痛风和风湿病。他每年的储蓄额高得令人难以置信,他的年收入为30万美元,而每年只花费3000美元。[17]拥有巨额财富却又罕见地吝啬,他精神转变的时机已经成熟。正如他后来所说:"当病痛袭来时,我意识到自己不是不朽的……我发现生活中有些人热心地帮助贫困的人们,正像我热心想挣钱一样。"[18]

他决定献身于慈善事业时,只有一个难题。作为独裁的银行家,皮博迪从未和别人分享过他的职权。1851年,他极不情愿地让他的办公室经理查尔斯·古奇当了他的低级合伙人,这样当他不在场时,能有人帮助他采取行动。满面愁容的古奇就像鲍勃·克拉奇特,和皮博迪说话时像办事员一样发抖;事实上,他从一开始就是办事员的负责人。在给老板的信中,他开头这样写道:"尊敬的先生,我很少给您写信,因为我知道您不爱读,并且我写的信都是有关不太愉快的事情。"[19]古奇所得到的栽培是终生的顺从和苦役。

按通常的做法,皮博迪会选儿子或侄子来接管自己的事业。大多数商人银行都实行自家人合伙制,只有少数很有才华的局外人参与。可皮博迪是个光棍,他处于一种特殊的情形,必须选择一个继承人,把自己的帝国传给这个陌生人。不过,他总有女人相伴。虽然他不抽烟也不喝酒,却常在暗中享受私通的乐趣。好搬弄是非的珀曼常以皮博迪的布莱顿情妇的故事取悦于摩根公司的人。皮博迪慷慨地付给她2000英镑。在遗嘱中,皮博迪没有给这个女人和她的私生女任何财产。他死后许多年,皮博迪的女儿——托马斯太太——突然出现,缠着摩根公司的人要钱。19世纪末,摩根财团收到她两个儿子提出要求的来信。一个儿子将来要当律师;另一个在牛津或剑桥大学读书。已是古稀之年的珀曼被派去查证这两个人是否有皮博迪的血统。珀曼回来时吃惊地透露:"这两个人的鼻子都和老头长得一模一样。"[20]

至于皮博迪为何把爱情贬入他生活中的暗淡角落，我们不得而知。总的说来，他从事的是狄更斯所谓的"望远镜式的慈善"——对抽象人性的厚爱夹杂着对他熟悉的个人的吝啬。在整个维多利亚世界，事实上除了他不承认的家人和雇员外，在其他任何地方，他都享有慷慨大度的美名。

皮博迪对自己的继承人有明确的要求：爱交际、有家室且有外贸经验的美国人。他的波士顿合伙人詹姆斯·毕比向他推荐自己的低级合伙人朱尼厄斯·斯潘塞·摩根。朱尼厄斯此时已在毕比-摩根公司工作了三年。1853年5月，他携自己的家人访问伦敦，同时带着他儿子约翰·皮尔庞特。皮尔庞特精神亢奋却身体虚弱，当时，他患风湿病刚好，首次接触英国文化，像孩子似的激动不已。他参观了白金汉宫和威斯敏斯特大教堂；在英格兰银行中，他激动地把玩着价值百万英镑的金条；他还去了圣保罗大教堂，聆听礼拜日讲道。与此同时，他父亲与皮博迪谈论生意上的事，皮尔庞特发现这个人"讨人喜欢，却像烟雾一样影影绰绰"。[21]总之，皮尔庞特认为皮博迪是个奇怪、可爱却很贪婪的老家伙。

朱尼厄斯·斯潘塞·摩根个子很高，溜肩，像身体强壮却整日伏案工作的人那样大腹便便。他长着宽宽的脸庞，淡蓝色的眼睛，凸起的鼻子，有力的嘴巴，机智而和蔼，但这魅力的后面却是深深的克制和谨慎。朱尼厄斯总带着一副庄重成熟的神态。他充满疑问的双眼半睁半闭地盯视某物，透露出银行家的机警。他身材魁梧，表情若有所思，像他这种早熟的中年人使年老的金融家们感到很放心。同时代的一位作家说他铁板面孔，确实难以想象出他年轻时无忧无虑的样子。他严肃，做事有条理，且总能控制住自己的感情。

皮博迪请摩根当合伙人，继承他富足的帝国。朱尼厄斯的孙子，小J.P.摩根（杰克）后来叙述他们交谈的情景。

> 皮博迪说："你知道，我坚持不了多久了，但如果你来与我合伙，十年后我将退休，届时会把我的名字和一部分资金留给你，作为你未来发展的开端，如果到那时你还未积攒起一笔可观的资本的话。"

摩根答道:"皮博迪先生,这个提议看上去很好,不过,需要考虑的事情还很多。在查看您公司的账目,对公司的业务和运作方式有个了解之前,我不能给您答复。"[22]

由此可以看出,摩根并没有见钱眼开,而是冷静克制地作出了反应。显然,他看过账簿后非常高兴。公司资本总额45万英镑,业务档次仅次于巴林和罗斯柴尔德。于是1854年10月,他被皮博迪吸收为合伙人,并且搬进老邦德街22号装饰着胡桃木护壁板的总部。合伙人协议声明:公司买卖证券,从事外汇交易,并且经营银行信贷,代理铁轨用铁及其他商品。皮博迪每年给摩根2500英镑作为招待美国客人的开支。这样,一笔财富就给转让出去了,或者在当时看起来是这样。十年后,皮博迪因为慈善事业的缘故被封为圣徒,而朱尼厄斯·摩根只能心痛地回想皮博迪对他的承诺。在皮博迪升为圣人之时,摩根却加入了被皮博迪唾弃的人的行列。

1854年,摩根迁居伦敦,此时和30年代皮博迪强行推销令人痛恨的马里兰公债券时相比,美国银行家的工作就顺利得多了。克里米亚战争期间,美国粮价飞涨,运输粮食的西部铁路迅速发展,导致他们的股票猛涨。铁路的修筑花去巨额资本。内战前的十年中,投资者们投入了10亿美元,是先前任何一项投入的3倍。作为美国铁路债券驻伦敦的主要经销商,乔治·皮博迪公司正好从这最近的猛涨中大赚了一笔。

然而,十年光阴流逝,朱尼厄斯·摩根肯定怀疑过,他把家搬到英格兰来是否是明智之举。皮博迪是个很难处的伙伴,他们两人之间根本不存在真正的友情。这可以从每年摩根回美国时他们两人的通信中看出。这些书信很正式,一板一眼,显然连句打趣的话都没有。摩根会象征性地问一下皮博迪的身体状况,总倾向于博得有疑心的伙伴的欢心。他总称呼"尊敬的先生",信的末尾署名"J.S.摩根",每个字都透着冷若冰霜的尊敬。摩根发现皮博迪是个气量小,好惩罚人的人。他曾向人讲述他的合伙人曾经花半个下午的时间,硬把向他多收费的可怜的出租车司机拉到了警察局。

后来,到了1857年,看起来摩根得不到许诺给他的财富了。随着克里米亚战火的熄灭，小麦价格也随之下跌，这给美国的银行和铁路带来了困难。到10月份，纽约的银行停止支付黄金，美国的代理商也就无法把钱转给伦敦的皮博迪，这使他经营的美国债券的风险突然增加。与此同时，伦敦的投资者们出手美国证券，从皮博迪处转出更多的资金，从而使头寸严重紧张。皮博迪公司快要破产的谣言在伦敦满城风雨，讨厌这个美国老头的竞争对手们幸灾乐祸。摩根猛烈地压低美国证券的价格，并设法私下拉走巴林的客户，这引起了他们极大的不满。

伦敦的主要商号告知摩根，他们将帮助皮博迪公司摆脱困境，前提条件是皮博迪在一年内关掉他的银行。当摩根把这种公然的讹诈告诉皮博迪时，他"像只受了伤的狮子"。[23]皮博迪采取挑战的姿态，谅他们也不敢把他的公司击垮。虽然由巴林银行作保，英格兰银行向乔治·皮博迪公司提供了80万英镑紧急贷款，从而挽救了公司，但喜欢报复的皮博迪却认为巴林银行毫不留情地强迫他支付未兑现的票据，因此，他要求从帮助挽救他公司的银行名单中剔除巴林银行的名字。在阔别美国二十年后，皮博迪刚刚衣锦还乡，就又返回英国，这场事故证实了他固有的悲观看法。在他写给侄女的信中说："我离开你还不到3个月，来时国家繁荣，人民安乐，而今一切只是忧愁和苦恼。"[24]

1857年的恐慌给摩根的儿子皮尔庞特留下了极深的印象。他当时只有20岁，刚开始在华尔街的邓肯-舍曼公司做学徒，不取任何报酬。该公司是皮博迪在纽约的代理商。在杰出的会计、合伙人查尔斯·达布尼的指导下，皮尔庞特学习对分类账进行评估，并探索混乱的美国银行体系的奥秘。自从安德鲁·杰克逊在1832年关闭了第二家合众国银行以后，美国一直缺少一种统一的货币，每个州都有一套单独的银行体系。在很多地方，债务可以用外汇来偿付。皮尔庞特对华尔街还不太熟悉。关于他父亲即将违约的谣言使他感到焦虑，之后，在拜会赛勒斯·菲尔德时，从赛勒斯的办公室里，他又听到英格兰银行帮助解救的消息。后来他之所以能容忍拟议中的联邦储备体系，其原因通常被追溯到英格兰银行对他父亲公司的解救。

对摩根一家人，这次事件是一次大洗礼。受到强烈的震动后，老摩根变得更加谨慎多疑。他现在要求查看在美国的代理行的对账单，即使这种做法会得罪他们。同时，他还唠唠叨叨没完没了地教育自己的儿子，强调做生意时稳健保守的必要性。1857年的恐慌成为许多次训诫的内容。"你是在多事之秋开始商业生涯的，牢牢记住你现在目睹的这一切吧……沉着稳健应当成为每个年轻人的座右铭"[25]，他这样写信给自己的儿子。朱尼厄斯·摩根不屑于与人压价竞争，而是采取罗斯柴尔德和巴林家族那种高高在上、任其自然的态度，他拒绝任何减让利率的条款。"如若我们不能在这种基础上保持账户，我们必须乐于让别人压价抢走我们的生意。"[26]

灾难又接踵而来。和法国的商业银行及德国的全能银行一样，伦敦的许多商人银行也在风险事业中投入股本资金，比如，皮博迪公司曾资助约翰·富兰克林爵士寻找西北部通道的探险活动。不过，该公司最有远见的赌注是在赛勒斯·菲尔德的跨大西洋电缆上投入10万英镑，越洋电缆将把华尔街和伦敦金融城连接起来。1858年8月16日，维多利亚女王第一个使用有线电话和布坎南总统通话。美国人的民族自豪感突然迸发出来，纽约市燃放焰火，欣喜若狂地庆祝，一直折腾了两个星期。皮博迪眉飞色舞地写信给菲尔德道："你现在的心情肯定和哥伦布发现新大陆时一样。"[27]可这话说得太早了。9月份，电缆断裂，这使得公司的股票价格骤跌。皮博迪和朱尼厄斯·摩根一起承担了由此造成的损失。直到八年以后，全套的服务才恢复正常。

尽管从名义上讲，直至1864年皮博迪始终是公司的总管，但是事实上，朱尼厄斯·摩根从1859年起就控制整个皮博迪公司了。乔治·皮博迪的健康每况愈下，于是，在他二十一年的欧洲生活中，他第一次度假。美国内战爆发后，摩根从事联邦债券的买卖，这些债券的价格随每一次战事的结果而涨跌。联邦军队在布尔河被击败后，债券价格锐跌；继而，当联邦军队在安蒂特姆湾阻止住南方联邦的进军时，债券又急速反弹。皮尔庞特通过新斯科舍发出电报，告知其父1863年7月维克斯伯格城陷落的消息，这及时帮助老摩根从美国证券的突然上涨中获利。这种"趁火打劫"般的交易非但不被商人银行家们视为残忍或应受指责，反而成为他们传奇故事中值得炫耀的一页。正如罗斯柴尔德家族的一位成员所吹嘘的："当巴黎的街道上血流成河时，我该买进了。"[28]

虽然摩根对北方佬深表同情，他却没能承担起联邦资金筹措的任务。南方的银行把所有在北方的存款统统取走后，林肯想方设法寻找新的资金来源。随着兰开夏纺织厂与南部棉花种植园主合作的密切，伦敦金融城对同北部做任何大规模的交易都失去了热心。为了支付战争欠款，总统向费城银行家杰伊·库克寻求帮助。库克后来被称为金融界的"P.T.巴纳姆"*。库克的代理人遍布全美，他们以大规模市场证券交易的方式销售战争债券，这在美国是空前的。伦敦的买主中就有乔治·皮博迪和朱尼厄斯·摩根。可是在内战这场重大的军事冲突中，摩根财团因政治局势而受掣肘。这场战争对华尔街的德籍犹太银行家来说，则意味着滚滚的财源。他们从无数同情联邦的德国人手中募集贷款。后来，摩根财团的政治冲动也和有利可图的机会主义完美地结合在一起了。

美国内战期间，乔治·皮博迪从铁公鸡摇身变成了圣诞老人。他曾是典型的冷酷无情的银行家，是个一度只知囤积的人。正如一位同时代人士所说："乔治叔叔（美国人给他的称呼）是世界上最乏味的人之一，除了赚钱以外，他一无所长。"[29]可是这位郁郁寡欢的人突然挥霍起来。他晚年的善行和早期的贪婪一样地没有节制。当他发现自己依然难改吝啬的习惯时，坦白承认道："多少年来含辛茹苦历尽艰难方积攒起这笔财富，要和这些钱分手不是件容易的事。"[30]而他现在这种补偿性的狂捐滥赠耗去了他终生积攒的金钱，他以这种方式净化自己作为美国人的良心。或许皮博迪年轻时为别人做得太多，而成年后又为自己做得太多，他无论做什么事都很投入，并且再一次走向极端。

早在1857年以前，他就开始资助巴尔的摩一所皮博迪学院（不同于后来捐助谨慎并且不留大名的摩根财团，皮博迪总想着在他所捐赠的任何图书馆、基金和博物馆放上自己的名字）。1862年，他开始把15万英镑转

---

* P.T.巴纳姆，美国马戏团经纪人兼演出者，也是现代公共关系活动的开创者。19世纪中叶，巴纳姆为了给他的马戏团活动造势，而雇用报刊宣传员、新闻代理人在报刊上进行的宣传活动，以此来扩大影响。由于巴纳姆的观念和行为代表了当时"报刊宣传活动"的主要特征，所以人们也把这一时期称为"巴纳姆时期"。

给一家信托基金，用于建造伦敦贫民的住宅工程。这些住宅区有煤气灯和自来水，与维多利亚时期伦敦贫民的老式住宅相比有了巨大的改善。这些住宅至今仍遍布伦敦。他还立契转让了哈得逊湾公司的5000股大宗股票用来维持这些住宅区的经费运转。因为这一革命性的慷慨行动，他成了第一个荣膺伦敦荣誉市民的美国人。在伦敦市长官邸举行的一次宴请中，他宣称："我要说今天（的荣誉）是对我五十年商业生涯的谨慎和忧虑的回报。"[31]皮博迪的慷慨行为广为人知，这使他很快地在每个月收到上千封求助信。

在皮博迪生命的最后阶段，他施舍的范围达到惊人的程度：向耶鲁大学捐赠了一个历史博物馆，向哈佛捐赠了一座考古学和人类文化学博物馆，并为南部被解放的黑人设立了一项教育基金。他还拿出密西西比和佛罗里达拖欠的一笔100万美元的债券，给了这项教育基金，希望这两个州有一天能偿还这笔拖欠款，以增加基金的数额。他死后又遗赠给住宅工程一笔钱，使这个项目的总捐款达到55万英镑。皮博迪个人福利了整个国家，赞美他的人在这个原先的小气鬼身上看到了神圣的美德。维克多·雨果说："这个世界上有充满恨的人和充满爱的人，皮博迪属后者。正是在这种人的脸上，我们看到了上帝的笑容。"[32]格拉德斯通说皮博迪"教给人们如何用钱以及怎样才不会做钱的奴隶"。[33]维多利亚女王曾想授予他一个男爵爵位或骑士地位，可皮博迪似乎对这些世俗的乐趣一无所知，谢绝了这番好意。于是女王从温莎堡写了一封短信，肉麻地称赞皮博迪对伦敦贫民的王侯般的慷慨施与，随信寄了一张自己的袖珍画像，像上的女王戴着印度大金刚钻石戒指，还佩有嘉德勋章装饰。[34]

在这个"羽化登仙"的过程中，皮博迪未曾给过朱尼厄斯·摩根任何赠与。1864年，10年协议期满，皮博迪退出公司。按他把摩根吸引到伦敦时许下的诺言，这个低级合伙人获得使用他的名字的权力，还可能得到他的资金。然而，皮博迪却决定将他的名字和资金都一并撤出。或许是因为他新近获得的圣名使他想把自己的名字从金融业中抹去，放到慈善事业的神龛中供奉起来。根据摩根子孙后来的叙述，对摩根来说，"他一生中最失望的事情是当时皮博迪拒绝让他继续使用老公司的名字。"[35]

朱尼厄斯不情愿地将公司重新命名为J.S.摩根公司（直到1910年摩根建富建立）。皮博迪还迫使摩根以苛刻的条件买下老邦德街22号的办公室租借权。小J.P.摩根写道："我爷爷过去总说皮博迪先生在租借价格上对他过于苛刻。"[36]当然，朱尼厄斯·摩根得到了皮博迪分给他的巨额利润，他在十年中挣了44.4万英镑还多。另外，他还继承了这家在伦敦首屈一指的美国银行。这样，他对皮博迪的怨气也平息了不少。

皮博迪1869年逝世，终年74岁。英国政府为他在威斯敏斯特教堂挖好了墓穴，可他的临终遗言"丹弗斯——别忘了丹弗斯"夺走了伦敦留葬其遗体的权利。威尔士亲王，即后来的爱德华七世，在伦敦交易所后面为皮博迪塑像揭幕。想想伦敦金融城的有限空间，这已是很罕见的荣誉。甚至在他死后，皮博迪还在调和英美关系上继续出力。英国人刚建造了令人生畏的战舰——君主号，仅它的体积就让美国人惊恐万状。传闻说，他们将把这艘船开到美国，要求各城市进贡。当时十分年轻的安德鲁·卡内基向英国内阁发了封匿名电报："君主号可能提供的第一项也是最好的服务是把皮博迪的遗体运回老家。"[37]不知是否因为这封电报的缘故，维多利亚女王将皮博迪的遗体放上这艘装甲舰运到美国。船上临时设立了令人伤感的殡仪馆，高高的蜡烛在黑色的棺材上点燃。到了美国，这艘船受到了海军上将法拉格特率领的中队的迎接。皮尔庞特·摩根负责安排葬礼。他设想出威武壮观的仪式：英美两个国家的士兵在金融家的棺后携手行进。

在结束对皮博迪的描写之前，我们不妨提一下1946年摩根财团内部有关他的书信往来。托马斯·拉蒙特，J.P.摩根公司的董事长，向摩根建富公司的高级合伙人比斯特勋爵索要维多利亚女王感谢皮博迪资助伦敦贫民的信的影印件。临死前两年，拉蒙特处于一种怀旧的心态，但比斯特勋爵却偏偏要让轻信的人震惊一下，以此为乐。

尽管众所周知，皮博迪是个大慈善家，我总以为他是世上最小气的人之一。不知您是否看到过他坐在伦敦交易所后面的椅子上的塑像。伯恩斯老先生有一次告诉我金融城为立雕塑募捐，人们几乎没什么热情，结果认捐的钱连做座椅都不够，皮博迪只好自己付这笔钱。我刚来这里时,办公室主任是珀曼先生。我记得当他任职满60年时,我和特迪(爱德华·格伦费尔)在索西宴请全体员工,之后带他们去音乐厅。第二天上午九点钟,珀曼老先生又坐在自己的办公桌边了。他和乔治皮博迪很熟,经常给杰克(摩根)讲很多故事,表明皮博迪如何小气……我总听人说皮博迪退休时宣布把他的钱留在公司里,可马上又改变了主意。我相信他留下了几个私生子,而没有为他们安排任何生活来源。"[38]

— 本章参考文献 —

1. 韦克斯伯格：《商人银行家》（Merchant Bankers），第14页。
2. 霍伊特：《皮博迪的影响》（Peabody Influence），第106页。
3. 查普尔：《乔治·皮博迪》（George Peabody），第26页。
4. 索贝尔：《华尔街的恐慌》（Panic on Wall Street），第41页。
5. 海迪：《乔治·皮博迪》（George Peabody），第360页。
6. 同上，第40页。
7. 伯明翰：《我们的大众》（Our Crowd），第73页。
8. 桑普森：《放债者》（Money Lenders），第61页。
9. 梅金：《全球债务危机》（Global Debt Crisis），第41页。
10. 海迪：《巴林财团》（House of Baring），第309页。
11. 海迪：《乔治·皮博迪》（George Peabody），第264页。
12. 齐格勒：《第六大势力》（Sixth Great Power），第155页。
13. 同上，第154—155页。
14. 海迪：《巴林财团》（House of Baring），第326—327页。海迪：《乔治·皮博迪》（George Peabody），第273页。
15. 海迪：《乔治·皮博迪》（George Peabody），第306页。
16. 拉蒙特：《跨越世界边缘》（Across World Frontiers），第19页。
17. 查普尔：《乔治·皮博迪》（George Peabody），第22—23页。
18. 帕克：《乔治·皮博迪》（George Peabody），第14页。
19. 皮尔庞特·摩根图书馆老J.P.摩根资料，查尔斯·古奇给乔治·皮博迪的信，1856年10月31日。
20. 皮尔庞特·摩根图书馆小J.P.摩根资料，小J.P.摩根回忆录，第9—10页，插页A。
21. 皮尔庞特·摩根图书馆老J.P.摩根资料，日记，1854年10月2日。
22. 皮尔庞特·摩根图书馆小J.P.摩根资料，小J.P.摩根回忆录，第4—5页。
23. 卡罗索：《摩根人》（Morgans），第64页。
24. 查普尔：《乔治·皮博迪》（George Peabody），第21页。
25. 卡罗索：《摩根人》（Morgans），第64页。
26. 同上，第110页。
27. 卡特：《赛勒斯·菲尔德》（Cyrus Field），第162页。
28. 《纽约时报》（New York Times），1987年10月21日。
29. 帕克：《乔治·皮博迪》（George Peabody），第93页。
30. 查普尔：《乔治·皮博迪》（George Peabody），第24页。
31. 摩根建富：《乔治·皮博迪公司》（George Peabody & Company），《J.S.摩根公司》（J.S.Morgan & Co.）；《摩根建富公司》（Morgan Grenfell & Co.），第5页。
32. 帕克：《乔治·皮博迪》（George Peabody），第8页。
33. 查普尔：《乔治·皮博迪》（George Peabody），第43页。
34. 摩根建富：《乔治·皮博迪公司》（George Peabody & Co.），《J.S.摩根公司》（J.S.Morgan & Co.）；《摩根建富》（Morgan Grenfell & Co.），第4页。
35. 皮尔庞特·摩根图书馆小J.P.摩根资料，小J.P.摩根回忆录，第7页。
36. 同上，第12页。
37. 卡内基：《自传》（Autobiography），第270页。
38. 马萨诸塞州剑桥哈佛大学贝克图书馆汤姆·拉蒙特资料，第112箱，13卷，维维安·休·史密斯的来信。1946年12月17日。

第二章
波洛涅斯*

爱默生说过:"一个机构是一个人影响力的延伸。"如果的确如此,那么在摩根财团,这个具有影响力的人就是朱尼厄斯·斯潘塞·摩根。他的家训给儿子皮尔庞特打下了深深的烙印,经一个世纪,汇集成了摩根哲学。他是个严厉苛刻的父亲,儿子感到头疼,银行也对他大伤脑筋。他又极为强硬固执,只有他的儿子在回忆起来,才敢说他仅仅是"J.皮尔庞特·摩根的父亲"。正如一位记者所说:"摩根家族的人一向信奉绝对专制。朱尼厄斯·摩根在世时一直支配着自己的家庭和事业——包括他的儿子和合伙人。"[1]朱尼厄斯巨大的影响力控制着他儿子的生活,直到1890年他去世。

朱尼厄斯沉稳冷静,不事炫耀。他聪明而不外露,态度和蔼,却奉行铁的纪律。朋友乔治·斯莫利很欣赏他的"庄重坚强,英俊潇洒",也喜欢他"熠熠闪光的眼睛",但是"他的下巴绷得紧紧的,一脸坚韧"。有时,这张铁石面孔也会松弛下来,可是让人难以觉察。"有一两次我看他发火了,也只不过是突然闭嘴不说话,克制一下心情罢了。"[2]朱尼厄斯情绪失控时仅此而已。

---

* 莎士比亚悲剧《哈姆雷特》中饶舌自负的御前大臣,奥菲利亚和雷欧提斯之父。

乔治·皮博迪暴露出早年饱尝贫苦的创伤，而继承了大笔遗产的朱尼厄斯·摩根则风度翩翩，举止文雅得体。摩根家族是美国巨富之一，拥有足以炫耀的门第。他们可不是从贫困中挣扎出来的，也用不着以后来赢得的尊重，为拓荒中攫取的血腥钱财加上合法的色彩。19世纪早期他们就很富足，享受着几代人积聚下来的财富，颇感安泰。他们家境殷实，举止文雅，不像范德比尔特家族那样会遭到欧洲贵族的排斥。在摩根家族里，很难找到那种贫穷愚昧、早年受苦受难、后来大富大贵的人。摩根家族出的人物，往往是社会秩序的卫士，他们的恶习皆因生活过于舒适，而且全然不知普通人的疾苦，这决非巧合。

摩根家族在美国的第一代人是麦尔斯，他从威尔士迁移到马萨诸塞州斯普林菲尔德市的那年，正是"五月花"号在普利茅斯登陆十六年之后。迈尔斯靠经营农场和与印第安人打仗而发财致富，为摩根家族几代人积累了大片土地。在美国革命时期，他的后代约瑟夫·摩根曾和华盛顿将军的军队对抗。1871年，约瑟夫卖掉了在马萨诸塞州西斯普林菲尔德的农场，搬到康涅狄格州哈特福德市，后来那里成了摩根家族的故乡。约瑟夫鼻子俊俏，双目睿智，风度翩翩。他唱诵赞美诗，传播福音，赞助哈特福德市新的博物馆——瓦兹瓦斯博物馆，以后摩根家族的人都像他一样。在做商人这方面他的子孙如出一辙：他买下一条公共马车线和咖啡交易商行的房子，靠这份产业他组建了埃特纳火灾保险公司。后来他又建了城市饭店，投资了运河和轮船公司，开办了一家银行，并帮助筹建哈特福德和纽黑文铁路，但是后来，铁路上可怕的火车残骸也困扰着约瑟夫的子孙。他所做的这一切都表现出了摩根家族执拗的办事风格。1835年12月，华尔街地区的一场大火烧毁了六百多座建筑物，约瑟夫由此发了一笔横财。作为火灾保险公司的创始人，他坚持让公司尽快付给客户赔偿金，甚至不惜全数购入那些不愿偿付的投资者所持的股本。约瑟夫·摩根以行动迅速为公司在华尔街赢得了声誉，后来使公司的保险金提高到原来的三倍。

约瑟夫的妻子萨拉遗传给摩根家族奇特的眼睛——胆怯、忧怨而炽烈。年轻的皮尔庞特就长着这么一双眼睛，闪着那种著名的逼人的光芒。萨拉是双下巴，蒜头鼻，摩根家族的贵族脸庞也因她而添了几分乡下人的浑圆。

1836年，约瑟夫给儿子朱尼厄斯在哈特福德的豪马瑟织物店买了合伙股份。同一年，朱尼厄斯与波士顿老霍利斯街教堂约翰·皮尔庞特牧师的女儿朱丽叶·皮尔庞特结婚。1837年，他们的儿子约翰·皮尔庞特出世了，摩根和皮尔庞特两家的结合在这个婴儿身上组成了不可思议的基因。约翰·皮尔庞特是个诗人、传道士和激进的废奴主义者，他和威廉·劳埃德·加里森及亨利·沃德·比彻都是好朋友。他的脸棱角分明，头发乱蓬蓬的，对摩根家族美国佬的商人价值观念嗤之以鼻。他来自一个传统的新英格兰家庭，经商很不成功，但性情浪漫，富于虔诚的献身精神。他曾和波士顿的教区居民在公众场合激烈地争吵过，因为说了"婊子"这个词被人指控"道德败坏"。[3]由于教堂的地窖租给了当地的酒贩子，教民们才发现他对于禁酒的观点简直是大逆不道。据说在那次激烈的争论中，皮尔庞特牧师高耸的鼻子涨得通红，以后他外孙的鼻子也曾那样涨得通红。很可能是由于皮尔庞特牧师的遗传，摩根家族的后世有些深藏的浪漫主义和道德主义的色彩，难怪摩根家族自认为是华尔街举足轻重的人物，他们还吸引了不少传道士和教师的儿子。

1847年约瑟夫死时，留下了100多万美元的财产。四年后，朱尼厄斯把他在豪马瑟的股本兑成约摸60万美元现金，然后搬到波士顿寻求更大的发展。他在重组的毕比-摩根公司当合伙人。这是波士顿最大的商务公司，朱尼厄斯在全球范围内展开业务，从波士顿港用快轮出口棉花和其他货物，以及融通资金。正是在波士顿，他引起了乔治·皮博迪的注意。

到这个时期，朱尼厄斯的儿子皮尔庞特已经显出性格的多重性了。从一方面看，他是个纯粹的"经济人"。还是个孩子的时候，小皮尔庞特一周只有25美分的零花钱，他把买糖果和橘子的钱都一笔一笔细细地记在账上。12岁时，他让人看他的哥伦布登陆西洋片要收费。他是个热情洋溢的少年，但是动不动就发脾气，情绪说变就变。他脸上常起皮疹，这总让他忸怩不安。他的少年时代就是在头疼、猩红热和莫名其妙的精神烦躁的不断困扰下度过的。也许因为皮尔庞特桀骜不驯的脾气和朱尼厄斯沉稳的性格反差强烈，朱尼厄斯对他的儿子极为担心。他开始以强硬的意志来改造皮尔庞特，教导他在语法学校结交的同学应该"是规规矩矩的人，会给你好的影响"。[4]这种波洛涅斯般的声音叨叨了几十年。

随父亲迁居波士顿后，皮尔庞特上了那里的英语中学，直到1854年毕业。但皮尔庞特不幸患了很严重的风湿病，1852年他去亚速尔群岛疗养了几个月才恢复，痊愈后他成了瘸子。以后的日子里，由于种种疾病，他每月都得有几天卧床养病。他实在是个非常矛盾的人，有时候病恹恹的，有时候精力勃发，耗尽之后又得卧床休息。

皮尔庞特早就在他父亲的生意计划中有了安排。朱尼厄斯知道巴林和罗斯柴尔德公司基本上以家族企业的方式经营，精心教导他们的儿子，以继承各自的产业。事实上，罗斯柴尔德族徽上的五根箭是为了纪念派往欧洲王国首都的五个儿子。英国经济学家兼记者沃尔特·巴杰特说道："银行家的事业是代代相传的；银行的信誉以父传子；代代相传的财富产生了代代相传的高雅风格。"[5]既然商人银行家为外贸提供融资，其票据在遥远的地区也必须一见即能承兑，所以一提起银行家的名字，就必须给人以信赖感。正如20世纪汉布罗斯银行的董事长所说："我们的任务就是优生优育。"[6]家庭结构也能保住银行的资本。

除了萨拉、玛丽和朱丽叶三个姐姐之外，皮尔庞特还有个小弟弟小朱尼厄斯，大家昵称他"大夫"，1858年，他才12岁就死了。因此朱尼厄斯·摩根的勃勃雄心就全部寄托在皮尔庞特这个唯一幸存的男性继承人身上了。为此，朱尼厄斯让他接受绅士教育。为了让皮尔庞特能讲流利的外语，并锻炼他进行全球贸易，1854年，朱尼厄斯把他送进日内瓦湖畔的一所寄宿学校——希利学院。1856年，又把他送入哥廷根的德国大学，在大学学生俱乐部里，皮尔庞特感受到了朋友间坦坦荡荡的忠诚和友谊。他是个时髦的花花公子，偏爱圆点花纹的马甲、色彩艳丽的围巾和格子裤。因为脸上的疹子已使他感到很不自在，他从不参加学生中盛行的决斗，怕毁了自己的脸。

皮尔庞特一生中几乎从未对推理表现出智力上的好奇或偏爱，在格丁根他学得最好的是数学。在他狂傲和粗野的孩子气的外表下，却有一颗钟情于艺术的心。他还搜集总统和名人的亲笔签名，搜集在教堂院子里找到的彩色玻璃碎片。后来这些碎片嵌入了他的著名图书馆的西厅窗户上。

朱尼厄斯·摩根很为儿子的坏脾气发愁，他向朋友们诉苦说："我简直不知道怎么对付皮尔庞特。"[7]他说这孩子需要"管教管教"，想方设法给他灌输强烈的责任感。[8]皮尔庞特21岁时，朱尼厄斯告诉他说："如果我不中用了，你是家里唯一一个可以想办法、拿主意的人……我想让你牢记，你必须准备担起这些责任——要时刻挂在心上，无论什么时候责任落到你肩上，你都要准备好承担并履行这些责任。"[9]对年轻人来说这的确是分量不轻的训诫。

在1857年大恐慌时期，皮尔庞特开始在邓肯-舍曼公司工作，尽管还不太稳定，但已经表现得非常成熟了。1859年去新奥尔良时，他不经授权就性急地搞了一次投机生意。他押上公司的资本，将运到岸却没有买主的一整船巴西咖啡全部买下，并迅速脱手赚了笔钱。这件事头一次证明了他极为自信，令邓肯和舍曼两位老人大为惊讶。但也许正是因为这件事情，公司拒绝让皮尔庞特做合伙人。1861年，他跳出公司，和表兄詹姆斯·古德温在交易区54号合伙成立了J.P.摩根公司。24岁时，他已经是乔治·皮博迪公司在纽约的代理商了（这个J.P.摩根公司存在时间不长）。这个时期的照片表明皮尔庞特已经摆脱了少年时的轻浮。当时他英俊强壮，留着两撇胡子，嘴唇丰满，目光炯炯。他显出一刻也不得闲的样子，不像父亲那样镇静自若。

皮尔庞特在纽约的一项重要任务就是给父亲提供政治和金融情报，商人银行需要政府融资和客户公司信贷方面的资料，并且对这些信息特别重视。罗斯柴尔德家在福克斯通有一群很出名的信鸽和一队信船。塔列朗的悲叹尽人皆知，他说："早在斯图尔特勋爵的急件到达10至12小时前，罗斯柴尔德已经把什么事情都通知给英国财政部了。"[10]

皮尔庞特开始给父亲写长信，概述美国的政治经济状况，到拿骚街去寄出。他每星期二、五晚上写这些报告。三十三年来，朱尼厄斯不仅反复阅读这些信件，而且把它们扎起来放在书架上，像保存圣物一样。不知是因为他不如父亲那么情感丰富，还是信的内容使他惊恐，1911年，父亲去世二十一年后，皮尔庞特把信付之一炬。

三十三年间，朱尼厄斯和皮尔庞特虽然远隔千里，但关系密切。他们想方设法抽出时间生活在一起：每年秋天朱尼厄斯都到美国去，最长住3个月；每年春天皮尔庞特按惯例去伦敦探望父亲。但是一年中总有其他日子不在一起，这只能加深朱尼厄斯的忧虑，他实在没办法驯服性格倔强的儿子。他无休止地教导儿子，运用各种各样的格言。即使是皮尔庞特生活中细小的方面，他也绝不忽略。他告诉儿子："你吃饭太快了，再这样下去，身体要垮了。"[11]

内战期间，皮尔庞特的性急鲁莽更加深了父亲的忧虑。在华尔街疯狂投机牟利时，1861年皮尔庞特也出钱做了笔交易，虽然不算草率，但很明显没经过充分的判断。一个名叫阿瑟·伊斯门的人买了市政府5000支过时的卡宾枪，储存在纽约的一个政府军械库里，每支3.50美元。皮尔庞特给一个叫西蒙·史蒂文斯的人贷款20000美元，他以每支11.50美元买了这批枪。史蒂文斯在光滑的枪膛内设置了来福线，提高了枪的射程和精确度。他又以每支22美元的价格把这批枪卖给了当时的密苏里联邦军队总司令约翰·弗里蒙特。仅3个月时间，政府就以6倍于原价的价格买回了自己的、现已改制的来福枪。而这都是由皮尔庞特·摩根出钱办的。

关于皮尔庞特在政府卡宾枪事件中该受多重的谴责，人们一直争论不休。但有一点是毋庸置疑的，他把内战看成挣钱的好机会，却不想为国效劳。尽管当联邦军队驻扎在波托马克河时，他的外祖父皮尔庞特牧师当了随军牧师，给他树立了一个榜样，葛底斯堡战役后皮尔庞特应征参军，他也像其他富家青年一样，付300美元找了个替身。这种做法不公平，但很普遍，助长了1863年7月的征兵暴乱（后来当了总统的格罗弗·克利夫兰，有寡居的母亲要赡养，也雇了一名替身）。后来皮尔庞特还幽默地称他的替身是"另一个皮尔庞特·摩根"，他一直资助这个人。战争期间，在威廉街和交易区角落臭名昭著的"黄金屋"里，他也置身于疯狂的投机活动中。物价随联邦军的每一次胜利或失败而涨落。皮尔庞特和一名助手用一艘汽船运走一大批黄金，设法操纵了市场。这一过程他挣了16万美元。

如果说皮尔庞特是被乱世中的华尔街腐蚀了，他也有出人意料地心软的时候。1861年，也就是政府卡宾枪事件那年，24岁的皮尔庞特狂热而真诚地爱上了阿米莉亚·斯特奇斯（咪咪）。她是个虚弱的女孩，长着鹅蛋脸，头发中分，皮尔庞特认识她两年了。她的父亲是哈得逊河艺术学校的赞助人，母亲是个出色的钢琴家。皮尔庞特和咪咪在她家东十四大街住处结婚的时候，咪咪已经到了肺结核晚期。皮尔庞特得把咪咪背下楼来，在婚礼中一直扶着她。客人们在远处透过一扇敞开的门目睹了这幅动人的画面。婚礼后，皮尔庞特背着新娘上了一辆等候他们的车。

他们的蜜月十分感人，甚至有些古怪。皮尔庞特带着咪咪游遍了地中海温暖的港口，一心希望她能恢复健康。4个月后咪咪在尼斯病故，皮尔庞特痛不欲生，他对咪咪的深深爱恋从未消退。后来他买了生平第一张画，画着一位濒死的年轻女郎，他把它挂在壁炉上的一个显眼的位置。与咪咪的情感经历或许给了皮尔庞特以错误的教训——他怕自己感情迸发，觉得必须压制自己根深蒂固的浪漫情怀。摩根家族的人虽然外表严峻，但一直是多愁善感的。他们在公共场合含而不露，私下里感情却相当炽烈。五十年后，皮尔庞特在遗嘱中赠款10万美元，盖了一座肺结核病人疗养院，名叫阿米莉亚·斯特奇斯·摩根纪念馆。就连他的儿子杰克也认为对咪咪的纪念很神圣，只能低声地谈论。

看到儿子行事如此鲁莽，择偶又如此让人吃惊，朱尼厄斯下决心要把儿子的生活掌握在自己手中。皮尔庞特和朱尼厄斯·摩根之间是完全可以互相信赖的，但两人的意志也有激烈的冲突。1864年，朱尼厄斯特意安排27岁的皮尔庞特和年长他30岁的查尔斯·达布尼成立了一家新公司，即达布尼-摩根公司，这个公司是朱尼厄斯在纽约的代理机构，资金由他提供。他保留公司发放信贷和选择客户的最后控制权。朱尼厄斯希望达布尼能潜移默化地影响皮尔庞特，以后的二十六年中，朱尼厄斯一直在儿子身边设置着这样一位稳健的父亲的形象。

皮尔庞特的个人生活也步入了正轨。1865年5月，他娶了弗朗西丝·路易莎·特雷西——大家叫她范妮。她的父亲查尔斯·特雷西是一位成就斐然的律师，后来为皮尔庞特处理法律事务。范妮身材修长，容貌俊秀，嘴唇像玫瑰花蕾般美丽。她的雅致的手套和耳环颇有品味，看起来十分温和高雅。如果说咪咪使皮尔庞特短暂地痴狂，那么弗朗西丝则让他恢复理智。但是皮尔庞特对咪咪魂牵梦萦，而与范妮的"现实"婚姻最终失败了，给两人都造成了巨大的痛苦。皮尔庞特对爱情的渴望一直得不到满足，积聚多年，终于只能寻找发泄情感的其他出路，而且说来难听，发泄"途径"还不止一个。

朱尼厄斯和皮尔庞特这对摩根父子联袂出现在世界银行业舞台之时，正值银行业的力量急剧扩张之际。我们称那个时代为"领主时代"。这一时代适逢铁路业和重工业的兴起，新兴产业所需的资金远远超过了最富裕的个人或家庭的财力。然而，面临如此巨大的资金需求，金融市场还限于当地，而且规模有限。银行家配置经济稀缺的信贷。只要有银行家的批准认可，就可以使投资者消除疑虑，相信某个名不见经传的公司是可靠的——因为当时政府尚无机构来管理证券发行和募资说明书——银行家就深深地参与到公司的经营之中。公司于是渐渐与银行家联合起来。例如，纽约中央铁路后来就被称作摩根铁路。

在工业革命的这一时期，各大公司蓬勃兴起，但极不稳定。在狂热的增长中，许多行业都掌握在肆无忌惮的推销商、骗子和股票操纵者手中。即使是有远见卓识的企业家也常常缺乏必要的管理技术把他们的奇思妙想转化为民族工业。当时还没有专职的管理人员。银行家得给证券做担保，要是公司欠债不还，他们往往得自己经营公司。随着领主时代的继续发展，金融和商业之间的界限逐渐模糊起来，这种情况一直持续到大部分工业脱离了银行家的控制。

由于对公司有着如此的影响力，主要的银行家像接受雇民供奉的领主一样，养成了一种居高临下的作风。他们依一整套惯例进行经营，我们后来把这套惯例叫作"绅士银行家准则"。摩根财团不仅把这一准则从伦敦带到了纽约，而且在20世纪很长的时期内一直严格地执行。根据这一准则，银行并不设法寻找生意或寻求客户，而是等客户拿着一应俱全的介绍信找上门来。银行不开设分行，也不接手新公司，除非它们和前一家银行清了账。其主旨不是竞争，至少不是过于公开地竞争。这意味着不大肆宣扬，不搞价格竞争，也不挖其他公司的客户。这样的安排有利于根基扎实的银行，而使客户处于从属附庸的地位。然而这是一种藏而不露的竞争——一片剑未出鞘的天地——不是什么卡特尔，尽管常常看起来是这样。表面的温文尔雅蒙蔽了许多批评家，使他们看不到银行之间潜藏的险恶关系。

银行家们对主权国家发号施令，决不亚于对工业的颐指气使，而国家就像公司一样有他们的"传统的银行"。本杰明·迪斯雷利就曾经描述过"那些权限无边的贷款商，有时君王和帝国的命运都得仰赖他们发出的贷款许可"；[12]拜伦的一对排偶句描绘他们的"每笔贷款……或撑起一国，或倾覆一君"。[13]银行家之所以获得这样的权力，是因为许多政府在战时缺乏完善的税收机制支撑战争开支。在经济管理作为一项政府职责被建立起来之前，商人银行使着政府代理财政部门或中央银行的职能。伦敦的银行并不用自己的资金去放款，而是组织大规模的债券发行。他们通过与政府紧密合作，获得了半官方的地位。约瑟夫·韦克斯伯格提到商人银行时说："它们在政治与经济的边缘地带运营。"[14]摩根财团后来声称这个领域是他们的。这个领域还非常有利可图，因为银行家也要为主权国家管理外汇交易，并为债券付出红利。

任何一个伦敦望族都可以展开一卷煌煌的国家贷款记录。在圣斯维辛巷的住所里，罗斯柴尔德家族资助了威灵顿的半岛战役和克里米亚战争。一条尽人皆知的俗语说，罗斯柴尔德家族的财富导致许多国家的瓦解。1875年，莱昂内尔·罗斯柴尔德筹备了400万英镑的融资，使英国从法国手中夺取了苏伊士运河的控制权，迪斯雷利曾笑着向维多利亚女王表示："女王陛下，我认为罗斯柴尔德这样的家族越多越好。"[15]

除了资助路易斯安那购地以外，巴林家族还在滑铁卢战役之后资助法国偿还战争赔款，这促使黎塞留公爵写下这样精彩的赞美之句："欧洲有六强：英格兰、法兰西、普鲁士、奥地利、俄罗斯和巴林兄弟。"[16]1845年，爱尔兰土豆歉收，皮尔政府利用巴林家族的贷款购买美国的粮食和印度的粗面粉以赈饥荒——即所谓的皮尔救济粮。在美国内战期间，巴林是俄国、挪威、奥地利、智利、阿根廷、加拿大、澳大利亚和美国的代理银行。由于做了这些努力，主教门街8号的显贵们在19世纪末被授予4个贵族爵位——阿什伯顿、诺思布鲁克、雷维尔斯托克和克罗默。

为什么商人银行会掌握如此出色的管理国家事务的本领？作为私人合伙公司，这些小银行不会受到储户或持股人的窥探，可以不惮于持有政治偏见。它们不必接受外部审查，一贯谨慎的作风使它们成为最理想的外交渠道。因为是给外贸进行融资，他们比那些在商业大街的银行家们更具国际眼光，因为那些银行家主要为英国工业融资，大多与店主打交道。

对于罗斯柴尔德和巴林家族的这一精英世界，朱尼厄斯·摩根心向往之——这一世界至今还把美国人拒之于外。皮博迪去世之后，朱尼厄斯需要采取敢作敢为的惊人之举，以跻身于维多利亚时代融资的前列。做中国茶或秘鲁鸟粪生意，或向商船队长范德比尔特出售铁轨，只能赚取有限的利润。朱尼厄斯已经快60岁了，随着财富的增加也渐渐长胖了。他相貌堂堂，有6英尺高，额头高耸，眉毛浓密，目光炯炯。作为萨维尔街定做裁缝店的早期的美国赞助人，他穿着普尔裁缝店款式老派的西服。

皮博迪去世后，朱尼厄斯急需补充资本金，与罗斯柴尔德和巴林家族相比，他的资金还是相当不足。但他对自己做的业务十分挑剔，也知道必须谨慎。他曾告诉皮尔庞特："如果一项行动会引起世界的注意，又有可能被提出质疑的话，那么在任何情况下都不要轻举妄动。"[17]

1870年，朱尼厄斯对政府融资的好机会来了。9月，普鲁士军队在色当打败了法国军队，活捉法王拿破仑三世，并围攻巴黎城。法国的政府官员宣布成立共和国，然后撤退到图尔，成立了临时政府。普鲁士宰相奥托·冯·俾斯麦想在外交上孤立法国。当法国官员们到伦敦寻求融资时，俾斯麦搞了一次宣传运动，叫嚣说德国取胜将让法国拒付借款。

难得的机会摆在有魄力的银行家面前。资金充足的法国在本世纪很少像这样需要向外筹资。巴林家族已经向普鲁士发放了贷款，不想因与法国有交涉而破坏与普鲁士的微妙关系；罗斯柴尔德家族则认为法国胜利无望。英国伦敦金融城因墨西哥和委内瑞拉的债务拖欠而焦头烂额，没有人敢冒大风险发放国外贷款。朱尼厄斯闯进来了，他决定向法国发放1000万英镑、相当于5000万美元的银团贷款。法国人也希望如果用一位美国银行家，他们就更可能购买美国的武器。

向法国贷款一事显示了朱尼厄斯在冷漠的神态后隐藏着激流勇进、敢于下注的敏锐眼光。这是朱尼厄斯创牌子的一笔生意,罗斯柴尔德出于道义派出了信鸽,给朱尼厄斯锦上添花。为支持法国,朱尼厄斯必须对付俾斯麦。他一直在暗中打探俾斯麦的一举一动。后来发现法国财政部长的私人秘书是德国间谍,他每天向俾斯麦提供交易情况的报告。由于朱尼厄斯不会讲法语,又不盲目行事,他从法国请来女婿,后来成为合伙人的沃尔特·海斯·伯恩斯当翻译。朱尼厄斯坚持每份法语文件必须有相应的认可译文。

当时欧洲融资方面的一项创新正在增强银行家的权力——辛迪加,银行的精英集团以法语所称的"大银行"来运作。这些银行并不单独发行债券,而是把资金集中起来,共担承销债券的风险。摩根牵头的辛迪加以85点出售债券,以反映法国贷款的巨大风险,这比票面价值低15点——而以后债券将按票面价值兑回。折扣这么高是为了吸引还在观望的公众购买债券。法国人觉得这种贬低他们的条件是在对他们敲诈勒索,他们认为这些条件只适合秘鲁或土耳其这样的国家。但朱尼厄斯并没有夸大风险,1871年1月巴黎陷落后,又发生了巴黎公社革命,债券从80点降到55点,朱尼厄斯不顾一切地购买债券扶稳价格,几乎把自己都搭进去了。这对一个常告诫皮尔庞特行事要谨慎的人来说实在是太奇怪了。他把自己公司的未来都押上,孤注一掷。

无论风险如何,一个美国人想像罗斯柴尔德那样摆大架子,拿这么一笔巨额资金做游戏,未免太轻率鲁莽了。这笔贷款从头至尾都充满了戏剧性。一部摩根担保公司的简史,至今还因这样一个激动人心的插曲而扣人心弦:"巴黎和伦敦之间的部分通信是由一队信鸽完成的。几只信鸽带着内装薄纸文件的胶囊,飞完了全程。有个很大的文件包裹是用气球从巴黎运往伦敦的!"[18]有些信鸽显然是被饥饿的巴黎人打下来吃了。法国政治家因此在讨价还价的关键时刻一片茫然。

战争结束以后,战败的法国没有像俾斯麦预料的那样拒还贷款。1873年,法国人就按债券面值,即100,提前偿还了债券。皮博迪和他在马里兰的债券又给朱尼厄斯带来了一笔意外的横财。法国贷款他净赚150万英镑之多。公司的资本大大增加了，他也跻身于政府融资的前列。J.S.摩根公司的大名于是常出现在报纸的"募资碑铭广告"上（这些广告得此雅号，显然是因为这些广告栏呈长方形，而且排在报纸的讣告版）。

乔治·斯莫利说，由于1870年的法国贷款，他的朋友朱尼厄斯从一个卓有成就的普通人一跃成为伦敦金融界巨子。他对朱尼厄斯在那个时候的印象是很说明问题的。一方面朱尼厄斯对自己的成功表示谦虚，笑而不谈。他说他研究了自1789年以来的十二届法国政府，"没有一届政府曾经否认或怀疑其他任何一届政府所签合同中任何一项金融义务的效力。法国一贯的金融信誉是不会被破坏的。"但斯莫利可没有被他若无其事的样子蒙住。他注意到"他说话时眼里闪着光，这说明他并不是对自己的成功无动于衷。为什么他会这样呢？人们当时认为，现在也一直认为，这个事件是伦敦金融史上的一件大事。"[19]

朱尼厄斯逐渐成为在伦敦最富裕的美国银行家，他的一切也随之变得高雅华贵起来。他住在王子门街13号骑士桥宅邸里，这是一座新古典风格的五层楼，面对海德公园的南端。摩根一家显得十分尊贵。家中有男仆伺候，摩根家穿着晚礼服进餐，晚餐后是法国波尔多红葡萄酒和哈瓦那雪茄。这里还十分虔奉宗教，每天早晨朱尼厄斯会让仆人们排成一行做晨祷。因循商人银行的传统，朱尼厄斯闲来也搞搞艺术品收藏，儿子在城里时经常和他去逛画廊。朱尼厄斯的朋友们说他的家像个博物馆，墙上装饰着16世纪的西班牙绣品，拱顶镶银，还收藏着许多雷诺兹、罗姆尼和庚斯博罗的油画。

在七英里以外伦敦郊区的罗汉普顿，朱尼厄斯买下了多佛尔庄园，占地92英亩，有连绵起伏的草坪，一直延伸到泰晤士河畔。这是一个微型王国。庄园的牛奶房流淌着新鲜的牛奶和奶油，温室里繁花盛开，园工们照管着草莓圃，孩子们在游戏场荡着秋千。多佛尔庄园充满田园风光，条理井然。树木间距一致，草坪修剪得十分平整。在1876年的一张照片上，朱尼厄斯戴着圆顶硬礼帽，穿着三件套西服正在打网球，他像抓一只大棒似的抓着球拍，与消遣娱乐的背景显得不大和谐。他定期去野外打打雉鸡，显显贵族气派。

朱尼厄斯高大、和蔼而自信，和他妻子朱丽叶·皮尔庞特·摩根搭配成很古怪的一对。她身材矮小，相貌平平，体态丰满，但她身体越来越弱，常常疑心自己得了什么病。因为经常想家，她总会乘船回纽约和皮尔庞特住一阵子。丈夫青云直上,成为伦敦的一个权贵，身体也健康强壮，朱丽叶却越来越虚弱和孤僻。晚年她久病不愈，经常蛰居在楼上的卧室里。她似乎患上了某种早衰症。他们的儿子皮尔庞特的生活竟也重现了妻子体弱多病、丈夫独断专行的模式。以后的岁月里，这种无以示人的悲伤与孤独一直困扰着成功辉煌的摩根家族。

— 本章参考文献 —

1. 穆迪和特纳：《美国的资本支配者》（Masters of Capital in America），第7页。
2. 斯莫利：《英美回忆录》（Anglo-American Memories），第219页。
3. 惠勒：《皮尔庞特·摩根和他的朋友们》（Pierpont Morgan & Friends），第62—63页。
4. 卡罗索：《摩根人》（Morgans），第29页。
5. 韦克斯伯格：《商人银行家》（Merchant Bankers），第33页。
6. （伦敦）《商业》（Business），1986年4月。
7. 休斯：《关键的少数》（Vital Few），第410页。
8. 琼·斯特劳斯：讲演稿。皮尔庞特图书馆。
9. 卡罗索：《摩根人》（Morgans），第84页。
10. 扬：《商人银行家》（Merchant Bankers），第25页。
11. 辛克莱：《海盗号》（Corsair），第17页。
12. 齐格勒：《第六大势力》（Sixth Great Power），第138—139页。
13. 韦克斯伯格：《商人银行家》（Merchant Bankers），第9页。
14. 同上，第197页。
15. 《财富》（Fortune），1930年2月。
16. 齐格勒：《第六大势力》（Sixth Great Power），第85页。
17. 卡罗索：《摩根人》（Morgans），第84页。
18. 欣顿、迈耶和罗德：《论摩根银行》（Comments about the Morgan Bank），第16页。
19. 斯莫利：《英美回忆录》（Anglo-American Memories），第216页。

第三章
王 子

皮尔庞特当了30年朱尼厄斯·摩根在华尔街的代理,他倚靠英国资本的雄厚实力发展着。一个华尔街流传的笑话说,他的游艇"海盗号"上,海盗旗飘在星条旗上面,米字旗又飘在这两面旗子上面(一生中皮尔庞特都对自己是海盗亨利·摩根的后代闪烁其辞)。年轻的皮尔庞特看上去像一个身强力壮的粗壮汉,穿的却是精制的英国大衣。他膀大腰圆,头发浓黑,有一双拳击家似的手。他现在身高有6英尺多,有点花花公子的味道,又喜欢上格子马甲了。朱尼厄斯的目光咄咄逼人,深不可测,皮尔庞特淡褐色的眼睛却常常悲伤而阴郁。父亲一向镇静自若,皮尔庞特却变幻无常。早年的照片里,皮尔庞特看起来紧张易怒,一副要打架的模样。

战后乱哄哄一拥而上的铁路建设争夺很激烈。人人都充满了创业的热情。美国内战期间皮尔庞特曾预言说:"总有一天我们会以'世界上自然资源最丰富的国家'出现。"铁路将把美国荒野中蕴藏的各种资源和盘托出。内战后的8年间,铁路总长增加了一倍,达7万英里,联邦政府又拨地1000万英亩,更是锦上添花了。铁路不是孤立的行业,而是脚手架,新的世界就要在上面建立起来。安东尼·特罗洛普到美国时注意到"造铁路实际上就是大公司联合起来购买土地",他们希望道路开通后土地会身价倍增。铁路两边城镇拔地而起,住满了被铁路吸引来的欧洲移民。[1]

随着铁路股票投机日渐疯狂,欧洲的投资者们却茫然不知所措。中学地图上画着堪萨斯和落基山脉之间的大片的空白地带,被称为美国大沙漠。[2]欧洲人必须依靠他们的美国代理商,引导他们摸索这一片金融荒野,而美国银行家们必须随时掌握发展的状况。第一条横贯大陆的铁路竣工不久,1869年5月,皮尔庞特和范妮·摩根就做了一次横穿全国的铁路长途旅行,去看望住在犹他州的摩门教领袖布里格姆·扬。一场竞争已经在华尔街展开,两军对垒,一方是犹太银行家,如约瑟夫·塞利格曼,他主要以铁路股票吸引德国投资者;另一方是北方佬银行家,如皮尔庞特·摩根,他主要吸收伦敦资本。他们之间已经展开了竞争。

从一开始,铁路就处于混乱状态,疯狂拓展,弯弯曲曲地覆盖了整个国土,超出了运输的需要。而且铁路的固定成本过高。铁路本应该是公共设施,但在一个"海盗式我行我素"的个人主义时代,这是不可能的。结果,形形色色的贩子和无赖匆匆建造了两倍于实际需要的铁路。一时还显得可靠的投资转眼工夫就成了掉价的股票。亨利·亚当斯这样评判说:"1865至1895年之间的这代人早已被抵押到了铁路上。对这一点,最清楚的莫过于他们自己。"[3]

这样的混乱状态很容易激起像皮尔庞特·摩根这样一个讲道德操守的年轻银行家的兴趣。青年时代,他接触过许多华尔街不可救药的大流氓,其中有丹尼尔·德鲁,当他在伊利铁路董事会任董事时,就卖空了本公司的股票(人称投机董事);还有杰伊·古尔德,这位矮小黝黑,满脸络腮胡须的金融家,在竞争对伊利铁路和其他铁路的控制权时曾经重贿议员。[4]这是臭名昭著的特威德集团*时代,1869年杰伊·古尔德想垄断黄金市场的企图以及其他大肆非法侵占财产的行径都是闻所未闻、无法想象的。朱尼厄斯住在伦敦金融城里高雅的"白手套"上流社会区,皮尔庞特却不得不对付华尔街的肮脏卑劣,但皮尔庞特发现它既令人生厌却又极具诱惑。面

---

* 威廉·特威德(William Mearcy Tweed, 1823–1878)美国政客,在纽约建立特威德集团(1859–1871),后因结党营私、侵吞巨额公款,以伪造和侵吞公共财产罪被捕判刑,死于狱中。

对着腐朽堕落的现象,他自视为尊贵的欧洲和美国投资者的代理人,是代表华尔街和伦敦金融城正人君子超凡脱俗的意志的实干家。但他认为的道义上的讨伐,别人却认为仅仅是私利之争。至少在皮尔庞特青年时代,和他在攻击的那些强盗领主时似乎没有显著的区别。

1869年,32岁的皮尔庞特卷入一场关于纽约州北部一条小铁路的争议之中,这件事确立了他自负的年轻银行家的名声——他不怕惹上污名。这场公司之间的争议加快了美国银行家的转化,他们从前仅仅是一个为各公司发行股票的被动形象,而现在则变为管理这些公司事务的积极强硬的角色。上述这条铁路线从奥尔巴尼至萨斯奎汉纳,总长143英里,是一条微不足道的小铁路。奥萨线上只有17辆机车,214节车箱。穿越纽约州奥尔巴尼和宾厄姆顿之间人口稀少的卡茨基尔山脉。但是当杰伊·古尔德认为这条铁路可以使他所拥有的伊利铁路,即所谓"华尔街淫妇"的财富增加时,这条小铁路成了各派势力争夺的战场。古尔德希望通过这条铁路把宾夕法尼亚的煤卖到新英格兰地区去,并同纽约中央铁路争夺从五大湖区运送货物的权利。

为了达到这个目的,古尔德购买了大宗奥萨铁路股票,与一派唱反调的董事结成联盟,并让他的傀儡法官乔治·巴纳德中止了铁路的始建者约瑟夫·拉姆齐的董事席位。拉姆齐也通过法院判决中止了古尔德的几个党徒的董事席位,以此予以回击。在这段日子里,公司大战绝不仅仅是个委婉的说法。拉姆齐和古尔德两股势力不是向法院控告对方,取得法院判决就罢休的,有时他们甚至大打出手。吉姆·菲斯克从前是个马戏团的场地工,后来成了古尔德的副手。他的一群鲍威尔街的哥们儿都是纽约街头刮地皮的恶棍,也成了古尔德的走狗。他们挤上一列由宾厄姆顿向东开的火车,聚众800人。而拉姆齐则纠集了450人上了从奥尔巴尼向西开的火车。最后,两列火车在宾厄姆顿的长隧道中迎面撞在一起,车前灯全撞碎了,一辆火车车头部分滑出了铁轨,八到十个人被打死之后,古尔德的一伙人逃跑了。州长托茨·霍夫曼不得不派本州的民兵去制止这一流血事件。

1869年9月7日,在暂时放下武器后,古尔德和拉姆齐两派势力又在奥萨铁路董事会的年会上碰面了。拉姆齐身材矮小,头发花白,脸上略显蜡黄，一只眼睛极亮，这位绅士差不多有115磅重。他把强壮结实的皮尔庞特吸收入伙，皮尔庞特当时刚从西部旅行回来，他为达布尼摩根公司[5]买了600股这条铁路的股票。皮尔庞特的女婿赫伯特·萨特利后来说，在那次9月7日的会上，皮尔庞特把肥胖的吉姆·菲斯克推下了楼梯。虽然这个说法不一定可靠，但那次会议的确剑拔弩张，拉姆齐原先把认股簿藏在奥尔巴尼的一座墓地里，为了不让古尔德一帮人抢到，他让人把这些文件从一扇后窗递进屋里。最后会议陷入僵局，双方互相谩骂，两次不同的选举之后，双方都宣称自己对这条铁路拥有控制权。

经皮尔庞特的指点，拉姆齐一派在纽约州北部的小镇德里找到了一位很友善的法官，他非常帮忙地取消了伊利铁路董事会候选人的名单。然后皮尔庞特向已经重掌控制权的拉姆齐派建议把这条铁路与相隔不远的特拉华·哈得逊线合并起来。1870年2月，他们合并了两条铁路。在解决这一争端的过程中，皮尔庞特采取的行动显露了他后来的不少金融策略：他收取的不仅仅是金钱，而且还有权力，因此成为这条新合并的铁路的董事。银行家首次在董事会上占据一席位，这预示着许多将要发生的事情，预示着一个新时代的到来。在这个时代里，银行家进入了公司董事会，并逐渐控制他们的董事资格成了一面警戒旗，警告其他银行家不要插手一个受控公司。

19世纪70年代，皮尔庞特开始扩大自己的影响，不仅仅把自己视为各个公司的资金提供者，他想成为这些公司的律师、祭司长和知己。某些公司和某些银行的联姻——这种"关系银行业"成为19世纪私人银行业的主要特征。出现这种现象并不是因为银行家太强劲，而是各个公司的力量依然薄弱。

现在皮尔庞特的生活已经安定下来了，并且十分富足。他的年收入高达7.5万美元之多。他和范妮住在东四十街6号一所褐色沙石的宅子里，从克罗顿水库穿过第五大道就是。克罗顿水库在如今是纽约公共图书馆的地方拔地而起，其石垒的堤岸像一座巨大的埃及神庙。摩根家里舒适而凌乱，到处铺着地毯，摆着笨重的桃花心木家具，镶在镀金画框里的画一张压一张地挤着。1872年，皮尔庞特买下了克赖格斯顿-哈得逊河畔靠近西点军校的一块乡村园地。这是一座三层的白色维多利亚式庄园，东一处西一处都是游廊，占地几百英亩，满眼都是哈得逊河壮丽的景象。皮尔庞特的这座庄园和朱尼厄斯的多佛尔庄园遥相呼应。庄园里有马厩、奶牛房和长毛大牧羊犬的饲养场（不过，因牧羊犬成天叫个不停，他又转向养纯种牛）。从4月到10月，皮尔庞特往返于庄园和华尔街之间，他总是驾驶自己那艘能坐8人的汽艇"路易莎"号过河，然后再乘火车到曼哈顿。摩根夫妇现在有了3个孩子，1866年路易莎出生，小约翰·皮尔庞特也就是杰克1867年出生，朱丽叶1870年出生。不久以后，他们的又一个女儿安妮也出世了。

虽然富足安泰，少年有成，但皮尔庞特这个年轻人总是忧虑不安。头痛、间歇昏厥和皮疹这些疾病还在不断地折磨着他。1871年，他的合伙人查尔斯·达布尼退休了，他们之间的合作关系也随之解除。皮尔庞特不只一次地考虑着要退休。但他似乎无法抑制自己的勃勃雄心，总是承担着巨大的责任，从而感到沉重压抑。看上去他从未以自己的成就为荣，在以后的岁月中，他渴望得到一种宁静的生活，但这种生活若即若离，难以抓住。

达布尼退休了，朱尼厄斯得给皮尔庞特找一个新的搭档。他还想把摩根财团拓展到伦敦-纽约轴心以外，并加强公司的国际证券业务。虽然我们认为全球融资是一项现代的发明，但是维多利亚时代的商人银行已经形成了多国结构和面向世界的业务方向。他们不是建立分支机构，而是在各国首都建立连锁的合伙公司——这正是朱尼厄斯现在决定做的事情。1871年1月，安东尼·德雷克塞尔主动到伦敦去结识朱尼厄斯，商讨有关在他的费城银行和摩根公司之间建立分支机构的事宜。在费城的银行中，德雷克塞尔的银行在政府融资方面仅次于杰伊·库克的银行。当时朱尼厄斯已经是德雷克塞尔在伦敦的代理了，从乔治·皮博迪结识朱尼厄斯之日起，财运就在朱尼厄斯脚下展开了。朱尼厄斯不仅是那个时代最能干的美国银行家，而且是最幸运的一个。

德雷克塞尔的父亲弗朗西斯·德雷克塞尔从一个奥地利的肖像画家转变为一个金融家。45岁的德雷克塞尔身材清瘦，风度翩翩。他的头很圆，前额光滑，有一双温和的眼睛和两撇胡须。随着金融势力从费城和波士顿转移到了纽约,华尔街正逐渐成为资本的提供者和输入者。有权有势的德雷克塞尔感受到了这一巨大变化,希望能加强他在纽约的业务。就像以前用查尔斯·达布尼一样,朱尼厄斯想以保护措施约束皮尔庞特,让一个年长的人提携他、指点他,因此他建议德雷克塞尔让皮尔庞特做他在纽约的主要合作人。

虽然皮尔庞特天资聪颖,但是他还得在父亲的手中塑造成型。朱尼厄斯嘱咐他要接受德雷克塞尔的所有邀请。因此5月份他顺从父意去了费城,与德雷克塞尔共进晚餐,之后又与他闲聊了一会儿。回到纽约时,他带回了一份顺手写在信封上的合伙协议。根据这一协议,皮尔庞特将成为设在费城的德雷克塞尔公司和设在巴黎的德雷克塞尔-哈耶斯公司的合伙人。他还将管理德雷克塞尔-摩根公司这一新的纽约合伙公司,这样的姓名顺序表明了合伙人重要性的差异。安东尼·德雷克塞尔和他的两个兄弟,弗朗西斯和约瑟夫,家产约有700万美元,而皮尔庞特只有区区35万美元。为了平衡出资额,朱尼厄斯又投入了500万美元。皮尔庞特一直十分感激父亲给他的借款——他从来不装作自己是自力更生起家的——后来,他告诉纽约州长格罗弗·克利夫兰:"如果我在自己的人生旅途中取得过什么成就的话,我最应该感谢的是父亲的朋友们给我的支持。"[6]这个新德雷克塞尔-摩根公司是J.P.摩根公司的前身。

签署协议之前,皮尔庞特提出了一个很奇怪的条件——他不马上开始新公司的工作。他觉得心力交瘁,需要好好恢复,不想急于开始。显然他正处于精神崩溃的边缘。在医生的命令下,他度了15个月的假,去了维也纳和罗马,并沿尼罗河逆流而上。工作时,皮尔庞特从来不能放松,但他强烈地想逃避。他每年可以有3个月的假期,因为他能在9个月内就做完12个月的工作。他的女婿赫伯特·萨特利后来这样写道:"他在旅途中似乎要比在哪儿住下来愉快得多。"[7]19世纪70年代晚期,当皮尔庞特想暂时避一避工作,到纽约州的萨拉托加度假时,大批的商业信件和电报雪片般地紧随他而来。他告诉朱尼厄斯:"只有一种方法能得到真正的休息,那就是登上一艘汽艇的甲板。"[8]

公司成立两年之后的1873年,德雷克塞尔-摩根公司迁到了华尔街和百老汇街相交的拐角处。后来这里成为银行业中最著名的地方,成为美国的金融十字街。安东尼·德雷克塞尔以每平方英尺349美元的价格买下了纽约证券交易所对面的一块地,这一价格在以后的30年中都保持着最高记录。他造了一座大理石架构的楼房,复折屋顶,有天窗,外观装饰华丽,门口上方还塑着寓言里的人物;这座六层的建筑是纽约城头一批装有电梯的建筑物之一。这座楼有两个独特的入口,同时面对着拿骚街的财政部分部(美国财政部系统中最重要的分部)大楼和华尔街的证券交易所,这的确是极具象征意义的。德雷克塞尔-摩根公司很合时宜地选择专事铁路和政府融资,在华尔街和华盛顿之间占据了一个关键位置。

从个人角度来看,德雷克塞尔-摩根这一组合并不顺当。皮尔庞特本来就脾气不好,难对付,而且坚决要自主行事。约瑟夫·塞利格曼觉得他"是个粗暴无礼的家伙,不断地在办公室和德雷克塞尔争吵"。[9]但是在缓和皮尔庞特的过激行为这方面,合伙公司一如朱尼厄斯计划的那样起着作用。邓恩公司的一份早期报告写道:"这个年轻人很精明,大概是公司里最爱冒险的一个成员,但他受制于德雷克塞尔家族。"[10]

与德雷克塞尔家族的合并给摩根家族提供了新的国际发展前景。1868年,德雷克塞尔派费城的约翰·哈耶斯在巴黎设立了一家合伙公司。这家公司在巴黎公社革命期间干得热火朝天,后来又把业务转向瑞士,为美国的旅游者和商人服务(这类战时的角色后来让摩根扮演得淋漓尽致)。德雷克塞尔家族与费城的许多显赫家族联姻,很会追求享乐,他们也给了摩根银行以上流社会的形象。这个费城的望族后来一直是新兴帝国极富魅力的一隅。通过这种连锁的伙伴关系,摩根家族在纽约、费城、伦敦和巴黎都站稳了脚跟。这些地方一个世纪以来一向是摩根星座中最璀璨的明星。

德雷克塞尔-摩根合并后不久就发生了一件大事,使36岁的皮尔庞特·摩根一下子就跻身于美国金融界的最高层。1873年,华盛顿决定以较低的利率发行新债,以偿还内战遗留下来的3亿美元的债务。一直到那时,杰伊·库克——托尼·德雷克塞尔在费城的主要对手——还是统治着联邦金融界的白须帝王。白手起家的库克开始不过是个银行职员,能一眼识别出假钞。当政府债券还是仅为富人和欧洲银行涉足的领域时,他把政府债券推销到了大众手中。美国内战期间,他率先搞了零售推销债券业务,派出2500个"临时工"代理兜售联邦债券,赢得了林肯的赞扬。库克以其财力在费城城外建了一座有52个房间的城堡。19世纪70年代早期,"富可敌杰伊·库克"这句短语和后来的"富可敌洛克菲勒"同样响亮,令人称奇。

在竞争者面前,库克似乎是战无不胜的——至少直到1869年他为北太平洋铁路融资时还是这样。他在推销一亿美元的北太平洋债券时使尽力量,刻意创新,欺公罔众,政治贿赂,各种手段不一而足。为了吸引欧洲移民住到有铁路的城镇,他设计了连篇离奇、厚颜无耻的谎言。色彩缤纷的广告上绘满了大平原铁路两旁硕果累累的果树林——异想天开地自吹自擂使这条铁路赢得了"杰伊·库克香蕉共和国"这样一个绰号。小城镇被吹成了大都市,对欧洲移民大吹明尼苏达州的杜鲁斯是"无盐之海的顶级城市"。[11]普法战争之后粮价下跌,北太平洋铁路和其他铁路的价值也随着跌落。杰伊·库克因此开始走下坡路了,他因与北太平洋铁路的牵连而一蹶不振,这给德雷克塞尔-摩根公司提供了机会,占据了他在政府融资上的至高地位。

1873年,库克和两个犹太财团——华尔街的塞利格曼财团和欧洲的罗斯柴尔德财团联手,以获取3亿美元偿债融资债券的发行,对抗来自德雷克塞尔-摩根公司、J.S.摩根公司、莫顿-布利斯公司和巴林兄弟公司的强大挑战。大规模融资日益成为实力雄厚的银团之间的争夺对象;融资金额之大,风险之高,现在单靠一个财团根本无法承担。德雷克塞尔-摩根集团一边对抗着库克的垄断,一边到处散播居心叵测的谣言,说库克急需在发行偿债融资债券中取胜,以挽回他在北太平洋铁路上的损失。安东尼·德雷克塞尔是格兰特总统的密友,通过自己在费城小报《公共类聚报》的部分所有权网罗人手。慑于德雷克塞尔-摩根集团的强大压力,财政部长给每个银团一半的发行量,尽管对地位十分敏感的朱尼厄斯因为合同中库克的名字排在他们前面还是耿耿于怀,在这次联邦融资的大展示中,美国银行的亮相显示了内战后华尔街的新生力量。

1873年,市场又发生了极度恐慌,这样的市场使摩根财团一扫过去只是局外人的名声,占据了联邦融资中的主导地位。起初,由于建筑联邦太平洋铁路的动产银行的丑闻,金融市场很不稳定,像个充斥着欺诈和腐败的大阴沟。这一丑闻败坏了许多国会议员的名声,因为他们都持有这个昙花一现的公司的股票。到了1873年8月,伦敦投资者都不敢碰美国债券了,一个记者说:"即使让天堂的天使来签字,美国债券也没人买。"[12]

接着,在北太平洋铁路股票的重创下,显赫一时的杰伊·库克财团在1873年9月18日的黑色星期四一败涂地。

这一惨败激起了华尔街的全面恐慌。纽约证券交易所自成立以来头一次关门10天。证交所外的角落成了破产者向隅而泣的地方。乔治·坦普尔顿·斯特朗写道:"很自然,群情激奋,焦点指向了百老汇街和华尔街的街角。人们挤在财政部分部的台阶上,看着塞满百老汇街的喧嚣激动的人群。"[13]皮尔庞特收回了自己的贷款,电告朱尼厄斯说:"事情前所未有的糟糕。"[14]在库克惨败的冲击下,5000家商业公司和57家证券交易公司都倒闭了,对这代美国人来说这是一场大动荡。亚历山大·达纳·诺伊斯这位报道金融事务的记者后来回忆道:"对我父母和外部世界来说,1873年9月的金融崩溃像一块里程碑,令人难以忘怀;对半个世纪之后的人们来说,令人难以忘怀的则是1929年10月的恐慌。"[15]

以今天的标准来看,当时华尔街几乎是充满了田园风味的。三一教堂是最高的建筑,鹅卵石铺成的路上街灯矗立,比许多房屋都要高。六层的德雷克塞尔大楼从周围的建筑中高耸出来。然而从杰伊·库克的惨败之后,大家普遍认为这是一条罪恶之街,是它腐蚀了一个质朴的拓荒民族的道义和礼节。美国大众在后来不止一次地像现在这样充满着义愤,感到自己的心灵受到创伤,群起反对华尔街。在《哈泼斯周刊》上有托马斯·纳斯特的一组漫画,画着三一教堂前堆满了被屠宰的动物,教堂皱着眉,教堂尖顶上用鲜艳的颜色写着"道义啊,我早就告诉你会这样的"。华尔街已经出现了盛宴之后萧瑟的情况。

和摩根银行后来在1929年的情况一样,在1873年这个恐慌之年,皮尔庞特顺手发了一笔财。他赚了100多万美元,向朱尼厄斯自夸说:"我相信这个国家再没有其他事情能带来这样的结果了。"[16]地图上杰伊·库克的名字被轻而易举地抹去了,德雷克塞尔-摩根公司一夜之间奇迹般地脱颖而出，占据了美国政府融资的顶峰。皮尔庞特·摩根再也不是个无足轻重的旁观者了，不久以后他成为这个体制的主宰。然而德雷克塞尔-摩根公司不能马上利用自己的声名大做文章，因为1873年大恐慌之后进入了一个持续通货紧缩和萧条的时期，很难遵循朱尼厄斯的训令："时刻要记住一件事，时刻要执美国的牛耳。"[17]

摩根财团未来的经营之道是在1873年大恐慌的那些阴郁的日子里形成的。大恐慌是欧洲投资者的灾难，他们在美国铁路股票上损失了6亿美元。所有的这些铁路破产刺激了皮尔庞特，他决定以后的交易要限制在精英公司上。他成了那种厌恶风险，只求稳扎稳打的企业巨头。"我得出的结论是，今后无论是我的公司还是我本人，都不会直接或间接地与尚未完备的公司谈判证券业务；凭经验看，这类公司的地位从任何一方面都不能证明它无可辩驳地具有足够的资格借贷。"[18]还有一次他说："我愿意接手的债券在推荐出去时不能让人心存一丝疑虑，到期时关于偿付利息不能让人有一点担忧。"[19]这就是后来简约的摩根战略——只和实力最雄厚的公司打交道，避开投机公司。

根据绅士银行家的准则，银行家对自己出售的债券负责，如果事情出了差错，则有义务进行干预，而现在铁路债券出了问题。早在1873年大恐慌之前，就出现了一种新的手段对付铁路流氓行为，令人不可置信的是，这一手段还是杰伊·古尔德想出来的。1871年投资者抵制发行伊利铁路债券时，他建议让外界的煤炭、铁路、银行界参与进来，作为股权受托人管理铁路，他们可以控制伊利铁路的多数股。为了安抚华尔街和伦敦金融城的保守派，他建议让朱尼厄斯·摩根作为一位受托人。这时这一计划流产了，但后来又重新提出来。19世纪70年代中期，朱尼厄斯警告巴尔的摩和俄亥俄铁路的总裁说，铁路公司之间的价格大战破坏了投资者的信心。[20]第二年，当伊利铁路破产之后，愤怒的债券持有者们用"股权信托"来运营铁路，以制约铁路公司。这是个关键时刻——债权人报复债务人，银行家报复铁路运营者。后来，在皮尔庞特手中，这个简单的"股权信托"把摩根变成了美国最有势力的人。美国国家铁路系统也多半置于他个人的控制之下。通过这样的托管方式，他使金融家们从客户的仆人转为客户的主人。

皮尔庞特·摩根的经历是从一个年轻的道学家变成了一个专制君主，他百分之百地相信自己观点的正确性。他意志坚强，固执己见，坚信自己一切突如其来的念头——这一特点后来使他显得像是一种自然力量，是"时代思潮"的宠儿。他做出的仓促决定总是对的，实在匪夷所思。皮尔庞特不同于镀金时代的大多数强盗领主，他们的掠夺，纯粹是由于贪婪和权欲，而皮尔庞特的贪得无厌还有几分理想主义的成分。要是他面对的经济触犯了他的商业道德感，他的保守性就会激发他的变革热情。他很自负地认为他知道应该怎样安排管理经济，人们应该怎样为人处世。他在基督教男青年协会中很活跃，而这个组织阻止劳动阶层的人们赌博，这并非偶然。他还在麦迪逊广场花园发起了一些信仰复兴会议，并支持道义警察安东尼·康斯托克，这个人赞成把裸体雕像都遮起来。

皮尔庞特逐渐变得脾气急躁，动辄便对人咆哮，随着他名望的提高而日甚一日。即使是早在19世纪70年代写给父亲的信中，他似乎就是自行其事，写信的口气与其说像个顺从的儿子，不如说像个信心十足的商业伙伴。1881年，一份R.G.邓恩公司的报告提到皮尔庞特时说他"态度尤其鲁莽"，并说这"使他和他的财团在许多人中都不受欢迎"。[21]在华尔街23号，那个摆设着桃花心木的合伙人房间，他坐在自己的玻璃隔间中，叼着一支粗大的雪茄，别人向他报出外汇出价时，他就吼叫着"行"或"不行"。他从不喋喋不休地讨价还价，提出外汇出价时是一种接受不接受由你的态度。他有办法让人空等，也熟悉权威所玩弄的所有不动声色的花招。他凭着敏锐的是非感很快就惯于使用领导权了。

他不愿意放权，不尊重其他人的聪明才智，这毫不奇怪。他很头疼，难以找到一个新的搭档，人们总达不到他那过高的标准。1875年，为了找到一个合适的候选人，他翻遍了纽约、费城和波士顿的商界姓名地址录，但是徒劳无获。"我年龄每增长一岁，就越来越明显地感觉到人才的缺乏，尤其是通达明智的人才。"[22]他这样告诉朱尼厄斯。皮尔庞特又一次产生了一个念头，逃离银行业，卸下压人的业务重荷。1876年，约瑟夫·德雷克塞尔离开公司后，皮尔庞特也想这么做，但他控制住了自己，等待朱尼厄斯的计划发送过来。他从未放弃的一种使命感把他和银行紧系在一起。也许在金融史上从来没有别人这么不情愿积聚如此巨大的权力了。成功给皮尔庞特·摩根带来的是精疲力竭，而不是精神焕发。他不喜欢承担责任，也从来不知道怎么应付责任。

皮尔庞特是华尔街当然的领袖。不管公众怎么看待摩根财团，商人们还是很敬重他们办事诚实的品德。老奥古斯特·贝尔蒙特便认为皮尔庞特"鲁莽但公平"。[23]安德鲁·卡内基委托朱尼厄斯当经纪人出售债券，为他的第一家轧钢厂筹集资金。他讲述了在1873年大恐慌时，摩根财团如何出售他在一条铁路中的股权，得到1万美元。他已经在皮尔庞特那儿有5万美元存款，当他提出索要他自己总共的6万美元时，皮尔庞特给了他7万美元。皮尔庞特说他们低估了卡内基的账目，坚持让他接受额外的1万美元。卡内基不想拿这笔钱。"您能看在我良好祝愿的份上收回这1万美元吗？"卡内基问他。"不，谢谢你，我不能这么做。"皮尔庞特回答说。[24]卡内基从此决定永远不做对不起摩根财团的事。很有意思的是，卡内基把朱尼厄斯看作是一个守旧而睿智的银行家典范而尊重他，但卡内基和皮尔庞特之间却常有摩擦。在1876年与卡内基的一次会面后，皮尔庞特直言不讳地指责他——"使用了最无礼的语言"——然后接着批驳他在一件诉讼案中关于自己公司所作的辩词。

19世纪70年代，德雷克塞尔-摩根公司的地位青云直上。1877年，一场国会争端耽搁了应付给迈尔斯将军的军饷。迈尔斯将军当时正与内兹珀斯的印第安人交战，想把他们赶往西部。德雷克塞尔-摩根公司夸下海口，主动要求以1%的佣金兑现军饷单——这使皮尔庞特在士兵中很受欢迎。到1879年，蒸蒸日上的摩根财团一直与奥古斯特·贝尔蒙特和罗斯柴尔德财团联手承销最后一笔内战贷款的偿债融资债券。同年，美国恢复了硬币支付——也就是说，可以用银币或金币支付政府票据——这笔发行极为成功。

皮尔庞特丝毫没有因为又一次与罗斯柴尔德财团平分秋色而感到激动，他总认为自己的合作伙伴盛气凌人，觉得大受冒犯。在任何一次银团贷款中，朱尼厄斯越是对罗斯柴尔德财团所占的份额做出让步，皮尔庞特的极端自负越是不容自己屈就。他写信给姐夫沃尔特·伯恩斯（那时是朱尼厄斯在伦敦的合伙人）："简直不用告诉你都明白，在这种事上与罗斯柴尔德和贝尔蒙特公司打交道实在让我们讨厌之极。他们要是退出，我愿意付出任何代价。罗斯柴尔德对待上至我父亲下至他人，所有各方的态度太倨傲了，我觉得谁也不应忍受。"[25]实际上，罗斯柴尔德财团大大低估了在未来金融界中美国的重要性，这种错误估计后来铸成了不可弥补的大错。他们的代理人奥古斯特·贝尔蒙特悲叹他们"没有正确评价美国商业的重要性确确实实是个过失"。[26]现在摩根这颗新星渐渐升起，短短一代人的时间里，它的光芒就超过了罗斯柴尔德财团和巴林财团。

金融作家约翰·穆迪说，一直到1879年，皮尔庞特·摩根"也不过是他那位面容严厉的父亲的儿子"。[27]朱尼厄斯一心扑在工作上，觉得很难放弃占据他一切的事业。现在他很肥胖，像"一部古老的英国戏剧的中东印度富商"[28]，照片上他背微驼，端坐着，心事重重，粗重的眉毛下双目凝视着。年轻时的潇洒风雅到老只剩了棱角突出的脸上深深的疑虑。1873年，他60岁时，皮尔庞特已经催促他缩减每天的日程安排。他写道："我觉得你像我一样需要休息，我也不太明白为什么你不能一星期里歇两天不去办公。"[29]朱尼厄斯并不像皮博迪那么刻板地死守着办公室，但是他主宰一切，有时候只有一个合伙人。

现在老摩根已经开始静享半退休的清福了。1877年11月8日，纽约商界以他的名义在戴尔摩尼科举办了一次晚宴，他在自己的祖国尽享这令人激动的荣耀。在这个一百多人的盛大聚会中，有诸如约翰·雅各布·阿斯特和老西奥多·罗斯福这样的要人。前纽约州州长塞缪尔·蒂尔登参加总统竞选刚刚失败，也打破了自己不在公开场合露面的禁例，主持了这场聚会。蒂尔登为朱尼厄斯敬酒，称赞他是在伦敦最卓越的美国银行家，"在旧大陆的圣堂中保持了美国清白的名声"。[30]在皮博迪的时代，美国商人认为他们必须在伦敦证明自己的价值。作为回答，朱尼厄斯说他一生所致力的就是不应该让美国受到中伤。那时没人谈论英国应承担的义务或是新生的美国力量，人们谈论的只是美国人怎么取悦英国的债权人。在皮尔庞特的执掌下，两国的金融地位明显地颠倒过来了。

皮尔庞特与父亲的关系在他生活中是最重要的。朱尼厄斯是个严父，他塑造儿子性格的方式是吝于赞赏，定下严格的标准，保持对皮尔庞特的心理压力，总让他证明自己的才干。朱尼厄斯强硬而严苛，他培养出的儿子强迫自己做出更大的努力，结果却饱受疾病、劳累和抑郁之苦。皮尔庞特的本性中本来已有严酷的冲动，朱尼厄斯使之更甚——对于成就事业他有压倒一切的欲望，有过度的责任感，极其厌恶混乱无序。然而家长制的摩根家族不允许反抗，只能对父亲崇敬遵从。皮尔庞特把自己感受到的惧怕、憎恨都转化成了超常的爱，而在皮尔庞特自己的儿孙中，这种后辈对前辈的崇敬也同样明显。

朱尼厄斯有时摆出很严厉的面孔，但显然也推崇皮尔庞特；他这样令人烦扰的掩饰其实是对儿子天才的默认。1876年，他决定给儿子买一件奢华的礼物——庚斯博罗所画的德文郡公爵夫人的肖像，在当时可能是世界上最受欢迎的一幅肖像。罗斯柴尔德家族已经出价想买它，朱尼厄斯准备付给庞德街的阿格纽商店5万美元，压过他们。但是买卖还没做成，画就从阿格纽商店被偷走了。悬赏1000英镑都没能把画找回来。很有意思的是，1901年这幅画重新出现时，皮尔庞特立即以3万英镑，也就是15万美元买了下来。谈到这个惊人的价格时他承认说："如果真相泄露出去，人们也许觉得我该去疯人院了。"[31]这是对他父亲的深切尊敬。在他从朱尼厄斯那里继承的王子门街13号那所伦敦宅子里，他把画挂在壁炉上方他最喜欢的位置上。

1879年，皮尔庞特开始走出父亲的阴影，负责主要的交易。他被选中销售公开上市量最大的大宗股票——纽约中央铁路公司的25万股股票。对铁路的拥有者范德比尔特财团来说，这是一件里程碑式的事件。

两年前，83岁的商船队长科尼利厄斯·范德比尔特去世了，留下1亿美元的财产。虽然他在弥留之际还觉得香槟酒太贵而不喝，但他很可能是美国最富有的人。他举止粗鲁，喜欢嚼烟，是个白发苍苍，面色红润的无赖，一辈子都在追逐漂亮女子。他老年昏聩之后，受到了巫师的摆布，竟和杰姆·菲斯克谈生意，就是那个在奥尔巴尼-萨斯奎汉纳铁路事件上被皮尔庞特击垮的流氓，后来为他情妇的另一个追求者所杀。

商船队长范德比尔特之死是商业由家族所有转向公众所有的转折点——这一转折为皮尔庞特·摩根提供了大量的机遇。为了不让别人插手他的铁路王国，商船队长把纽约中央铁路87%的股票遗赠给他的大儿子威廉·亨利·范德比尔特。威廉已经快60岁了，相貌平常，身材结实，表情很呆滞。商船队长觉得他是个笨伯，对他任意喝斥，后来把他放逐到了斯塔滕岛一座荒芜的农场上。威廉显然不适合管理纽约中央铁路，粗鲁的商船队长是利用一个装满各种航行记录的烟盒来管理的。

商船队长把11条小铁路合并成4500英里长的纽约中央铁路，北部从纽约城到奥尔巴尼，横跨西部直达五大湖区，使内陆地区可以直通东部港口。许多人感到震惊，这么大的权力竟要传给威廉·范德比尔特。威廉·格拉德斯通写信给范德比尔特的律师昌西·迪普说："我知道您在贵国有个身价一亿美元的客户，这一大笔财产他还可以随意兑换成现金。政府应该把这笔财产从他那里拿走，因为任何一个人拥有如此巨大的权力都太危险了。"[32]威廉一点也没有给公众以安慰，历史书上这样记载：当时他反唇相讥说"公众真是该死；我是在为我的股东效力"。[33]范德比尔特的巨大家财使人们越来越担心，重新呼吁要对公众负责。

最终促使威廉·亨利·范德比尔特减少他在纽约中央铁路股本的，是1879年纽约州议会听证会做的宣传，听证会是巴顿·赫伯恩主持的。这个调查委员会揭露了纽约中央铁路的秘密交易，它给炼油厂提供优惠运价。作为铁路的首席执行官和主要见证人，威廉·亨利·范德比尔特似乎对暗中耍的花招毫不知情，或是故意含糊其辞，为了对付不利的宣传，他去找摩根，很可能是昌西·迪普给他的指点。纽约州已经开始向纽约中央铁路征收惩戒性税款，希望让威廉·亨利·范德比尔特卖出大宗股票后，成为一个持少数股的所有人，州立法机关或许会仁慈一些。

范德比尔特家族选中42岁的皮尔庞特完成这项微妙的工作，很可能是因为摩根财团的英美联袂结构。问题主要是考虑如何出手25万股，而不使股价暴跌。摩根牵头的银团*要求范德比尔特家族一年内不再售股，或者等

---

* 由一家或数家银行牵头，多家银行参与组成的银行集团。是垄断组织形式"辛迪加"的一种模式。

到所有银团的股份都售出后再售股。另一个掩盖这笔大宗销售的手段就是国外售股，J.S.摩根公司首先就做了一宗5万股的买卖。朱尼厄斯可以自行裁决，这在华尔街是不可能办到的。这笔销售却决非易事。英国投资者依然被美国铁路搞得心有余悸，而那年又有几十条铁路垮了。世界经济依然不景气，外国借贷十分萧条。而在那个缺乏管理调控的领主时代，募资说明书都马虎得可笑。比如说，纽约中央铁路的募资说明书就十分含糊："公司的地位和信誉久负盛名，没什么必要做公开声明。"[34]由于一个公司的信息过少，主干事银行的声誉就显得至关重要了。

纽约中央铁路的交易没有公开的日程。银团配给杰伊·古尔德2万股，拉塞尔·塞奇1.5万股，赛勒斯·菲尔德1万股。请令人憎恶的古尔德参加，算是范德比尔特的纽约中央铁路和古尔德的韦伯士铁路之间多年恩怨的终止。起先范德比尔特无动于衷，但是古尔德利用讹诈的有力手段，威胁要剥夺纽约中央铁路在韦伯士的运输业务，从而进入了银团。古尔德还认为，与摩根财团打交道能给他重新披上体面的外衣，也许将来还能赢得更高的信誉。

当皮尔庞特宣布他不可思议地售完了纽约中央铁路数目庞大的股票，而且大部分都是在国外销售时，整个金融界叹为奇迹。其佣金高达300万美元之多。就像在那次奥尔巴尼-萨斯奎汉纳的争端中一样，这次皮尔庞特也要求在这条铁路的董事会中占有一席。朱尼厄斯对一个合伙人说，皮尔庞特"将代理伦敦的股权"——也就是说他将投票决定代理人。[35]欧洲投资者们长期以来被美国的铁路流氓搅得怒火中烧——他们甚至组织了一个30万美元的防御委员会，保护自己在古尔德的"淫妇"铁路中的股本——现在开始报复了。他们烦透了铁路经营上耍的鬼把戏——破产倒闭，拖赖红利，管理不善。因此皮尔庞特·摩根就可以成为他们能直截了当利用的工具，迫使美国铁路公司为自己的行为负责。皮尔庞特恰好具有能赢得他们信任的外交家风范。有一次他怒斥一位铁路总裁："你的铁路！你的铁路是属于我的客户的！"[36]因为铁路需要源源不断的资本，而且会耗尽任何一个单枪匹马的创业者的资金，银行家控制铁路的时机已经成熟。

出售威廉·范德比尔特的股票分散了所有权，纽约州也放宽了对纽约中央铁路的制裁,这就达到了当初的目的。但是立法机关的成员们没料到的是,皮尔庞特后来把分散的股票集中起来,并有效地把股权都集于己身。他开始对铁路拥有绝对控制权,除了要投票决定伦敦所有的代理人之外,他还坚持纽约中央铁路在5年内保持分发8美元的红利,并由摩根财团作为财务代理,在纽约和伦敦分发这些红利。不久以后,纽约中央铁路就成了摩根铁路了,而这家公司的股票也是摩根家族兜售得最起劲的股票。

为了坚决支持英国的债权人,皮尔庞特不顾风险,大胆地与外国势力打成一片,这使人们对他在政治上的忠诚表示怀疑。从那时起,他就备受指责,人们说他是伦敦银行家的附庸,"像个殖民地时代的行政官员,是英国金融势力在美国的代表"。[37]银行这种英美联袂结构的模糊特性,不仅在美国的心脏地带使许多人疑神疑鬼,而且在摩根帝国的内部也引起了一场身份危机。

同时,当华尔街对纽约中央铁路啧啧称奇时,皮尔庞特似乎并不因此高兴。他一点儿也不趾高气扬,相反,他显得精疲力竭,垂头丧气。他又一次考虑放手不干了。在一封1880年写给表兄吉姆·古德温的信中,皮尔庞特已经很明显地表现出,他开始认为自己是为了更高的目标而奋斗的,是众多投资者的代表。他这样写道:

> 我所经受的压力简直无法形容。我从来没有熬过这么一个冬天——虽然我的健康状况比前些年的冬天要好些,但我还是忙得一点儿空也没有。如果仅仅是关系到我自己的事情,我会很快把问题处理掉,然后抛在一边不再管它;但是因为我肩上还担着他人的重大利益,我就不能这样做——我倒没觉得有什么原因让我不能这么做,只是常常想,如果有更多的时间做些其他事情就太好了。[38]

有好几个评论家都注意到了皮尔庞特的"救世主情结"。比如在私人生活中,他娶了患肺结核病的咪咪;在商业生涯中,他一直为"伦敦的利益"做出奉献。对他自己来说,他经常施惠于人,而不单为了自己扩大权力，增加财富。这种明显的牺牲意识使他对批评过于敏感，也使他不能真正地认知自我。在一些十分极端的时候，这有可能引发妄自尊大的情绪。假借一个高尚一些的目标作真正的目标，用以掩盖私利的驱使，这实在太容易了。但皮尔庞特不为纯粹的私利驱使，他关心的问题比同时代的大部分银行家要多。在以后的岁月里，摩根的坚决拥护者盛赞摩根银行高尚的道义准则和公正的声誉，而其批评者认为这些自我标榜的溢美之辞伪善之至。后来证明双方都是对的。

— 本章参考文献 —

1. 约瑟夫森：《强盗强主》（Robber Barons），第24页。
2. 辛克莱：《海盗号》（Corsair），第58页。
3. 约瑟夫森：《强盗强主》（Robber Barons），第75页。
4. 惠勒：《皮尔庞特·摩根和他的朋友们》（Pierpont Morgan & Friends），第96—97页，102—103页。
5. 戈登：《华尔街的淫妇》（Scarlet Woman of Wall Street），第240页。
6. 卡罗索：《摩根人》（Morgans），第142页。
7. 惠勒：《皮尔庞特·摩根和他的朋友们》（Pierpont Morgan & Friends），第122页。
8. 皮尔庞特·摩根图书馆老J.P.摩根资料，书信复印集，1873—1880，给朱尼厄斯的信，1879年8月5日。
9. 伯明翰：《我们的大众》（Our Crowd），第143页。
10. 卡罗索：《摩根人》（Morgans），第144页。
11. 索贝尔：《华尔街的恐慌》（Panic on Wall Street），第167页。
12. 同上，第172页。
13. 同上，第185页。
14. 卡罗索：《摩根人》（Morgans），第175页。
15. 诺伊斯：《市场》（Marker Place），第17页。
16. 卡罗索：《摩根人》（Morgans），第175页。
17. 穆迪和特纳：《美国的资本支配者》（Masters of Capital in America），第16页。
18. 皮尔庞特·摩根图书馆老J.P.摩根资料，书信复印集，1873—1880，给朱尼厄斯的信，1874年4月29日。
19. 同上，给朱尼厄斯·摩根的信，1873年4月。
20. 卡罗索：《摩根人》（Morgans），第225页。
21. 同上，第280页。
22. 同上，第163页。
23. 布莱克：《第五大道的国王》（Kings of Fifth Avenue），第658页。
24. 卡内基：《自传》（Autobiography），第165—166页。
25. 皮尔庞特·摩根图书馆老J.P.摩根资料，书信复印集，1873—1880，给沃尔特·海斯·伯恩斯的信，1879年1月2日。
26. 布莱克：《第五大道的国王》（Kings of Fifth Avenue），第567页。
27. 辛克莱：《海盗号》（Corsair），第243页。
28. 卡罗索：《摩根人》（Morgans），第274页。
29. 皮尔庞特·摩根图书馆老J.P.摩根资料，书信复印集，1873—1880，给朱尼厄斯的信，1873年7月24日。
30. 《美国传记词典》（Dictionary of American Biography），参见老朱尼厄斯·摩根词条。
31. 辛克莱：《海盗号》（Corsair），第114页。
32. 约瑟夫森：《强盗强主》（Robber Barons），第170页。
33. 同上，第87页。
34. 纽约中央铁路和哈得逊河铁路公司：《募资说明书》。
35. 卡罗索：《摩根人》（Morgans），第225页。
36. 辛克莱：《海盗号》（Corsair），第53页。
37. 艾伦：《伟人皮尔庞特·摩根》（Great Pierpont Morgan），第36页。
38. 皮尔庞特·摩根图书馆老J.P.摩根资料，书信复印集，1873—1880，给詹姆斯·古德温的信，1880年2月24日。

第四章

海盗号

1882年,皮尔庞特的年收入已达50万美元之巨,而摩根王国的权力重心,也渐渐由伦敦移至纽约。为彰明其财力已不可与从前同日而语,皮尔庞特与范妮卖掉了他们在东四十街上的豪宅,而新购入了从前为伊萨克·费尔普斯(费尔普斯-道奇公司)所有的一座褐色沙石筑成的豪门巨制。新的府邸位于麦迪逊大街219号,与三十六街的东北角相交,仍然是在曼哈顿的默里山庄居民区之中。此处较少城市喧嚣,临窗亦可眺望东河清波。当时的风尚是沉湎于奢侈逸乐,一般商贾巨富皆深陷于风靡一时的声色犬马的享乐与铺张之中。相形之下,摩根家族的这所新府则显得雍容华贵,但又不过度地精雕细琢,繁复琐碎。大门侧翼擎着古希腊爱奥尼亚风格的廊柱;一座凸窗俯瞰着麦迪逊大街。房间里摆设着庄重的木制家具,小古董点缀其间。明朗宽敞的书房中,四壁镶着圣多明各的红木嵌板,正中设着皮尔庞特巨大的书桌,那气势仿佛是将书房变做了一家商人银行合伙人的办公室。房间里的森严气氛如此幽晦黯淡,以至于那一班12个人组成的仆役队伍将它称做"黑色书房"。[1]

这座摩根豪宅的一个新奇特点是它使用了电,而在整个纽约,这是第一个以电照明的私人住所。皮尔庞特对于这种新开发的能源产生兴趣,源自一桩生意往来。1878年,托马斯·阿尔瓦·爱迪生从包括摩根公司合作伙伴在内的一些财阀处获得一笔资金,创建了他自己的"爱迪生电业照明公司"。然而不幸的是,发电机地狱般的轰鸣声成为骚扰摩根众邻居的祸根。那时,在繁华的商业区,德雷克塞尔-摩根主持爱迪生公司早期的业务会议。1882年,此处成为华尔街上第一处从爱迪生名下的发电站获取电力的办公室。当时的发电站位于珍珠街上。爱迪生本人身着阿尔伯特王子式的礼服,出席了初次向华尔街23号输送电力的仪典,他一直在摩根银行中设私人账户。

迁居默里山庄这一决定,明白无误地向世人表明了摩根家族对时下暴富的"新贵"们的那种不屑一顾的鄙夷态度。当他们选择新居所处的邻里环境时,所谓"高雅"已经转向非商业区。沿着第五大道,尽皆是好大喜功的商业巨子们所建的俗丽的宫殿,其建筑式样无非是对欧式城堡风格的剽窃。贯穿于整个第五十一到第五十二大街的,是威廉·亨利·范德比尔特那庞大然而笨拙粗俗的巨宅。耸立于第五十七与第五十八大街之间的,是威廉·亨利·范德比尔特的儿子——科尼利厄斯·范德比尔特二世所建的另一座高堂大殿。此处基址目前已易主于贝格多夫·古德曼名下。

马修·约瑟夫对于此类镀金时代粗俗的豪奢的描写,为史家留下了一幅不会湮灭的巨卷。

> 在戴尔摩尼科,这些社会上的头面人物们不知疲倦地摆设白银、黄金,乃至钻石盛宴,以资攀比。其中一次席间,每位列席的贵妇在打开餐巾后,发现的是一只纯金手镯,上面雕刻着宴会主人姓名的缩写图案。
>
> 在另一次欢宴上,咖啡之后资以娱宾的是以100美元面额钞票卷裹而成的雪茄烟。贵宾们于吞云吐雾之间,无一不真切地感到此种豪侈动人心魄的魅力……更有甚者,某大亨在以美筵侍其宠犬之后,给它戴上了一条价值1.5万美元的钻石项圈。另外别出心裁的一次盛筵间,每位嘉宾都在他们的牡蛎里发现了一颗完美无瑕光彩夺目的黑珍珠。而此次宴请的花费,竟达到了两万美元

之巨。最令人叹为观止的是一位挖空心思以图标新立异的富豪。他让牙科专家在自己的牙上钻出许多小孔,而后并行嵌入了两排钻石。于是当他四处昂首阔步之际,他的笑容在阳光下熠熠发光,闪烁不已……[2]

作为康涅狄格州的美国人与伦敦贵族的结合,摩根家族的成员对于穷奢极侈不敢苟同,并且也不愿在报纸上抛头露面。像欧洲那些举足轻重的金融大亨一样,摩根家族非常注重维护自己的隐私。皮尔庞特对其私密持一种近乎宗教狂热的保护态度。他树立了一种永久的形象:一位戴着高帽的大亨咆哮不已,对摄影师挥舞着手杖。他参加了19个私人俱乐部,其成员大多限于盎格鲁-撒克逊的基督教徒,喜欢和资历深的大富翁打交道。与大多数俱乐部会员不一样,皮尔庞特更喜欢成立俱乐部,而不是利用俱乐部。一次,他的一些朋友们被联合俱乐部解除了会员资格。于是他任命斯坦福·怀特设计了大都会俱乐部,后来获得了"百万富翁俱乐部"的称号。摩根出任了第一任主席。他从来不去充当维护社会公正与平等的先锋。当纽约一位最显贵的犹太银行家的儿子西奥多·塞利格曼在1893年被联合俱乐部除名后,皮尔庞特并未对此有任何异议。

对于皮尔庞特而言,一位绅士并不一定要富有,但必须是上流社会的成员。他有两句有关游艇的名言,可以大致表明这一态度。第一句话是"你尽可以和任何人做买卖,但却只能同一位绅士去泛舟游览"。[3]另一句话是说任何询问游艇保养费用的人,都不够购买游艇的资格(此话也许不实)。皮尔庞特对举止粗鲁无礼的人和那些暴发户不屑一顾;他也极轻视那种游手好闲的,只知在咖啡店与俱乐部中追蜂逐蝶的纨绔子弟。摩根家族的人必须是工作道德的坚定信仰者,崇尚有钱人必须履行的职责。他们回避那种势利的上流社会——体现为阿斯特夫人与沃德·麦卡利斯特确定的"四百显贵"——所谓当时纽约社会中上等之上等人物。以他粗犷的男子汉眼光看来,这些人举办的舞会无不鄙俗而流于纤巧。

傲慢守旧的皮尔庞特喜好和一些年长的、事业有成的朋友们做伴,玩一玩惠斯特牌或是下下国际象棋。他对传统社会规范身体力行,在不同场合穿着总是得体适当。比如在冬季，他戴一顶硬圆顶礼帽，夏日则换成了巴拿马帽。甚至在1877年他访问埃及时，他的穿着也被当时时尚界认定为帝国旅行者形象的服饰：灯笼裤，表链，以及轻便遮阳帽。亚历山大·达纳·诺伊斯对他作了如下的评价："无论从衣着外表上还是从思维方式上，摩根都重塑了旧时代传统的伦敦银行家的形象。"[4]在他的办公室里，坐在那拉盖写字台后，摩根的衣着通常都是硬挺的衣领，阔幅领带和扎扎实实上浆的衬衫。这套行头是一位严肃银行家的典型象征。只有在酷暑难耐的日子里他才肯略略松开衣领，像他在俱乐部消闲时那样。摩根步其父亲的后尘，自称为一位商人，并将他的公司视为一座钱庄。

在19世纪80年代早期，皮尔庞特从一个大胆冲动、蓄着小胡子的年轻人成长为一个粗壮臃肿的大亨，有着一副阴鸷傲慢的面容。进入不惑之年的他发际眉梢已发白，还有些夸耀地留着一抹硬直的短髭。他那从少年时代便屡屡作乱的酒糟鼻子现在在他脸上扎了根，并且还不断地壮大发红，以至于成为华尔街上最引人注目的笑谈。随着时光的流逝，他的鼻子逐渐显露出菜花一般的质地。许多人都注意到皮尔庞特那火爆脾气与其鼻子之间的联系。这鼻子带给他一种显而易见的不安全感，仿佛缺乏社交中的坦然适意。于是皮尔庞特力求用严厉的咆哮与暴君般的态度来粉饰这一缺陷，结果却不尽人意。他威严的恫吓之声警告着世人切勿盯视他的面容。这鼻子对于一个生性羞怯、举止忸怩且强烈渴望得到女性崇拜的人来说，一定是可怕的残疾。

同这鼻子一样，日见臃肿的是他的体形。19世纪80年代里，华尔街的一代金融家们都因信奉那位威廉·埃瓦茨的健康哲学而深受其害。他将其长寿秘诀归结于"在任何情况下都切勿运动"。[5]工作之余，皮尔庞特通常是在俱乐部玩牌以消磨时光，而不去打网球什么的。偶尔他也举举哑铃，然而到了19世纪80年代后期，一位医学界的泰斗建议他要"停止任何形式的体育锻炼。当你可以叫一辆马车时，千万不要劳步"。[6]皮尔庞特忠实地执行了这位名医的命令。同时他嗜好又粗又长的哈瓦那雪茄。这种雪茄因其粗大而获得了"大力神木棒"的谑称。[7]摩根银行的传统是从不在午餐时供应酒类，因而皮尔庞特在白天是一个彻底的戒酒主义者。然而一旦夜幕初降，这一缺憾便得以弥补了。餐前他常饮几杯鸡尾酒，或是以波尔多红葡萄酒佐餐。其后他喜欢小酌几杯白兰地或白葡萄酒。这样他不仅身材粗壮，还渐渐大腹便便，就像那时其他典型的大亨一样。

虽然在他颐指气使的外表下隐藏着一种不善交际的羞怯天性，但皮尔庞特在社交圈里结交广泛，朋友熟人为数可观。作为一名商人银行家，他必须拓展客户范围，因而社交生活作为生意的辅助是必不可少的。正如后来巴林兄弟公司的董事长所言："商业艺术的一个重要方面是，如果你无法获取你想要说服的客户的好感与信任，你将发现自己被拒之门外。"[8]因此皮尔庞特卷入了旋风一般的社交宴会与社会公益活动之中。

这些社交活动所带来的压力使他为婚姻付出了沉重的代价。其时这婚姻本已开始变成冷淡无情、名存实亡的哑剧。范妮·摩根性情羞怯，对作为一名商人银行家妻子所应负的许多义不容辞的责任毫无兴趣。她抑郁忧伤而又多焦虑，生性温柔甜蜜，对宗教极其虔诚。她喜欢阅读，与朋友们闲聊时谈论一些宗教问题。在家庭中她更受孩子们及外孙们的欢迎，却难以赢得目光锐利的皮尔庞特的欢心。随着他社交圈子的日渐扩大，范妮的品性既不够宏大，也不情愿和他一起占据这宽广的世界。有人也曾猜测这对夫妇之所以发生冲突，恰恰是由于他们之间极为相似。他俩都十分敏感，容易失控，并且都过于郁郁寡欢，以至无法成为彼此的慰藉。范妮不像是皮尔庞特那惯常的阴郁生活中的一朵忘忧花；而皮尔庞特无疑也太繁忙，根本无暇顾及妻子的欲求。这桩出于现实考虑的婚姻本来意在消除咪咪病逝的阴影，不料却变得很不现实，岌岌可危。

1877年圣诞节，当朱尼厄斯在晚宴结束后回到伦敦时，皮尔庞特尾随而至。这是皮尔庞特第一次不与孩子们共度圣诞节。次年春天，范妮没有与他同去一年一度的国外旅游。从此之后，皮尔庞特便养成了带上一个女儿在欧洲旅行的习惯，借此可以与妻子分居几个月的时间。这些旅程集商业业务与休闲为一体，为他另觅新欢提供了掩护。作为一个严谨的维多利亚式的人，他在公众面前对范妮颇讲礼遇，即使是在他们分居时间延长之后亦是如此。随着岁月流逝，范妮渐渐开始变得性情乖僻，疾病缠身。她遂将满腹心里话都向杰克和其他人倾诉。

皮尔庞特并非那种对缺乏情爱的婚姻生活可以置之度外的人。他对咪咪一往情深，展示了其性格中极为浪漫的一面。每逢他和咪咪的结婚纪念日或是她的忌日，皮尔庞特必然前往她在康涅狄格州费尔菲尔德的墓地，追抚往事故人。[9] 那些日子里，他的眼光阴郁茫然；在那银行家惯常的行头之下，他原本有一副怜香惜玉的心肠。即使他的威严使众人望而生畏的时刻，他也是一个孤独的人，心里有着一种无法与任何人分担的深刻的绝望之情。他的毫无快乐可言的婚姻也许更深地把他推入到生意场中，然而却又使他失去了享受这些成功的乐趣。

皮尔庞特在慈善事业上的各种关系，几乎可与他商业联络之广泛相提并论。他乐意捐助的是一些宗教、文化及教育方面的事业，而不是社会慈善救济机构。他从未试图解决贫穷这一社会问题。皮尔庞特所要资助建立的学校必须是私人贵族化的。他是大都会博物馆和美国自然历史博物馆最初的赞助人之一。在大都会剧院的金马蹄厅里，皮尔庞特拥有一个私人包厢（他喜欢那些浪漫而又热情洋溢的歌剧，尤其是《行吟诗人》）。同时，他又是圣卢克医院的主要捐助人。朱尼厄斯接受恩迪科特·皮博迪（他是乔治·皮博迪的一个远亲）为在伦敦的合伙人之后，皮尔庞特帮助他的儿子恩迪科特·皮博迪牧师在波士顿以北买下了一块90英亩的地皮，以期创办一所名为格罗顿的新私立预科学校。效法拉格比学校，这所新校意在将其学生培养成为优秀且具有男子汉气概的基督徒。然而具有讽刺意味的是，它后来造就了摩根财团的死敌——富兰克林·迪拉诺·罗斯福。

通过他的朋友和私人医生詹姆斯·马科，皮尔庞特将他难得的一些礼物赠与了当时洪水般涌入纽约东部低地的大批移民。马科讲述了他如何在一个租来的厨房里为一名移民母亲和她的婴儿动了手术，救了两条性命的故事。皮尔庞特当时拿出300美元的钞票，"你一定要让那位女士能够得到妥善护理"他说，并把钱交给了医生。[10] 最终马科大夫劝说皮尔庞特捐助了100万美元以上的巨款，为纽约妇产医院修建了一座大楼。在这所医院里，护士们能够为穷困潦倒的孕妇提供食物、牛奶以及产前的护理。马科大夫成为医院的负责人。随着皮尔庞特日渐成为一位慈善家，他对未婚母亲们所表示的关怀逐渐成为街谈巷议的话题，同时又有些捕风捉影的故事，说那个医院里的医生们与皮尔庞特的情妇们结为伉俪。

然而皮尔庞特为之倾注了最多心血的，还是作为英国国教一个分支的圣公会。宗教是他一切价值观之间的共同联系——美、秩序、社会等级制度、对往事崇敬的追忆、壮观的庆典。作为纽约最具影响力的圣公会的非教职人员，他参加了该教会三年一度的大会，以及会议上关于教义所进行的那些深奥的辩论。宗教自然而然地与驱使皮尔庞特工作的道德结合在一起，成为他对美国商业惯例所表示出的愤慨的根本原因。他的外祖父是一位传教士，祖父则是个好色的唱诗班成员。他父亲的一些金融业的箴言，无不是以短小隽永的布道词风格表达出来的。朱尼厄斯经常像一位失意的牧师说道："自我肯定或是感到上帝的允准，远比世界上一切财富能带来更大的喜悦。"[11]而皮尔庞特正是习惯于在华尔街23号中像教皇一样刚愎自用，独断专行。

对皮尔庞特和范妮而言，星期日是奉献给宗教活动的。他们去的是斯泰弗森特广场上的圣乔治教堂。从1868年起，皮尔庞特就是这里的教区委员了。星期日夜晚一般是唱赞美诗来度过的。为了使范妮满意，皮尔庞特还参加了每星期三晚上聚会的门德尔松合唱俱乐部。在他的年轻时代，皮尔庞特的性格中有过分拘谨的一面。但一般来说，他的宗教信仰并不能严格地约束其世俗行为。宗教是在更为基本的层次上影响着他，不管是在高亢振奋的宗教集会上大声唱着颂歌，还是当他独坐在昏暗的圣乔治教堂中倾听着管风琴的音乐，他仿佛是被这宗教的仪典施行了催眠术一般，思绪陷入到深邃幽远而又神秘莫测的梦幻之中。

皮尔庞特对于《圣经》抱着原教旨主义者的态度，相信字字句句皆为真理。他竟像一个孩子一般轻信，1882年他访问了巴勒斯坦地区。这次访问使他感触颇深，他曾有书信给范妮，描述在耶稣的墓前他所经历的强烈震撼："在那里停放着耶稣曾躺过的尸床。我感到一阵无法抗拒的冲动，逼使我跪下地去，膜拜这圣灵。"[12]后来他曾告诉他的图书管理员贝勒·达科斯塔·格林，说他相信《圣经》上的每一个字，包括约拿和鲸鱼的传说。一次，他和威廉·劳伦斯主教沿尼罗河顺流而下，途中他准确地指出了摩西从芦苇丛中被救出来的故址，并坚持说当初发生的一切和《圣经》

上讲述的情况完全一样。皮尔庞特既然如此盲目轻信,那么他对玄学秘术表现出强烈的兴趣也就不足为奇了。多年以来皮尔庞特一直请星相学家伊万杰琳·亚当斯用天宫星象为他占卜,事无巨细,包括政治事件乃至股票市场的涨跌。当皮尔庞特的儿子杰克出生时,伊万杰琳预言说这婴儿的星象中有一个主要的十字星座,这预示着萧条——这预言不幸言中,1929年杰克执掌着银行事务在大萧条中惨淡经营。

1883年,33岁的牧师威廉·雷恩斯福德博士接管了圣乔治教堂,成为教区长。雷恩斯福德是一个相貌英俊的年轻的爱尔兰人,受教于剑桥大学。作为教堂活动的财政后盾,皮尔庞特在对于他的任命中曾起过作用。雷恩斯福德是一位社会改革家,一位"社会福音"的激烈鼓吹者。他告诉皮尔庞特,只有在教堂实行民主、对穷人开放的前提下,他才肯接受这一职位,皮尔庞特同意了这一条件:"一言为定。"[13]之后他便弥补了教堂的财政赤字。雷恩斯福德后来果然将穷人们迎进了教堂的大门,使他们能免费坐在那里的长椅上。而最终这两位绅士过从甚密,乃至每个星期一他们都会在麦迪逊大街219号共进早餐。除此以外,摩根还建造了几座新的教堂。

雷恩斯福德博士后来在试图扩充教区委员会,并进一步使其民主化时,遇到了麻烦。这个委员会的成员们都是在摩根的"黑色书房"中开会。雷恩斯福德的想法与摩根那种"自扫门前雪"的慈善主义背道而驰。摩根断然回绝了他的建议:"我不希望看到教区委员会的民主化,我需要它保持原来的委员。这些人必须是我能在自己的书房里召集起来的一群绅士。在这里他们会坦然自若,拿出自己的钱来解决财政赤字的问题。"[14]他给雷恩斯福德去了一封信,意在辞去自己首席教区委员的职务。而这位年轻的教区牧师固执地拒绝了这一辞呈。此后的几个星期里,他俩仍然在星期一共进早餐,然而在用餐时却都一言不发。在这些共度于饭桌旁的时光里,摩根可能想起了自己的改革家的外祖父——皮尔庞特牧师被一群有钱人围攻的情景。双方僵持了好几周之后,摩根邀请雷恩斯福德去为他即将开始的欧洲之旅送行。当他俩单独在摩根的特别包厢里时,摩根一边拥抱雷恩斯福德,一边说:"雷恩斯福德,为我祈祷,为我祈祷吧。"[15]这场敌对便冰释于这通俗闹剧般的忏悔之中了。

雷恩斯福德曾对摩根的宗教信仰做过有趣的记述。"他的信仰是他珍贵的传家宝。他对之顶礼膜拜，正仿佛那些俄国人在向一家之主鞠躬问候之前，先要膜拜东正教的圣像一样。"[16]雷恩斯福德认为，教会对于皮尔庞特来说，不是一种活跃的、改造的精神，而是古典之美的保存之所在。其力量正来自它的亘古渊源和永恒不变。雷恩斯福德还夸奖了皮尔庞特那坚定不渝的忠诚和坦率诚实："当他同你说起一件事时，他是那样专注地凝视着你，以至于你绝对不可能去怀疑他。"[17]也就是这种凝视把整整两代铁路巨头和工业大亨都镇住了。

虽然皮尔庞特的事业是同铁路紧密相关的，他却更被浩渺的汪洋大海所吸引。一度拥有火车上的私人车厢是大亨们摆谱的风行之举；然而皮尔庞特从未有过车厢。如果确有必要，他会乘坐自己控制下的铁路上的私人车厢。步入中年之后，大海成为治疗他抑郁心绪的灵丹妙药。在万顷碧波之上，他可以远离那一日深复一日的公务羁绊，从无穷的操心事中解脱出来。因而，19世纪80年代当游艇成为纽约豪门的流行宠儿之后，他几乎毫不犹豫地加入了这场新的时髦潮流之中。1882年，他购买了一艘豪华游艇，这是他买的一系列豪华游艇中的第一艘，并将其命名为"海盗号"。随后他加入了纽约游艇俱乐部。这艘黑色船身的蒸汽游艇，以其165英尺的长度成为俱乐部游艇里的亚军，并标明了摩根家族的新恢弘气派。

皮尔庞特购下"海盗号"的时候，正是他的婚姻第一次明显地发生裂痕之后，很难说这仅仅是一个巧合。这艘船的意义远不止是一件故作炫耀的摆设。它使摩根拥有了一个在范妮和孩子们的圈子之外的社交环境。其后，它更成了许多隐秘的寻欢作乐的爱情故事不可或缺的组成部分。"海盗号"使他得以从早期婚姻生活中那种令人窒息的维多利亚时代的空气中解脱出来，并享有一种无拘无束的自由。在那里，他结识了一批朋友，组成了后来被称为"海盗俱乐部"的社交圈子。这些朋友能够为皮尔庞特带女人们上船提供掩饰。同时，这条船也是他的第二个家，尤其是当范妮和孩子们在盛夏里回到哈得逊河上游的克赖格斯顿去消夏之时。皮尔庞特通常会在船上用晚膳，并把船停泊在曼哈顿港里，然后在那里消磨长夜。

购买"海盗号"与皮尔庞特在事业上步入一个新阶段成为巧合。这时，他开始成为铁路公司之间的仲裁人及资助人。于是这游艇成了解决争端的会场，并且是间谍无法刺探情报的秘密俱乐部。皮尔庞特具有一种演员的天才，擅长为他的丰功伟绩营造一种戏剧性的背景。"海盗号"正好为他的商海生涯增添了一层歌剧般的华丽气派。这一背景的最佳体现，无疑是1885年宾夕法尼亚铁路和纽约中央铁路两公司的西岸铁路之争。

皮尔庞特之所以卷入这场争端，是由于一些私人的原因。1881年的一天，他看见一个街头贩子牵着两头驴子在百老汇街上走过。皮尔庞特一见之下，非常喜欢，因为这对驴子与他在埃及看到过的小驴非常相像。他派了一个职员去买下了这两头驴子，并分别取名为比尔泽布尔和亚玻伦。这两头驴子很快成为他那些住在克赖格斯顿的孩子们的宠物。第二年，爱尔兰暴徒在哈得逊河西岸修建一条新的铁路，就在他家的下面经过，孩子们受到了这批暴徒的恐吓，因而皮尔庞特禁止他们在没有大人陪伴的情况下独自出游。同时，修筑这条新铁路线的巨大的爆破声震得克赖格斯顿一带的窗户格格作响，搅乱了这里世外桃源般的宁静。

西岸铁路在当时被同业者视为一大祸害，被称为讹诈线路。善于巧取豪夺的投资者往往出于这一目的，在原有的铁路线旁边再筑一条平行线，以期同业者能出巨资购买这条新路。由于铁路具有天然垄断性质，规模很小的竞争者也会轻而易举地使其陷入困境。这条沿哈得逊河西岸延伸的新铁路线，正与对岸的纽约中央铁路相平行（纽约—布法罗线）。当时流行的说法是，西岸铁路是由财大气粗的宾夕法尼亚铁路撑腰的，因此，作为报复，纽约中央铁路公司开始破土修建由费城至匹兹堡的南宾夕法尼亚铁路，以便同宾夕法尼亚铁路公司竞争。

西岸铁路和纽约中央铁路展开了激烈的运价大战，导致两个公司股票和债券价格下跌——难怪皮尔庞特越来越憎恨竞争。对于铁路银行家而言，这刚好发生在一个难以把握的动荡时代。在1883年股市大跌期间，伦敦市场上美国的铁路股票跌到了接近恐慌的程度。要求有一位金融帝王独断专行地解决这些纠纷的呼声日益高涨。赛勒斯·菲尔德在给朱尼厄斯的一封电文中说："此地许多生意人都像是失掉了理智，我们需要一位头脑冷静、意志坚强的人来做首领。"[18]作为纽约中央铁路的财务代理人，朱尼厄斯忧心忡忡地看着该公司的股票有史以来第一次跌到了面值以下，支付的股息也已减半。1885年初，皮尔庞特去伦敦同朱尼厄斯晤面时，对那些使美国铁路陷于两败俱伤的"荒唐的争雄"表示了强烈的不满。[19]1885年春天，西岸铁路已易主他人，而深受打击的纽约中央铁路推迟了关键的养护。

美国最著名的金融家与自由竞争成为不共戴天的死敌，这似乎有悖常理。然而这是合乎逻辑的，因为19世纪末，铁路处于无政府状态之中，运价大战，讹诈线路，轨距不标准等不一而足。铁路公司想要打垮竞争对手，只要拒绝将货物运送到与自己铁路相毗邻的铁路上去。皮尔庞特对于铁路工程技术所知甚少，但他却很清楚，铁路公司需要一笔稳定的收入，以支付它们在纽约及伦敦债券市场上销售债券的固定利息。然而在19世纪80年代中期，货运价格在大幅度的削价压力下一降再降。皮尔庞特认为"首要的任务是在宾夕法尼亚铁路与纽约中央铁路两公司之间寻求和解"。[20]

1885年7月20日早晨，天气闷热。皮尔庞特以一种艺术赞助商的天才，导演了美国两家最大的铁路公司相互妥协的一幕。他先是在游艇上迎来了纽约中央铁路的董事长昌西·迪皮尤。而后，游艇越过了新泽西州的渡口，接上了宾夕法尼亚铁路的董事长乔治·罗伯茨和副总裁弗兰克·汤姆森。皮尔庞特从来也不承认他选择游艇是出于保密的考虑。"我从来也没有这么考虑过，"他事后证实道，"但也许是如此吧。"[21]

在他接双方要人上船之前，皮尔庞特早已拟好了一份停战协议的粗略提纲。"海盗号"在哈得逊河来回航行，皮尔庞特坐在后甲板的遮阳篷下，叼着他那粗大得可怕的黑色雪茄，两旁是铁路公司的头面人物。他强调欧洲投资者对美国铁路十分不满，然而他主要是让铁路大亨们自己去争论。一般说来他采取两种策略。他常常创造出一种"没有出路"的情境，然后再进一步以他的对手面临限定日期相威胁——这种技巧是增强紧张气氛与压力，从而有利于双方关系的缓和。此外，由于他言语简练，强化了他作为一个诚实的经纪人的形象。他也允许其敌手们发泄怒气。就其本性而言，皮尔庞特说话简短，毫无进行长篇大论分析的能力。他的天才是短暂的、突发的灵感。正如一位律师所描述的那样："摩根最重要的智力是，他能在短短5分钟之内全神贯注地思考大量问题。"[22]那天傍晚7点钟,当铁路巨头们分别下船之际,他们已经决定买下对方的铁路,并停止那种毁灭性的竞争。数年以后,废弃了的南宾夕法尼亚铁路的隧道和堤坝被纳入了宾夕法尼亚收费公路。随着纽约中央铁路生意的蒸蒸日上,它兼并了西岸铁路,并将其作为沿哈得逊河运输的第二条铁路线。

新闻界对于1885年铁路干线协议的制定大肆宣扬,并把该协议称为"海盗号协议"。[23]皮尔庞特一手创下这辉煌的成功,乃至于那样吝于赞扬他的朱尼厄斯都告诉范妮说:"要是我去,也不可能像皮尔庞特那样,对西岸铁路争端处理得如此漂亮。"[24]当朱尼厄斯说出这番前所未有的赞美之辞时,皮尔庞特正值48岁。他再一次完成了工业仲裁的任务,这种任务后来就由法庭或是由公共事务委员会来承担了。在混乱的领主时代,竞争是赤裸裸的、残忍的,商人们缺乏他们可以讨论共同问题的工商组织。因此银行家们常常可以作为中立方出面干预,尤其当银行本来就和两家公司都有业务关系时,就像德雷克塞尔-摩根公司那样。多年以来,皮尔庞特聘请的都是最为精明的律师。然而多年来他更喜欢英国式的商业手腕——那种非正式的交易,例如,呷着白兰地和叼着雪茄烟握手言欢,银行家们衣冠楚楚,上浆硬领笔挺,在俱乐部里友好地交谈。摩根家族的人从来就不喜欢诉讼。在某次铁路纠纷事件中,朱尼厄斯写信给皮尔庞特:"我希望你不要被诱入诉讼中去。人生短暂,不足以应付诉讼。"[25]

铁路公司之间的血腥竞争在19世纪80年代更加激烈。好几家铁路公司都濒临破产的边缘。1886年,德雷克塞尔-摩根重组了庞大的费城和雷丁铁路公司。这一举措涉及要认购发行较低利率的新的债券,并且要估定股东们的资产值,以便减轻铁路公司的负担。重整后的公司后来被摩根的一位死敌所接管。他就是阿奇博尔德·麦克利欧德。日后他宣称道:"我宁可去摆摊卖花生米,也不愿对摩根俯首听命。"[26]麦克利欧德公然与摩根对抗,并且侵入摩根其他的铁路经营领地。这次教训使摩根深信,不应该在改组公司之后把大权放诸他人之手。

美国铁路系统的一个根本弱点就是复线过多。这种竞争使得各公司陷于依靠削减运费和削减工资来支付债务的恶性循环里。与此同时,他们最大的主顾，尤其是洛克菲勒石油公司和卡内基钢铁公司，迫使他们对大宗货物运输给予优惠回扣，从而激怒了西部那些小农场主和势单力薄的生意人，引发了要求政府管制的呼声。对于作为铁路垄断象征的摩根来说，绝对的自由竞争永远是不可取的。多年以后他说："美国公众们似乎不愿承认这样一个事实……他们可以选择受管制的法律协议或不受管制的非法律协议。早在五十多年前，我们就应该摒弃那种站不住脚的教条，即认为自由竞争能保护公众利益。"[27]随后我们将不断地看到，摩根财团总是认为政府调控胜于自由竞争，而私人垄断又胜于上述两者。

在1887年，国会通过了州际商业法案，成立了第一个监管委员会，把竞争作为准则，并取消有争议的回扣。支持这个法案的派别背景各异，身份不一，有小规模货物运输者，也有铁路公司本身。铁路公司接受了政府管制不可避免的现实，并希望能通过恰当的法规，实现他们急需的市场稳定。但是在州际监管委员会成立六个月之后，回扣又出现了。因此在1888年，铁路公司的首脑人物们决定在皮尔庞特·摩根的主持下，移花接木，将他们自己的自我监管形式套到州际商业委员会的框架之上。

1882年的12月间，报纸的读者们饱览了关于在摩根默里山庄家中所进行的种种秘密活动的报道。密切监视着这所宅邸的记者们看见成群结队的西部铁路公司首脑和银行家们云集于此。来客中包括联合太平洋公司的查尔斯·弗朗西斯·亚当斯和代表密苏里太平洋铁路的重病缠身的杰伊·古尔德。摩根的住宅被记者们团团包围。他们不停地揿响门铃，还把看戏用的小望远镜贴在窗户上。室内，皮尔庞特坐在他那大书桌的一头，做了如下的开场白："此次会议的目的，是要使本组织的各位成员在怀疑自己受到损害时，不要将法律玩弄于个人的股掌之间。这种现象以前司空见惯……在任何一个文明社会都无此习俗，因此更没有理由认为在铁路运输界可以如此行为。"[28]很明显，皮尔庞特的欧洲经历形成了他这套理论的框架。

在得到巴林财团和布朗兄弟公司代表的支持之后，皮尔庞特向铁路大亨们提出如下建议：如果他们能停止削价和你死我活的竞争，那么金融家们将停止为其竞争对手承销证券。这的确不失为一项明智的举措。当华尔街指责铁路公司不负责任的行为时，铁路公司则责备华尔街发行过多的证券,由此造成了过度扩张,导致价格大战。摩根本人就曾受到这样的责难;他资助了一些资本过多的铁路公司,结果这些铁路公司负债过高,难以抵挡经济萧条。1888年12月的会议确定了一个"绅士协定",即在60天内保持运输价格不变,其后,这些绅士们将再度聚会于此,共商大计。

1889年1月,类似的一次聚会在摩根的"黑色书房"中再度举行。这一次会议制定出了一项计划,要建立一个庞大的中央集团组织,即州际商业铁路协会,来规范整个铁路系统。这个大组织将规定运费,仲裁争端,并对违反规定的公司量罪论罚。皮尔庞特将担任这一卡特尔垄断组织的首脑。纽约《太阳报》将这一新的组织称为"铁路管理方式上的巨大革命"。[29]然而后来由于受到西部运输费用竞争的沉重压力,这一新组织很快就分崩离析了。

在1890年12月15日召开的一次会议上,皮尔庞特对于维护铁路稳定进行了最后一搏。除了原来那些铁路界的泰斗之外,新参加此次会议的还有伊利诺斯中央铁路的斯泰弗森特·菲什、大北方公司的詹姆斯·希尔和北太平洋公司的T.F.奥克斯。皮尔庞特提出如下一项计划:提议成立一个西部交通协会。该协会将由来自每个铁路公司的一名董事组成,并由他们共同制定统一运费;任何有舞弊行为的公司都将被摒弃于行业之外。摩根对于自己的计划深感满意。他以一种少有的在公众面前的坦率态度对一位记者透露说:"想想吧——芝加哥和圣路易斯以西的全部互相竞争的铁路公司,都将被置于大约30个人的控制之下!"[30]这一番话究其本意是美好的天真,实际上却是一种危险的盲目。在他内心,皮尔庞特对于自身的公正和良好的判断能力如此坚信不移,以至于他没有看到将美国经济中的很大一部分控制在他个人手中的危害性。《纽约先驱报》对他大肆吹捧,称之为"巨型铁路托拉斯*之王"。[31]然而不久之后,这项宏图大略也化为了泡影。

归根结底,"绅士协定"没能逃脱卡特尔组织的历史命运,他们无法控制协议之外的小的竞争对手。而正是这些人削减了运费,围逼更大的强敌,并赢得新的业务。由于这些暗中欺诈和缺乏约束的行为,"绅士协

---

* 托拉斯:同一行业内的企业共同组织的由董事会统一管理的高级垄断组织。

定"很快就破了产。即使现今权倾一时的皮尔庞特·摩根也无法解决这一体系结构上的痼疾。这些问题是由于过多的铁路公司追逐过少的主顾,各公司又债台高筑而造成的。在1893年的经济危机中,数十家铁路公司纷纷倒闭。皮尔庞特重新改组了其中许多公司,并运用了一些颇有争议的策略来恢复秩序。

皮尔庞特的这一段生活历程表现出他真实的心病不是金钱,而是权力。这不是那种病理学上所称的权欲,也不是要凌驾于一切人之上,并被笼罩在光环之中的权欲(虽然不排除这一动机)。他所要求的是那种能整顿混乱颠倒的金融领域,拨乱反正的权力。在强盗领主中,摩根是唯一由于过度注重道德而受折磨的一位。他深信,当其他人被这一时代令人目眩的变化和经济变革的速度弄得不知所措时,他是唯一能够解决难题的人。

随着摩根财团的权势与日俱增,它成为美国首屈一指的银行,沉重的责任压在皮尔庞特的肩上。但他的机构编制却极其精简,一共只有80名雇员。皮尔庞特甚至没有一名固定的秘书。朱尼厄斯警告儿子不要沉浸于生意中,搞得精疲力竭。同时,当皮尔庞特雇用了一名书记员,专门拆读大量信函时,朱尼厄斯那隐秘的、商人银行家的敏感性受到了震惊。他在19世纪80年代末最后一次谆谆告诫儿子,信中说:"不管一个人的体魄多么强健,他也不能够承受像你在过去两年中在脑力和体力上所经受的压力,除非你能够及时地在这两方面都得到充分休息,否则你迟早都会付出代价的。"[32]然而朱尼厄斯却从未注意到,他自己那种永不屈服的风格和理想化的高标准如何造成了皮尔庞特对工作那种奴隶般的奉献精神。

到了19世纪80年代,由于身体日见衰弱,朱尼厄斯·摩根渐渐退出了生意圈。这位在摩根家族历史上享有"钢铁公爵"美誉的人物成为伦敦最有影响的美国银行家。他与巴林财团和罗斯柴尔德财团的人物平分秋色。他坚定地参与了一批国际性的贷款项目。其中涉及埃及国家银行、俄国铁路公司、巴西一些州政府,以及阿根廷的公共服务事业。不管他是如何年老体衰,他总能给人一种坚如磐石、坚韧不拔的印象。伦敦的《泰晤士报》称他为"精神矍铄,老当益壮"[33]。

1884年,朱尼厄斯的妻子朱丽叶去世了,享年68岁。在她晚年的光景里，围绕其膝下的是她宠爱的许多京巴狗。摩根家族曾很巧妙地说她神志有些不清，大部分时间待在她楼上的房间里消磨时光。因此，她并未参与朱尼厄斯的生活。妻子逝去之后，朱尼厄斯借以排遣孤寂的是皮尔庞特一周两封的来信和孙儿孙女们的来访。被家人称为"杰克"的小J.P.摩根十分崇拜他的祖父，尤其喜欢在伦敦王子门大街13号家中表现出的那种英国式的礼仪，这包括仆役们把他作为"法定继承人"[34]伺候的态度。朱尼厄斯一直把皮尔庞特视为感情寄托。有一次，在法国南部皮尔庞特来探望他之后，朱尼厄斯写道："今天皮尔庞特带着一家人离去了——这房子是如此孤寂冷清——我深深地想念他们。"[35]

家人的探望是朱尼厄斯垂暮之年的主要乐趣。他于1890年拍摄的一张照片，表现出他那早年坚毅的嘴和沉稳的目光。他头发雪白，成簇的眉毛也已发白，头发已谢了顶。冬天，他是在蒙特卡洛的亨利埃特别墅中度过的。那里可以俯视美丽的地中海。朱尼厄斯过着一种极有规律的、资产阶级式的生活。他和朋友共进午餐，午后驱车漫游。在1890年4月3日的那次出游中，拉车的马受到一列呼啸而过的火车的惊吓。朱尼厄斯跳上踏板，想看看车夫是否能够驾驭得住这几匹马。然而就在那一瞬间，马车撞上了一堆石头，将他重重地抛了出去，摔在一堵墙上。朱尼厄斯一只手腕被折断，并且摔成了脑震荡。他昏迷了5天之久。连绵的箴言终于永远泯灭了。也许对于朱尼厄斯来说，在77岁时因为受到这么猛烈一击而猝然辞世，远比看着自己体力日见衰退要合适得多。伦敦《泰晤士报》在其讣闻中宣称，朱尼厄斯在其一生中几乎从未患病。[36]当然，这件事包含了一种神秘象征的意味：一列火车突然汽笛轰鸣，打破了田园风光的宁静，致使伦敦最重要的铁路银行家一命呜呼。

朱尼厄斯被葬于哈特福德雪松山上的墓地里。就像他为皮博迪操办的丧事一样，皮尔庞特为父亲办了一个体面的、与一位声名显赫的战争英雄身份相符的葬礼。哈特福德市面上，灵车沿途所经过的商店都闭门致哀，该州议会会堂前也下了半旗。在瓦兹瓦斯博物馆的摩根纪念大楼上，镌刻着皮尔庞特为朱尼厄斯写的碑文。这些碑文明显地表现出父子俩身上那种伦敦商人银行家传统所烙下的相同印迹："纪念朱尼厄斯·斯潘塞·摩根，原籍马萨诸塞州,一位哈特福德商人……其后是一位伦敦商人。"[37]

摩根是否不满他父亲的专制呢?或者,他所表现出来的那种崇拜是否真如他所说的那样真诚呢?他的感受,不论是愤怒还是矛盾心理,都被深埋在巨大的建筑物之下了。他对父亲的纪念,正如哈姆雷特王子纪念其亡父一样。十二年来,他逐渐收购哈特福德瓦兹瓦斯博物馆周围的土地,以修建这座摩根纪念大楼。这幢大楼耗资140万美元,由粉色大理石筑成,具有英国文艺复兴时代的风格,博物馆的面积比原来扩大了一倍。多年以后,皮尔庞特一边不耐烦地看着他的怀表,一边浏览了一堆建筑蓝图,并迅速地选定其中3份作为哈佛医学院的楼房式样。这次捐助修建又是为了表明儿子对父亲的深情。并且,在皮尔庞特书房西厅那红色的、饰以织锦的墙上,朱尼厄斯的画像占据了最醒目的位置。周围是圣母和小天使们——强权的族长由可爱的孩子们和超凡脱俗的女性所围绕着。在麦迪逊大街的家中发生一起小小的火灾之后,有人问起皮尔庞特,他最先抢救的会是哪一件珍宝。皮尔庞特毫不犹豫地回答说:"我父亲的肖像画。"

一家美国杂志之前已把皮尔庞特和朱尼厄斯列入美国最富有者之列。如今皮尔庞特继承了1240万美元的遗产,他的私人财富一夜之间翻了一番。1000万美元将继续存放在银行里。他还继承了这银行帝国的控制权,取代了他父亲在伦敦金融城享有的地位。像朱尼厄斯一样,他控制了从英国向美国的资本流动,而后在新世纪中,当这些资金逆向运转时他又从中获利。

朱尼厄斯去世之后,皮尔庞特甩掉了精神上的一些桎梏。一种新的自重意识在他心中像花朵一般盛开了。在潜意识里,他成为了J.皮尔庞特·摩根,商界巨头、艺术家们的私人赞助商。朱尼厄斯去世前,皮尔庞特的艺术藏品数量不多。1888年,他买入了第一本文学作品的手稿,一部萨克雷的著作。现在,他开始狂热地收购,日后成为世界上最大的艺术品收藏家。为了宣传J.P.摩根的新形象,他雇用了他的朋友J.弗雷德里克·泰姆斯为他设计"海盗二号"游艇。泰姆斯拿到一张德雷克塞尔-摩根公司的空白支票,并被告知不必顾虑费用问题,唯一的限制是游艇必须能在哈得逊河流经克赖格斯顿的地方转身。新的"海盗号"船身呈黑色,光洁闪亮,上面矗立着黄色的烟囱,颇为壮观。它全长241英尺,耀武扬威地摘取了水面上最大的豪华游艇的桂冠。后来，只要海盗二号在外国的港口一出现，它的雄姿就会使当地居民惊恐不已，仿佛是看到了美国资本步步逼近，席卷而来。

如果摩根家族不是连续三代都只有一位男性活到继承财产的年龄，那么摩根家族的男人也许会快乐得多。在商人银行家的家庭里，男孩子一出世就背上了继承这个王国的重负。上市公司有其自己的公司生命，而私人商人银行的合伙制则不同，它往往需要依赖一个家族的背景、资本和声望。因此如果家族的男性继承人拒绝参与家族事业的话，这一事业恐怕就得终结了。因此，摩根家族的希望首先是由朱尼厄斯寄托到皮尔庞特身上，又由皮尔庞特寄托到杰克身上。在这两代人的关系中，生意上的压力都严重地加剧了父子之间惯有的紧张与对立。

从一开始起，皮尔庞特与杰克的关系就异于他和朱尼厄斯的关系。如果说皮尔庞特是深受朱尼厄斯那种令人窒息的过度管制的困扰的话，杰克的不幸则在于根本得不到关心。这孩子其实深深地渴求父爱，只是皮尔庞特似乎如此遥不可及，如此全神贯注于他自己的生意，以至无法顾及儿子那孩子气的需要。因此在杰克和皮尔庞特之间，总有一些距离感，有一种难以名状的不适之感。这远远不像皮尔庞特和朱尼厄斯之间那种强烈的男子汉气概的相互敬慕。皮尔庞特和杰克都生性羞怯，举止笨拙，严格地拘泥于新英格兰的正统礼教。对于敏锐纤弱而又缺乏安全感的杰克来说，要同一个脾气暴躁、时常大吼大叫的名满天下的父亲打交道，实在不是易事。

皮尔庞特在孩提时代就生性狂野、倔强，因而需要强有力的管制。而杰克则不同，他需要父亲激励他那微弱不振的勇气。但是皮尔庞特却未能这么做。杰克性情温和，喜欢久久地坐着。他缺乏那种火一般的激情。他进了新罕布什尔州康科德的圣保罗学校。这里是富豪子弟们接受正统的、斯巴达式的美国常规教育之处。孩子们每周都得写信回家，但却不能接受礼物。零花钱也得向校长要。在这里，皮尔庞特曾写过充满了孩子气的文章歌颂拿破仑。而今的杰克却似乎更倾向于保护弱者。当他解释为什么最喜欢某位老师时，他说："可能是因为比起其他老师来说他最可怜吧——男孩子们总是这么捉弄他。"[38]1880年，他13岁时，曾被小说《董贝父子》感动得落泪。狄更斯的这部小说讲述了一位严厉却又颇具魅力的父亲和他敏感的儿子的故事。像他父亲一样，杰克也常常连续为偏头痛所困扰。他身材高大，举止笨拙，性情温顺，喜欢和家世较好的孩子们交往，而不屑与粗暴之徒为伍。年仅12岁时，他的言谈举止就俨然是个中年人了。他曾对母亲范妮解释他不喜欢大理石的原因："大理石经不起损耗和磨撞，不合算。"[39]

杰克缺乏向他那令人生畏而又遥不可及的父亲挑战的勇气。如果说皮尔庞特会用坚毅来对付朱尼厄斯，杰克却只是暗自希望得到父亲的赞许，并倾向于寻求母亲在感情上的支持。他发现父亲性情暴躁，又喜怒无常。杰克的焦虑常常在金钱问题上表现得最为突出，而这也是家族中的许多禁区之一。像皮尔庞特年轻时一样，杰克对自己的花销也有一本明细账。人们可以看到他曾记下支付学校图书馆罚款的10美分，以及关于他的"圣诞节收入"和"祖父所给收入"[40]名下的一笔笔开销。每当把皮尔庞特和钱相提并论时，杰克都会颤抖着说："你看，我从不违背爸爸的意愿，乱花任何一笔钱。"他还告诉母亲说："爸爸是那么痛恨我在他面前提到金钱，因此我根本不曾以任何方式暗示过他该付账单了。"[41]在他童年的信中充满着这种情感。

杰克写给母亲的信是关于摩根家族最全面的一份记载。可惜的是，范妮的回信却遗失了。显而易见，杰克对母亲有着强烈的感情。他们对彼此的忧郁都极其敏感，都经受着皮尔庞特·摩根这个不可理解的人物的影响，互相安慰长达四十年之久。多年以后，我们可以看到杰克·摩根成为一位刻薄的老者。然而他现在却还是一个热情洋溢的，充满了对母亲的挚爱的孩子。他曾写信对母亲说："亲爱的妈妈，如你所知，我是这样爱你。就在刚才，我一想起在不到一周的时间里就能见到你，我便感到浑身惬意。"[42]在他十几岁时，他对范妮的态度就是保护性的。以至于有时他不像她的儿子，反而倒像她的父亲了。当范妮变得抑郁消沉，时常卧床不起时（在杰克的信中，关于范妮体弱多病的言辞比比皆是），杰克竭尽全力使她振作。1889年，他写道："至于说到你的忧郁心情，我所能说的只是，不管别人做些什么，你都千万小心别让自己过于疲倦。并且，你要小心应付这些人——你知道该怎么做。"[43]作为一个十几岁的少年，当他听到一位朋友的母亲将范妮描述为"冷漠、沉静、毫无热情"[44]时，他有些迷惑不解。但是这些评价也可能表现了范妮只对家庭成员表现出深情挚爱，对外界却漠不关心这样一个事实。

皮尔庞特只是在格丁根浮光掠影地接受了一些大学教育的皮毛，而杰克则是摩根家族第一个获得大学文凭的人。1889年，他毕业于哈佛大学。那时他有一张棕色的脸庞，头顶削得很平整的黑发，还留着小胡子。他在哈佛度过的那些日子，正好是皮尔庞特协商"君子协定"之时，但他却没有任何叛逆行为。当皮尔庞特正在纽约同铁路巨头们周旋得焦头烂额时，杰克却过着游手好闲的日子。他抽着烟斗，得到的成绩是公子哥儿们常拿的C，还把最后一年的时光用在研究海草籽的特性上。每当杰克在实验室里做出一项令人兴奋的发现时，他都将之归结为幸运所致，典型地反映了他内心那种自卑感与不安全感。

就像他母亲一样，杰克喜欢文学。然而他却被一种灰暗的世界观所困扰。作为一个行为规矩拘谨的人，《浮士德》那悲惨的结局使他心神不宁；而《茶花女》又使他深感抑郁。在杰克的年轻岁月里，没有出现过咪咪的肺病，也没有沾满了泪水的传奇。1887年他航行到欧洲时，曾经这样写道："船上只有一位可被称为美人的姑娘，然而我同她却丝毫不曾有染，因为她给我的印象是极为平庸。"[45]他的原则是决不去冒险。对那些好管闲事，而又爱惹麻烦的人他也已经极不耐烦。"我不明白为什么那么多人……好像都认为生意场是臭水沟，一切理想和聪明才智都会消失在其中。我必须承认，只要采取的方式是诚实合理的，我自己看不出做生意有什么害处。"[46]同时杰克又是极虔诚坚定的宗教信徒。当其他年轻人正热烈地辩论着社会秩序的公平性时，他却在思虑是否应该由教堂出面，公开谴责赌博行为。

对于他和父亲之间的感情鸿沟，杰克留下了一份忧伤的回忆。他曾讲过一个讽刺故事，从中可以明显地看出皮尔庞特在生意上的自我专注。杰克有一次邀请了一位哈佛同学到克赖格斯顿。两个年轻人和皮尔庞特一同乘着"海盗号"漫游。在彼此介绍之后，皮尔庞特就匆匆埋首于报纸之中。然而当船靠岸后他却对杰克说："这是我遇到的最好的年轻人之一。"[47]

皮尔庞特显然发现了儿子性情柔和，并且比较被动，缺乏他年轻时那种进取之心。他分别于1884年和1885年两次让儿子去落基山脉中狩猎。皮尔庞特为儿子安排的猎伴是圣乔治教堂的教区长威廉·雷恩斯福德——一位了不起的猎手。杰克射中了一头长着粗角的羊。他还睡在大雪封门的木屋里。皮尔庞特正是希望借助这种男子气的逐猎使儿子坚强起来。然而,杰克真正亲近的还是限于母亲范妮一人。

1889年,杰克从哈佛毕业,并结识了简·诺顿·格鲁。她是波士顿银行家和矿山所有人亨利·斯特吉斯·格鲁的女儿。她的祖上都是一些显赫家族,其中包括斯特吉斯和威格尔斯沃思这样的家族,杰西(简的爱称)这个波士顿人凭她的家世背景,与杰克门当户对。然而在赞同这桩婚事之前,摩根和格鲁这两家还是相互摸了摸对方的底细。杰克把杰西的家谱拿给皮尔庞特过目,并一直在向势利的父亲请求一个谈论这桩婚事的机会。终于,皮尔庞特答应下一次去波士顿时同儿子谈论此事。在一封充满了愤怒与渴望的信中,杰克对范妮讲述了所发生的一切:

> 星期六,爸爸拍电报给我,说他要到波士顿来停留几个小时,希望能见到我。他预计6点40分至此,半夜还要回去参加一个午夜12点在"海盗号"上举办的晚宴。我希望能同他待上一个小时,可是他的火车误点了。因为下雨,我在一座铁路桥下站了一个小时,却仍然没有见到他。最终我总算有幸能同他从火车站一直驱车去俱乐部,然而同车的却还有鲍登先生(摩根的合伙人)以及迪皮尤先生(当时纽约中央铁路公司的总裁)。他没有转交给我你的电报中的任何一封,也没有告诉我关于雷恩斯福德的计划,或是他是否一定会在星期三出航。这次会面令人十分不快,我相信有时你也会发现,属于一个忙人也有不利之处,不管他多好。[48]

这封信的结尾最能道出真谛——杰克把范妮和自己描绘成皮尔庞特的共同受害人。一个月之后,在焦虑和颤抖中,杰克向父亲和盘托出了他与杰西的事。皮尔庞特的答复是到春天他和范妮将会考虑这个问题。由于一向敬畏父亲,杰克在皮尔庞特给予他同情性的关注时,总是受宠若惊,感激万分。他大大松了口气。在随后一次与母亲见面时,他告诉母亲说:"我对于爸爸在听取我的意见与愿望时所表现出的一切充满了感激之情。由于终于能告诉他事情真相,我自己也很满意。这些都是言辞所难以表达的,这使我几个月来的忧愁郁闷顿然冰释。"[49]1890年12月11日,杰克与杰西在波士顿的阿灵顿街教堂举行了婚礼。《纽约时报》的头版上尽是关于这场盛事的报道。

摩根家族代代相传的说法是杰克本想成为一名医生,而他之所以当了银行家,仅仅是因为其父认为这是有关家族荣誉的大事。[50]1892年,杰克25岁,这时他成为摩根银行在纽约、费城及巴黎三处分行的合伙人。在此后二十年的生意往来中,杰克将一直密切地关注着父亲。他记述了皮尔庞特那交替发作的颠狂与抑郁,并且慷慨地给予他许多同情,远远超过了自己得之于父亲的关怀。在皮尔庞特的暮年,父子间的关系多少变得平等了。

杰克在一个极为关键的时刻进入了摩根帝国。1893年6月,托尼·德雷克塞尔在参观卡尔斯巴德的一家奥匈康复疗养胜地时去世,留下了一笔遗产,据说在2500万至3000万美元之间。虽然德雷克塞尔让摩根掌握着在纽约的经营管理权,但德雷克塞尔家族却保留了费城的德雷克塞尔公司和巴黎德雷克塞尔-哈耶斯公司的控制权。1893年10月,小安东尼·德雷克塞尔决定退休,以坐享荣华富贵。这使皮尔庞特得以加强自己在纽约、费城、巴黎以及伦敦的连锁合伙控制权。在一次大都会俱乐部的晚宴上——那是在摩根历史上唯一的一次纽约和费城的合伙人共聚一堂——皮尔庞特宣布了自己将要大权独揽的计划。

在1895年的公司重组中,德雷克塞尔-摩根公司被重新命名为J.P.摩根公司。同时,巴黎的分号也更名为摩根-哈耶斯公司。费城的分号虽然名义上仍被称为德雷克塞尔公司,可事实上德雷克赛尔家族已退出了实权阶层。皮尔庞特任命爱德华·斯托茨伯里为费城公司的经理。他是费城一位制糖加工商的儿子。在伦敦的J.S.摩根公司也很快会经历一次大规模的人事调整。如此一来,摩根的四处合伙公司中,唯一的共同之处是由皮尔庞特任全权负责的高级合伙人,而他的同事只是某些公司的合伙人,而不是所有公司的合伙人。皮尔庞特将可获取所有公司利润的35%。现在，权力中心已由伦敦移至纽约，从此以后纽约将成为摩根帝国的指挥部。尽管这一庞大的帝国有着跨国经营的外表，它事实上仍是以美国为大本营的。华尔街23号中的少数首脑人物握有与其人数极不相称的重权。当年朱尼厄斯将皮尔庞特派驻到纽约这个较次要的金融中心。而今基于同样原因，皮尔庞特又将杰克派到了很快就将不能与纽约相提并论的伦敦。此时正值美国工业出现史无前例的大景气的前夜，大量托拉斯即将应运而生，摩根财团便抓住机遇，将权力重心从伦敦西移，越过了大西洋。

来访者们只要一踏进华尔街23号皮尔庞特那玻璃环绕的镶着护墙板的办公室（这种风格是朱尼厄斯办公室的翻版），就可以领教到他那风雷一样的狂暴脾气。他坐在拉盖书桌前的转椅上，靠在百老汇街的一边，冬季里他背后的壁炉中烈焰熊熊。如果需要，他常常站起身来，踱着步，详细地询问着合伙人。林肯·斯蒂芬斯曾回忆他如何坐在里间，四壁都是玻璃，门打开着。但是，这种平易近人的样子实在是一种幻象，因为摩根那傲视一切的目光常使好事者腿软骨酥。如果来客待得过长，他常常以埋头疾书的姿态来使对方手足无措。史蒂芬斯回忆道："除非摩根请他的合伙人进去，否则他们从不主动接近他。他们进去时看上去也惶惶不安，就像办公室打杂的仆役。"[51]甚至他的合伙人也称他为摩根先生，或是老人家。他就像巡回展示的一尊蜡像那么坐着。伯纳德·巴鲁克将他描述为"美国有史以来最伟大的金融家"。[52]他有与人亲善之举，却又拒人于千里之外；他的气度是那般森严而令人生畏，以至于人们在他所经之途自然地让出道来。一次，圣公会一位主教访问了克赖格斯顿，为了使他能返回曼哈顿，皮尔庞特在半夜为他截下了一辆行驶中的西岸线上的列车。

关于皮尔庞特缺乏耐心、脾气暴躁以及他表辞达意的简练，有许多故事。他不能很长地集中注意力，一般也就从上午十一点钟工作到下午三四点钟。中间休息时，他在办公室里吃些三明治、馅饼，也喝些咖啡。一次他挽救了一位商人的事业，在这位先生感激涕零之际，他却打断了对方的话，说："够了。今天事务繁忙，没时间听你说这些，再见吧。"[53]很少有人了解他的心思，他也常有自己秘而不宣的日程安排。新闻记者克拉伦斯·巴伦曾讲过这样一个故事：一位年轻的波士顿金融家普林斯去向皮尔庞特征询一项投资方案。普林斯事后说道："我握着摩根先生的手，热诚地感谢他对我这样一个年轻人所表示的关注，并说我永远不会忘记他的建议。事实上我知道，他正在用尽一切方式要毁了我。"[54]

朱尼厄斯去世后，皮尔庞特需要放松他一人独揽的权力，因为巨大的工作量实在非他一人可以承担。皮尔庞特一直为自己不能下放权力而悲叹——"这是我的天性，我实在没有办法"——直至1907年的恐慌之前，他一直没有正式举行过合伙人会议。[55]尽管他所辖之事繁多，皮尔庞特却对细微末节极为关注，并以他能够操作银行中的任何一项业务而自豪。"我能够在任何一名职员的办公桌旁坐下来，继续他未做完的任何工作……我不喜欢受任何人支配。"[56]皮尔庞特从来没有完全抛弃那种创业者的渴望，总想了解自己生意中的每个细节。他每天都核验现金的收入账目，吹嘘说他两个小时内可以还清一切债务。他有一双鹰一般锐利的眼睛，能够在扫视分类账目时一眼看出其中舞弊的数字。每逢新年，他都亲自审核一切账目，一旦他发现某个错处，那教训就使主管人员终身难忘了。"他的身材是那般魁伟，声吼如牛。"莱昂哈特·凯斯描绘道。那时他还只是为皮尔庞特桌上金制的蒂法妮钟上发条的办公室小厮呢。[57]

在1893年开始的美国工业大萧条期间，皮尔庞特·摩根的实力却急剧壮大。有15000多家商贸公司因为紧缩而倒闭，导致了美国许多地方的劳资之间的尖锐矛盾，几乎引发一场革命。1892年钢铁工人们举行的宅地法案大罢工彻底失败，使政府毫不手软地镇压了1894年的普尔曼罢工。这段时期里，600家以上银行破了产。由于囤积居奇，现金变得尤其稀少，以至于捐客*们在华尔街的人行道上做交易。每家破产的公司都由一家银行重组，成了受银行控制的客户。1892年，爱迪生通用电气公司和汤姆森-休斯敦电气公司横向合并为通用电气公司。当这家新公司在成立的次年陷于绝境时，摩根财团将它从危难中解救出来。从此，通用电气公司对摩根财团一直忠诚不二。

由于负债累累和运力过剩，大约三分之一以上的铁路公司都落入了

---

* 即金融证券行业的"托儿"，是为买主和卖主之间签订买卖契约，收取手续费或佣金的人。

被人接管的境地。英国的投资者们希望皮尔庞特能重新整顿铁路行业的秩序。鉴于上次"绅士协定"受挫的教训，皮尔庞特这次试图通过另一种途径来组织铁路卡特尔。他将对破产的铁路公司实行重组，然后将控制权掌握在自己手中，这样他就不会受制于政府或是彼此仇视的铁路巨头们了。在重组铁路公司的过程中，他攀升上了一个新的权力高峰。当时还没有一位私人企业家能够达到这样的高度。他所掌握的公司足可以开列出一份很长的名单。这包括：伊利公司、契萨佩克和俄亥俄公司、费城和雷丁公司、圣菲公司、北方太平洋公司、大北方公司、纽约中央公司、利伊山谷公司、泽西中央公司，以及南方铁路公司。事实上，密西西比河以东的任何一家破产的铁路公司最终都经历了这样的重新改组，或者像人们称呼它们的那样，经历了一次"摩根化"。大约33000英里的铁路——即全美国铁路总长的六分之一——被摩根化了。这些公司的收入总和相当于美国政府年财政总收入的一半。

摩根这时的权势之盛，是任何言辞都难以形容的。当时在纽约证券交易所上市的股票中，铁路公司占60%。公用事业与工业股票被保险公司和储蓄机构认为投机性过大，因而铁路股票成为大家公认的蓝筹股票。同时，由于铁路公司向政客们提供免费车票，它们强烈地腐蚀州立法机构。随着皮尔庞特的银行成为一家经营破产铁路的总公司，他经常拿到100万美元的收费。

随着摩根化的完成，铁路上的固定成本被削减下来。债权者被迫把债券换成利率较低的债券，这使得铁路公司可以重新还本付息。皮尔庞特保留了铁路公司所属的广阔土地和矿产资源的留置权，以避免资金被挪用到其他企业上去。约一百年之后的一桩案例表明了这些安排的约束能力之大。1893年，摩根通过控制北方太平洋公司的股票，获得了公司的控制权。1987年，这家公司的后继者，即伯林顿北方铁路公司试图从这些契约中解脱出来。摩根对190万英亩的土地和240万英亩的矿产权保有留置权，规定所有的收益都要用于改善铁路的状况。分析家们估计，这些土地中蕴藏的煤炭、石油、天然气和其他矿产资源价值数十亿美元。皮尔庞特在百年之后仍从坟墓中站起来，成为债权人的坚强后盾。

为了进一步保证铁路不会再浪费资金，大部分铁路公司的股票都被转化为"股权信托"。所谓股权信托是皮尔庞特及其三四个心腹人物的委婉之辞。他们一般会以5年为一期经营铁路事务。这是皮尔庞特那以钱易权的老把戏中变化出的新招，它使摩根获得了银行业史上前所未有的商业权力。银行家们不再局限于为客户提供资金和建议，而是直接进入了公司的经营领导层。金融和工业之间的界限模糊到了一个危险的境地。

为什么成千上万的持股人都将股票交到这位华尔街教皇的手中，以换取所谓的股权信托证书呢？这是由19世纪金融界的特殊现象决定的。如果一家公司破产，银行将以资产清算为理由，向该公司的股东们催讨债款。因此投资者们都争先恐后地要将股票脱手，否则难免蒙受损失。皮尔庞特是以全新形象出现的一类强盗领主——他不是那般赤裸裸的贪婪，也不会像洛克菲勒一样炸毁竞争对手的炼油厂。他是外表粗鲁，然而衣冠楚楚的银行家，经营着一项虽然颇受争议，但却完全合法的事业。

在摩根银行内部，人们以一种宽厚温和的态度接受这种摩根化的现实。这被认为是对股东们承担起受托方的责任。皮尔庞特似乎并不是按照任何规模宏大的计划来操作的——对此他有一种本能的反感。摩根公司后来的一位合伙人汤姆·拉蒙特曾说："从未见过任何人比摩根先生更能独特地处理他所面临的特殊处境和特殊问题。所有关于他的安排与体系设置的评说都是胡编乱造。"[58]皮尔庞特并没有为达到权力之巅编织什么阴谋之网。相反，他只是对自己重组商业机构抱有一种救世主般的忠诚信念。如果他能比其他任何人更好地整顿美国，那就这么办吧！他采取了"股权信托"的方式，并且无穷无尽地扩张自己的势力。正如后来《华尔街日报》的编辑塞里诺·普拉特所说："他的权力并不来自私人所有的百万财产，而是来自他作为受托人的手中的数十亿的财富。"[59]

如果说股权信托并无任何不正当之处的话，那么它们在华尔街上创造了惊人的权力集中。在摩根化实施之前，三分之二以上的美国铁路公司在纽约之外设有办事处。然而在此之后，绝大多数的铁路总部都在纽约市内。到1900年时，美国的铁路已经合并为六个巨型系统，都受到J.P.摩根公司、库恩-洛布为首的华尔街银行家们的控制。通过这架"永动机"，皮尔庞特不仅重组了铁路公司，还牢牢控制了它们未来的融资。通过作为它们的受托人或控制它们的大宗股票，他将这些公司和华尔街23号牢牢捆绑在一起。银行家的强大是源自铁路公司的薄弱。然而不论皮尔庞特如何对铁路那风雨飘摇中的处境表示痛心，他却借此混乱场面成为了一方霸主。

皮尔庞特如果仅以一己之力，是永远不可能完成摩根化这项巨大的工程的。由此可以看出，摩根合伙人的重要性在当时和后来都是如此。在历史书中，这些人常常被描绘成在背后蹿来蹿去的小老鼠。然而事实上，当时他们中的许多人都是握有重权的大人物，是摩根"政府"的影子内阁。铁路的重组是由不到150人的一班人马完成的。在那个时代，像摩根财团这样的老式银行还对打字机这类新式设备颇有微词。参观者们经常对银行的权势与其规模之间的巨大悬殊惊叹不已。1905年，后来担任希特勒财政大臣的亚马尔·沙赫特博士曾留下了这样的记录："整个办公室不过是底层的一间屋子，里面为雇员们设着几十张办公桌……根本不存在正式宣布一位来访者的问题，没有排队等候，也没有前厅接待室。任何人只要看到一位雇员有空，即可直接上去与之接洽。负责人和雇员们之间的关系颇为随便，自由而轻松，但又不乏尊重。"[60]

皮尔庞特选择合伙人的标准不是看他的财富多少，或是他是否能增强银行的资金实力，而是看他的头脑与才干。如果说摩根的风格是君王式的，那么他的用人之道则是唯才是举。银行因此拥有了许多一流的技术人才。皮尔庞特的交通顾问塞缪尔·斯潘塞号称比任何美国人都更详细地了解铁路，他的知识范围包括"从车厢的车闸价格到对建造终点站所需的费用估算"[61]等细枝末节。最令人印象深刻的是查尔斯·科斯特。他脸色苍白，头发一丝不乱，有着一双忧愁的眼睛和一撮小胡子。尚在其青年时期，科斯特就出版了一本关于邮票历史的书。他那种对组织和分类的渴望一直奴役着他。科斯特是摩根化进程中默默无闻的男巫。杰克·摩根曾对他做了如下描述："他彻底掌握每一个细节，他能立即全面地抓住问题，他的工作能力令人震惊。"[62]华尔街能看到伏案工作的天才的飞速的目光："人们在白天常看到他——一个面色苍白、神情紧张的身影，匆忙穿梭于一个个负责人的会议之间。傍晚他回家时还带着装有公司问题的文件夹，以便夜间工作。"[63]然而科斯特终究不是被压迫在底层的小职员,得益于股权信托,他终于坐上了59家公司的董事席位!

摩根财团后来享有一个极其矛盾的声名。它既是一个绅士们的俱乐部,又是一座头等的压榨血汗的作坊。在摩根化的进程中,摩根银行在整条华尔街都沉浸于黑暗之中时还灯火通明。合伙人肩负着几乎难以承担的重任。一位新闻记者评述道:"摩根银行一向被称为是杀害合伙人的凶手。"去世的合伙人的数量的确是在稳定上升。1894年的一天,合伙人胡德·赖特在等候一辆高架火车时猝然死去,时年仅58岁。最令人惊诧的是科斯特之死。他在1900年3月间去世,也不过才48岁。他得了流感,并引发了肺炎,患病后不到一周就撒手西去了。《纽约时报》带着悲悯和愤怒指责说,压在科斯特肩上的重任"早已超越了任何人应该承担,或是可以安全地承担"的范围。在历数到1900年为止死于过度劳累的摩根合伙人的姓名之后,约翰·穆迪说,他们都是死于"繁重的、令人精神崩溃的工作,摩根的管理方式所加在他们身上的巨大压力,以及管理美国铁路资本所要求的极度的精神紧张。只有'朱庇特'摩根一个人穿越了这具粉碎灵魂的巨型绞磨机,保持了他自己的健康、活力和精神"。[64]

在对合伙人的选择上,摩根不允许拒绝。他竟厚颜无耻到在科斯特的葬礼上聘用铁路公司的律师查尔斯·斯蒂尔接替科斯特!就在送葬的行列里,摩根提出了请斯蒂尔当合伙人,并且已经既成事实。"查尔斯,"他说,"仿佛上帝对此已进行了安排。我将进一步拟定合伙人协定。"[65]这位谦和而威严的斯蒂尔先生日后将担任36家公司的董事职务,其中包括美国钢铁公司和通用电气公司。他的财富将可以与杰克·摩根相匹敌。

即使是极度繁重的工作造成了这些丑闻,摩根公司的合伙人资格仍是金融界最令人向往的位置。美国钢铁公司的一位董事长,法官埃尔贝特·加里曾这样评价摩根的合伙人:"摩根公司使他们的财富增长超过了梦想。"[66]事实上也的确如此。摩根的合伙人以极度的痛苦劳累所换取的是一份财富的保障,以及在美国金融王国中的一席高位。

— 本章参考文献 —

1. 艾伦：《伟人皮尔庞特·摩根》（Great Pierpont Morgan），第52页。
2. 约瑟夫森：《强盗强主》（Robber Barons），第338页。
3. 辛克莱：《海盗号》（Corsair），第111页。
4. 诺伊斯：《市场》（Marker Place），第182页。
5. 同上，第53页。
6. 穆迪和特纳：《美国的资本支配者》（Masters of Capital in America），第20页。
7. 辛克莱：《海盗号》（Corsair），第189页。
8. 英国议会审查金融机构功能委员会：承兑行委员会提供的证据，第84页。
9. 杰克逊：《J.P.摩根》（J.P. Morgan），第69页。
10. 莫尔顿：《纽约圣乔治教堂》（St.George's Church New York），第112页。
11. 辛克莱：《海盗号》（Corsair），第16页。
12. 惠勒：《皮尔庞特·摩根和他的朋友们》（Pierpont Morgan & Friends），第158页。
13. 莫尔顿：《纽约圣乔治教堂》（St.George's Church New York），第68页。
14. 同上，第79页。
15. 同上，第80页。
16. 辛克莱：《海盗号》（Corsair），第69页。
17. 同上。
18. 约瑟夫森：《强盗强主》（Robber Barons），第293页。
19. 卡罗索：《摩根人》（Morgans），第254页。
20. 惠勒：《皮尔庞特·摩根和他的朋友们》（Pierpont Morgan & Friends），第162—163页。
21. 同上，第174页。
22. 穆迪和特纳：《美国的资本支配者》（Masters of Capital in America），第20页。
23. 韦勒：《纽黑文铁路》（New Heaven Railroad），第19页。
24. 休斯：《关键的少数》（Vital Few），第422页。
25. 辛克莱：《海盗号》（Corsair），第76页。
26. 惠勒：《皮尔庞特·摩根和他的朋友们》（Pierpont Morgan & Friends），第188页。
27. 辛克莱：《海盗号》（Corsair），第146页。
28. 惠勒：《皮尔庞特·摩根和他的朋友们》（Pierpont Morgan & Friends），第178—179页。
29. 克莱因：《杰伊·古尔德的传记和传说》（Life and Legend of Jay Gould），第439页。
30. 惠勒：《皮尔庞特·摩根和他的朋友们》（Pierpont Morgan & Friends），第180页。
31. 克莱因：《杰伊·古尔德的传记和传说》（Life and Legend of Jay Gould），第460—461页。
32. 卡罗索：《摩根人》（Morgans），第265页。
33. （伦敦）《泰晤士报》（Times），1890年4月9日。
34. 皮尔庞特·摩根图书馆小J.P.摩根资料，第3箱，第1卷，给弗朗西丝·特雷西·摩根的信，1887年7月12日。
35. 卡罗索：《摩根人》（Morgans），第274页。
36. （伦敦）《泰晤士报》（Times），1890年4月9日。
37. 杰克逊：《J.P.摩根》（J.P. Morgan），第281页。
38. 皮尔庞特·摩根图书馆小J.P.摩根资料，第1箱，第3卷，给弗朗西丝·特雷西·摩根的信，1881年3月10日。
39. 同上，1881年3月27日。
40. 同上，1881年2月27日。

41. 皮尔庞特·摩根图书馆小J.P.摩根资料，第2箱，第2卷，给弗朗西丝·特雷西·摩根的信，1885年10月23日。
42. 皮尔庞特·摩根图书馆小J.P.摩根资料，第2箱，第1卷，给弗朗西丝·特雷西·摩根的信，1884年11月19日。
43. 皮尔庞特·摩根图书馆小J.P.摩根资料，第3箱，第3卷，给弗朗西丝·特雷西·摩根的信，1889年2月8日。
44. 皮尔庞特·摩根图书馆小J.P.摩根资料，第2箱，第2卷，给弗朗西丝·特雷西·摩根的信，1885年11月16日。
45. 《福布斯》（Forbes）：《小J.P.摩根》（J.P. Morgan, Jr.），第16页。
46. 同上，第22页。
47. 霍维：《J. 皮尔庞特·摩根传记》（Life Story of J.Pierpont Morgan），第318页。
48. 皮尔庞特·摩根图书馆小J.P.摩根资料，第3箱，第3卷，给弗朗西丝·特雷西·摩根的信，1889年3月18日。
49. 同上，给弗朗西丝·特雷西·摩根的信，1889年3月？日。
50. 作者和保罗·彭诺耶和弗朗西丝·特雷西·彭诺耶的访谈。
51. 辛克莱：《海盗号》（Corsair），第115页。
52. 同上，第22页。
53. 斯莫利：《英美回忆录》（Anglo-American Memories），第230页。
54. 约瑟夫森：《货币巨头》（Money Lords），第15页。
55. 辛克莱：《海盗号》（Corsair），第22页。
56. 斯莫利：《英美回忆录》（Anglo-American Memories），第230页。
57. 《纽约时报》（New York Times），1964年2月19日。
58. 马萨诸塞州剑桥哈佛大学贝克图书馆汤姆·拉蒙特资料，第110箱，第3卷，致罗伯特·戈登·沃森的备忘录，1939年3月27日。
59. 卡罗索：《摩根人》（Morgans），第465页。
60. 沙赫特：《老巫师忏悔录》（Confessions of the Old Wizard），第97—98页。
61. 卡罗索：《摩根人》（Morgans），第366页。
62. 同上，第365页。
63. 温克勒：《辉煌的摩根》（Morgan the Magnificent），第116页。
64. 穆迪：《资本支配者》（Masters of Capital），第29页。
65. 莱芬韦尔：《纪念查尔斯·斯莱尔》（Memorial of Charles Steel）。
66. 《星期六晚报》（Saturday Evening Post），1927年3月12日。

第五章

垄 断

1895年，皮尔庞特·摩根通过精心策划，取得了辉煌的成功：他挽救了美国的金本位制度，并在短时间内控制住了美国黄金的出入。金本位其实是一个简单的概念。自1879年1月起，政府就承诺美元可以兑换成黄金，从而保证美元的价值。华盛顿为了表示自己并不只是在开空头支票，同时也为了让忧心忡忡的投资者们放心，便开始执行这样一条政策：政府手上至少控制价值一亿美元的金币和金条。

在19世纪90年代初期，大量的黄金开始从纽约流向欧洲。在错综复杂的世界金融体系中，阿根廷这一环节上首先出了问题。19世纪80年代，伦敦金融城出现了一股购买阿根廷证券的风潮，阿根廷证券吸引了将近一半的英国境外投资，主要的渠道是巴林兄弟公司。巴林兄弟与朱尼厄斯·摩根在阿根廷分享了很大一部分生意。之后，阿根廷小麦歉收，接着便是布宜诺斯艾利斯政变。违约的前景使伦敦的摩根银行深受打击，而威风凛凛的巴林兄弟则在阿根廷债券上损失惨重，几乎垮台。

1890年，为了解救巴林兄弟公司，使其不致破产，英格兰银行组织了一笔救援基金。J.S.摩根公司与其他巴林的竞争对手都出资参加了此项基金。原先的老巴林合伙制公司进行了资产清理，重新组建起来的新公司不复拥有往昔的实力。就这样，摩根的一个主要竞争对手被削弱了。不久以后，巴林与摩根在阿根廷的投资平分秋色。当时，境外投资遭受损失这一事实仍深烙于英国投资者心头，他们纷纷减少投资，黄金不断流出美国。随着银行倒闭和铁路公司破产，1893年的恐慌更加速了黄金的外流。

这时，美国试图在流通货币——美元上做点文章，这更使欧洲投资者惶恐不安。根据1890年通过的舍曼白银购买法案，美国财政部必须每月购买450万盎司的白银，并发行可用黄金或白银兑换的证券。这实际上是在美国建立了金银复本位制度——即货币由黄金和白银同时支撑，从而扩大了货币供应。对于要硬通货的欧洲人来说，这就好像美国债务人在试图贬低其货币的价值，然后用贬值的美元来偿还贷款。这些债权人极其重视金本位制度，认为金本位制度可以保护他们免受间接违约的困扰。因此，欧洲的银行家们纷纷将他们手中的美元换成黄金运回欧洲。对皮尔庞特·摩根来说，这是一个危险的信号，美国仿佛又回到乔治·皮博迪的那个年代，当时他不得不向别人证明美国人不会赖账。在皮尔庞特和其他银行家所施加的压力影响下，白银法案终于在1893年被废止了。但是谨慎的欧洲人仍然害怕人民党的势力会摧毁金本位制度，强迫欧洲人接受他们所不欢迎的白银。

美国南部和西部负债的农民们则强烈反对金本位制度。美国当时仍然是个农业负债国，贫穷的农村负债人人数远远超过大城市债券持有者的数目。农民们怨气冲天，但事出有因。19世纪后期，他们一直在与价格不断下跌的灾祸进行斗争。通货紧缩意味着他们必须以更贵的货币来偿还债务——这是一张毁灭的处方。在艰难时期，又没有中央银行来扩大信用贷款。同时，由于关税及工业托拉斯的因素，工业制品的价格往往不会像食品的价格下跌得那么快（由于皮尔庞特和铁路行业领主们的干预，货运价实际上有了提高）。因此，农民们欢迎通货膨胀，尤其希望他们的农产品价格能够上升。对于农民们来说，这是他们在与银行家、企业家的竞争中取得均势的唯一途径。

这种不满情绪，使银行家们成为农民的政治仇敌和黑名单上位于榜首的恶魔。这种怨恨情绪十分强烈，西部的许多州在法律上取缔了银行，德克萨斯州甚至彻底禁止银行，直至1904年。[1]内地一片怨声载道，怒气集中在摩根财团，人们把它视为欧洲金融的代言人。在社会基层广为流传着这样一种说法：是英格兰银行和纽约的银行家们唆使国会执行金本位制度。数十年来，威廉·詹宁斯·布莱恩一直依靠猛烈抨击美国对英国资本的金融奴性，来团结他的人民党信徒。[2]摩根财团的成员都是冷血的商人、被英国黄金收买的叛国者，他们的辉煌建立在美国农民的毁灭之上等这种民间传说，都是从这个时期开始的。

美钞、自由铸造银币及金银复本位制——这些都是19世纪促使物价上涨的灵丹妙药，足够令人做详细的研究。这些都是负债的农民们为减轻他们的债务负担而尝试的办法。随着1893年恐慌的日益恶化，农民中的人民党要求政府铸造银币使美元贬值。这一举动获得了新的产银州的支持。农业地区的人们对放弃金本位制将会造成难以估计的损失的想法都嗤之以鼻。《亚特兰大宪法》杂志指出："这个国家的人民，只要与金本位的邪恶和高利贷无关，并不在乎黄金支付手段多久会被废止。"[3]然而，对皮尔庞特来说，金本位制的废除将破坏欧洲人对美国证券的信任，从而毁掉他一生辛劳的成果。正如他后来所说的，在1895年，他的目标是"在美国和欧洲货币市场之间建立一种信任的关系，从而确保欧洲货币市场上的资本可以用来满足我们的需要"。[4]

1894年间，美国的黄金储备跌至一亿美元的底线之下。劣币（白银）正一步步将良币（黄金）逐出流通领域。到1895年1月，黄金以骇人听闻的速度流出纽约。人们可以亲眼目睹这种"资本外逃"的实际情景——在纽约港金条被装上货船运往欧洲。在曼哈顿的高级餐馆里，赌棍们在打赌看美国何时会破产，并宣告无力以黄金兑付美元。

处于重重围困之下的格罗佛·克利夫兰总统是摩根财团的一位朋友，也是金本位制度的大力倡导者。他担任了两届总统，其间有4年在野，他在华尔街效力于班斯-斯特森-特雷西-麦克维法律事务所。这是皮尔庞特的岳父查尔斯·特雷西的法律事务所，位于百老汇街15号，正与摩根银行相邻。克利夫兰还与精明的弗朗西斯·林德·斯特森成了至交。斯特森是皮尔庞特铁路公司重组方面的代理律师，在华尔街享有摩根财团的"司法部长"之声望。克利夫兰同时还结交了华尔街诸路人士，他是1890年老奥古斯特·贝尔蒙特葬礼的12位抬棺人之一。尽管皮尔庞特属于共和党,但他对民主党的克利夫兰并没有敌意。1884年,他单独为民主党投了一票,这一票投的正是克利夫兰——就是因为这位候选人支持货币的稳定。

黄金储备在逐渐减少,克利夫兰面对的是一个敌视他的共和党国会,他们主张自由铸币,而非黄金。许多来自大草原地带的民主党议员也赞同这一政策。危局之中,国会拒绝授权克利夫兰总统通过向公众出售债券来补充黄金储备。与此同时,由于人民党煽起的众怨,克利夫兰也无法向摩根或其他私人银行求援。克利夫兰心急如焚,却只能坐看局势的恶化。到1895年1月24日,黄金储备已跌至6800万美元,国内财政部9个分部里金币已极为稀少,甚至在纽约,从摩根银行到整个华尔街,情形也大抵相同。危机将至,克利夫兰向伦敦的罗斯柴尔德求援,也许这样可以使他免受被华尔街巨贾操纵于掌心的指控。罗斯柴尔德向J.S.摩根询问对于这次债券发行的态度,J.S.摩根公司同意参与,条件是由皮尔庞特和罗斯柴尔德的代表小奥古斯特·贝尔蒙特共同处理美国方面的事务。1月31日,皮尔庞特和贝尔蒙特于纽约财政部分部会面,参加此次会面的还有财政部部长助理威廉·柯蒂斯。虽然尚未有任何举动,有关此次会面的报道已使胆小易惊的投资者们松了一口气。一夜之间,纽约港便有900万美元的黄金从船上卸至岸边。对人民党来说,摩根-贝尔蒙特-柯蒂斯会晤证实了他们的怀疑——华尔街和华盛顿在搞阴谋诡计。

从这段时期皮尔庞特发给伦敦合伙人的电报中,我们可以大致看出他的思想倾向——他鄙视政治,尊重欧洲人的意见,赞同新古典主义经济学,蔑视某些犹太公司。当谈及一家犹太公司时,他说:"我们不愿看到生意大都被操纵在斯派尔公司以及类似的公司手中。"很明显,皮尔庞特认同伦敦债权人的观点:"我们的利益都在很大程度上依赖于保持美元的稳定,必须尽最大的努力……成功地协商……其中一个重要因素是欧洲人的购买,即使是暂时性地购买债券。"[5]他的电报往往充满激情,语调甚至富有戏剧效果。

直到2月初,财政部纽约分部的黄金一直在迅速流失,违约情况随时都会发生。然而财政部长约翰·卡莱尔却通知摩根和贝尔蒙特,内阁已断然拒绝了他们私募的提议。得到这个消息后，2月4日星期一，贝尔蒙特动身前往华盛顿，摩根紧随其后。皮尔庞特想到了弗朗西斯·斯特森与克利夫兰的友谊，于是他找到了斯特森："我需要你同去，我们有可能要起草一些文件。"同行的还有一名摩根的新搭档，年轻英俊的罗伯特·培根。[6]皮尔庞特告诉他的伦敦合伙人，美国正处于"金融混乱的边缘"，而他要帮助美国政府避免灾难。[7]

摩根、培根和斯特森三人乘坐私人车厢，挂在国会号列车上，来到华盛顿。当他们到达时，迎接他们的是陆军部长丹尼尔·拉蒙特。拉蒙特告诉他们总统决定不采用私人银团，拒绝接见皮尔庞特一行。皮尔庞特正色道："我是来见总统的，我要在这里等他，一直到我见到他为止。"[8]在斯特森游说克利夫兰的同时，培根则对司法部长理查德·奥尔尼施展他的魅力。那个晚上，皮尔庞特仍然用玩一种叫作"迷尼根小姐单人纸牌"的老办法来稳定心绪，一直玩到凌晨。在阿灵顿饭店用完早餐之后，他穿过白雪覆盖的拉斐特广场走向白宫。有人把大步行走着的皮尔庞特照了下来。据后来的传记作家描述，他的步履"宛如热带丛林，充满了自然的神力"。[9]皮尔庞特在与人会晤时通常沉默寡言。在白宫，当克利夫兰、司法部长奥尔尼和财政部长卡莱尔争执不休的时候，皮尔庞特则一言不发地坐在一边，像一个听话的男学生。他十分紧张不安，捻碎了一支尚未点燃的雪茄，裤子上也沾上了一小撮烟丝。克利夫兰仍寄希望于公共募集的方式，因为这样可以使他免受国会的指责。直到一名办公人员告诉卡莱尔，政府在华尔街的银库里只剩下900万金币储备的时候，皮尔庞特才开口，说他知道将有一张1000万美元的汇票要求承兑。"如果那张1000万美元的汇票要求承兑的话，你们就无法支付了，"皮尔庞特说，"不到下午3点钟，一切就都完了。""摩根先生，你有什么建议吗？"总统问道。[10]

皮尔庞特和盘托出一个大胆的计划。纽约的摩根银行和伦敦的罗斯柴尔德银行筹集350万盎司的黄金，至少有一半来自欧洲。作为交换条件，发行价值6500万美元的30年期黄金债券。他向政府许诺得到的这些黄金不会外流。这就是令整个金融界迷惑不解的皮尔庞特的精彩表演——哪怕是想在短时间内操纵黄金市场。关于摩根提议的合法性，还有些问题，不是摩根就是卡莱尔搬出了1862年的一条法令，该法令授予林肯政府在内战期间紧急购买黄金的特权。事情谈妥后，克利夫兰给皮尔庞特递上了一支新雪茄，换掉他因紧张而弄碎的那一支。这时的皮尔庞特异常激动，他打电报给伦敦："我们认为局势危急，政治家们似乎完全控制了局势。如果失败，或不能与欧洲达成协议，美国面临的结局将不可想象。"[11]

人民党仍在施加压力，要求进行公募。实际的问题是，克利夫兰在等待国会对授权财政部出售长期债券的《斯普林格提案》所作出的反应。克利夫兰认为，如果国会否决了这项提案，他便可以向华尔街银行家们求援，而来自公众的指责将会大大减少。在星期二上午的会面中，克利夫兰已与摩根等人约好，一旦《斯普林格提案》被否决，摩根与贝尔蒙特便立即返回。到星期四晚上提案被否决时，皮尔庞特早已在前往华盛顿的路途中了。在一片暴风雪之中，皮尔庞特到达了华盛顿。

摩根-罗斯柴尔德行动的消息对金融市场来说无疑是一剂镇静剂。1895年2月20日，银团债券开始发行，在伦敦，两小时之内被一抢而空；而在纽约，债券在22分钟之内即告售罄。皮尔庞特非常兴奋，却也是精疲力竭："你无法真正体会这次债券发行给每个人带来的解脱。当时的局势是如此危险，以至于没有人敢将此点破。"[12]然而，摩根-罗斯柴尔德银团本身却成了债券发售成功的牺牲品。辛迪加以104.5购进，以112.25起价出售，债券很快涨至119点。对持怀疑态度的人来说，这一突然增值证明银团欺骗了政府，故意压低了债券发行的价值。3.75的利率是相当惊人的。在短短22分钟的时间里，银行家们赚得了600至700万美元的利润。摩根后来声明这一数字夸大了事实，银团的实际盈利不足5%。然而，即使是赞同此次行动的阿伦·内文斯和亚历山大·达纳·诺伊斯这样的评论家，也就价格过于坚挺提出质疑。对此，银行家们认为是他们自己的信誉导致了偏高的价格。

人民党异常激愤。同时，由于罗斯柴尔德的参与，反犹呼声也夹杂其间。人民党的煽风点火人物玛丽·里斯称克利夫兰总统为"犹太银行家和英国黄金"[13]的工具。纽约的《世界》杂志将银团描述成一群"吸血的犹太人和外国人"。威廉·詹宁斯·布莱恩在他的谴责性国会发言中，要求工作人员朗读《威尼斯商人》中"夏洛克的契约"一段。布莱恩否认他的指责是为了迎合反犹太主义情绪。在1896年的竞选活动中,他告诉芝加哥的犹太民主党人:"当我们谴责罗斯柴尔德的金融政策时,我们的敌人常说我们在攻击一个民族。但我们不是,我们反对罗斯柴尔德的金融政策,同样也反对皮尔庞特·摩根的金融政策。"[14]

令人惋惜的是,黄金银团赢得的胜利十分短暂,即使是皮尔庞特也只能在一段时间内保护住黄金供应。到了夏季,黄金再次大量流出财政部。1896年初,在筹措新的贷款时,皮尔庞特提出了建立一个全球银团的计划,它将包括纽约的国民城市银行、柏林的德意志银行及巴黎的摩根-哈耶斯银行(也许是为了平息反犹势力,这一次的银团完全由基督教银行家组织)。然而,克利夫兰不想再次激起人民党的愤慨,他决定组织一次公募,摩根在6700万美元的债券发行中仅约占一半。

尽管皮尔庞特是为钱所驱,但这次黄金行动仍不愧为他的精心杰作。他起到了美国中央银行的作用,是他填补了一段历史空白,即从1832年安德鲁·杰克逊否决第二个合众国银行的提议,到1913年通过联邦储备法案期间的这一历史空白。只要政府的金融力量薄弱,货币控制手段落后,预算规模小,它就不得不依靠私人银行。而格罗佛·克利夫兰则从未对自己的决定后悔过。他对皮尔庞特·摩根做出决定的"闪电般的速度"赞赏不已,称赞他是个"目光敏锐、有远见的爱国者"。[15]由于顽固地坚持原则,克利夫兰疏远了自己党内的小城镇农民的势力。1896年,民主党拒绝提名他当下届总统候选人,而改为提名威廉·詹宁斯·布莱恩。在布莱恩眼中,摩根是一个本丢·彼拉多*似的人物,他将饥饿的农民钉在黄金的十字架上。由于存在着这类蛮横的攻击,摩根银行的作风愈发神秘、谨慎。而这种作风反过来又激发了人们对摩根银行势力的无边想象。

在1896年的总统竞选活动中,皮尔庞特在共和党的讲台上游说大家接受金本位政策。他在自己的海盗二号船上招待来自俄亥俄州的银行家、共和党全国委员会主席马克·汉纳。摩根及其他银行家都为威廉·麦金利的竞争活动出资不菲——华尔街23号挂满了支持麦金利的旗帜。这些都有助

---

* 《圣经》中下令将耶稣钉在十字架上的罗马行政长官。

于说服麦金利支持金本位制度。1900年，麦金利签署了一项法规，给予金本位制度新的法律地位。由于欧洲小麦歉收，使农产品价格得以提高，农民与银行家之间的矛盾有所缓解。同时，育空河的淘金热潮及南非、澳大利亚金矿的发现，都使美国的货币供应得以扩大，价格上涨。19世纪晚期，令人痛苦的紧缩通货政策的影响日益减小。

在19世纪90年代，皮尔庞特·摩根代表着一个令美国人难以接受的事实——在金融上，美国依然依赖欧洲。作为一个债务国，美国不得不努力安抚它的外国债主。英国对美国经济政策的影响，正如一个世纪之后日本对美国的影响。20世纪80年代，日本为美国的预算赤字筹集了大量的资金。和日本一样，英国也因抑制美国本国的货币增加而受到指责。凯恩斯指出："债务国绝不会喜欢债权国，期待债务国的友善之情完全是徒劳。"[16]而这种怨恨之情就发泄在摩根财团身上。

在伦敦受过金融培训的皮尔庞特深知，英国银行家认为英镑的稳定是英国富裕的基础。在19世纪，英镑是每个投资者都想持有的货币。皮尔庞特对美元的态度也是如此。健全的货币制度是美国作为一个主要债权国崛起的前提。摩根财团的历史充满了具有讽刺意味的事件，例如在20世纪20年代，摩根银行使英国恢复金本位制度，使后来的一位英国首相遭受自己政党的谴责，正如格罗佛·克利夫兰在1895年所经历的一样。

在皮尔庞特·摩根的生涯中，伴随成功而来的往往并不是赞誉，而是争议。因此，20世纪是皮尔庞特·摩根取得苦甜参半的成功的时期。他头戴高顶礼帽，身着黑色风衣，灰色便裤长及闪亮的皮鞋，胸前的衣襟上露出一截表链。他保养得很好，举止庄重，代表那种威胁着牧歌式老美国的财界和工业界巨头的风范。他的成就被描述得如神话一般。《生活》杂志曾发表了一次令人难忘的教义问答式的对话：

> 问："查尔斯，谁创造了世界？"答："公元前4004年，上帝创造了世界，但是1901年，詹姆斯·希尔、皮尔庞特·摩根及约翰·洛克菲勒将这个世界重新改组。"[17]

芬利·彼得·邓恩笔下的人物杜利先生是这样描述摩根的:"皮尔庞特·摩根叫来了他的一名办公人员,他是国家银行的总裁。'詹姆斯,从银行里拿点零钱出来,去把欧洲给我买回来,'摩根说,'我想把它重新组织一下,让它一直给我付钱。'"[18]当有人引用皮尔庞特的话"我对美国相当满意"时,威廉·詹宁斯·布莱恩的《普通人》杂志马上反击:"一旦他不喜欢美国了,他可以把它还回去。"[19]社论撰稿人争相授予摩根许多头衔——托拉斯之王,将世界摩根化的人,金融巨人,金融界的拿破仑,或者更简单地称他为宙斯或朱庇特,众神之神。

对于一个没有封建历史的共和制国家来说,摩根及其他19世纪的强盗领主们就是贵族的代名词。新闻界不断地报道他们的事情。公众对这些巨头们有些害怕,有些憎恶,也有几分因共鸣而产生的快感。当皮尔庞特骄横地命令司机绕过交通车流,在人行道边上向前开时,公众对他的傲慢自负惊骇不已,但同时又敬佩他毫不妥协的意志。华尔街经纪人亨利·克卢斯在谈到摩根时说:"他有火车头一般的力量。"他指的是一种野蛮的难以控制的力量,又是一种超人的力量。[20]

世界上最有势力的私人银行家皮尔庞特·摩根自视与王族平起平坐。他向公众捐款,慷慨犹如王室。他觉得伦敦圣保罗天主教堂的内部光线过暗,因而出资为教堂安装了照明电灯。他登上比利时国王利奥波尔德的游船,拜访了国王,并为国王提供了一些财务方面的意见。1901年,杰克向他母亲报告有关他父亲与其伦敦合伙人克林顿·道金斯爵士,如何前往格雷夫桑德"并与比利时国王共同进餐的事情。国王想和父亲谈生意,但父亲不愿去布鲁塞尔,因此国王特地把他的游艇开来了。"[21]皮尔庞特只在他自己的领土内处理生意,即便有时这意味着要把一个国王当成平民百姓来对待。

1906年,皮尔庞特答应邀请英国国王爱德华七世,参观他在王子门街13号的艺术收藏品,皮尔庞特是从他父亲那儿继承下来这幢市内住宅的。皮尔庞特曾向国王提供财务方面的咨询,两人经常在欧洲的社交场合会面。国王陛下注视着托马斯·劳伦斯爵士为德比伯爵夫人所作的著名肖像画,认为天花板太低了,不适合挂这幅画。"你为什么把它挂在那儿呢?"他问道。"先生,因为我喜欢那儿。"皮尔庞特的回答很简单,他觉得无需做过多的解释。皮尔庞特的女婿赫伯特·萨特利注意到,国王和银行家是完全平等的:"他们就像是两个朋友在一起,有时似乎满足于静静地坐着,而不用努力去使对方感到高兴。"[22]在爱德华七世举行加冕典礼时,皮尔庞特送给他的礼物是块价值50万美元的挂毯,从此便开始了摩根财团和英国王室之间持久不衰的联系。

皮尔庞特也做了件使意大利王室高兴的事。1904年,他因归还了一件珍贵的教士斗篷而受到了意大利的嘉奖。这件斗篷是从阿斯科利天主教堂被偷走的。国王维克多·伊曼纽尔授予皮尔庞特"圣莫里特斯和拉扎鲁斯的伟大卫士"称号。这样,皮尔庞特无论何时踏上意大利领土,他都将享受到国王陛下的表兄的待遇。

尽管皮尔庞特向往天国,宗教界人士想到他时却是满脑子世俗念头。1905年,皮尔庞特拜会教皇之后,教皇庇护十世遗憾地叹道:"真遗憾我没有想起要请摩根先生给我们的财政状况提些建议!"[23]不过后来摩根财团的成员就购买美国股票的问题为罗马教皇提出过建议。

对于自己的家,皮尔庞特原则上不把它建造得如同宫殿。同样,在生意上他对房地产的兴趣也小得惊人。房地产在他的时代曾给许多人带来大笔财富。皮尔庞特曾笑着说他"活着只需要一个住处,死后只要墓地里的一块坟地"。他的儿子杰克也骄傲地承认他对房地产一窍不通。[24]皮尔庞特没有规模宏大的房地产,他只稳稳地拥有麦迪逊大街的一幢朴实的市内住宅和哈得逊河畔的克赖格斯顿度假村,这里有养狗场、奶牛场和花园。

唯一例外的是纽约州北部,阿迪朗达克山里的安卡斯营地,而这也只是皮尔庞特的偶然所得。1898年,皮尔庞特的一个朋友,建筑师威廉·韦斯特·杜兰特无法按时偿还一笔贷款,于是就用这一乡村营寨来支付。安卡斯营寨深藏于密林之中,陡崖之下,两侧山崖树木茂盛,终年常青。该营寨占地将近1000英亩,终年需30人照料林间的建筑。杜兰特推广了这种百万富翁的野外度假地。他造出了最奢华的木屋,这些屋子都有浑圆的木柱子,壁炉大得可以进人,厚重的梁木露在外面。为了营造出乡村林地的气氛,家具上都故意刻有斧痕,松木长条上甚至还留有树皮。墙上装饰着印第安毛毯、麋鹿头以及捕获的鱼的标本。当皮尔庞特在这里举行聚会时，他用私人列车厢载来整车厢的朋友，另有一节行李车厢装运成架的陈年香槟酒，一路上拨浪鼓似的乱响，紧随其后。

皮尔庞特性喜漂泊，不愿做安守一地的乡绅。大海才使他更加雄姿英发。作为纽约游艇俱乐部会长，他为游艇比赛提供了摩根杯，并资助哥伦比亚队蝉联了美国杯游艇赛冠军。他甚至把自己在西四十四街的一块土地提供给俱乐部，作为新的总部。

皮尔庞特的船比他的家更引人注目，船才是他的财富的真实体现。1898年，尽管他提出了强烈抗议，海军还是征用了他的海盗二号船用于美国和西班牙的战争。摩根家族的人反对这场战争，杰克（尽管后来他因在第一次世界大战中的表现而被称为战争贩子）哀称美西战争"无谓地浪费了生命和财产"。[25]海军为这艘船付给皮尔庞特22.5万美元，并将它改造成了一艘战舰，名叫格莱斯特号。该舰参与了圣地亚哥战役，被一枚西班牙炮弹击毁。皮尔庞特保留了一块船桅的碎片作为纪念。

海盗三号则是更加狂妄自负的作品，它简直是一个现代的法老墓。就像情人哀悼自己死去的女友一样，皮尔庞特以惊人的巨资，将海盗二号的地毯及其他装饰再现于海盗三号上。海盗三号吃水线长300英尺，需70名船员，拥有黑色外壳。这艘越洋船造得格外新颖夺目。在船上的诸多细微事物中，有一个特别的保湿雪茄烟盒，这只烟盒可使皮尔庞特的黑色八英寸麦瑞狄安娜·科西诺雪茄一直保持新鲜。皮尔庞特特别喜欢海上的壮观。当他乘客轮从欧洲回来时，海盗三号会出海迎接他的归来，而他则在大船甲板上挥舞着手帕。皮尔庞特不用与客轮下等舱的乘客混在一起，就可以溜过隔离区转上海盗号。

皮尔庞特常常在游艇上留宿，或带着客户在夕阳中巡游。有时，他会在周末于克莱格斯顿招待完朋友之后，率朋友们一同在星期天的晚上驱船驶回曼哈顿，在船上过夜，然后醒来享用登陆前丰盛的早餐。对皮尔庞特来说，海盗号如同一个昂贵的玩具，它具有疗伤治痛的功效。皮尔庞特无法抑止自己情绪低落，成功仿佛只是使这种低落情绪更甚，只有大海能使他心情愉快。杰克曾这样对他的母亲讲述1898年的一次出海航行："皮尔庞特近来心中有许多事,他被这些事搅得心绪烦躁,还有那些讨厌的有关战争的流言,这次航行对他来说的确很有必要。如果他情绪稳定下来……他回来后会去法国南部的温泉疗养,然后再出两次海。出海似乎是唯一对他有益的事了。"[26]也许这仅仅是一个用来遮掩真相的借口——杰克用这种办法向他母亲遮掩父亲越来越多的风流韵事——然而大海的的确确是治愈皮尔庞特·摩根的一剂良药。

伴随新世纪而来的是美国历史上的第一次兼并浪潮。在电报、电话以及交通发展的带动下,地方市场开始与地区市场,甚至整个国家市场融合交错,互相影响。同时,由于美国在美西战争中取得了胜利,商业重心也从扩大国内业务转向了寻求全球市场。这些经济上的变化使得公司兼并的数量从1897年不太引人注意的69起,发展到1899年的1200起。

如果市场主要依赖于当地,工业界就很少需要大规模融资。华尔街和伦敦金融城一向瞧不起制造商,认为他们是无足轻重的小商人。摩根财团主要在铁路证券上业务较多。(直到1911年,巴林银行的第二位巨头雷维尔斯托克勋爵还很势利地说:"我承认我个人害怕所有工业公司。"[27])现在,随着兼并步伐的加快,华尔街银行业的精英们也开始把重点从铁路托拉斯向工业托拉斯转移。在一个托拉斯之中,股票持有者把他们拥有的各成员公司的股票换成最高控股公司的"股权信托证书"。在新泽西州通过了一项允许一家公司拥有另一家公司的法律之后,新泽西州得到了托拉斯公司的青睐。到1901年,这些新的巨型法人公司控制了许多行业——制糖、制铅、威士忌、厚玻璃板、金属钉、冶金及煤炭等。

华尔街的银行家们促成了其中许多行业的改造,并且与此同时,他们的权力也日益增大。一个托拉斯公司常常是由家庭公司或成员关系密切的公司组成的,这类托拉斯在其竞争对手要加入自己的托拉斯公司时,内心充满敌意。这种时候,银行家以真诚可信的经纪人的身份来充当他们之间争执的仲裁者。由于银行要对每个参与公司的价值进行评估,银行必须做到公正无私;同时由于价值评估很少能被每一家都接受,银行的态度又必须坚定不移。最重要的一点是他们必须取得信赖。公众或许惧怕皮尔庞特·摩根，但他从来都按时付账，信守诺言，得到了世界各地商人们的尊敬。皮尔庞特·摩根认为竞争是没有用的，而且具有毁灭性，他本能地赞同大规模兼并，认为这才是消除弊病的办法。有一次，摩尔特尚多葡萄酒公司的经理抱怨一些工业上的问题，皮尔庞特轻松地提议他把整个香槟行业买下来以解决问题。[28]

在威廉·麦金利任职期间，商业界有了一个共和党总统。这位总统赞成公司兼并，他没有设置任何障碍反对托拉斯。1900年，共和党以压倒性的多数选票大获全胜，此后形成宽松的规范氛围。1901年美国钢铁公司的成立与这种氛围是分不开的。随着威廉·詹宁斯·布莱恩及支持反帝、反托拉斯政策者在竞选总统中的失败，商业界变得更加大胆，跃跃欲试，想干一番大事业。在共和党赢得辉煌胜利的几个星期之后，副总统西奥多·罗斯福请陆军部长伊莱休·鲁特参加他为皮尔庞特·摩根举行的宴会。他写信说："我希望你能来参加我为皮尔庞特·摩根举行的宴会。你瞧，这意味着我在努力变为一个与有势力的阶级接触的保守分子，我想我需要一些鼓励。"[29]

在这次宴会以后的一周，就开始了有关美国钢铁公司的第一次讨论。这次宴会使得皮尔庞特确信麦金利政府对托拉斯的态度将会比较宽松。有关钢铁托拉斯的成立问题仍在争论之中。比较有声有色的传闻认为建立钢铁托拉斯是钢铁业商人约翰·盖茨的主意。据说他是在纽约华尔道夫酒店赌钱时想到这一主意的，当时这家饭店坐落在第五大道和三十四街之间。盖茨从前曾做过有刺铁丝的推销员以及股市投机者，他是个矮胖、长相俗气的家伙。他的头上总是斜戴着圆顶礼帽，帽子微微后倾，嘴角总是叼着一根雪茄烟。他曾就雨点打在火车车窗上下落的速度打赌。盖茨有着"一赌一百万"的绰号，他得到这个绰号是缘于有一次在一匹英国良种马上下了一笔巨额赌注。他并不仅满足于美国钢铁托拉斯，他还想将德国制造商也包括进来，以形成一个全球卡特尔。

比较严肃的说法则认为美国钢铁托拉斯源于安德鲁·卡内基的钢铁公司与皮尔庞特·摩根的两家钢铁公司——联邦钢铁公司和全国钢管公司——之间逐渐形成的巨大冲突。作为最大的钢材制造商，卡内基在1900

年7月决定发展诸如钢管和钢丝之类的钢铁制成品。作为第二大钢铁集团的领导，皮尔庞特担心铁路行业的混乱局面将会重演，钢铁行业也会出现生产过剩和价格战的现象。他咆哮着说卡内基会通过竞争使整个工业界"道德堕落"。皮尔庞特已准备好要应付一场恶战，他让他钢铁制成品部门的负责人也准备好在粗钢生产方面给卡内基以迎头痛击。

1900年12月12日，皮尔庞特受罗斯福盛宴招待之后，参加了在曼哈顿大学俱乐部为查尔斯·施瓦布举行的一次著名的宴会。施瓦布年轻英俊，长脸，皮肤光洁，深色头发，眉目俊朗。他是安德鲁·卡内基的一名忠诚的副手。摩根坐在施瓦布的右侧，眼睛紧盯着餐碟，听这个年轻人的餐后讲话。这位言辞甜美流畅且富有戏剧效果的年轻人，向摩根和在座的其他80位金融家描述了一个有关钢铁托拉斯的设想，这个托拉斯将包括钢铁生产和销售的各个方面，从采矿到推销成品概不例外；而卡内基和摩根钢铁企业当然将是这一托拉斯的核心成员。钢铁托拉斯将是一种高级协作的关系，托拉斯通过规模经济来降低价格，并进军新兴的世界市场。这是国家产业政策的一种形式，尽管是由私人企业家来操作的，并且是为了他们的私利。

摩根听得入迷，宴会之后和施瓦布又接着商议了半个小时。摩根的合伙人罗伯特·培根后来说："很显然（摩根）看见了一片新天地。"[30]施瓦布究竟是在卡内基的授意之下这样做的，还是打算先取得皮尔庞特的支持，再去向卡内基提议此事，始终未搞清楚。无论怎样，不出三周，摩根、培根、盖茨和施瓦布就聚在摩根的"黑色书房"里，通过一夜的磋商制定出一份提议。根据这一提议，新钢铁托拉斯将控制美国钢铁行业一半以上的业务。除了卡内基钢铁公司和摩根的联邦钢铁公司之外，它还将包括美国镀锡铁皮公司、美国钢环公司、美国钢板、美国桥梁、美国钢铁钢丝、国家钢管、国家钢铁、谢尔比钢管和苏必利尔湖联合矿业公司。

在建立美国钢铁公司的过程中，皮尔庞特不得不与安德鲁·卡内基和约翰·洛克菲勒这两个代表美国商业完全不同的两个方面的企业家打交道。这两个人都十分强硬，蔑视银行家，喜欢用留存收益*来为经营活动融

---

* 留存收益是公司经营过程中所创造的，但由于公司发展需要或其他原因，没有分配给所有者而留存在公司的盈利。

资。洛克菲勒是凭他的铁矿和苏必利尔湖上的船运公司加入托拉斯的。皮尔庞特觉得这两个人举止粗鲁，缺乏修养；而卡内基和洛克菲勒则认为皮尔庞特傲慢专横。此外，拘谨正统的卡内基对皮尔庞特婚外的风流韵事颇有些看法。"卡内基对一切带有肉欲和魔鬼味道的东西都会皱眉头"，施瓦布评论道。[31]

"黑色书房"会议之后，施瓦布试探卡内基是否愿意将钢铁公司卖给托拉斯。在韦斯特切斯特的圣安德鲁高尔夫球俱乐部内打完了一场高尔夫球之后，卡内基经过反复琢磨，最后在一张纸片上写下了他的卖价——4.8亿美元。他要求用债券支付，而不是滥发的股票。当施瓦布将纸片交给摩根时，摩根看着这张纸条迅速说道："我接受这个价格。"[32]喧闹之中，皮尔庞特忘了在这上面签字使其合法化。几星期之后，他不得不派一名律师带着一份合同前往卡内基的宅邸。尽管卡内基十分敬重朱尼厄斯·摩根，但对皮尔庞特·摩根，他则喜欢来些小打小闹。皮尔庞特邀请卡内基去华尔街23号，而卡内基则坚持要摩根到他自己的五十一街的办公室来。15分钟冷淡的闲聊之后，摩根道别离开："卡内基先生，我祝贺您成为世界上最富有的人了。"[33]

敏感而富有报复性的卡内基对这个交易感到很得意："皮尔庞特觉得他拥有华尔街最优秀的犹太人为他服务，他就可以为所欲为……要打败犹太人，需要一个纯粹的美国人才行；要打败美国人则需要一个苏格兰人才行。"[34]卡内基庆贺得太早了。后来，他向摩根承认他卖得太便宜了，少卖了一亿美元。摩根一点也不顾及这位企业家的情绪，直截了当地回答："不错，很可能是这样，安德鲁。"[35]

为了引诱不肯就范的公司加入托拉斯，皮尔庞特显示了马戏团班主挥鞭控制的才能。他对那些有非分之想的公司毫不客气。在华尔街23号的谈判中，"一赌一百万"盖茨和他的美国钢铁公司拒不让步。为了打破僵局，皮尔庞特突然猛拍桌面，状如愤怒的上帝："先生们，我将在十分钟之内离开这幢楼。如果到那时你们还不接受我们的条件的话，我们就不用再谈了。我们会建立我们自己的电线厂。"[36]皮尔庞特的慑人威势果然奏效，盖茨投降，决定卖出自己的公司。皮尔庞特兴奋地回了家，快活得像个孩子。

摩根财团原则上不出资创办新公司,对股票投机也极为反感。朱尼厄斯·摩根在很久以前就告诫他的儿子:"我建议你做这样一个决定——绝不购买任何投机性股票。"³⁷因此,1901年,皮尔庞特建立了美国钢铁公司,实际上是为托拉斯浪潮增添上一份"旧资本"的显赫威望。1901年与1929年或1987年没有什么不同:股票市场是每个人嘴边的日常话题。每天的股票交易额成3倍地上涨。华尔街的观察家们预言一个新时代将要到来。报纸上也充满了饭店服务员、公司职员、看门人和裁缝等在华尔街发迹的故事。³⁸

美国钢铁公司的建立使投机之火愈烧愈旺。在那个年代,发行100万美元的证券已被认为是相当大的一个数目,而这家新公司则拥有雄厚的14亿美元(相当于1989年的230亿美元)的资本化资金——它是历史上第一家拥有十亿以上美元资本的股份公司。而当时,若将美国所有制造业资本化资金相加,也不过是90亿美元而已。在托拉斯的融资过程中,债券与股票势如潮涌,为妥善管理,皮尔庞特组建了一个由300个发行人组成的银团。他任命股市行家詹姆斯·基恩负责为股票造市*。基恩长着一副尖脸,蓄着尖尖的胡须,素有"华尔街银狐"之称。通过同时买进和卖出托拉斯股票的办法,基恩使得该种股票价格稳步上升,并创造了交易额巨大的假象。尽管有人预言如此之多的股票会使股市饱和,然而托拉斯股票发行的成功,验证了摩根合伙人乔治·珀金斯所夸下的海口并不过分。他说,摩根即使是"从撒哈拉沙漠"发行股票,也一样会找到买主。³⁹这个银团以他们的服务获得了5750万美元的股票(相当于1989年的10亿美元)。美国钢铁公司的成立是金融界与工业界的力量相结合的结果,是领主时代的标志。当四位摩根合伙人加入新托拉斯的董事会之后,这一结合即告完成。

许多观察家认为美国钢铁公司如此巨大的规模是个凶兆,很不正常。甚至《华尔街日报》也承认他们对"公司的规模感到不安"。⁴⁰在其他人之中,著名经济学家、耶鲁大学校长阿瑟·哈德利认为,联邦政府需要加强对大型股份公司的控制。后来,成为伍德罗·威尔逊总统传记作者的雷·斯坦

---

* 股市大户或违法买卖者人为制造的或涨或跌的股市行情,以图暴利。

纳德·贝克指出，新股份公司的收支将超过世界绝大多数政府。[41]华尔街对这些言论毫不在意，股票交易额仍不断刷新纪录。1901年1月，托拉斯股票一天内的交易额就达到了200万股；当年春天，美国钢铁公司建立之后，交易额达300万股。华尔街被股票淹没了，证券交易所甚至不得不宣布一天特别假日，以使票据整理工作赶得上股票交易的速度。

围绕美国钢铁公司的争议无休无止：这真的是像皮尔庞特相信的那样是最大的一笔交易，抑或是一个大欺诈？股票的发行使数十个参与托拉斯融资的钢铁企业家成了百万富翁。这种暴富的景象令公众大为震惊。1905年，美国钢铁公司的第一任总裁查尔斯·施瓦布在曼哈顿河边大道建起了一座有75间房间的豪宅。宅中有管风琴、画廊、保龄球道、私人小教堂、60英尺长的游泳池等，一应俱全。在匹兹堡市的各处，钢铁巨头们的豪华大厦比肩而立，都是他们以新敛的资财建成的。这些大厦象征着一个新的阶级——工业资产阶级暴发户。

后来，西奥多·罗斯福设立的一个联邦机构——美国股份公司局对美国钢铁公司的估价只达到其14亿美元出售价的一半。这一消息如果属实，那么投资者们花钱购下的仅是一只充满希望的巨大口袋，其中至少一半只是热空气而已。从范德比尔特那里，摩根学会了以预期收益而非现有资产来估价的技巧。美国钢铁公司后来的历史为其诋毁者和仰慕者都提供了谈资。其股票从38点开始，猛增到55点，在"富人的恐慌期"——1903年下跌幅度也没有大于9点。到1904年1月，美国钢铁公司甚至无法支付股利。然而，公平地说，随着时间的推移，这个企业仍是按摩根设想的方案不断扩大规模，成为美国首屈一指的钢铁公司，它为投资者们带来了丰厚的回报——至少回报了那些有足够耐心的投资者。

在皮尔庞特事业如日中天的壮观景象背后，一直隐藏着一个弱点。如果正如亚里士多德所言，悲剧能激起人们的恐惧与同情的话，那么皮尔庞特所戴的正是一副悲剧面具。1903年，皮尔庞特静坐了两分钟，让爱德华·斯泰肯为他摄下那幅著名的照片：皮尔庞特深陷于阴影之中，手紧握刀片般的椅背，双眼凝视前方，双眉紧皱，衣领坚硬，眼中无一丝怜悯之情,目光如神话般令人恐惧。斯泰肯想让皮尔庞特转过脸去,但皮尔庞特对自己的鼻子很敏感,只目视前方。摄影师摄下了他怒发冲冠的模样。他很讨厌这张照片,把第一次印出的照片撕得粉碎。在这张照片里,皮尔庞特的眼中燃着怒火,也藏着悲哀——火山爆发一般充满力量,又充满绝望。这张照片抓住了皮尔庞特·摩根的全部气质。后来,皮尔庞特后悔自己的一时鲁莽,愿以5000美元的重金买下这张照片,但摄影师斯泰肯恼于皮尔庞特撕毁照片一事,拖了两年的时间才把照片交给摩根。

如火的双眼与一只诡异的鼻子相连。随着时光的飞逝,皮尔庞特的酒糟鼻子越来越大,越来越丑陋。不可避免地,这鼻子出现在照片上,然而最为这只异鼻所震撼的恐怕还是亲眼见到他的人。艺术品商人约瑟夫·杜维恩写到他和这位华尔街头号人物的初次会面时说:"没有一幅漫画中的鼻子在整个脸上占这样大的比例,长出这样骇人的酒刺。即使当时我没有喘不过气来,我的脸色也一定有了变化。摩根看出了这点,他目光如匕首,狠狠地盯了我一眼,仿佛要把我刺穿。"[42]有许多将摩根的鼻子与他的暴躁脾气连在一起的轶事——那些关于权贵们虚荣心的老故事。皮尔庞特绝不容忍对于他的嘲笑。一个作家说摩根一直无法忘掉有关他的"一个脸上长着酒刺鼻的大亨"的描述。[43]"一赌一百万"的盖茨曾赠皮尔庞特以"肝鼻子"的谑称,这个玩笑令盖茨损失惨重:皮尔庞特将盖茨赶出联盟俱乐部和纽约游艇俱乐部。皮尔庞特对于自己的鼻子可以说比对自己的托拉斯还要敏感。约瑟夫·普利策与摩根同在一个俱乐部。当普利策的报纸攻击了皮尔庞特的生意时,皮尔庞特对普利策抱怨的不是报上对他的指责,而是在漫画中把他的鼻子画得过大,他觉得这很不公平。

人们对皮尔庞特鼻子问题的态度各不相同。维多利亚·萨克维尔-韦斯特女士可能是皮尔庞特的最后一位情妇,她在1912年的一则日记中写道:"我从未碰到过如此具有吸引力的人,几分钟后你就忘了他的鼻子。"[44]与皮尔庞特关系密切的人这样感觉,而皮尔庞特的商界对手们对他的鼻子一定另有一番感受。对小孩子们来说,他的鼻子令人害怕,具有催眠的效力。皮尔庞特的一个后期的合伙人德怀特·莫罗把皮尔庞特带回自己家里,莫罗的女儿伊丽莎白(她妈妈早已警告她不要谈起皮尔庞特的鼻子)战战兢兢地问这位金融巨头:"摩根先生,你愿意你的鼻子伸到茶里去吗?"[45]

皮尔庞特试尽了各种办法治疗他的鼻子,甚至试过英国的亚历山大王后建议的电疗,但酒刺却无法根治。这似乎是老天对皮尔庞特的惩罚,以此不断提醒他应明白自己不过是凡人而已。在达观一些的时候,皮尔庞特将这巨鼻视作自己的荣耀。俄国财政大臣威特伯爵曾建议皮尔庞特做外科整形手术,对此皮尔庞特回答道:"每个人都知道我有这样一只鼻子,如果有一天我失去了它,我将无法走上纽约街头。"[46]更有甚者,他还称自己的鼻子为"美国经济结构的一个部分"。[47]

大概是由于自己鼻子的缘故,皮尔庞特喜欢雇用年轻漂亮的男性为他工作。他常以送人纯种牧羊幼犬的方式表明他即将请对方参与合伙。摩根合伙人早期的名声通常是那些为铁路重组奔波劳累的技术人员。随着时光的流转,这一传统渐被一种新的鲜明的模式所取代。新的摩根合伙人个个穿着时髦,温文和蔼,举止文雅,完全符合富有的客户们的欣赏品味。一个早期为皮尔庞特作传的作家写道:"一个相貌平平的人是没有机会被选作摩根合伙人的。"除了少数的例外情况之外,在皮尔庞特的儿子杰克领导之下的摩根银行,可以说奉行的是同样的政策。[48]

这一模式的最初代表是罗伯特·培根。培根是在1894年胡德·赖特猝死后成为摩根的合伙人的。培根被雇后不久,他从前的老板亨利·李·希金森少校就提醒他说:"不要因为你能做而且喜欢做,就像科斯特那样过度工作。他干得真棒,但是很不明智。"[49]培根衣着整洁,具有运动员一般的身材,宽阔的脸庞充满力感,唇上蓄着动人的短须,他被称为华尔街上的希腊俊神。培根毕业于哈佛大学(是西奥多·罗斯福的同学),曾参加拳击比赛,跑过一百米,做过橄榄球队的队长、合唱团团长,他还是大学赛艇队的第七号选手,班级的模范学生。他出现在百老汇街和华尔街相交处的摩根银行中,树立了摩根合伙人的新形象。一位小说家脑中联想着培根写道:"如果上帝的天使选人类的女儿为妻,那么他们生下来就是摩根合伙人。"[50]皮尔庞特非常宠爱培根,常要他伴随左右。据说摩根已"爱上了"培根,"喜欢与他在一起"。[51]

培根在银行里的晋升预示着摩根帝国中的一个问题:迷人的"轻量

级拳手培根"反映了皮尔庞特害怕雇用具有统帅能力的人才。培根在统率方面属于二流人物,这说明他的老板管理判断力不佳。艺术评论家罗杰·弗赖伊认为摩根是个虚荣心极强的独裁者,他总是有不安全感,"喜欢由那些处在他掌握之中,可以任由他捏塑的人物围着他。"[52]皮尔庞特早期的那些才华横溢的合伙人被称为皮尔庞特大业的使徒,朱庇特神的侍酒俊童,他们可能是些法律和金融界的奇才,但他们不具备领导者的素质。由于合伙人的数目不多——1890年在纽约有6个,在费城仅有4个——他们每个人都负担沉重。

1901年,在所谓控制北方太平洋公司股份事件中,暴露了皮尔庞特的专制的危害性。北方太平洋公司事件可能是美国历史上最具有争议性的一次兼并。美国钢铁公司成功建立之后,皮尔庞特驱船驶往法国,到利维耶尔去会那里的一位暗褐色皮肤的伯爵夫人。他将公司交给了培根料理。自从头一年科斯特死后,培根明白自己处在科斯特生前的位置上,眼前的责任令他晕眩。"我的整个生命仿佛都被这个大旋涡卷进去了。"他告诉自己的妻子。[53]这时,华尔街上摩根公司之外的其他势力正联合在一起,预谋扳倒摩根。这一联合体由爱德华·哈里曼、威廉·洛克菲勒、国民城市银行和库恩-洛布等摩根死敌组成。这一联合体成功地蒙住了培根,使培根对他们的阴谋丝毫未加察觉。

这一场冲突其实自1895年就已开始酝酿。1895年,皮尔庞特决定不重组破产的联合太平洋公司,他斥之为"平原上的两条锈铁"。[54]他对美国西南诸州置之不理的态度使别人找到了进入铁路业的缺口。爱德华·哈里曼接手联合太平洋公司,把它与南方太平洋公司合并。就这样,哈里曼和库恩-洛布犹太财团控制了西南部的铁路,在那里无往不胜,正如摩根在东部和西北部的战绩一样。控制北方太平洋公司股权事件,是分别由摩根和哈里曼亲自控制的铁路系统的炸雷般的迎头相撞。

哈里曼的风格与皮尔庞特不同。他身材矮小,两腿向外弯曲,目光闪烁,戴一副金属框眼镜,唇上留着蓬乱的胡须,神情乖戾。他和华尔街上其他许多人一样,来自一个贫穷的牧师家庭,也是一个厚颜无耻地往上爬的人。哈里曼射术超群,嗜好血腥的运动,在股市上也硬打硬拼。如果说皮尔庞特喜欢的是幕后协商,握手缔约;那么哈里曼则是一个市场操纵家,他像一架轰炸机,只顾攻击,无意协商。皮尔庞特通常扮演的是债券持有者代理人的角色,而哈里曼则喜欢购买普通股票,施加直接的控制权。皮尔庞特已功成名就,而哈里曼却被排斥在名流圈以外,满怀抑郁。然而,他将让人们看到,他这样的奇才若被排斥在皮尔庞特的俱乐部之外,会做出什么样的破坏性举动。如果银行家仍可以通过托拉斯决议或其他的方式来操纵公司,那么哈里曼则证明了蓄谋控股者可以同时将银行家与他们的公司握于手中。

哈里曼的银行后台是出生在德国的银行家雅各布·希夫。这位不屈不挠、胡子雪白的人是库恩-洛布公司的创始人。作为以金融控制铁路的巨头,他仅次于皮尔庞特。希夫显贵无比,当他要去哪里时,一节私人普尔曼车厢对他来说远远不够。[55]他为人强硬,举止庄重,和皮尔庞特一样骄傲。

和伦敦的商人银行家一样,华尔街的犹太银行家们一开始大都是做织物买卖的商人:雷曼兄弟以阿拉巴马棉花经纪业起家;高盛公司的戈德曼最初则是宾夕法尼亚州一家服装店的店主;库恩和洛布曾是辛辛那提的布商;拉扎德搞的则是新奥尔良的织物生意。这些公司都是家族式的,他们只以血缘和姻亲的关系选择合伙人。他们在基督徒大银行家们的生意空隙里找到生存之所,因此与摩根相比,他们与市场有着更为直接的联系。在摩根之类的绅士银行家眼里,市场是一个很粗俗的事物。因此,高盛专门从事商业票据,雷曼从事商品贸易。1900年左右,犹太银行开始承销那些被绅士银行家以发展太慢为由而摒弃的一些公司的股票——这些公司包括零售商店、纺织品制造商等,其中有1906年在高盛和雷曼兄弟支持下成立的西尔斯-罗巴克等公司。绅士银行家们对这些小生意嗤之以鼻。"把它们给犹太人吧"——这种极为势利的态度使他们在20世纪付出了惨痛代价。[56]

希夫并不仅仅满足于扔给犹太人的这些零碎小生意。在犹太银行家之中,他具有玩大手笔的勇气,要与摩根在政府债券发行和铁路融资上较量一番。他运用德、法的资金投资美国股票的才能,决不亚于皮尔庞特对英国资金的使用。库恩-洛布之所以势力强大,主要靠的是它为大批德国投资者在美国购买铁路股票提供的代理服务。

摩根在谈到希夫时总是不屑地称其为"那个外国佬"。[57]而希夫却承认很敬佩摩根，但他的赞美之辞有时空洞而略带妒意。在1907年的大恐慌中，皮尔庞特扮演了英雄一般的角色。对此，希夫说："或许没有人能像他那样，以他那种专制的做法，令各个银行团结在一起进行合作。"[58]

在20世纪初，在华尔街的银行家之间存在着很多政治、种族和宗教方面的分歧。正统美国银行势力和犹太银行势力的分裂，是美国高额融资界发生的最大的断层现象。由于这两个集团将会控制美国的投资银行业，他们之间的斗争便成了摩根历史传奇中一个反复出现的主题。皮尔庞特是个著名的反犹太主义者，一个早期的传记作者说："他具有很深的反犹太情绪，并且不止一次毫无必要地对犹太银行采取敌视态度。"[59]他对犹太人的厌恶也许在他与罗斯柴尔德打交道的过程中得到了深化。犹太金融巨头约瑟夫·塞利格曼注意到了皮尔庞特对他"从冷淡到缓和的态度"，他认为这是由于皮尔庞特对犹太人的反感而造成的。[60]皮尔庞特与塞利格曼关系和缓后，在一次股票发行中进行了合作。当塞利格曼被禁止进入一个上流社会的萨拉托加饭店时，摩根银行在一份抗议书上签字表示支持。此外，库恩-洛布也和摩根财团合作过多次。摩根历史上的反犹太情绪之所以有趣，主要是因为这种情绪必须谨慎地加以克制。

参与1901年哈里曼和希夫反摩根计划的还有洛克菲勒家族。1881年，约翰·洛克菲勒以其巨额现金储备为标准石油托拉斯融资，无需借助华尔街的力量。19世纪80年代之后，标准石油公司为洛克菲勒带来了大量的现金收入，洛克菲勒急需为这些现金找一个金融仓库。他选择了国民城市银行——今天的花旗银行的前身。洛克菲勒向这家银行注入了巨额资金，到了1893年，它已是纽约最大的一家银行了。这一变化颇具特殊意义。正当银行家们紧紧控制着工业之时，这个工业帝国的国王则在加紧对银行业的控制。国民城市银行被称为石油银行，正如J.P.摩根公司被称为钢铁银行一样。国民城市银行的总裁詹姆斯·斯蒂尔曼目光警觉锐利，他在北方太平洋公司的危机中与摩根作对，但他后来成了皮尔庞特·摩根的亲密盟友。斯蒂尔曼的两个女儿嫁给了威廉·洛克菲勒的两个儿子，加强了洛克菲勒与国民城市银行的联合。

北方太平洋危机的起因是西北铁路巨头詹姆斯·希尔决定购买一条中西部铁路线,即所谓芝加哥—伯灵顿—昆西铁路。希尔脾气暴躁,一副桀骜不驯的白色胡须十分浓密,头发长至肩头,脸庞宽阔。在摩根的帮助下,他合并了大北方公司和北方太平洋公司,将其发展成一个控制着美国西北部交通的铁路系统。哈里曼担心希尔购买"芝-伯-昆"铁路,这将使他进入芝加哥,有可能就此连接成一个跨越北美大陆的铁路线,它甚至有可能与摩根的纽约中央铁路相连。

希夫和哈里曼请求希尔与摩根考虑让他们在这条铁路线中参股,但遭到拒绝。哈里曼毫不示弱地说:"很好,这是一种敌意行动,你们必须承担后果。"[61]希夫和哈里曼使用的办法正是后来20世纪80年代兼并公司的办法,他们决定将吃掉"芝-伯-昆"线的北方太平洋公司收购。北方太平洋公司的铁路从西部的威斯康星州通往北达科他州和蒙大拿州,止于华盛顿州的西雅图。被梦想中的荣耀和对摩根的恐惧同时折磨着的希夫,经过一个不眠之夜后同意了哈里曼的计划。这是一个非同小可的叛逆举动,因为摩根财团已在北方太平洋公司投下了相当大的资金,绝不会容忍这样的攻击。

蓄谋控股者秘密地进入股市,买下了7800万美元北方太平洋的股票。在那个时代,这已是股市史上所罕见的大动作了。1901年4月股价上涨,皮尔庞特认为这是由于美国钢铁公司的建立造成的牛市余波。精明的希夫四处传布谣言,说股价上涨反映了收购"芝-伯-昆"铁路以后北方太平洋股票的增值。当一大批股票落入罗伯特·培根手中时,他轻轻松松地将其卖了出去,甚至北方太平洋的董事会也在出售他们的股票。这就是哈里曼一手导演的绝妙骗局,而麦金利连选连任以后沸腾的金融市场则为这一骗局提供了最好的伪装。报纸报道说,许多炒股发了财的花花公子妄称自己为金融家。同时,许多为眼花缭乱的股市深感担忧的投资者们预言一场危机即将来临。

5月,北方太平洋股票价格急速上扬,仿佛已飘浮在空中。一直被培根的美貌所蒙惑的希尔近来噩梦不断。一次,他睡在西雅图的私人列车厢里,梦见一个"暗色皮肤的天使"前来拜访,警告他在纽约将会出现麻烦。希尔当即横穿美国赶往纽约华尔街。星期六,5月4日,他警告培根将有灾难到来。他们打电报给正在艾克斯莱班的皮尔庞特,等候他的指示。

在这个时候,哈里曼和希夫这边离拿到北方太平洋公司的控股权只差4万股了。星期六早晨,哈里曼命令库恩-洛布购买所需的股票。然而,雅各布·希夫正在伊曼纽尔教堂中做礼拜,因而这个命令一直未能得以执行。这一时机的丧失是致命的。第二天,皮尔庞特告诉培根,无论以什么价格,务必买入15万股北方太平洋股票。星期一早上,摩根的经纪人遍布交易所大厅各处,一场争夺北方太平洋股票的疯狂战争爆发了。

股价拼命地上涨。星期二,5月7日,该股票以143点收盘——在3天时间里上涨了70点。第二天,股价猛窜至200点。这是囤积居奇,一个为投机商们设下的血腥圈套。投机者们一直在做空:他们少量地抛出这种股票,致使高涨的价格暂时回落,他们便可以用更便宜的价钱买回这种股票。但是,北方太平洋股票却像锅炉中的蒸汽,拼命上扬。这迫使投机商们不得不变卖掉其他公司的股票,来偿付他们借来的北方太平洋股票。因此,整个股票市场都被卷入这场风波之中。

到星期三,交易所里几乎所有的股票都在跌落,资金被从其他股票中抽出,以填补以惊人速度升值的北方太平洋股票。到了星期四,5月9日,一个世纪以来最大的股市暴跌发生了。北方太平洋股票的每笔交易升到200或300点,最后达到1000点。然后在一次交易中,它一下子跌落了400点。当投机商们发现无法找到北方太平洋的股票凭证来补进他们卖空的股票时,交易所变成了一片混乱的地狱。《纽约时报》报道道:"经纪人像疯了一般……身材高大者将矮个子挤到一边,矮个子们愤怒地叫嚷着,重新冲入混乱的人群之中,用手、胳膊、肘、脚——使用一切手段以得到一寸立足之地……远处农产品交易所走廊里的人们不解地看着这一切,看着这个可怕的景象——争斗、喧哗与嘈杂,目眦欲裂的经纪人,卖出与买进,买进与卖出。"[62]

当有人手持北方太平洋的股票凭证出现时,那些唯恐得不到股票凭证而破产的人揪住了他。一位经纪人从奥尔伯尼雇了辆火车来,专为送出他手中500万股股票的凭证。在一片失控的局面之中,皮尔庞特·摩根却重新获得了对北方太平洋的控制权,但付出的代价是一场大规模的恐慌。这是一个一心要赢得胜利的自私者不顾一切采取的疯狂的毁灭性行动。惨剧一直延续到摩根的新合伙人乔治·珀金斯在与希夫和哈里曼协商后宣布了这一消息：凡是做北方太平洋的空头交易者，都可以按150美元一股的价格买到股票。如果摩根不这样做，华尔街半数以上的经纪公司都得破产。这是一场人性贪婪的露天表演，它也令公众对无所不能的新金融巨头心生畏惧。《纽约先驱报》1901年5月9日的通栏标题新闻总结了公众的看法："华尔街巨头为争夺控股权激战，股市暴跌从天而降，小人物破产。"[63]

皮尔庞特·摩根具有这样一种一半魔鬼一半天使的特性。是他引起了这场恐慌，也是他结束了这场恐慌。他的同样一张面孔常常代表两个不同的人，其性格截然相反，互相矛盾。具有喜剧意味的是，在恐慌最甚的时候，一名《纽约时报》的记者在华尔道夫酒店找到了一名孤独的投资者，这位名叫杰斐逊·利维的投资者喟叹道："如果摩根先生在这里，就决不会发生这一切了。"[64]

皮尔庞特不能忍受对他在北方太平洋风波中所作所为的任何批评。在巴黎的摩根-哈耶斯办公室，他以金融巨头的率直口气说："我对公众没有欠下任何东西。"[65]他在重申绅士银行家准则时的一番言论，也许勉强可被看作他自己对此次风波的解释："当我重组一份产业时，我感到无比荣幸，我在道义上对这一产业的管理负责，我有责任保护它，而且我通常都在保护它。"[66]但是，现在他在华尔街的势力已经如此之大，当他像一头母象冲过去保护着幼象时，他无法顾及自己伤害无辜。他太庞大了，脆弱的规章制度的框架无法将他置于其中。摩根已超越了他的时代。在美国钢铁公司建立之后，控制北方太平洋公司股权的风波再次表明，公众只不过是几位华尔街大人物操纵股市的人质罢了。

在大多数时候，麦金利总统对这些愤怒声讨充耳不闻。1901年9月6日，当他站在布法罗泛美博览会的音乐之殿前面时，遭到了一位名叫利昂·乔尔戈什的无政府主义者的枪击。关于皮尔庞特对这一消息的反应有生动的描述。当晚，皮尔庞特戴上了他的丝制礼帽，正准备离开华尔街23号。这时，一位《纽约时报》的记者冲进门来，告诉他总统被刺的消息。"什么？"皮尔庞特问道，一把抓住了那人的胳膊。他紧盯着那人的眼睛，整个人都惊呆了。然后，他滑倒在桌边的椅子上，等待有电话来证实这个消息。"这太让人难过了，太让人难过了，这是个太让人难过的消息。"他告诉《纽约时报》的记者。[67]其他的报道说他面色通红，几乎被这一惊人的消息击垮。

麦金利遇刺是皮尔庞特·摩根一生中的一个重要的转折点。麦金利之后继任的是年仅42岁的西奥多·罗斯福。相比于麦金利，罗斯福对大型公司的态度要模棱两可得多。杰克·摩根对新总统微存幻想，尽管罗斯福在三月就职典礼之后喋喋不休，令杰克厌烦不已。"我担心的是他说得太多了，这可能不太好。"他说。[68]事实上，西奥多·罗斯福的就任标志着白宫与摩根财团之间断续存在着的矛盾就此开始。这一矛盾贯穿了整整三届总统任期——罗斯福、塔夫脱和威尔逊。

麦金利被刺两个月后，北方太平洋危机中相斗的双方握手言和。他们共同建立了一个控股公司——北方证券公司。这个控股公司合并了北方太平洋、大北方和"芝-伯-昆"铁路。希尔和哈里曼都在董事会中获得了席位。这次协商的成功使华尔街两个重要的集团得以和平相处，它同时也令公众警觉到密西西比以西的铁路已被他们控制。"取得第二个部分的控制权要比第一部分容易得多，"一位报纸编辑预言了东部铁路的垄断将要接踵而来，"一条又一条铁路慢慢落入他们的掌握之中，最终会有一天，任何一个地方的乘客如果反对乘坐他们公司的火车的话，就只能乘电车或者步行了。"[69]北方证券公司的设计师们的梦想已超出了人民党所惧怕的范围。在将横跨北美的铁路线连接成功之后，他们计划用轮船将之与亚洲相连。爱德华·哈里曼甚至提出了建立全球交通网的设想。目前，皮尔庞特正在考虑如何通过铁路和轮船垄断北大西洋，将其控制领域拓展到美国以外的地区。华尔街的目光正日益移向海外。

控制北方太平洋公司股权风波的受害者除了数千破产的投资者之外，还有摩根的合伙人罗伯特·培根。尽管他在华尔街23号又待了一年半，他的神经已被这次危机击垮。遵照医生的嘱咐，培根外出狩猎两年——这是一种摩根式的治疗方法。结束国外旅行回到美国后，培根在一系列部门任过职——助理国务卿、国务卿、驻法大使——相比于当皮尔庞特·摩根的主要副手，这些职位要轻松得多。

— 本章参考文献 —

1. 桑普森：《放债者》（Money Lenders），第60页。
2. 《华尔街日报》（Wall Street Journal），1988年4月18日。
3. 内文斯：《格罗弗·克利夫兰》（Grover Cleveland），第657页。
4. 辛克莱：《海盗号》（Corsair），第98页。
5. 伦敦市政厅图书馆J.S.摩根公司和乔治·皮博迪公司资料，下议院3.1.1，老J.P.摩根发给小J.P.摩根的电报，1895年2月1日。
6. 内文斯：《格罗弗·克利夫兰》（Grover Cleveland），第659—660页。
7. 惠勒：《皮尔庞特·摩根和他的朋友们》（Pierpont Morgan & Friends），第30页。
8. 艾伦：《伟人皮尔庞特·摩根》（Great Pierpont Morgan），第90页。
9. 温克勒：《辉煌的摩根》（Morgan the Magnificent），第19页。
10. 萨特利：《J.皮尔庞特·摩根》（J.Pierpont Morgan），第289页。
11. 伦敦市政厅图书馆J.S.摩根公司和乔治·皮博迪公司资料，下议院3.2.2.2（1），老J.P.摩根发给小J.S.摩根的电报，1895年2月5日。
12. 卡罗索：《摩根人》（Morgans），第333页。
13. 黑尔：《英国和日本与金融怪物》（Britain and Japan and the Financial Bogeymen），第10页。
14. 格兰德：《麦金利、布兰恩和人民》（McKinley，Bryan，and the People），第177页。
15. 斯科特：《罗伯特·培根》（Robert Bacon），第78页。辛克莱：《海盗号》（Corsair），第96页。
16. 黑尔：《英国和日本与金融怪物》（Britain and Japan and the Financial Bogeymen），引语。
17. 艾伦：《伟人皮尔庞特·摩根》（Great Pierpont Morgan），第145页。
18. 同上。
19. 丹尼尔：《20世纪编年史》（Chronicle of the 20th Century），第25页。
20. 加勒蒂：《股肱心膂》（Right-Hand Man），第84页。
21. 皮尔庞特·摩根图书馆小J.P.摩根资料，第7箱，第1卷，给弗朗西丝·特雷西·摩根的信，1901年6月21日。
22. 萨特利：《J. 皮尔庞特·摩根》（J.Pierpont Morgan），第430页。
23. 杰克逊：《J.P.摩根》（J.P. Morgan），第253页。
24. 惠勒：《皮尔庞特·摩根和他的朋友们》（Pierpont Morgan & Friends），第196页。
25. 皮尔庞特·摩根图书馆小J.P.摩根资料，第4箱，第3卷，给弗朗西丝·特雷西·摩根的信，1898年4月20日。
26. 同上，给弗朗西丝·特雷西·摩根的信，1898年3月28日。
27. 齐格勒：《第六大势力》（Sixth Great Power），第286页。
28. 韦勒：《纽黑文铁路》（New Heaven Railroad），第17页。
29. 普林格尔：《西奥多·罗斯福》（Theodore Roosevelt），第227页。
30. 亨德里克：《安德鲁·卡内基的一生》（Life of Andrew Carnegie），第131页。
31. 卡罗索：《摩根人》（Morgans），第467页。
32. 同上，第466页。
33. 艾伦：《伟人皮尔庞特·摩根》（Great Pierpont Morgan），第140页。
34. 萨特利：《J. 皮尔庞特·摩根》（J.Pierpont Morgan），第346页。
35. 斯科特：《罗伯特·培根》（Robert Bacon），第83页。
36. 约瑟夫森：《强盗领主》（Rober Barons），第425页。
37. 卡罗索：《摩根人》（Morgans），第84页。
38. 辛克莱：《海盗号》（Corsair），第129页。

39. 韦勒：《纽黑文铁路》（New Heaven Railroad），第148页。
40. 《华尔街日报》（Wall Street Journal），1988年11月15日。
41. 卡什曼：《镀金时代的美国》（America in the Gilded Age），第76页。
42. 惠勒：《皮尔庞特·摩根和他的朋友们》（Pierpont Morgan & Friends），第61页。
43. 韦克特：《美国社会传记》（Saga of American Society），第124页。
44. 尼科尔森：《细说一桩姻缘》（Portrait of a Marriage），第59—60页。
45. 杰克逊：《J.P.摩根》（J.P.Morgan），第295页。
46. 韦克特：《美国社会传记》（Saga of American Society），第124页。
47. 辛克莱：《海盗号》（Corsair），第192页。
48. 同上，第69页。
49. 斯科特：《罗伯特·培根》（Robert Bacon），第71页。
50. 惠勒：《皮尔庞特·摩根和他的朋友们》（Pierpont Morgan & Friends），第27页。
51. 斯科特：《罗伯特·培根》（Robert Bacon），第70页。
52. 辛克莱：《海盗号》（Corsair），第206页。
53. 斯科特：《罗伯特·培根》（Robert Bacon），第70页。
54. 科布勒：《辉煌的奥托》（Otto the Magnificent），第23—24页。
55. 伯明翰：《我们的大众》（Our Crowd），第19页。
56. 奥莱特：《华尔街的贪婪和光荣》（Greed and Glory on Wall Street），第27页。
57. 科布勒：《辉煌的奥托》（Otto the Magnificent），第23页。
58. 阿德勒：《雅各布·希夫》（Jacob H.Schiff），第176页。
59. 温克勒：《辉煌的摩根》（Morgan the Magnificent），第10页。
60. 伯明翰：《我们的大众》（Our Crowd），第147页。
61. 斯科特：《罗伯特·培根》（Robert Bacon），第91页。
62. 《纽约时报》（New York Times），1901年5月9日。
63. 《纽约先驱报》（New York Herald），1901年5月9日。
64. 《纽约时报》（New York Times），1901年5月9日。
65. 博尔金：《罗伯特·扬》（Robert R..Young），第21页。
66. 温克勒：《辉煌的摩根》（Morgan the Magnificent），第190页。
67. 约翰斯：《枪杀麦金利的人》（The Man Who Shot McKinley），第126—127页。
68. 皮尔庞特·摩根图书馆小J.P.摩根资料，第7箱、第1卷，给弗朗西丝·特雷西·摩根的信，1901年4月20日。
69. （纽约）《日报》，1901年11月14日。

第六章
托拉斯

杰克·摩根1898年被派到J.S.摩根伦敦公司，那年他31岁，是个流放中的孤独王子。他身高肩宽，年轻壮实，脸庞宽大，目光如炬，留着黑黑的小胡子，鼻子很高，跟他父亲的胖鼻子大不相同。杰克远观纽约划时代的大事逐个展开——美国钢铁公司的成立以及控制北方太平洋公司股权等——心里略有点模糊的渴望之感。他可能感到他与命运的约会不断地被推迟。尽管他承认伦敦有令人快乐之处，但他仍向他母亲抱怨："当我想到家的时候，时间确实显得太长了。"[1]他抱怨说老邦德街22号"太宁静了"，而华尔街23号却"忙得不亦乐乎"。[2]最糟的是，他不得不眼睁睁地看着皮尔庞特越来越宠爱罗伯特·培根。

起初，杰克待在伦敦只是暂时的安排，但好几年以后，J.S.摩根公司复杂的人事问题才得以解决。1897年，皮尔庞特的内弟沃尔特·海斯·伯恩斯去世了，取而代之的是杰克的表兄沃尔特·斯潘塞·摩根·伯恩斯。老伯恩斯的去世使得伦敦银行缺乏有经验的人员。小沃尔特的姐姐玛丽嫁给了刘易斯·哈考特，即第一位哈考特子爵。他们养育了"英国摩根"的一支，是朱尼厄斯·摩根的直系子孙。从这一贵族的直系分支将涌现威廉·哈考特勋爵，他成为战后摩根建富的董事长。从皮尔庞特1902年在纽纳姆公园哈考特庄园的家庭聚会的一张照片上，可以看到玛丽·哈考特就坐在英王爱德华七世的旁边。

杰克在伦敦流放的日子直到1905年才告结束。在这期间，他好像常常因为远离皮尔庞特而感到尴尬。面对像皮尔庞特是否会参加爱德华七世的加冕仪式这样的问题，他局促地承认："很难找到他的行踪，我已经差不多放弃了努力。"[3]（最后，西奥多·罗斯福让杰克以专员的身份，参加了在威斯敏斯特教堂举行的加冕仪式。）有一次，杰克希望和父亲一起去参加在斯皮特里得海峡举行的海军庆典，后来又叹息说："皮尔庞特可能想都不会想到请我们一下。"[4]他常常被排除在生意之外，不得不靠报纸才能得到一些有关美国钢铁托拉斯的情况。

皮尔庞特喜欢杰克，但却发现他缺乏激情与勇气，这又加强了杰克的不安全感。当皮尔庞特在1899年乘船离开伦敦时，杰克写信给他的母亲说，皮尔庞特不在时纽约的事儿根本没法做。他还说："我只希望我永远不会碰到这样的情况，或许这不是因为事情总是没我也能行。"[5]皮尔庞特的业务范围太宽，使他没法关心儿子的自我怀疑，又加上杰克不像他父亲那样聪明、得力，这个问题就越发严重了。

换了另外一个儿子那就会抵触了，但杰克却变得郁郁寡欢，日益憔悴，等待父亲的认可。跟朱尼厄斯一样，他总是担心皮尔庞特的工作应酬和"轻率"的胃口，并时时关注着他。他以奇特的幽默来形容他父亲与玛丽·伯恩斯在一起玩多米诺骨牌的一幕："瞅着爸爸与玛丽阿姨正襟危坐玩那愚蠢的玩艺儿真逗。"[6]他还看到了父亲的虚荣心，发现他每做一件好事，他自己都感到"异常快活"。[7]杰克还窥视出父亲的隐痛，他鲜为人知的深深的孤独："他挺好，时不时地也挺高兴，但有时候我发现他跟我一样的孤独。他闷闷不乐，好像全世界就没个朋友。"[8]由于杰克还要让他的母亲——一个皮尔庞特动不动就几月不理会的半聋多病的女人——活得开心，人们都羡慕他公平地分配他对双亲的温柔与关心的能力。

杰克在伦敦这几年都听天由命地接受现实，后来由于皮尔庞特大慈大悲，情况有所好转。杰克1898年抵达伦敦后，他父亲让他和妻子杰西住在王子门街13号。皮尔庞特后来又买下了王子门街14号，把两座宅子连接了起来。原来朴素的房子现在像博物馆一般辉煌，挂满了委拉斯凯兹、鲁本斯、伦勃朗和透纳的油画——因出口税的原故，皮尔庞特没有把这些画运到美国。杰克还在多佛尔庄园居住，多佛尔庄园是朱尼厄斯在罗汉普顿的乡村别墅，那儿有泽西种乳牛和老式奶场。父亲的关注使杰克异常高兴，他告诉母亲："我们一到，他对我们就非常好，几乎每件事都想得很周到，并且对杰西的社会活动表现了极大的兴趣！我知道我们待在屋里他也很愉快，因为那儿没人的时候他一定十分孤独，况且我们一点也不妨碍他，或给他添乱。"[9]1901年，皮尔庞特送给杰克一份圣诞礼物——一大笔钱，杰克只用其中一部分就买回了约书亚·雷诺兹作的一幅肖像画。

然而杰克和他的家人发现这样富丽的生活中有一个挥之不去的阴影。每天晚上——无论皮尔庞特是否在欧洲——仆人都会把期刊和热牛奶放在主人的床边，并调整台灯。由于屋子里脆弱的工艺品名作太多，管家只要哪一天神经极度紧张，就不掸灰了。杰西自豪的是没有东西被打碎，但是杰克的孩子们——现在已是两男两女——发现他们不能尽情嬉戏，闷得发慌。后来孩子们回忆起家庭祷告，读萨克雷和特罗洛普的书，在海德公园散步——就是想不起在王子门有什么乐趣。

1901年，杰克租下了奥尔登纳姆庄园，这是一个在赫特福德郡的300英亩的乡村庄园，那里到处是野鸡与南岗羊，据说庄园的质量之高可与英王的庄园相媲美。杰克对于地道的乡村风情有着英国绅士般的口味。在1910年他买下这座庄园以后，恢复了它原来的名字：沃尔霍尔庄园。这座庄园的布局和环境美化由汉弗莱·雷普顿设计，有一个带角塔的房子，故意带有颓垣断壁，一个栽满热带植物的温室和一个状如大学教堂的图书馆。在亲英的摩根圈子里，皮尔庞特在多佛尔庄园的仆人和杰克在沃尔霍尔庄园的帮手经常在一起打板球。而摩根一家则以美国特色对付英国口味——比如说，把纽约州的高级苹果运给他们的伦敦合伙人。

对于杰克来说，他在伦敦的日子几乎是在"镀金笼子"里度过的。他有很多出身商人银行世家的朋友，在圣道体育馆与埃里克·汉布罗一块儿锻炼身体，有格雷伯爵和弗洛伦斯·南丁格尔这样的邻居，间或与拉迪亚德·基普林、亨利·詹姆斯、詹姆斯·巴里爵士和马克·吐温共进晚餐。

最重要的是,他有杰西相伴,她是一个漂亮女人,圆脸,浅浅的金发,皮肤细腻,外加一双朦胧的蓝眼睛。虽然她很不乐意地到了英国,但是英国社会生活很快就使她想起了波士顿的社交圈。她成了个彻底的亲英派。她希望她的两个儿子——1892年出生的小朱尼厄斯·斯潘塞和1900年生于伦敦的亨利·斯特吉斯——一个娶个美国姑娘,另一个娶个英国新娘,但他们最后都和美国人结了婚。

杰西·摩根觉得女孩不应离家上学。她的两个女儿,珍妮和弗兰西丝都是在沃尔霍尔庄园请家庭教师授课。她们从未涉足过正式学校。杰克认为大学教育使年轻女孩减少了女人味,所以上大学也是不可能的了。姑娘们不能在汽船上或别的公共场所与陌生人交谈,后来她们都认为,成长的过程是令人窒息的社会义务训练。

杰西与杰克·摩根的婚姻渗透到了生活的每一方面,占据了他们的心灵,以至于有时候把他们自己的孩子都排除在外了。杰西不仅果断有效地管理杰克的资产,还给她的丈夫出谋划策,在感情上支持他。杰克看到了父母婚姻的冷漠,并且与母亲保持着坦白式的亲密,这些促使他建立了一个与他父亲完全相反的婚姻。比如寻花问柳——摩根家族的传统之一——他就不愿沾染。

杰克在伦敦的日子对摩根财团来说有很大的好处。英格兰将成为他的第二故乡,他变得越来越像任何英国臣民般地爱国。1900年,他在看到英国维多利亚女王驾车而过后,说道:"这个穿黑色貂皮大衣,戴着大眼镜的了不起的瘦小老妪对许多人来说意味着许多东西——她以现代的形式代表着过去的许多东西,看见她穿街过市真让人激动。"[10]在布尔战争期间,当英国军队把被布尔人围困达4个月之久的莱迪·史密斯解救出来以后,杰克在伦敦市长官邸前面和众人一起欢呼。在银号的吹奏声中,他听到在圣詹姆斯宫新王爱德华七世宣布继位。他一直都喜欢英式典礼。

杰克和杰西为当时绝大部分的美国工业家都难以进入的社交圈所接受。1898年2月21日,杰克佩戴宝剑,戴着绅士帽与杰西在白金汉宫的觐见室受到女王的接见。维多利亚女王浑身珠光宝气,穿黑色长袍,庄重地主持了仪式。杰西戴着镶钻石的头饰以及规定必佩的驼鸟羽毛——后来伦敦的《每日邮报》长篇累牍地报道她的美貌，以及她镶着蓝天鹅绒和粉红玫瑰的白缎拖裙。摩根一家还结交了开朗活泼的西比尔·史密斯太太和她的丈夫维维安·休·史密斯。西比尔太太带他们上温莎城堡看她的母亲——担任宫廷女侍的安特立姆太太。在那儿，安特里姆太太给他们展示了女王所藏的霍尔拜因与达芬奇的画。不知不觉中，杰克已经在英国与各方建立关系，使得摩根家族能独特地进入英国贵族和政治家的圈子。

摩根财团就像英美联盟的一个缩影，它也要忠实地反映内部的权力更迭。如果说美国内战后纽约办事处享受伦敦光荣的恩泽，那么在20世纪初情况就倒过来了。J.S.摩根公司越来越多地参与纽约发行的证券，伦敦的很多资金都来自皮尔庞特。到了20世纪早期，他在老邦德街22号到手的收益占年收入的一半到四分之三。伦敦分行反映了皮尔庞特一些专横的精神。第一位为他立传的卡尔·霍维这样写道："办公室里老是有一大堆杂乱无章的东西，与附近典型的伦敦机构里的宁静气氛形成鲜明对比。"[11]皮尔庞特的平等观念仅够免去职员对他的鞠躬礼。

虽然摩根一家是英国上流社会的宠儿，但他们之间的关系还是常常充满紧张——不像是爱情，更像是一场激烈的权力争斗。英国人永远也搞不明白皮尔庞特和他的公司是盟友，还是野蛮部落的第一轮冲击。华尔街在与伦敦金融城的竞争中占的优势越来越多，摩根也超过了巴林和罗斯柴尔德。"在伦敦，刚恢复元气的巴林是唯一能勉强可以和我们平起平坐的银行。"这是J.S.摩根公司的新合伙人克林顿·道金斯爵士在1901年说的一番话，"在美国他们已无立足之地，充其量算个小兄弟，而美国公司将会占尽优势。"[12]巴林与罗斯柴尔德在19世纪是两大对头，为了与美国的暴发户斗争，他们相互的敌对行动减少了许多。

在布尔战争期间，英国政府耗尽了黄金，向伦敦的罗斯柴尔德和纽约的摩根求助，发行国库券融资。开始时皮尔庞特有些踌躇，英政府又向巴林伸了手，使得他更不满。克林顿·道金斯爵士称当时财政大臣希克斯·比奇"笨得出奇，根本不像办事的样子"。[13]1900年布尔战争的融资给伦敦金融城留下了不安的影响。J.S.摩根的新任办公室经理爱德华·格伦费尔在伦敦沮丧地发现，一半的证券都要到纽约发行。当年朱尼厄斯曾在某些方面包容过罗斯柴尔德,而皮尔庞特不买账,私下里就发行证卷一事索取更高的佣金——这个讹诈英国勉强接受了。在1902年的发行中,罗斯柴尔德试图将摩根排斥在辛迪加之外,但没有成功。从那时候起,随着不断的胜利,格伦费尔就在日记中记下了摩根财团逐步压倒罗斯柴尔德财团的日益增长的优势。

1901年美国钢铁公司的建立,使得英国的金融家们对皮尔庞特的大胆感到不安。《纽约时报》称"他们对美国钢铁联营的规模惊恐万状"。伦敦的《编年史》称这个托拉斯"不啻为对文明世界商业的威胁"。[14]除了别的方面的影响,该托拉斯的建立预示着一场美国向欧洲出口产品的热潮,从而激化两者间的商业竞争。

也就是在这个时候,皮尔庞特对伦敦的地铁与地面轨道电气化发生了兴趣,引起一番争议。由于城内拥挤,要求在郊区建新的住宅区,新的地铁线路也纷纷上马。皮尔庞特参加了为一条地铁线融资的竞争,这条线路从哈默史密斯穿过皮卡迪里到达伦敦金融城。通过给地铁融资,皮尔庞特还希望为他参股的两家公司承揽业务——英国的汤姆森·休斯顿公司与西门子兄弟公司。最后在地铁融资上,他败给了由号称运输大王的芝加哥大亨查尔斯·泰森·耶基斯所牵头的辛迪加。此人就是人们熟知的西奥多·德莱塞笔下的残酷无情的弗兰克·考伯伍德的原型,小说《金融家》《泰坦》和《禁欲主义者》中的主角。皮尔庞特难得失手,尽管如此,他的参与仍然触发了认为他要左右英国经济的恐惧之感,伦敦郡议会警告说,这个大都市都快交给两个美国佬了。

现在英国人对皮尔庞特的态度非常矛盾。在伦敦大街上,小贩们兜售的便宜小报题为"生活在地球上的执照",并且由皮尔庞特·摩根签字。[15]1901年纽约《世界报》的漫画上画着皮尔庞特问"约翰牛"——英国人的绰号:"你还有别的要卖吗?"[16]但不管英国人如何对皮尔庞特的咄咄逼人感到不安,他们在美国的金融事务上还必须依靠他。1901年,伦敦的金融家们为了保证他们在美国的投资,不惜以200万美元的巨资在劳合保险公司为他做了人身保险。就像杰克所说的:"这使他与维多利亚女王和大西洋东岸别的统治者平起平坐了。"[17]

1902年，皮尔庞特建立了一家航运托拉斯，旨在垄断北大西洋的业务，此举比摩根财团的任何举动都更加严重地引起英国人本能的害怕。这是美国新的出口导向的自然延伸。就在皮尔庞特刚成立美国钢铁公司时，有人问他是否可能把北大西洋的汽船队都归属于统一的所有权之下，他回答说："应该是这样。"[18]那时的航运情况使人想起早些时候的铁路时代——船太多，互相展开毁灭性的价格大战。德国人在威胁英国人的海上优势，而美国人认为他们应该从移民客运中捞到更多的好处。再说还有一股新时尚，富裕的美国人喜欢享受豪华舒适的大西洋越洋旅行。

皮尔庞特赤裸裸地宣称维护美国利益，他草拟了一份计划，要建立一个美属航运托拉斯，这将使他的"利益集团"原则，即某一工业竞争者之间的合作扩展到世界范围内。他建立了英美船队，拥有120多艘汽船——世界上最大的私有船队，即使法国的商船队也自叹弗如。从政治观点来看，他征服哈兰特-沃尔夫的贝尔法斯特造船厂和白星航运公司是关键之举。在新的托拉斯中，哈兰特-沃尔夫的皮里勋爵看到了他的船队可以稳稳到手的市场，但是布鲁斯·伊斯梅却对这笔交易顾虑重重，他的父亲是白星航运公司的发起人之一。皮尔庞特给白星的股东的发行溢价*非常之高——10倍于1900年的最高收益，所以伊斯梅不仅继续做白星的总裁，还听了皮尔庞特的劝告，担当了托拉斯本身的总裁，该托拉斯称做国际商业海运公司。由于购买白星以及雇用伊斯梅，皮尔庞特还卷入了十年后的"泰坦尼克号"海难。

皮尔庞特迫切需要德国人——这个北大西洋的新主宰——加入他的托拉斯。他们庞大的跨大西洋航班在大西洋的航运中屡创速度纪录。这些轮船有好几层，就像婚礼蛋糕。该航运托拉斯的一个重要设计师叫艾伯特·鲍林，他的汉堡—美国轮船公司有几百艘船只，是世界上最大的船运公司。在1901年的一份秘密报告中，他勾画出了摩根的野心。

> 大家都知道，作为由美国最重要的和最有能耐的企业家组成的辛迪加的首脑，皮尔庞特·摩根是在执行他的长远计划，而铁

---

* 溢价：是指购买所支付的实际金额超过证券或股票的面额价值或实际价值。

路公司在该辛迪加中的比重尤为突出。摩根本人几个月前在伦敦时，曾向一些英国航运界人士表示，根据他的推测，从北大西洋口岸运往欧洲的货物的70%左右都是靠联运提单，通过铁路运抵目的地的，它们的后半程是交给外国航运公司来完成的。摩根接着说，他和朋友们怎么也不明白，为什么铁路公司要让外国公司把美国货物运过大西洋去。比较合情合理的做法是，把美国的铁路和航运公司联合起来，从而保障美国资本的整体收益。[19]

1901年年底，皮尔庞特与鲍林达成协议，平分北大西洋的业务。摩根辛迪加在没有得到德国的明确批准之前，不会开展到德国港口的业务；而德国人则保证不把业务扩展到英国和比利时。航运托拉斯的合伙人还要共同集资，共同购买荷兰—美国航运公司。

鲍林，这位经常进出宫庭的犹太人，在伦敦与摩根会谈后，随即去了国王威廉在柏林的狩猎山庄，向他汇报条约的情况。起先，国王怕美国人玩金融花招，但鲍林指出，虽然英国公司整家整家地被吞并掉，但是德国人将保持独立合伙人的地位。威廉国王被说动了，于是坐到床上，读完了那份条约，做了些改动，并坚持要把北德国劳合公司包括进这个卡特尔。后来，威廉国王在基尔登上了海盗三号，皮尔庞特与他在甲板上散步。但是在邀请国王入座时，他犯了个严重的失礼错误。然而，威廉还是接受了摩根的意见。

随着与德国签署协议的风声传出，公众震惊了，感到合并已在全世界范围内咄咄逼人。《纽约时报》在一篇题为《难以置信》的社论中如此写道："如果巴黎来电说，皮尔庞特·摩根先生打电报命令他的总部撤掉所有的电话，搬走所有的速记机和打字机，砸烂所有的抽屉，纽约的男女老少谁也不会信这鬼话。同样，任何一个有理智的人也不会相信他与德国航运公司的协议条件是真的。"[20]《泰晤士报》认为这种限制竞争的做法是过时和低效的——越来越多的人同意这个道理，因为人们对托拉斯大王的反感与日俱增。

英国人对皮尔庞特的航运卡特尔尤其感到不安。他们害怕国际商业海运公司的商船会专门将产于美国内地的商品通过摩根铁路运到东海岸港口,继而运到欧洲。摩根的合伙人乔治·珀金斯证实了这一点,有一次他得意地说,该航运托拉斯"实际上将会把我们的铁道终点站延伸到大西洋彼岸"。[21]似乎皮尔庞特·摩根在编织一张环绕世界的无缝大网。

皮尔庞特必须跟唯一的一家死硬派竞争,这就是英国的丘纳德航运公司。鲍林认为缺了它会大大削弱托拉斯的影响力(这有可能还有些个人恩怨在里面:有一次因为丘纳德公司的工人罢工,皮尔庞特被困在利物浦,当时他就发誓再也不跟这家公司打交道了)。现在,英国航运界几乎惊慌失措,公众也纷纷要求议会"救救"丘纳德,为英国保留一片海洋。一个议会委员会给丘纳德施加压力,不让出售它。英国海军部需要在紧急关头能调用跨大西洋的船只,也害怕丘纳德落入外国人手中。为了讨好这家公司,英政府给了它丰厚的补贴来造两艘新船——毛里塔尼亚号和露茜塔尼亚号,它们都将是当时世界上最大的汽船。作为交换条件,丘纳德公司同意由英国控制并随时听候英政府调遣。

在创建一个托拉斯的过程中,皮尔庞特还从未被迫跟外国政府争斗。但随着融资规模越来越国际化,并越来越影响到主权利益,就不可避免染上了政治色彩。皮尔庞特为了平息英国人的恐惧,游说了殖民事务大臣约瑟夫·张伯伦。他是个畅言无忌的批评家,并且采用了现代跨国公司的惯用手法:他将美国的拥有权掩盖起来,首先在托拉斯的名字"国际商业海运公司"上作文章。皮尔庞特还同意在他的英国船上配英国水手,管理层派英国管理人员,并让它们挂英国国旗。最后,他的英国船只也成为英国海军的预备队,战争期间可以被征召。但是国际商业海运公司的股权信托5人小组必须是美国人占多数,他们是皮尔庞特和他的合伙人查尔斯·斯蒂尔,还有怀德纳、伊斯梅和皮里勋爵。

国际商业海运公司将成为皮尔庞特·摩根的一大败笔。在布尔战争结束后,航运业迅速萎缩,摩根财团与丘纳德公司大搞价格战,结果两败俱伤。从它1902年创立开始,摩根辛迪加就努力地要卸掉国际商业海运公司不想要的证券担子。该股票的水分太多——即价值太虚——甚至纽约证券交易所都拒绝它上市。1906年,承销商手里还握着几乎80%的股份。正如《华尔街日报》事后对皮尔庞特的航运托拉斯做了这样的结论:"海洋对于这位老人来说太大了。"[22]

英国人对皮尔庞特的反感或许改变了他在伦敦的合伙公司J.S.摩根公司的局面。以前不仅该公司绝大部分的资金是由他出的,并且绝大部分的美国合伙人都来自家族成员。在20世纪初期,皮尔庞特不遗余力地营建他的伦敦产业,而更多的合伙人都将是英国人,各种的决定也更多地从政治上考虑了。1900年,他签字请克林顿·道金斯爵士任合伙人,此人是位杰出的公务员,刚结束他在埃及的公务,并将成为印度财政部长。报界又大造舆论,说摩根的手要伸到印度去。

很明显,由于皮尔庞特对道金斯的合作不太满意,他转而于1904年与巴林银行商谈合并事宜。他还害怕在华尔街崛起的新对手。巴林银行的雷维尔斯托克勋爵在回忆他与皮尔庞特就此事的会谈时这样写道:"他猛烈地抨击力量不断壮大的犹太人和洛克菲勒集团,并不止一次地说我们和他的公司是纽约仅有的两家由白人组成的公司。"[23]这两家公司多年以来一直都相互认同,认为各自分别是在这两个城市里的头号新教公司。

拟议中的合并计划是巴林银行办理伦敦的业务,摩根银行办理纽约的业务,而J.S.摩根将解散。但谈判失败了,雷维尔斯托克勋爵认为原因有二:皮尔庞特害怕合并伦敦产业会让道金斯失望;另外,杰克·摩根在伦敦待的时间很长,他在合并后的公司里的位置是个棘手的问题。雷维尔斯托克本人也害怕被皮尔庞特盖了过去,他认为摩根父子间"相互没有感情与信心"。[24]就在1905年谈判破裂后不久,道金斯因心脏病发作而辞世。于是,杰克被委以一项敏感的任务,为J.S.摩根公司招募有背景的英国合伙人。现在摩根准备付出相当高的代价,吸收一些英国成分了。

1904年,爱德华·格伦费尔的地位提高了,成为合伙人;一年后,他成为英格兰银行的一名董事。这位冷静果敢的年轻单身男人喜欢穿那些看着精神的衣服,口齿伶俐,他恃才傲物而保守,且过人地聪明。他还对开各种玩笑饶有兴趣。他曾就读于哈罗公学和剑桥大学的三一学院。他有着荣耀的门第,他的父亲和祖父都曾是英格兰银行的董事,并且都是议会议员。还在年轻的时候,他就爱不动声色地观察世界,去发现人们的虚假与伪善的一面。格伦费尔会成为伦敦银行的政治润滑剂和王牌外交家,以及该行与英国财政部和英格兰银行的主要联络人。

1905年,格伦费尔又把他的表兄维维安·休·史密斯介绍进来。他也是杰克·摩根的朋友,当时正在一家管理码头的家族公司里工作。他高高的个儿,脸庞清秀,略带红光,非常善于讲故事。他曾就读于伊顿公学和剑桥大学三一学院。他的风格比格伦费尔更像皮尔庞特。他是个能干而有进取心的人,很多业务都要亲自过问。他投资了高加索的铜矿、非洲的金矿以及其他一些罗得西亚*的企业。史密斯的父亲曾是英格兰银行的行长。他是英国最大的银行世家、所谓伦敦金融城史密斯家族的成员。他们的祖先是17世纪诺丁汉的一位银行家(格伦费尔不属于史密斯家族,他和维维安是表亲)。1959年,在统计这个家族的权力史时,安东尼·桑普森估计有17位史密斯家族成员曾在伦敦金融城先后控制了75家公司中的87个董事位置,曾是6家公司的董事长。马丁·史密斯家族后来与汉布罗家族**通婚,加强了银行间的联盟。维维安·史密斯与修长苗条、头发金黄的西比尔小姐结为伉俪。这位淘气、精神焕发的小姐是安特里姆伯爵六世的独生女儿。伯爵拥有格莱纳姆城堡,并在北爱尔兰有几平方英里的土地,他的母亲曾是维多利亚女王的贴身宫廷女侍。这样,渐渐地伦敦行就摆脱了伦敦金融城的美国殖民地的特点。当杰克1905年回纽约时,就由格伦费尔和史密斯主管业务。1910年,公司改名为摩根建富。这是它首次有了个英国名字,摩根集团的特洛伊木马营造完毕。

在西奥多·罗斯福任总统期间,皮尔庞特·摩根因在美国舞台上的作用而遭到了最猛烈的攻击。他的实力太雄厚,又高高在上,只有总统才能把他贬斥到凡夫俗子的境地。公众对他的反感很容易解释。华尔街随着这些托拉斯而繁荣起来。很多托拉斯总部设在纽约,与华尔街银行家的密切关系超过它们的各个分公司。西奥多·罗斯福想要纠正政府与公司的权力

---

* 非洲南部国家津巴布韦的旧称。1980年津巴布韦独立前为英国殖民地。
** 汉布罗家族,英国老牌银行家族。1839年建立的汉布罗斯银行,一度成为英国政府的债券承销银行,也是当时英国最大的投资银行。1998年,汉布罗斯银行被法国兴业银行收购,并入其集团业务。

不均现象,这样他就不可避免地与皮尔庞特·摩根发生了正面冲突。

虽然皮尔庞特建立了巨大的工业联合体,但他却不愿看到工会和政府获得相应的权力。尽管他尊重过去,并爱收集宗教题材和文艺复兴时期的艺术品,他仍然是个激进分子,与具有农业传统和纯朴信念的美国小镇经济格格不入。然而,不管商界对皮尔庞特是如何尊敬,在公众传媒中他现在却是个妖魔。一个百老汇的热门剧描绘了一群魔鬼吹一张燃烧的椅子,并齐声唱道:"这个位置是给了不起的金融妖怪摩根留的。"[25]

在麦金利总统遇刺后不久,摩根财团就开始试探他的继任者。皮尔庞特的新助手,为人平和而含蓄的乔治·珀金斯向新总统发去电报:"目前国家唯一的安慰就是有一位诚实、勇敢、忠诚的美国人挑起了这个世界的重担。"[26]几周以后,珀金斯和西奥多·罗斯福在哈佛大学的同班同学罗伯特·培根拜访了白宫,敦促罗斯福谨慎行事,并摸清他的意图。总统说他想要改革,后来描述说珀金斯和培根"就像律师为了一个打不赢的官司而拼命争辩,实际上他们心里都在想,西奥多·罗斯福是不是像皮尔庞特·摩根一样,是强大而有力的人的代表。"[27]

就像皮尔庞特一样,西奥多·罗斯福也爱表现自己。他要无休止地操纵摩根财团。当公众对北方太平洋公司控股事件感到震惊时,罗斯福认为对北方证券公司进行反托拉斯起诉,是政治上的明智之举。而该公司的成立是摩根-哈里曼休战的标志。1902年2月19日股票收盘后,司法部长菲兰德·诺克斯宣布了这项起诉。摩根听到这个消息时正在吃晚饭,他感到很是吃惊。显然,这届政府不愿在摩根的压力面前自动就范。接下来罗斯福与摩根间的一系列冲突都表现了这位大亨的绝对傲慢。这两个人都是纽约的贵族成员,皮尔庞特与罗斯福的父亲同是美国国家历史博物馆的发起人。这同一背景或许给他们之间的不和火上加油——这个模式后来又重复了一遍,对峙双方是杰克和另一个高贵的"阶级叛逆"富兰克林·罗斯福。

在一次有司法部长诺克斯参加的白宫会议上,摩根愤怒地表示,他事先未收到关于对北方证券公司的起诉的通知。接着他做出了载入史册的绝对傲慢的举动,他建议罗斯福让诺克斯和他的律师们私下会谈。他说:"如果我们做错了什么事,你派人来找我的人,就什么事都解决了。"[28]诺克斯也生气地说他们并不想解决兼并中的问题,而是想阻止它。摩根很为他的宠儿——美国钢铁公司担心,于是就问罗斯福他是否计划"攻击我别的行业"。罗斯福回答说:"不,除非我们发现……他们做了我们觉得错误的事。"[29]

从罗斯福对这次会议的反应上,我们可以看到一个有教养的叛逆者的最大兴趣和玩世不恭的态度。他告诉诺克斯说,摩根"不得不把我当作个大对头,要么想毁掉他所有的事业,要么得被劝说同意什么都不碰"。[30] 回到华尔街23号,摩根气急败坏地草就一封给总统的信,但被一些冷静的助手劝住了,没有发出去。1903年,明尼苏达州的圣保罗地方法院支持政府解散北方证券公司,一年以后,最高法院勉强通过该判决。在麦金利期间胎死腹中的舍曼反托拉斯法在西奥多·罗斯福那儿突然获得了新生。

虽然罗斯福-摩根关系常被描绘成反托拉斯份子与托拉斯大王之间的斗争,但事情远比这复杂。光天化日之下的争执掩盖了他们深层次的意识形态方面的相似之处。这在1902年5月的无烟煤矿工的罢工事件中就首先表现了出来。主要的煤矿公司都是铁路所有,像雷丁、利哈伊谷、伊利等铁路公司,以及其他的一些与摩根财团亲近的公司。他们想对1900年被迫给矿工们增加10%的工资一事进行报复——这笔交易是由皮尔庞特帮助处理的。这次他们以封建式的残酷手段对付罢工工人。到1902年秋天,纽约的学校关门了,因为缺煤。共和党人害怕在竞选中遭到报应。1902年10月11日,陆军部长伊莱休·鲁特登上停在哈得逊河上的海盗三号,与皮尔庞特会谈。罗斯福想让军队来开采煤矿,需要摩根支持他建立一个仲裁委员会。罗斯福作为总统,很有见地地采取了这一立场,而一般来说,总统更加典型的反应是破坏罢工。

摩根赞成这个做法,他喜欢秩序和谈判。他和鲁特直奔联盟俱乐部,去会见一些铁路公司的总裁。由于他在自己银行里的家长式作风,他比铁路公司的总裁们更易于向工人们妥协。在10月3日的一次白宫会议上,铁路公司代表愤懑地恶毒攻击美国联合矿工协会的年轻主席约翰·米切尔,而他的反应不失尊严,令人称道。两天后,罗斯福写信给罗伯特·培根,信中要求摩根进一步帮助他。总统对米切尔的评价是:"他没有作出任何威胁,也没有谩骂。在我看来,他的提议非常公道。那些人甚至考虑都不考虑一下，就对他进行谩骂侮辱，至少有两次对我十分无礼。"[31]虽然摩根同情罗斯福的请求，可他并不像人们所说的那样，对这些铁路代表拥有完全控制的权力。罗斯福向亨利·卡伯特·洛奇抱怨说摩根"没有能够给那些呆头呆脑的家伙们做点工作"。[32]

1902年10月15日，危机达到高潮，那天珀金斯与培根来到白宫，与罗斯福一直待到半夜，努力地想找出打破僵局的办法。罗斯福又一次发现这两个摩根合伙人感情冲动，甚至有点可笑。夜深了，他说"他们变得越来越歇斯底里，不仅仅是承认，而且是坚持说如果达不成协议，会导致暴乱和可能的社会动乱。"[33]罗斯福最后找到了一个办法，可以挽回代表们的脸面：请工人代表在董事会上占一席位，该席位是留给"杰出的社会学家"的。最后，仲裁委员会给矿工们提高了10%的工资，但拒不承认工会。罗斯福热情洋溢地写信给摩根："要不是你在里面穿针引线，我都无法想象这次罢工怎么会现在就解决了，这要是拖下去……后果简直不堪设想。"[34]

即使是在托拉斯问题上，罗斯福与摩根也远不是死对头。罗斯福认为托拉斯是经济发展的自然的、有机的延伸。他说要阻止它们无异于试图堵住密西西比河。罗斯福和摩根都不喜欢19世纪的简单的个人主义式的经济，他们都喜欢大企业，他们都想促进美国进入世界市场。但是罗斯福认为大经济主义要求政府相应地加强规章制度，可皮尔庞特认为这没有必要。他本质上是维多利亚式的绅士银行家，觉得商人间的信任、荣誉和自律就可以起到监督与制衡的作用。

人们很少注意到罗斯福与摩根其实同属一脉。这从摩根的合伙人乔治·珀金斯的传奇故事中就能看出来。此人后来当过两者的助手。他长得英俊潇洒，想象力丰富，一双赌徒般狡黠的眼睛藏在厚厚的眼皮底下，一张娃娃脸埋在车把式的胡子下面。他的父亲创建了芝加哥教士贫民学校，乔治就是在他父亲管理的少管所的操场上长大的。在1901年加入摩根银行之前，他就已经是纽约人寿保险公司的创始管理人员了。他娴于辞令，善于交易。皮尔庞特把他作为一个尝试，让他当酋长而不是普通的印第安人，这表明了皮尔庞特慧眼认人的本领。乔治曾到位于街角的摩根公司来为保护哈得逊河西岸的峭壁筹措捐款。他要12.5万美元，而皮尔庞特给了他2.5万美元,然后在他离开时皮尔庞特又告诉他:"如果你愿意为我做点事的话,我将把12.5万美元全数给你。"珀金斯于是问做什么,皮尔庞特用手指了指合伙人办公区说:"你就坐到那里去。"[35]

皮尔庞特给了珀金斯一天时间考虑。麦金利总统警告他摩根伙伴的制度很严厉,但是高傲的珀金斯答应了。事情从一开始就不顺当。J.P.摩根向来只雇男秘书,而珀金斯却想把他在纽约人寿保险公司的女秘书带来。皮尔庞特咆哮了:"我可不愿在这里看见倒霉的女人。"可怜的玛丽·基姆只被安排在街角的一个银行大楼里。[36]后来珀金斯让她搬到了华尔街23号,但前提是她待在楼上,千万别到下面的营业厅来。

乔治·珀金斯自负而外向,他在早期的合伙人中是突出的一个,即使是他自己创造的托拉斯,他也爱写点评论。他对领主时代的银行家不外露的宗旨不以为然。1902年8月,他做成了一笔大生意,使他得以加入皮尔庞特的联盟。他把麦考密克收割机公司和迪林收割机公司以及另外三家小公司合并,成立了国际收割机公司,收费300万美元。这个新的托拉斯占领了农业机械市场85%的份额。珀金斯之所以将该公司命名为国际收割机公司,是因为他预见到全球合作的兴起,他希望他的新托拉斯将会"符合世界各国的法规,在任何地方都吃得开"。[37]由于农民们都比较爱用麦考密克公司的机器,国际收割机公司避免了美国钢铁公司所受到的那种反托拉斯浪潮的冲击。

因为迪林家族与麦考密克家族都想控制国际收割机公司,珀金斯想出了个聪明的办法:让摩根财团来控制。珀金斯向皮尔庞特吹嘘:"这个新公司是我们组织的,名字是我们起的,公司注册的州要由我们决定,公司董事会、管理人员、一切装备也由我们来定——没人有权以任何方式对我们作出的任何决定提出质疑。"[38]小赛勒斯·霍尔·麦考密克后来说,珀金斯是他见过的最高明的谈判家。[39]当国际收割机公司在股票交易所上市时,珀金斯得意地写信给罗斯福说:"据我所知,这还是历史上头一次,一个公司在向公众发售股票时,将自己的所有有关信息都公之于众。"[40]

珀金斯的到来正值皮尔庞特·摩根走运的时候,他们的托拉斯将华尔街搞成了全国瞩目的中心,当然也使联邦政府对高额融资的监管更加严格。皮尔庞特仍然像19世纪的商人那样对政府保持某种蔑视——当圣乔治教堂的一个教区委员威廉·杰伊·希费林,也就是马科医生的女婿,有一天来告诉他有关公务员制度改革运动的消息时,皮尔庞特嚷嚷说:"我不在乎,公务员制度改革关我屁事。"[41]更糟的是,皮尔庞特对报界嗤之以鼻,绝少接受采访,竭力回避照相,还老警告职员们对记者要保密。

圆滑冷静的乔治·珀金斯则不一样,他常穿整洁的灰色驼毛大衣,永远是讨人喜欢的态度,常爱跟人在室内吞云吐雾地聊天。他是摩根财团的第一位真正有影响的人物和一流的游说家。在争取西奥多·罗斯福支持的斗争中,他后来的对手、堪萨斯州的改革主义者威廉·艾伦·怀特对珀金斯印象很深,说他是个巧舌如簧的魔鬼。怀特后来对珀金斯着了迷,因为参议员艾伯特·贝弗里奇敦促他竞选参议员,并且告诉他珀金斯喜欢他,并能给他安排一切。怀特对珀金斯的描述是:"他果断,说话声音很柔和,老是带着讨人喜欢的笑容。"他还写道:"我过去经常注意到他怀着对自己技巧引以为豪的心情,物色他需要的人,对这一点我简直佩服得五体投地。"他还称:"他令人愉快地焕发出一种来自与摩根的关系的拥有巨大权力的气质。"1912年在公麋党*全国代表大会上,怀特看到了一个"微笑略带假笑"的珀金斯,"他干净利落,头发烫成卷,上了油,活像一头亚述牛,一只年轻、干净、强壮的牛。"[42]

从珀金斯在纽约人寿保险公司开始,他就名声在外,是个天才纵横家,但有点风言风语的丑闻。1905年,纽约州司法机关就涉及人寿保险业的一个案子举行了耸人听闻的听证会。这个案子是参议员威廉·阿姆斯特朗提出的,它使首席法官查尔斯·埃文斯·休斯一举成名,后来查尔斯成为国务卿和最高法院院长。这个委员会揭露了保险业主管们如何贪得无厌地将钱倾注到他们持有股份的托拉斯公司里,以及如何将投保人的钱大肆挥霍,举行盛大的舞会。有许多传闻说纽约人寿保险公司用奥尔巴尼一个有点色情性质的娱乐馆和其他一些手段来腐蚀执法人员,还有一些别的保

---

* 昙花一现的美国政党,1912年西奥多·罗斯福所成立的国家进步党的昵称。由于罗斯福与其亲自推选的接班人塔夫脱公开敌对,在1912年脱离共和党,另组国家进步党再一次竞选美国总统,但最终竞选以失败告终。

险公司也如法炮制。珀金斯在纽约人寿保险公司的职位太高了，不可能把什么事都推得干干净净。他没有听皮尔庞特的忠告，保留了他在纽约人寿保险公司的职位。休斯猛烈攻击他涉嫌的问题，他被指控犯有非法竞选募款、篡改公司有关铁路证券销售情况记录的罪行。虽然这些控告后来都被推翻了，但珀金斯也不得不从纽约人寿保险公司辞职。

皮尔庞特基本上没有自己的理论体系，而珀金斯则满腹经纶。他频频演讲，就可能的任何事物印发小册子表明观点。他在这个世界上最韬光养晦的银行里是个例外，他鼓吹工业合作的福音，认为小企业压低工资，延缓了技术进步的步伐。他说，不是华尔街，而是蒸汽机与电话造就了托拉斯。他还宣称："摩根先生开的美国钢铁公司与政府可能成立的一个钢铁部有什么区别呢？"[43]他还打了个比方，而这一点皮尔庞特不敢苟同——托拉斯由于统一生产与分配，是一种私人社会主义的形式。他跟皮尔庞特的看法不一样，他认为托拉斯已获得了某种公共特点，他赞成政府对跨州公司进行许可管理，扩大工人福利，包括利润分成、社会保险、退休金，等等。他鼓吹说，这些将是"最好的、最理想的、最高级的社会主义"。[44]虽然西奥多·罗斯福有时候感到，珀金斯无非是把摩根的自私的行动计划合理化，但是他们俩的观点之间仍有着惊人的相似之处。

一个摩根的合伙人宣传社会主义并不令人吃惊。毕竟皮尔庞特从19世纪80年代末期起开始搞铁路联合起家，一直支持工业合作，而不是竞争。他喜欢的是干净、利落、处于银行家的控制之下的资本主义。摩根财团是为根基扎实的大企业融资的银行——这些大企业都是庞大的工业计划体系，要稳定，不要创新，要有可预见性，不要改革实验。而这些大企业又受到新兴公司的威胁，所以维持现状对摩根银行来说就异常重要。珀金斯不是摩根阵营里唯一赞成搞有计划的一体化经济的人。后来，美国钢铁公司的法官埃尔贝特·加里，一个举行私人宴会确定钢铁工业价格的人承认说："如果我们有地方可去，能找到一个负责任的政府，我就太高兴了。然后告诉他们，这些就是事实与数字，这是我们的财产，这是生产成本，现在请告诉我们，我们都有权做什么，有权定个什么价吧。"[45]

我们会看到，对摩根财团的致命打击不是来自社会主义者，而是像路易斯·布兰代斯、费利克斯·法兰克福特以及威廉·道格拉斯这样的反托拉斯分子。他们赞成小经济单位与激烈竞争。这种传统把摩根金融托拉斯视为最大、最危险的托拉斯。因为摩根财团宣传富人的社会主义,所以他们通常与那些穷人的社会主义的宣传者有部分的相似之处。

然而皮尔庞特·摩根与西奥多·罗斯福的关系的另一方面,可以从巴拿马运河事件中看出来。虽然罗斯福对国内金融力量过于强大猛烈抨击,可他在国外却感恩戴德地加以利用。1902年,国会批准罗斯福付给法国4000万美元,购买该国在巴拿马地峡未完成的开掘运河的资产。两年后,皮尔庞特为这个历史上最大的地产交易提供融资。他亲自到法国监督金条的运输工作,余下的金额用外汇付给了法兰西银行。西奥多·罗斯福努力从哥伦比亚挖出一块地方,成立了新的巴拿马国。在收到美国的付款之后,巴拿马任命J.P.摩根公司为其在华尔街的财务代理,享有接受美国政府付款的专有权。摩根财团还办理巴拿马最大的单项投资:纽约市房地产价值600万美元的首批抵押。皮尔庞特在整个巴拿马运河秘密事件中起了重要的作用,后来一位传记作家称他是"罗斯福控制巴拿马运河的账房先生"。[46]

因此,罗斯福与皮尔庞特的较量,总有点像皮影戏,瞧上去两人真的很对立似的,其实不然。在1904年的竞选中,摩根银行出了15万美元为罗斯福争取连任。然而,在1907年橄榄球俱乐部举行的一次晚宴上,皮尔庞特却被西奥多·罗斯福严厉地训斥了一顿。总统冲着摩根和标准石油公司的亨利·罗杰斯摇摇指头,咆哮着要进行工商改革。他坚持说:"如果你们不让我这样做,我的后任们也会这样做,并最终毁掉你们。"[47]当罗斯福道出他关于"握有巨额财富的坏蛋"的著名言论时,记者们注意到他冲着摩根所在的方向瞥了一眼。[48]

然而,对于皮尔庞特的一些最优美的赞扬之辞也出自罗斯福之口,他对他的巨大影响力和真诚叹服不已,"他的性格中没有丝毫的卑鄙和褊狭"。[49]而皮尔庞特并不怎么原谅他。当有一次罗斯福去非洲打猎时,皮尔庞特宣称他希望罗斯福在非洲碰到的第一头狮子将能尽它的职责。

由于被反托拉斯分子纠缠不休,皮尔庞特晚年为求解脱,转向别的事务。到1900年初期,皮尔庞特刚年逾花甲,他经常当在外老板,从不放松他的控制,从假日别墅一天往华尔街发两三次指令。他变得灰心丧气、烦躁不安。他从不心满意足地欣赏他挣得的巨额财富,也没有人把他描绘成那种深更半夜点数自己净赚了多少的商人。他从未把做生意误作为全部人生的真谛。他真正的感情与欲望在于女人、艺术与宗教。

皮尔庞特努力想让新闻界少谈论他的风流韵事,但是摩根夫妇不和却不是什么秘密。夫妇之间几乎没有共同语言。范妮始终远离一个名人妻子应有的社交。在1902年拍摄的一张照片里,她看上去仍然很高,整洁,漂亮,波浪似的头发高高盘起。然而她很虚弱,而且多病,有些时候走路都感到乏力。到20世纪早期,她已聋得厉害,戴一个很大的助听器。她成为一个半残疾人,星期天早上家庭聚餐时她独自在楼上吃饭。

尽管皮尔庞特和范妮之间的关系很紧张,但摩根一家都是注重家庭的。1904年,皮尔庞特为杰克买下了一幢位于麦迪逊大街与三十七街交汇处的豪华住宅,几乎与他自己的一模一样。这幢房子惊人地亮堂宽敞,有45间屋子、22个壁炉、12个洗澡间。1905年,杰克与他的父亲拆除了中间的一幢房子,父子俩成为邻居,中间辟出一个花园,这样一直到皮尔庞特1913年去世。

杰克继续玩他的感情杂技,鼓励他日益颓丧的母亲振作精神,同时又保持父亲的爱。后来,他就像个邮局,告诉他母亲皮尔庞特在国外的行动,同时又向父亲报告母亲的行踪。一切都是正式而别扭的,然而皮尔庞特和范妮从来不让夹在他们中间的孩子们感到难堪。皮尔庞特是个彻头彻尾的维多利亚式绅士,他会彬彬有礼地询问范妮的情况,并尽可能避免让杰克感到不安。

杰克在充满孝心的信件中力劝范妮想开些。他说,生活无非就是在永恒的事实面前认命。他在处理与父亲的关系上不就接受现实吗?在令人窒息的、家长式的摩根世界,范妮的选择少得可怜。在1900年的一封信里,杰克祝贺母亲身体有所好转,然后说道:"千万要保持健康,现在它总算来了。别把健康浪费在做那些对别人是快乐而对您是义务的事情上。现在让别人去干吧,你不要去掺和,您以后可以更好地为他们做点事。今天的劝

诚就到此为止。"⁵⁰

范妮从来没有如此超凡脱俗地想得开过，她始终痛苦、焦虑。1901年，当她在罗马观光时，杰克给她写了封信，尖锐地指出他认为她必须向命运低头。虽然他没有提及皮尔庞特，但他的幽灵却无所不在。

> 您从罗马来的信让我很吃惊，太忧郁了。……我知道在您的生活中出现的许多事情，你和别人的希望会不一样，但是在对一件事无能为力的时候，比如死亡或巨大的忧愁，我们就必须接受现实。任何本来该做的努力或尚未做的努力，都不能使2加2等于5——即使4是你不愿看到的，从道义和宗教义上，你都必须接受这个事实，并且相信在这些困扰后面有着永恒的爱。⁵¹

任何女人好像都无法完全满足皮尔庞特的胃口。有两个皮尔庞特——正经的银行家与纵欲主义者——二者在巨大的压力下集于一身。皮尔庞特从来都没能将二者统一起来。他对待女人的态度是常见的双重标准。在银行里，他坚决反对女性雇员，他从不与女人谈生意，在他看来，她们属于另一个世界。每年一次，在元旦那天，范妮到街角的摩根总部来赴宴——这是唯一邀请妇女的场合。然而在家里，他又完全是另一个人。一个曾到麦迪逊大街219号做客的女人有一次逗皮尔庞特，说他在家是如此地温柔，而她却听说公司里的人都很怕他。皮尔庞特脸红了，开始为自己辩护，然后终于说："恐怕你说对了。"⁵²

对于皮尔庞特来说，婚姻要的是谨慎，而不是忠贞。这无非是尊重传统而已。1902年1月，查尔斯·施瓦布——时任美国钢铁公司的总裁——与亨利·罗斯柴尔德男爵驾车到蒙特卡洛，他们在那里疯玩轮盘的丑闻上了纽约各大报纸的头版头条。安德鲁·卡内基对"堕落"的施瓦布感到很生气，于是写信给皮尔庞特："当然他在我们中间不应该沉沦到这个地步，但如果他真这么干了，那么他应该立即辞职。"⁵³乔治·珀金斯给施瓦发布电报说这件事并没有让皮尔庞特大为光火，皮尔庞特甚至让他继续"玩他个底儿朝天"。⁵⁴当施瓦布回到纽约后，他为自己辩护，告诉皮尔庞特他没有关起门来做见不得人的事，皮尔庞特打了个响指，说："否则要门干吗？"[55]毫无疑问，他抱着很大的玩世不恭的态度。他有一次告诉一个助手："办一件事通常得有两个理由——一个好理由和一个真理由。"[56]这是对这个标榜自己具有华尔街良心的人的颇有启示的评论。

在艺术方面，皮尔庞特的标准是清教徒式的。他作为大都会剧院的董事，促使剧院取消理查德·施特劳斯的《莎乐美》的演出。观看首场演出的观众看到剧中疯狂的公主要洗礼者约翰的首级，这样的故事令人无法忍受。而且该剧在星期天早上也安排了排练，使当地牧师震怒不已。演出被取消了。另一个董事奥托·卡恩很尴尬地写信给施特劳斯说："《莎乐美》被否决的责任，有很大一部分在于摩根僵硬而坦白的宗教信仰，而这次又实在虔诚得不是地方。"[57]

皮尔庞特一方面维护公共道德，另一方面又在他的游艇上、火车包厢里以及欧洲的温泉浴场里干了不少风流韵事。华尔街的才子们说他收集老古董与老情人。早期一位替他写传记的人坚持说："几乎没有哪个女人受得住他雄狮般的做爱。"[58]他嬉戏中，人们通常可以看到这个老头突然变得无拘无束起来——他完全可以成为一个快乐的圣诞老人。在巴黎，他会陪着他的情妇们到和平大街的珠宝店，然后告诉她们请自便。有一次在开罗，他将一把金首饰扔在旅馆的一张桌上，然后对女士们大叫："好了，大家别客气！"[59]（人群中还有一位主教，他是否也凑了个热闹呢？）在西雅图的郊游中，每个人都得到了一件皮衣。19世纪早期的一个纽约的流行笑话明显是冲着皮尔庞特红润的脸与大方来的。一个歌剧合唱队的女演员跟她的同伴说："我在简克利吃新鲜牡蛎时发现一颗珍珠。"她的朋友回答说："这不算什么，我从那老龙虾那儿搞到一整串钻石项链。"[60]

由于皮尔庞特对做生意就像看戏，很自然他就喜欢有女演员的陪伴。他喜欢结交一大帮自由浪漫、精力充沛和活泼漂亮的女人。有流言说他与钻石大亨吉姆·布拉迪为莉莲·拉塞尔争风吃醋。他与身材修长妖娆的马克辛·埃利奥特的韵事几乎无人不晓。她常打扮得雍容华贵，深色的眼睛，长长的脖子，魅力十足。她的嘴不饶人——这好像是总能吸引住皮尔庞特的原因。她逗他："为什么你们华尔街的人都像一群食人兽，你们贪婪地吞吃任何能吃的东西。"[61]她对海盗三号的设计颇有微词——尤其是皮尔庞特把船舱安在甲板下面——最后他就改了计划。

马克辛·埃利奥特是第一个在百老汇建剧场的女性,她于1907年大恐慌两个月后买下了所需要的地皮。爱传丑闻的人都说钱是摩根出的。1908年他与马克辛从欧洲回国时,又乘同一条船——这在素来谨慎的摩根来说是一次少见的疏忽——记者们问他是否对剧院投了资。皮尔庞特回答说:"我对马克辛·埃利奥特的剧院的唯一兴趣,就是在首次演出的那天晚上我能免费得到一张戏票。"[62]传闻说他与国王爱德华七世共享这个女人,国王与她则是1908年在马林巴德认识的。

这些胡闹贯穿了皮尔庞特的晚年,但它们也不乏福斯塔夫式的痛苦。然而皮尔庞特仍然是一个殷勤的老式情人。他的最后一位情妇可能是维多利亚·萨克维尔-韦斯特小姐,前英国驻美大使的女儿。她记录下了这个胖胖的老银行家如何像小伙子一样毛手毛脚地突然一下子紧紧地抱住她。她于1912年在日记中写道:"他深情地握住我的手,告诉我他永远不会以任何我不喜欢的方式爱抚我,他说他很抱歉,因为他太老了,但我是他唯一钟爱的女人,这永远不会变。"[63]对于一个金融之神来说,这是多么温柔的道歉啊!

甚至在他生命的最后日子里,皮尔庞特还渴望浪漫风情,这大概从他五十年前与阿米莉亚·斯特奇斯的短暂婚姻以来就从未得到过满足。他的心里始终有块地方未为他在华尔街的传奇业绩所触及,总有些他巨大的成就无法填充的空白。甚至在他死后,他的家人还能发现他的一些私情,因为他所收藏的一些艺术品神奇地出现在别人家里。1936年,一个德国人写信给杰克,说他是皮尔庞特在哥廷根当学生时的私生子。杰克无法确认这是否是个骗局,直到后来他弄清那人是在他父亲离开该大学以后出生的,这才真相大白。然而皮尔庞特死去多年以后,杰克也无法消除这种疑虑。

尽管皮尔庞特的风流韵事层出不穷,但这些与他真正着迷的东西——艺术品收藏相比,花的时间与兴趣都少得多。朱尼厄斯去世以后,皮尔庞特得到了一本萨克雷的手迹和几件埃及古董。后来他的收藏品随着他银行利润的增长而激增。他主要收藏书籍、手迹和英国皇室的书信,把它们储藏在麦迪逊大街住宅的地窖里。很快它们就在凳子上堆满了，而他自己也记不清什么在哪儿了。其他的一些作品则堆在华尔街23号的地下室和东四十二街的一个仓库里。

1900年，他买下了在东三十六街他住宅附近的房子，请来设计师查尔斯·麦金为他的收藏品建一座图书馆。麦金建造了一座意大利文艺复兴时代的宫殿，具有缥缈而平衡之美。大理石块镶得非常好，根本就没用任何黏合物——这是麦金不惜千金从希腊人那儿学来的绝招。皮尔庞特在1906年搬进该图书馆后，把富丽堂皇的西厢房作为他的办公室，墙上挂着从罗马基吉宫弄来的深红锦缎。角落里的一扇门通往地下室，壁炉上方挂着朱尼厄斯的肖像。这所图书馆的绰号是J.P.摩根公司住宅区分公司。

为了给这些收藏品编目录，皮尔庞特于1905年雇了个年轻漂亮的女人，名叫贝勒·达科斯塔·格林。她只有22岁，然而她对普林斯顿图书馆的珍本书的知识给皮尔庞特的侄子留下了深刻的印象。她是一个破裂婚姻的产物——她在新泽西由母亲养大，母亲是位音乐教师——没有上过大学。她有着黑黝黝的皮肤、绿色的眼睛，活泼可爱。她的皮肤实在太黑，她自己也逗乐说她有"葡萄牙人的血统"。或许她真有点黑人血统。贝勒·格林聪明过人，异常自信。她后来远不止是皮尔庞特的图书管理员：她是他的知己、诚挚的异性朋友，也可能是情人。她给他念狄更斯的著作和《圣经》，并且在1907年大恐慌期间他通宵达旦地开会时，她一直在图书馆侍候他。

如果说这位金融家喜欢泼辣的女人，那么贝勒·格林超过了她所有的对手。当一个木材大亨向她求婚时，她发回一封电报说："所有的求婚都会在我50岁生日以后按字母顺序加以考虑。"[64]她大胆地让人给她画裸体画，并且喜欢波西米亚式的自由。她还是哈里曼家族与洛克菲勒家族的座上宾，在跟着摩根出差时，经常下榻伦敦的克拉里奇饭店和巴黎的丽兹饭店。她也是个冒险家，有一次她告诉助手："如果一个人是一条虫，你就可以踩他。"[65]即使在她作为皮尔庞特·摩根图书馆的馆长而出名之后，她仍然像她的老板一样神秘，从不当众演讲，或接受任何名誉称号。跟皮尔庞特一样，她在1950年去世前烧掉了她所有的信件与日记。

在贝勒·格林身上，皮尔庞特对女人和艺术的迷恋得到了统一。他们之间的关系中有些性色彩。她与鉴赏家伯纳德·贝伦森相好了四年,她坚持一定要保密,不要引起皮尔庞特的忌妒。她作为图书馆馆长忙里忙外,穿着文艺复兴时期的袍子,挥动着她绿色的丝绸手绢,并且代表皮尔庞特参加艺术品拍卖。大亨与图书馆馆长之间46岁的差距似乎并没有关系。她在皮尔庞特死去后曾说:"他几乎是我的父亲,他总是富于同情心,善解人意,信心十足,对我信任有加。这一切超越了我们年龄、财富、地位的距离。"[66]她对摩根家族的很多成员来说都是个重要的人物,后来她对杰克的吸引力丝毫不亚于对皮尔庞特的吸引力。

皮尔庞特最终成为他那个时代、或许是任何时代里的最大的私人艺术品收藏家。他收藏拿破仑的表,达·芬奇的笔记本,叶卡捷琳娜二世的鼻烟盒,美第奇家族的珠宝,莎士比亚的《第一对开本》,乔治·华盛顿的一封5页长的信,印有11位罗马皇帝头像的硬币。皮尔庞特对印象派和现代美国艺术家不感兴趣,而喜欢因年代久远而神圣化的欧洲艺术品和历史悠久且有浪漫主义色彩的历史文物。这位老派银行家的确喜欢古老艺术家的作品,非常珍视其精湛的工艺与昂贵的材料。然而画只占他收藏品总数的5%以下。他喜欢挂毯、镶宝石的书、镀金的祭器、首字母加饰的手稿、金杯银杯、瓷器和象牙。在重视装饰艺术上,他步了罗斯柴尔德家族与美第奇家族及其他商业巨子的后尘。他对他的收藏品充满了自豪,并且为它们印制私人目录,发给欧洲的皇室贵族。

银行家摩根在人们眼里也是收藏家摩根,他在这两方面的风格完全一致。他讨厌讨价还价。他爱上来就问交易商花了多少钱买进,然后在这上面加10%到15%就成交。有人回忆说皮尔庞特在给外汇开价时就是一副要买就买,不买拉倒的架势。在艺术与金融上,他对交易商的重视就像对交易本身一样重视。弗朗西斯·亨利·泰勒研究过摩根作为收藏家的习惯。他写道:"当有人想要卖东西给他时,有人说他不是在看东西,而是在看人家的眼睛。这就是他爬上金融高峰的原因,这个办法还挺奏效。"[67]为了保护自己的利益,他附有条件买下一幅画,把它放在椅子上,请别的一些交易商自由评论,然后才完全买下。有一次,为了测试艺术交易商约瑟夫·杜维恩对中国瓷器的知识,他一字排开5个瓷器,然后告诉他:"有3个是真的,现在请告诉我哪些是真的。"杜维恩拿起手杖就把两个假的砸得粉碎。[68]

这位美国钢铁公司的教父知道要收集大批艺术品，他必须成批购买或把别人的收藏品整个买下。他以货车转轨的气势横扫艺术历史。他在给姐姐玛丽·彭斯的信中说："希腊古董我已收集得差不多了，现在我正搞埃及古董。"[69]他的决心令人生畏。为了从拜伦勋爵在希腊的一位亲戚那里搞到拜伦的手稿，他派了一个代理长驻在那儿，怀揣他的信用证。这个孤独的哨兵守在那儿好几年，拜伦的手稿一上市他就去买，直到将它们全部买下。

皮尔庞特有时候像小孩一样地冲动。他喜欢听有关艺术品的故事，并且用心去记住它们。这一嗜好使他强于那些怕钱贬值的百万富翁，那些人冒充内行，而买回的"艺术品"不过是高价垃圾。当一个艺术交易商拿了幅弗美尔的画来，皮尔庞特问他："谁是弗美尔？"于是那人告诉他这位艺术家的生平，末了，皮尔庞特又看了一眼这幅开价10万美金的画，然后说："我买了。"这个故事的真伪不好分辨——皮尔庞特几十年来参观了很多欧洲的博物馆，肯定见过弗美尔的画——然而这幅画打动了他的心。总而言之，皮尔庞特总是靠他自己的判断。1911年，杰克很高兴地向他报告说，一个交易商愿以17.6万美金出让一本哥白尼1530年的真迹，这可是现代天文学的基石。皮尔庞特生气地回电："别理什么哥白尼，哪有这么荒谬的价钱。"[70]

皮尔庞特有时候也成为感情的俘虏。有个交易商想要卖给他一批手迹珍品，包括爱伦·坡的《帖木儿》和霍桑的《福谷传奇》。当摩根不为所动时，这位交易商打出了他的将牌。他说朗费罗有关于他的孙子们的一首诗，使他想起了皮尔庞特与他的孙子们。"让我看看，"摩根回答说，他戴上眼镜，读了这首诗，然后拍了一下桌子说，"我全买下了。"[71]

皮尔庞特收藏的东西非常多——包括225件象牙制品，140件文艺复兴时的陶器，150件大陆银器等——其数量之多远不是虚荣心所能解释的。相反，这是出自与他在银行业的野心不相上下的一种冲动——要让美国文明与他所推崇备至的欧洲文化并驾齐驱。像在银行界一样，他尊重旧世界的传统，同时也洗劫这个传统。据说他想要积累一大批艺术品，这样美国人就不用上欧洲去学文化了。1897年以后，他定期资助大都会艺术博物馆，并于1904年成为该馆的董事长。托管董事会的会员们常在他家里开会。为了发起一场向欧洲杰作进军的爱国主义运动，他往董事会里塞进了不少富豪朋友——弗里克、哈克尼斯、罗杰斯，还有其他的一些工业巨子。1905年，他把珀登·克拉克爵士从南肯辛顿博物馆请来当这个馆的馆长，并让布卢姆斯堡里的艺术批评家罗杰·弗莱伊当绘画馆的馆长。弗莱伊后来嘲讽皮尔庞特"根本没有敏感性"，有的是"粗糙的历史想象力"。[72]但是摩根收藏品的质量非常之高，弗莱伊的冷嘲热讽也改变不了这个事实。

1904年，皮尔庞特买下了王子门街13号毗邻的房屋之后，他想把这两幢房屋改建成一个博物馆，作为他父亲的纪念馆。他还想在朱尼厄斯住过的4个城市——马萨诸塞州霍利奥克、哈特福德、波士顿和伦敦修建纪念馆。后来他觉得扩大了的伦敦馆还是装不下他的收藏品，就在哈特福德花140万美元修了个摩根纪念馆来纪念朱尼厄斯，从而把该市的艺术博物馆——瓦兹瓦斯博物馆扩大了一倍。仅这一笔财产就超过了他于1901年为纪念他父亲而赠给哈佛大学医学院的100万美元捐款。

皮尔庞特收藏艺术品还有一个特点，就是他花钱很草率。他通常在夏天购买艺术品，却要把付款推到第二年年初——很难想象世界顶尖的银行家买艺术品要赊账！早在1902年，特迪·格伦费尔就在日记中记载说，伦敦金融城在摩根旋风般收购艺术品以后，对银行财务状况是否有问题产生了"模糊而令人不安的谣言"。[73]他还记下了皮尔庞特在伦敦或巴黎银行付账时的紧张情况。所有这些数额加起来可不是个小数字。皮尔庞特去世时，他的收藏品的价值据估计是5000万美金，或者说是他总资产的一半。

这种不停顿的购买给皮尔庞特的银行资金构成了潜在的威胁。再由于他挑选合伙人是看人的能力，而不是给他的事业注入新的资金，这就使得问题更加严重了。穷孩子也能加入内部俱乐部是摩根财团的荣耀之一，然而皮尔庞特用起钱来并不节俭。几年后，摩根的合伙人拉塞尔·莱芬韦尔道出了内部有关狂买艺术品带来的问题的传闻，他告诉一个同事："皮尔庞特买画与挂毯有一半是为了赚钱的说法，与事实恰恰相反，这完全是穷奢极侈的举动，并且给公司造成了巨大的压力，还经常削弱了公司的财力。如果他不挥霍这些钱，那么公司完全可以把它们用作资本。"[74]总而言之，这位收藏家花钱的冲动胜过了作为银行家的节俭。

— 本章参考文献 —

1. 皮尔庞特·摩根图书馆小J.P.摩根资料，第6箱，第1卷，给弗朗西丝·特雷西·摩根的信，1899年2月21日。
2. 《福布斯》（Forbes）：《小J.P.摩根》（J.P. Morgan, Jr.），第41页。
3. 同上，第52页。
4. 同上。
5. 皮尔庞特·摩根图书馆小J.P.摩根资料，第6箱，第1卷，给弗朗西丝·特雷西·摩根的信，1899年3月3日。
6. 皮尔庞特·摩根图书馆小J.P.摩根资料，第4箱，第2卷，给弗朗西丝·特雷西·摩根的信，1898年2月8日。
7. 皮尔庞特·摩根图书馆小J.P.摩根资料，第6箱，第2卷，给弗朗西丝·特雷西·摩根的信，1899年4月20日。
8. 《福布斯》（Forbes）：《小J.P.摩根》（J.P. Morgan, Jr.），第24页。
9. 皮尔庞特·摩根图书馆小J.P.摩根资料，第4箱，第2卷，给弗朗西丝·特雷西·摩根的信，1898年2月25日。
10. 皮尔庞特·摩根图书馆小J.P.摩根资料，第6箱，第3卷，给弗朗西丝·特雷西·摩根的信，1900年3月9日。
11. 霍维：《J. 皮尔庞特·摩根生平纪事》（Life Story of J. Pierpont Morgan），第332页。
12. 齐格勒：《第六大势力》（Sixth Great Power），第292页。
13. 同上，第291页。
14. 惠勒：《皮尔庞特·摩根和他的朋友们》（Pierpont Morgan & Friends），第228页。
15. 艾伦：《伟人皮尔庞特·摩根》（Great Pierpont Morgan），第178页。
16. 《纽约时报》（New York Times），1963年8月11日。
17. 《福布斯》（Forbes）：《小J.P.摩根》（J.P. Morgan, Jr.），第49页。
18. 韦德：《泰坦尼克号》（Titanic），第33页。
19. 胡尔德曼：《艾伯特·巴林》（Albert Ballin），第49—50页。
20. 《纽约时报》（New York Times），1902年4月29日。
21. 《纽约时报》（New York Times），1902年4月20日。
22. 塞西尔：《艾伯特·巴林》（Albert Ballin），第57页。
23. 齐格勒：《第六大势力》（Sixth Great Power），第296页。
24. 同上，第298页。
25. 韦克特：《美国社会传记》（Saga of American Society），第123页。
26. 哥伦比亚大学布雷图书馆乔治·珀金斯资料，第5箱，致西奥多·罗斯福的电报，1901年9月14日。
27. 普林格尔：《西奥多·罗斯福》（Theodore Roosevelt），第245页。
28. 同上，第256页。
29. 同上。
30. 同上。
31. 同上，第272页。
32. 同上，第277页。
33. 同上。
34. 同上，第264页。
35. 加勒蒂：《股肱心膂》（Right-Hand Man），第84页。
36. 同上，第89页。

37. 卡罗索：《摩根人》（Morgans），第479页。
38. 哥伦比亚大学图书馆乔治·珀金斯资料，第6箱，给老皮尔庞特·摩根的信，1902年7月30日。
39. 加勒蒂：《股肱心膂》（Right-Hand Man），第141页。
40. 哥伦比亚大学图书馆乔治·珀金斯资料，第9箱，给老皮尔庞特·摩根的信，1908年6月10日。
41. 哥伦比亚大学口述历史资料集——威廉·希费林资料，第28—29页。
42. 怀特：《自传》（Autobiography），第459、484、490页。
43. 加勒蒂：《股肱心膂》（Right-Hand Man），第219页。
44. 施莱辛格：《旧秩序的危机》（Crisis of the Old Order），第21页。
45. 温克勒：《辉煌的摩根》（Morgan the Magnificent），第284页。
46. 辛克莱：《海盗号》（Corsair），第169页。
47. 同上，第162页。
48. 萨特利：《J. 皮尔庞特·摩根》（J.Pierpont Morgan），第437页。
49. 卡罗索：《摩根人》（Morgans），第645页。
50. 皮尔庞特·摩根图书馆小J.P.摩根资料，第6箱，第3卷，给弗朗西丝·特雷西·摩根的信，1900年1月2日。
51. 皮尔庞特·摩根图书馆小J.P.摩根资料，第7箱，第1卷，给弗朗西丝·特雷西·摩根的信，1901年4月3日。
52. 斯莫利：《英美回忆录》（Anglo-American Memories），第226页。
53. 毕比：《一掷千金者》（Big Spenders），第285—286页。
54. 同上。
55. 温克勒：《辉煌的摩根》（Morgan the Magnificent），第10页。
56. 约瑟夫森：《强盗领主》（Rober Barons），第293页。
57. 科布勒：《辉煌的奥托》（Otto the Magnificent），第72—73页。
58. 温克勒：《辉煌的摩根》（Morgan the Magnificent），第7页。
59. 艾伦：《伟人皮尔庞特·摩根》（Great Pierpont Morgan），第4页。
60. 卡什曼：《镀金时代的美国》（America in the Gilded Age），第38页。
61. 温克勒：《辉煌的摩根》（Morgan the Magnificent），第136页。
62. 罗伯逊：《我的姑妈马克辛》（My Aunt Maxine），第200—201页。
63. 尼科尔森：《细说一桩姻缘》（Portrait of a Marriage），第59页。
64. 杰克逊：《J.P.摩根》（J.P. Morgan），第293页。
65. 同上。
66. 同上，第312页。
67. 桑普森：《放债者》（Money Lenders），第65页。
68. 杰克逊：《J.P.摩根》（J.P. Morgan），第249页。
69. 辛克莱：《海盗号》（Corsair），第205页。
70. 皮尔庞特·摩根图书馆小J.P.摩根资料，第32箱，给老J.P.摩根的电报，1911年6月23日。
71. 《星期六晚报》（Saturday Evening Post），1922年8月26日。
72. 《纽约时报》（New York Times），1956年12月16日。辛克莱：《海盗号》（Corsair），第207页。
73. 伦敦市政厅图书馆J.S.摩根公司和乔治·皮博迪公司资料，爱德华·格伦费尔和莫利斯·德·鲍斯达里伯爵书信摘要，第88页。
74. 康涅狄格州纽黑文耶鲁大学高级纪念图书馆拉塞尔·莱芬韦尔资料，1030组，第1套，第7箱，第169卷，致罗伯特·戈登·沃森的备忘录，1945年2月23日。

第七章
恐 慌

华尔街流传的至理名言是：假如人们普遍预期市场崩溃的话，那么这种崩溃就不会发生，原因是一种自我保护的恐惧感会渗入到市场中来。这种说法在1907年受到了驳斥，那一年华尔街提心吊胆地等待着这场崩溃的到来，而崩溃果然发生了。3月25日，证券交易所一片混乱，人们在惊恐地抛售股票。亨利·克莱·弗里克、爱德华·哈里曼、威廉·洛克菲勒和雅各布·希夫这些金融巨头聚集在华尔街23号举行秘密会议，目的是想筹集2500万美元来稳定股价。杰克电告在伦敦的皮尔庞特，希夫"认为实际所需货币数量很小，因为迄今为止相互对立的大股东只要一致行动，就会在道义上产生影响，从而不必实际购买"。[1]尽管杰克乐意合作，皮尔庞特还是回敬了他一份刻薄的电报，称这一行动"是不明智的，因为这和我们一向执行的政策是格格不入的，而我们又处于被宣称为操纵股市的风口浪尖上"。[2]第二天，股市回升了，部分原因是有不实报道说皮尔庞特也参与了救市努力，因此这项计划便停止了。整个春天，皮尔庞特在欧洲周游时，总收到合伙人的电报，说秋季股市可能严重下跌。

皮尔庞特年届七旬，常常萎靡不振，情绪低落。照片上的他，目光略显茫然，似乎在倾诉着内心的不安。1907年10月那场恐慌发生时，他正在弗吉尼亚州里士满参加新教圣公会大会。作为纽约的世俗代表，他总是以大肆铺张的方式来参加这些会议。他会请主教们坐在他的私人火车车厢里，品尝由路易斯·谢里主理的佳肴。最能使他高兴的莫过于就祷告书的修改和其他一些远离尘世的事情所进行的深奥争执了。同时，行为矛盾的皮尔庞特带着位女朋友，即来自费城的约翰·马科夫人。她是他的私人医生詹姆士·马科的亲戚，人们提到她时，总认为她可能是皮尔庞特的情妇。

随着里士满会议的进行，加急电报雪片似地从华尔街23号飞了过来。摩根的朋友威廉·劳伦斯主教在他的日记中记下了摩根研读电报的情景：他双手扶着桌子，两眼直勾勾地凝视着前方。虽然华尔街需要皮尔庞特，但他的合伙人害怕他过早地回来，反而会引发一场恐慌。到了星期六，也就是10月19日，他决定乘坐他的私人火车车厢立即赶回去，对付这一不断蔓延着的银行危机。他对劳伦斯主教说："他们在纽约遇到了麻烦，不知该怎么办，我也不知怎么办，但我就是要回去。"[3]

1907年的恐慌成就了皮尔庞特最后的辉煌。他虽已半退休，定期来上班，工作一两个小时，但霎时间，他的作用就相当于美国的中央银行。在两周内，他拯救了几家信托公司和一家主要的经纪行，挽救了纽约市，挽救了证券交易所。然而，他的胜利却得不偿失，因为美国作出决定，以后任何个人将不能再行使这项权力。在1907年恐慌之后的危机中，银行家的影响就再也不能与政府监管者相比了。此后，钟摆便决定性地移到政府的金融管理部门了。

这场恐慌的原因很多——银根紧缩，罗斯福在橄榄球俱乐部的演讲抨击"握有巨额财富的坏蛋"，以及在铜、采矿和铁路股票上的过度投机。信托投资公司的草率行事迅速引起市场的疲软。20世纪最初几年，国民银行和大多数州注册银行不能经营信托业务（遗嘱、房地产等），但却指点客户到信托公司去。传统上，这些做法也就意味着投资安全。然而，到1907年，这些银行充分利用法律上的空子大开投机之门。为了获得资金以进行风险投资，他们支付高额利率，信托经理们也采用了股市投机者的运作方式。他们以股票和债券为抵押贷出巨款，以至到了1907年的10月，纽约银行贷款的一半都由作为附属担保品的证券来担保，使得这个系统的这一根基极不牢固。这些信托公司也没有保持像商业银行那样的高额现金储备，因此易于遭受突然挤兑的打击。

皮尔庞特挽救信托公司这件事具有讽刺意义，因为这些公司深受华尔街商社的讨厌。乔治·珀金斯说："的确，我们根本不需要他们，我们知道这些公司理应关闭，但是我们却极力使他们开着，以免别的银行遇到挤兑。"[4] J.P.摩根和其他有声望的银行把客户介绍给这些信托公司，而这些信托公司却毫无顾忌地企图偷走这些客户的非信托业务。两个年轻的银行家——第一国民银行的亨利·波默罗伊·戴维森和自由银行的托马斯·拉蒙特——连同他人于1903年成立了一个附属信托公司，称为银行家信托公司。商业银行虽不能经营信托业务，但可以拥有信托公司，因此他们筹资建立了这个新的银行。他们的想法是：摩根银行及其盟友把生意委托给银行家信托公司，而一旦信托业务完毕，银行家信托公司将规规矩矩地把客户还给他们。当然，摩根银行必然会警惕地关注着百老汇街和华尔街街角对面的银行家信托公司。

10月21日，星期一，皮尔庞特从里士满回来的第二天，铜股票的暴跌危及信托公司。有消息说摩根财团和古根海姆财团将合作开发阿拉斯加的新铜矿，加上别的原因便使得人们害怕出现铜的过剩。当囤积联合铜业公司股票的努力失败后，联合铜业公司的股票仅在两小时内就骤降35点。人们普遍受损，股票也跌到了1893年萧条以来的最低点。尼克博克信托公司总裁查尔斯·巴尼与囤积联合铜业股票的奥古斯塔斯·海因茨及其他投机者有业务联系，所以股票的下跌使尼克博克的18000名储户感到震惊。它新设在三十四街和第五大道的总部办事处前，星期二早晨，储户在排队提款。

就在恐慌蔓延至城里其他信托行时，皮尔庞特接手负责挽救行动。尽管紧急情况使他人感到疑虑或恐惧，但似乎增强了皮尔庞特的信心。他成立了一个由年轻银行家组成的委员会，包括第一国民银行的亨利·波默罗伊·戴维森和银行家信托公司的本杰明·斯特朗。然后皮尔庞特派该委员会去清查尼克博克的账目。后来，斯特朗当上了无所不能的纽约联邦储备银行的行长，他回忆起当时从银行里屋望着外边那些表情冷漠的储户。他说："队伍中许多人我都认识，所有的人脸上那副惊恐万状的表情我是永远也不会忘记的。我知道,哈里是带着沮丧和失败的感觉离开这幢建筑的,而这种感觉我是怎么也无法形容。"皮尔庞特放弃了尼克博克公司,认为它不可救药。10月22日星期二的下午,尼克博克公司破产了。[5]皮尔庞特说:"我不能老当每个人的替罪羊,该罢手就罢手。"[6]几周之后,尼克博克信托公司的查尔斯·巴尼想见皮尔庞特,遭到拒绝,就开枪自杀了,这一行动在银行储户中引发了一场自杀浪潮。星期二晚上,皮尔庞特和其他银行家们与财政部长乔治·科特柳聚集在曼哈顿酒店,科特柳保证予以合作。第二天,科特柳就把2500万美元的政府基金交由皮尔庞特掌管。这是向一位私人银行家不寻常的权力转移,它再次证明了西奥多·罗斯福对摩根非常看重。

尼克博克的破产导致其他信托公司也发生了挤兑,美国信托公司首当其冲,这家公司在华尔街上与摩根银行仅隔一箭之地。10月23日,星期三,皮尔庞特把信托公司的总裁召集起来,想敦促他们组成救援小组。结果,他们彼此不相识,难以在危机中团结起来。这种情况说明银行家们虽不明说,但都信任他们的老关系。本·斯特朗分发了一份有利于美国信托公司的报告之后,皮尔庞特下了权威性的断言:"那么,就从这家公司开始制止这场麻烦吧!"[7]摩根、第一国民银行的乔治·贝克和国民城市银行的詹姆斯·斯蒂尔曼提供300万美元,来拯救美国信托公司。

在长达两周的时间内,摩根和他的合伙人坚决地顶住了这股不断蔓延的台风。随着恐慌的加深,储户一窝蜂地拥到全市的各家银行。人们整个晚上坐在轻便折椅上,带着食物,等待银行早上开门,纽约的警察给他们发排队号牌以维持秩序。还有一些储户因为疲惫不堪,便雇人给他们排队(后来成为华尔街名人、高盛公司传奇总裁的西德尼·温伯格,当时排一天队赚10美元)。为了减少提款,避免关门,信托公司的出纳员数钱的时候慢慢悠悠,一副昏昏欲睡的样子。

因缺乏现金,信托公司从股市投机商那儿收回了保证金贷款。活期借款的价格,即用于购买股票的保证金贷款的利息骤涨至150%。尽管如此,还是缺乏现金。珀金斯给在伦敦的杰克发报说:"一整天,我们办公室都是发狂的男男女女,他们的千态万状表明他们处在一种极度紧张之中。"[8]几百个惶恐的经纪人向皮尔庞特诉说他们面临毁灭，请求帮助。从照片上可以看出，街角这个地方人群稠密，到处都是戴着礼帽、穿着黑色制服的男人，阴沉着脸，密密匝匝地排在华尔街上。对于这些惊恐的人来说，摩根是以救世主的面目出现的，这个人可以救他们。人们一浪一浪地涌到华尔街23号的门口，"人们争着往前挤，都抬头望着摩根公司的窗口"。[9]

10月24号，星期四，由于证券交易实际上处于停滞状态，纽约证券交易所总裁兰塞姆·托马斯穿过百老汇街，告诉摩根若不立即筹集2500万美元，至少有50家经纪行会倒闭。托马斯想关闭交易所，摩根问："通常你们什么时候关门？"虽然证券交易所距他的办公室仅有20步远，但他并不了解交易所的营业时间。他认为证券交易是粗鄙的。托马斯答道："呃，三点钟。"皮尔庞特挥动着手指，告诫道："今天，关门时间一分钟也不能提前。"[10]两点钟时，摩根把银行总裁召集到一起，警告说，如果在10到12分钟内弄不到2500万美元，几十家经纪行就会倒闭。2点16分时，这笔资金有了保障。随后，摩根速派一队人马到证券交易所宣布，活期借款已经到位，利息低至10%。派去的人中，艾默里·霍奇的马甲在动乱中被撕破了。随后摩根财团史上的欣喜时刻来到了：当挽救消息通过交易所传播开来时，皮尔庞特听到马路对面传来一阵响亮的欢呼声。他抬头问这是怎么回事。这是欢天喜地的场内交易人员正在热烈地鼓掌感谢他呢。

第二天，活期借款的利率再次高升。本周已有8家银行和信托公司倒闭。皮尔庞特去了趟纽约清算行，也就是银行家支票清算交易集团，让该行发行购物券，作为临时紧急货币，来缓解严重的现金短缺，赫伯特·萨特利在一篇绝妙的短文里记下了他的岳父回到华尔街23号的情景。短文表明当时的人认为摩根是纯粹意志的化身。

> 任何当天看到摩根先生从清算行回到他办公室的人，都忘不了这样一副情形：他的外衣扣子未系，敞开着，右手坚攥着一张白纸，他沿着拿骚街走着；他的平顶黑礼帽紧扣在头上，嘴里叼的纸做的烟斗里，一根长雪茄抽了一半；他两眼直盯着前方，一边走一边晃着双臂，旁若无人；他只顾想自己在做的事，似乎根

本没看到街上的人群，人们都认识他，给他让路，但有些人也在闷头想他们的心事，这些人都被他拨拉到了一边；他的走路与街上其他人所不同的是，他不躲避，不忽左忽右，不停，也不松懈脚步，只是蹒跚而行，似乎整个拿骚街上只有他一人走过这个财政部分部，他是权力和意志的化身。[11]

星期五晚上，皮尔庞特把城里的宗教领导人召集起来，请求他们在星期日布道时祈求平静。大主教法利为商人特地举行了一场礼拜日弥撒。一场重感冒折磨皮尔庞特好几天了，他到克赖格斯顿度了个周末。10月28日，星期一，纽约市长乔治·麦克莱伦来到摩根图书馆，他带来了另外一个需要解决的十万火急的大事：欧洲投资者因受华尔街事件的影响，正在把资金抽走；纽约无法在欧洲放债。麦克莱伦说，现在纽约市需要3000万美元来偿债。摩根、贝克和斯蒂尔曼答应提供所需资金，这是本世纪摩根财团领导的四次解救纽约行动中的第一次。70岁高龄的皮尔庞特在摩根图书馆的信笺上出色地草拟了一份毫无讹误的合同。他也要求一个银行家委员会监视该市的簿记做法，这也是纽约城后来危机的一个特点。

皮尔庞特这位患有重感冒的七旬老人处理起1907年的危机就像是一位艺术能手。他吮吸着糖块，一天工作19个小时。他的私人内科医生马科大夫不时地给他喉咙里喷些含漱剂，仿佛这位金融家是位上了年纪的拳击冠军，在比赛回合之间休息片刻，恢复精力。医生还强迫皮尔庞特每天只能抽20根雪茄。当他在一次紧急会议上打盹时，任何人都不忍打搅他那宝贵的小憩。有位金融家"伸出手来，像从婴儿身上拿走拨浪鼓一样，从他那松开的手指间拿开了已烫着桌面的大雪茄。"[12]他熟睡了半个多小时，这期间金融家们在讨论一宗1000万美元的贷款。

1907年危机期间，皮尔庞特证明美国的金融可以达到令人激动的戏剧效果。11月2日，星期六，这天晚上，在精心安排的最后一幕里，皮尔庞特制定了一项方案，来解救依然危险的美国信托公司、林肯信托公司以及负债2500万美元的摩尔斯莱公司——一家投机性经纪行。摩尔斯莱公司在田纳西的煤铁公司拥有庞大的多数股，并以此作为贷款抵押。如果这家公司被迫卖掉这些股本，可能导致股价暴跌；反过来，若摩尔斯莱公司倒闭，则会殃及其他经纪行。

皮尔庞特如同戏剧指挥在创作舞台杰作一样，把城里的金融家们召集到他的图书馆。他把商业金融家安排在东厅，东厅的天花板上有黄道十二宫，壁毯上是七条原罪；西厅里安排的是信托公司的总裁，他们陷在朱红沙发和手扶椅里，圣徒和圣母从上面俯视着他们。两厅中间是独自坐在贝勒·格林办公室里的皮尔庞特，正在仲裁这场冲突。

旁观者是汤姆·拉蒙特，他现在是银行家信托公司的副总裁，据他说他当时仅是一名"有经验的听差"，他被那华美壮丽的场面深深地迷住了。在皮尔庞特的继承者中，只有拉蒙特具有操控这种活动的资格。他回忆道："简直想象不到焦头烂额的金融家们会在这样一个不协调的地方开会：一个会议室里，墙上挂着高贵华美的壁毯，书架上放着稀见版的《圣经》以及中世纪的插图手稿；另一间屋子里边收藏有卡斯塔尼奥、基尔兰达约、佩鲁吉诺等其他许多文艺复兴早期的大师的作品，摆着大的敞口火盆，门半开着，对着藏护原稿的藏金柜。"[13]

为了拯救摩尔斯莱公司，皮尔庞特自己想得到些报偿。他一贯有一种牺牲精神，但他也认为，他应该得到这些报偿。以他自己独特的眼观两方的视觉，他看出，在这次危机中，他既可显示出他的政治才能，又可获得个人利益。在这当儿，他告诉朋友说，他已经做得够多了，想要些报酬。现在他就拿到了他应得的一大笔收费。

皮尔庞特所制定的计划将拯救摩尔斯莱公司，避免它在市场上公开抛售田纳西煤铁公司的股票，这将有利于皮尔庞特自己的得意之作——美国钢铁公司。他明白美国钢铁公司可以从田纳西煤铁公司所持有的田纳西、亚拉巴马和佐治亚三州的巨额铁矿砂和煤股票中获益。由于反托拉斯的原因，这样一块肥肉在平时是得不到的。因此他达成了一笔交易：假如举棋不定的信托公司总裁们筹措到2500万美元来保护较弱的信托公司，美国钢铁公司将从摩尔斯莱公司手里收购田纳西煤铁公司的股票——多么绝妙的一个高尚和低级动机的组合啊！

本·斯特朗注意到皮尔庞特已经把大铜门锁上，钥匙揣在兜里。他又在玩老一套把戏了：困住对手，定下期限，长时间讨价还价后主人突然出现，施以威胁恫吓。早晨五点差一刻，皮尔庞特把一支金笔塞到信托公司总裁们的头头爱德华·金的手中说："金，在这儿签，这是钢笔。"[14]金和其他信托公司总裁们已被整夜的谈判击败了，因而同意凑齐2500万美元。

星期日夜里，美国钢铁公司的亨利·克莱·弗里克和埃尔贝特·加里法官乘坐午夜火车疾赴华盛顿。他们乘的这趟火车只有一节普尔曼式*车厢。他们得赶在星期一股市开门前征得罗斯福的批准，让美国钢铁公司兼并田纳西煤铁公司。他们到达时，罗斯福正在吃早饭。罗斯福知道这场危机，他说"他没有任何公共责任要提出反对意见"。[15]换句话说，美国钢铁公司将不受《舍曼反托拉斯法案》的制约。此时离纽约证券交易所开门仅剩五分钟，加里从白宫往华尔街23号打电话，告诉乔治·珀金斯总统已同意了该项计划。股市在得到这个消息后回升了。

很快就有人指控皮尔庞特欺骗罗斯福放弃他的反托拉斯政策，在胁迫下批准了这一反竞争的钢铁公司的兼并。威斯康星州的参议员罗伯特·拉福莱特甚至说这场危机是金融家们为了他们自己的利益操纵的。确实，以4500万美元的价格买下处于困境之中的田纳西煤铁公司无异于偷窃。金融分析家约翰·穆迪后来说，该公司的财产潜在价值为10亿美元左右。摩尔斯莱公司的负责人格兰特·施莱后来也承认，只要往他的公司注入资金，公司就可以得救，并不需要通过收购田纳西煤铁公司的股票。因此，在这次著名的拯救该公司的整夜工作中，除了利他主义之外，还有更多别的盘算。

尽管有这些非议，皮尔庞特的影响却因1907年的危机而达到了顶峰。正如他的传记作家弗雷德里克·刘易斯·艾伦所言："现在，一个王国取代了过去的许多公国，这就是摩根王国。"[16]皮尔庞特突然成为圣人而非海盗。当时任普林斯顿大学校长的伍德罗·威尔逊说，这个国家的未来应该求教于一组知识分子，他推荐皮尔庞特·摩根为该组的主席。[17]但恰在这种颂扬的同时，人们对美国的金融体制平添了几分担心。美国金融危机每十年发生一次，这种周期性很是令人担忧。1907年的恐慌暴露出许多体制

---

* 普尔曼王宫车辆公司所产生的有个人房间的豪华卧铺车厢。

方面的缺陷，当人们囤积现金、银行回收贷款时，没有中央银行来增加信心，或者抵消突发性信贷紧缩。于是货币供应量的急剧减少导致严重的经济衰退。这个国家需要一种弹性货币以及一个永久性的最后贷款者。

在1907年金融恐慌的灰烬中产生了联邦储备系统。人们看出那些身躯肥胖的老金融巨头的令人激动的解救行动是脆弱的，不足以支撑这个金融系统。参议员纳尔逊·奥尔德里奇宣布道："必须采取措施。我们不可能总由皮尔庞特·摩根帮我们对付金融危机。"[18]皮尔庞特一旦确认了关于他所谓权力的传说，也就无意中使人们都在谈论华尔街货币托拉斯无所不能的问题。罗斯福总统这时建议证券交易所实行联邦管理。而纽约州长查尔斯·埃文斯·休斯想把额定保证金从10%提高到20%。若这些提议被定为法律，那么美国1929年的经济崩溃就不会那样惨。

1907年金融恐慌的一个直接后果就是全社会一致要求进行银行业改革。1908年，国会通过了《奥尔德里奇-弗里兰货币法案》，规定在发生金融危机时，采取政府干预的措施。根据这一法案成立了国家货币委员会以研究金融系统的改革。委员会的主席是罗德岛州的参议员奥尔德里奇。摩根财团很快行动起来，对委员会施加影响。珀金斯电告在伦敦的皮尔庞特，他和第一国民银行的首领、长着海象胡子的乔治·贝克远离华盛顿，以免新的立法被看作是华尔街的阴谋。同时，珀金斯在一份密码电报中说，贝克的年轻的门徒哈里·戴维森将担当奥尔德里奇的顾问："据了解，戴维森将代表我们的观点，他将特别接近参议员奥尔德里奇。"[19]戴维森在1907年的恐慌中曾是皮尔庞特头脑冷静的助手，给他留下了很深的印象。当奥尔德里奇的委员会动身前往欧洲视察各国的中央银行时，戴维森前来和皮尔庞特商量，后者想以英格兰银行为模式，建立一家私人中央银行。戴维森是陪同参议员和众议员出访考察的唯一的一位银行家。

成立中央银行绝没有得到全体民主党的支持。威廉·詹宁斯·布莱恩和人民党都害怕中央银行的大权会落入华尔街那帮金本位维护者的手里。他们认为中央银行这个机构将铲除自由铸造银币论者。在许多方面，这个概念更多的是保守的金本位论者的想法。只要中央银行是私营的，而且其董事会是由金融家组成的，那么皮尔庞特是会服从这样的中央银行的。作为皮尔庞特的人，戴维森在委员会里反映了他恩师的毫不妥协的观点，即他想让金融家而不是政客来控制中央银行。他也期望这样的中央银行能创造一种"公平竞争的环境"，以结束信托公司的竞争优势。

1910年11月，戴维森（此时他已是摩根的一个合伙人）和其他华尔街银行家秘密会集在哲基尔岛俱乐部。这次活动对报界宣称为"打鸭假日"。这个地方是佐治亚州海岸外的一处棕榈树遮掩着的带塔楼的海滨院落，也是摩根喜爱的隐居地。哲基尔岛被称为是"一百位百万富翁的度假圣地"，俱乐部的组织者之一是皮尔庞特的老朋友乔治·贝克。皮尔庞特在圣苏西大楼里还有一套公寓房。哲基尔岛将成为上千种密谋理论的策源地。华尔街的金融家们在这儿制定计划，成立一个由私人领导的中央银行，即一个地区性储备银行系统，其最高权力机关是商业银行家组成的一个管理董事会。作为一名会议的组织者，戴维森不仅让佐治亚州布伦瑞克市的一个疑心重重的火车站站长对外不要声张他的疑虑，还常常主持讨论。当时在场的主要理论家之一，库恩-洛布公司的保罗·沃伯格后来这样说道："戴维森有超人的天赋，他能意识到在适当的时刻转移话题，让讨论及时来个新的转折，这就避免了冲突和僵局。"[20]

当参议员奥尔德里奇在1910年把他拟定的关于中央银行的法案递交国会通过时，遭到民主党的阻挠。1913年，弗吉尼亚的民主党员，众议员卡特·格拉斯以此为基础，大刀阔斧地修改后，拟定了《联邦储备法案》。威尔逊总统成功地命令将由12家私营的区域性储备银行组成的这一系统，置于一个中央政治机构的管理之下，这个机构就是华盛顿委员会，它包括财政部长和总统任命的成员。进步党希望这一联邦储备系统能减少摩根财团的独有权力。我们将看到，事实要复杂得多，因为摩根银行将巧妙地驾驭联邦储备系统，利用它来扩大自己的权力。改革者意想不到的一个具有讽刺意义的结果是，摩根银行成为全世界中央银行喜欢打交道的私营银行，从而给予它不可估量的新优势。

当共和党总统威廉·霍华德·塔夫脱于1909年就任时，狡猾的乔治·珀金斯扬扬自得，认为他已打入了塔夫脱的内阁。珀金斯向皮尔庞特报告说，塔夫脱给他寄了份自己就职演讲的绝密草稿，演说"在许多方面，语气和缓、融洽"。[21]他深信塔夫脱会削弱烦人的《舍曼反托拉斯法》。珀金斯给在埃及度假的摩根发了一份密码电报，听上去好像这个新内阁是他一人遴选的："根据两周前我个人的提议，富兰克林·维·芝加哥被选上了财政部长。威克沙姆将出任司法部长，其他一些职位也都放上了我们完全满意的人选。"[22]

然而，任期一届的塔夫脱政府对摩根银行的态度极为暧昧。表面上他比罗斯福政府敌意更大，令人惊讶地气势汹汹地直逼托拉斯。他对摩根的两家心爱的公司——美国钢铁公司和国际收割机公司进行了反托拉斯的起诉。在塔夫脱任期内，洛克菲勒的美孚石油托拉斯和詹姆斯·杜克的美国烟草托拉斯也解体了。尽管西奥多·罗斯福当初打击托拉斯声势很大，但他却谨慎得多，并不随便把言语落实到强硬的行动上。

然而塔夫脱-摩根的关系决不仅仅是一场进步党对华尔街集团的进军。如果说打破托拉斯造成了健康的政治舞台，那么再深一层就是在对外方面的勾结了。华盛顿一方面在国内整治银行；一方面在美元外交的新时代，将这些银行组成对外贷款的银团。美国打败西班牙，以及菲律宾和波多黎各的殖民化使得这个国家再次产生了帝国主义冒险的兴趣，而摩根财团则是它的主要工具之一。

此后，摩根的大多数传奇都是围绕着位于纽约和伦敦的摩根银行与他们各自政府的龌龊交易，这种阴谋给他们披上了一种神秘的新的面纱。领主时代是不加约束的自由竞争时期，其特点是有些金融家常常势不两立地与政府作对，但在即将到来的外交时代，则是金融与政府权力的公开融合。经过一段时间以后，难以把摩根财团与英美两国政策的各个方面加以区分。然而也有一些十分显著的例子，说明摩根的政策有其自身秘密的使命，并非唯政府号令是听。

这一新的联盟对双方都有好处，华盛顿想驾驭这个新的金融权力，来威迫外国政府对美国货物开放他们的市场，或是采取亲美政策；反过来，银行需要一些逼债手段，因而欢迎政府在外国拥有警力。军事干涉的威胁是个极好的逼债办法。库恩-洛布公司考虑给多米尼加共和国提供一笔贷款，以关税收入作担保。当时雅各布·希夫向他的伦敦同事欧内斯特·卡斯尔爵士咨询道："如果他们不还钱，谁来收这些海关关税？"卡斯尔答道："贵国与我国的海军陆战队。"[23]

塔夫脱政府于任期的第一年，在一份计划里聘用摩根银行针对洪都拉斯实行金融监护，并同时解救英国的债券持有者。作为债务解决方案的一部分，摩根银行将全部买进当时在英国以很大的折扣出售的洪都拉斯债务，随后，国务卿菲兰德·诺克斯将使美国强行扣押洪都拉斯的海关收入，并且通过摩根组织的辛迪加发行新的洪都拉斯债券。这项计划将由美国军事力量作为后盾，虽然参议员威廉·奥尔登·史密斯独自反对国务院支持摩根的计划，但摩根实在是被政府像抓壮丁那样逼着干的。摩根财团只为政府的首要客户服务，对落后国家或小国家极为傲慢。杰克在给伦敦办事处的一封电报中说："因为美国政府急于让洪都拉斯政府了却债务，才进行谈判。"[24]他和哈里·戴维森在没有切实的债券担保条约的情况下，拒绝继续谈判。在愤怒的民众包围洪都拉斯会场、抗议对他们主权的威胁之后，美国参议院否决了这项交易，此项行动也就撤消了。

新时代在中国体现得最为明显，摩根财团对中国这项业务就像对洪都拉斯业务一样没有什么兴趣。19世纪末的中国是个烂摊子，没有一支中央军队，没有现代的预算编制，令外国银行家很是头痛。中国官员擅长拿一批外国债权人来压另一批债权人（银行家们则被指责为对中国官员利用同样的战略）。这不仅激起了银行家的憎恨，也使得华尔街产生了决定性的偏见，支持中国的宿敌日本。

法国、德国和英国早已在中国站稳了脚跟，控制了他们自己的势力范围。欧洲的金融家们是在19世纪末期进入中国的，当时，中国各省的商人缺乏建造铁路的必要资本。1899年，国务卿海约翰宣布了对华的"门户开放"政策，用以保证外国的自由进入。然而，在塔夫脱当政时期，"门户开放"变成了美国公然要求与欧洲列强在平等的基础上进入中国。

1909年，美国国务院敦促不太情愿的华尔街开展中国业务。英、法、德三国组成的财团即将完成给上海—广州铁路的2500万美元贷款的谈判。令欧洲人大为不满的是，美国国务院要求给美国银行家拨出同等份额的一块。赫伯特·克罗利记述道:"大多数银行参加这一财团并不是寻求在中国投资,而是为了服从美国政府。"[25]

国务院把摩根银行置于美国银行集团的首位,其中还有库恩-洛布公司、国民城市银行和第一国民银行。仅仅几年前,这些银行在控制北方太平洋公司股票的事件中吵得很凶,而如今华盛顿把他们组织到一起,成为国家的工具,认为银行家的团结将扩大美国在海外的影响。当杰克把这一安排电告远在伦敦的父亲后,皮尔庞特压制不住他的竞争本能,回电说:"我感到很好,但要绝对保密,仅供你本人掌握。摩根公司牵头,名字排在第一,这一点很重要,应表现出此事业已敲定,不容疏忽。"[26]

美国银行集团在华尔街23号开会,由哈里·戴维森主持,国务院在幕后操纵。平时指手画脚、幽默风趣的戴维森对受人控制感到恼怒,他对在伦敦的特迪·格伦费尔说:"你想一想,你要不经意但坚定地对与你联系的那些人指出,这是政府而不是银行家的意思,将是明智之举。"[27]在民众中影响较大的报纸大多对摩根和白宫斗争中最近的一场冲突拍手称快,认为反托拉斯者现在已把银行家打得大败而归。与此同时,戴维森哀叹:"还将继续受制于国务院。"[28]对于与政府毫无干系而引以为豪的银行来说,这种新的束缚难以忍受。

特迪·格伦费尔——J.S.摩根公司(随后成为摩根建富)的合伙人——代表美国银行集团,与英、法、德银行组成的对中国贷款的银团进行交涉,无论当时还是后来,他都是华尔街23号和英国政府之间的一个重要的中介。摩根的各家银行内部是团结的,在许多事情上是自主运行的。这是一种极为复杂的情形,充满了冲突,因为纽约和伦敦这两家公司对于他们各自政府的要求总是很敏感。例如,1908年,J.S.摩根公司根据英国外交部的指示,扣留了一笔土耳其贷款,直到第二年政治风向转变以后才予以提供。只要英美两国利益一致,就不会有问题。但是这里边埋伏着冲突,在以后的日子里,它会把英美联袂的摩根帝国一分为二。无论怎样竭力掩饰,摩根银行不是一家跨国银行,而是一家有海外合伙人的美国银行。有许多次,它都无法兼顾英美双方的利益。

从1909到1913年,美国银团一直是摩根与中国的所有交易的纽带。它的驻中国代表是威拉德·迪克曼·斯特雷特,他是摩根银行历史上的一位最果敢、最爱冒险的人物。斯特雷特的一生就像一部惊险的间谍小说。从康奈尔大学毕业后,他在北京的帝国海关局任职,这期间学习了汉语。1904年,他赴日为路透社和美联社报道日俄战事。当年的一位朋友这样描述他:"高个子,棕红色的头发,极为坦率,风度翩翩。"[29]在韩国汉城报道期间,他在一次吃饭时碰到了爱德华·哈里曼,这次会面改变了他的生活。哈里曼当时已控制了联合太平洋铁路公司和太平洋邮轮公司,这在他看来是当时环球运输系统中最重要的两条腿。他聘用斯特雷特这个热情的年轻人去赢得关键的中国铁路的连接权。1906年,西奥多·罗斯福邀请斯特雷特去白宫,说他正签约招聘常青藤联盟的聪明年轻的大学生,把他们分配到美国国务院的外事处,为美国的海外公司招揽生意。为援助哈里曼的事业,罗斯福派年仅20出头的斯特雷特出任美国驻清国最繁忙的铁路中心——沈阳的总领事。他是当时长城以北唯一的国务院代表。

当时,清国被绘声绘色地描述为亚洲的斗鸡场,日俄在此争夺利益,欧洲列强争夺势力。最能从这个浪漫的交通枢纽中品尝出滋味的莫过于威拉德·斯特雷特了。他是率直的帝国主义者和年轻的理想主义者的难以想象的混合体,他认为美国的金融家们是对抗日俄蚕食清国的缓冲器。他给美元外交披上了一层利他主义的外衣,并认为外国金融家之间的团结,可以防止任何一国单独剥削清国。这种论点最终被戳穿了——它无非是美国利己的欺人之谈。但斯特雷特年轻、热心,很容易相信他自己济世救人的使命。

作为清政府官员的密友,他有着诗人的敏感。他用水彩勾勒出街上一排排的小贩,为一本介绍中国的书籍插图。他一边弹拨着吉他,一边吟唱着吉卜林的抒情歌。他喜欢帝国征服的主题,他的信札娓娓描绘出了异国的形象,说中国是"世界政治风暴的中心",在这里"差不多人人都是间谍,都在监视着自己以外的人"。[30]1909年,他遇见了美国的最为富有的女继承人之一——多萝西·惠特尼,两年后他们订了婚。她是威廉·惠特尼的孤女。威廉·惠特尼是前海军部长,做烟草、铁道运输和汽车生意,在股票买卖中发了财。他的女儿继承了700万美元。她新近当上了纽约女青年会的会长,在中国旅游时遇上了斯特雷特。她野性、浪漫,在这点上他俩正好相配。她回忆起他们在北京的时光,"黄昏时沿着城墙散步,眺望着远山在夕阳映衬下泛着的柔光"。[31]多萝西和威拉德·斯特雷特这对夫妇将以好莱坞文雅的闹剧方式冷冷淡淡地度过中国革命的动荡岁月。

1909年,斯特雷特被任命为美国银行集团的代表。他充满着青春的理想主义,因此他在银行集团里的所见所闻使他深感不安。1910年夏天,他在华尔街23号工作,他认为这个号码是个好兆头,因为这个门牌号的数字与多萝西的生日是一样的。然而当他看到摩根银行居然对国务院指手画脚,不禁愕然。戴维森可能对政府的控制感到愤慨,但斯特雷特则不然。皮尔庞特指示戴维森:"你不妨说清楚,我们同美国政府讨论时是想与国务卿而不是助理国务卿讨论。"[32]斯特雷特对此讥讽道:"不难看出这个国家的真正权力何在。"[33]皮尔庞特如此专横,或许是因为国务卿是菲兰德·诺克斯。作为罗斯福手下的司法部长,诺克斯曾起诉北方证券公司。每当诺克斯想与美国银行集团交谈时,他总必须亲临华尔街23号。

1910年,这项对华事业的贷款已超出了铁路的范围,银行集团贷给清政府一笔5000万美元的巨款,用于中国的币制改革。威拉德激动地把这笔新贷款告诉多萝西:"这是历史时刻……而且是伟大的历史——与一个帝国博弈。"[34]中国人拒绝接受原本一位西方顾问做中国财政新督察的条款。但作为妥协,一名荷兰人被不声不响地安插到这个职位上。1911年,斯特雷特和英国、法国、德国的代表一起,与中国官员签订了这笔贷款。威拉德激动地写信告诉多萝西:"这笔贷款已安排妥当,这样我们实际上规定了中国币制改革的条件。当你掌握着操纵大权,为一个4亿人口的国家制定了第一个真正健全的金融体系,想一想,这的确是一项事业。"[35]

这笔贷款在全球引起了轰动,使斯特雷特一鸣惊人,成了英雄。这笔中国贷款以及他与摩根银行的特殊关系,使得多萝西的家人对于多萝西这桩门不当户不对的婚事也不那么计较了。西奥多·罗斯福亲自出马为斯特雷特说情。多萝西属于槐树谷和韦斯特伯里两个长岛富族所组成的马球组,这两个富族出了不少摩根的合伙人。多萝西父母亡故之后,罗伯特·培根夫妇差不多成了她的代理父母,而她也认识皮尔庞特。她给斯特雷特的信中写道:"亲爱的J.皮尔庞特先生,他表面严厉,内心慈祥。"[36]事实上,斯特雷特在摩根银行这个位置上待的时间比他实际想待的时间要长,原因是这个职务有其社会价值。

斯特雷特对这笔中国贷款所抱的天真希望,很快被地缘政治的现实打破了。他和银行家们把他们的命运与腐败的清政府联系在一起,而清政府对宫墙外的动荡局势却视而不见。面对中国官员的"自私、狭隘、偏见",斯特雷特的幻想成为泡影。然而他想让清王朝维持下去,以挽救这笔贷款。他所纠缠的事情不是问题的本质,他担心银团的组成,而没有看到老百姓对所有外国银行的贷款都很反感。在1912年召开的有关中国金融的巴黎会议上,日、俄要求并获准加入这一中国银团。斯特雷特的噩梦也因此来了:该银团现在包含了中国的宿敌。他看到银行家们不可能在真空里运作,他们陷入了更大的政治势力的倾轧之中。他忧虑满腹,预言说:"这一天定会来临,到那时中国的金融将像埃及一样,由一个国际董事团来管理。又一个梦想破灭了。"[37]

1911年,中国的辛亥革命驱逐了清王朝,宣布成立共和国。对外国银行家的憎恶也在一定程度上煽动了这场革命。多萝西·斯特雷特是个自由主义者、实践主义者,她同情革命者。1912年元月,孙中山就任临时大总统,领导统一中国和终止外国干涉的运动。威拉德和多萝西目睹了清朝贵族从飘扬着进步旗帜的北京城仓皇出逃。威拉德睡觉时身旁放着把上了膛的左轮手枪;富于想象的多萝西却因面临的危险而十分激动活跃,她写到:"要是夜里遇到狂徒袭击该有多么刺激"。[38]

一天晚上,当斯特雷特夫妇正准备与英国邻居吃饭时,枪声在附近响起。威拉德回忆说:"砰砰的枪声持续不断,火光照亮了我们的屋脊。我告诉多萝西似乎有麻烦。她一点也不在乎,还在穿衣服准备赴宴,她坚决反对我让她穿上外出服以便必要时到公使馆去。"[39]在战斗间隙,他们来到了邻居家吃晚餐。不一会儿士兵们就开始砸门,抢附近的商店了。他们带上保姆和衣物到公使馆避难,但在一个死胡同被暴乱者困住了。最后他们被一队美国海军陆战队搭救,多萝西和威拉德背着包裹挤进一辆黄包车,穿过抢劫的暴徒,总算到了公使馆。[40]

摩根业务打入中国以后，伍德罗·威尔逊当选总统，摩根讨厌之人威廉·詹宁斯·布莱恩担任国务卿之职。1913年3月10日，哈里·戴维森和威拉德·斯特雷特在华盛顿拜访了这位新国务卿（与诺克斯不同的是，布莱恩从未打算去华尔街23号）。布莱恩要他俩和盘托出如果中国倒账[*]，该银团期望从华盛顿获得些什么。戴维森没有含糊其辞，他说可能要求政府利用陆军和海军来保护债权者的利益。[41]布莱恩和威尔逊都不同情这种外国干涉。一周后，威尔逊指责这笔贷款"有损于我国政府赖以存在的原则"。[42]显然，政府是在撤回援助之手。

第二天，美国银行集团实际上解体了。作为华盛顿的创造物，银行集团若失去它的庇护，则无法生存。大多数金融家都感到如释重负，因为他们已怀疑中国还贷的愿望。对中国贷款的结局在摩根银行并未引起悲伤。特迪·格伦费尔被此事搞得精疲力竭，他给杰克的信中写道："我认为我们大家死时都应把'中国'二字铭刻于心，并在其后附上贬损之词。"[43]然而这次经历却弥合了华尔街各大银行间的分歧，使他们习惯了在国外的联合行动。摩根、国民城市银行和第一国民银行三家银行达成共识，要共同参与对拉丁美洲的所有贷款。这三大银行的协定将大大扩充摩根的权力（库恩-洛布常常是这一银团的第四位成员）。具有讽刺意味的是，也就是这些银行很快就因为货币托拉斯之嫌而受到普约委员会[**]的审查。公众不知道这个货币托拉斯之所以形成，部分原因是华盛顿为寻求海外业务所致。

这个金融家-政府合作的新时代使激烈反对政府的杰克·摩根的态度也变得缓和了。1912年，杰克与华盛顿就一笔洪都拉斯贷款发生争执后，他电告格伦费尔："你要明白，我们并不想大声斥责我们自己的政府，因为在其他对外事务上，我们还有必要与其保持联系。"[44]杰克同其父亲一样在意识形态上敌视政府，他明白在大庭广众之下有必要抑制愤怒。唐突的个人主义的时代已归于终结。

---

[*] 即组织或企业将自身所承受的债务转嫁给成员或投资者的经济行为。
[**] 普约委员会是美国国会众议院银行和通货委员会的一个分支机构。该委员会的目的是利用听证会向世人证明，美国有一个以皮尔庞特·摩根为首、一小部分纽约银行家组成的货币托拉斯。这个托拉斯通过资金和贷款资源控制了整个美国的经济。

威拉德·斯特雷特回到华尔街23号工作，但从未适应那里低调的办公摆设。在1912年的选举中，他和多萝西支持来自牡蛎湾的朋友西奥多·罗斯福。这一行动在摩根的合伙人看来肯定带有颠覆倾向。他们还秘密阅读了路易斯·布兰代斯反对摩根处理纽黑文铁路公司的抨击词。1914年，他们资助创办了一个新的政治周刊——《新共和国》，该杂志开创时表现出坚决支持罗斯福的倾向。哈里·戴维森和其他合伙人拒绝加入，只有托马斯·拉蒙特与他们合伙。不知疲倦、敢于冒险的威拉德觉得难以服从某一银行家的纪律，而且因为不能成为摩根的合伙人而感到气愤。他总是制定出新计划，比如在纽约的汉诺威广场建造印第安大厦。这是一个专门从事外贸的俱乐部，并在大厦里饰以船模和古董。到后来，就连庞大的摩根公司也显得渺小不堪，无法使威拉德·斯特雷特舒展其凌云壮志。此后，他在摩根银行只待了两年。

— 本章参考文献 —

1. 皮尔庞特·摩根图书馆小J.P.摩根资料,第31箱,致老J.P.摩根的电报,1907年3月25日。
2. 同上,老J.P.摩根的电报,1907年3月25日。
3. 普林格尔:《西奥多·罗斯福》(Theodore Roosevelt),第436页。
4. 加勒蒂:《股肱心膂》(Right-Hand Man),第206页。
5. 钱德勒:《本杰明·斯特朗》(Benjamin Strong),第28页。
6. 辛克莱:《海盗号》(Corsair),第179页。
7. 纽约皮尔庞特·摩根图书馆赫伯特·萨特利资料,第2卷,本·斯特朗关于亨利·戴维林的评注。
8. 同上,乔治·珀金斯关于1907年大恐慌的备忘录,第6页。
9. 艾伦:《伟人皮尔庞特·摩根》(Great Pierpont Morgan),第202页。
10. 萨特利:《J.P.摩根》(J.P. Morgan),第474页。
11. 同上,第479页。
12. 辛克莱:《海盗号》(Corsair),第179页。
13. 拉蒙特:《跨越世界边缘》(Across World Frontiers),第37页。
14. 艾伦:《伟人皮尔庞特·摩根》(Great Pierpont Morgan),第207页。
15. 艾伦:《万物之灵》(Lords of Creation),第139页。
16. 同上,第142页。
17. 林克:《通向白宫之路》(Road to the White House),第116页。
18. 辛克莱:《海盗号》(Corsair),第226页。
19. 哥伦比亚大学布勒图书馆乔治·珀金斯资料,第9箱,给老J.P.摩根的信,1908年7月23日。
20. 《银行家杂志》(Bankers Magazine),1984年7/8月号。
21. 科尔科:《铁路和规章制度》(Railroads and Regulations),第179页。
22. 哥伦比亚大学布勒图书馆乔治·珀金斯资料,第9箱,给老J.P.摩根的信,1909年2月29日。
23. 阿塔利:第57页。
24. 皮尔庞特·摩根图书馆小J.P.摩根资料,第32箱,致J.S.摩根的电报,1909年10月25日。
25. 克罗利:《威拉德·斯特雷特》(Willard Straight),第339页。
26. 皮尔庞特·摩根图书馆小J.P.摩根资料,第32箱,老J.P.摩根的电报,1909年6月3日。
27. 卡罗索:《摩根人》(Morgans),第553页。
28. 同上。
29. 斯旺伯格:《惠特尼:父亲和嗣女》(Whitney Father, Whitney Heiress),第257页。
30. 克罗利:《威拉德·斯特雷特》(Willard Straight),第381页。
31. 斯旺伯格:《惠特尼:父亲和嗣女》(Whitney Father, Whitney Heiress),第271页。
32. 同上,299页。
33. 同上。
34. 同上,第310页。
35. 克罗利:《威拉德·斯特雷特》(Willard Straight),第394、399页。
36. 斯旺伯格:《惠特尼:父亲和嗣女》(Whitney Father, Whitney Heiress),第309页。
37. 克罗利:《威拉德·斯特雷特》(Willard Straight),第397页。
38. 同上,第418页。
39. 同上,第436—438页。
40. 同上。
41. 卡罗索:《摩根人》(Morgans),第574页。

42. 斯旺伯格：《惠特尼：父亲和嗣女》（Whitney Father, Whitney Heiress），第337—338页。
43. 卡罗索：《摩根人》（Morgans），第561页。
44. 皮尔庞特·摩根图书馆小J.P.摩根资料，第32箱，致爱德华·格伦费的电报，1912年2月19日。

第八章
泰坦尼克号

晚年的皮尔庞特变得忧愁乖僻，相信命运。他认为公众误解了他，对于责难其信托公司的轩然大波感到气愤。他眼露凶光，对记者挥舞着拐杖以示威胁。公众对他的事情怀有好奇心也是合情合理，而他却不能容忍。1911年，在多佛尔庄园，他把三十年来写给朱尼厄斯的一捆捆书信付之一炬，销毁了19世纪后期英美两国金融方面也许是最重要的史实记录。他极力想保持世上最著名的银行家所不可能有的隐私。他像幽灵一样，在作为图书馆的西厅里沉思着，窗上的彩色玻璃和厚厚的帐帏隔绝了外面嘈杂变化的世界。

他大部分时间是在欧洲度过的，以躲避进步党政治的喧嚣。他的旅行癖从未消退。从欧洲开始，他就通知杰克他日程上的下一站，再加上句笨拙之词："也通知你的母亲。"在任何地方他都觉得是在家里。曾有人要他说出几个他最喜欢的地方，他答道："纽约，因为它是我的家；伦敦，因为它是我的第二个家；罗马和埃及的卡吉。"[1]

对他来说，埃及具有独特的神秘魅力。在他生命的最后三年内，他三次走访埃及，并出资为大都会博物馆收集埃及文物（在一幅1909年拍的照片上，身躯魁梧的皮尔庞特骑着一头小毛驴，向沙漠深处疾驰，后边跟着惊魂未定的导游）。在开罗西南400英里之外的卡吉发掘出的文物使他如此着迷，以至于他要求托马斯·库克父子公司建造一艘在尼罗河上航行的钢制汽船，取名"卡格号"。从这艘装有蹼轮的船上，他爱把硬币掷入水中，而这些硬币又被尼罗河岸上的孩子们打捞了上来。

皮尔庞特是孤独的，而名望很可能又加深了他的孤立。他的第一个传记作者卡尔·霍维写道："据说在金融城能同摩根搭得上话的熟人还不到50个。"[2]皮尔庞特在生意上交际广泛，但没有几个同僚跟他有深交。因此，他就依赖家人获得感情支持。正因为如此，他和小女儿安妮·特雷西的矛盾尤其使他受不了。安妮比杰克小6岁。皮尔庞特·摩根可以征服世界，但征服不了他的女儿安妮。她生性活泼，精神饱满，喜欢高尔夫和网球，反抗常规的养育。在皮尔庞特的所有孩子中，安妮在气质上最像她父亲：她聪明、坚定、专横，而又极为固执己见。据后来成为社会名流的哈里·莱尔妻子伊丽莎白·德雷克塞尔回忆，安妮是一位"身材修长，长着小精灵似的脸蛋，两眼炯炯有神"的姑娘。但"性格和意志如同皮尔庞特的一样倔犟，她爱指责哥哥姐姐的习惯，使人感到很难堪"。[3]一次，在皮尔庞特密友们的宴会上，她父亲看着桌面，问她长大以后想干什么。她立即答道："不管什么，只要比富裕的傻瓜强就行。"[4]尽管她爱这样嘲弄人，但她还是跟父亲很亲近，常常陪父亲乘坐海盗三号去欧洲。一次她作为主人，招待了乘坐游艇的德国国王。

到20世纪早期，安妮已30出头，是一位年轻高个的女郎了：短发、高鼻、黑眉，有一对父亲那样锐利的眼睛。她既有领导才能，又有孩童的单纯，她憎恶嘲弄她父亲鼻子的漫画家。她个子高，长相富态，穿着时髦。1903年，戴西·哈里曼，这位华盛顿著名的女主人邀请她作为殖民地俱乐部的一个创始人。这是美国第一家女性俱乐部，是模仿一家英国绅士俱乐部成立的。在三十街和麦迪逊大街交接处，坐落着这个俱乐部，由斯坦福·怀特设计，里面有大理石砌的游泳池和土耳其浴室，男人是不准上二层的。皮尔庞特不赞成这一项目，在一次讲话中他对妇女们说道："女人最好、最安全的俱乐部是她自己的家。"[5]可以预料的是，多萝西·惠特尼也是早期的一位成员。

在俱乐部成立期间,安妮遇到了两个将改变她生活的年长妇女。一个是贝西·马伯里,她身体健壮,男人气十足,是肖伯纳和王尔德的舞台代理人;另一个是埃尔西·德·沃尔夫,她以前是个交际花,又是演员,现在是著名的装潢设计师,为殖民地俱乐部搞设计。1908年,35岁的安妮与这两名妇女住进了位于凡尔赛的特里亚农别墅,组成了"三人家庭"。规规整整的花园,修剪整齐的树篱和草坪,使得特里亚农别墅这一贵族式的场所和这种大胆的行径很不协调。德·沃尔夫设计了一个梳妆室,正符合安妮的矛盾性格,正规的壁炉台上装饰着法国的一个半身塑像和一块豹皮绒毯。

几年来,这三个贵族妇女在许多文化领域中都充当了先锋。她们开了个百老汇舞厅,资助了科尔·波特的第一出音乐剧。她们还从事自由主义和女权运动。安妮支持了基本上是一个犹太团体的裙装女工的罢工,视察工厂的卫生状况,在布鲁克林开了个无酒餐馆,为年轻上班妇女搞了个节俭协会和度假基金,倡导了妇女的选举权。1908年12月31日,在白宫用午饭时,她同西奥多·罗斯福商谈社会福利问题,席间罗斯福可能感觉到了皮尔庞特十分不自在。安妮与她父亲生意上的朋友的接触使她更加愤世嫉俗。当林肯·斯蒂芬斯告诉她,他喜欢美国钢铁公司的加里法官时,她不耐烦地说道:"噢,加里这个人善于花言巧语。跟别人一样,他把你蒙骗了。"[6]

皮尔庞特对安妮那自由派的、不合常规的行为感到恼火。如果说这三个女人对待她们的私事还算谨慎——就连德·沃尔夫的传记作者也没有使用"女同性恋者"一词——那么,她们的娱乐晚会还是引人注意的。伯纳德·贝伦森参加了她们的聚会,皮尔庞特的情妇马克辛·埃利奥特也参加了,并与德·沃尔夫一起表演节目。一支接一支抽烟的安妮处于令人烦恼的境地。作为世上最富有的年轻女郎之一,有头衔的欧洲人对她穷追不舍,向她求婚。专登丑闻的小报捕风捉影地说她将与法国伯爵博尼·德卡斯特朗订婚。这段时期,她一心扑在事业上,采取了与其父亲的批评者同样的立场。

皮尔庞特与安妮之间的分歧没有系统的证据。德·沃尔夫的传记作者

1914年7月下旬，华尔街被一股歇斯底里的情绪笼罩着，人们因误导而担心大西洋两岸的贸易将要垮台，衰退将会加剧。美国人认为，没有欧洲资本他们将无法生存。因此他们害怕纽约的黄金会被抽走，并存放到伦敦。7月29日，在沙皇调动了100多万俄国军队后，所有的欧洲市场都关闭了。海外投资商们急忙通过纽约变现证券，自1907年经济恐慌以来，纽约证券交易市场从未在一天之内发生如此剧烈的暴跌。

到1914年7月31日清晨，一夜之间聚积起来的抛售指令达到了惊人的数字，形势岌岌可危。尽管皮尔庞特·摩根这时已经死了，但他的得意门徒哈里·戴维森已经在1907年的经济恐慌中学到了不少本领。在紧急情况下，银行家们仍然本能地求助于华尔街23号。摩根财团并非是区区一人，而是一个有连续性的机构。因为新的摩根总部正在修建，戴维森就把华尔街的银行家们召集到百老汇街15号那座老米尔斯大厦，此处曾是摩根的临时总部。那天在交易开始之前，证券交易所主席匆忙赶来磋商。

虽然杰克也在场，但戴维森主持了会议。在场的还有一位新的摩根银行家德怀特·莫罗，他是一位杰出的税务和公用事业律师。莫罗回忆那次疯狂的讨论时说："交易所的管理人员想知道是否要开门营业，而没有人能给予答复。僵持的局面持续到10点05分。这时，主席……打电话给交易所，告诉他们宣布交易所关闭。"这真是一个危急关头。负责敲钟开盘的人当时已经就位，而得到这个通知后交易员们如释重负。莫罗补充道："那时我初入银行业的公司，非常惊奇的是谁都不清楚自己到底在干什么。"[2]难以理解的是，在摩根关于这次会议的记录中忽略了一件事，那天9点30分，杰克曾给财政部长威廉·麦卡杜挂了一个电话，麦卡杜向他建议："如果你真的想要听我的判断，那就是关闭交易所。"[3]

直到12月份，纽约证券交易所才恢复限制性交易，而常规交易到第二年的春天才重新开始。一种奇怪的地下机构冒了出来——即所谓的不法经纪人的流动市场。这些经纪人在场外马路边上的证券市场游来转去，进行股票交易。按照华尔街的传说，这种机构是由"四个孩子和一条狗"发起的。但很快，上百家经纪公司蜂拥而至，在新街上做起路边交易来——终于达到了证券交易所不得不予以取缔的程度。如亚历山大·达纳·诺伊斯指出的，这群乌合之众凑起的草台班子很可能是"当时世界上唯一真正的股票市场"。[4]

起初，战争使摩根财团陷入了迷茫。同其他银行一样，摩根也通过经纪人短期贷款——凭保证金额度购买股票用的贷款——赚了大钱。而战争的爆发使摩根士气低落。沮丧的情绪掩盖了国际金融中发生的一次重大转变：美国即将从英格兰手里夺取金融霸主地位，并成为头号债权大国。尽管最初没有人充分认识到这一点，但英国的时代已经结束了。战后的国际货币市场将从英镑本位变成美元本位。

战争的消息传来，杰克·摩根作了一番极为夸张的不祥预见，他预见到"在这个国家中从未发生过的骇人听闻的证券价值暴跌"。[5]后来，他被孤立主义者咒骂为"死亡贩子"，但他的第一个反应实际上是极其仁慈的。7月13日，他甚至难得地向公众发表了一项和平呼吁："如果这一微妙的局势在几个星期后仍然悬而未决，我相信那些将要为战争付出生命和财产代价的人们必将掀起一场抗议浪潮。"[6]他绝没有因可以发战争财而感到得意，他嘲笑那种纽约很可能取代伦敦而成为世界金融中心的看法。

对这地震般大变迁最敏感的合伙人是哈里·戴维森。战争造就了他的一段辉煌时期，他几乎立即就嗅出这是一个可以使摩根大发其财的好机会。他马上给正在蒙大拿州一个农场钓鳟鱼和骑马的拉蒙特发去几封电报，那些电报充满了兴奋之情。

> 整个欧洲的信贷已经绝对停止。实物支付已经停顿，延期偿付已在法国，实际上已在所有国家生效，但在英国还未正式生效……
>
> 假如你在这儿可能也无能为力，但唯一的关键在于，其中充满了特别的利益，当然，还有各种极大的可能性……也许我该这样形容现在的形势：好像发生了一次地震，人们还有点不知所措，但很快就会恢复正常。[7]

战争的一个直接受害者就是摩根摆脱不掉的"继子"——纽约市，

该市有约8000万美元的欧洲债务就要到期。随着美元的猛跌，还本付息的负担加重，再加上美国面临着可能出现的泛大西洋贸易的停顿，支持暂停偿付债务的情绪十分强烈。为什么不利用欧洲的混乱省点钱呢？摩根财团同库恩-洛布公司组成了一个辛迪加以偿清债券，组织了一次临时的拯救活动。他们将黄金运到英格兰银行，然后记入摩根建富公司贷方，为纽约市偿清到期的债务。这项业务是金融成熟的标志，它向世界发出了一个信号：纽约作为一个金融中心，可以像伦敦一样提供安全保障。

对许多美国人来说，这场战争与自己毫不相干；而对于孤立主义者，这场战争提供了另外一个例证，说明美国为什么必须避免同其他国家发生纠葛。尽管威尔逊同情协约国，但他还是发表了一个中立声明，请求美国人"在思想上和行动上"不偏不倚。对摩根合伙人来讲，这是根本做不到的。正如汤姆·拉蒙特所说的："从战争一开始，我们就想要协约国打赢。从遗传上，从本能上，从观点上，我们都是协约国的支持者。"[8]作为一个在伦敦和巴黎都有分支机构的世界性银行，摩根合伙人深深地卷入了欧洲人的生活，他们笃信盎格鲁-撒克逊的文明，因此不可能袖手旁观。然而，不违抗政府的法令也是外交时代的一项基本准则，银行贯彻执行了华盛顿的政策。

法国人把J.P.摩根公司选定为他们的财务代理人。8月初，他们同摩根公司探讨了贷款1亿美元的可能性。威尔逊政府非但拒绝了贷款请求，国务卿威廉·詹宁斯·布莱恩——摩根历史上讨厌的家伙——还谴责给交战双方贷款是"最恶劣的非法交易"。[9]几天以后，他告诉报界，美国银行家给交战国家贷款"与中立的真正精神背道而驰"。[10]

然而，不到6个星期，布莱恩关于非法融资的政策便发生了逆转，因为威尔逊倒向了协约国一边——虽然微妙，但却明白无误。国务院顾问、那年秋天代理国务卿之职的罗伯特·兰辛想出了一个法律上的花招,以使美国回避中立立场。他建议威尔逊务实地把禁止通过国外战争债券提供"贷款"，同允许提供"信贷"供协约国用于购买物资区别开来。战争刚刚进行了两个月，为什么会出现这样突然的转变呢？美国对欧洲的出口使国内摆脱了衰退，甚至连目光狭隘的农民也担心协约国会因为缺少信贷而减少购买他们的粮食、肉类和棉花。正如戴维森对财政部长麦卡杜所说的："要想保持繁荣，我们就必须提供资助。"[11]摩根财团用假象维持着中立的外表，而实际却拒绝接受中立的精神。

由于协约国大部分工业产量不足，美国成了这场战争的理想的兵工厂。协约国为得到美国的物资相互竞争，哄抬物价；甚至英国政府内各部门之间也展开了激烈的竞争。为了缓解价格压力，当时的财政大臣劳埃德·乔治问特迪·格伦费尔，摩根公司在纽约能否在扩大步枪生产方面出点力。杰克·摩根咨询了雷明顿和温彻斯特军火公司。但是要阻止发战争财，只扩大生产是不够的。1914年10月，英国财政部派乔治·佩什爵士和巴兹尔·布莱克特去美国研究处理这个问题。白厅官僚机构中最有影响的英国财政部需要在华尔街有一个前哨阵地，结果找到了他们的纽约代理人——摩根财团。11月下旬，当财政部的人返回伦敦时，随行的还有另一个乘客——哈里·戴维森。因为威拉德·斯特雷特闲不住，戴维森也把他和多萝西带上了。当时，斯特雷特的新杂志《新共和国》正在着手刊登一封来自雷·斯坦纳德·贝克的信，信中警告美国商界不要利用这场战争"发展自己的商贸"。[12]

戴维森已经提出了一个富有灵感的想法，但斯特雷特认为这个想法是从他那里偷去的。戴维森琢磨摩根财团能否将协约国的采购集中由一家机构代理，从而摆脱掠夺性的中间商，这家独家代理机构可以凭实力进行谈判。他知道哗众取宠从来就不是摩根喜爱的风格，因此他建议杰克·摩根同财政部的人同船去伦敦。杰克回答道，人永远不能窃取荣誉，"你自己跳上船去吧，因为这是你的主意"。[13]杰克的朋友、英国驻华盛顿大使塞西尔·阿瑟·斯普林-赖斯爵士也有类似的想法，并为此进行游说。他告诉外交部在伦敦和纽约需要一个有身价的合伙公司，英美联袂的摩根财团便是合乎逻辑的选择。

戴维森刚在克拉里奇饭店安顿下来，特迪·格伦费尔便带他参观了英格兰银行，并拜访了白厅官员。英国官员很喜欢戴维森的计划，这不仅仅因为该计划可以使价格降低，在政治上，他们还将把摩根财团变成一根避雷针，化解因战时合同而产生的不可避免的所谓徇私行为的指控。公司的不利条件也是很明显的。一些官员担心同华尔街的联系将使英国的那些激进分子有机可乘。还有一些官员担心这家银行在美国社会的某些行业中人缘不好。摩根财团也知道自己在密西西比河以西地区不受欢迎。1914年4月，摩根财团曾考虑在芝加哥开设一家分行，以缓解中西部的人们对摩根的抵触情绪。

1914年12月16日，戴维森同英国首相赫伯特·阿斯奎斯以及财政大臣大卫·劳埃德·乔治共进午餐。他带了一份有关建议摩根公司为协约国采购代理的合同。首相逐字逐句地审阅了合同，并说他"同意每一个字"。[14]1915年1月15日，摩根公司同英国陆军委员会和海军部签订了《商务协议》。第一批采购的是当时急需的马匹，金额1200万美元。这年春天，通过在巴黎的摩根高级合伙人赫尔曼·哈耶斯，摩根同法国人完成了另一批类似的采购。

没有人预见到将要进行的采购业务量有多大。陆军大臣基钦纳勋爵告诉戴维森，采购金额也许能达到1000万英镑——他强调他所估计的是最高限度。而实际上，采购金额达到了30亿美元的天文数字——几乎是战争期间美国向协约国所出售的物资的一半。摩根财团捞到1%的佣金，获得了惊人的3000万美元的进账。这可能是其历史上最为重要的交易。不仅在于获利丰厚，而且还在于所建立起来的政治联系。杰克·摩根对银行卷入这类国外业务存有顾忌，担心如果继续发战争财，英国对美国会产生政治上的强烈不满。1915年1月下旬，杰克在白宫得到了伍德罗·威尔逊的保证，威尔逊说他不会干预任何"促进贸易"的行动。[15]

华尔街上的老牌私人银行和伦敦金融城都具有变色龙的性质，他们能抓住机遇，随机应变。汤姆·拉蒙特雇用了钻石火柴公司总裁老爱德华·斯退丁纽斯，让他主持后来形成的出口部的工作。此人曾是芝加哥小麦交易所的投机商，长着一头梳理整齐的银发，留着胡须，配戴一副无框眼镜。他修饰整洁的外表反映出他对细节格外注意，甚至已到了如痴如狂的境地。后来，陆军大臣牛顿·贝克曾提到他的"令人生畏的责任感"。[16]每天从早晨9点直到午夜，斯退丁纽斯都把他的175个摩根职员折磨得苦不堪言，他们是所谓众所周知的斯退丁纽斯的奴隶。他并不是简单地雇用人员，他实际是让他们服役，压榨他们，把他们驱使得精疲力竭。一个"苦力"后来说："如果有哪个小子能在晚上9点钟以前离开，其他人通常就会祝贺他，因为他有了半天的假日。"[17]

采购工作反映了现代战争的规模和复杂性。第一次世界大战看上去既原始又现代化，高度机械化的地面部队的出击与空中袭击、加农炮火和芥子气不协调地结合在一起。致命的炮弹无休止地狂轰滥炸，仅在马恩河战斗中，一天就发射了20万发炮弹。所以，后勤需求各种各样，它们在战争中起着决定性的重要作用。

斯退丁纽斯成了世界上唯一的最重要的顾客，他每天要聚拢1000万美元的货物。他要购买、装运并为这一空前规模的供应品投保。他要鼓励厂商采取措施进行大规模生产。有关他的采购业务的消息传开后，华尔街23号便挤满了形形色色的银行家和制造商。银行不得不在每一个门前布置警卫，而且还要派警卫到合伙人家里。斯退丁纽斯每个月所负责采购的货物相当于30年前全世界的国民生产总值。他为腌牛肉、带刺铁丝、火车头和假肢而极力讨价还价。

德国总参谋部怎么也想象不到美国会如此之快地转入军工生产。随着当时工厂的生产能力日益紧张，斯退丁纽斯鼓励建造新厂。摩根财团和英国向温彻斯特转轮枪兵工厂提供贷款，以增加其新的枪支生产能力，而且还为其他许多公司提供资金，帮助他们完成合同。到战争结束时，美国已拥有了比英法两国之和还要强大的军火生产能力。凭着斯退丁纽斯的成就，他可以佩戴军事工业公司之父这个不太可爱的胸签了。甚至有人曾听到埃里希·万·鲁登道夫说过，斯退丁纽斯抵得上协约国的一个军团。[18]斯退丁纽斯成了美国工业的沙皇。曾经率领一个俄国工业代表团访问过美国的鲍里斯·巴赫梅捷夫回忆说，在一次会议上，斯退丁纽斯把一些美国大公司的老板召集来，"把他们骂得狗血喷头，就连我也感到羞耻"。[19]

因为斯退丁纽斯是协约国供应计划的关键，所以他的安全便成了头等大事，特别是在德国参谋总长埃里希·冯·法金汉决定切断协约国的供应线，以取得战争胜利之后，这个问题显得更加重要。英国情报人员通知斯退丁纽斯，他的生命受到威胁，还告诉他纽约的"某位可爱的夫人"曾看到一个德国情报人员带着写给他的信件。作为安全预防措施，斯退丁纽斯的家人在未得到事先通知的情况下，被迫迁离了他们在斯塔滕岛上占地13英亩的别墅，并被安置在长岛。斯退丁纽斯本人则在停靠在纽约港的"玛格丽特号"巡洋舰上度过了战争时期。他的房间里装饰着花瓶、亚麻布饰品、瓷器和镀银器具，所有这些都是由那个著名的"装饰家"哈里·戴维森挑选的。

摩根银行还为英国人从事情报工作。当摩根合伙人得知德国投资者计划收购伯利恒钢铁公司时，就和该公司的官员进行接触，使他们将其股份转入股权信托，从而使这家国防工业承包商不至于遭到不受欢迎的接管。作为对摩根公司绝对信任的一种表示，英国对进出英国的摩根公司邮件免予检验，还允许它保留由斯退丁纽斯和他的英国联系人、摩根建富公司的查尔斯·惠格姆确定的内部专用密码。因此，在战争期间的电报中，杰克使用他的密码名"沙尔利斯"和"拉蒙特·查拉多"。摩根银行坚持传统作法，不让局外人接触它的密码本。

然而，出口部并非绝对成功。法国人从没有像英国人那样利用这个部门。同陆军部相比，英国海军部对出口部态度一直冷淡——这种紧张局面并未因杰克和英国海军大臣温斯顿·丘吉尔爵士的见面而缓解。有人一直怀疑摩根银行对朋友有徇私行为。虽然近1000个公司得到过合同，但许多大的赢家——通用电气公司、伯利恒钢铁公司、杜邦公司和美国钢铁公司——则牢牢地扎根在摩根的阵营之中。

战争给古根海姆家族带来了兴旺发达的机会。1914年，摩根财团帮助他们把美国最大的铜厂——肯尼科特铜业公司组建成上市公司。丹尼尔·古根海姆在战争期间是摩根合伙人托马斯·科克伦的常客，而科克伦是肯尼科特公司的董事会成员。出口部收购了三分之二在美国开采的电解铜卖给英国人，古根海姆和其他许多人从中发了大财。另一家古根海姆公司——美国冶炼公司，也因协约国大量购买制造枪支弹药用的铅而大捞了一把。数以几十亿美元计的合同金额使摩根财团赢得了几十个强大公司对它的忠诚。

英国人试图在可能的范围内防止摩根银行滥用其巨大的权力。为了调查对摩根银行徇私的指控，英国派了一个工作组到纽约。工作组先由威尔士煤炭大王大卫·托马斯带领，后来改由朗达勋爵负责。1915年夏天，工作组在广场饭店待了三个星期。托马斯盘桓在摩根银行附近，但发现斯退丁纽斯的工作无可指责。他向英国报告，说摩根银行过多地从共和党那里购买物资。劳埃德·乔治建议戴维森让各方都能得益。戴维森答复说，他们将尽量按地理分布分配合同。

托马斯滞留纽约期间有过一段焦虑不安的时间。一天，他接到他的秘书从广场饭店打来的电话，说一阵风把几份密级备忘录刮到了窗户外面，其中有3页绝密葱皮纸飘落到了第五大道上。这一泄密事件非常严重，在伦敦的劳埃德·乔治也得到了报告。那天傍晚，摩根银行的职员们在蒙蒙细雨中把第五大道仔仔细细地搜索了一遍，连停着的汽车下边和水沟里面也没放过，但那几页纸仍没找到。为了安慰托马斯，他的人员找了三张完全相同的纸，在脏水里泡了一下，然后把烂了的纸给他看。

尽管托马斯写了报告，英国人对摩根银行仍不放心。他们相信银行在向钢铁、化工和运输公司送人情。阿斯奎斯自我安慰，认为摩根银行只是在可以容忍的限度内接受别人的效劳。他写信给已经接替劳埃德·乔治成为财政大臣的雷金纳德·麦克纳："关于摩根银行，我毫不怀疑他们已经而且还会继续尽可能从我们这里捞好处。我没有理由认为他们的行为不公平，更不是奸诈的。最初和他们签订的合同也许明智，也许不明智，但是现在中途易马，或使他们怀疑我们不信任他们，那将是糟糕的政策。"[20]

实际上，英国人从没有愚蠢地或盲目地陷入摩根财团的情网。他们欢迎在华尔街上有一个英美联袂的监听站，尤其是因为金融权力已转移到了大西洋的彼岸。但政府战时的考虑总还是带有讥诮的情绪，相信摩根合伙人要价过高，并且狂妄自大，无谓地得罪人民。摩根和英国人的关系始终密切，但很少融洽，在双方表示忠诚的声明背后，潜藏着一种兄弟之间的紧张状态。

虽然华尔街23号的其他合伙人对他们的英国兄弟们暗暗地怀有几分妒忌和猜疑，但杰克·摩根却没有这方面的心思。他照例每年花上六个月的时间住在英国，过着地道的双重文化生活。对他来说，战争是一个神圣的事业和商业机会。他甚至比皮尔庞特还要单纯正直。他生活在一个黑白分明的世界中，在这个世界里，对英国的忠诚和对德国的仇恨这两种情感同样强烈，相互对立。他慷慨地为英国服务，他将朱尼厄斯在罗汉普顿的乡村旧房"多佛尔庄园"捐献出来，作为受伤军官的疗养所。他吩咐沃尔霍尔庄园的人员把园林用地翻耕出来，种上麦子，以备战争之用。一旦激情上来，杰克就会全身心投入。摩根公司甚至在蒙大拿州投资种麦子，以提供更多的给养。

  在美国官方保持中立的情况下，斯退丁纽斯的出口部使摩根银行受到了煽动性的批评，这些批评使内地反摩根的情绪火上浇油。这种情绪自威廉·詹宁斯·布莱恩发表"金十字架演讲"以来就一直存在着。在摩根公司大楼街角的集会上，鼓动者指着华尔街23号，指责摩根屠杀了成千上万的无辜者。参议员罗伯特·拉福莱特同源自小镇的冷嘲热讽唱一个调子，并质问："世界大战可以使摩根和施瓦布（伯利恒钢铁公司老板）大发其财，他们怎么还会在乎世界有没有和平呢？"[21]曾经敦促举行普约听证会的明尼苏达州众议员查尔斯·林德伯格谴责，"金钱利益"试图诱导这个国家卷入战争，并站在协约国一边。于是，一个含有双重意义的传说便产生了——摩根是英国政府的傀儡，他们的金钱里浸透着鲜血。摩根银行收到了大批充满仇恨的信件。拉蒙特收到的一封信中写道："亲爱的拉蒙特先生，你为英国人筹集战争贷款的行为注定了你的死亡——因为这些贷款使我的兄弟们葬身在德国战场上。如果在将来的某一时刻能够用子弹穿透你的黑心肠，那无疑将是我生命中的一大乐事。"[22]

  杰克尽量避免出头露面，以免刺激国会。戴维林和保罗·克拉瓦斯律师曾想组成一个政治委员会，以劝导人们支持协约国，杰克拒绝了这个建议。他还避免同他的密友、英国驻美大使塞西尔·阿瑟·斯普林-赖斯男爵一起公开露面。1915年1月，在写到一次将要进行的旅行时，杰克告诉斯普林，"对我来说，当我在华盛顿时不住在你家里"也许"更明智"，"我们正努力在尽可能不被人察觉的情况下，同英国政府作这笔交易。但是，我并不认为你外出时就不能同我们住在一起，其实那样比住在饭店里要安静"。[23]

杰克一生一直对危险保持着高度的警觉。在哈佛上学时，一个侦探曾紧紧尾随他。他的小儿子哈里同他的英国家庭教师回到纽约后，老是疑神疑鬼，担心被绑架。在皮尔庞特还在世的时候，杰克在麦迪逊大街的住宅里经历过一次盗窃事件，这次盗窃带有一股稀奇古怪的阶级报复的味道：盗贼悠闲地坐在房间里，抽着雪茄。还有一次，一个讹诈者威胁说，如果不把钱放在中央公园的灌木丛下面，他就炸掉杰克家的房子。结果钱没有付，炸弹也没有爆炸。

摩根财团的神秘莫测还像一块不可抵御的磁铁，吸引着一些疯癫古怪的人。战争初期，一个叫欣德勒的疯子接连不断地给摩根写谩骂信，他相信摩根银行窃取了他在阿拉斯加矿藏的股利，但拒绝承认。杰克的想象力本来就丰富，而这种经常的恐吓更使他胡思乱想，而且他习惯于到处看见阴谋分子。

事实上，杰克的恐惧并不完全是庸人自扰。1915年7月3日，一个风和日暖的星期日，杰克和杰西正在他们位于北滩的住宅中同斯普林-赖斯及其妻子共进早餐。他们刚刚吃完饭，摩根的男管家亨利·菲齐克听到有人叫门，便前去开门。当时在连接北滩和长岛岸边的堤道上还没有设立警卫室，所以闯入者可以直接走到门口。一个身材细长、穿一身灰色西装的陌生人向菲齐克打招呼，并交给他一张名片，名片上写着"夏季社名录，代表：托马斯·莱斯特"，他要求见摩根先生。

菲齐克是一个老派管家。他通常上身穿一件深色外衣，下套一条灰色条纹裤子，言行举止严谨刻板。机警老练的菲齐克这时感觉到有危险，他不让硬要往里闯的陌生人过去。他迅速跑到图书馆，看到了杰克和杰西。他大喊："上楼去！"随着这莫名其妙的命令，摩根夫妇爬上楼，仔细检查了卧室，试图发现问题所在。终于，他们站在楼梯的顶部看到了那个持枪歹徒。他正挥舞着两把手枪，带着摩根的两个女儿往楼梯上走（后来歹徒承认，他犯的主要错误是走在了摩根孩子们的前面，而不是在她们的后面，这样实际她们已经失去了作为人质的作用）。持枪歹徒尽力保持镇定，他告诉摩根夫妇不必害怕，他想和他们谈谈。

如果警察的证词准确的话,当时每个人都表现得非常勇敢。杰西·摩根是一个有很强的自制力的女人,她当时扑向持枪歹徒。杰西的勇敢行为使杰克得以有足够的时间向歹徒猛烈攻击并揪住他。在制服歹徒的过程中,杰克的腹股沟挨了两枪。仆人们将歹徒的双臂拧住,杰克和杰西夺下了他的两把手枪。这时,菲齐克冲进来,搬起一块煤砸在歹徒的脑袋上,时间精确得像在好莱坞拍戏。歹徒再也动弹不得(可惜这精彩的一击在警察的证词中没有提到)。制服了歹徒之后,摩根夫妇才看到歹徒的兜里有一大根达纳炸药。摩根的仆人们把炸药扔进了水里,并用绳子将歹徒牢牢地捆了起来——一次谋杀失败了。摩根的家庭医生詹姆斯·马科被急匆匆请到格伦科夫,为杰克治疗枪伤。

在拿骚县监狱里,持枪歹徒供认他的名字叫弗兰克·霍尔特。后经证实,这个名字是埃里希·明特尔的化名。明特尔来历不明,曾是哈佛大学德语讲师。1906年,他在被告发用砒霜毒死其妻子后失踪。在审讯中,他供认他是一个和平主义者,反对美国向欧洲出口武器。他说他并没打算杀死杰克,只是想把他当人质,直至军火运输停止。他对摩根权力有着发狂的、梦幻般的感觉。审讯员问他:"你认为你一个人单枪匹马就可以阻挡时代趋势吗?""不,但摩根先生可以。""你认为他可以控制那些国家吗?""如果他的钱没有流进他们的钱柜里,他可以用他的钱控制那些国家,并阻止弹药运输。"[24]除袭击摩根之外,在前一天,明特尔还在美国参议院会议室安放了一枚炸弹。明特尔是否有同伙,不得而知。两个星期以后,明特尔在拿骚县监狱中自杀身亡。

从表面上看,杰克对枪击事件似乎表现得很平静,甚至很漠然,好像只是做了一次不愉快的实验,并把实验结果记录下来。那两颗子弹奇迹般地绕过了他所有的要害部位。他在"海盗三号"游艇上休养,伤口愈合得很快。他说:"这是一个非常不愉快的经历,尽管枪伤并不像我以前想象的那么疼痛。"[25]杰克把挫败这次刺杀阴谋归功于杰西的冷静。他说当歹徒用枪对着他的亲人的时候,他作为父亲理所当然有所反应。他认为自己的勇敢行为不值得一提,但堆满当地电报局的祝贺电仍使他大吃一惊。8月16日,他第一天回到银行。当他从华尔街23号走出来钻进他的豪华轿车时,等候在那里的人群向他欢呼。他惊奇得像孩子似的,伸手碰一下帽檐儿敬个礼,微微挥挥手。他不习惯于公众的奉承,但在瞬间却成为了一位民族英雄。

杰克的平静是虚假的,因为枪击事件对他造成了深刻的影响,而他只是若无其事地把这影响掩盖起来。尽管永远无法证明枪击事件是一个阴谋,但杰克仍然坚持认为明特尔的行为绝不是孤立的精神错乱者的极端行为,而是恐怖分子阴谋计划的一部分。在他的阿迪朗达克里山的休养地安卡斯营,他让管家把德国人和奥地利人从工资名单上清除掉。[26]突然之间草木皆兵。杰克从海盗号游艇上给特迪·格伦费尔写信说,杰西"觉得有人正在想方设法再给我一枪,为了让她放心,我不得不加倍警惕,小心提防"。[27]许多事情说明痛恨摩根的绝非明特尔一人。当1915年的枪击事件传到奥匈帝国的首都维也纳时,兴高采烈的人群燃放焰火,发表演说,表示庆贺。

枪击事件使杰克更加深居简出,沉湎于在富人休养地幽居独处。结果,他把更多的时间消磨在英国的乡村别墅或驾驶游艇巡游上,因而他在海盗号上康复也就绝非巧合。枪击事件还使杰克感到危机四伏,他本来就天性诡秘,这下更是处于紧张状态。他秘密地频繁搬迁。战争期间他到巴尔的摩市看他的大儿子朱尼厄斯时,写信给一个朋友讨论安排旅馆的事:"我非常希望饭店不要逼我登记,或要我说出行期。因为显然德国人仍在追踪我,而且家人也要求我不要声明我要到哪儿去、什么时候去。"[28]枪击事件后,杰克雇了一批保镖,他们都是前海军陆战队军人。不幸的是,这样严密的保安措施使他更加疏远了大众,人类的种种苦难对他来讲宛若隔世。

杰克的安全是对他严加保护的合伙人时刻不放松的责任。他常常不知道人群里有保安人员。每当杰克访问巴黎时,高级合伙人赫尔曼·哈耶斯都要通知巴黎警察厅。侦探们靠得很近,但不暴露身份。杰克的活动受到暗中保护,他享受着国家元首级的待遇。

枪击事件只是一系列事件中的一件,这些事件使杰克对世界的看法变得阴暗了,并使他对敌人的怨恨更加根深蒂固。这些事件也使杰克感到恐惧和困扰,并促使他动辄痛斥他的敌人。尽管有钱有势,但杰克觉得受制于其所无法控制的力量。

杰克对他的朋友们说,枪击事件使他的反德思想更加强烈,同时他也更加渴望看到美国站在协约国一边,参加战争。他痛骂德国人是"德国匈奴",是"日耳曼野蛮人"——他喜欢用华丽的形容词,从他父亲那里继承的、而又一直深藏未露的反德倾向暴露无遗。合伙人乔治·惠特尼后来解释说,皮尔庞特"总是指责德国人欺骗他……所以他留下遗训,要求我们永远不得同德国人发生商务往来"。[29]

第一次世界大战也许是最后一次得以使银行家们尽显其好恶、运用其对外政策、俨然以主权国家行事的战争。在华尔街,战利品被银行家们严格按照各自的政治和宗教信仰的不同而分享。摩根财团处于极其优越的地位。通过其在伦敦和巴黎的机构,摩根财团给普—法战争中的法国提供了资助,给布尔战争中的英格兰提供了资助。杰克甚至对沙皇也心肠很软,为他提供了信贷。

如果说战争对美国人的华尔街来讲是一个大发横财的机会的话,对犹太人的公司却是一个灾难。这些公司为反俄亲德的情绪所累。库恩-洛布公司独断专行的老板雅各布·希夫被俄国人屠杀犹太人的行径惊呆了,他视沙俄政府为"人类的敌人"。为了报复,在1904至1905年的日俄战争期间,他为日本提供了资助。然而,1914年以后,他对德国的同情有所降温,赞成通过谈判实现和平,并"不再在公共场合同家人讲德语"。[30]高盛公司的亨利·戈德曼不够慎重,他支持亲德观点,大肆宣扬尼采哲学,美化普鲁士文化——他的合伙人对此大为惊愕。祖先讲德语的瑞士人古根海姆家族则因为纷至沓来的军火合同而收敛了他们对德国似有似无的同情心。

战争期间,华尔街和伦敦金融城对被认为不效忠的犹太人一片谩骂和攻击。1915年,英国诺贝尔公司的爱德华·克拉弗特梅尔来到纽约,他警告协约国的无烟炸药主要供货商杜邦公司说,"亲德的"库恩-洛布公司有可能控制他们公司的股份。人们担心科尔曼·杜邦可能会将其大部分股本出售给库恩-洛布公司。针对这一威胁,杜邦公司从摩根财团争取了一笔850万美元的贷款，把他们的股本牢牢地套在了一个叫做杜邦证券公司的控股公司上（当英国情报局在美国的分支机构的负责人威廉·怀斯曼爵士对有关库恩-洛布公司的警告进行调查时，他发现此事毫无根据）。德国人的金融渗透也引起了伦敦金融城的注意。英格兰银行对外国银行进行了"英化"。例如，它让皮尔森集团公司接管了拉扎德兄弟公司，因为担心一旦其巴黎分行被德国人接管，伦敦的机构也会落入德国人之手。

在这高度紧张的气氛里，杰克·摩根的亲英情结和他的反犹太主义交互影响，愈加强烈。1914年9月，他向特迪·格伦费尔抱怨说："'和平'会谈很大程度上是由德籍犹太人引起，并逐步发展起来的，这批德籍犹太人同德国大使非常亲近。"[31]随着摩根财团向俄国提供1200万美元的信贷，他们与德国籍犹太人银行的对抗更趋激烈；10月份，英国开始通过摩根公司为沙皇购买军用物资。希夫注意到俄国对待犹太人的态度，向杰克提出了强烈抗议。杰克不得不小心处理，因为他们俩正在合作，作为联合主干事进行巨额债券的发行工作。投资银行业的银团结构形成了一种面和心不和的局面，就像入鞘的利剑。杰克控制着自己，他写信给希夫："我并不认为应由我们通过施加金融压力迫使俄国改变态度。我觉得，俄国是不是一个信得过的有偿债能力的债务人这个问题，不能同其内部的社会或统治规定等问题混淆起来。"[32]当然，杰克自己并没有把国外贷款看成是不带偏见的，他常常把他的政治和金融信条混合在一起。

杰克和希夫之间的摩擦导致了1915年5月的一次恶语相向。当时，一艘德国潜艇在爱尔兰沿岸击沉了丘纳德航运公司的路茜塔尼亚号，这是应皮尔庞特运输托拉斯的要求建造的两艘豪华船中的一艘。在这次事件中，1000多人丧生，其中包括63名儿童。在128名美国遇难者中有艾尔弗雷德·格温·范德比尔特*。美国举国哀悼。那天早晨，希夫压抑着他的傲慢，怀着沉重的心情到摩根公司表示哀悼。目中无人而又刻板的希夫从未作过这样的造访。当他进门时，发现杰克正在他的合伙人房间里。杰克并未有礼貌地同希夫打招呼，相反，他嘟囔了几句表示愤怒的话后愤然离开了，留下希夫一个

---

* 范德比尔特家族的第三代接班人。有讽刺意味的是他在1912年购买了泰坦尼克号的头等舱船票，但在最后时刻取消了行程。

人茫然不知所措,哑口无言。他笨拙地拖着脚步独自走了。

其他合伙人惊愕不已。因为这是对"需要保持表面客套"的这条绅士银行家准则的公然破坏。杰克谈到这件事时很有些局促不安:"我想我是不是有点过分了?我想我是不是应该道歉?"没有人敢说话。这时反应灵敏的德怀特·莫罗赶忙在一张纸上写了一句引自《圣经》的话交给杰克。这句话是这样说的:"并不是为了你的缘故,而是为了你的名誉的缘故。哦,以色列家族!"[33]得到这个暗示后,杰克马上拿起他的帽子去库恩-洛布公司道歉去了。这个故事形象地描述了杰克自相矛盾的性格——温文尔雅的外表,波澜起伏的内心——以及这个要求人们保持永恒礼貌的矫揉造作的世界给人带来的重负。有了大笔的银团贷款,人们无法得罪一个可能在下次发债中成为盟友的势力强大的银行。

这一场缄默的战争在1915年9月公开爆发了,此事发生在华尔街历史上最大的一笔国外贷款期间。这笔5亿美元的英法贷款比提供给大不列颠、用于布尔战争的创记录的1亿美元还要多5倍。斯退丁纽斯的工厂每天吞掉200万英镑,有把英国的财政资源耗费殆尽的架式。早在1915年4月1日,杰克同劳埃德·乔治一道吃饭时,就曾讨论过为支持英镑而提供一笔不少于1亿美元贷款的事情,特迪·格伦费尔和英格兰银行的其他董事们对作为权宜之计的战争筹资感到担心。

到了7月份,筹资问题变得更加急迫了。由于外汇缺乏,英国在纽约取消了一项为俄国人签订的合同。为了向摩根按时偿还美元,雷金纳德·麦克纳不得不征用谨慎保险公司所持有的美国证券——这一特别的绝望之举深深地触动了首相阿斯奎斯。这样打仗是很难站稳脚跟的。被国务院禁止贷款的规定所困扰,摩根财团处于非常困难的时期。摩根财团永远也无法解开的谜就是,一旦美国和英国的政策出现分歧怎么办。

总统威尔逊反对向协约国提供巨额贷款,但他最终被他的内阁说服了,因为没有贷款,美国的出口就会遭受损失。财政部长麦卡杜在8月下旬争辩说,美国的繁荣依赖于同协约国的贸易。取代布莱恩当上国务卿的罗伯特·兰辛直截了当地警告,如果没有贷款,"生产就会受到限制,工业就会萧条,资本和劳动力就会闲置,金融就会混乱,劳动阶级就会不安定,并受到损害"。[34]威尔逊相信了。

9月份,英国内阁派遣了一个英法代表团,到纽约去筹措一笔巨额私人贷款。北大西洋到处是潜水艇,格伦费尔被告知不要将代表团的成员组成通知摩根财团。代表团由高级法院大法官里丁勋爵带领,成员包括米德兰银行总裁爱德华·霍尔登爵士,英国财政部的巴兹尔·布莱克特,以及法国代表奥克塔夫·翁尔贝。哈里·戴维森和杰克到码头迎接乘"拉普兰蒂号"到达的代表团,并把他们送到比尔特摩尔饭店下榻。

英美摩根之间的爱情中再一次充满了口角和反诘。摩根毫不动摇地支持英国,但居然还要为提供这笔贷款去和他人竞争,他感到心中隐隐作痛,脸上无光。尽管如此,他们仍然隆重地接待了代表团。里丁勋爵原名鲁弗斯·埃萨克斯,他的到来对杰克·摩根的偏见是严峻的挑战。他是一个伦敦水果商的儿子,英国气派、聪明、有贵族头衔——而且是个犹太人。他升到了检察总长的职位,在英国泰坦尼克号海难案件调查中盘问过证人。杰克和维戴森到比尔特摩尔饭店拜访了里丁,在摩根图书馆对他盛宴款待,并带他登上海盗号享受了一番。杰克和里丁之间的私人关系将肯定有助于买卖的成交。

英法贷款对纽约作为一个金融市场的能力是一个考验。获得胜利的摩根财团必须同广泛的仇视英国的势力作斗争,因为十分之一的美国人是德国后裔,而许多第一代爱尔兰移民也反对这笔贷款。议论中的这笔贷款数目惊人,他们怀疑这笔高达10亿美元的贷款能否做成。这样一大笔金额使美国人震惊和恐惧,其程度不亚于几年前的巨额信托资金所引起的震惊和恐惧。现在回忆起来,英法贷款标志着美国作为世界头号债权国的崛起。然而,虽然摩根财团主导了这次金融权力的转移,但杰克对这一转移的持久性仍半信半疑,他对格伦费尔肯定地说:"当战争结束后,你会发现,美国将重新把欧洲金融市场作为票据交换所,就像以前一样。"[35]杰克没有因欧洲的衰落而欢欣鼓舞,他不愿预测他可爱的伦敦走下坡路。

杰克在摩根图书馆款待里丁后,把他请到二楼的书房享受雪茄。他和他的合伙人不得不给英国膨胀的期望泼点冷水。透过雪茄冒出的烟雾,杰克漫不经心地将贷款额削减了几亿美元。他说:"里丁,如果我是你的话，我就不要求10亿美元的贷款。我觉得将第一次大规模发行的债券限制在5亿之内更为明智。"[36]杰克没想到里丁居然同意只发行5亿美元（1亿英镑）。加上银团包销费用，利率高达6%。杰克说，作为银团主干事，摩根财团将放弃任何额外补偿。

里丁勋爵使杰克对他发生了浓厚的兴趣，并且对他的信仰也入了迷。

> 里丁勋爵给我留下了深刻的印象。他头脑清楚，能很快抓住要点，同他讨论问题是一个很大的乐趣。他的唯一缺点是与犹太人不可避免地往来甚密，这使他广泛接受了他们的观点。当然，这是很自然的，但鉴于这个国家大多数的犹太人是亲德派，而且他们中的许多人反对J.P.摩根公司，他最好不要同他们有非常密切的关系。[37]

这是一封奇妙的信。里丁勋爵贷款代表团团长的头衔本应消除那些对他的忠诚所表示的怀疑，并使犹太人观点铁板一块的说法不攻自破。但杰克却令人难以置信地察觉到了里丁和德裔犹太人之间的某些共同特性。事实上，当里丁会见希夫时，后者提出了库恩-洛布参加提供贷款的一个自取灭亡的先决条件，即不能给英国的同盟国——俄国——一分钱。里丁直截了当地回答："没有哪个政府可以接受歧视其战争中的盟友的条件。"[38]从此之后，库恩-洛布公司成了伦敦筹资中的不受欢迎的人，这为摩根的胜利向前进一步扫清了道路。

高盛公司内的争论更具破坏性，因为他们的合伙人在重要事情上有否决权。由于对德国忠心耿耿的亨利·戈德曼拒绝分担摩根主办的债券发行，在公司中引起了一场危机，并导致公司脱离华尔街的战时融资，自动靠边站。据斯蒂芬·伯明翰说，当"克兰沃特银行从伦敦给纽约发报说，高盛公司有被英国列入黑名单的危险"时，亨利·戈德曼被迫从家族公司中辞职。[39]戈德曼和菲利普·雷曼这对被称为华尔街上的"最走红的承销伙伴"反目成仇，相互不再讲话。以后30年的时间里，华尔街上的犹太人银行因其同德国的关系而处境困难。

这笔5亿美元的英法贷款比皮尔庞特组织发行的任何一期债券都要大得多。61个承销商和1570家金融机构销售这批债券（摩根财团对没能被指定为独家代理负责支付债券利息而感到不满）。这是一次极为艰难的销售工作，特别是在孤立主义者占主导地位的中西部地区。为了改善债券发行的条件，参加银行被允许将它们通过存款筹集的资金的一部分保持一段时间，而且还广泛宣传这笔钱将只用于美国。尽管有此好处，在芝加哥只有一家大银行加入了联合贷款——当地亲德的存款人威胁要进行联合抵制。而密尔沃基市根本就没有银行参加。摩根合伙人同许多名人签订了协议，包括安德鲁·卡内基，甚至包括因普约听证会而出名的塞缪尔·昂特迈耶。他们还同军用物资供货商们签订了协议，如古根海姆兄弟公司，以及伯利恒钢铁公司的查尔斯·施瓦布。这些人觉得有义务保护他们兴旺的军火生意。然而，摩根合伙人的这些协议无法弥补他们在中西部地区的销售不佳的情况，直到年底，仍有1.87亿美元的债券未被售出。

为了筹集更多的美元，英国开始对美国股票的红利征税，英国公民急忙把他们的股票出让给政府。由于人们都去兑现证券，英格兰银行董事会的会议室里堆满了单据。摩根财团变现了30亿美元的这类证券，然后巧妙地把它们投放到了纽约市场，以避免股票价格的暴跌。

英法贷款很快便被用光了。到战争结束前，摩根财团为协约国筹集了15亿多美元信贷。在美国卷入战争之前，英国对摩根的作用大加赞赏。在摩根建富公司的茶室里挂着一封劳埃德·乔治1917年写的信，信中写到："我们幸运地得到了一家公司提供的援助，这家公司自始至终不遗余力地保护了英国政府的利益。"[40] 几年后，当报业大王诺斯克利夫勋爵访问摩根公司时，他惊呼："战争是在这些墙里赢得的。"[41] 英国军火委员会主席莫尔顿勋爵说，杜邦公司、伯利恒钢铁公司和J.P.摩根公司在1915年拯救了英法军队。

然而，摩根和英国的关系总是这样，在公开表现的友好背后，也隐藏着相当程度的紧张气氛。英国人常常觉得摩根银行尽管把金融活动处理得很好，但其政治作用则搞得一塌糊涂。1916年，伦敦《泰晤士报》驻华盛顿记者阿瑟·威勒对摩根财团作了如下描述："摩根财团是这个国家中最不受欢迎的财团，对激进的西方来说，它是华尔街邪恶的金钱力量的化身，它从不去设法谋求人民或政治家们的好感。"[42]那一年，杰克帮助共和党总统候选人查尔斯·埃文斯·休斯进行竞选——英国人认为这是不明智的举动。杰克和哈里·戴维森对待新的联邦储备委员会的态度也有些专横，特别是戴维森，似乎冒犯了英国人。他敢说敢干，处事果断，这激励了部下，但不圆滑，显得傲慢自大。外交部说他"不慎重"，斯普林-赖斯大使说他具有"老摩根所有的进取心，但缺乏老摩根的天才"。[43]

或许戴维森粗暴地对待了同威拉德·斯特雷特的关系，或许他断定浪漫而鲁莽的斯特雷特从来就不适合待在摩根公司。斯特雷特期望在英法贷款谈判中有所帮助。他说："我想我可以做些同这些谈判有关的工作，但什么也没让我干，这使我感到愤恨。"[44]他没有被指派负责什么，威严的摩根财团也不像他那样对贫穷国家感兴趣。那年9月，斯特雷特在34岁的时候，辞去了摩根银行的工作。他从未将在中国市场时的成功的"早熟"变成华尔街世俗环境的落脚点，他为没能成为摩根公司的合伙人而觉得受到了刺伤。他更喜欢马球、高尔夫球，业余爱好文学，而不喜欢华尔街23号所要求的那种拼命的投入。1918年，战时服役后不久，他便死于流行性感冒和肺炎。他的遗孀多萝西后来帮助创办了纽约的社会研究新学校和英格兰南德文郡的一所名叫达廷顿霍尔的实验学校。

到1917年，英国信贷资金实际已经告罄。此时，德国潜水艇恢复了对美国运输船只肆无忌惮的袭击，这一下倒是拯救了英国。当美国卷入战争后，1917年4月6日，华盛顿立即向协约国发放了10亿美元的信贷，J.P.摩根公司的重负就此得到解脱。美国进入战争后，摩根希望能够从第一次"自由事业贷款"的本金中收回它给英国的4亿美元贷款。但财政部长麦卡杜担心，如果政府的资金到了老民主党的冤家货币托拉斯的手里，国会将会不高兴。使摩根合伙人感到诧异的是，英国政府似乎并未被这种骗局所困扰。特迪·格伦费尔在他的日记里记录了摩根合伙人心中的不快："尽管摩根公司把它的资金以及其他的资源交给英国政府，由它自由处理，可大臣们，特别是财政大臣并没有多少感激之情。……摩根财团感到非常痛苦，不仅因为对他们的帮助没有任何感谢之意，而且因为英国政府一拿到摩根公司所能借给他们的、或摩根公司为英国从朋友那里借来的所有的钱，财政部便有意向他们封锁起全部信息。"[45]

1917年夏天，英格兰银行粗暴专横的行长坎利夫勋爵为了摩根公司的缘故，与不太同情摩根的财政大臣博纳·劳发生了争执，这实际上是英格兰银行和财政部为控制英国金融政策而进行的范围更大的争斗的一部分。争吵越来越激烈，以至劳埃德·乔治首相威胁要将英格兰银行国有化。7月4日，格伦费尔被召唤到唐宁街10号参加一个内阁会议，劳埃德·乔治生气地问他，为什么摩根财团如此大惊小怪（格伦费尔称劳埃德·乔治为"我们的威尔士小山羊"）。[46]最后，为坎利夫的行为而感到愤怒的英国财政部阻止了他在1918年再次当选银行行长。这为蒙塔古·诺曼铺平了道路，而不是摩根的反对者。1920年诺曼接管了银行，并被证明是摩根历史上最有影响的英国同盟者。

当美国宣战后，杰克兴高采烈。怀着天真的慷慨和爱国心，他告诉威尔逊总统，他可以把出口部原封不动地转给华盛顿。他准备给斯退丁纽斯放假，为职员发一段时间的工资，并放弃代理费。他没有认识到在政治上这是不可能的。孤立主义者还在继续指责摩根财团煽动战争情绪。在美国巡访过程中，财政部长麦卡杜注意到，人们因摩根财团通过军火买卖获取利润而对这家银行极为痛恨。

为领导新成立而且极具权势的战争工业委员会，威尔逊先挑选了巴尔的摩和俄亥俄州铁路公司的丹尼尔·威拉德，后来又挑选了坚定的民主党人伯纳德·巴鲁克。为了安抚摩根公司，威尔逊任命斯退丁纽斯为负责美国军需供应的总监督官。巴鲁克半真半假地承认，多亏皮尔庞特在1907年经济大恐慌时轻蔑地拒绝了他的帮助，假如他的帮助被接受了，他在威尔逊手下的政治前途也就完蛋了。摩根合伙人的身上沾上了政治污点。白宫助手们注意到，当威尔逊总统看到任命候选人名单中有德怀特·莫罗的名字时，皱起了眉头。虽然他还是任命莫罗在海事联盟委员会任职，但他明确地说："我们绝不能再用那些人了。"[47]实际上莫罗后来成为驻扎在肖蒙的潘兴将军重要的文职顾问。哈里·戴维森被任命为红十字战争委员会主席后，他希望执掌全部权力。当他同红十字会组织者梅布尔·博德曼发生冲突时,前总统威廉·霍华德·塔夫脱到白宫去调解。虽然威尔逊站在戴维森一边,但他告诉塔夫脱:"纽约的银行家们喜欢不受限制的权力,就是他们在交易中所习惯的那种……但在这种事情上要不受限制的权力是不明智的。"[48]

从华尔街后来的历史看,政府的战时自由事业贷款占有重要的地位。美国销售了近170亿美元的自由事业债券。这次大张旗鼓的推销活动使查理·卓别林和老道格拉斯·费尔班克到摩根公司门口参加抗议活动。财政部长麦卡杜想接触小农场主、商人和工人,从而创造出新一代的美国投资者。华尔街律师拉塞尔·莱芬韦尔是这次活动中的一个官僚天才,他曾是麦卡杜在纽约州扬克斯市居住时的邻居。麦卡杜先任命他为法律顾问,后又任命他为财政部副部长,负责自由事业债券工作。他后来成为摩根公司的著名合伙人和同共和党的重要联系人。

摩根公司从战争中脱颖而出,力量得到壮大。1913年,杰克·摩根接管公司时,人们普遍小看他。现在他心理上有一种如释重负的感觉,知道他自己已经达到了他父亲的水平。他告诉巴黎合伙人赫尔曼·哈耶斯:"我高兴地说我们的公司在错综复杂的局势中是中流砥柱,它历来如此……我感觉我能够部分地取代父亲的社会地位,并在多方面发挥作用了。"[49]他年轻时在伦敦看到劳合公司以200万美元为皮尔庞特提供人寿保险而感到兴奋,现在他打破所有的记录,自己的人寿保险为250万美元。

但杰克具有这样一种敏感的特性:胜利使他满足,而批评似乎更使他烦恼。他提供的出口部被威尔逊拒绝后,他愤怒,他痛苦。他是一个充满各种不协调的强烈欲望的人,他希望无比富有,被人喜爱;他希望有所作为,并被人赏识;他希望不仅名声显赫,还要得到公众公正的理解。他习惯于夸大敌人,甚至当他成为世界最知名的银行家后,他仍感到随时需要战斗。正如他1917年写到的:

> 我的结论是,华盛顿不喜欢J.P.摩根公司的主要原因……在于我们没有要求帮助,在于民主党一直试图以各种方法削弱我们,在于他们搞了钢铁公司调查、普约调查和克莱顿法案以及其他这

类事情，其目的就是要将我们置于死地——然而我们仍在朝前走，而且境况相当不错……他们对我们的嫉恨之情实际是政治性的。他们改变不了我们的感情，我们也改变不了他们的感情[50]。

另外一种有关摩根权力的观点，出自哈罗德·尼科尔森爵士写的关于德怀特·莫罗的传记。尼科尔森写道，战争一爆发，摩根公司便不再是一个私人公司了，它几乎成了政府的一个部门——他这样写是要表示极高的赞誉。[51]然而，杰克认为把他的银行比做政府是一种侮辱。杰克读完书的草稿后，写信给尼科尔森说："我无权要求你进行修改，但这会被别人理解为我们降级变成了政府的一个下属部门了。"[52]摩根财团认为自己已不再隶属于任何人，包括华盛顿。

本章参考文献

1. 亨利·戴维森电报集（承蒙丹尼尔·戴维森提供），小J.P.摩根给赫尔曼·哈耶斯的信，1912年10月30日。
2. 尼科尔森：《德怀特·莫罗》（Dwight Morrow），第166页。
3. 麦卡杜：《多事之秋》（Crowded Years），第290页。
4. 诺伊斯：《市场》（Market Place），第249页。
5. 皮尔庞特·摩根图书馆小J.P.摩根资料，书信复印集第15卷，第11箱，给?信，1914年9月24日。
6. 皮尔庞特·摩根图书馆马丁·伊根资料，摩根公司，第4、5卷，在参院军火委员会上的发言，1936年1月7日。
7. 马萨诸塞州剑桥城哈佛大学贝克图书馆汤姆·拉蒙特资料，第91箱，第2卷，亨利·戴维森的电报，1914年8月4日和7日。
8. 《纽约时报》（New York Times），1935年10月14日。
9. 切尔尼：《正义的事业》（Righteous Cause），第46页。
10. 林克：《威尔逊》（Wilson），第64页。
11. 科尔比：《杜邦王朝》（Dupont Dynasty），第187页。
12. 斯旺伯格：《惠特尼：父亲和嗣女》（Whitney Father, Whitne Heiress），第348页。
13. 拉蒙特：《亨利·戴维森》（Henry P. Davison），第6页。
14. 伯克：《英国》（Britain），第19页。
15. 同上，第21页。
16. 《福布斯》（Forbes）：《老斯退丁纽斯》（Stettinius, Sr.），第74页。
17. 同上，第49页。
18. 西摩：《豪斯专员的秘文》（Intimate Papers of Colonel House），第98页。
19. 哥伦比亚大学口述历史资料集——鲍里斯·巴克梅退夫，第160页。
20. 海德：《雷丁勋爵》（Lord Reading），第185页。
21. 科尔比：《杜邦王朝》（Dupont Dynasty），第186页。
22. 皮尔庞特·摩根图书馆小J.P.摩根资料，第147箱，汤姆·拉蒙特的信，1915年7月1日。
23. 皮尔庞特·摩根图书馆小J.P.摩根资料，书信复印集第16集，第11箱，给塞西尔·阿瑟·斯普林-赖斯的信，1915年1月6日。
24. 皮尔庞特·摩根图书馆藏查尔斯·麦克唐纳医生在拿骚监狱检查弗兰克·霍尔特的记录，1915年7月6日。
25. 皮尔庞特·摩根图书馆小J.P.摩根资料，书信复印集第12集，第17箱，给F.W.史蒂文斯的信，1915年8月19日。
26. 同上，给约翰·卡拉汉的信，1915年8月9日。
27. 同上，第147箱，给爱德华·格伦费尔的信，1915年7月28日。
28. 同上，书信复印集第14集，第21箱，给莫利斯·惠特里奇的信，1917年8月13日。
29. 哥伦比亚大学口述历史资料集——乔治·惠特尼，第81页。
30. 伯明翰：《我们的大众》（Our Crowd），第344页。
31. 皮尔庞特·摩根图书馆小J.P.摩根资料，书信复印集第15集，第11箱，给爱德华·格伦费尔的信，1914年9月20日。
32. 皮尔庞特·摩根图书馆小J.P.摩根资料，书信复印集第16集，第11箱，给雅各布·希夫的信，1915年2月3日。
33. 尼科尔森：《德怀特·莫罗》（Dwight Morrow），第188—189页。

34. 皮尔庞特·摩根图书馆小J.P.摩根资料,第3箱柜,第2.1抽屉,雷·斯坦纳德·贝克关于外交事务的备忘录,第13页;罗伯特·兰辛给伍德罗·威尔逊的信,1915年9月6日。
35. 皮尔庞特·摩根图书馆小J.P.摩根资料,书信复印集第15集,第11箱,给爱德华·格伦费尔的信,1914年9月5日。
36. 《纽约客》(New Yorker),1929年2月9日。
37. 皮尔庞特·摩根图书馆小J.P.摩根资料,书信复印集第12集,第17箱,给爱德华·格伦费尔的信,1915年11月15日。
38. 伯明翰:《我们的大众》(Our Crowd),第344页。
39. 同上,第363页。
40. 摩根建富资料(1910至目前),戴维·劳埃德·乔治的信,1917年12月10日。
41. J.P.摩根公司:《美国和军火》(America and Munitions),第15页。
42. 伯克:《英国、美国和军费,1914—1918》(Britain, America, and the Sinews of War, 1914—1918),第88—89页。
43. 同上,第89页。
44. 斯旺伯格:《惠特尼:父亲和嗣女》(Whitney Father, Whitney Heiress),第355页。
45. 伦敦市政厅图书馆J.S.摩根公司和乔治·皮博迪公司资料,爱德华·格伦费尔书信摘要,大战(1914—1915年),第101—102页。
46. 皮尔庞特·摩根图书馆小J.P.摩根资料,爱德华·格伦费尔档案,爱德华·格伦费尔的信,1920年4月29日。
47. 哥伦比亚大学口述历史资料集——乔治·鲁布利,第165—166页。
48. 《银行家杂志》(Bankers Magazine),1984年7/8月号。
49. 皮尔庞特·摩根图书馆小J.P.摩根资料,书信复印集第15集,第11箱,给赫尔曼·哈耶斯的信,1914年9月20日。
50. 皮尔庞特·摩根图书馆小J.P.摩根资料,爱德华·格伦费尔档案,给爱德华·格伦费尔的信,1917年8月9日。
51. 尼科尔森:《日记和书信》(Diaries & Letters),第76页。
52. 同上。

第十一章
爆 炸

　　第一次世界大战给美国带来了繁荣的工业和创纪录的贸易顺差，而留给大部分欧洲地区的只是一片废墟。由于急需重建的贷款资金，主权国家、市政府以及各种公司蜂拥来到华尔街，而当年他们也曾经这样巴结伦敦的商人亲王们。由于战后英镑疲软，英国财政部不得不发布非正式禁令，不准伦敦金融城向外提供贷款，从而大开方便之门，把英国的传统客户拱手让给别人。伦敦已然放弃了其为国际贸易融资的历史作用。

　　战后的摩根财团处于全盛时期，成为世界上最有影响的私人银行。它可以挑选最有信用的客户，能够单独处理许多巨额国家贷款。当发行外国债券对美国投资者还是一件陌生的新事物的时候，摩根财团的批准可以保证这些债券大受欢迎。摩根财团以美国资本市场的官方口吻同外国政府讲话。它的影响并不简单地来自金钱，还来自一些无形的东西——威望、政治关系、银行联盟等。

　　随着犹太人银行的削弱，J.P.摩根公司-国民城市银行-第一国民银行的美国核心执掌了开启金融王国大门的钥匙。对所有渴望得到信贷的财政部长来说，根本不可能藐视这个不可一世的机构。1919年10月，一个法国金融代表团的成员巴龙·埃米尔·迪·马雷就摩根财团的权势向法国总统雷蒙德·普安卡雷报告说："我的印象是，摩根财团已经在这里组成了一个集团，集团中包括了销售债券所必需的所有组成部分，没有他们的支持是根本不可能的，这是一个无可奈何的事实。在这种情形下，聪明的作法是接受既成事实，并努力给摩根财团留下这样的印象，即我们对他们充满信心。"[1]这一分析使人想起了阿斯奎斯带有宿命论色彩的战争挽歌：无论愿意还是不愿意，英国都要面对银行，认真对付。

从这一新的金融力量中受到最大鼓舞的是威尔逊总统，他极为渴望利用华尔街的金钱实现其自由梦想。正是这个伍德罗·威尔逊，曾对货币托拉斯发表过讽刺言论，还冷冰冰地拒绝了杰克献上的出口部。1918年12月，他乘船到欧洲，受到了令他欣然自喜的欢迎。他到的恰是时候，人们以为他可以在欧洲各大国之间进行斡旋，同时帮助修复比利时和法国北部地区的关系。然而就在这关键时刻，银行家的作用发生了变化。在皮尔庞特时期，金融界的首领们对政府极其憎恨。但第一次世界大战后，金融外交转向了一个介于金融业务和政治之间的灰色区域，银行家们常常充当其政府的使节。外交时代的到来在摩根财团中体现得最为明显，摩根财团将逐渐演变成一个影子政府，其活动密切配合官方政策。有时，它就像政府中的一个自由部，从事着自己的秘密活动。但大多数时间里，它还是忠诚地追随着华盛顿。如杰克后来所说："我们对同政府的关系处理总是非常严格认真，一丝不苟。"[2]

在这段时间里，汤姆·拉蒙特对外交事务产生了强烈的兴趣。1917年，他就随同豪斯专员赴欧洲考察欧洲局势。然后，财政部长卡特·格拉斯任命他为出席巴黎和会的美国代表团金融顾问。战争期间拉蒙特参观了弗莱芒地区，他非常震惊。他记忆中的战场如同一个"但丁式的炼狱"，火从冒烟的大炮中呼啸而出。[3]这次经历使他成为世界和平组织忠实的倡导者。他对威尔逊建立一个国际联盟的想法充满信心，并投入大笔资金，支持美国加入国际联盟的各种组织。

拉蒙特的政治信仰同摩根银行的业务需要是相吻合的。因为随着国外贷款的扩大，摩根银行需要有稳定的政府、全球的安全和自由贸易。20世纪10年代后期是摩根理想主义的鼎盛时期。在这几年里，德怀特·莫罗写了一份题为《自由国家的社会》的简要研究报告，考察了过去各国如何通过谈判解决彼此之间的冲突的情况。他的女儿安妮后来回忆说："在我上学期间，我们在家里的饭桌上总是热情洋溢地谈到伍德罗·威尔逊的十四要点：国家享有'自决权'以及'世界和平新秩序'，等等。"[4]

出乎所有人的预料，威尔逊对漫不经心的拉蒙特在巴黎的表现大加赞赏。他对拉蒙特说："我对你在我们所有的磋商中所采取的自由派和以公众利益为重的立场越来越感到钦佩。"[5]摩根的新合伙人乔治·惠特尼说，威尔逊似乎对拉蒙特在金融事务方面的判断比对其他任何人的判断更加信任。[6]的确，摩根官员在1919年的巴黎和会上无所不在，以致伯纳德·巴鲁克抱怨说，好像是摩根财团在主持这个会议。[7]值得强调的是，第一个把华尔街新的力量动员起来用于政治目的的人是一个进步民主党总统（尽管威尔逊的共和党后任更加大肆利用这种金融力量）。对货币托拉斯长达10年之久的攻击，似乎在一片欢天喜地的拥抱中烟消云散了。

汤姆·拉蒙特在巴黎奠定了他职业生涯的基础。他帮助起草了和平协议中的财务条款。他广泛结交了一批新朋友，包括后来成为洛西恩勋爵的菲利普·克尔，他当时是劳埃德·乔治的秘书，也是南希·阿斯特的密友，另外还包括南非的简·斯马茨。拉蒙特将成为那个时代的王牌金融外交家。杰克·摩根不善于用心计，而拉蒙特却在行动上反应敏捷，在意识形态上不拘一格。他总能暗示两党的政治家们，他是站在他们一边的。他是一个戴着多个面具的人，并把他的每一个角色都扮演得惟妙惟肖，有时甚至把他自己也愚弄了。他具有在政治上左右逢源、双边获益的天赋。在向威尔逊的一次表白中，他机巧地把自己标榜为"一个忠实于正在当政的民主党政府的……可怜的共和党人"。[8]有时候，他的忍耐力是因为缺少信心；有时候，他的坦率掺杂些机会主义。在国内经济问题上，他是一个传统的共和党人，但在国际组织和公民自由权等问题上，他却信奉自由观点，以使自己合乎民主党知识界的口味。民主党知识界对华尔街上的这个与众不同的人物感到惊讶不已。在拉蒙特职业生涯的后期，赫伯特·胡佛和富兰克林·罗斯福也成了他的密友。

拉蒙特和摩根财团整整一代人卷入了凡尔赛和约和德国赔款问题，就像陷入了一个泥潭而无法自拔。在巴黎和会上，拉蒙特参加了一个分委员会，研究德国人向协约国战争赔款问题。鉴于战争很大一部分是在法国领土上进行的——法国北部都是炸弹坑，就像月球表面那样坑坑洼洼，法国人强烈要求得到巨额赔款。1819年和1871年，他们曾向德国人支付了战争赔款，现在他们要向德国人讨还血债。比起报仇心切的协约国来，拉蒙特并不显得咄咄逼人，他建议德国人支付400亿美元——这只是法国人要求的五分之一，英国人要求的三分之一，但这一数额仍是相当大的，远远高于其他美国顾问提出的建议。

赔款委员会最后确定赔款额为320亿美元，这一数额震惊了本·斯特朗，他预言德国马克将会疲软，结果将导致通货膨胀——这不幸言中了。但拉蒙特仍坚持相信，这一赔款负担是完全可以承受的。而经济学家约翰·梅纳德·凯恩斯有争议的名著《和约的经济后果》使德国人觉得他们受到了惩罚，这只能助长他们的怨恨情绪，削弱他们赔款的决心。他认为这为希特勒的飞黄腾达铺平了道路。拉蒙特属于这样一派人，他们认为，德国人操纵了国际舆论，从而使战后金融交易对他们更为有利。直到第二次世界大战结束期间，他坚信《凡尔赛和约》"对德国过于公正，而对协约国却过于不公正"。[9]

无论这一复杂的历史性争论的正确答案是什么，拉蒙特确有先见之明，预见到美国人对国际联盟不会热情支持。他察觉到国内的孤立主义正在日益增长，因而要求德怀特·莫罗从纽约向他报告人们对国际联盟的看法。当他把莫罗悲观的调查结果转给威尔逊时，威尔逊既表示蔑视，又对美国人的怀疑感到迷惑不解。拉蒙特不断地给威尔逊写备忘录，建议他在和约问题上采取灵活战术，多同共和党对手协商，甚至在华盛顿进行院外游说，以便坚定那些犹豫不决的参议员的立场，争取两党的共同支持。对文体一向敏感的拉蒙特建议威尔逊在讲话中多些幽默，在解释联盟章程时使用"近乎儿童般的语言"。[10]威尔逊对莫罗的报告所做出的反应显得风格高尚，但缺乏远见。他告诉拉蒙特："整个问题的关键是它的真实情况。如果我们能够使国内的人们同我们一样了解这一情况，问题就会迎刃而解。"[11]拉蒙特实际是一个容易妥协的人，当威尔逊顽固地坚持自己的见解时，他只是看着，心中充满恐惧。他俩在最后一次横跨大西洋之行中心情愁闷。1919年11月，《凡尔赛和约》在参议院搁浅，威尔逊受到重大打击。美国始终没有参加国际联盟。

凡尔赛是汤姆·拉蒙特开创事业、并在国际舞台上崭露头角的起点，从这里他获得了互相矛盾的经验教训。一方面，这次和会留下了一丝理想主义的残余。在他的记忆中，威尔逊始终保持了圣人的形象。他对威尔逊的"乐天派性格""聪明才智"，以及"像苏格兰威士忌酒那样混杂美好的理想主义和执拗的结合"赞不绝口。[12]然而，另一方面，他也发现，政治是一门实现潜能的艺术。威尔逊过于纯真，因而受到伤害。这个世界是不可能成为乌托邦的。关于威尔逊，他说："他是一个不可思议的人物——在许多方面是个伟人，在不该硬的地方硬，在该妥协的时候还是妥协的。"[13]拉蒙特自己在妥协让步方面的才能终将表现出来，因而他的政治悲剧与威尔逊将完全不同。

回到美国后，拉蒙特仍然受到威尔逊精神的鼓舞，他骄傲地把总统及豪斯专员的画像悬挂在华尔街23号他的办公桌上方。就在不久前，他成了《纽约晚报》的出版商。他一改以前的不干预政策，坚持该报要采取支持国际联盟的立场。作为美国首要对外贷款人，摩根财团对威尔逊标榜的自由民主党的国际主义也有一种自然的亲近感。20世纪20年代，当美国实业家们仍然拘泥于保护主义、偏安一隅的时候，银行家们则已开始向世界发展。只有通过自由贸易，国家才能进行出口并赚取外汇，偿清债务。如同19世纪在伦敦金融城发生的情况一样，华尔街开始着眼于国外，其程度远远超过商业存款银行。摩根财团作为全球合作的倡导者，常常觉得同主张孤立主义的共和党人格格不入。

回国参加1920年共和党全国代表大会期间，拉蒙特为共和党室内吞云吐雾、乌烟瘴气的情形，狂妄自大的孤立主义以及卑鄙的对外国人和外交事务的畏惧和痛恨所震惊。他发觉，美国突然退出了这个世界，并拒绝为战后欧洲的复兴承担责任。在这一年的选举中，拉蒙特单独投了民主党总统候选人的票，支持俄亥俄州州长詹姆斯·考克斯，而不是沃伦·哈丁，因为考克斯赞同国际联盟。虽然杰克·摩根支持国际联盟，但出于对两个政党的厌恶，他拒绝参加选举，并对"胆小怕事的共和党"和"亲德的俄亥俄州编辑"大加痛骂。[14]尽管摩根银行在20世纪20年代同三届共和党政府保持了亲密的关系，但银行的全球责任观念同褊狭的共和党人一叶障目的短视之间始终存在着紧张关系。随着摩根财团的规模不断向多国方向扩展，它将感到难以适应这个厌烦同欧洲发生牵连的美国。

当拉蒙特在凡尔赛和谈的时候，杰克正在同自己内心的恶魔搏斗。他不想同德国人谈判，只是希望看到他们为其"野蛮"行径受到惩罚。1917年，他在给朋友的一封信中写到："目睹了德国在这场战争中的所作所为之后，任何文明国度都不可能再同那些已经表现出邪恶本性的人发生任何商务或金融往来。"[15]他说，他宁愿看到潘兴将军率领50万大军开进柏林，而不愿看到一纸仁慈的和平协议。[16]要是皮尔庞特·摩根还在，他肯定会心怀这种恶意采取行动。但是，战后的摩根贷款将越来越多地反映美国的各项利益，而不是出于合伙人一时的心血来潮。尽管杰克高声恫吓，他的银行还是提供了大笔贷款，而使赔款得以实现。他的银行同德国的关系更加密切了，这是他做梦也没想到的。

表面上，杰克仍保持着一个稳重的银行家的形象，但内心里却感到恐惧和慌乱。他的不安全感并没有因停战而消失。即使是在战后的环境中，一个显赫的银行家也很容易感觉到，他似乎是便于恐怖分子袭击的一个静止的目标。发生在俄国的一连串的事件——托洛茨基和列宁夺取了政权、沙皇尼古拉二世遭暗杀、以及布尔什维克拒绝偿付国外债务——使富豪们警觉起来（当布尔什维克试图把俄国在巴林银行的大笔存款转移到纽约的担保信托公司时，巴林银行冻结了这笔存款）。墨西哥革命期间，墨西哥政府也拖欠外债，并于1917年通过了一部激进的宪法，威胁要将美国石油公司收归国有。

有人预言，革命将蔓延到北美沿岸。人们都在谈论阶级斗争和罢工，政治气氛越来越浓。1919年期间，有400万美国人举行了罢工，西雅图市成为一次大罢工的发生地。司法部长米歇尔大力搜捕"赤色分子"和外国煽动者，以至后来这种突击行动以他的名字来命名。时事动荡使杰克更加怀疑"破坏分子"想要摧毁这部工业化的国家机器。他为马萨诸塞州州长卡尔文·库利奇镇压波士顿警察罢工和加里法官在美国钢铁公司的一次罢工中支持自由雇用拍手称快。

1919年5月1日,有20位美国名人收到了相同的信件炸弹,杰克便是其中之一。只是因为邮资不足,这批邮件被纽约市邮局截留,才使这些加害目标幸免于难。杰克和他的女儿简还遭到密执安州一个名叫索恩的看门人的勒索。索恩声称他已使他们中了一种慢性的、神秘的细菌的毒害,如果他们支付22000美元,他可以交出解药。要是在平常,杰克会对此不屑一顾。但在当时紧张的局势下,他认为应该惩治一下勒索者,以儆效尤。结果,索恩被逮捕定罪,并在莱文沃思监狱度过了15个月的铁窗生活。到了1921年,摩根银行感到受到破坏者的极大威胁,因此公关负责人马丁·伊根建议给银行的私用火车车厢"孔雀角号"起一个不显眼的名字,以避免因同摩根合伙人哈里·戴维森在北滩的私宅相关联而招致祸患。

实际发生的一系列事件说明,杰克·摩根感到恐惧是事出有因的,而这种恐惧感使他深受困扰。他的身边正在发生着疯狂的事情。另外,1920年到1921年出现了衰退,就其严重性来说,它可能更接近于一次萧条。为了遏制紧随战争而来的通货膨胀,纽约联邦储备委员会的本·斯特朗大幅度提高了利率。这是联邦储备委员会第一次有意识地为了控制经济过热而引起的衰退。这期间,失业率增长了5倍,达到了12%,400万人丢掉了工作,仅1921年一年,就有500家银行倒闭。

1920年初,杰克·摩根形成了一种几乎是不合逻辑的观点:他感到富人是软弱无力的,而被煽动者蛊惑起来的群众的攻击却是威力无穷的。在这种恐惧心理的驱使下,他雇用了一名私人侦探。此人名叫威廉·多诺万,是个律师,一战期间曾是得到过高级勋章的军官(后来他成为著名的"疯狂的比尔·多诺万",领导了战略研究部,该部是中央情报局的前身)。随着激进主义在世界范围的蔓延,情报工作也如雨后春笋般展开。杰克要求多诺万去调查1919年成立的共产国际,因为这一组织把银行家列为工人阶级的首要敌人。杰克曾向沙皇尼古拉二世提供过资金,因而他充满忧虑地注视着布尔什维克的动向。他还要求多诺万搜集有关从旧奥匈帝国中脱离出来的新国家的情报，因为有人认为中欧的政治混乱可能会成为产生共产主义的温床。多诺万的调查相当无聊——他只找到了一些满是灰尘的报纸和发言稿——但这项工作使他进入了金融界，也使杰克习惯于使用一种新的方式对付他的敌人。

1920年发生的另外两次事件更使杰克感到危险无所不在。4月18日，一个星期天的早晨，一个名叫托马斯·辛普金的无政府主义者、在逃的精神病人，溜进了位于斯泰弗森特广场的圣乔治大教堂。出生于伦敦的辛普金曾因泰坦尼克号的沉没而寻死觅活。他后来说，他到美国就是要杀皮尔庞特·摩根的，只不过他已经死了。在这个星期天的早晨，他被优美和谐的教堂钟声吸引到了圣乔治大教堂。"钟还在敲，我感到了安慰。"他说，"然后，我走进了教堂。"[17]他知道这是摩根家族做礼拜的教堂。

杰克的妹夫赫伯特·萨特利正在教堂里，摩根家的朋友和医生詹姆斯·马科也在。正当马科医生传递募捐盘的时候，身材矮小、衣衫褴褛的辛普金拔出手枪，近距离朝他的额头射击。募捐盘摔落到地上，发出"如同玻璃破碎般"的声响。[18]教区牧师卡尔·赖兰将《圣经》扔到布道坛上，然后跳过了祭祀圣坛的围栏。虽然风琴手已停止了演奏，但教堂唱诗班仍然天使般演唱着。身着燕尾服的教会成员们此时正追赶着辛普金，他们在斯泰弗森特广场抓住了他。马科医生被飞快地送往产科医院，凑巧这正是他建议皮尔庞特出资捐助的那家医院，几分钟后，他死在了那里。事后得知，原来辛普金错把马科医生当成了杰克·摩根。当审讯人员问辛普金为什么要杀杰克·摩根时，他回答说，他听说摩根和一位叫米勒的国会议员曾说过，世界国际工人组织应该被枪毙。[19]

接着，1920年9月16日又发生了爆炸事件。这天刚过中午，一辆装有500磅铁框格的马车停在华尔街摩根财团与街对面的美国检测所之间。突然，马车爆炸了，地面被炸出了许多大坑。午餐时分像弹片一样的爆炸物飞向惊恐万状的人群，38人被炸死，300人受伤。正走过华尔街23号的年轻的约瑟夫·肯尼迪被掀倒在地。在半径达半英里的范围内，爆炸震破了窗户，包括摩根财团在华尔街的一面窗户。大火和古怪的绿色烟雾直冲天空，街上12层楼高的遮篷也着了火。纽约证券交易所里，炸碎的窗户玻璃穿透了丝绸窗帘,惊慌失措的交易者们躲避着被炸的窗户。

约翰·布鲁克斯在他写的《戈尔康达往事》一书中描绘了当时摩根银行中的混乱:

> 摩根财团众多的办公室遭受破坏最严重,内部千疮百孔,一片狼藉,到处是碎玻璃、东倒西歪的桌椅、散落的纸张以及一些被炸得七扭八歪的钢丝纱窗。这些纱窗是不久前公司刚刚装在窗户上的,好像是天意神授,无疑是它们使办公室避免了更惨重的损坏。一名摩根雇员当场死亡;另一名因伤势过重,第二天也死了;还有十几人伤势严重。朱尼厄斯·摩根(杰克的长子)当时正坐在一层靠近北边窗户的桌子旁,爆炸冲击波把他向前抛去,然后他又被碎落的玻璃割伤……另外一个年轻的摩根职员威廉·尤因被炸倒,并昏迷过去。几分钟后他醒来时,发现自己的头插在一个废纸篓里。[20]

爆炸使金融交易厅里布满了像白糖一样的玻璃渣子。一节铁窗架戳进坐在高凳子上的比尔·乔伊斯,使他一命呜呼。约翰·多纳休因烧伤而死亡。大楼在华尔街一侧的田纳西大理石上被炸出一行深深的麻窝。或许是要把它作为骄傲的象征,或许是为了纪念两位死去的雇员,摩根银行没有去修复那些大理石,爆炸的痕迹仍然清晰可见。后来一个合伙人曾提到修复大理石要耗费巨资,并且承认说:"把它们仍留在那里是恰当和正确的"。[21]以后的几十年里,银行家们总在相互问,爆炸发生的时候你在哪里?

爆炸发生在9月份,而此时杰克正在他苏格兰的狩猎场。可其他合伙人当时都聚集在他的办公室里,幸运的是,办公室朝向百老汇街。一位来访的法国人神经质地笑着说,他觉得似乎又回到了战争时期。乔治·惠特尼走到大街上检查伤害情况。在摩根银行弹痕累累的北墙上,他看到了令人毛骨悚然的情景:"一颗女人的头颅和帽子黏贴在一处破损的墙壁上。我将永远记住这一幕。爆炸物击中了她,威力如此之大,以至于她的头被削飞,并紧紧地贴在墙上。"[22]

回忆起那一天梦一般历历在目的恐怖情景时,惠特尼谈起了德怀特·莫罗的一件事。德怀特·莫罗是一个出奇的心不在焉的人。那天中午,他同一位政府官员约好共进午餐。当硝烟散尽之后,惠特尼看到莫罗准时一路小跑下了楼梯,去会那位官员,好像这只是一个普通的工作日。他们俩穿过大街上的尸体、消防人员、东倒西歪的汽车和炸弹坑,悠闲地散着步到银行家俱乐部去吃午饭。惠特尼说:"他们根本没在意这些,我想他们根本就不知道他们在干什么。"[23]

摩根财团凑合着度过了后来的几个星期,他们用粗帆布遮上窗户,用脚手架支撑住中央金融交易大厅上摇摇晃晃的圆顶。许多人挂着吊带或绑着绷带来上班,这对一个非常浮华的银行来说实在是一个奇怪的插曲。这次爆炸的目标是否是摩根财团或检测所,没有人知道,它一直成为一大悬案。尽管这一事件同无政府主义者制造的一系列事件相吻合,并且人们一直把它归罪于无政府主义者,但它或许只是一次自然的化学爆炸事故。坐落于华尔街11号的新的证券交易所当时正在施工,也许正是因为如此,这一地区有炸药。摩根银行雇用伯恩斯国际侦探所调查这一事件,侦探所悬赏5万美元以获得有关的情报,但始终没有人领取这笔赏金。

爆炸刚一发生,杰克在麦迪逊大街的住宅的周围立即布置了30名便衣侦探。杰克认为爆炸事件是针对华尔街的,而不是针对摩根银行的。但无论如何,联系到1915年的枪击事件、索恩事件、马科枪击事件以及无数乌七八糟的信件,这次爆炸事件更使杰克觉得险象环生,使他对阴谋集团的恐惧与日俱增。

这一阶段的骚乱导致杰克加深了反犹太主义的情绪,是他形成自己观点的重要因素,同时成为他简单地把许多事件,特别是针对他的家庭和公司的攻击事件都看成是与此有关。杰克的反犹太主义思想由来已久。他把犹太人视为遍布全球的第五纵队,都是些假装对他们所在国政府忠心耿耿、而实际却在秘密地帮外国政府搞阴谋活动的阴谋家。他把德裔犹太人银行在华尔街的存在推而广之,视为一种更加普遍的现象。像他的父亲一样,杰克对他自己圈子内的密友热情而友好,但也同他的父亲一样,他对圈外人常常是冷若冰霜,甚至表现出怀疑。杰克从不认为他持反犹太主义观点是欺压弱者；他的敌人比他——一个孤立无援的摩根——要强大得多，因此，他们咎由自取。

1920年5月，作为哈佛大学监理的杰克急急忙忙找到劳伦斯·洛厄尔校长，就监理会职位空缺所造成的严重危险向他提出警告：

> 我想我应当指出，我相信在监理中有一种强烈的看法，即候选人决不应该是一个犹太人或一个罗马天主教徒，虽然很自然，对天主教徒的情绪没有那么强烈。恐怕您会认为我们是一群肚量狭小的人，但我个人之所以反对上述任何一种人接替这个位子是基于这样的事实：无论是犹太人还是天主教徒，他们都承认利益或政治控制比这个国家的政府重要，而且在这些人的心中比政府更加优先——犹太人总是把犹太人放在第一位，而把美国人放在第二位；我恐怕罗马天主教徒也常常把教皇至上的信仰者放在第一位，而把美国人放在第二位。[24]

从这封信中，人们可以感觉到杰克头脑中仍然想着战争期间他同库恩-洛布公司之间的不和，现在这一不和被扩大到了全世界。具有讽刺意味的是，他后来很快募集了一笔美国历史上最大的德国贷款，并因其投资建议而得到梵蒂冈授予的勋章。

1920年，杰克确信在德裔犹太银行家中存在着一个反对摩根的阴谋小集团。因此，他聘用了一个名叫查尔斯·布卢门撒尔的人去调查他们的活动。在两年的时间里，布卢门撒尔定期向杰克报告。他使用的办法没有留下文档记录，但塞缪尔·昂特迈耶明显是一个目标，因这个人在普约听证会上所扮演的角色，杰克仍打算要惩治他；另一个目标是生于德国的奥托·卡恩，他是库恩-洛布公司的合伙人，也是都市歌剧院的财政后台老板。善于炫耀的卡恩厮混于贵族社会，这一点远远胜过雅各布·希夫，因此，他赢得了"新旧约全书之间的扉页"的绰号。[25]他曾慷慨地为1915年英-法贷款出资，杰克甚至还赞扬过他在战争期间发表的具有爱国主义精神的讲话，这些讲话在协约国中广为流传。卡恩被德国的皇帝咒骂为自己祖国的叛徒。然而，1919年，杰克得知，战争初期，卡恩和库恩-洛布公司为德国的几个城市提供了一笔小额贷款。卡恩仍然享有英国归化公民的国籍，因而杰克认为，这笔贷款一看就是他叛国的铁证。杰克怒不可遏，他写信给格伦费尔说："他现在又成了美国公民，英国不能将他关进监狱，在我看来，这事干得实在不漂亮。我认为应该让人们知道这些。"[26]卡恩在战争期间的爱国主义被人遗忘了。

杰克紧紧跟踪着他的猎物，搜寻卡恩同德国贷款相关联的证据。1920年，他显然从布卢门撒尔那里获得了证据。他在给格伦费尔的信中说："所附是林德海姆写给艾伯特博士的一封信的影印件。林德海姆是纽约的犹太律师，他同昂特迈耶一伙有着千丝万缕的联系。我认为这封信足以确认奥托·卡恩先生提供了那笔德国城市贷款。"[27]似乎杰克和特迪·格伦费尔都在同英国当局交换情报，因为格伦费尔已经知道艾伯特博士在战争初期花了大笔德国人的钱。[28]两年之后，摩根银行通过一个伦敦的消息灵通人士查阅了英国海军部有关塞缪尔·昂特迈耶的记录。

杰克的另一个可能的情报来源是亨利·福特的《珍贵独立报》。该报是福特异乎寻常的反犹太主义观点的喉舌，通过福特汽车经销商在全国发行。1921年，该报开展了一场反对"归化的美国人"——被认为对这个国家不够忠诚的移民——的运动。杰克在给编辑的一篇热情洋溢的短文中赞扬了这一运动："由于战争，我充分意识到了归化的美国人对社会的威胁。在我看来，犹太人似乎是唯一的这类人，他们默默地干自己的事，并正在努力维持他们外来移民的心态而不引起公众的注意。"[29]杰克说，他将向《珍贵独立报》提供信息。当查尔斯·布卢门撒尔到底特律就犹太人威胁问题同亨利·福特磋商后，杰克随后写了一封信邀请福特到纽约去访问他。

杰克混乱的反犹太主义夹杂着商业上的竞争。美国人银行和犹太人银行在华尔街上形成了两个敌对的集团。1921年，一个前司法部代理人向摩根银行透露了一个秘密，说犹太银行家和德国企业家制定了一项计划，以恢复德国的财富。他讲到一个叫雷曼的先生和一个叫罗斯柴尔德的先生如何在纽约同库恩-洛布公司的合伙人见面以完善这一计划；他们又如何希望这一新的联合把摩根财团挤垮。这也许确有其事，或只是危言耸听。杰克对美国人和犹太人银行在华尔街上的竞争有自己的看法,他从阴谋和宗教方面,而不是从比较庸俗的生意方面看待这个问题。

杰克同布卢门撒尔的关系很快就恶化了。杰克为他预付了一笔钱,用于购房的抵押,但他没能按时还钱。对杰克这样的银行家来说,赖账的人在地狱中比犹太人还要遭罪。两人的关系变得冷若冰霜。1922年,布卢门撒尔的还款逐步结束。后来,当布卢门撒尔试图以摩根的名义筹集现金的时候,杰克否认他曾雇用过这个人。这是怄气吗?或许杰克是在掩盖自己的罪责?

无论如何,所谓德国人的阴谋和犹太银行家的阴谋伎俩的谈论很快便显得很愚蠢,完全是无中生有。杰克·摩根为德国人干的事比华尔街上任何一个犹太人干的都多。甚至当他在1922年中断了同布卢门撒尔的关系后,国务院还力劝他去参加一个银行家委员会,该委员会要为一笔提供给德国的巨额贷款制定所需的条件。杰克·摩根几年来一直在搜寻德国的支持者,到头来他将发现他本人就是给德国提供贷款的主要银行家。这些年他所捕捉的幽灵实际就是他自己。

战争期间,批评家们把杰克讽刺为一个傀儡,一个苍白无力、行动缓慢的皮尔庞特·摩根的仿制品。但杰克把批评家们愚弄了。他的英国关系网加强了他同协约国的关系,他为摩根建富雇用的合伙人也是如此。他在战争期间一直扎扎实实地工作,而且他继续每天工作8到9小时,直到20年代初。然而,杰克毕竟只是一个迫不得已而为之的银行家,他缺少曾经激励过他父亲的那种巨大的、不断释放的能量。正像他自己所认识到的,他是一个游手好闲的人,是一个具有英国乡绅风格的刻意做作的业余爱好者。他喜欢园艺、乘快艇游玩、读侦探小说——一些温和而恬静的活动。有一次,在一种倦怠的情绪下,他把自己的头脑比喻成一个软软的、煮烂了的菜花。另外,他父亲的衰弱、病痛和死亡总是在他脑海里萦绕,他把这归因于政治和过度劳累。因此,他准备依靠一个强有力的副手。

哈里·戴维森使杰克着迷,他似乎成了战后一个阶段承担摩根重担的最佳人选。戴维森具有天生的权威。库恩-洛布公司的保罗·沃伯格曾经说过,"人们愿意追随他",³⁰他对摩根银行的献身精神堪为楷模,这一点可以为皮尔庞特死后他发给纳尔逊·奥尔德里奇的一封电报所证明。当时,戴维森的住宅"孔雀角"刚刚烧毁,在住宅重建期间,他打算在一艘游艇上度过夏季。他发电报给奥尔德里奇说:"同其他的重大损失相比,房子的损失实在微不足道。"³¹

战争使戴维森的地位大大提高。作为红十字会战争委员会的主席,1919年他被提升为红十字会全球联盟的主席。在他任职期间,有800万志愿者报名参加红十字会工作。许多故事都表现了戴维森的极大自信。在一次红十字会大会上,前总统塔夫脱说道:"我荣幸地向大家介绍一位最杰出的公民,这个人宁愿面对德国人的大炮也不愿面对听众。"这时戴维森已经快要从椅子上站起来了,而塔夫脱却高声宣布:"这个人就是潘兴将军!"³²

另外一个故事讲到,戴维森1918年去伦敦,刚一到达,他就得到通知说乔治五世希望见他。在去白金汉宫的路上,王室侍从向他介绍了各种礼仪,并罗列了一套皇家禁忌和戒律:他不得跷二郎腿,不能先伸出手去握手,没有国王的允许不得告辞,等等。戴维森同国王陛下愉快地度过了一个小时的时光。可这时,他突然想起还有另外一个约会,便猛然站了起来——违反了一条禁忌。除了摩根合伙人,还有谁会厌倦同国王在一起呢?谁不希望延长这种经历呢?然而白金汉宫只是戴维森紧张的日程安排中的一站——摩根财团已凭借自己的资格成了贵族。

战后,戴维森的威望高涨,朋友们甚至提到,他可以成为总统候选人。戴维森自己却提出异议,说这是"不可能的"。显然,这是因为他曾卷入了1915年春以悲剧结局而告终的婚外恋事件。³³他害怕此事被挖掘出来,因为那是一个恐怖的事件。戴维森和他的夫人凯特同布科克夫妇是好朋友,他们在新泽西州的恩格尔伍德市是邻居。霍华德·布科克是阿斯特信托公司的司库。阿黛尔·布科克是戴维森夫人的好友。戴维森同阿黛尔·布科克发生了暧昧关系,而霍华德·布科克开始时对此事毫无察觉。

当霍华德·布科克得知此事后,他简直发疯了,但他采取了适合于他的身份的方式。1915年3月22日,他提前从公司回到家里,显得焦躁不安。但同往常一样，他同他的夫人在东七十四街的住所里共进了晚餐，这期间仆人们也没有注意到任何反常现象。之后，霍华德上楼到书房去看报，阿黛尔则留在楼下的客厅里弹钢琴。后来霍华德也下到客厅里。仆人们听到钢琴音乐突然停止了，紧接着又听到两声枪响。当惊慌失措的女佣们冲进房间时，她们发现霍华德用一把老式军用左轮手枪从背后向阿黛尔的右耳根处开了一枪，然后他又向自己的左眼上方开了一枪。心慌意乱的仆人们第一个想到要打电话通知的就是阿黛尔·布科克的好友凯特·戴维森。只能由凯特来通知布科克的亲属了。凯特同意收养布科克的两个孩子——他们在枪杀过程中一直在睡觉。戴维森夫妇还供养他们上学。这一举动使人联想起戴维森夫妇在早些时候还曾慷慨地收养了本·斯特朗的孩子。布科克夫妇的枪杀事件是1915年轰动一时的"悬案"。验尸小组得出的结论是，霍华德·布科克由于担心自己可能患有肠癌而变得精神失常。此事到现在才真相大白。[34]

1920年，当哈里·戴维森从红十字会回到摩根财团时，已然失去了他那精神焕发的面貌和磁性般的魅力。他抱怨自己总是莫名其妙地头痛和失眠。他请了一年的假，同家人一道去了木兰花庄园。这是他在佐治亚州托马斯维尔的一处地产。在一张戴维森正在野餐的照片上，他嘴里叼着一支大号雪茄，身穿一件白衬衣，外着一套三件式西装。即使是在身体状况欠佳和户外活动的情况下，摩根人也不能给人以衰弱无力的形象。然而，住在木兰花庄园并没能消除他的头痛和头晕。1921年8月，戴维森被诊断为长了脑瘤。

戴维森是一个具有男子汉气概的人，他拒绝成为一个病人。他的"孔雀角"是在长岛北滩占60英亩、用希腊式圆柱装饰起来的住宅，这一住宅同杰克·摩根和乔治·贝克的住宅一道，几乎形成了连绵不断的一片。一天，他在那里同弗雷德里克·蒂尔尼医生正在欣赏牡蛎湾中的一群海豚。蒂尔尼说他一直想得到一个海豚脑子做研究。戴维森立即吩咐他的仆人："把我的来复枪拿来，并让他们马上准备好机动船。"[35]戴维森出海并射杀了他的海豚。

1922年5月，哈里·戴维森在切除脑瘤的手术过程中去世了，终年54

岁。他留下了价值1000万美元的财产，其中的450万给了他的儿子弗雷德里克·特鲁比。特鲁比从上大学开始就被禁锢在轮椅上。战争期间的一个暑假里，在耶鲁大学上学的特鲁比和他的几个同学组成了第一个海军预备役航空小组。戴维森为他的儿子买了一架飞机。在孔雀角的一次示范表演时，飞机的后发动机脱落，并击中了特鲁比的头部，从此他成了截瘫病人。父亲的特别遗赠意在使他在不受任何物质生活困扰的条件下追求政治生涯。特鲁比在库利奇和胡佛两届政府中担任过战时航空部部长助理，并出任过美国自然历史博物馆馆长。他同他父亲一样具有不屈不挠的精神。尽管他身患残疾，他仍然打网球，并为博物馆寻找大的展览项目。

在华尔街23号，戴维森的死亡使汤姆·拉蒙特通往权力的道路失去了障碍，他轻而易举地占据了领导位子。怀着对良师益友戴维森的感恩戴德之情，拉蒙特继承摩根传统，为戴维森树碑立传，写了一篇歌功颂德的传记。关于他的另一个行为楷模皮尔庞特，拉蒙特写道："他对小人物所做的或建议的小事不感兴趣。"他把皮尔庞特掌管摩根的阶段看做是一个正在消失的彬彬有礼的时代——一个在商务上具有骑士风度的黄金时代。[36]皮尔庞特和戴维森早期对拉蒙特的影响使他这位银行家具备了一个政治家和建功立业者所应具有的高瞻远瞩的视野，而不是一个官僚或纸上谈兵的人。

在20年代，汤姆·拉蒙特成了摩根银行的智囊和华尔街上最有权势的人物。每当记者们谈论"重要的金融观点"时，他们通常都先同拉蒙特讨论。华尔街上有一种说法："摩根先生对拉蒙特讲话，拉蒙特先生对人民讲话。"[37]在他的早期银行生涯中，拉蒙特总是对他的前辈们毕恭毕敬，甚至阿谀顺从，心满意足地扮演着驯服朝臣的角色。他知道如何处理同摩根家族的人们的关系。皮尔庞特和杰克都是寡言少语、性情孤独的人，因此，他们喜欢那些性格平和而外向，且具有魅力的人。皮尔庞特周围有善于交际的培根和珀金斯，而杰克周围则有戴维森和拉蒙特。摩根家族不善出头露面，非常注重于内部事务，而这些摄政者却使公司在社会上大放光彩。敏锐的拉蒙特还时常给杰克一些鼓舞信心的赞许，而这是皮尔庞特从未向杰克表示过的。

汤姆·拉蒙特从一个穷牧师的孩子一跃成为华尔街尽人敬仰的人物。

何以如此则是一个谜。1750年，拉蒙特家族的第一代从苏格兰到达美国。拉蒙特的父亲曾是一位希腊语教授和卫理公会教牧师（汤姆后来成了长老会教徒）。老拉蒙特长了一张《旧约全书》式的脸——宽阔的前额、连鬓胡子，两眼放出冷峻的光芒。他禁止家人跳舞、打牌，甚至禁止他们在安息日到邻居家去闲逛。幸运的是，拉蒙特的母亲还是比较温和的。汤姆在纽约州北部克拉弗拉克度过了他俭朴的童年时代。他设法摆脱这种处境，并贪婪地阅读小说。他靠奖学金进了菲利普·埃克塞特学院和哈佛大学。他羡慕那些他所遇到的富有的孩子们，但他并不惧怕他们。他完全是一个自我奋斗式的人物，正因为如此，他在一个充斥着不法投机和肤浅的乐观主义的时代中很具有典型意义。像F.菲茨杰拉德小说中的主角杰伊·盖茨比一样，他以一个穷孩子的方式生活，行为举止均出于他的无穷无尽的幻想。他成功地扮演了一个贵族角色，以至被人们误认为他是一个真正的贵族。

拉蒙特短小精悍，双肩匀称。他头发稀疏，两眼总是笑眯眯的。他常常在他办公室的壁炉前让人拍照，双手插兜，显得随意而愉快。他通常面带一种很开心的、探寻的神情，似乎是在表示亲昵，实则却是在探究他的客人。他紧密地注视着这个世界，仿佛是在审时度势，一眼就可把一个人看穿。他似乎不知道什么是沮丧，天生一个乐观派，遇事总能泰然处之。他最爱说的一句话就是"别着急"。他的儿子科利斯说他从来没见过他父亲生气。他有极强的工作能力，他在哈佛工商学院写的许多长篇论文顶得上十多个人的工作量。汤姆·拉蒙特是一个奇才——在商务上、金融上以及外交上。而且他的事业涉及面之广，令人目眩，可以同皮尔庞特·摩根相媲美。

拉蒙特具有建立友谊的天赋，对文学界心向往之。他是一个报纸出版商，还是克罗韦尔出版社的大股东。他是涉足这一领域的唯一的摩根合伙人。战争期间，当英国诗人约翰·梅斯菲尔德游说美国，以争取对英国的同情时，他喜欢上了拉蒙特，甚至将他的《战争与未来》一诗献给了拉蒙特。拉蒙特同沃尔特·李普曼、约翰·高尔斯华绥和赫伯特·乔治·威尔斯也结为朋友。他具备作家所应具有的冲动，他每月都匆忙写出成百封私人信件，记录下他的各种思想，并把它们传给后代。

他的交际不只局限于名人。每年春天,他都同三个同窗好友去大西洋城小住几日,在那里钓鱼、打桥牌、聊天。他同许多人保持着友好关系——就像魔术师,总能神奇般地使他手中的球停留在高空,而且每个人都因得到来自华尔街23号精心选送的礼物、卡片和邀请信,而感觉受到了特殊的待遇。

如果汤姆·拉蒙特得以如此容易地进入摩根的特权阶层,这同华尔街在20年代所表现出的非凡的自信以及银行家新的外交作用有很大关系。拉蒙特是一个天生的政治家,而且生逢其时,在这个历史时期,他恰好赶到了点子上。1928年,埃及国王对他说:"拉蒙特先生,我敢打赌,迄今为止,我是唯一的一个接待过你,而又没有向你为政府要求一笔贷款的外国元首。"[38]很可能他是对的。后来拉蒙特出现在一份统治美国的63人名单上。即使名单再短一些,他的名字也不会被抹去。激进派记者费迪南德·伦德伯格后来在1937年说,拉蒙特"在西方世界行使权力20年,他的权威超过任何人;他付诸实施的最后决定也比任何人多,而且至今还没有因此而发生控告。简而言之,拉蒙特成为看不见的战后高额融资和政治界人名录中的事实上的第一执政官,成为各国总统、总理和中央银行董事们都要躬亲请教的人物"。[39]伦德伯格的议论说不上夸张,他最多也就是说得有些过头而已。

1916年,拉蒙特力劝亨利·福特把他的汽车公司变成上市公司,从中可以看出,他的理想不同凡响。这一举动直到1956年福特死后才得以最后完成。摩根财团虽然掌握大量铁路公司的股本,但却一直缺乏远见,没有认识到汽车工业的重要性,皮尔庞特早年甚至曾断然拒绝过福特的融资请求。威廉·克拉波·杜兰特曾预言,汽车的销售量将飞速上涨,达每年50万辆,将来会有一天美国道路上汽车的数量要超过马的数量。然而由于乔治·珀金斯对此预言嗤之以鼻,结果丧失了1907年为通用汽车公司提供资助的机会。对新世纪初期的华尔街来说,汽车只不过是富人们的玩具,不可靠性和糟糕的道路困扰着它的发展。这种态度引起了亨利·福特的怨恨,更加深了他对华尔街银行家的蔑视。

到1916年，汽车公司在华尔街已经令人刮目相看。通用汽车公司宣布了它的第一次股票分红——纽约证券交易所有史以来最大的一次分红，早期的怀疑论点变成了时髦的积极性。亨利·福特早已为他在高地公园的车间引进了一条装配线。1914年，他还宣布他的工人每天工作8小时，每小时工资5美元——条件之慷慨吸引了12000名求职者。此时，福特公司年生产T型汽车已达50多万辆，拉蒙特看到了可以按皮尔庞特的传统做一笔惹人注目的交易的机会。老摩根的幽灵总在拉蒙特的脑海里萦绕，这一点从他给福特的一个同事的一封信中可以看得很清楚。在那封信中他指出，如果福特公开出售他公司的股票，将"是自从15年以前钢铁公司发行股票以来前所未有的事情"。[40]作为一条规定，福特反对公众持有所有权，并认为股东应该为公司工作。然而，他请拉蒙特将J.P.摩根和福特的"最佳思想"统一起来。策略和友好怎样结合才能制服亨利·福特呢？

在一份备忘录中，拉蒙特既奉承福特，又对他进行煽动。他首先说："你拥有这个国家乃至这个世界上首屈一指的汽车工业……同事们从一无所有开始，现在已使这一工业达到了相当大的规模。"待福特飘飘然之后，拉蒙特便单刀直入："你的公司现在的构成是你唯一的弱点。只要公司的控制权完全在你的手里，那么这事业的未来也就完全倚仗一个人的命运。将来必定有一天，你会因所承担的日常责任而感到深深的烦恼。"在表示了一番同情之后，他又激起福特的忧虑，指出少数持股人可能制造的麻烦。这时，拉蒙特才拐弯抹角地提出了他的建议，他建议福特采取一项"大规模的金融举措"，这样福特才能从烦人的责任中解脱出来——简单说，就是公开上市福特股票。[41]

在另一封信里，拉蒙特把福特出售他的公司，同卡内基将他的钢铁厂出售给美国钢铁公司做了比较。由于福特和卡内基是同一类的个人主义者，因此这一类比是非常巧妙的。他建议福特像卡内基一样，在公司中保留较大的股份，持有"具有最高品位的"优先债务，"保证你和你的继承人或指定继承人将来能够得到丰厚而稳定的收益"。拉蒙特喜欢对奇特的客户使用这种时髦的风格。他提出了他的想法之后便抽身而退，假装不偏不倚，只供福特考虑。几个星期以后，福特说明收到了拉蒙特的信，并表示对他的建议感兴趣,但事情就此没了下文。这虽是一次失败,但拉蒙特虽败犹荣,因为此事最终表现了拉蒙特的无畏的志向,以及他驾驭文字的杰出才能。

有关福特公司的建议被拒绝后,摩根财团便时刻密切注意汽车领域的发展契机。机会终于来了,其渊源是摩根同杜邦公司的关系。杜邦公司的炸药和化学制品生意曾从摩根财团的出口部赚取了大量利润。战争不仅使杜邦公司财源滚滚,还使它拥有了大批油漆、清漆和人造革制品厂,他们看到了这些制品在汽车业中的潜在市场,所以开始积累通用汽车公司的股票。到1919年,他们已掌握了通用汽车公司23%的股份。除了创始人威廉·克拉波·杜兰特的位置外,他们占据了通用汽车公司财务委员会中的所有位子。

杜兰特长得英俊潇洒,脸上带着迷人的微笑。他对发明创造具有鉴赏能力。起初,他是一个富有的马车制造商。1908年,在遭到乔治·珀金斯的拒绝后,他自己为刚刚成立的通用汽车公司提供资助,合并了兰塞姆·奥尔兹和大卫·别克的汽车业务,并随后收购了凯迪拉克。亨利·福特源源不断地生产T型汽车,而杜兰特则不同,虽然他从法国引进了路易斯·雪佛莱公司的技术,以生产一种实用型汽车同福特公司竞争,但他更喜欢多样化的生产线。杜兰特是一个有说服力而且富有魅力的人物——沃尔沃·克莱斯勒有一次曾说过,杜兰特"可以把死人说活"——但他却是一个糟糕透顶的管理者,他鲁莽而又乖僻。[42]这个失意的银行职员的儿子还是股票市场上的一个顽固不化的赌徒,他专门研究通用汽车公司的股票。拉蒙特说,他一掷千金,数百万美元挥手散尽,仿佛这些钱都是台球。

1920年,J.P.摩根公司负责发行一笔6400万美元的股票,为通用汽车公司的扩建融资。为了取悦杜邦公司,摩根银行保留了相当大一部分股票,并将其余的股票出售到可靠人的手中。这时,本·斯特朗在纽约联邦储备委员会策划了1920年的美国农业衰退。亨利·福特大幅度削减汽车价格,通用汽车公司滞销的汽车在汽车经销行里堆积如山。通用汽车公司股票价格暴跌,认购者们——包括摩根公司、杜邦公司以及杜兰特本人——由于没有卖出的股票而遭受惨重损失。杜兰特还组织了一批资金以期支撑通用汽车公司——这个股票辛迪加对杜邦公司和摩根保密。

杜兰特冷静得像一个诈骗老手，他假装对这场灾难无动于衷。他歌剧没有少听，而且表面上还装出一副骑士派头。其实他此时已面临破产，因为他的贷款是以他手上的巨额通用汽车公司股票作为附属抵押品的。如果他不得不卖掉股票来支付债权人，他不仅会使股票价格暴跌，还会使证券交易所发生恐慌，并损坏通用汽车公司的信誉。更糟糕的是，他还随便地将通用汽车公司的股票借给别人作为他们借款的附属抵押品。如果他破产，他还会使其他许多人同时破产。

虽然杜邦信任杜兰特，但德怀特·莫罗和其他摩根合伙人对他却持怀疑态度。当通用汽车公司的股票跌破20美元时，杜兰特仍在继续用保证金买进更多的股票，试图力挽狂澜。他否认存在的问题。当股票跌到12美元时，他的损失进一步加剧。到了1920年11月18日晚，杜兰特需要补足近100万美元的保证金，才能满足第二天早晨开盘时的需要。像亨利·福特一样，杜兰特也看不起银行家，他认为他们都是井底之蛙，见识短浅，而且他们还剽窃更有才智的人的发明创造。但现在他不得不给摩根财团打电话，询问他们是否愿意以每股12美元的收盘价格购买通用汽车公司股票。皮埃尔·杜邦和摩根合伙人觉得杜兰特是一个无能之辈，但他们也担心，如果他们不救杜兰特一把，市场将会崩溃。

当德怀特·莫罗、乔治·惠特尼和汤姆·科克伦来到杜兰特在57街的办公室时，他们好像看到了情景剧里的场景：杜兰特的债务已经暴增至3800万美元之多，他的接待室里挤满了来催债的债权人。由于杜兰特无法使一批经纪人的情绪平息下来，摩根合伙人看到1907年的金融大恐慌可能又要重演。经过一整夜激烈的挽救会议，摩根财团以每股9.5美元的价格——大大低于收盘价——买下了杜兰特的股票。杜邦公司拿出700万美元，摩根财团拿出2000万美元为杜兰特补足了保证金。到凌晨，一个新的公司宣告成立，以购买杜兰特的股票。杜兰特在新公司中的股份只占40%，杜邦公司占了40%，以摩根为首的银行获得20%的股份，作为他们的佣金。皮埃尔·杜邦还想宽待杜兰特，但摩根合伙人却毫无怜悯之心，坚持要他从通用汽车公司中辞职。一夜之间，杜邦公司和摩根财团劫持了一个工业帝国。两个星期之后，已经退休的皮埃尔·杜邦又担任了通用汽车公司的总裁,直到3年后小艾尔弗雷德·斯隆接替他的位子。

这在摩根的历史中是一个双重的重大胜利,既确立了同通用汽车公司的关系,又赢得了杜邦公司的忠诚。正像皮埃尔·杜邦在写给他弟弟的信中说的:"在整个交易过程中,摩根合伙人表现出了最大的优势。他们全身心地投入到工作中,而且在一开始就宣布他们并不要求补偿。他们行动迅速,并卓有成效,这笔涉及6000万美元或更多金额的交易,从计划到实际完成只用了不到4天的时间。"[43]

威廉·克拉波·杜兰特又怎么样了呢?这个顽固保守、不顾一切的投机者在1929年的崩溃中丧失了一半的净资产。在后来的岁月里,他在密执安州弗林特市经营一个保龄球场。1947年,穷困潦倒、几乎被人们遗忘的他死于纽约。

在20世纪20年代,现金富裕的美国人开始对购买外国债券发生兴趣。对一个长期依赖于欧洲资本市场来资助其发展的国家来说,这是一个新的经历。财政部销售的最小面额为50美元的"自由与胜利"债券吸引了对购买债券尚感新鲜的公众。直到战后,这种投资习惯仍在继续。如果美国人历来把钱存入储蓄银行、购买保险和塞在陈旧的床垫里的话,现在则全部用于购买债券。经纪公司也对美国人的这种热情推波助澜,使他们都认为自己是未来的巨头、全世界的恩人、正在成长着的J.P.摩根。

纽约市的大银行纷纷抢夺这一新的业务。国民银行不得承购和分销证券,但他们可以成立独立的证券附属机构以绕过这些限制。大通银行、国民城市银行和担保信托银行都设立了这类分行,他们派出了成千上万的代理人到全国各地,向投资者们大肆兜售来自巴西、秘鲁、古巴和智利的令人眼花缭乱的债券。与此同时,许多美国银行打入了海外市场。1913年联邦储备法案颁布之前,只有州注册银行才能在海外设立分行——这就是摩根财团能够在同外国客户发生联系方面比其他人大大占领先机的原因。现在,国民银行也可以在海外开设分行。热情得有些做作,而又善于花言巧语的美国银行家们在世界各地成了民间传说中的人物。

国民城市银行采取了一系列的突然行动,它进入了俄国(其分支机构被布尔什维克没收），在中国创立了繁荣的业务，在布宜诺斯艾利斯和里约热内卢开设了分行。巴林银行长期以来统治着阿根廷的业务，但战后的几年里，国民城市银行、J.P.摩根公司和库恩-洛布公司的业务超过了巴林银行的业务。与此同时，由于英国财政部禁止对国外提供贷款，致使伦敦金融城陷于瘫痪，并失掉了许多长期主权客户。1925年，当阿根廷邀请巴林银行与J.P.摩根公司共同管理一笔4000万美元的贷款时，财政部的禁令迫使巴林银行把这项大的融资业务转给他人。

华盛顿怀着日益浓厚的兴趣观察着这场投资狂热，琢磨着如何在政治上对它加以利用。即便是具有自由放任思想的俄亥俄州报纸发行商、共和党人沃伦·哈丁在1920年入主白宫以后，也未能阻止他的政府去试图调动华尔街的新力量。"沸腾的20年代"的自相矛盾之处在于，信奉自由市场的三届共和党政府授予国外贷款以新的、半官方的身份，并享有否决贷款的权力——这些是民主党政府所不敢做的，以免被指控为有社会主义的倾向。

在新的贷款政策背后起推动作用的是商务部长赫伯特·胡佛。胡佛熟知威尔逊政府对俄和对华贷款政策的先例，即政府对银行家严加注意。在1921年5月25日的一次白宫会议上，哈丁总统告诉汤姆·拉蒙特和其他华尔街银行家，为了国家的利益，今后所有外国贷款都必须经国务院、财政部和商务部批准。在座的有关部长——查尔斯·埃文斯·休斯、安德鲁·梅隆和胡佛——对总统表示支持。摩根财团不得不将此安排通知其他银行。事后，杰克·摩根作为有影响的私人银行和信托公司的发言人，向哈丁保证，银行家们将"把所有可能进行的有关给外国政府贷款的谈判详细情况报告国务院"。[44]对一个倡导商业的政府来说，这是一次令人吃惊的政府权力的扩展。弗吉尼亚州现任参议员卡特·格拉斯谴责了这种侵犯银行家权力的行为。

共和党一统天下的20世纪20年代，也许是银行家们在美国历史上最具影响力的时期，也是摩根权力达到鼎盛的时期。尽管摩根财团同白宫的关系从来就没有和睦过，但激进的小册子作家对他们之间的相互勾结和帮助也许有所察觉。从一开始摩根合伙人就认为哈丁是一个傻瓜，不足以应付战后重建的挑战。汤姆·拉蒙特后来发表了对哈丁的尖刻评价，把他看作是一个"可怜的人物……最没有本领领导1.2亿人从一次大战的黑暗和混乱中走向光明"。[45]民主党的溃败使杰克如释重负，他急忙跑到总统面前献殷勤，但甚至连他也把哈丁诽谤为一个缺少远见、"软弱无力"的沙文主义者。

对哈丁的蔑视远远超过个人之间的恩怨，因为白宫和摩根财团分别代表了共和党中完全不同的派系。出于本能，也出于自己利益的考虑，摩根银行在国际融资问题上属于自由主义者和国际主义者。它主张美国发挥领导作用，提倡同协约国密切协商和积极向国外贷款。在外交政策上，感觉它与威尔逊的民主党人反倒有某些默契。鉴于英国在恢复其国外贷款上裹足不前，J.P.摩根公司希望美国继承英国的领导地位，并开始重建欧洲。与之相反，哈丁派共和党人属于褊狭的保守主义者，他们对欧洲的冲突感到厌倦和蔑视。这些共和党人把国外贷款看作是操纵外国人的手段，或者是有去无回的福利支出，认为这些钱还不如用在美国国内。在摩根的整个历史中，该公司强烈地倾向于当国际主义者的领导人，而不一定是共和党人。

在新政府上台初期，摩根财团和哈丁在协约国战争时期所欠华盛顿约100亿美元的贷款问题上出现了分歧（这些都是美国介入战争后提供的贷款，而不是摩根财团在华尔街组织的贷款）。亲英的摩根财团极力主张注销这些债务。杰克·摩根说，当协约国送士兵去抗击德国人的时候，美国送的只是美元；从体面的角度考虑，这些战争债务应被视为补贴，而不是贷款。而对哈丁政府来说，这是一个美国人是否会再一次被腐败而又诡计多端的欧洲人置于困难境地的问题，收回战争债务还能使美国税收保持较低的水平。当拉蒙特前去同哈丁商谈取消债务的问题时，他发现哈丁被堆积如山的文件弄得焦头烂额。"拉蒙特，这个工作对我来讲真是太沉重了，"总统说，"我还能拿这些成堆的文件怎么办呢？唉，但愿我也能尽力了解点这些债务的事情。"[46]

后来的会谈并未使拉蒙特感到鼓舞。国务卿查尔斯·埃文斯·休斯曾极力争取美国加入国际联盟，但没有成功。他对褊狭的债务政策感到不快，但他强调注销债务缺少人民的授权——同样的话摩根财团后来听了十几年。拉蒙特高傲地向休斯提出建议，即美国得到英属洪都拉斯，以替代一部分债务——这条建议被漫不经心地拒绝了。拉蒙特觉得其他内阁成员似乎很高兴看到向债务国逼债的情景。

哈丁政府采取了一条政策，禁止华尔街向任何仍拖欠美国战争贷款的外国政府提供贷款。同财政部长安德鲁·梅隆的一次严肃而短暂的会面之后，拉蒙特惊恐地向杰克报告："他是财政部的管家，他很自然地认为他的责任就是监督财政部从债务人手里讨回每一分钱……他似乎还认为，如果我们坚持让所有无足轻重的欧洲小国归还拖欠我们的钱，那么我们握有债券这个事实将使我们在政治上握有生杀大权。"[47]

这是一种非常短视的态度，给国际金融造成的沉重压力持续了一代人之久。沉重的债务将使国际贸易停滞，损害政治领导地位，并使西方国家之间的关系遭受破坏。面对华盛顿的固执，摩根财团和本·斯特朗很不情愿地建议他们的英国朋友向华盛顿偿还债务。梅隆和财政大臣斯坦利·鲍德温会谈之后，英国同意分62年还款。但他们并不乐意接受这种以势压人的作法。难怪博纳·劳首相从斯坦利·鲍德温口中听说这些条件后，气得暴跳如雷。问题在两次战争之间的日子里愈加恶化，而摩根财团被夹在华盛顿和白厅之间受夹板气。与此同时，未能注销协约国债务意味着摩根财团不得不对德国的赔偿问题采取强硬措施。因为如果德国人不向协约国支付赔款，协约国又如何偿还华盛顿的债务呢？这样就形成了一个具有破坏性的、高速旋转的债务圈，直到30年代整个体系崩溃。

如果说华盛顿开始时要求控制国外贷款，是出于对协约国债务的担心，那么它很快就习惯了行使其新的权力。这一做法持续的时间出乎意料地长久；程序变得如此根深蒂固，以至于J.P.摩根公司要向后来继任的库利奇和胡佛政府讲解它是如何操作的。后来在有关外交时代政府与银行关系的卓越的证词中，汤姆·拉蒙特明确地指出，20世纪20年代中的每一笔大额贷款都得到了华盛顿的默认。政治和金融之间的界限模糊起来，然后消失了。鉴定家往往能一语道破，指出摩根的行为无非是官方政策的镜子。

尽管这种做法后来在反诉中被取消了，但它在最初时对双方来说却有互利之便的。躲藏在华尔街银行的背后，无论是批准还是拒绝给各国贷款，政府都可以否认它的责任。反过来，银行认为这是一个安全条约，可以使政府承担义务，保护由其一手操办的贷款。这种安排还可以向银行提供政府掌握的关于债务国的情报。随着美国成为债权国，华尔街便面临如何迫使主权国家偿还债务这个永恒的问题。华盛顿似乎就是答案。

　　随着哈丁的审查过程形成了一个概念，即政府布下了一张安全网，从很高的钢丝上掉下来的投资者都会得到保护。这一概念从未明确阐述过，但却始终存在。如拉蒙特所说，政府的批准图章"使许多美国投资者参与了外国债券的发行。无论是否这样说过，他们都有一个印象，即政府已经批准了这等债券的发行，否则不会这样做"。[48]这种安排鼓励许多银行家去打如意算盘，使他们不去考虑一旦发生违约怎么办。这等于是不言而喻地让人们放弃对债务国的严格审查。在20世纪20年代，华尔街设想在政府的保护下进行经营，后来证明这种想法只是异想天开。但在这种想法存在的时候，它使人们都怀有一种华尔街以前从来不知道的欣喜若狂的情绪，并帮助人们编织了十年的梦想。这一梦想在1929年的崩溃中破灭了。

— 本章参考文献 —

1. 伯克:《金融外交中的摩根财团》(House of Morgan in Financial Diplomacy),第4页。
2. 皮尔庞特·摩根图书馆小J.P.摩根资料,第3箱柜,第2.2抽屉,奈氏听证会摘要,第4页。
3. 拉蒙特:《跨越世界边缘》(Across World Frontiers),第80页。
4. 林德伯格:《花和荨麻》(Flower and Nettle),第XXV页。
5. 拉蒙特:《跨越世界边缘》(Across World the Frontiers),第193页。
6. 皮尔庞特·摩根图书馆马丁·伊根资料,摩根公司,第37卷,乔治·惠特尼的信,1919年6月2日。
7. 皮尔庞特·摩根图书馆马丁·伊根资料,爱德华·斯退丁纽斯卷,爱德华·斯退丁纽斯的信,1919年5月6日。
8. 马萨诸塞州剑桥城哈佛大学贝克图书馆汤姆·拉蒙特资料,第171箱,第28卷,给伍德罗·威尔逊的信,1919年6月13日。
9. 拉蒙特:《跨越世界边缘》(Across World Frontiers),第126页。
10. 马萨诸塞州剑桥城哈佛大学贝克图书馆汤姆·拉蒙特资料,第171箱,第28卷,伍德罗·威尔逊关于核准协议的备忘录,1919年6月13日。
11. 同上,伍德罗·威尔逊的信,1919年6月7日。
12. 拉蒙特:《跨越世界边缘》(Across World Frontiers),第158页。
13. 马萨诸塞州剑桥城哈佛大学贝克图书馆汤姆·拉蒙特资料,第115箱,第19卷,给罗伯特·洛维特的信,1932年11月21日。
14. 皮尔庞特·摩根图书馆小J.P.摩根资料,书信复印集第17集,第28箱,给亨利·戴维森的信,1920年8月12日。
15. 同上,书信复印集第14集,第22箱,给莫利斯·惠特里奇的信,1917年11月26日。
16. 同上,书信复印集第16集,第26箱,给富兰克林·洛克的信,1920年2月2日。
17. 《纽约时报》(New York Times),1920年4月20日。
18. 同上。
19. 同上。
20. 布鲁克斯:《戈尔康达往事》(Once in Golconda),第6页。
21. 同上,第20页。
22. 哥伦比亚大学口述历史资料集——乔治·惠特尼,第59页。
23. 同上,第60页。
24. 皮尔庞特·摩根图书馆小J.P.摩根资料,书信复印集第17集,第27箱,给劳伦斯·洛厄尔的信,1920年3月2日。
25. 韦克特:《美国社会传记》(Saga of American Society),第155页。
26. 皮尔庞特·摩根图书馆小J.P.摩根资料,书信复印集第16集,第25箱,给爱德华·格伦费尔的信,1919年4月9日。
27. 同上,书信复印集第17集,第27箱,给爱德华·格伦费尔的信,1920年3月3日。
28. 同上,爱德华·格伦费尔档案,爱德华·格伦费尔的信,1920年4月22日。
29. 同上,书信复印集第18集,第29箱,给保罗·泰尼斯的信。
30. 《银行家杂志》(Bankers Magazine),1984年7/8月号。
31. 亨利·戴维森电报集,给纳尔逊·奥尔德利奇的电报,1913年4月7日。
32. 拉蒙特:《亨利·戴维森》(Henry P. Davison),第298页。
33. 《银行家杂志》(Bankers Magazine),1984年7/8月号。
34. 《纽约时报》(New York Times),1915年3月23日和24日。
35. 拉蒙特:《亨利·戴维森》(Henry P. Davison),第325页。

36. 拉蒙特：《跨越世界边缘》（Across World Frontiers），第45—46页。
37. 布鲁克斯：《戈尔康达往事》（Once in Golconda），第47页。
38. 拉蒙特编：《托马斯·拉蒙特一家》（Thomas Lamonts），第119页。
39. 伦德贝里：《美国的60个家族》（America's 60 Families），第33页。
40. 马萨诸塞州剑桥城哈佛大学贝克图书馆汤姆·拉蒙特资料，第94箱，第16卷，给杰克·普伦蒂斯的信，1916年2月24日。
41. 马萨诸塞州剑桥城哈佛大学贝克图书馆汤姆·拉蒙特资料，第94箱，第16卷，给亨利·福特的信，1916年6月19日。
42. 《商业周刊》（Business Week），1979年12月10日。
43. 斯隆：《我在通用汽车公司的岁月》（My Years with General Motors），第43页。
44. 皮尔庞特·摩根图书馆小J.P.摩根资料，书信复印集第18集，第29箱，给沃伦·哈丁的信，1921年6月6日。
45. 拉蒙特：《跨越世界边缘》（Across World Frontiers），第219页。
46. 同上，第218页。
47. 马萨诸塞州剑桥城哈佛大学贝克图书馆汤姆·拉蒙特资料，第108箱，第13卷，给老J.P.摩根的信，1922年10月6日。
48. 同上，第127箱，第29卷，1933年3月24日的备忘录，第10页。

第十二章
奥德赛

最能作为摩根财团在战后至高无上的威力或在外交时代和美国政策融为一体的象征的,莫过于其在远东的崛起。最初,摩根银行进入亚洲,乃是奉政府之命,勉强参加了中国的银团。后来,威廉·詹宁斯·布莱恩谴责其为对外"干涉",这个银团也就解散了。但是,由于世界大战加强了美国在太平洋地区的力量,而削弱了欧洲的力量,国务卿罗伯特·兰辛不禁对新地区颇为垂青。1919年,兰辛在遭到本国财政部的拒绝以后,恢复了私人银行组织的中国银团。杰克·摩根说:"但是,兰辛先生,是布莱恩先生不让我们干下去。"兰辛不好意思地承认政策已有极大的调整。[1]

在这第二个中国银团中,汤姆·拉蒙特担任了主席,这个令人恼火的差使以前是落在哈里·戴维森身上的。1919年12月,拉蒙特拜访白宫,接受进军令,发现他的偶像伍德罗·威尔逊坐在轮椅里。总统坐在轮椅里,被推到宽敞的洒满阳光的凸窗户旁,跟他挥手告别,其情景令人为之动容。他神态平静而若有所思,甚至拿自己行动不便来开玩笑。自从1911年辛亥革命以来,中国北京的官方政府和广东的国民政府分庭抗礼,而军阀则实际统治着这个国家的土地。总统希望拉蒙特能够调解这两个力争控制中国的敌对政府。从银行家的角度来看,四分五裂的中国存在的风险之大，不亚于清王朝，因为仍然没有对债务的最终担保，政府没有经济基础作为提供贷款的依据。

1920年，拉蒙特出访远东，以确定向中国提供贷款的条件是否成熟。他走访各地，冷静观察。日本侵略中国东北的举动激起工潮和学生暴动，中国在阵阵痉挛。凡尔赛和约似乎核准了日本在大战期间所夺取的德国在中国的特权，学生们对此怒不可遏。拉蒙特被夹在中日的争斗之间。他使足了外交手腕，不偏不倚，在他的旅行中还专门去了一次东京。在1920年的这次旅行中，拉蒙特学着皮尔庞特的派头，所到之处，犹如王公贵族，威风十足。在北京，他每天早晨接见当地商人，他们把骆驼商队带到他的旅馆，满载着昂贵的货物——皮毛、地毯、丝织品、玉器和瓷器。

追逐拉蒙特的不仅是小贩。日本人派了特务一路尾随跟踪——这些无耻的窃听者把他的旅馆房间两边的房间都包了下来。满不在乎的拉蒙特有一件东西从不离身——摩根电报的译码本。他的秘书却缺乏这样的冷静，拉蒙特后来写道："虽然我认为这种提防是不必要的，但是我的秘书总是把译码本放在床上，坚持在睡觉时把枪放在枕头底下。"[2]后来，拉蒙特在火车上读一份电报，发现一个日本特务伸长了脖子从他肩后偷看，于是，他随手就把电报递给了这个日本人，免得他受罪。

拉蒙特访问的新闻报道引起了中国民族主义者的担忧，深恐外国银行企图对中国强加新的金融控制。他到达时遭到学生的抗议，他认为是日本人在挑唆。他很喜欢讲他在上海如何稳住了一批闹事的学生。这个故事可能稍稍带点轶闻性质，但是说明了拉蒙特相信理智和修养是全能的武器。

> 在上海，一天午后，我听说几百个中国学生围在我的旅馆门前，要向我扔石头，反对银团。我派人出去请学生的头头进来，喝杯茶，谈一谈。于是进来了十几个学生，开始时态度非常不友善。但是，茶水有利于清醒安神，我向他们说明银团的实际情况，解释这样做的目的是为了帮助中国摆脱最大的经济困境，让某些国有企业能够运转，他们立刻就理解了，并同意合作。[3]

拉蒙特真的相信茶话会能改变学生的思想吗？也许不是。然而此事也说明他在冲突时机中总能处于有利地位。他总是谈吐友善，合情合理，使言辞最激烈的批评者解除武装。没有人能够使他上钩中计，打乱他的阵势，或者使他放弃他那漫不经心却固若金汤的自我控制力。

拉蒙特从来没有对中国人产生过好感，提起他们往往不乏轻蔑口吻。他在这种事情上过去常常缄口不言，但是这次却一反常态，一再讲中国北洋政府的腐败和褊狭。在上海，他想见孙中山先生——中国南方的国民党政府的首脑。因为这位中国领导人担心如到拉蒙特的旅馆去看他，会遭到恐怖分子的袭击，所以就由拉蒙特在戒备森严的警察保护之下去拜访他。孙先生早年在夏威夷上过学，曾在伦敦大不列颠图书馆博览群书。拉蒙特并未发现他有何令人崇敬之处，拉蒙特把威尔逊的问题又问了一遍，两个中国是否能达到和平。回答使拉蒙特大吃一惊，孙先生重复着他的问题说："南北之间实现和平？可以。拉蒙特先生，你只要给我2500万美元，我就可以装备几个军团。那样，我们很快就天下太平。"拉蒙特和北洋政府的接触同样也使他放弃了幻想。在喝茶时，徐世昌总统说如果政府贷款成为泡影，他可能到市场上自己去筹措500万美元。

回到美国向银团报告时，拉蒙特建议目前不给中国提供贷款，必须等南北统一，并由议会为贷款承担责任。这和第一个银团所遇到的问题是一样的——政局不稳。中国始终没有符合银团贷款的条件。到1922年，拉蒙特向休斯国务卿询问是否该解散中国银团。拉蒙特好歹充当了代理外交家，他希望不要从盈利的角度来考虑是否应该继续下去，而应从国家利益出发。但是这个问题争论不休。中国银团胎死腹中。摩根财团对此毫不在乎，因为日本是它在远东最有利可图的客户，而中国只是那种关系中令人恼怒的因素。没过多久，摩根已经一头扎进日本，汤姆·拉蒙特对重振他的中国创举已经没有一点积极性了。

和他在动荡的中国的旅行形成对比，拉蒙特1920年在日本的访问要愉快得多，成为永恒友谊的发端。日本已经被称为亚洲的英国——是最值得向摩根合伙人推荐的。随着美国和日本在亚洲的崛起，加强金融关系的时机已经到来。日本和美国一样,在大战时期通过向协约国出售船只和提供物资而发了大财。它的黄金储备增加了100倍——这笔储备基金会使任何一位银行家刮目相看。美国现在已经是日本最好的客户,日本已是美国出口的第四个最好的市场。

政治背景也是非常有利的。拉蒙特在日本遇到一些自由主义分子,他们很希望和西方银行家们交往,打开国门,接受新的影响。当时,开明的贵族占了上风,军国主义分子被压在下面,文化的情绪倾向于容忍、开放,甚至有些豪放不羁的味道。主宰日本经济的都是一些财阀——围绕银行组成的联合贸易公司和工业集团,而且在迅速地向海外发展。因此,随着英国弱化其和日本的长期联盟,华盛顿乘虚而入。

汤姆·拉蒙特和妻子弗洛伦斯受到日本社会名流,尤其是三井和三菱家族等商贾财团的欢迎。这些人都出身于书香门第、官宦家族,对于拉蒙特这样讲究礼仪、注重仪表的人,自然有着天然的好感。他的一位朋友后来说"汤姆笑容可掬,胜过日本人"。[5]对华尔街最新的大使的到来,日本企业界领导人物都翘首企足,殷切盼望,把他当成来访的国王一样款待。拉蒙特十分惊奇地看到,他们片刻之间就安排演出了"舞女"的节目,出现了"一群体态优雅的艺妓"。[6]弗洛伦斯应邀参加私人活动,游览了位于东京中心的面积为25英亩的岩崎男爵夫妇的地产,此处有湖塘花园,庭院幽秘,如同迷宫。岩崎也许是日本最为富有的家族,是拥有日本最大的轮运公司的三菱财团的拥有者。

摩根财团在20世纪20年代的势力,在很大程度上得益于它和世界上主要的中央银行的密切关系,以及私下沟通各家中央银行的本领。拉蒙特向日本中央银行行长井上准之助征求关于中国银团的意见。井上准之助腰板挺得笔直,神情严肃,戴一副圆形黑边眼镜。他是日本金融界同代人中的巨头,曾任横滨正金银行的总裁,该行在华尔街办事处是日本政府的财务代理。他历任两届日本银行行长、三届大藏相,就像美国的本·斯特朗、英国的蒙塔古·诺曼、后来德国的亚尔马·沙赫特。井上准之助使本国的中央银行在国内事务中拥有强有力的、独立的发言权。就像拉蒙特的多次会见那样,这次会见也是天助神使。华尔街一心相信正义和礼仪会占日本军国主义的上风，因此对于华尔街来说，井上准之助是上帝派来的。他是稳定通货、平衡预算的使徒，一直是军国主义分子坚定勇敢的反对者。

拉蒙特和三井集团的首长团琢磨男爵建立了深远的友谊。团琢磨男爵身材瘦削，体质虚弱，举止文雅，一头银发和雪白的胡子显得十分出众。他的绰号是日本的摩根。他在麻省理工学院获得矿业学位，说一口流利的英语，要说国际化，一点也不亚于汤姆·拉蒙特。作为三井集团常务董事和三井银行董事长，他所控制的帝国深入到日本经济的细枝末节。这个帝国控制了日本海外贸易的三分之一——丝绸贸易的25%，煤炭出口的40%，这个帝国经营的船队和法国商船的规模不相上下。

和三井集团一比，摩根财团成了过时的暴发户。连续九代，三井集团的银行面对着圣山——富士山。三井财团在17世纪成为地方军阀的财务代理，到1867年又成为皇亲国戚的银行。它在国外的代理机构比日本的大使馆还多，因而为日本政府提供了一个方便的海外关系网。团琢磨男爵在东京中心的三井大院里宴请拉蒙特，其隆重程度相当于他后来款待威尔士亲王。这座大院的建筑结构好像城堡，石墙巨门，竹子丛丛。团琢磨男爵向他的客人展示了大客厅里法国巴黎产的哥白林挂毯。然后，他们沿着莲花池塘在院子里漫步，松树上装缀着数以千计的纸灯笼。第二年，为了加强和美国的联系，团男爵率领了一个日本代表团访问华尔街，拉蒙特在东十七街的宅邸宴请了男爵一行。

拉蒙特在1920年的出访以惊人的速度取得结果。1923年9月1日，东京和横滨地区发生地震。那天天气很热，风很大，大火在两个城市熊熊燃烧，造成了难以言状的损失。这是本世纪来最大的地震，几十万人死于非命。东京和横滨一半化为废墟，仅是财产损失这一项就使日本2%的财富灰飞烟灭。

消息传到华尔街23号，摩根的外联处主任马丁·伊根到横滨正金银行的华尔街办事处吊唁。德怀特·莫罗担任红十字会日本基金的主席，"街角"就成为救援工作的纽约总部。谣传日本将发行自日俄战争以来在美国的第一笔债券。拉蒙特致函时任日本大藏相的井上准之助，不主张这样做。拉蒙特意识到在这种情况下，坦率比贪婪更有回报。他在电报中说：

"值此危难惨痛之时,众人正解囊相助,捐赠款项,达数百万美元,他们若在此时购买这批受援者的债券,岂不会相当谨慎。"[7]

1923年底,日本人以其超常的韧性,恢复了东京的电力、煤气和自来水供应。东京证券交易所不到三个月的时间就恢复了营业。这场大规模的破坏有其有利的一面:它迫使日本淘汰了陈旧的工厂,兴建现代化工业厂房。井上准之助通过宣布银行假日,拯救了很多金融机构,在日本成了英雄。当三井财团重建其银行时,大楼白色大理石的正面是由特罗布里奇和利文斯顿设计的,这两位就是华尔街23号的建筑师。有人看出三井财团对摩根财团顶礼膜拜尽在不言之中,对彼此之间新缔结的纽带十分重视。

灾难的情绪消除以后,拉蒙特开始着手争取日本政府成为摩根的独家客户。日本人当年感到皮尔庞特态度粗暴,伤人感情——他因为要求贷款抵押品而得罪了日本人,因此他们乐于和库恩-洛布的雅各布·希夫做生意。由于在日俄战争中提供了援助,希夫荣获日本天皇授予的圣宝勋章。在20世纪20年代的华尔街,要窃取他人的好生意,而又遵循绅士银行家准则,实在是件很微妙的事情。因此,诡计多端的拉蒙特向井上准之助的特使巽传授华尔街的礼节。他狡诈地让这位特使代言,教他如何以可取的风格友善地违背契约。事后拉蒙特解释他如何训练他的特使:

> 但是对于处理任何贷款的方式,我们坦率地告诉巽,我们认为他只有两条路可走:首先是去找库恩-洛布公司,向他们说明由于在20年前日俄战争期间的贷款业务关系,他们现在希望该公司能执行预期的业务;其二,作为一个完全不同的方案,告诉他们鉴于国家面临的民族危机,鉴于他们现在迫切感到必须得到整个美国投资界的合作,又鉴于纽约和伦敦市场之间的谨慎合作极为重要,他们已经决定邀请我们在预期的业务中担任主干事,料想他们的朋友库恩-洛布公司也会向他们表示,这是明智之举。[8]

库恩-洛布现在太小了,已经不可能处理这笔计划中的1.5亿美元的日本地震贷款,这将是有史以来在美国市场上发行的最大一笔长期国外贷款。由于据说是在大战中同情德国,该公司名誉受毁,处境困难。在1924年2月发行债券时,摩根请其老盟友国民城市银行和第一国民银行作为银团的干事。他们也邀请库恩-洛布参加,以安抚他们。摩根私下可谓志得意满,但是对外言谈非常注意得体。在伦敦还有一笔2500万英镑的姊妹贷款,现在巴林银行、施罗德和罗斯柴尔德也不得不邀请摩根建富参加对日本的融资。

这笔美元贷款的日程秘不宣露。拉蒙特两次同国务卿休斯交谈,休斯说他很高兴"让日本人民见证两个伟大的英语民族对日本和日本人民的友好感情"。[9]华尔街融资再次表现了政府政策的转向。

聘请银行家作为事实上的大使有一个内在的问题,即他们可能会转而效忠外强。毕竟私人银行家所受的传统熏陶是对客户绝对忠诚。正如当年皮尔庞特会对铁路债券持有人负责,汤姆·拉蒙特感到对日本债券持有人也应同样负责。摩根财团相信日本的成功与自己相关,因而感到必须为其重要的客户在政治上助一臂之力。甚至由于摩根主持了这项巨额地震贷款,其合伙人也代表日本人卷入了政治争吵。他们抗议"排除日本人法",此法的宗旨是阻止日本移民,颇有种族主义的因素。他们向美国国会抱怨美国海军在夏威夷附近游弋,使日本人心中很不安定。东京和华尔街23号现在是你吹我拍,互相奉承。到1927年,日本天皇授予杰克·摩根圣宝勋章,授予拉蒙特旭日勋章。1931年,拉塞尔·莱芬韦尔获得二等圣宝勋章。美国银行家们难得有此殊荣。

效忠于外国客户、并且与他们的生存休戚相关的倾向,对摩根财团来说有着深远的影响。到20世纪20年代中叶,拉蒙特吸收了3个新客户——日本、德国和意大利,它们的事业将和美国发生严重的冲突。摩根银行和这3个未来的敌国发生关系,纯属偶然。但是,随着时间的推移,这些商业上的征服将造成特殊的情况,盟国的纯贵族血统的银行家又充当了对未来轴心国的融资者,从而最终处于极其危险的境地。

外国证券风行一时,注意力的焦点是拉丁美洲。华尔街的债券兜售者纠缠着小额投资者购买有些地方发的债券,而他们连这些地名也不知怎么念。极少数人知道拉丁美洲贷款的历史波折很多,早在1825年,拉丁美洲的借款者差不多都发生了利息付款违约。在19世纪,南美洲就已经以疯狂地恣意借款、然后是违约浪潮滚滚而来而名声在外。现在,又出现了僧多粥少的局面,众多的银行追逐少得可怜的几笔好交易,资信标准也相应大大下降。奥托·卡恩后来在描述20世纪20年代的情况时说:"十几家美国银行坐在五六个南美和中美洲国家……愚蠢地、不顾后果地竞相以出价压过对方,从而有损公共利益。"[10]以后在20世纪30年代拉丁美洲债务的违约深深地动摇了美国对华尔街的信任。

由于拉丁美洲地区商品价格起伏不定,该地区的债务向来是风险很大的。铜价下跌会即刻打击智利,而锡价低迷会使玻利维亚一蹶不振。糖价在1920到1921年暴跌时,古巴经济随之一落千丈。国民城市银行拥有古巴存款的90%,起着该国国家银行的作用。由于面临许多企业坏账,国民城市银行对地产取消赎回权,结果手上抓着该岛五分之一的糖厂。担保信托银行已经在古巴糖业中投入巨资,在1921年5月不得不由摩根牵头的一批银行来救援。威廉·波特——古根海姆冶炼托拉斯的一位经理——被请来作为担保信托银行的看守执行官和贷款清理人。乔治·惠特尼和其他的摩根合伙人任它的董事会成员。担保信托银行从此蜕变成一个死气沉沉、委靡不振、害怕风险的机构,到1959年,只能和比它小得多的J.P.摩根公司合并了。

作为华尔街有威望的银行,摩根财团并不需要强迫务实派投资者购买拉丁美洲的债券。虽然它和巴林银行在阿根廷长期合作,但它更喜欢欧洲工业国家、英联邦国家(加拿大和澳大利亚)和外围发达国家(日本和南非)。这是成功的特权:该银行可以选择最稳妥的外国借款者,贷款的许可只给予那些也许根本就不需要钱的国家。摩根银行打交道的唯一的穷国是墨西哥,在皮尔庞特时代它是拉丁美洲的模范借款国,而现在却遭到全球银行家们的嫌弃。在墨西哥革命的旷日持久的动乱中,这个国家拒绝偿还5亿美元的政府和铁路债务,从而造成由摩根主办的这笔外国债券本金罕见的损失。使摩根银行更为愤慨的是,违约的债务包括皮尔庞特1899年的神圣贷款——由美国银行在伦敦发行的首笔国外债券。

在考察墨西哥债务困境之前，重要的是应先看一下拉丁美洲债务当时和现在的区别。在两次大战期间，债务被组合成债券，向小额投资者出售。而在今天，债务采用银行信贷的形式，意味着公众并不直接承担风险。在20世纪20年代，银行不是为了自身的利益，而是作为小额债券持有人的"道德受托人"，和拉丁美洲的债务人进行谈判的。摩根在墨西哥的参与就是这种性质，由汤姆·拉蒙特担任国际墨西哥债权银行委员会的主席。这个委员会显赫地简称为ICBM。经美国国务院和英国外交部批准后，国际墨西哥债权银行委员会于1918年成立，代表20万个小额债券持有人谈判。在19世纪，墨西哥的债务谈判是由巴林银行操纵的。但是美国国务院以门罗主义为由，要求由美国来控制该委员会。美国在墨西哥的投资达到10亿美元以上，其一举一动就像一个嫉妒的土财主。墨西哥是个资源丰富的国家，表现出诱人的繁荣与希望，但是它从来也没有将希望变为现实。这个国家的政治制度非常脆弱，总是使偿债成为难以解决的问题。

拉蒙特在墨西哥的债务问题上花费了大量的时间，他在言谈中逐渐露出了一家之主的口吻，好像墨西哥是摩根血统中的不肖子孙。他在1923年写信给儿子科利斯祝贺他生日时的口气，听来有点令人作呕："我在过去的两年中大部分时间都在帮助可怜的墨西哥恢复元气……我每天在祈祷完成这项任务。"[11]拉蒙特声称墨西哥是每天早上占据他脑子里的第一件事，他经常谈到寡妇和孤儿们一等数年而得不到债券的利息。墨西哥债务危机要求人们有圣人般的耐心，要有浪漫主义者对事业挫折的嗜好。拉蒙特是执行这个任务的理想人选。

在和日本的业务交往中，拉蒙特尚有回旋的余地；但是在墨西哥问题上，情况就不一样，他受到美国国务院严密的监督。在第三世界国家问题上，华盛顿更加公开地利用美国的金融力量。国务卿休斯反对在外交上承认墨西哥，因为它不断地威胁美国在那里的强大利益。1917年，在左派总统贝努斯蒂亚诺·卡兰萨执政时，墨西哥实施了激进的宪法，宣布地下矿产资源均为墨西哥所拥有。美国石油商把这项措施谴责为国有化，想派炮舰去撤消这个宪法。威廉·伦道夫·赫斯特在墨西哥的巨大牧场遭到潘乔·维拉的部队抢劫以后，他在1916年开始在报上发表社论主张入侵墨西哥。休斯也担心墨西哥在外债上违约，没收美国人拥有的土地。在满足这些要求之前，休斯要求对墨西哥实行信贷隔离。摩根财团是他实施这个措施的主要工具。

和中国银团会议一样，国际墨西哥债权银行委员会的会议也是在华尔街23号召开的。上演的是同一幕双簧：国务院说话，汤姆·拉蒙特蠕动嘴唇。墨西哥倒是很喜欢这场哑剧，因为这使它既可以和华盛顿讨价还价，又避免了因和外国佬政府谈判而公开受辱。像摩根这样的私人银行是华盛顿和外国政府之间进行坦率交换意见的最好渠道。

拉蒙特如痴如狂地着迷于日本，但是他对墨西哥可以说是一无所知。墨西哥被视为太粗野，是不宜旅行的地方。因此，拉蒙特成为他从来没有见过的20万债券持有人的代理人，和一个他从未到过的国家进行谈判。他成为墨西哥报刊上常出现的人物，美国金融业的化身。墨西哥市的一位记者在1921年采访他以后报道说："他不是站在御座后面，而是坐在御座上。他是摩根合伙人中最聪明、最有影响和最有权力的人。"[12]

1920年，在反革命分子谋杀了卡兰萨总统以后，萨尔瓦多·奥夫雷贡将军上台执政。为了得到华盛顿的承认，他采取了一个和解的战略，聘用一位华盛顿的说客，在美国散发有利的材料，争取美国企业界人士的好感。1921年，威廉·伦道夫·赫斯特到墨西哥去巡视他在那里的大量房地产，这是他的父亲从前独裁者波菲里奥·迪亚斯那里廉价买来的。他惊奇地发现奥夫雷贡十分可亲。随后他说，在前几任政府期间他的财产不断遭到麻烦，事端很多，而在奥夫雷贡总统执政后，风平浪静，彻底安全。[13]

奥夫雷贡总统急于取悦于美国银行家，重新建立墨西哥的债务信用，一再邀请拉蒙特访问墨西哥。但是国务卿休斯为了让奥夫雷贡同意一个友好和商务条约，坚持要拉蒙特按兵不动，以增加压力。当银行家得到关于叛乱分子调动部队准备向总统进攻的惊人消息时，拉蒙特对休斯说，如果他去墨西哥，可以巩固总统的地位。休斯让步了。1921年10月，拉蒙特登上了摩根银行的自备火车车厢"孔雀点"，奔赴南方。

奥夫雷贡是索诺拉种植鹰嘴豆的农场主，是一个很有手腕的政客。他懂得如何用极权的高压手段来冲淡改革。为了得到农民的支持，他一面唱起革命理想的高调，一面削减改革的内容。拉蒙特发现这个独臂将军是个非常可爱的主人，友善、开放，且不无幽默感。当时美国还处在禁酒时期，奥夫雷贡欢迎拉蒙特，吩咐人拿酒来。他说："拉蒙特先生，你终于看到自己来到了一个自由的国度。"[14]访问中的一个细节引起了拉蒙特的注意——奥夫雷贡把他的办公桌放在硬木地板的中间，这样他可以听到刺客的脚步声。

在和墨西哥总统会谈的过程中，拉蒙特遇到了与每一次全球债务危机相伴随的进退两难的局面：危机的受害者以违约相威胁，除非得到更多的钱。对于一个违约的国家来说，银行家们除了给予提供新贷款的希望以外，最终还有什么影响力呢？拉蒙特后来向国务卿休斯报告说，奥夫雷贡"并没有看到政府履行其偿债责任有何好处，即使偿债的数额大大减少，除非同时能得到获得大量新贷款的保证"。[15]由于结构上的障碍，拉蒙特提出为何不能采取这个措施：因为负债的形式是债券，资本市场不可能再吞下更多的墨西哥债券，所以贷款有内在的限度。拉蒙特告诉奥夫雷贡除非部分地偿还旧债，否则就不可能提供新的贷款。墨西哥人回答说应该根据他们偿债能力的比例来还债——这个理由在日后对银行家们来说熟悉得可怕——而且要减少一半的本金。

拉蒙特开始感到奥夫雷贡总统心里有个秘密的计划。通过把原来答应用于兑现违约债券的关税收入扣压下来，墨西哥压低了债券的市场价格。这样做是很方便的，因为墨西哥政府可以用关税收入来购回市场上贬值的债券。拉蒙特认为这是在欺骗信任他们的债券持有人。在这时，他仍然坚持债券应以票面价值兑现。他试图吓唬墨西哥人说，违约将使国际市场抛弃墨西哥，从而使之永远得不到贷款。

当拉蒙特提前两天离开墨西哥时，他派了武装警卫在他下车的火车站月台上站岗。事后才知他幸免于难：当他到达德克萨斯州圣安东尼奥时，才得知暴徒们准备根据他原来的火车时刻表袭击他的火车，绑架他，然后要求50万比索金币的赎金。[16]回到华尔街23号以后，拉蒙特接到杰克·摩根的一份电报，里面发泄了对墨西哥的厌恶之情。杰克认为，让墨西哥偿还他父亲在1899年的一笔贷款关系到他家族的荣誉问题："我想任何一个现代政府都不会如此赤裸裸地宣布不守信誉,全然不顾金融业务的体面和道德。但愿你没有遭到太大的麻烦,祝贺你及时脱身,没有被他们掏了腰包或抢了手表。"[17]杰克再次体现了在海外的银行政策,而拉蒙特则表现出一位外交家不偏不倚的职业风度,因而更加适合于外交时代。

当时的一种趋势是把这个阶段的华尔街的银行家们描绘成反动的饕餮客。在拉丁美洲,他们当然倾向于强有力、独裁的政权。但是,极权也好,放任也好,不管是何种形式,他们所偏爱的与其说是某一种政权形式,还不如说是稳定。也许银行家们比当时的工业企业家们有着更高的道德标准,摩根财团和石油公司在处理墨西哥问题上所表现出来的截然不同的态度,就很好地说明了这一点。

在整个20世纪20年代,美国石油界试图说服银行家们抗议那令人憎恨的1917年墨西哥宪法。墨西哥提高了出口税,而且根据政府规定,石油业主在他们认为是自己的土地上开采石油要首先取得特许权,他们对此也是怒发冲冠。J.P.摩根公司和摩根建富公司都为新泽西标准石油公司承销债券,标准石油公司、德克萨斯石油公司和辛克兰石油公司都纠缠着拉蒙特参加他们反对墨西哥的运动。到1921年,墨西哥已经成为世界上最大的石油出口国,是美国石油巨头的重点地区。

拉蒙特不愿意加入石油巨头和墨西哥之间含糊不清的、往往是狂暴的斗争,从而破坏他的债务谈判。他也敷衍了事地为他们做了些游说工作,但一般都是保持一定的距离。石油巨头们并不讲究战术,恣意践踏不听命于他们的政府。拉蒙特在1921年从墨西哥回国以后,标准石油公司的首领沃尔特·蒂格尔转给他一份未署名的墨西哥人的备忘录。蒂格尔在附信中轻快地说:"总的说来你可能会有点兴趣。"[18]

这份保存在拉蒙特案卷里的备忘录令人震惊,简直是贿赂整个墨西哥政府的蓝图。它首先把墨西哥的国家要人说得十分卑劣:"墨西哥人,特别是墨西哥传统的职业政客,经过400年的训练以后,被两个动机所主宰:其一是害怕力量——武力,其二是追求个人的利益。……对爱国主义和理想主义的呼吁是不会被理解的。"

这位匿名作者继续写道,使用武力代价太大,好像在墨西哥的动机只是为了金钱。他认为奥夫雷贡被党的激进分子所挟持而无可奈何,不可能满足他那些贪得无厌、野心勃勃的将军的要求。如何使他摆脱他们的影响?"要摆脱这种势力,把权力归还总统,唯一的办法是让他具有财力来一统天下。钱会改变他的内阁,改造他的议会,使他控制各州州长,让他能撤消或修改目前不能令人满意的法律。"

备忘录的作者建议成立一个墨西哥银行,以便为奥夫雷贡提供足够的资金——这也就是摩根财团应该参与的方面。这家银行可以挂上农业开发银行的牌子,但是其存在的目的是出钱,由奥夫雷贡个人支配。作者的结论是,大大方方地塞钱,将会取得奇迹般的结果:"他内阁里的不良分子将会得到一笔钱,被派到国外去担任一个美差。他的议会中的一些碍手碍脚的激进分子可被排除。很快可以看到激进的反对派一旦拥有财富,就会成为稳定的保守力量。……这样的一个银行就可以主宰整个墨西哥的金融和经济生活,而这种机构的美国董事也可以和华盛顿保持密切的联系。"[19]

从拉蒙特的案卷里看不到任何答复或后续行动。也许他是口头答复的。很可能他大大地吃了一惊。他也可能认为沉默是表达蔑视的最雄辩的方式,或者至少可以避免和一位重要的客户发生冲突。拉蒙特决不是跟在政治唱诗班里人云亦云的人。但是摩根财团也不想与肆无忌惮的卑鄙行为有染。银行有严格的政策不准支付所谓费用或佣金,通常以新英格兰式的刻板态度对这种要求漠然置之。标准石油公司的备忘录以美国20年代在拉丁美洲经商行为的阴暗的标准为参照,为摩根银行的判断提供了一个基准。

此后在20年代初进行的墨西哥债务谈判可以三言两语地加以总结。取得的一些胜利都是昙花一现,紧接着便是新的违约和绝望。拉蒙特的天才手段最多也只是在短时间内起到缓解作用。1922年,他和墨西哥的财政部长德拉韦尔塔谈判了一项协议,使奥夫雷贡赢得了他所渴望的美国的承认。这项协议要求拉蒙特作出巨大的让步,包括减少利息付款,分45年还清。这项协议在1924年初暂时中止。除了其他因素以外,石油公司报复性地转向政治上更加顺从的委内瑞拉而使墨西哥的石油生产下降也是一个重要原因。1925年又达成了另一项债务协议——这次第一笔付款降到可怜巴巴的1070万美元。但是这项协议很快又被撕毁了。原先大胆地要求全额清偿的银行只得接受比原贷款越来越小的数额。在20年代末最后处理这笔墨西哥贷款时，拉蒙特发现他的谈判对手居然不是墨西哥人，而是意想不到的足智多谋的德怀特·莫罗——他从前的合伙人、新近任命的驻墨西哥大使。

共和党逃避承担全世界的责任的态度，为摩根财团提供了新的机会。哈丁、库利奇和胡佛政府颂扬企业家，蔑视政客，拉了一批金融家在经济会议上当他们的代表。这一举动反映了20年代对企业界人士的崇拜，他们被称为具有远见的能解决问题的人，政客办不到的事他们就能做到。这种新的状况很适合摩根的合伙人汤姆·拉蒙特、德怀特·莫罗和拉塞尔·莱芬韦尔，他们把自己想象为金融外交家，有时候自嘲自己技术上干不了银行业中那些较为平淡无奇的业务。在20年代，摩根合伙人花了大量的时间去参加海外的会议，作为共和党政府的合法掩护人，他们的全球意识之强，连他们自己都不想承认。因此，摩根银行从为它所悲叹的孤立主义中获益。华盛顿使用了与第一个中国银团相同的私人代理人。

如果说私人银行家新居尊位，那么他们就和掌握了新的权力和自主权的中央银行家们共同分享此种殊荣。在盲目乐观的背后，爵士乐时代是一个绝望的时期。民众已经把政客们看透了，这批人把他们卷入战争，然后又争夺赔款和为战后的安全大吵大闹。一批西方中央银行家希望超脱于这种政治机会主义，组成一批银行业的精英，专心致志地执行健全的经济政策。他们推崇自由贸易、资本流动不受限制、平衡预算和强化币值。他们认为他们的责任是维持金融准则，推动政客们去实施痛苦而又必要的改革。

这一潮流的美国代表人物是纽约联储银行的本杰明·斯特朗。当哈丁和库利奇政府不愿承担战后欧洲重建的领导责任时，这个责任就落到了斯特朗身上，他是联储和欧洲中央银行的搭桥人。斯特朗和摩根如出一辙，他是17世纪清教徒的后裔，神学家和银行家都被视为他的先辈，而且他本人还是纽约中央铁路监管的儿子。斯特朗和他的摩根朋友们一样，既站在国内的立场上持有保守的观点，又能放眼世界接受欧洲的思想。后来胡佛批评他是"欧洲的思想附庸"。他受制于不能对外国政府直接贷款的规定，故而需要一家私人银行来作为他的融资工具。他就去找摩根财团，因为摩根财团曾经得到过他极大的好处。事实上,摩根和斯特朗的友谊极大地嘲弄了这种想法,即认为新的联储体系会抑制私人银行的权力。在20年代,该体系的新权力掌握在自由街纽约联储的新的佛罗伦萨式宫殿之中。

斯特朗常常热情非凡而转瞬间又会勃然大怒。他和圆滑的摩根合伙人不一样,他情绪变幻莫测,心境不宁。他的第二任夫人和他离异,他在1916年又患上了结核病,一年中有好几个月不能到银行上班。也许由于个人的失意所致,他狂热地把全部身心都投入了联储。他试图赋予联储以英格兰银行式的严峻而无懈可击的尊严。斯特朗是美国银行业的巨子,他用中央银行业务的艺术来教育尚无经验的联储理事。

本·斯特朗参加了战后的欧洲重建和货币的稳定,和他一起从事这一工作的是他的英国伙伴、1920年以后担任英格兰银行行长的蒙塔古·诺曼。斯特朗和诺曼成为挚友、知己。离婚后的斯特朗和单身的诺曼结成了一种秘不可宣的刎颈之交和诡秘的友谊,这使他们的政府都非常担心。在缅因州的巴港和法国南方,他们一起度过了一个长假,互相加强了对政客的不信任感。他俩都相信金本位,希望建立有自主权的中央银行,不受政治干扰,以实施全球货币政策。斯特朗给他俩的小集团带来了华尔街无与伦比的金融力量,而诺曼则提供了由好几代人积累而成熟的英国的知识和专业水平。战后的英镑过于疲软,诺曼无法实行单方面的金融外交。当英国财政部禁止提供对外贷款来支撑英镑后,外国借款者转向纽约,这时诺曼急切地需要华尔街的联系来抵消伦敦金融城的虚弱。他在本·斯特朗和摩根财团那里找到了这种关系。

蒙塔古·诺曼在英格兰银行摆设着红木家具的办公室里神秘地统治天下长达24年。他天生就担当此任。他的祖父和外祖父,一个长期担任银行的董事,另一个是英格兰银行的行长。他本人是通过布朗·希普利公司(纽约的布朗兄弟公司)的英裔美国商人银行再到英格兰银行来的。诺曼得了很多雅号——疯子、天才、臆想症患者、狂妄自大者、阴谋家、偏执狂、幻想者等等,而所有这些都名副其实。一位银行家说他像"范戴克的油画——身材高大,蓄着尖尖的山羊胡子,头戴大礼帽,就像斯图亚特王朝的大臣"。[20]他长着男巫师般的脸——瘦骨嶙峋,尖鼻子,尖胡须。尽管传说他有西班牙籍犹太人的血统,但他具有刻骨的反犹太倾向,也许这正是为辟谣。他穿着葬礼似的黑色服装,头戴宽边礼帽在各处出现时,他那装饰在领带上的翠绿宝石使他保留着东方的光辉。他生性敏感,情绪紧张,每当发生货币危机就会精力衰竭,腰痛发作。他一旦发起脾气来,平时抑制住的歇斯底里症就暴发出来,会把银行的职员吓得魂不附体,对他的命令也就绝对服从。他只有淡淡的笑容,很少会哈哈大笑,似乎这样会打破他的神秘性。他骄傲而爱虚荣,如果两个小时不吃东西,他就会说"饿得晕了"。

诺曼的一位传记作家描绘他给人的印象是"显得永远不断地在搞阴谋诡计"[21]。这跟他觉得自己在从事中央银行业务的心态是相吻合的,他以教士般的神秘态度来对待这个行业,这个只有在幽暗之中才能进行得最佳的典礼。他说:"英格兰银行是我唯一的情妇,我心里只有她,我把生命献给她。"[22]对诺曼来说,中央银行家不向任何选举产生的代表负责,而是只对更高的原则负责。当有人责问他时,他总是引用一则喜爱的阿拉伯格言:"狗尽管去叫,但是商队继续向前进。"[23]他单独接见来客,好像他的办公室是个忏悔室,他也了解有权势人的内心深处的思想。多年以后,富兰克林·罗斯福坚持让其他人一起参加他们在白宫的会谈,把他搞得精神涣散,拆穿了他男巫的魔法。正是从诺曼的身上,引起了华盛顿对英国金融家的担心,感到这种人都是老于世故,诡计多端。

蒙塔古·诺曼来到了秘密行事的摩根世界,真可谓如鱼得水。在他的老朋友中,有以前的同班同学特迪·格伦费尔和摩根建富公司的维维安·休·史密斯。他情绪抑郁,耽于遐想,却很喜欢格伦费尔顽皮的机智,而他对史密斯的真诚,则是因为史密斯曾经帮助他打消顾虑,说服他在1907年担任英格兰银行董事之职。史密斯写信鼓励他说:"你当然会接受的,当你加入董事会以后,记住你比他们谁都强。"[24]作为一个孤独的单身汉,诺曼在他周围建立了一个神秘的圈子,都是一些已婚知心女朋友,其中包括史密斯的妻子西比尔太太这位漂亮的社交界妇女参政积极分子。她信奉通神论和信仰医疗,因此对有发狂心态的诺曼很有吸引力。诺曼的传记作家说:"通过她的影响,他提高了对秘教和秘术的兴趣,因为西比尔特别强调宗教对于像他那样容易受伤害的心灵的特殊重要性。"[25]西比尔太太和蒙塔古经常不知到什么地方一起去度柏拉图式的长周末,蒙塔古成了史密斯的孩子们的教父。因此,由于偶然的原因,摩根建富公司在二次大战期间与最有影响的中央银行家特别接近。

摩根财团是诺曼重建欧洲经济战略的不可缺少的组成部分。美国有办法来完成这个任务,但是对于在欧洲行使权力心存疑虑,非常矛盾。即使摩根合伙人对此也持有很大的怀疑。在1923年成为摩根合伙人的美国财政部前官员拉塞尔·莱芬韦尔对英国财政部的巴兹尔·布莱克特说:"我们感到我们(在战争期间)帮助你们摆脱了困境,现在你们应该自己照顾自己了。我们从来没有兴趣搞世界金融,而我们短暂的经历也没有发展这种兴趣。我们喜欢你们,希望你们繁荣富强、幸福、和平,但是我们不喜欢你们玩的游戏,也不喜欢你们的玩法,不想被迫坐在那儿玩。"[26]诺曼喜欢这个游戏。他骨子里有股帝国气息,想保持伦敦金融中心的地位,让英格兰银行继续充当世界货币体系的仲裁者。在摩根财团的帮助下,他将在1920年代行使他的权力,并且这种权力远远超出他手上微薄的资金所能给予的力量。

诺曼大处着眼,从地缘政治的角度来考虑问题。他认为中欧的重建是恢复繁荣和政治稳定的先决条件,因此他规定重建贷款免受禁止对外贷款的限制。在他的领导下,摩根首先卷入了对奥地利的贷款。在1921年下半年,英国打听杰克对向奥地利提供贷款的态度,表示英国政府将以哥白林挂毯作为附属担保品。第二年,奥地利财政部长金博克博士请求巴黎摩根-哈耶斯公司的迪安·杰伊提供贷款(公司现在在巴黎的旺多姆广场有个漂亮的总部)。金博克列举奥地利面临的饥饿、贫困和奥地利先令严重贬值等困难,也要求以挂毯和艺术品为附属担保品提供贷款。[27]起初,摩根财团对这种非正统的要求直皱眉头,担心会造成"典当业的印象"[28]——即使是乞丐来找摩根也得衣冠楚楚。拉蒙特——现在号称摩根帝国的国务卿——心里也在思忖别的银行会不会提供这笔贷款。他的担心是,由于J.P.摩根公司曾经是为协约国融资的银行,并且是英国和法国的财务代理人,选择摩根银行不是很合适,甚至可能引起奥地利的敌意。

对奥地利的贷款是在国际联盟的主持下安排的,国际联盟对蒙塔古·诺曼宏大的重建计划助了一臂之力。这笔贷款组织得非常可观,以金币支付,由奥地利的关税和烟草专卖作为保证。债券同时在几个国家的首都发行。分配给纽约的2500万美元的债券由J.P.摩根公司和库恩-洛布公司作为联合主干行发行。回头来看,国际联盟的认可赋予这桩风险贷款以安全的表象。

步奥地利后尘的是德国。1922年初德国就已请求减轻繁重的赔款。英国颇表同情,但是法国怨气未息,列举了战争在其国土上造成的大面积破坏(安妮·摩根出手不凡,正在召集数百名美国妇女重建法国乡村,为学校、医院和图书馆筹集资金。作为筹资者,她的"患难法兰西的美国盟友协会"团体在1921年7月联合组织了杰克·登普西和乔治·卡尔庞捷的拳击锦标赛)。德国想得很妙,他们采用最有效的违约方式,扩大了货币供应,大打赤字预算,对马克实行贬值。这产生了引发恶性通货膨胀的致命副作用。德国的货币政策降低了战争赔款的价值,协约国感到受了欺骗。1923年1月,法国和比利时军队占领了鲁尔区。愤怒的士兵把造币者手中的纸币夺过来撕得粉碎,并把海关掌握在手中。

蒙塔古·诺曼警告本·斯特朗说,被占领的德国土地是世界的"黑点",会引发新的世界大战。德国仍然是英国的主要贸易伙伴,诺曼把德国的复兴视为他的欧洲繁荣的总体规划的关键所在。他曾在德国学过音乐,个人对德国很有感情。华盛顿同样对德国的复兴极为重视。美国在战争结束时工厂生产能力大大过剩,需要出口市场来吸收其剩余能力。美国公司也迫切想得到德国的先进技术。

其结果,英国和美国作出大量承诺,使德国的经济保持稳定,摩根财团在其中起了中心的作用。拉蒙特后来写道:"英国和我们自己都把德国作为欧洲世界的经济中枢。我们所担心的是,除非德国得到重建和繁荣,欧洲大陆的邻国都会疲弱不振。"[29]前几代的银行家恐怕从来不会对西方世界的命运如此焦虑,或这么直截了当地从政治上考虑问题。

杰克·摩根在德国态度上180度的大转变鲜明地反映了外交时代的新要求。在1922年,国务卿休斯和商务部长赫伯特·胡佛请杰克以"私人身份"参加在巴黎召开的全球银行家委员会,这个委员会正在考虑向德国提供国际贷款。杰克对德国深恶痛绝,在战后曾发誓说美国再不应该跟德国做生意。当时他和布卡卢门撒尔已经加紧对华尔街德籍犹太银行家的监视。因此,杰克接受休斯的建议一定令人摸不着头脑,特别是他还在巴黎受到铺天盖地的报道。《纽约先驱报》报道说:"巴黎消息告诉我们,自从威尔逊总统抵达法国首都参加凡尔赛和会以来,任何一位美国人都没有像J.P.摩根出席这次国际银行家会议那样受到这么大的注意。他象征着美国可以帮助欧洲重建的巨大力量。"[30]杰克言谈举止十分得体,对给予德国贷款提出了合理的保留意见,同时不得不把他个人对德国的极端观点压在心中。

从现在起,杰克在公开场合是头脑冷静的金融政治家,在私下则是德国不共戴天的仇敌。在占领鲁尔区以后,他写信给休斯加以谴责。他坚定地对克拉伦斯·巴伦说,协约国不应通过赔款没收德国所有的收入,从而剥夺它的希望。然而在他的私人通信中,他把德国人视为魔鬼。他写信给格伦费尔说:"我必须说我开始感到似乎法国真的在用德国人唯一能懂的语言对他们说话。"他又补充说,德国的心态"需要的是鞭子,而不是谈话"。[31]

与此同时,德国的通货膨胀日益恶化。政府拼命印钞票,连报社印刷厂也被征用。30家造纸厂日夜开工,以满足银行纸币的需要。价格飞涨,妻子在工厂门口等待丈夫,拿了工资就往商店里奔,以便赶在下一轮涨价之前把东西买到手。1922年1月,约200马克折合1美元,而到1923年11月,要40亿马克才能换1美元。寄到美国的一封信的邮票要10亿马克。最后竟达到如此荒唐的程度,价格每小时翻一番。

为了恢复德国的元气,1924年初再次开会。摩根财团又一次代表库利奇政府,库利奇政府装出满不在乎的样子。事实上,关于德国儿童挨饿和出现极端行为的报道使查尔斯·埃文斯·休斯非常担心。休斯选了跟J.P.摩根公司关系密切的两个人作为这次会议的两位美国"私人代表"——通用电气公司董事长欧文·扬和单独参与1915年英法贷款的芝加哥银行家查尔斯·盖茨·道斯将军。德国问题险象环生,道斯在奔赴欧洲前开玩笑说:

"反正得有人去收一堆垃圾，或是摘取胜利的花环。"[32]这些生意人只是一般老百姓的说法则不变。

这次会议产生了解决德国问题的道斯计划。这个计划充满了金融创新和政治风险。它把赔款按比例往后推迟，根据德国的支付能力来确定。计划还规定协约国将选择一个总代理来统辖德国的经济和赔款的支付。这就有效地把德国置于国际托管之下（许多赔款的付款都是通过摩根银行处理的）。德国抵押给了协约国，其铁路和中央银行都处于外国的控制之下，这种情况后来成为纳粹不可多得的最好的宣传材料。

使德国能够接受道斯计划的原因，除了该计划允许德国收回鲁尔区以外，还使德国有望得到来自纽约和欧洲的一大笔贷款。赔偿主要将用借款来偿付。德国现在已被逐出金融界，各地的银行都对它获得贷款的可能性表示怀疑。蒙塔古·诺曼考虑得很为周密："要想做成这笔贷款，只有通过英格兰银行和纽约的J.P.摩根公司。"[33]国务院再次在幕后指导策划。休斯对摩根财团说，如果道斯计划因得不到美国的参与而流产的话，那将是一个"灾难"，"极为不幸"。这种官方的意愿从未被漫不经心地置之脑后。

为了帮助推动可能对德国提供的贷款，蒙塔古·诺曼1924年中在英格兰银行安排了一次会议，请杰克·摩根、汤姆·拉蒙特和帝国银行新任行长亚尔马·霍勒斯·格里利·沙赫特博士参加（沙赫特之父曾在纽约一家酒厂干过，十分崇拜出版商霍勒斯·格里利）。为了制止毁灭性的通货膨胀，沙赫特取消了旧马克，发行了新马克，这一下使他立即成为银行界的英雄，赢得了在帝国银行的这个职位。在1924年元旦前夕，他抵达伦敦参加英格兰银行的会谈。谈到他在利物浦街火车站下车时的情形，他后来回忆说："我非常惊奇地看到一位身材高大的人，下巴上蓄着灰白的山羊胡子，有着一双精明、犀利的眼睛，他自我介绍说是蒙塔古·诺曼，英格兰银行行长。"[34]这又开始了诺曼另一个亲密、神秘的友谊。

随着故事的发展，我们将看到沙赫特扮演了众多的角色——纳粹金融的邪恶的天才、反对希特勒的勇敢策划者、纽伦堡法庭上喧嚷的自认为清白的被告。但是我们第一次见到他时，正值他志得意满之时。在沙赫特执掌之下，帝国银行摆脱了政府的控制，使诺曼的欧洲银行家掌握自主权之梦更加美满。沙赫特此人充满睿智,喜好自我陶醉,满口都是各种出格的比喻,夸大其词,口若悬河,滔滔不绝。他向摩根和拉蒙特保证偿还道斯贷款。他不无献媚地说,美国提供的这笔贷款"如无有名望的摩根银行在道义上的认可,则将完全不可能成功"。[35]对J.P.摩根公司来说,关键是这笔贷款要比对德国的其他债权处于更加优先的地位。摩根银行在德国没有其他未偿贷款,这笔贷款只是在英国和法国的政治压力之下才参与的——在20世纪30年代这笔贷款发生违约时,摩根银行对这一事实一再大声嚷嚷。后来在非常困难的政治环境中,拉蒙特辛辣地提醒沙赫特不要忘了当年他油嘴滑舌的保证。

为了给这笔贷款加上国际性味道,债券的一半在纽约发行,另一半在伦敦和欧洲其他国家的首都发行。纽约发行的1.1亿美元受到热烈欢迎,超额认购。这笔贷款似乎解决了德国的问题,减轻了金融市场的压力。这使华尔街大为振奋,推动了对拉丁美洲和其他地方的贷款。对于魏玛德国来说,这是一个转折点。德国成为这10年中最大的主权借款国。美国资本和公司对德贷款趋之若鹜,其中有福特公司、通用汽车公司、杜邦公司、通用电气公司、新泽西标准石油公司和陶氏化学公司,等等。德国失业率急剧下降,经济滑坡得以扭转,进入5年回升期。这一复苏为希特勒造就了极好的工业基础,并使他有资金用于大规模的军备。与此同时,世界陷入了一个循环往复的哑剧,美国付给德国的钱用来作为赔款,付给协约国,协约国又把钱送回美国偿还战争债务。

摩根档案中最值得注意的是,合伙人对道斯计划心存疑虑。拉塞尔·莱芬韦尔当时担任摩根银行常驻经济学家,他看出了这个计划充满了危险的矛盾。为什么投资者会对政治上被制服的德国有信心呢?为什么协约国希望让以前的敌人恢复元气呢?他有预感,担心出现政治上的对抗性反应,总有一天会有报应:"我对德国的政治疑虑是,德国人民对其宿敌的压榨能忍耐多久?"[36]蒙塔古·诺曼和英国财政大臣菲利普·斯诺登都担心德国是被迫就范,日后定会对其当时的处境耿耿于怀。

1923年8月,沃伦·哈丁总统死于血栓。他的接任者卡尔文·库利奇对世界债务问题并没有更深的领悟。他非常强硬,协约国必须偿还战争债务——"他们难道不是借钱了吗？"他这么问，而且还继续认为这些债务和赔款没有关系。[37]但是，只要美国要求偿还战争借款，协约国不可能在德国赔款问题上有所松动。

赔款问题的最后一个方面是，摩根为充当德国的新的经济沙皇——总代理而卷入了一场争夺战。新闻界大肆渲染，声称这是世界上最重要的工作，因为执掌此帅印者将能主管德国的经济。他将能从德国挤出最后一分钱，而又能延缓新一轮的通货膨胀。德国想让美国充当这个角色，希望它能起一点缓和作用。在华尔街，在摩根合伙人德怀特·莫罗的背后，已经形成了推荐他出任总代理的强大共识。

莫罗是库利奇总统的老朋友，已经被推荐担任许多政府的职务。他个儿不高，戴着眼镜，有点书生气，是摩根的哲学大王，具有一种难以捉摸的伟大气质。现在，他的机会到来了。他有一些强有力的支持者——在私营部门有杰克·摩根、查尔斯·道斯和欧文·扬，在内阁则有休斯和胡佛。在1924年7月白宫的一次长会以后，他似乎是一个十拿九稳的取胜者。除了其他原因之外，白宫认为任命莫罗可以保证道斯贷款的偿还。

但是，第二天，在另一次白宫会议上，美国驻德国大使阿兰森·霍顿反对任命莫罗。他说选择摩根合伙人将挑起德国政治上的不安定因素，甚至会断送道斯计划。会议争论激烈，拖得很长，一直折腾到半夜。尽管库利奇面对老朋友作了推荐，但是对莫罗的提名还是夭折了。道斯后来解释说："霍顿十分严肃地指出，任命摩根公司的一位成员，也许会给德国的民族主义分子以可乘之机，从而击败共和党政府。因为他们将会蛊惑人心，叫嚷说这是国际银行家的阴谋，目的在于将德国逼上绝路，而不是帮助德国。他指出这是德国政府本身私下的观点。"[38]

其他分析家认为库利奇抛弃老朋友的原因主要不是战略伎俩，而是胆怯。由于摩根在战时所起的作用，它一直遭到中西部地区德裔美国社区的诅咒。库利奇的助手们显然提醒他避免与莫罗有涉。这一事件说明，即使在保守的共和党政府执政的10年期间，摩根银行也还是背着沉重的政治包袱。

拉蒙特和诺曼大失所望，要求推出一个完美的莫罗替身。这时成功地杀出来的一匹黑马竟是摩根未来的合伙人——32岁的帕克·吉尔伯特。

他身材高大，充满孩子气，绰号是"思维机器"。他是莱芬韦尔的门徒，1920年就已经接替莱芬韦尔当了财政部部长助理。在28岁时，他被提升为副财长，在财政部长安德鲁·梅林外出时主持财政部的工作——他是迄今为止升到这个职位的最年轻的人。保罗·沃伯格描绘他是一个"务实的年轻人，长着梦幻者的眼睛和敏感的学者的嘴巴"[39]。而德国人则远远没有看到他这么富有诗意。财政部长海因里希·克勒这么描绘他："这位瘦长的高个儿沉默寡言，相貌不可捉摸，看上去比他实际年龄要大得多……给人一种怪诞的印象。"[40]

在柏林的5年期间内，吉尔伯特监督了20亿美元的战争赔款的支付。作为德国的经济沙皇，人们在模仿的加冕礼中焚烧他的模拟像，并诬蔑他是新的独裁者。他显然从未学会说德语，只是一味工作，从不参加文艺活动或是进入德国社会。他尽管年轻，却是个非常严厉的工头，不断地责备德国人财政开支过于铺张。他认为他们只要执行健全的财政政策，是可以偿还赔款的。另一位财政部长保罗·莫尔登豪尔指出："他说话又笨拙又傲慢，咕噜咕噜的，谁也不懂他说的英语。"[41]但是吉尔伯特撰写的有关德国财政状况的报告却在清晰和准确方面堪称典范，使他在英美金融界名声大振。他将在20世纪20年代成为具有世界性影响的人物。

德怀特·莫罗很快就把失去此机的遗憾抛在一边，并为他避免背上一个包袱而感到庆幸。他不久后写信给休斯，吐露了他对道斯计划的怀疑。即使在世界庆祝伟大胜利的时刻，摩根财团内也涌动着一股深深忧虑的潜流。莫罗声明："恰恰是德国所受的外国的控制，使我们对于道斯计划的永久胜利表示担心。……几乎不可避免的是，几年以后这笔贷款会在德国很不得人心。以我们的观点来看，德国人民在相当长的一段时期以后，肯定会想到这个第一流的大国受到何种控制，而不会想到把鲁尔区还给他们了。"[42]这种担心是有预见性的，因为纳粹的根本信条是国际银行家们把德国强行推入了道斯计划。摩根财团将承担20世纪20年代这些错误政策的后果。

— 本章参考文献 —

1. 康涅狄格州纽黑文耶鲁大学高级纪念图书馆拉塞尔·莱芬韦尔资料，1030组，系列1，第4箱，第97卷，给托马斯·拉蒙特的备忘录，1939年5月5日。
2. 拉蒙特：《跨越世界边缘》（Across World Frontiers），第242页。
3. 拉蒙特编：《托马斯·拉蒙特一家》（Thomas Lamonts），第116页。
4. 拉蒙特：《跨越世界边缘》（Across World Frontiers），第238页。
5. 拉蒙特编：《托马斯·拉蒙特一家》（Thomas Lamonts），第111页。
6. 拉蒙特：《跨越世界边缘》（Across World Frontiers），第231页。
7. 摩根建富资料（1910至目前），档案，日本政府贷款，1924年，托马斯·拉蒙特给纯之介井上的电报，1923年10月10日。
8. 同上，档案1，日本政府贷款，1924年，J.P.摩根公司给爱德华·格伦费尔的电报，1924年1月。
9. 同上，档案27，日本政府贷款，1924年，托马斯·拉蒙特给爱德华·格伦费尔的电报，1924年1月28日。
10. 卡罗索：《美国的投资银行业》（Investment Banking in America），第257页。
11. 拉蒙特：《积极生活》（Yes to Life），第18页。
12. 《全世界》（El Universal），1921年8月5日。
13. 斯旺伯格：《公民赫斯特》（Citizen Hearst），第339页。
14. 拉蒙特编：《托马斯·拉蒙特一家》（Thomas Lamonts），第118页。
15. 马萨诸塞州剑桥城哈佛大学贝克图书馆汤姆·拉蒙特资料，第197箱，第19卷，给查尔斯·伊文斯·休斯的信，1924年4月18日。
16. 拉蒙特编：《托马斯·拉蒙特一家》（Thomas Lamonts），第118页。
17. 马萨诸塞州剑桥城哈佛大学贝克图书馆汤姆·拉蒙特资料，第192箱，第7卷，给老J.P.摩根的电报，1921年10月25日。
18. 同上，沃尔特·蒂格尔的信，1921年12月15日。
19. 同上，无名氏备忘录，1921年12月14日，附于法律顾问沃尔特·蒂格尔的信，1921年12月15日。
20. 钱德勒：《本杰明·斯特朗》（Benjamin Strong），第260页。
21. 克莱：《诺曼勋爵》（Lord Norman），第487页。
22. 博伊尔：《蒙塔古·诺曼》（Montagu Norman），第198页。
23. 克莱：《诺曼勋爵》（Lord Norman），第482页。
24. 同上，第55页。
25. 博伊尔：《蒙塔古·诺曼》（Montagu Norman），第86页。
26. 康涅狄格州纽黑文耶鲁大学高级纪念图书馆拉塞尔·莱芬韦尔资料，1030组，系列1，第1箱，第9卷，给巴兹尔·布莱克特的信，1920年3月2日。
27. 杰伊：《摩根公司》（Morgan & Cie），第24页。
28. 伯克：《金融外交中的摩根财团》（House of Morgan in Financial Diplomacy），第29页。
29. 马萨诸塞州剑桥城哈佛大学贝克图书馆汤姆·拉蒙特资料，第182箱，第27卷，"伤心屋"（"Heartbreak House"），1945年4月18日。
30. 《纽约先驱报》（New York Herald），1922年5月25日。
31. 皮尔庞特·摩根图书馆小J.P.摩根资料，书信复印集第19集，第32箱，给爱德华·格伦费尔的信，1923年3月10日。
32. 《福布斯》（Forbes）：《小J.P.摩根》（J.P. Morgan, Jr.），第277页。
33. 塞耶：《英格兰银行》（Bank of England），第81页。
34. 沙赫特：《老巫师忏悔录》（Confessions of the Old Wizard），第179页。

35. 马萨诸塞州剑桥城哈佛大学贝克图书馆汤姆·拉蒙特资料,第182箱,第2卷,给亚尔马·沙赫特的信,1934年4月7日。
36. 康涅狄格州纽黑文耶鲁大学高级纪念图书馆拉塞尔·莱芬韦尔资料,1030组,系列1,第3箱,第62卷,给帕克·吉尔伯特的信,1928年2月2日。
37. 凯斯和凯斯:《欧文·扬和美国企业》(Owen Young and American Enterprise),第280页。
38. 同上,第300页。
39. J.P.摩根公司,关于帕克·吉尔伯特死亡的报告。
40. 麦克尼尔:《美国的金钱和魏玛共和国》(American Money and Weimar Republic),第30页。
41. 同上。
42. 尼科尔森:《德怀特·莫罗》(Dwight Morrow),第276页。

第十三章
爵士乐时代

进入1924年,摩根财团对美国政坛的影响力如此之大,就连那些专爱打听政治内幕消息的好事者都不知道究竟哪位总统候选人对摩根银行更怀有感激之情。就银行的合伙人来说,绝大多数人支持卡尔文·库利奇,这主要是出于意识形态和他与德怀特·莫罗的友谊。库利奇的竞选伙伴是查尔斯·道斯,他因制定的德国赔款计划突然出名而得到不少好处。有些人可能会觉得库利奇执拗、骄傲自大,但是杰克·摩根却认为这位总统具有思想家和道德家的非凡品质。他说:"在我漫长的一生中,没有任何总统像库利奇那样能够使我对这个国家、对其各个机构、对其摆脱困难的能力充满信心。"[1]杰克·摩根不同意关于库利奇是商界工具的说法——对一些人来说,这恰好证明此说不谬。白宫与摩根财团之间显然有一种亲密的关系。《新共和国》杂志载文道:"我真不愿意看到这些摩根的家伙们在白宫里面如此自由自在。"[2]

在沸腾的20世纪20年代,摩根银行的名气举世无双,它的首席律师约翰·戴维森成为民主党的总统候选人。戴维斯是杰克·摩根的棋友和纸牌搭档,他们玩一局只下一角钱的赌注。两人都是黄道俱乐部的成员,该俱乐部是一个秘密社会组织,每位成员都有一个不同的星座标记。戴维斯曾担任过美国司法部副部长和驻英大使，1920年加入阿伦·沃德韦尔的律师事务所，后来该事务所改名为戴维斯-波尔克-沃德韦尔律师事务所。他们都是J.P.摩根公司和摩根担保信托投资公司聘请的法律顾问。哈里·戴维森曾以他那充满活力的风格来引导戴维斯的生活。他把戴维斯带到长岛的笛乐岩乡间俱乐部度周末，一起打高尔夫球，然后说服他加盟沃德韦尔的律师事务所。戴维森还扮演了亨利·希金斯的角色，就连戴维斯挑选什么样的住宅都受到他的影响。他认为："我们必须在岛上自己的社区内找到一块合适的地方。"[3]戴维斯在槐树谷杰克和哈里的住所附近购置了一处房产。他完全具有摩根人应有的品质：既彬彬有礼，又不失尊严。他赞同美国应在欧洲发挥更大的作用，支持国际联盟，反对福利社会和累进所得税制。他也是一个地道的亲英派，并担任温莎公爵的私人律师。他的另一位朋友英王乔治五世称赞说，戴维斯是他所认识的"最完美的绅士"。[4]

最初，由于受摩根财团关系的连累，戴维斯不能去争取民主党候选人的提名。后来他发表了一篇颇有说服力的信件，认为一位律师可以在拥有富有的客户的同时保持公众的信任。《纽约世界》的沃尔特·李普曼也出来为戴维斯说话，赞扬他才华横溢，为人正直。戴维斯的党内对手威廉·麦卡杜得到南部和西部的支持。这两个地区向来有一种反对摩根财团的情绪。在1924年6月的民主党全国代表大会上，威廉·詹宁斯·布莱恩聚集力量对摩根进行了最后一击，他说："这次大会绝不能推荐华尔街的人来作为总统候选人。戴维斯是J.P.摩根的律师。"[5]由于这次大会各方意见分歧很大，最后戴维斯竟以103票的空前记录获得提名，可惜这一大捷毫无价值，因为共和党没有下台。

一位企业界人士把库利奇1924年的胜利称之为金融市场的鸡尾酒宴，标志着20世纪20年代就要开始沸腾，开始欢悦了。这是华尔街的"盖茨比"时代，赚钱又被看成是光荣的事业。那些常青藤联合会的成员不再像青少年时代那样去搞什么游行抗议活动了，而是纷纷拥入华尔街。在皮尔庞特年代，华尔街尚处于原始、喧闹的阶段，吹毛求疵的人是站不住脚的。现在的华尔街已变得潇洒时髦，富丽堂皇，"不少老字号的经纪人公司雇用了许多富家子弟，让他们在早晨有点儿事干"。[6]股票经纪人以乡间绅士自居,饲养马球赛马,到乡下打猎。国民城市银行总裁查尔斯·米切尔坐在他的火车专用车厢里四处旅行,车上配有厨房和厨师,俨然像一位进行工作旅行的"总统"。公司的执行董事们在私人列车车厢里开会,这在当时是一种地位的象征。

对摩根财团来说,这是一个无与伦比的超级时代。公司已登上了成功的顶峰,其他银行则望尘莫及。它屹立于美国资本市场的大门中央,整个世界都吵吵嚷嚷,希望能够获得一张入场券。对于那些得以进入摩根银行玻璃大门的人们,公司向他们展示了一个壁炉和真皮坐椅的世界,就像大不列颠的绅士俱乐部,充满了宁静、和睦的气氛。所有的秘书都是男士,尽管他们的助手可能是女性。正如一位记者所说:"一到那里,就像步入了狄更斯小说所描述的世界。"[7]合伙人办公室里那些拉盖书桌,恰如其分地反映了摩根银行的特性。这些桌子由红木或核桃木做成,镶有蜂窝状的格子,关的时候把鼓形的顶盖向下拉,充分显示了那种谨慎的、保持隐私的摩根风格。无论是公司职员还是顾客,都被这种气氛所诱惑。公关负责人马丁·伊根先生曾说:"如果我被公司解雇,我将丧失一切,因为我们已经被宠坏了,无法在世界上另外任何一个环境中工作。"[8]

那些从华尔街23号门前路过的人,绝大多数无法在摩根银行开户。作为一个批发性银行,J.P.摩根仅仅从重要的客户那里吸收存款,包括大公司、其他银行、外国政府等等。同纽约的其他私人银行一样,摩根银行不向普通百姓开放,只接收富人的存款,而且还要经过适当的引荐。对于金额在7500美元以下的存款,公司不付利息,每笔存款的最低限额不能少于1000美元。

摩根银行的势力不仅仅在于其金钱。没有任何一家公司具有摩根那样的政治纽带、那样的权威。正当英、美轴心占上风之时,摩根银行被铸入到华盛顿和伦敦的权力结构之中。记者们企图点出摩根银行的实质所在。《纽约时报》写道:"从华尔街的标准来看,摩根银行并不算大,另外十来家银行拥有更多的资金……关键的因素,与其说是钱,还不如说是信誉和人才……摩根不仅仅是一家银行,它是一种体制。"[9]信任、善意、诚实,这就是摩根力量之所在,令其客户赞不绝口。虽然这只是部分原因,但是摩根银行及时付款，信守承诺，关键时刻总是站在客户一边，的确起到了很大的作用。

同皮尔庞特时代一样，尽管银行的业务范围很大，但机构本身却显得很小。摩根在各地的公司都喜欢小，因为这样可使合伙人之间的关系更为亲密。哈里·戴维森常说，要想保持摩根风格，4亿美元是他可以驾驭的最高数额。在20世纪20年代末，华尔街23号有14位合伙人，费城的德雷克塞尔有8人，伦敦和巴黎各有7人。在这些公司里，合伙人们沿袭了悠久的伦敦金融城的传统，坐在一间大屋子里，每个人身上都反映出公司走向成功的不同秘诀。乔治·惠特尼认为，保守的金融管理是一个关键因素，合伙人们从不在贷款质量的问题上愚弄自己，在任何时候都要使80%的资产具有流动性。拉蒙特有一种"飞轮"理论——银行之所以如此兴旺，是因为它顺时谨慎，逆时大胆。杰克有一句令人难忘的声明，银行是以"第一流的方式进行第一流的业务"。

据华尔街的说法，摩根合伙人的年收入100万美元。此话一点不假，到了20年代末，杰克·摩根和汤姆·拉蒙特的年薪已达到500万美元。成为一名摩根合伙人，是美国银行界人士梦寐以求的。许多公司往往挑选能够带来资金和客户的合伙伙伴，但是J.P.摩根坚持皮尔庞特所开创的精英管理原则。任何白皮肤、信仰基督教的男士都可能合格。许多合伙人都有家族关系，而新一代的摩根人、拉蒙特家族、戴维森家族都是在20世纪20年代加入银行的。华尔街23号从不反对裙带关系，但是那些杰出的合伙人，例如哈里·戴维森、汤姆·拉蒙特、德怀特·莫罗、拉塞尔·莱芬韦尔等人，完全是靠个人才华进入摩根银行的。除此之外，这些人的优良素质也是摩根财团经久不衰的原因。

新闻界对爵士乐时代名人们的活动历来是紧追不舍。那些负责国际金融和外交的合伙人总是不停地旅行，每年有数月奔波在国外。每当跨越大西洋的轮船航班准备离开纽约时，记者们往往要迅速浏览一遍乘客名单，希望能够发现摩根合伙人，以便进行一场船上采访。当时合伙人的名气显赫，《福布斯》杂志的创办者B.C.福布斯甚至去查询他们参加高尔夫球运动的情况，不过结果令他感到失望，这使他觉得这批人似乎失去了成为

"完人"的机会。

1919至1933年间,有60亿美元的证券承销业务在摩根的大理石大厅里成交,数额之大远远超过了其他任何一家银行。其中有铁路债券、外国债券、公司债券,各占三分之一。在外国政府户头不断增加的同时,国内公司开户的名单也是独占鳌头——例如美国钢铁公司、通用电气公司、通用汽车公司、杜邦公司、美国电话电报公司、美国国际电话电报公司、蒙哥马利·沃德公司、肯尼科特铜业公司、美利坚罐头公司、科恩·爱迪生公司,以及纽约中央铁路公司等。通过为这些公司发行债券,并向其他银行分配承销任务,摩根银行造就了华尔街势力的金字塔。当然,摩根银行同时也向客户提供一些不起眼的服务,包括外汇买卖、银行票据承兑、商业信贷等一般商人银行的日常业务。并不是每一位合伙人都像汤姆·拉蒙特或德怀特·莫罗那样过着梦幻般的生活。

20世纪20年代的华尔街仍然盛行绅士银行家准则。摩根银行不做广告,不挂牌子,不拉顾客,不设分支机构,但客户们还是以古老的崇敬方式专程去拜访摩根的合伙人。竞争显得格外文雅,往往蒙上了一层彬彬有礼的面罩。客户都被抵押给了银行,未经允许不能转到另一家银行。奥托·卡恩解释说:"诸如库恩-洛布公司以及类似的银行,如果看到有关公司已是另一家银行的客户,或者尚未最后断绝关系,那么它们就决不会以任何条件把这家公司作为新的业务对象。"[10]从外表上来看,这似乎是一种礼貌的共谋,但在这背后,可能是邪恶的。商人们不但不反对这种排他性的关系,而且还常常夸耀他们的银行家,并把能在摩根银行开户看做是一种成功的标志。

摩根的合伙人在他们垂青的一些公司的执行董事会上仍然占有席位,但是比起查尔斯·科斯特拥有59家公司的年代来,他们现在更加挑剔,合伙人并不是随随便便地就从奥林匹斯山降临人间。马丁·伊根曾说:"人们不断地恳求摩根合伙人进入五花八门的委员会,加入各种各样的机构。这种做法变得越来越粗俗,越来越漫无边际。"[11]虽然摩根银行持有一些公司的股份,但合伙人在20世纪20年代曾达成协议,决定不介入外部企业。逐渐地,可能在人们察觉不到的情况下,银行家从某一公司的合伙人身份,演变成为一种职业性的、不参与公司具体业务的金融中间人。路易斯·布兰代斯非常赞赏这种变革，而后来的新政改革者们又大大加快了这一进程。在皮尔庞特时代，势单力薄的公司需要依靠强大的银行作后盾。但是到了20世纪20年代，像新泽西标准石油公司或是美国钢铁公司那样的公司，都已像摩根银行一样稳如泰山。

另外的摩根合伙人是谁呢？他们大致属于这一派人：白种人，男性，共和党人，圣公会教会成员，亲英派，毕业于美国东部8个名牌大学之一，具有欧洲血统。哈佛大学是杰克·摩根和他的儿子们的母校，也是他们最喜欢的学校。摩根银行对宗教的选择尤其挑剔。那时种族还不是一个问题，因为黑人根本沾不上银行的边。犹太人绝对禁止雇用，但他们可以到华尔街的其他公司找到机会。犹太人开办的银行也不断获得业务，例如那些被贵族银行视为低下的二级市场零售业务。R.H.梅西公司和金贝尔兄弟公司都是雷曼兄弟公司的客户。一些犹太银行家过着仅次于摩根人的豪华生活。库恩-洛布公司的奥托·卡恩在长岛的北滩修建了一座诺曼式的城堡，共有170套房间、11个映影水池、一个养有狮子的动物园、一个18洞的高尔夫球场，并有常驻专业高尔夫球员陪练。此外，还有一个可容纳200人的乔治王朝式的餐厅，雇用了125名佣人。后来这座庄园曾作为电影《公民凯恩》的场景。但是直到第二次世界大战结束之前，还没有犹太人能够进入摩根。

在20世纪20年代的华尔街，天主教信徒处境两难，往往比犹太人更难进入高额融资。在受到新教徒冷落的情况下，他们只好转向场外的股票投机，在爵士乐时代的股票投机家们绝大部分是爱尔兰人。乔·肯尼迪*在华尔道夫酒馆的房间里，借助股票行情自动接收器和电话在市场上发了大财，但仍然很难进入摩根银行。一天，他决定同摩根打通关系，于是走进华尔街23号，请求面见杰克·摩根，但是对方毫不客气地告诉他摩根先生很忙，没有时间见他。面对着摩根的大门，乔·肯尼迪先生蒙受了作为天主教徒和股票市场操作者的双重耻辱。

摩根银行内部最著名的天主教徒当数爱德华·斯退丁纽斯，但连他

---

* 美国最有政治影响力的爱尔兰裔家族——肯尼迪家族的第二代代表，全名为老约瑟夫·帕特里克·肯尼迪，他是美国第34任总统约翰·肯尼迪的父亲。

也曾一度转向妻子所在的、更容易被人们所接受的圣公会教会,并成为圣詹姆斯圣公会教堂的成员。1921年,斯退丁纽斯对他的精神账户进行了结算,又重新皈依天主教。他向圣詹姆斯教堂呈交了一封深感内疚的辞职信,信中说:"我开始强烈地感到,作为贵会的成员,不仅要定期出席仪式,而且还应是圣公会信仰的传播者和坚持不懈的支持者。然而,不幸的是,我发现自己的信仰离圣公会不是越来越近,而是越来越远了。"[12]

斯退丁纽斯还不由自主地保持着最高记录,我们可以从他那里看到20世纪20年代一位摩根合伙人的活动得到何种程度的详细记载。斯退丁纽斯经常在公园大街的住宅里隆重地款待客人。在为他女儿蓓蒂初入社交举行的舞会上,斯退丁纽斯夫妇邀请300名客人参加,包括来自东京皇家剧院的音乐家、舞蹈家和蓓蒂后来嫁的泛美航空公司的创建人胡安·特里普。在斯退丁纽斯家地下室里储存的酒足以浮起一艘战舰,其中有336瓶杜松子酒、196瓶索泰尔讷地区产的白葡萄酒、79瓶雪利酒、60瓶香槟、114瓶苦艾酒、40瓶海格苏格兰威士忌酒、88瓶红葡萄酒、30瓶葡萄牙浓葡萄酒、53瓶淡味白酒、26瓶黄玉酒等等,共有上千瓶好酒。[13]他从百老汇街的一位烟草商那里一次就订购了6000支哈瓦那雪茄,慢慢享用。他拥有6部汽车和许多房子,一年的基本生活开销就要花掉25万美元,这大概说明了为什么他对工作如此一丝不苟。

1922年,斯退丁纽斯在拉廷敦购置了34公顷的房地产,从那里可以俯视长岛湾。他和许多其他合伙人一样,住处离杰克的格伦科夫官邸很近,就像中世纪的奴仆们恭候在主人的身旁。作为一个谨小慎微、凡事绝不靠碰运气的人,斯退丁纽斯决定在槐树谷修建一个摩根公墓。拉廷敦当地有一所圣约翰教堂,为许多金融巨头提供精神寄托,因而被称为百万富翁的教堂。每逢星期日上午,杰克·摩根亲自传递募捐盘,这是一种天堂般的待遇。杰克非常喜欢教堂,他从苏格兰的一家小教堂里买来了镶有雕刻的橡木家具,重新装修了这个教堂。斯退丁纽斯的计划是在教堂的墓地旁边购置一处地产,用来修建公墓。

由于纽约州的法律禁止扩建公墓,此事遇到一些麻烦。因此,在1923年4月,斯退丁纽斯四处游说,使州议会通过了一项特别立法。然后他又进一步策划，买下了槐树谷的公墓。1925年6月1日，公墓召开理事年会，会上坐满了摩根圈子里的名人，其中有杰克的女婿保罗·彭诺耶、哈里·戴维森的儿子特鲁伯，以及斯退丁纽斯。这大概是公墓历史上财力最为强大的一次显示。在控制了公墓之后，他们雇用了一些建筑师和园艺师，对灌木丛进行了清理和修剪，并安上镂花锻铁门。最后形成了两个公墓，"旧的公墓是对公众开放的零散小块地，基本上保持了原样。新的部分长满了树木，有许多林间空地，成为摩根合伙人及其朋友们灵魂安息的殿堂。"[14]完成这些安排之后，斯退丁纽斯在第七号墓地争得了一块长眠之地。许多人认为他的去世是由于战争年代劳累过度。不管怎么说，斯退丁纽斯延续了摩根的传统，即自从查尔斯·科斯特就开始的那种奋力拼搏和英年早逝。

在爵士乐时代最富有代表意义的合伙人莫过于老练世故的传奇人物——汤姆·拉蒙特。作为社会名流和体育爱好者，他非常喜欢去高山峻岭野营或钓加拿大大马哈鱼。他给摩根银行的形象增添了20世纪20年代斯文达礼的光彩。如果说摩根合伙人就是一位有风格的、兴趣广泛的亲英派人士，是一位能够在民主党圈子内活动的共和党人，一位善于处理国内事务的自由派国际主义正统人物，那么拉蒙特就一定是这种人物的原型。然而这位华尔街20世纪20年代的代表人物，内心却隐藏着对这一时期的一种矛盾心理。他后来写道："那10年充满了异乎寻常的繁荣，投机渗透到了经济生活的各个角落……对美国来说是一个颓废的时代。"[15]

拉蒙特成为最富有的摩根合伙人，一栋栋富丽堂皇的住宅展示了他的财富。他与妻子弗洛伦斯住在新泽西州的恩格尔伍德，那里住着许多摩根银行的合伙人，因此被戏称为摩根的一个分行。他们同德怀特·莫罗夫妇一起参加了当地的莎士比亚俱乐部，一起扮演剧中人物，大声朗诵台词。从1915年到1921年，拉蒙特夫妇租下了富兰克林·罗斯福在东六十五大街的房子，当时房主正担任海军助理部长。1921年，拉蒙特又买下了东七十街107号的房子。这栋房子从英国管家到日光浴室样样俱全，成为来访政客、作家、社会名流的暂息之地。拉蒙特夫妇雄心勃勃，决心要结识纽约的每一位重要人物，并且也不放过每一位路过这座城市的名人。在很大程度上,他们真的成功地做到了这一点。

为了娱乐和消遣,他们买下了天国农庄。这是一个离缅因州海岸不远的岛屿疗养地,从那儿可以看到佩诺布斯科特海湾的全景。1928年,他们又在帕利塞兹买下了托里悬崖。此处房产占地100公顷,最初属于一位著名的植物学家约翰·托里,后来又捐赠给哥伦比亚大学,作为该校的地质观察站。这份地产包括悬崖峭壁、林地、小溪、花草,以及景色壮观的哈得逊河。最后,拉蒙特和约翰·戴维斯都定期在南卡罗来纳州的耶曼斯庄园住上一段时间。那是一块由百万富翁开发出来的土地,有占地上千公顷的高尔夫球场、林间小道和长满苔藓的巨大橡木。

拉蒙特夫人弗洛伦斯·拉蒙特个子不高,但却是一位聪明伶俐、相貌悦人的女性,总是有一种沉思的眼神。她极力把自己当成既是一位善于捕捉社会名流的家庭主妇,又是一位知识女性。她毕业于史密斯学院,并在哥伦比亚大学获得哲学硕士学位。她支持包括计划生育和妇女工会组织等在内的许多事业。她为人诚实,有时稍微显得有点絮叨,总是渴望有知识的同伴,经常激励来访的客人,不时地显示出女才子的强烈气质。在一次聚会上,弗洛伦斯作了一番关于绥靖主义的讲演,言辞有些夸张。事后安妮·莫罗·林德伯格在她的日记中写道:"拉蒙特太太不相信妇女们的私下讨论,认为那只是些说三道四的闲话,这是不是因为她自己不善于那种讨论呢?"[16]

拉蒙特夫妇总是精神饱满,喜欢交际,认识许多社会名人,在爵士乐时代,几乎所有的晚会上都能看到他们的身影。1924年,他们的儿子科利斯在牛津读书时,曾同朱利安·赫胥黎一家住在一起,常在克利夫顿与阿斯特勋爵夫妇共进午餐,并和赫伯特·乔治·威尔斯一起度周末,这些人都是他父母广泛结交的朋友。科利斯、汤米(他后来也成为摩根的一位合伙人)和玛格丽特这三个孩子把他们在东七十街的家变成了一个热闹的辩论协会,人们在屋里高谈阔论,笑语不断。安妮·莫罗·林德伯格还这样生动地描述了对这个活跃之家的印象:"到拉蒙特家去吃晚饭……我们事先定好到了那里不参加辩论。结果我们让拉蒙特一家自己打内战。汤米对科利斯,拉蒙特太太对拉蒙特先生,玛格丽特对汤米,玛格丽特对拉蒙特太太，在饭桌上唇舌不让。汤米声音洪亮，似在讲台演说；科利斯语调平缓，虽显紧张，但不失幽默；玛格丽特自然是一本正经；拉蒙特先生语气温和；而拉蒙特太太则有点面带愠色。我们都高兴地靠着椅背……洗耳恭听，真是开心极了。"[17]

如果弗洛伦斯有时太认真了，汤姆就会非常和蔼地提醒她。他永远交不够朋友，参加不够晚宴，永远说不够。他极富幽默感，这使许多人都觉得吃惊，因为他们想象中的摩根银行家们必定是些郁郁寡欢、妄自尊大的人。有一次，他在谈到自己的一位敌人时说，如果他订购了一列车的"混蛋"，结果只收到那个人，他也会觉得订单已完全兑现了。还有一次，汤姆·拉蒙特和蓓蒂·莫罗希望两家共同举办一次舞会——他们舞跳得不错——但是弗洛伦斯和德怀特有些犹豫不决。于是客人们收到了这样的请帖：

> 德怀特·莫罗太太和托马斯·拉蒙特先生
> 谨邀请各位参加
> 为托马斯·拉蒙特太太和德怀特·莫罗先生
> 举办的舞会[18]

20世纪20年代的杰克·摩根俨然是一位君主。一名记者在描述这位巨亨从华尔街23号门口的豪华轿车里走出来的情景时这样写道："我看到另外两个人突然直起身体，肃然起敬，就像穿着便服的士兵，这一切或是出于本能，或是一种习惯的驱使，不易被人察觉……一道道铜光闪闪、玻璃明亮的大门打开后又关上。"[19]杰克·摩根非常喜欢他在摩根帝国的职位，在准备向教皇庇护十一世赠送校勘后的古埃及语《圣经》版本时，他这样说道："我的特殊工作是世上最有乐趣的，胜过国王、教皇或首相，因为没有人能够推翻我，我也不用拿原则作妥协。"[20]

杰克在靠近北滩马蒂尼科克角250公顷的岛上庄园中过着豪华的生活。来访的客人们要经过无数道巨大的锻铁门；通往住宅的道路一眼望不到头，两旁椴树成阴；每逢春季来临，地上开满了郁金香和黄水仙，这些花是在杰西·摩根的指导下栽培的,需要几十名专职花匠。庄园里还饲养着牛和马,有暖房、黄杨木、玫瑰园、工人的小屋,在海峡还有一个小码头。

在草坪和树林中,有一幢红砖砌成的房子,比皮尔庞特的任何住宅都要富丽堂皇。房子是由格朗·法尔热设计的,采用了庄重的圆柱风格。在室内一处四周安装了防火设施的墙上,挂着3幅名画——鲁本斯的《奥地利的安妮》、庚斯博罗的《吉迪恩夫人》、托马斯·劳伦斯爵士的《德比伯爵夫人》,这三位著名女士的眼睛里发出炯炯有神的目光。房内共有45间屋子,大厅楼梯两旁装饰着美丽的鲜花,显得格外壮观。

杰克喜欢恬静的家中乐趣,他生性好读书,坐得下来,尤其欣赏侦探小说和填字游戏。他所崇拜的文学家是鲁德亚德·吉卜林。他不赞成身体接触的体育运动。当他两个儿子朱尼厄斯和哈里到克罗顿上学时,摩根先生曾反对学校开设橄榄球课,认为这种体育运动不道德,危险,野蛮。[21]他有4辆汽车,两辆"劳斯莱斯",一辆"林肯",一辆"别克",并喜欢让司机带他出去兜风。

杰克·摩根特别讨厌别人打听他的隐私,非常敌视新闻界。摩根家族的人总是设法不让他们的女儿、孙女出现在报刊杂志的社会版面上。同他父亲一样,杰克经常威胁那些突然闯入的摄影记者。每当星期天早上离开教堂时,他常用巴拿马礼帽遮住自己的脸。因为他平时经水路坐船去华尔街,所以摄影记者们都在海峡码头上等候他。为了不让这些记者得逞,他在码头通往游艇的过道上专门修建了一个花草藤蔓掩映的拱廊,以便遮挡记者的视线。唯一的问题是船舷与岸边之间的跳板。就在杰克走向船舷的最后一刻,他的仆人亨利·菲齐克脱下大衣,高高举起,挡住他的主人,不让记者们拍照。下班后,杰克在船上喝茶。

杰克一生中只有一次是自愿地让新闻记者拍照。有一天,正当他乘小船去海盗号,记者们和往常一样紧随其后。突然,杰克的巴拿马礼帽被风吹落水中,一位记者从水里把帽子捞起,递给了船上的水手,并说道:"你的老板对我不太礼貌,但我还是乐意帮这个忙。"[22]就像皮尔庞特一样,杰克也容易感情用事,一旦对方作出豪爽的姿态,便会让步。听到这件事后,他请那位摄影记者走上船来,摆好姿势,足足让他拍了20分钟。

杰克和杰西都非常喜欢英国，每逢春夏都要去访问。当伦敦的《泰晤士报》称他为英国绅士时，他感到非常激动。[23]他在伦敦格罗夫纳广场大街12号有一栋房子，并将王子门街的老房子赠送给了美国政府，作为美国驻英大使的官邸。正如乔治·皮博迪曾在家中举行美国独立日晚宴一样，杰克希望今后的美国大使们"像绅士一样生活，在宽敞的环境中举行独立日招待会"。[24]后来，王子门成为二战时期美国驻英大使乔·肯尼迪的官邸。这位大使先生最后终于通过走后门进入了摩根集团。这栋房子就在海德公园对面，它给肯尼迪的儿子们留下了美好的印象。

杰克在英国的主要住宅是沃尔霍尔庄园，这座在伦敦北区占地300公顷的庄园有人工湖和花园。他就像性情古怪的普洛斯彼罗*一样统治着这个庄园。他不只在此聊以为居，而是要拥有它。《财富》杂志曾这样说："在沃尔霍尔庄园，他是一名保守的乡绅，除了古老的教堂，整个奥尔登纳姆庄园都是他的财产。他雇用了所有的村民，给他们提供免费住宅、定量牛奶和免费医疗，另外还给他们一笔养老金和奥尔纳登姆教区社会俱乐部会员资格。"[25]

他是一位家长式的地主，常常为他的村民们烦恼。为了不让他们闲逛，他修建了板球场、网球场，还有玩滚木球游戏的草坪。村里有一家小酒店，杰克担心会被一位酿酒商买去，因此秘密派遣特迪·格伦费尔，不惜一切代价也要把它买下来。这次高级别的公司"兼并"还在他们之间引出一段故事来。杰克事后说："这对我来说完全是一种新型的业务。我拥有许多财产，但还从来没拥有过一个小酒店，我对此项投资感到非常兴奋。"[26]就像一位老处女，杰克曾考虑取消小店的卖酒执照。但是美国禁酒法所引起的一些问题又使他改变了这一想法。他甚至还增添了一间可供放映电影和跳舞的大厅。他说："对这些诚实、勤劳以及过分呆板的众男众女来说，这的确会使他们与以往大不相同。"[27]

杰克在很大程度上是习惯和舒适的创造者。他曾让一家英国公司专门设计了一种高顶汽车，使他不用摘下礼帽就可以开车。他给一位男子服饰

---

* 莎士比亚最后一部剧作《暴风雨》主角，身为米兰公爵，但因沉醉于魔法而荒废国事，被其弟驱逐后，携幼女米兰达逃亡荒岛。

用品商写信，告诉他袜子的后跟穿时不太顺利。可能是害怕自己生气，或者是出于对那些美国银行界老前辈的尊敬，他总是希望身边进行的事情有条不紊。他刻意强调准时。他在沃尔霍尔庄园安装了许多钟，每周都得专门有人来上发条。他还常常把贵重的金表作为礼物送给其他合伙人。

一年的生活节奏对杰克来说都是固定不变的。8月12日开始的苏格兰打猎季节是全年的高潮。有一次，他曾在8月中旬给一位合伙人的信中说："我所认识的每一个人几乎都开始在苏格兰打猎。"[28]在美国还有谁能以这样的口气说话呢？1913年之后，埃里克·汉布罗和杰克一块儿，在苏格兰靠近埃兹尔的地方买下了甘诺奇山庄旅馆。他们和那些著名的客人每年都要装回上万只松鸡，每位猎手都有随从伺候。为了对杰克表示欢迎，那些苏格兰的侍从甚至组成了一幅"有摩根字样的花格呢图案"。

杰克在曼哈顿的住处位于麦迪逊大街和三十七街之间，是他父亲为他买下的。房子从外面看去灰暗阴沉，而里面却光线明亮，宽敞雅致。室内装有白色大理石壁炉、法国文艺复兴时期的家具、枝形水晶吊灯。他住在那里时，每天都要去隔壁的图书馆。他父亲收藏了19000册图书，他自己在此基础上增加了4000册图书和手稿，并继续搜寻那些封面装饰美观的书籍以及英国文学作品。由于英国托利党领袖斯坦利·鲍德温的帮助，他得到了詹姆斯·巴里爵士的《我们是否该和女士同往》一书的手稿。鲍德温坦诚地对杰克说："我不愿意看到手稿流失国外，但如果不得不这样的话，我宁愿让你来收藏，也不愿这些手稿落入他人手中！"[29]

杰克的父亲去世后，他一时没空去收集图书，而是忙于处理房产。现在，当他年愈五旬时，又开始扩大他的藏书范围，这是与皮尔庞特当年生活的又一相同之处。贝勒·格林再次不断地前往欧洲采购书籍。杰克对她既喜欢又带有几分敬畏。当莱斯特伯爵收藏的4部珍贵手稿在市场上出售时，格林对这样一大笔费用不敢擅自作主，便让杰克去谈判。杰克来到欧洲，在度过一个不眠之夜后，拿出50万美元买下了这些手稿。他告诉卖者："我的图书管理员不敢花我这么多钱。同样，如果我两手空空回到家，也不敢去见她。"[30]

杰克还需要像皮尔庞特对朱尼厄斯那样，为父辈树碑立传。1924年，为了纪念父亲，杰克捐款150万美元，建立了皮尔庞特·摩根图书馆，并任命贝勒·格林为图书馆第一任馆长。大概是为了重新唤起艺术品收藏中断后所失去的热烈气氛，他召集记者们进行了一次怀旧式的采访。大家在皮尔庞特曾经工作过的西厢房就坐，壁炉上方挂着朱尼厄斯的画像。杰克对记者们说："我父亲的一生实际上是在这间房子里度过的，我想这里可能是纽约市最安静的房间，除了偶尔传来汽车喇叭的噪声之外，屋里从来听不到任何声音。"[31]

他带领记者们参观图书馆，并不时地拿起一些有趣的书评论一番。他取出一本狄更斯的手稿，说道："《吝啬鬼》和其他手稿都在这里，很不错吧？"从他的话中，人们或许会隐约地听到一位寻求公众爱戴的男人的哀怨之声——一种他认为应该得到却屡遭拒绝的爱。在采访结束之前，他问道："你们认为怎么样？我为公众贡献这件礼物不是做了一件好事吗？"[32]

图书馆旁边有一栋皮尔庞特曾经住过的褐沙石房子，1928年杰克将它拆除，并由本杰明·威斯塔·莫里斯设计，紧靠着图书馆重新修造了一栋建筑，作为展览大厅，也为学者们提供更多的空间（现在通过这栋房子进入图书馆）。在贝勒·格林专横独断的管理下，图书馆始终是一个珍宝盒式的机构，工作人员很少。贝勒对那些半瓶醋的所谓艺术爱好者、那些粗俗之徒，或者纯粹是白痴一类的人物毫不客气。但她对真正的学者非常热心，在图书博物馆界具有女神般的地位。

杰克在纪念父亲的同时，也着手培养他的两个儿子接管摩根银行。大儿子小朱尼厄斯·斯潘塞1914年毕业于哈佛大学，第一次世界大战期间曾在靠近英国水域的一艘驱逐舰上服役，是一名下级军官，这一经历造成他的神经极度衰弱。小朱尼厄斯身材高大，仪表堂堂，生有一副敏感演员的面孔，于1919年成为摩根的合伙人。他平易近人，性情温和，具有一本正经的幽默感。他可能是摩根家族中最和蔼的一员，但也是最忧郁的商人。杰克自欺欺人，觉得儿子天生适合做银行业务，于是在1922年送他到摩根建富公司当了两年学徒。杰克在信中对格伦费尔说："我无法告诉你我有多么高兴送他去伦敦，在你的亲自监督下学习那里的经营方式，了解那里的业务前景。"[33]小朱尼厄斯装模作样地当起银行家来，而且还成为美国钢铁公司和通用汽车公司董事会的成员。但他的真正理想是做一名航海船舶设计师。他的商业生涯将是悲伤的、徒劳的，这表明在银行王朝中给儿子们的选择余地多么有限。同他的父亲、爷爷及兄弟一样，小朱尼厄斯担任了纽约游艇俱乐部会长——这是在摩根的活动中真正适合他的一件差事。

杰克的小儿子哈里·斯特吉斯看起来更有希望成为一名银行家。他于1900年出生于伦敦，个子不高，显得粗壮，看上去比他哥哥更加敢作敢为，也更容易冲动。如果说小朱尼厄斯待人友好但缺乏朝气，那么哈里则是精力充沛。他双唇紧闭，目光犀利，下巴显露出充分的自信。1923年，就在从哈佛大学毕业一周之后，他与凯瑟琳·弗朗西斯·亚当斯结了婚。新娘是胡佛总统手下的海军部长查尔斯·弗朗西斯·亚当斯的女儿。那一年，哈里在摩根公司开始了一份送信的差事，周薪15美元，在华尔街上来回传递股票和债券。1928年12月，哈里获得了年薪100万美元的摩根合伙人资格，这算是给他的一份圣诞礼物。

就在这一段时期，杰克受到两次感情上的打击，从此再没有恢复过来。1924年，他的母亲离开了人间。当时她仍住在麦迪逊大街原来的房子里，这栋房子直到她去世后才被拆除。她一直活到80多岁，但那时已是一位两耳失聪的老妪。在孩提时代，杰克离不开母亲给予的温暖和慈爱。他同杰西的甜蜜婚姻似乎是早期母子关系的再现。

同范妮一样，杰西·摩根也有些体弱多病，但又有根本的不同。杰西是一位天生的行政长官，在管理着这个大家庭、指挥仆人和侍从方面效率非凡。在她那腼腆、主妇般的面容之中，隐含着钢铁般的严厉。她虽是一位女性，但内心却十分坚强，曾于1915年痛斥过那位企图进行谋杀的人。他们夫妇俩都不认为妇女应从家庭事务中解放出来。杰西曾热衷于看管花园，收集花边饰品，珍藏花卉绘画。她对政治毫无兴趣，也不与其他女士共进午餐。尽管她有点装腔作势，但她却是一位性格坚定，甚至有些令人生畏的女性。

杰克·摩根的幸福离不开妻子儿女。1925年4月，他告诉格伦费尔："家中唯一真正激动的时刻，是弗朗西斯的双胞胎降临到这个充满痛苦的人世间之际，20分钟之内我的孙子便从9名增加到11名，使我最大的野心也因此得到了满足。"[34]与这种家庭和睦气氛略不协调的是，杰克和杰西之间的过分亲密，使孩子们觉得受到冷落。杰西终日服侍他，爱慕他，为他生活的每一个方面出谋划策。她是一张看不见的安全网，使他不致跌倒，杰克完全依赖她的判断。

然而，在1925年夏天，杰西不幸染上嗜睡症，这是一种当时在美国较为普遍的大脑炎症，被认为是源于1917至1918年的流行性感冒。杰西陷入了昏迷状态，只能靠一根导管进食。当时还没有抗菌素，著名的医生也只能请家属耐心等待。他们告诉杰克，杰西的病情有其自然发展的过程，她最终会醒过来的。杰克相信医生的话，等待着，默默地为她祈祷。为了避免忧伤过度，他强打起精神，每天与总部保持联系，并从杰西的轻微抖动中得到一点安慰。另使他感到欣慰的是，杰西在昏睡中营养很好，体重有所增加。他写道："医生向我保证说，杰西的气色不错，尽管恢复过程缓慢，但最终会恢复过来。虽然杰西还完全处于昏迷状态，但是有一些几乎察觉不到的迹象表明她会醒过来的。"[35]他还写道："当然，没人能够知道她还会睡多长时间，不过只要她在睡，就不会感到任何痛苦或不适，而治疗一直在进行。"[36]

怎样把如此温柔体贴的杰克·摩根同早先描写的那个铁石心肠、反犹太主义的杰克·摩根融为一体呢？他是一位名副其实的摩根人。他的仁慈之心深沉而又狭隘。他的世界一分为二，一部分是他所爱的人，一部分不是。对于家庭，他可以付出全部的爱。到了仲夏，杰西的病情开始慢慢好转。听说她的身体状况比病后的任何时候都要好，杰克充满了希望。医生说他可以放心地去工作了。1925年8月14日，杰克来到办公室，不久就接到家中电话，要他立即返回。等他到家时，杰西已经去世。医生认为是血栓致使心脏停止了跳动。他们都被这突如其来的变化惊呆了。

杰克尚未从他母亲去世的打击中完全恢复过来，现在更是心神不安，悲伤到了极点。他深深地、虔诚地哀悼着死去的妻子，就如皮尔庞特悼念神圣的咪咪一样。他对拉蒙特说："过去的岁月有待我去回顾，每一件事都将留在记忆之中。"[37]话语中充满了悲伤和怀念之情。在给合伙人的一封信中，拉蒙特这样描写了杰西病重期间的杰克："直到最后的几周，他仍然坚信妻子将会康复。他日日夜夜都想着此事,盼望着有朝一日杰西会从睡梦中醒来。他尤其希望那时他正好在杰西身边,心想那样会有助于她恢复健康。在整个期间,杰克的表现是那样的令人惊叹,富有勇气,完美无缺。"[38]

杰西在遗嘱中将她的主要财产留给了她的两个儿子和两个女儿。她还以奇特的感人方式给丈夫留下一笔遗产。当她在遗嘱中写这段话时,人们几乎可以看到她那幽默的眼神:"我相信,在任何不可预见的情况下,如果我亲爱的丈夫一旦需要的话,我的孩子们将会与他分享我留下的财产。"[39]

妻子去世后,杰克很少出头露面。在马蒂尼科克角,他保持着妻子卧室的原样,并照看她的郁金香和玫瑰园(他成为一名专心致志的园丁,曾选用大丽花参加了拿骚县的花展赛,并获得J.P.摩根奖!)经过杰西一手训练出来的仆人们,在没有她的情况下管理着庄园。尽管孤独一人,但杰克没有关闭任何房子,也没有卖掉一艘船或一辆汽车。在某种意义上,他拒绝承认自己的生活有任何改变。他的许多朋友都证实了一种奇怪的感觉,好像杰西仍然活在人间——与其说这是一种迷信的感觉,还不如说是杰克不愿让杰西过去的生活惯例消失。1927年,杰克在格伦科夫傍水之处买下一块地产,在上面修建了一座价值300万美元的摩根纪念公园,献给他的妻子。从公园里那间带有沟槽的古色古香的俱乐部的房子出发,杰克每年都从那里开始他的地中海之行。

形单影只的杰克,穿一件花格呢外衣,嘴里叼着海泡石烟斗,在庄重的花园中徘徊,真是一个心中充满了忧郁的鳏夫。合伙人们注意到了他的孤独。心灵受到创伤的杰克,变得感情夸张,自怜自悯。他在1928年给朋友的一封信中,谈到自己的14位孙子:"他们对我的一生关系很大,但我必定会非常寂寞。"[40]有时他让跟随他25年的司机查尔斯·罗伯逊带他到摩根纪念公园。他坐在司机身旁,默默地望着水面。尽管他腰缠万贯,却感到自己是世界上最孤独的人。

本章参考文献

1. 皮尔庞特·摩根图书馆小J.P.摩根资料,书信复印集第24集,第41箱,给查尔斯·希尔斯的信,1928年5月28日。
2. 马萨诸塞州剑桥城哈佛大学贝克图书馆汤姆·拉蒙特资料,第115箱,第17卷,给布鲁斯·布利文的信,无日期。
3. 哈博:《律师的律师》(Lawyer's Lawyer),第184页。
4. 约翰·戴维斯,1873—1955(?)
5. 哈博:《律师的律师》(Lawyer's Lawyer),第211页。
6. 约瑟夫森:《货币巨头》(Money Lords),第21页。
7. 《纽约世界电讯》(New York World Telegram),1943年3月13日。
8. 皮尔庞特·摩根图书馆马丁·伊根资料,德怀特·莫罗卷,给德怀特·莫罗的信,1927年4月28日。
9. 拉蒙特编:《托马斯·拉蒙特一家》(Thomas Lamonts),第385页。
10. 佩科拉:《宣誓的华尔街》(Wall Street Under Oath),第45页。
11. 皮尔庞特·摩根图书馆马丁·伊根资料,拉塞尔·莱芬韦尔卷,给拉塞尔·莱芬韦尔的信,1924年7月31日。
12. 《福布斯》(Forbes):《老斯退丁纽斯》(Stettinius.Sr.),第207页。
13. 同上,第106页。
14. 同上,第199页。
15. 拉蒙特:《跨越世界边缘》(Across World Frontiers),第216页。
16. 林德伯格:《花和荨麻》(Flower and the Nettle),第199页。
17. 同上,第207页。
18. 拉蒙特编:《托马斯·拉蒙特一家》(Thomas Lamonts),第107页。
19. 《哈特福德金融杂志》,1926年5月。
20. 《福布斯》(Forbes):《小J.P.摩根》(J.P. Morgan, Jr.),第126页。
21. 同上,第67页。
22. 《纽约客》(New Yorker),1929年2月2日。
23. 《新闻周刊》(Newsweek),1935年2月9日。
24. 皮尔庞特·摩根图书馆小J.P.摩根资料,书信复印集第24集,第42箱,给查尔斯·道斯的信,1929年7月15日。
25. 《财富》(Fortune):1933年8月。
26. 皮尔庞特·摩根图书馆小J.P.摩根资料,爱德华·格伦费尔卷,给爱德华·格伦费尔的信,1920年4月12日。
27. 《福布斯》(Forbes):《小J.P.摩根》(J.P. Morgan, Jr.),第113页。
28. 皮尔庞特·摩根图书馆小J.P.摩根资料,查尔斯·斯蒂卷。
29. 《纽约时报》(New York Times),1967年9月4日。
30. 同上。
31. 《福布斯》(Forbes):《小J.P.摩根》(J.P. Morgan, Jr.),第138页。
32. 同上,第140页。
33. 皮尔庞特·摩根图书馆小J.P.摩根资料,爱德华·格伦费尔卷,给爱德华·格伦费尔的信,1922年1月19日。
34. 同上,书信复印集第21集,第36箱,给爱德华·格伦费尔的信,1925年4月17日。
35. 同上,书信复印集第22集,第37箱,给路易莎·李·斯凯勒的信,1925年7月23日。

36. 同上，给卡尼·沃伦的信，1925年7月14日。
37. 马萨诸塞州剑桥城哈佛大学贝克图书馆汤姆·拉蒙特资料，第191箱，第1卷，给乔瓦尼·富米的信，1930年7月10日。
38. 同上，给查尔斯·斯蒂尔的信，1925年8月17日。
39. 《纽约客》（New Yorker），1929年2月9日。
40. 皮尔庞特·摩根图书馆小J.P.摩根资料，书信复印集第24集，第41箱，无日期。

第十四章
金本位

到了20世纪20年代中期，摩根的发展完成了一个周期。最初，乔治·皮博迪、皮尔庞特和朱尼厄斯把英国的资本吸引到美国来，从而壮大了实力。现在，这一关系完全颠倒过来了。伦敦的商人银行由于受到英国政府战后对外贷款的限制，活动范围很小。他们的海外贷款业务仅限于一些英国的领地、殖民地以及战后重建贷款。相比之下，华尔街却是一派欣欣向荣的景象，J.P.摩根公司的实力也远远超过了英国的摩根建富。在由华尔街23号牵头发起的国际贷款中，摩根建富负责管理向英国提供的部分，从而使该公司得到某种缓冲，多少避免了伦敦金融城萧条的影响。

1927年初，摩根建富从老邦德街22号搬到了大温彻斯特街23号。新的总部大楼位于离利物浦街车站不远的一个L型小街的拐角处。这栋楼房原属于英国印度汽轮航海公司，它的外部装修风格反映了热带的异国情调——有象征富饶的羊角以及长青藤。新主人把这些一拆而光，改装成伦敦金融城惯有的那种高大宽敞的门厅，使来访者觉得自己非常渺小。楼里有侍从，是一个豪华雅致、令人悠然自得的地方。在一幅1926年的照片里，摩根建富的板球队员像一群叼着烟斗的贵族，其实在这些年轻人当中，有的只不过是些小职员或者跑邮差的。

摩根建富的常驻合伙人是一些专门挑选的权力经纪人。尽管他们的名字在历史书上并不显赫,但他们是英美金融机构之间进行交易的中间人。J.P.摩根公司和摩根建富的关系一直非常密切。他们相互为对方培训年轻职员,定期互访,并保持着大量的信函往来,人们从中可以看出两次世界大战之间英美金融关系的全貌。然而,在摩根帝国之中,英国公司处于从属的地位。尽管两家公司在许多交易上进行合作,但同时也有不少业务是各自单独做的。

如果在纽约定调的是拉蒙特,那么在伦敦拍板的则是特迪·格伦费尔。他后来成为圣贾斯特勋爵。格伦费尔衣着讲究,喜欢漂亮,西服左上方的口袋总是露出一块小手帕。他留着整齐的胡子,头发梳理得光滑发亮。他看上去很精明,但头脑却有些脆弱。他那敏锐的目光能够看透人们的心思。他具有冷静沉着、不动感情者的那种清晰的远见。他外表整洁,举止端庄,事事讲究正式。但从他给华尔街23号以及密友J.P.摩根的接二连三的信件中可以看出,他对一些事物的判断显得很滑稽,而且往往是固执己见,不留余地。在摩根集团中,没有人比特迪·格伦费尔对人以及事物更有先见之明,他尤其乐于揭露那些社会改革者的愚蠢。他用尖锐的嘲讽,对于被攻击的目标大加奚落,充分表现出他那种族和宗教的偏执。杰克可能也是这样,也有同样的偏见,只是不说而已。到1922年时,格伦费尔不仅是英格兰银行的一位董事,而且还成为代表伦敦金融城的保守党下院议员。

直至43岁之前,身材细长、潇洒的格伦费尔还是一位名副其实的单身汉。后来他与23岁的弗洛伦斯·亨德森结了婚。弗洛伦斯的父亲是英格兰银行的一位董事,同时也是从事远东贸易的博雷欧公司的总裁。据说在举行婚礼时教堂里挤满了眼泪汪汪的女士,她们为失去了闺中密友而叹息。除了弗吉尼亚·伍尔夫认为财富使弗洛伦斯变得"呆笨"和"粗俗"之外,大家都为格伦费尔的新娘而着迷。[1]她身材修长,相貌出众,话音深沉,语调迷人。安妮·莫罗·林德伯格觉得弗洛伦斯"像一只幼鹿,非常脆弱",并专门指出她身上那种女顽童的气质,感到她"太年轻了……喜欢被人哄着"。[2]她把弗洛伦斯比做是弗吉尼亚·伍尔夫的作品的人物达洛卫太太——一个善于社交的女人，她认识每一个人，并非常喜欢组织聚会。

这是一场坎坷的婚姻。弗洛伦斯不愿墨守陈规，经常出席舞会，上声乐课，成为季阿吉列夫的俄罗斯芭蕾舞剧团的早期赞助人。乐团的指挥称她为"真诚的朋友"，并邀请她观看排练。她不仅仅是一位把摩根建富的资金投入到舞蹈事业的社会赞助人，而且也是一位鉴赏力很强的精明女人。她每晚都要光临剧院，并且还把她所看到的写成精辟的介绍性短评。才华卓越但又有局限性的格伦费尔对于这一切却无动于衷。格伦费尔喜欢高尔夫球和帆船，没有时间去关心那些使他的年轻妻子着迷的现代派艺术。每当他回到卡文迪什广场4号的住处时，常常看到许多衣着袒露的俄国舞蹈家以及一些音乐家。著名的芭蕾舞蹈家马尔科娃经常参加那里的聚会。费洛伦斯也结识了莉迪亚·洛波科娃，后者后来成为约翰·梅纳德·凯恩斯的妻子。尽管格伦费尔很爱他的妻子，但他有自己的生活方式，对生活豪放不羁的行为感到不愉快，因此采取了一种置之度外、漠不关心的态度。同样，他的妻子也无法接受公司办公室里那种人群嘈杂、令人窒息的气氛。虽然婚姻维持下来了，但更多的是友谊，而不是爱情。

身材高大、一头红发的维维安·休·史密斯是摩根建富另一位大权在握的合伙人，他后来成为比斯特勋爵一世。他脸庞宽阔，留着把手式的胡须，性格比格伦费尔更稳重。在早期的相片里，他叼着烟斗，面带笑容，就像一只刚刚吞下金丝雀的猫，看上去似乎知道许多伦敦金融城的秘密，但又不肯吐露。史密斯从不沮丧，喜欢毫无表情地讲述一些骇人听闻的故事，永远镇静自若。他是一位乡间绅士，酷爱养马和越野赛马。还在伊顿公学读书时，就曾因逃学去阿斯科特看赛马而受到纪律处分。他身兼数职，都是重要职务，其中包括伦敦证券交易保险公司总裁、伦敦金融城保守党领袖、联合电气行业公司董事。他的家庭关系很广，在他的五位兄弟中，有银行家、海军上将和商人（他的兄弟兰斯洛特是罗-皮特曼股票经纪人公司的高级合伙人，曾为摩根·格伦费尔公司做过许多笔交易）。家里的一些闲话说史密斯非常嫉妒他的表弟特迪·格伦费尔，认为他掠人之美，夺得了许多荣誉。

在贵族圈子里，他们都说史密斯是一位娶了泼辣妻子的国教徒。西比尔·史密斯太太身材苗条，浅色金发，爱尔兰人的特征非常鲜明。她为这个世界又增加了7位小史密斯进入伦敦金融业。她性格开朗，神态迷人，具有深厚的政治责任感。她除了同蒙塔古·诺曼一样对神的悟性学感兴趣外，还极力主张妇女参政。1913年，作为妇女社会政治联盟的财务主管，她是该组织的主要筹资人，频频出现在伦敦西区贵族住宅区的客厅里。她那悦耳动听的歌喉随着音乐的伴奏起伏。她的一位挚友埃米琳·潘克赫斯特的女儿曾记得西比尔夫人唱道："她穿着飘逸的长裙，就像希腊花瓶画面上的一位仙女。"[3]

维维安·史密斯觉得自己的太太非常有趣，他们经常相互取笑对方，毫不留情。但忍耐往往是有限的。一天，维维安拿起报纸，看到一则标题写着"西比尔·史密斯收养孩子"。于是他立刻取消了对这个孩子的收养。这个孩子是西比尔在路边领回来的流浪儿。1913年7月，对史密斯沉着冷静性格最大考验的时刻来到了。西比尔参加了一个鼓吹妇女参政的代表团，闯进英国下院，反对男子参政提案。在同当时的内务部长雷金纳德·麦克纳交涉失败后，一些妇女开始发表演说，接着出现了扭打，警察抓走了一些人。西比尔太太因推过一名准备拘留闹事妇女的警察，而被判处14天的刑罚。她坚持要去坐牢，以表示与姐妹们团结一致。一进监狱，她便兴高采烈地发起了一场绝食斗争，好像觉得好玩。据另一位妇女的回忆，西比尔当时就像一位举办鸡尾酒会的主妇那样沉着冷静，穿着"宽松的女袍和金色的拖鞋"。[4]但政府并不希望在监狱里关着一位伯爵的女儿，于是西比尔太太的刑期被减少到4天。麦克纳仍然坚持说这里并没有任何偏袒之意。西比尔在监狱期间，格伦费尔给杰克拍去电报，告诉他维维安正试着做一个好汉，不过显然有困难，电报说："V.H.史密斯有些苦恼，但还同以往一样体谅别人，并保持自己的尊严。"[5]

史密斯夫妇与格伦费尔夫妇一样，是一对古怪的组合。埃米琳的女儿西尔维亚·潘克赫斯特认为，维维安是西比尔的"非常枯燥的陪衬物"。西比尔管理着一所为伦敦东区那些贫困的母亲和孩子们服务的日托幼儿园。西比尔体现了一种在她丈夫身上根本找不到的理想主义。潘克赫斯特曾这样描写她："在她脑子里没有阶级差别的意识，她有一种能够看到别人身上也有优点的敏感意识;她还有一种宝贵的能力,能够看到我们绝大多数人在本质上都有同样的需求。"[6]西比尔太太自然会与摩根世界在纽约的一位持有同样信念的人成为朋友,那就是活动家多萝西·惠特尼·斯特雷特。

当英、美两国的竞争威胁到双方的友谊时,摩根建富便成为伦敦金融城和华尔街之间的一个重要桥梁。胡佛总统手下的商务部雄心勃勃,在它的保护下,美国的出口猛增,而英国的重工业却出现萧条。英国感到,美国的经济增长以及市场开拓能力已经对它构成威胁。美国的电影和化妆品风靡大不列颠;英、美两国在世界各地争夺原材料;美国工业界在英国掀起了第一次投资浪潮——福特汽车公司在泰晤士河边的达格纳姆建立新厂,通用电器公司对英国的电子工业发起了进攻。

蒙塔古·诺曼曾在1920至1944年间担任英格兰银行行长,他希望在20年代重振英国金融界的雄风,扭转英国工业衰退的趋势。要实现这一目的,他需要华尔街的资金和关系。他在摩根财团那里两者兼得,从而使他掌握的权力之大与英国战后的财富根本不成比例。纽约的摩根合伙人完全同意他关于大西洋两岸的纽带和英美合作的远见,反对20世纪20年代美国国内的那种孤立主义情绪。

英国曾于1919年被迫放弃了金本位,而现在重新使英镑与黄金挂钩,是恢复伦敦的世界金融中心地位必不可少的第一步。有一个稳定的英镑是保证英国对外贷款实力的前提。如同国王与国家的关系一样,金本位是一种使英国银行家们感到舒适温暖的抽象概念。诺曼认为这是防止汇率波动的最佳途径。他希望英国在恢复这一货币稳定的纪律中走在前头。

美国的摩根合伙人是帮助英国恢复金本位的工具。这是他们的神圣事业。早在1923年9月,拉塞尔·莱芬韦尔告诉在英国打猎的杰克,想在松鸡季节结束后和他谈一谈"我的梦想"——在英国恢复金本位。刚到公司不久,莱芬韦尔便下定决心,"就是砸锅卖铁也要使英国走出困境",并说:"难道还有什么事情比英美两国联手创造真正的货币更使人感到振奋的吗?"[7]

同蒙塔古·诺曼一样,摩根合伙人担心如果汇率不与黄金挂钩,便会被政客们操纵,稳妥的金融政策便会被政治上的权宜之计所取代,从而倾向于通货膨胀和纸币。凯恩斯已经在发展这种异端思想。莱芬韦尔警告摩根说:"凯恩斯……在同一些古怪的神调情,他建议永远放弃金本位,用一种'可管理的'货币取而代之……建立某种标准,比把我们的事务交给那些搞时事评论的经济学家去管理要好得多。"[8]

特迪·格伦费尔是蒙塔古·诺曼在英格兰银行和华尔街之间的中介人。他把诺曼古怪的性格和脆弱的神经向纽约的合伙人作了报告:"诺曼亲自制定计划,从不征求任何人的意见,除非是为了对付反对意见时不得不这样做……就像我早先向你们解释的那样,我们的朋友诺曼以他独特的方式行事。他既专横又神秘。"[9]作为英格兰银行的一位董事,格伦费尔同时提醒纽约的合伙人伦敦银行的利率将会变动。这是一条非常宝贵的信息,正如赫尔曼·哈耶斯报告了法兰西银行将对黄金采取行动一样。

1924年末,诺曼在金本位问题上有些临阵畏缩。为了给自己打气,他飞到纽约去面见杰克和本·斯特朗。对杰克来说,恢复金本位是一种真理。他的父亲不就是在1895年拯救了美国的金本位制度吗?他语气坚定地对诺曼说,如果英国不能恢复金本位,几百年的信誉和权威将会付诸东流。美国财长安德鲁·梅隆告诉诺曼,华盛顿同意J.P.摩根公司和纽约联邦储备银行帮助英国恢复金本位。

摩根的合作至关重要。要使英镑在货币市场重新保持较高的价值,不能使美元对英镑构成太大的竞争性威胁。否则,投机商们将会抛出英镑,买进美元,导致英镑价格下跌。不是诺曼在伦敦保持较高的利率,吸引投资者购买英镑,就是斯特朗在纽约降低美元的利率,减少美元的吸引力。摩根财团坚持主张采取提高英镑利率的方案,但是诺曼的忠诚朋友本·斯特朗却降低了美元的利率。这可不是一个小小的技术问题,有些人把它归咎为引起1929年华尔街崩溃的导火线。

斯特朗对于人们含沙射影地说他和诺曼串通一气的指责非常敏感,因此希望把摩根银行也拉进来,作为在恢复金本位行动中的一种政治掩护。此外,J.P.摩根公司还可以起到另一个作用。英国需要一笔巨额信贷,以便在可能发生投机商抛售英镑时支持英镑。根据美国法律,斯特朗可以向其他中央银行提供贷款——例如英格兰银行，但不能向政府提供贷款——例如英国财政部，因此就需要斯特朗和J.P.摩根公司携手向英格兰银行和英国财政部提供资金。

诺曼曾操纵过许多任期很短的财政大臣。1925年的英国财政大臣是由温斯顿·丘吉尔担任，他后来认为恢复金本位可能是他一生中最严重的政治错误。丘吉尔对金融问题一筹莫展，他私下曾坦白地说自己在金融方面感到知识不足，很容易上诺曼的当。根据丘吉尔的儿子的回忆，诺曼经常出现在查特韦尔，不断地用花言巧语游说丘吉尔，他说："我将使你成为金字号的财政大臣。"[10]

格伦费尔不喜欢丘吉尔，并私下里批评他"在本质上仍是一个厚颜无耻、过于自信的家伙"。[11]诺曼和格伦费尔喜欢那些容易被说服的政治家，希望他们把金融决策权委托给商人银行家。因为20世纪20年代的商人银行家们仍然在英格兰银行的董事会中占多数（5家大型的商业或者"清算"银行在20世纪20年代通过兼并方式发展很快，但它们的权力却与其资产很不相称）。在1925年4月宣布恢复金本位之前，格伦费尔关切地注视着丘吉尔，好像他是一个不可预测的玩忽职守者，有可能擅自作出一些蠢事来："我们——尤其是诺曼——感到这位新任财政大臣的机敏和不可思议的才华是一种危险。目前他是一个用功的学生，但是一旦他认为自己能够独立决策，相信自己已经懂得经济问题，便可能草率行事，使我们陷入麻烦。"[12]

1925年关于恢复金本位的决策试图恢复"皇家"英镑昔日的地位，是希望重建大英帝国过去的权威的怀旧意愿，但却是一场巨大的失算。这也是一项致命的决定，因为诺曼希望以战前1英镑比4.86美元的极高汇率使英镑与黄金挂钩。按照这一汇率水平，英国的工业不可能同世界上其他的出口产品竞争，就连拉塞尔·莱芬韦尔都认为诺曼对英国当时的就业形势根本没有注意。

并不是每个人都喜欢这项计划。凯恩斯认为这将会削弱英国的工业，迫使企业依靠降低工人工资来弥补货币坚挺的影响（可能是作为一种报复，因为格伦费尔曾毫不留情地把凯恩斯的新婚妻子莉迪亚·洛波科娃称为"芭蕾小女孩")。许多英国工业界人士响应这一警告,极度不安的诺曼几乎要退却了。看来需要最后再打一次气。格伦费尔电告杰克:"英格兰银行行长想让我向他保证,说明你个人仍然同意他在整个事件的过程中所采取的行动。"[13]杰克这样做了。

1925年4月28日,丘吉尔在下院宣布英国恢复金本位,诺曼当时在贵宾席就坐。格伦费尔开始还担心这位财政大臣跑题,后来看到他没有脱离事先准备好的讲稿,才松了一口气。纽约联邦储备银行向英格兰银行提供了2亿美元的信贷,J.P.摩根向英国财政部提供了1亿美元的信贷。由于英镑一直上升,投机行动也未发生,因此不必动用信贷。11月初,丘吉尔宣布解除对外贷款的限制。

金本位的设计师们处于一种自我陶醉的心境之中。杰克的朋友斯坦利·鲍德温赞扬了斯特朗和摩根财团,称他们"在金融管理能力和道义方面是世界上独一无二的人"。[14]然而左翼人士却竭力反对,认为这对英国工业造成威胁,并指责说为保持那笔尚未动用的信贷而要向J.P.摩根付出高于1%的承诺费。格伦费尔想进行反击,但被丘吉尔阻止:"我们正在付给摩根佣金,你出来说话显然不合适,否则你会被社会主义者抓住把柄。"[15]格伦费尔撤回到摩根人的天然栖息地——隐蔽之处。

不久以后,凯恩斯最担心的事情发生了。英国的煤炭、纺织品、钢材等在国际市场上失去了竞争力。恢复金本位不但没有振兴英国,反而加速了它的衰落。原来担心可能会不得不靠降低工人工资来维持英镑,现在这种压力发生了。要使英国的工资和零售价格适应世界的价格水平,这是不可能的。1926年春末,英国发生了煤矿工人罢工,然后是全国总罢工,充满了阶级冲突的火药味(在罢工期间,格伦费尔开玩笑说,很高兴能够摆脱窗外汽车发出的噪音,待在办公室里没事干倒也开心)。罢工期间,本·斯特朗正好在伦敦访问,他会见了丘吉尔和诺曼,他们尽量避免讨论金本位的问题。斯坦利·鲍德温和蒙塔古·诺曼也只字不提这一重大失误。他们通过音乐来驱除烦恼。鲍德温弹钢琴,诺曼唱歌。正当罢工者与警察在街上发生冲突的时候,这是一种逃避现实的奇特方式。

当摩根公司离开英镑,去稳定其他货币的时候,它开始接近意大利政府,1925年里拉的突然贬值使意大利政府大为惊恐。墨索里尼的法西斯政府已执政3年。意大利对保持里拉的坚挺所表现出的男子汉般的自豪,使华尔街的银行家们得到安慰。本·斯特朗和蒙塔古·诺曼赞同提供一笔贷款,以稳定意大利货币,但对墨索里尼本人不放心。斯特朗对1926年访问意大利时的所见所闻感到震惊。在提起那位独裁者时,他说:"我可以想象,如果某人违背了他的意志,他可以毫不犹豫地立刻把那个人的头砍下来。"[16]诺曼对意政府干预意大利银行的做法感到沮丧,认为这是对中央银行纯洁性的一种侵犯。

汤姆·拉蒙特却不把墨索里尼看得那么黑暗。在纽约的政治圈子内,拉蒙特一向以自由派人士自称。他的儿子科利斯是一位社会主义者,后来成为哥伦比亚大学的哲学教授,他认为父亲的外交政策观点完美无缺:"虽然我父亲是一位成功的银行家,在政治上是共和党,但他在本质上属于自由派,尤其是在国际事务方面。"[17]拉蒙特家因为经常接待社会名流和知识分子而被称为国际客栈,科利斯对家中的自由气氛大加赞扬。其中一位名叫赫伯特·乔治·威尔斯的客人激发了科利斯对社会主义的兴趣,他们俩在辩论中联合起来,共同反对父亲的家长制。拉蒙特以非凡的机智来对付科利斯激进的政治观点,这是他的优点。科利斯认为,自己的政治观点与父母的立场并不矛盾,而是对他们的自由派思想的一种延伸。

拉蒙特总是对自己为伍德罗·威尔逊所做的工作感到自豪。他似乎与众不同,用科利斯的话来说,批评那些"陈腐的有钱人和共和党人,他们或是保守,或是些反动的富豪阔佬,反对任何形式的进步和自由。"[18]这不仅仅是充满爱戴之情的儿子对他的偏袒,其他人对拉蒙特的赞美之声也不绝于耳。在诗人约翰·梅斯菲尔德的眼里,拉蒙特夫妇是一对模范夫妻,世界上的任何文明事物都在他们身上得到体现:"他们都持有开明的、自由派的政治观点,无论是关于国内还是国际问题都是如此。他们似乎与每一个国家的开明和自由派人士都有联系。"[19]甚至连南非的斯马茨将军都对拉蒙特说:"毫无疑问,你的住宅是一个国际聚会的场所,其影响源远流长,举世无双。"[20]

他们怎么会有其他想法呢？拉蒙特富有理智，喜欢演讲，善于写信，而且没有华尔街上许多人的那种自命不凡的保守主义。他是国际联盟协会和外交政策协会的主要赞助者之一。多年来，他是为《星期六文学评论》提供资金的天使。他认识许多诗人，从罗伯特·弗罗斯特到斯蒂芬·文森特·贝尼特。他是一位少见的银行家，讲究辞章，汲取思想，因为拉蒙特是一家神秘的私人银行的合伙人，他的崇拜者们无法将他声明的信念与他的业务行为进行比较。他曾在法西斯时代作为银行家为意大利服务，但这丝毫没有影响那些崇拜者。他们深信，拉蒙特与墨索里尼的关系仅限于做生意，他是在一种微微有所掩饰的厌恶情绪之下为这位客户服务的。

拉蒙特做事从不半途而废。作为一个摩根人，他必须尽心尽力，无微不至，直到客户满意为止。和皮尔庞特一样，如果银行业务没有做到尽善尽美，他就不会感到最终的满意。虽然拉蒙特从未尝试过写作生涯，但他写下的一封封详细信件和备忘录，几乎可以使他成为一名作家。他不只是简单地提供贷款，而是希望使那些投资具有更广泛的意义。他尽力将自己融入借款国的政治和文化当中，使他的贷款经验更为全面。在意大利，他前一天会见墨索里尼，第二天在罗马郊外的平原上举行野餐。尽管处于法西斯统治之下，但他把意大利看成是一个充满了诗意的浪漫国度。作为意美协会的主席，他在东十七街的住宅里主持该协会的但丁委员会的会议，并曾放映过一部关于但丁和比阿特丽斯的佛罗伦萨电影。在办公室里，他坐在一张漂亮的意大利式的食堂餐桌前工作，他的生活是一种工作和乐趣的结合。

摩根在罗马的代理人是乔瓦尼·富米，拉蒙特曾在巴黎和平会议上见过他。富米曾经当过股票经纪人，娶了一位美国妻子。他性格外向，留着小胡子，眼里老是带着微笑，很有魅力。他住在埃克塞尔西奥旅馆，生活舒适，无论是夏天或冬天都把脸晒得黝黑。他是摩根银行在外国首都雇用的那种典型的说客，本事很大，但事事小心谨慎。无论是面对政府或梵蒂冈，他都有很多关系。拉蒙特总爱吹嘘富米在墨索里尼眼里名望颇高，但又说在他身上没有法西斯主义的痕迹。富米也许算不上法西斯分子，更多的是循规蹈矩者，随时准备为留下一个温和的简历而牺牲自己的原则。他是一位合理思维的专家，即使面对意大利的残暴行为，他也认为批评只能使法西斯政党两极分化，导致更糟糕的极端分子出现。富米行为滑稽，相貌迷人，多愁善感，这同冷酷、显赫的摩根家族真是一种奇迹的搭档。

第一次世界大战结束后，J.P.摩根公司与狄龙-里德公司争夺意大利政府的生意。根据绅士银行家准则，拉蒙特希望同意大利政府建立一种独有的关系。1923年，墨索里尼上台后6个月，首先会见了拉蒙特，与他一起讨论怎样恢复意大利的资信。最初，华尔街非常宽容地认为，是这位"领袖"将饱受罢工浪潮冲击的意大利从"布尔什维克"手中拯救了出来。1921年意大利大选时发生了黑衫党恐怖事件，杀害了百名人士，但此事也就不便再提了。杰克在意大利旅行之时告诉一位朋友说："我们对墨索里尼先生进行的革命感到极大的满意。"[21]在早些时候，墨索里尼奉行保守的金融政策，不让那些阿谀奉承之徒在金融部门担任要职。意大利的金融政策成为外界的榜样。

在15年的交往中，拉蒙特和墨索里尼成为令人难以置信的一对。拉蒙特衣冠楚楚，风度翩翩，朋友众多，并有高雅的审美观；而墨索里尼则衣着邋遢，不修边幅，像是一位愤世嫉俗、失去了安全感的孤独者，而且说话声音像麦克风，总是用灰暗的眼光来看待人生。他们的关系就像美女与猛兽。当然，他们也有相同之处：两人都曾当过记者和报业老板，都迷恋公关艺术。他们都有一种用华丽词语来修饰丑陋事物的诀窍。他们之间的关系大都在玩弄辞藻中发展。

拉蒙特最初并不为墨索里尼辩护。在通往地狱的道路上往往是一小步一小步地走下去的。1923年夏天，意大利出兵占领了希腊的科孚岛。意军对平民百姓的狂轰滥炸引起了世界公愤。如果国际联盟出面阻止，墨索里尼则发誓要摧毁它。拉蒙特感到吃惊，他对富米说："我想你应该直接从我这里了解到，墨索里尼先生在处理希腊事务上的做法使我们极为震惊。"意军侵占的方式比侵占这一事实本身更使拉蒙特感到不安："他完全可以用和平的方式占领，而不应枪杀无辜的百姓，包括许多儿童。"[22]拉蒙特的愤怒之情并不仅仅是出自人道主义，因为他知道，科孚岛事件将使他在五月同墨索里尼讨论的那笔贷款生意化为泡影。

次年，黑衫党的恐怖活动愈演愈烈。在1924年被人操纵的选举期间，数百人被杀害或者受伤，数十名法官被解除职务，意大利失去了民主。在13个内阁部门中，墨索里尼控制了6个，并且还控制了陆、海、空三军。在拉蒙特对意大利的商业承诺和他一些重要朋友的人道主义的愤慨这两者之间首次出现了矛盾冲突。尤其是沃尔特·李普曼，他在《纽约世界》上发表文章，谴责意大利入侵科孚岛。1924年李普曼从罗马回到纽约时，在晚餐席间上告诉拉蒙特，墨索里尼需要采取这些暴力性的"小丑行为"来巩固自己的权力。拉蒙特没有表示异议。

那么，拉蒙特究竟怎样来处理他的自由思想与在意大利扩展摩根业务的欲望这一对日益紧张的矛盾呢？他将用词语来进行掩饰。他具有政客的才能，对不同的听众用不同的声音讲话。他从不完全撒谎，而是掩盖事实，装着与谁都站在一边。只有拉蒙特如此聪明，能够把所有的话都讲得那样直率，然后加以包装，在外表上显得始终如一。那天与李普曼吃过晚饭后，拉蒙特专门写信给意大利驻美大使杰拉西奥·卡埃塔尼王子，形容李普曼的谈话"听起来都是些可笑的谣传，不过由于我是主人，只好洗耳恭听"。[23]但拉蒙特与李普曼谈话时并没有这样玩世不恭。拉蒙特逢人便点头拍肩，假装糊涂，让大家都感到高兴。

除了语言技巧之外，拉蒙特还以权宜之计的看法，时时从细节中筛选一些方便的内容。墨索里尼的心腹杀害了他们的著名政敌贾科马·马泰奥蒂，引起社会党代表抵制议会。然而，当拉蒙特于1925年4月访问意大利时，对这些恐怖事件却置若罔闻。意大利银行行长博纳尔多·斯特林格尔向拉蒙特保证，"领袖"只是在万不得已时才付诸武力。拉蒙特夫妇同科利斯一道驱车穿过意大利的山区城镇，来到伯纳德·贝伦森的别墅伊塔蒂，一边品茶，一边谈论意大利文艺复兴时期的艺术。后来，拉蒙特写下了这样的赞美之词："我到过的意大利呈现出一派热火朝天、繁荣昌盛的景象。纽约报纸的大标题甚至是伦敦报界的消息似乎是夸大其词。意大利政府内外的人士都对这些所谓的街头冲突、反政府暴乱等报道感到可笑。"[24]返回华尔街23号之后，拉蒙特收到一幅墨索里尼亲自签名的照片。他把这件礼物挂在自己的墙上，如同早年伍德罗·威尔逊的画像那样重要。

在翻阅拉蒙特的档案时,给人这样一种印象,1925年他在道义上越出一步,把赌注押在墨索里尼身上。那一年充满了关于摩根公司向意政府提供1亿美元紧急贷款的种种谣传,尤其是在拉蒙特的意大利之行之后。在一定程度上,墨索里尼希望用摩根的贷款来重建罗马,为他那狂人般的辉煌业绩树碑立传。美国新任国务卿弗兰克·凯洛格明确表示,意大利政府仍欠美国20多亿美元的战争债务,这个问题不解决,不得向意大利提供任何贷款。1925年10月,墨索里尼派他的财长朱塞佩·沃尔皮伯爵率团到华盛顿,就上述债务问题进行谈判。

就在这1亿美元贷款悬而未决之时,拉蒙特令人惊讶地开始做墨索里尼的工作,这已远远超出了银行业务的基本要求。这位曾是国际联盟的支持者开始指导意大利的独裁者怎样迎合英美人的意见,教他们怎样利用经过装饰的语言,使那些颇受指责的政策适合外国人的口味。拉蒙特是跟得上形势的人,他非常清楚,只要有迷人的包装,任何产品都可以向公众兜售。意大利的问题被说成是公共关系的问题。当墨索里尼终止了市政议会,并胁迫国会马上通过2364项法令时,拉蒙特向富米推荐了新的宣传角度,供"领袖"参考。

> 如果墨索里尼先生宣布说议会政府在意大利已告结束,这样的声明会吓坏盎格鲁-撒克逊人。相反,如果墨索里尼先生对此加以解释,说明意大利议会政府的旧体制毫无用处,只会导致低效的政府和混乱,因此需要暂时停止,进行总体改革,那么盎格鲁-撒克逊人就会理解。
>
> 同样,当墨索里尼先生宣布各地城市的市长们都将由法西斯党的政府来任命时,盎格鲁-撒克逊人自然会很快得出结论说,这些城市的地方自主权将被剥夺。如果墨索里尼先生在宣布这一消息的同时向大家解释,在绝大多数情况下,这些市长仅仅是地方代表任命的工具,在城市管理方面的业绩极差,因此中央政府必须进行干预,那么这样的解释听起来就有几分道理。[25]

在许多公开场合,拉蒙特尽力使公众的注意力从墨索里尼的政策问题转向他的经济业绩。华尔街似乎乐于相信有两个墨索里尼:一个是英明的经济领袖,一个是严厉的政客,二者应该区别对待。墨索里尼滔滔不绝地做出银行家们爱听的承诺——预算平衡、低通货膨胀率、货币稳定——就像一成不变的祈祷。拉蒙特辩护说,他只是称赞意大利的经济,并不是在表扬墨索里尼或法西斯主义。1926年1月,拉蒙特在外交政策协会的一次讲演中赞扬了意大利在降低通货膨胀、平息罢工、减少失业率等方面所取得的成绩。他甚至赞同墨索里尼的公路和公共部门工程项目——这些措施在罗斯福政府时期受到摩根合伙人的竭力反对。拉蒙特的辩护王牌是,意大利人支持墨索里尼。他说:"在今天的聚会上,我想我们都认为自己是自由主义者。但是,我们敢肯定我们的自由主义思想已经强烈到这一程度,愿意让意大利人民自己来选择显然是深受他们欢迎的政府吗?"[26]

拉蒙特的努力大功告成,1926年初,华盛顿与意大利达成了一项较为宽容的战争债务解决协定,为摩根公司向意大利政府提供贷款铺平了道路。梅隆财长已经提醒过库利奇总统,如果不以安抚的方式解决意政府的债务问题,华尔街对意大利的贷款生意可能会被英国人抢去。因此,一周之后,当拉蒙特宣布摩根财团将向意大利提供1亿美元的贷款时,库利奇感到非常高兴。贷款一事在国会引起激烈辩论。伊利诺斯州民主党议员亨利·雷尼反对偏袒法西斯政权,并把墨索里尼称为凶残的独裁者。同道斯副总统向德国提供的贷款一样,摩根贷款对促进美国在意大利的投资起到一种催化的作用。摩根银行本身也继续向意政府以及菲亚特汽车和皮雷利电缆两家公司提供贷款。1927年12月,J.P.摩根公司再次与本·斯特朗联手,向意大利银行提供了一笔信贷,帮助意大利恢复金本位。

在对欧洲极端主义深感不安和崇尚经济进步的华尔街,拉蒙特并不是墨索里尼的唯一支持者。杰克·摩根和乔治·惠特尼称墨索里尼为伟大的爱国者。库恩-洛布公司的奥托·卡恩把这位铁腕统治者比做是一位严厉的破产清理人,解决破产公司的问题。摩根担保信托公司的威利斯·布思以诗歌般的语言,赞扬墨索里尼将意大利"从绝望的边缘带向充满希望的彼岸"。²⁷美国钢铁公司的埃尔伯特·加里法官以及公共关系专家艾维·李也参加了"崇拜者俱乐部"。自称是墨索里尼的"传教士",拉蒙特的贡献是独一无二的。一位学者评论说:"在美国商界的所有人士中,最热衷于资助法西斯事业的,莫过于托马斯·拉蒙特了……为意大利政府说话,虽然他的声音不是最大的,但显然是最有价值的。因为是他将口头的辩护转变成为现金,使墨索里尼获得了1亿美元的贷款。"[28]

是不是拉蒙特对意大利所发生的一切一无所知呢?这不太可能。作为对主权国家的贷款者,摩根银行存有厚厚的档案,并从世界各地得到大量的情报(在一定程度上,正是由于这些高质量的档案资料,才使拉蒙特掌握了众多客户的最新情况)。1926年1月,公关专家马丁·伊根将来自意大利安蒂科利一位朋友的一封极度悲愤的信转交给了拉蒙特。

> 你们这些在纽约的人都知道支持意大利的法西斯意味着什么吗?昨天晚上,我们在这里尝到了它的滋味。一群带着手枪、刺刀和皮鞭的法西斯分子,骑着摩托车离开了罗马,他们9点钟来到这里,凡是看见拿不出法西斯党员证的农民便进行毒打……如果有人反抗,就会被他们开枪打死。这种情景在意大利比比皆是。美国人用钱来支持这些行为,令人困惑不解。

拉蒙特在信的页眉上潦草地写下了几个字:"这简直太可怕了。"[29]还有一位意大利反对党领导人向拉蒙特诉说了自己的房子怎样被黑衫党成员抄掠的经过,并给他一厚沓墨索里尼的讲演稿,其中不乏说他已做好战争准备的论调,充满了火药味。这类演说偶尔也使拉蒙特感到不安,不过到最后他总是把问题归结为公共关系不顺。

同时,拉蒙特不断地接到意大利新任驻美大使贾科莫·德马蒂诺提出的要求。他曾推荐过德马蒂诺先生成为纽约的大学俱乐部的会员。德马蒂诺的要求大多是希望新闻媒介更多地做一些同情墨索里尼的报道。为此,拉蒙特安排了在纽约的《太阳报》登载有利社论,抗议《世界报》"反法西斯主义"记者的文章,并且安排德马蒂诺到沃尔特·李普曼的家中登门拜访。墨索里尼本人也对争取李普曼很感兴趣。他送给李普曼一张个人照片，并附以赠言，赞扬他的"智慧"[30]（李普曼工作的房间里挂着英国大使和摩根合伙人托马斯·科克伦的照片，上面有他们的签名）。然而，这只能加深李普曼对墨索里尼的反感，这一点在意大利又开始实行新闻检查制度之时表现得更为明确，李普曼将新闻检查制度看做是一种懦夫行为。他告诉拉蒙特说："只要意大利不取消新闻管制，我就认为墨索里尼政府并没有真正赢得意大利人民的支持。如果意大利国内的反政府意见真像意大利大使这样的法西斯分子所说的微不足道的话，就没有理由进行这种新闻检查了。"[31]

墨索里尼在意大利完全取消了新闻自由。他非常注意自己的形象，全国性报纸的头版版面设计都要由他亲自审定。到1930年，他的内阁部长们有一半是来自报业集团。他下令让所有的记者都必须是法西斯党员。持不同政见的编辑被抓进监狱，许多外国记者在街头遭到暴徒的袭击。从此，墨索里尼的唯一担心是来自国外的新闻曝光。

在讨论1亿美元贷款期间，拉蒙特和马丁·伊根说服德马蒂诺大使向墨索里尼建议请美国提供一些新闻服务。拉蒙特说，此举的目的是"使我们的金融界更加真实地了解意大利的情况"。[32]听到这一想法，墨索里尼喜形于色。1927年，一场秘密行动开始了。由意大利政府出钱，美国新闻小组负责撰写有利的新闻报道，争取一些人。要挑选一位合适的美国记者来领导这项工作，曾遇到一些困难。第一候选人是美联社记者珀西·温纳，他曾这样描述墨索里尼："领袖是一位以千百万人民作画笔，以国家为画布的艺术家，他远远超过了典型的政治家或者甚至是独裁者，已无法用任何定义来表示。"[33]当温纳的位置由一名盲目且煽情的奉承者取代之后，就连德马蒂诺也感到减轻了几分负担。新闻小组的早期准备工作得到了拉蒙特的认可，这项计划最终是在他的意美协会的支持下进行的。

这位伍德罗·威尔逊的门生拉蒙特怎么会成为墨索里尼的同谋呢？这里也有部分个人的原因。拉蒙特对意大利有一种浪漫的感情，对他本人赢得的这位客户有一种占有感。他在摩根银行所受的熏陶，使他学会了怎样超越凡尘，怎样为重要的客户移动大山。这种用个人感情来从事业务的做法很适合拉蒙特,因为他有各种不同的或者甚至是自相矛盾的雄心壮志。他渴望成为一名侦探、政治家、党派之间的调停者、美食家,等等。他酷爱政治,倒不是出于意识形态方面的竞争,而是为了玩弄阴谋诡计,下大赌注和命运打赌。因此,他能与各类不同的政客进行合作。华盛顿对意大利贷款的默许,进一步消除了本来可能还会存在的限制。

拉蒙特在意大利的"冒险事业"暴露了另外一些问题。那种个人色彩很浓的"关系银行业务"意味着银行家将与客户分享利益,并和他们联为一体。银行家们会感到有责任使客户的证券发行获得成功。拉蒙特曾说,当摩根财团将大笔普通股票推向市场时,它便承担了一种责任,这不仅仅是要保证发行公司具有偿付能力,而且还包括该公司杰出和成功的管理。这是昔日的伦敦传统。皮尔庞特在处理那些濒于破产、恣意挥霍的铁路公司时,继承了这一传统。现在这一传统变成了一项支持独裁者的政策,他们的债券由摩根财团来发行。尽管向主权国家提供贷款有其政治意图和道义上的责任,这与传统的银行业务有所不同,但是"关系银行业务"的方式却被完整地继承下来了。

摩根财团之所以不断介入意大利的业务,还有另一个重要的原因——梵蒂冈。早些时候,教皇庇护十世曾后悔没有向皮尔庞特征求投资建议。在1920年末,庇护十一世时期,罗马教皇的这一愿望总算有了结果。新的关系还要归功于杰克·摩根和教皇的友谊。在教皇担任梵蒂冈图书馆馆长时——他被称为拉蒂主教,那是他的早期化身——他就曾为摩根校勘过一套从埃及一所修道院的枯井里挖掘出来的60册古埃及语《圣经》古本。他是一名精通早期基督教文稿的专家,一直在研究这些羊皮纸,直到人们能够读懂为止。校勘工作整整花了12个春秋,这些古籍方退还到皮尔庞特·摩根图书馆。

对摩根和梵蒂冈关系更为重要的一个事件就是1929年的拉特兰条约,该条约解决了意大利与罗马天主教会58年的争端。远在1871年,意大利控制了教皇的各个诸侯国,这些国家包括了几乎整个意大利南部,每年曾为梵蒂冈上缴数目可观的贡金。1929年,墨索里尼不仅承认了梵蒂冈的主权,并且还为所占领的土地赔偿了9000万美元。这笔巨款是以意大利政府债券的形式偿付的，相当于15亿里拉。

在这之前，梵蒂冈管理资金的方式既保守又原始。20世纪初，教皇莱奥十三世把金币装在一只大箱里，藏在自己床下。但是庇护十一世很有点儿米兰人的那种商业头脑。他要用现代的、世俗的方式来管理梵蒂冈的资产。1929年6月2日，教皇庇护十一世与意大利商业银行的贝尔纳迪诺·诺加拉进行了会谈，这是罗马教会历史上少有的会见之一，在梵蒂冈的日历上没有记录。诺加拉不仅是一位经验丰富的银行家，他还有许多当神父和修女的兄弟姐妹，从而使他这位俗人得以参与梵蒂冈的秘密计划。

教皇请诺加拉帮助建立罗马教皇特别行政署，把意大利政府债券转为一种由各种不同股票构成的投资组合。这项计划是秘密进行的，一年只出一份报告，由诺加拉亲自递交给教皇审查，然后教皇将报告存放在自己的保险柜中。庇护十一世对诺加拉的投资计划不加任何限制，这位银行家有权进行股票、黄金、房地产以及股本投资。诺加拉决定在国外的一些金融中心挑选最好的投资咨询公司，恐怕还是受到了他与富米的个人友谊的影响。他选中了纽约的J.P.摩根公司、伦敦的摩根建富、巴黎的摩根公司（这是20世纪20年代末期巴黎分部的新名）、荷兰的米斯-霍普公司、瑞典的瓦伦伯格家族的斯德哥尔摩思斯克达银行，以及瑞士联合银行。

梵蒂冈非常感激摩根银行提供的投资建议。这位曾极力游说，试图阻止一位天主教徒进入哈佛大学监事会的杰克·摩根，将在梵蒂冈备受青睐。教皇庇护十一世将同时向杰克和拉蒙特授予圣大格里高利十字勋章，嘉奖他们为梵蒂冈所提供的投资建议。作为摩根建富公司和J.P.摩根公司的客户，梵蒂冈在一定程度上说明了为什么拉蒙特会如此爽快地为墨索里尼服务。不管怎么说，魔鬼的作品已洒上了圣水。

本章参考文献

1. 伍尔夫：《日记》（Diary），第210页。
2. 林德伯格：《花和荨麻》（Flower and the Nettle），第64—65页。
3. 潘克赫斯特：《妇女参政运动》（Suffragette Novement），第393页。
4. 同上，第484页。
5. 皮尔庞特·摩根图书馆小J.P.摩根资料，第32箱，爱德华·格伦费尔的电报，1913年7月26日。
6. 潘克赫斯特：《国内战线》（Home Front），第71页。
7. 伯克：《金融外交中的摩根财团》（House of Morgan in Financial Diplomacy），第12页。
8. 康涅狄格州纽黑文耶鲁大学高级纪念图书馆拉塞尔·莱芬韦尔资料，1030组，系列1，第6箱，给小J.P.摩根的信，1923年9月10日。
9. 皮尔庞特·摩根图书馆小J.P.摩根资料，爱德华·格伦费尔卷，爱德华·格伦费尔的电报，1925年3月23日。
10. 博伊尔：《蒙塔古·诺曼》（Montagu Norman），第189页。
11. 皮尔庞特·摩根图书馆小J.P.摩根资料，爱德华·格伦费尔卷，爱德华·格伦费尔的信，1926年6月24日。
12. 同上，爱德华·格伦费尔的信，1925年3月23日。
13. 摩根建富资料（1910至目前），档案5，英国黄金贷款，爱德华·格伦费尔给小J.P.摩根的电报，1925年4月3日。
14. （伦敦）《每日电讯》（Daily Telegraph），1925年5月5日。
15. 摩根建富资料（1910至目前），档案5，英国黄金贷款，温斯顿·丘吉尔给爱德华·格伦费尔的信，1925年5月1日。
16. 钱德勒：《本杰明·斯特朗》（Benjamin Strong），第384页。
17. 拉蒙特：《积极生活》（Yes to Life），第22页。
18. 同上。
19. 拉蒙特编：《托马斯·拉蒙特一家》（Thomas Lamonts），第139页。
20. 同上，第95页。
21. 《福布斯》（Forbes）：《小J.P.摩根》（J.P. Morgan, Jr.），第125页。
22. 马萨诸塞州剑桥城哈佛大学贝克图书馆汤姆·拉蒙特资料，第190箱，第13卷，给乔瓦尼·富米的信，1923年10月5日。
23. 同上，第190箱，第14卷，给杰拉西奥·卡埃塔尼王子的信，1924年4月21日。
24. 同上，第103箱，第11卷，给拉塞尔·莱芬韦尔的信，1925年4月20日。
25. 同上，第190箱，第17卷，给乔瓦尼·富米的信，1925年12月11日。
26. 托马斯·拉蒙特：外交政策协会午宴上的讲话，纽约，1926年1月23日。
27. 迪金斯：《墨索里尼和法西斯主义》（Mussolini and Fascism），第145页。
28. 同上，第147—149页。
29. 皮尔庞特·摩根图书馆马丁·伊根资料，托马斯·拉蒙特卷，给托马斯·拉蒙特的备忘录，1926年1月7日。
30. 迪金斯：《墨索里尼和法西斯主义》（Mussolini and Fascism），第50页。
31. 李普曼：《公共哲学家》（Public Philosopher），第214页。
32. 马萨诸塞州剑桥城哈佛大学贝克图书馆汤姆·拉蒙特资料，第190箱，第22卷，给贾科莫·德马蒂诺的信，1927年4月6日。
33. 《当代历史》（Current History），1928年7月28日。

第十五章
圣 人

德怀特·惠特尼·莫罗和汤姆·拉蒙特,要为争夺摩根首要政治家和理论家的殊荣而一决雌雄。莫罗在20世纪20年代的名望大大得益于他与总统的友谊。当库利奇总统就职时,记者们向莫罗蜂拥而来,请他发表评论,并对他可能得到的高位做种种猜测。他俩是阿默斯特学院1895届最亲密的朋友,作为室友,相处一年。他俩都记得,当年他们曾坐在山顶上,纵情展望未来。据说,在大学四年级时,大家都一致推举莫罗为"前途最辉煌者",只有莫罗投票选了库利奇。莫罗后来说:"库利奇在大学是非常文静、矜持的人。"他是能够窥见总统内涵的少数人之一。[1]

莫罗是学古代文明史的,他想给20世纪20年代世俗的、甚至是肮脏的世界披上浓郁的古典色彩的外衣。他在20世纪20年代领导"阿默斯特学院推举库利奇加入总统委员会"时,为他的老朋友树立起一个光辉灿烂的形象:"库利奇是一个不寻常的人,是超验主义哲学家和务实政治家的奇妙结合。"[2]莫罗同样不乏溢美之词,对拉蒙特说:"我想,产生库利奇这样的人来应付当前的紧急状态,真是一个奇迹。"[3]而库利奇谈起莫罗,同样深表敬意。库利奇说莫罗敏而好学,却没有通常的书呆子气。"他待人友善,富有同情心,但同时又总是很有尊严……他毫不自私自利,也从不想出人头地,或击败任何人。"[4]

有人猜测,库利奇巧妙地以莫罗自己所向往的那种学者形象来表现他。在1920年竞选总统时,莫罗把耶鲁大学经济学家威廉·格雷厄姆·萨姆纳写的四卷书寄给库利奇。库利奇在竞选的旅途中令人难以置信地回信说,他几乎把四卷书通读了一遍。库利奇说:"我认为总的来说,他的论点是对的。"但又补充说:"我不认为人类的存在像他说的那样,建立在美元和美分的基础上。"[5]人们说库利奇深知莫罗的能力和特点。莫罗称呼他为"亲爱的卡尔文",而库利奇则通常以"莫罗先生"作答,似乎他不是在给老同学,而是在给一位年长的智者写信。

莫罗和拉蒙特及拉塞尔·莱芬韦尔一起,为摩根财团创造了一种文化氛围,从而使之成为"银行家之家"而名声大噪。他们舞文弄墨,发表演说,参与外交政策委员会,担任基金董事会董事等。他属于20世纪20年代的这样一批信徒:相信企业家能凭其智慧,管理美国的政治事务。莫罗身材矮小,才智敏捷,奇思迭出,表现出专家的风度。他深邃的蓝眼睛常常凝视远方,似乎总能看透表象。他戴一副夹鼻眼镜,穿着宽松肥大的裤子,与讲究服饰、风流倜傥的摩根世界从来格格不入。摩根银行曾经在男盥洗室的门口派一个听差,专门提醒他在离开盥洗室时要把吊带拉上。他在参加哈里·戴维森女儿的婚礼时,满身散发着樟脑丸的气味,其他的合伙人只得让他穿上一件皮衣,以挡住气味。摩根的绅士们身材高大,殷实富足,充满自信,而莫罗服装上的缺陷似乎象征着在这个高雅豪华的摩根世界的内心深处,有心神不安之感。

莫罗像许多聪明而专注执着的人那样,都是出名的心不在焉。他有一次参加拉蒙特夫妇举行的晚宴,拿着吃了一半的橄榄比划个不停,直至拉蒙特的仆人梅特卡夫递给他一个盘子,让他把咬得溜光的橄榄核放在里边。莫罗坐火车的故事在J.P.摩根公司广为流传。列车员对他检票,他找不到票,在各个兜里乱掏,其实车票被他叼在嘴里。莫罗对列车员说:"我敢说,你一定认为我不知道票子就叼在嘴里,事实上我正在把日期嚼掉。"有一次在洗澡时,他大声叫听差拿一块泡沫多点的肥皂来,后来发现问题不是出在肥皂上,而是他根本没有脱掉睡衣。

像拉蒙特一样，莫罗不满足于单纯的银行业，而渴望着更加精美的东西。他声称对这个行业的技术方面一窍不通，自称为"银行里的律师"。[6]作为外交时代的银行家，他在华盛顿如鱼得水，一点不亚于在华尔街。他执著地希望在知识界实现远大理想，他阅读布莱斯和修昔底斯的著作，撰写文章赞成国际联盟，洋洋洒洒地引经据典，而且都深奥难解。他源源不断地送书给库利奇读，诸如哈勒姆的《英国宪章史》。在摩根历史上，莫罗的事迹之所以与众不同，乃是因为他从未完全放弃年轻时追求的目标或政治抱负，而把合伙人的地位仅仅视为跳板。

德怀特·莫罗来自匹兹堡的清贫之家，在人生旅途中一路登上世界金融高峰，其历程令人感叹唏嘘。他童年的经历使人读之怅怅。他的父亲是一所中学的校长，含辛茹苦，维持全家生计。德怀特脸色苍白，体弱多病，他继承了父亲对教育的崇敬和对贫困的恐惧。他14岁中学毕业以后，干了4年杂事，直到够年龄上大学。他靠学生贷款上了阿默斯特学院，穿的是雅各布·希夫的儿子莫蒂默给他的旧衬衣。他给别的学生辅导，以使收支相抵。他生活极其节俭，为了省钱，连烟斗都是和室友合用的。从哥伦比亚法学院毕业以后，他在华尔街的里德-辛普森-撒切尔-巴纳姆公司里谋得了一个职位。这是一家擅长从事公用事业法业务的公司。不到7年时间，他成为公司的合伙人，此时该公司已经改称为辛普森-撒切尔-巴特利特公司。他住在新泽西州的恩格尔伍德，一天下雨时，他和哈里·戴维森雨伞相碰，一路上结识了汤姆·拉蒙特。1914年，这两位合伙人就聘用了他。

在当时，成为摩根的合伙人乃是一件轰动全国的大事。莫罗的母亲在匹兹堡的大街上被好事者团团围住，受到热烈的祝贺。但是上班第一天后，莫罗就向他妻子贝蒂表白说，他感到"整天非常孤独、沮丧"。他向一位朋友承认，他觉得"好像是在陌生的顶楼上的一只猫"。[7]新手一般都较为紧张，但是他却始终没有彻底摆脱忐忑不安的情绪。

莫罗在华尔街23号的业绩卓然超群，全凭勤奋熟谙了每一项业务。他使公平人寿保险合作社成为他们的联合公司，监督摩根对古巴的贷款。他还策划了肯尼科特铜业公司，这家公司是依靠阿拉斯加的摩根·古根海姆银团和其他资产建立起来的上市公司。丹尼尔·古根海姆被莫罗过目不忘的记忆力惊呆了,他说:"莫罗调查工作开始后,6个月的时间,他对铜的了解胜过我和我的六个兄弟。"[8]但是,心不在焉的莫罗却忘记了这项肯尼科特业务活动中的一个细节。戴维森温和地批评他说:"你忘记了算我们的佣金。"[9]

莫罗总是在理想主义和实利主义之间左右为难。人生一次,岂能诸梦成真。摆在他面前的种种选择把他折磨得苦恼不堪,因而心神不定。他和夫人出入在有产阶级的圈子里,是皮埃尔·杜邦在宾夕法尼亚州的长木花园中的常客,一路会经过喷泉、花房、万管形管风琴。但是,他们感到在这个富裕的世界里无所适从。德怀特还在辛普森-撒切尔公司的时候,就因常有清教徒的罪恶之感而心中阵阵刺痛。他会说:"贝特西,这不是你或我该过的生活。"[10]他们一起梦想如何能积蓄10万美元,那样德怀特就可以去教历史,而贝特西可以去写诗。贝特西·莫罗毕业于史密斯学院,是一位诗人。她的作品发表在《哈泼斯周刊》和《作家》杂志上。他们永远没法认识到自己不可抗拒的理想。

莫罗的矛盾甚至在睡梦中也折磨着他。他从噩梦中恐惧地惊跳起来,他解释说:"贝特西,我梦见我们发财了,但是这财可是发得不得了。"[11]据他的传记作者哈罗德·尼科尔森爵士说,他得到了摩根合伙人资格的聘请后,经受了"好几个星期精神上的危机"。他在百慕大考虑取舍时,看到一幅恶毒的漫画,描绘像兀鹰一般的杰克·摩根正在吞食纽黑文股民的内脏。他说,这种诽谤促使他接受摩根的工作,而且他的第一项任务就是为摩根银行对纽黑文的融资进行辩护。莫罗以其高雅的辩解表明,摩根的行动完全正当,并非那么贪婪。他在接受摩根合伙人的地位后,告诉阿默斯特学院的一位老教授,吸引他到摩根财团去的是服务工作,而不是年薪100万美元收入的前景。

莫罗老是有意无意地产生回到与世隔绝的大学世界的念头。他在阿默斯特学院事务上花费很多时间,据说杰克·摩根有一天对他说:"德怀特,如果你从阿默斯特托事会上脱出身来,我就给你10美元的礼金。"[12]在1921年,他必须摊牌了——拟请他当耶鲁大学校长的初步打算摆在他面前。他拒绝了,并说自己不是耶鲁大学的校友,缺乏特殊的训练。但是,这个借口是很站不住脚的。此后,有好几个月他的情绪一直很压抑。阿默斯特学院和芝加哥大学想请他,也一样没有成功。

莫罗真正热衷的是政治。他对当摩根合伙人有所顾忌,是怕这个经历成为从政的阻力——事实说明这个担心还真没错。英国报界巨头比弗布爵士曾经对他说,他要是英国人,早就是内阁成员了。这句话常在莫罗耳边响着,折磨着他。[13]开始,卡尔文·库利奇的当选似乎是天赐良机,莫罗也曾被征求过担任财长或其他职务的意见,但是都未成为现实。他的女儿说:"我妈妈非常不安,感到很难受。她认为我父亲并没有开口有求于人。"[14]莫罗曾经教导子女服从"第六条规则——对自己的事不要太介意!"[15]可是,莫罗夫妇对遭受的每个挫折,都难于处之泰然。

人们猜测库利奇对莫罗保持一定的距离,是为了自我保护。摩根银行和洛克菲勒的公共关系咨询专家艾维·李写道:"自从库利奇当上总统以后,莫罗先生理所当然成为白宫的常客。总统经常征求他的意见,这是公开的秘密。"[16]相反,哈罗德·尼科尔森声称在1923年至1929年期间,总统只给莫罗打过一次电话。莫罗的档案表明,实际情况介乎两者之间,而尼科尔森的说法较为准确。库利奇曾经想请莫罗而不是帕克·吉尔伯特当德国的总代理,只是在美国驻德国大使提醒他以后才未坚持。显然,库利奇的某些顾问担心他会沾上与摩根合伙人有关系的污名。

也许是为了缓和舆论,库利奇在1925年任命莫罗主持一个委员会,研究飞机在国防中的应用问题。库利奇是在1925年就职数天后给莫罗的信中第一次提及的,但是莫罗是9月份在星期日的报纸上正式看到的。莫罗委员会为陆军和海军使用飞机制定了计划。1925年,丹尼尔和哈里·古根海姆建立了一个300万美元的特别基金,来推动航空业。他们是德怀特在搞肯尼科特铜业时的老朋友。他们通过莫罗使库利奇代表政府接受了这些钱,以加速飞机的发展。

德怀特·莫罗在航空委员会任职期间,和年轻的小查尔斯·林德伯格交上了朋友。事实上,莫罗的档案表明,林德伯格乘坐"圣路易斯精神"号飞往巴黎的历史性旅行,最后都是摩根合伙人付的钱。根据原来的方案，林德伯格计划竞争25000美元的奥泰格奖，这是为奖励纽约和巴黎之间首次直达飞行而设立的奖金。这一航程的费用本来应该是自己支付的。林德伯格出资2000美元，圣路易斯的许多赞助者每人加了1000或500美元。在圣路易斯一家银行提供的15000美元贷款的基础上，他们一共认捐了8500美元。后来，林德伯格为了抢先第一个越过大西洋，他决定不能按照奥泰格奖的要求再做推迟，放弃了机会。1927年6月，圣路易斯的一位赞助者——经纪人哈里·奈特告诉莫罗，这次历史性飞行的实际费用在16000和17000美元之间。摩根合伙人捐了10500美元，不仅偿还了银行贷款，而且还允许林德伯格拿回他本人的2000美元投资。

林德伯格旗开得胜，来到华盛顿，库利奇邀请他到杜邦环形交道口的临时白宫作客。总统看到，林德伯格名声大噪，因之可以成为新兴航空工业的主要力量，故而也把莫罗夫妇一起请来。莫罗和林德伯格一见如故。作为丹尼尔·古根海姆航空促进基金的托管人，莫罗向哈里·古根海姆引见林德伯格。古根海姆赞助过林德伯格乘坐"圣路易斯精神"号进行为期3个月的旅行。莫罗成为林德伯格的私人财务顾问。

当莫罗夫妇在临时白宫下榻时，库利奇试探过德怀特是否愿意当墨西哥大使。德怀特在华尔街23号已经心烦意乱，显然已经告诉库利奇他愿意离开。一个月以后，聘请他出任大使一事正式确定。这个位置不只是对老朋友一种姗姗来迟的表示，而是一个极其敏感的任命。库利奇后来说："很难想象还有比这个任命更加困难的了。但是，除非是真刀真枪的实战，否则莫罗先生从来就感到索然无味。"[17]

美国天主教徒和石油业人士都煽动要和墨西哥断绝外交关系，有些人主张军事入侵。国务卿凯洛格早已谴责普卢塔科·埃利亚斯·卡列斯政权为"布尔什维克式威胁"。[18]在美国人的眼里，墨西哥已是罪行累累。它把教会的财产收归国有，关闭天主教学校，拒绝外债还款违约，坚持要求石油公司交出产权，以换取政府的特许权，而且还没收美国所有的土地而不给补偿。报上认为墨西哥是美国外交政策的头号问题。

对莫罗的任命是一个富有灵感的选择。库利奇压力很大，必须做出惊人之举，他果然这么做了。沃尔特·李普曼盛赞此举，称之为"近年来最不同寻常的任命",并且出力使之获得参院外交委员会的通过。[19]作为对拉丁美洲贷款的专家和美元外交的反对者,莫罗曾缓和了华尔街对拉丁美洲债务国惯常的粗暴态度。在1921年的食糖大灾难期间,古巴威胁对国外债券违约,这一灾难几乎使担保信托公司垮台。莫罗的功劳是没有让海军陆战队卷入。他写道:"难道有人认为要是别人欠他钱而还不起,把那人杀了就会有利可图吗?"[20]莫罗主张做外交工作而不是武装干涉,这在当时是很开明的态度。

贝蒂·莫罗对这一任命既激动又不快。莫罗夫妇刚刚决定在恩格尔伍德建造一幢新房子,她不希望他们的生活遭此折腾。她本人不认为库利奇是一位超验哲学家。"打击来了!库利奇总统今天写信请德怀特出任驻墨西哥大使,而他准备接受。这是一份苦差事,没有多少荣誉,而且为时已晚。……库利奇不再竞选,但是德怀特却去为他干这份苦差使,并且没有得到报偿的机会。真有趣!"[21]贝蒂挖苦地告诉朋友们说,库利奇就像一个父亲那样,把值钱的礼品都给了别人,而最后把一个小小的马口铁口哨扔给了德怀特。

莫罗对墨西哥十分悲观,私下说,他最多也只能做到不让墨西哥成为头版头条新闻。拉蒙特劝他不要接受这个职位,说总统大选将临,局势动荡,此时受命时机不好。朋友们意见都很一致,德怀特居然丢掉摩根合伙人的地位而去接受这个危险的职务,大家为之大惊失色。连林德伯格也疑虑:"就我在边境上有限的所见而言,这个工作是相当困难的。"[22]

墨西哥人对莫罗也存有戒心,认为他将充当纽约银行的代理收款人。他们哼起顺口溜:"莫罗先行,大兵将临。"可这种担心是没有根据的。拉蒙特领导的"墨西哥问题银行家委员会"感兴趣的不是军事行动,而是和平谈判,以便使它恢复还款。他们希望墨西哥稳定,而不是更加动乱。最后,德怀特令墨西哥人是大喜过望,而摩根财团则感到被出卖了,心中很不是滋味。

作为驻墨西哥大使,德怀特独创了在拉丁美洲的英美派使节的新风格——热情、健谈、视墨西哥人为同僚,而非任性的儿童。他一到那儿就对当地美国商会说,他们应该尊重墨西哥的主权(他不无尴尬地写信给白宫，要一幅库利奇的像挂在他的书桌后面的墙上——这又暗示了他和总统之间的"亲近"）。莫罗和卡列斯总统建立了很好的关系，时常去拜访他，就像老朋友一样。他们经常在卡列斯的牧场共进早餐，或者一起参观墨西哥的大坝和灌溉设施。莫罗友好信任的态度和他的前任詹姆斯·谢菲尔德形成鲜明的对比。谢菲尔德对非白种人摆老资格，对墨西哥采取咄咄逼人的入侵架势，刻意为美国石油公司的利益服务。

莫罗不仅尊重墨西哥的文化，而且喜欢这个民族悠闲自在、不拘礼节的习惯。他和贝蒂在亚热带小镇库埃纳瓦卡的别墅卡萨马纽纳度周末。这座别墅俯视两座火山，里面摆满了墨西哥的陶器和印第安人的工艺品。莫罗委托墨西哥左翼壁画家迭戈·里维拉在科尔特斯宫画壁画，包括一幅革命家萨帕特的画。为了改善美国和墨西哥之间的关系，他甚至把威尔·罗杰斯请来，和他以及卡列斯一起旅行。罗杰斯来了以后，莫罗举行了一个招待会，唱的跳的是清一色的墨西哥歌曲和舞蹈。席间热情洋溢的莫罗对罗杰斯说："你能想象和这样的人民打仗吗？"[23]

有时候莫罗在墨西哥人中间似乎比在美国人中间还受欢迎。1927年下半年，在美国关于墨西哥的公众辩论已经达到白热化的程度。威廉·伦道夫·赫斯特对卡列斯总统心怀不满，因为总统部分地占用了他广袤的巴维科拉牧场。那年11月份，赫斯特在报纸上发表了许多耸人听闻的文章，刻意渲染墨西哥阴谋反对美国。有些观察者认为，赫斯特不仅在发泄对卡列斯的怨恨，而且故意给德怀特制造麻烦。赫斯特这个孤立主义者向来厌恶亲英的摩根财团。1927年12月9日，赫斯特在26家报纸载文，煞有介事地概述了墨西哥企图以100多万美元贿赂4个美国参议员。后来被揭露出来这些文件是伪造的，但是在当时却损害了美国与墨西哥的关系。

莫罗在去墨西哥赴任之前，曾邀请查尔斯·林德伯格到他在东六十六街的公寓里做客。根据沃尔特·李普曼的建议，莫罗提出请这位年轻的航空家驾驶着"圣路易斯精神"号飞到墨西哥，作为友好的姿态。林德伯格觉得这个主意很好。他在春天飞过巴黎，在把飞机献给博物馆之前，他想证明夜间和冬季飞行的可行性。为了强化政治信息，林德伯格建议做一趟连结华盛顿和墨西哥城的飞行。

于是在1927年12月14日,林德伯格带上来复枪、大砍刀和热带药品,在狂风暴雨之夜腾空而起。这是在赫斯特"揭露阴谋"之后数天,美国和墨西哥关系正处于危险关头。第二天早上太阳升起时,林德伯格穿过墨西哥万里无云的晨空,但是他搞不清自己的方位。他尽量降低高度,看清了旅馆和火车站的名字,一闪念认为所有墨西哥的城镇都叫"卡瓦耶罗斯",因为他在火车站总是看到这个名字。接着他发现了托卢卡的标志,距离墨西哥城50英里的小镇。

在酷热得令人大汗淋漓的瓦尔比纳机场,莫罗和卡列斯总统分享着野餐三明治和柠檬,等待着林德伯格的到来。在机场上还为显贵专门搭了一个观礼台。莫罗心神不定地来回踱步。当林德伯格在比预定时间晚了6个小时到达时,大约有15万之多的墨西哥人兴高采烈地奔跑过来。当林德伯格在莫罗和卡列斯的陪同下走向汽车时,狂热的旁观者簇拥着他们,欢呼着。贝蒂回想当时的情形,他们以胜利者的姿态驱车驶向大使馆,大街上车子喇叭乱响,马儿腾起前蹄,人们"爬在树上、电线杆上、汽车顶上、屋顶上,甚至是教堂的顶上。鲜花和彩色的纸片一路撒过去。"[24]

林德伯格在大使馆和莫罗夫妇一起度过圣诞节,还让卡列斯平生第一次坐了飞机。他还注意到德怀特的女儿安妮。她是史密斯学院四年级学生,正在那儿度假。她是一位腼腆、漂亮的女诗人。查尔斯又高又瘦,而安妮则身材娇小苗条,眉毛像贝蒂一样浓密。林德伯格感到高兴的是,他第一次坐在她身旁时,她没有问任何问题。这两个羞怯的人碰到了一起,结成了牢固的纽带。

莫罗对他的女儿们所交的男朋友并不太喜欢——安妮和伊丽莎白交的朋友中有科利斯·拉蒙特。他称赞查尔斯·林德伯格是个"一尘不染的好小伙子",不喝酒,不抽烟,不找女孩子。[25]但是当安妮宣布她和查尔斯要结婚时,莫罗似乎惊得目瞪口呆。"他要和安妮结婚?我们对这个年轻人了解多少?"他问道。[26]他坚持他俩应先订婚,更多地互相了解。尽管莫罗有点措手不及,但他还是非常喜欢查尔斯,每当谈起查尔斯的飞行冒险记,他总是带着惊奇的神色,乐呵呵的。

1929年5月27日,安妮和查尔斯在莫罗的宅邸结婚了。这是在恩格尔伍德的一幢新的佐治亚大房子,叫明日山。这件大事使全世界都怀着极大的兴趣,莫罗夫妇不得不骗一下报界,谎称是婚礼前的招待会。甚至对客人都只说是请他们随便来吃个午饭,打打桥牌。突然,安妮身披白色薄绸婚纱出现了,接着便是轻快活泼的仪式。直到安妮和查尔斯换了衣服,从后门溜走以后,德怀特和贝蒂才向记者发布新闻。这对年轻的新人在度蜜月期间,在牡蛎湾莱芬韦尔家小住了数日,仆人都得到警告,凡是向城里的交易者提到他俩在此者,即行解雇。

这是紧密、高度结合的婚姻,但是又充满着矛盾。安妮是前摩根合伙人的女儿,吸收了她父亲的理想主义和国际主义。查尔斯的父亲是明尼苏达人民党国会议员,在1924年去世。他曾煽动了普约听证会,猛烈攻击货币托拉斯以及摩根和联储银行结成阴谋小集团,指责银行家们把美国拖入战争。这位议员的儿子继承了父亲对东部银行家的猜疑,并始终没有彻底摆脱掉。在20世纪30年代末期,查尔斯的孤立主义使他和摩根财团常常发生争执,弄得安妮左右为难,痛苦不堪。但是在20世纪20年代末,他和莫罗与古根海姆两家过从甚密,当戴维森夫妇在孔雀角开海滨招待会时,他让客人们乘坐他的水上飞机在空中兜风,使他们夫妇俩乐不可支。

凡是把莫罗大使看做摩根财团在墨西哥的代理人的人,势必遭到当头棒喝。这位大使早已另有一个单独的政治日程,他向沃尔特·李普曼透露,他十分渴望在参议院得到一个席位。因此,他需要和银行保持一定的距离。在1928年的总统选举中,在共和党的晚宴上,人们已经把他视为有希望的参议员候选人,向他祝酒。现在,莫罗如能在解决墨西哥的纠纷中,起到一个敏感的公平的仲裁人的作用,是符合其政治利益的。

莫罗在旷日持久的石油纠纷中很快取得了成功。他为美国石油公司制定了一个巧妙的"永久特许权"方案。该方案规定就1917年以前的油井给予美国石油公司新的特许权,而墨西哥也不丢面子,保留了理论上的所有权。这种充满理性的政治家风度使沃尔特·李普曼非常高兴,他事后对莫罗说:"有些方面的人把这点归功于你可以运用自如的某种独特的魔术。"[27]对李普曼来说,莫罗是同代人中最有才华的社会活动家,远远胜过一般的政客。

另一个重大的纠纷涉及天主教会。卡列斯曾试图把教会的土地收归国有，结果发生了暴力的天主教民兵运动，表示抗议。墨西哥的部分地区处于战争状态，千千万万的人在教会的旗帜下游行。莫罗悄悄地让沃尔特·李普曼入境，进行秘密的外交活动。双方经谈判达成了妥协，卡列斯同意不干涉教会，而墨西哥的牧师也同意停止抗议活动。莫罗和李普曼把这个交易兜售给了梵蒂冈，问题得到解决，教堂重新开放。一天早晨，在库埃纳瓦卡，贝蒂和德怀特被教堂的钟声唤醒了。德怀特笑着说："贝蒂，我已经把教堂打开了。现在你可能希望我把它们重新关闭。"[28]

具有讽刺意味的是，莫罗最感头痛的事情是外债。到1928年，墨西哥拖欠还款已有14年，由于石油收入减少，预算情况恶化，各银行都完全失去信心，不知道墨西哥将如何来满足所有的债主。这个国家拖欠由拉蒙特代表的外国债券持有人的钱，以及美国西部铁路和国内贷款者的款项。拉蒙特认为他所代表的20万债券持有人应该具有优先权。他的理由是，他们耐心地等待还款已经有好多年了。相反，莫罗赞成根据破产清算的模式，对所有的债权人采取综合解决的办法。他担心如果墨西哥对个案单独处理，则其承诺的付款数额会超过兑现的能力。对拉蒙特来说，一次性的大动作是不切实际的梦想，只能损害他的债券持有人的利益。而且做起来如此复杂，以致谁也拿不到钱。

莫罗和拉蒙特顿成冤家，情绪激昂。虽然拉蒙特永远不会承认，但是他对莫罗私下怀有保留意见。他后来把莫罗抬得很高，称赞他为"才华横溢，异想天开，招人喜爱"，然而他认为莫罗的"圣人"名声却名不副实。这里或许也有嫉妒的因素，拉蒙特感到莫罗威胁到他自己作为领衔自由派银行家的形象。对于哈罗德·尼科尔森写的莫罗传记，拉蒙特摆出他是莫罗朋友的架势，交给尼科尔森一份125页的关于初稿的评论，批评他对主题的理想化处理。莫罗和拉蒙特也许太相似了，互相之间谁也完全骗不了谁。他们谁也不想承认自己有多么老于世故，多么雄心勃勃。

很难弄清楚的是，拉蒙特究竟是认为莫罗在墨西哥债务问题上的立场是使他摆脱和华尔街23号关系的政治策略，还是只有脱离现实的教授才会支持的堂吉诃德式的计划。无论如何，到1929年，拉蒙特决定和由莫罗倡议的国务院的债务综合解决方案决裂。他在华尔街23号散发了尖刻的备忘录，讥讽地称莫罗为"大使"。他警告说，国际墨西哥债权银行委员会"决不会满足于在一年中无所事事，而让大使去完善政府的索赔"。几天以后，他告诉合伙人，他将"无视大使的态度"，[29]计划单独和墨西哥达成交易。美国驻墨西哥大使馆法律顾问、莫罗的好朋友乔治·鲁布利后来说："拉蒙特先生宁可碰运气，抢在别人前头抓住他所能得到的一切，也不情愿在总体解决上合作。"[30]

拉蒙特尽管可亲可爱，但是如果谁触怒了他，他也会很不客气。他试图想以一个漂亮的办法来"搞掉"莫罗，同时却显得在帮助他。1929年11月，他让马丁·伊根向胡佛总统面呈一信，推荐莫罗担任国防部长。拉蒙特强调莫罗对此要求一无所知，言外之意是要胡佛对这个建议保密。但是，他也怀疑此计是否能够成功，因为面对莫罗的足智多谋，胡佛会立足不稳。拉蒙特说："德怀特如此聪明，他会在（总统）周围的圈子里游说。"[31]卡尔文·库利奇先前已曾要求胡佛任命莫罗当他的国务卿，遭到拒绝。胡佛并没有上拉蒙特的钩。总统和莫罗相当接近——他们每周会晤好几次——他不想提携一位潜在的政治对手。

就在当月发生了两件事，拉蒙特的努力也就没有必要了。11月12日，胡佛任命莫罗代表美国出席即将在伦敦召开的海军会议。当月下旬，新泽西州州长拉森问莫罗是否愿意临时接替沃尔特·埃奇参议员，因为他在参议院的任期未到，而刚被任命为驻法国大使。后来达成协议，由戴维·贝尔德占据参议员的席位，但是如果莫罗意欲在春天竞选共和党的提名，贝尔德将退出。这就更加刺激莫罗在债务问题上反对拉蒙特，从而消除了他先前的摩根合伙人身份为竞选带来的隐患。

在12月份，莫罗和拉蒙特之间一直十分烫手的政治纠纷开锅了。此时，自由派行善者莫罗已经达到这个地位，自命为墨西哥财务问题的老大。这位曾经阻止海军陆战队卷入的人现在已经在仔细审查墨西哥的预算。当拉蒙特的助手弗农·门罗碰到莫罗，他看到这位大使竟想如此深入地左右墨西哥的金融政策，不禁大吃一惊。据门罗说，莫罗要削减墨西哥的预算，办法是

"彻底取消法院,从教育拨款中削减250万比索,公共卫生削减100万比索,统计削减250万比索,交通大约削减400万比索"。[32]德怀特似乎在帮助墨西哥兄弟的幌子下,屈从于干一番轰轰烈烈大事业的幻想。

五六月间,在新泽西州举行的共和党参议员提名的角逐中,莫罗仍然是墨西哥大使,并且以此身份跟踪债务问题。后来,竞选中的失误急剧地削弱了他在这个职务上的影响。他在出席伦敦海军会议期间,墨西哥的武官亚历山大·麦克耐伯上校发表了一番演说,大肆称赞莫罗在墨西哥改革中所起的作用。他实际上讲出了拉蒙特的观点——莫罗对墨西哥国内事务上的干预,超过任何一位华尔街的银行家。麦克耐伯谈起莫罗说:"墨西哥没有哪个政府部门未得到莫罗的咨询和指点。他把财政部长放在他的翼下,向他传授金融知识。"[33]这使墨西哥的官员显然成了大使的傀儡,墨西哥的报界把这个讲话当成丑闻。从此以后,莫罗在墨西哥的影响便大大逊色了。尽管如此,他还是赢得了共和党的提名。

在1930年夏天,莫罗还是经常飞到墨西哥去提供债务上的咨询意见。莫罗和拉蒙特的分歧引起了彼此间言辞刻薄的攻击。莫罗不断地敦促拉蒙特教训墨西哥财政部长,注意日益增长的预算。拉蒙特真的这么做了,过后又很后悔。在7月24日的信中,他压抑心中对莫罗的鄙视,写道:"我有一个感觉,你有点讨厌我们这里的思维过程,我们无法完完全全地采纳你的观点,这使你真的感到非常不快。"他提到他和财长的一次谈话:"他很客气地回敬我说,此事我管不着……亲爱的德怀特,你可能有什么手段迫使财长把他今后几年的预算的准确情况都告诉你,但是我得承认本人在这方面无能为力。"最后,拉蒙特不客气地警告莫罗躲得远一点,不要干预他对墨西哥债务问题的处理:"我希望你让开,此事任其如此,而不要让人感到你的使命是破坏这个计划。"[34]莫罗冷冷地答复说墨西哥已经破产,应当平等地对待各个债权人。他警告拉蒙特说,如果他一意孤行,他最终必须和国务院去交涉。[35]

拉蒙特写信给莫罗的次日,不等回信,就和墨西哥商会的代表在华尔街23号签了一个单独的协议。这使墨西哥的债务将近减少了一半,一下子就从5.08亿美元降至2.67亿美元。莫罗的威胁亦非戏言,他叫墨西哥推迟认可，但是他对卡列斯的继任者——帕斯卡尔·奥尔蒂斯·鲁维奥总统的影响已经大大减弱了。结果是，这两位摩根人白白争执了一番。墨西哥一再推迟偿还日期，后来整个笑剧到1932年就彻底倒台了。要不是此事把拉蒙特搞得精疲力竭，使墨西哥的小额债券持有人一贫如洗，结局也不会如此可笑。到1941年，墨西哥的债务已经缩小至4960万美元，为原来数额的十分之一。

虽然莫罗此时已经和摩根财团彻底脱钩，但是他与摩根的关系在那年秋天的参议员竞选中仍然骚扰着他。新泽西州一家报纸这样描绘其对手的策略："要把大使在新泽西州选民面前表现为大企业利益的工具和傀儡，把他的候选人资格描绘成华尔街通过美国参议院来夺取总统位置的阴谋。"[36]

莫罗疲惫不堪，垂头丧气。他失眠、头痛，竞选搞得有气无力。尼科尔森暗示他有酗酒问题。无独有偶，禁酒成为竞选中的一个中心问题。莫罗毫不回避问题，成为主张干脆撤消第18条修正案*的第一个联邦官员。

他似乎又一次被雄心驱使而动，参议员的竞选令他如坐针毡。贝蒂在日记中记载说："德怀特太累了，太沮丧了，也因为陷入参议员竞选的圈套而狂怒。他精疲力竭，他不想当了，但愿他会输。"[37]命运设计了新的办法来惩罚他，使他在11月份以压倒多数的选票，大获全胜。

莫罗当上参议员以后，似乎被几年来积累起来的沉重的负担压弯了腰。他很快就使自由主义的崇拜者大失所望。他不顾大萧条，投票反对食品救济、军人的奖金法案和强化公用事业的法规。一位新闻记者不禁宣称，他不到3个月就把一生自由主义的名声丧失殆尽。[38]这种评论刺痛了莫罗，他处理问题彻底而执著，但在其复杂性中不能自拔。他通宵达旦地读关于失业的大卷著作，贝蒂提醒他睡得太少了。他说："废话，大多数人把睡眠的作用扩大了。如果我能足足地睡上两个小时，就行了。"[39]1931年，他们在家庆祝7月4日独立日，莫罗注视着他那恩格尔伍德宅邸的草坪，悲哀地对他的女婿说："查尔斯，千万不要让自己忧虑。忧虑伤神

---

* 第18条修正案即"禁酒法案"，于1919年通过，1920年生效。但该修正案于1938年废除，是美国历史上唯一被废除的宪法修正案。

哪！"[40]

9月,莫罗和贝蒂在缅因州的游艇上与报纸出版商罗伊·霍华德共进午餐时,发生了轻度的中风。但是,他无法中止必不可免的活动,或者放慢他疲惫的步伐。1931年10月2日,他乘火车从华盛顿到纽约,彻夜未眠,他对一位旅客说:"我老是醒着想,这个世界真是一团糟。"[41]那天,他在恩格尔伍德宅邸举行了一次政治招待会。他和4000人一一握手。他的右手起了水疱,只得用左手。三天以后,德怀特·莫罗发生脑溢血,一眠不起,享年不到60岁。这个曾经因为梦见自己豪富而坐立不安的人,光是对慈善事业的遗赠就达100万美元。

哈罗德·尼科尔森写的墓志铭模棱两可,但颇为得体:"他表现出疯狂或是癫痫之态,或是某种异乎人情和有悖常理的东西……他有超级罪犯的心态和圣人的特点。毫无疑问,他是一个非常伟大的人。"[42]然而,尼科尔森又用远非如此宽容的判断,把上面这番定论打了个折扣:"莫罗是个狡猾而自私的暴发户,他酗酒而亡。"[43]

从一个方面来说,命运对德怀特·莫罗是仁慈的。莫罗死后5个月,他的孙子小查尔斯·林德伯格被人在他新泽西州的霍普韦尔附近的家中绑架了。摩根财团设法帮助解决这个有名的案子。杰克·摩根探听出一个地下合同,摩根银行掌握了各个来源的消息,包括一个看手相者。银行还捆好了赎金,标上号码,林德伯格的同事约翰·康滕医生通过一堵黑暗的墓地的墙,把钱给了绑架者。两个月以后,小孩的尸体在一个树林里被发现了,此时安妮和林德伯格已搬到莫罗在恩格尔伍德的房子里,即明日山。报界和痛苦回忆的骚扰,使他们在1939年移居英国。他们住的房子"长谷仓",是安妮父亲的传记作者哈罗德·尼科尔森拥有的一幢肯特式茅草屋顶的别墅。

林德伯格绑架案使摩根财团大骇。此后,一支由250名保镖组成的队伍保护着摩根合伙人的家属,他们的许多孙子孙女都记得,他们是在魁梧的武装警卫的包围里长大的。

本章参考文献

1. 马萨诸塞州阿默斯特市阿默斯特学院图书馆德怀特·莫罗资料,卡尔文·库利奇档案(1922—1931),给詹姆斯·谢菲尔德的信,1920年6月1日。
2. 马萨诸塞州剑桥城哈佛大学贝克图书馆汤姆·拉蒙特资料,第113箱,第4卷,德怀特·莫罗给霍华德·鲁宾斯的信,1920年1月16日。
3. 尼科尔森:《德怀特·莫罗》(Dwight Morrow),第229页。
4. 豪兰:《莫罗》(Morrow),第Ⅵ页。
5. 马萨诸塞州阿默斯特市阿默斯特学院图书馆德怀特·莫罗资料,卡尔文·库利奇档案(1922—1931),卡尔文·库利奇的信,1920年3月10日。
6. 尼科尔森:《德怀特·莫罗》(Dwight Morrow),第140页。
7. 同上,第136页。
8. 同上,第148页。
9. 同上,第149页。
10. 同上,第103页。
11. 同上,第124页。
12. 豪兰:《莫罗》(Morrow),第67页。
13. 尼科尔森:《德怀特·莫罗》(Dwight Morrow),第246页。
14. 作者对安妮·莫罗·林德伯格的采访。
15. 康斯坦斯·莫罗·摩根:1989年4月19日给作者的信。
16. 《纽约先驱论坛报》,1927年10月9日。
17. 豪兰:《莫罗》(Morrow),第xⅰ页。
18. 戴维斯:《英雄》(Hero),第253页。
19. 斯蒂尔:《沃尔特·李普曼和美国世纪》(Walter Lippmann and the American Century),第238页。
20. 《外交事务》(Foreign Affairs),1927年1月。
21. 尼科尔森:《德怀特·莫罗》(Dwight Morrow),第291页。
22. 马萨诸塞州阿默斯特市阿默斯特学院图书馆德怀特·莫罗资料,查尔斯·林德伯格卷,查尔斯·林德伯格的信,1927年9月29日。
23. 林德伯格:《金的时光,铅的时光》(Hour of Gold, Hour of Lead),第128页。
24. 尼科尔森:《德怀特·莫罗》(Dwight Morrow),第313页。
25. 林德伯格:《金的时光,铅的时光》(Hour of Gold, Hour of Lead),第20页。
26. 作者对安妮·莫罗·林德伯格的采访。
27. 李普曼:《公共哲学家》(Public Philosopher),第211页。
28. 哥伦比亚大学口述历史资料集——乔治·鲁布利,第223页。
29. 马萨诸塞州剑桥城哈佛大学贝克图书馆汤姆·拉蒙特资料,第192箱,第15卷,给J.P.摩根合伙人的电报,1929年3月2日。给J.P.摩根公司的电报,1929年3月5日。
30. 哥伦比亚大学口述历史资料集——乔治·鲁布利,第125页。
31. 马萨诸塞州剑桥城哈佛大学贝克图书馆汤姆·拉蒙特资料,第114箱,第4卷,给哈罗德·尼科尔森的信,1935年5月17日。
32. 同上,弗农·门罗的备忘录,1929年12月11日。
33. 尼科尔森:《德怀特·莫罗》(Dwight Morrow),第382页。
34. 马萨诸塞州剑桥城哈佛大学贝克图书馆汤姆·拉蒙特资料,第192箱,第18卷,给德怀特·莫罗的信,1930年7月24日。

35. 同上，第197箱，第21卷，德怀特·莫罗的信，1930年8月18日。
36. 《纽瓦克自由评论报》（Newark Free Press），1930年8月13日。
37. 尼科尔森：《德怀特·莫罗》（Dwight Morrow），第379页。
38. 同上，第388页。
39. 戴维斯：《英雄》（Hero），第295页。
40. 同上，第291页。
41. 尼科尔森：《德怀特·莫罗》（Dwight Morrow），第399页。
42. 尼科尔森：《日记和书信》（Diaries and Letters），第71页。
43. 布鲁克斯：《戈尔康达往事》（Once in Golconda），第49页。

第十六章
崩 溃

我们通常认为20世纪20年代的牛市绵延了整整10年，而事实上，牛市主要集中在后5年。它在很大程度上是华尔街特有的现象，未必与世界上其他股票市场相吻合。德国市场1927年已经达到峰顶，英国与法国的市场则分别于1928年和1929年年初相继达到峰顶。为什么华尔街会出现一发不可收的乐观情绪？部分原因是由于人们对一战以后动荡不安的岁月产生了逆反心理，那个年代交织着通货膨胀、劳资冲突、苦涩的红色政权和无政府主义的骚乱。金融界的历史告诉我们，企图逃遁现实必然是灾难的前奏。

引发这种病态乐观的另一个原因是史无前例的货币流动性激增，到处都是现金。1920年，本·斯特朗大幅度提高利率，以使膨胀的商品市场降温。这一举动不仅导致衰退，而且造成了此后持续几年的紧缩性环境，货币逃离硬资产。随着商品泡沫的破灭——从德克萨斯的石油到佛罗里达的土地——货币涌向金融市场，股票和债券市场涨势汹涌。

当欧洲饱受战争蹂躏的时候，美国经济越过了竞争对手，并实现了大幅度的贸易顺差。然而经济高涨并不平衡，评论家们谈到的"病态部门"有农业、石油和纺织。美国仍有一半人口生活在农村，而华尔街的繁荣对于农民来说则是虚假的，无关痛痒。即使是银行也并不都财运亨通。

由于对农业和石油部门贷款的坏账，小城镇的银行以"每天两个"的速度倒闭，但这种情况在城市地区是看不到的，那里的金融和房地产业双临佳境。例如，1928年底，民主党全国委员会主席约翰·拉斯科布开始计划兴建帝国大厦，作为纪念碑，弘扬"穷小子能在华尔街发财的美国生活方式"。[1]

拉斯科布和那个时代的其他预言家们抱定无限繁荣的信念，大谈经济新纪元。华尔街雇用的大批涉世未深的青年则对他们的说教深信不疑。正如《华尔街日报》在1929年10月的"黑色星期四"之后所说的："华尔街的有些交易员和许多美国人从未见过真正的熊市。"[2]如果说华尔街有不少人是决心忘却昔日的恐慌，那么更多的人是因为太年轻而根本不了解过去。

在许多权威看来，如此充足的现金将会防止任何危机。20世纪20年代末的一个主要担心是美国会发生股票短缺。1929年危机的前一天，《华尔街日报》报道说："有大量的钱正在等待投资。正像前几个星期所发生的那样，目前只是一个短暂的间歇，成千上万的交易者和投资者在等待机会购入股票。"[3]过剩的现金被看成是财富的象征，而不是生产性投资机会缩减的不祥之兆。

乘着现金膨胀之势，美国的金融服务业出现爆炸性的增长。战前，美国的证券交易员只有250人，而到1929年，交易员人数惊人，猛增到6500人。公众对股票的态度发生了关键性的变化。过去在纽约证券交易所，股票的地位从来比不上债券。战前，银行与保险公司也许会从事股票交易，但一般的小投资者不会干这行当。我们还记得皮尔庞特·摩根对于股票根深蒂固的蔑视态度，当问到他股市为什么会下跌时，他会不假思索地回答"股票总会波动"或"抛出者总是多于买入者"，仿佛这个问题根本用不着分析。[4]

在20世纪20年代，大批小投资者轻率地跃入股票市场。他们经常以10%的保证金买进，仅用1000美元购入价值1万美元的股票。在美国1.2亿的总人口中，只有150到300万人入市玩股，但他们轻而易举地获利却吸引了全国公众的注意力。1929年的股市灾难在很大程度上集中于60万个保证金账户。

有了活跃的证券市场,大公司通过发行证券筹资的成本,就比通过银行短期信贷筹资来得低。许多公司还通过留存盈余来支持公司的扩展,进一步摆脱领主时代银行家主宰的方式。事实上,一些企业因有大量的现金盈余而从事股票投机和保证金贷款,这与20世纪80年代日本公司用现金盈余进行盈利性金融投资十分相似。这样一来,联储要求银行停止保证金贷款的约束力,则被不规范的工业企业拆借*所抵消。

在格拉斯-斯蒂格尔法案颁布之前的这个年代,企业偏好证券发行并未对华尔街构成威胁。纽约的大银行通过它们新设的证券分支机构来盈利,这样做还可以绕过对于跨州银行活动的限制。担保信托公司在圣路易斯、芝加哥、费城、波士顿,甚至蒙特利尔都开设了办事处。大通国民银行的证券机构不仅经营活动横贯美国东西海岸,而且在巴黎和罗马也开设了营业机构。至此,1929年危机的阴云已经向一体化的全球性市场逼近。1927年,担保信托公司创设了美国证券托存收据,使美国人能够在不发生币种问题的情况下购买外国股票。当后来J.P.摩根公司接管担保信托公司时,这成为一项极有利可图的生意。

此时华尔街上的证券业务有两类。一类以零售为主,主要针对散户,其典型代表是国民城市银行所属的国民城市公司。国民城市银行的总裁查尔斯·米切尔给证券销售营造出一种狂欢气氛,他总是在他的近2000名经纪人中组织竞赛,还发表鼓动性讲话,激励他们向更高的销售目标冲刺。银行家们看上去就像喋喋不休的小贩,这些人热衷于经营外国债券,特别是拉丁美洲债券,小额投资者们得到了这类债券安全的保证。其中的圈套后来才被揭露,人们得知华尔街的银行把它们的拉丁美洲坏账包装成债券,通过它们所属的证券公司推销出去。这成为后来格拉斯-斯蒂格尔法案把银行业务与证券业务分离的一个主要动因。

到1929年危机时,大储蓄银行战胜了证券行业的许多老合伙公司,这些公司在全部新发行证券中所占的比重达到了令人瞠目的45%。国民城

---

* 是一种以"天"为结算单位的短期借贷,各金融机构在每天营业结束后,可能形成资金的多余或不足的情况,不足者不能保证第二天正常营业,而多余者资金闲置,因此会利用资金融通过程的时间差、空间差来临时性调剂资金。

市银行公司承办发行的证券比J.P.摩根公司和库恩-洛布公司加在一起还要多。然而，以威严的摩根财团为代表的华尔街精英依然生存了下来。第一流的大宗证券业务仍然保留在名声显赫的老牌批发商手中。J.P.摩根没有销售网络，但它创造的办法是将发行的证券通过多达1200个零售商号来流通。如果这些渠道仍然远离市场，银行则把证券分配给"销售集团"。摩根银行与它的货币托拉斯同行们——如国民城市银行、第一国民银行和担保信托公司——联手承办证券发行，而摩根建富公司则与巴林集团、罗斯柴尔德公司、汉布罗公司和拉扎德公司合作。

像在普约听证会时代那样，大额证券发行仍然遵循着固定的程式。美国电话电报公司是一个极好的例子。1920年，在摩根图书馆，杰克·摩根、哈里·戴维森和基德-皮博迪公司的罗伯特·温莎达成了一项分摊美国电话电报公司债券发行的秘密交易，他们在10年中保持一定的参与份额：基德-皮博迪公司30%，J.P.摩根20%，第一国民银行10%，国民城市银行10%，等等。这项绅士银行家准则禁止为争夺客户而竞相降价。这样做被认为不仅恶劣，而且危险。J.P.摩根和库恩-洛布公司担心，如果它们为争夺对方的客户而彼此竞争，它们就会在自相残杀的血腥争斗中两败俱伤。

由于有着大理石般坚实的基础，从事批发的摩根财团用不着去勉强小额投资者。《纽约客》在1929年评论说："恐怕从来没有任何私人银行家享有像摩根始祖那样的个人声望，但现在的摩根银行比它在任何时候都要强大得多。"[5]到20世纪20年代末，摩根银行就比其他银行少了许多追悔莫及之事。这部分是恪守传统的结果，摩根银行得益于它对股票市场保持着从维多利亚时代开始的鄙弃。皮尔庞特有一次对伯纳德·巴鲁克说："我从不赌博。"[6]自1894年起，杰克·摩根就在一家证券交易所拥有一席之地，但从未进行过一笔交易。只有一次，在自由事业债券价格回升的时候，他曾出现在交易所大厅。他在交易所留有席位，只是为了减少摩根银行所用的30多个经纪人的手续费。此外，普通股的发行只占摩根承办发行证券的3%。由于20世纪20年代危机的主要破坏来自股市操纵，摩根财团因而免于陷入许多严重失误。

J.P.摩根公司几乎只做债券批发和银行业务。除了极少例外，它不肯降低标准。它推崇保守的投资，如铁路债券，对于泄露内情、哄抬股票的伎俩则避而远之。当违反摩根这一政策的情况在众目睽睽之下发生时，摩根银行陷入了深深的尴尬。1926年7月，摩根的合伙人托马斯·科克伦邀请一位记者乘奥林匹克号游轮前往欧洲（在"沸腾"的20世纪20年代，豪华的游轮上也有经纪办公室）。正当科克伦在海上时，道琼斯股市行情自动显示器引用他的话说，通用汽车公司的股票将最终以高于现价100点的价格卖出。由于意识到摩根-杜邦在该公司的股份，交易者们在两天之内把通用汽车公司股票价格抬高了25点。摩根银行对于此事反映出的自身影响力感到震惊，并决心确保这类事情不再发生。

尽管摩根银行作为一个机构，与股票市场保持着距离，但它的合伙人对于投机却并不反感。他们所处的地位十分便于通过内幕交易捞取好处。内幕交易是20世纪20年代风行的歪门邪道，但并不违法。爵士乐时代的华尔街不仅谣言盛行，而且能够编造假报表，这被认为是财务上成熟的标志。由于股票交易规则不严，公司财务报表不全，内部消息变得格外有价值。投资者们拼命从他们的华尔街朋友那里套取消息。内部消息并不能保证成功，许多在黑色星期四破产的投资者都掌握内情。但泄露内部消息确实有利可图，以至于被认为是华尔街雇员"捞外快"的一条主要渠道。

在20世纪30年代，摩根的合伙人加入了主张消除内幕交易的行列。拉蒙特曾斩钉截铁地说："这是一个简单而无需辩驳的商业道德问题。"[7]有些人有勇气更早地采取这一立场。美国钢铁公司总裁埃尔贝特·加里法官总是在每天股市收盘之后召开董事会，会后他便向新闻界吹风，使董事们无法利用独占信息的机会从中获利。但总的来说，摩根银行合伙人像华尔街其他人一样，的确从内幕交易中获得了利益，但这与其说是靠掌握即将发生的交易状况，不如说主要是通过常规的公司经营信息。

爱德华·斯退丁纽斯是通用汽车公司和通用电气公司的一位喜欢多言的董事。1922年，哈里·戴维森向他询问自己是否应当为妻子购买通用汽车公司的优先股，斯退丁纽斯回答说："在反映去年经营状况的财务报表公布之前，我吃不准是否应购买任何普通股。财务报表目前正在准备中，在它所附的备忘录中可能会显示负债超过盈余5800万美元。我想这一报表有可能对股票行情有消极影响,因此在报表公布之前,我不主张购买股票。"[8]斯退丁纽斯为杰克·摩根和汤姆·拉蒙特的个人账户掌管通用汽车公司股份购买事宜。[9]我们可以称之为金融界的"十拿九稳派"。

传递内部消息时,斯退丁纽斯依稀感到不妥。1923年,摩根在巴黎的合伙人赫尔曼·哈耶斯询问购买通用电气公司股票之事,现在让我们来看看斯退丁纽斯在泄露消息之前是如何犹豫的。

> 在现行价格下,比如说,196,我更愿意买入,而不是抛出通用电气公司的股票。我觉得不便告诉你我作为公司执行委员会和董事会成员所了解的情况,但我认为我可以对你说(但你必须保密),我猜想在今后6个月之内将会采取一些措施来进一步提高公司股票的价值。今年6到9月间,这些股票如果不能卖到每股225或230,我会感到意外。公司的业务状况很好——这也是机密——1923年11个月的利润比1922年同期增长了50%。[10]

如果说斯退丁纽斯显出有所顾忌,那主要的原因不是因为透露公司信息,而更多的是担心这些消息会泄露给J.P.摩根合伙人圈子以外的人。

摩根财团还卷入了另外一种时兴的活动,使之有悖于其广为宣传的对普通股的抵触形象。在1927到1931年间,摩根银行参与了50多个股票联营基金,这种基金直到新政以后才被列为非法。当时这种做法被认为生气勃勃、引人入胜,吸引了许多出入鸡尾酒会的老谋深算的头面人物,新闻媒介也报道这类交易的进展情况。这些银团公然操纵股票价格。有些银团通过雇用公关代理,甚至干脆贿赂记者来"说抬"股市。在约翰·赫兹的黄色出租车公司股票暴跌、乔·肯尼迪应邀救市之后,联营基金使他名声大振。事后,赫兹怀疑是肯尼迪自己一手制造了这次暴跌。到1929年10月,有100多种股票被市场运作者操纵。因此,尽管摩根合伙人声称注重健康的长期投资,他们也远远未能在短期投机风潮中独善其身。

20世纪20年代也是一个做疯狂交易的时代。据奥托·卡恩回忆,那个时候"人人都有一股狂热,想要购买别人的财产……新的机构层出不穷,钱来得那么容易。公众急于购买股票和其他证券，结果把大量货币推向国内公司和外国政府"。[11]尽管摩根公司没有设置正式的兼并部门，但它非正式地编织着自己的蛛网。摩根公司擅长战略性进口交易，这些交易往往涉及敏感的海外关系或背后政府的暗中支持。它的许多交易的矛头是针对英国利益的。最重要的是，华尔街23号充当着美国政府的左膀右臂。

以电信部门为例，一战以后，美国担心英国军方垄断海底电缆通讯——这类通讯曾被用来获得宝贵的战时情报。美国海军希望利用一家由华盛顿支持的新的私人公司，在新兴的无线电技术领域中击败英国。威尔逊总统私下向通用电气公司表示，他想以美国对无线电的垄断来对抗英国对电缆的垄断。摩根以其资金支持通用电气公司购买了美国马可尼公司中的英国股份，该公司后来成为美国无线电公司的核心。美国政府作为无投票权的观察员参加美国无线电公司的董事会。

在20世纪20年代，摩根财团还帮助索斯特内斯·贝恩建立起他遍及世界的国际电话电报公司王国。这次摩根银行的作用仍然是仲裁，而不是蓄谋控股。一项历史性的"停战协定"在华尔街23号酝酿而成，美国电话电报公司就此同意将海外市场让给贝恩，相应地，贝恩答应国际电话电报公司不在美国国内建立电话厂。令人称叹的是，这项协议竟然持续了60年。这一卡特尔表明，摩根银行仍然更喜欢大工业家之间的沟通默契，而不是自由放任思想所主张的竞争经济。

由于对政治阴谋的喜好，贝恩与摩根财团成为天然盟友。通过摩根在巴黎的合伙人赫尔曼·哈耶斯，贝恩接管了西班牙电话系统，使它成为其国际帝国皇冠上的宝石。在20世纪20年代中期，摩根银行帮助贝恩控制了巴西、阿根廷、智利和乌拉圭的电话系统，把英国逐出了它原来的领地。摩根银行通过无数方式支持贝恩的事业。当拉蒙特在奥地利谈判贷款期间，得知奥政府计划从西门子公司购买电话设备时，他就向该国政府提起国际电话电报公司非常愿意投标。拉蒙特有时所起的作用就像贝恩的秘密全权代理人。1930年，拉蒙特正式会见墨索里尼，只是为了向其转达贝恩想在意大利建一个工厂的愿望。这一时期的交易往往是谨慎周密的幕后操作，毫无后来股票市场上蓄谋控股投资者的那种大张旗鼓的声势。

1929年初,当摩根财团一反常态,卷入股票推销的旋风之时,灾难临近的迹象已经出现。新形式的杠杆收购*风行华尔街。借用英国概念,许多经纪公司,包括高盛公司,推出了杠杆式共同基金,称为"投资信托"。第二种流行的方法是控股公司。控股公司可以接管许多小的经营公司,并用从这些公司获得的红利,来向控股公司本身的债券持有人还本付息。这样就造成了一条无限的控股链。

追逐公共设施控股公司这一时髦,摩根财团于1929年创办了联合公司,这一公司收购了莫霍克-赫德森公司、新泽西公共服务公司、哥伦比亚煤气电气公司,以及其他一些公司,这些公司控制了东部12个州三分之一以上的电力生产。这些做法就像退回到了皮尔庞特的时代,那时他倡导建立托拉斯,自己保持一大部分股份,并指定董事。联合公司的账簿保存在华尔街23号,它的董事会塞满了摩根银行的朋友和合伙人。摩根银行还创办了标准商标公司,它是一些粮食制品公司的联合体,包括弗莱施曼公司、皇家烤粉公司、大通桑伯恩公司和吉列公司。

1929年的一大败笔是摩根银行支持的阿利甘尼公司,它是克利夫兰的范·斯韦林根兄弟的铁路和房地产王国的一个控股公司。奥里斯和曼蒂斯·范·斯韦林根兄弟俩没有受过多少正规教育,性情古怪,沉默寡言。他们身材短粗,圆脸,看上去就像形影不离的连体孪生兄弟。他们住在戴西山,那是他们在克利夫兰郊外的一座700公顷的瑞士式田舍农庄。在那里,这对单身兄弟同吃同住,很少参加社交活动,不沾烟酒,也不要司机、男仆和其他标志财富的东西。在危机的前夕,他们拥有的财产价值1亿美元。

从开发郊区的谢克海茨开始,两兄弟就掌握了利用别人的金钱的技巧。他们修建了一条从克利夫兰市中心通往开发区的铁路,并从此介入铁路行业。他们卷入摩根的运行轨道是在1916年,当时司法部迫使纽约中

---

* 杠杆收购(Leveraged buy-out),简称LBO,指公司或个体利用收购目标的资产作为债务抵押,收购另一家公司的策略。经纪公司收购目标企业的目的是以合适的价钱买下公司,通过经营使公司增值,从而增加投资收益,最后利用被接管的公司现金流量或出售公司资产的方式偿还贷款。

央铁路公司从通往克利夫兰的"镍盘"铁路中撤资,范·斯韦林根兄弟站出来作为善意的合作者,表示愿意以50万美元现金将铁路从纽约中央公司手中收购。纽约中央公司的总裁艾弗雷德·史密斯把两兄弟带到华尔街23号,他用双臂搂着他们的肩膀对拉蒙特说:"我和这两个小伙子打过不少交道,他们很有才干……我希望你以可以做到的一切合法方式与他们合作。"[12]拉蒙特答应了。

摩根财团公司一手操办了两兄弟的铁路和房地产收购。作为杠杆兼并的好手,范·斯韦林根兄弟将每次新的收购作为下一次收购的抵押品。他们的控股公司控制其他控股公司,就像镜厅中的连环镜像,一环套一环,连续不断。支撑这些控股公司只用少量的现金,但背靠强大的摩根关系网。到1929年,范·斯韦林根的铁路公司在40层的克利夫兰大厦,统治着美国第五大铁路系统,它控制的路轨里程数相当于全英国铁路的总长。

由J.P.摩根公司于1929年1月发行的阿利甘尼公司的股票本来可望成为两兄弟立竿见影的成就——这个超级控股公司高居他们的债务金字塔之顶。用《纽约时报》的话来说,这正是"一个被推到极限的控股公司的典型"。[13]摩根银行与范·斯韦林根兄弟的关系显示了20世纪20年代肆无忌惮的行为是如何最终损害了摩根银行自身的信誉。即使是富有感召力的摩根之名,也不能稳住一个仅用信誉筑成的金字塔。直到4年以后,公众才终于得知阿利甘尼股票是在公司有严重问题的状况下发行的。然而在1929年初,这次发行的股票被认为是最热门的。

在1929年的大部分时间里,杰克·摩根和汤姆·拉蒙特被棘手的德国赔款问题引起的风波牵扯了不少精力。他们不断提醒要警惕德国借款过多,但到头来发现自己却还在向德国提供贷款。在商人外交家日薄西山之时,崇拜商人外交的美国仍然指望摩根的银行家来指点迷津。通用电气公司的总裁欧文·扬和杰克·摩根被选派为美国出席巴黎会议的代表,汤姆·拉蒙特和波士顿律师托马斯·珀金斯为副代表。这次会议的目的是为赔款问题设计一个最终解决方案。这个代表团名义上是非官方的,但还是与华盛顿保持着密切联系。2月,他们乘阿克维坦尼亚号启程,在瑟堡登陆后,他们受到法国官员的欢迎,并迅速登上一列火车的私人车厢驶往巴黎。

在欧文·扬的主持下,会议在豪华的新乔治五世饭店举行,会议的焦点仍然是德国赔款能力问题。像往常一样,以法兰西银行的埃米尔·莫罗为代表的法国人,固执地反对降低赔款。美国则拒绝减少战争债务。确信德国的财力无法支持赔款,帝国银行的行长沙赫特博士几次打断会议,愤然离开会场。一位名叫雷维尔斯托克勋爵的英国代表形容说"他那瘦削的日尔曼人的脸、粗壮的脖子和不合适的衣领……使我想起动物园里的海狮"。[14]

在这次会议上,杰克·摩根无法掩盖他对德国人的厌恶。沙赫特博士犯了一个错误,他强留杰克谈摩根银行资助德国铁路的事。杰克对此十分轻蔑,他在发往纽约的电报中说:"就我对德国人的印象而言,他们是二等人。我宁愿叫别人来做他们的生意。"[15]他还抱怨这次会议如何打乱了他乘海盗号巡航地中海的计划,更别提到苏格兰打猎了。沙赫特博士注意到摩根是第一个从会上溜号的,杰克如此在公开场合表露他的感情是比较少见的。雷维尔斯托克勋爵把他比作"野牛闯进了卖德累斯顿瓷器的铺子"。[16]

在巴黎,沙赫特博士希望争取减少赔款,他对法国人的寸步不让感到愤怒。此后他建议,德国收回波兰走廊,用海外殖民地来作为高额赔款的条件,这使同盟国大为吃惊。为了打破僵局,欧文·扬接受了他的年轻助手戴维·萨尔诺夫(此人不久后成为美国无线电公司的总裁)的建议,即由萨尔诺夫本人与沙赫特进行一次非正式谈判。拉蒙特对萨尔诺夫说:"祝你好运,如果有什么人能够承担这项工作的话,那就是你。"[17]5月1日,这位俄国犹太移民与德国人亚尔马·沙赫特在蒙索皇家饭店沙赫特的房间里第一次共进晚餐。他们俩一拍即合,沙赫特学过希伯莱语,而这正是萨尔诺夫攻读犹太法学博士时学习的语言。他们讨论了赔款问题,最后几乎无话不谈,从德国歌剧说到《旧约全书》,使这第一次晚餐成了一场18个小时的马拉松谈判。后来萨尔诺夫把向沙赫特兜售的"保障条款"归功于自己,这一条款的主要内容是把赔款与德国的经济实绩相联系。这一设想使沙赫特暂时接受了赔款计划。[18]

杰克对萨尔诺夫的建议感到非常高兴,他给萨尔诺夫送来了一大束熟透的法国草莓。他还对萨尔诺夫说:"戴维,如果你真的能带回一份签字的协定,你可以提任何要求,只要能够作为礼物的,我都会送给你。"[19]5月下旬,在又一次长时间讨价还价的谈判之后,萨尔诺夫将一份协定带回了里茨饭店。惊喜万分的杰克轻触黑色礼帽的帽沿,向萨尔诺夫致敬,"我为你脱帽,"他说着鞠了一躬,"该兑现我的诺言了,提出你想要的任何东西,它就是你的了。"[20]萨尔诺夫提出要一个杰克用的那种海泡石烟斗。这只烟斗由先前为皮尔庞特做烟斗的伦敦老烟斗匠制作。杰克包了一架飞机,派人飞往伦敦,为萨尔诺夫取回烟斗。

扬氏计划减轻了原道斯计划规定的赔款负担,把赔款的时间安排延长到59年。该计划还试图把德国债务转变为可交易债券,从而使之非政治化。德国将通过新成立的国际清算银行向债券持有人付款,而不是直接付款给同盟国。这将使德国免受政治干预,并使它摆脱了可恨的总代理办公室的枷锁。年轻气盛的帕克·吉尔伯特离开柏林,成为J.P.摩根的合伙人,这一变动并不使德国人感到意外。当吉尔伯特警告德国人不要在扬氏贷款之外寻求任何外国贷款时,德国外交部的卡尔·冯·舒伯特觉察到他别有用心。J.P.摩根正准备为法国筹集一笔贷款,冯·舒伯特指出,德国贷款"将被(吉尔伯特)看成是非常讨厌地与摩根公司项目相竞争,而众所周知,他与该公司关系十分密切"。[21]

新成立的国际清算银行设在瑞士巴塞尔主广场附近的一所旅馆里,它实现了蒙塔古·诺曼的梦想,即建立一个场所,让中央银行家们能够不受政治干预地制定货币政策。诺曼爱称其为"忏悔所"。美国一个州的议会不喜欢该银行名称中的"国际"二字,因而不准联邦储备银行加入,尽管有几家美国私人银行已经参股其中。正像蒙塔古·诺曼所预想的那样,国际清算银行的存在将超越扬氏计划,并发展成为中央银行中的中央银行。

1929年6月,德国债务清偿方案公布。报纸刊登了沙赫特博士探身,隔着欧文·扬与法国中央银行的埃米尔·莫罗握手的照片。文件刚刚签署完毕,一个窗帘就着火燃烧起来——预示着扬氏计划在德国命运的不祥之兆,它事后证明它并不比道斯计划更受欢迎。沙赫特博士怀着强烈的矛盾心理签署了文件，他坚持由德国内阁来承担责任。此后不久，他就宣布废除这一文件，成为纳粹的红人。1930年6月，由摩根财团牵头的1亿美元扬氏贷款将成为摩根为德国所做的第二次、也是最后一次努力。当初道斯贷款受到了很大欢迎，而现在扬氏贷款引起的反应并不热烈。然而，1929年的巴黎会议的确使人们感到解决最棘手的问题已经接近尾声，并导致了纽约股市的最后一轮上升。欧文·扬甚至被说成是可能的总统候选人。

杰克留下来打松鸡，而拉蒙特则回到了纽约。总的来说，摩根的合伙人并不属于这样一批杰出的金融家，即事后能够对股票市场的危险发出启示录式警告的那些人（乔·肯尼迪后来说，他抛售股票是因为听到他的擦鞋匠这样干了）。拉蒙特是这一经济新纪元的倡导者，他认为只有商业滑坡才有可能导致股市出轨。乔治·惠特尼则因美国联邦储备委员会1929年收紧信贷而认为他们是"一群笨蛋"。摩根唯一的预言家是拉塞尔·莱芬韦尔，他是前财政部部长助理，于1923年从克拉瓦斯-亨德森-莱芬韦尔-德·格斯多夫的律师事务所来到摩根银行。莱芬韦尔是一个气质高雅、妙趣横生的人，长着很长的尖鼻子，一头早生的白发，显得颇为睿智。他是一个自由主义者，曾经是民主党人。他以桀骜不驯的知识分子作风，对左派和右派的理论家们都极尽嘲弄。他终身好斗，对于乐观的安德鲁·梅隆，他给予了毁灭性的评价："此时，这位自亚历山大·汉密尔顿以来最伟大的财长在纸面上日进斗金，认为一切都会在最理想的世界上出现最好的局面。"[22]

关于股市崩溃的原因，莱芬韦尔赞成贱价货币理论，即他把股票投机归咎于过低的利率。1927年，蒙塔古·诺曼曾来到纽约，要求本·斯特朗降低利率来减轻英镑的压力。斯特朗答应了，他降低了贴现率*。莱芬韦尔深信，这一举动引发了股票市场的暴涨。1929年3月初，当莱芬韦尔听说

---

* 持票个人或组织，以未来到期的票据向银行要求即时兑现，银行将利息先行扣除所使用的利率。中央银行通过调整这种利率，可以影响商业银行向央行贷款的积极性，从而达到调控整个货币体系利率和资金供应状况的目的，促使经济扩张或收缩。贴现率政策是西方国家的主要货币政策。

蒙蒂开始对华尔街的泡沫经济感到恐慌时,他不耐烦地对拉蒙特说:"蒙蒂和本种下了祸根,我想我们大家都得承担恶果……我认为我们会经历一场全球性的信用危机。"[23]后来他把这两个人指责为大衰退的直接肇事者。人们可能还记得,1925年,杰克·摩根和华尔街23号的其他人曾希望英国回到金本位制,但前提条件是蒙蒂提高利率,而不是本降低利率。

本杰明·斯特朗没能活到看见这场危机。他经历了一连串可怕的疾病:结核病、流感、肺炎和带状疱疹。他于1928年10月去世,享年55岁,死前还注射了大量吗啡。忧郁寡欢的蒙塔古·诺曼为斯特朗的去世哀痛了多年。在1929年的春夏期间,斯特朗精心选拔的接班人乔治·哈里森,向华盛顿的美联储委员会请求提高利率。事与愿违,美联储委员会否决了在纽约提高利率的建议。拉塞尔·莱芬韦尔感到,一场希腊悲剧正在拉开帷幕。他担心哈里森继承了斯特朗遗留下来的对抗精神,又担心"来自华盛顿美联储的强烈抵制,部分是因为10年来一直压抑着的、反对斯特朗的无能统治的苦涩情绪。"[24]在这种不可能更糟糕的时刻,联储系统由于官僚主义的争斗而遭到了削弱。当1929年8月贴现率终于由5%上升到6%时,已经太晚,无法使过热的市场降温。

1929年9月5日,黑色星期四的悲剧临近,巴布森这位名不见经传的经济学家再次重复了他多年来发出的警告:"市场崩溃迟早会发生,它可能是十分可怕的。"[25]在平时,这一警告可能会被忽略。但此时,通过新闻媒介的传播,短暂地冲击了股票市场。耶鲁大学的欧文·费希尔教授这位学术界乐观派的"大祭司",使仍然怀有信心的人感到宽慰,他说:"股票价格达到了一个看来是永久的高原。"[26]但美国经济在8月就达到了峰顶,甚至在费希尔说这番话的时候,经济已经开始下滑。

到10月中旬,股票市场的波动使胡佛非常担心,他派密使哈里·鲁宾逊去向拉蒙特咨询——拉蒙特是他在华尔街的主要顾问之一。胡佛是第一个桌上有电话的总统,他经常在早饭前与拉蒙特通话。尽管胡佛与摩根财团关系密切,摩根的许多合伙人仍然背后嘲笑他是一个冷漠、自负、顽固的家伙。帕克·吉尔伯特曾称他为"商务部长兼其他所有部的副部长"。[27]在1928年的大选期间,民主党曾透露了一份莱芬韦尔在财政部任职期间所写的备忘录，其中说"胡佛对金融、股票交易和经济学一无所知"。[28]胡佛曾因摩根银行未能为其再次当选提供更多帮助而大发雷霆。在初选之前，他给拉蒙特送去一封威胁信，指责他为查尔斯·道斯工作。

然而值得称道的是，总统并未对华尔街的危险掉以轻心。1928年初，他还是商务部长时，就对于库利奇对股票市场满不在乎、漠不关心的态度感到吃惊。1929年3月，作为总统，胡佛将纽约证券交易所副主席、摩根合伙人乔治·惠特尼的兄弟理查德·惠特尼召到白宫，要该交易所抑制股票投机，但这一请求被置之不理。胡佛还批评联储压低利率和向银行提供大量的准备金，这些资金被用作购买股票的保证金。

现在，胡佛的使者哈里·鲁宾逊希望在两个问题上得到答案：越来越多的股票兼并是否应引起注意？联邦政府是否应当采取措施制止华尔街的股票投机？在黑色星期四之前五天的时候，拉蒙特写给胡佛一份备忘录，其中对这一时期的现实情况加以粉饰。他轻描淡写地驱散了胡佛不无理由的担忧："首先我们必须记住，当前关于投机的传言有很大的夸张……"他极力赞颂市场的自我调节力量。他还列举了正在回升的滞后行业，如汽车、采伐、石油、造纸、制糖和水泥，宣称市场并未过热。通过对联合公司和阿利甘尼公司的肯定，他赞扬了当前控制了铁路和公共设施部门的新的控股公司。他的振奋人心的结论可以让人高枕无忧："战后以来，美国进入了一个令人瞩目的健康繁荣时期……未来将是十分光明的。"[29]他所发现的唯一缺憾是华盛顿的联储委员会未允许地区储备银行提高利率。

马丁·伊根将这份备忘录交给了白宫。总统急于看到拉蒙特的报告，他把一次接见推迟了10至15分钟，以便与伊根交谈。伊根发现胡佛总的来说对自己担任的总统职务很有信心，尽管他对华尔街感到不安。总统的满意并未持续很久。10月22日，总统怒气冲冲地派了一位信使来找拉蒙特，表示严重关注"在他看来是十分疯狂的投机行为"（拉蒙特向杰克如此转述）。[30]即便有些太迟，但胡佛是正确的。第二天，恐慌之下的抛售袭击了若干蓝筹股票，西屋公司下跌了35点，通用电气下跌了20点。气球的爆裂已成一触即发之势。

第二天早晨，温斯顿·丘吉尔出现在纽约证券交易所的参观走廊上。

两周以前，他与1925年帮助他使英国恢复金本位的摩根合伙人共进午餐。此时，他俯视交易大厅，眼前的情景在很多人看来可以间接地追溯到1925年的决定，正是这一决定需要美国降低利率。在头两个小时的交易中，账面损失就达到100亿美元。大幅度下跌的牌价引起了一片恐惧的尖叫，临近中午的时候，参观走廊被迫关闭。

就像1907年那样，绝望的人们站立在联邦纪念馆的台阶上，手插衣袋，压低帽檐，两眼失神地直视前方。在那天拍摄的照片上，他们那种目瞪口呆的缄默一目了然。股票市场外面里三层外三层地站满了人。许多刚刚交纳保证金购入股票的投资者顷刻之间倾家荡产。报纸注意到，有一种奇怪的声音在峡谷似的华尔街上蔓延——狂呼大叫、议论纷纷、窃窃私语。这是成千上万震惊的人们的情感宣泄。空气中充满了火药味。当一个施工工人出现在一座大楼顶上的时候，人群以为他想跳楼，但对他的犹豫感到不耐烦。十几名自杀者见诸报端，其中有些报道惟妙惟肖，富有诗意。加尔布雷斯写道："有两个人手挽手从里茨高楼的窗口跳下来，他们拥有一个共同账户。"[31]只有证券交易所的跑腿小工，他们自己并不投资，只管对他们老板的厄运幸灾乐祸。

中午时分，华尔街的银行巨头们急匆匆地走上该街23号的台阶。他们都是功绩卓著、名震美国的人物——国民城市银行的查尔斯·米切尔、大通的艾伯特·威金、银行家信托公司的苏厄德·普罗瑟和担保信托公司的威廉·波特。他们代表了60亿美元的资产，这也许是世界上最大的一笔财富组合。人们是最后一次欣赏爵士乐时代赋予他们的英雄形象。对于华尔街的老手来说，会议由58岁的汤姆·拉蒙特主持是意料之中的事。摩根在此时发挥作用挽救危机是理所当然的。不管有多少缺点，它仍是银行家的银行、争端的仲裁者，有着政治家风度的企业，能够给予人们无可匹敌的信心。用福布斯的话来说："汤姆·拉蒙特——摩根的头号合伙人——在星期四扮演的角色正是当年皮尔庞特·摩根在过去的恐慌中所通常扮演的。"[32]

即使是面临危机，拉蒙特也表现得轻松快活，他的沉着镇定已经成为传奇。他是华尔街的神奇人物，黑色星期四将成为他辉煌的时刻。他实在是担当此任的奇怪人选。在青年时代,他曾经因为卖空而丢掉了一年的工资,并从此发誓不做股票投机。还是他,作为银行家,劝导惊恐不安的胡佛对华尔街处之泰然,勿以为患。

事实证明,银行家们在黑色星期四的拯救行动多半是象征性的,而不是实质性的。这些人知道他们不可能支撑正在崩溃的股市,他们只是试图增强市场的流通性,使之有条不紊地下滑。那天上午出现了根本没有人买入的恐怖时刻。为此,银行家们宣布投入2.4亿美元来收购各种股票,以稳定市场(古根海姆斯财团也参加了这次联合行动)。这只是杯水车薪,却还是他们所能采取的最好的措施。

因为证券交易所的主席正在檀香山,代理主席理查德·惠特尼就成为银行家拯救行动的代理人。看来他是一个理想的人选,因为他的兄弟是摩根的合伙人,他自己的公司则是摩根债券的经纪人。理查德·惠特尼也是一个极善伪装的人,人们无法看出在他冷静的举止背后,他和他的夫人——一个巨额财产的女继承人,正在承受高达200万美元的股票损失。[33] 所以,下午1点30分,当他迈着悠闲自在的步子走过交易大厅时,产生了异乎寻常的效果。他走近美国钢铁公司的交易柜台,出价205点购入了2万股,比先前的最高价超出了几点。随着他买进的消息传开,市场一时间似乎稳定了下来。

选择美国钢铁公司这家摩根担保下的企业不是偶然的,作为绅士银行家,拉蒙特和其他银行家认为他们应当支持那些由他们担保的公司。后来的结果是惠特尼实际只购进了200股,当其他人纷纷跳入时,他撤回了购入的委托指令。在另外15至20个交易点,他重复了他的出价,作出了约2000万美元的购入委托指令。到这天结束,这位银行家的钱只有一半真正用了出去。然而他们这种拖延战术却使这天下午的市场暂时回升。这是20世纪20年代的最后一次花招。

这个交易日结束后,银行家们重新聚集在一起,召开了第二次会议。他们推举拉蒙特做他们的发言人。拉蒙特被大声提问的记者们簇拥着。他手里摆动着一副夹鼻眼镜,发表了一句美国金融史上最令人难忘的轻描淡写的评论:"股票市场上发生了一点不愉快的抛售。"[34] 这句话尽管经常遭到嘲笑,但它实际上是对一位好讽刺的记者所作的回答,他问拉蒙特是否注意到了那天交易所发生的抛售。拉蒙特无动于衷地把市场下跌归结为"技术条件",并谈到市场上的"气袋"。*他用极端模棱两可的措词说,市场"对好的苗头十分敏感"。[35]这种与记者们把握自如的会见持续了几个星期,使拉蒙特成为著名人士,他一跃而上《时代周刊》杂志的封面。

几乎同时,华尔街开始发表充满大胆希望的言论。这些乐观的专家们看来发挥了作用。那天晚上,零售经纪人们在霍恩布洛尔和威克斯经纪所举行会议,宣布市场"从技术上来说,情况已经比过去几个月来有了改善"。[36]第二天上午,《华尔街日报》的标题不是报道股市崩溃,而是报道拯救行动:"银行家制止股市崩溃:两小时的抛售浪潮在摩根办公室会议后停止,10亿美元用于支持。"[37]银行家们请求胡佛宣传购买股票合算,但他却吐出了一句老生常谈:"国家的基本产业,也就是商品生产和流通,正建立在健康和繁荣的基础上。"[38]市场蹒跚着挨过了星期五和星期六上午的交易,没有发生新的危机。

1929年股市崩溃的发生分两个阶段,其间隔了一个周末。星期天,旅游车像幽灵似的摇晃着驶过华尔街,参观股市崩溃发生的地方,使华尔街更添严峻的气氛。显然,人们在周末反复掂量胡佛的讲话,周一便直奔市场抛售。美国电话电报公司下跌了34点,通用电气公司下跌了47点。市场和公众对银行家们的信赖同时瓦解。

在10月29日——"悲惨星期二",投资者们回过头来反而把"黑色星期四"看成是一个平静的时刻。在这股市历史上最糟糕的一天,股票行情自动显示器滞后了两个半小时。易手股票超过1600万股,这一纪录保持了40年。到星期二收盘,两天来的破坏把股票价格下拉了25%。这次买入不只是股票价值的减少,简直就是销声匿迹。在回升的顶峰,怀特缝纫机公司达到48点,星期一即猛跌到11。星期二,当没有买者出现时,一个机灵的传信员以每股1美元的价格买入股票。当持月票上下班的人们走进大中央车站时,叫卖报纸的报童们喊道:"边读边哭吧!"

---

* 也被称为"气穴",一般指由于"空穴来风"的坏消息而导致急剧下跌的股票。

与"黑色星期四"不同,"悲惨星期二"暴露了银行家们的弱点。他们是站在海啸的浪潮之前的渺小之人。《纽约时报》写道:"当占市场比重巨大的大宗股票一宗接一宗地泛滥于市场时,在正常情况下应当引人注目并且成功的银行支持被横扫一边。"[39]人们对"黑色星期四"时的传闻还存有希望,半信半疑地谈论"有组织的支持"正在控制事态,而"悲惨星期二"则充斥着银行家们抛售股票保全自己的报道。

拉蒙特现在面对着更加充满敌意的一群记者。他不得不否认关于他的集团故意破坏市场牟取利润的报道。"摩根财团将一如既往,以一种合作的方式来支持市场,它并没有抛售股票。"[40]他以惯用的圆滑措辞说,形势"仍然保持着希望"。[41]为了作出尽管是徒劳的努力来支撑信心,美国钢铁公司和美国罐头公司宣布发放额外的红利。

好像是为了表示一种蹲在地堡里的如临大敌的心态,证券交易所的理事们于"悲惨星期二"在交易大厅下面的一间地下室里召开会议。当拉蒙特和乔治·惠特尼想悄悄溜进会场而不引人注意时,他们被门卫阻留了一会儿。会议的主题是是否应当关闭市场。理查德·惠特尼认为关闭市场会引起公众不安,并造成场外交易的黑市,就像第一次世界大战爆发时发生的那样。他还担心,关闭市场将在发放了大量经纪人贷款的银行中引起信用混乱。在1929年的多笔交易中,摩根共有1亿美元的已支付却未得到偿还的经纪人贷款,它们都以股票为附属担保品。一旦作为担保品的股票被冻结,华尔街的银行和经纪人又该如何运作呢?

就像在1987年那样,理事们决定缩短交易所的营业时间,而不是关闭。这样做的借口是现成的:过度工作的职员们因缺少睡眠而疲惫不堪,缩短时间使他们能够清点积压的票据。星期四,开盘锣声将在中午敲响,而不是通常的上午十点,星期五、星期六,交易所将关闭。地下室的会议给理查德·惠特尼留下了生动难忘的印象,他写道:"他们开会的这间办公室根本不是为这样大型的会议设计的,因此,大部分理事们被挤得只好站着或坐在桌子上。在会议进行的同时,恐慌席卷了头顶上的交易大厅……与会者此时的感觉通过他们的习惯动作流露出来——不断地点燃香烟,喷吐一两口烟气,把烟掐了,再点燃一支烟。这些动作不一会儿就使狭小的房间中充满了蓝色的烟雾。"[42]

"悲惨星期二"之后的一周里,谣言工厂传出了在交易所地下室秘密举行午餐会的小道消息。一种说法说拉蒙特和理查德·惠特尼通过潜望镜窥视大厅的交易者。惠特尼仍然迈着悠然自得的步子,显得信心十足,尽管后来他谈到,那些天"充满了战争气氛"。每当公开露面之前,他会告诫他的助手们:"伙计们,露出笑容来!"[43]事实上,真正的补救行动偏偏并非出自老华尔街俱乐部,而是来自一种对付金融恐慌的全新力量——联邦储备系统。

10月下旬,杰克从欧洲回来,他在摩根图书馆与乔治·哈里森——本·斯特朗在纽约联储的继承人——举行了一次会晤。哈里森是军官的儿子,毕业于耶鲁和哈佛大学法学院。他是一个叼着烟斗的英俊男人,小时候的一次事故使他留下了残疾,走起路来有点一瘸一拐。哈里森是一个斯特朗式的实干家,他果断地降低了利率,并注入几十亿美元的信贷资金来支持那些负担大量经纪人贷款的银行。"证券交易所应当不惜一切代价坚持营业,"他宣布,"各位先生,我将提供所需要的全部准备金。"[44]当受到华盛顿的联储理事罗伊·扬的指责时,哈里森勇敢地回答说,形势十万火急,他的行动木已成舟。他每天从华尔街的银行那里购回约1亿美元的政府债券,以保证这些银行有充足的准备金来应付不测。相比之下,在规模和复杂程度上,哈里森处理危机的行动使皮尔庞特在1907年的作为显得十分原始,因为哈里森可以根据需要扩大信贷规模。哈里森使政府应当在金融恐慌中担当起责任的原则得到了确认。

股市崩溃之后的日子,是高谈阔论和虚张声势的时期。声望不凡的欧文·费希尔认为股市崩溃使市场上较弱的投资者纷纷落马,股票集中到了较强的投资者手里,这是一件好事。他把股市崩溃后的市场说成是精明的投资者讨价还价的柜台。[45]约翰·洛克菲勒在波坎蒂克山的不动产仍稳如泰山,他因此说了一句意味深长的话:"我们相信国家的基本形势是健康的,我和我的儿子几天来一直在买入状况良好的普通股。"[46]洛克菲勒的话传到了埃迪·坎托的耳朵里,他当时在百老汇的《狂欢》剧中担任角色,也是高盛交易公司崩溃的受害者。他的回答是:"当然,谁手里还有钱呢?"[47]

后来,埃迪·坎托对高盛公司提出了1亿美元的诉讼。相比之下,更有损于该公司形象的也许还不是诉讼,而是他新创作的轻歌舞剧。在剧中,一个滑稽演员使劲挤一只柠檬。"你是谁?"坎托问道。"我是高盛的保证金业务员。"滑稽演员答道。对高盛的诉讼如此之多,以至于在百无聊赖的大萧条的日子里,一些有着黑色幽默感的经纪人常常给该公司打电话找诉讼部。从此,就连幽默也直刺华尔街的虚荣。这个时代以出人意料的灾难性结局而告结束。股市崩溃将华尔街的骄傲连同它的利润一扫而空。正如伯纳德·巴鲁克后来所说的:"银行家们稳健保守、小心谨慎的传统形象在1929年被破坏得荡然无存。"[48]

―― 本章参考文献 ――

1. 《华尔街日报》（Wall Street Journal），1989年5月1日。
2. 文特：《华尔街日报》（Wall Street Journal），第203页。
3. 同上，第201页。
4. 迈耶：《市场》（Markets），第50、272页。
5. 《纽约客》（New Yorker），1929年2月2日。
6. 福加蒂：《德克萨斯海湾石油公司记》（The Story of Texas gulf），第11页。
7. 马萨诸塞州剑桥城哈佛大学贝克图书馆汤姆·拉蒙特资料，第127箱，第29卷，1933年3月24日备忘录，第17页。
8. 弗吉尼亚夏洛茨维尔奥尔德纳姆图书馆爱德华·斯退丁纽斯资料，第8箱，第154卷，给亨利·戴维森的信，1922年2月4日。
9. 同上，第11箱，第200卷，给托马斯·拉蒙特的信，1924年8月21日。
10. 同上，第11箱，第187卷，给赫尔曼·哈耶斯的信，1923年12月19日。
11. 约瑟夫森：《货币巨头》（Money Lords），第48页。
12. 马萨诸塞州剑桥城哈佛大学贝克图书馆汤姆·拉蒙特资料，第126箱，第12卷，关于奥里斯·范·斯韦林根和曼蒂斯·范·斯韦林根的内部备忘录，1928年7月6日。
13. 布鲁克斯：《丰裕的七年》（Seven Fat Years），第221页。
14. 齐格勒：《第六大势力》（Sixth Great Power），第356页。
15. 皮尔庞特·摩根图书馆小J.P.摩根资料，第38箱，1929—1935年电报，给小J.P.摩根公司的电报，1929年8月30日。
16. 齐格勒：《第六大势力》（Sixth Great Power），第356—357页。
17. 莱昂斯：《戴维·萨尔诺夫》（David Sarnoff），第150页。
18. 比尔别：《戴维·萨尔诺夫和通讯业的兴起》（David Sarnoff and the Rise of the Communications Industry），第96—98页。
19. 莱昂斯：《戴维·萨尔诺夫》（David Sarnoff），第153页。
20. 同上，第153—154页。
21. 麦克尼尔：《美国金钱和魏玛共和国》（American Money and the Weimar Republic），第261页。
22. 马萨诸塞州剑桥城哈佛大学贝克图书馆汤姆·拉蒙特资料，第103箱，第13卷，拉塞尔·莱芬韦尔的信，1929年3月8日。
23. 同上。
24. 同上，拉塞尔·莱芬韦尔的信，1929年4月16日。
25. 《时代周刊》（Time），1987年11月2日。
26. 加尔布雷思：《大崩溃》（Great Crash），第71页。
27. 施莱辛格：《旧秩序的危机》（Crisis of the Old Order），第84页。
28. 《纽约时报》（New York Times），1928年8月1日。
29. 马萨诸塞州剑桥城哈佛大学贝克图书馆汤姆·拉蒙特资料，第98箱，第15卷，给赫伯特·胡佛的信，1929年10月19日。
30. 同上，第108箱，第14卷，给小J.P.摩根的信，1929年10月22日。
31. 加尔布雷思：《大崩溃》（Great Crash），第132页。
32. 同上。
33. 约瑟夫森：《货币巨头》（Money Lords），第102页。
34. 布鲁克斯：《戈尔康达往事》（Once in Golconda），第124页。
35. 《纽约时报》（New York Times），1929年10月25日。

36. 加尔布雷思：《大崩溃》（Great Crash），第109页。
37. 《华尔街日报》（Wall Street Journal），1929年10月25日。
38. 加尔布雷思：《大崩溃》（Great Crash），第109页。
39. 《纽约时报》（New York Times），1929年10月30日。
40. 同上。
41. 加尔布雷思：《大崩溃》（Great Crash），第114页。
42. 《时代周刊》（Time），1987年11月2日。
43. 约瑟夫森：《货币巨头》（Money Lords），第102页。
44. 同上，第100页。
45. 《纽约论坛报》（New York Tribune），1929年11月3日。
46. 《时代周刊》（Time），1987年11月2日。
47. 加尔布雷思：《大崩溃》（Great Crash），第21页。
48. 桑普森：《放债者》（Money Lenders），第77页。

第十七章
大萧条

股市崩溃之后,赫伯特·胡佛总统并非像传说的那样消极、被动又无能为力,他宣布了多项减税政策和公共服务事业计划,并要求公用事业部门加快新工程建设。他还将工商界的要人召进白宫,说服他们保持现有的工资水平,以抑制购买力的下降。亨利·福特降低了小汽车的价格,并把工人的工资提高到每日7美元。同时,纽约的联邦储备银行精心组织了一系列的利率快速下调措施。这样,截止到1930年6月,其贴现利率降低了一半以上,降到了2.5%。显然,政府采取措施以缓解经济灾难的原则在新政之前就已成信条。

华尔街努力以坚韧的意志面对股市崩溃,并将其视为惨痛但有益的教训。听起来每个人都像是位哲学家,1929年底,拉蒙特将股市崩溃描述为一个不会带来持久危害但却是刺耳的警告:"我不得不认为股市崩溃终究是一个有价值的教训,同时,在这期间,我们所积累的经验必将为今后带来裨益……整个经济从来没有像现在这样有活力。"[1]这种理性的认识反映了当时人们坚信金融危机已经结束,事实上,它才刚刚开始。

摩根公司的合伙人对20世纪20年代共和党激进的减税政策从未感到完全满意。他们希望这次股市崩溃预示着经济将恢复到更加保守的轨道上来。他们对20世纪20年代那种引人误入歧途的投机行为感到不安，而对人们恢复节俭和勤奋的工作态度表示欢迎。当时新泽西州参议员，德怀特·莫罗也认为"经济过于繁荣会在一定程度上侵蚀人们的思想"。[2]拉塞尔·莱芬韦尔认为经济的衰退可以成为7年灯红酒绿忘乎所以的生活之后的一种"健康清醒剂"，"其办法是让人们不再过分关注有关股票行情的报价表和新闻报道，不再沉溺于违禁喝杜松子酒和跳爵士舞……而是恢复到以储蓄和勤奋工作为基础的传统的经济和繁荣。"[3]这些言论颇有清教徒惩罚邪恶之徒的味道。在股市崩溃之后逃避领导作用的财政部长安德鲁·梅隆现在却对经济滑坡发表言论："经济危机将有助于剔除经济体制中的腐朽因素，人们将更加勤奋地工作，并提高道德水平。"[4]但是，凯恩斯警告说，这种紧缩政策只能使经济更加萧条。

　　说这种安慰话的人大多数还能吃20世纪20年代财富的老本。虽然摩根公司的合伙人都损失惨重，但他们仍然拥有大量财富，数额之大，难以启口。1928年圣诞节，每个合伙人都收到了价值100万美元的红包。1929年，杰克之子朱尼厄斯迁入了一幢拥有40个房间的石头别墅——"致意楼"。这幢别墅位于杰克拥有的小岛旁边的另一座小岛上。尽管股票经营者于当年10月纷纷抛出了他们手中的房地产股票，但是，在缅因州巴斯市，工匠们却忙于建造一艘名叫海盗四号的豪华游艇。该游艇具有60匹马力，长343英尺，总吨位为2181吨。据说这是当时最大的一艘私人游艇，是一座配有电梯、横梁天花板、印度柚木船舱、红木座椅和壁炉的水上宫殿。这样一座庞然大物，大约需要50多位船员来操作。杰克为此投资了约250万美元。这么惊人的一个标价，却不过是杰克20世纪20年代末期从银行提取的年薪的一半。

　　1929年，杰克·摩根同他的15个孙子、孙女在马蒂尼科克角过了一个温暖而愉快的圣诞夜。他说："这简直就像我在农场上看到的一窝小猪。"[5]新年之际，杰克期待着同他的朋友英格兰坎特伯雷大主教科斯莫·兰德博士一起乘游艇去巴勒斯坦度假。

　　股市崩溃之后的平静在华尔街之所以能够令人忍受，原因在于当时政治矛盾的反冲力尚未集结力量。还没有人要求对整个经济体系进行彻底的、全面的整顿。那年的12月,当杰克听说美国自然历史博物馆因预算困难而计划裁减工作人员时,他决定捐资以弥补该馆资金的缺额,这表明富人的慷慨有时确能使情况有所改观。然而,不久,经济大萧条终于使公众发泄出对银行家的愤恨,且持续多年而不减。

也许,相对于1987年而言,华尔街有更多的理由为其1929年股市崩溃后的自满自足开脱。当时,美国贸易顺差,财政盈余,20世纪20年代是其有史以来经济最辉煌的时期。其间,美国的地位在世界经济中不断上升,并成为最大的债权国。J.P.摩根公司在金钱上的富有使其有能力在20世纪20年代后期给不太幸运的伦敦和巴黎的合伙人以丰厚的礼物。因此,这一时代有点狂妄自大也是情有可原的。

投机的心态并没有很快消失。最初的事实说明,手头有钱的人大量买进股票的做法是正确的。到1930年年初,股票市场挽回了其绝大部分损失。人们谈论着一个小的"牛市"。伴随着汽车和商品房销量的增加,商业性投资不断扩大。胡佛总统于1930年3月7日断言:"所有迹象表明,股市崩溃给失业造成的最坏影响将于未来的60天里消失。"[6]

4月份,股市又开始下跌,到五六月份时,每当胡佛总统发表一次乐观言论,股市就下滑一次。与上年10月的投机性的下滑情况不同之处在于,这次价格下跌的幅度都很小,但却是步步为营,不可逆转。1932年中期,股票价格跌到了最低点,只相当于1929年9月最高点的十分之一。当股市崩溃时,拼命抛出的"乡巴佬"们似乎做出了正确的选择,相比之下,那些狡猾的经纪人为在将来赚大钱而在价格猛跌时大量吃进的做法,却令其吃了大亏。

很难说,如果那时采取了明智的经济管理政策,"大萧条"是否可以避免。但两个事件导致了可怕的、不断下跌的势头。1930年6月17日,胡佛总统对上千美国经济学家的忠告置若罔闻,他拿起6支金笔签署了霍利-斯穆特关税法。该法案中规定的高额关税竟占一些进口品价格的一半以上。在胡佛总统签署该法案的前一天,由于紧张的预期心理,股票市场遭受了从"悲惨的星期二"以来最沉重的一次打击。

作为外债的主要承办者之一,摩根公司自然非常失望。如果债务国无法向美国出口其产品,那么他们如何获得外汇以偿还他们的债务呢?拉蒙特声明:"我几乎要跪下来乞求胡佛总统否决这个愚蠢的霍利-斯穆特关税法。"[7]不久,他就把世界贸易体系称为"精神病院"。[8]当时美国这家最大的国际银行忧心忡忡地注视着新的经济民族主义的抬头。它的形成将破坏摩根公司同蒙塔古·诺曼和本·斯特朗一起在20世纪20年代极力倡导建立起来的自由贸易和资本流动体系。两年内,20多个国家以霍利-斯穆特关税法为由,通过提高各自的关税,并大量削减进口美国产品数量等方式,对美进行贸易报复。从此,"以邻为壑"的经济时代开始了。

1930年的第二个严重失误是由华盛顿的联邦储备委员会造成的,它禁止信贷的自由发放,并紧缩货币供给。其目的之一是企图控制纽约联邦储备银行,阻止它与欧洲的财长们进行后门外交。安德鲁·梅隆财长想以高利率来阻止黄金外流到欧洲。联邦储备委员会的许多人都视紧缩政策为痛苦的、但又是必需的解药。费城联邦储备银行的行长称:"这样一种经济动荡的后果是不可避免的。难道低利率货币政策能够纠正或扫除这种后果吗?我们不相信他们能够做到。"[9]到1930年下半年,股市崩溃后暂时的平静不复存在了。那年秋季,胡佛向拉蒙特抱怨卖空浪潮和其他有损国格和民族自豪感的不正当行径。第二年,是股票市场历史上最惨痛的一年。

尽管联邦储备委员会在1929年股市崩溃后,开始对整个金融体系的正常运营负责,但是在一些局部的、较小范围的危机中,摩根公司仍然发挥着辅助作用。联邦储备委员会没有义务解救每一个破产者、银行或者公司,它关心的是具有普遍意义的问题。而与此同时,摩根公司对于其政策的倾斜对象则给予了充分的考虑。虽然它表示自己代表所有公众的利益,但事实上该公司真正代表的是它的顾客、旧友和银行界的同行。摩根公司的部分实力来源于其对华尔街朋友们的忠诚,以及向银行家们和其他金融机构放贷时的慷慨大方。这一切在股市崩溃后得到充分证实。

以国民城市银行的董事长查尔斯·米切尔为例,在经济萧条即将发生之际,米切尔谈成了一笔使他的银行和谷物交易银行合并的交易;如果此举成功,他将创立世界上最大的银行,超过当时英国的米德兰德银行。因为这笔交易生效要以国民城市银行的股票价格为基础,米切尔需要把它们保持在450美元的水平。然而,股市崩溃期间,该公司的股票价格却跌落至这一底线之下,尽管国民城市银行下属的证券公司国民城市公司竭力吃进,也无法阻止其股票价格的狂跌。那天,在他去上班的路上,米切尔顺便走访了华尔街23号。出来时,他以自己拥有的国民城市银行股票作担保,借到了1200万美元的私人贷款。其后,当他无法按期还款时,摩根公司又暂时充当了国民城市银行的第二大股东。事后,米切尔是这样评价摩根公司的:"这个公司历来都是站在伦理道德、理解信任和领导能力的最高峰。"[10]不管这种忠诚如何值得称道,摩根公司的这一举动从金融角度来说,是极为冒失的。

对客户的过分忠诚历来是摩根公司的一大缺陷。有时它因陷得太深而难以自拔。股市崩溃后,像范·斯韦林根兄弟公司这样的20世纪20年代金融界的杂技师,突然间失去了自我平衡。他们经营的铁路公司过度举债,是股市崩溃时期最拙劣的角色。酷似威廉·杜兰特和通用汽车公司20世纪20年代时的情形,范·斯韦林根兄弟在阿利甘尼股票价格不断下跌的时候,坚持吃进。他们靠借款来购进股票,其结果只能使他们的亏损增大。当时,他们没有听从摩根公司的委婉忠告,而是鲁莽地收购包括巨大的密苏里太平洋公司在内的铁路公司股票。用信贷来收购已变成了范·斯韦林根兄弟的一种嗜好。

在沸腾的1929年初,阿利甘尼股票的价格被发烧似的炒得很高,而到了1930年秋季,它却成了整个股票市场下跌的龙头。仅在两个月内,其价格就从56美元一股跌到了10美元一股。1930年10月23日晚,范·斯韦林根兄弟奥里斯和曼蒂斯,以及担保信托公司的代表,会集在汤姆·拉蒙特在东七十街的住宅里。这对脸色阴沉、个头矮小的兄弟此时已欠他们的经纪人4000万美元的债务。因为摩根公司和担保信托公司承办了范·斯韦林根兄弟的2亿美元证券的发行,它们认为自己不得不帮范·斯韦林根兄弟一把。拉蒙特那时对铁路的发展前景是很悲观的,他已告诉胡佛总统,每天大约有200个富豪乘飞机抵达纽约市。但他同时惧怕在与范·斯韦林根兄弟打交道的华尔街的经纪人中间,发生多米诺骨牌效应,一损俱损。

因此,这两家银行联手组织了一个价值4000万美元的银团贷款,用来解救范·斯韦林根兄弟。这个解救计划是经过精心策划并高度保密的，在发生私人破产时，很少以这种方式进行救援。范·斯韦林根兄弟继续作为公司名义上的拥有者，这样，就不会有人怀疑他们的真实境遇。因为他们平日恣意挥霍，所以还得给范·斯韦林根兄弟每人每年10万美元的生活费作为补偿。用马修·约瑟夫森的话来说："范·斯韦林根兄弟在五年内无力偿债的情况，是华尔街保守得最好的秘密之一。"[11]第二年，当范·斯韦林根兄弟不能如期偿还债务时，摩根财团和担保信托公司取消了他们以阿利甘尼铁路集团股票作为抵押品的赎回权。最终，阿利甘尼股票跌到了37.5美分一股。

作为最后的贷款者，摩根财团通常喜欢与其思路一致、具有相同特点和背景的机构。基德-皮博迪公司就是符合上述条件的一家。它做生意时有章有法，从不抢夺他人的顾客，且通常按照摩根的规则办事。1930年，它频遭打击，祸不单行。首先是意大利政府提走了800万美元的存款，其次是新成立的国际清算银行通知基德把大笔存款转到一家瑞士银行。这促使作为基德雇员起家的乔治·惠特尼出面，召集摩根公司的合伙人在杰克家再次集会，商讨如何解救基德-皮博迪公司。最后，他们决定帮助安排一笔1000万美元的贷款。在惠特尼的指导下，老基德-皮博迪公司名存实亡。惠特尼伙同他的朋友埃德温·韦伯斯特、钱德勒·霍维和艾伯特·戈登一起买下了这家公司的名称和声誉。"我们逐渐地提高了自己的社会声誉。"戈登向年长的韦伯斯特报告说。"昨天，有史以来头一次，在我们像往常一样走出会议大厅的路上，摩根公司居然邀请我们一起去喝茶。"[12]

虽然摩根财团会不遗余力地为朋友服务，但它对那些公司形象不合其流派者则冷漠无情。一个明显的例子就是1930年12月11日合众国银行的破产。合众国银行拥有45万储户，是纽约的第四大银行。一般说来，金融市场的崩溃和随之而来的紧缩，使得维系银行间贷款的抵押品也相应受损。1930年，破产银行的数目像滚雪球一样，从年初时的每月60家破产的速度，发展到11月时的254家，而到该年12月时，破产数目竟达344家。那一年，共有上千家银行破产，合众国银行是其中最大的一个，因此其破产影响将会造成全面的大崩溃。

但是，该银行的经营不属上乘。它的犹太主人给它选择了合众国这个名字，目的在于迷惑其犹太移民客户，使他们认为该银行是受到政府支持的。业务大厅悬挂着一幅华盛顿国会山的油画，更加强了它的误导性。尽管副州长赫伯特·莱曼、州银行管理当局和纽约联邦储备银行都出面为解救该银行的一项计划游说，华尔街的金融界人士们对此仍无动于衷。管理当局想让合众国银行同其他三家银行合并，但要促成此事，需要华尔街的银行为它提供3000万美元的贷款。

在一次情绪冲动的会议上，州银行管理总监约瑟夫·布罗德里克警告说，如果银行家们拒绝接受该项救援计划，其他10家银行会因此而相继破产。在纽约开户的家庭中将有十分之一会陷入困境。看到每一位与会者面无表情地坐在那里，布罗德里克提醒大家，基德-皮博迪公司是如何被大家同力解救出来，此外，几年以前，也是大家一起把担保信托公司从死亡线上拉了回来。然而，一切想保住这家犹太银行的努力都化成了泡影，在最后一分钟，银行家们否决了这个3000万美元的承诺。布罗德里克回忆说："我问他们，这是否是他们的最后决定，他们回答说，是的。后来，我警告说，他们犯了纽约银行历史上最大的一个错误。"[13]美国历史上最大的一次银行破产——合众国银行破产，进一步加深了早已笼罩在全国储户心中的恐惧。

合众国银行的破产，可归结于华尔街银行家的反犹太情绪。当时，只有为数不多的几家商业银行是为犹太人所拥有的，制造商信托公司是在纽约的另外一家只由犹太人拥有的重要银行。人们很难证实，是否由于反犹太情绪阻止了银行家们解救合众国银行。但是摩根公司的记录表明，摩根及其合伙人对顾客的犹太主义是非常留意的。当拉蒙特的儿子汤米向摩根建富介绍纽约所发生的事情时，他注意到，合众国银行的主要客户是外国人和犹太人。[14]拉塞尔·莱芬韦尔这样描述合众国银行："这是一个坐落在市郊的、有着许多分支机构的银行，它的客户大多是当地的犹太小商人，以及那些财力不足，受教育程度不高的一般百姓，这家银行的雇员也多来自这个阶层。"[15]银行家们的态度是缺乏远见的。合众国银行的破产，动摇了美国人的信心。如果所建议的合并方案能够予以采纳的话，合众国银行的破产是可以轻而易举地避免的。

　　从另一个角度来说,若不是合众国银行拥有为数众多的储户,它是没有理由破产的。它下属的证券公司发行的都是劣质的股票,并且发布了误导性的募资说明书,而该银行本身是这一切的幕后策划者。该银行的两个所有者因失职而锒铛入狱。其一是罗伊·科恩的叔叔、银行的总裁伯纳德·马库斯,他总是指责反犹太主义的阴谋是使这家银行破产的原因。甚至连该州银行业的总监布罗德里克也受到未及时让这家银行停业的指控(出庭两次后,他被宣布无罪)。的确,要解救这样的银行无疑使贵族银行家听了极不顺耳。但是在那些年代里,摩根曾打着捍卫整个银行系统这样崇高的旗号,多次出面挽救了许多濒于破产的银行,而华尔街的银行家们居然拒绝援助合众国银行,难以令人相信宗教信仰不是其中的一个主要原因。成千上万的犹太储户还不及一个查尔斯·米切尔重要。恰似当年皮尔庞特·摩根对待雅各布·希夫一样,犹太人历来是摩根公司视野中的一个盲点。

　　纽约股市的崩溃给伦敦金融城敲响了警钟,但也让伦敦人感到很满意和有点幸灾乐祸。黑色星期二之后,《纽约时报》报道说,"股票的大量抛出使得伦敦金融城感到很自在,像是在说,'我们早就告诉过你们会如此'。人们早就知道会有这么一天的。"[16]从诸多角度看,伦敦得益于纽约市场的崩溃,因为投资者把大笔的资金从纽约转到了伦敦,使英国黄金储备的紧张状况得到了缓解。1930年,由于伦敦变成了一个投资者安全投资的天堂,外国贷款一时猛增。但同时,对于英国经济更深入的诊断结果仍然是令人担忧的。工业生产停滞,失业率升高,伦敦港受到盛行的贸易保护主义的威胁。一些依赖于农业出口的英联邦国家,如澳大利亚、加拿大和印度,早就遭受到经济大萧条的冲击,从而使伦敦金融城蒙受打击。

　　正如蒙塔古·诺曼通常所预料的那样,英格兰真正的危机来自中欧大陆。战后的赔款继续使德国的经济处于重负之下,其政治也因此而两极分化。1930年3月,帝国银行行长沙赫特博士递交了他的辞呈,抗议扬氏计划的实施使德国承担了额外的债务。人们所担心和早已预料到的,德国人算总账的一天,终于到来了。在1930年9月的大选中,国家社会党和共产党获得了大量的选票，而总理海因里希·布吕宁则采取反对赔款的政策。右翼分子在赔款计划问题上大做文章。1931年1月5日，沙赫特博士参加了由赫尔曼·戈林举办的一个晚餐会。由于沙赫特对赔款计划的强烈抨击，使他得到了国家社会党巨大的信任。在那个晚会上，他结识了希特勒和约瑟夫·戈培尔，并变成了纳粹和德国大商人之间的重要纽带。那年春季，随着德国街头多次爆发政治冲突，要求取消凡尔赛和约给德国造成债务负担的压力越来越大。

形势已经非常动荡，此时又有一家重要银行宣告破产，造成了更强烈的冲击。1931年5月11日，阿斯特尔特信贷银行破产，该银行不仅是奥地利最大的银行，也是中欧最重要的一家银行。奥地利国家银行和罗斯柴尔德财团宣布的救援计划反而使全世界警觉起来，感到情况不妙，引发了挤兑风潮。灾难席卷了中欧大陆，摧毁了奥地利和德国的银行体系。6月，诺曼向奥地利中央银行提供了一笔紧急贷款，用以支持奥地利先令——作为其向全球贷款者所奏的最后一曲挽歌。加上给德国的一笔紧急贷款，这标志着英国20世纪30年代在金融界领导地位的结束。

就是在这样的背景下，拉蒙特于1931年6月5日打电话给胡佛总统，建议实施一个战争债务和赔款的缓付方案。他强调："如果不实施这个方案，整个欧洲经济将会崩溃，进而延长美国的萧条期。"在拉蒙特的档案中显示，胡佛对他的建议，以一种很生气的、搪塞的姿态表示："我会考虑这个问题的，但是从政治角度来说，它几乎是行不通的。像你这么坐在纽约的办公室里，你是不可能理解国内广大人民对这些政府间债务的情感的。"作为一个外交时代的银行家，拉蒙特没有以经济因素为论据，而居然大言不惭地以一个政治家的口吻回答问题，他煞有介事地对胡佛说："现在人们私下正在议论着如何在1932年的全国代表大会上摆脱本届政府。如果你采纳我这个建议，那些闲言碎语明天就会全部消失。"[17]最后，拉蒙特补充道，如果该方案取得成功，摩根银行将不会声张自己所起的作用，而把全部成就归功于总统。"这是你的方案，而不是别人的。"当拉蒙特向胡佛小声献计时，他的确是个很聪明的家伙！

梅隆财长极力想否决该方案，并否认债务问题是欧洲经济情况混乱的原因,但此时的胡佛总统已受够了"短视"的孤立主义之苦。他于1931年6月30日晚,打电话给帕利塞兹托里悬崖家中的拉蒙特,通知他说,他刚刚宣布了一个为期一年的、对战争债务和赔款都适用的延期偿付方案。胡佛明白法国人会对给予德国人这种仁慈表示愤慨,所以他问拉蒙特是否有办法让法国人接受该方案。拉蒙特对法国人的立场表示同情,但他同时提醒胡佛,世界上最难打交道的就是法国人——这是他许多信中经常提及的问题。最终,拉蒙特还是同意做这项工作,表示将通过法兰西银行游说法国政府。不出胡佛总统所料,法国人认为该方案是英美策划的让德国人逃避赔款的阴谋。

胡佛的延期偿付方案对当时正处于崩溃境地的全球金融体系来说,是一个迟到的祝福。德国最大银行之一的达纳银行于1931年7月13日宣告破产。两眼充满泪水的布吕宁总理拒绝了纽约方面提出的援助方案,因为他担心一旦实施该方案,那么,给兴登堡总统的儿子奥斯卡的一笔贷款的坏账问题将会暴露出来。达纳银行破产后,德国政府不得不关闭了柏林市所有的银行和外汇市场。在全球范围内,债权人纷纷要求收回对德国的贷款。由摩根财团牵头组织发行的两笔德国和奥地利的国债,曾在20世纪20年代受到热烈欢迎,而现在债券的价值却以惊人的速度一落千丈。过去10年的含辛茹苦的努力,一时间全部成为泡影。

这时,危机开始转移到了伦敦。投资者们逐渐察觉了德国与英国之间的金融联系。在1931年夏季,投资者们大量抛售英镑。纵使那时德国不出问题,英镑也已经是岌岌可危了。1931年7月下旬,一个被称为"五月委员会"的银行家和经济学家小组预测,英国的预算赤字总额将达到1.2亿英镑,而且近期内看不到赤字会消灭的迹象。该委员会提议英国政府提高税率,并把失业救济金的预算规模缩小10%。几天之后,英镑在国际市场上猛跌。英格兰银行告诉英国财政大臣菲利普·斯诺登,英国的外汇储备几乎已经告罄。尽管当时需要采取紧缩政策,但是拉姆齐·麦克唐纳的工党政府在处理这一问题上一筹莫展。250万失业人口使得工会不可能在失业救济问题上让步。

在公布5月份报告的前几天,蒙塔古·诺曼"情绪低落"地离开了银行。一年前，由于劳累过度，他在南美休假两个月。而现在诺曼由于工作繁忙而精神紧张，面色憔悴。医生要求他卧床休养。当他能下地行走时，医生建议他到国外去调整一下过度紧张的神经。诺曼的工作暂时由副行长欧内斯特·哈维爵士接替。看到英镑危机已是山雨欲来风满楼，杰克·摩根和特迪·格伦费尔决定把诺曼悄悄地从英格兰接出来。由于担心诺曼可能会不从，摩根财团和英国政府合谋，暂时把他流放他乡。把诺曼调走的建议在征得英格兰银行董事爱德华·皮科克的同意后，格伦费尔向纽约方面报告说，"诺曼的情况无任何好转的迹象，已经向他暗示他应退居二线，让二号人物理政。"[18]人们很难判断医生是不是参与了这个计谋，或者把医生请出来的目的是为了掩人耳目。

人们可能会因摩根公司所表现出的帝王般的傲慢和对诺曼的热心关怀感到困惑。摩根银行想体面地把他赶下台。杰克发出了一个具有皇家慷慨气度的电报：如果诺曼愿意，他可以乘海盗四号游艇到欧洲、北非或远东的任何一个地方旅游，并由他自己选择任何一个医生陪伴他。杰克告诉格伦费尔说："我们还为他的六个亲随准备了房间"，"他需要多少佣人，艇上也有足够的地方供他们住"。在乘汽艇去魁北克的途中，诺曼通过收音机听到了杰克的口信，但他拒绝了这个"莫大荣光"的建议。[19]为了避免让别人把此事说成是银行家的阴谋，他不愿意同美国产生任何瓜葛。诺曼在弗兰特纳克城堡疗养，并在那里同乔治·哈里森商议彼此关心的问题。在流放期间，诺曼避免了自己亲手砸碎心爱的金本位制；而事后就像格伦费尔所说的那样，也不必去忍受精神上的折磨。

摩根财团曾于1925年协助英国恢复了金本位制，此时又构筑了最后一道防线来保护它。拉姆齐·麦克唐纳首相和菲利普·斯诺登明白，没有国外的贷款就无法阻止英镑的贬值。世界上的黄金绝大部分都握在纽约和巴黎手中，乔治·哈里森建议发行一笔美法联合贷款。责任落到华尔街23号头上，由它来通知麦克唐纳关于华尔街是否可以对英国贷款的意见。特迪·格伦费尔是传递信息的中间人，他具有三重权力：英格兰银行的董事、来自伦敦金融城的保守党下院议员、摩根建富的高级合伙人。格伦费尔对工党政客们无丝毫同情，并坚决反对他们的工业国有化计划；他还对麦克唐纳嗤之以鼻，认为他举止粗鲁，胆小怕事："他全身只有肝脏是白颜色的，只有血不是红色的。"[20]8月初，格伦费尔警告麦克唐纳如不彻底地改革，措施将无济于事，如果不大刀阔斧地削减预算赤字，英国从华尔街得到贷款的希望将是非常渺茫的。格伦费尔意识到危机即将爆发，他打听到保守党领袖斯坦利·鲍德温正在法国，建议他立即回国。

有关拉姆齐·麦克唐纳1931年时的作为，仁者见仁，智者见智。他要么是个具有远见卓识、高尚豁达、为国家利益牺牲信仰观念的首相；要么是个背叛其政党和纲领以讨好外国银行家的恶棍（麦克唐纳的行为和格罗弗·克利夫兰1895年黄金危机时，背弃他在民主党内追随者的表现有着惊人的相似之处）。作为一个狂热的、言辞激烈的社会党成员，麦克唐纳于1929年上台，并保证采取措施减少失业。他颁布的失业救济等诸项政策，成为工会神圣不可侵犯的东西。尽管他颇能煽动下层民众，但他有着真正英国贵族的信仰——英镑是世界金融的媒介。因此，1931年8月他真是处于进退维谷的困境，外国银行家坚持，作为贷款的先决条件，他必须削减预算赤字。但是任何这种紧缩意向的言论，都遭到了工党内阁大臣们的强烈反对，他们认为迁就富足的银行家就是背叛自己的队伍。

作为华尔街的代表，格伦费尔对麦克唐纳说话直截了当。他在8月中旬时警告说："我们已经对许诺感到厌倦了。"[21]格伦费尔留心观察着麦克唐纳的一举一动，猜想他会选择权宜之计。正如1925年对待丘吉尔的方法一样，摩根的这位合伙人以讥讽的目光对待他的目标："该首相终于惊慌了，但是他太过于自负和糊涂，很难让他随时准备采取措施。"[22]格伦费尔大大低估了麦克唐纳的能力。当工会坚决不接受减少失业福利的建议后，麦克唐纳被他们的顽固不化给激怒了，他此时完全改变了立场，站在了格伦费尔一边。他的许多内阁大臣坚持他们自己的立场，反对减少失业救济金。

危机的以后几步是错综复杂的。英格兰银行对纽约联邦储备银行试探，假如斯诺登财政大臣采取削减预算的妥协方案，能否保证从华尔街得到一笔贷款。麦克唐纳担心直接征求纽约银行家的意见会刺伤他的内阁，所以他决定探听虚实。纽约联邦储备银行的乔治·哈里森建议英格兰银行去找摩根。

在整个危机过程中，J.P.摩根公司和摩根建富同英格兰银行之间有一条秘密的联络渠道。正如格伦费尔解释的那样："如果首相告诉他的同僚们，他已经把他的计划透露给了外国银行家，并请他们提供贷款，他的同僚们一定会被激怒的……你应该理解，虽然诺曼行长和副行长看到了J.P.摩根公司与摩根建富公司之间的许多电报文稿，但是首相及其内阁成员却从来没有看到过。"[23]1931年8月22日，哈里森收到了一份从英格兰银行发来的电报，概括了麦克唐纳将于23日星期天与其内阁讨论的新的妥协性预算方案。首相想知道，如果内阁接受了该方案，他们是否就一定可以得到一笔纽约方面的贷款。在摩根合伙人弗兰克·巴托位于格伦科夫的家里，哈里森把这份电报拿给乔治·惠特尼和其他摩根合伙人看。

这段幕后的密谋策划，为后来麦克唐纳和其同僚的摊牌拉开了序幕。星期天傍晚，在温暖的夕阳下，内阁部长们在唐宁街10号的花园里踱着步。从中午开始，他们一直在等待着纽约方面的最后决定。摩根合伙人仔细地研究了需要削减7000万英镑的预算，其中包括削减10%的失业救济金。除此之外，还要增加6000万英镑的税收。终于，在8点45分时，英格兰银行的欧内斯特·哈维爵士打电话来说，有一个纽约方面来的电话备忘，并会立即送过来。

麦克唐纳一定等得心急如焚，因为这个信息将决定着他的整个政治生命。哈维刚到，麦克唐纳就迫不及待地一把从他手中把电文抢过来，急匆匆地向同僚们聚集的地方跑去。这一瞬间的行动带来了很大的历史后果，因为麦克唐纳根本没有检查电文的内容，甚至没有确认发送者的身份，他说电文是由一个不具名的纽约银行家发来的，而内阁大臣们则误认为这是由纽约联邦储备银行传来的信息。而事实上，这个消息是乔治·惠特尼发给英格兰银行的，而不是发给内阁的。

从摩根建富的档案中，人们失望地看到，这份具有颠覆政府性质的电报实在是平淡无奇。电文简单地表达了对英国当时急需贷款处境的同情，但没有提出任何具体的削减预算要求。看后令人觉得枯燥无味，似乎拟稿人在起草时是极度小心谨慎的。但是，对于又热又累，经长时间的辩论已陷疲惫的众阁僚们,却从电文的最后几句话中发现了恶毒的含义。

在上文中,我们一如既往地把我们的真正想法告诉你们。请及时告诉我们英国政府的意愿,我们将在24小时内把我们的决定反馈给你们。我们是否可以这样理解,正在研究中的方案将得到英格兰银行和伦敦金融城真诚的认可和支持,从而在恢复国际社会对英国的信心方面迈出一大步?[24]

当麦克唐纳宣读电文时,内阁会议室内发生了一阵骚动,连站在房子外面的欧内斯特·哈维爵士都听到了。他后来回忆说:"里边一片混乱。"[25]这最后一段话显然只是针对英格兰银行的。但对于在场的人来说,这唤醒了他们对于伦敦和纽约私人银行之间暗中交易的恐惧。另一个问题是,麦克唐纳显然提到了削减10%的失业救济金,而在摩根的电文中根本未提及此事。后来,在追忆此事的来龙去脉时,格伦费尔告诉拉蒙特:"内阁大臣们不断重复地指出,美国银行家坚持让英国政府削减10%的失业救济金……如果麦克唐纳的确把此说成是美方条件之一的话,那么他一定是自己编造的,因为电文中从未提及此事。"[26]电报原稿证明格伦费尔出言有据。

麦克唐纳觉得他没有得到内阁的授权,来采取紧急削减预算的措施,以重新恢复外界对英镑的信心。内阁争论愈演愈烈,到晚上10时20分,麦克唐纳来到白金汉宫,向国王乔治五世递交了辞呈。他显得非常激动又心烦意乱,他告诉国王说:"一切都完了。"[27]由于坚持要削减预算,麦克唐纳同自己党内最有势力的一派发生了冲突,他现在知道他已经破釜沉舟。国王命令他第二天一早与保守党反对派领导人斯坦利·鲍德温,和自由党赫伯特·塞缪尔爵士一起再到白金汉宫来。为了分散政治风险,并保证减少失业救济金的议案得以通过,国王邀请他们三人组成一个联合政府。麦克唐纳继续作为新政府的首相,而新政府仍属保守党性质。

这个新政府通过对汽油、啤酒、烟草和个人收入增加税赋,以及降低公务员工资等手法来削减预算赤字。J.P.摩根公司向英国提供了2亿美元作为周转资金的贷款，法国也提供了2亿美元的贷款。遗憾的是，事实证明这些措施都无法再次建立起人们对英镑的信心。许多工党人士认为麦克唐纳是个卖国者，对他进行了尖锐的批评。9月，共产党人在议会门前游行示威，他们坚持认为是缺乏人性的银行家们及其同谋者的骗术，把英国工人推向了悲惨的境地。失业工人洗劫了巴特西市，骑警队在牛津大街冲击示威者。人们普遍认为，是纽约的联邦储备银行搞垮了英国政府。伦敦的《每日先驱报》在头版刊登了乔治·哈里森的照片，指责纽约策划了矛头指向英国社会福利事业的这一阴谋。该报当天的头条新闻是："《每日先驱报》今天披露美国银行家令人瞠目，而成功地图谋操纵英国的内政政策。"[28]

可以想象，当格伦费尔听到这种误解后，会是怎样地哭笑不得。巧妙地游刃于政治的阴影中，像鬼魂一样从危机中脱身，并对一些重大事件施加难以目测的影响，这就是完美的格伦费尔艺术。据他自己讲，在议会的听证会上，当别人不断质问他时，他就装成一个"村里的傻瓜"。他向拉蒙特坦白说："上届政府认为乔治·惠特尼的那份长电话记录是出自联邦储备银行之手。所以，现在人们把麦克唐纳的失败归咎于可怜的乔治·哈里森的跋扈行径；而根据我的经验判断，乔治·哈里森并不会因此而失眠。"[29]

真的是摩根财团搞垮了工党政府？麦克唐纳本人事后替银行家开释，强调当时需要采取措施来保证英镑在国际金融界的地位。摩根的记录证明，银行的确有意回避提出削减预算的具体数字。但是，毋庸置疑，华尔街要求减少失业福利决不是秘密，而且当时绝大部分的美国银行都反对华尔街向英国提供任何大规模的贷款。摩根私下别无所图，而只是表示了银行家通常的心态，倾向于紧缩政策和主张削减开支。是英国政府要捍卫金本位制，使自己成为外国投资者的奴隶，而摩根仅仅是表达了银行家们的共识。

在那个星期天内阁会议后的几天，胡佛总统同拉蒙特通了电话，他勉强同意了给英国提供贷款的计划。鉴于这样大的一笔贷款要调动110家美国银行，胡佛警告说，人们将会谴责华尔街在美国经济艰难之际，把大量的资金转移到英国。[30]当英国的左翼人士谴责美国银行家险恶地进行干预时，眼光狭隘的美国人却对摩根公司援助英国的举动十分嫉妒，而这对于摩根公司来说已不是头一遭了。

1931年9月，英国金本位制遭到致命的一击。当时，在苏格兰因弗戈登地区的海军部队抗议政府削减他们的工资。这次小规模的兵变使外国投资者大为恐慌，因为这表明英国公众根本没有接受紧缩预算的政策，英镑再次崩溃。在1931年9月21日英国告别金本位制的那一天，蒙塔古·诺曼乘船离开加拿大回国。从此，英镑与黄金不再有一个固定的比价，这悠悠的帝国梦想彻底破灭了，英镑也因此骤然贬值30%。金本位制寿终正寝，凯恩斯乐不可支："几乎没有几个英国人不为我们砸碎了黄金的桎梏而高兴。"[31]但是当蒙塔古·诺曼抵达利物浦，看到自己亲手缔造的大厦已化为瓦砾时，他不禁惊呆了。他乘火车来到尤斯顿车站，怒气冲冲地走进了银行。然而，他的同僚哈维和皮科克认为，即使诺曼当时在位，他也会采取相同的做法。25个国家紧随英国，相继放弃了金本位制，并争相使自己本国的货币贬值。

美联社在伦敦采访杰克·摩根，他拍手欢迎英国脱离金本位制的做法。当拉蒙特在纽约读到这条消息时，他简直如遭雷击一般，他们不是刚刚动员了100多家银行共同采取行动来捍卫金本位制吗？而杰克这样做不就会使那些银行认为它们被愚弄了吗？拉蒙特几乎从来不发火，但这一次他实在是控制不住了。

紧接着，命中注定的事情发生了——当银行的权力关系表面化后，甚至连杰克·摩根自己也尝到了被拉蒙特犀利的笔锋刺痛的滋味。有好长一段时间，他们彼此之间心照不宣：杰克成为一个半退休的名义总裁，而拉蒙特将主管一切日常事务。这时的杰克已60岁出头，这位不主事的老板热衷于打高尔夫球和驾驶帆船；他在一天天地衰老，如果身边没有医生，他已不能乘海盗号游艇出游。在大多数与银行有关的事务中，他已渐渐地失去了发言权。

拉蒙特以前从没有公开地向杰克挑战。这时，由于愤怒，他直接向杰克开火。史无前例地，他同查尔斯·斯蒂尔一起签署了一份声讨书。按所持股份的多少来衡量，斯蒂尔也是摩根公司的主要合伙人，同时他也是皮尔庞特时代的老资格者。斯蒂尔是杰克的朋友，在银行内被认为是和蔼、睿智的老人。

可以说，1931年9月25日这封信的发出，标志着摩根银行不再是个家族银行。拉蒙特在信中写到："我们不得不向你说明的一个问题，一个恐怕你自己根本没有意识到的问题——是让你理解，英国告别金本位制令所有纽约的银行在全美国和一般公众面前难堪。这里所有的银行家都不能理解，为什么我们费了很大力气才组织起来的那么大的一笔贷款，转瞬间却变成了是搬起石头砸自己的脚。"

拉蒙特在信中提醒杰克，当时他是如何庄严地向参与的银行保证，将不遗余力地捍卫金本位制。

> 如同预言中所说的一样，我们花了相当大力气组织的这笔银团贷款，仅3个星期就以失败而告终。我们当时就曾与你讲，有许多银行是很不情愿地参加了这笔贷款的……而现在的结果却显然不可避免地毁坏了我们的声誉；这不仅使我们当众出丑，而且也使我们丧失了多年来美国银行界普遍对我们捍卫英国信誉做法的支持。是你的父亲和你经过多年努力，靠仔细判断和谨慎经营建立起我们公司的美国声誉，公司的每个合伙人在未来相当长的一段时期内行事时必须记住上述事实……
>
> 现在，我们已把我们想说的，关于在这里所发生的事情的情况都说了，我们将尽量不再提及此事。但是，由于你现在远离此地，我们觉得有必要让你了解这个很重要的、且令我们每个人都很不愉快的事实。[32]

10年前，拉蒙特是绝对不敢这样做的。过去，在与杰克打交道时，他历来是小心翼翼的，以免他下不了台。而现在不同了，金钱和地位使别人无法与他匹敌。但是，不管怎么说，没有人会不经深思熟虑，就向摩根家族成员挑战。在信中，拉蒙特暗示杰克应如何摆脱目前的不利局面，即，杰克应停止与新闻界接触。在该信的结尾，拉蒙特写到"令我们所有的人都敬爱的"，并署名"您忠实的"。拉蒙特知道这封信在开诚布公方面具有其独到之处，并且观点鲜明。信寄出后不久，拉蒙特便打电话给杰克，告诉他说，他们并无意指责他，自己将一如既往地行使应尽的职责。然而，这封信却标志着摩根财团内部的一次宫廷革命，摩根家族的绝对统治地位从此后一去不复返。从那时起，摩根家族在摩根财团内的影响力江河日下，最终彻底消亡。

1931年，政治天空一天比一天黑暗，而汤姆·拉蒙特却仿佛没有意识到在全球范围内日益扩散的极端主义和军国主义。这部分地反映了他天生的乐观态度，对未来几乎是直觉般的信心。他不断地想象经济萧条不会进一步恶化，世界会猛然间恢复理智，那些独裁者们会受到制约。广交朋友的拉蒙特经常感到，实在难以相信人心会毒如蛇蝎，他也不愿意去探测在令人宽慰的微笑背后隐藏着什么。

他的这个盲点在涉及主权客户时就表现得更为明显，银行家的私利心使得他只愿意看到事物美好的一面。由于对其客户所抱的偏袒态度，他像对摩根财团本身一样，尽量使他的客户的声誉不受到损害。在经济萧条时期不断波动的外债市场中，它们的良好声誉是至关重要的。遗憾的是，对于外国主权级客户在国际金融市场中声望的关注，容易导致一些有问题的交易。在1930年那些特殊情况下，摩根财团会充当一个自行其是的"政府"，它所实施的一些秘密对外政策，经常与华盛顿的政策相抵牾。

作为20世纪20年代后期日本帝国政府的财务代理人，拉蒙特全心全意地为他的顾客服务。对于一个西方银行家来说，他取得了前所未闻的显著成就。在提供了援助地震灾害的巨额贷款后，他又分别向东京、横滨和大阪等地提供了多笔贷款，为东京电力公司和东京电灯公司的合并提供咨询。除此之外，他还充当了日本银行和纽约联邦储备银行之间的调解人，并且在1930年1月提供了价值2500万美元的贷款，使日本重新恢复了金本位制。在股市崩溃的前夕，拉蒙特曾试图和三井财团建立合作关系，这项谈判得到了日本政府的支持。一谈到与日本的生意，拉蒙特总是为自己在这方面所取得的成就而沾沾自喜。

他早期对日本的信任是可以理解的。在1920年他首次访问日本时，日本自由派的、亲西方的政府刚刚走过10年的历程。他那时同日本许多知名人士和风流雅士交了朋友，特别是同执日本财经界牛耳的井上准之助建立了密切的关系，经常书信往来。1929年后，井上第三次担任日本大藏相。井上给人的印象是彬彬有礼且胆识过人，在外交事务上他表现得通情达理。因为经常与日本军界发生摩擦，所以在日本，他成为反军国主义的代表。如果井上发出请求，拉蒙特就会向纽约的新闻界游说，并为日本方面辩解。1928年的一天，在与《纽约时报》的编辑会谈之后，他告诉井上："我还向他们讲述了你们日本人对中国和中国人是如何有耐心，以及你们所表现出的忍让态度……我对《纽约时报》的公正和客观的报道非常满意。"[33]

当日本试行的开明统治开始滑坡之时，正是摩根财团在日本的生意做得最红火的时期。1927年，一连串的银行破产和股票市场关闭之后，日本几乎先于所有的西方国家陷入经济萧条。那一年，中国抗议外国侵略和抵制日货的运动使日本人大为恼火——这给了日本人的民族自豪感一记耳光，日本在侵略中国东北的过程中，要挽回这个面子。1930年，在井上的承诺下，摩根财团帮助日本恢复了金本位制，而事后证明时机不对，大错特错。当全球贸易萎缩时，金本位制使日本的出口产品更加昂贵。被经济萧条所困扰的美国人减少了对贵重衣物的消费，这使得日本的丝绸出口直线下降。丝绸业是日本经济的一个重要组成部分，大约有五分之二的家庭靠其维持生计。贫困在乡村迅速蔓延，滋生了仇恨的、新的乡村民族主义。大米的价格也大幅度下跌，日本经济繁荣昙花一现，很快便被西方国家的保护主义所扼杀。这助长了日本民族的仇外情绪。这些经济上的倒退加强了军国主义的势力，他们指责外国势力是日本经济困难的根源。在中国，军国主义血淋淋地展现了它的面目。

日本长久以来觊觎着资源丰富的中国东北之隅。每当日本社会出现问题，无论是人口过剩、过多地依赖外国的原材料，还是需要开辟新的出口市场时，军国主义分子便把中国视为解决问题的出路。他们甚至认为占有东北乃是其神权。当时的中国仍处于军阀割据的局面，整个国家四分五裂,处于一片混乱之中,这对于侵略者似乎开了方便之门。内战削弱了国力,并于1927年达到了白热化程度,蒋介石在打击毛泽东领导的共产党中取得胜利。根据与中国方面的协约,日本管辖南满铁路,并在那一地区驻防。这个协约为日本军国主义分子疯狂掠夺提供了合法的掩饰。日本的关东军策划将中国东北作为其侵华扩张的大本营。

在许多方面,摩根财团和日本一样对中国抱有偏见,西方金融界都是这一态度。对于华尔街和伦敦金融城来说,中国是不受欢迎的。中国经常赖账,很会用一位外国银行家来压另一位。甚至从伍德罗·威尔逊时期流产的中国银团贷款计划开始,拉蒙特就视中国人为"狡猾、虚伪"的民族。他把中国人看成是两面派的机会主义分子,而不是外国侵略者的牺牲品。

这种态度的形成并不难想象。日本是摩根财团的一个主要客户,而中国没有什么生意可做,并且还欠着相当大的一笔外债没有偿还(国民城市银行在中国的生意却做得很红火,1930年,其利润的三分之一来自中国)。所以,拉蒙特很快就发现日本的主张是有道理的,中国在经济上是不可缺少的,完全属于日本势力范围之内,也是日本在1905年的日俄战争中用血和钱换来的抵御布尔什维克的屏障。由于在中国投入了亿万日元,再加上有几百万日本人居住在那里,一些民族主义分子视中国东北为日本领土的延伸。

1931年中期,阿斯特尔特信贷银行的破产和英国危机把西方国家搞得心神不定,这时,关东军已在为夺取沈阳和整个东北的阴谋做准备。9月18日,日军突然袭击了中国在沈阳附近柳条湖的驻军;第二天,日军占领了整个城市。为掩饰其侵略行为,日军编造了中国军队袭击日本管辖的南满铁路的说法——事后真相大白,这完全是伪造的,或夸大其辞。军国主义由于在日本有着广泛的群众基础,军队对反对使用武力的公职人员大肆嘲弄,其中包括对井上和外相喜十郎筱原。日本外务省担心,如果它试图控制关东军,将会引起士兵们的武装暴乱。当15000名日军蜂拥而至,闯进东北时,外交官们只怯声地说,这一做法是暂时性的,军队将很快从那里撤出。历史学家理查德·斯托里说:"在几个星期里,若槻礼次郎政府不断遭到公众的谴责和匿名的污辱。"[34]

美国因柳条湖事件（九一八事变）而感到震惊，国务卿亨利·斯廷森立即向日方提出了抗议；胡佛总统事后称之为"野蛮的侵略行径"。[35]金融界大声疾呼，要求对此事作出解释。作为大藏相，自负又爱面子的井上不得不发表声明。他当时因领导内阁反对扩充日本在东北的军队，而处于一种非常危险的境地。他还被认为与削减军费开支的主张有关，这一切使军界对他永远怀恨在心（这非常像亚尔马·沙赫特博士，他因笃信传统的平衡预算，而最终不能见容于纳粹分子）。

井上以一篇惊人巧妙的声明向金融界开释柳条湖事件。10月22日，《纽约时报》全文刊登了一条消息，并注明东京发稿的日期，题为《井上表示日本期待着尽快撤军》。这一声明向西方金融市场表明了日本的立场。细心的读者一定会惊叹他巧妙地以巴拿马运河作比较，引证丹尼尔·韦伯斯特，以及深深地体会到美国人的敏感性。

> 深入了解当前的事态后，人们就可以明白问题完全是出于自卫。自1905年俄日战争结束以来，根据协议，这条沿着狭长的领土延伸的关键命脉，即南满铁路完全归日本管辖。根据和俄国签订的条约，并且得到中国的正式承认和接受，日本负责管理和保护这一"南满铁路"，如同美国政府管理和保护巴拿马运河一样。
>
> 9月18日晚，中国正规军袭击了这一地区，破坏了这条铁路。日本采取强有力的紧急措施，显然是必要之举。一国军队所管辖的地区遭到了当地正规军的入侵，且入侵威胁扩展之势又完全不得而知，显然，此时的自卫手段就是立即冲向来犯军队的指挥部。"紧急情况"一词按韦伯斯特先生的经典释义，意思是"突发的，具有压倒一切力量的、令人措手不及的和无暇认真考虑的情况"。

该声明的中间一部分是描述日本使中国东北免于"无政府"状态。它轻描淡写地说在柳条湖采取的行动，无非是个"小规模的军事措施"。该文以强有力的措辞结束。

> 总之，局势决不会引发战争，把整个事态视为对世界和平产生威胁，是言过其实的。正如我们历来表明的，日本无意与中国开战。相反地，日本政府和人民珍视与中国人民的友好情谊。我们也许比世界上任何其他国家更愿意与中国人民保持友好关系。[36]

这篇新闻稿实际上是由汤姆·拉蒙特起草的。日本大藏省只对其文字略加修饰，就发表了（上面所引用的文字是从拉蒙特的档案的原稿中摘录的）。日本方面希望拉蒙特自己能发表上述言论，但他表示，这样会使人们认为摩根有所偏袒，并会因此而得罪中国人——这是一种低调。可能拉蒙特当时也担心如果公布出去该声明是他起草的，他本人在美国自由派人士中的声望将会受损，作为国际联盟的前支持者，他大概不希望公开与侵略者站在一起。为了使日本人宽心，他向日本方面解释道："如果井上能告诉我准备何时发表该声明，我将想办法使它在纽约这边增加宣传。"[37]

拉蒙特这时发现他自己的做法明显地是在与华盛顿当局作对，他面对一个尴尬的局面，而他在担当银行家兼外交家的角色中，总是潜存着这种进退两难的局面。为什么他会与一个外国势力同谋，一起来掩饰这个遭到美国政府和其他国际联盟成员国政府谴责的军事行动呢？是否他在表面上已接受了日本方面关于柳条湖事件的解释？中国的记者指出，柳条湖事件是由日本人挑起的，日方的解释令人怀疑。人们也普遍猜测这是一个精心策划的事件，有预谋的侵略行动。伦敦《泰晤士报》9月21日报道："日本军队在柳条湖事件发生前三天，就已经为侵略'进行了彩排'；尽管日方报道声称南满铁路事件是事态发展的结果，但事实上在事件发生之前整个侵略计划就已经开始实施了。"[38]简单地说，很多证据都会使一个有理智的人深思。除此之外，公众的印象显然是日本内阁被军方蒙骗了，而拉蒙特却轻快地听之信之，实在让人困惑不解。

对中国的讥讽态度当然说明为什么摩根对日本入侵柳条湖表示理解。拉塞尔·莱芬韦尔在给沃尔特·李普曼的一封情绪激动的信中指出，对柳条湖事件表示愤慨是完全错误的。"国际联盟和美国站在中国军阀和革命分子一边的立场是离奇古怪的，正是这些人发动的多年内战使中国百姓生活在水深火热之中；站在苏联一边和攻击日本人同样也是错误的。日本人是在根据协议的权利维护满洲的秩序，并为担惊受怕的中国百姓建立一个安全的避难所。"他希望日本能够勇敢地面对美国和其他国际联盟成员国对它的谴责。[39]

在拉蒙特的一生中，同与墨索里尼秘密合作一样，柳条湖事件是他经历中最为令人吃惊的事情（虽然当时鲜为人知）。当时，是他想以摩根超群的服务来打动日本人，还是他的所作所为是为了使日本债券保值？毫无疑问，他想支持井上在日本政府中的脆弱地位。这位大藏相不得不向日本军界表明他不会背叛或反对此事。事实上，在11月份时，拉蒙特就警告说，如果像日本军界所希望的那样，把井上赶出内阁的话，那么这种做法必将会在华尔街和伦敦金融城"令人心寒"。[40]然而，即使井上认为需要安抚一下军界，这又与拉蒙特有何相干？

如同与墨索里尼合作一样，拉蒙特的行为超越了公关的需要，近乎是在为外国强权摇旗呐喊。从绝对忠于客户的绅士银行家准则来看，拉蒙特的做法的确是很新奇的。任何一个银行家都可以代销证券，但唯独拉蒙特还能游说政客，引导报刊社论，以及操纵公众舆论。有关柳条湖事件的新闻声明表明了让银行家充当政客，对外国政府像对待工业企业一样采取所有者的态度，是很危险的。它也说明了在那个所谓的"外交时代"，把政治和金融混为一谈是何等危险。

即使拉蒙特当时在柳条湖事件上受了蒙骗，那么，他的幻觉很快就被无情地打破了。1931年12月，较为保守的日本新内阁上台，高桥是清取代了井上，并迅速使日本脱离了金本位制。1932年1月下旬，日军出动飞机轰炸了人口密集的上海市郊区，使全世界为之震惊。同以往一样，日本人指责中国挑衅。日本恐怖分子的行径要比柳条湖时赤裸得多，其暴行的证据既充分又直观。电影胶片将日本在中国大屠杀的新闻镜头带进了美国的电影院。拉蒙特非常难过地告诉其在横滨正金银行的朋友园田三郎说，日本在上海的所作所为给人的印象实在太坏了，日本不可能再从美国市场上获得资金了。[41]对摩根公司来说，上海事件开始使它逐渐清醒了。莱芬韦尔内心受到责备，并写信给特迪·格伦费尔说："我承认柳条湖事件发生时我曾'同情'日本人，而这次日本在上海的行径使我丝毫没有那样的感觉了。"[42]

这时的拉蒙特承受着接踵而来的沉重打击。1930年，右翼恐怖分子刺杀了滨口首相后，现在，又把屠刀伸向了金融界。拉蒙特在日本的朋友一个接一个被杀害。二月份，上海激战正酣时，拉蒙特收到了园田发来的一封电报，电文如下："我以万分沉痛的心情通知您，井上先生遇刺身亡……这如同一颗巨星泯灭，我亲爱的祖国陷入了黑暗的深渊。"[43]

当时，63岁的井上正在参加竞选。作为明政党的领导人，人们期待着他成为下一届首相。在东京市郊的一所学校前，当他刚走下汽车时，一个脚穿木屐、戴着黑色遮檐帽的22岁乡村青年从暗中闪出，向他的胸口开了枪。这个杀手是一个名为"血盟团"的成员，这是一个所谓"爱国"的极端主义秘密组织，其成员多是些年轻激进的民族主义者。在警察局中，该刺客为其行径大肆吹嘘，并指责说，乡村的贫困是由于当时井上奉行的紧缩政策造成的。在帝国大学医院里，两眼泪尽的井上夫人告诉记者说，当她丈夫还是内阁成员时，她就已经为这种时刻的到来作好了心理准备。

拉蒙特感到无比难过，不管怎么说，是井上给了他希望：名门望族及其自由派的同盟者可以扼制军国主义势力。他以非常动情的笔调给园田回了封悼念信："他具有那样一种慈善的襟怀，但令人难以相信的是，他的生命就这样结束了。"[44]

拉蒙特越不愿意接受关于日本的事实，现实情况就越是猛烈地冲击着他。拉蒙特的另一位日本朋友、麻省理工学院培养的三井银行的首席执行官团琢磨男爵被杀。1920年，当拉蒙特访日时，团琢磨男爵曾在其住所款待过他。团琢磨男爵是在白色大理石筑成的三井银行前，刚走出自己的轿车时被枪杀的。刺客仍是一名乡村年轻人，显然也是"血盟团"的成员。拉蒙特在给团琢磨男爵家人的信中回忆起了1920年他访问日本时的情景："很多时候我把他视为一位金融界的诗人，当他领着我参观他的私人住宅和花园，以及我们站在一起凝望屹立在远方庄严的富士山时，我就产生了这种感觉。"[45]

团琢磨之死是右翼分子向三井银行实施的报复行动，他们指责三井银行奸诈地从购买美元的丑闻中获取暴利。1931年9月，英国放弃了金本位制后，三井和其他的财阀银行一样，断定日本将脱离金本位制，日元将大幅度贬值，所以他们不顾一切地抛出日元，买进美元。这些外汇交易估计使三井净获利5000万美元。然而，这些银行在本国货币上的投机行为激起了人们的爱国抗议运动。这一事件在1932年的大选中被证明是个使人动感情的问题。在政治极端主义日益高涨的氛围中，很多人对井上和团琢磨男爵的刺客们表示同情，他们都被宽大处理，几年之后，刑满释放。

拉蒙特没有立即承认自己的错误，也不知道如何抛弃自己的客户。这时，日本政治向右翼倾斜的势头已很明显。关东军席卷了整个东北，建立了傀儡政府伪满洲国，并把满清王朝的最后一个皇帝溥仪立为伪满洲国的皇帝。柳条湖事件、轰炸上海、井上和团男爵被害等一连串的事件本来应使拉蒙特擦亮眼睛——他不能再以不了解情况为由来为自己开脱。从其1932年初至以后的档案中可以看出，拉蒙特对日本的种种做法大为不满，他还曾警告日本方面，像在上海那样的错误如果再发生的话，将会使华尔街对日本的任何同情彻底消失。

然而，那年春季，令人迷惑的事情发生了，拉蒙特和马丁·伊根突然间转变了态度，又回到了支持日本的立场上。他们俩成了桦山爱辅伯爵的亲密朋友。桦山毕业于普林斯顿大学，在纽约长岛结婚，与裕仁天皇关系密切。桦山爱辅的祖亲曾任海军上将，并当过一届"台湾总督"。拉蒙特和伊根鼓励他按照墨索里尼的模式，也在美国建立一个日本的信息中心，并非常自豪地向他介绍了他们在意大利所做的工作。那年春末，伊根去日本商讨与中国有关的事宜。他回来后谈到中国秩序混乱，匪盗猖獗，并指责中国人的敌对情绪，他的口吻俨然是个军国主义分子。[46]

这时，摩根财团不知道听从哪个主子好，是美国政府还是日本政府。几天后，1932年5月15日，又一起政治谋杀事件进一步损害了日本的形象。年迈的犬养毅首相在他的官邸前，被九名年轻军官乱枪射死，原因可能是他打算裁减军队规模。他的接任者是海军大将齐藤实。从此，日本党派政体就此终结,直到二战结束后才恢复。

1932年秋,拉蒙特不得不面对令人不快的柳条湖事件,也意识到他当时为井上起草的新闻稿是一种造谣惑众的宣传。国际联盟专门为此事委托利顿勋爵率领一个调查团前往远东。在利顿的报告得到国际联盟的认可之前,拉蒙特的助手弗农·门罗与该调查团的美国成员弗兰克·麦科伊将军共进了晚餐。第二天早上,门罗告诉拉蒙特说:"那位将军谈到,究竟是否发生爆炸是个疑问。日方永远也无法解释清楚,为什么就在所谓的爆炸事件发生地点,正常的火车班次在爆炸发生后不久继续通行,而日方越是解释,越是不能自圆其说。"[47]一个月之后,利顿的报告公布于众,它指责日本的侵略行径违反了国际联盟的盟约,并指出伪满洲国不过是日本树立的傀儡。虽然该报告批评中国"先"挑起事端,但日本脱离了国际联盟,公开加强了对中国东北的控制。

到这时,拉蒙特有点不知所措了。在大量有力的但又相互矛盾的证据面前,他还想相信日本的意图是好的。为了理清自己的思路,他坐下来写了一篇备忘录,并注明"绝密"。拉蒙特是否将此文传阅不得而知,但它却反映了他逃避现实。该文是这样开头的:"这完全是我个人的一些看法。"然后他写道:"关于日本的动机,美国的怀疑基本是,日本想侵占整个亚洲大陆,甚至可能会寻衅与美国开战——这个判断是错误的。"为了排除这样的误解,他建议美日双方联合发表一个贸易及和平关系的声明。该文的结论简直是个绝顶荒唐的黄粱梦:"如果能发表这样一个声明的话,关于战争的所有言论都会立即停止,人们的心理状态会发生转变,我们两国之间的任何问题都不难找到解决办法。"[48]

拉蒙特关于日本不久将恢复文官政府的信念越来越难以维持。作为满洲国的"主子",关东军在那里建造了巨型大坝和工业基地,为其开展全面的侵华战争磨刀霍霍。被称为"日本的凯恩斯"的新任日本大藏相高桥,把军费开支提高到几乎占日本全部预算的一半。20世纪20年代的自由主义及其主要倡导者,此时已不复存在了。

1934年,拉蒙特突然转变了观念。当他猛然觉醒时,发现自己被愚弄了,他的所有信任此时都变成了怨恨。他撤消了对日本文化组织的捐款,冷落来访的日本要人,并警告日本总领事,不要错把美国的和平愿望当成怯懦。当他听说英国内阁打算恢复同日本的盟约关系时,他立即游说,加以阻止。他情绪激动地写信给格伦费尔,并希望该信能在白厅中被传阅:"现在产生了一个军事集团,它取代了20世纪20年代存在的公正的自由主义派政府……如果自由派给我们提供的信息属实的话,这个军事集团的许多所作所为跟年轻的德国纳粹如出一辙。"[49]

日军继续吞并中国东北部地区,其军事行动终于在1937年导致日本侵华战争;日军在南京大屠杀事件中杀害了成千上万的中国平民。此事是摩根参与中国事务的令人悲哀的、具有讽刺意味的结局。摩根在中国的活动始于威拉德·斯特雷特的梦想,即美国可对日本侵占中国起缓冲作用,而以摩根的高级合伙人汤姆·杜蒙特作为这种行动的"辩护士"而告终。

— 本章参考文献 —

1. 马萨诸塞州剑桥城哈佛大学贝克图书馆汤姆·拉蒙特资料，第131箱，第26卷，关于股市崩溃的说明，无日期。
2. 戴维斯：《英雄》（The Hero），第290页。
3. 马萨诸塞州剑桥城哈佛大学贝克图书馆汤姆·拉蒙特资料，第103箱，第14卷，拉塞尔·莱芬韦尔的信，1930年8月14日。
4. 《纽约客》（New Yorker），1987年11月16日，第91页。
5. 皮尔庞特·摩根图书馆小J.P.摩根资料，书信复印集第24集，第42箱，给爱德华·格伦费尔的信，1929年12月26日。
6. 索贝尔：《国际电话电报公司》（ITT），第67页。
7. 伯纳：《赫伯特·胡佛》（Herbert Hoover），第298页。
8. 马萨诸塞州剑桥城哈佛大学贝克图书馆汤姆·拉蒙特资料，第111箱，第23卷，给爱德华·格伦费尔的信，1931年10月30日。
9. 凯特尔：《联邦储备体系的领导》（Leadership at the Fed），第37页。
10. 美国国会临时国民经济委员会：《对经济势力集中的调查》（Investigation of Concentration of Economic Power），第11552页。
11. 约瑟夫森：《货币巨头》（Money Lords），第97—98页。
12. 卡罗森：《美国的投资银行业》（Invesment Banking in America），第315页。
13. 弗里德曼和弗里德曼：《自由选择》（Free to Choose），第81—82页。
14. 摩根建富资料（1910至目前），第264箱，J.P.摩根公司，杂卷，美国金融事务，托马斯·拉蒙特给爱德华·格伦费尔的信，1930年12月13日和30日。
15. 康涅狄格州纽黑文耶鲁大学高级纪念图书馆拉塞尔·莱芬韦尔资料，1030组，系列1，第4箱，第?卷，给本杰明·乔伊的信，1931年1月23日。
16. 《纽约时报》（New York Times），1929年10月30日。
17. 马萨诸塞州剑桥城哈佛大学贝克图书馆汤姆·拉蒙特资料，第98箱，第18卷，给拉塞尔·莱芬韦尔的备忘录，债务暂停偿付事务，1931年6月5日。
18. 摩根建富资料（1910至目前），第1087箱，1931年贷款，爱德华·格伦费尔给老J.P.摩根的信，1931年8月12日。
19. 同上，小J.P.摩根给爱德华·格伦费尔的信，1931年8月12日；爱德华·格伦费尔给蒙塔古·诺曼的电报，1931年8月18日。
20. 马萨诸塞州剑桥城哈佛大学贝克图书馆汤姆·拉蒙特资料，第111箱，第16卷，爱德华·格伦费尔给托马斯·拉蒙特的信，1924年10月25日。
21. 摩根建富资料（1910至目前），第1087箱，1931年贷款，爱德华·格伦费尔给小J.P.摩根的信，1931年8月14日。
22. 同上，爱德华·格伦费尔给小J.P.摩根的信，1931年8月12日。
23. 同上，电报4929号，爱德华·格伦费尔给J.P.摩根公司的电报，1931年8月23日。
24. 同上，电报2383号，J.P.摩根公司给摩根建富的电报，1931年8月23日。
25. 博伊尔：《蒙塔古·诺曼》（Montagu Norman），第272页。
26. 摩根建富资料（1910至目前），第1087箱，1931年贷款，爱德华·格伦费尔给托马斯·拉蒙特的信，无日期。
27. 博伊尔：《蒙塔古·诺曼》（Montagu Norman），第273页。
28. （伦敦）《每日先驱报》（Daily Herald），1931年8月25日。
29. 摩根建富资料（1910至目前），第1087箱，1931年贷款，爱德华·格伦费尔给托马斯·拉蒙特的信，1931年8月27日。
30. 同上，电报2041-27号，J.P.摩根公司给小J.P.摩根的电报，1931年8月27日。
31. 梅德利科特：《当代英格兰》（Contemporary England），第264—265页。
32. 马萨诸塞州剑桥城哈佛大学贝克图书馆汤姆·拉蒙特资料，第108箱，第15卷，查尔斯·斯蒂尔和托马斯·拉蒙特给小J.P.摩根的信，1931年9月25日。
33. 马萨诸塞州剑桥城哈佛大学贝克图书馆汤姆·拉蒙特资料，第186箱，第28卷，给纯之介井上的信，1928年6月11日。
34. 斯托利：《现代日本史》（History of Modern Japan），第188页。
35. 胡佛：《回忆录》（Memoirs），第二卷，第365页。
36. 马萨诸塞州剑桥城哈佛大学贝克图书馆汤姆·拉蒙特资料，第187箱，第11卷，纯之介井上关于满洲的发言，无日期。
37. 马萨诸塞州剑桥城哈佛大学贝克图书馆汤姆·拉蒙特资料，第187箱，第11卷，给铃木角太郎的信，1931年10月17日。
38. （伦敦）《泰晤士报》（Times），1931年9月21日。
39. 康涅狄格州纽黑文耶鲁大学高级纪念图书馆拉塞尔·莱芬韦尔资料，1030组，系列1，第5箱，第108卷，给沃尔特·李普曼的信，1931年10月23日。
40. 马萨诸塞州剑桥城哈佛大学贝克图书馆汤姆·拉蒙特资料，第187箱，第12卷，给园田三郎的信，1931年11月23日。
41. 同上，第187箱，第14卷，给园田三郎的信，1932年3月10日。
42. 康涅狄格州纽黑文耶鲁大学高级纪念图书馆拉塞尔·莱芬韦尔资料，1030组，系列1，第3箱，给爱德华·格伦费尔的信，1932年2月18日。
43. 马萨诸塞州剑桥城哈佛大学贝克图书馆汤姆·拉蒙特资料，第187箱，第13卷，园田三郎的电报，1932年2月9日。
44. 同上，给园田三郎的信，1932年2月10日。
45. 同上，第188箱，第15卷，给伊野丹的信，1932年9月14日。
46. 皮尔庞特·摩根图书馆马丁·伊根资料，日本卷，给托马斯·拉蒙特的备忘录，1932年5月12日。
47. 马萨诸塞州剑桥城哈佛大学贝克图书馆汤姆·拉蒙特资料，第187箱，第20卷，弗农·门罗的备忘录，1933年2月3日。
48. 同上，第184箱，第9卷，内部备忘录，注明"绝密"，1932年末或1933年初。
49. 同上，第122箱，第6卷，给爱德华·格伦费尔的信，1934年10月11日。

第十八章
侏 儒

1932年的华尔街是个阴沉的被人遗忘的鬼城。证券公司每月有"苹果假日"——一种无薪假日，这天穷困的经纪人可以到外面人行道上卖苹果，以补工资的不足。苹果小贩们出现在摩根财团坐落的街角。

城里商业区的不动产十分萧条，建筑公司因此无法偿还债务，持有这些公司债券的那些精明的投资者成了华尔街将来的主人。惨景遍及各处，河滨公园贫民的陋室——"胡佛村"连成片，中央公园内的林中本来很幽静的场所成了穷人的破烂居地。在派克大道上，许多原来由20世纪20年代的金融家们居住的具有十个起居室的公寓现在找不到房客。新建成的帝国大厦只有一半被租用，被嘲笑为"空国大厦"。

对那些参加私人俱乐部的贵族来说，这往往是一个大祸临头、苦中作乐的时期。在联合同盟俱乐部的一个房间，全部墙壁都贴满了被股市崩溃弄得一钱不值的股票证书（当股市回升时，这些证券又被迫不及待地从墙上揭走）。在连续两年跌落之后，股票市场在1932年7月8日跌到最低点。到这个低点时，已经有两千多家投资公司破产，新的股票认购量只及1929年最高峰时的10%，在证券交易所，无精打采的交易人发明了一些消磨时间的新游戏。纽约证券交易所的席位在大崩溃以前索价55万美元，现在只值6.8万美元。主要金融机构发行利息率更低的新债券来替换老债券。

1932年，1.25亿美国人中几乎有1300万人失业。200万美国人搭乘棚车四处寻找工作，夜宿流浪汉营地。胡佛拒绝放弃经济学的正统做法，奋力采取措施以对付大萧条。他有时求助于空想出来的办法，来解决美国的沮丧情绪问题。他多次认为美国需要的是一个好笑话、一首好诗、一支好歌。他甚至找到习惯拿"政治"开玩笑的幽默作者威尔·罗杰斯，请他写一个好的笑话，用以结束由恐慌引起的囤积。胡佛本人每天却都是一副参加葬礼的表情。国务卿亨利·斯廷森一次在白宫与胡佛会谈之后说："会谈像是坐在墨水浴缸里。"雕塑家格曾·博格勒姆评论道："如果你放一朵玫瑰花在胡佛手里，它会很快枯萎。"[1]胡佛有他的办法来减少国家的苦难。1932年，他坚持说："没有人真正在挨饿。比如说，流浪汉们吃得比以往任何时候都更好。纽约的一个流浪汉一天吃了10顿饭。"[2]

那一年春天，杰克·摩根居然也受到激励，难得地活跃起来，参加了一次公共活动。坚信人必须自立，他引用他喜欢的《圣经》"以西结书"中第二节的第一段："他对我说，人子啊，你站起来，我要和你说话。"[3]杰克认为上帝对福利国家不满。他宣扬旧时的宗教。他告诉林利思戈侯爵说，诚实、正直和节俭是"解决我们问题的真正答案。在我看来，问题主要起源于贪婪"。[4]他支持胡佛的主张，认为出路在于私人慷慨解囊，而不是政府干预。1932年3月，他参加了纽约社区组织的募捐会。他身着晚礼服，在自己的默里山庄作了呼吁帮助的广播讲话，男管家亨利·菲齐克和其他仆人在后厅从收音机中聆听。他说"我们所有人都必须尽我们的责任"，并表示支持在职工人每周捐出一小部分工资来救助失业者的计划。杰克本来最怕在公开场合出头露面，他的合作反映了富人们中间的一种恐惧情绪。与此同时，拉蒙特帮红十字会为在中西部旱灾中蒙受损失的农民们筹款。

以陈旧的观念笃信古典经济学家，这使得崩溃后的衰退变成了似乎无法解决的萧条。在1931年底，联邦储备银行在两个星期之内将贴现率提高了两个百分点。为了保持预算平衡，1932年的联邦收入法案几乎把税率提高了一倍，这又是一剂杀害病人的灵药。在摩根银行，并非所有的人都自然而然地反对试验。在整个1932年,拉塞尔·莱芬韦尔,这个反传统主义者和自称为坏脾气的民主党人,把那些害怕通货膨胀性支出的人嘲笑为"身处北极严冬,却为热带的酷暑担心的人。"[5]然而莱芬韦尔本人的观点像是在疾风中旋转的风标,不多久,他又转为支持平衡预算的正统观点。他告诉李普曼说,公共工程计划只会延长萧条,并顽固地认为金本位是必要的。

胡佛政府在1932年的主要政策举措是组建复兴金融公司,这对摩根是大为有利的事。组建这个公司的目的,是向银行、铁路和其他资金短缺的行业提供贷款。拉蒙特在前一年就告诉胡佛,美国铁路的困境是"国内复苏的主要障碍"。铁路公司自20世纪20年代起就负债累累,无力为它们发行的债券还本付息。当范·斯韦林根兄弟对1931年为他们提供的秘密挽救贷款违约时,摩根与担保信托公司一起和两兄弟作了一次坦率的谈话。他们告诉这两兄弟:"事实上,我们是他们全部财产的所有者。"[6]正因为如此,在铁路公司的问题上,摩根银行打破常规,不反对政府出资挽救企业。奥里斯·范·斯韦林根说,他和曼蒂斯是"站在台阶上等他们(复兴金融公司)开门"。[7]范·斯韦林根兄弟从复兴金融公司借了7500万美元,这给那些认为复兴金融公司是富人福利机构的人们提供了更多的根据。

艰难的日子并没有影响摩根高级合伙人的显赫生活。即使他们的提款权——即每年作为合伙人而得到的百分比——减少一半,他们也仍然有20世纪20年代留下来的财富。现在主要的问题在于如何能够享受这些财富而不感到内疚。杰克应该如何处置他的海盗号呢?这条新游艇大得足以容纳一个小的流浪汉村庄。为了防止不良影响,他决定先将它封存一段时间。他告诉坎特伯雷大主教科斯莫·兰德说:"看来让海盗号今年夏天出航是不明智的。有这么多人正在蒙受失业之苦,甚至在挨饿,因此不在公众面前炫耀这样奢侈的消遣是比较明智和仁慈的。"[8]他提出将船租给小约翰·洛克菲勒。

汤姆·拉蒙特在他的合伙人账户上有2000多万美元,他有的是机会在旅行上与杰克平起平坐。杰克喜欢与主教和医生们一起航行,拉蒙特则愿意与作家、学者和社会名流们结伴同行。1931年春天,拉蒙特与弗洛伦斯和沃尔特·李普曼及夫人,以及古典文献学者吉尔伯特·默里一道在爱琴海做了一次漫游。约翰·梅斯菲尔德在雅典加入了他们的行列。有不少关于在"农神"号上这次萧条时期的欢聚的照片。其中一张是拉蒙特身着双排扣西装,上装口袋里装着手帕,条纹背心也很时髦。他那精明的眼睛注视着镜头,眼角显出了鱼尾纹。他身材不高,秃顶,一双颇具鉴赏力的眼睛,富有同情心而又十分机警,似乎把一切尽收眼底。另一张是在船长桌子旁边摄的,大家都很有风度地站着,沃尔特·李普曼看上去精神抖擞,而拉蒙特则专注地看着桌下。在这墙壁镶着木板、桌上铺着干净桌布的环境里用餐,这群人的奕奕神采与美国当时的阴郁气氛大不相称。

拉蒙特夫妇携带着42件行李抵达帕特拉斯时,希腊人把他们作为外国要人来接待,小心翼翼地遵守着礼仪。省长亲自把弗洛伦斯的帽盒提上岸,一个希腊内阁的代表逐个地检查他们下榻旅馆的每一个盥洗室。汤姆和弗洛伦斯喜欢装出一种不拘习俗的天真。在这次田园诗般的旅行中,弗洛伦斯报道说:"我们的午餐几乎总是野餐式的,因为多数旅馆的饭菜都非常差。午餐后,我们在阳光下读点关于希腊的诗歌。"[9]

如果看上去大萧条丝毫未损害摩根的世界,这仅仅是假象。在1929到1932年之间,摩根银行眼看着它的净值——它的基本资本的缓冲——以令人心惊的速度下跌。在胡佛离职前,净值由原有的1.18亿美元已跌至这一数目的一半。总资产从7.04亿美元跌到4.25亿美元。即使是对摩根财团来说,这也是一个可怕的打击。真正受到伤害的是低级合伙人,他们分担了损失,但并没有机会在当年分享可观的多头市场利润。摩根银行在录用人时,仍然以才取人。正像一部摩根的官方历史书所说的那样:"另一个选择,为了争取更多的资本录用更有钱,而不是更有才能的人做新合伙人。这种做法会降低银行的质量,因而被认为是不可取的。"[10]

摩根财团银行仍然保持着皮尔庞特的家长式作风。在薪金的削减高达20%时,职员们被告知,在合伙人完全恢复资本账户的提款权之前,首先需要恢复被削减的职员薪金。当银行关闭了雇员餐厅时,它给雇员们发了午餐津贴。职员的家庭每年还可以免费在缅因州的摩根乡村营地度假两周。对摩根建富公司的职员来说,杰克提供的白金汉运动场可以部分地消除大萧条带给他们的无聊。这个运动场有一个板球场、一个硬地网球场、经过修剪的草坪和一个茶楼。这些额外优惠激励了狂热的效忠热情，并使雇员间形成了一种近似于在迷信团体中的那种信徒间的亲密关系。如果他们在大萧条中真的遭受了什么痛苦的话，与大理石墙外的人们所遭受的难以名状的苦难相比，那也是微不足道的。

让我们来看看1932年的政治，因为那些导致格拉斯-斯蒂格尔法案，即1933年银行法案和摩根财团分家的事件都是根源于这一年。第一个向华尔街宣战，并推动那些最终导致有关新银行立法的听证会的，正是赫伯特·胡佛。胡佛在处理与他的摩根朋友的关系问题上，总是有一点臆想的味道。1931年，在白宫度过夏天后，德怀特·莫罗告诉拉蒙特，胡佛情绪低落，感到"他一直在试图贯彻纽约的银行观点，然而从它们那里只得到冰冷的回报。"[11]拉蒙特给胡佛去了一封短信，想让他的情绪好点，但在他与总统的关系中有一种不自在的潜流。

胡佛与摩根财团的关系可以追溯到他做采矿工程师的时候。1917年，他是欧内斯特·奥本海默爵士和摩根之间的中间人，前者打算把他在南非的约翰内斯堡金矿集团公开上市。为了巩固他与华尔街的新联系，奥本海默坚持在新公司的名称中加上"美国"字样。由此诞生了这个英美公司，该公司后来成为非洲最富有的公司。很明显，拉蒙特认为这将开始一系列新的能够利用胡佛才能的采矿事业。正如他告诉摩根建富的那样，英美公司的交易是"一个综合计划的一部分，这个计划主要涉及与胡佛先生一起从事的采矿事业"。[12]但胡佛在这个交易中违约，拉蒙特后来支持奥本海默撵走胡佛和威廉·哈诺尔德工程师的做法。拉蒙特通知伦敦方面说："我们不应与奥本海默在他对哈诺尔德或胡佛的看法上有什么矛盾。"[13]

撇开这段历史不说，摩根和胡佛也注定会在政策上发生争吵。胡佛感到国会对他是个大束缚，这个国会很少关注欧洲的问题，不关心支持"买美国货"的宣传，对取代英国掌握世界经济领导权毫无兴趣。而摩根财团要保护自己的欧洲客户，它的国际主义对胡佛来说，正像对他的共和党前任一样，也是成问题的。另外还有个人风格上的冲突——胡佛粗暴而无幽默感，而摩根的那些合伙人则高雅而有贵族风度。

1932年7月，世界经济看来像是终于要摆脱德国赔款和协约国战争债务这两个包袱了。在瑞士洛桑，欧洲的首脑们达成了一项可以有效地结束债务游戏的君子协议，如果他们可以停付战债，那么他们就停止索取赔款。拉蒙特兴高采烈，把这视为自凡尔赛和约以来的经济战事的终结。他派马丁·伊根去白宫，并非是去要求胡佛取消全部战债，而只是请他重新研究战债问题。

从华盛顿回来后，伊根说他从来没见过总统为了一个问题如此激动过。总统讲了一通话，其中充满了愤怒、自怜和无能为力的沮丧。他附和着普遍的公众情绪坚持认为："拉蒙特在这个问题上全错了，如果有什么东西是美国人民不喜欢和不能容忍的话，那就是这种反对欧洲人的联合……拉蒙特不能理解席卷这一国家的越来越大的不满情绪……欧洲人是在联合起来反对我们……也许欧洲人已经解决了德国赔款问题，但他们是以最糟糕的该死方式来解决的。"[14]他将不再延长为期一年的债务缓期，拒绝法、英推迟归还即将到期的付款的请求，他迫使法国违约。这样，就在希特勒出现的前夕，协约国还在为困扰了它们多年的陈旧金融问题而争吵不休。

摩根和胡佛在华尔街空头投机问题上的矛盾很大，相比之下，他们在债务问题上的不和算是很温和的。喜怒无常而又孤僻寡言、面色冷峻的胡佛现在同意普通美国人的看法，认为华尔街是一个为专业人员所操纵的大赌场。胡佛把股票市场看作是自己的成绩报告单，而这上面不断显示着他不及格。他逐渐相信，民主党在搞阴谋，通过做空头压低股票价格，即出售借来的股份，期望将来以更便宜的价格买回而牟利。

在1930年的自杀性市场上，"大量抛空者"首先把自己搞得臭名昭著。伯纳德·"抛出"·本·史密斯是其中的大师，他是20世纪20年代联营基金投机分子，因1925年价格上升而遭受重创。那年10月他突然发迹，在大崩溃的那天大肆庆祝，大叫"统统抛出！它们一钱不值"。[15]这类故事使胡佛相信，在市场上有恶毒的势力在起作用。他开始编拟参与空头阴谋集团的成员名单，甚至声称他知道他们每星期天下午碰面，密谋一周的破坏计划！[16]一些通风报信者使胡佛的这一偏执火上加油。康涅狄格州的参议员弗雷德里克·沃尔科特告诉胡佛,伯纳德·巴鲁克、约翰·拉斯科布和其他华尔街的民主党人正在计划"大量抛空",以使胡佛在连任竞选中败北。

胡佛认为纽约证券交易所的官员们应该公开谴责这些罪犯。1932年1月,他把证券交易所主席理查德·惠特尼召到白宫当面命令。他说做空头的人是在阻止经济回升,并警告说,如果惠特尼不对他们加以制止,他将要求国会对交易所进行调查,甚至可能要求对之施加联邦管制。惠特尼拒绝承认做空头有任何危险。私下里,摩根合伙人们嘲笑胡佛的固执念头是荒唐和臆想的,但他们不能平息胡佛那深深的仇恨。

尽管害怕公开听证会可能会挖掘出"令人泄气的污秽物"和破坏经济复苏的活动,胡佛还是在1932年要求参议院银行和货币委员会开始对卖空行为进行调查,这使华尔街的银行家们感到非常不快。为了阻止调查,拉蒙特去白宫与胡佛和国务卿斯廷森共进午餐。胡佛说具有破坏性的空头投机者抵消了他那些具有积极作用的措施,他的这个观点在听证会上引起了激烈的争论。拉蒙特说:"我力图明确地向总统说明,如果这种调查得到鼓励而无法无天,那么只会在全国导致不安,并使他正在引导我们为之努力的所有建设性目标不能够实现。"[17]

在4月间,理查德·惠特尼是第一个证人,他把胡佛的指责称再"纯粹荒唐"。即使听证会已经开始,胡佛和拉蒙特私下里对卖空问题仍在唇枪舌剑。胡佛把一切都归咎于空头市场,比如公众信心低落,商业停滞,还有物价下跌。拉蒙特直率的回答具有喜剧性的刻薄。针对胡佛关于"真实价值"正在被抛空所毁灭的观点,他问道:"如果证券不能盈利并且不分股息,那么它还有什么'真实价值'呢?"[18]他认为经营不善的商业应该对股市下降负99%的责。

报界有极好的时机来嘲笑参议院对空头行为的围剿,这些行动的结果没有揭露出任何民主党的阴谋。然而在4月底,一个分委员会把听证的范围扩大到包括20世纪20年代的联营基金和市场操纵。关于美国无线电公司联营基金的策划被公之于众。高盛公司的沃尔特·萨克斯不得不对埃迪·坎托和其他4万多投资者在高盛交易公司的损失作出解释。奇怪的事发生了，当听证会从现在转向过去时，关于大崩溃的记忆在公众心目中又变得清晰起来。最初，小城镇的居民还傻笑着把大崩溃看再是当时总统加尔文的霹雷对大城市罪人的打击。只是到了现在，当人们意识到股票市场的崩溃是萧条的前导时，对银行家的普遍怒火才真正燃烧起来。

在争论期间，胡佛不得不对付债券市场的严重不景气，在这个市场上卖空是绝对被禁止的。美国公司界无法应付20世纪20年代累积的债务，其中很多是用来接管公司的。很多债券无力还本付息，在极端的例子中，债券随着每次易手，股价向下跌落10点、20点甚至30点，这威胁着银行制度。如果储蓄银行不能将债券换成现金，它们可能会没有钱来支付储户，因而可能造成挤兑和银行破产。结果是由摩根牵头采取行动，制止了债券市场进一步下滑。35家银行拿出了1亿美元来购买高质量的债券，这笔联营基金绰号为"星条旗永不落"。拉蒙特任这个基金的主席，他在这一时期比日本天皇有更多的头衔可以炫耀。摩根银行称赞这个行动的爱国主义性质，然而这又正是摩根的拿手好戏——从公众服务中牟利。摩根银行认为债券的价值是被严重低估了，而它同时又有多余资金在手。J.P.摩根公司告诉它的巴黎合伙人说："如果公司的组织……可以在消除公众疑虑方面起一点作用的话，那么这种作用是越大越好。"[19]

拉蒙特一直将基金的情况通报给胡佛。从债券市场的运作中，一些玩世不恭的人发现，可以设法增加共和党在秋季竞选获胜的机会，似乎胡佛会以难以驾驭的公牛去与熊来对阵。如果真是这样，这一策略对胡佛来说正好事与愿违。拉蒙特以这种基金作为讨价还价的筹码，威胁要解散这个基金，除非取消关于卖空的听证会。最后，基金还是继续了下去，并获得了一大笔利润。听证会一直拖下去，最终在1932年初发展到人们始料未及的范围。这些听证会最后被称为"佩科拉听证会"，得名于新的分委员会在1933年1月任命的律师费迪南德·佩科拉。佩科拉听证会直接导致格拉斯-斯蒂格尔法案以及摩根财团的肢解。

1932年秋天，胡佛蒙受了任期内最后一次羞辱——全国范围内的银行危机。历时3年的通货紧缩已经大大减少了许多贷款背后的附属担保品的价值。当银行收回担保时，生意的不景气更为严重，并造成更多银行挤兑和破产。1932年以前，几千家关闭的银行主要限于农村小银行。然而在那年10月，内华达州州长关闭了该州的银行。随之而来的是州银行关闭的可怕浪潮日甚一日——"关闭"一词被美化为"放假"。这一浪潮由2月份密执安州银行关闭8天而达到高潮。这一势头蔓延得如此之快，以至于在罗斯福宣誓就职时，已经有10个州关闭了它们的银行。

从11月选举到1933年3月的就职典礼，是一个瘫痪的时期，胡佛和罗斯福彼此怒目相视，情绪对立。胡佛备受刺激，四面受敌，怨气冲天，拒绝在没有罗斯福合作的条件下采取任何新的措施，而罗斯福则要一切等他上任之后再说。对摩根财团来说，这是一个危险的时期。经过连续三任共和党政府，摩根银行与白宫的联系在美国历史上可能比任何其他银行都更紧密。在胡佛任内，总统只不过是电话之遥。有时摩根银行的权势看上去正像赤裸裸的左翼所宣传的那样可畏。现在政治的轮盘转了一圈，摩根银行不得不为生存而搏斗。

早在1929年，胡佛就提出了把商业银行和投资银行分开的想法，而这个主意现在得到了支持。它早在1930年就出现在卡特·格拉斯参议员提出的银行法案里，并在1932年成为民主党政纲的一部分。在竞选中，罗斯福认为胡佛应对1929年的投机狂潮和那些留下一连串违约劣迹的大量外国贷款负责。在1931年玻利维亚成为第一个违约的拉丁美洲债务国之后，几乎每一个拉美政府都纷纷效法。

在胡佛对"大量抛空"进行讨伐之后，摩根财团没有人为总统的离职感到难过。拉塞尔·莱芬韦尔和帕克·吉尔伯特组成了投罗斯福票的摩根少数派。事实是，莱芬韦尔对李普曼表白说："我无法为一个绝望的人投票，这个人希望继续以绝望的措施来补救绝望的形势。"[20]再说并没有明显的证据说明罗斯福将成为一个敌人。温文尔雅的罗斯福严厉责备胡佛花钱大手大脚，而他则提倡预算平衡。他看上去平淡，不那么大胆。莱芬韦尔对罗斯福有点倚老卖老，称他为"一个面带可爱笑容、举止文雅、和蔼和有善意的家伙。"[21]

从社交角度来讲，罗斯福远比胡佛更合乎摩根的标准。莱芬韦尔在财政部工作时就认识罗斯福，那时他在海军部工作。莱芬韦尔兴奋地为摩根建富的维维安·史密斯列出罗斯福的名门身世。他提到罗斯福在格罗顿和哈佛受过教育，在哈得逊河成长，祖先是很早就移居纽约的荷兰移民，以及他曾就业于华尔街的卡特-莱迪亚德-米尔本公司——该公司曾在反托拉斯案件中为公司客户作辩护。他最后讽刺地说："按照胡佛这个外国采矿工程师的标准，具有上述背景的这个人将危及美国各家公司企业。"[22]拉蒙特也认识罗斯福，他曾租用过罗斯福在东六十五街的房子。在宣誓就职前，他给罗斯福打了电话，并匆匆草就了几封给亲爱的"弗兰克"的信。

如果在政府交替的冬季预示了将来的良好关系，那么同时也有一些具有警告性的迹象。1932年夏末，莱芬韦尔和罗斯福交换过一次意见，这件小事预示着日后巨大的冲突。8月间，莱芬韦尔给"弗兰克"写了封信，嘲笑卡特·格拉斯正在努力推进的银行改革。在这封信里，他试图用一种具有同志情谊和一致看法的口吻说："你和我都知道，我们不能用惩罚第一次世界大战后头十年的恶棍——不论他们是真实的还是虚构的——的办法来解决目前的通货紧缩和萧条。我们也知道，在这些禁令和法规下，到头来谁也不会有多大发展。"[23]罗斯福不但没有迎合莱芬韦尔，反而对他大泼冷水："我希望银行家能向我承认，在1927至1929年期间存在着严重的舞弊行为，并能看到银行家们现在全心全意地支持防止这种状况重演的措施。难道银行家们就看不到他们在这一进程中自身的利益吗？"[24]摩根财团看不到它在这一进程中的利益，这是摩根的悲剧。公众要求有人为了1929年发生的事道歉，银行家们不愿承担这个责任。莱芬韦尔告诉罗斯福："银行家们实际上不能对1927到1929年间发生的事情负责，有责任的是政治家们；既然如此，为什么银行家要做虚假的认罪呢？"[25]然而，由于莱芬韦尔十分厌恶胡佛的关税、孤立主义和赔款政策，他还是十分乐意地投了罗斯福一票。

摩根银行为了给莱芬韦尔在财政部弄到一个位子而进行活动，这也被视为罗斯福金融政策是否健全的试金石。一切迹象都令人鼓舞，蒙塔古·诺曼告诉拉蒙特："我要等着听到莱芬韦尔入选的消息后，才能愉快地休息。"[26]当卡特·格拉斯参议员被问及关于再次担任财政部长职务一事时，他说他将雇用两个摩根的人和过去的副手：莱芬韦尔和帕克·吉尔伯特。[27]沃尔特·李普曼也加入了这个"乐队"。但罗斯福向后退缩："我们就是不能和23号绑在一起。"[28]这个缩写表露了一种对摩根银行不利的意向。尽管没有得到财政部的职位，莱芬韦尔仍继续是罗斯福所信任的朋友和顾问；由于他部分地支持政府，他又被华尔街看作"不肖之徒"。

打掉莱芬韦尔试探气球的可能是费迪南德·佩科拉——来自纽约的53岁的前地区检察官助理。佩科拉在1933年1月接管了参议院对华尔街的调查。他抽短粗的雪茄烟，总是衣袖高卷。具有顽强意志的佩科拉吸引了公众的注意力。在大约6个月的时间里，听证会陷于僵局。共和党人和民主党人的态度非常微妙，不偏不倚，其实都是害怕两党大亨的名字在听证会上出现。他们联合起来，共同保持沉默。有佩科拉作律师，听证会获得了一种新的、无法抗拒的势头。这些听证会提供了一部股票市场崩溃的秘史，一个关于20世纪20年代的实事求是的分析报告，并使一代银行家因此名声扫地。从那时起，银行家们就被称为"银行强盗"。

在罗斯福宣誓就职之前，佩科拉就已经将调查的注意力集中于国民城市银行，揭露了它的一些著名银行家的利欲熏心的面貌，特别是该银行的负责人查尔斯·米切尔——一个"黑色星期四"抢救队的成员。通过佩科拉，公众得到了对银行家们这样一种看法，就是他们在"保护公众"的幌子下算计公众。佩科拉揭露，摩根为了保持国民城市银行与谷物交易银行的合并而提供的1200万美元贷款，已经超过了摩根净资产的5％，使得银行蒙受了重大损失。同时还揭露，为了缓和国民城市银行在大崩溃中的损失，100个高级官员从一个特殊士气贷款基金会借了240万美元无息贷款，这笔贷款后来并未归还。

佩科拉还研究了国民城市银行的业务活动。在这些活动中，国民城市银行的1900多个推销员将大量风险很大的拉丁美洲债券推销给大众。被揭示出的事实还有，就在向投资者兜售巴西、秘鲁、智利和古巴债券的同时，该银行已经有了有关这些国家问题的内部报告。就在银行的审查人员批评了其母公司银行的糖业贷款之后，该银行的证券分支机构把这笔贷款以证券的形式卖给了投资者。这是商业银行如何通过其证券分支机构将坏贷款塞出去的一个例子。佩科拉还举了宾夕法尼亚波茨维尔的埃德加·布朗作为例子,国民城市银行的推销员使他处于"一个面对维也纳、德国、秘鲁、智利、莱茵河流域、匈牙利和爱尔兰政府债券的令人迷惑的境地"。[29]

另一个所谓的"黑色星期四""英雄"是大通银行的艾伯特·威金。威金是一个玩扑克的教士的儿子,在59个董事会中有席位,他被揭露是个专搞阴谋诡计的人。在1929年的6个星期里,他做大通银行股票的空头,赚了几百万美元,而支持这一投机活动的就是从大通银行本身借的800万美元贷款。为了锦上添花,威金还在加拿大建立了一个证券公司,以逃避联邦税。大通银行和国民城市银行的情况表明,在20世纪20年代,储蓄和投机之间的传统区别已不复存在,而这区别正是格拉斯-斯蒂格尔法案所试图恢复的。

佩科拉的发现掀起了"反对华尔街"的怒潮。正是在这一背景下,罗斯福否决了对莱芬韦尔的任命。随着对听证会的关注,不论是在农场、办公室,还是在领汤的队列里或胡佛村中,人们开始确信他们在20世纪20年代被人坑骗了。往日的一些"神"不过是一帮贪婪的小鬼。即使是华尔街的大部分人也对听证会的这种形势大为震惊。蒙大拿的伯顿·惠勒说:"恢复人们对银行信心的最好办法,是把这些欺诈的银行总裁从银行驱逐出去,用我们在奥·开彭不付所得税时的办法来对待他们。"连摩根的好朋友卡特·格拉斯也恶劣地开玩笑说:"我的州里有一个银行家试图与一个白种女人结婚,结果人们对他处以私刑。"[30]

当罗斯福在1933年3月4日就任总统之后,他打起了独立于华尔街的旗帜。就在那天上午,赫伯特·莱曼州长关闭了纽约的银行,理查德·惠特尼登上讲台宣布关闭证券交易所。金融大屠杀干得十分彻底,在1929年的25000多家银行中,7000家左右倒闭了。在这种金融毁灭的气氛中,冷酷无情的罗斯福把银行家们推向了审判台,他说:"货币兑换商们已经从我们文明圣殿的高座上逃走了,我们现在可以使这个圣殿复归于古老的真理。"[31]

拉蒙特给罗斯福打电话,就银行业的危机劝告他,敦促他避免采用激烈措施。这一建议不仅反映了他对市场机制的信心,也反映了他对政治权术的信心。J.P.摩根公司致电伦敦说:"看来我们颇不愿意考虑任何形式的联邦干预,因为这种干预一旦发生,将来便很难摆脱。"[32]罗斯福漠视拉蒙特提出的温和的补救措施,宣布了一个毫无例外的为期一周的银行假日。500多家银行就此再也没能重新开业。与一个银行紧急法案一道,这个强硬政策恢复了公众的信心,并且揭示了公众对紧急措施更易接受的态度。在整个新政期间,摩根财团不断重犯同一政治错误——一直宣传小改小革,而这些建议又总是被认为只是为其自身的利益考虑而未被采纳。摩根银行没能提供一套可供选择的改革方案,而只是用了恐吓策略。

尽管罗斯福一开始就给了他们一个下马威,但是胡佛的暗淡政绩使得连摩根的银行家们也觉得有必要进行试验。杰克·摩根开始对罗斯福很欢迎,"当然,他的一些对策很可能是错的;但从总体上看,情况实在太糟糕,因此任何措施大概都不无好处。"[33]从1933年3月摩根档案中的通信可以看出,合伙人们对罗斯福的颂扬非常像其他受惊的美国人——他们也需要一个救星。他们不是已经看到自己的处方失败了吗?在罗斯福3月12日炉边谈话和银行重新营业之后,华尔街23号松了一口气,它向摩根建富通报说:"所有国民都十分钦佩罗斯福的作为,他在仅仅一周内所取得的成就实在不可思议,我们过去从来也没有经历过类似的事情。"[34]证券交易所行情大涨,在1933年价格上涨了54%。

然而摩根财团没能看到,像是天际边的一个小点,佩科拉听证会的风暴正向自己的方向逼近。在这个虚假的蜜月中,摩根财团干了一件著名的变节的事,它为罗斯福在4月份使美国脱离金本位一事而叫好。摩根希望这一措施可以导致美元贬值,提高商品价格,扭转致命的通货紧缩。若在平时,这是一个激进的措施;但在1933年,它并没有引起多大争议。重新回到绿背纸币(即没有贵金属支持的货币)和自由铸造银币的老路,农民和其他负债者使威廉·詹宁斯·布莱恩年代的老的通货膨胀灵丹妙药重新复活。罗斯福受到一定的压力,必须采取一些抑制通货膨胀的措施。黄金正在大量外流,人们害怕这将减少货币基础,从而加重通货紧缩。

摩根财团为支持退出金本位出了不少主意。拉塞尔·莱芬韦尔与沃尔特·李普曼共进午餐,为他在一个报刊专栏撰文支持结束僵硬的金本位制度提供建议。莱芬韦尔认为有必要提高商品价格。他同时感到欧洲货币不断贬值,已经导致美元定值过高,对美国的出口不利。午饭后莱芬韦尔说:"沃尔特,你必须向人们解释为什么我们再也担负不起把自己束缚在金本位上的后果。在这之后,也许罗斯福就能够采取行动。我相信罗斯福也会同意这一点。"[35]李普曼让莱芬韦尔审阅那篇文章,并请他加强文章中的要害论点。

莱芬韦尔在新政派中具有大知识分子的形象。当罗斯福后来指责财政部长小亨利·摩根索说话腔调像莱芬韦尔时,摩根索反诘道:"我希望我有他一半的智慧。"[36]哥伦比亚大学教授雷克斯福德·特格韦尔——一个更激进的智囊人物,注意到了莱芬韦尔在金本位问题上对罗斯福起的决定影响。"在广泛地与他认为热心公益的纽约相识们——摩根财团的拉塞尔·莱芬韦尔可能是其中最受信任的一个——磋商之后,他得出结论,黄金必须全部封存,必须禁止囤积和海运国外。"[37]就在李普曼的专栏见报的第二天,罗斯福公开主张结束使用黄金。通过一系列行政命令,他禁止黄金出口和囤积。众议院6月废除了关于证券发行的一个条款,这一条款规定支付必须使用金币。甚至连杰克·摩根也高兴地为这一举措喝彩。对那些仍然记得皮尔庞特·摩根在1895年是如何挽救金本位制,以及摩根银行在整个20世纪20年代是如何将很多国家重新置于金本位制度下的人们来说,这些言论是惊人的,它们证明19世纪新古典经济学的太平世界已经被彻底颠覆。

很多金融家感到非常震惊,犹如国家的船舵被猛烈地扯掉。预算委员会主席刘易斯·道格拉斯拖长音调说:"这是西方文明的终结。"[38]伯纳德·巴鲁克对这突如其来的金融政策的改变同样感到惊恐:"这只能用盗贼的准则来辩护。可能国民们还没有认识这一点,但我想我们可能会发现我们正在经历一场比法国大革命更为激烈的革命。"[39]在欧洲,银行家们对之更感困惑,为什么美国在贸易顺差和有充裕的黄金储备情况下要使它的货币贬值。当听说蒙塔古·诺曼认为这一举措将会使全世界步入萧条时,罗斯福——他称诺曼为"粉色的老威士忌"——只是笑笑而已。黄金禁运表明,美国和英国都是为了国内目标而放弃了世界领导地位。世界在高涨的经济民族主义战争中随波逐流，竞争性货币贬值是战斗的武器。

对受过老式经济学教育的人们来说，这是一个令人摸不清方向的新世界。巴黎摩根公司的合伙人伯纳德·卡特告诉J.P.摩根的合伙人，有一个罗马尼亚银行家走进摩根在旺多姆广场的办公室，破口大骂：

> 世界上有三个金融大国，它们自从第一次世界大战以来一直在对我们说教，告诉我们合同是多么神圣。但一旦事到临头，它们都用这样或那样的方式自食其言，先是英国脱离了金本位，接着是法国拒绝偿还对美国的债务，现在则是美国脱离金本位。我想我们罗马尼亚人好歹不是这种骗子。[40]

到了夏天，罗斯福谴责金本位和其他"所谓的国际银行家偶像"，称赞管制的国家通货的新世界。[41]尽管就背景而言，罗斯福是一个国际主义者和国际联盟的坚强后盾，但他为了国内经济复苏而牺牲了美国在世界范围内的经济领导地位。尽管比胡佛更具世界主义的倾向，但他对为英国融资还有一点余悸。正像莱芬韦尔建议的那样，他结束了英国的战债还款；但他不免认为英国银行家是一群狡猾的人，他们存心要骗美国佬。他解释说："问题是，当你和一个英国人打交道时，他通常从交易中得到80%，而你只得到剩下的那部分。"[42]

因此，新政在早期从两个方面威胁着摩根财团。一方面，佩科拉听证会所揭露出来的问题可能导致政府对华尔街制订新的规章制度；另一方面，白宫对欧洲融资的立场预示着摩根财团在20世纪20年代的那种特殊的外交作用的终结。经过20世纪20年代与华盛顿的一段暧昧关系之后，摩根银行将遭受永远被流放的厄运。

那年春天，罗斯福催促参议院银行委员会执行一个更广泛和彻底的任务，以调查"恶劣银行行为的所有影响"。这无异于颁发了一个全面调查华尔街的许可证。银行委员会于是转向私人银行家——按照佩科拉的定义，这是一些"自己制定规则而不受任何检查的人"。J.P.摩根首当其冲，指望美国最富有的银行家可以逍遥法外是非分之想。对20世纪20年代的回忆如果遗漏了作为那十多年权力缩影的摩根银行，难道会是全面的吗？正像一位前共和党主席说的那样："在世界历史上，从未有过像现在的摩根银行所具有的，这种对金融、工业生产、信贷和工资的强大的集中控制。"[43]现在是华盛顿向华尔街的巴士底进攻的时候了。

费迪南德·佩科拉这位月薪255美元的委员会律师，是历史为摩根的银行家们提供的最好陪衬。佩科拉出生在意大利的西西里，是一个反对坦慕尼协会式的腐败政治的民主党人。他一头厚厚的波浪形的黑发中夹杂着一些白发，笑容斯文，下腭坚毅。在1912年竞选中，他是坚定的公廪党人，在1916年则转而支持威尔逊的进步民主党人。作为纽约的地区检察官助理，佩科拉多次承担艰难的使命——从买空卖空的投机商到狡诈的银行，从警察局到保证金担保人，他有着使80%的案子被判有罪的记录。即使是在他以较缓和的方法起诉时，他也有着奚落和使人感到羞愧的才能。他无畏又清廉，曾拒绝了几个来自华尔街法律事务所的就业机会。当他接手参议院的调查时，他以为他的工作在罗斯福就任前就会结束。然而，这一调查一直继续到1934年5月，并且他写出了长达一万页的证词，整整八大厚册。

摩根财团一开始讥笑佩科拉听证会，把这些听证会看成是一场马戏。拉蒙特认为这些听证会是一个政治策略，"旨在使猎奇的公众得以熟悉我们自己的银行机构的性质和范围"。[44]出于不事张扬的信条，摩根银行试图限制这一调查的范围。1933年3月22日，拉蒙特和约翰·戴维斯律师——1924年的民主党总统候选人，绰号"摩根检察官"——一起到麦迪逊大街那间破旧的临时办公室里拜访了佩科拉。戴维斯努力保护摩根作为一家私人银行的权利，他还引用了一条纽约州法律，这条法律豁免私人银行受到州政府的检查。佩科拉攻击绅士银行这个对其资本账目保守秘密的特权。依照戴维斯的劝告，拉蒙特拒绝披露摩根的资本状况，反对检查银行账目，坚持为客户账户保密。作为杰克·摩根的密友、近邻、拉廷敦圣约翰教区的教友，戴维斯对任何关于摩根不诚实的暗示都非常愤怒。他很快地将问题上升到名誉和宪法权利的高度。两天之后,他告诉佩科拉,他对佩科拉要求得到J.P.摩根公司过去五年的资产负债表一事感到"非常寒心"。

拉蒙特还与帕克·吉尔伯特一起,拜访了纽约联邦储备银行的乔治·哈里森,试图利用他的影响,使摩根的年度报告不至于被公开。哈里森不仅拒绝了这一要求,而且在日记中写下了他对这一要求所感到的震惊。佩科拉把摩根拒绝回答他的问题解释为露骨的蔑视,于是他在报界和国会山与摩根银行开战。他促使参议院通过了一项决议,授权委员会调查私人银行——这是对摩根的一个及时提醒,告诉摩根银行其之所以没有受到整顿,完全是出于政府的容忍。佩科拉取得了胜利。他的侦探们在华尔街23号的一个房间里工作了六个星期,仔细审查外人从来没有看到过的记录。作为对摩根名声的让步,调查在每晚六点结束,而他们的同事则每天在华尔街的其他地方一直干到半夜。

作为银行形象塑造者,拉蒙特力图淡化似乎他在妨碍调查的印象。4月11日,他给罗斯福写了一封聪明的信,保证给予合作——摩根银行要把不可避免的屈服变成一个机会。他写道:"就让委员会的人看到资产负债表这一具体事项而言,我们从未有过丝毫犹豫。我想我可以加上一句,你会认为它是非常令人满意的。"[45]最后一句话暗指双方存在着共同见解,拉蒙特似乎是在提醒罗斯福他的显贵背景。

杰克·摩根对佩科拉格外恼火。他深深地坚信摩根的职业道德,并认为任何调查按其定义来说就是民族仇杀。他抖出了一堆色彩十足的道德形容词;到了66岁的年龄,他不打算再学习容忍。佩科拉被贬为一个"肮脏的小意大利鬼子""一个狡猾的小刑事律师"和"一个二流刑事律师"。[46]杰克从未想过也许佩科拉可能会揭露出什么毛病来。他同时认为炮制这些听证会只是为了迎合公众的下流口味,他告诉林利斯戈侯爵:"说实在的,发现我们有什么欺诈行为的风险是不存在的。但是,此事却要占去所有合伙人以及一个事务所全部律师的时间,去搞清银行的全部历史并准备回答委员会的问题。"[47]拉蒙特告诉他的朋友阿斯特夫人,他对在华盛顿进行的"西班牙宗教审判"和那个"年轻的西西里律师费迪南德·佩科拉"的行为感到遗憾。[48]带着这种自负的道德感,摩根的合伙人们盲目地向听证会进军了。

就在合伙人们为5月出席听证会作准备的时候，听证会出现了新的紧急情况。由弗吉尼亚的卡特·格拉斯参议员和亚拉巴马州的亨利·斯蒂格尔众议员联合提出的一个分离商业银行和投资银行的提案，渴望在众议院得到通过。这将迫使商业银行放弃它们的证券公司，储蓄和信贷业务将同证券业务分离。惩罚华尔街的政治运动变得不可抗拒。谁也没料到证券业务改革会成为早期新政的首要任务。但佩科拉惊人的调查结果迫使罗斯福政府对华尔街采取行动。

在平民主义感高涨的1933年，左派和右派蛊惑民心的政客们发现摩根财团是一个合适的打击对象。路易斯安那州的休伊·朗作了题为"我们的永恒统治者"的演讲，以响应佩科拉的调查。在这个讲话中，他不顾事实地说罗斯福在财政部任用了大批摩根的人。他声称，罗斯福像胡佛一样对摩根感恩戴德，并说："帕克·吉尔伯特来自摩根银行，莱芬韦尔……哼哼哈哈有什么用？我们知道谁在指挥。"[49]

对摩根银行的威胁远远不止来自南方的政治蛊惑家和罗斯福的智囊团中的教授们，威胁也来自银行界自身。1933年，大通银行与公平信托银行合并，成为当时世界上最大的银行。小约翰·洛克菲勒的一个连襟温思罗普·奥尔德里奇，在1933年早些时候接替了大通当时名誉扫地的总裁艾伯特·威金，并准备重振该银行的声誉。为此，他暗中推动分割商业银行和投资银行。1933年3月，他采取措施收回大通在其证券子公司大通-哈里斯·福布斯的全部股本，使之脱离大通银行。同样，在国民城市银行接替查尔斯·米切尔的詹姆斯·珀金斯，相信该银行不计后果的股票子公司几乎毁了这家银行，因此他也支持分割银行功能。银行界在20世纪20年代的团结为背后中伤和损人利己所代替。按照小阿瑟·施莱辛格的说法："奥尔德里奇的做法被解释为洛克菲勒对摩根财团的攻击；他一度几乎获得阶级叛徒应得的礼遇。"反击来自担保信托公司的威廉·波特，他抨击奥尔德里奇的建议是"有史以来从金融界成员那里听到的最具有灾难性的"。[50]银行界的分裂加速了格拉斯-斯蒂格尔法案的通过。

摩根财团是第一个受到佩科拉调查的私人银行。在不停顿的三个月准备之后，摩根一行仪态万方地住进丽思卡尔顿饭店2000美元一天的套间，随行的还有由戴维斯-波尔克法律事务所律师的一小队人马。杰克将是第一个证人。头一天晚上进行预演，约翰·戴维斯向他提出了许多尖锐的问题。戴维斯认为当初皮尔庞特在普约委员会上的高傲不利于摩根财团，他劝告参加听证会的人不要回避问题，也不要争论或急于辩护。后来他回忆道："我把合伙人们集合起来，每天给他们上课。"[51]人们早就狂热地等待着杰克这个明星证人的出场。那天上午，人们纷纷打电话给国会山，希望在那闷热、人满为患的参议院会议室得到座位。在路上，杰克对他的司机承认，他怕自己会沉不住气。查尔斯·罗伯逊不以为然地说："噢，你不会对那帮人发脾气的。"[52]杰克冷静了下来，他决心不和他们一般见识，绝不。他的举止要有尊严。在几个强悍保镖的陪伴下，他步入了国会大厦。

5月23日星期二上午，离10点还差几分钟，几个警卫人员为杰克·摩根进入听证会会场开路，汤姆·拉蒙特和约翰·戴维斯走在杰克的两侧。在闪光灯泡的炸响和旁观者的嘈杂声中，世界上最著名的私人银行家在枝形吊灯和科林斯式的壁灯下走过。尽管他的名字带有传奇色彩，66岁的杰克对许多美国人来说仍然是个谜，像幽灵一样虚幻。他看上去并不可畏。身高六英尺二英寸以上，他是一个有着宽阔的肩膀和鸡蛋形秃头的白发黑眉老人。他内心可能感到胆怯，但仍带着和蔼的笑容。他身着做工精细的三件套的西装，金表链露在外面，一副泰然自若的样子。他和佩科拉形成典型的鲜明对比——冷静的极端保守派面对十分自信的移民。

没有人比杰克更不愿意从半退休状态被拖出去。在此危机时刻，他沿袭三代摩根所遵循的传统，也就是朱尼厄斯60年前灌输给皮尔庞特的绅士银行家准则。杰克的开场白追溯到皮尔庞特在普约听证会上的陈述，称人格是信誉的基础。

> 私人银行家是自中世纪起就存在的职业，随着时间的推移，逐渐形成了一套职业道德和习俗准则，银行家声誉、力量和对其所工作的社区的帮助，都依赖于他对这些准则的遵守……这一准则永远也不能为任何法律所完全阐明，但它有远比任何法律都强大的威力。一个私人银行家如果在从事这项职业时无视这一准则，那么他

就会丧失他的信誉。这种信誉是他最宝贵的财产，是他多年的正直和诚实交易的结果。但这种信誉可以很快地丧失，而且一旦丧失，它就在很长时间内难以恢复，也许永远也不会恢复。

如果允许我提及我有幸作为其高级合伙人的这个银行，我则要说，我们头脑中自始至终的一个念头就是，以第一流的方式从事第一流的业务。[53]

这个陈述是杰克所能表述的最清楚的原则声明，什么是他天生的权利，以及做个摩根银行家意味着什么。可是他的这种坦率的说法在美国人听来是异常的不合时宜。杰克是一个老派银行家，就像炼金术士在原子时代不合时宜一样。历史学家威廉·刘赫旦伯格写道："在证人席上，摩根像是从狄更斯笔下的账房中复活过来的。"[54]这一点儿也不言过其实，因为杰克是在维多利亚晚期的伦敦受训的，并且从未放弃过那时候银行业的社会习俗。

佩科拉的黑发向后高高地梳起，下腭抬起，双手挥动，不断提出咄咄逼人的问题，使室内空气很紧张，有时他甚至用他的雪茄指点杰克。依照戴维斯的劝告，杰克并不与他对阵。他神经质地微笑着，称佩科拉"先生"，简直不像是个鲸吞世界的大亨。他既不发火，也不暴跳如雷。公众看到了一个对他的朋友和同事来说很熟悉、但鲜为公众所知的人物——一个直率、和蔼而又腼腆柔弱的银行家。"我希望把我结结巴巴说的那一部分从我对那个问题的回答中删去，"杰克在回答完一个问题后提出这样的请求，"我不习惯这种形式的盘问，佩科拉先生。我往往词不达意。"[55]

与塞缪尔·昂特迈耶在普约听证会上一样，费迪南德·佩科拉将注意力集中在摩根财团的地位上——它被称为银行家的银行。杰克不认为摩根合伙人参加担保信托公司和银行家信托公司的董事会有什么不对。他也不认为摩根银行贷款给其他银行的60多个官员和董事是一种羞耻，这些人中包括国民银行的查尔斯·米切尔、担保信托公司的苏厄德·普罗瑟、银行家信托公司的威廉·波特。杰克否认这会给摩根带来什么特殊的好处，他说："他们是我们的朋友，我们知道他们是可靠、稳当和正直的人。"[56]杰克不但不为摩根作为华尔街俱乐部的角色而感到愧疚，反而吹嘘它为私人银行提供了一个中立的场所，在那里股份化的银行可以"在没有敌对和竞争的情况下聚会，并讨论普遍关心的问题"。[57]

杰克的证词向萧条的美国展示了一种很多人甚至不知其存在的批发和私人银行的业务形式。当佩科拉索要公司的合伙制协议时，约翰·戴维斯抗议这种当众展示的方式。因此，在一次委员会的内部会议上，佩科拉打开了这卷甚至连有的摩根合伙人也没有见过的、漂亮的手工书写的协议。协议揭示了杰克有绝对的权力来仲裁争端，调配未分配的利润，直至解散银行。杰克以行事严守秘密为荣。他说："在我看来，我们与客户间的关系，远较股份银行与其客户之间的关系更具有保密性。"[58]

在崇尚强行推销的文化中，不露声色的摩根公司是一个令人好奇的谜。作为纽约一家私人银行，它不登广告，不主动征求一般公众的存款，也不给少于7500美元的存款付息。很明显，在摩根银行得到一个账户，就像是被一个显贵的乡村俱乐部吸收为会员。就连佛罗里达州的参议员、参议院银行和货币委员会主席邓肯·弗莱彻也对以下谈话感到困惑。

弗莱彻："你是在为公众服务，不是吗？"

杰克："是的，但是我们只为由我们自己选择的顾客服务。"

弗莱彻："但是你们是不是不回绝一个人，是不是不挑选你们的顾客，也不给你们的顾客入场券？"

杰克："是的，我们正是这样做的。"

弗莱彻："你们这样做了？"

杰克："是的，我们的确是这样做了。"

弗莱彻："我想，假如我去你们那里，即使我没见过你们商行的任何人，但我有10万美元要存入银行，你们大概会接受，是不是？"

杰克："不，我们不会接受的。"

弗莱彻："你们不会？"

杰克："不会。"

弗莱彻："那么我相信你不会……"

杰克："不会的，除非你进来时带着什么人的介绍信，参议员。"[59]

那么，谁在这个地方存钱呢？佩科拉列出一批在摩根银行存入100万美元的公司名单，它们是美国电话电报公司、西兰斯公司、杜邦公司、通用电气公司、通用磨坊公司、英格索尔-兰德公司、国际电话电报公司、约翰斯-曼维尔、肯尼科特铜业公司、蒙哥马利·沃德公司、纽约中央铁路公司、北太平洋公司、标准牌公司、新泽西标准石油公司、德克萨斯海湾硫磺公司以及美国钢铁公司。这些公司的经理们也常常选择J.P.摩根作为他们个人的开户银行。佩科拉用图表说明，摩根合伙人在89个拥有200亿美元资产的公司中拥有126个董事席位。佩科拉后来称"这种私人的权力所达到的极限，在我们整个历史上都是空前的"。[60]杰克解释说，只有在"公司的恳切要求下"，合伙人才会参加它们的董事会。对此，佩科拉看来深表怀疑。

如果说杰克进入听证会场时很沉着，并有信心，他不久就陷入一个在整个新政时期一直纠缠着他的问题——所得税。佩科拉揭露杰克在1930、1931和1932年没有缴纳所得税，摩根的所有20个合伙人在1931和1932年也分文未缴（这几年杰克在英国付了税）。佩科拉也揭露，由于使帕克·吉尔伯特在1931年1月2日才成为合伙人——而不是按照接纳合伙人的惯例在1930年12月31日——公司在1931年申报了3100万美元的资产亏损。杰克结结巴巴，回忆不起他纳税的细节；这种事情他说不清楚，对他的合伙人来说可以理解，公众却是疑窦顿生。虽然杰克和大部分合伙人没有违法，而只是从股票亏损上大量冲销了他们的收入，但在大萧条时期没有纳税，这在政治上是一个具有爆炸性的事件。在税收上钻法律的空子，当时还没有成为美国人所喜欢的消遣，而且政府极需要钱。第二天，报纸上用大字标题大肆宣扬摩根合伙人"逃税"。

还有一些揭发出来的情况更使人难堪。这时已是摩根合伙人的拉蒙特的儿子汤米曾用以下办法制造了一项114000美元的资本亏损：他先将跌价股票出售给他老婆，3个月后又把它们买回——这种做法被称为"虚抛"的做法。小拉蒙特不得不补交3949美元的税来了结此事。此事也同时揭露了国内税务局在查阅摩根纳税申报单时是出奇的马虎；不知是由于银行的盛誉，还是它的令人生畏的权势，这些检查员从来也不仔细地审查一下摩根的纳税申报单。正如佩科拉后来所说的："圣经告诉我们，宁要好名声，不要大钱财。但J.P.摩根的成员被同时赐予了两者。"[61]

由于摩根的证词激起了一种狂乱的气氛，肯塔基州的参议员阿尔本·巴克利叫看门人把后门关上，并要求摄影师停止使用刺眼的闪光灯。走廊里传来的人声和椅子的声响，有时淹没了杰克柔和的声音。好斗的卡特·格拉斯——他认为质问"诚实"的摩根合伙人是浪费时间——感到越来越生气。格拉斯身材矮小，一头乱发，脸蛋瘦小。他认为听证会是"罗马假日"，分散了人们对他的银行提案的注意力，他因不满佩科拉对待摩根合伙人的做法而对他进行攻击。"我不想看到对摩根财团的任何不公平的做法"，他脸气得通红地说，"这是我的态度。"[62]他对杰克出席听证会所引起的骚动十分反感，他脱口而出："我们现在像是在看马戏，唯一缺少的只是花生米和五颜六色的柠檬水。"[63]

这种嘲弄改变了杰克·摩根此后的生活。这一夜，这种嘲弄不断地在林林兄弟报社代理人查尔斯·李夫的脑海中回响。第二天上午，他把一个名叫利亚·格罗夫的32岁侏儒带到了国会山。她身着蓝色缎子服，头戴红草帽。她仅有27英寸（70公分）高，长着一张柯尤派洋娃娃般的脸，明亮的眼睛和圆圆的脸蛋。听证会没有按时开始，为了活跃气氛，斯克里普斯-霍华德报社的新闻记者雷·塔克从走廊上把李夫和利亚引入议会会议室，去见那位著名的银行家。"摩根先生，这位是格罗夫小姐"，塔克介绍说，"她是在马戏团工作。"格罗夫的脸色一阵苍白，但出于礼貌的本能，杰克站起来与她握手。当他坐下时，李夫就势将格罗夫放在他的膝盖上，摩根合伙人及律师对此大吃一惊。很明显，杰克起初以为她是一个小孩。

"我有一个比你大的孙子，"杰克说，这时十几个闪光灯突然亮起来。

"不，我比他大。"

"你多大了？"

"32岁。"李夫突然插话道。

"不，我只有20岁。"格罗夫反驳说。

"是吗，真看不出来你有20岁，"杰克答道，"你住在哪儿？"

"住在一个帐篷里，先生。"

"利亚，脱掉你的帽子！"李夫说。

"不！不！"她说。

"用不着脱，"杰克说，"这帽子很漂亮。"[64]

华尔街最有权势的人们——汤姆·拉蒙特、约翰·戴维斯、理查德·惠特尼——痛苦地看着这场他们认为是很庸俗的把戏，这种旨在使杰克难堪的手段甚至是残酷的。当时议员们正鱼贯而入，他们对眼前发生的事大为生气，并要求报界不要刊登这些照片。只有《纽约时报》一家照办了。第二天，美国各地报纸头版都刊登了杰克和利亚·格罗夫在一起的照片。这些照片属于整个萧条时期最为有名的一些照片。

它们的确拍摄得很漂亮，鲜明而有奇趣。它们所塑造的摩根形象比1915年以来摩根的任何照片都更成功。在这个端庄的银行家和坐在他膝上的卷发侏儒之间有着一种动态的和谐。当格罗夫使自己坐稳时，杰克以极大的兴趣瞧着她；他对这侏儒很亲切，像是一个自豪的祖父。对一代美国人来说，这是令他们难忘的杰克·摩根的形象。这些图片被认为是在金融界公共关系史上开创了一个新世纪。

摩根其他合伙人在杰克之后作证，其间杰克一直在打瞌睡。一次杰克突然醒来，询问现在是哪一年了。在这闷热的听证会会议室里，一个议员建议大家脱去外衣。老派的杰克拘谨地迟疑了一下，然后匆忙地脱去他的浅灰短上衣，露出了他的白色背带。他笑着和保安人员开玩笑，问其中一个是否需要他的手枪，以防备这些参议员们。他给记者们看著名的皮尔庞特家传的鸡血石戒指，但他已远不如刚到场时那样冷静和从容。当一个记者对他说，自从林德伯格绑架事件以来，他还未见过有如此嬉闹的事。杰克私下说，他对这一评论"感到恶心"。[65]他表面上很镇静，但内心深处却因当众受审查而感到蒙受了莫大的屈辱。

杰克本可以利用利亚·格罗夫事件来争取善意和同情。然而，听证会使他愤愤不平，情绪抑郁。他那新英格兰人式的傲慢使他不能容忍这些照片的含义，即似乎他喜欢这次会见。他不愿以这种卑劣的方式来表现自己的人情味，他认为这个事件是"异常的和令人不愉快的"。[66]对新闻界，他试图作出略带讥讽的反应。当被问到他当时为什么不把那妇女从膝盖推开时，他答道："这个嘛，你知道，我当时不敢说她一定不是政府智囊团中的人或是内阁成员。"[67]

人人都注意到了普约听证会与佩科拉听证会之间不可思议的相似之处。报刊的评论对杰克的合作很赞赏，并以当年皮尔庞特的桀骜不驯的态度作对照，威尔·罗杰斯甚至预言杰克前途定将辉煌。在情绪和缓下来时，杰克承认佩科拉不像昂特迈耶那样对人苛刻。但一般而论，他还是不饶恕佩科拉。"佩科拉的举止像是一个企图给偷马贼定罪的检察官。有的参议员使我想起那种性压抑的老处女，她们老是认为谁都在企图勾引她们。"[68]对像杰克这样羞涩的人来说，被人当众盘问是件非常可憎的事。杰克声称："一个人不得不站在大庭广众之下，试图以直率的回答来对付阴险的问题，并让世界相信他是诚实的，我想这是一种在任何文明国家里都不应发生的侮辱。"[69]

有时杰克也会为这一段经历而发笑。一天，他在高尔夫球场正准备击球时，他的球童弗兰克·科尔比对他说，他应当把球当作佩科拉的脑袋。当杰克打出漂亮的一击时，他们两人都会心地笑了。[70]但大多数时间，杰克想起听证会就感到沮丧。这最终使他感情上疏远了新政。后来，马科医生的女婿威廉·杰伊·希费林来拜访他，想请杰克支持一项使穷人能在储蓄银行购买人寿保险的计划。杰克不但拒绝给予帮助，还作了一番发泄性的评论："我希望有你的本领，一种看到不公平后会感到愤慨的本领。大概是由于我自己曾经感受到太多的不公平，我现在听到别人遭到不公平的对待时，已经感到无动于衷。"[71]这种自己是牺牲品的意识，使杰克不再支持罗斯福的计划。他有一种越来越强烈的被美国排斥的感觉,一种被自己的国家遗弃的感觉,并对他的银行声誉受到玷污而感到极大的愤慨。

利亚·格罗夫一生的结局是悲惨的。她和杰克一样敏感,对那次事件没完没了的嘲弄,使她在精神上备受创伤。在1935年,她决定回到她的祖国德国,尽管她有一半的犹太血统——她的真实姓名是利亚·舒瓦茨。两年后,她被作为一个"没用的人"被纳粹逮捕,并被遣送到奥斯威辛,遇难于毒气室。所有这一切,人们是在战后才得知的,是凌林兄弟报社公司负责侏儒问题的经理纳特·伊格尔在打听她的踪迹时发现的。杰克·摩根一直不知道她后来的遭遇,也不知道他们之间的短暂会面造成了她极度的痛苦,从而使后来发生的事情最后导致了她的死亡。

由于佩科拉巧妙地揭穿了其他合伙人的托词,他们的遭遇也不比杰克更好。当乔治·惠特尼宣读一份声明,表示支持公布在证券上市活动中收取佣金的情况时,佩科拉讥笑地指出,有关法律刚刚通过。当他重新把问题转到1929年的事时,佩科拉向摩根方面又掷出了一颗手榴弹。在那一年,摩根银行也加入了创建控股公司的热潮,创办了阿利甘尼公司,并以此为工具而谋求在铁路和不动产领域的利益,该公司所持股份包括范·斯韦林根兄弟公司、联合公司、电力公用事业控股公司,以及由四家食品和消费品公司合并而成的标准牌公司。

摩根不是把股票承销给股票交易人,而是沿用英国的先例,将股票承销给几十个亲朋好友。这些都是摩根银行作为承销费而保留的一部分股票。在20世纪20年代的华尔街,由公司高级职员或有钱的个人来当承销人并不罕见。摩根声称把3家股票公司的股票分配给有钱的投资者,是因为它试图对其不使个人介入高风险股票交易的一贯政策作一个妥协。如乔治·惠特尼所说,"他们只选择那些他们认为在经济上和精神上能够经受得起风险的人,不管这种风险有多大。"[72]

这些辩解并不符合1929年的实际情况。在被炒得行情看涨的市场上,在公开发行之前提供给摩根的亲朋好友的股票,已经按极高的溢价在发行后交割的基础上买卖了(发行后交割的销售是在公开发行之前进行的,并估计到交易开始后的市价）。在摩根对其幸运的朋友们确定的价格和预期价格之间有很大的差额时，这一差额可以立即带来一笔横财。例如，摩根银行按照20美元一股将阿利甘尼的股份出售给它的朋友们，这些股份很快就可以以35美元一股出手；75美元一股的联合公司股票很快可以卖到99美元，32美元一股的标准牌公司股票60天以后可以卖到41美元。在扶摇直上的1929年的股市上，在公开发行前持有这些股票没有什么风险，而且潜在的收益异乎寻常。这些股票看上去简直就是直截了当的馈赠——一种只有摩根财团才能给予的高贵馈赠。仅仅阿利甘尼股票发行一项，摩根银行就有800余万美元的利润可供分配，这一套做法被称为"赚轻松钱"。

摩根财团所谓优惠客户名单的披露，证实了普通人对华尔街的挖苦话——华尔街是一块可以轻易致富、又可以尽情作乐之地。对抨击摩根的人来说，这个名单使他们终于抓到了铁证，一个腐败的物证。这个令人吃惊的名单包括美国商界和政界的精英，从最高层开始，卡尔文·库利奇在离开白宫以后，一直由摩根的合伙人汤姆·科克伦担任他个人的金融顾问，并得到3000股标准牌公司股票。此事披露后，他感到有些羞愧，并对朋友们说，他自己被列在优惠客户名单上，而他们则被列在接受福利接济的名单上，他为此感到难过。[73]共和党的其他受惠人中还包括共和党全国委员会主席查尔斯·希尔斯、胡佛的海军部长、杰克小儿子哈里的老丈人查尔斯·弗朗西斯·亚当斯。

为了减少赌注的风险，摩根也在民主党人身上下了工夫。这部分名单更使受益者们难堪，其中包括前财政部长拉塞尔·莱芬韦尔的良师益友威廉·麦卡杜。由于麦卡杜作为参议员，是佩科拉委员会的成员，这种窘困就更加使他没有脸面。民主党全国委员会主席约翰·拉斯科布也在这个名单上。这个名单直接涉及新政自身内部的人物。威廉·伍丁在1929年任美国汽车和铸造公司总裁时，曾接受过摩根的好处，而他现在是罗斯福的财政部长。

在政界之外，优惠客户名单揭示了令人吃惊的摩根公司关系网。这里面包括企业界的巨头们，通用电气的欧文·扬、美国钢铁公司的迈伦·泰勒、新泽西标准石油公司的沃尔特·蒂格尔、美国电话电报公司的沃尔特·吉福德和国际电话电报公司的索斯特内斯·贝恩；金融家包括大通的艾伯特·威金、第一国民银行的乔治·贝克、纽约证券交易所的理查德·惠特尼和伯纳德·巴鲁克；另外还有战争英雄约翰·潘兴将军、民族英雄查尔斯·林德伯格；知名律师包括约翰·戴维斯和艾伯特·米尔班克；知名的家族有古根海姆、德雷克塞尔、比德尔和伯温茨。

此事披露以后，摩根财团受到行为不诚实的谴责，因而大为震惊。过去每当雇用合伙人时，不论是皮尔庞特还是杰克，总是作同样的陈述。他们会将手举在半空说："我的生意要在那上面做。"然后指着地说："而不是要在这下面做。"[74]杰克告诉别人，一旦发现不道德行为的蛛丝马迹，他们应该马上直接向他报告。而现在银行不得不面对以下指责，它曾无耻地求宠于大批商界和政界的头面人物。怎样才能为这些无法辩解的行为进行辩解呢？

这个任务落在了乔治·惠特尼身上。由于他文人雅士的外貌和黑得发亮的头发，惠特尼在同时期摩根合伙人中是出色的典型。他自己也受惠于阿利甘尼的馈赠，在出售他的8000股股份时，他净赚了22.9万美元。惠特尼是一个强硬不屈的证人。他一口咬定银行是为了使小投资者免于风险。他在谈到那些受惠的客户时说："他们有获利的机会，也有亏本的风险。"佩科拉后来反诘道："有很多人当时是非常愿意帮助这些客户来分担那骇人听闻的风险的。"[75]在有些场合，连自信的惠特尼似乎也感到困惑，一次他期期艾艾地说："我不知道，卡曾斯参议员。很难说我们当时为什么这样或那样做，但更难说为什么我们当时不这样或不那样做。"[76]

尽管摩根合伙人们否认分发那些股票是为了施加影响，佩科拉公布了用传票获得的银行记录，证实了此举的初衷并非天使般的纯洁。1929年，摩根合伙人威廉·尤因曾写信给威廉·伍丁，半遮半掩地承认提供了发财的机会。

> 我相信这种股票在市场将卖到35到37美元一股，这本身并没有多大意思，除了人们想投机以外。我们按20美元一股，为你保留了1000股，如果你愿意要的话。这些股票没有任何附加条件，

你随时可以将其出售……我们只是想让你知道，在这方面我们是一直想着你的，想到你可能愿意以我们支付的相同价格得到一些这种股票。[77]

其他一些文件表明，股票的分配是秘密进行的。合伙人阿瑟·安德森告诉艾伯特·米尔班克："也许无须我加上一句，我希望你不要对别人提起这件事。"[78]有些通信采用了巧妙的暗示。前杜邦的财务主任和通用汽车公司的董事约翰·拉斯科布在棕榈滩打高尔夫球时，感谢乔治·惠特尼让他得到了那些股份，并真诚地希望"将来我能有机会报答"。[79]

拉蒙特对银行被指责为以兜售股票来施加影响而感到愤慨。然而他自己的档案里存有一份1929年2月的备忘录，这个备忘录可能是所有文件中影响最坏的一个。给阿瑟·安德森的附言说明了股份的分配是如何在内部进行讨论的："今天早晨我想到要向你询问，在我们分配阿利甘尼普通股时是否也分了一些给弗雷德里克·施特劳斯。他在去华盛顿就股票发行问题作证一事上，对我们帮助非常之大，并且作出了相当的牺牲。即使现在已经很迟了，我认为我们还是应该为他做点什么。"[80]很清楚，优惠客户名单更是为了酬谢重要的朋友，而不是为了保护小投资者。

对罗斯福政府和摩根银行来说，优惠客户名单的揭露实在不是时候。高额融资正在受到质询，国会的小人物由于提出证券改革提案而名声大噪。内阁用了一个钟头讨论伍丁是否应继续留任财政部长。副总统约翰·南斯·加纳主张他辞职，以表明政府不受摩根的影响；但罗斯福不愿意抛弃受责难的朋友。内政部长哈罗德·伊克斯在日记中这样写道："总统认为，我们中的很多人在1929年以前做了我们现在不可思议的事，我们的道德准则发生了根本变化。"[81]伍丁一直留任到1933年11月，才因病重去职，由摩根索接任。内阁同时也为它的巡回大使诺曼·戴维斯的名字出现在那个"优惠朋友名单"上而感到不安。有人担心，如果罗斯福政府向国际联盟或英国政府靠拢，那么在公众的眼里，这是摩根对戴维斯施加影响的结果。尽管如此，戴维斯在20世纪30年代仍然作为华盛顿的代表，参加了好几个高级别的欧洲会议。

公众对优惠客户名单丑闻的反应像是如梦初醒,华尔街最光辉的"天使"声誉扫地。摩根银行曾经避免了其他银行的那种胡作非为——连佩科拉也把它称之为一家"保守"的银行,但优惠名单把摩根银行与其他银行抛到了同一个泥坑中。为之震惊的沃尔特·李普曼告诉摩根的朋友们,任何人都不应享有如此之大的不受公众监督的私人权利。这对经常与拉蒙特共同进餐的李普曼是一粒苦药。他的传记作者罗纳德·斯蒂尔认为,李普曼和其他记者都被拉蒙特催眠;拉蒙特的"魅力和对交易的谙熟,使他能够说服很多新闻工作者,对摩根的行为不采取比他自己更具批评性的立场"。[82]

李普曼不是唯一感到震惊的新闻工作者,《纽约时报》发表了一篇挽歌式的社论,似乎公众的巨大信任被背叛了:"这是一个由可能是世界上最著名、最强大的银行家们组成的公司。它完全没有必要采用小经营者的种种小手段。然而,它未能经得起对其自尊和名誉的考验……他们使他们最热心的朋友们感到整个社会,包括一些大家都乐意对之表示敬意的人,都被卷入了一桩社会灾祸中。"[83]

读了这篇社论,拉蒙特受到极大的刺激。在摩根合伙人中,他最需要得到别人的尊重。他写信给他的朋友,《纽约时报》的发行人阿道夫·奥克斯,力图淡化发生的丑闻。他说摩根银行以为名单上的人不会再在政府中任职。他提到拥有普通股票的风险,把名单上的人说成仅仅是家庭成员和朋友。他的解释牵强附会:"我们很自然地去找那些经济优裕和懂得普通股票性质的人,即那些准备拿他们自己的钱来冒风险的人。"[84]他的所有这些伎俩都不能掩盖那些已经成为丑闻的确凿事实。这个丑闻为导致摩根财团肢解的法案准备了条件。

格拉斯-斯蒂格尔法案是由一个弗吉尼亚参议员提出的。这个参议员对华尔街23号的友好感情,超过他在参议院银行委员会的其他任何同事。身材短小而又暴躁的卡特·格拉斯过去是林奇伯格报纸的编辑,他所受的正规教育不多。他在作为众议员时,已经参与起草联邦储备法案,并拥护强有力的银行管制。作为威尔逊的财政部长,他曾经是拉塞尔·莱芬韦尔的上司。在

1933年初期,他经常自相矛盾,在支持罗斯福竞选之后,他这个善于辞令的人很快就变成了罗斯福的批评者。他拒绝了总统要他担任财政部长的要求,并从杰弗逊主义的立场批评新政。他是反对黄金贬值的唯一一个民主党参议员。格拉斯提出了他的著名提案,但他对华尔街并无敌意。事实上,他和莱芬韦尔经常彼此怀旧,怀念那些他们在财政部一起共事的日子。尽管莱芬韦尔把他们的关系称为他最珍惜的关系之一,他在那年春天想利用这一关系而没有成功。当时为制定银行改革法案进行工作的分委员会成员们曾宣誓,不对外人透露有关情况,格拉斯不得不加以遵守。

格拉斯-斯蒂格尔法案的形成在很大程度上是命运的产物。休伊·朗和其他一些国会人民党成员要求把联邦存款保险和限制跨州开设银行列入法案。这两项都使罗斯福感到不快。罗斯福支持一个全国性的银行系统,这个系统会迫使小城镇上的共和党银行家关门停业,而不是帮他们继续维持下去。同胡佛一样,他担心存款保险会使得虚弱的银行把强大的银行拖垮,认为存款保险"为经营不善的银行设立了奖赏,对健全的银行则是惩罚"。[85]罗斯福一直让新闻界猜测他是否会支持格拉斯-斯蒂格尔的法案。佩科拉听证会自然促进了公众对该法案的支持。但真正起了决定性作用的是雪片般飞到国会的支持存款保险的信件。存款保险被列入法案之所以重要,还在于没有人会同意为银行经营证券的分支机构提供保险。如果银行得到联邦保险,它们就有义务遵从保守的贷款-存款的银行活动。最后,法案还是限定储蓄存款的上限。格拉斯-斯蒂格尔法案在1933年6月16日由总统签字生效,尽管总统不认为公众非常热衷于银行改革。从这时起,银行或者从事贷款和接受存款,或者从事证券买卖,但不能同时两者都做。

由大通银行总裁温思罗普·奥尔德里奇支持的一个条款在最后一分钟令人吃惊地被列入法案,这一条款强迫私人银行在存款和证券生意之间作出选择。这对摩根财团是致命的一击。卡特·格拉斯后来告诉莱芬韦尔,奥尔德里奇起草了这一条款,罗斯福则把这一条款硬塞给了他。佩科拉关于摩根合伙人们逃避所得税的披露,使得删除这一条款成为不可能,因为公众对此非常愤怒。[86]大通放弃其证券分支的决定增加了这种压力。大通的难民与波士顿第一国民银行的逃兵共同成立了第一个现代美国投资银行——第一波士顿。

格拉斯-斯蒂格尔法案欲置摩根财团于死地。不论怎样，摩根毕竟是最引人注目的将两种形式的银行业务融于一体的银行。具有讽刺意味的是，摩根证明了两类业务是可以被成功地结合在一起的。库恩-洛布和雷曼兄弟存款业务不多，而国民城市银行和大通银行的证券分支都有丑闻发生。由于有以百万美元计的公司存款和第一流的承销业务，摩根财团是一个活跃的双重威胁。

格拉斯-斯蒂格尔法案背后的理论是什么呢？它最重要的目的是要使美国金融界恢复清醒。在20世纪20年代，银行家从冷静、正直的人变为鼓动人们在高风险的股票和债券上赌博的贩子。正像佩科拉指出的那样，小额投资者们认为商业银行是安全的，于是国民城市银行的股票推销商就"以具有魔力的'国民城市'的全部权威和声望作为包装，出现在这些小额投资者面前"。[87]也有人认为储蓄和证券银行业务的结合导致了潜在的利益冲突。银行可以把坏贷款拿来重新包装成债券，然后推销给投资者，正像国民投资银行用拉美贷款做的那样。他们甚至可以借款给投资者，用来购买债券。银行的证券交易分支的最后问题，是它们迫使联邦储备体系同时支持储蓄者和投资者。如果一个证券分支垮了，联邦储备系统为了保护其母银行，必须出手相救。换句话说，政府可能不得不为了挽救储蓄的人而保护投机者。

从根本上说，格拉斯-斯蒂格尔法案不仅是一个银行业务的改革措施，同时也是惩罚银行业的一种做法。它是普通群众因为1929年的灾难而对华尔街作出的反击。法案也得到那些小投资银行的支持，它们希望把大商业银行从它们的领域排除出去。很多经济史学家指出，股票市场的崩溃和后来发生的银行倒闭之间关系不大。银行倒闭主要集中分布在全美的数以千计的县级银行，而有证券分支的华尔街大银行在大萧条中相对地比较稳固。尽管如此，格拉斯-斯蒂格尔法案和其他新政改革方案仍以华尔街作为目标，并使街头巷尾的小银行免受城市大银行的竞争。这种做法只是在政治上而不是在经济上有意义。20世纪20年代的投机狂热已经感染了所有证券公司，不论它们是否是储蓄银行的分支。即使格拉斯-斯蒂格尔法案早就存在，爵士乐时代的华尔街可能也不会更清静。

摩根财团持有十分有力的论据反对这个法案，但是没有人愿意听。在佩科拉听证会之后，连金融精英们十分有道理的论点，听起来也像是只顾自己利益的胡言乱语。拉蒙特指出，20世纪20年代特大丑闻与零售投资分支有关。那么，为什么像J.P.摩根这样的批发银行不能将证券分配到交易商和大机构而不是债券投资的个人？摩根合伙人们同时争辩，1933年新证券法案的规定，将迫使银行公布其代发债券的国家或公司的任何未偿债务，这是在20世纪20年代不存在的对债券投资者的一个保险措施。

拉蒙特争论道，美国银行系统之所以脆弱，与其说是因为规模过大，倒不如说是因为整个系统过于分散。美国有2万多家银行机构，这导致了一部充满恐慌、倒闭和挤兑的金融史。相比之下，英国、法国和加拿大庞大的国民银行数量很少，这些银行较为顺利地经受了大萧条。因此，为什么不鼓励更大、资本更雄厚的银行？为了使银行免于依赖单一的行业——不论是德克萨斯的石油，还是堪萨斯的农业，拉蒙特支持跨州银行业务。拉塞尔·莱芬韦尔也认为将大的商业银行排斥在承销业务之外，将导致投资银行资本短缺——这个预言直到几十年后才得到充分认识。

但在1933年，没有人关切这种前景。公众要看到大银行被拿来开刀，而对那些由于运气不佳或管理不善而步履蹒跚、毫无生气的小银行不感兴趣。美国的云雾般的银行体系可能是造成它暴风雨般的金融史的因素之一，但政治上对这些风暴的反应，又总是将这一体系进一步加以分割。借助于格拉斯-斯蒂格尔法案，美国把自黑色星期四以来一直憋着的气发泄了一下。正如莱芬韦尔所说："有着这么多饥饿和贫困，人们很自然要责怪银行家们，并迁怒于美国银行业中最伟大的名字。"[88]摩根的合伙人们一直认为他们在为其他人的罪孽代受困苦。乔治·惠特尼后来评论说："当我还在摩根银行负责的时候，我们从来不做零售生意。但麻烦也是从这里开始的。新政人士足够聪明地认识到，如果他们能够把证券生意分割零碎，他们就能从我们手里剥夺这种力量。他们正是这样做了。"[89]

— 本章参考文献 —

1. 洛伊顿伯格：《富兰克林·罗斯福和新政》（Franklin D. Roosevelt and the New Deal），第11页。
2. 施莱辛格：《旧秩序的危机》（Crisis of the Old Order），第242页。
3. 马萨诸塞州剑桥城哈佛大学贝克图书馆汤姆·拉蒙特资料，第112箱，第13卷，给维维安·休·史密斯的信，1943年12月14日。
4. 皮尔庞特·摩根图书馆小J.P.摩根资料，书信复印集第25集，第43箱，给林利思戈侯爵（维克多·霍普）的信，1932年1月4日。
5. 康涅狄格州纽黑文耶鲁大学高级纪念图书馆拉塞尔·莱芬韦尔资料，1030组，系列1，第1箱，给伯纳德·卡特的信，1932年1月30日。
6. 博尔金：《罗伯特·扬》（Robert R. Young），第31页。
7. 同上，第32页。
8. 皮尔庞特·摩根图书馆小J.P.摩根资料，书信复印集第25集，第43箱，给坎特伯雷大主教（科斯莫·兰博士）的信，1932年3月16日。
9. 拉蒙特编：《托马斯·拉蒙特一家》（Thomas Lamonts），第98页。
10. 欣顿、迈耶和罗德：《论摩根银行》（Comments about the Morgan Bank），第35页。
11. 马萨诸塞州剑桥城哈佛大学贝克图书馆汤姆·拉蒙特资料，第108箱，第15卷，给小J.P.摩根的信，1931年7月28日。
12. 摩根建富资料（1910至目前），英美卷1，J.P.摩根公司的电报，1919年10月18日。
13. 同上，英美卷2，托马斯·拉蒙特给维维安·休·史密斯的信，1922年11月7日。
14. 马萨诸塞州剑桥城哈佛大学贝克图书馆汤姆·拉蒙特资料，第98箱，第22卷，马丁·伊根的备忘录，1932年7月14日。
15. 惠伦：《开国之父》（Founding Father），第106页。
16. 马萨诸塞州剑桥城哈佛大学贝克图书馆汤姆·拉蒙特资料，第98箱，第17卷，备忘录，1930年10月10日。
17. 同上，第98箱，第21卷，仅发给合伙人的备忘录，1932年4月15日。
18. 同上，第116箱，第7卷，给赫伯特·胡佛的信，1932年4月8日。
19. 摩根建富资料（1910至目前），第264箱，J.P.摩根公司杂卷，美国金融事务，J.P.摩根公司给摩根公司的信，1932年4月6日。
20. 康涅狄格州纽黑文耶鲁大学高级纪念图书馆拉塞尔·莱芬韦尔资料，1030组，系列1，第5箱，第109卷，给沃尔特·李普曼的信，1932年10月25日。
21. 莱芬韦尔：《书信选》（Selected Letters），第93页。
22. 康涅狄格州纽黑文耶鲁大学高级纪念图书馆拉塞尔·莱芬韦尔资料，1030组，系列1，第7箱，第155卷，给维维安·休·史密斯的信，1932年11月11日。
23. 莱芬韦尔：《书信选》（Selected Letters），第78页。
24. 同上，第81页。
25. 同上，第80—81页。
26. 马萨诸塞州剑桥城哈佛大学贝克图书馆汤姆·拉蒙特资料，第122箱，第1卷，蒙塔古·诺曼的信，1933年2月26日。
27. 《商业周刊》（Business Week），1933年6月7日。
28. 布鲁克斯：《戈尔康达往事》（Once in Golconda），第156页。
29. 佩科拉：《宣誓的华尔街》（Wall Street Under Oath），第85页。
30. 洛伊顿伯格：《富兰克林·罗斯福和新政》（Franklin D. Roosevelt and the New Deal），第22页。
31. 同上，第41页。

32. 摩根建富资料（1910至目前），第264箱，J.P.摩根公司杂卷，美国金融事务，J.P.摩根公司的电报，1933年3月2日。
33. 《福布斯》（Forbes）：《小J.P.摩根》（J.P. Morgan, Jr.），第175页。
34. 摩根建富资料（1910至目前），第264箱，J.P.摩根公司杂卷，美国金融事务，给J.P.摩根公司的电报，1933年3月15日。
35. 斯蒂尔：《沃尔特·李普曼和美国世纪》（Walter Lippmann and the American Century），第302—303页。
36. 摩根索：《摩根索日记摘抄》（From the Morgenthau Diaries），第236页。
37. 特格韦尔：《罗斯福的革命》（Roosevelt's Revolution），第22页。
38. 金德尔伯格：《大萧条中的世界》（World in Depression），第202页。
39. 施莱辛格：《新政的到来》（Coming of the New Deal），第202页。
40. 康涅狄格州纽黑文耶鲁大学高级纪念图书馆拉塞尔·莱芬韦尔资料，1030组，系列1，第1箱，第17卷，伯纳德·卡特的信，1933年4月26日。
41. 金德尔伯格：《大萧条中的世界》（World in Depression），第219页。
42. 同上，第231页。
43. 《财富》（Fortune），1933年8月。
44. 马萨诸塞州剑桥城哈佛大学贝克图书馆汤姆·拉蒙特资料，第82箱，第3卷，给南茜·阿斯特夫人的信，1933年6月5日。
45. 卡罗索：《美国的投资银行业》（Investment Banking in America），第336—337页。
46. 《福布斯》（Forbes）：《小J.P.摩根》（J.P. Morgan, Jr.），第155页；书信复印集第25集，第44箱，给林利思戈侯爵（维克多·霍普）的信，1933年4月24日，以及给莫利斯·惠特里奇的信，1933年5月16日。
47. 皮尔庞特·摩根图书馆小J.P.摩根资料，书信复印集第25集，第44箱，给林利思戈侯爵（维克多·霍普）的信，1932年4月24日。
48. 马萨诸塞州剑桥城哈佛大学贝克图书馆汤姆·拉蒙特资料，第82箱，第3卷，给南茜·阿斯特夫人的信，1933年6月5日。
49. 施莱辛格：《动荡的政治》（Politics of Upheaval），第54—55页。
50. 施莱辛格：《新政的到来》（Coming of the New Deal），第443页。
51. 哈博：《律师的律师》（Lawyer's Lawyer），第324页。
52. 皮尔庞特·摩根图书馆小J.P.摩根资料，书信复印集第25集，第44箱，给莫利斯·惠特里奇的信，1933年6月23日。
53. 美国国会参院银行和货币委员会《股票交易实务》（Stock Exchange Practice），小J.P.摩根的开幕词，1933年5月23日。
54. 洛伊顿伯格：《富兰克林·罗斯福和新政》（Franklin D. Roosevelt and the New Deal），第59页。
55. 哈博：《律师的律师》（Lawyer's Lawyer），第325页。
56. 美国国会参院银行和货币委员会，《股票交易实务》（Stock Exchange Practice），第60页。
57. 同上，小J.P.摩根开幕词，1933年5月23日。
58. 同上。
59. 美国国会参院银行和货币委员会，《股票交易实务》（Stock Exchange Practice），第105页。
60. 佩科拉：《宣誓的华尔街》（Wall Street Under Oath），第36页。
61. 同上，第199页。
62. 哈博：《律师的律师》（Lawyer's Lawyer），第326页。
63. 《福布斯》（Forbes）：《小J.P.摩根》（J.P. Morgan, Jr.），第177页。
64. 《布鲁克林之鹰》，1943年3月13日。
65. 皮尔庞特·摩根图书馆小J.P.摩根资料，书信复印集第25集，第44箱，给威廉·杜安的信，1933年7月5日。

66. 布鲁克斯：《戈尔康达往事》（Once in Golconda），第180页。
67. 《新闻周刊》（Newsweek），1935年2月9日。
68. 洛伊顿伯格：《富兰克林·罗斯福和新政》（Franklin D. Roosevelt and the New Deal），第59页。
69. 布鲁克斯：《戈尔康达往事》（Once in Golconda），第180页。
70. 作者和弗兰克科尔比的访谈。
71. 哥伦比亚大学口述历史资料集——威廉·希费林资料，第62页。
72. 卡罗索：《美国的投资银行业》（Investment Banking in America），第340页。
73. 怀特：《巴比伦教徒》（Puritan in Babylon），第428页。
74. 拉蒙特：《亨利·戴维森》（Henry P. Davison），第xviii页。
75. 佩科拉：《宣誓的华尔街》（Wall Street Under Oath），第32页。
76. 施莱辛格：《新政的到来》（Coming of the New Deal），第437页。
77. 美国国会参院银行和货币委员会，《股票交易实务》（Stock Exchange Practice），第143页。
78. 同上，第216页。
79. 同上，第173页。
80. 马萨诸塞州剑桥城哈佛大学贝克图书馆汤姆·拉蒙特资料，第190箱，第28卷，给阿瑟·安德森的信，1929年2月13日。
81. 伊克斯：《秘密日记：最初的一千天》（Secret Diary: First Thousand Days），第45页。
82. 斯蒂尔：《沃尔特·李普曼和美国世纪》（Walter Lippmann and the American Century），第250页。
83. 《纽约时报》（New York Times），1933年5月27日。
84. 马萨诸塞州剑桥城哈佛大学贝克图书馆汤姆·拉蒙特资料，第112箱，第3卷，给阿道夫·奥克斯的信，1933年5月27日。
85. 《商业周刊》（Business Week），1933年5月24日。
86. 康涅狄格州纽黑文耶鲁大学高级纪念图书馆拉塞尔·莱芬韦尔资料，1030组，系列1，第3箱，第67卷，卡特·格拉斯的信，1933年7月12日。
87. 佩科拉：《宣誓的华尔街》（Wall Street Under Oath），第89页。
88. 康涅狄格州纽黑文耶鲁大学高级纪念图书馆拉塞尔·莱芬韦尔资料，1030组，系列1，第4箱，第83卷，给迪安·杰伊的信，1934年2月17日。
89. 哥伦比亚大学口述历史资料集——乔治·惠特尼，第44页。

第十九章
分 家

格拉斯-斯蒂格尔法案通过之后,有一段宽限时期,在此期间摩根财团必须作出抉择,是做存款银行业务,还是搞投资银行业务。合伙人仍然希望法案能被撤消,但是摩根银行在19世纪20年代发挥了无与伦比的政治影响之后,现在似乎陷入瘫痪境地,无法再施加影响了。正如小阿瑟·施莱辛格指出的,银行家们与其他任何组织相比,都更多地失去了公众的尊重,或更深切地痛惜失掉了与华盛顿的关系。就在新政开始之时,他们成为一个污秽的贱民阶层。就摩根财团而言,有一段时间他们似乎是被敌对势力打得落花流水,他们的宿敌牢固地盘踞在华盛顿。白宫曾请因普约听证会而出名的塞缪尔·昂特迈耶起草新的证券公开法,但昂特迈耶后来失去了被罗斯福重用的地位,因为他大肆吹嘘其所谓"与总统的密切关系"。

众多立法的构思均出自纽黑文铁路的瘟神路易斯·布兰代斯,他现在是联邦最高法院的法官。1933年5月,他20年前在"大学俱乐部"中对拉蒙特阐述过的戒律成为证券法中的法则。这部以反映证券真实情况为准的法规要求对新证券进行登记,并对公司及承销商的情况全部披露。"卖者自负"替代"买者自负",成为法规的基本原理。罗斯福在赞赏这一法案时,曾间接提到布兰代斯那部关于纽黑文铁路的书——《别人的钱》,罗斯福说:"法律应该包含这一古老的哲理,即那些经营银行、公司和其他管理或使用别人的钱的机构,应是代表他人行事的信托者。"[1]

对于摩根财团来讲,路易斯·布兰代斯可不仅仅是一个评论者,他几乎是具有神话力量的对手。1934年早些时候,莱芬韦尔建议拉蒙特读一读新版的《别人的钱》,并为格拉斯-斯蒂格尔法案中针对私有银行的条例而谴责布兰代斯:"我毫不怀疑这是他鼓动起来的,甚至是他起草的。犹太人是不会忘记的,他们毫不留情……我强调这么多的原因,是因为我觉得你低估了我们对手的实力……我认为我们遇到了最深奥的政治经济哲学,犹如木桶中的酒,醇化了20多年,出自民主党的精粹和最有权力的人,而他又正好是最高法院的法官。"[2]尽管司法权与行政权应分开,布兰代斯还是通过他的女儿伊丽莎白·劳申布施作为信使给罗斯福出点子,罗斯福用代号"以赛亚"*来指布兰代斯。

1934年,摩根财团与纽约证券交易所主席理查德·惠特尼联合展开强大的游说攻势,以期撤消证券交易法,他们在乔治敦城一座被戏称为"华尔街大使馆"的住所里活动,警告说联邦条例会把华尔街变成一个"荒凉的村庄"。[3]这场斗争异常激烈,尽管有反华尔街的情绪,法案起草人还是对其胜利感到意外。其中一位起草人托马斯·科克伦很有些欣喜若狂,他说:"雷伯恩和我单独地顶住摩根和证券交易所派来的律师的连续不断的炮火——我们大获全胜!"[4]摩根的另外一位对手约瑟夫·肯尼迪在股市崩溃之前曾被杰克冷落过,而现在已成为证券交易委员会的首任主席,而参加起草法案的费迪南德·佩科拉则被任命为专员。这些货币兑换商可真的是被轰出圣殿了,而把他们赶出来的是在20世纪20年代曾被美国有特权的白人把持的华尔街排斥在外的爱尔兰人、意大利人和犹太人。

摩根的合伙人于是采用言辞激烈的批判手段,而他们此时本应采取和解态度的。杰克·摩根猛烈抨击"荒谬的"联邦存款保险,并警告说,如果证券法得以颁布,则意味着资本市场行将灭亡。面对其银行权力的减少,他显出一副略被击败的神态,对朋友抱怨说,他是诸位政治鼓动家练习拳击的

---

* 《圣经》中的人物,希伯来的大预言家。

吊袋。与其他合伙人一样,在攻击新政时他缄口不言——这也许是他1934年没有参与他的朋友约翰·戴维斯律师建立反新政自由联盟的原因。他曾断言:"如果什么人大声疾呼,公开反对……他马上就会遭到公众的嘲弄,会被视为一个十足自私、追逐个人利益和对新思想无动于衷的家伙。"[5]他很容易成为批评家攻击的目标。他粗率无礼地拒绝采访:"我觉得我的意见无关紧要。"因此经常招致记者的怨恨。而其他时候,他又谈论并谴责阶梯收入税制,或采取煽动性立场。不管怎么样,他的声望降低了。

西奥多·罗斯福曾经是使皮尔庞特很头痛的人,现在又一个罗斯福对杰克起了同样的作用。罗斯福家族似乎常常成为摩根的冤家。如果有人提到西奥多·罗斯福,杰克就会唾沫飞溅地说:"上帝诅咒所有姓罗斯福的!"[6]他喜欢引用英国文艺复兴时期的一位圣人理查德·胡克的话,即如果只按照一个人的意愿去生活,那么将成为每个人的不幸。按杰克的意思,那个人指的就是富兰克林·罗斯福。杰克把他看作可怕的左派骗子,一心要摧毁他自己的阶级。在1934年,他说:"我最初并没有这个看法,但我逐渐认识到,美国能够挺得过甚至是富兰克林·罗斯福的攻击。我尤其感到欣慰的是,对于他的偏激做法和对荣誉的全面抹杀,出现了越来越多的反对意见。"[7]杰克对罗斯福一直抱有敌意,他后来心脏不太好,他的孙子辈们被告知有他在场时不可提到总统的名字。还有种说法讲,仆人们把罗斯福的照片从杰克早晨看的报纸上剪下,使主人不至于血压升高。

杰克的保守主义思想非但没有随着时间的流逝而转变,却变得越发顽固不化起来。对国会的一贯抨击,变成对民主和普选权的丑恶谩骂和讽刺。在他看来,议员们都是控制着他的命运的"一群疯子",而明智的有产阶级,却被一大群感情用事者的奇谈怪论所左右。与其说新政是一套经济改革,不如说它是对社会秩序的直接、恶意的袭击,目的就是要"灭绝所有财富和赚钱能力"。[8]尽管有25%的失业率,他仍希望平衡预算、降低税收。他说:"我越看这新政越觉得,除了名字外,它没什么新东西。"[9]

拉蒙特是银行方面的主要游说人,他对新政不是完全反对,并对联邦储备银行采取公开市场业务(指买卖政府债券)这类反紧缩通货的措施表示赞许。在20世纪30年代有些时候,往往是摩根支持放松货币政策,而死板的华尔街却在为通货膨胀发愁。但即使是拉蒙特,也从来没有提出过一项改革计划,抢在银行批评家行动之前推出。华尔街甘愿让其对手起草新的法律。

拉蒙特的惯用手法是对不同的人说不同的话。1934年,在一次私人晚宴上,他对负责救济事务的行政官哈里·霍普金斯说:"是啊,如果一个国家愿意一年内拿出300亿美元去巴结德国人,我就不明白为什么会有人对花上50或60亿美元使老百姓不挨饿而横加指责。"[10]在这里,他听上去像个赤字无害论者,但那年在与英国财政大臣内维尔·张伯伦聊天时,他赞扬英国采用适宜的传统政策,而不是打赤字牌的办法来克服大萧条,他开玩笑说:"我觉得我不应该让您个人负责,虽然你们把凯恩斯派过来,让我们总统又花了5亿美元用于公共事业。"[11]

摩根银行用来改变新政策的最好武器是拉塞尔·莱芬韦尔。他一头白发,有个匹诺曹式的鼻子,看上去像个德高望重的哲人,或是一位上了年纪的政治家。他博览群书,视野宽阔,对任何议题都可拿出有说服力的看法。莱芬韦尔对新政有最公正的看法,经常告诉朋友们,罗斯福在1933年拯救了美国,使其免于一场大革命。他也不怕因为与总统意见一致而得罪华尔街。有时他派他的朋友莫里斯·厄恩斯特、一位自由派律师作为中间人去接触白宫,这样沃尔特·温切尔和其他专栏作家就捕捉不到他在施加影响的风声了。但即便是莱芬韦尔,也未能在经济紧要关头作出明智的调整建议。1934年10月,罗斯福请他到白宫商讨新的公共事业规划时,他反对这一规划,并教条地断言此规划会引起通货膨胀,并把私人资本从金融市场挤出去。但那时,通货紧缩是关键问题,而且资本市场上远远不是门庭若市,而是门可罗雀,无人求资。莱芬韦尔式的自由经济主义者,很难赞同政府干预经济的各种形式。

摩根财团在许多方面都是一个缩手缩脚的巨人,也害怕其游说努力被其对手歪曲成为暗中施行权力的证据。1933年底,无线电广播蛊惑民心,把大萧条起因归结于华尔街鼓动的货币政策,查尔斯·库格林神父这位"电台神父"又为威廉·詹宁斯·布莱恩点燃起燎原之火。从他那在底特律附近的"小花圣地",用一些传说煽动全国听众,这些传说讲的是一家银行使美国变成金本位制的奴隶，它长期与英国皇族串通，并且把债务和通货紧缩加到农民身上。而同是这家银行，又为英国和美国与金本位完全脱钩而欢呼。在1933年11月的一次以"战斗原本如此"为题的广播中，库格林又搬出关于摩根财团的古老神话："有谁曾以上帝的名义指责摩根对这个国家的热爱？有谁不知他们长期玩弄英国把戏，他们向英格兰纳税，而对美国却分文不出？"

接着他又把十几名政治家拉出来，这批人全都是摩根的帮凶，他们使美国陷入大萧条。

> 马路边上坐着皮尔庞特·摩根——英格兰雇用的童子军，避税大师，设置金融障碍的战略家。
> ……
> 摩根有两代人都是有权有势的，老摩根向内战中的战士卖枪支——是开不了火的枪，小摩根在筹资，以制造更多的枪支，那种在上一次战争中什么都打不了的枪……看看你是选择哪一边呢？在罗斯福和摩根间作出选择！在那些华尔街的诈骗者……和"新政"间作一个选择吧！[12]

库格林神父还请其听众寄来支票，后来发现他自己动用了一部分汇款，通过其在佩因韦伯的一个私人账户搞银品期货交易。

在库格林、赫斯特报刊及其他孤立主义者喉舌的谩骂攻击下，一个有力的论点形成了——第一次世界大战和大萧条是由同一帮华尔街银行家们煽动起来的。论据是银行家们把美国引入战争来保护其对协约国的贷款；而由战争引起的债务及赔款导致了大萧条。因此，摩根和其他国际银行家们应为使美国参战和陷入大萧条而受到谴责。对于那些仇恨英国的人民党来说，这是个成立的等式。他们可以借着对华尔街的不满，而反对与英国加强密切联系，他们也可以利用孤立主义情绪而施加压力，对银行进行更严格的控制。摩根财团很自然地成为这种攻击的目标。

罗斯福对这些华尔街的银行家感到既迷惑不解，又有些恼火，而这批人对他也有同感。他认为自己就像是在为病人做一个彻底的手术，以挽救他的生命，并不是要杀了他。他的开拓性才能及接受新思想的天赋是最令银行家们惶恐不安的，他们惯于按神圣而且一成不变的准则行事。为缓和关系，罗斯福邀请摩根的"忠臣"、纽约联邦储备银行本·斯特朗的接班人乔治·哈里森在他的游艇"红杉"号上共度周末。谈到银行家们的不信任，罗斯福苦笑着说："他们反对我做的任何事，即便是那些本为帮助他们的事。"[13]

哈里森急于从中进行调解，就为罗斯福安排了一次在华盛顿对美国银行家协会会议上发表讲话的机会。拉蒙特和帕克·吉尔伯特参加了这次会议，这也是摩根合伙人第一次光顾美国银行家协会会议。调停努力的结果是使事情越发糟糕了。纽约第一国民银行的杰克逊·雷诺兹作了个重要讲话，对罗斯福大加赞扬。但当银行家们后来发现罗斯福本人审查过这份讲话稿时，他们觉得自己被蒙骗了。因此，新政和银行家间的停战局面也宣告结束，双方又互不忍让，两相对峙。

对摩根财团最重的袭击，恐怕是来自那些想要修改联邦储备体系的人。格拉斯-斯蒂格尔法案中有一项不很起眼的条款，禁止纽约联邦储备银行与外国银行进行谈判。这是华盛顿针对本·斯特朗与蒙塔古·诺曼之间言传意会的默契所采取的对策，而这种关系对摩根财团来讲是至关重要的。这个看上去无关痛痒的措施正是华盛顿整治银行的最精明的行动之一。

接下来在1934年，犹他州的一位叫马里纳·斯托达德·埃克尔斯的年轻的银行家建议罗斯福政府修改联邦储备法案。埃克尔斯希望削弱纽约联邦储备银行，并将权力转移给华盛顿的联邦储备委员会，从而清除华尔街银行家们对这一体系的影响。莱芬韦尔对此举动特别愤怒，因为他曾指责华盛顿联邦储备委员会对纽约联邦储备银行的干预导致了1929年的大崩溃，纽约联邦储备银行原本是要提高利率并制止投机的。乔治·哈里森力图组织一批人数足够的保守派参议员，否决1935年的银行法，但其努力徒劳无益。根据埃克尔斯立法，地区性银行失去很多自主权；权力掌握在华盛顿的由7名成员组成的联邦储备委员会手中。还有两个象征性的举动强调联储新的独立性,一是委员会中不再有财政部长,二是一直在财政部大楼里办公的美联储有了自己的办公楼。

埃克尔斯后来又想把帕克·吉尔伯特放进改组后的联邦储备委员会,但摩根合伙人认为这不过是个"肉包子打狗"的办法,因而拒绝了,他们也知道现在联储要听命于新的政客们。从许多方面来看,埃克尔斯的改革虽然已经迟了,但终究还是达到了联储改良支持者的目的,他们一直希望有一个美国中央银行来限制华尔街的权力。20世纪20年代共和党在国际舞台上的退缩,曾使得本·斯特朗和摩根财团能够打消掉这个意图,但在20多年以后,货币托拉斯的阴魂终于被彻底拔除了。

在华尔街众多银行中,没有一家银行像摩根财团那样痛苦,那样难以在做存款银行业务还是搞投资银行业务间做出抉择。最终决定拖延到1935年夏,而那时它已依法被禁止从事证券业有一年了。考虑到华尔街上缺少企业证券发行,卡特·格拉斯在拟议中的1935年银行法中加入了一个修正案,以恢复存款银行从事有限的证券业务。合伙人们把其最后希望寄于此。

乔治·惠特尼作为公司承销业务的负责人,要向摩根客户通报银行的决定,在这方面他所承受的压力越来越大。随着利率的降低,许多公司要求以低利率为其到期债券再融资,他们不断地问惠特尼应该如何行事。7月下旬,原国民城市银行董事长、现为布莱斯公司的合伙人查尔斯·米切尔发现,惠特尼仍在寄希望于格拉斯-斯蒂格尔法案在最后一刻能被推翻。米切尔告诉一位合伙人说:"我觉得他们还在期待……想看看银行法中有关承销的修正案能否通过,有关这一点,他们可比从前要乐观得多。"[14]8月下旬,银行法修正案提交众参两院联席委员会,但罗斯福总统给了摩根财团最后一记重拳,出面否决了这项修正案,他拒绝考虑对格拉斯-斯蒂格尔法案做任何修改。

杰克似乎是太压抑了,不愿意面对这个现实,一直向特迪·格伦费尔保证格拉斯-斯蒂格尔法案修正案能够通过。但1935年初他在艺术市场上的一些神秘行动,却暴露了他内心的悲观。打着遗产继承税和清理资产的旗号,杰克卖掉了6幅绘画真品,得到了150万美元。德国钢铁巨头弗里茨·蒂森买到多梅尼科·吉兰达约的《阿尔比齐家族的焦瓦娜·托尔纳博尼》,而纽约大都会博物馆得到了弗拉·菲利波·利皮的一个三连套图画和鲁本斯的《奥地利的安妮》。通过伦敦的克里斯蒂拍卖行,杰克拍卖了7箱积攒了30多年、令人梦寐以求的袖珍画。7月份天气闷热,克里斯蒂拍卖行特意请了一名护士到场,以防有人晕倒。就这样杰克卖掉了小汉斯·霍尔拜因的一幅画、一个镶嵌着伊丽莎白女皇肖像的金坠子,还有其他稀世珍品。只有极敏锐的新闻评论家才会把这种对现金的突然需求与摩根财团的决策问题联系起来。正如杰克在他父亲去世后所表现出来的,如果需要保存银行资本,他随时可以毫不吝惜地捐献出他的艺术收藏品。

J.P.摩根公司在做出决策前,1934年6月,与摩根建富一起又出台了一项举措,以顺应格拉斯-斯蒂格尔法案,英国分部成为有限公司,纽约公司持有其三分之一股份。这样做是为了使J.P.摩根公司这家新的商业银行不直接进入英国证券业务,这种结构也正是英格兰银行所希望的。纽约这下子成了一个不参与经营的投资者。蒂姆·柯林斯说:"显然这就是让他们别多插手。"他后来成为摩根建富的董事长。[15]在华尔街23号和大温彻斯特街23号之间仍保留着一种亲密熟悉的感情,伦敦的《泰晤士报》称这仅仅是一种"细微的技巧性变化"。[16]但对于一家长期听命于纽约的银行来说,这种变化却代表了英国方面自主行事的一个新阶段。刚好,这个时期,除了在大英帝国外,伦敦金融城已经不像战前那样,可以再放出大笔外汇贷款了。于是摩根建富以及伦敦的其他商人银行就把注意力转向证券及国内银行间的兼并业务上了。

1935年8月,汤姆·拉蒙特把J.P.摩根的首脑们召到他在缅因州岸边的小岛农场里,其中包括摩根的合伙人莱芬韦尔、惠特尼、帕克·吉尔伯特和哈罗德·斯坦利,以及戴维斯-波尔克-沃德韦尔法律事务所的兰辛·里德。在这次秘密会议上,摩根财团作出不可变更的决定,继续保持存款银行不变,但分离出一部分成立一家完全独立的投资银行,叫作摩根士丹利。这次高层会议没留下任何会议记录,因此也就留下几个没有回答的基本问题。为什么摩根这些首屈一指的承销商倾向于"商业"银行而不是"投资"银行?为什么他们偏爱存贷业务而不是证券和经纪代理?为什么这样一个举措,从后来角度看似乎是缺乏远见?

　　这种选择在50年以后看起来仍是异乎寻常的。从1919年至佩科拉听证会，摩根牵头经办了60亿美元蓝筹公司和外国政府债券。摩根认可的债券发行还能带来像支付债券红利这样的抵押金融业务。就像拉塞尔·莱芬韦尔跟拉蒙特说的:"我更相信了，证券业务是银行业务不可缺少的填充物，如果没了这个，银行业务很快也就枯竭了。"[17]除了布朗兄弟·哈里曼公司，多数重要的合伙公司——库恩-洛布、高盛和雷曼兄弟——都选择了"投资银行"（实际上是指证券业务）。商业银行业务——即信用证、贷款、外汇和股票过户这类业务——对于像J.P.摩根公司这样一个兴致独特，并有活跃的幕后外交活动的银行来说，未免太平淡寡味了。

　　这个选择在很大程度上是受证券市场不景气的影响，一段时期以来，证券承销是公司最不赚钱的行当，新证券法使承销商被大笔潜在的负债捆住了手脚。发生了优惠客户名单的丑闻以后，杰克·摩根痛定思痛，或许是觉得商业银行的获利水平比起投资银行来说，要更稳定和持久。为了敦促撤消格拉斯-斯蒂格尔法案，莱芬韦尔给罗斯福写了一封信，说明在大萧条期间应该如何看待证券业务。

> 　　承销资本业务是而且应该是附带性业务，它具有阶段性和零星分散的特点，只有当一个人具备了赖以生存的好营生，他才可能从事这项业务。完全投入承销业务的公司要面临支付经常性费用和生活费用的巨大压力，因此不可能对所要承销的证券进行取舍。
>
> 　　我们业绩良好的一个原因……或许是……我们没有营销人员，承销业务的经常性支出很少，而且我们有很好的赖以生存的银行业务，因此我们可以，而且的确是回绝了一半欧洲和南美的客户。[18]

　　保持低额经常性支出，不配备营销人员，以及只选择基本客户这种方式成为摩根士丹利此后45年的经营哲学。

　　当然在选择商业银行业务时，人的因素也是很重要的。1935年，约有20%的美国工人失业,当时,很难放弃商业银行方面这种劳动力密集型业务。如果成为投资银行,就意味着大规模裁员——对一个家长式的公司来说,这可是最不仗义的了。摩根官方历史上记载着:"作出决定时,J.P.摩根这家合伙公司约有425名雇员,如果公司选择了全部从事证券业务,那么这些人中的绝大部分或许将成为多余……大约有400人是从事商业银行和其他业务的,他们继续留在公司里,约有20人出来组建摩根士丹利。"[19]

还有些不是那么冠冕堂皇的动机。摩根合伙人希望保留这个选择,即将来某一天在重组摩根财团时,不会失去其老客户。1934年底,拉蒙特给他的合伙人查尔斯·斯蒂尔写信说:"我觉得我们都感到肯定会找到办法和手段重返证券业的,不是通过修改现行法律,就是通过某些独立的公司计划或其他什么的。我们现在正在考虑这些问题,但无论如何是不会接受这个观点的,即……我们将断了证券业务的根。"[20]这个独立公司计划就暗示了摩根士丹利的产生。看起来拉蒙特是相信,不用修改格拉斯-斯蒂格尔法案他们也可以留在证券业务之中,这也表明他暗中已有一两招应急措施了。

在华尔街23号和其他任何地方,摩根士丹利都被看作是主干上的一个分支、一家继承性公司,正如给摩根建富的一封电报所解释的:"分离这个事实显然是被理解了,而同时大家又都指望新公司能继承母公司的传统。"[21]摩根财团或许是想创建一家公司,以便将来在对其友好的共和党执政时,能够完完全全地重新纳入J.P.摩根公司。拉蒙特可能还回忆起,银行家信托公司是作为一家"经营受控制的"银行诞生的,它会很有礼貌地把那些介绍给他们做信托业务的客户转回来。如果摩根当初选择了投资银行,并解雇其90%的雇员,那么一旦格拉斯-斯蒂格尔法案被废除时,它也不可能重建摩根财团了。

1935年9月5日下午4时,也就是杰克·摩根68岁生日前夕,摩根财团正式分家了。拉蒙特、惠特尼和斯坦利站在合伙人狭长的屋子尽头的壁炉边,墙上挂着皮尔庞特的油画肖像,他们向20多名记者宣布摩根债券部的几个人将出来组建摩根士丹利,这家新组建的公司有3位J.P.摩根的合伙人——哈罗德·斯坦利,他于1927年末在德怀特·莫罗被任命为驻墨西哥大使后加入公司;杰克的小儿子哈里;还有威廉·尤因。此外,还有两位德雷克塞尔的合伙人——佩里·霍尔和爱德华·约克。拉蒙特说新公司将从事"从前由我们公司从事的那种性质"的证券业务。[22]

杰克和哈里·摩根没有参加这次会议,即使是在这一历史时期,杰克也不愿放弃打松鸡的乐趣。那是个令人悲哀的时刻,一名记者注意到了那些严肃的面孔,写道:"这家老牌公司分家时的严肃劲儿与其他任何私人家族分家时没什么两样。"[23]但是不管摩根如何忧郁,如丧考妣,新的摩根士丹利作为恢复繁荣的征兆而得到喝彩,也成为恢复华尔街信心的一针强心剂。

与其说摩根士丹利像个J.P.摩根公司的远房侄子,倒不如说它是一个继承了大量财产的继子,得到几乎全额资助。摩根士丹利的高级职员几乎完全掌握了50万美元的普通股,他们也拥有投票控制权,但真正的启动股本金是700万美元无投票权的优先股,J.P.摩根及其合伙人拥有其中的660万美元。杰克及其家族拥有优先股中的大约50%,汤姆·拉蒙特及其家族持有40%多。不足为怪,这个新的分支机构引起一些竞争者的怨言,他们觉得J.P.摩根公司在字面上遵守了格拉斯-斯蒂格尔法案,但却违背了其实质。

1935年9月16日,摩根士丹利在华尔街2号开业了,距华尔街23号仅有约100码之遥。这个神气的"庶子"公司的办公室对着三一教堂的尖顶,装潢也让人想起其贵族血统,老纽约的风景画挂在墙上,表现其特征的拉盖式书桌也是按华尔街23号的风格布置。它真有一点J.P.摩根分行办公室的味道。"我在银行里找到的第一份工作就是去摩根士丹利,"埃尔莫尔·彼得森回忆道,他后来成为摩根担保公司的董事长,"他们人手不够,太忙了,就借我们两个人干了有一年时间。"[24]

9月16日是美国商业史上一个最与众不同的开业日,它可真不像是新业开张的架势。开业前一天晚上,佩里·霍尔让看门人准备好一张桌子,以备有人送花。当他来上班时,看到桌上摆着有200多种花卉。"实际上,我们办公室摆满了一排接一排插在花瓶里的漂亮花束……几乎全部来自我们的竞争者和华尔街上的同僚。"[25]一名记者描述说,它就像是花卉展览。《纽约时报》报道了这种奇怪的气息:"开业典礼平常得就像是任何一家老字号公司又一个星期的开始。"[26]有一个关于摩根士丹利的传说,或许不足为信,讲的是第一个星期内来谈业务的公司太多了,以至于当一家公用设施公司的董事长来谈融资一事的时候,斯坦利说:"让他下星期再来吧。"[27]

在这家新公司里,领头的几位都是很典型的摩根式人物。新闻媒介就像是在报道一家新开张的乡村俱乐部,描绘他们打高尔夫球,或是从冲浪板上冒出来。哈罗德·斯坦利是公用事业股票方面的专家,英俊洒脱,风度翩翩,一头浓密早白的头发,脸庞较长,目光镇定,年纪快有50岁了。他是公司总裁和资深活动家,也是华尔街上声望极高的人物。

斯坦利是通用电气公司的一位工程师、热水瓶发明者的儿子,他有很纯正的摩根血统——他是马萨诸塞州圣公会会员、耶鲁的曲棍球和篮球明星和"骷髅会"成员,他在辛辛那提州格林威治有一栋房子,在萨顿还有一套公寓房。他谈判时总是很坚定、固执,但很诚实。《新闻周刊》报道说:"别人拍桌子时他坐在一边不出声,但在争论时他很少退缩。"[28]他的这种沉着冷静的外交风范是最适宜对付那种日后笼罩了摩根士丹利20多年的政治攻击的。

开业那天,未到场的是公司的新财务主任哈里·摩根,他35岁,当时正坐游船从英国回来。哈里避开公司事务的举动预兆了后来的发展。但对这家新公司来说,最重要的是不仅要有摩根的名称和钱物,而且要有一个活生生的摩根在位。

哈里·摩根的头发油光锃亮,脸庞轮廓分明,双眼炯炯有神。像他祖父一样,他说话不拐弯抹角,敢作敢为,也有点像皮尔庞特那样急躁。他买下了北滩的伊顿海峡半岛,乘水上飞机去华尔街。就像普约听证会期间杰克受皮尔庞特牵连一样,哈里也为佩科拉听证会如此对待他父亲而耿耿于怀。这是在他生活中产生极大影响的事件,使他完全自我封闭起来,与游艇世界之外的一切公共职责隔绝。这样也使摩根士丹利不像老摩根财团那样,去涉足政治或出头露面了。1935年,新闻媒介把哈里说成是摩根业务人才中的实际继承人,与仍留在J.P.摩根公司里的他那个脑子稍慢一些，但很随和的哥哥小朱尼厄斯相比，他是炫目夺人了。哈里更多的是在恪守摩根士丹利的准则，在维护其传统方面发挥作用，而不是日常事务。通过他与欧洲银行家族，包括瓦伦伯格家族和汉布罗斯家族在内的友谊，他也保持了重要的业务联系。他是这样描述其职责的："在我祖父年纪大了以后，我父亲给公司里引入了一些非常出色、称职的合伙人。他建立起一支队伍，在组建队伍、扮演调解人角色和充当队长方面，他是绝对成功的。从各方面来看，在组建这家公司时，我觉得有我发挥这种作用的余地。"[29]

摩根士丹利的创业者们以浪漫形式从事其早期活动，强调了他们所遇到的风险。佩里·霍尔说："我们驾着一只小舢板，向着波浪翻腾的大海进发，我们也不知道别人将怎样对待我们。"[30]实际上，他们受到的待遇类似文艺复兴时代流放在外的宫臣。J.P.摩根与新公司间有着千丝万缕的联系。摩根士丹利公司的成交——指证券支付与交割——是在华尔街23号进行的；乔治·惠特尼作为客户的"家庭医生"，把客户介绍给摩根士丹利。摩根士丹利最初只有几笔从23号那儿接来的生意——但那些都是什么生意啊！乔治·惠特尼把像温德尔·威尔基，消费者电力公司的董事长这样的客户介绍给了哈罗德·斯坦利。1935年9月底，摩根士丹利完成了第一笔大型电力公用事业的证券发行。初夏的时候，美国电话电报公司的沃尔特·吉福德曾询问斯坦利，有关摩根合伙人要建立一个证券公司的传闻，当斯坦利证实这点后，吉福德说："那可解决我的问题了。"然后他就戴上帽子走了。[31]美国电话电报公司需要搞些新的融资活动，证券交易委员会也迫切希望美国电话电报公司回到资本市场，以证明他们在新法规下的活力。在为伊利诺斯州的贝尔公司做的历史性的发行活动中，经过斯坦利和证券交易委员会主席约瑟夫·肯尼迪在华盛顿磋商后，摩根士丹利按照新政证券法的要求，第一次在报纸上登出了募资说明书。

尽管摩根财团预测新政会扼杀资本市场，但在1935年它却非常繁荣，承销量翻了四番。在开业的第一年里，摩根士丹利令人咋舌地接手了10亿美元发行业务，席卷了四分之一的市场。《福布斯》杂志赞叹道："大多数商行、协会或公司起步都是比较缓慢的，摩根士丹利公司的记录却是很独特的……真是使其他任何新成立的机构望尘莫及。"[32]该公司通常都是发行的牵头人,一般也不参加其他公司组织的证券发行。按照证券交易委员会的规则,公司承销量的多少要受其资本金的限制,因此承销团变得越来越大。就电话行业发行证券来说,摩根士丹利能组织起一百多家承销商和五六百家分销商,其选择公司参加发行的权力使它八面威风。逐渐地,许多J.P.摩根的常客——昵称为"专营户"——都转向这家新公司。到20世纪30年代后期,纽约中央铁路公司、美国电话电报公司、通用汽车公司、约翰斯-曼维尔公司、杜邦公司、美国钢铁公司和新泽西标准石油公司,以及阿根廷和加拿大政府都来要求做证券业务。与格拉斯-斯蒂格尔法案前未分离时的摩根银行一样,在包括公用事业、电话公司、铁路、重工业、采矿,以及外国政府在内的同样业务领域里,摩根士丹利的力量都很强大。

华尔街的其他人都推断摩根士丹利继承了其母公司的权力衣钵。查尔斯·布莱斯和他的合伙人查尔斯·米切尔想方设法去迎合新的领导人。布莱斯告诉米切尔说:"我们的主要工作是进到圈子里,离他们越近越好。"[33]为与摩根士丹利交往,他建议在J.P.摩根公司开个账户,他告诉布莱斯说:"的确,我们的账户不那么重要……但它表明我们的良苦用心。"[34]这就是对任何一家拥有摩根名字的公司的精诚所在。

对新政改革者来说,也很难相信J.P.摩根公司没有在暗地里搞把戏。摩根士丹利承接了这么多J.P.摩根原来的客户,这本身就让人怀疑。内政部长哈罗德·伊克斯是个一定要探寻摩根士丹利领地的强敌。公司成立后,他在日记里写道:"利用大萧条这个机会,摩根人同时扩大了其金融领域。在接到停止其银行做承销业务的命令后,他们就成立了一家独立公司,业务做得比先前银行自己在这个领域里所做的还要大。"[35]伊克斯和其他对手在等待时机,他们很快就会通过国会和法庭发动一场更持久的反攻。

对华尔街上J.P.摩根的合伙人来说,证券市场的突然繁荣是个辛辣的讽刺,因为20世纪30年代后期,母公司还没缓过劲儿来。几乎整个银行都挤在华尔街23号,旁边百老汇街15号仅有几个零散的办公室。总资产为4.3亿美元的J.P.摩根公司仍旧是世界上最大的私人银行。但格拉斯-斯蒂格尔法案给他们所造成的损失远远超出业务、金钱和权力的范围，它抹去了笼罩在这家银行周围的不可名状的神秘感。在佩科拉听证会后，银行第一次公布了其资产负债表，现在银行还必须公开其报表，并提交政府审查。在伦敦也是这样，1936年，蒙塔古·诺曼第一次向特迪·格伦费尔索要公司的资产负债表。慢慢地，也是逐渐地，绅士银行家们的世界被官僚主义化了，而金融家们则是头晕眼花地出现在尚未适应的阳光下。

— 本章参考文献 —

1. 卡罗索:《美国的投资银行业》(Investment Banking in America),第353页。
2. 康涅狄格州纽黑文耶鲁大学高级纪念图书馆拉塞尔·莱芬韦尔资料,1030组,系列1,第5箱,给托马斯·拉蒙特的备忘录,1934年1月2日。
3. 贝施洛斯:《肯尼迪和罗斯福》(Kennedy & Roosevelt),第84页。
4. 约瑟夫森:《货币巨头》(Money Lords),第172页。
5. 皮尔庞特·摩根图书馆小J.P.摩根资料,书信复印集第25集,第44箱,给穆特的信,1935年4月2日。
6. 施莱辛格:《新政的到来》(Coming of the New Deal),第567页。
7. 《福布斯》(Forbes):《小J.P.摩根》(J.P. Morgan, Jr.),第179页。
8. 皮尔庞特·摩根图书馆小J.P.摩根资料,书信复印集第25集,第44箱,给威廉·曼宁主教的信,1935年5月3日。
9. 同上,给莫利斯·惠特里奇的信,1935年3月12日。
10. 施莱辛格:《新政的到来》(Coming of the New Deal),第498页。
11. 马萨诸塞州剑桥城哈佛大学贝克图书馆汤姆·拉蒙特资料,第182箱,第4卷,和内维尔·张伯伦的访谈,1934年6月29日。
12. 查尔斯·库格林:《战斗就这样打响了》(Thus Geth the Battle),1933年11月19日电台广播讲话。
13. 约瑟夫森:《货币巨头》(Money Lords),第164页。
14. 美国国会临时国民经济委员会,《对经济势力集中的调查》(Investigation of Concentration of Economic Power),第83页。
15. 作者和蒂姆·柯林斯的访谈。
16. 《时代周刊》(Time),1934年6月18日。
17. 康涅狄格州纽黑文耶鲁大学高级纪念图书馆拉塞尔·莱芬韦尔资料,1030组,系列1,第4箱,给托马斯·拉蒙特的备忘录,1934年1月2日。
18. 同上,1030组,系列1,第7箱,第146卷,给富兰克林·罗斯福的信,1934年1月4日。
19. 欣顿、迈耶和罗德:《论摩根银行》(Comments about the Morgan Bank),第29页。
20. 马萨诸塞州剑桥城哈佛大学贝克图书馆汤姆·拉蒙特资料,第131箱,第21卷,给查尔斯·斯蒂尔的信,1934年11月15日。
21. 摩根建富资料(1910至目前),第187扎,第6卷,公司的变革,J.P.摩根公司给亨利·摩根的电报,1935年9月7日。
22. 《时代周刊》(Time),1935年9月16日。
23. 《金融时报》(Financial Times),1935年9月6日。
24. 作者和埃尔莫尔·帕特森的访谈。
25. 摩根士丹利:《五十周年回顾》(Fiftieth Anniversary Review),第13页。
26. 《纽约时报》(New York Times),1935年9月7日。
27. 作者和亚历山大·汤姆林森的访谈。
28. 《新闻周刊》(Newsweek),1935年9月14日。
29. 摩根士丹利:《五十周年回顾》(Fiftieth Anniversary Review),第111页。
30. 作者和佩里·霍尔的访谈。
31. 梅迪纳:《纠正的观点》(Corrected Opinion),第250页。
32. 《福布斯》(Forbes),1936年5月1日。
33. 美国国会临时国民经济委员会,《对经济势力集中的调查》(Investigation of Concentration of Economic Power),第83页。
34. 同上,第92页。
35. 伊克斯:《秘密日记:内部斗争》(Secret Diary: Inside Struggle),第384页。

第二十章
巫 师

对摩根财团来说，现在是外交时代的日暮黄昏了，远非20世纪20年代享有自由进出白宫的特权的时光，而且还打上了一个特殊的烙印。摩根银行苦于应付20年代的两笔对德国的巨额贷款，即著名的1924年道斯贷款和1930年的扬氏贷款，而就在此时，和华盛顿新近脱离关系的情况表现得更为明显了。尽管这些贷款都是在半官方性质主持下提供的，但华盛顿现在躲避其还款责任，甚至还表现出很傲慢的冷漠态度。新政制定者们不想逼债，害怕损害贸易和证券方面的利益，这下摩根合伙人感到自己是被欺骗了。不管怎么说，从第一次中国贷款银团协议开始，他们就与政府合作，认为他们在与违约借款人谈判时能够得到官方支持。这是等价交换。摩根当初按照其政治老板的意愿办了事，而1933年希特勒一举成为首相，德国威胁着要违约，摩根财团就感到他们是被抛弃了。

要讲述摩根财团介入德国偿付赔款这桩传奇，最好先说说亚尔马·沙赫特博士的经历，他一会儿是摩根财团的朋友，一会儿又成为它的敌人。1930年他辞去在帝国银行的职务，以此抗议扬氏计划的最终条款。1932年纳粹在竞选中获胜后，他又站到该党一边，并督促他在德意志和德雷斯顿银行的朋友提供金融方面的支持。在德国商业阶层中，沙赫特博士使希特勒那帮恶棍的活动合法化。1933年初,在赫尔曼·戈林家中,他帮助希特勒从商人们那里筹措到300万马克,代表那些富商们坚定支持纳粹。这次会议由于古斯塔夫·克虏伯·冯·波伦和哈尔巴赫的融资保证而达到高潮。沙赫特甚至同意了希特勒的请求来管理新一轮的竞选基金。

兴登堡服从希特勒的愿望,恢复了沙赫特帝国银行行长的职务。1934年以后,沙赫特还担任了经济部部长职务。作为第三帝国的金融统治者,沙赫特还负责管理公用事业部门,包括修建高速公路。他的工作使他获得了纳粹金融"邪恶巫师"的名声,就像个江湖骗子,能为元首创造出金融奇迹。按威廉·夏勒的说法:"没什么人能比沙赫特更卖力了,他为希特勒在1939年发动战争从经济上做了准备。"[1]希特勒在赞扬沙赫特时说,他在三年里取得了整个纳粹党合在一起也办不到的业绩。

当成为一名纽伦堡法庭的战犯后,沙赫特自认为他最早起来反对希特勒,是孤身一人在试图阻止那架战争机器的疯狂行动。他从未加入纳粹党,并且反对迫害犹太人。但沙赫特却有不少欺人之举,他要造成一种假象,即他的单纯动机被那些无耻的德国政客篡改了。按照他的两面派手法,他会对犹太银行家说,希特勒不过是一个恢复秩序所需要的暂时性恶魔,他还会明确反对迫害犹太人(他担心这种迫害会有损德国在海外银行中的形象)。而后,他又会在私下里向希特勒吹嘘他已关闭了犹太人的银行账户,并把钱转出来为德国扩军备战之用。因为他的自我辩护有一定的道理,所以他的情况就比他那些凶残无比的同伙们要复杂多了。按纽伦堡法庭检察官特尔福德·泰勒的话说:"这个伪善、顽固的家伙,曾是也依旧是战前时代里最不可思议、充满矛盾的人物。"[2]

在德国高级官员中,沙赫特博士与众不同。他看上去仍是传统的绅士银行家,这给纳粹金融平添了不少高雅气派。他戴着无框眼镜,把油亮的头发从中间分开,抽着雪茄,穿着细条子衬衫,戴着吊裤带。对希特勒来说,他是不可缺少的,不仅是因为他巧妙地使德国银行业为战争经济服务,还在于他在国外所赢得的尊敬。在抑制了1923年的通货膨胀后,沙赫特可以愚弄国际上的金融家们,让他们认为在柏林有一位朋友在遵从他们的金融标准。他早就与蒙塔古·诺曼建立了长期的友谊,别人把他看成是纳粹同伙，而在诺曼看来他却是个很有勇气的中央银行家，与通货膨胀做斗争，反对德国违背健全的财政状况进行扩军备战。沙赫特曾对希特勒说："只有两样东西能使国家社会党体系垮台，那就是战争和通货膨胀。"[3]这就是蒙塔古·诺曼愿意看到的亚尔马·沙赫特。摩根合伙人还是比较快地就打破了幻想，确信沙赫特根本就不想赔款，而是让他们错误地认为他会还债。

与其他围着希特勒转的众多势利小人不同，傲慢的沙赫特握有实权——金融是在希特勒控制之外的一个领域。起初希特勒全权委托沙赫特管理帝国银行。沙赫特后来解释说："希特勒对经济一窍不通，所以只要我能保持贸易平衡，保证他的外汇需求，他根本就不会管我是如何经营的。"[4]沙赫特固执而自负，他会毫不犹豫地冲希特勒大喊大叫，随随便便，而换作别人是要掉脑袋的。有一次希特勒送给他一幅油画做礼物，沙赫特却把礼物退了回去，说它是赝品。他对任何事都处之泰然，这位非常自信的银行家却使希特勒感到有些迷惑。艾伯特·斯皮尔注意到希特勒的这个特点："他一辈子尊敬但不信任那些专家，比如……沙赫特。"[5]

从政治角度看，1933年希特勒上任并颁布法律施政，并没有给摩根财团敲响警钟。杰克·摩根对德国"匈奴"旧恨不绝，耿耿于怀，但他对希特勒的保留态度更多地是出自反犹太民族主义而不是道义上的。就像他对他的朋友巴克斯顿伯爵夫人说的："假如我能对你的那些朋友，那些德国佬更放心的话，我就应该感到我们都会相处得很好。但是，在我看来，这位德国新独裁者很像那位老皇帝，只是他对犹太人的态度不同，虽然我对这种态度并没有感到什么不妥。"[6]

但是德国外债政策的改变很快就表现出来了。1933年5月，希特勒派沙赫特到华盛顿进行8天的会谈。为使他在跨洋旅行中解闷，拉蒙特给他寄去了关于拿破仑和玛丽·安托瓦内特的传记——书中大概暗示着绝对权力的腐蚀作用。在与罗斯福和科德尔·赫尔国务卿的会谈中，沙赫特坚持说有关骚扰犹太人之事完全被夸大了，并表明外部抗议只会产生事与愿违的后果。他还警告说德国很快就没有外汇来偿付美国投资者的20亿美元债务。这次白宫会见正值佩科拉听证会期间，沙赫特记下了总统当时很奇怪的反应:"罗斯福狠狠地拍了一下大腿并大笑着说:'这下华尔街的银行家活该了!'"[7]罗斯福的助手担心沙赫特会机械地理解这句话的意思,他们提醒总统注意他那小小玩笑的潜在影响,第二天赫尔赶紧告诉沙赫特,罗斯福实际上是对违约的威胁一事大吃一惊。沙赫特说:"我觉得总统的大吃一惊是在过了24小时以后才表现出来的。"[8]罗斯福的态度可能更坚定了沙赫特拒绝清偿德国欠美国债务的决心。

那年6月,沙赫特宣布延缓偿付长期外债。德国的大笔贷款都是多国性质的,比如扬氏贷款就在9个市场上以多币种形式发行,但债权国并没有形成一个统一的防卫体系。相反,他们就像是一群惊慌失措的债权人,挤在一个破产法庭上,每个人都想让德国最先兑现他自己的债券。美国报刊文章报道说欧洲债权人想与纳粹单独成交。沙赫特倾向于和那些对德国贸易有顺差的国家做交易,并以此作为撬开德国货物进入外国市场大门的一个工具。言外之意就是,从我们这儿买得越多,我们就可能更优先对待你们的债券。这是个选择性违约的政策,一个高明的分化瓦解、各个击破的战略,它能破坏债权人的联合,让他们自相残杀。沙赫特希望采取分散债主,使德国债券价格下跌这一招,使他能够以大大低于票面价值的价格购回债券——很显然这是个取悦希特勒的战术。

1939年,当拉蒙特得知沙赫特在考虑选择性拒付债务时,他提醒沙赫特,摩根提供了一半以上道斯资金和三分之一以上的扬氏资金。他不无理由地夸张说摩根银行一直都在倡导对德国采取温和态度。最重要的是拉蒙特上升到国际法高度,提到向投资者做出的保证,这些贷款优先于其他贷款,并享受特殊政治保护。拉蒙特有理有据地对一位已深深卷入这场阴谋诡计中的人说:"当然,我们希望看到帝国像对待道斯贷款一样能够清偿扬氏贷款的债务。否则所有国际间协议就都可能被撕毁了。"[9]

从沙赫特博士的答复中可以清楚地看到,通常的商业行为规范在德国已不再适用。他出言不逊,歇斯底里地写了一封信,不像别人通常送往华尔街23号这种静谧地方的那种信。沙赫特开始先说德国的问题不是违约,而是因外汇短缺而造成的汇兑困难。接下来他又装腔作势,有些疯疯颠颠、怪里怪气。

> 不管你是否以死来威胁我，对我都无济于事，因为事实很简单，我没有外汇；而且不管你是骂我不道德或笨蛋或其他什么的，我都不可能自己造出美元或英镑，因为你也不想要假钞，你们要真钱……
>
> 假如任何一位外国人愿意出钱，我将乐于卖了我的脑袋和身体，并把换来的钱交到贷款信托人手中，但我担心就是这种买卖的所得也不够支付目前的债务。[10]

沙赫特或许是想在英国和美国之间打进一个楔子，以永久地维持在战争债务和赔款上的紧张关系。他威胁说要进行单独交易，让英国债券持有人得到部分还款（尽管是较低利率），而美国人没有，这无疑是在打击英美两国良好的关系（沙赫特说德国对英国的贸易顺差使它能够支付利息）。有关不平等待遇之争，先是德国债务，然后是奥地利债务，成为造成J.P.摩根公司与摩根建富公司间不和的最主要因素。

在英美摩根帝国核心里一直有着潜在的矛盾。只要美国和英国间利益一致，摩根内部就相安无事；而一旦利益对立，英、美合伙人就会被迫顺从各自政府的意愿。他们陷入政治太深，不可能反其道而行。由于J.P.摩根公司现在只持有摩根建富公司中的少数股，而不是一个合伙人，因此两家公司在结构上也已经拉开了距离。

20多年来，特迪·格伦费尔一直充当摩根驻英国政府的大使，现在，他似乎不太情愿地向英国政府转达纽约合伙人的强烈抗议。由于华尔街流传着德国将与英国单独达成协议的谣言，拉蒙特就给英国政府写了一封信，要求它对持有德国债券的美国债权人负责。摩根建富公司的合伙人对其过激的言辞提出异议，但拉蒙特和莱芬韦尔坚持不改。格伦费尔一句话没说，把电报交给了首相拉姆齐·麦克唐纳。作为一封致国家首脑的信，它的语气还是有些傲慢，带有一些威胁。

> 在发放1924年对外贷款之前，我们与德国在公共或私人金融

上都没什么关系,因此我们很尊敬地提醒您,在您担任首相时,我们很荣幸您曾致函敝公司……向我们转达贵国政府的意愿,让我们承担道斯贷款的发放……现在,正如上述原因,我们相信贵国政府会尽其所能来保护所有贷款债权人的利益,不论他们是哪个国家的……[11]

两个星期后拉蒙特又会见了那时的财政大臣内维尔·张伯伦。拉蒙特表现出他最典型的态度——文雅礼貌掩盖下的强硬坚定。他说摩根之所以介入德国,完全是因为英格兰银行想使魏玛德国站稳脚跟,从而能够进行赔款。张伯伦没有表态,只是和蔼可亲地问他有什么建议。拉蒙特问张伯伦,假如美国投资者受到不公正的待遇,张伯伦是否会撤消与德国的单独协议。

张伯伦:"如果他们不能答应我有关美国的要求,我并不感到因此就有理由撤消我的英国协议。"

拉蒙特:"对,我同意。我也不希望你那样做。我相信你的表态会很清晰,强硬,从而有助于给予我们相类似的待遇。"[12]

英国人却从未伸手救援。更让拉蒙特觉得恼怒的是,他总怀疑是英国人主动向沙赫特提出这个单方面的交易。摩根人看到英国人如此玩世不恭,看到他们向来认为与伦敦金融城相联系的金融领导地位已经终结,真是惊得目瞪口呆。沙赫特本人似乎并没有对拉蒙特所说的背景情况提出质疑。当乔治·哈里森在罗斯福的支持下前往德国时,沙赫特对歧视美国债券持有人的做法表示无能为力。他说他是被英国人敲诈才达成交易的,并反复告诉哈里森去向外交部长提出抗议,"上帝会保佑你们的!"哈里森心烦意乱地回到了纽约。莱芬韦尔把哈里森出访的情况告诉拉蒙特时说:"他对希特勒和希特勒主义的看法与蒙蒂完全不同,在德国的两天里有没看到他有一丝笑容。"[13]

拉蒙特又找到国务卿科德尔·赫尔说明对美国债权人歧视之事。他告诉格伦费尔:"美国政府对美国投资界所受的不公正反应强烈。"[14]杰克·摩根还向蒙塔古·诺曼求救,他认为蒙蒂是在德国境外唯一能对沙赫特施加影响的人。

诺曼对德国的举动并不感到特别不安,甚至愿意姑息纳粹。他对法国的敌意比对德国还要大。1934年7月他飞到纽约,看上去像生了病,精神不好。他立即给拉塞尔·莱芬韦尔打了电话,并乘出租车赶到华尔街23号。莱芬韦尔把他们会见的情况告诉拉蒙特说:"蒙塔古说希特勒和沙赫特是德国文明的保障,也是我们唯一的朋友。他们在为捍卫我们这个社会体制同共产主义作战。如果他们失败了,共产主义就会进入德国,什么东西都会随之进入欧洲。"[15]当初也正是这种对德国文化的高度评价使诺曼首先出来支持1924年的道斯贷款,而这种崇敬之心在时过境迁的情况下却依然留存着。我们可以看到多数摩根合伙人对德国人的动机有着比较宽容的看法,尽管一开始有过怀疑的态度。愤世嫉俗、目光敏锐的格伦费尔第一个看穿了沙赫特的把戏,在1934年他就确信沙赫特在囤积原材料为德国备战。

1935年,拉蒙特在巴登-巴登与沙赫特见面时,拿出一个债务清算计划,列出了这两笔德国最大债务约70%的到期利息。这次会面后,拉蒙特和沙赫特继续以书信方式进行这种奇怪的二重唱。他们装作是正常时期的正常银行家,而沙赫特的举动看上去却越来越反复无常。1936年摩根建富的合伙人弗朗西斯·罗德在柏林见到沙赫特,他觉得沙赫特的情绪特别怪诞、滑稽。沙赫特轻浮地让罗德给拉蒙特"带去他的爱",并称赞摩根是世界上"第一大银行"。沙赫特甚至邀请拉蒙特出席那年在柏林举办的奥林匹克运动会。

在权力之争中,沙赫特最终还是输给了他的头号对手戈林。他垮台的原因是他不愿意买外汇供纳粹进行海外宣传,此外,他限制军队进口原材料,要求他们以货易货。归根结底,沙赫特这个银行家过于正统,主张低速增长和民用生产而不主张搞长期的战争经济。1936年在贝希特斯加登,艾伯特·斯皮尔坐在屋外的阳台上听到沙赫特和希特勒在他的办公室里争吵。斯皮尔回忆道:"1936年的某一天,沙赫特来到伯格霍夫的会客室汇报。……希特勒冲着他的财政部长大喊大叫起来,显然非常激动。我们听到沙赫特在镇定地回答,声音也很大。对话越来越激烈,然后就突然中断了。希特勒怒气冲冲地来到阳台上,不停地大声责骂这位不通融、没有创见、阻拦扩军计划的部长。"[16]

戈林被任命来负责原材料和外汇业务。尽管沙赫特很快就卸任,把经济部交给了戈林,但他一直担任着帝国银行行长,直到1939年1月。

在德国吞并奥地利之时,沙赫特还会在摩根传奇中再次出场。但此时完全可以说,有关德国债务的争吵给大西洋两岸都留下了深深的创伤,并且又勾起了战争债务这个老议题。英国人觉得美国应该把战争旧债一笔勾销;而美国人乃至摩根合伙人都认为英国人应该尽更大努力来偿还。大萧条已经最终解决了拖延很久的债务和赔偿问题,而一系列有关偿付违约债务的新问题将会打破英美两国间金融上的和谐。这种紧张关系将持续到大战开始之时。

20世纪30年代中期,人们一直指控摩根财团为保护协约国贷款不受损失而致使美国卷入第一次世界大战。孤立主义者借着这个说法竭力使美国在今后任何欧洲战争中保持中立。他们集结全国的力量来打击华尔街,提出的是一个非常简单化的历史观点,把巨额业务与追求战争利润的血腥贪婪等同起来。威斯康辛州议员托马斯·奥马利提出一项法案,要求首先征集最富有的美国人入伍——他认为这是最简单的结束战争的方法。他说:"下次战争就该有姓福特、洛克菲勒和摩根的一等兵了。"[17]

对于那些不回避事实的人来说,战争的不祥之兆随处可见。1935年3月,希特勒撕毁凡尔赛协议,重新实施强制性服兵役制。他对英国外交大臣约翰·西蒙爵士吹牛说德国空军力量已与英国皇家空军持平。第二年,"元首"占领莱茵兰,没有受到盟军的任何军事抵抗。但负责外交事务的国务卿安东尼·伊登爵士却认为,使德国不发动战争的最好办法是加强希特勒的经济实力。1936年,应赫尔曼·戈林的邀请,查尔斯·林德伯格访问了德国,对其飞机制造厂及技术大为吃惊,随后他就要求英法两国进行防御性撤退,撤到英国无畏战舰和马其诺防线以后。

孤立主义者或许会把摩根合伙人看成是战争贩子,但德国发生的情况并没有引起这些人的警觉，事实上他们是莫名其妙地乐观。莱茵兰被占领后，拉蒙特对沙赫特博士说："美国公众绝大部分都认为欧洲即将陷入又一场大战之中……我可能是太乐观了，但我的确不同意这种看法。"[18]甚至在与英国进行合作时，摩根银行也顽固地拒绝把轴心国的扩军备战看成是一场欧洲新冲突的序曲。用唯利是图的银行家的词汇来说，摩根合伙人更易于实行绥靖主义而不是剑拔弩张。

1936年初，由参议员杰拉尔德·奈主持的参议院军火调查又唤醒了第一次世界大战的幽灵。奈是北达科他州共和党人、库格林神父的信徒。他有一张好斗的脸，尖下巴。与佩科拉一样，他和所传讯的摩根合伙人的高贵形象形成鲜明的对比。他一开始就证明J.P.摩根和其他银行一起把美国拖入战争以保护其贷款，使军火交易永久兴旺。腼腆的杰克·摩根再次被变成一个贪财、粗暴的怪物。据《时代》杂志报道，"委员会所要解决的是这样一个恶意中伤的问题，应不应该把J.P.摩根当做仅次于德国国王威廉二世的战争贩子来仇恨？"[19]杰克对德国人非常憎恨，而自己竟被作如此比较，真是奇耻大辱。

摩根的随员们再次聚集到华盛顿，占据了肖汉姆饭店的整个8层楼，由一群便衣警卫负责把守（就在那年，宝丽来公司的创始人埃德温·兰德去华尔街23号拜访杰克，看到有人端着冲锋枪为他保驾）。为显示他们对听证会的极端蔑视和对愚蠢小人的不屑，合伙人们每晚都穿着晚礼服进晚餐。报纸上可以看到乔治·惠特尼就寝前，跷着二郎腿，穿着吸烟服，优雅地读着报纸，脚上是拖鞋，脖子上还系着领结。摩根职员也再次因政府审查而受到牵连。他们从布鲁克林的一间仓库里发掘出银行在战争时期的文件——共有1200万册，足足装了40辆卡车。

杰拉尔德·奈的听证会是场大失败。与佩科拉听证会不同，那时合伙人处于防守地位，回答问题结结巴巴，有时前言不搭后语。而奈委员会则使他们回首当年，再次体验他们最值得骄傲的时刻。"我们通过遗传、本能和观点成为亲协约国派。"拉蒙特吹嘘道，承认合伙人很高兴看到美国卷入战争。[20]他争辩说在外交时代开始时，银行曾一丝不苟地注意着华盛顿的愿望，一直等待着，终于等到罗伯特·兰辛替代威廉·詹宁斯·布莱恩并批准对协约国的信贷。

杰克看上去远非争强好斗之人,却像一位睡不醒的老大伯。当拉蒙特说金钱是万恶之源时,杰克巧妙地打断他说:"圣经上可没说'金钱',"他笑着说,"它说的是'对钱的贪得无厌是万恶之源'。"[21]在拉蒙特巧妙地应付各种问题时,杰克却在打盹或在休息时与记者们闲聊。事实上他曾对战争爆发感到很震惊,并在1914年对交战双方发出过呼吁,要他们停止战争。谈到支持协约国问题,他对其立场感到很自豪:"协约国认为我们是有作为的,并珍视我们对他们的支持,这一事实是我这45年多事业生涯里最引以为自豪的。"[22]他的自我辩护非常直接有效:"你是在设想因为我的业务做得不错,我就会希望我儿子去打仗吗?尽管他是去了。"[23]

听证会既与战争有关也与大萧条有关,而且当杰克出了个经典大洋相时,举座哗然:"如果你们摧毁'有闲阶层',你们就扼杀了文明。"有名记者问及这个阶层的含义,杰克结结巴巴地说:"有闲阶层指的是雇一个佣人的家庭,这样的家庭有2500万到3000万个。"[24]美国家庭妇女会的批评家们得意地对报纸编辑指出,全美国的家庭总数还不到3000万,只有200万个家庭有厨师或佣人。作为业余社会学家,杰克还差得挺远。

尽管摩根合伙人把这种争论看作枝节问题,它却是有长期影响的,促使他们对亲协约国的观点保持缄默,并使他们成为惊弓之鸟,在二次大战迫近时回避政治争论。1934年,加利福尼亚州参议员、孤立主义者海勒姆·约翰逊提出了约翰逊法案,禁止向那些拖欠美元债务的外国政府提供贷款。中立法案也得到通过,禁止战争国从美国购买武器或筹集贷款。这是先发制人的部分措施,以防止再次出现摩根出口部的情况或为英法提供战争贷款,从而使美国稳步退出欧洲事务。

就在美国争论假如欧洲开战美国将持何立场这个问题之际,墨索里尼在1935年10月发动了对埃塞俄比亚的全面侵略。"领袖"有个狂妄的想法,就是要把埃塞俄比亚与厄立特里亚殖民地、意属索马里以及利比亚合并起来组成一个东非帝国。约有50万埃塞俄比亚人死于那场使用毒气的臭名昭著的野蛮战争。就像日本人在中国东北的所作所为,墨索里尼的部队假装是自我防卫,厚颜无耻地指责埃塞俄比亚发动侵略。15个国际联盟成员国谴责这种破坏埃塞俄比亚主权的行径,并投票通过对意大利进行经济制裁。国务卿科德尔·赫尔只能依靠美国商业界自愿遵从制裁,呼吁"道义上"禁止向意大利出售战争原料——油料、金属和机械。美国企业界通常都不太理睬这些劝诫。尽管英国执行国际联盟的经济制裁措施,但它没有采取更多极端措施,比如切断所有油料供应。斯坦利·鲍德温首相命令其外交大臣塞缪尔·霍尔爵士说:"萨姆,别让我们卷入战争,我们还没准备好。"[25]

20世纪30年代中期,摩根财团对"领袖"的热情降了下来,整个华尔街也是这样。有位研究美国商业支持墨索里尼问题的学者把1934年以后的情况描述成"喧闹地否定了一场法西斯试验"。[26]不仅仅是约翰逊法案堵住了对意大利提供新贷款,墨索里尼的行为也吓跑了美国投资者。在英、美高层圈子里对这个独裁者有些担忧。1935年7月,杰克·摩根在唐宁街10号拜访斯坦利·鲍德温时,发现他"像所有在场的人一样对墨索里尼和埃塞俄比亚非常不安和担忧"。[27]拉蒙特警告摩根银行在罗马的代理人乔瓦尼·富米,传闻中的非洲战争将会影响对意大利银行的信贷的展期。

与从前一样,摩根银行把乔瓦尼·富米看作一位特别能接近墨索里尼的非法西斯主义者。他们给他的报酬也颇丰厚——年薪约5万美元,相当于摩根银行驻德国总代表帕克·吉尔伯特的年薪。但富米并未对埃塞俄比亚遭受的血腥屠杀表示不安,反而称赞其经济潜力。他给华尔街23号传递了一个信息,说墨索里尼希望美国资本能够渗入这个地区。为打消这种期望,拉蒙特回答说,埃塞俄比亚事件会长期损害意大利在海外的金融前景。1936年,墨索里尼派新大使富尔维奥·素威来纽约,鼓动支持对意大利贷款。那年夏天,在西班牙内战中,意大利派兵和佛朗哥叛军并肩作战,在这时作这种努力显然是徒劳的(尽管拉蒙特支持佛朗哥——并与其子科利斯就这场战争有过激烈的论战)。那年秋天,希特勒与墨索里尼联手组成罗马-柏林轴心国。

继埃塞俄比亚事件之后,墨索里尼与拉蒙特之间的关系中止了一段时间。1937年4月,拉蒙特访问罗马,表面上只是旅游度假,但幕后却另有日程安排。拉蒙特曾接触过一些英国官员,他们表示有希望使墨索里尼脱离希特勒。他还会见了科德尔·赫尔，就赫尔降低全球关税的规划交换过意见。为了结束全国经济大萧条，1934年国会通过了《互惠贸易协定法案》，试图降低关税至1930年的一半水平，条件是其他国家政府也给予美国出口同等待遇。意大利与德国一起正在走向一条自给自足的道路——即经济上自给自足。意大利退出世界经济使赫尔大吃一惊，但他认为假如美国能够与轴心国达成贸易协定，就有可能避免战争。拉蒙特保证在与英、法、意大利的会谈中，他会倡议赫尔所热衷的关于降低关税的主张。对拉蒙特来说，这是对其20世纪20年代强烈的共和党使命的急骤转变。

汤姆·拉蒙特的行动充满神秘色彩，而他这样做经常又有许多理由。毫无疑问他希望阻止战争，并产出那种以1930年霍利-斯穆特关税法案为代表的以邻为壑的心态。但他也准备原谅墨索里尼的暴力行为，以期恢复到原来的状态。近期内他已开始进行调停，重新树立墨索里尼在盎格鲁-撒克逊人眼中的形象，在他4月意大利之行前的两个星期，他对记者说："我必须说清楚，在两个讨厌的魔鬼当中，我宁愿选择发动战争的法西斯，而不要想推翻我们政府的共产党。……不应该对群众把'领袖'描绘成飞扬跋扈或是好战分子的形象，而应该表现他田园诗般的，友善、平和的态度。"[28]对于死去的50万埃塞俄比亚人来说，这可真是"新闻"了。

拉蒙特抵达罗马不久，意大利银行行长温琴佐·阿佐利尼就听说了他的来访。"领袖"特别急于炫耀他与世界金融巨头的良好关系，于是邀请拉蒙特和富米到家里私下会见。这一切也正值新闻界报道说墨索里尼将于夏末秋初拜访希特勒。这是1930年以来拉蒙特第一次与意大利首脑会谈，1937年4月16日会见的记录在拉蒙特的文件中保存着。墨索里尼一开始就絮絮叨叨、歇斯底里般地请求同情。

墨："我们在非洲征服了很大一块地方，这现在已完成了。我是为了和平，我是为了世界和平，我完全是为了和平。我需要和平，我需要和平，我完全是为了和平。我们很满意。"

拉蒙特："阁下，您这么说，我是相信的。我想也应该是这样，但美国人的感觉就很不同了。在那里您的形象是，宁要战争而不要和平,这种印象必须改变。在美国您的真正想法应该得到理解,这一点非常重要。"[29]

正如拉蒙特向赫尔保证的,他在会谈时竭力推崇自由贸易政策,而墨索里尼则暗示说他希望以美元的慷慨援助作为交换条件:"拉蒙特先生,美国掌握着经济合作的关键因素。您看,美国拥有大量黄金,实在是太多了,对世界没有好处。"[30]墨索里尼也表达了要改善与英国关系的愿望,这一点与他的政策则是大相径庭,矛盾百出。他会前一天还在谈着新协议,第二天就播放反英广播宣传。实际情况是在3月,他已秘密通知其部队军官,他计划要毁灭英国(后来发现他让其助手搜查英国驻罗马大使馆的废纸篓,以此来了解英国最新的外交政策)。墨索里尼要改善英国和意大利关系的请求被一场喜剧性的疏忽给弄糟了。

墨:"我在尽我所能增进与大不列颠的友谊,竭尽全力,但英国总是怀疑我们的所作所为,对我们的言论和行动作出错误的解释。"

拉蒙特:"听您讲到您正在尽全力增进与英国的友谊,我真是高兴极了。去年7月在伦敦时,我听到了同样基调的重要表态。我在那儿的时候与当时的国王爱德华八世共进晚餐,他对我说,'既然制裁即将结束,我们必须回到我们与意大利传统友谊的基础上。'财政大臣内维尔·张伯伦先生即将接替斯坦利·鲍德温先生成为首相,也对我表达了同样的愿望(墨索里尼当时似乎认为我提到的是已故的奥斯汀·张伯伦爵士,他与意大利间的友谊人人皆知,但墨索里尼很快想起来了,纠正自己说,'噢,是啊,我知道内维尔·张伯伦先生非常倾向我们')。"[31]

约见一开始不很顺利,拉蒙特似乎希望在会谈记录中能表达在道义上不赞成意大利的行动的意见,接着他显得有些激动起来,并用传统的恭维方式说明意大利和美国具有同样的勤奋、节俭和想象力的国民。他赞扬罗马的肺结核疗养院，并为美国人没有这种美好的事物而感到遗憾。"我们用了太多的时间注视着罗马人在公元100年的所作所为，而没花足够的时间看看罗马人在公元1937年干了什么。"[32]有一阵子他似乎有些神志不清，他对墨索里尼说可以大大扩展埃塞俄比亚事件以后的意大利旅游业。在回想当年的情景时，拉蒙特提到他记下了墨索里尼对待公众意见的原话。墨索里尼说："噢，是的，对您的意见我非常感谢，……请直截了当地对此给我提出建议。我的一条座右铭是'广开言路，多方合作，少数人决策负责'。"[33]拉蒙特和富米对此方式大加赞赏。

在结束时或许是担心他们搞得太友好了，拉蒙特又回到美国人害怕意大利人进攻的问题上。他脸上也许挂着冷淡的笑容说道："阁下，美国人对自1922年以来你们在意大利所取得的巨大成就非常钦佩，对这些了不起的物质发展敬佩不已。但就您本人而言，……阁下，他们对您非常担心。"[34]墨索里尼笑着说这种印象必须加以改变。他要拉蒙特对意大利新闻界发表声明——拉蒙特不愿意那么做。后来拉蒙特向美国驻罗马大使威廉·菲利普斯扼要作了报告，大使似乎对那场谈话非常满意。

显然，拉蒙特罗马之行的部分计划是要阻止墨索里尼的战争动向，并使他靠近美国和英国。他的访问受到官方鼓励，但此后不久，拉蒙特转而做起华盛顿不可能认可的游说工作，使人联想起他在20年代与墨索里尼的关系。拉蒙特遵守诺言，递交了一份备忘录，这份备忘录旨在帮助墨索里尼"唤起美国人和英国人的信心"，相信其和平愿望。这与1931年日本占领中国东北以后为井上准之助起草的备忘录如出一辙，把墨索里尼的举动与美国历史上的事件等同起来，把埃塞俄比亚大屠杀转变成了意大利人征服荒漠的美妙传说。墨索里尼该怎样消除人们的担心呢？那就是把埃塞俄比亚战争与美国开发西部等同起来："在过去几个月的讲话中，墨索里尼提到非洲新帝国的壮大，其政府的目的达到了。现在的任务是在埃塞俄比亚发展农业和经济。这是一块广袤肥沃的地方，但还是荒无人烟，远未得到开发，这有待于意大利移民的辛勤工作和智慧开发，正如半个多世纪以前美国移民开发美国西部的广阔资源一样。"[35]

拉蒙特的确切目的是什么呢？他是在推动墨索里尼做出一项新政策，

还是仅仅想耍弄一些文字游戏来蒙骗英国和美国舆论？他把先驱者在美国西部创业与意大利军队投掷毒气弹等同起来，他有没有感到不安？尽管形式上确实有进行世界范围经济合作的需要，但仍难以想象美国国务院或英国外交部能够宽恕这一切。继利比亚、希腊科孚岛、埃塞俄比亚和西班牙之后，帮助墨索里尼的这些努力看起来真是用错了地方，拉蒙特圆滑的宣传现在就像独裁者自己的讲话一样空洞了。

的确，世界上每个大国都要有足够的国防力量。为达到此目标的准备工作在各方面都接近完成，包括意大利的自我防卫，因此现在和将来的基本目标必须是保持和平。……意大利是文艺复兴当之无愧的领袖，那是一场艺术与知识的伟大复兴，把世界引入一条新的光明与进步之路。今天的意大利民族也具有同样的活力。……意大利欢迎人们对其过去进行研究，也明白其美术馆、纪念碑、城市对国外的朋友来说具有怎样的吸引力。他们也应该研究一下当代意大利，其过去15年的物质发展、公共设施、垦荒工程、工业和农业政策，还有最重要的是它的整个社会福利体系以及在医院、疗养院等地方体现出来的完美工作。意大利的朋友真的会对这里所取得的一切成就留下深刻印象。[36]

拉蒙特与墨索里尼的最后一次短暂的欢快会晤表明，他愿意为了达到某种目的而放弃原则。他是华尔街上最敏锐的人，以才思敏捷和知书达理闻名，但最终却成为其自我伪装的牺牲品。除了表面上的东西，其他都无所谓了，他的良心已腐烂变质，逐步丧失殆尽。恃强欺弱的独裁者与颇具口才的银行家不再像友谊初始时期那样显得格格不入，那时拉蒙特刚刚接受了伍德罗·威尔逊的教诲。《纽约时报》曾说拉蒙特"是一个最痛恨看到友谊终结的人"。[37]他与墨索里尼的关系古怪地证实了这种看法。

但是摩根在意大利的参与还有另一个方面一直在进行——梵蒂冈账户，即使在政府业务停滞情况下它却仍很繁荣。拉蒙特和其他摩根合伙人把业务建议告诉富米，他再向梵蒂冈提供有关持有美国证券的建议。银行保管罗马教会的证券（富米偶尔也搞错华尔街方面的信号，1938年在他指示梵蒂冈卖掉美国股票时，拉蒙特送来最新报告，要求买进。当时梵蒂冈已经购买了一大堆美国股票，期望中立法案会被撤销，引起华尔街的牛市）。摩根的判断通常会得到充分的考虑，富米曾对拉蒙特说："我希望你会赞同我上述推理，因为毫无疑问，它对教廷所做的决定产生了很大影响。"[38]

拉蒙特以其个人的外交手段重新建立起了传统的英国-意大利间的和睦。1938年4月，通过他的朋友阿斯特夫人，拉蒙特游说外交大臣哈利法克斯勋爵，并主张有必要承认对埃塞俄比亚的占领这个既成事实。[39]拉蒙特显然并不担心把埃塞俄比亚抛给墨索里尼可能会更助长他的气焰。与此同时，内维尔·张伯伦派他嫂子艾维——奥斯汀·张伯伦爵士的遗孀——去罗马找墨索里尼谈谈，希望把他从希特勒那边拉回来。1938年初英国承认了意大利对埃塞俄比亚的占领，作为意大利军队从西班牙内战中撤出的交换条件。拉塞尔·莱芬韦尔曾谴责对埃塞俄比亚的侵略是一场"掠夺性战争"，他对拉蒙特说他认为英国是"把埃塞俄比亚投给恶狼了"。[40]英国外交上的胜利只是昙花一现。1939年墨索里尼占领阿尔巴尼亚，并与纳粹签订了一个"钢铁条约"。

— 本章参考文献 —

1. 夏勒：《第三帝国的兴亡》（Rise and Fall of the Third Reich），第260页。
2. 泰勒：《剑和纳粹党徽》（Sword and Swastika），第124页。
3. 博伊尔：《蒙塔古·诺曼》（Montagu Norman），第304页。
4. 沙赫特：《老巫师忏悔录》（Confessions of the Old Wizard），第301—302页。
5. 斯皮尔：《第三帝国秘闻》（Inside the Third Reich），第197页。
6. 皮尔庞特·摩根图书小J.P.摩根资料，书信复印集第25集，第44箱，1933年3月23日。
7. 沙赫特：《老巫师忏悔录》（Confessions of the Old Wizard），第283页。
8. 同上。
9. 马萨诸塞州剑桥城哈佛大学贝克图书馆汤姆·拉蒙特资料，第182箱，第2卷，给亚马尔·沙赫特博士的信，1934年4月7日。
10. 同上，第182箱，第3卷，亚马尔·沙赫特博士的信，1934年4月20日。
11. 同上，给拉姆齐·麦克唐纳的书信草稿，1934年6月15日。
12. 同上，第182箱，第4卷，和内维尔·张伯伦的访谈，1934年6月29日。
13. 康涅狄格州纽黑文耶鲁大学高级纪念图书馆拉塞尔·莱芬韦尔资料，1030组，系列1，第4箱，给托马斯·拉蒙特的备忘录，1934年7月25日。
14. 马萨诸塞州剑桥城哈佛大学贝克图书馆汤姆·拉蒙特资料，第182箱，第9卷，给爱德华·格伦费尔的信，1935年5月23日。
15. 康涅狄格州纽黑文耶鲁大学高级纪念图书馆拉塞尔·莱芬韦尔资料，1030组，系列1，第4箱，第96卷，给托马斯·拉蒙特的备忘录，1934年7月25日。
16. 斯皮尔：《第三帝国秘闻》（Inside the Third Reich），第97页。
17. 《新闻周刊》（Newsweek），1935年1月19日。
18. 马萨诸塞州剑桥城哈佛大学贝克图书馆汤姆·拉蒙特资料，第182箱，第16卷，给亚马尔·沙赫特博士的信，1936年9月25日。
19. 《新闻周刊》（Newsweek），1936年1月20日。
20. 同上。
21. 同上。
22. 美国国会参院调查军火工业特别委员会：《世界大战的融资》（World War Financing），第7485页。
23. 《时代周刊》（Time），1936年1月20日。
24. 韦克特：《美国社会传记》（Saga of American Society），第458页。
25. 汤姆森：《历任首相记》（Prime Ministers），第203页。
26. 迪金斯：《墨索里尼和法西斯主义》（Mussolini and Fascism），第166~167页。
27. 马萨诸塞州剑桥城哈佛大学贝克图书馆汤姆·拉蒙特资料，第83箱，第15卷，小J.P.摩根的信，1935年7月30日。
28. 同上，第83箱，第25卷，给贝克的备忘录，1937年4月2日。
29. 同上，第191箱，第13卷，和领袖（贝尼多·墨索里尼）访谈备忘录，1937年4月16日，第1页。
30. 同上。
31. 同上，第3页。
32. 同上，第5页。
33. 同上，第4页。
34. 同上，第6页。
35. 同上，给乔瓦尼·富米的信，1937年4月19日。

36. 同上，给乔瓦尼·富米的备忘录，1937年4月19日。
37. 《纽约时报》（New York Times），1948年2月3日。
38. 马萨诸塞州剑桥城哈佛大学贝克图书馆汤姆·拉蒙特资料，第191箱，第7卷，乔瓦尼·富米的信，1938年6月15日。
39. 马萨诸塞州剑桥城哈佛大学贝克图书馆汤姆·拉蒙特资料，第82箱，第5卷，给南茜·阿斯特夫的备忘录，1938年4月5日收到。
40. 莱芬韦尔：《书信选》（Selected Letters），第99页。

第二十一章
贪污者

杰克·摩根对新政愤愤不平，加之年事增高，苍老日甚，郁郁不乐，整日里时而冷漠，时而狂怒。夫人的去世使他一蹶不振。他没有再婚，继续照料杰西的花园。他在甘诺奇山庄别墅举行射击聚会时，常邀请王后的姨妈或地位相当的贵族遗孀当主妇。无论是戴着硬壳平顶草帽参加耶鲁大学对哈佛大学的划船比赛，还是在摩根的图书馆里浏览书刊，他给人一种茕茕孑立、形影相吊的感觉。他周围富丽堂皇的生活环境加剧了这种孤独之情。他单独住在马蒂尼科克角一幢有45个房间的宅邸里。他虽然鳏居近10年，但拒绝关闭他在英国或美国的庄园，或是改变每年春天在阿迪朗达克山里的安卡斯营或8月在甘诺奇山庄别墅举行的典礼。他以极其昂贵的代价，养着男管家、女管家、花匠、以及海盗四号游艇的50位船员。这种不变的格局给他带来了精神上的慰藉和支持，但是也逐渐地耗费了他本来可以遗留给子女的大量财产。

杰克为他的孙辈感到无比自豪，到1935年时他一共有16个孙儿孙女。他4岁的孙子问为什么火车司机在交道口要吹哨子，杰克竟派了收费高昂的戴维斯-波尔克法律事务所的律师们去找答案。然而，他往往和孙儿一辈离得很远。每周一次，他在马蒂尼科克角邀请全家参加正式的晚宴。他特别准时,在门口看着表,准点开始。每个人都害怕迟到。当他带着5个孙儿孙女乘海盗号横渡大西洋时,他允许他们读书或玩单人纸牌游戏,但是不能在甲板上玩。如果说他内心是敏感的话,他的外表却很冷漠,凛然不易亲近。

杰克仍然定期向"街角"报到,占据那个在双排拉盖写字桌的尽头、皮尔庞特肖像下面的老位子。在这个疯狂改革的世界里,他是一个古董式的人物。变革和实验跟他的天性格格不入,市场崩溃和大萧条并未使他的哲学发生变化。1936年,他这样来表达自己做生意的信条:"好好工作,诚恳老实,信守诺言,尽力助人,处事公正。"[1]他喜爱的另外一句格言是"慎于言谈,明于耳目"。[2]他的哲学没有时代的脚印,只有一种阴沉的信念,认为只要有足够的耐心和毅力,传统的价值观念定能蔚然成风。

在杰克所活动的圈子里,没有人会向他的观念挑战。他对美国钢铁公司董事长迈伦·泰勒说他没有看到有人赞成1935年瓦格纳法案,这个法案认可劳资间的集体协定。而他也许真不知道有这样的人。他从来不想扩大自己的观念,从而逐渐成为新政"经济保皇派"的典型。1935年,他第一次开始实行个人经济的紧缩。他把生活开支压缩到每年6万美元,对拉廷敦的圣约翰教堂的捐款也减少一半——在这个百万富翁的教堂的墓地里不胜荣幸地安葬着许多摩根合伙人。这样紧缩开支如果对杰克来说是非常艰苦的话,他过的生活对平民百姓来说仍然可以说是极其奢侈了。

1936年初,奈氏"死亡贩子"听证会确认了杰克的猜疑——他本人是蛊惑人心者的最终目标,因而感到十分沮丧。在听证会期间,杰克的朋友国王乔治五世去世了。他给一位英国朋友写信说:"国王的去世不仅使你们的国家,而且也使我们的国家不胜悲哀。"[3]佩科拉和奈给杰克造成的双重压力和疲惫就像是他的家庭不可战胜的"诅咒"一样,对他产生的影响犹如当年普约听证会对皮尔庞特的影响。1936年6月中旬,他在看望杰西的妹妹斯蒂芬·克罗斯比太太时,第一次犯了心脏病,还得了严重的神经炎并发症,使他步履维艰。

摩根财团想尽可能不招人注意地把他送回到格伦科夫去,就用担架把他抬到一节私人车厢上。他的两个儿子——朱尼厄斯和哈里——在长岛的米尔内克火车站等他。他们在站台上焦急地踱来踱去，抽着烟斗，把帽子压得很低，不让摄影师照相。当火车进站时，穿着蓝色丝袍，戴着白色领带的杰克看到摄影师，就把窗帘拉下，他对记者由来已久的厌恶升上心头。藏在灌木丛中的救护车驶近火车，4个人把坐在椅子里的杰克抬到地上。一位摄影师冲到救护车旁边想最后拍一张车里的杰克。哈里愤怒得脸色铁青。一位顾忌较少的摩根警卫在摄影师的下巴上狠狠揍了一拳。

那年冬天，杰克在南海上巡游了两周，在船上一位心脏专家的护理下渐渐康复。此时，他的世界观带上了他愤世嫉俗的烙印。1936年上半年，英王爱德华八世退位，杰克看不到国王的困境中有何浪漫情调或可怜之处，只是信仰的背弃。他对林利思戈勋爵说："真可惜，这个小国王没有足够的勇气来干他的事业。"[4]这个没有勇气的行为证明对摩根财团极为有利。仅在一年前，杰克曾在甘诺奇为庆祝主显节招待过约克公爵夫妇——现在将是乔治六世和伊丽莎白王后。他们将继续在甘诺奇当他的客人，坐他的海盗号游艇。1937年4月底，杰克乘船驶向普利茅斯，身上带着进入皇家包厢里的特别请帖，然后去参加加冕礼仪式。作为沃尔霍尔乡绅，他邀请了2000个客人，大多数是当地的农民，在他的庄园里庆祝这个节日。但是他的心脏病再次发作，不可能到威斯敏斯特教堂出席加冕礼，他只能听收音机来了解了。

当他乘坐玛丽王后号船回到美国时，他的医生告诫他不要向记者谈话，以免血压再次升高（为了表示和蔼可亲，杰克乐于接受船上的采访）。当船在大雾之中于曼哈顿靠岸时，记者们冲到船上到处寻找杰克。他们终于在一个拥挤的小房间里找到了他，让他谈谈在新政中栽跟头的那个老题目——纳税。他在1935年发表了煽动舆论的一席话："在美国能够赚到一点钱的人实际上每年在为政府干8个月。"[5]当他说这番话的时候，有五分之一的劳动力没有工作，许多人依靠救济或公共工程规划来生活。而现在杰克又口不择言。当他在英国的时候，罗斯福和财政部长摩根索开始发动反对富人逃税的运动，以扭转联邦收入下降的局面。杰克不知道这个问题已经是非常有煽动性的。他告诉记者："国会应该知道如何征税，如果国会不懂得如何收税，那么交税的人就是傻瓜蛋；如果犯了愚蠢的错误，

应该由国会来纠正，而不是我们纳税人来办。"⁶

杰克又一次被由此引起的公众义愤惊呆了。他一直改不了政治上幼稚天真的毛病。拉蒙特不得不向他解释这种议论在目前的政治气氛中是如何的具有煽动性。拉蒙特对沃尔特·李普曼的夫人费耶提到杰克说："你看，事实上他跟小孩一样头脑简单，他一旦和记者谈开，说话随便得就像和他的合伙人说话一样。"⁷即使杰克赶紧撤回他的发言，强调他并不同情逃税者，但已覆水难收。两个星期以后，财政部公布了利用法律计谋避税的67个有钱的纳税人的名单。杰克的名字没有出现在这个名单上，但有拉蒙特的名字。

对新政者来说，杰克·摩根典型地代表了美国有钱人自我毁灭的志得意满的心态，这些人无法适应不断变化着的时代。费利克斯·法兰克福特读了杰克在船上的议论以后，看到了企业领导人腐朽的证据。这些人不明白他们真正的自身利益恰恰在于新政的改革。法兰克福特写信给罗斯福总统说："J.P.摩根在今天早晨的报纸上暴露了怎样的一种心态啊。我几乎要气炸了……当最受人尊敬的金融家们暴露了这种道德低劣的、反社会的态度，人们会再一次意识到资本的真正敌人不是共产主义，而是资本家们和他们的扈从——文员和律师。"⁸

这种批评对杰克的影响比政客们所意识到的要严重得多。公众认为所有的巨头都是脾气乖戾，缺乏感情，对公众的愤慨无动于衷。对于富人和反对社会正义的反动分子来说，J.P.摩根与其说是人，还不如说是政治象征。然而杰克自从杰西死后情绪失常，一直躲避他人，对自己没有信心。这往往使他粗暴、冷漠和难以捉摸。他头脑简单，容易被机灵的记者骗上钩。作为一个退休的孤独的鳏夫，他把心中的悲伤吐露给公爵夫人、大学的老同窗，以及某些主教等各种各样的人。他仍然感到失去了杰西的感情支持难以应付。

杰克逐渐把罗斯福政府视为一个一心要迫害他的庞大的阴谋集团。他咬牙切齿地对蒙塔古·诺曼说："要是我们不是由一个疯子在掌权的话，情况可能会非常令人满意，非常有利，而我最主要的感觉是对他这样整我们而非常愤慨。"⁹通用电气公司的欧文·扬给我们提供了一篇令人吃惊的短文，表明在1938年初，杰克的神经已经脆弱到极点。他们俩在华尔街23号谈天，突然杰克开始发表激烈的言论，他完全失去了自控能力。扬大吃一惊，事后立即把对他的印象记录下来，并且严格指示不得在他俩生前发表。扬记得杰克说：

"欧文·扬，我只是想让你知道，我根本不管你或任何人有何遭遇。我根本不管这个国家会发生什么问题。我所关心的是——"这时他变得非常激动，几乎是狂热的，"我所关心的只是这个事业！如果我有办法离开这个国家，到别的地方去干一番事业，我会去干的——我什么都会去干！我老老实实地告诉你我到底在想什么。如果情况继续这样下去，我不会忍受他们。我会把业务转移出去。"他因为情绪极度的激动而手在发抖。

扬想让他冷静下来，伸手搂着他，温和地提醒他皮尔庞特对美国的信心，摩根人的才华对他们的银行作出的贡献。接着扬又想使他振作精神："你就要留在这儿，面对这些暂时的挫折，因为如果你一走了之，你就不是杰克·摩根了。你靠的是未来，你靠的是你自己。"后来，扬写道："我说完以后，他一言不发，我惊奇地发现他的眼睛睁得大大的。他说，'欧文，我想我需要有人跟我这么谈谈。我想只有你能做得到。'"[10]

杰克在富兰克林·罗斯福手下始终没有安宁，直到第二次世界大战。那时，人们才摒弃了30年代的旧怨，沐浴在温暖的爱国主义热情之中。只有当全国的注意力从大萧条和国内的经济不平等转移到外来的威胁时，摩根银行和新政才重新找到了共同点。

在摩根财团对付富兰克林·罗斯福的进攻的同时，它还得对付罗斯福的接班人密苏里州哈里·杜鲁门参议员的怨言。杜鲁门后来说，在他当参议员的第一任期内，他花在铁路融资上的时间超过任何其他的问题。这就和摩根财团发生了冲突，因为摩根财团和库恩-洛布公司在30年代仍然主宰着铁路债券的发行。铁路行业与新的卡车和航空业务竭力竞争。铁路建设融资是大萧条时代难以应付的问题,而银行家被指责为管理不善。1935年,杜鲁门参加了由一位有进步党倾向的蒙大拿州民主党人伯顿·惠勒任主席的分委员会,调查银行家们对铁路的影响。惠勒听证会研究了把铁路和传统的银行组成的排他关系所形成的束缚。从路易斯·布兰代斯反对摩根垄断纽黑文铁路起,改革家们就一直极力主张银行和其客户之间应该有一定的距离。现在他们再次提倡竞争性招标,从而使所有的银行都能为承办任何一项发行债券而进行竞争。

由于奇怪的历史的阴差阳错,惠勒分委员会的顾问马克斯·洛温索尔把杜鲁门介绍给了那个无所不在的摩根的恶魔——路易斯·布兰代斯,布兰代斯当时已任最高法院法官。在20世纪30年代末,最高法院法官仍然每周有一个下午茶话会,招待来访者。布兰代斯在加利福尼亚街的家里举行的茶话会上,常常会把别人撇在一旁,几个小时拉着杜鲁门不放,盘问他关于听证会的情况,极力主张对铁路严加管制,切断它们和华尔街的联系。杜鲁门被布兰代斯争取过来了,接受了他那以小型企业和坚决反托拉斯的规定为基础的竞争性经济的信条。这个信条在罗斯福的第二个任期内产生了强烈的影响,自然而然地加剧了与大企业计划和经济集中的使徒——摩根财团——的冲突。

预料到惠勒参议员及其委员会的猛烈攻击,摩根合伙人在1935年采取行动,甩掉了"爵士乐时代"最大的包袱——破产的范·斯韦林根兄弟公司。五年来,摩根秘密地以4000万美元的"援救"贷款来支撑他们,尽管他们还拖欠了800万美元的利息。当这兄弟公司在1935年5月再次违约时,摩根银行认为如果去控制他们的附属担保物——庞大的阿利甘尼铁路和他们的房地产帝国,那等于是政治自杀。政治上的权宜之计是减少他们的损失,卖掉阿利甘尼股票。他们需要去讨好华盛顿,鲜明地表示摩根的权力和威望在下降。摩根银行在一份小报上发了一条消息,宣布了拍卖附属担保物的计划。这是该行和范·斯韦林根一度迷人的关系的可怜结局。

1935年9月30日,范·斯韦林根帝国的残余到了阿德里安·马勒父子公司的证券拍卖堂的拍卖槌之下。马勒父子是众所周知的"证券坟墓",其办公室恰好面对着圣保罗教堂墓地的坟场。在一间到处堆满了灰尘蒙蒙的油画和一些毫无价值的破烂货的单调屋子里,在裸露的电灯泡下,乔治·惠特尼跷着大腿坐在一张廉价的椅子里。他穿着笔挺,淡淡地笑着,试图在摩根威风扫地的此时此刻,表现出他早已一领风骚,现在已经无所谓了。摩根财团那英俊的金发律师、戴维斯-波尔克-沃德韦尔法律事务所的弗雷德里克·施瓦茨,带来了放在两个精致的皮制文件夹里的阿利甘尼证券。屋子里挤满了人。紧张、苍白的奥里斯·范·斯韦林根就像复活的1929年股市大崩溃的鬼魂,在人群后面走来走去。阿利甘尼有28000英里的铁路,占美国整个铁路系统的十分之一,但是只卖了300万美元,摩根和担保信托公司各家都损失了900万美元。结果是压不垮的范·斯韦林根兄弟通过成立最后一个控股公司,由两个同事垫上钱,把铁路又买了回来。

后来,乔治·惠特尼紧抿着嘴唇笑着,握着快活、得意的奥里斯·范·斯韦林根的手。奥里斯对惠特尼悄悄地说:"我宁可付钱。"丧葬似的拍卖堂给这场大失败提供了一个恰当的结局。但是,就像范·斯韦林根兄弟奇怪的相互"模仿"的生活方式那样,他们很快就相继死亡。曼蒂斯在那年的12月份死了,11个月以后,奥里斯到霍博肯来参加摩根的一个会议,因冠状动脉血栓而死在他私人卧车的车厢里。他留下的遗产比曼蒂斯的人寿保险多不了多少。同时,斯韦林根铁路仍然大量地典当给了银行。

这次拍卖并未使惠勒调查者放松。甚至连格拉斯-斯蒂格尔法案和成立摩根士丹利公司,都不能使惠勒参议员改变他认为J.P.摩根公司控制铁路证券生意的观点。他问一位证人:"在华尔街,人们是不是一般都这么认为,摩根士丹利是换汤不换药,或者说就像以前一样由摩根控制着?"[11]

惠勒调查者在1936年花了半年时间在华尔街23号研究档案。曾经是神圣的、秘密的文件被政府调查者的指印弄得越来越脏。委员会的顾问马克斯·洛温索尔成为摩根新的妖怪,乔治·惠特尼向杰克抱怨调查背后的"犹太律师因素"。[12]惠特尼认为范·斯韦林根兄弟公司是他们调查的真正目标,而他们死后,摩根银行则成了他们的替身。1937年,惠勒因为关于最高法院改革的斗争分散了精力,任命杜鲁门为铁路调查组的主席。此时,该委员会转向范·斯韦林根兄弟公司在1930年收购密苏里太平洋公司一事,所用资金是1929年阿利甘尼承销款,这次收购因为优惠客户名单而搞得臭名昭著。

20世纪20年代华尔街的掠夺给一位未来的总统上了很有教益的一课。正如玛格丽特·杜鲁门所忆:"我父亲正是在调查密苏里太平洋公司以后,感到非常愤慨,并且从此以后一直确信被他称为'拆卸大队'的华尔街金融家是一个特殊的利益集团,随时准备为了少数人的利益而牺牲广大群众的利益。"[13] 阿利甘尼最终在摩根的控制之下,密苏里太平洋公司成为一个公开的丑闻。铁路像被挤奶一样地抽掉了大量的红利,而管理部门则解雇了数以千计的工人,放弃改进铁路系统,没有紧急基金的准备。公司和密苏里州的立法者之间还有肮脏丑恶的政治交易,一位州参议员接受了1000美元,他把这笔收入列为"阿利甘尼-密苏里太平洋公司业务的服务费用"。[14]

斗志昂扬的杜鲁门坚决顶住华尔街要他停止调查的巨大压力。他谴责摩根财团给他带来了很大的麻烦。他写信给夫人贝斯说:"这里的情况一团糟,在纽约是一片怒火。担保信托公司和J.P.摩根动用一切手段来逼我罢休。我要么完成这个任务,要么以身殉职!"[15] 杜鲁门把自己看成正直的农村青年,决不被那些自命不凡的纽约式人物所蒙骗。他在政治和文化上对银行有厌恶感。他在年轻时就认为皮尔庞特是一个势利鬼,和欧洲腐朽的王族臭味相投。他很快就觉察到乔治·惠特尼凌驾于他人之上的优越感,以及乔治·惠特尼对微不足道的中西部参议员的鄙视。他告诉贝斯说:"惠特尼先生特别注重他自己的地位。他在九点三刻到他的办公室,告诉我他想干什么。我直截了当地问他究竟谁是委员会的主席。他马上就放下架子,规规矩矩地走了。"[16] 杜鲁门的经历使他久久不能改变观点——华尔街的银行家们都是精明、贪婪,无视财富集中的危险人物。他认为一般的政府官僚根本不是华尔街律师的对手。

惠勒听证会还产生了一个摩根的敌人,他将折磨J.P.摩根公司和摩根士丹利20多年。罗伯特·扬自称为德克萨斯民权主义者,他在纽约为通用汽车公司干了20年,因为在1929年的股市大崩溃中卖空而发了财。后来他辞职,自己开了一个投资公司,为他自己、通用汽车公司总裁小艾尔弗雷德·斯隆,以及其他的汽车公司经理购买股票。在30年代初期他买了阿利甘尼的大宗股票以后，摩根银行和担保信托公司仍没有让他及其客户在董事会占有一个席位。扬永远没忘记这个侮辱。

范·斯韦林根兄弟死了以后，扬和他的同事艾伦·柯比——伍尔沃思公司的继承者——买下了破产的阿利甘尼帝国，而阿利甘尼当时仍然有大量的资产抵押给了J.P.摩根公司和担保信托公司。但是扬不是一个顺从的客户，他想利用阿利甘尼作为跳板来向摩根财团本身进攻。其他的实业家们都极力反对新政，扬则大力宣传新政的口号，并把自己打扮成一个勇敢的局外人，宣称他的使命是"从资本家的手中挽救资本主义"。他说他要分散摩根及其同事的权力。拉蒙特被扬在杜鲁门分委员会上的证词激怒了，在华尔街23号把他狠狠地骂了一顿。这一顿训斥使扬一辈子感到刺痛。当扬告诉他说自己本来是想把恢复阿利甘尼的计划通报他的时候，拉蒙特回答说："你不理解我。我不仅要你通报情况，我还要帮助指导你的政策。"[17]

对扬来说，他一下子什么都明白了。他经常重复这个故事，像罪人般重复地讲述他们转变的一刻。拉蒙特使他感到自己"就像一个乡下佬"，"真的是让我趴在地上，打我屁股，痛骂我居然如此大胆，不经过和摩根商量就搞出一个……计划来。"[18]

拉蒙特的高压手段使扬十分恼火，惠勒听证会又使他壮大了胆子，因此他在铁路融资方面带头向摩根的霸权造反。他的主要目标是绅士银行家们要求其客户维持的排他关系。摩根财团曾经为契萨佩克和俄亥俄铁路发过债，该铁路是阿利甘尼帝国的一部分。1938年11月，扬和他的银行业的同事，即芝加哥市哈尔西-斯图尔特公司的哈罗德·斯图尔特，以及克利夫兰市奥蒂斯公司的赛勒斯·伊顿设了个对付摩根权益的圈套。扬以及摩根士丹利的哈罗德·斯坦利和库恩-洛布公司的伊莱沙·沃克挂上私人车厢，乘火车到了克利夫兰，参加契萨佩克和俄亥俄融资委员会的会议。纽约银行家们期望洽谈一项3000万美元的私募债券。

斯坦利和沃克一定知道发生了一些情况，因为他们被要求提供密封的发债的投标书。摩根士丹利的合伙人这样长途旅行去参加这种董事会也是史无前例的。斯坦利显然认为他已经做了很大的让步，他在会上说他允许库恩-洛布公司的名字作为联合主干行和摩根士丹利并列在一起。这时,扬放了一枚炸弹:"斯坦利先生,我们对做广告或谁的名字放在谁的上面不感兴趣。……我们感兴趣的是契萨佩克和俄亥俄发了债以后得到什么。"[19]扬突然披露他已经从奥蒂斯和哈尔西-斯图尔特得到了竞争性投标,而且比摩根和库恩-洛布公司提出的条件还净省350万美元。董事会上有些一贯忠于范·斯韦林根的人仍然想接受传统的华尔街银行。扬威胁说如果他们拒绝接受最低的报价,他就要对他们起诉,从而使他们乱成一团。他在会议室里跳来跳去,嚷嚷着:"摩根拿不到这笔生意了!摩根拿不到这笔生意了!"[20]晕头转向的董事们休会,和律师们商议以后,回来接受了低价。

扬的宫廷政变在华尔街开创了一个崭新的时代。大多数的发债将公开进行竞争性招标,而不是由绅士风度的银行家们私下和客户谈判。这典型地表明付给公司的价格和债券再销售给公众的价格之间的利差就很小了。投资银行的利润幅度变小,在理论上留在发行者手里的钱就较多。

在以后的两年中,扬、伊顿和斯图尔特三驾马车使另外两家铁路公司也接受了竞争性招标。1941年,证券交易委员会颁布了U-50规则,公用事业控股公司的发债都必须实行竞争性招标。1944年,州际商务委员会对铁路制定了一条类似的规定。但是,不管反对华尔街力量的这种胜利何等辉煌,它们没有触及铁路和公用事业以外的更加有利可图的工业债券。老式银行业务的主要推崇者是哈罗德·斯坦利和他的公司。斯坦利总是不主张竞争性招标引起的银行和发行者之间"断断续续的关系",警告说这样公司就得不到良好的咨询,且发行债券的价格也不会合适。即使这个论点显然是为图私利,美国工业界也还是甘心情愿地接受这个逻辑。在以后的40年中,美国的蓝筹公司同意和摩根士丹利保持排他性的关系,这种联盟直至1979年国际商用机器公司"造反"以后才算打破。

显然,如果在摩根财团和新政之间要建立友好的关系,那么这种关系也不会来自杰克·摩根。他愤愤不平的心态使他在政治上毫无价值。这也不可能来自乔治·惠特尼,他是家族银行家的典型,深为改革家们所厌恶。对白宫采取任何新措施的任务只能由汤姆·拉蒙特来担当,因为他一心想回到政治游戏中去,并且在被华盛顿"流放"的日子里大为不快。

1937年的风风雨雨为摩根银行打开了一条可能的缺口。经济和股市从春天到夏末一直滑坡,到9月份时又直线下跌。股市和商品市场在10月19日的暴跌使这天被称为黑色星期二。市场的跌落几乎和1932年的最低点接近了一半。投资银行都在两个债券的发行上遭到沉重的打击——伯利恒钢铁债券和纯石油公司优先股,以至于传闻要考虑关闭证券交易所。哈罗德·斯坦利担当起摩根在华尔街的领导作用,他把若干投资银行家的负责人召集到一起,对他们的情况作了一番非正式的审议。作为一种回报,他难得让这些银行家们一睹摩根士丹利的账本。因格拉斯-斯蒂格尔法案所致,投资银行业领域一批规模很小、资本不足的银行,实力较弱的公司不可避免地被逐出市场。爱德华·史密斯公司——担保信托公司的证券业下属公司的继承者——遭受了沉重的承销损失以后,和查尔斯·巴尼公司合并,组成了史密斯-巴尼公司,并入摩根集团。这种突然恢复到20世纪30年代初的动荡的金融市场的局面,使新政的信心受到极大的冲击。

工业部门也是一片混乱。在1937年的1月和2月,羽毛未丰的"联合汽车工人组织"静坐罢工,使通用汽车公司处于瘫痪状态。在密执安州弗林特市,警察向只有弹弓武装的工人开枪。失业率从1937年的14%上升到第二年的19%。这些事件不仅使人感到新政已是步履维艰,而且还加剧了政府中两大派别的矛盾。一派受路易斯·布兰代斯的影响,认同于费利克斯·法兰克福特、托马斯·科克伦和本杰明·科恩,把美国不能摆脱萧条归咎于美国的大公司,主张市场应该更有竞争性。他们的同盟者罗伯特·杰克逊——司法部反托拉斯派的首领,认为垄断者的"定价把他们自己逐出了市场,也把他们自己推进了衰退"。[21]内务部长哈罗德·伊克斯与这种论调一唱一和,警告人们注意美国最大的60个控制国家命脉的家族的恶劣影响。罗斯福喜欢搞试验,他的政治教堂里有的是座位。当时,他倾向于反托拉斯的一派,告诉他的高参雷克斯福德·特格韦尔,这可能会"吓唬一下这些人(生意人),让他们因此而去做些事情"。[22]

1933年至1935年在所谓"第一新政期间",还有一派很有影响的高参。他们赞赏大公司的技术效率,认为布兰代斯那种小规模、竞争性经济的观点是一种幻想,这样的美国已属过去,追之不及。他们接受经济集中不可避免的现实,鼓吹由公众来控制庞大的经济实体,而不应徒劳地想把它们拆开。他们谴责杰克逊和伊克斯的讲话是蛊惑民心,起反作用。到1937年下半年,他们已经有胆量进行反击,因为当时罗斯福对特格韦尔说:"由工人和企业界领导人组成的混合团体向他转达意见,也许是可以采取的一种方式,让他找个台阶下来,改变政策。"[23]

在加强他们阵营的时候,新政的左翼发现和摩根志同道合。这听起来有点自相矛盾,其实不然。从皮尔庞特时代开始,摩根财团就一直支持工业计划,虽然是在私人控制之下。铁路协会和美国钢铁公司如果不算是计划经济体制,又是什么呢?(我们记得摩根银行和进步党党员之间秘密联系的意识形态,以西奥多·罗斯福和乔治·珀金斯之间的友谊为代表)。与此同时,合伙人决不是一概反对联邦政府为制止萧条所采取的所有干预。如果说拉蒙特、莱芬韦尔和帕克·吉尔伯特恪守平衡预算的教条,反对提高税收,那么他们也主张放松银根以反通货紧缩。相比之下,美国银行家协会却攻击罗斯福低利率的政策。这些同行们的蒙昧主义有时候使摩根银行的人感到非常不安。莱芬韦尔说:"我有时想我们该不该保留我们的会员籍,这等于是在无声地支持美国银行家协会。"[24]他指责1936至1937年的联储的紧缩政策造成了那一年的经济滑坡。用现代的行话来说,摩根合伙人同情整个经济的宏观管理政策,即使他们对具体工业行业的微观规范也表示遗憾。

阿道夫·伯利是一位关于政府计划的重要理论家,他在1932年与经济学家加德纳·米恩斯合作撰写了一部经典著作:《现代公司与私有财产》。伯利和米恩斯坚持认为,大公司是现代经济生活中不可排斥的事实,政府必须作出调整以适应这个现实。伯利听了罗伯特·杰克逊的讲话非常不安,因此开始和拉蒙特通信。拉蒙特的言谈当然对大公司非常肯定,他认为大公司比小公司的道德标准高。他还强调了他忠于罗斯福外交政策和大部分的国内政策。这里边加了不少动听的诗一般的美言。就在不久以前,拉蒙特还向他的好朋友阿斯特夫人抱怨罗斯福的白宫"奢侈、浪费和管理松散"。[25]拉蒙特不管如何放肆,他至少愿意和新政对话和讨价还价——这和杰克·摩根及华尔街的其他顽固分子无谓的"暴跳如雷"相比,是大大地进了一步。拉蒙特和伯利达成了一笔交易:他将支持救济付款和赤字支出,作为撤销剩余利润及资本收益税的交换条件。与此同时,对企业特别是对公用事业的政治攻击,应当停止。这种政治交易,在摩根以前极力影响新政的努力中是明显没有的。

1937年12月22日下午,新的咨询组里的八个成员在伯利主席的主持下,在纽约的世纪俱乐部里开碰头会。拉蒙特和通用电气公司的欧文·扬代表大公司,雷克斯福德·特格韦尔和查尔斯·陶西格为新政说话,钢铁工人工会的主席菲利普·默里、工业组织代表大会的约翰·刘易斯以及工业组织代表大会委员会的李·普雷斯曼代表劳工运动。在阶级冲突两极化的时代,这是个独特的运动。这八位先生联合反对罗伯特·杰克逊的反托拉斯起诉,批准了一项伯利和拉蒙特早已拟好的协议纲要。最后,特格韦尔许诺和罗斯福约定开会研究这个协议。

拉蒙特是个影子里的怪物,他想象和罗斯福在1938年1月14日的会晤将是一次秘密的、谨慎的事情。而事实上,与会者还得经历摄影师和记者的一番骚扰。报上嘲笑"伯利先生的经济动物园",头版登出毫无同情心的白宫泄露的材料。[26]尽管如此,这是一次很有成效的会议,与会者批准通过联邦的支出来扩大购买力,而不是用老式的紧缩性的削减工资的方式来对付艰难时世。尽管罗斯福想再开几次会,但是试验已经胎死腹中。政府中受布兰代斯影响的制定规章制度的人,诸如起草证券法的托马斯·科克伦和本·科恩反对向企业作出姿态。工业组织代表大会中的一个极左派同样执意要挫败新兴的企业-劳工-政府三头政治。

至于拉蒙特,他感到十分遗憾,白宫的会议竟沦落成了一个廉价的政治舞台,他和欧文·扬提供的合作"被利用来搞三流的政治"。[27]在政治攻击的时代,这是个失去的机会,它本来能说明企业和劳工进行务实的讨论有潜在的好处。对于摩根财团来说,这尤其是个不可挽回的机会,因为白宫会议发生在摩根丑闻的前夜,它把时钟拨回到1933年的黑暗的时代,使合伙人认为自己是开明的、一心为公的金融家的观点受到了质疑。

对于摩根财团来说，1937至1938年的冬天变成了大溃败和哀悼的时候。在1938年2月，45岁的帕克终因责任重大和早年的辛劳而一命呜呼。在20多岁时，这位管理梅隆时的财政部的神童患了高血压，他的死因是心脏和肾脏的疾病，但是很多人认为他是累死的。当年他在财政部熬夜至凌晨2点，在魏玛共和国时期的柏林工作时也是如此，德国人都注意到他废寝忘食地工作的情形，他终于积劳成疾，命归西天。早年，他和新娘路易丝的蜜月一直拖了五年，这个肯塔基的美人挑逗性的话常在华尔街传来传去。他在1931年到银行来以后，没有要求固定的收入，把此事当做细枝末节。摩根合伙人都保护他，总是催他去休假，养精蓄锐。他神奇的工作和献身精神使他获得了法国、比利时和意大利的勋章，哈佛和哥伦比亚大学的荣誉学位。他死了一年以后，有漂亮圆脸蛋的路易丝嫁给了哈罗德·斯坦利，斯坦利的原配夫人在1934年死了。这不仅在J.P.摩根和摩根士丹利之间创造了一条新的纽带，而且意味着路易丝的儿子小S.帕克·吉尔伯特——20世纪80年代的摩根士丹利的董事长有着独特的摩根血缘。

帕克·吉尔伯特的死亡发生在丑闻发生之前的两周。如果说摩根财团因为格拉斯-斯蒂格尔而失去了它的投资银行业务，那么也许它在理查德·惠特尼一案中失去了荣誉。费迪南德·佩科拉的做法暴露了值得质疑的地方——事情是合法的，但是否明智却有问题，然而理查德·惠特尼丑闻则是摩根财团直接与法律发生了冲突。这个案子成了新老华尔街之间，以及私人信赖和公共信赖之间的一场道德剧。这不仅挫败了拉蒙特想巴结新政的企图，而且还加快了纽约证券交易所的改革。

作为交易所在1930至1935年间的主席、理查德·惠特尼一向是华尔街最傲慢地反对联邦证券规范化的人。对新政者来说，他代表了华尔街旧秩序的自命不凡和傲慢无礼。1932年，他在参议院银行和货币委员会就证券问题作证时，就教训参议员们应该减少他们的工资。他反对成立证券交易委员会，对调查佩科拉的人说："你们这些先生们正在犯极大的错误。"他认为证券交易所是个完美的机构。他还不让经纪人回答佩科拉的问题。[28]在1937年，他碰到了对手，即证券交易委员会的主席威廉·道格拉斯，他在那年接替了乔·肯尼迪。道格拉斯已和证券交易所的主席查尔斯·盖伊在讨论交易改革的问题，惠特尼领导董事会上的一派人反对这种努力。在1937年秋天，道格拉斯把证券交易所的那些负责人严厉地训斥了一顿："规范的工作必须干。现在却没有做，该死的！你们去干，否则我们就干。"[29]盖伊对于需要改革也无可奈何，就任命了由大陆罐头公司卡尔·康韦领导的委员会来研究改革。1938年1月，委员会建议彻底改组交易所，包括一位享受全日制薪金的主席的职务，一套专业工作人员班子和非成员的理事。理查德·惠特尼丑闻就是在这种充满仇恨的格斗中披露的。

乔治和理查德·惠特尼都身材高大，具有贵族风度，惹人注目。他们是一位银行行长的儿子，受到波士顿婆罗门教的教育，上过格罗顿和哈佛大学。人们会注意到理查德从哈佛读书时就戴的挂着瓷猪的金链条。摩根合伙人乔治慢慢讨厌他永远甩不掉的格罗顿的同学富兰克林·罗斯福。他说："我和兄弟都上了大学，我们总是很舒服的。这里没有穷孩子的问题。"[30]乔治通过基德-皮博迪公司来到摩根，在1919年成为合伙人。

乔治有一张多皱而英俊的脸，坚实的下巴，一副优雅傲慢的气派，象征了那个时代的摩根银行。一位英国来访者后来评论说："乔治·惠特尼身材修长，铁灰色的头发，非常英俊，很有魅力，梅茜小姐认为他对男人和女人都很'危险'！"[31]他使摩根永久保留了合伙人穿着时髦的传统。由于绝妙的巧合，他和玛萨·培根结为夫妇。她是曾经使皮尔庞特入迷的华尔街的希腊神罗伯特的女儿。

30年代末，乔治·惠特尼领导摩根银行，并且是肯尼科特铜业公司、德克萨斯海湾硫磺公司、约翰斯-曼维尔和担保信托公司的董事。作为国内承销业务的首领，他吃格拉斯-斯蒂格尔的苦头超过所有其他的摩根合伙人，眼睁睁地看着他的生意转到了哈罗得·斯坦利的手中。他在华尔街备受尊敬，尽管沉默寡言，在银行里人缘很好。摩根的合伙人常常集体到华盛顿去回答问题，其中乔治·惠特尼似乎往往表现得最势利、怒气最大，不愿意承认这种程序的合法性。就在新政的攻击似乎有可能缓和的时候，揭露的丑闻意味着更多的政府调查者试图冲破他粉刷得很好的防线。

乔治是在他的哥哥理查德的影子里长大的。理查德是家里的明星，他早年在华尔街的事业似乎没有辜负家里很高的期望。在1929年的黑色星期四，作为证券交易所的副主席，据说他溜达了一会儿，便投标购买美国钢铁公司和其他的股票。第二年的春天，他晋升为证券交易所的主席，是有史以来占据这一位置的最年轻的人。大家都知道是他制止了1929年金融大恐慌。他成了民间传说中的英雄。[32]他冷漠而自负，人称"华尔街先生"，身穿燕尾服坐镇在交易所顶层的宫殿似的套间里。在私人俱乐部的氛围中，他代表了抵制联邦规范的反动分子、交易所的场内经纪人和专家们，反对较为自由派的零售经纪人。

理查德和J.P.摩根的关系超过他的弟弟。他的公司——理查德·惠特尼公司——是为摩根银行处理金边债券的主要纪经人。即使摩根银行里没有人卷入丑闻之中，摩根银行也会受到这场丑闻的影响。正如记者约翰·布鲁克斯所说："当华尔街23号的诸神在马路对面的人间市场上显形的时候，他们所借用的躯体就是理查德·惠特尼。"[33]摩根银行一般远离尘嚣，不会卷入到证券交易所的争执中去，对大众认为惠特尼代表他们观点的印象感到非常不安。到丑闻爆发时，要想纠正这种印象已经为时晚矣。

理查德在20世纪30年代过着双重生活。当他在华盛顿的攻击下捍卫合伙基金、卖空和其他投机时，他也难于抑制自己的赌瘾。他老是受那些拼命捞钱的艺术家的骗。他在佛罗里达州的经济崩溃之前，买了该州一家化肥厂的股票，并投资于一个叫做杰西·莱特宁的非法酿酒的苹果白兰地厂。与此同时，他过着乡村绅士的生活。他的夫人是联合同盟俱乐部前主席的女儿，有继承权。他在新泽西州的500英亩的庄园里养着纯种马，负责埃赛克斯猎狐狗协会，在第五大道拥有一幢房子，像一个巨头那样神气活现。

理查德常年债台高筑，总是在借债，拉人参加联合投资。1929年，他试图花言巧语拉一位同辈远亲乔克·惠特尼来合伙参加一项投资。可是那时他的名声已经不太好了，乔克听了律师刘易斯·卡斯·莱迪亚德的劝说就没有参加（后来，乔克和他的朋友大卫·塞尔兹尼克买了《理查德·惠特尼传》的电影版权）。乔治真是了不起的忠心耿耿，一直让理查德手头有钱还债，尽情满足他一掷千金的狂想。在大崩溃之前，乔治借给理查德50万美元来买一个证券交易所的席位。此后，贷款逐笔增多，理查德欠他兄弟的债达到300万美元的惊人数额。不仅有这些贷款，而且别人也借钱给他。理查德在华尔街上乞讨时，人们认为乔治是他的后盾。人们对摩根财团的畏惧和尊敬达到如此程度，以至于在理查德漫长的财务危机中，居然无人向他讨债。

1931年，摩根银行向理查德提供了50万美元的贷款，且这笔贷款不断地延期还款。合伙人嘴上佯装喜欢理查德那种胡闹调皮的风格，但心底里着实有看法。他们一度想找一位老资格的证券交易所的理事，把他的公司和理查德的公司合并起来，以抑制他的放荡。拉蒙特好几次警告乔治，理查德对证券改革那种有失身份的猛烈攻击起了反作用。乔治本人也知道理查德简直是在胡搞。当摩根银行在1934年第一次接受州银行检查者的调查时，乔治只得拿出自己的证券作为理查德贷款的附属担保品。

到30年代中期，理查德向交易所的犹太成员要贷款，显然已经到了走投无路的地步，因为他作为交易所高高在上的梯队曾经排斥他们。1936年，乔治请哈里的儿子小亨利·戴维森去调查理查德的财务情况。戴维森以很有礼貌、漫不经心的方式盘问理查德，发现他的贷款缺乏足够的附属担保品。更糟糕的是，他在用借来的证券作为附属担保品又去借更多的钱。上一代的威廉·克拉波·杜兰特就是这样铺筑了一条通向金融破产的"康庄大道"，至今人们记忆犹新。

到此时，理查德已经不只是错误判断，而是一发不可收拾，干脆违法乱纪，开始掠夺两家贵族机构。证券交易所有一个250万美元的退职金基金，这是向成员的家属发放死亡抚恤金的。理查德擅自拿了100万美元的证券作为他本人和自己的公司贷款的附属担保品。他是纽约游艇俱乐部的司库，又挪用了15万美元的证券。这个丑闻被揭露出来，是因为有一次退职金受托人举行会议，理查德·惠特尼恰好缺席，一位胆小的职员把丢失证券的事捅了出来。突然之间，理查德必须立即归还"借用"的股份。除此之外，他还向埃夫里尔·哈里曼要了5万美元，但还是不够。1937年11月23日，他向乔治要了100万美元的紧急贷款。摩根银行正式的越轨从此时开始，因为理查德向他弟弟承认了自己的犯罪行为。这对乔治真是一场噩梦，人们含沙射影摩根有不轨行为，为此，他多年来在华盛顿极力为摩根辩护。理查德谈到此事,说乔治"听到居然会发生这种事情,心慌意乱,目瞪口呆,问了我无数遍为什么我要这么干,简直不可理解——一点也不奇怪,他像遭了雷击一样"。[34]

乔治因为手头没有现钱,就去找拉蒙特,告诉他理查德的"处境非常严重"("处境"是丑闻的通用委婉语)。他承认挪用了证券交易所的证券,说第二天就必须补回去。拉蒙特冷淡而同情地说:"这是个麻烦事,乔治。理查德·惠特尼是没问题,但是不管处境如何糟,他怎么能挪用证券呢,哪怕是一会儿也不行啊!"[35]第二天,拉蒙特不管是出于极度的害怕,还是超常的友谊,坐下来开了一张数额为100万美元的个人支票。乔治就把支票交给理查德。两星期之后,乔治把支票还给拉蒙特以后,问杰克·摩根他能否从他的合伙资本中撤出钱来,含糊其词地说理查德"处境非常糟糕"。杰克没有打听原因。他后来说他还以为要钱是为了做什么生意。

因为拉蒙特和乔治没有报告理查德的罪行,他们犯有包庇隐匿罪。三个月来,他们知道理查德是个骗子,但是没有告诉证券交易所里的任何人,而是把贪污的处理当成君子之间的事来私下了结。他们处于进退两难的痛苦局面。摩根合伙人从不行贿,并以他们的正直诚实而感到自豪,但是现在却忍不住想掩盖这个丑闻。乔治自然不乐于暴露他哥哥的罪行。而摩根银行知道新政分子一定会高兴地利用这个丑闻来进一步对华尔街实行改革。他们不会把理查德扔到自由主义的民主党狼群中去,特别是威廉·道格拉斯,此人时刻准备着扑向摩根财团和证券交易所。

道格拉斯是个满腔热情的政府管理人员,对华尔街恨之入骨,可谓是正牌的摩根死敌。他曾说"摩根的影响之坏,在当今工业和金融界为最甚"。[36]他憎恨这些"该死的银行家",抨击这批金融白蚁贪图眼前的利润。他无休止地给罗斯福写备忘录,陈述建立新的地区工业银行之必要,以便在"企业界以一种新的开明的领导来取代摩根在各个地区的影响"。[37]道格拉斯正在对纽约证券交易所发起进攻,把它视为过时的私人俱乐部。事实上,就在理查德向乔治要紧急贷款的那个月,道格拉斯威胁要接管证券交易所。

在了解惠特尼丑闻的最后一幕之前,在此值得叙述一下在摩根历史上应有一席之地的一段插曲。1938年2月,理查德从一个名叫沃尔特·罗森的人那里拿到一笔10万美元的贷款。罗森显然十分精通关于摩根的学问,因为在同意提供贷款的时候,他对理查德说:"老摩根先生的态度一向使我非常钦佩,他认为借款人的个人品格,要比他的附属担保品的价值高得多。"理查德一本正经地说:"摩根先生说得完全对。"[38]而这时,理查德已经捞到了2700万美元的贷款。

1938年3月5日,乔治正在佛罗里达养病,理查德突然出现在高尔夫球场俱乐部。在一局桥牌中,他打断摩根合伙人弗兰克·巴托,脱口而出道:"我处境很难。"他要巴托给他一笔贷款。他承认贪污了纽约游艇俱乐部的股份。巴托说:"这很严重。"理查德回答说:"这是犯法的。"[39]理查德将要被证券交易所调查委员会召去,并急于要钱。巴托拒绝作任何表示,而是先要请教律师。第二天,他和杰克·摩根找约翰·戴维斯磋商。戴维斯警告说借钱给理查德的任何念头都会毁灭摩根财团。[40]他们拒绝帮助,从而决定了理查德的命运。他们打电话到佛罗里达告诉乔治,他哥哥的垮台已迫在眉睫,乔治只是气喘吁吁地说了声:"我的天!"[41]

1938年3月7日,证券交易所的理事会投票表决,指控理查德·惠特尼渎职。第二天早上,交易所代表敲响了交易场里的钟声,宣布理查德·惠特尼公司因资不抵债而停业。紧接着是一片混乱,股票价格一落千丈。随后,纽约县地方检察官托马斯·杜威对惠特尼起诉,指控他大量侵占财产,偷窃证券,包括从他夫人那里偷窃10万美元。这对美国的贵族,包括罗斯福总统在内,是一个沉重的打击。威廉·道格拉斯把消息告诉罗斯福总统时,他正在床上用早餐,毕竟是老相识,有交情,他两眼泪汪汪的。总统哭泣着说:"怎么会是理查德·惠特尼!理查德·惠特尼!理查德·惠特尼。我简直不能相信。"[42]新政的口号扬言"经济保皇党人肆无忌惮",一时间似乎不幸言中。

证券交易委员会匆匆组织调查理查德丑闻,使摩根财团非常愤怒。纽约听证会在百老汇120号举行,离"街角"不远。科温顿-伯林公司的迪安·艾奇逊代表证券交易所,而一个名叫格哈德·格塞尔的证券交易委员会的年轻律师首先提问。格塞尔问杰克·摩根是否认为在这件事中对证券交易所负有责任,杰克回答道:"没有,根本没有。"⁴³格塞尔问他为什么要借钱给理查德,他说他从来不问原因。格塞尔问:"那么,你并不认为这是因为喝酒、女人和玩马,是吗?"杰克说不,这笔数额太大了,不可能干那个。大家都哈哈大笑。⁴⁴杰克疲惫不堪,败下阵来,在作证期间大部分是闭眼坐着,似乎这是一场噩梦,谢天谢地,他很快会从中醒来的。格塞尔后来称赞他是个"非常讨人喜欢的老先生……温和,总是实事求是"。⁴⁵

拉蒙特平时的镇静沉着一扫而空。在听证会上,他承认从来没有想到理查德会是个小偷,他的钱是借给乔治的。他猜想证券交易所的官员们是知道股份交易的。他愤怒地问:"格塞尔先生,你难道以为我会对乔治·惠特尼说,'是的,乔治,我会帮助你解决这个违约事件,你相信这完全是一个独立的事件,但是我必须马上到地方检察官那儿去,告发你哥哥,'"⁴⁶拉蒙特说他做了任何一个朋友应做的一切。同样,乔治·惠特尼说他做了任何一个兄弟应做的一切。

拉蒙特的书信也确切地表达了他的困惑之感。即使是对他的朋友阿斯特夫人,他也感到必须声明自己是无辜的。

> 这对我来说有点像是爱丽斯漫游奇境记,我们受到的教育是应该互相帮助,宽以待人,再给人一次机会,难道我们该忘记这个原则?
>
> 当然,正如证据所证明的,查理德是个彻头彻尾的骗子。他到最后一刻还在对乔治撒谎,他篡改了账本,他欺骗他的夫人和孩子,等等,等等。但是在去年11月乔治在想办法帮助理查德纠正他的失误时,他对所有的这些都不知道。⁴⁷

虽然理查德·惠特尼对非法侵占巨额财产罪供认不讳,但是乔治和拉蒙特逃脱了惩罚。检察官杜威也许感到这些富人已经够遭罪的了。但是证券交易委员会的报告对他们俩进行了严厉的批评,说他们知道理查德的犯罪行为和经济困难(杰克在尚未看到这份报告时,就对拉蒙特说这肯定是证券交易委员会又一份"恶毒"的文件)。⁴⁸威廉·道格拉斯铁石心肠,毫不留情，要让摩根流血。在听证会期间，他把格塞尔叫到办公室，对他说："新闻界告诉我说你对乔治·惠特尼太软了。"[49]格塞尔反驳道："威廉，这有失你的人格。我要揭示真相，但是我不能仅仅因为乔治帮助他的哥哥而往他脸上抹黑。我并没有对他太软。"乔治·惠特尼非常尊敬格塞尔，后来鼓励科温顿-伯林公司雇用他。他对哈里·科温顿说："但是你得打发掉艾奇逊这家伙。此人不行。"[50]

道格拉斯请司法部审议乔治和拉蒙特的行为是否犯有包庇隐匿罪。而司法部检察官布里恩·麦克马洪拒绝起诉他们，这时，道格拉斯看到这里有邪恶的阴谋作祟。他后来说麦克马洪"准会把我们的报告扔到纸篓里去……反正在背后有一个有权势的人，有钱又有政治关系"。[51]当他试图让交易所来追究摩根合伙人时，只有芝加哥大学的校长罗伯特·哈钦斯对他们投不信任票。

道格拉斯利用这个丑闻通过了一项新的法规和改革后的交易所候选人名单。侵占财产案说明证券交易所需要更加公开化。到5月中旬，康韦委员会建议的改革方案得到通过。理事会有所扩大，吸收了一些社会成员，康韦委员会34岁的秘书——圣路易斯市的麦克切斯尼·马丁当选为交易所第一任带薪的主席。道格拉斯就这样把交易所从一个私人俱乐部变成了听命于证券交易委员会的机构。他还推动了另一项改革日程——对证券发行实行竞争性招标。1938年12月，证券交易委员会作出规定，投资银行不得收取公用事业承销费，除非它们在成交时保持一定的距离。其他的"金融十字军"看到惠特尼威风扫地而士气大振。铁路大王罗伯特·扬后来说，他在报上读到惠特尼被捕的消息以后，看到这是摩根势力江河日下的证据，才有了勇气坚持和拉蒙特进行斗争。

理查德·惠特尼后来又是如何呢？他在被捕以后的表现，就像一位法国的贵族被拖到断头台。他决心要拿目光压倒刽子手，斥责格哈德·格塞尔在一次审问中迟到了5分钟。他不同意被说成资不抵债，怒气冲冲地说："我还可以从我的朋友那儿借钱。"[52]与此同时，有钱的同情者在东七十三街他的住宅前堆上了花环。他被宣判为非法侵占财产罪后，到辛辛监狱去服刑五年，临行时真有一番大马戏团演出的气氛。5000围观者聚在中央火车站，看到一位头戴圆顶硬礼帽的高个儿被警察带上火车。他和另外两个囚犯被铐在一起，一个是敲诈勒索犯，另一个是强奸犯。全不像另外两个犯人那样，毫无表情的惠特尼无意于把脸藏起来不让摄影记者照相。他成了辛辛监狱第94835号囚犯，在此服刑的第一个证券交易所主席。

  从长远来看，这个丑闻的真正受益者也许是乔治·惠特尼。多年来，他和理查德相比，得分甚多，成为"良好的、诚实的惠特尼兄弟"，改变了特权捍卫者的形象。他对理查德的忠诚甚至使新政主义者也感到忐忑不安。好多年后，格哈德·格塞尔被乔治的一张新闻照片深深地感动了，他拿了一只手套或是一根球棒送给理查德，让他可以在监狱里的棒球队打球（理查德在格罗顿的校长、恩迪科特·皮博迪牧师也来看他）。到1941年8月，理查德有资格得到假释。乔治开车到监狱门口去接他。理查德此后就在马萨诸塞州巴恩斯特布尔的一个奶牛场当负责人。从此以后，他再也没有进入金融世界或是公共生活。

— 本章参考文献 —

1. 《福布斯》（Forbes）：《小J.P.摩根》（J.P. Morgan, Jr.），第186页。
2. 作者和弗兰克·科尔比的访谈。
3. 《福布斯》（Forbes）：《小J.P.摩根》（J.P. Morgan, Jr.），第185页。
4. 同上，第187页。
5. 《纽约先驱论坛报》（New York Herald Tribune），1943年3月13日。
6. 《福布斯》（Forbes）：《小J.P.摩根》（J.P. Morgan, Jr.），第187页。
7. 马萨诸塞州剑桥城哈佛大学贝克图书馆汤姆·拉蒙特资料，第105箱，第3卷，给费·李普曼的信，1937年6月10日。
8. 弗里曼：《罗斯福和法兰克福》（Roosevelt and Frankfurter），第425页。
9. 《福布斯》（Forbes）：《小J.P.摩根》（J.P. Morgan, Jr.），第189页。
10. 凯斯和凯斯：《欧文·扬和美国企业》（Owen Young and American Enterprise），第702页。
11. 美国国会参院州际商务委员会：《对铁路、控股公司和分公司的调查》（Investigation of Railroads, Holding Companies, and Affiliated Companies），第1863页。
12. 皮尔庞特·摩根图书馆小J.P.摩根资料，乔治·惠特尼档案，乔治·惠特尼的信，1936年10月7日。
13. 杜鲁门：《哈里·杜鲁门》（Harry Truman），第105~106页。
14. 同上。
15. 杜鲁门：《亲爱的贝斯》（Dear Bess），第404页。
16. 同上。
17. 博尔金：《罗伯特·扬》（Robert R. Young），第44~45页。
18. 同上，第43页。
19. 《大西洋月刊》（Atlantic Monthly），1947年12月。
20. 霍夫曼：《成交者》（Deal Makers），第22~23页。
21. 拉希：《经纪人和梦幻者》（Dealers and Dreamers），第324~327页。
22. 同上。
23. 施瓦茨：《自由党人》（Liberal），第111页。
24. 康涅狄格州纽黑文耶鲁大学高级纪念图书馆拉塞尔·莱芬韦尔资料，1030组，系列1，第3箱，第63卷，给帕克·吉尔伯特和托马斯·拉蒙特的备忘录，1936年6月8日。
25. 马萨诸塞州剑桥城哈佛大学贝克图书馆汤姆·拉蒙特资料，第82箱，第5卷，给南茜·阿斯特夫人的信，1936年4月6日。
26. 拉希：《经纪人和梦幻者》（Dealers and Dreamers），第326~327页。
27. 施瓦茨：《自由党人》（Liberal），第113页。
28. 卡罗索：《美国的投资银行业》（Investment Banking in America），第376页。
29. 迈耶：《市场》（Markets），第217~218页。
30. 哥伦比亚大学口述历史资料集——乔治·惠特尼，第2页。
31. 吉福德：《美国来信》（Letters from America），第24页。
32. 约瑟夫森：《货币巨头》（Money Lords），第91页。
33. 布鲁克斯：《戈尔康达往事》（Once in Golconda），第61页。
34. 美国证券交易委员会：《关于理查德·惠特尼、小埃德温·摩根和其他人的问题》（In the Matter of Richard Whitney, Edwin D. Morgan, Jr., and Others），第142页。
35. 同上。
36. 塞利格曼：《华尔街的转变》（Transformation of Wall Street），第156~157页。
37. 同上，第202~203页。

38. 布鲁克斯：《戈尔康达往事》（Once in Golconda），第260页。
39. 美国证券交易委员会：《关于理查德·惠特尼、小埃德温·摩根和其他人的问题》（In the Matter of Richard Whitney, Edwin D. Morgan, Jr., and Others），第155页。
40. 洛凯姆编：《新政的形成》（The Making of the New Deal），第133页。
41. 美国证券交易委员会：《关于理查德·惠特尼、小埃德温·摩根和其他人的问题》（In the Matter of Richard Whitney, Edwin D. Morgan, Jr., and Others），第155页。
42. 塞利格曼：《华尔街的转变》（Transformation of Wall Street），第169页。
43. 《福布斯》（Forbes）：《小J.P.摩根》（J.P. Morgan, Jr.），第190页。
44. 洛凯姆编：《新政的形成》（The Making of the New Deal），第132~133页。
45. 同上。
46. 布鲁克斯：《戈尔康达往事》（Once in Golconda），第284~285页。
47. 马萨诸塞州剑桥城哈佛大学贝克图书馆汤姆·拉蒙特资料，第82箱，第5卷，给南茜·阿斯特夫人的信，1938年5月16日。
48. 皮尔庞特·摩根图书馆小J.P.摩根资料，第40箱，193~1943年电报，给托马斯·拉蒙特和乔治·惠特尼的电报，1938年11月2日。
49. 洛凯姆编：《新政的形成》（The Making of the New Deal），第135页。
50. 同上，第134页。
51. 塞利格曼：《华尔街的转变》（Transformation of Wall Street），第172页。
52. 洛凯姆编：《新政的形成》（The Making of the New Deal），第132页。

第二十二章
绥靖主义

创建伊始,摩根财团就一直有英美的气质和特征。特别是第一次世界大战,把伦敦和纽约的银行融合在英美两国对世界和平与繁荣负有责任的信仰之中。摩根的合伙人赞同沃尔特·李普曼1915年所表述的观点,即如果对"英美两国的未来缺乏远见",那么,美国的外交政策将经历一场"无与伦比的灾难"。[1]那种远见就是摩根的信条,是其合伙人政治信仰的基石。不过,第二次世界大战在珍珠港事件以前,不论是战前还是早期,都证明双方抵牾,暴露出纽约和伦敦之间的紧张关系。这种紧张关系或不为人们所认识,或长期隐而不露。

英美之间的亲密关系总有一点"单相思"。华尔街合伙人是一群狂热的亲英派,他们崇尚英国文化,每年都到伦敦旅行。不论是租用苏格兰城堡,还是购买乔舒亚·雷诺兹爵士的油画,他们都认同英国人,并模仿他们的一举一动。这种亲英的情绪在很大程度上要归于这样一个事实,即在大多数合伙人年轻时,伦敦在国际银行界中的地位至高无上。华尔街23号的合伙人属于那些20世纪初怀着渴望的心情登上跨大西洋豪华客轮去分享英国精深世故的一代。拉蒙特回忆他首次访问伦敦时说:"对于我来说,伦敦是我所知道或能够想象出的最令人激动的地方。"[2]检验一个真正J.P.摩根的合伙人的标准，是看他是否把伦敦金融城看作自己的故乡。

杰克·摩根更愿意住在英格兰，在那里他才不会被丑化为一个毫不关心他人的富豪。他可以在伦敦郊外的沃尔霍尔享受隐居生活，并拥有大温彻斯特街23号镶有木板的办公室。英格兰尊重他的隐私，并且是躲避来自新政刺耳谴责的一个理想避难所。富兰克林·罗斯福追逼他，而英国皇家将他捧为名流。乔治五世说，他只同两个美国人合得来：杰克·摩根和沃尔特·海因斯·佩奇大使（杰克的孙女珍尼嫁给了沃尔特·佩奇的孙子，小佩奇和他当大使的爷爷同名，战后成为摩根担保银行的董事长）。作为杰克的客人，乔治六世在甘诺奇山庄别墅打猎后对杰拉尔德·坎贝尔爵士说："我认为，摩根先生是世界上最伟大的绅士。无论他何时来到这个房间，我都本能地觉得我必须起立。"³当拉蒙特告诉摩根此事时，摩根红着脸说，这话使他觉得"有点不好意思，但听到一个我认识多年的人说出这些赞誉的话，我自然感到十分愉快"。⁴杰克曾把国王的小女儿放在膝上颠来颠去，她就是未来的伊丽莎白女王。杰克与皇家的友谊是后来摩根建富公司能够管理伊丽莎白二世大量私人财产的一个因素。

对这种赞誉，摩根建富的合伙人从未完全投木报琼。尽管他们的确对纽约的合伙人很有感情，但并不对美国的历史有强烈的兴趣，或许他们会发现这个国家很吸引人，但觉得美国土里土气。在20世纪30年代后期，伦敦的几个合伙人——格伦费尔（圣贾斯特勋爵）、史密斯（比斯特勋爵）、汤姆·卡托（卡托勋爵）是春风得意的名流，是这一领域里的佼佼者。业务上的联系把他们同英国权力机构紧紧地捆在一起，和他们与纽约的兄弟的关系一样紧密。史密斯是伦敦证券交易保险公司总裁，伦敦金融城保守党和工联主义者协会的主席。格伦费尔是下院议员和英格兰银行的一位董事，他把英格兰银行的标志变成盾形纹章，那时他患有心脏病和肺病，并因肺部有阴影而卧床休息。

J.P.摩根公司总是雇用那些有天分的外来人，像珀金斯、戴维森、莫罗、拉蒙特、莱芬韦尔。这些人是依靠自己智慧的力量而起家的。摩根建富则从家庭成员和朋友这个小圈子里招聘雇员。这种做法给公司一种亲近的感觉，彬彬有礼的温室气氛和固步自封的情绪，这使公司到20世纪50年代时僵化到危险的程度。比斯特勋爵的儿子鲁弗斯成为合伙人，前英国驻罗马大使的儿子弗朗西斯·罗德娶了鲁弗斯的妹妹为妻。摩根建富公司的合伙人显示出贵族阶层那种狭隘和孤立。比斯特勋爵一世维维安·休·史密斯，就是一个很好的例子。他是牛津郡的图斯莫尔园林最大的地主，终日沉溺于障碍赛马的狂热之中。他每年都要去爱尔兰买马，因没能实现赢得全国大奖的宏愿而心理很不平衡。有这样一种评论，有人可能会认为是侮辱性的，但比斯特毫无疑问珍视这一评论——拉蒙特告诉他，"你过得可真不错。你就是我理想中的维多利亚时代的英国绅士"。[5]这些都不是那种迷恋美国文化的人所为。

在格拉斯-斯帝格尔法案颁布之后，J.P.摩根公司不仅变成摩根建富持股小户，而且与其业务更加不相干。正如拉蒙特所解释的："摩根建富公司认为，通过他们做的业务，就是他们的业务。"[6]在J.P.摩根选择了商业银行业务之后，纽约和伦敦便不能像20世纪20年代那样一起发行证券。整个大危机时期，对海外的放款减少。由于英镑疲软的拖累和政府对海外放款的限制，伦敦金融城的商人银行疲惫不堪，陷入了难以想象的沉睡，直到50年代后期铝矿大战爆发时才苏醒。

外债负担是对J.P.摩根和摩根建富联盟最严重的威胁，这是20年代胡乱放款遗留下的后患，就像狂饮后的严重宿醉。第一道裂缝是发生在德国的债务上。纳粹有选择性违约的政策使伦敦和纽约的这两家摩根公司之间产生了怨尤。1938年3月，好像历史发生了重演。希特勒命令他的部队进入奥地利，胜利地开进维也纳，受到群众欣喜若狂的欢迎。为实现《我的奋斗》中的预言，希特勒将奥地利合并为德国的一个省，而盖世太保则掀起了一阵狂潮，用暴力迫害犹太人和其他所谓不良分子。

J.P.摩根公司的合伙人马上担心1930年借给奥地利的巨额重建贷款会发生拖欠。这家银行对其所发行的债券有一种狂热的责任感，与当初皮尔庞特时代相比毫不逊色。英国提供的那部分贷款，由包括摩根建富公司在内的几家伦敦的银行来管理。纳粹德国是否承担奥地利的债务？或纳粹是否会把它算作德国的战败赔偿贷款，并称其为协约国强加给奥地利的？最重要的是，德国会不会再次同英国另做交易？

亚尔马·沙赫特的权力江河日下，对纳粹怨言日甚，他担心德国的军备扩张会造成通货膨胀的后果，他曾以蔑视的口吻对他的主要对手戈林说："你的汇率政策、你的生产政策，以及你的金融政策都是不妥当的。"7

奥地利被吞并后，沙赫特说，他私下里失去了对希特勒所有的同情，并开始琢磨如何让希特勒倒台，但他的离经叛道被小心翼翼地隐蔽起来。沙赫特被指控操纵奥地利国家银行并使其金融制度服从于德国的货币政策。在不流血入侵的两周后，他把中央银行的职员召集在一起并发表了令人惊骇的讲话："凡是不全心全意拥护阿道夫·希特勒的人，在我们这里都不会有前途。帝国银行就是纳粹，否则我将不再是它的行长。"宣读完效忠元首的誓言之后，他带领银行职员欢快地唱起《胜利万岁》。8沙赫特解雇了金博克博士，这位奥地利银行家曾经在20年代初期向摩根家族提供过哥白林挂毯作为贷款附属担保品。因为有自我祝贺的嗜好，沙赫特后来解释说："我要确保，他退休后能够拿到全额退休金，而且非常光荣地退休，虽然人们知道他有部分犹太血统。"9犹太人在维也纳的老字号银行被弄得支离破碎。路易斯·冯·罗斯柴尔德男爵被捕并遭关押，直到他在奥地利所有的资产全部归国家所有的文件上签字后，才被释放。

摩根财团密切注视着德国人对奥地利债务的言论。不久，在吞并奥地利之前接替戈林任经济部长的瓦尔特·冯克发表声明，把奥地利贷款与对德国贷款划等号，并称这些贷款也是协约国为确保战争赔偿而强加给奥地利的。他咆哮道，那些狡猾的银行家和胆小的政客阴谋把德国变为"债务及债息的奴隶"。拉蒙特在纽约紧张地注视着英国和纳粹德国做交易的任何迹象。1938年4月25日，他的儿子汤米从伦敦金融新闻中发现一条消息，引起了他们对即将发生的一项债务安排的警觉。汤米说："换句话说，我们在英格兰银行和伦敦金融城的好朋友们正打算赶紧成交，使拥有奥地利债券的美国人处于不利地位。"10

拉蒙特对此大发雷霆。一个从不发脾气的人火冒三丈。他给英国财政部的赔偿专家弗雷德里克·利思-罗斯爵士写了一封言辞犀利的信。在这封信里，他回顾了1934年英国和德国的那笔交易，他说：

> 亲爱的利思，回想起所有这些我别无其他用意，完全是善意地向你指出，考虑与1930年奥地利贷款有关的美国人的利益是对你有益的。这个世界的新时尚是每个国家都应无限大地弘扬自己的民族主义。在这里，我们的人民正在倾听我们的英国朋友有礼貌的询问：一旦英国卷入一场战争，美国人的态度将如何？然而人们不禁有些怀疑，为什么英国人有时竟会忽视这些本身很小、但却能引起永无休止烦恼的事情（像扬氏贷款计划这样的事情）。

最后，拉蒙特用暗示美国国务院对奥地利贷款"深表关注"的话作为结尾。[11]

虽然拉蒙特对英国的客套礼数，现在变成优雅的奚落和冒犯，但他的警告毫无效果。沙赫特和蒙塔古·诺曼继续着他们的秘密对话，每月在巴塞尔的国际清算银行会晤。6月份，英德之间一项债务安排在议会宣布，英美金融界同行的团结被厚颜无耻的机会主义所取代。有意思的是，内维尔·张伯伦在其对德国采取绥靖政策时，对关于沙赫特秘密背叛希特勒的报告漠不关心。那年夏天，沙赫特在巴塞尔告诉了诺曼他抛弃希特勒的决定，并要动手推翻希特勒。当诺曼向张伯伦汇报这一情况时，这位首相竟反问道："沙赫特是谁？我得和希特勒打交道。"[12]

英国怎样才能对这笔交易自圆其说呢？诺曼告诉拉蒙特，英国曾试图按超党派的国际通行做法安排奥地利债务，而纳粹非要坚持区别对待。同时，英国人也和沙赫特唱一个调，说他们与德国有贸易逆差，奥地利债务的偿还，可使英国回收他们为购买德国货物而支付的部分货币。这是20世纪20年代"外交时代"以来的一次令人沮丧的倒退。蒙塔古·诺曼是一个想把金融界从政治泥潭中拉出来放在新鲜空气里的人，现在也屈服于民族主义的压力。诺曼以其惯用的夸张语言给拉蒙特回了一封感人泪下的信，解释说："几乎没有什么债务国愿意用伦理学和公平的观点，而不用政治和自己方便的观点对待其债务。……你不必对此作出解答，因为我请长假去敷平我的创伤，我只想澄清你的观点和我的良心。"[13]

J.P.摩根和摩根建富之间的怨恨持续不断。摩根建富公司把英国的利益置于摩根共同利益之上的做法自然不会被轻易放过。拉蒙特用他常用的、吓唬那些债务人的口吻警告伦敦合伙人，不要自以为一旦发生战争，美国和英国的合作是理所当然之事。这是令人吃惊的严重威胁。他写道："难道我们必须接受大不列颠高度鼓励无视国际交往关系和财产权利有增无减的行为吗？"[14] 这种谴责肯定会使那些认为摩根银行与英国只会串通一气的孤立主义者感到吃惊。

显然，因为害怕奥地利债务的争端会影响英美金融关系，弗朗西斯·罗德没有征求纽约方面的意见，就将拉蒙特的信在英国财政部内部传阅。当听到这一消息时，拉蒙特大发雷霆，他以为他的信会严格保密，因为此信可能损害摩根与英国财政部及英格兰银行的关系。他严厉指责大温彻斯特街23号：

> 你很清楚，我们摩根集团的几代合伙人总是觉得在我们两国之间保持高度的友好关系对两国有很大的好处……如你所知，我们从来就没有打算把我们的信件作为英国财政部的档案……有许多事情可以对人说出来，但是不能写给他看，就与政府的关系而言，这一点更是千真万确。对于我们来说，摩根建富的珍贵之处向来是在于其合伙人能够把我们的意思解释给英国财政部，并把英国财政部的意思解释给我们。我们从来没有想过把摩根建富作为邮局，把我们的信件送交给英国政府。[15]

英美摩根银行关系中的陷阱，在这里已显而易见。摩根建富是否能代表英国政府对J.P.摩根，或代表J.P.摩根对英国政府？纽约的合伙人怎么能够指望摩根建富在与英国政府保持如此亲密关系的同时，又能保持距离呢？这些问题从来就没有适当地提出过，更没有被回答过，因为20世纪20年代没有很严重的冲突，那时正是金融国际化的鼎盛时期。而现在30年代民族主义的争吵打破了关于伦敦合伙人所谓忠于J.P.摩根公司的许多幻觉。从20世纪初以来，J.P.摩根公司一直采用的"特洛伊木马计"，即给伦敦公司以英国的外表和特色，到头来事与愿违，却伤害了纽约公司。

纽约的合伙人出入于英国贵族圈子，并经常是克利夫顿的阿斯特庄园的座上宾。和摩根财团一样，南希·阿斯特是美国资本和英国贵族联姻的代表。南希·兰霍恩生于弗吉尼亚州，她最后成为英国议会下议院第一位女议员（她一身珠光宝气，由穿着号衣的马车夫为她驾车参加竞选）。这位时髦、漂亮的女人说话尖刻，热衷于进行政治性争论。她喜欢发难、取笑和争辩。一次她到布莱尼姆去拜访她的政敌温斯顿·丘吉尔，阿斯特说："要是我嫁给了你，我准会在你的咖啡里下毒。"丘吉尔回答道："要是我娶了你，我一定会把这杯毒咖啡喝下去。"[16]

南希嫁给了富有但毫无生气的沃尔多夫·阿斯特，他是约翰·雅各布·阿斯特三世的孙子，是这个家族的第二代子爵。沃尔多夫大部分收入来自他在曼哈顿的房地产出租，因此摩根财团跨大西洋的机构完全符合他生意的需要。沃尔多夫还向汤姆·拉蒙特咨询过他个人资产的管理，1929年大危机后，拉蒙特帮助他把美国的证券转换成加拿大市政府债券。拉蒙特夫妇和阿斯特夫妇一起参加社交活动，甚至一起去度假。

阿斯特夫人使汤姆·拉蒙特神魂颠倒。20年来，他们一直有大量的书信往来。他们两人有一点很相像。两人都是崇尚贵族高雅情操的浪漫派，是自封自命的贵族，奇思怪想、狂放不羁，自信潇洒地享受着自己的地位。从政府部门的办公室，到丘纳德客轮上的包舱里、旅馆的房间，甚至有一次阿斯特在梳理头发时，他们两人互相给对方写长长的、感情奔放的信。他们闲聊、谈论个人隐私、政界情况。在理查德·惠特尼丑闻发生后，拉蒙特给她寄去有关剪报以示他的无辜，阿斯特夫人回信说："我最亲爱的汤姆，我不必看你的那些剪报，或别的有关此事的报道，就清楚你从不会做坏事。这正是我所爱你的地方！"[17]

他们的通信隐隐约约有些浪漫情调。拉蒙特把阿斯特夫人当作"世上心地最善良、最好的朋友"，并称她为"我最喜欢的女孩"。[18]他以他那种亲密的方式，频频为她买礼物，帮她的忙。他可以用他的魅力打动并征服任何人，这便是他结交朋友的天才所在。1930年他们一起在克利夫顿打高尔夫球时，她夸赞另一位客人的一套球杆，那位客人名叫弗兰克·凯洛格，是刚刚卸任的美国国务卿。回到华尔街后，拉蒙特一直追踪到生产厂家，为她定做了一套一模一样的球杆。她回信写道："我真是欣喜若狂，感激不尽。"[19]另一次，拉蒙特悄悄地从华尔街23号溜出来，到"萨克斯第五大道店"给她买了两件上衣。这友情的确够温馨的。

在第二次世界大战前夕，拉蒙特与阿斯特的友谊又有了重要的政治内容。克利夫顿是阿斯特家族在泰晤士河畔的庄园，在这期间成了那些主张与纳粹搞绥靖的政治家和知识分子的聚会场所。他们认为英国可以同希特勒共处，害怕战争会摧毁大英帝国，他们支持斯坦利·鲍德温和内维尔·张伯伦的绥靖政策。终于，克利夫顿成为对俄国极度仇恨、对法西斯主义持宽容甚至钦佩态度、对丘吉尔有关德国重新武装的警告置之不理的同义词。

和他在克利夫顿的朋友们一样，拉蒙特相信可以通过外交途径牵制欧洲的独裁者们，使战争得以避免。他也认为，英国和法国非常可悲地完全没有做好应战准备。在某种程度上，拉蒙特和他的合伙人因为曾被奈委员会指控在第一次世界大战时期充当"死亡贩子"，至今心有余悸。他们不能热衷于出头去支持另一场战争了。1937年，拉蒙特在写给阿斯特夫人的信中说："至于那些独裁者，希特勒和墨索里尼，他们似乎本性难移，可我在想，激怒他们于事无补，如有可能，用绥靖的办法最好，这是我们唯一的机会。"[20]在早些时候，拉蒙特曾要求阿斯特夫人游说英国外交部，寻求其支持承认墨索里尼对埃塞俄比亚的占领。希特勒吞并奥地利后，拉蒙特向她肯定地说他的意大利朋友对这一突然的行动感到十分吃惊，并说他们的观点肯定反映出"领袖"自己的震惊。一直到战争爆发，他相信意大利只是在极其严厉的胁迫下，才站到了德国一边。

拉蒙特对太平洋事件倒是持更警觉的观点。他感到日本军国主义者背叛了他，至今心理上尚未恢复，而这只是使他更深感日本人恶毒。1937年7月，日本疯狂入侵中国，并洗劫南京，屠杀了成千上万中国居民。就在这期间，拉蒙特发觉日本有一个征服整个东亚的计划。他对那些想同他的银行搞好关系的日本商人从来直言不讳。1937年9月，他对日本总领事说，他"在10万个美国人当中，不可能找到一个对日本人在上海及其附近地区的军事行动不感到万分吃惊和不安的人"。[21]（几周后拉塞尔·莱芬韦尔居然对拉蒙特说，中国人在日本人的统治下又会怎样呢？[22]）与他轻易认可1931年沈阳事件的态度相反，如今，拉蒙特愤怒地告诉日本银行，他抗议日本人在全世界散布关于中国的谣言。[23]

1938年9月，内维尔·张伯伦飞往慕尼黑，并答应了希特勒吞并苏台德地区的要求。希特勒发誓永远不会再有占有领土的野心。张伯伦希望，割让捷克斯洛伐克的部分领土会满足这个独裁者的扩张胃口。在接受慕尼黑条约时，英国内阁并非对希特勒的意图一无所知。许多人认为，英国需要时间来实施昂贵的备战计划，并认为同德国作战无异于自杀。回到唐宁街后，张伯伦发表了"有尊严的和平"的演说，并受到民众的欢迎。伦敦的《泰晤士报》称："没有一个从战场上凯旋的征服者得到过如此辉煌的桂冠。"[24]在下议院的一片狂喜的赞美声中，丘吉尔成了不受欢迎的人，他那刺耳的不同意见成了孤零零的声音，他把慕尼黑的会晤描绘成"完全的、纯粹的失败"。可以预见，他受到了南希·阿斯特的诘难。[25]

摩根财团坚定地支持慕尼黑条约。拉蒙特竟异想天开地预测，两年内德国将建立一个新政权。杰克·摩根确信希特勒最终将被迫放弃扩张政策。同时，他认为，他的朋友张伯伦赢得了宝贵的时间。"多么伟大的成果啊！"他以极度亢奋的口吻给这位首相写信说："你在甘诺奇喝茶时，我说我有一种预感，不会有战争，你说现在只有预感靠得住，并说你与我有同样的预感，当时我根本没有想到，那就是你将成为那个具有想象力和勇气使预感成为现实的人！我从未想到，一个人单枪匹马，全凭勇气、公正与负责任的力量，竟能够完成如此大业。"[26]杰克以极力嘲笑丘吉尔的口吻说，如果丘吉尔或劳埃德·乔治执政的话，这个世界早就打得不可开交了。[27]维维安·史密斯，现在是比斯特勋爵，并不如此公开支持慕尼黑条约，警告说希特勒是个"狂人"，戈林和戈培尔是"匪徒"，他们利用国家社会主义作外衣，掩盖他们的罪恶勾当。[28]在向摩根建富合伙人祝贺张伯伦阻止了战争的同时，拉塞尔·莱芬韦尔私下里对拉蒙特悲哀地说，英国屈服于讹诈。[29]

希特勒因其讹诈得手而趾高气扬。1939年3月，他吞并了捷克斯洛伐克的其余领土，德军开进布拉格。捷克斯洛伐克的灭亡粉碎了绥靖主义运动。南希·阿斯特的密友洛西恩爵士给拉蒙特送去一张沮丧的便条说，他已放弃对那个匪徒，即希特勒体面行为的幻想。两天后，阿斯特夫人亲自敦促张伯伦谴责德国。到那个月底，张伯伦改变了他的做法，并保证波兰的独立。[30]

英国公众严厉谴责鲍德温和张伯伦在面临德国威胁时表现出的自满情绪。随着英国举国团结一致对希特勒采取强硬态度，政治上的奉承变成了辛辣的攻击。然而在美国，公众原来对欧洲动荡时局的看法各异，现在争论变得更加激烈。对在纽约的摩根合伙人来说，这是一场莫衷一是的争端。正如拉蒙特已告诫过摩根建富公司和英国财政部的那样，由于30年代的金融争端，美国人心中仍残留着未发泄出来的敌意。美国孤立主义者的力量是如此强大，使这家银行不能像1914年那样，马上宣布对英国给予那种引以自豪、一心一意的支持。J.P.摩根公司可能觉得自己处在十分难受的位置，孤立主义者指责他们为英国做得太多，英国又嫌他们做得太少，感到失望。

慕尼黑条约的一个间接牺牲品是亚尔马·沙赫特，他参与了1938年9月德国一些将军密谋推翻希特勒的活动。他后来声称，参与那次行动的人对同盟国在慕尼黑的懦弱表现感到失望。1938年底，沙赫特在纳粹德国中的地位越来越不稳定。在焚烧犹太人商店和犹太人教堂的所谓"砸玻璃之夜"过后几周，沙赫特在帝国银行举行的圣诞晚会上，哀叹这些行为。1939年初，失望的沙赫特仍然艰难地呈递帝国银行的报告，阐明需要削减引起通货膨胀的军费开支，好像希特勒对新古典经济学感兴趣似的。那年12月，他在伦敦提出了一项从德国移出5万犹太人的计划——移民费用由他们的财产和世界犹太人协会提供的赎金支付。在来年1月份的第一周，蒙塔古·诺曼最后一次访问德国，参加他教子——沙赫特的孙子——诺曼·亚尔马的洗礼命名仪式，这个名字是沙赫特为表示对蒙诺·诺曼的敬意而起的。当希特勒1月20日解除沙赫特在帝国银行的职务时，尽管醒悟已晚，诺曼这时毕竟完全看清了纳粹威胁的可怕。

就在第二次世界大战爆发前夕,英国皇家对美国进行了第一次国事访问——一次炫耀和宣传式的访问,摩根财团参加了这一活动。这次访问是约瑟夫·肯尼迪出的主意,他1938年成为美国驻英国大使。和罗斯福的许多任命一样,这一任命激怒了华尔街23号。杰克·摩根的各种偏见油然而生,他对蒙塔古·诺曼说:"我同你一样感到惊奇,一个爱尔兰罗马天主教徒和华尔街的赌徒居然被选入驻英国使馆。当然你得指望他是一个新政主义者,因为富兰克林不会任命其他人。"[31]虽然诺曼把肯尼迪描绘成一个向上爬的爱尔兰血统的小子,但他们每周见一次面,而且和他一样,诺曼对英国是否能战胜德国持悲观看法。

杰克对肯尼迪的任命如此恼怒的原因是,作为大使,这个爱尔兰人住在王子门,这是杰克在20年代送给国务院的,作为大使官邸(乔·肯尼迪对摩根的怠慢进行了报复:今天,那所房子外面的蓝色牌子纪念约翰·肯尼迪曾经短暂居住过本宅,但只字不提房产原来属于摩根家族)。王子门作为官邸只是很短一段时间。战后,伍尔沃思的继承人芭芭拉·赫顿,捐献出她在摄政公园的温菲尔德别墅作为美国大使的新官邸。

1939年那次访问的由来是,一天,乔治六世的夫人伊丽莎白王后对肯尼迪说:"我只认识3个美国人——你、弗雷德·阿斯泰尔和J.P.摩根——我想多认识几个美国人。"[32]作为补救,肯尼迪建议英国王室对美国进行一次友好访问。国王和王后通过私人秘书,向杰克·摩根和约翰·戴维斯试探有关访问事宜,他们同意应尽快进行访问。当1939年国王和王后访问美国时,乔·肯尼迪显然被冷落,没有人邀请他出席为他们举行的晚会。

此次访问实现了原计划,引起了美国人对英国人深深的同情。国王和王后在哈得逊河畔的海德公园享用热狗,而罗斯福则简要提出,一旦发生战争,他将采取有限的海上军事行动支持英国。但这对摩根财团并没有多大好处,因为这样无非加深了该银行与英国皇室勾结的固有形象。在英国驻美使馆举行的一次游园晚会上,国王和王后坐在一条最不显眼的走廊里,和他们亲近的朋友——杰克·摩根、约翰·洛克菲勒及小科尼利厄斯·范德比尔特在一起。只有两个新政主义者,詹姆斯·法利和科德尔·赫尔被允许和他们在一起。表情忧郁的哈罗德·伊克斯和其他平民一起坐在草地上,嫉妒地看着摩根和另外几个经济保皇派坐在走廊上,觉得自己的身份都被降低了。就是国王和王后屈尊来到"平民"中间时,他仍怒气未消。[33]

1939年8月底,杰克·摩根和乔治六世国王一起在苏格兰的巴尔莫勒尔打猎,抱怨鸟太少,此时欧洲突然又要动员打仗。就像国君回到各自的王国一样,乔治回到伦敦,杰克回到华尔街。9月1日,德国入侵波兰。不久,内维尔·张伯伦用他颤抖的声音宣布英国与德国开战。纽约股市上扬,创两年来最好记录,债券市场跃升,成为历史上交易量最多的一天。与一次大战爆发前夕不一样,美国的投资者不再被谁将在战争中盈利的问题所愚弄,他们预见经济将出现繁荣,将把大萧条留下的痕迹一扫而光的是二次世界大战,而不是新政。

摩根银行开始慢慢明白,他们有可能重操一战时期采购代理的旧业。摩根银行是否可能再次在中立的幌子下援助同盟国?在对这一行动进行了仔细推敲之后,它通知英国、法国和美国政府,说它不打算重操旧业。经历了数年的法庭听证会后,摩根银行觉得它在政治上易受攻击,并且害怕对其发战争横财的指控又会卷土重来。

摩根银行还在同华盛顿的反华尔街派系进行斗争,这一派系决心要抑制摩根的任何作用。在罗斯福创建起短命的战争资源委员会之后,这种对抗非常明显。令人难以置信的巧合是,罗斯福总统挑选了一战期间在出口部工作的摩根天才的儿子小爱德华·斯退丁纽斯担任该委员会主席。斯退丁纽斯英俊潇洒,却早生华发。他在摩根的两大客户,通用汽车公司和美国钢铁公司里拾级而登,步步高升,最后成为美国钢铁公司的董事长。战争委员会包括摩根的另一个亲贵——美国电话电报公司的沃尔特·吉福德。罗斯福想要以此粉碎对他的指控,说明他并没有与企业界为敌,但他的具有自由思想的下属察觉到这种战术撤退是极端危险的。前国家重建管理局局长休·约翰逊告诉作战部助理部长路易斯·约翰逊说,政府"无意让摩根和杜邦的人来处理这场战争"。[34]当时任罗斯福政府农业部部长的亨利·华莱士也警告说,他反对把华尔街的银行家带到华盛顿来。

勤奋的哈罗德·伊克斯很快纠集了布兰代斯集团的一伙人——汤姆·科克伦和巴布·杰克逊。他说:"我们想知道总统在放弃权力,让大公司发挥作用的问题上到底要走多远,或者他允许别人走多远,正像威尔逊在一战时期所做的那样。"[35]伊克斯认为,威尔逊自由派的形象因为他在一战时同华尔街的密切关系而受到玷污。他希望罗斯福能够避免如此的命运。他致力于把摩根银行排除在战争工作之外,与此相呼应,他的朋友赛勒斯·伊顿也正努力削弱摩根在金融界的势力。1939年末和1940年初,临时国民经济委员会开始调查投资银行界所谓的垄断行为,摩根士丹利成为受调查的主要嫌疑对象。

和前些时候反对美国参战一样,反对摩根的动作来自几个方面,企图阻止它恢复其在一战时期的作用。二战时期,华盛顿通过战时生产委员会和其他机构掌管动员全国工业的工作。联邦政府现在的权力要比伍德罗·威尔逊时期巨大得多,而且联邦政府会毫不犹豫地为了政治目的而干预经济。实际上,政府掌握的资金现在已使私人银行相形见绌。到二战开始时,银行资金已不再能够达到充分庞大的规模来为战争提供资金了,不可能像巴林、罗斯柴尔德和摩根银行在它们鼎盛时期所做的那样了。现代国家由于有巨大的预算、中央银行和税收权力,不再需要依赖于私人银行的帮助了。

摩根银行支持对英国的经济援助。因为英国是交战国,所以中立法案关于武器禁运的规定对英国也同样适用(这一规定的目的之一,是为了阻止摩根银行重新发挥其在一战时的作用)。拉蒙特游说罗斯福撤销这一法案,鼓吹该法案不仅仅对德国有利,而且是助纣为虐。1939年11月,国会的确撤销了禁运,在"一手交钱,一手取货"的前提下,允许向交战国出口军火。换句话说,只要交钱并负责运输,这些交战国即可购买美国的武器。按照这个规定,美国飞机可以飞到美国-加拿大边境,然后由加拿大飞行员飞往英国。

"一手交钱,一手取货"的决定造成为了大规模购买军火而急需黄金或美元的局面。和第一次世界大战一样,英国靠征售其国民拥有的美国债券来筹资。摩根银行被指定负责在不至于引发债券价格下跌的条件下,在纽约证券市场上出售这些债券。该银行独自办理英国业务,但同时与拉扎尔兄弟公司一起办理法国业务。在交易所只有很少人知道卖者是谁,摩根警告经纪人不得向外泄露任何情况,否则他们会在24小时之内丢掉工作。

为监督这项业务，英国财政部委派卡莱尔·吉福德来到华尔街23号。摩根知道他是苏格兰爱丁堡信托投资公司的总裁，这家公司把J.P.摩根银行作为美国证券的管理人。摩根银行的工作质量给吉福德留下很好的印象，不过，他仍赞同罗斯福的评价，即该银行的参与在政治上是一个沉重的包袱。在向伦敦汇报工作时他说："总统和摩根索（财政部长）似乎希望我们最好不去找J.P.摩根公司，所以对我们找摩根可能会感到很不高兴，并且害怕摩根的人一旦出现在国会面前，会引起麻烦。"[36]

出于南希·阿斯特和英国的原因，拉蒙特帮助了阿斯特夫人的精神伴侣洛西恩勋爵。1939年4月，他作为英国大使被派往华盛顿。洛西恩是罗兹信托公司前任秘书长和皇家国际事务研究所的创建人之一。他性格腼腆，有学者风度，和阿斯特夫人一样，是一位虔诚的基督教科学家。任命一下达，他便立刻给拉蒙特打电报说："我需要你所有的建议与帮助。"[37]到华盛顿后，洛西恩勋爵觉察到美国人大都反对希特勒，但同时也坚决反对战争。他经常乘黄昏时分的航班飞往纽约，召集他在华尔街的盟友，在拉蒙特组织的晚餐会上演讲，然后乘夜班火车返回华盛顿。洛西恩忏悔他在克利夫顿绥靖时期的过错。他的演说证明了，在为英国寻求支持的过程中，他是一位卓越和雄辩的发言人。

1939年，最强烈反对美国参战的呼声来自德国和意大利的移民、中西部农民和劳工组织。孤立主义者的日程从一战以来从未改变，他们仍旧厌恶欧洲的争吵，并且疑心英国会牺牲美国的利益来保护他们自己的帝国。人们对上次大战记忆犹新，这使得问题更加复杂。

摩根的合伙人一致反对美国参战，并怀疑同盟国是否能打败德国。正如拉塞尔·莱芬韦尔在大战爆发前夕所说，英国和法国"不能驯服德国人。魔鬼太多而且能力也太强"。[38]1940年5月，拉蒙特和威廉·艾伦一起组建"支援同盟国和保卫美国委员会"。该委员会的观点完全反映了摩根的立场。这个团体攻击原来的敌人——赫斯特报纸以及惠勒和奈参议员，多年来他们一直与摩根银行作对。尽管猛烈攻击孤立主义者，但是，他们与为"自由而战"这个兄弟组织是有分歧的，因为这个组织支持美国参战，而委员会响应罗斯福除了不能参战之外，应给予一切援助的号召（在此时，杰克的姐姐安妮组建了法兰西的美国盟友协会。1940年6月,她乘船去法国撤离难民,并领导一个救护组织。为纪念她的特殊贡献,1952年她去世后,巴黎战争纪念馆、巴黎残老军人院内挂上了为她特制的铜牌)。

委员会分配给拉蒙特一项特殊工作:去淡化赫伯特·胡佛的恐英心理。胡佛那时仍未从竞选连任总统失利的创痛中恢复过来,他支持一项为纳粹占领国提供食品的计划,希望能够再现他在欧战期间紧急食品援助计划的成功;拉蒙特支持英国的封锁政策,反对那项计划。拉蒙特和怀特拜访了胡佛,但不能让他改变主意,他们发誓要和胡佛一争高低。此后,新闻界登场,把胡佛描述为拖着沉重的步子在屋里踱步,并发誓要到那个国家去并同英国人争辩这个问题的人。拉蒙特对胡佛保证,他未同报界谈过此事,并说那篇文章一定是搞错了。拉蒙特与胡佛的关系曾经一度被看做是华尔街与华盛顿之间的浮士德式盟约,但即使是到最后,这种关系一直紧张,双方经常相互抱怨。

摩根银行亲英的观点使它陷入与美国最著名的孤立主义者查尔斯·林德伯格的冲突。1935年底,在儿子遭绑架之后,林德伯格一家移居英格兰,希望能找到一个在美国得不到的安静的地方。1936年,林德伯格应美国军方的建议访问了德国,参观了德国的飞机工厂。1937年和1938年,他又对德国进行了几次访问,越来越崇拜德国的空军力量。在唐宁街和克利夫顿别墅的起居室,他向鲍德温表达了这种崇拜心情。林德伯格坚持认为,德国是不可战胜的,对德国开战会毁灭美国的民主,会为共产主义的泛滥打开方便之门。在一次招待会上,当他接受赫尔曼·戈林授予的勋章时,人们不禁怀疑,他不止是对纳粹表示敬畏,而且还同情他们。

1939年4月,当林德伯格夫妇回到美国时,德国必胜、英法必败的观念已经在他心中扎根。那年秋天,他开始在广播里发表演说,敦促美国保持中立并竭力反对取消武器禁运。他的观点有时还带有种族优越论的言外之意。1937年10月13日,他说:"如果白色人种一旦真正受到严重威胁,那时我们可能必须采取行动,与英法和德国人并肩作战保护自己,而不是自相残杀,毁灭我们自己。"[39]不论是有意还是无意,林德伯格已经接受了纳粹的许多信条。在1940年3月号的《大西洋月刊》上,他讥讽地认为英国和法国是在为他们抢占的领土和伦理道德而战,而德国要索取的,则是"一个有能力和有力量的国家的扩张权利——就像整个历史上曾经发生的那样,其他国家也以武力扩张领土和施加影响"。[40]

在参战与否的争论期间,林德伯格逐渐回归到他父亲的那种中西部人民党主义,这种观点反映出对金钱托拉斯的仇恨,认为英美金融漆黑一团。年轻的林德伯格也许可以从踏着父亲的足迹中获得慰藉,然而对他的妻子来说,情况就复杂多了。安妮·莫罗·林德伯格的丈夫是个孤立主义者,而回想她已故的父亲,则是一个国际主义者,她维系两者,不胜痛苦。她总是赞美摩根的合伙人,把他们看作是"世界上的热心人,谨慎、宽厚和有教养"。[41]她曾经谈到"我父母温馨而多彩的整个世界",并还记得她父亲和法国的一位经济学家、外交官让·莫内在早餐时谈论的理想主义。她珍视有关她父亲的记忆,并在看完哈罗德·尼科尔森写的传记后,她写道:"我突然感觉到了我的传承,感觉到他在我心里。这是我的。"[42]

现在安妮处在一个极端痛苦的境地。她母亲强烈地感到德怀特要是在世一定会支持同盟国。林德伯格在长岛的大多数朋友也持相似的观点。林德伯格夫妇还有许多法国和英国朋友,德国人1938年开始战争动员时,安妮立刻想象着弗洛丽·格伦费尔、阿斯特夫人和其他人可能会在空袭中丧生。[43]尽管没有那种龌龊的种族主义,可安妮同查尔斯一样对欧洲政治有着过分简单化的观点。1940年,她出版了名为《未来的浪漫》一书,在书中她没有把战争看作是良知与邪恶的较量。而是一场"过去的力量"(同盟国)与"未来的力量"(德国)之间的斗争。

如果说查尔斯因与其父观点相似而感到鼓舞的话,安妮却受着父亲幽灵的折磨。她对自己说,查尔斯和她父亲一样,是个理想主义者,但这是后一时代的那种理想主义。在威廉·艾伦·怀特组建支援同盟国和保卫美国委员会以后,安妮自问:"我想知道父亲会站在哪一方?也许支持委员会等人。但尽管如此,他还是个理想主义者,非常实事求是,太实事求是了,这就是他了不起的才干。"[44]然而,现在林德伯格夫妇遭到包括哈里·古根海姆在内的老朋友们的排斥,哈里·古根海姆在查尔斯单独飞行以后,曾资助他三个月的旅费。安妮也无法摆脱她父亲幽灵的袭扰。她叹息道:"查尔斯……在记忆里有他父亲相伴,而我却孤苦伶仃。"[45]

1940年5月19日,当查尔斯在广播里发表题为《美国的空中防护》演说后,安妮面临更加严重的窘境。当时纳粹已征服丹麦,横扫荷兰和比利时。林德伯格的讲话攻击控制着"舆论和宣传机器的美国有权有势的人"。他说:"这些人想要为自己的利益把美国推入战争,并服务于他们的外国同盟。"[46]摩根银行没有被点名,但林德伯格的用词和奈氏听证会以来一直用于攻击这家银行的言辞如出一辙。第二天,罗斯福总统告诉财政部部长亨利·摩根索:"我已经完全相信林德伯格是一个纳粹。"[47]

贝蒂·莫罗现为史密斯学院代理院长(已经实现了德怀特所未能得到的学术界的荣誉),她对查尔斯的含沙射影感到不安。在广播演说的第五天,她与安妮在国际都市俱乐部一起吃中饭。她们情绪激昂,贝蒂对美国没有立刻加入到英国一方感到羞愧,并忿忿地对安妮说:"他们不知道怎样憎恨我们——天哪,他们要怎样憎恨我们哪!"[48]尽管她对女儿坦诚直言,但莫罗夫人感到难以和她女婿过不去。一起吃午饭后的第一天,她给拉蒙特去了一封密信,要求他同林德伯格理论一下:"我现在的处境十分困难……但我主要担心安妮。她饱受精神上的煎熬,她的健康也受着影响。"[49]

拉蒙特以叔叔的口吻写信给十分清高的林德伯格。他说写这封信时很犹豫,并说他很爱莫罗一家。接着他要求洛德博格直截了当地说出讲话中未点名的阴谋家都是谁。他还说他并不知道有这样的人。因为想尽量恢复早年间他们个人之间的友谊,拉蒙特策略地告诫说:"亲爱的查尔斯——在我们这个国家,团结是如此重要,以至于我们不能随随便便地在广播里怀疑或指控任何人,除非我们有确凿的证据。"[50]

林德伯格的回信想必令拉蒙特心寒。此信与其说是充满敌意,倒不如说是冷淡而刻板,似乎林德伯格成了一个陌生人。"在那篇讲话里,我有意不说出具体的人、集体或组织,因为我仍觉得没这个必要。"林德伯格声称如果这样做,只能激起危险的阶级对抗。他警告说,美国参战会引起"混乱局面",并会毁掉美国的中庸主义。他最后说:"我非常尊重你的判断,但是在这个国家应该对欧洲战争采取什么态度的问题上,我们的看法恐怕有所不同。"[51] 后来,当一位记者问到拉蒙特为什么不去拜访林德伯格一家时,他厉声说:"我跟他们没关系。"[52]

贝蒂·莫罗通过拉蒙特秘密上演的序幕失败了,她决定让公众了解她反对她的女婿。在6月敦刻尔克大溃退时,她在威廉·艾伦·怀特委员会上演讲,批驳查尔斯的观点。她先给安妮打电话以缓解对她的打击,她对安妮说:"你父亲要是活着也会希望我这样做。"安妮认为,她母亲是被人利用来引起公众的注意。[53]当怀特发表演说,吹嘘自己施"巧计"让贝蒂反对查尔斯时,贝蒂也逐渐接受了她女儿的判断。此后,如拉塞尔·莱芬韦尔告诉罗斯福的那样,贝蒂·莫罗"非常仁慈,不愿在公众场合与林德伯格再作对了"。[54]

1940年春天的一段时间,摩根银行似乎在击败新政的同时,在推动援英方面也向前迈进了一步。期望已久的中间道路在共和党中打开,拉蒙特和英国大使洛西恩勋爵一起参加了出版商奥格登·里德家举行的晚宴,里德还给他们引见了两位可能成为共和党总统候选人的朋友,一位是罗伯特·塔夫脱,前任总统的儿子、俄亥俄州的共和党参议员,可以预料,他是反对国际主义的;但另一位候选人,温德尔·威尔基,则截然相反。他是庞大的联邦和南方电力控股公司的总裁,在田纳西河流管理局征购他的电厂的问题上与罗斯福总统发生过冲突。在晚宴上,威尔基赞成毫不含糊地支持英国,包括提供飞机和海军设备,拉蒙特和里德当场称赞他的诚实,而且拉蒙特对他参加竞选起关键作用。威尔基在拉蒙特家的晚餐上又重申了他支持英国的观点。这次晚宴的作用是为争取华尔街支持他参加总统竞选。

对摩根的合伙人来说,威尔基似乎是专门为他们服务的。在麦金利以后,这家银行就因为在美国政治中没有选择余地而苦不堪言。它要么只能站在对国内事务干预过多的民主党一边;要么只能站在国际事务上采取孤立政策的共和党一边。作为主要的对外贷款银行,在大公司多采取保护主义的时代,摩根赞同自由贸易和资本自由流动。结果,摩根选择了共和党,但对该党的对外政策,感到不安。

威尔基具有摩根的气质,他是前民主党党员,是一个外向型亲英派,支持互惠贸易协定,并且总的来说和罗斯福的外交政策是合拍的。同时,他也是国内自由贸易的支持者,并希望新政能在中途改弦更张,创造一个更有利的投资环境。他在华尔街有许多朋友,包括摩根士丹利的佩里·霍尔(威尔基是哈罗德·斯坦利1935年的首批客户之一),并且提供了一套他们毫无保留地支持的共和党主义。

威尔基脸庞宽阔、咧着大嘴并带着印第安纳的鼻音,他随和、老练并具备独特能力促进华尔街事业的发展,而又不显得专为富人谋利。《财富》杂志曾称他为"机灵的乡巴佬",在哈罗德·伊克斯的记忆里,他只不过是"华尔街的赤脚律师"而已。[55]这种断言太过分,因为威尔基想保留新政的许多创新之处——劳资之间的集体协定、最低工资和最高工时,这些创新却是华尔街的银行家们所诅咒的东西。虽然威尔基宣布参加竞选时,离1940年6月共和党全国代表大会只有7周的时间,但是他这匹黑马候选人跑得很快。他不得不减缓下对摩根的支持,以免引起党内小城镇和反对华尔街派系的警觉。为营造一下朴素的形象,他在开会的地点,费城本杰明·富兰克林旅馆租了一套不大的两室套间。汤姆·拉蒙特立刻被指示避免到他的总部来。

尽管保持了互不相干的距离,威尔基的反对派立刻把他与华尔街扯到一起,以破坏他的名声。北达科他州的代表厄舍·伯迪克在散发给代表的一份危言耸听的小册子上写道:"我相信我在为共和党的最大利益而工作。我事先抗议并揭露J.P.摩根和纽约市其他银行家把温德尔·威尔基塞入共和党的阴谋和企图。我知道这一切都是金钱在起作用。"[56]

共和党人迫切需要新的领导,终于在第6轮投票上选择了威尔基而不是托马斯·杜威检察官(他起诉过理查德·惠特尼)和塔夫脱参议员。一个月后,罗斯福在芝加哥被提名参加第三任总统竞选,爱荷华州的亨利·华莱士作为他的竞选伙伴。威尔基试图趁热打铁,在罗斯福的战争紧急状态期间的外交政策与适当改革新政之间形成某种妥协。他甚至向罗斯福暗示要做一笔交易,总统就外交问题向他咨询,以换取保证把战争问题排除在竞选之外。罗斯福不大相信共和党能同意这笔交易,而且不愿意把这么风光的事交给威尔基来做。

11月，罗斯福以超出500万选票获胜。威尔基竞选的失败并未结束对华尔街阴谋的指控，反而让那些认为是狡猾的银行家把威尔基塞进共和党的人更加相信这一指控。如历史学家哈里·埃尔默·巴恩斯后来指出的那样："任何一个人在没有公众支持和认可的情况下，被提名参加总统竞选，这是令人疑惑的。在芝加哥旅馆那间烟雾弥漫的著名房间里，至少有十来个或更多的人提名沃伦·哈丁参加1920年的总统竞选。这次则由两个人作出决定提名威尔基先生作为共和党的候选人……他们是奥格登·米尔斯·里德和……托马斯·拉蒙特"[57]。

结果，并未像所期望的那样，摩根银行没有因威尔基的竞选失败而受到多大损失。由于受到竞选胜利的鼓舞，罗斯福更加积极地支持英国，并需要摩根为此给予支持。突然间，摩根与罗斯福之间的冷淡关系冰消雪融，取而代之的是华尔街23号从20世纪20年代以来尚未见过的、来自白宫的热诚。随着美国人的注意力从国内政策的讨论转移到如何对付欧洲独裁者们身上，摩根的势力也随之高涨。

— 本章参考文献 —

1. 斯蒂尔：《沃尔特·李普曼和美国世纪》（Walter Lippmann and the American Century），第93页。
2. 拉蒙特：《跨越世界边缘》（Across World Frontiers），第12页。
3. 《福布斯》（Forbes）：《小J.P.摩根》（J.P. Morgan, Jr.），第191页。
4. 马萨诸塞州剑桥城哈佛大学贝克图书馆汤姆·拉蒙特资料，第108箱，第16卷，小J.P.摩根的信，1936年10月14日。
5. 同上，第112箱，第13卷，给维维安·休·史密斯的信，1946年12月10日。
6. 同上，第191箱，第11卷，给乔瓦尼·富米的信，1940年9月12日。
7. 泰勒：《剑和纳粹党徽》（Sword and Swastika），第127页。
8. 夏勒：《第三帝国的兴亡》（Rise and Fall of the Third Reich），第352页。
9. 沙赫特：《老巫师忏悔录》（Confessions of the Old Wizard），第354页。
10. 马萨诸塞州剑桥城哈佛大学贝克图书馆汤姆·拉蒙特资料，第182箱，第18卷，托马斯·拉蒙特的备忘录，1938年4月25日。
11. 马萨诸塞州剑桥城哈佛大学贝克图书馆汤姆·拉蒙特资料，第182箱，第18卷，给弗雷德里克·利思罗斯爵士的信，1938年5月5日。
12. 沙赫特：《老巫师忏悔录》（Confessions of the Old Wizard），第353页。
13. 克莱：《诺曼勋爵》（Lord Norman），第453页。
14. 马萨诸塞州剑桥城哈佛大学贝克图书馆汤姆·拉蒙特资料，第182箱，第21卷，给摩根建富公司的信，1938年7月22日。
15. 同上，第112箱，第10卷，给弗朗西斯·罗德的信，1938年9月14日。
16. 考尔斯：《阿斯特夫妇》（Astors），第202页。
17. 马萨诸塞州剑桥城哈佛大学贝克图书馆汤姆·拉蒙特资料，第82箱，第5卷，给南茜·阿斯特夫人的信，1938年5月26日。
18. 同上，第191箱，第8卷，给乔瓦尼·富米的信，1929年2月21日；给南茜·阿斯特的信，1945年5月22日。
19. 同上，第82箱，第3卷，南茜·阿斯特的来信，1930年7月14日。
20. 同上，第82箱，第5卷，给南茜·阿斯特的信，1937年6月4日。
21. 同上，第188箱，第4卷，给若杉的信，1937年9月17日。
22. 康涅狄格州纽黑文耶鲁大学高级纪念图书馆拉塞尔·莱芬韦尔资料，1030组，系列1，第4箱，第97卷，给托马斯·拉蒙特的备忘录，1937年10月19日。
23. 马萨诸塞州剑桥城哈佛大学贝克图书馆汤姆·拉蒙特资料，第188箱，第5卷，给阿拉基的信，1937年9月28日。
24. 汤姆森：《历任首相记》（Prime Ministers），第215~216页。
25. 梅德利科特：《当代英格兰》（Contemporary England），第391页。
26. 《福布斯》（Forbes）：《小J.P.摩根》（J.P. Morgan, Jr.），第191~192页。
27. 同上，第192页。
28. 康涅狄格州纽黑文耶鲁大学高级纪念图书馆拉塞尔·莱芬韦尔资料，1030组，系列1，第7箱，第155卷，维维安·休·史密斯的来信，1938年10月6日。
29. 莱芬韦尔：《书信选》（Selected Letters），第100页。
30. 贝施洛斯：《肯尼迪和罗斯福》（Kennedy & Roosevelt），第186页。
31. 《福布斯》（Forbes）：《小J.P.摩根》（J.P. Morgan, Jr.），第189页。
32. 贝施洛斯：《肯尼迪和罗斯福》（Kennedy & Roosevelt），第187页。
33. 伊克斯：《秘密日记：内部斗争》（Secret Diary:Inside Struggle），第644页。

34. 科克伦：《哈里·杜鲁门和危机总统》（Harry Truman and the Crisis Presidency），第11页。
35. 伊克斯：《秘密日记：内部斗争》（Secret Diary:Inside Struggle），第716页。
36. 吉福德：《美国来信》（Letters from America），第67页。
37. 马萨诸塞州剑桥城哈佛大学贝克图书馆汤姆·拉蒙特资料，第105箱，第11卷，洛西恩勋爵的无线电报，1939年4月29日。
38. 康涅狄格州纽黑文耶鲁大学高级纪念图书馆拉塞尔·莱芬韦尔资料，1030组，系列1，第4箱，第97卷，给托马斯·拉蒙特的备忘录，1939年4月7日。
39. 戴维斯：《英雄》（Hero），第391页。
40. 同上，第392页。
41. 林德伯格：《金的时光，铅的时光》（Hour of Gold, Hour of Lead），第58页。
42. 林德伯格：《锁住的房间和打开的大门》（Locked Rooms and Open Doors），第288页。
43. 林德伯格：《花和荨麻》（Flower and the Nettle），第418页。
44. 林德伯格：《内外之战》（War Within and Without），第97~98页。
45. 戴维斯：《英雄》（Hero），第409页。
46. 查尔斯·林德伯格："美国的防空"，1940年5月19日电台演说。
47. 科尔：《罗斯福和孤立主义者》（Roosevelt and the Isolationists），第460页。
48. 林德伯格：《内外之战》（War Within and Without），第86~87页。
49. 马萨诸塞州剑桥城哈佛大学贝克图书馆汤姆·拉蒙特资料，第104箱，第24卷，贝蒂·莫洛的信，1940年5月25日。
50. 同上，给查尔斯·林德伯格的信，1940年5月29日。
51. 同上，查尔斯·林德伯格的信，1940年6月7日。
52. 戴维斯：《英雄》（Hero），第406~407页。
53. 林德伯格：《内外之战》（War Within and Without），第97页。
54. 康涅狄格州纽黑文耶鲁大学高级纪念图书馆拉塞尔·莱芬韦尔资料，1030组，系列1，第7箱，第147卷，给富兰克林·罗斯福的信，1941年1月9日。
55. 《当代传记》（Current Biography），1940年。
56. 约翰逊：《温德尔·威尔基》（Wendell Wilkie），第76页。
57. 同上，第105页。

第二十三章
人 质

1940年6月22日，法国新总理亨利·菲利普·贝当元帅被纳粹的闪电战击败，同希特勒签订了停战协定，只剩下英国与轴心国孤军奋战。这使巴黎摩根公司处于危如累卵的境地。这法国人口中的"庄严的摩根银行"在旺多姆广场14号占有一幢富丽堂皇的大楼，从巨大天窗透过的日光把银行大理石地面映照得光彩夺目。这家由德雷克塞尔家族于1868年创建的公司有着辉煌的历史，就是在普法战争和一战时期也不曾关门歇业。直到1926年，该公司一直被称为摩根-哈耶斯公司，在合伙人赫尔曼·哈耶斯那年死于多维尔马球比赛事故以后，公司改名为摩根公司，按照格拉斯-斯蒂格尔法案之前的摩根帝国连锁合伙制度的结构，杰克·摩根是高级合伙人，而且纽约为该行提供大部分资本金。

也许巴黎摩根公司从未获得像纽约和伦敦一些银行那样巨大的名望，但甚至到20世纪80年代它仍是巴黎最大的外国金融机构之一。它是连接法国政府与J.P.摩根公司生意的渠道，而且它同法兰西银行的关系非常密切，它的法国雇员通常在政府中做过高官。摩根公司为大多数美国公司在法国的下属机构提供服务，为美国富有的旅行者办理旅行支票和开具信用证，为在法国的美国人办理现金业务，其地下保险库里保管着大量美国和法国人拥有的证券。它与摩根建富公司和J.P.摩根公司相互交换年轻的学徒。不过归根到底,因为摩根与英国的亲密关系和法国民族主义者抵制美国商业渗透,法国分行总是处于困境。

由于战时的新闻封锁极为严密,有关摩根公司在纳粹占领期间遭遇的情况,直到1944年9月人们才得以知晓;现在这些情况可以从摩根担保公司未公开的记录中重新整理出来。事情从法兰西银行开始,该银行不相信慕尼黑条约所宣称的虚假和平,于1938年开始制定计划来保护它的黄金储备。它把黄金运到纽约作为将来战争物资采购的资金,并把储藏在弗利业街金库中的金条取出,分藏在全国51个战略要地。

巴黎的许多银行都做了类似的应急计划。摩根公司在南特东南的一个名叫尼奥尔的小镇上买了一座残破的旅馆,并将旅馆改建成自备水电供应的房屋,用以保护证券。地下室设保险箱,楼上设工作人员的卧室。在宣战后,法国政府劝说摩根公司,在法国未被占领的沙泰勒-居永设一间办公室,来保护它和法兰西银行的证券交易业务。在纳粹攻克巴黎的几周前,摩根公司和其他银行将证券运到法国中南部那些安全的房子,巴黎只剩下基本的留守人员。就在法国沦陷的前5天,摩根公司的两个美国合伙人,伯纳德·卡特和朱利安·艾伦逃出巴黎,只见一路上难民成群,马车和自行车拥挤不堪。此时证明,摩根公司的上述行动都被证明是明智的预防性措施。

在德国占领期间,纳粹的旗帜在法国司法部和丽兹旅馆上飘扬。这些都是在旺多姆广场上和摩根公司相邻的建筑。美国三家银行在巴黎的分支——J.P.摩根、担保信托和大通国民银行仍然开门营业,而第四家银行——国民城市银行则关门歇业。1940年6月下旬,摩根公司的莱奥纳尔·里斯特被捕并被关进苏台德的一个集中营。里斯特是法国著名经济学家夏尔·里斯特的儿子,由杰克·摩根亲自挑选进入摩根公司。莱奥纳尔回忆说,1928年当他在纽约时,"杰克问我,你不到摩根干,到别的地方到底能干些什么?这是他的原话,于是我决定到摩根在巴黎的银行申请工作"。[1]

结果里斯特在铁丝网内度过了18个月,而他的父母安排了紧急计划,通过拉塞尔·莱芬韦尔为他在华尔街找到一份工作。摩根财团最终通过他们梵蒂冈的老朋友贝尔纳迪诺·诺加拉——罗马教皇特别行政署司库——营救出莱奥纳尔。诺加拉设法使德国人相信释放里斯特对法国金融的健康运行是必要的。摩根财团的神秘,外加里斯特的名望,使诺加拉的说法奏效了。战后,法国财政部委派里斯特到世界银行工作,最后他成为该行的经济局局长。

在此后的战争期间,摩根公司的实权落到两个顽固、有勇气的法国人手中。一位是风度翩翩的莫里斯·佩松-迪迪翁,他是在马恩河战役中受过伤的老兵;另一位名叫路易斯·度特列尔,是信贷部主任,他在比利时军队服役时,在战斗中负过伤,腿瘸了。这两位银行家不得不对付纳粹经常不断的各方面的干扰和对他们行动的威迫性监视。为了解决侵略行动所需的资金,希特勒制定了一项从被占领国掠夺黄金和外汇的政策。希特勒采用从法国勒取钱财的办法,作为他对凡尔赛和约进行报复的一个部分。和其他银行一样,摩根公司可以经营法郎业务,但外汇交易业务被取缔。它必须向德国人报告它所持有的任何一种外汇以及其保险柜里存放的财物。

摩根财团总是对在巴黎被纳粹占领时期始终能不折不扣按其原则经营而感到自豪。然而这家银行可能有它的秘密保护人:贝当元帅,他是通敌的维希政府*的头子。1917年,作为一位有名的战斗英雄,贝当结识了筹资协会的许多女性,其中包括赫尔曼·哈耶斯的妻子和安妮·摩根。也许通过这些会见,贝当在摩根公司开了账户。1941年11月,在英国下议院激烈的辩论中,这一个令人尴尬的账户被抖落出来。事情的原委是,1937年,贝当与加拿大一家公司签订了年金计划,甚至在法国沦陷、英国开始被封锁以后,加拿大公司仍到期支付600英镑给摩根建富公司,并由其存入贝当在摩根公司开设的账户上。这些转账得到英国财政部的一项许可证的认可。

在英国下院,拉塞尔·托马斯博士向财政大臣金斯利·伍德提出抗议:"那位尊敬的先生是否应考虑一下,那笔支付会激怒公众,降低政府威信,在国家团结至关重要的时刻,引起人们的种种怀疑?"[2]金斯利·伍德为这一业务辩解时说,他注意到加拿大同法国维希政府保持着外交关系,

---

* 纳粹德国占领下的法国傀儡政府,1940年6月德国侵占巴黎后,以贝当为首的法国政府向德国投降,1940年7月政府所在地迁至法国中部的维希(Vichy)而得名。

而且贝当是国家首脑。不过,到后来,这一转账还是被停止了。

在珍珠港事件后,摩根公司也被视为敌国银行,一个名叫赫尔·西泽的德国人被派进该公司作为特别监察员,他在旺多姆广场18号办公。他一定要让这家公司接受纳粹银行的账户和业务。为了避免这种不体面的事情,佩松-迪迪翁告诉纳粹,J.P.摩根公司已指示他不能接受新账户或扩大老账户;他直截了当地说,如果强迫他违反这个规定,他将不得不对银行实行破产清算。预计的战略奏效了,该银行没有接受纳粹的存款。

对于犹太人的账户,摩根公司就不那么成功了。纳粹纠集了一个特别行政管理队伍来洗劫犹太人的证券和银行存款,纳粹盗空了犹太人在摩根和巴黎其他银行里的存款和保险柜里的财物,总共掠走1150万法郎。摩根提出抗议,但完全没有用。在占领期间,任何一家银行如果大肆抵制这些行为,它还能否继续营业就很成问题了。

与纳粹发生的最有戏剧性的一场冲突是在1944年。一位党卫军防务官趾高气扬地跨进这家银行,并要求拿走一个存款户的钱,遭到厉害的度特列尔的拒绝。这位军官拔出手枪顶住他的后背,逼迫他一瘸一拐地走到街上。

度特列尔和莱奥纳尔·里斯特被带到索塞街上的党卫军总部,并被告知除非立即把那个存款户的钱交出来,否则他们将被送进德国集中营。德国人用枪托揍他们,并把他们关在一间黑屋子里一两个小时。最后交了8000美元赎金他们才被释放。

另一次,莫里斯·佩松-迪迪翁面对监禁和流放的威胁毫不畏惧,拒绝交出法国财政部的某些票据。盖世太保的一位军官要求查看摩根公司拥有的债券名单,并且不相信除了政府债券之外,这家银行就没有什么别的资产了。显然因为深信摩根神秘的力量,他发誓,佩松-迪迪翁一定在欺骗他和帝国。这位军官列举摩根公司对其他法国银行的所谓影响,期望能发现该行对里昂信贷银行的巨额控股,以及所拥有的其他银行股票的名单。他坚信摩根财团掌握着法国银行大量的股份。拉蒙特后来复述了那位德国军官所说的话:"'如果他们没有,他们怎么会能够控制所有的银行呢?'佩松-迪迪翁回答说,他们没有控制任何一家银行。然后这位德国军官要求他解释为什么摩根的银行似乎对欧洲大陆和其他地方的所有银行有巨大的影响力。佩松-迪迪翁平静地回答说，他想不出任何解释，唯一的解释是这种影响在于摩根银行全体人员的人格。"[3]拉蒙特也许给这个故事添油加醋了，但毫无疑问，摩根公司的影响力并没有像那位头脑过热的纳粹军官想象的那么大。人们总有一种错觉，摩根财团主要是靠对其他银行的直接控股来施加影响，而不是通过其排他性的银行业务和咨询关系来施加影响的。有了J.P.摩根公司的势力作为后盾，巴黎摩根公司就不需要大量的资本金。

摩根公司是美国在巴黎唯一的一家在整个战争期间一直营业的银行。它甚至还有少量利润。莱奥纳尔·里斯特聪明地觉察到这种成功可能带点通敌的味道，或至少是近乎昧良心。这也许是他经常提起艾森豪威尔将军授予他奖章，表彰他"协助盟军士兵逃出敌占区的勇敢行动"[4]的原因之一。美国政府于1944年底认可了摩根公司战时的行为，财政部和军事部要求J.P.摩根公司派出巴黎高级合伙人迪安·杰伊和其他美国人回到旺多姆广场，恢复该银行正常营运的面貌。据说，在法国做生意的美国人在征求这位矮小、满头银发的迪安·杰伊的意见之前，很少有大的举动，所以，此次他回来是带有重要象征意义的。摩根公司得到了最高的荣誉，被委托处理在法国解放区的美国军队的存款。

1940年，黑暗逐渐笼罩整个欧洲，汤姆·拉蒙特做出最后的努力，试图把贝尼托·墨索里尼从阿道夫·希特勒的战车上拉下来。尽管墨索里尼多次施暴，拉蒙特却依然相信他。1939年1月，墨索里尼在利比亚和埃塞俄比亚的一些村庄施放毒气后，拉蒙特仍向摩根驻罗马的代理人乔瓦尼·富米重申他"赞赏这位领袖为他的人民在国内取得的不寻常的成就"。[5]他坚信20年代在华尔街流行的传说，即有两个墨索里尼——国内事务的好管家和国际事务的坏冒险家。不知怎的，这种双重性格集于这个矮胖子一身。

1939年春，拉蒙特向墨索里尼作出的种种姿态和美国政府的政策搅在一起，扯不清。他在外交时代的最后一次使命，是作为罗斯福的私人外交顾问，试图把意大利从战争中拉出来。在为白宫工作期间，拉蒙特不得不克服一个阻碍，即怎样向罗斯福解释富米与墨索里尼为何有着别人无法比拟的接近程度。不论这家银行把富米说成是怎样一个中立者,但20多年来富米一直令人作呕地赞扬领袖。富米曾预言,墨索里尼将使意大利成为地中海的强国。现在拉蒙特推出了关于富米的标准公式:"他虽然忠于政府,但他不是法西斯主义者。"[6]不管罗斯福相信这点与否,拉蒙特都是一位非常现成的美国与意大利的中间人。

那年春天,拉蒙特思忖着他的罗马之行和乡间野餐计划。他跟富米说:"我时不时地对意大利的阳光和晴空有一种渴望,或怀旧的感觉。"[7]但他取消了这次拟议中的旅行,害怕记者可能会从轮船旅客名单中发现他的名字。他风趣地告诉乔·肯尼迪,"领袖在阿尔巴尼亚的古怪行动",即意大利1939年4月占领阿尔巴尼亚,是他取消原定在罗马的美国学院逗留日程的真正原因。该学院从皮尔庞特时期即开始受到摩根合伙人的赞助。[8]

拉蒙特没有访问意大利,而是给意大利政府写了一封信,警告说美国将坚决反对德国人的侵略,言外之意,也反对意大利人的侵略行径。富米用摩根秘密外交的复杂方法,将这封信转交给梵蒂冈财政部长贝尔纳迪诺·诺加拉,后者又将此信交给意大利银行的阿佐利尼。这封信以上帝及其背后金钱的无可争辩的权威被送到了墨索里尼的办公桌上。

梵蒂冈在拉蒙特和罗斯福力图影响墨索里尼的努力中起了重要作用。1939年2月,罗斯福派乔·肯尼迪参加保罗·庇护十一世的葬礼,以取悦梵蒂冈。一年后,罗斯福成为第一个派私人代表迈伦·泰勒去梵蒂冈的总统。迈伦·泰勒是美国钢铁公司前总裁,他早年很钦佩墨索里尼。梵蒂冈担心如果希特勒和墨索里尼结成同盟,它将在政治上孤立,所以它欢迎罗斯福的开放,但这个开放引起了美国新教徒的强烈反对。

1940年春,拉蒙特最后一次做墨索里尼的工作。他首先打电话征得罗斯福的同意后发了一封信,而且汤姆·卡托也将此信拿给英国外交大臣哈利法克斯勋爵过目。拉蒙特试图打消墨索里尼的幻想,即一旦发生战争,他能够得到意大利裔美国人的忠诚支持。拉蒙特说,意裔美国人都强烈地反对希特勒,意大利不应被美国的孤立主义者愚弄。他警告说,纳粹会发动闪电战。富米再次将此信件转给梵蒂冈的诺加拉,他保证把信的内容传达到墨索里尼。这次使命不仅没有成功,而且还可能起了反作用,使墨索里尼在心里形成富米是摩根信使的印象，并怀疑他是英美间谍。拉蒙特的行动和罗斯福的副国务卿萨默·韦尔斯访问墨索里尼的使命巧合。墨索里尼同韦尔斯谈得很僵，事后他告诉他的女婿加莱亚佐·齐亚诺说："我们和美国之间不可能互相理解，因为他们只从表面看问题，而我们则要深入到问题的本质。"[9]墨索里尼还奚落了由摩根建富公司的弗朗西斯·罗德率领的代表团。弗朗西斯·罗德认为，英国陆军部丧失了把领袖争取过来的时机。1940年6月英国远征军在敦刻尔克大撤退，不久之后墨索里尼与希特勒永久结盟。

1940年9月，墨索里尼下令逮捕乔瓦尼·富米，算是报答了摩根财团数年来对他徒劳无益的忠诚。根据摩根的记载，富米是被人从罗马的旅馆骗出来后被单独关押在雷吉娜·科埃利的监狱。墨索里尼现在成了金融和政治上的叛徒，并且不再对拉蒙特献媚了。两个月前，意大利不再履行市府和政府借款的偿还责任。富米被起诉，正式罪名是"通过传递信件表达了亲英情绪"。这种似是而非的法律指控只是披在政治仇恨上的一层薄薄的面纱。对于富米来说，他20多年来向华尔街最有影响的银行家兜售墨索里尼，最后却落得身败名裂。甚至在墨索里尼投入希特勒的怀抱后，富米还把这看作是墨索里尼的唯一出路，他遭此打击很冤枉。直到开战之前，拉蒙特和富米还在争辩说墨索里尼投入希特勒的怀抱，不是因为他疯了或权迷心窍，而是由于西方外交的无能。

拉蒙特猝不及防，感到吃惊。他觉得他个人对争取富米的释放负有责任。这两个人地位不一样，但关系密切。富米称呼他拉蒙特先生，而拉蒙特则用富米的爱称尼诺称呼富米。富米向来善于悲切，多愁善感，臆想自己体弱多病。他经历了与拉蒙特相似的许多痛苦——他的原配妻子1930年死于癌症，他由于过度劳累病倒过几次，并犯有关节炎。在摩根热情活力的商业信件中，富米的信件与众不同，它们是一位感情脆弱、情绪忧郁的人的沉思录，他表白自己的悲哀，和摩根的风格迥然不同。

不论是在罗马的威尼托大街还是在用摩根支付给他丰厚的酬金建造的圣特罗佩茨别墅里工作，富米总是很容易被指控为外国间谍。20多年来，他一直在做走钢丝的事情,在爱国主义和职业需要之间寻找平衡。大多数时间,他可以同时为华尔街主子和墨索里尼服务。但如果它们之间的利益有冲突又怎么办呢?富米经常对拉蒙特说,如果有冲突,他优先考虑摩根而不是意大利。而1939年,他又承认,如果战争爆发,他要参加意大利军队。他始终未能解决关于自己国民身份的困惑。

1934年,富米与安妮·克劳福德女士结婚,这使他的麻烦更加复杂了。安妮·克劳福德是克劳福德和巴尔卡里斯伯爵夫妇的女儿、英国驻华盛顿大使罗纳德·林赛爵士的侄女。这一英国表象肯定是引起了墨索里尼的疑心。为祝贺富米结婚,摩根财团送给这对新人一对乔治二世的银制水杯。1938年,富米兴高采烈地谈到他已经非常英国化了,有"英国妻子、英国女秘书和英国保姆"![10]不过,战争爆发后,他知道自己处境不妙,让他的妻子、儿女和保姆去了苏格兰,而他待在罗马。对于被捕,他可能不是完全没有准备。

拉蒙特用老练的方式精心组织解救富米。首先,他要国务院参与,然后,通过迈伦·泰勒向教皇的秘书传递消息。他完全有理由期望得到梵蒂冈的同情。富米是诺加拉的密友,诺加拉主管着梵蒂冈的投资业务部门,即教皇特别行政署。教皇保罗·庇护十一世在世时,人们甚至猜测富米终有一日会取代诺加拉成为梵蒂冈证券投资业务的主管经理。诺加拉还有可能暗自仇视德国人,因为不论在战前还是在战后,他都不用梵蒂冈的资金购买德国的证券。此外,拉蒙特还曾和新教皇保罗·庇护十二世在纽约共进午餐。为答复拉蒙特的请求,梵蒂冈回电说:"他们正尽最大努力,在私下和正式场合争取他朋友的获释。"教皇强调,墨索里尼亲自参与此事:"我们知道最终还得由政府首脑作出决定。"[11]

最后,只有拉蒙特本人向墨索里尼求情才奏效。这位虐待狂领袖似乎想从拉蒙特身上榨取最后的一次贡品,让这位银行家经受一次无法忍受的屈辱。拉蒙特不得不强压怒火,争辩说富米代表意大利与摩根财团打交道,而不是相反。其实,可能还有许多拉蒙特不愿意承认的事实,但现在必须夸大其辞了。他在信中写道:

是富米,而且是他一个人力主我1923年初次访问罗马,以及随后的访问。这些访问的结果是为您的政府提供优惠贷款。在所有场合,他都积极参与谈判并热情地宣传他的政府的良好名声,并每时每刻都在维护它。诚然,富米是我们在意大利的代表,不过,他作为金融大使,广泛而机智地为您的政府开展工作,这更是事实。

拉蒙特毫不回避富米娶了英国女人为妻的问题,拉蒙特厚着脸皮说,这给富米的爱国主义提供了额外的担保:"随着时间的推移,他对他的政府和人民所表示、并且也一定会表示的忠诚使我们的印象越来越深。他与安妮·克劳福德女士的婚姻只会使他更加谨慎从事,并对自己的政府更加克尽厥职。"

值得注意的是,拉蒙特从未直接谴责过墨索里尼逮捕富米或指责他事先了解此事。他好像给一位机智、中立和拥有一切权力的仲裁者写信一样。在信的结尾拉蒙特说:"最后,在所有与您的会见中,由于您的宽容与仁慈,特别是由于您在会见时总显出的令人折服的掌握尺度的能力,我斗胆代富米向您提出一个急迫的个人请求。"[12]

富米被捕后大约10天,摩根收到从梵蒂冈发来的电报,报告说富米已安然获释,并将被流放到瑞士。对于拉蒙特来说,这个结局具有讽刺意义,17年来,他采用奉迎、屈从的手法,企图改造墨索里尼,然而这个独裁者却不给他留一点面子和一丝使他能聊以慰藉的幻想。正如他用哀伤的笔调给在瑞士圣莫里茨的富米写的一封信里所表述的那样:"亲爱的尼诺,将来总会有这么一天,美国和意大利将重为朋友。但在那一天到来之前,我们大家将饱受剑与火、战争与痛苦的煎熬。"[13]

1941年2月,摩根在罗马的办事处关闭。两周后,不屈服的富米突然在伦敦出现,监督秘密转移梵蒂冈存放在摩根建富公司地下室的金条。在整个30年代,梵蒂冈以每盎司35美元的固定价格购买黄金,并且从未出售过。富米谨慎地将这些黄金称为"特殊商品"。出于安全原因,梵蒂冈现在决定将黄金运往纽约。战争时期的运输由哈利法克斯勋爵领导,直到最近他还是英国外交大臣。这批黄金最后储藏在纽约的联邦储备银行。战后这批黄金急剧升值。

1942年,贝尔纳迪诺·诺加拉试图收回当初帮助使莱奥纳尔·里斯特和乔瓦尼·富米获释的人情账。梵蒂冈持有一家南美银行集团——苏达迈利斯的大量股份。这个集团的总部设在巴黎,但在阿根廷、巴西和其他拉美国家设有分支机构。美国战时制裁的黑名单使巴西这家银行损失惨重,并面临破产的境地,诺加拉想把苏达迈利斯从黑名单中拿掉。为了达到这一目的,他请求摩根购买该集团一半的股票,作为交换条件,他说摩根财团对该集团的业务有最终批准权。虽然富米准备好去纽约谈判,而且诺加拉也"保证在管理苏达迈利斯南美分行中充分尊重同盟国的利益",但拉蒙特解释说,购买有法、意支持的银行的股票,在政治上和法律上都行不通。[14]梵蒂冈向国务院的呼吁也毫无结果。但这次讨论显示出一个有趣的例证,即梵蒂冈的外交独立于意大利轴心国之外。

1940年5月,内维尔·张伯伦辞职,由丘吉尔接任。摩根财团同丘吉尔总有别扭,像自家人吵架一样。特迪·格伦费尔无视丘吉尔的优点,在股市崩溃后评价说:"30年来的历史表明,丘吉尔是一个最靠不住的朋友,最不可信赖的政客。……我希望他第三次改换政治门庭,倒向拉姆齐·麦克唐纳,或者甚至变得更左。"[15]1940年夏季,南希·阿斯特不情愿地向汤姆·拉蒙特承认,丘吉尔干得不错,但对劳埃德·乔治没有入阁而感到遗憾。

1940年8月,不列颠保卫战开始。爱德华·默罗在广播中生动地向美国人报道,每夜的猛烈空袭把伦敦人都赶进了地铁。摩根建富公司对战争有所准备,修了空袭隐蔽室和能出入街道及楼梯的防毒气通道。虽然大温彻斯特街没有直接挨炸,但方圆一平方英里的伦敦金融城却遭到狂轰滥炸。离摩根建富公司不远的那条窄巷子对面的荷兰教堂被炸毁,一枚埋在瓦砾堆里的伞投炸弹爆炸,把摩根合伙人房间的墙壁镶板炸毁,并炸飞了几扇门。附近木匠会堂的大火被及时扑灭,救了大温彻斯特街23号。后来,一枚V-1飞弹落在老布洛德大街上,那是乔治·皮博迪和朱尼厄斯·摩根曾经工作过的地方。每次伦敦遭空袭后,哈罗德·尼科尔森都要给查尔斯·林德伯格寄一张言语刻薄的明信片，上写："你还认为我们会屈服吗？"[16]

英国的孩子们开始从伦敦疏散，摩根财团自豪地履行着自己的职责。没有什么事业比英国的战事更能让杰克·摩根热血沸腾了。他脸色忧郁、疲惫不堪地赶到西十四街的码头，等候着近400名英国儿童乘坐的两艘海轮的到来。在那儿他迎接了11岁的普里姆罗斯勋爵和比斯特勋爵的两个11岁的孙子，以及随行的女家庭教师和保姆。他们和金融城史密斯家族的其他三位后代在战时都住在马蒂尼科克角，成为他的客人。查尔斯·汉布罗曾和哈里·摩根战时一起在纽约住过一段时间，然后在1943年匆匆赶回英国参加伊顿的板球队。他回忆说："杰克·摩根住在维多利亚式的豪华别墅，全副武装的保镖到处都是。只有普里姆罗斯勋爵独自陪着这位老人。"[17]J.P.摩根财团还为英国提供更多的保管服务，它的贵重物品保管库收到英国政府的划船比赛奖品和两本古登堡版《圣经》。

杰克包租乔治·惠特尼的旧船漫游者号，将自己的海盗四号转交给英国服役。他捐献了许多室内装饰品，从蓝色的挂毯、藤椅，到在金贝尔举办"给英国的包裹"的义卖。哈里·摩根把他的格鲁门水上飞机卖给加拿大政府用于海岸巡逻。在法国沦陷后，到华尔街23号来访的一位英国人表示他对未来忧心忡忡。"下一个该轮到我们了，"他告诉杰克，"德国人将对我们发动闪电战，很难顶得住。"杰克充满激情地说："我的好朋友，你根本用不着垂头丧气。我告诉你，英国决不会投降的，决不会，决不会！"[18]他有新的理由运用他丰富的想象力，勾画出追击德国人的图景。袭击伦敦以后溜走时，年轻的纳粹飞行员把所有多余的炸弹都扔到了沃尔霍尔。10月份的一次爆炸把这幢房子的窗子都炸掉了。为了保险起见，杰克收藏的所有银器都转移到储藏梵蒂冈金条的大温彻斯特街23号的地下室。

随着一些合伙人进入政府部门，摩根建富公司的人员有所减少，这是该银行在外交时代的活动合乎逻辑的最终成果。它已经有点像英格兰银行、财政部和外交部的分支机构。20年代曾在撒哈拉沙漠南部探险，并赢得皇家地理学会奖章的弗朗西斯·罗德被派往非洲，而威利·希尔-伍德战时主要在华盛顿作为英国的保密检查员。比斯特勋爵和西比尔女士把他们在牛津郡的图斯莫尔房产也被改成有50个床位的疗养院。那时其他英国乡间宅邸也都改为营房或军队医院。

蒙塔古·诺曼举荐给汤姆·卡托一个新的、不付薪水的职位,做财政大臣金斯利·伍德的金融顾问。卡托个子矮小,精明强干,是一个出身贫寒但有尊严的苏格兰人。他从1928年起就是摩根建富的合伙人。在此之前,他曾经掌管摩根在伦敦和纽约的合伙人拥有的安德鲁·尤尔公司的一家很大的印度商业银行。因为同维维安·史密斯在中东和俄国做过几笔生意,他具备缔造伟业的企业家所应有的海外、全球的关系。他和约翰·梅纳德·凯恩斯的办公室被安排在财政大臣办公室的两边:凯恩斯代表着独立的、理论上的观点,卡托代表实际的、银行界的观点。他俩很快被人戏称为"卡托和隐身人"。比斯特勋爵不禁窃喜,向华尔街23号报告说,卡托正大量抛弃隐身人的许多不切实际的想法。蒙塔古·诺曼更愿意同卡托打交道,他将接替他作为行长,使摩根建富公司与英格兰银行的神妙关系长存不休。

因为欧洲大部分地区都被纳粹所控制,丘吉尔知道他不得不利用自己的智慧、魅力和能量来争取美国人。他面对一个新对手、一个有着同样决心阻止美国人卷入战争的组织,即"美国第一"。该组织由两名耶鲁大学毕业生——小道格拉斯和金曼·布鲁斯特发起组成,是对付威廉·艾伦·怀特委员会的产物,而且很快把查尔斯·林德伯格拉了进来。林德伯格关于美国第一的演讲使人们对他残剩的英雄崇拜丧失殆尽。他游历全国作演说,声称"三个想把这个国家拉入战争的最重要的集团是英国人、犹太人和罗斯福政府"。[19]他大谈美国政府和新闻界中的狡诈的犹太人影响。

尽管林德伯格的讲话产生了一定的影响,但伦敦每夜遭空袭的恐怖引起了美国人对英国人的极大同情。1940年11月重新当选后,罗斯福的力量得到加强,他逐渐增强了对英国的援助。他和丘吉尔谈判用美国50艘旧驱逐舰换取西印度群岛的8个英国空军基地。1940年11月下旬,洛西恩勋爵发出英国现金危机的警报,12月初,丘吉尔告诉罗斯福,英国已经到了"没有能力支付现金的时刻"。[20]

就在英国走投无路的那年秋天,摩根财团和罗斯福政府重新联合向英国提供除参战以外的所有援助。这种友好关系使双方都松了一口气。1940年12月24日,莱芬韦尔同罗斯福在白宫聊了一阵之后告诉总统:"不论我们对国内事务的看法有何不同,我和我的同事们全心全意地支持你向英国提供无限的物资援助,支持你的国家防备政策。"[21]那个周末,罗斯福在广播里作了一篇拉家常式的演说,支持英国,莱芬韦尔为这次演说出了一些点子。"当你说'给予'时,意思是给予或借给英国货物、枪炮、轮船、飞机、弹药和其他一切所需,……你并没有兴趣给英国一个银行账户,而是给她所需要的东西。"[22]在广播讲话中,罗斯福激励美国人民把美国变成保卫"民主的军工厂"。一周后,他要求国会通过租借法案,以让华盛顿保证为英国在美国的战争物资订货单付款,并无限期出租物资。这样做不会立即增加同盟国的负担。罗斯福希望租借法案在战后能避免再次发生战争债务和赔款的困境。丘吉尔称这为"任何国家历史上都未曾有过的最没有不良动机的法案"。[23]摩根显然支持这个法案,因为这排除了它再次扮演一战时期的融资角色的可能。

正当林德伯格和其他孤立主义者极力反对租借法案时,罗斯福和财政部长摩根索试图找出一种戏剧性的办法来回击关于英国在世界各地储存着数百亿美元闲置资产的指控。他们决定要求英国搞一次大蚀血本的公开的自我牺牲行动,把英国在美国的主要工业股票卖掉,以示英国在求援前用尽了各种办法。1941年3月,在国会通过租借法案前夕,罗斯福和摩根索通知白厅,英国必须立即卖掉一批重要的股票。白宫自己选了英国一家在美国最有价值的工业股票——美国粘胶纤维公司,它是库尔托的纺织帝国的一个附属公司。该公司有7个工厂和18000名雇员,可能是世界上最大的人造纤维的生产厂商。华盛顿执意要求急速出售,并规定72小时之内是宣布出售的最后期限。

英国人觉得居然还得向老朋友表示忠诚,实在是有失身份。一个包括汤姆·卡托在内的忧心忡忡的代表团,向塞缪尔·库尔托总裁透露了消息,库尔托以堪为楷模的方式作出反应,只问了一个问题:"不管对我和我的公司有何种困难,出售股票这件事对国家利益是否至关重要?"[24]当卡托回答说,是战时融资的关键利益所迫,爱国的库尔托立刻以"股"殉国。库尔托公司董事必须在36个小时内作出安排——撤资速度之快，在历史上肯定是无出其右。

为把美国的粘胶纤维公司卖给英国的投资者，J.P.摩根公司向英国财政部推荐，由摩根士丹利和狄龙-里德负责这次出售，华尔街23号提供必要的银行贷款。这次出售的处理使英国人怨恨多年。在变幻不定的战争情况下，很难知道什么样的价格才能对英国投资者有吸引力。纺织业的股票价格一直波动得很厉害，而且通常需要数周的承销工作被压缩到几天。英国得款5400万美元，而由摩根士丹利和狄龙-里德牵头组成的17家银行承销团向公众出售股票得款6200万美元，差额部分都装进了自己的腰包。有些英国人，特别是丘吉尔，认为他们被这些银行宰了一刀。那时，库尔托公司的董事们声称，该公司仅有形资产就值1.28亿美元。显然，出入太大。

战后，丘吉尔冷冰冰地讽刺这次拍卖："在美国的这家英国库尔托的公司，应美国政府的要求，以相对低的价格被我们给卖掉了，后来公司又以相当高的价格在市场上重新出售，而我们却没有从中得到任何好处。"[25]当哈罗德·斯坦利从1949年的一份报纸上看到丘吉尔回忆录节选中的这段描述时，他震惊了。通过摩根建富公司的哈考特勋爵，他做了广泛的努力来使丘吉尔修改这段文字。他甚至利用了丘吉尔与他妻子路易丝（前帕克·吉尔伯特夫人）昔日的友谊——丘吉尔数年前在纽约出事故时，她曾帮助过他。在修改他这本书时，丘吉尔同意删去银行家通过这笔生意获利丰厚的文字。但他坚持己见，即美国粘胶纤维公司价值被远远低估了。在出售时，各方同意将此事交由一个三人仲裁小组处理。在战后那场尖锐的诉讼中，库尔托公司得到英国政府的额外补偿。

在国会1941年3月11日通过租借法案后，罗斯福批准了长长的向英国运送物资的单子。孤立主义运动的进步党派不仅对自己在租借法案上的失败感到忿恨，而且对罗斯福在对待华尔街和摩根财团态度上的180度大转弯也极为不满。那年4月，曾在铁路听证会上状告摩根的蒙大拿州的参议员伯顿·惠勒严厉批评罗斯福邀请"钱商"和"华尔街律师"参加他的阵营。他愤怒地指出，像威尔基和拉蒙特这样的人突然被装扮成"自由派"，而进步党派因反对美国参战则被看成是"托利党党员、纳粹的同情者，或是反犹太人分子"。[26]

被进步党派攻击为"战争贩子"的摩根财团，实际上是在与它的英国朋友暗地斗争，主张采取相反的立场。汤姆·拉蒙特曾帮助罗斯福游说通过租借法案，不过他坚持美国不应参战。表面上，美国人可以继续作为英国的兵工厂，但实际上，这也是30年代不和所造成的创伤。拉蒙特和卡托在英国财政部有自己的秘密外交渠道，拉蒙特信的语调变得越来越愤怒。1941年5月，他给卡托写了一封精彩的信，火气很大，并为美国没能参战而竭力辩解。

> 也许美国人民对援助英国有些迟缓，但是必须承认，美国是第一个在没有直接面临亡国的可怕威胁下，尽全力反对希特勒的国家。在这一点上，为什么美国没有因其援英的进展受到赞扬，反而被含蓄地批评为行动迟缓呢？包括英国在内的所有欧洲国家，直到希特勒的魔掌几乎扼住它们的咽喉时，才醒悟过来，才开始反抗。
>
> 因为美国（150年以前）是英国的一个殖民地，所以大多数英国人只不过把美国看成是一个更加年轻，可能更有活力，但不够高雅的英国。我们以前习惯把英国称为"母亲国"，加深了人们的这种印象。

信写到此，拉蒙特翻出了20世纪30年代争吵的老账。他回想起英国在德国债务问题上的欺骗行为，并且不愿偿还一战时欠下的债务，而偿还欠债本可能会赢得美国人的同情。他想起1935年他是怎样地恳求内维尔·张伯伦考虑与美国订立商务条约，以在美国创造对英国友好的气氛。他说，在将来的危机中，这也许有用。"张伯伦先生冷淡地笑了笑，他对美国人的好意不感兴趣。"

信的结尾暗示，英国人对美国人势利的态度和30年代的金融背叛一样让拉蒙特愤怒。他指出，在英美表面友好关系的背后，有一种不平等："同时，我认为，英国从未对美国表示过很大兴趣，除非或直到她急需美国的帮助。成千上万美国人每年都要到英国去旅行。但对访问美国感兴趣的有名望的英国人屈指可数。"[27]

在这时候指责英国人好像挺奇怪，那年冬天，伦敦、考文垂和普利茅斯刚刚遭受过空袭。美国那些激进派的小册子作者把摩根财团描述成摇尾乞怜、唯唯诺诺的亲英国派，他们如果看到拉蒙特的这封信，不知会怎样吃惊。他把信给莱芬韦尔看了，莱芬韦尔实际上认为信的口气太软弱。他承认："假如我对美国人说，我也可能说出同样的话，但是我认为如果对英国人说，那些话恰恰会助长他们对殖民地和美国人高人一等的感觉。"[28]

汤姆·卡托的回信很有气度。要知道，他是财政部高级顾问，而且他害怕疏远这个有影响的美国人。但卡托在处理微妙事务上也颇具个人技巧。他不失尊严地回了一封信，提醒J.P.摩根的合伙人为什么英国恢复世界金融中心地位的问题会成为几十年来让他们动感情的问题。

> 我对你的信很感兴趣，你千万不要认为直截了当提出这些问题会使我不快。我们彼此了解多年。……不管我们有什么样的缺点，也不管我们的记忆力有多差，我们为你们伟大的国家在这场斗争中能够站在我们一边而感到欢欣鼓舞。我们完全有信心，这一点就意味着最后一定胜利！……这是一条漫长的、还没有转折的道路。当我们到达了那个转折点，我相信希特勒和他那帮匪徒们会大吃一惊。……别为我们担心，我们都很高兴。我们有些困难，但我们能够克服；英国人发牢骚是出了名的，但的确，人们在此时听到的牢骚不像在和平时期那么多了。[29]

后来，拉蒙特经常谈到那时候J.P.摩根和摩根建富公司之间的严密的"防火层"坍塌了，摩根财团内部出现了分歧。[30]一位合伙人没能活着看到防火层重新修复。特迪·格伦费尔——圣贾斯特勋爵——在珍珠港事件前10天辞世。30年代末，他患有心肺病，曾数月卧病在床。医生曾建议他在桑德威奇打高尔夫球或是和他妻子到西印度群岛巡游以恢复健康。

格伦费尔属于正在消失的那一类人——外交银行家。他经常为公私难分的目的而工作。他头脑冷静，衣冠楚楚，一直是摩根"斯芬克斯"般的守护神，充满神秘感，在政府和金融界高层工作而不为人所见。他对拉蒙特说："英国的银行家和银行要比纽约的那些银行家和银行神秘得多。"但神秘是他不变的信条。[31]他内心相信他这个阶级、这个国家和这个职业的智慧，对那些改革者很不耐烦。他思想敏锐，预见准确，衣着无可挑剔，举止文雅。但他缺少同情心，很少能容忍别人。他认为银行家应捍卫不变的真理，戒除政治上的荒唐行为和公众的无知。如果他生活在即将到来的赌场时代，定是格格不入的，因为在这一时代是政府而不是私人银行领导金融界。他可能找不到自己的位置。格伦费尔与杰克·摩根的友谊如此深厚，以至于他的去世将削弱纽约与伦敦公司之间的联系。

即使欧洲战火纷飞，汤姆·拉蒙特也没有摆脱掉他预见世界事务总会有良好结果的邦葛罗斯*式的乐观倾向。他期望日本能克制自己，不与同盟国开战，他认为这倒不是由于日本出于任何顾忌，而是因为其自身的利益迫使它要站在胜利者的一方。珍珠港事件前三周，他对沃尔特·李普曼说，如果日本"要站在失败者一方，它将在整个太平洋地区完全丧失影响并可能沦为二三流国家。……我可能会百分之百地错了，但我现在一点也不担心远东的局势"。[32]

1941年12月7日，日本偷袭珍珠港，拉蒙特的又一个幻想破灭了。拉蒙特用最义正辞严的方式表达了他对日本人的厌恶，那年他同亨利·卢斯一起把8个援华组织合并成援华联合会。纽约州银行监管委员会没收了战前为日本财务代理的横滨正金银行的资产，从而消除了日本人在华尔街的存在。

1941年美国的参战修复了摩根财团内部的破裂。因为美英并肩战斗，摩根的合伙人重新燃起他们两国必将一起统治这个世界的信念。拉蒙特表现出宽容的新精神，经常喜欢说美国人的血管里流动着英格兰、苏格兰和

---

* 法国作家伏尔泰的哲理小说《老实人》中的人物，他是德国哲学家莱布尼兹的"乐观主义"的忠实信徒，相信世界上的一切现实都是自然的安排，是完全协调的，因而是尽善尽美的。

爱尔兰的热血，是他们力量的真正源泉。两年前对英国还怀有报复心态的拉塞尔·莱芬韦尔现在热情地说："在我的心中，唯一值得为之而战的事情是拯救英格兰和大英帝国。为此，我愿流尽最后一滴血，并希望数百万美国人也为此而流血牺牲。"[33]

J.P.摩根公司承担了保卫母亲国的习惯角色。当《生活》杂志发表了一封公开信宣称，不应当是为了英国能保持其帝国而打这场战争时，拉蒙特同亨利·卢斯发生了争论。摩根银行自从亨利·卢斯的耶鲁大学同学小亨利·戴维森成为《生活》杂志的第一个投资者和一家公司的董事开始，就对卢斯了如指掌。拉蒙特对他说，美国自己也在搞帝国主义并支持拉美的独裁者，并说："我们日日夜夜忙于利用贷款和外交手段将整个加勒比置于我们的控制之下，并把所有的拉美国家纳入我们的轨道，我们干吗还要嚷嚷什么帝国主义？"[34]

1941年11月，当劳工组织领导人约翰·刘易斯下令为反对美国钢铁公司附属煤矿而进行的罢工时，罗斯福与杰克·摩根之间新的和睦关系变得更为明显。罗斯福呼吁他们为爱国保持克制，而刘易斯却说，他的对头也应克制。他说："我的对头是一个名叫摩根的富豪，他住在纽约。"[35]拉蒙特向罗斯福抗议美国钢铁公司只是杰克的一个工具的这种含沙射影的攻击。罗斯福不仅站在杰克一边，而且是以一种新的友好的方式。他已不再是本阶级的叛逆者，他告诉拉蒙特："我的确对刘易斯关于对杰克的无根据、不真实和煽动性的演说感到愤怒……你见到杰克时，替我告诉他别担心刘易斯的攻击，经过多年的观察，我真不愿意说，刘易斯有点精神变态。"[36]

由于能够捐弃战前在国内问题上的不同意见，罗斯福和摩根合伙人成为好朋友。拉蒙特对他宣布参战表示祝贺，罗斯福收到祝贺后给他回电说："从一位像你这样的老朋友那里听到宽厚认可的话语，实在令人振奋。"[37]他们互相交流笑话、轶事和有趣的剪报，其中一份剪报说共产党领导人厄尔·白劳德指控罗斯福说服了拉蒙特和李普曼策划提名威尔基作为总统候选人。1942年初，拉蒙特在白宫几乎花了一小时，推测美国如何利用福特诺克斯的黄金以稳定战后的货币。罗斯福说，美国在欧洲大陆比英国更受信任。这种充满神秘、彼此了解和相互效劳的关系，是拉蒙特所渴望的；当谈到丘吉尔时，罗斯福向拉蒙特吐露，丘吉尔没有他们所具备的经济头脑[38]（然而在1939年，英国驻华盛顿使馆记录了对罗斯福所作的辛辣的评价："他对某些问题，尤其是金融和经济方面的知识很肤浅。"[39]）。按罗斯福的要求，拉蒙特在麦迪逊花园广场举行的一次苏-美友谊大会上露面。这是汤姆·拉蒙特和他的左派儿子科利斯在政治会议上唯一一次共同露面。

使罗斯福和摩根财团的联系得到加强的原因，是双方都觉得受到同样的孤立主义势力的围攻。1942年春，莱芬韦尔告诉总统，参战的努力需要有更多的游行、军乐和摇旗助威。罗斯福同意并补充说："真正的麻烦不在于人民或领导人，而是那么一帮人，很不幸的是这个团伙依然存在，他们在12月7日之前大多是孤立主义者，而今天又出于各种动机在这个国家制造不团结。"[40] 因此，罗斯福同摩根之间的新和睦印证了古老的政治格言：敌人的敌人是我的朋友。战争最终使白宫与摩根财团言归于好。

一 本章参考文献 一

1. 哥伦比亚大学口述历史资料集——伦纳德·里斯特，第1页。
2. （伦敦）《泰晤士报》（Times），1941年12月10日。
3. 马萨诸塞州剑桥城哈佛大学贝克图书馆汤姆·拉蒙特资料，第111箱，第1卷，给莫里斯·佩松-迪迪翁备忘录，1945年12月12日。
4. 里斯特：摩根公司回忆录。
5. 马萨诸塞州剑桥城哈佛大学贝克图书馆汤姆·拉蒙特资料，第191箱，第8卷，给乔瓦尼·富米的信，1939年1月19日。
6. 同上，第191箱，第10卷，给富兰克林·罗斯福的信，1939年5月17日。
7. 同上，第191箱，第9卷，给乔瓦尼·富米的信，1939年4月4日。
8. 同上，第101箱，第9卷，给约瑟夫·肯尼迪的信，1939年6月13日。
9. 齐亚诺：《日记》（Diaries），1940年2月26日。
10. 马萨诸塞州剑桥城哈佛大学贝克图书馆汤姆·拉蒙特资料，第191箱，第8卷，乔瓦尼·富米的信，1938年10月13日。
11. 马萨诸塞州剑桥城哈佛大学贝克图书馆汤姆·拉蒙特资料，梵蒂冈市教皇特别行政区的电报，1940年9月25日。
12. 同上，给意大利官方当局的信息，1940年9月20日，J.P.摩根公司签署。
13. 同上，第191箱，第12卷，给乔瓦尼·富米的信，1942年2月3日。
14. 同上，第133箱，第11卷，贝尔纳迪诺·诺加拉的备忘录，1944年8月2日。
15. 同上，第111箱，第21卷，爱德华·格伦费尔的信，1929年11月19日。
16. 戴维斯：《英雄》（Hero），第407页。
17. 作者和查尔斯·汉布罗的访谈。
18. 马萨诸塞州剑桥城哈佛大学贝克图书馆汤姆·拉蒙特资料，第82箱，第7卷，给南茜·阿斯特夫人的信，1943年10月29日。
19. 戴维斯：《英雄》（Hero），第410页。
20. 科尔：《罗斯福和孤立主义者》（Roosevelt and the Isolationists），第41页。
21. 莱芬韦尔：《书信选》（Selected Letters），第85页。
22. 同上，第86页。
23. 博伊尔：《蒙塔古·诺曼》（Montagu Norman），第316页。
24. 卡托：《个人回忆录》（Personal Memoir），第95页。
25. 摩根建富资料（1910至目前），美国粘胶纤维公司，第P—467箱，卡莱尔·吉福德给威廉·哈考特勋爵的信，1949年8月29日。
26. 科尔：《罗斯福和孤立主义者》（Roosevelt and the Isolationists），第468页。
27. 马萨诸塞州剑桥城哈佛大学贝克图书馆汤姆·拉蒙特资料，第112箱，第12卷，给托马斯·西韦赖特·卡托的信，1941年5月23日。
28. 同上，拉塞尔·莱芬韦尔的备忘录，1941年5月26日。
29. 同上，第112箱，第2卷，托马斯·西韦赖特·卡托的信，1941年7月25日。
30. 同上，第112箱，第11卷，给托马斯·西韦赖特·卡托的信，无日期。
31. 同上，第111箱，第23卷，爱德华·格伦费尔的信，1931年7月18日。
32. 同上，第105箱，第3卷，给沃尔特·李普曼的备忘录，1941年11月13日。
33. 马萨诸塞州剑桥城哈佛大学贝克图书馆汤姆·拉蒙特资料，第103箱，第24卷，给托马斯·拉蒙特的信，1941年11月24日。
34. 马萨诸塞州剑桥城哈佛大学贝克图书馆汤姆·拉蒙特资料，第49箱，第10卷，给亨利·卢斯的私人备忘录，1942年10月20日。
35. 阿林斯基：《约翰·刘易斯》（John L.Lewis），第240~241页。
36. 马萨诸塞州剑桥城哈佛大学贝克图书馆汤姆·拉蒙特资料，第127箱，第26卷，富兰克林·罗斯福的信，1941年11月10日。
37. 同上，富兰克林·罗斯福的信，1941年12月17日。
38. 同上，第127箱，第27卷，和总统会谈的备忘录，1942年2月5日。
39. 《纽约时报》（New York Times），1970年1月1日。
40. 康涅狄格州纽黑文耶鲁大学高级纪念图书馆拉塞尔·莱芬韦尔资料，1030组，系列1，第7箱，第147卷，给富兰克林·罗斯福的信，1942年3月16日。

第二十四章
过 渡

二战初期，J.P.摩根公司完成了从私人合伙人制向公司化转变的最后历程。摩根历史上这一重大步骤是在皮尔庞特·摩根图书馆里经过深思熟虑后才付诸实施的。1940年2月，在宣布这一转变时，杰克史无前例地在记者招待会上露面。他将出任董事会主席，乔治·惠特尼任首席执行官，拉蒙特任执行委员会主席。因为放弃了合伙制形式，杰克必须卖掉皮尔庞特1895年购买的纽约证券交易所的席位。

作为一个私人合伙银行，合伙人要承担所有损失的风险。但他们愿意承担这种风险，以便使他们的资本情况保密和他们的账目免于检查。这种传统对这家银行的神秘和强大起到了无法估量的作用。那么，为什么要改变现状呢？这家银行担心随着三个最富有的合伙人的衰老，银行的资本会迅速分流。这三个人是，汤姆·拉蒙特、查尔斯·斯蒂尔和杰克·摩根。斯蒂尔已于1939年死于纽约的韦斯特伯里，在生命的最后几年，他终日观看他的孙子们打马球。如果杰克·摩根或拉蒙特也很快去世，资本可能会严重流失。大萧条，加上征收遗产税和所得税的缘故，使该银行的资产从1929年的1.19亿美元，下降到1940年的3900万美元。通过向股份制转变，继承人可以在不分散银行资本的同时，卖掉手中的股票。他们还希望涉足信托生意，而合伙人制度是不能经营这种业务的。1927年，美国电话电报公司为第一个大型合作退休计划提供资金，摩根人也想抓住类似巨大的资金。

摩根孤标傲世的传统还遭到其他的打击。摩根一直是坚持不与他人联合的最大的银行，但在1942年，它终于放弃了抵制的立场，加入了联邦储备体系。这一举动与其大量购买政府债券有关，这是华尔街在战时的主要活动。"街角"亲眼目睹"胜利贷款"得到极大的支持，挂着国旗的证券交易所前人山人海。现在摩根财团将近7亿美元的存款首次接受联邦存款保险。另外在1942年，摩根所有权的股票持有人已扩大到80或90人之多，这些人大多数是以前控制摩根的家族和朋友。由史密斯-巴尼牵头的银团，向公众出售摩根8%的股票。平民百姓破天荒第一次买上摩根银行的一小部分股票。这不仅扩大了所有制，而且将价值转移给亲近的持股人。J.P.摩根公司在一份募股说明书中将其收益公布于众，从而最终改变了传统做法。

在过渡时期，摩根与其费城的附属机构德雷克塞尔公司的关系也告终结。这家费城的公司先前已经把德雷克塞尔家族、比德尔家族、伯温德和其他一些大家族收编到摩根的麾下。正如皮尔庞特曾对阿尔塞纳·普约所说的："它只是名字不同而已，在费城保留德雷克塞尔先生的名字，是出于我的意愿。"[1]1940年，华尔街23号接管了德雷克塞尔银行的存款，关闭了费城的办事处，并将这个名字卖给那些正在组建投资银行的费城的合伙人。后来，I.W."矮胖子"伯纳姆将其伯纳姆公司与改组过的德雷克塞尔合并，这个著名的名字后来给德雷克塞尔-伯纳姆兰伯特公司的垃圾债券业务增添了几分"姿色"。

为符合证券交易所会员的资格，摩根士丹利于1941年实行合伙人制度。它现在受到布兰代斯派反托拉斯者的骚扰。这些人曾纠缠过J.P.摩根公司，并认为摩根士丹利只不过是原来公司的翻版而已。摩根士丹利的迅速成功引起了人们的怀疑，因为从格拉斯-斯蒂格尔法案起，它曾经承办了所有经协商债券发行的四分之一。在1939年和1940年，临时国民经济委员会听证会期间，该委员会主席，怀俄明州的参议员约瑟夫·奥马奥尼拒不相信J.P.摩根已退出了投资银行业务："由于银行法已把原来两个混合的作用分开了,摩根士丹利便在投资领域继承了J.P.摩根以前曾握有的类似的统治地位。"[2]证券交易委员会的律师约翰·豪泽提出了共谋理论,此理论认为摩根士丹利无非是J.P.摩根合伙人为绕过格拉斯-斯蒂格尔法案而制作的一个"法律拟制"。哈罗德·斯坦利反复受到责问:实施了格拉斯-斯蒂格尔法案之后,他是否接受华尔街23号的命令?这使他十分恼怒,他坚持说:"我们是相互分离、互不相干的机构,我们拥有并经营自己的业务,我们的钱投入普通股里也有风险。"[3]证券交易委员会不相信他的否认,指控J.P.摩根公司利用它对戴顿电力公司的影响,为摩根士丹利获取生意。

摩根士丹利自称独立自主地经营的声明之所以没有多大的说服力,是因为它的大多数优先股为J.P.摩根公司的雇员所拥有。证券交易委员会断言,这就在两个摩根银行之间,创造了"金钱利益的同一体",以及一个"感情上"和"心理上"的联系。[4]这样,摩根士丹利开始购买优先股,而J.P.摩根的高级管理人员们则把股票卖给他们的妻子、儿女和孙子们等等。这是显而易见的诡计,谁也骗不了。为一劳永逸地摆脱J.P.摩根控制的幽灵,摩根士丹利公司于1941年12月5日兑现并取消了它的优先股。虽然那些看不见的千丝万缕的联系在以后的几十年中仍把这两个公司捆在一起,但起码此举结束了它们之间的正式关系。

就在此时,对华尔街的攻击减弱了。由于财政部要求承销人停止发行新债,以避免与政府发行的战时债券竞争资金,投资银行在战时的生意半死不活。所以,改革投资银行的动力停止了,直到战后初期的梅迪纳审判才恢复。同时,通过向合伙制的转变,摩根士丹利退入梅迪纳法官后来称为"神秘和尊严"的世界,与此同时,J.P.摩根出现在阳光下。

杰克·摩根最初抱怨了一阵子,随后也就欣然接受了他的新角色——董事长。拉塞尔·莱芬韦尔说"他以厌恶的心情等待着的东西,原来并不那么可憎"。[5]1943年1月31日,杰克主持了J.P.摩根有限公司第一次股东大会。对于他来说,那是一段夕阳无限好的时光,战争使新政派指控他恶贯满盈的声浪停息下来,人人都说,早在杰西去世之前,18年来杰克好像一直就没有这么高兴过。他有滋有味地为英战收容的孩子们服务,而且那年秋天，他几乎每个周末都去打野鸭子。他还有一些更加文雅的消遣，包括新的嗜好——给樱花和别的花卉拍摄彩色照片。

穿着软底鞋的杰克越来越表现出老人的形象。每天晚上，他都要停下来与马蒂尼科克角的平克顿私家侦探公司的卫兵闲谈，感谢卫兵为他打开庄园大门。他和约翰·戴维斯玩十五子游戏，赢一盘得5美分，他运气很好，连连赢钱，并逗戴维斯的男管家说他快要输掉他的工资了。他还观察生活中的细节。每天早上，他总是在同一个弯道处，迎面碰到一个开车上班的年轻邻居；有一次这位年轻人早上睡过了头，当他们在比平时更远的地点才相遇时，杰克向他摇摇手指挖苦他迟到。

2月底，在杰克动身去佛罗里达度假前，医生给他开了一张健康证书，让他在墨西哥湾安安静静地钓鱼。但在去博卡吉兰德的火车上，他犯了心脏病，接着就中风了。28年来一直跟随他的男仆，伯纳德·斯图尔特设法把他弄到在加斯帕里拉旅馆租下的别墅，那是在一座孤岛上的冬季度假胜地。他在纽约的心脏专科医生亨利·帕特森大夫南下来照顾他。1943年3月13日，杰克在昏迷状态下死去，他的遗体被安放在普尔曼专用卧车车厢内，并加挂在海滨号列车上运回北方。

甚至在死亡上，杰克和皮尔庞特·摩根都有奇怪的相似之处。两人都在75岁那年去世，而且死讯都是压到股票市场关门后才发布，以便不影响股票价格。随后报纸刊登大量讣闻，整版安排的格式都是只有国家首脑才享有的待遇。《纽约时报》评论道："J.P.摩根公司这样的私人银行……在国际上获得重要地位，并且在国际金融事务中占有一席之地，即使罗斯柴尔德银行在其鼎盛时期也未曾取得过如此荣耀。"[6]这家报纸称杰克是最后一位金融大亨——他们曾这样称呼皮尔庞特，并提到自从乔治·皮博迪退休后，摩根银行首次不是由摩根家族的人来领导。汤姆·拉蒙特接替了董事会主席的职务。

杰克的葬礼也让人联想起皮尔庞特的葬礼。在斯泰弗森特广场的圣乔治教堂举行葬礼之前，他的遗体一直停放在皮尔庞特摩根图书馆。黑人男中音哈里·伯利被请来参加葬礼，他曾在1913年的葬礼上演唱过。同样，纽约证券交易所和23号街角处都降了半旗。1200位吊唁者在倾盆大雨之中赶来，对他们来说，只有一点微妙的不同：他们由J.P.摩根和摩根士丹利两家公司的董事们庄严地陪送到自己的位置上。葬礼后，杰克的骨灰被送到哈特福德，并埋葬在雪松山墓地，同皮尔庞特和朱尼厄斯葬在一起。

在他的遗嘱里，杰克继承了皮尔庞特极尽慷慨的传统，其中包括为他年长的家庭仆人设立100万美元的信托基金。亨利·菲齐克是跟随杰克34年的男管家，他在1915年的那次谋杀未遂案中因表现机智而获得2.5万美元的奖金。秘书约翰·阿克斯腾在19岁被他雇用，跟随他40年，得到了5万美元的奖金，贝勒·达科斯塔·格林也得到同样数目的奖金。杰克发扬了皮尔庞特父母般疼爱的风格，额外发给那些在银行工作时间很长的人6个月工资，给了那些最近被雇用的人员3个月工资。

因为大家都曾参加过他父亲的葬礼，所以他们对杰克相对有限的房地产感到吃惊——在纳税和扣除开支之前，总价值为1600万美元，扣除后，只有460万美元。按照商人银行的传统，他把他大部分房产都给了他的两个儿子朱尼厄斯和哈里。他两个女儿的家庭，尼科尔家和彭诺耶家，可以享受遗产，但从摩根名下分给他们财产要少一些。在他生前，杰克捐献了约3500万美元，包括给皮尔庞特图书馆1500万美元，给大都会艺术博物馆900万美元。他的财产并不仅仅是被他的善举所耗费的。在杰西死后，他一直沉溺于豪华游艇和君王般的豪华别墅，挥霍过甚。

人们对杰克在历史上地位的看法马上出现分歧。显然，他的事业是他个人的成功。当他接管该银行时，华尔街的谣言工厂曾把他比喻成做事笨手笨脚的人。然而，在他的领导下，摩根财团所聚集的势力超过了朱尼厄斯甚至皮尔庞特时期的势力。摩根银行极大地拓宽了国际业务，使许多国家的政府、财政部和中央银行成为它的客户，而且利用了外交时代政治和金融的结合。华尔街23号的那幢大楼不再像烟雾缭绕的银行家俱乐部，而成为世界金融界精英的聚会场所。除了某些刺眼的例外，如范·斯韦林根越轨行为和理查德·惠特尼丑闻，杰克保持住了银行的公平和稳健交易的形象。

他还集中了一批最优秀的人才，让他们充分发挥自己的能力。他是一个好的"继承人"，知道怎样运用权力，对他合伙人的功绩有不掺私念的快慰。如果摩根银行的运行像一架上足润滑油的机器,并且不发生内部的争斗,这与杰克负有声望的领导是分不开的。一个更加以自我为中心的老板可能会因为他在1929年的大危机时不在场而感到遗憾,然而,杰克对其合伙人的行动感到父亲般的骄傲:"我为在华尔街上次那场灾难中我的合伙人的精彩表现而感到高兴。公司显示出我不在时,也能像我在时运行得那样好。"[7]和他父亲不一样,他从不成为自我主义的"俘虏"。

关于杰克所起的公共作用,就让人难以恭维了。《新共和国》辛辣地讽刺杰克"生前对美国的生活没有作出创造性或仁慈的贡献,他的去世也没有使美国失去什么"。[8]要是在维多利亚时期,他可能是一位模范银行家,珍视荣誉、道德情操和信奉基督教。不过,在世界性大萧条时,许多人都在挨饿,让他们仍旧遵从这种价值观,就不那么合适了。把这样一位墨守成规、胆小怕事的人放到一个激烈动荡和变革时代,上帝也真是强人所难。在一个需要向公众负责的时代,他却要求保护隐私。摩根银行的经营越来越像政府的一个附属机构。它要接受为公众服务带来的收益,就不能不承担为公众服务的负担。为躲避政治麻烦,杰克远离他的同胞,并永远不能像理解英国贵族那样,理解美国的普通百姓。《纽约客》杂志曾经公正地评论说:"人们觉得,如果他经常往来于密西西比河两岸,并同构成美国人口的大众多交往,他就可以既做先生,又当学生。"[9]

在需要新思想的时代,杰克只能够重复古老经济的优点并忍受着对他尊严的冒犯。他认为新思想是魔鬼和邪说,他不能心平气和地听取那些思想。他可以请假说晚一点去上班,为的是观看盛开的郁金香,而就是这样一个感情深沉的人,也许对他所谓的敌人,犹太人、天主教徒、德国人、自由派、改革者和知识分子冷酷无情。他把他们混为一谈,认为都是一批恶毒的阴谋分子。《纽约先驱论坛报》称:"世人只知道他是一个有些神秘的金融巨人。"[10]如果世界对他的热情知之甚少,那只能怪他自己。他从未与公众自由自在地交流过。说到底,他不相信人性有共同之处,并想象他敌人的生活动机与他不同。他不接受变化是生活中的一个事实,相反,他愤怒地反对他所处的那段历史并在其中饱受煎熬。

杰克·摩根生不逢时,这一点可以从他财产的命运中看出:只有大公司能够买得起他的游艇和住宅。海盗四号被太平洋游轮公司购买,并改装成可容纳85位乘客的游轮。他在长岛的乔治式砖结构宅邸1949年租给了苏联驻联合国使团。苏联的外交官及其家属在曾经属于这位银行界泰斗的草坪上打排球。在别墅内他们放了71张床、67把帆布椅子和8张餐厅用的大饭桌。格伦科夫曾反对这么使用摩根的财产。俄国人不得不搬了出去。在随后的许多年,这片庄园一直作为圣约翰修女浸礼会的修道院,修道院在宅邸和杰克可容纳16辆轿车的车库之间的院子里盖了一座小教堂。那座宅邸后来被推倒了,在原址上建立了100座郊区住宅。男童子军买下了在阿迪朗达克山里1500英亩的安卡斯营,而路德教联合教会在1949年支付了将近24.5万美元后,买下了杰克在麦迪逊大街一幢有45间房间的楼房。1988年,路德教徒转到芝加哥时,他们将这幢楼以1500万美元的价格又卖给了皮尔庞特摩根图书馆。沃尔霍尔由县议会征用作为环伦敦市的绿带。王子门曾是伦敦最好的私人住宅集中的地区之一,在50年代成了独立电视局的总部(1980年与伊朗使馆作了邻居,那年伊朗使馆成了被猛烈围攻的对象)。贵族的世界寿终正寝。二战结束后,华尔街以及伦敦金融城的银行发展成了巨大的、全球性的机构,规模大到以前难以想象的程度,但栖居其间的银行家似乎反而更加渺小。

对外交时代的中央银行家来说,战争带来一段忧伤的回忆。蒙塔古·诺曼悲叹现代民主的祸患,正如他轻蔑地称为靠"数人头"来做决策的灾难。他抱怨政治家毁掉了他和他的摩根朋友们在20世纪20年代创建的"金本位"的合理体系。一切都撞在民族主义与政治的顽石上而被击得粉碎。然而,金融并非是由身着白大褂的银行科学家操纵的无菌实验室,当然也不能交给那些神秘的、自命不凡的教士来经营。在赌场时代,中央银行和私人银行不再起主权国家的作用,而是与国内和多边政府各机构相联系。

在整个战争期间,拉塞尔·莱芬韦尔一直给蒙塔古·诺曼邮寄食品。诺曼像一个喋喋不休、迫切想得到保证的人,他问莱芬韦尔,他对金本位,以及他想恢复过去的英帝国英镑的打算是否错了。诺曼认为:"任何其他的行动都将会动摇欧洲的信心,并会产生一种不安的感觉。这种行动似乎应避免。"[11] 莱芬韦尔也认为，只有黄金才能对管制的通货、预算赤字和臃肿的福利国家的现代通病形成主要的制约力量。他也承认他们的努力毫无结果："你和本、我的合伙人以及我本人，在上次战争后，我们曾怎样一起努力，重建这个世界——看看现在这该死的局面吧！"[12] 蒙蒂也同样沮丧："当我回首往事时，我似乎感到，我们付出了思想、劳动和良好的意愿，但我们一无所获……我想假如我们当初能够把钱收集起来并倒进下水道里，我们的功德和这有什么两样呢？"[13]

蒙塔古·诺曼总是逃不过跟他算总账的一天，就如本·斯特朗当初的遭遇一样。工党从未原谅过他对20年代首届工党政府态度强硬，以及1925年为了金本位而实行的紧缩。当政府1931年放弃金本位时，人们更加怀疑金融"规则"是威胁不驯服的左翼政府的诡计。1931年工党资深党员比阿特丽斯·韦布尖刻地嘲弄"没人告诉我们能够做这件事"的声音仍旧在回响。诺曼在英格兰银行24年独断专行的统治，使政府对英国金融界新的控制姗姗来迟。

1943年到1944年间，诺曼的健康每况愈下，他被诊断患了肺炎，后又得了脑膜炎。他70多岁时，体弱多病，不得不接受医生让他辞职的劝告。几年来，汤姆·卡托曾被提名接班，他战时在财政部的认真工作给诺曼留下好印象。虽然卡托在清一色托利党徒的摩根建富公司里是唯一的自由派，但是工党害怕他会在英格兰银行使金融城的法则永久实施。早在1940年，战时经济部长休·多尔顿警告财政大臣金斯利·伍德："有很多人将会反对卡托作为接班人。他来自金融城最反动的公司，即摩根建富公司，我敢说，公司的这批人都是臭名昭著的托利党党徒。"[14]

卡托于1944年被任命为行长以后，到诺曼的乡间别墅做了一次渴望已久的朝圣，以求得这位长者对他的祝福。诺曼说："我亲爱的卡托，我的第一选择是，我能够再次当选英格兰银行行长，可医生们说'不行'。你是我的第二选择。愿上帝保佑你。"[15] 受到这一举动的感动，卡托泪流满面，他与诺曼的妻子在花园里踱步半天才平静下来。人们认为对卡托的这一任命强调了在战后需要与美国密切合作。

丘吉尔政府在1945年举行的选举中意外地失败后，克莱门特·艾德礼的工党政府把对这家银行的国有化放在议会的首要日程上。虽然英格兰银行长期以来就一直从事国债、货币发行和外汇业务,可它是由17000位股东组成的私人银行。中央银行家一直在幕后操作,现在将被推到光天化日之下。对于工党党员来说,早就应该对诺曼实施报复了。

伦敦金融城的强硬派认为,卡托出于自尊该辞职,而不应去监管一家由政府控制的银行。蒙塔古·诺曼从未打消过这样的感觉,即卡托应有足够的智慧来打掉国有化。实际上,卡托证明了自己是过渡阶段完美的角色,他为这家银行争取到的结局很可能比诺曼本人所能得到的还要好。人们不把他当作敌视白厅的金融界人物,而是把他看作精明的和稀泥的人。他认识到诺曼的名言"别找借口,别解释",在新的时代已经不够用了。中央银行不能再像教士或隐士那样,而且卡托认为,对一个稳健的银行家,最好是把握过渡阶段。为保留该银行的独立性,他与各方达成协议,行长任期5年,可以连任,并且只有在议会通过提案之后,才能对行长解职。

1949年3月,在保持了250多年的独立之后,英格兰银行成为一个公共机构。商人银行对它的影响减少了,而更多的工业界人士和劳工组织领导人将会被任命为该行在战后的董事。卡托如释重负地告诉拉蒙特:"这艘船不得不行驶在前有岩礁后有漩涡的航道上,但我们闯过来了!"[16]卡托任行长之职直至70岁生日那天,1949年他又回到摩根建富公司,但他没有在该银行担任正式职务。不过他的儿子斯蒂芬将成为战后摩根建富的董事长。

对于蒙塔古·诺曼,新世界包孕着他所鄙视的一切。他哀叹"飞速的社会化"遍及英格兰,他告诉莱芬韦尔,他很少去金融城,并觉得那里是个悲惨的地方,沦落到靠承销低息债券过日子。这位把毕生献给保持伦敦为世界金融中心的人,现在看到伦敦昔日的辉煌已逝去:"我担心伦敦各种古老的行业实际上都到了穷途末路,或许只作为陪衬继续存在。"[17]随着国外业务向纽约的转移比一战后更加明确,伦敦的领导地位几无回旋余地。诺曼似乎茫然若失、神思恍惚。他说:"我想知道老斯特朗对这些怎么看。"[18]蒙塔古·诺曼因前一年的中风,在1950年2月4日去世。

二战后,热情的幸存者亚尔马·霍勒斯·格里利·沙赫特博士恢复了与蒙塔古·诺曼的联系。他因参与另一次图谋推翻希特勒的活动于1944年7月被盖世太保逮捕,关押在拉文斯布吕克集中营,他先后被换过32所监狱,其中包括死囚营——达豪集中营。他组织了名人囚犯团体,包括前奥地利总理库尔特·冯·舒施尼格和利昂·布卢姆。在战争后期,德国人匆匆地把他们赶到东南方,以躲避不断推进的美军。1945年5月4日,当盖世太保按希特勒紧急命令,将要对沙赫特和其他人执行枪决时,被盟军在蒂罗尔以南营救出来。

沙赫特试图探望病中的诺曼,但因不能被正式确认为非纳粹分子,他去英国的签证被拒签。这个人脸皮极厚,倔强执拗,他的傲慢似乎总使他处于逆境而不垮。他被纽伦堡法庭指控为战犯后,美国在德国的占领军司令卢修斯·克莱将军签发了逮捕他的命令。当克莱到柏林郊外沙赫特的木房子去拘捕他时,沙赫特争辩说他没有反对美国。作为证明,他对克莱说:"看墙上挂的那张照片。"那是一张有戴维·萨尔诺夫签名的照片,是萨尔诺夫1929年在巴黎召开的扬氏计划会议上送给他的。[19]

在监狱里等待纽伦堡战犯审判时,沙赫特行为举止仍旧非常古怪,难以捉摸。希特勒的建筑师和军工部部长艾伯特·斯皮尔回忆起沙赫特是怎样有声有色地朗读诗词来打发时光。当美军心理医生给战犯做智商测试时,沙赫特在他这组排名第一。在纽伦堡有许多奇怪的重逢,沙赫特自从1937年在与赫尔曼·戈林的权力斗争中失势后,就一直没见过他。沙赫特写道:"我们此后的见面竟是在纽伦堡的监狱里。我们住在一间有两个浴缸的小屋里,我用一个浴缸,他用另一个——我们给身上打满肥皂,Sic transit gloria mundi!*"[20]

在纽伦堡,沙赫特拒不承认对希特勒的成功负有责任,并否认他对纳粹有独特的作用。他对希特勒的说法是:"他一定会找到别的办法和其他人的帮助;他是个执著的人。"[21]沙赫特能够提供足够的材料证明他在30年代末的抵抗,以抵消人们认为他与纳粹合作的印象。他把自己塑造成对这个政权唯一的批评家,并对工人、自由派、教会和科学家的懦弱感到吃

---

* 拉丁文,意为:"世界的光荣就这样消逝了!"

惊。所以这个曾经把克虏伯、蒂森和其他德国工业家召集到阿道夫·希特勒周围,并协助制定富有活力的德国战时经济的人,成为纽伦堡法庭宣判无罪的三个纳粹分子之一。以后,德国一个非纳粹化法庭把他判定为主要纳粹分子,虽然他上诉,但还是判他在劳动营服刑8年,一年后被释放。在50年代,他写了一本长长的自我赞美式的自传,自传有意缩短他对在纳粹筹资中的作用表示后悔的篇幅。后来,他因摔倒引起了并发症,于1970年93岁时去世,至死冥顽不化。

从1943年开始,汤姆·拉蒙特患了心脏病,不能每天到银行上班。二战快结束时,他英俊的孙子托马斯·拉蒙特二世死在太平洋上的斯诺克号潜艇上。拉蒙特那时70来岁,正值怀旧的年龄,他写了一部优美的回忆录,记述了他在乡间牧师住所里度过的童年时代。他的浪漫天性从未衰退。整个战争期间,他一直给南希·阿斯特寄食品。阿斯特甚至在60多岁时,还有足够的精力在防空洞里表演侧手翻跟头。1945年,南希在议会工作了25年以后退休,拉蒙特为她负担3000美元的费用,让她到美国访问。在她动身之前,拉蒙特写信给她说:"你对战事的大部分忧虑消除后,我知道我会看到你比以前更年轻、更招人喜欢。"然后,他加上这么一句,"你一定会感到无上自豪,因为在1940年只有英国与全世界所有野蛮人孤军作战并拯救了人类文明。"[22]

有时也会发生一些事情,令人不快地想起过去。1944年,意大利政府派出一个金融代表团到拉蒙特那里。一些老家伙想成立意-美协会,但拉蒙特建议他们应等一等。1945年,当听到墨索里尼的死讯后,拉蒙特说,墨索里尼死得"不体面"的方式让他心烦意乱,但是除此之外,就没人对此感到遗憾。因为战后的意大利有一股新的反法西斯情绪,拉蒙特煞费苦心地改写历史。1949年,他告诉前财政部长朱塞佩·沃尔皮伯爵,1926年贷给意大利的一亿美元的贷款是在被胁迫情况下安排的。他暗示自己曾反对过此事:"这笔贷款不是我们急于要安排的那笔,也不是我们寻求的那笔,对此,我用不着多说。相反,那是受我们自己政府鼓励的战后一系列重建项目中的一部分。"[23]

到战争结束时，拉蒙特每周只到银行来很短时间。他继续表现出慷慨大度、乐善好施的姿态，这已成为他在华尔街23号非凡任职期的标志。他为哈佛大学捐资200万美元，用于建造一座本科生图书馆。恰当地说，图书馆是用来存放政府文件的。他还送出一张诺曼所称的"带响声的"支票用于修缮坎特伯雷教堂。他以皮尔庞特式的慷慨行为，结束了他的银行生涯：在不景气的1947年，该银行没有发奖金，拉蒙特决定送给每个职员一件圣诞礼物作为补偿，其价值等于各人工资的5%。

拉蒙特有时间来反思他的期望心态，这种心态使他在两次大战期间十分乐观，也使他特别容易中绥靖政策诱惑的圈套。现在，他认为美国人太专注于实利主义，并且被和平生活宠坏，没有应付暴力的准备。1945年，在他题为《德国的伤心屋》的一篇文章里，试图想搞明白为什么同盟国在希特勒的问题上，对丘吉尔的呼吁置若罔闻。他写道：

> 事实上，和美国人一样，英国人和法国人也是如此地热爱和平，以至于对他们来说总是难以意识到有一帮恶人在世界上乱窜，寻找他们能够吞噬的对象。要不是到最后，我们有谁会相信，那些像小猪狗一样四处觅食的国家竟有一整套罪恶的计划……因为从性格上讲，盎格鲁-撒克逊人民非常人道，憎恶残酷，并对此蔑视。[24]

这个解释避而不谈拉蒙特先寄希望于日本，然后转向意大利的因素，在很大程度上正是自我利益的权衡。

1948年2月3日，汤姆·拉蒙特在佛罗里达的博卡吉兰德的家中去世，终年77岁。拉塞尔·莱芬韦尔成为摩根财团的董事长。许多朋友参加了在派克大道上布里克基督教长老会的教堂为拉蒙特举行的葬礼。折椅是临时应急加上的，放在过道和阳台上。两位经历过黑色星期四的老职员，担保信托公司的威廉·波特和大通银行的艾伯特·威金在场。在杰克的葬礼上，悼念者唱的是《前进，基督徒》，而在汤姆的葬礼上，人们在由白色鲜花组成的壮丽背景下，朗读着弥尔顿《力士参孙》中的选段。

拉蒙特的不动产实在太多，以至于捐助慈善事业和教育的遗产达到950万美元，包括给哈佛大学的500万美元和给菲利普斯·埃克塞特学院的200万美元。通过由摩根士丹利牵头管理的银团，他的经纪人卖掉了他25000股J.P.摩根的股票。这可能是现有的一笔大宗股票，市场价值估计近600万美元。

拉蒙特是个多才多艺的人，是J.P.摩根公司幕后的真正的"J.P.摩根"。假如他生活在皮尔庞特时代，他的奔走呼号可能会使大批钢铁厂或贯穿美国的铁路得以兴建。然而，作为一个外交时代的人，他是20世纪20年代国家巨额贷款的设计师。由于20世纪30年代贷款发生拖欠，他不得不把全部精力投入到毫无结果的拯救行动中，并且他的天才几乎都被浪费掉了。回首往事，他似乎是颠簸在巨浪尖上的一个渺小的人物。他的经历清醒地告诉人们人类的局限性。

在讣告的头一页，《泰晤士报》说，拉蒙特的生命动力"是对美好、完美和优雅生活的不断追求"。[25]的确，人们赞美他向往过一个美丽与完美的生活的雄心，并把诗情画意带入极端严谨的银行界。他给摩根财团增添了文学色彩和智慧的深度，扩大了一个银行家应有的情操。他是一位处理他那个时代大事的人，能看出他的行动是否有战略意义，并不像世俗那样为利润而担忧。他对银行业的看法非常开阔。

然而，他也求助于道德上的捷径和政治上的妥协。他善于用花言巧语掩饰冲突，并能面带微笑地平息争论。乐观主义使他成为有号召力的领导人，同时他也有纯粹的机会主义成分。他拒绝终止商业关系，直至不可抗拒的现象使他无能为力；他与日本军国主义分子和墨索里尼的同谋关系成为他历史上的污点。到后来，他不能区分政治与公共关系，目的与手段；为取悦太多的人，他失去了追求真理的习惯——这一习惯一旦失去，就不能复得。他可能是摩根历史上最非凡的人物。拉蒙特是个梦想家，他的梦想超过了他使之实现的能力，他没有实现自己描绘的理想。在他死后，华尔街似乎变得暗淡，并且更官僚化了。作为总统、首相和国王的密友，他是外交时代最后一位伟大的银行家。

— 本章参考文献 —

1. 美国国会众院银行和货币委员会，在货币托拉斯调查会上的证词，第2页。
2. 美国国会临时国民经济委员会，《对经济势力集中的调查》（Investigation of Concentration of Economic Power），第249页。
3. 《纽约时报》（New York Times），1940年1月26日。
4. 克奈塞尔：《摩根士丹利》（Morgan Stanley），第21页。
5. 康涅狄格州纽黑文耶鲁大学高级纪念图书馆拉塞尔·莱芬韦尔资料，1030组，系列1，第2箱，第47卷，给卡莱尔·吉福德的信，1943年3月31日。
6. 《纽约时报》（New York Times），1943年3月13日。
7. 《福布斯》（Forbes）：《小J.P.摩根》（J.P. Morgan, Jr.），第167页。
8. 同上，第205页。
9. 《纽约客》（New Yorker），1929年2月2日。
10. 《纽约先驱论坛报》（New York Herald Tribune），1943年3月13日。
11. 康涅狄格州纽黑文耶鲁大学高级纪念图书馆拉塞尔·莱芬韦尔资料，1030组，系列1，第6箱，蒙塔古·诺曼的来信，1943年6月6日。
12. 同上，给蒙塔古·诺曼的来信，1943年7月2日。
13. 博伊尔：《蒙塔古·诺曼》（Montagu Norman），第327页。
14. 多尔顿：《第二次世界大战日记》（Second World War Diary），第54页。
15. 卡托：《个人回忆录》（Personal Memoir），第89页。
16. 马萨诸塞州剑桥城哈佛大学贝克图书馆汤姆·拉蒙特资料，第83箱，第16卷，托马斯·西韦赖特·卡托勋爵信，1946年6月11日。
17. 康涅狄格州纽黑文耶鲁大学高级纪念图书馆拉塞尔·莱芬韦尔资料，1030组，系列1，第6箱，第133卷，蒙塔古·诺曼的信，1947年9月1日。
18. 同上，蒙塔古·诺曼的信，1945年11月14日。
19. 莱昂斯：《戴维·萨尔诺夫》（David Sarnoff），第152~153页。
20. 沙赫特：《老巫师忏悔录》（Confessions of the Old Wizard），第345页。
21. 同上，第278页。
22. 马萨诸塞州剑桥城哈佛大学贝克图书馆汤姆·拉蒙特资料，第82箱，第8卷，给南茜·阿斯特夫人的信，1945年5月22日。
23. 同上，第191箱，第12卷，给沃尔皮伯爵的信，1946年5月2日。
24. 同上，题为"德国的伤心屋或混乱中的德国"，1945年4月18日。
25. 《纽约时报》（New York Times），1948年2月4日。

第三篇

赌场时代
（1948~1990）

第二十五章

玛士撒拉*

汤姆·拉蒙特去世以后，拉塞尔·莱芬韦尔在1948到1950年继任J.P.摩根的董事长。他喜欢吸一只长长的直烟斗，他那大尖鼻子和白头发使他的智慧具有玛士撒拉的风格。自1946年至1953年在他就任对外关系委员会主席期间，他通常在回东六十九街住所的路上，到委员会的办公室去一下。他具有书生气，但十分机敏，是一个善于辞令的大师。他可以就任何问题写出犀利的论文或作即席发言。他的思想非常广泛而丰富。在一次董事会上发表了激烈的见解之后，他发问道："有人有不同意见吗？"汤姆·拉蒙特温和地回答："有人敢不同意吗，拉塞尔？"他具有反唇相讥的天赋。他的女儿在第一次乘游船出航前，问他应该给多少人小费。他干巴巴地说："这个嘛，如果你有的是钱，你可以把小费一直付到船长。"[1]在一个晚餐会上，莱芬韦尔给作家埃德娜·费伯留下了如下印象："在我看来，他聪明、宽容、达理、开明，而且和这些品质相结合，他还有惊人的幽默。"[2]她很难设想在他"红润而又顽皮的面孔"后面隐藏着的是一个吝啬鬼。[3]

莱芬韦尔是摩根人在两次世界大战之间培育和精选的众多思想家中的最

---

* 玛士撒拉是《圣经·创世纪》里提到的族长，以长寿著称，传说活了969岁。他的父亲是亚当的孙子以诺，他的孙子是造方舟保存世界各类动物的诺亚。

后一个。在那个时期华尔街仍然能够造就具有文艺复兴时期风格的人物。作为小合伙公司的合伙人，金融界的精英们涉足于商业的各个方面。他们有时间读书，有时间思考，有时间介入政治——专业化的灰色时代还未来临。莱芬韦尔认为，肢解银行业的格拉斯-斯蒂格尔法案已经摧毁了华尔街上最有意思的工作。

第二次世界大战以后，由于出现了一批新的多边国际机构，摩根银行处于不大有利的地位。在两次世界大战之间，由英格兰银行、纽约联邦储备银行和摩根组成的神秘的三驾马车，大体上控制着国际货币秩序。但在1944年新罕布什尔的布雷顿森林会议，拟议中建立世界银行和国际货币基金组织却凌驾于这三驾马车之上。这两个孪生机构把货币稳定和欧洲重建问题提高到超国家的层次。在战后的年代里，在主要工业化国家中，中央银行和财政部之间仍有更广泛的合作。结果是，从19世纪20年代开始由私人银行家托管的金融使命，被不可逆转地置于政府之手。一种新的公德感使银行家与政治家之间有了距离，秘密合作被视为政府腐败的表现。"外交家的时代"寿终正寝。

在我们之称为新的"赌场时代"的年代里，银行将在一个更为广泛的竞争领域中运作。在资本市场有限而又没有几个金融机构来开发这些市场的年代里，银行家的实力变得很强大。但在第二次世界大战以后，资本市场一直在扩展，而且在全球结成一体化。与此同时，金融领域日趋拥挤，挤满了大量商业银行、投资银行、保险公司、经纪人公司、外国银行、政府贷款计划、多国组织和其他无数的贷款人。华尔街的银行家们逐渐丧失了他们在世界金融界中独一无二的地位。再也不会有一家像J.P.摩根这样的私人银行成为世界上最有实力的金融机构。银行家们不再是稀缺资金的卫士，而是逐渐变为满脸堆笑的推销商，他们将充足的商品近乎硬塞地卖给消费者。

新的布雷顿森林机构是由于两次世界大战之间贷款的灾难而形成的。人们对20世纪20年代所发生的事情记忆犹新，三分之一以上的外国政府债券仍然不能兑现。世界银行决定只对精心设计的项目提供贷款，即是对过去没有纰漏的主权贷款所做出的反应。即使像摩根这样一个十分审慎的贷款人，也因如下大批没能兑现的政府债券而受到损失：1.97亿美元的日本债券，2000万美元的奥地利债券，1.51亿美元的德国债券。当时没有一个银行家愚蠢到竟断言国家不会破产，或断言政府公债比商业债券的风险要来得小。因为美国有多余的现金，世界银行要开发美国资本市场，就必须取悦于华尔街并得抹掉对外国借款的污名。

世界银行第二任行长约翰·麦克洛伊为了保护新生的世界银行的信誉，向莱芬韦尔请教摩根在两次战争中的经验。莱芬韦尔以他通常那种激动的紧迫风格，向麦克洛伊讲述了他们银行对外国债务违约的感受——这些债务都有政府担保的虚名，其中尤以德国的借款为甚。麦克洛伊同意莱芬韦尔对20年代贷款的批评。那时，政治与金融问题被混淆在一起，这种情形鼓励借方把贷款看作变相的外国援助。这样，就破坏了纪律，并且导致过多的借款，随之而来的是违约。

考虑到拉美不能偿还贷款，麦克洛伊问莱芬韦尔，银行是否应向该地区发放贷款，后者直截了当地回答，对美国投资者来说，"除了阿根廷，所有中美或南美借债国都有不讲信用和可鄙的不偿还债务的记录"[4]（阿根廷一直情况特殊，当胡安·贝隆在1946年执政时，这个国家以战时向欧洲出口食品积累了大量黄金而自豪；贝隆甚至赞成偿清外债，以免受制于外国银行家）。莱芬韦尔警告麦克洛伊说，如果世界银行对拉美贷款，那将会降低世界银行向美国投资者发行的债券的信誉。麦克洛伊对拉美比莱芬韦尔更有同情心，他申辩说，是银行家们诱导了这个地区过多地借债。他告诉莱芬韦尔："在欧洲和拉美争夺贷款的情形真是颇为可观。"他又说："我知道此事，因为我也参加了。"[5] 虽然世界银行后来向拉美提供了贷款，但它坚持秘鲁和其他国家首先得偿还它们欠私人持有者的债务。这样，既支持了债权人，也防止了拉美的债务败坏世界银行自己的信誉。

莱芬韦尔认为，在欧洲政治动乱结束前私人银行不可能恢复向欧洲提供贷款。1946年，丘吉尔在密苏里州富尔顿以他的"铁幕"演讲发出了警告。他对欧洲解体的恐惧与第一次世界大战后人们的害怕心理有出奇的相似之处，特别是由于1947年初的食物短缺和农作物歉收。正如副国务卿罗伯特·洛维特曾警告拉蒙特的那样："在我的记忆里，我从未见过世界形势像现在这样迅速地趋向真正的麻烦。"[6]莱芬韦尔担心对复兴欧洲采取吝啬和惩罚性的态度,会使人联想到凡尔赛和约。他反过来警告他的朋友和在槐树谷的邻居洛维特说:"西欧正在走向灾难。我们小处精明大处浪费,用一些不及时的区区贷款和补助来应付这里或那里的危机……与此同时,我们却忽略了去大规模地、建设性地处理西欧复兴的问题。"[7]他强调无条件援助英国和法国,他说:"英国人和法国人既不是小孩也不是土著人,他们不会听任暴发户美国人的支配。"[8]

由于美国投资者对外国债券仍然三心二意,世界银行无法帮助克服西欧的危机。1947年12月,杜鲁门提出了一个数十亿美元的"马歇尔计划",以便在北大西洋公约组织保护之下,把战后断垣残壁中的欧洲复兴起来。20年代曾参与道斯贷款工作的麦克洛伊声称:"第一次世界大战后的举动即是马歇尔计划的先驱。但是当时是由私人方面来支持欧洲复兴的。"[9]马歇尔计划的经济规模,仅头一年就达50亿美元,大大超过了资金贫乏的华尔街的承受能力,由于经济萧条、战争和格拉斯-斯蒂格尔法案,它们的财力仍然空虚。

摩根财团的国际主义使之在内地常常遭到排斥,而现在这种国际主义不可逆转地在华盛顿得到了确认。战争、电视、国外旅游等等都起到了削弱美国地方观念的作用。由于共和党人摆脱了他们传统的孤立主义,摩根银行有了一个可以不言而喻地寄托其信仰的党派。摩根银行再也不是一个和外国势力密谋并联合的异己机构。如果说这给摩根银行增添了政治上的宽慰,那么这同时也减弱了它的影响。外国政府有了进入华盛顿的更好的入场券,它们就不再那么需要华尔街代理人去进行外交工作了。

1947年初夏,杜鲁门政府在是否应把苏联纳入马歇尔计划一事上犹豫不决。乔治·凯南主张邀请苏联参加,因为他认为苏联会拒绝邀请,并由此而受到分裂欧洲的谴责。洛维特不以为然。经过杜鲁门的许可,他去华尔街23号听取了莱芬韦尔的意见。根据他女婿的描述,莱芬韦尔在考虑了是否应邀请苏联参加的问题之后告诉洛维特:"鲍特,这个问题很简单,如果你不邀请苏维埃俄国参加,你付出的代价就像过鬼门关,而如果你邀请他们,他们反而会对你说,见你的鬼去吧。"[10]莱芬韦尔设法说服了洛维特,而凯南则没能说服他。不出凯南和莱芬韦尔所料,苏联后来断然拒绝了这个提议。

在20世纪40年代末,摩根的政治影响看来仅限于这类为复杂问题作顾问的角色。作为格拉斯-斯蒂格尔法案出现之前的一个投资银行,它为许多政府发行过债券。作为出借自己的钱的商业银行,仅仅维持战后对英法的贷款已使它感到力不从心。1950年,J.P.摩根公司和大通共同承办了两笔给法国的总额2.25亿美元的贷款,这几乎耗尽了摩根的财力。莱芬韦尔愿意帮助法国,尽管他对戴高乐有如下相当刻薄的看法:"在现代法国没有这个骑马将军的位置。戴高乐可能是并且依我看就是一种动乱势力。……他从来没有显示出一个政治家的才干、判断和常识。就一定意义而言,正是因为缺乏这些品质,他才成为伟大的抵抗运动领袖。"[11]

资金短缺的摩根财团不得不怠慢许多过去的外国老客户,也无力去帮助千疮百孔的日本。由于把英国和美国看作平等伙伴的过时观点,莱芬韦尔不能领悟英国已经降为第二流国家的事实。1947年,他给在英国财政部的朋友卡莱尔·吉福德写信说:"不管西方政府在我们看来可能是多么笨拙,但明摆着的事实是,除非英国得到帮助和重建并恢复它在世界上的原有地位,否则一个民主和自由的世界就没有希望。"[12]他对他的朋友莱顿夫人说:"没有什么比不列颠帝国和美利坚合众国及其彼此之间的合作更重要的了。"[13]英国在世界事务中地位的削弱降低了摩根与英国财政部和英格兰银行联系的价值。不同于20年代,第二次世界大战后,美国再也不听从英国财政部的领导。当约翰·梅纳德·凯恩斯建议把世界银行和国际货币基金组织设在伦敦或纽约时,美国却把它的布雷顿森林的产儿设在距白宫只有一箭之地的华盛顿,这一举动非常具有象征性。

对莱芬韦尔来说,任何政策的试金石都是看它会对美英两方产生怎样的影响。像摩根银行的其他人一样,他是一个激烈的反犹太复国主义者,他认为煽动建立一个犹太人的家园会激起穆斯林世界起来反对大英帝国。J.P.摩根公司仍然是一个由特权白人组成的单色调的银行,其大部分成员来自东北部八所名牌大学,即所谓常青藤联合会大学及名门望族。莱芬韦尔十分倡导少数民族的权利,但是对那些过于咄咄逼人地强调他们权利的少数民族却不大耐烦。1946年，他的好友莫利斯·厄恩斯特，一个积极从事公民自由权事业的犹太律师，责备摩根没有犹太人董事。莱芬韦尔带着恼怒申辩说："为什么就不能只讲公民和美国人，不去扯有关犹太人的权利这一套呢？……只要有些犹太人认为自己是身处别人国家里，在种族和宗教方面是少数民族并鼓吹他们的权利，他们就会令人感到讨厌。"[14]在表达了这种粗暴的看法后，莱芬韦尔最终热情地赞扬了厄恩斯特本人的卓越才华。厄恩斯特则极力劝说杜鲁门把莱芬韦尔当作顾问，征求他的意见，并向总统保证说，莱芬韦尔决不是像汤姆·拉蒙特那样爱出风头的人。[15]

在以后的年代里，莱芬韦尔的心情暴躁可能是由许多政治上的失意造成的。作为华尔街众所周知的摩根内部的开明人士，他较少空想，是个更严格和求实的人。他喜欢短兵相接的辩论。他认为国际联盟是个可悲的错误，是为了从德国和奥地利割取领土而设的掩护。他曾对拉蒙特说："事情的真相是，这是一个弱肉强食的世界，在这个世界上，即使不是所有的国家，也会有一些国家或迟或早要以武力来夺取他们想要的东西。"[16]20世纪50年代初，他认为苏联不顾一切地要统治世界，并举出柏林、巴尔干、伊朗、南斯拉夫和朝鲜作为例子。[17]他对裁军不以为然，并且对美国的世界警察作用津津乐道。他见过的独裁者太多了。

尽管莱芬韦尔认为发生麦卡锡主义*实为不幸，但他主张肃清颠覆分子，认为政府和学校应有权解雇这些人。后来他被杜鲁门任命为由切斯特·尼米兹将军为首的国内安全委员会的成员。他认为公民的自由权应该服从国家安全："我认为一般说来，雇员的职位和公民权必须服从国家防御俄国的权利，因为俄国是所有民权和自由的敌人。"[18]

在朝鲜战争刚开始的1950年夏天，乔治·惠特尼致信杜鲁门，表示摩根银行对政府的支持。尽管这两个人几年前曾在惠勒铁路听证会上唇枪舌剑，杜鲁门现在意识到国家需要和睦相处。总统居然不难为情地对惠特尼

---

* 指的是1950—1954年，由美国参议员约瑟夫·麦卡锡煽起的美国全国性反共"十字军运动"。从1950年初麦卡锡主义开始泛滥到1954年底彻底破产的前后五年里，它的影响波及美国政治、外交和社会生活的方方面面。麦卡锡主义作为一个专有名词，也成为政治迫害的同义词。

说，他的信"引起了对我们很多年以前会面的美好回忆"。[19]

虽然摩根的高级职员们支持朝鲜战争，但他们在1950年秋天对事态的发展感到日益不安，那时南朝鲜军队逼近中国边界，麦克阿瑟将军看来打算与中国共产党人一决雌雄。这再次触发了摩根银行对中国的陈旧偏见以及担心美国可能为拯救亚洲而牺牲西欧。莱芬韦尔警告杜鲁门，美国不应去"和那可怜的4亿中国人打仗。他们一直受害于军阀、不良政府、日本占领军和现在的共产主义征服者。杀中国人不是我们的使命，而且与他们纠缠会使我们在国内和欧洲失去防御能力"。[20]杜鲁门同意这种看法。1951年4月，他在麦克阿瑟力主美国将重点从欧洲转向亚洲并向中国大陆开战之后解除了他的职务。

摩根财团赞同杜鲁门的冷战自由主义，但与他在经济问题上有分歧。总统在这方面又重新采取了他过去对华尔街的讥讽态度。1951年初，当莱芬韦尔在白宫见到杜鲁门并向他提出由市场来决定利息率的要求时，他们之间的分歧变得十分明显。从第二次世界大战初期以来，联邦储备银行一直将长期利息率固定在2.5%。这一政策在杜鲁门的支持下一直延续到战后。在20年代初，杜鲁门曾因本·斯特朗提高利率而使他持有的美国政府债券价格下跌而大为震惊。他并不把这视为运气不佳，而认为这是对债券持有人的阴险背叛。这促使他支持固定利息率。联邦储备银行当时每年花费数十亿美元来保证财政部债券的高价和低收益。与纽约联邦储备银行的艾伦·斯普劳尔一样，莱芬韦尔认为这种做法是浪费金钱，主张恢复由市场自由决定利率。

财政部长约翰·斯奈德认为，斯普劳尔和华尔街是一个阴谋集团，企图恢复过去那种由纽约联邦储备银行和摩根银行两家左右货币政策的好日子。杜鲁门正急于平息朝鲜战争期间由通货膨胀引起的极度不安，因而这种在他看来是银行家们所特有的自私使他十分愤怒。他对莱芬韦尔的斥责令人想起新政时期的谩骂。

> 我感谢你对这一问题的兴趣，但在我看来，银行家们试图在非常时期来打乱国家的金融计划实属时机不当。国家的稳定和信

心与2570亿美元的未偿债务密切相关。……我很难理解为什么银行家们要在目前这种非常形势下破坏国家的信誉。看来他们正是想这么干,而如果我防止他们这样干,他们就不会去干。[21]

杜鲁门对摩根财团的真诚是有保留的,他的真实看法虽然平时掩盖得很好,但有时也会随着发怒而暴露出来。

乔治·惠特尼1950年就任摩根的董事长,这样可以让拉塞尔·莱芬韦尔作为一个智者自由自在地活动,四处发表专题报告。当时J.P.摩根公司还是一个在温室中的银行,仅仅在纽约就有10家银行规模比它更大。它十分紧凑地挤在华尔街第23号。惠特尼的拉盖办公桌安排在靠百老汇街一边的玻璃隔墙办公室的尽头,他的白发梳得十分整齐,他的高雅带有几分矜持,他的服装剪裁考究。正像搞公共关系的詹姆斯·布鲁格回忆的那样,惠特尼"有教养,含蓄,讲话简明扼要,评论直截了当,他表情沉着,但也会满脸堆起顽皮的微笑"。[22]有时他也一反平时的优雅常态,大声吼叫并态度粗暴。

惠特尼总是深为其兄的贪污丑闻所困扰,他发誓要代其偿还每一分钱,尽管这样做会大大减少他自己及其继承人的财富。他的外孙乔治·惠特尼·罗说:"这件事对他的情绪打击很大,声誉上的灾难比金钱上的损失更为严重。他在自己赚钱能力几将结束时为此事付出了巨款,但他偿还了每一分钱。"[23]他不得不放弃了他在20年代轻松取得的大量税前收入。由于为孙辈操心,他要求后来的董事长小迈耶照顾他们的利益。按照摩根公司照顾裙带关系的传统,几个惠特尼的继承人后来进入摩根银行工作。惠特尼的家人力图不把理查德当作贱民来对待,然而这个问题十分敏感而具有爆炸性,以至这一家族的成员竟然为此大打出手。理查德被禁止从事金融活动,他干过一些零杂活,包括贩卖佛罗里达的橘子,但他的生计主要还是依赖于他继承了遗产的妻子——格特鲁德。

也许是由于他兄弟犯了罪的缘故,乔治·惠特尼对诚实到了顶礼膜拜的程度。1955年,J.P.摩根公司和摩根士丹利联手为通用汽车公司做"优惠股发行",以低于股市价向现有股东出售股票。公司希望筹资3.25亿美元,用于更新设备以制造动力转向装置、动力刹车和八汽缸引擎。摩根士丹利负责金融方面的事务,J.P.摩根负责事务性工作——这在当时是很典型的安排。在一次大规模的集体活动中,惠特尼也卖力地投入了,直接与普通股东打交道。《纽约客》杂志的记者根据一个经纪人的描述,写了一篇描述J.P.摩根的波士顿婆罗门*的生动短文。

> 当(惠特尼)正在值班时,一个女股东来行使她购买两股的权利,递给他一叠钞票,数目应该是150美元。看来惠特尼是出于礼貌,不好意思当着她的面数这笔钱,只是微笑地把钱收下,和她握了握手,然后给了她一张收据。当惠特尼在女股东离开后清点这笔钱时,他大吃一惊地发现,这笔钱是170美元,这使每一个在场的人都慌乱不安,直到发现那位女股东的文件还未归档,才放下心来。这样,他们可以知道这位女股东是谁,并得以把她多付的钱和她的股票一起寄给她。[24]

在50年代,格拉斯-斯蒂格尔法案给摩根财团带来的严重伤害暴露了出来。这种伤害在大萧条时期并不明显,因为当时反正也没什么人需要贷款。作为一家投资银行,J.P.摩根公司曾使其竞争对手相形见绌,然而作为一家商业银行,它却难以匹敌那些吸引零星存款的更具有平民性的银行。以规模来衡量,它在国内的地位浮动于第20位和第30位之间。很难想象这样一个彬彬有礼、又有点固步自封的小银行,长期以来竟一直是美国金融界里令人慑服的红眼龙王。

尽管地位有所下降,但摩根财团仍自我陶醉于华尔街的贵族地位。摩根拥有700名雇员,仍然保持着华尔街旧式合伙人制度的那种绅士风度。这个公司是如此之小,1947年在庆祝其职员退役回公司时,在华尔道夫酒店举办的一个晚餐舞会容纳了公司的全体职员。乔治·惠特尼亲自参与新

---

* 特指新英格兰地区的上层清教徒名门望族,这个群体兼具财富、智识和美德,在艺术、文化、科学、政治、贸易和学术上有极大的影响力。

职员的雇用。他通常是招进具有私立预科学校和常青藤联合会背景的人，每一个人都是从收发室做起，然后轮换并得到升迁。每年一次，惠特尼要去找戴维斯-波尔克法律事务所，向他们要这一年的法律账单，然后回到他自己的写字台去签发一张支票。摩根的风格是简单、具有英国风度和不拘形式的。这家银行在50年代仍然可以令20年代的合伙人们感到非常熟悉。每天上午10点半，公司最高级的20名职员都会围坐在一个大桌子周围，评论国际事务和交换新闻，这类交流在免费午餐会上仍会继续下去。

摩根银行的家长式管理对职员关怀备至。雇员们生活在一个暖和的温室里，比华尔街其他职员领取更高的工资，享受更长的假期。摩根银行具有种植园的气氛，它的餐厅配备了戴着白手套的黑人侍者，从漂亮的金属容器中给就餐者盛汤。一个新来的职员看到一个侍者把看上去很脏的一块冰块放入他的冰茶里，正想抱怨，但他马上意识到冰块是用茶水制成的，这样的冰块不至于冲淡冰茶。那里真是一个凡事都很讲究的地方。

摩根银行非常珍惜自己的形象——在它大门上是那个具有魅力的"23"，它的电话号码是汉诺威5-2323，公司黑色凯迪拉克轿车的车牌号码是G-2323。作为一个以传统财富和上流社会为对象的银行，摩根银行严格遵守礼节。年轻的银行家们在出门会客时也戴着礼帽；如果他们在去洗手间的路上脱去外套，那他们就有断送前程的风险。在这个过分拘谨的地方，信托部女洗手间的门上没有任何标记，因为银行家们争得脸红耳赤，最终也没有就到底用何措辞才算得体达成一致意见。不引人注目是这里所崇尚的风格。客户的名字从来不对外人提起，年度报告中从来没有图片，广告宣传是严格禁止的。当一个新来的人向一个做公关事务的同事问起他的职责时，他被告知："我拿这份工资的责任，就是让银行的名字不在报上出现。"[25]由于和客户的关系紧密，而抢竞争者的生意又被列为禁忌，摩根银行没有自我宣传的需要。

摩根银行利用其神秘色彩，也有很多虚张声势的成分。"只与大客户中最大者做生意的声誉以及孤傲的形象，可能会把新的一代企业家和公司经理们拒之门外。"摩根银行的公关人员吉姆·布鲁格这样评论。"尽管没有用大量言辞公开阐明这一点，但摩根银行在这一期间已开始着手摆脱某些紧紧缠绕着的神话色彩。"[26]按绅士银行家准则规定，应该是客户来找银行。但摩根银行已难以维持这种帝王不举玉趾的态度，惠特尼派出一些年轻的"猎鸟犬"去全国各地寻找生意。他希望在更宽广的地域内赢得客户。强大的摩根已经在不隐蔽地乞求得到新客户了。这一点使一些老派人物十分不快。信托部的朗斯特里特·欣顿后来写道："银行中不少人认为，潜在的客户应该主动找上门来和摩根银行做生意，其中有的人甚至莫名其妙地相信，现有的客户做梦也不会离开摩根银行的。"[27]

一个经久不衰的关于摩根的神话，是摩根的个人支票账户要求100万美元的最低余额。这些少见的摩根支票可以在世界上任何地方兑现，这对交游广泛的经理们非常合适。在20世纪50年代庞德俱乐部的一个幽默晚会上，一个轻歌剧演出队讥讽了摩根的经营方式，他们唱道："我们的出纳有价值百万美元的微笑。他们只对有百万美元的人微笑。"[28]这种排他行为只能是自取灭亡。乔治·惠特尼在一次年会上否认有100万美元最低额的规定，这引起了轰动。不轻信的《纽约时报》的大标题说"惠特尼戳穿了'摩根神话'""不到100万美元的存款得到接受"。[29]但顺着文章读下去，惠特尼看来也不大肯定。他说，摩根银行并不是真正很合适于小额账户。他最后给人的印象是，也许真有摩根要求个人存款保持100万美元最低额这回事。

这种姿态掩盖了摩根财团的问题，这些问题在整个50年代日趋严重。问题起源于华尔街银行为其运行筹资的方式，特别是一种被称为补偿性余额的操作方式。作为取得贷款的回报，借款的公司会保留20%的款项作为无息存款。缴纳了这种贡金，借款人得以保持与银行的业务关系，并免费得到一些服务，比如请银行的经济学家咨询，或请银行帮助安排企业合并。补偿性余额也可以保证客户在信贷缺乏时得到贷款，这种保证反映了由来已久的公司对稳定资本流量的关切。这种安排使华尔街的银行与它们的客户结成一种亲密的关系，而且使银行可以用这些无代价的款项以很高的利差来放贷。这是一门妙不可言的生意。在关系银行业已在走下坡路的这些日子里，利润仍然几乎是有保证的，这种环境造就了一代举止文雅的但又有些迟钝的银行家。

依现在的眼光，这些公司留那么多闲置的钱给它们的银行似乎是一件很奇怪的事。但那时通货膨胀率和利息率都很低，这些公司实际上并没有什么损失。莱芬韦尔是鼓吹由市场自由确定利息率的先锋。摩根银行知道补偿性余额的好日子为期不长了。尽管如此，当1949年9月摩根银行发现自己意外地成为一桩耸人听闻罪行的受害者时，还是大吃了一惊。一个没有出现于金融版面的小报故事对这家银行产生了深刻的影响。

一个名叫阿尔伯特·圭伊的法裔加拿大珠宝商对一个名叫马里耶·安热的19岁女招待产生了不正当的恋情。为了摆脱他妻子的干涉，圭伊在他妻子登上魁北克航空公司的航班前在她箱子内塞进一枚炸弹。他不仅想恣情纵欲，而且还想得到他妻子的10000美元人身保险。飞机在距魁北克东北50英里处爆炸，将圭伊的妻子和其他22名乘客化为灰烬。富于心计的珠宝商既没有得到金钱也没有得到情妇，只落得一个被判绞刑的下场。

这个轰动一时的事件看来与稳重的J.P.摩根公司风马牛不相及，然而在飞机失事的遇难者中，有肯尼科特铜业公司的老板塔潘·斯坦纳德。早在德怀特·莫罗帮助古根海姆在第一次世界大战期间组建肯尼科特公司时，斯坦纳德就已经进入这个公司了。1942年，就在摩根股份公司化不久，他成为摩根银行董事会的第一个"外部"董事。而现在接替斯坦纳德的人对铜业公司在摩根的6000万美元存款感到困惑不解。他向首席财务官询问此事，张皇失措的首席财务官告诉他，公司总是在那里保持大量余额。新总裁从来就未听说过这种荒唐事，问道：为什么不只留1000万美元，而将其余5000万用于投资？这个出色的主意使华尔街23号大为震惊。肯尼科特要提取摩根银行存款余额的10%，尽管乔治·惠特尼是肯尼科特的董事（根据另一种说法，摩根实际上是鼓励肯尼科特为安全计将其存款分布于几家银行）。这一举动预示着赌场时代的一个中心特征：关系银行业寿终正寝，而这种银行业的特点向来是把大公司与摩根及其他华尔街银行联系在一起的那种排他性关系。

摩根银行需要这些大额存款余额来维持生存。根据法定的贷款最大限额，它给客户的贷款不能超过其营运资本的10%（银行资本实际上小于其存款额，银行资本基本上是银行偿还其债务后所余部分）。这意味着即使是像通用汽车公司、美国钢铁公司或通用电气公司这样的客户，摩根也只能向每位提供500万或600万美元的数额不大的贷款。由于摩根在这些董事会中有其席位，因此在这些公司内部仍处于有利地位，但资本短缺使它有丧失大宗业务的危险。正像大陆石油公司的伦纳德·麦科洛姆对国民城市银行的乔治·穆尔说的那样："J.P.摩根作为石油业的银行不够大，但你们够大，你们应该努力争取经营这类生意。"[30]

值得一提的是，大陆石油公司早在20年代即是由摩根一手安排的兼并的产物，而麦科洛姆本人甚至还是J.P.摩根的董事。如果连它们都不得已要脱离摩根银行，那么很多公司会脱离这些传统的银行而不怕惹恼华尔街。在赌场时代，它们的选择余地之大，远非当年被这些银行束缚时能够相比。

摩根财团极力想克服这个难堪的现实：它太小，无法作为一个主要的金融机构存在。而要想恢复它原来的势力，它必须与其他银行合并。1953年，约翰·麦克洛伊——世界银行的前行长、大通银行的现任董事长——向惠特尼表示了合并的意向。大通现在成了摩根身边的巨人，它的巨额资金使其在全国范围内位居第三。然而摩根坚信自己的特殊命运。当惠特尼与麦克洛伊讨论合并的可能性时，他讨价还价的样子好像摩根的规模更大。惠特尼询问谁将控制合并后的银行，麦克洛伊的答复所给予的让步令人吃惊："如果分析的结果表明应该由其他人来经营这家银行的业务，我不反对靠边站。"[31]当惠特尼与他的同事们讨论这个不同寻常的优厚条件时，他没有看到任何欣喜。相反，他遭到两个著名合伙人——亨利·戴维森和汤米·拉蒙特——的坚决反对，他们反对与任何银行合并，更不用说大通银行了。他们反对往纯正的摩根文化中掺杂任何东西。到50年代末，这种宗派观点最终迫使摩根银行为了生存而合并。与此同时，麦克洛伊继而与曼哈顿银行商谈并达成合并协议，此举使大通银行从一个批发银行变为一个名列前茅的零售银行——大通曼哈顿银行。

在杜鲁门时期，摩根银行仍然受到政治攻击，像是新政时期的回声。

现在它被谴责犯了老的政治罪行,但却没有真正有幸犯这些罪行。然而改革者们难以相信摩根财团已经失势。1950年,纽约的众议员伊曼纽尔·塞勒指出,J.P.摩根的董事们参与了许多公司的董事会,这些公司的资产总额超过250亿美元。塞勒称这是一个"令人吃惊的数字"。同样,在关于摩根权势的一阵喧嚷中,美国钢铁公司的董事长欧文·奥尔兹在年会上说了这番话以释疑窦:"J.P.摩根的一位成员也是我们董事会的成员。我要说,除了J.P.摩根公司之外,没有哪个金融利益集团控制着美国钢铁公司。"[32]这个从货币托拉斯时期搬来的形象性描述,看来似乎是一个时代的错误。庞大的、跨国经营的美国公司已不再对华尔街的一家银行感恩戴德了。

到50年代初,持续了20年的对华尔街的仇恨趋于平息,摩根的经理们又可作为政治盟友来行事了。然而涉足政治已有不同的性质了。乔治·惠特尼和其他一些人觉得摩根银行过去由于与政治发生瓜葛,拈花惹草,吃了很多亏。他们犹如惊弓之鸟,不再去干汤姆·拉蒙特曾在共和党内干的那种权力经纪人的营生。尽管惠特尼终身都是共和党人,但他没有胃口公开争斗,并且认为搞政治就免不了在公众面前频频曝光、披露丑闻以及令人失身份的盘问。他的影响是更具有个人而不是机构性质的,而且十分谨慎,一般公众是无法觉察的。

惠特尼与德怀特·艾森豪威尔有很密切的关系,这种关系是由于一个偶然的机会建立起来的。惠特尼的儿子罗伯特在战争期间曾是艾森豪威尔的参谋人员,后来又参与艾森豪威尔的竞选活动。罗伯特把他父亲介绍给艾克(艾森豪威尔的昵称),艾克在就任哥伦比亚大学校长期间曾与惠特尼在老韦斯特伯里共进午餐。1951年,乔治·惠特尼帮助一个叫作"支持艾森豪威尔的公民"的志愿组织提供银行贷款,此举在全美各地推动了艾克俱乐部的发展。

1951年艾森豪威尔作为欧洲盟国最高司令部的军事司令去巴黎时,他请惠特尼每个星期或每个月给他写信,概要地说明他对国内重要问题的看法。惠特尼欣然从命,给艾森豪威尔写了许多篇幅很长、固执己见的信。这些信对多数政治家、劳工领袖和商人评论尖刻,但对艾森豪威尔却恭敬而充满深情。艾克一遇到经济和金融问题就像堕入五里云中,但他欢迎这些宣讲。他告诉惠特尼说:"你的那些信是我任公职期间最令人愉快的东西之一。"[33]

惠特尼的信件反映了对当时经济的一种沮丧情绪,而银行家地位在新时期的衰落是这一经济的特点之一。他自己承认,他喜欢用有组织的劳工来吓唬人,然而他对屈从劳方要求的资方却照样严厉指责。尽管他任通用汽车公司的董事已经长达27年,但他比任何其他人都更多地抨击通用汽车公司的总裁查尔斯·威尔逊。他对威尔逊与美国汽车工人联合会谈判生活津贴一事特别恼火,因为他认为尽管这有可能使公司受益,但会助长通货膨胀。就在当时,惠特尼嘲弄地寄给艾克一篇威尔逊的关于制止通货膨胀的演讲,指出作者与这一题目之间的不和谐。摩根银行指挥它的工业客户的日子已经结束。

惠特尼厌恶杜鲁门政府,认为这个政府是在使新政一些最坏的倾向永远存在下去,那就是人们期望得到国家支持的福利国家心态,对商业进行联邦政府管制,以及一种更偏重反失业而不是通货膨胀的倾向。他认为杜鲁门利用阶级矛盾把富人当作替罪羊。但他同样害怕共和党的候选人、俄亥俄州的参议员罗伯特·塔夫脱。拉蒙特10年前曾反对此人,支持温德尔·威尔基。直到1951年底,艾克一直回避承诺竞选总统,理由是他在欧洲盟国最高司令部的职务要求他是非党派的。但是惠特尼在1951年10月听说塔夫脱宣布将竞选总统时,他就不再只是温和地推动艾森豪威尔了,而是强烈地敦促他参加竞选:"很明显,如果塔夫脱当选,你现在正在担负的工作就会陷入困境,因为他的强有力的支持者代表这个国家中最极端的孤立主义运动。……我对以塔夫脱为首的共和党政府这一前景感到不安。"[34]艾克的当选使战后共和党内国际主义者势力的上升有了保证。

艾森豪威尔当选后仅一个月,惠特尼的胜利喜悦即被打断。他36岁的儿子罗伯特——摩根银行负责西南地区业务的副总裁助理,一个粗犷而有风度、身体健壮的人——在1952年12月末的一个晚上被一辆汽车撞倒,当即身亡。罗伯特身后留下他的妻子和4个孩子。

乔治早年的生活表明他是有致富坦途的,然而他的一生却屡遭不测。

德怀特·艾森豪威尔和夫人玛米寄来一个手写的慰问函："刚刚获悉有关罗伯特不幸的噩耗,我们难以用言词来表达我们的震惊和悲痛。"[35]

艾森豪威尔对摩根银行来说,近乎于一个完美的盟友。他在经济问题上保守,但反对经济上的民族主义和政治上的孤立主义。自胡佛以来,摩根银行从未享有过这样美妙的配合。艾森豪威尔把惠特尼称为他在华尔街的"监听站",他邀请惠特尼参加他在白宫为商界朋友举行的"男士晚餐"。这些晚餐会使艾克遭到谴责,说他正在被阔朋友腐蚀。总统明显地听从惠特尼的意见。在50年代初,兴起了要求不固定黄金价格的运动。有些人要求提高黄金价格,另一些人主张降低黄金价格。惠特尼和莱芬韦尔说服艾森豪威尔将黄金的价格保持在35美元一盎司,这是自1934年以来一直延续的价格。艾克认为莱芬韦尔关于黄金问题的备忘录是他读过的备忘录中最好的。

摩根银行长期以来倾向国际合作,这种主张在华盛顿得到了有力的支持。这在艾森豪威尔执政初期就明白无误。一个曾使摩根银行十分困扰的问题,即在主张通货膨胀的乡村孤立主义者与同欧洲有金融联系并主张稳定货币价格的东部沿海银行家之间的由来已久的分裂,此时已成为过去,变成了历史学者们的研究题目。美国公司纷纷跨出国界,农场主们也在开拓出口市场,华盛顿则在世界各地建立军事基地。美国似乎已不再距离世界其他地区那么远了,通过北大西洋联盟,美国与欧洲联结在一起。摩根财团在美国政治文化中不再是一个格格不入的异已实体了。

本章参考文献

1. 作者和爱德华·普林的访谈。
2. 莱芬韦尔：《书信选》（Selected Letters），第15页。
3. 同上。
4. 康涅狄格州纽黑文耶鲁大学高级纪念图书馆拉塞尔·莱芬韦尔资料，1030组，系列1，第6箱，第121卷，给约翰·麦克洛伊的信，1947年5月29日。
5. 同上，约翰·麦克洛伊的信，1949年2月21日。
6. 伊萨克桑和托马斯：《明智之士》（Wise Men），第419页。
7. 康涅狄格州纽黑文耶鲁大学高级纪念图书馆拉塞尔·莱芬韦尔资料，1030组，系列1，第5箱，第117卷，给罗伯特·洛维特的信，1947年5月15日。
8. 同上，1030组，系列1，第1箱，第2卷，给亨利·克莱·亚历山大的信，1947年8月11日。
9. 伊萨克桑和托马斯：《明智之士》（Wise Men），第122页。
10. 作者和爱德华·普林的访谈。
11. 莱芬韦尔：《书信选》（Selected Letters），第116页。
12. 同上，第123页。
13. 同上，第115页。
14. 同上，第146页。
15. 密苏里独立村哈里·杜鲁门图书馆，给莫利斯·厄内斯特的信，1948年12月2日。
16. 莱芬韦尔：《书信选》（Selected Letters），第108页。
17. 康涅狄格州纽黑文耶鲁大学高级纪念图书馆拉塞尔·莱芬韦尔资料，1030组，系列1，第4箱，第91卷，给托马斯·拉蒙特的信，1950年7月7日。
18. 莱芬韦尔：《书信选》（Selected Letters），第141页。
19. 密苏里独立村哈里·杜鲁门图书馆，给乔治·惠特尼的信，1950年8月24日。
20. 康涅狄格州纽黑文耶鲁大学高级纪念图书馆拉塞尔·莱芬韦尔资料，1030组，系列1，第7箱，第165卷，给哈里·杜鲁门的信，1950年11月27日。
21. 同上，哈里·杜鲁门的信，1951年2月10日。
22. 詹姆斯·布鲁格：给作者的信，1988年11月21日。
23. 作者和乔治·罗的访谈。
24. 《纽约客》（New Yorker），1955年4月23日。
25. 作者和罗伯特·恩格尔的访谈。
26. 詹姆斯·布鲁格：给作者的信，1988年11月21日。
27. 欣顿、迈耶和罗德：《论摩根银行》（Comments about the Morgan Bank），第37页。
28. 《福布斯》（Forbes），1958年12月15日。
29. 《纽约时报》（New York Times），1950年1月19日。
30. 摩尔：《银行家的生活》（Banker's Life），第157页。
31. 威尔逊：《大通》（Chase），第57页。
32. 《纽约时报》（New York Times），1950年5月2日。
33. 堪萨斯阿比林德怀特·艾森豪威尔图书馆，给乔治·惠特尼的信，1951年6月14日。
34. 堪萨斯阿比林德怀特·艾森豪威尔图书馆，给乔治·惠特尼的信，1951年10月16日。
35. 堪萨斯阿比林德怀特·艾森豪威尔图书馆，第34箱，乔治·惠特尼卷，玛米和德怀特·艾森豪威尔给乔治·惠特尼的电报，1952年12月26日。

第二十六章
离经叛道者

如果说20世纪50年代的华尔街是一个封闭的、享有特权的俱乐部，那么，确定潮流的公司和社会仲裁者就是摩根士丹利。公司的地方非常小，合伙人不到20个，百十来个雇员，资本只有微不足道的300万美元。然而，这是投资银行业务的楷模，发挥着巨大的影响。它只有一个办公室，在华尔街2号，绿色的地毯，白色的墙壁，俯视着三一教堂。在一块稍稍高起来的叫作平台的地方——跟摩根建富合伙人的办公室相似——摆着两排红木拉盖书桌，和华尔街23号的书桌一模一样。就像在出生时分开的双胞胎那样，它和街口那边的J.P.摩根公司来自同一个祖宗。

摩根士丹利无人与之匹敌地拥有《财富》杂志上列出的美国500强客户，并且牢牢地控制着老摩根财团的铁杆客户，包括通用汽车公司、美国钢铁公司、杜邦公司、通用电气公司和新泽西标准石油公司。在40年代末期，它又增加了美孚、壳牌、印第安纳标准石油公司、本迪克斯、H.J.海因茨和其他许多公司。它代表了7个姐妹石油公司中的6个，连续发行的债券超过任何其他公司。作为大公司的密友，摩根士丹利的合伙人大多与首席执行官打交道，参与他们秘密的长期发展计划。他们控制了客户公司的股票和债券的发行。无人图谋抢走摩根士丹利的客户，人们认为这样做很糟糕，再说也这无济于事。

一种可以感觉得到的温暖依然荡漾在摩根诸公司之间，许多高级官员曾在20年代和30年代在J.P.摩根公司或担保公司共事。他们可能被格拉斯-斯蒂格尔法案的墙壁隔开了，但是他们把一根粗壮的藤蔓悄悄地缠绕到顶层。J.P.摩根公司和摩根士丹利鼓励他们的雇员彼此建立亲善关系，互相介绍生意。每年，他们举行荣誉晚宴，每个公司各派10名有为的年轻人出席。就像溺爱的父母那样，他们把子女撮合到一块。摩根士丹利和J.P.摩根公司在华尔街120号合用一个餐厅。摩根士丹利的合伙人在华尔街23号有私人账户，并是为数不多的一些有J.P.摩根住宅抵押贷款的人。

只要有可能，这两家摩根公司就会合作做生意。J.P.摩根经营摩根士丹利的养老基金和分红计划，而摩根士丹利则承办J.P.摩根的证券发行。如果摩根士丹利发行债券，J.P.摩根负责支付红利。他们两家由一种特殊的簿记安排结合在一起，这起始于大萧条时代，当时摩根士丹利害怕证券业务上周期性波动，要想压低管理费用。摩根士丹利没有一般工作人员，而发债的"结算"——支票和证券的实际交换——仍然在华尔街23号进行。但是，在这点上，摩根兄弟般的关系是非常不平等的。现在，摩根士丹利是投资银行业里无可匹敌的领袖，而此时的J.P.摩根只是商业银行业里一个寒酸的斯文贵族，徒有悠久的传统，却缺乏相应的现代力量。作为他们公司里的合伙人，摩根士丹利的职员比他们华尔街23号的同事所挣的钱要多得多。在那些利益共同体的时代，摩根建富的人也在J.P.摩根和摩根士丹利学习。尽管有格拉斯-斯蒂格尔法案，这仍然是一个快活的摩根家族。

摩根士丹利比J.P.摩根公司更加回避卷入政治，从不表现出相同的为公众服务或高尚的贵人行为。哈罗德·斯坦利埋头做生意，而哈利·摩根跟他父亲一样厌恶政客。由于摩根士丹利主要发行蓝筹债券，它很少和证券交易委员会打交道，也没有必要在工业问题上游说华盛顿。在20世纪50年代，尤金·罗特贝格（后来任世界银行的司库）和证券交易委员会的弗雷德·莫斯曾一度到摩根士丹利去研究"热门股票"——发行以后价格疯狂上升的新股票。这次访问是前所未有的，甚至使华尔街2号快活了一番。证券交易委员会的两位先生受到了一位身穿制服者——红色的上衣，胸前斜挂着白色的布带——的迎接。他把两位先生领到平台前。佩里·霍尔站在中间的桌子旁。这位滑稽的、暴躁的合伙人自我介绍说："我是佩里·霍尔，普林斯顿大学毕业，摩根士丹利的合伙人。"弗雷德·莫斯针锋相对地说："我是弗雷德·莫斯，布鲁克林大学毕业，证券交易委员会。我在叫莫斯以前是莫斯考维兹，再以前叫摩根，但是在1933年改了名。"[1]按照摩根财团的传统习惯，摩根士丹利并不出售、买卖或经销证券，而是把它们分配给其他公司。它的合伙人远离粗俗喧嚣的证券交易所，不会屈尊为新公司经营股票上市。摩根士丹利合伙人根本不知道什么叫"热门股票"。

在杜鲁门时代，新政对华尔街仍然有猜疑，最终发生了对摩根利益的最后一次攻击。1947年10月，司法部对17家投资银行及其交易组织——投资银行家协会——起诉，指控他们违反反托拉斯法，阴谋垄断承销业务。这桩诉讼——美国政府控诉亨利·摩根等案——认定摩根士丹利为主谋，而哈罗德·斯坦利则是狡猾的策划者。谁也不会认为规规矩矩的斯坦利是阴谋家，当时他已经年逾花甲，毫不客气地斥之为"一派胡言乱语"。他认为这个诉讼的唆使者是克利夫兰的金融家赛勒斯·伊顿——奥蒂斯公司的首领。他的投资托拉斯在1929年股市崩溃时垮台，故想在金融市场上卷土重来。斯坦利隐晦地点到伊顿说："不管出于什么动机，有人误导了司法部。"[2]

这17家风头十足的合伙者绰号叫"17家俱乐部"。他们的证券承销额占华尔街的70%。这批嫌疑犯包括库恩-洛布、高盛、雷曼兄弟、第一波士顿、史密斯-巴尼、基德-皮博迪、狄龙-里德以及德雷克塞尔公司。诸如拉扎尔兄弟、美林、所罗门兄弟等公司（他们非常同情政府的起诉），当时还没有足够的影响，不至被怀疑犯有弥天大罪。但是，有些公司因为被排斥在这批出众的殉难者行列之外心中隐隐作痛。沙利文和克伦威尔公司的辩护律师阿瑟谈到这些被政府所冷落的公司时说："这使他们感到成了二等公民。"[3]

这个诉讼还扩大了30年代末期临时国民经济委员会的指控。主要的煽风点火者是口诛笔伐批评摩根，主张铁路和公用事业的债券发行应进行竞争性投标的那批人——赛勒斯·伊顿，持异见的铁路实业家罗伯特·扬，阿利甘尼与契萨佩克和俄亥俄铁路公司的董事长。扬曾在1938年契萨佩克和俄亥俄铁路公司董事会上对哈罗德·斯坦利突然袭击，要求竞争性投标。还有哈尔西-斯图尔特公司的哈罗德·斯图尔特，此人曾为公用事业大王塞缪尔·英萨尔融资的银行家。虽然哈尔西-斯图尔特和伊顿的奥蒂斯公司比17家俱乐部的有些公司还要大，但是他们却未被起诉，可以证实怀疑他们挑动是有依据的。到第二次世界大战末期，斯图尔特和伊顿向司法部作了十多次汇报。杜鲁门当了总统以后，他们的努力有了点名堂。杜鲁门是布兰代斯的门生，赞成债券发行实行强制性投标，从而在公司和他们的关系户银行之间打进一根楔子。

当司法部在1947年第一次起诉时，有些权威人士看出杜鲁门想恢复富兰克林·迪拉诺·罗斯福对"货币兑换商"的进攻。如果是这样的话，杜鲁门很快就失去了兴趣，因为那时已经没有公众嚷嚷着要干掉银行家了，他们现在好像是披着巨人外衣的侏儒。这次诉讼正好发生在收入微薄之际，货币托拉斯从来也没有像现在这样不值得大惊小怪。新政把真正的金融巨头——老摩根财团、国民城市银行和大通银行驱赶出证券行业。在这17家俱乐部中，居然有10家公司总共还不到500万美元的资本。如果把摩根士丹利和排名在其后的7家投资银行的资本加在一起，也只是1929年大通和国民城市银行证券附属公司的三分之一。做投资银行业务的都是年岁在50岁或60岁以上的头发花白的温文老人，而年轻人依然躲避那个死气沉沉的华尔街，它还没有真正从1929年的灾难中恢复过来。

此案被交给哈罗德·梅迪纳法官审理，他就像在夜总会里站着演独角戏的喜剧演员，一人包办了这场官司。他戴一副眼镜，打着蝴蝶结领结，胡子修得整整齐齐，深深地皱着眉头，抽着雪茄烟，坐在那里主持这无休无止的审判，就像疲惫不堪的格劳乔·马克斯*，扼杀了公诉的自信心。梅迪纳是在1947年被杜鲁门任命为法官的，他牺牲了当开业律师大赚一笔

---

* 美国的喜剧演员与电影明星，"马克斯五兄弟"之一。他以机智问答及比喻闻名，他的经典荧幕造型是显眼的胡须、眉毛以及眼镜，叼着雪茄烟。

的机会。用他自己擅长的话来说——那些旷日持久、难以对付的复杂案子是真正的"臭案子"。他主持了对被指控为阴谋颠覆政府的11个共产党官员的暴风雨般的审判以后,赢得了"耐性法官"的雅号。但是,在这场没有陪审团的对17家俱乐部的审判中,他的耐性丧失殆尽。这个案子拖了6年,审案记录达32000页。梅迪纳把它变成了一个喜剧般的炼狱,让人们不时地从中发出痛苦的叫声。

此案本身是在1950年11月28日开庭的。政府的这个案子是良好的社会学案例,但却是愚蠢的公诉。它把俱乐部当成了阴谋家,把高度仪式化的竞争当成了寡头垄断。公诉抓住的只是投资银行业务权利的外观,表现出一个白手套的世界,而主宰这个世界的,是君子协定、互惠和默契——绅士银行家准则。这些惯例毫无疑问是俱乐部式的、不公平的、排他的,但决不是非法的。

这个案子的审理围绕一种叫三重概念的东西转移。这是说蓝筹公司都有"传统的融资银行",这些银行保留着管理这些公司证券发行的专营权利。当这些银行组成银团来发行公司的证券时,游戏的规则要求他们对参与的公司给予相同的"历史地位"——亦即按以前的发行分配同样的份额。最后,根据"互惠"的规则,投资银行要在各自的银团中交换位置。这个三重概念抓住了共谋的形式,但是忽略了华尔街残忍的精神。这个规则并没有使鲨鱼变得文明,而只是防止它们在狂暴的争食中互相残杀。如果可能的话,每个公司都想偷走别人的客户,但是领土大部分都已被瓜分完毕。甚至摩根士丹利都不去抢百货公司的生意,因为这已被犹太人的公司把持了。

开始时,政府把这个阴谋案子追溯到摩根在1915年提供的一笔5亿美元的英法贷款。这倒是增添了一点战争的戏剧色彩,但是又带来了一个问题:这个阴谋怎么能逃脱格拉斯-斯蒂格尔法案,避免许多银行被拆散的命运呢?为了解决这个问题,政府创造了一个"继承者公司"的概念——这就是说,J.P.摩根变成了摩根士丹利,担保信托公司成了史密斯-巴尼,等等。虽然哈罗德·斯坦利把这种说法驳斥为"牵强附会"和"愚蠢可笑",但是这也有粗略的可信之处。老人们还把第一波士顿叫作"波士顿的第一",这是根据波士顿第一国民银行的衍生而来的。为了不致使审判的时间拖延得太久,梅迪纳砍掉了继承者的问题。因此,政府把阴谋的日期改为1933年杰克·摩根向费迪南德·佩科拉所作的声明。为什么杰克要在一个充满敌意的调查委员会面前向全国听众广播这个新的阴谋,这就不清楚了。

被淹没在文件海洋里的梅迪纳定做了一个精致复杂的柜子,来处理源源不断的材料。为了更好地了解证券承销业务,他在华尔街哈尔西-斯图尔特的办公室里从头到底研究了为科恩·爱迪生发债组织的银团。然而这个案子几乎使他精神崩溃,只有在世界末日的幽默才能减轻他的紧张。他对这个旷日持久的案子悲叹道:"我想我从来不应该当法官。"⁴有一次,他数了一下,在审理这个案子期间律师们一共生了6个孩子。当政府的一个辩护律师建议休庭时,他的脸上露出笑容。他说:"瞧一下那个天堂多好啊!"⁵一次在夏季休会回来后,他直言不讳地说:"我讨厌回来审理这个案子。"⁶还有一次,气氛搞得过于紧张,他身子俯过凳子,对反方的律师说:"去打球怎么样?"⁷他们就休庭去看道奇斯队对巨人队的棒球赛。每当像在绞刑架下开那种凄惨的玩笑时,梅迪纳和摩根士丹利的律师——戴维斯-波尔克法律事务所的拉尔夫·卡森——各不相让。卡森把诉讼程序描绘成"无边无际的荒芜沙漠"和"词语的撒哈拉大沙漠"。⁸

作为法律的双人舞,这个审判是很不对等的——三四个政府的律师对付纽约35个要价最高的律师。法庭上唇枪舌剑,高深莫测。摩根士丹利极其害怕输了这场官司,认为事关重大,岂能扔给律师去处理。年轻的同事从华尔街23号的地下室里发掘出被煤烟熏黑的银团档案,佩里·霍尔每天校读法庭记录。合伙人很不情愿地向竞争对手公开他们的案卷,并花了很多时间去研究其他公司的文件。随着信件和备忘录的公开,客户们也在仔细地阅读,变成了一场观赏好戏的大闹剧。摩根士丹利的有些人认为科恩·爱迪生的有些文件被公开以后,客户对他们公司再也不像以前那样亲近了。

哈罗德·斯坦利直到1951年一直是执行合伙人,所以他是最直接卷入这场官司的。他不像活跃强健的佩里·霍尔,十分严厉,不可接近,年轻人感到似乎他比上帝的年纪还要大。他一点也不经手日常事务,以至于在华尔街2号开的一次会上,一位年轻的摩根工作人员请问他的姓名,他回答说"哈罗德·斯坦利"以后,那位年轻人又问:"那您公司的名称呢?"[9]亚历山大·汤姆林森和谢泼德·普尔这两位年轻同事帮助他为上法庭做准备。有一天,普尔正在等出租车,斯坦利也在那个街口出现了,这位助手有礼貌地请他上车。当普尔拉着车门让他上车时,他说:"谢谢你,汤姆林森。"[10]助手们很难区别。但是斯坦利的战略在这场审判中是决定性的因素。

最初,梅迪纳看到政府的大批文件,非常折服。然而,在审议17家俱乐部的业务情况时,他发现尽管摩根士丹利总是名列第一或名列前茅,下面名次的变换却颇能揭示真相。第一波士顿在第二次世界大战时是排名十位的承销商,而到审判时居摩根士丹利之后,排行第二。如果这些被告真的是由深深的不可告人的盟约结合在一起,那么彼此之间的地位怎么会有这样惊人的变化呢?摩根士丹利没有任何一封信或备忘录隐约地提到这个阴谋,这也使梅迪纳深思。这究竟是何阴谋,居然维持数十年而不留蛛丝马迹?由于缺乏有文件的协议,梅迪纳拒绝应用舍曼法令中的反托拉斯条款。

1954年2月,梅迪纳发表了他那划时代的212页意见书。这时,他相信自己一直在追逐一个阴谋的幻影,这是一个根据站不住脚的间接证据构成的幻影。政府看见的是共谋,梅迪纳看见的是"17个被告公司之间竞争的一系列不断变幻的全景图"。[11]他注意到当公司在更换银行时,获胜的银行十分高兴地接受新的客户——按阴谋的原则来说是犯规的。他说,各公司并没有偷偷地去挖有伤摩根士丹利尊严的客户,"因为你的竞争对手和发债公司的关系很好,事情干得不错,那就没有必要到处奔波,浪费时间,徒劳地去抢人家的生意。"[12]

梅迪纳的意见是对摩根士丹利的一曲赞歌,也许是迄今为止为该公司做得最好的广告。他感到很好笑,摩根士丹利的政策是要么高高地站在银团的桅杆顶上,要么根本不出现。这使他想起好莱坞的小童星为戏院入口的收费操心。哈罗德·斯坦利给他留下了极其深刻的印象。他称赞斯坦利"完美的人格",并且说要是没有他,那么摩根士丹利的整个历史就会不同了。然后,他又说:"斯坦利否认从事被指控的阴谋这个事实,是本案最重要的事实之一。"[13]这是一个非常特别的陈述。梅迪纳是在说，被告声称自己无辜似乎证明他无辜。

梅迪纳对此案的审理几乎很快就成了对迅速衰退的华尔街怀旧的一瞥。在赌场时代根本不可能有"银行家操纵"的问题，甚至是司法部里认真的反托拉斯官员都认为这个诉讼大约晚了15年。银行家和公司之间的私下默契将最终结束，但不是通过司法的裁决或是总经理的认可，而是通过市场的结构变化来实现的。到了下一代，司法部揭露的整个系统都被无情地摧毁了，而最直接受到威胁的公司也是失去最忠诚的客户的公司——摩根士丹利。

在通过证言来审理的最后阶段，梅迪纳法官极想审问一个活证人——一个他热切说可以"正视"的人。政府满足了他的要求，派来了罗伯特·扬——契萨佩克和俄亥俄铁路公司董事长，他对摩根可以说是恨之入骨。此人在20世纪30年代末在惠勒铁路听证会上作证，因遭到汤姆·拉蒙特的谴责而耿耿于怀。报界称他为司法部的"反摩根机关枪"，他坚决地支持这个诉讼，戴维斯-波尔克法律事务所的拉尔夫·卡森建议把此案改名为扬诉摩根案。[14]扬呱拉呱拉地谈到他最爱说的题目——摩根和库恩-洛布操纵铁路，他从证人席上连珠炮般地发起进攻，使梅迪纳直瞪着他看。梅迪纳厉声说："这是法庭，不能越过法官向公众呼吁。"[15]他批评扬"令人发指的偏向"，讥讽说："还有谁能控制罗伯特·扬呢？"[16]当扬从证人席上走下来时，他向梅迪纳伸出手来，但梅迪纳狠狠地瞪了他一眼。

扬身材矮小，鳞茎状的鼻子，粉红色的脸庞，深深的酒窝，显得十足的孩子气。然而，他又会紧绷着脸，蓝眼睛发出凶光，圆瞪双眼，怒火中烧。他一辈子对摩根耿耿于怀，道出了隐藏在心中的忌妒。他告诉梅迪纳，他年轻时感到"在银行业，条条大道通罗马，但是对我来说'街角'才是罗马"。[17]在摩根一统天下的世界里，他步步高升，首先是第一次大战期间在杜邦的一家厂里当工人，20世纪20年代在通用汽车公司里担任助理财务主任。在1929年大萧条之前，他建议皮埃尔·杜邦从股票转向债券，作为投资顾问他在有钱的经理中赢得了一大批追随者。1937年，扬和他的老朋友艾伦·柯比花钱控制了破产的阿利甘尼铁路帝国,当时这条铁路还对J.P.摩根银行负债累累。摩根财团总是怀疑他鼓吹竞争来掩盖这个事实,即通过控制6个铁路公司,他本人就是垄断者。

罗伯特·扬是一个新时代的典型人物,擅长沽名钓誉,笼络人心。在20世纪50年代初期,似乎在每期杂志的封面上都有他咧着嘴笑的照片,嘲笑卧铺车是流动的公众住房,把铁路系统的衰退归罪于"华尔街银行家的控制"。在一张有名的广告里,他表现了一头快活的猪坐在一辆越野的牛车里,上加说明:"猪可以不换车横穿美国,可你不行。"[18]他的新闻发布人甚至还给他想出了一个登在杂志上的绰号——华尔街勇敢的年轻人。这个人民资本主义的倡议者过着穷奢极侈的贵族生活,从德雷克塞尔家族那儿买了一幢纽波特的有40个房间的都铎式大宅。他在棕榈滩有一座奶白色西班牙别墅,在曼哈顿的华尔道夫大楼里拥有一套豪华的公寓。

对于一个有如此野心的人来说,庞大的契萨佩克和俄亥俄公司所拥有的是一条满是灰尘的运煤铁路,这没有给他以合适的身份。他所渴望拥有的是富有魅力的纽约中央铁路,美国第二大铁路,上面跑着豪华的客车,如从芝加哥发车的"20世纪有限"号列车。一百年来,这条铁路叫作范德比尔特路或摩根路。它的董事会里还有真正的范德比尔特家族的人,再加上乔治·惠特尼和其他5个华尔街的银行家。对于像扬这样的德克萨斯州的造反派来说,纽约中央铁路是东部地区金融系统的缩影。这才是他梦寐以求想进入的最深入的神圣内殿。到1947年,扬持有这条铁路的40万股,是最大的股东。但是,董事会感到受到了威胁,拒绝给他两个以上的席位。甚至连这两个席位也被州际商会以反托拉斯的理由取消了。

到1953年下半年,扬和他的人马已经拥有纽约中央铁路股份的100万股,占总数的将近20%。一般来说,这就实现了控制。但是这条铁路不愿俯首听命。1954年2月,特选董事会在大学俱乐部开会,坚决拒绝他的要求,不让他进入董事会,或当董事长。这是一批固守过时特权的人所作出的傲慢而偏狭的反应。也许为了防止被指控为范德比尔特-摩根的控制,一个范德比尔特家族的人和乔治·惠特尼躲开了关键的会议。扬遭到这番屈辱,一心雪耻,发动了一场争夺代表权大战,这成为10年来打得最激烈的公司战，为一代人以后的兼并收购战开了先河。为了防止反托拉斯问题，他辞掉了契萨佩克和俄亥俄铁路公司董事会的职务，把纽约中央铁路的股份卖给了他的朋友，克里夫兰金融家赛勒斯·伊顿。现在，他可以袭击中央铁路了。

虽然扬嚷嚷着货币托拉斯的陈词滥调，但金融世界已经发生了显著的变化。在美国的经济中，家庭所有权的这种力量正在逐渐消失。威廉·范德比尔特曾经从范德比尔特商船队长手中继承了纽约中央铁路87%的股份，并雇用皮尔庞特·摩根来分散股份，而他的后代哈罗德·范德比尔特现在持有的股份，还不到剩余股份的1%。由"银行家控制的"董事会所占的股份不到所有股份的2%。格拉斯-斯蒂格尔法案以后，摩根、大通、国民城市和其他银行不能在公司里占有大量的普通股票，这进一步削弱了他们的影响。所以把公司、银行和富裕家族粘在一起，成为一个有凝聚性的金融阶级的那种胶水脱胶了。与此同时，纽约中央铁路的股票分散在4万个小股东手中，扬把这些小股东叫作"简斯姨妈"，拼命向他们献殷勤。不管他如何咒骂"利益"，扬知道在新的时代金融的力量日益变得多样化了。对摩根财团的真正的威胁将不是来自华盛顿，而是来自新的金融势力，这种势力是东部老特权阶层所不能控制的。这个矮小的德克萨斯州蓄谋控股者是以后的蓄谋控股者和离经叛道者的先驱，大多数来自南部和西部的人民党的堡垒，他们以奚落华尔街的权力机构为乐事。

争夺代表权，即选择一批亲近收购者的董事，是20世纪50年代最盛行的兼并战略。这种洗牌的方法有利于管理部门，他们一般能调动更多的资金来压倒对手。但是，作为一个有钱的外人，扬以全国大选的方式来打这一战役，通讯稿、新闻广告，甚至是向群众直接邮寄的呼吁书等，纷至沓来。新时代将会看到许多这种喧哗庸俗和恶毒的争斗。皮尔庞特·摩根和汤姆·拉蒙特曾经是关起门来打他们的公司仗，对付的是和自己想法差不多的银行家。在纽约中央铁路这场斗争中，扬迫使华尔街安详的俱乐部会员在大庭广众之下搏斗，而他们在这种地方感到犹如赤身裸体，极为别扭。双方都花费了一百多万美元，都成了偏执狂，在各自的总部寻找暗藏的麦克风。

罗伯特·扬的所作所为，绅士银行家都认为是有失体统的。他在"新闻访谈"节目上出现，许愿使铁路的利润增加3倍，描绘出一种高速、未来世界火车服务的景象。他雇了300个吸尘器推销员这样一支小部队来给股东打电话，甚至控告纽约中央铁路董事会，包括乔治·惠特尼。尽管他自己拥有巨额财产和一个铁路帝国，但他却把自己打扮成一个勇猛的小个子大卫，和纽约中央铁路公司董事会这个菲利士的歌利亚巨人斗争*。

虽然看起来关系不是很大，但是扬在这场斗争中的主要炮火是攻击摩根财团。他敦促各家公司断绝和摩根士丹利建立的排他关系，请其他银行进行竞争性投标。他把J.P.摩根公司和摩根士丹利的不同特点混为一谈，把它们统称为"摩根一伙"。当时阿利甘尼的副总裁克利福德·拉姆斯德尔说："他认为跟一家公司打就是跟两家公司打，再加上担保信托公司和其他银行。"[19]扬复活了古老的神话——只要有一个摩根的人在董事会上，他就可以欺侮其他人，因此他声称"真正的问题"是这条铁路是否应该"继续服从于一个摩根无所有权的董事会，这样的董事会具有数不清的利益冲突。"[20]布兰代斯式的辩才固然出色，但一位拥有百万资产的蓄谋控股者在兼并战中却能将这种辩才加以应用，两者相比，前者不免逊色。新政只是要控制摩根的势力，而罗伯特·扬希望占有这种势力。

在扬对摩根利益的攻击中，有一种逗熊游戏的成分。他肯定知道这批温文尔雅的先生不会从俱乐部里出来，卷起袖子，大打出手。他们认为街头格斗没有教养，令人厌恶，而且他们也要不出几套拳路。摩根士丹利缺乏任何宣传机器，因此发现自己在一个陌生的外邦世界里进行斗争。佩里·霍尔说："扬这种人我们不屑一顾，为什么要和他去公开打呢？"[21]摩根士丹利也采取了史无前例的举动，对扬大肆发动宣传攻势，谴责政府规定的竞争性招标。不管摩根士丹利的合伙人感到这种攻势如何厉害，比起扬无情的游击战来，毕竟软弱无力。

---

* 歌利亚是传说中的著名巨人之一，《圣经》中记载，歌利亚是菲利士的将军，带兵进攻以色列军队，他拥有无穷的力量，所有人看到他都要退避三舍，不敢应战。牧童大卫用投石弹弓打中歌利亚的脑袋，并割下他的首级。大卫日后统一以色列，成为著名的大卫王。

J.P.摩根银行公司在与扬的遭遇战中同样也是连连受挫，境况并不更好。就像圣·塞巴斯蒂安[*]一样，它只是束手当箭靶子而已。银行派一位特使到艾伦·柯比那儿，劝说扬停止在公开场合说得这样难听。柯比回答："公开宣传是我们唯一有杀伤力的武器，我们将继续使用。"[22]1954年4月，摩根银行发表了总裁亨利·克莱·亚历山大的一封公开信，否认摩根控制纽约中央铁路。亚历山大指出，本银行不可能持有股份，并和若干其他银行在铁路的董事会上竞争。亚历山大教训扬："你错了，而且我深信你也明白。你显然认为这是拉股民选票的好办法。……我们欢迎这个机会，再次表示摩根银行操纵的理论是无稽之谈，是荒唐的。"[23]他把扬说成是一个小小的恺撒，竖起稻草人。华尔街23号最厉害的怒骂差不多也就是这样了。

　　两个月以后，使华尔街大吃一惊的是，扬以一百多万票赢得了这场争夺代表权大战。投机者们支持扬，大的零售证券公司如美林和贝奇也支持他，这些公司的保证金账户都开在扬那儿。他就像一个获胜的拳击运动员，高举双手，根本不在乎触人痛处，神气活现地走进派克街230号纽约中央铁路的总部，在范德比尔特商船队长的肖像下坐下来。董事会在6月召开会议，这是自19世纪以来第一次看不见摩根或范德比尔特的人坐在那儿开会。野蛮人洗劫了圣城。扬的董事会上包括《读者文摘》的莱拉·艾奇逊·华莱士和印第安纳波利斯的出版商尤金·普利亚姆——这些都是华尔街栅栏外面的企业家。自从30年代以来，经济学家们一直在论说在现代企业中所有权和经营管理的分开。现在一位公司蓄谋控股者在这重大的转变上采取了行动。

　　在华尔街，垂头丧气的金融家们直纳闷，为什么摩根财团不更加积极地奋起自卫，或者组成一个非正式的银团把这条铁路保持在朋友的手中呢？《财富》杂志几乎是忧郁地问："为什么摩根不利用它的威信？"[24]部

---

[*] 圣·塞巴斯蒂安，天主教的圣徒。传说圣·塞巴斯蒂安外貌非常俊美，高卢国王爱上了他，甚至希望赠以一半江山来得到圣·塞巴斯蒂安的爱。但是塞巴斯蒂安是一个虔诚的基督徒，宁可被乱箭射死也不肯从命。最终以殉教结束了自己三十多岁的生命。

分答案是摩根财团仍然受着新政争议的刺痛。正如总裁亨利·亚历山大所说:"我们不想管太多别人的事,以前对我们的指责太多了,我们想避免显得包揽一切的样子。"[25]扬利用了老的关系,而J.P.摩根则处于现代的最低点。事实确实是,扬的成功证明了银行没有控制铁路。银行没有更加坚持不懈地捍卫这一点本身也说明铁路的命运已经在走下坡路了。自从1936年以来,摩根士丹利没有为纽约中央铁路做过一笔大额公募发债。因此这里反正也没有多少生意会受到影响。

摩根财团还得最后一次对扬苦笑。就像许多敌意蓄谋控股投资者那样,他们不了解目标的真正情况。纽约中央铁路已经破产。所有那些漂亮的,使扬眼花缭乱的客车在亏损,而货运又被卡车和飞机分流了。扬任命艾尔弗雷德·珀尔曼为纽约中央铁路的总裁,第一个犹太人得到这样的职位。当他们第一次看到中央铁路账本的时候,扬说:"你害怕吗?"珀尔曼回答说:"我不怕,但我们最好马上开始工作。"[26]

在1957年衰退时,纽约中央铁路在亏损的沉重打击之下,开始和他历史上的对手——宾夕法尼亚铁路——洽谈合并。1958年1月,中央铁路没有分红,使扬精神崩溃。在很长时期内,他被严重的心理问题折磨着,时而极其乐观,时而忧郁消沉。他的好朋友爱德华·斯退丁纽斯二世,是已故摩根合伙人的儿子,曾经发现他一个人呆呆地坐在他在纽波特的图书馆里,两眼茫然瞪着空间,书桌上放着一支枪。也许是因为夸下海口的缘故,他在纽约中央铁路上的失败使他威风扫地,无地自容。1958年1月25日,他在棕榈滩的宅邸,走进台球房,举起猎枪,自尽而亡。

曾经使罗伯特·扬愤愤不平的华尔街银行家和公司经理的那个亲密的世界,在20世纪50年代达到顶峰,而后开始走下坡路。在当初工业威力如日中天之际,并且欧洲经济复兴或环太平洋威胁尚未发生之时,美国在汽车、钢铁、石油、铝和其他重工业领域中一统天下。作为大烟囱公司的投资银行,摩根士丹利的地位令人垂涎。就像是王冠珠宝密藏室的看管者,它不需要去探索新的财源。唯一的目的是守护这个特许权——从老摩根财团继承下来的超级客户名单。正如该公司的威廉·布莱克后来所说:"在50

年代你所需要做的一切，就是把客户的事情做得极其漂亮。"[27]

在投资银行家的"兵器库"里，取悦于客户的最常规的武器是打高尔夫球或者开联欢会。按现代标准来看，这是一个非常爱社交的、悠闲自在的世界，在邦德俱乐部进行两个小时的午宴，仍然是很时髦的。最善于招待客户的是佩里·霍尔，他是1951至1961年的执行合伙人。哈罗德·斯坦利阴沉而严厉，而霍尔则活跃、健谈，有天生的推销员喋喋不休的口才。他满脸雀斑，矮胖结实，脸庞宽大，眼睛敏锐。他使下属恐惧，让女人陶醉，在公司头头中则称王称霸。他有办法把冰箱卖给爱斯基摩人。就像拉扎尔兄弟公司的安德烈·迈耶或是高盛公司的悉尼·温伯格，他和美国的每个首席执行官都是亲热地互称名字的。当年观察他的一个人说："他可以对总裁们大声嚷嚷，吹胡子瞪眼，拍桌子，直言不讳。他和这些人的关系真是十分特别。"

霍尔来自斯科特·菲茨杰拉德描写的世界，在那里普林斯顿大学的联谊聚餐俱乐部和耶鲁大学的秘密社团都是走向华尔街成功之路的通行证。他是普林斯顿1917届的毕业生，在许多班里和菲茨杰拉德坐在一起，因为他们俩的名字按拼写挨得很近（霍尔对菲茨杰拉德的散文很不以为然，坚持认为班里还有几个被忘却的同学才是优秀的散文家）。对霍尔来说，美国东北部名牌大学的常青藤联合会的运动让他结交了满足他要求的各路英雄。例如，不管哈罗德·斯坦利事业上的成就如何，他的这位合伙人对他来说一直是耶鲁大学垒球队和曲棍球队的队长。霍尔看了鲍勃·鲍德温为普林斯顿打垒球以后两周，就雇他当了自己的继承人。在摩根士丹利，大学体育比赛代表队的一封信也许是最好的引荐信。

作为老摩根财团的最后一位执行合伙人，他从未改变自己的观念：富兰克林·迪拉诺·罗斯福是"美国有史以来最可恶的敌人"。[28]霍尔在担保公司干过，经受了1920年的爆炸事件，在1925年担任了J.P.摩根的债券经理。1929年在股市大崩溃以后，杰克·摩根分别召见了霍尔和查尔斯·迪基。他让迪基当J.P.摩根的合伙人，让霍尔在费城当德雷克塞尔的合伙人。看来杰克在作指示时搞错了，把两个年轻人都任命为德雷克塞尔合伙人。这个错误深深地伤害了霍尔，并且从此形成了摩根的传统，在宣布重要事情时要有两人在场。1935年,霍尔转到了新的摩根士丹利,他喜欢把它看成是自己个人创造的。他爱吹嘘,但是他给自己的虚荣心添上了无限的魅力。他说:"我们是精英的精英,大家都忌妒我们。"[29]

霍尔在50年代那种关系银行业中可谓如鱼得水。他会在南卡罗来纳州一边打野火鸡,或在马萨诸塞州伍兹霍尔家附近一边钓鱼,一边招待客户(他在73岁时,还能有足够的体力用鱼叉捕捉552磅重的箭鱼)。作为业余高尔夫球和网球冠军,他吸引了许多公司的经理,他们都想试一试自己的球艺。霍尔会为他的客户执行一些特别高级的任务,言行举止就像他们家庭中的一个成员。通用汽车公司董事长的女儿准备嫁给一位巴基斯坦人,搞得这位董事长心神不宁。佩里叔叔就去做这位年轻姑娘的工作。他问她,将来她是否想让自己的孩子上好的学校,结交好的朋友,如此等等。她被说服了。这样的服务使通用汽车公司在50年代成为摩根士丹利的铁杆客户。

霍尔很佩服汤姆·拉蒙特和他那种爱开玩笑的性格。有一次,在格兰默西公园开通宵晚会时,霍尔和他的太太走散了。他漫无目的地走着,在一个门口碰到了玛琳·黛德丽和萨尔瓦多·达利。霍尔告诉这位女演员说,自从"蓝色天使"上映以后,他就一直把她当偶像崇拜,佩服得五体投地。正在这时,他的夫人艾丽斯来了,霍尔假装不认识她,向她打招呼说:"嘿,金发女郎,要试试这个床吗?"艾丽斯坐下来,假装试一下床。她回答说:"这床不错嘛!"后来,黛德丽追问霍尔:"你认识那个女人吗?"霍尔回答说:"我从来没有见过她。"黛德丽说:"我从来没有见过像你这样放肆的人。"然后怒冲冲地走了出去。霍尔对这段小小的插曲感到特别得意,简直胜过他给通用汽车公司或美国钢铁公司做的最大的证券承销业务。

摩根士丹利的人特别聪敏——就像老摩根财团那样,公司奖励才干。但是投资银行业务并不需要非凡的金融技巧。通货膨胀很低,货币很稳定,证券生意比较直截了当——只要你有合适的客户。工业债券承销的差价很肥。他对从普林斯顿大学和其他的常青藤联合会的名牌大学新招聘来的年轻职员说的第一句话,就是叫他们笼络好客户,研究他们的需要。他说:"我感兴趣的是那些能带来生意的人。其他的事情留给那些商学院的学生去办,你做成了一笔交易,就戴上帽子回家去。"[30]由于发行证券的事情是标准化的,各公司没有多少积极性到处去寻找最好的投资银行,天体物理学家还没有来到华尔街。摩根士丹利给人一种特殊的、难以言状的神秘感,这一点就足以让大多数客户保持忠诚。

实行新政以后,准备一份好的募资说明书并且符合新的规定,是至关重要的。投资银行家们必须进行"尽职调查",证明发行证券文件的准确性。华尔街害怕证券法给他们带来的法律责任。在这一点上,公司的秘密武器是粗俗、不合时宜的艾伦·诺西·琼斯,他曾经当过J.P.摩根债券部门的负责人。他是三一学院的毕业生,喜欢挖苦他的合伙人,会在霍尔听力范围内嚷嚷"这些该死的愚蠢的普林斯顿杂种"。[31]他是一个穷困潦倒的圣公会教派牧师的儿子,秃头、圆脸蛋、凸眼睛,老是戴着红吊裤带,抽着烟斗,嘎吱嘎吱地在办公室里踱来踱去。

他喜欢吓唬人。有一次,几个合伙人正在面试一个新招聘的人,他向那个神经紧张的年轻人大喝一声:"你被惯坏了吗?"当这个被面试者回答说他一生很幸运,确实被惯坏了,琼斯跳起来嚷道:"录用他,把他送到我那儿。"说完就走了。[32]他对新雇员灌输深入细致、一丝不苟的思想。他会把一本厚厚的募资说明书扔到一个新雇员的手里,告诉他里边有一个地方错了,让他在第二天早晨以前把它找出来。他要求摩根士丹利拿出最好的募资说明书,各公司可以相信他们这家银行会保护他们,不会遇到法律问题。这样就在摩根士丹利产生了一些完美狂,以至哈佛大学商业管理硕士也会去校对每一份向证券交易委员会提交的募资说明书。如果说老的华尔街是一个限制性的俱乐部,那么现在它至少可以在自己所从事的业务中做到特别小心谨慎。

诺西·琼斯培养了一代摩根士丹利的合伙人。如果一个受训者想学习铁路融资,琼斯会和他一直坐到深夜,研究铁路的地图,解开公司的秘密战略。他一心投入事业,几乎到了如痴如狂的程度。他一直独身,一个星期六他看了一下表,猛地跳起来说:"我半小时后有个约会。"这个约会是他的婚礼。琼斯竭尽全力维护摩根士丹利精益求精的名声,真是无与伦比。

杰克的小儿子哈里·摩根的影响，则较为难以捉摸。他待在摩根士丹利的主要原因，或许是出于家庭的责任。事实上他玩游艇的时间比发债的时间多。他办公桌的背后挂着一个镜框，里边是皮尔庞特在1901年发的美国钢铁公司股份的证券。哈里有一份典型的摩根简历——纽约游艇俱乐部、大都市艺术博物馆信托者、通用电气公司董事、哈佛学董。他在亨廷顿附近的伊顿海峡有一批北滩房地产，包括一幢大房子、管家、司机、花匠的住宅、游泳池和一个有8个车位的停车库。他有时候脾气较急，但也很和气，颇有绅士风度，在公司中人缘还算不错。

他像父亲那样对公众颇有戒心，特别留心自己的隐私。在20世纪60年代初，普林斯顿想保管摩根的文件，并且派了几个有名的学者请他共进午餐，对他游说。他们介绍完了以后，哈里说的话使他们大吃一惊："先生们，我很抱歉地告诉你们，根本就没有摩根文件。"大家的脸都拉长了。阿瑟·林克，一位有名的伍德罗·威尔逊学者，急急巴巴地说："但一定会有摩根的文件的啊！"哈里说他父亲曾经提醒他分散或销毁任何文件，以免政府掌握在手中，再次像普约和佩科拉那样骚扰摩根家族。事实上，确实是有文件的，而且数量相当多，哈里最终把这些文件交给了皮尔庞特·摩根图书馆。

佩里·霍尔有时感到哈里·摩根有点碍事，对他有点瞧不起。跟公司关系较近的一个人说："其他的合伙人都对这个年龄比他们大的人老是待在那儿有点嫉妒和恼火，照他们看来，他没有什么贡献，却把权力抓在手里。"随着时间的推移，这一点说得倒是越来越有道理了。1956年，为了哈里的儿子查尔斯·摩根（查利）是不是当合伙人的问题，摩根士丹利内部打得头破血流。哈里保持着对摩根这个名字的法律权利，他威胁要撤出这个名字，除非他的儿子参加到公司里来。对其他合伙人来说，查利倒是一个挺招人喜爱的人，但是他对银行业既无兴趣，又无特殊的本领。经过一些试探性的交换意见后，哈里把对摩根名字的权利换成了查利的合伙人资格。

在华尔街的历史上，查利·摩根是唯一主要作为办公室经理的合伙人，他往往坐在成堆的建筑图纸面前。多年以后，当一个新的合伙人第一天来上班时，有人告诉他跪在那儿拿着改锥给他修门把手的那个人是合伙人查利·摩根。一位前合伙人不无感慨地说："如果有父子两人一辈子过着阴差阳错的日子，这两人就是哈里·摩根和查利·摩根。"当摩根士丹利从非商业区搬到埃克森大楼的时候，查利负责监督新的电话系统。

经过这场争吵以后查利·摩根余怒未息，以至于在哈里的小儿子约翰被提议当合伙人时，导致制定了一条反裙带规定（在一个合伙人，亦即一位显要的合伙人的女婿，被证明是一个酒鬼以后，这条规定得到了通过）。现在，摩根士丹利开始向摩根人造反了。因此，约翰·亚当斯·摩根也被排斥在外，尽管他的鼻子长得跟他的曾祖父一样。一位前合伙人说："人们对哈里·摩根说，'你已经有了查利，足够了'。"具有讽刺意义的是，约翰·摩根这个儿子被证明是对金融最有兴趣，后来他在多米尼克公司和史密斯-巴尼公司都当了融资部门的负责人。

在哈里·摩根当权时，他试图在摩根士丹利定调子，捍卫标准。按照家族的传统，1960年在他工作25周年之时，他给公司里的每个人都发了奖金。前摩根士丹利合伙人谢泼德·普尔说："哈里代表了做生意的君子风度和原则性，我们当年感到摩根士丹利和J.P.摩根是这种精神的缩影。在合伙人每年举行的联合俱乐部晚宴上，他总是说：'诸位先生，最难驾驶的船是合伙制。'[33]在这种往往是非常贪婪的业务中，他把自己表现为'摩根士丹利特别快车的制动者'。"哈里防止把这个地方蜕变为社会登记者的避风港，他要永远保持摩根的传统，从没有背景的人中选拔聪明、有事业心的人，把他们变成贵族。他老是说："我们是根据摩根的传统来录用和雇用人的——这个传统就是雇用比合伙人更加聪明的人。"他每年都要访问哈佛商学院，向金融教授了解他们最有前途的学生，而且他还经常亲自第一轮面试求职者。因为哈里·摩根还贷款给年轻人培养他们成为合伙人，他在公司里的钱超过正常的200万美元，从而拥有否决权。

摩根士丹利是世界上最有威望的投资银行，但是它很少见诸于报端。它并不宣传自己，而是有意识地避免出头露面。佩里·霍尔说："这像医生一样不用做广告。"做广告就"有点丢份了"。[34]投资银行家们把自己从属于客户，力图低调行事。为了是否把合伙人的照片放到业务宣传小册子中这件事，内部曾经大吵了一场，后来通用汽车公司的董事长弗雷德·唐纳说反正他们都长得很丑，也许会把客户吓跑，这个痛苦的争执也以否定的答案终结。不爱做宣传的习惯也许与一种克制的竞争风格有关：如果你不能去抢夺其他公司的客户，干吗去做广告？摩根士丹利的目标是保持现状。

但是，摩根士丹利确实也有一种广告的形式——在募资碑铭上列出所有承销银团的名字。所有以摩根主办的债券发行都以罗纳德桑斜体字体印刷。有时，摩根工作人员出差时，兜里放着罗纳德桑斜体字的铅字，以免当地缺乏数字的分数铅字。募资说明书都是用品蓝色印刷。摩根士丹利的癖好，是把它的名字单独印在募资碑铭的最上方，并且由它作为独家主干行。这使它能够定价，在参与的公司中分配份额，而且还不用和联合主干行分享丰厚的管理费。在极偶然的情况下，摩根士丹利也会屈尊参加其他人组成的银团，但是它会要求不把它的名字列出来。摩根士丹利通过组织大量的工业银团融资，造就了华尔街的金字塔，决定了各公司的相对地位。这样产生的自信心使合伙人感到骄傲，而在竞争者看来则是傲慢。

就像司法部在梅迪纳一案中所注意到的，银团次序的排列对某一公司来说，很少会改变。如果摩根士丹利把一个公司从银团中开除出去，那么该公司在相当长的一段时间里很难再被接纳。在20世纪50年代，风险是被大量分散的，故而各公司并不需要很多的资本。在为工业企业发债时，摩根士丹利会召集300家承销商，800个经纪人，给自己赋予上帝般的权力。该公司本身和销售证券几乎没有关系，而纯粹是一个批发商。它有一个职员在华尔街兜售未销掉的份额，通常要赔钱，但这和它进入交易世界已经很接近了。

无人敢疏远摩根士丹利，它主持着50年代大多数创纪录的债券发行，如1953年通用汽车公司3亿美元的债券和1957年3.28亿美元的股票发行，1957年IBM（国际商用机器公司）2.31亿美元股票的发行，以及1958年美国钢铁公司3亿美元的股票发行。他们从事的融资有开发新的8缸汽车发动机或特拉华河畔的钢铁厂，或是IBM扩大进入计算机行业。在这时，投资银行业务的开展仍然遵循教科书上的模式，即筹集资本，而不是为了金融投机。投资银行家们仍然是资金提供者和使用者的中介，他们认为在交易中作为委托人是不务正业。金融工程的时代还没有到来。

摩根士丹利对美国工业的这种垄断使它在探索外国市场方面远远没有J.P.摩根公司那么富有开拓精神。在战后初期，它的对外融资业务明显地倾斜于盎格鲁-撒克逊或欧洲。它为澳大利亚和加拿大发行大额债券，为法国和意大利发行数额较小的债券。在50年代，摩根士丹利对其独家主干行的政策只作过一次例外，那就是为世界银行发行债券，在这笔债券的发行中它和第一波士顿作为联合主干行。这两家公司的名字轮流印在募资碑铭的左上角。摩根士丹利的合伙人相信他们通过世界银行，对欧洲的复兴和大西洋联盟作出了贡献。

世界银行在早年是一个非常保守的机构。当时人们担心国际货币基金组织是左翼行动主义的温床——这和它后来的形象正好相反。拉塞尔·莱芬韦尔把它讥讽为"幻想儿童"，会发行币值过高的货币，美国银行家协会则拼命地游说，反对其成立。但是，世界银行似乎是健全的金融砥柱，跟摩根士丹利非常合拍。因为世界银行依靠美国资本市场来筹集资本，所以早年世界银行的行长都是从华尔街挑选的。在1949年，前任大通银行高级副总裁尤金·布莱克被任命为世界银行行长，替代约翰·麦克洛伊。经过一段短时间试验采用竞争性招标以后，布莱克（他的儿子比尔后来成为摩根士丹利的一位负责人）在1952年选择摩根士丹利和第一波士顿作为永久的搭档来销售世界银行AAA级的债券。布莱克后来对他的选择作了说明："摩根士丹利和伦敦的摩根建富、巴黎的摩根老公司都有十分密切的关系。它们在欧洲的声誉非常好。"[35]

摩根士丹利和第一波士顿在向投资者推销世界银行债券时，面临着一个艰巨的任务。世界银行全名叫国际复兴开发银行，这个名字很长。在早些时候人们担心它可能会重复20世纪20年代国外贷款的灾难。为了推动世界银行的融资业务，摩根士丹利和第一波士顿组织了达到175个承销商的巨额银团，进行宣讲，出版小册子，甚至派人到世界银行进行短期工作。摩根士丹利有一个非常关键的担保，世界银行的债券是由美国出资作为担保的，因此和美国财政部的债务有同等的信誉。摩根士丹利的合伙人因为世界银行的这笔业务而感到无比的自豪，这代表了该公司成功的顶峰：他们是世界银行的融资银行,尽管摩根已经是志得意满,这一殊荣也足以使它感到满足。

在50年代,伦敦金融城尚未从大萧条的沉睡中苏醒过来。它呆滞,闭塞,缺乏想象力,靠过去的光荣过日子。英国打败德国花费了其四分之一的国力,已经不可能起一个世界的银行家的作用。马歇尔计划使它失去了意大利,而中国和东欧又到了共产党手中。它的国外客户成为华尔街诸公司可以合法合理获取的猎物:在1946年,摩根士丹利的达德利·肖尔斯抓住了战后给澳大利亚的第一笔贷款——该国在20年代就已经是J.P.摩根的客户,两年以后又为坎塔斯航空公司经营了发债业务。

汇率管制和英镑的疲软使伦敦曲肢难展。根据战后英美贷款协议,美国向英国提供37.5亿美元的贷款来弥补其付款的缺口。作为交换条件,英国应该在1947年7月15日使英镑同其他货币可自由兑换。由于投资者抛售英镑,抢购美元,这个计划可悲地失败了。在1947年10月伦敦市长的晚宴上,英格兰银行行长卡托勋爵不胜遗憾地回顾了这次对英国人自豪感的沉重打击:"信任正在恢复,就像在战前一样,在伦敦英镑越来越自由地保持平衡。无论如何,我们有责任努力。"[36]英镑市场基本上是对外国人关闭的,直至玛格丽特·撒切尔在1979年取消外汇管制。在与伦敦金融城长达一个世纪的竞争中,华尔街终于轻而易举地夺得了胜利。

就像许多失去昔日光辉的地方一样,伦敦金融城充满了有意思的古怪习惯。在一家商人银行,进来的邮件每天早晨摊开着摆在桌子上,以便合伙人彼此之间都能知道对方的通信情况。在罗斯柴尔德的宅邸,合伙人要点心时摇一下刻有"管家"的小铃。在汉布罗的大房子里,年长者都被称为奥拉夫先生或查尔斯先生。自尊心很强的商人银行家仍然戴着宽边帽子,拿着卷紧的雨伞,他们的眼镜总是呈月牙形。年轻职员的领子都是笔挺,如果让领子软绵绵的就被认为是傲慢到危险的程度。在这种循规蹈矩的世界,当劳合银行的董事长穿上黑色的羊皮鞋出现时,人们会因为自己的趣味跟不上形势而好几天忐忑不安。

摩根建富的雇员略超过100人,在战后其业务情况发展得比较好。用美国银行业的术语来说，它是商业银行和投资银行的混合物，承销债券的发行，兼营退休金基金和提供贷款。它和摩根士丹利一样，似乎垄断了主要工业账户。在1945年，它负责了战后第一次股票的发行，几乎为每一家英国电力公司发行债券，包括联合电力工业公司和英国通用电气公司。它还处理了钢铁公司的非国有化——这是特迪·格伦费尔和蒙蒂·诺曼在20世纪30年代从事工业合理化的遗产，以及参与了世界银行的发债。但是该公司被战前的成功所陶醉。合伙人（严格地说是董事）对账户采取懒散的、看家似的态度，不愿意开拓新的事业，靠在椅子里懒得动弹。当合伙人在布德尔或布鲁克斯饭店里吃午饭后，有可能回来，也有可能下班回家。后来成为摩根担保银行总裁的罗德·林赛曾经在摩根建富受过训练，他回忆起那种昏昏欲睡的气氛："到下午四点时，一位资深的合伙人会走到年轻人那里说，'我们干吗还在这儿？现在差不多就是周末了。'"[37]

J.P.摩根公司仍然在摩根建富中拥有不参与经营管理的股份，占三分之一。这是能在商人银行中拥有相当大的股份的唯一的一家外国银行，而摩根建富这家商人银行又在属于社会名流的承兑行委员会中有一席之地。由于在伦敦没有办公室，J.P.摩根公司就用该公司作为相当于在英国的分行，这两个公司互相交换培训人员和客户。当埃索在制定战后西欧炼油厂扩建计划时，华尔街23号把该公司介绍给摩根建富。对普罗克特和甘布尔、蒙桑托、英科、艾尔坎和普通食品等公司都是如此。汤姆·卡托在1949年从英格兰银行行长的职务上退下来以后，回到摩根建富任职（虽然他没有恢复合伙人的资格），加强了J.P.摩根和摩根建富与英格兰银行接触的特殊关系。

摩根建富里尽是贵族，以至被J.P.摩根的同事（有时还带着窃笑的口吻）讥讽为成了英国上议院。在伦敦金融城普遍存在的等级制度里，合伙人主要是从家族成员中产生的，只有乔治·厄斯金爵士这位聪明而又有才干的苏格兰银行家是从管理层的等级中上升到合伙人的地位的（他成为最好的银行家也决不是出于偶然）。年迈的比斯特勋爵——维维安·休·史密斯——作为资深合伙人以令人恐惧的方式一统天下。直至他在1956年去世，他的权威都无人敢挑战。他把其他合伙人当作供差遣的童仆一样使唤，让他们奔进奔出地听他的指示。大家都叫他"老头"。他是斯芬克斯，心中自有主张，处事不露声色。他在这个所谓"英国上议院"里工作的18年，从未作过一次发言。有一次在陷于僵局的慈善事业董事会上，别人问他是否赞成一个提案。他说："不。"然后接着说："我是否说得太多了呢？"[38]求职者遇到比斯特面试，就会受到一连串表示怀疑的哼哼嘟嘟的声音。

维维安·史密斯即使快到80岁高龄，仍然不肯把权力移交给他的儿子鲁弗斯——他曾在第二次世界大战"嗡嗡弹空袭"期间，在大温彻斯特街23号的屋顶上巡逻。鲁菲被贬到可悲的威尔士亲王[*]的地位。鲁菲大腹便便，圆脸蓄须，一副养尊处优、怡然自得的神态，大公贵族的派头：他是那种魁梧稳重，总是用拐杖的把手敲门的人。他喜爱障碍赛马、打猎，豪饮威士忌。他像父亲那样，各方面都很吃得开。他在壳牌公司、维克斯、埃伊公司当董事，也在英格兰银行董事会任职。他的夫人海伦是罗斯伯里爵士的女儿。

鲁菲在"老头"的淫威之下，窝窝囊囊、任劳任怨地过着马拉松式的学徒生活，直至三十好几。在40年代末，爱德华·皮科克勋爵——巴林银行公司的资深合伙人——告诉拉塞尔·莱芬韦尔说，老头很高兴地听说鲁菲在壳牌公司的融资中起主导作用，证明是一个有出息的人。[39]殊不知鲁菲此时已经历了两次世界大战了！在1949年，比斯特爵士终于松了绑，让他儿子参加了关于钢铁行业的一笔大宗业务。他叹了一口气说："唉，这孩子也该学一点了。"[40]当时这个孩子已经是51岁了，合伙人也已经几乎干了20年了。

在50年代的伦敦金融城，大多数生意都是围绕着关系开展的，此时的摩根建富真是无与伦比。部分由于潇洒、会说多种语言的弗朗西斯·罗德（伦内尔男爵二世）——前意大利大使的儿子——的作用，它成为伦敦金融城梵蒂冈的主要证券管理者。罗德大腹便便，吸鼻烟，往一块大红手帕

---

[*] 威尔士亲王（英语：Prince of Wales），威尔士公国的元首，自1301年英格兰吞并威尔士之后，英王便将这个头衔赐予自己的长子。从此以后，给国王的男性继承人冠以"威尔士亲王"的头衔逐渐相沿成习，"威尔士亲王"便成了"王储"的同义词。

里擤鼻涕。他是蒙蒂·诺曼的门徒，并且是在巴塞尔的国际清算银行的前英国经理。他是T.E.劳伦斯（阿拉伯的劳伦斯*）的亲密朋友，蒙蒂·诺曼曾叫他请劳伦斯当英格兰银行的秘书长（劳伦斯谢绝了）。罗德本人由他岳父维维安·史密斯1933年吸引到摩根建富。

罗德在1943年被委任为哈罗德·麦克米伦战时工作人员，成为管理意大利被占领区的哈罗德·亚历山大爵士的首席民事助理。左翼评论家批评这个选择，认为摩根的贷款支持了意大利的法西斯主义，警告说罗德可能会增加前法西斯财政官员在战后意大利的发言权。尽管如此，罗德精明强干地在解放后的那不勒斯减轻了贫困和疾病。麦克米伦认为罗德是一个爱虚荣的人，诡计多端，但也称赞他"敏捷，聪明，有韧性"。[41]只要罗德在，梵蒂冈的生意就一直在摩根建富的手里。

证券管理的首席合伙人是威尔弗雷德·威廉·希尔·希尔-伍德，他把摩根建富引荐到白金汉宫。希尔-伍德十分机灵、善于交际，打板球是他的拿手好戏，是摩根建富和华尔街23号之间的中间人。他和杰克·摩根一样，是乔治六世的至交。他的侄儿戴维·巴兹尔·希尔-伍德爵士说："威利叔叔在剑桥三一学院读书时和乔治六世成了朋友，国王请他管理他个人的一些资产。"[42]希尔-伍德定期向国王报告他的资金情况和自己掌握账目的细节。他和乔治六世的友谊保证了在伊丽莎白50年代成为女王后，摩根建富将管理她相当大的一部分财产。女王对威利颇有好感，显然和他关系很好。当女王在白金汉宫授予他爵士时，她从帐幕后面拿出宝剑，拍拍他，轻轻地说："威利，你现在可以站起来了。"[43]

摩根建富充满了值得纪念的往事，在50年代的气氛很有点古雅而陈旧的味道。合伙人在火炉旁品尝着雪利酒，而年轻的职员则坐在高凳上把账目抄写到大的本子上去。这种"奴仆制度"的牺牲品直到40岁左右才能算是长大成人，而人到这个年龄又被认为已经是大脑停止发育了。在摩根建

---

* 托马斯·爱德华·劳伦斯（Thomas Edward Lawrence）也称"阿拉伯的劳伦斯"。他因在1916年至1918年的阿拉伯大起义中作为英国联络官的角色而出名。许多阿拉伯人将他看成民间英雄，推动了阿拉伯从奥斯曼帝国和欧洲的统治中获得自由的理想，许多英国人将他包括在他们国家最伟大的战争英雄之中。1962年，好莱坞将他的故事拍成了经典电影《阿拉伯的劳伦斯》。

富,性别的分隔是十分严格的。为了掩盖性别的差异,"茶女士"在办公室需要穿亚麻的风衣,并在结婚以后离职。术语本身是非常说明问题的:公司自称为记账室,董事称为合伙人。在伦敦电话号码本上列在"商人"一类之下。

给伦敦金融城猛击一掌,使之从昏昏沉沉中震醒起来的,是在1958至1959年有名的铝业大战中,华宝投资银行的西格蒙德·沃伯格发动的第一次敌意蓄谋控股投资。要理解这种怒火,必须注意到伦敦金融城公司文化的单一性。这是个隐居者的世界,他们都是伊顿中学和牛津或剑桥毕业生,或参加过皇家禁卫军,周末在洛兹或温布尔登相聚。伦敦金融城等级森严,障碍重重,外国人要想在此往上晋升几乎是难于上青天。西格蒙德·沃伯格出身于显赫的汉堡银行世家,在30年代逃离希特勒统治下的德国,在1946年开始经营商人银行。他是西班牙和葡萄牙地区的犹太人,取一个德国名字,说话是德国口音,玩腻了射击和游艇,似乎想拿伦敦金融城的银行家开刀。一位商人银行家承认:"西格蒙德的犹太人作风是个问题。就像伦敦金融城的人说的那样,他犹太人的气息太多了一点。"

沃伯格不可能是个革命者,他遵循所有的传统商人银行做法。他不挂公司名字的牌子,不开分行,却珍惜私人的关系。但是,他总是一个积极的活动分子,一位创新者,他经常引用在20年代年轻时认识的德怀特·莫罗的话:"这个世界分成两种人,即干活的人和得到荣誉的人,大家需要尽可能想办法归属于第一类人,因为这里的竞争要少得多。"[44]他的贝尔格雷维亚公寓里摆满了六种文字的书。他说他宁可雇用精通乔治·艾略特小说的人,而不是精通银行业的人。他招聘职员时使用手写的分析增加了他的古怪形象。

当摩根建富的人在享受长时间的、愉快的午餐时,沃伯格则用普鲁士式的准时的纪律来管理他的公司。沃伯格手下的有些人要参加两次午餐,一次在12:30,还有一次在1:30,以便尽量扩大生意。年轻的工作人员来得很早,走得很晚,周末加班,而摩根建富的年轻人则在打天上的飞鸟。特别重要的是,华宝公司是第一家取消了宽边帽和雨伞的装束,改用现代服装的公司。

西格蒙德·沃伯格作为局外人冷眼旁观，看到伦敦金融城非常令人厌恶的事情，而可以容忍庸才只是为了避免吵架。这是毫不奇怪的，因为在伦敦金融城充塞着家庭开的银行，近亲结婚十分普遍。沃伯格还发现商人银行已经没有资本来为工业或政府进行大规模的融资。相反，在咨询领域，缺少资本并不是一个缺陷。他说："从银行家为工业提供资金这点上来说，他们的重要性越来越小了。但是从当咨询专家——我称为'金融工程师'——的意义上来说，他们则变得更加重要了。"[45]这正是赌场时代关键的真知灼见——这种观点把商人银行家从发行证券的刻板的世界推向海盗式的兼并时代。商人银行家不再为了保持证券承销关系而免费提供兼并咨询意见。西格蒙德·沃伯格还未完成他的事业，死气沉沉的伦敦金融城已经以蓄谋控股投资为患了。

1958年，华宝公司在战后的英国第一次发动了大规模的敌意兼并。兼并在此已经有数十年的历史——它们已经组成了帝国化学工业公司、尤尼莱佛公司、壳牌以及规模很大的存款银行。早在1925年，摩根建富已经洽谈了通用汽车公司在沃克斯霍尔汽车公司的投资。但是，这些事情做得非常温和，最后以雪利酒碰杯而成交。到1958年，华宝公司说服了弗吉尼亚雷诺兹金属公司发动对英国铝业公司的敌意收购。为了使这个举动带有一点英国色彩，雷诺兹和地铁投资公司——英国中部的一个工程集团——结成联盟。华宝的行动不露声色，到1958年10月时已偷偷地买下了英国铝业公司10%以上的股份。西格蒙德后来还把伦敦金融城的战场从关系问题转移到资本问题，推行一种新的扰乱性的民主形式。

英国铝业公司了解到华宝的计谋后，管理部门召集了拉扎德兄弟公司的奥拉夫·汉布罗和金德斯利勋爵来开会（拉扎德兄弟公司在50年代与摩根建富非常亲近，这两家公司甚至在考文特加登歌剧院合用一个包厢）。与暴发户蓄谋控股投资者相比，英国铝业公司具有真正的贵族血统爱国主义的形象。执行董事杰弗里·坎利夫是第一次世界大战时英格兰银行行长的儿子。该公司的董事长被授勋成为亨格福德的波特尔勋爵，大战时任空军参谋长，是战斗英雄，也是马里波恩板球俱乐部的主席。虽然这家公司已经在和美国的大公司阿尔科尔谈合伙关系的事，但是汉布罗-拉扎德采取的防守以对国家安全构成威胁为理由,这一点是没有根据的。后来曾任摩根建富董事长的蒂姆·柯林斯回忆说:"有一天,由奥拉夫·汉布罗的其他高级人士组成的一批人正式访问摩根建富,来到合伙人的会客室。他们说'这是爱国主义的义务,否则伦敦金融城将会垮台。'摩根建富的合伙人没有与他们发生任何争论就参加了。"[46]

在11月,依靠自力更生成为地铁投资公司董事长的艾万·斯特福德爵士向波特尔勋爵提出一个建议,即地铁投资公司和雷诺兹以非常优惠的每股78先令的价格,购买英国铝业公司中的多数股。波特尔勋爵断然拒绝,隐约提到正在进行的谈判,并且悍然扣住斯特福德的计划,不让股东知道。后来,他发出了以下令人迷惑的宣言:"熟悉两大公司之间谈判的人会意识到这种做法是不现实的。"[47]虽然它的防卫是根据杨基佬入侵的可怕议论来定的——地铁投资公司被认为是雷诺兹的橱窗装饰——但是,英国铝业公司继续和它的"白衣骑士"阿尔科尔谈判。在一个星期之内,它谈妥了一个交易,允许阿尔科尔以60先令的低价购买该公司三分之一的股份。机构投资者——这个时代的新的有势力者——被这种公然无视股东的态度激怒了。它们成为华宝阵营中的关键选区。

在一般人的心目中,任何人都无法斗过商人银行联合起来的力量,这仍然是一条铁律。施罗德公司和赫尔伯特·瓦格站在华宝一边。除他们之外,伦敦金融城抱成一团支持英国铝业公司,形成一个似乎是不可战胜的方阵,其中包括汉布罗、拉扎德、摩根建富、弗莱明、塞缪尔·蒙塔古和布朗·希普利。从汉布罗和拉扎德写的一份备忘录可以清楚地看出,华宝的小人行为使这个集团感到不安的程度,远远超过雷诺兹-地铁投资公司建议中被人吵吵闹闹地批评的缺点。这个内部文件承认这个建议的合理性,只是猛烈攻击其不负责任的态度。显然,沃伯格本人才是真正的问题,而不是所谓美国的入侵。伦敦金融城认为他未能按被大家所接受的规则来行事。伦敦金融城的成员要么联合起来击败他,要么让他把英国工业摧毁。[48]

第二天,通常在俱乐部里暗中谈判的这些伦敦金融城人士发表了在敌意兼并中首次使用的第一篇防卫宣言。他们不再用一向喜欢的那种衣帽间风格来玩这场游戏。在1958年12月底,伦敦金融城14个机构设立了一笔700万英镑的"备战基金",其中摩根建富投入的赌注是50万英镑。波特尔勋爵曾经准备以60先令一股出售他的公司,而现在伦敦金融城财团以82先令一股的价格部分投标收购英国铝业公司。这下不仅比雷诺兹-地铁投资公司的出价高出4个先令,而且间接地揭示了早期交易的便宜。

伦敦《泰晤士报》对这种力量的显示大为敬畏,诚惶诚恐地提到"伦敦金融城摆出的阵容,其规模之大,在兼并战中从未见过"。[49]《每日快报》同样在这英勇的火力面前颤抖:"站在伦敦金融城一边支持英国铝业公司的有那些有名的金融家,如比斯特、哈考特、伦内尔、阿斯特、格伦康纳、金德斯利、考德雷、普尔和布兰德勋爵……但是,正如历史上曾发生过的那样,当伦敦金融城的各路大军联合起来时,他们几乎是稳操胜券。"[50]一家报纸在英国铝业公司中总共算出27个爵位——在阿尔科尔一方,包括一个侯爵、16个勋爵、10个爵士,似乎是在强化这个基本的力量,还加上女王的叔叔。

到新年前夕,英国铝业公司一边已经有200万股,对胜利充满信心。英格兰银行行长科博尔德勋爵和财政大臣希思科特·艾默里要求沃伯格打消念头,指出哈罗德·麦克米伦首相也同意他们的意见。但是,沃伯格冷静地分析了形势以后说:"这根本不是一个天才的举动。我只是调动了大量的资金来付现款收购我的客户。"[51]沃伯格无视政府的压力,把标价提高到85先令一股,开始横扫股市,大规模收购股票,有时候一天要买几十万股。到1959年1月9日,雷诺兹-地铁投资公司获得了英国铝业公司50%以上的股份,宣布获胜。

伦敦金融城被惊得目瞪口呆。这是世界末日的景象。一开始,商人银行家们拒绝改变他们的作风,或是承认世道已经变了。拉扎德的金德斯利勋爵直截了当地说:"我不跟那个家伙谈。"他看到沃伯格迎面走来就会越过马路不和他碰面。这批茫然失措的特权人士不能理解为什么报界和投资者会去巴结沃伯格这个无赖。就像罗伯特·扬在打纽约中央铁路那一仗一样,沃伯格意识到随着股权的分散,需要争取舆论。此后,伦敦金融城改变了那种隐晦的、秘密的作风,增加了可见度。正如一位银行家所预言的:"从此以后,没有哪个公开上市的公司的负责人可以高枕无忧,因为他一定会在半夜里醒过来想一想谁会来对他的公司进行蓄谋控股投资。"[52]

经过一段时间的疏远以后,奥拉夫·汉布罗去看望西格蒙德·沃伯格。汉布罗拥抱着他说:"西格蒙德,我们不是都很傻吗?"[53]而摩根建富则对此耿耿于怀,认为沃伯格的行为可恶,不可原谅。要是资本和狡猾比关系更重要的话,摩根建富会有什么样的遭遇呢?该公司拒绝和华宝公司打交道居然长达15年之久,尽管后者已经成为欧洲市场上最有创造性的公司。华宝公司向摩根建富做出和平的姿态,甚至请他们参加联合电力工业公司的一项交易。摩根建富予以拒绝,不仅不对这个姿态表示感谢,还傲慢地说要独家干。

人们不禁会说,摩根建富的命运是由铝业大战决定的。因为在这愤怒之下还有一股新的潜流。一批"少壮派"人士,特别是斯蒂芬·卡托(汤姆的儿子)和鲁弗斯·史密斯的女婿蒂姆·柯林斯感到这个公司陷在自取灭亡的势利心态之中。在许多方面,他们想效法华宝公司,而不是谴责它。斯蒂芬·卡托说:"铝业大战表明摩根建富攻势不够猛烈,对我们震动很大。我们棋输一着,士气低落。这几乎是第一次,并且造成了深刻的影响。"[54]

在不到十年的时间里,摩根建富不仅实行兼并,而且还专长于轰轰烈烈的收购,竭力炫耀它已改弦易辙。它还学会了击败华宝公司,成为新的、攻势猛烈的经营方式的象征。就像纽约的摩根士丹利一样,摩根建富后来鲜明地衬托了沉睡的高额融资的旧世界的死亡和危险的新世界的诞生。因为摩根诸公司从旧式的关系银行业中得到的利益最多,他们失去的也最多,必须用不习惯的、猛烈的方式对这种威胁做出反应。

— 本章参考文献 —

1. 作者和尤金·罗特贝格的访谈。
2. 格莱泽：《赛勒斯·伊顿的世界》(World of Cyrus Eaton)，第156页。
3. 卡罗索：《美国的投资银行业》(Investment Banking in America)，第464~465页。
4. 《纽约时报》(New York Times)，1952年4月9日。
5. 同上，1952年10月28日。
6. 同上，1952年10月1日。
7. 同上，1952年5月2日。
8. 同上，1953年4月10日。
9. 作者和亚历山大·汤姆林森的访谈。
10. 同上。
11. 费里斯：《银行家大师》(Master Bankers)，第96~97页。
12. 梅迪纳：《纠正的观点》(Corrected Opinion)，第248页。
13. 同上，第238页。
14. 《纽约时报》(New York Times)，1953年4月17日。
15. 同上，1951年12月8日。
16. 同上，1951年12月14日。
17. 同上，1951年12月5日。
18. 同上，1954年2月13日。
19. 克利福德·拉姆斯德尔：给作者的信，1988年11月21日。
20. 《纽约时报》(New York Times)，1954年2月11日。
21. 作者和佩里·霍尔的访谈。
22. 约瑟夫森：《货币巨头》(Money Lords)，第240页。
23. 《纽约时报》(New York Times)，1954年4月19日。
24. 《财富》(Fortune)，1955年8月。
25. 同上。
26. 博尔金：《罗伯特·扬》(Robert R. Young)，第217页。
27. 《欧洲货币》(Euromoney)，1982年3月。
28. 作者和佩里·霍尔的访谈。
29. 同上。
30. 费里斯：《银行家大师》(Master Bankers)，第94页。
31. 作者和威廉·索德的访谈。
32. 同上。
33. 作者和谢泼德·普尔的访谈。
34. 作者和佩里·霍尔的访谈。
35. 哥伦比亚大学口述历史资料集——尤金·布莱克，第13~14页。
36. 加德纳：《英镑-美元外交》(Sterling Dollar Diplomacy)，第318~319页。
37. 作者和罗伯特·林赛的访谈。
38. 作者和安东尼·韦希尔的访谈。
39. 康涅狄格州纽黑文耶鲁大学高级纪念图书馆拉塞尔·莱芬韦尔资料，1030组，系列1，第6箱，第138卷，爱德华·皮科克的信，1947年12月15日。
40. 作者和蒂姆·柯林斯的访谈。
41. 麦克米伦：《战争日记》(War Diaries)，第190页。

42. 作者和戴维·巴兹尔·希尔-伍德的访谈。
43. 同上。
44. 《机构投资者》（Institutional Investor），1980年3月。
45. 桑普森：《英国剖析》（Anatomy of Britain），第390~391页。
46. 作者和蒂姆·柯林斯的访谈。
47. 韦克伯格：《商人银行家》（Merchant Bankers），第204页。
48. 摩根建富资料（1910至目前），英国铝业公司《备忘录》（Aide-Memoire），1958年12月15日。
49. 《金融时报》（Financial Times），1959年1月8日。
50. （伦敦）《每日快讯》（Daily Express），1958年12月31日。
51. 《机构投资者》（Institutional Investor），1980年3月。
52. 同上。
53. 费里斯：《银行家大师》（Master Bankers），第60页。
54. 作者和斯蒂芬·卡托勋爵的访谈。

第二十七章

约 拿*

20世纪50年代末,似乎J.P.摩根公司的荣耀已经逝去,如同罗斯柴尔德和巴林公司所经历过的那样,这个名字带上了一个令人敬仰但又有点过时的光环:一个银行王国似乎终于衰落,走到尽头了。摩根银行家们仍死抱着批发业务的程序不放,而竞争已经把银行业务推向大众。像国民城市及大通这样的大型商业银行也开始狠抓消费者存款,进军购物中心,吸引艾森豪威尔时代的新生郊区中产阶级。银行家信托公司曾坚持账户最低额为5000美元,但最终还是取消了这一规定并做起小额零星业务。

是亨利·克莱·亚历山大把摩根从被人遗忘却又自视清高的境地解救出来。亨利于1955年接替乔治·惠特尼成为董事长。尽管他们俩对银行业务的实质有某种共识,但却是截然不同的两类人:惠特尼是东海岸贵族,而亚历山大,正如当时银行的公关官员吉姆·布鲁格回忆,"有南方人的随和雅度,他谈吐自如,对工作全神贯注,充满热情——额发零乱,一派好莱坞的英俊气度"。[1]惠特尼和亚历山大都非常英俊潇洒,以至于他们出现在公共场合的时候,女人们一直沿街巷穷追不舍。

---

* 《圣经》中的人物,以色列的一位先知。

亨利·亚历山大差不多是50年代华尔街最有名的银行家。他的照片曾被刊登在《时代周刊》的封面，他的个人魅力部分得益于摩根财团的形象。作为戴维斯-波尔克法律事务所的一名年轻律师，他曾在奈氏"死亡贩子"听证会期间替杰克·摩根辩护。杰克曾说过："我喜欢那个年轻人。"这几个字确保了亚历山大福星高照。1938年圣诞前夕，杰克邀请他成为继佩科拉听证会后的第一位新合伙人。"考虑一下吧，"杰克说，"咱们一个月后再谈。"[2]亚历山大对于当摩根合伙人还是戴维斯-波尔克公司合伙人着实进行了痛苦的思想斗争。他的一位律师同事对他说："你拿到了两副'同花顺'的牌，必须二者取其一。"[3]他选择了摩根并为该银行组建成公司做法律工作。他是拉蒙特也是惠特尼的门徒。拉蒙特认为他早慧而机敏，惠特尼则说："亨利能力过人。"[4]

像拉蒙特一样，亚历山大的好身材也是天生的，具有与生俱来的雅致。高挑的个儿，卷发，瘦削的下颏，还时不时在西服上衣的口袋里装缀着手帕，头戴翘边礼帽，使得他更加风度翩翩。而实际上，他是田纳西州默夫里斯伯勒人，父亲是谷物及饲料商。他读过公立高中、范德比尔特大学和耶鲁法学院，他在一个死气沉沉的南部法庭里消磨时光的时候，第一次学到法律知识。他有政治家的才能，一次，访问田纳西州，他与一位做骡子买卖的农民交谈，后来这个农民说："他是我遇到过的最友善的骡子商。"[5]

亚历山大表现出自相矛盾的形象。他自称生来就是杰克逊式的民主党人，而加入的却是共和党。他赞成健全而正统的财政政策——同样也赞成减税，以刺激增长。他是卫理公会教徒，妻子（曾是鲍尔斯公司的模特儿）是圣公会教徒，因而他总是说："在市里我是卫理公会教徒，在全国我则是圣公会教徒。"[6]这使得人们对他的身份疑惑不解。亚历山大谙熟保密技巧，从不提及客户姓名，有一次他令人难以忍受地、拐弯抹角地告诉记者：客户数字"比一万的二分之一要多"。[7]

亚历山大改变了摩根银行傲慢的形象。他乘一叶小舟泛波，开一辆雪佛莱客货两用轿车，而且购买现成的制衣。当时，由于美国各大财团均向众多石油公司和军火商的根据地——南部和西部转移，有一位带南部口音的董事长是很有用的,他可以鼓动德克萨斯州、加利福尼亚州以及摩根银行长期以来尚未开发的其他一些地区的生意。亚历山大拉老乡关系干得棒极了。他有时像玉米饼似的,窝窝囊囊,闪烁其辞,实际上却是真正的世故圆滑。他常对不少公司的经理们说:"如果你们决定借点钱,我希望别忘了你们在华尔街23号的老乡。"[8]如此机智的措辞已掩盖了事实真相,那就是摩根银行急需扩展新业务。

在艾森豪威尔连任期间,摩根银行与白宫交往甚密。1956年3月初,艾克在斟酌是否让理查德·尼克松继续当副总统。当时谣言四起,盛传他要罢免尼克松,尼克松也准备宣告退休。艾森豪威尔把此事列为"男士晚宴"的一项议题,并邀请乔治·惠特尼参加。惠特尼建议艾克选择克里斯琴·赫脱为搭档,他比尼克松年纪大且阅历丰富。在后来的一封信中,他又说,尼克松可以进一步修炼,将来当个共和党的高层领导人——这是很圆滑地让尼克松靠边站的策略。总统在他标有"私信、保密"字样的回信中对这一提议予以认同,但又无可奈何地加了一句:"(政治家们的)态度似乎是采取目前最顺应民意的措施。"[9]

亨利·亚历山大在白宫十分受欢迎,新闻界给他起了个绰号叫"艾克的银行家"。尽管亚历山大是摩根历史上最注重国内业务的董事长——他在20年代国外贷款热之后才加入摩根,而且从未在国外生活过,但是他把摩根和英国认同的形象完全国际化了。这在苏伊士运河事件期间特别明显。1956年7月26日,埃及总理加麦尔·阿卜杜勒·纳赛尔把苏伊士运河收归国有。第二天,英国首相安东尼·艾登爵士通知艾森豪威尔,英国正在起草应急军事计划以收回运河。11月初,英国、法国和以色列入侵了埃及,这使艾森豪威尔和他的国务卿约翰·福斯特·杜勒斯感到非常震惊。

苏伊士事件使大西洋联盟四分五裂,摩根财团为此大伤脑筋,并力图挽回美国对英国的支持。12月7日,亨利·亚历山大以少有的雄辩口才在芝加哥企业家俱乐部发表演说,把纳赛尔描绘成一个"搅乱阿拉伯世界的吞吐火焰、口念咒语的恶魔"。他还强调苏联企图通过与纳赛尔联合控制中东石油,以达到扼杀北大西洋公约组织的目的。亚历山大建议:美国以往曾将其保护范围扩大到雅典、土耳其和远东,现如今在中东也可以推行这种做法。在结束演讲的时候,他力主美国与大英帝国、法国恢复"对话关系"。他说:"我们必须维护我们的联盟,他们是我们防御的核心力量,是阻挡共产主义洪流的闸门。"[10]

乔治·惠特尼向来克制自己,不去利用他与艾森豪威尔的关系,这种谦卑的态度提高了他的可信度。但是,1956年12月26日,他一反常态,给艾克写了一封严肃的信,直截了当地建议对纳赛尔采取更严厉的措施。

> 到一定的时候,必须要有人明确告诉他(纳赛尔)如何以特定的方式下台,并承担由此可能引起的风险。很可能你已经这么做了;如果还没有做,我觉得你肯定会做的。如果不采取行动,风险将日趋严重。这不仅使西欧金融处于窘迫之地,而且使西方大国名誉受到损害,后者于我来说是最不利的反响。我想,不用说在许多亚洲人和非洲人的心目中美国的地位是改善了,但我觉得实现这一目标让西方世界付出了前所未有的代价。[11]

艾森豪威尔把此信给杜勒斯看,杜勒斯对惠特尼十分了解。这位国务卿提醒艾森豪威尔,摩根银行是英国政府的财政代理,并指出惠特尼的消息来源是"有些偏向性的"。[12]艾克回避了惠特尼信中的问题。在回信中,他告诉惠特尼,听说由于英、法在苏伊士事件中未能获胜,安东尼·艾登已经辞职。然后他突然转而打趣和开玩笑。

与20世纪20年代不同,摩根目前在白宫的影响力与它那为数不多的资金极不相称。50年代,摩根似乎萎缩了,也许这仅仅是因为它的对手迅速壮大。它必须拼凑一些银团才能向例如法国这样的大客户提供服务。但是,亚历山大仍然对分行业务和银行合并的热潮置若罔闻。由于老朽而尊贵的老银行纷纷被穷凶极恶的零售巨商吃掉,老华尔街渐渐消失了。纽约第一国民银行——即皮尔庞特的好朋友乔治·贝克的银行——就是这种情势的一个例证。由于不愿意硬拉生意,而要求客户自愿上门,这家银行就像一个絮絮叨叨的老富婆一样,很体面地死去——被国民城市银行收购了。大通银行遭到摩根财团冷遇以后接管了敌意的曼哈顿银行;化学银行收购了纽约信托银行；此后制造商信托银行又与汉诺威银行合二为一。纽约三分之一以上的银行销声匿迹了。只有合并，这些银行的规模才能扩展，与其多国客户的规模相适应。

这是银行业的崭新纪元，银行形象不再像以前那么严厉了。传统式的银行家都是脾气粗暴的吝啬鬼，严格审查贷款申请，并且生性就倾向于否决。这种做法只适合于由银行家分配稀少资金的特定历史情况。但是，在赌场时代，这种情况出现了逆转，其特征是金融中介迅速崛起，资金十分充裕。这时的银行家都成了和蔼亲切的推销商，他们是扶轮国际地方分社的成员，打高尔夫球，并在电视广告中笑容可掬。银行曾一度像戒备森严的堡垒或四周环绕着哥林斯式大柱的法院，而如今它们转而邀请外来者。1954年，制造商信托银行在第五大道开了一家分行以招徕过路客。这家分行有一个30吨重的保险箱坐落在厚玻璃窗的后面，这样路过的人都能从其敞开的门一瞥保险箱内部。在这些新银行的内部，大理石走廊和出纳员的柜台已换成了敞式柜台以及柔软的家具，其色调赏心悦目。大通银行展开的广告活动，打头的有一条标语："大通曼哈顿有你的朋友。"对贵族风范的摩根银行家来说，这样的举动未免太过分。亨利·亚历山大对此嗤之以鼻："市场如此广大，你无法迎合每个客户。"

为了显示他们现在迎合公司客户的需要，许多华尔街的银行把总部迁到商业区与住宅区交界处。目空一切的银行家等待公司董事长们跑来求他们的时代已经一去不复返了。1950年和1965年间，华尔街上几乎没有出现新建筑。大通银行在商业区拥有大片土地，很担心不动产的价值会下跌。为了保护大通银行的利益，重新唤起对华尔街的信任，约翰·麦克洛伊和大卫·洛克菲勒与房地产巨商威廉·泽肯多夫做了一笔生意，在与华尔街隔一个街区的地方盖一幢大通曼哈顿大厦。

作为这笔买卖的一部分，大通银行还必须为它那位于百老汇街15号的38层高楼找到买主。顺理成章的买主就是建筑连在一起的摩根财团。当泽肯多夫1954年第一次与亚历山大提出这件事的时候，他们会谈的内容很有启示。

"我们不是房地产商,"亚历山大说,"我们已经有了街角这一小块漂亮的地盘。我们在金融界的作用是不同寻常的;我们的规模虽然不大,但有很强的实力和影响力,有关系网。而且,我们不想扩大,不需要这块地方。"

"亨利,"泽肯多夫说,"你马上会结婚的。"

"你说什么?"

"总有一天你会与另一家银行合并,一家大银行。那时候,这点财产实际上就是新娘的嫁妆;你可以与合伙人达成一项更好的交易。"

"摩根永远也不与人合并。"

"好吧,这只是我的预测。"[13]

泽肯多夫后来总是向亚历山大提起他们的这次会话。

从大危机中幸免于难的银行家都不敢做房地产投机生意,所以亚历山大为购买百老汇街15号而玩命地讨价还价。他以2125万美元买下,得到的抵押贷款利率为3.5%。这个条件使大通银行赚不到什么钱,所以后来它买回了抵押贷款。百老汇街15号这时与华尔街23号连成一体,成了后者堂皇的入口。喜欢炫耀的泽肯多夫利用这笔交易转变了摩根对房地产贷款的反感情绪,并最终从这家银行获得了贷款。后来,泽肯多夫讲述了在他结束一次旅行飞回纽约的途中遇到了一位记者,这位记者如何哄骗他中途下飞机去参加一个裸体营的婚礼。当他赶到华尔街23号开会的时候,印有他和婚礼狂欢者照片的新闻已经登出来了。他原以为这次曝光很可能终止他与端庄正派的摩根财团之间的关系。但是,摩根的每个高级职员,包括亨利·亚历山大和乔治·惠特尼,都洗耳恭听这些很刺激的详细情节。

许多摩根人反对合并,因为他们喜欢在家长式的额外津贴甚丰的小银行工作。他们认为合并会使摩根与众不同的特色失去价值。还有更令人进退两难的情况:如果为增加资金与一家较自己大的银行合并(这是唯一能解释这么做的正当理由),就要成为小合伙人,J.P.摩根公司实际上将不复存在。尽管如此,决定最终还是必须要做出的。直至1958年,亚历山大还在以摩根银行的自力更生唬人，他跟人们说："有的合并是不错，尽管我不否认在这儿也会发生这样的好事，但我们不想合并。我们干得很不错，谢谢你们，我们要坚持到最后，我们并不急于合并。"[14]

亨利·亚历山大以其横溢的才华和罕见的运气，解决了这一难题。在百老汇大街140号的街角，是那个臃肿的、死气沉沉的担保信托公司。资金充裕而人才短缺，这家银行的情况和摩根财团恰恰相反。其很高的贷款限额比芝加哥高架轻轨环线以内所有的银行的总和还高。这家银行曾是货币信托银行，在20世纪20年代初的那次灾难性的食糖贷款后，便受到了摩根的监护。1929年，该银行与国民商务银行——曾叫皮尔庞特·摩根银行——合并，成为纽约第二大银行。30年代，乔治·惠特尼在其信托委员会当主席，汤姆·拉蒙特在其执行委员会当主席。这是一家第一流的银行，美国前100家公司几乎均是它的客户。吉多·维倍克当时是担保银行的一个职员，他说："我们曾认为摩根是一个不错的小银行，由于它有贷款限额，在参与大额贷款时，只能占一小部分，他们对此非常担心。"[15]

担保银行的董事长是卢瑟·克利夫兰。他是一个老派银行家，戴无框眼镜，头发一丝不苟，阴沉着脸。他说话简短，不具幽默，试图操纵整个银行。他的独裁作风促使人才大量外流。对下属来说，克利夫兰是傲慢专横的，成年人也会在他面前不寒而栗。他的儿子进他的房间时也像玩偶盒一样飞快地出出进进。克利夫兰总是让来访者在办公室外等候，让他们进办公室后又会严加盘问。尽管股东已表示不满，而且生意萧条，他仍对建立分行和开设小型支票账户的提议嗤之以鼻。

卢瑟·克利夫兰是关系银行业的专家。他坐在一间幽暗的、黑乎乎令人昏昏欲睡的办公室里，潜心研究办公桌上唯一的一份材料。布鲁斯·布拉肯里奇当时在担保银行工作，后来又成为摩根担保银行的一名公司经理，他回忆说："那是一个10人名单。他们是银行最重要的客户。他肯定会定期给这些人打电话以示他对他们生意的关注。"[16]克利夫兰曾是经营俄克拉何马石油的银行家，他有一大批有权有势的石油界客户，包括城市服务石油公司，四合一财团（即当今的埃克森、美孚、德士古和雪伏龙），它们可以以很优惠的条件享有从沙特阿拉伯油田打油的专营权。为了与董事会成员搞好关系,他与董事们打扑克。有一位油田界的董事居然把一张罕见的10000美元面值的钞票放在皮夹里,随时准备快速地大赌一场。据一位曾经是该银行的雇员说,整个贷款业务充满了裙带关系。"我见过的克利夫兰批准过的唯一一笔贷款是给他的一个关系户的期权贷款,"担保银行的一位银行家说,"后来这笔贷款受到了银行评估员的批评。"更有甚者,食糖事件的余毒使担保银行缩手缩脚,陷入瘫痪。当时担保银行的信贷分析专家弗兰克·罗森巴赫说:"保本比赚钱更重要。"[17]

克利夫兰暴戾恣睢,自命不凡,终于导致董事会反叛。一位董事问谁可以取而代之,克利夫兰咆哮道:"没人!"于是乎,董事会就与亨利·亚历山大就合并问题进行会谈,旨在踢开克利夫兰。福特汽车公司给了他最后致命的一击,该公司对担保银行经管其养老金不满意,并将资金转到摩根。董事会告诉克利夫兰如果他连最大的账户都保不住,那就是不称职。起先,担保银行的董事会到华尔街23号建议新银行名字为"担保-摩根"——这个点子让亚历山大无法忍受。一年后,1958年12月,由于对克利夫兰的失望与日俱增,董事会咬碎了牙往下咽,同意新银行命名"摩根担保银行"。独裁专制的克利夫兰召集各位副行长宣布这一消息,这是人们记忆中唯一的一次银行职员会议。

J.P.摩根公司接管了规模四倍于自己的一家银行,因而新闻界把它比喻为约拿,反把鲸鱼吞食了。*亚历山大设计了这笔完美的交易。担保银行在铁路和公用事业方面有实力。J.P.摩根是美国钢铁公司的主要贷款银行,而担保银行的一大客户则是伯利恒钢铁公司。摩根拥有肯尼科特铜业公司,担保银行拥有阿诺康达公司。摩根在美国东北部和西欧无可匹敌,担保银行在南部、小油田、中东和东欧的关系广泛。作为第一次世界大战期间美国财政部的欧洲事务代理,摩根历史上就在伦敦、巴黎及布鲁塞尔设有分行。20世纪20年代,担保银行为托马斯·沃森的IBM提供资金,它的几位经理因投资于该公司而发了财。美国运通公司在担保银行的存款最多,高于在其他任何一家银行的存款,而且亨廷敦·哈特福德和美国电话

---

* 《圣经·约拿书》载,约拿不遵耶和华的意志行事,耶和华命大鱼将其吞入腹中。

电报公司也在该公司开了账户。摩根真是大赚一笔!

华尔街的人说,实际上是担保银行被亨利·亚历山大兼并。比尔·泽肯多夫前来祝贺,亚历山大说:"要知道,我常常想起咱们俩的那次谈话,你说得很对。"泽肯多夫说:"亨利,我说得不对,我错了。""怎么呢?"亚历山大问道。泽肯多夫答曰:"你不是当新娘的人。"[18]

亚历山大主持合并后银行的工作,而卢瑟·克利夫兰基本上没事干,一年后就退休了。汤米·拉蒙特和小亨利·戴维森成了副董事长,戴尔·夏普任行长,他是担保银行中唯一一位保住了高层职位的人。华尔街23号和百老汇街15号合并后要翻修,亚历山大和其他人就暂时搬到担保银行在百老汇大街140号的办公室。摩根"军队"的大举进攻,非但没有使担保银行堑壕中的部队觉得挫败或丢脸,反而让他们感到解放和得救了。亚历山大犯的一个严重错误,就是直到银行合并消息公诸于众前一小时才通知摩根建富公司。这一消息对这家伦敦银行的打击特别大,因为担保银行有一个规模大、竞争力强的伦敦分行。

1959年4月24日,银行合并圆满完成。亚历山大召集组合后的全体职员,以摩根的集体座右铭给大家训话:"在此,摩根人只占少数。但我希望,除少数摩根人以外的每个人也都知道,晋升途中很重要的一个因素是如何很好地培养你的下属以接你的班。"[19]这种密切协作的企业文化强调集体高于个人,使摩根担保银行不同于华尔街上那些由好斗之徒组合而成的银行。

尽管队伍壮大了,但亚历山大仍然坚持与部门主管开会的传统。摩根人对职位是比较吝啬的,但是为了抚平与担保银行职员的关系,亚历山大慷慨地提拔人才。在两行合并的过程中,"风格"这类小事往往最难处理:仅就文具印刷风格问题就争执了很长时间;两家银行的餐厅都使用印有花押字的银器,就银器和火柴封面所进行的交涉也是步履艰难。

1960年4月,小朱尼厄斯·摩根在他的北滩宅邸邀请800人共进午餐,以祝贺合并成功。伙食由路易斯·谢里饮食公司提供。杰克的这个大儿子比他弟弟哈里更不适合干银行工作,他还在从事银行业是出于对家族的忠诚。摩根巨大的能量在这无忧无虑但多少有些无能的一代人身上渐渐枯竭了。朱尼厄斯是纽约游艇俱乐部的会长,他渴望成为一名航海船舶设计师,家里摆满了玻璃船模。他英俊,为人宽厚,但缺乏雄心壮志,成了又一位被捆绑在家族王朝驾驶方向盘上的摩根先生。虽然他每天早上都穿上银行制服,戴着软呢帽,但看起来从来就不像那么回事。一位同事回忆说:"朱尼厄斯是我遇到过的最友善的人。但他应当干海军,他根本不懂银行业务,可惜他了。"

那次午餐实际上是朱尼厄斯与银行的告别会。他穿着旧的补钉衣服,高大而英俊,在他那有40间房子的石头宅邸的走道上迎接客人。宅邸名字叫"致意楼",里面存放有英式家具并残存着旧日典雅的气息。在大厅的壁龛里,陈放着7个大型明代釉陶人像。朱尼厄斯与客人们握手,旁边站着他的妻子路易丝,她毛衣上还有个洞。家里有人认为她具有艺术家气质而且行为古怪,有的人则认为她盛气凌人且娇生惯养。路易丝做梦都想"赶上"约翰·辛格·萨金特所画的肖像画里的杰西·摩根。她养了一大群黄色的拉布拉多狗,它们在寓所、桌子、网球场、游泳池和方圆20公顷的花园四处乱跑。6个月后,朱尼厄斯在安大略的一次狩猎中死于突发性溃疡,享年68岁。

通过与担保银行合并,摩根财团夺回了其世界第一大批发业务银行的地位。存款猛增到40亿美元,其规模继第一国民城市、大通曼哈顿银行和美洲银行之后,居第四位。但摩根的公司实力不止这些,它拥有的公司账户数量无人能及,1万个账户中有97个开户公司属于美国百家最大的公司。到20世纪60年代中期,这家新合并的银行每年发放的公司贷款高于其后5家银行贷款量的总和。

这家新银行的出现导致了自罗斯福新政以来所没有过的一种担心情绪。但表示担心的不是华盛顿,而是其他各家银行。若在20年前,摩根-担保银行的合并早就会引发人民党中心地区激昂的抗议声。如今,只有轻微的抱怨,主要来自德克萨斯州国会议员赖特·帕特曼,他想以反托拉斯为由阻止这一合并。纽约州银行管理当局同意合并,他们注意到赌场时代的现实情况已不同于过去:公司如今可以跳过银行找人寿保险公司筹资,以发行债券方式筹资,或者用留存盈余扩大生产。银行作为资金提供者的特殊地位已经不复存在，银行权力过大这一令美国政界担心的老问题也随之烟消云散。

起始，摩根在肯尼迪时代似乎可望发达。尽管杰克·摩根及摩根银行曾怠慢过约翰·肯尼迪总统的父亲，但肯尼迪总统仍想讨好华尔街，以增强他战胜尼克松的微弱优势。道格拉斯·狄龙说："他在金融政策上也很保守。许多人当时并没有认识到这一点。我想这是受他父亲的影响吧。"[20] 总统就内阁人选一事咨询了当时在布朗兄弟哈里曼公司工作的罗伯特·洛维特先生，后者推荐财长人选为约翰·麦克洛伊、道格拉斯·狄龙或者亨利·亚历山大。显而易见，亚历山大本来已经被安排在了这个位置，但他后来犯了个战略性错误。在竞选过程中与肯尼迪待了一个钟头后，亚历山大宣布他支持尼克松。罗伯特·肯尼迪（约翰·肯尼迪的弟弟）在谈到亚历山大的失误时说："我认为摩根银行的一把手拿到这个职务本来应该是毫无问题的。约翰认为亚历山大支持尼克松是对他个人的污辱。"[21] 狄龙后来获得了这个职位。但或许亚历山大本来就不适合进入肯尼迪内阁，就在考虑内阁人选的时候，他仍然与银行家们谈论尼克松的落选："作为商人，咱们不能孤立自己或者关在屋里生闷气。"[22]

然而，亚历山大还是被卷入一桩肯尼迪政府的轶闻中，即1962年约翰·肯尼迪与美国钢铁公司董事长罗杰·布劳就钢材涨价一事发生的对峙。政府向钢铁工人工会施压，迫使工会同意工资上调幅度适中；作为交换条件，管理部门同意控制钢材价格。当布劳4月10日通知肯尼迪钢价上涨3.5%时，他感到上当受骗。这种背信弃义的行为引发了肯尼迪那闻名遐迩的大骂："我父亲总是跟我说，所有的商人都是狗娘养的，我以前一直不信，现在我可是信了。"[23]

肯尼迪开始运筹反对涨价，并猛烈抨击商人。与此同时，政府在寻求更谨慎的办法来影响美国钢铁公司。亨利·亚历山大是该公司董事会的成员，摩根财团的小约翰·迈耶是该公司执行委员会的成员。副财长罗伯特·鲁萨曾是布朗兄弟哈里曼公司的合伙人，他打电话给亚历山大，请求亚历山大劝说布劳不要提价。摩根财团已不再有魔法让美国钢铁公司取消涨价，但亚历山大还有可能在双方僵持阶段让布劳在新闻发布会上缓和他那与政府对着干的言辞。最后，迫于肯尼迪的压力，布劳于4月16日将价格压低至原来的水平。此后，亚历山大陪着布劳参加一系列会议，以修复与白宫的关系。

尽管如此，肯尼迪执政期间还是为银行家提供了一个政治上宽松的环境。这期间，银行家们已不再像他们在30年代那样令人生畏。摩根银行甚至头脑有点发热，超出它原来的业务范围。1961年，亚历山大终于传染上了存款热，决定屏弃摩根长期以来排斥零售业务的态度。通过和纽约州北部六大银行的联盟，亚历山大希望组建美国最大的控股银行，一个名叫"摩根纽约州"的庞然大物。布鲁斯·尼古拉斯是戴维斯-波尔克-沃德韦尔法律事务所的合伙人，他解释说："基本的想法是，这家银行要设一个凯迪拉克分部，一个雪佛兰分部。"不可一世的摩根财团本来立即就要在奥奈达及宾厄姆顿等地建144个分行，但结果是，摩根唤醒了大众对银行家朦朦胧胧的恐惧感。于是，约翰·肯尼迪的货币监理官詹姆斯·萨克森以反托拉斯为由枪毙了这一计划。有些人认为摩根银行提出的计划过于宏大，结果搞砸了。过后，亚历山大叹着气对同事们说："唉，我们不得不盯着批发银行业务了。"日后，这家银行才感到萨克森使它避免了一个可怕的错误。

当摩根担保银行的全体人员返回装修一新的"街角"的时候，这个建筑物的内装饰反映出银行业的一个崭新时代。所有的东西都对客户开放：玻璃及大理石的围栏已拆去。嵌皮面的光滑的红木写字台已经取代了带有隐藏分类格的象征特色的拉盖办公桌。只有在德国和奥地利旧式宫殿里才能看到的一个巨大的路易十五枝形吊灯，使整个大厅光彩熠熠；原来马赛克的镶板面已覆盖上苹果绿的织物。尽管仍旧富丽堂皇，但已往的神秘感已经荡然无存。变化最大的要数交易厅，过去它意味着整个银行，现今只是百老汇街15号摩天大楼的一个豪华接待室。而高层职员的办公室仍留在华尔街23号楼的二层。似乎是为了炫耀其对世俗的成本观念不屑一顾，银行否决了扩建这个起路标作用的矮楼的建议，让它永远站在其他高楼的阴影里。华尔街23号楼很可能是世界上仅存的成本效益最低的建筑。

合并后不久，美国银行业开始挣脱监管规定的限制。艾森豪威尔时期，银行家梦寐以求的是存款。为了求得漂亮的存款，亨利·亚历山大劝降了担保银行。但是50年代末，利率猛长至4.5%，公司的财务主任不愿放着没有利息收入的自己的存款（补偿性余额）不用，而去贷款。摩根财团则帮助客户将存款转向高收益的货币市场票据，此举在当时被一些银行家认为是大逆不道。乔治·惠特尼对批评者说："我的客户不是傻瓜。"[24]

看来不付利息的存贷余额会逐渐被侵蚀掉。对摩根财团而言，没有消费者存款作缓冲，失去公司存款的幽灵就变得尤为可怕。摩根银行内部一些人对批发贷款业务令人沮丧的前景看得十分清楚。后来接替亚历山大任董事长的小托马斯·盖茨常常开玩笑地对他说："你看，这事不好干。"[25]

打破束缚的日子就要到来。1961年，第一国民城市银行的乔治·穆尔和沃尔特·里斯顿想出了绕过规定的利率上限的办法。按照法律规定，银行不对30天以下的存款支付利息。但是银行出售30天以上到期的"可转让大额定期存单"，银行就可以支付利息。这些大额定期存单可以流通（因此，叫"可转让"）。可转让大额定期存单的使用触发了商业银行运行方式的一场变革，使它们摆脱了对存款的依赖。银行家再也不必等存款，从公司和消费者手中解脱出来。如今它们可以周游世界，在海外批发市场出售大额定期存单以筹集资金。这种新做法叫管理负债（在银行术语中，贷款是资产，存款是负债）。因此从两方面来说，关系银行业务已经土崩瓦解了：一方面，公司财务主要任务要求从其存款中获利；另一方面，银行家已轻装上阵，可以不要存款而转向货币市场。

摩根的创新者是拉尔夫·利奇。他身材高大，面色红润，毕业于芝加哥大学，是米尔顿·弗里德曼的门徒。他一开始是联邦储备委员会的职员，也是该委员会主席威廉·麦克切斯尼·马丁的网球搭档。两人常常在上午参加完联邦公开市场委员会会议后，中午冲出去抢夺联储的网球场。20世纪50年代初，利奇要转到担保信托公司工作，马丁当时是纽约证券交易所第一位拿薪水的主席。他对利奇说："拉尔夫，别忘了，你今后一两年的同事要是在15年或20年前，都是会进监狱的那号人。"[26]利奇作为摩根担保银行的司库，仍向联邦储备委员会提供建议，并给联储的理事会及职员讲解货币市场业务。新时期与20年代不同，摩根与联储的亲密关系不是体现在贷款业务上,而是体现在国库券业务上。摩根成为联储在市场上的耳目,反过来它常获得中央银行信息。与新政时期相比,摩根现在与华盛顿联储的关系更为密切。在50年代,摩根雇用阿瑟·伯恩斯当经济咨询专家,他跟踪联储的马丁。

在担保信托银行工作期间,利奇向克利夫兰不停地送备忘录,就银行如何更大胆地管理资金提出建议。傲慢的克利夫兰总是说:"年轻人,上楼先去管好已有的贷款,我们才能管好这家银行。"[27]与摩根合并后,利奇得以尝试他的设想并率先在联邦基金市场上进行试验。联邦基金是各商业银行存在联储的储备金。有的银行短时间内有"剩余"的储备基金,即超出法定要求的储备金部分。摩根开始利用内地的小银行暂时不用的储备金,或者自己使用或者以隔夜贷款的条件贷给其他银行。这类短期贷款的规模大幅度增长,达到每天10多亿甚至20亿美元。有的银行还是认为新辟市场不应当用于利润交易,而作为天才交易商,利奇视联邦基金市场为一大盈利来源。

对商业银行家来说,可转让大额定期存单和联储基金意味着一场剧烈变革。由于银行业务已从存款转向购买资金,所以重心也就从存款业务厅转向资金交易厅。随着银行积聚了大规模、形式多样的投资资产组合,资金交易染上了一种新的投机色彩。银行业务不仅风险加大,而且越来越没有人情味。老派银行家请公司财务主任吃午饭以便保住公司在银行的存款,而如今的资金交易商都是些瘦弱且患甲状腺机能亢进的人,成天泡在电话上,眼睛只盯着不断变动的价格,他们无需特别讲礼貌或有教养。以往存款业务那悠闲的节奏已为资金交易商们闪电般的决断所代替。

联储认识到这种波动性大的新业务所蕴藏的危险性。难道存款和投机又要像20世纪20年代那样混杂在一块吗?难道格拉斯-斯蒂格尔法案还没有将银行与这一飞快变化的市场相隔离吗?摩根拉开架式十分张扬地做资金交易,其资金交易部门是战后最具实力的一个。但是,对这一新业务比较生疏的银行能做得好吗?在他们手里这一业务会不会成为一个危险的工具?利奇回忆说:"联储总是对我们说,'摩根做这项业务是可以的,但是如果美洲银行和花旗银行也这么做了,结果将会如何?'其实,他们主要的想法是,'这样做对你们这些家伙不错,但对国家有害。'当他们问及其他银行能不能干好的时候,我总回避道,'我可不能狂妄自大地对他人评头论足。'"[28]

渐渐地,摩根财团"游回"到资本和货币市场。由于格拉斯-斯蒂格尔法案禁止摩根介入公司证券的交易,摩根在60年代成为国库券和市政证券的最活跃的交易商。利奇不同于老式的束手束脚的银行家,他总是在利率走向方面下大赌注。尽管这种做法现在在银行界已司空见惯,当时对华尔街23号那些保守者来说,则是让人瞠目结舌的离奇事物。1960年,利奇抓住一个绝好时机,对联储正在拍卖的一年期国库券进行投机。他冷静地向摩根董事会提议一笔巨额赌注,副董事长亨利·戴维森问:"拉尔夫,我们谈的这个数目有多大?"利奇说:"嗯,8到10亿美元。"斟酌再三,戴维森答曰:"拉尔夫,我们要花时间考虑考虑,一年前这就是整个银行的业务量。"[29]

这项新业务唤醒了50年代那死气沉沉的华尔街。不久,位于百老汇街15号的摩根大楼的第十层已经有了一大批热血沸腾的年轻交易员,他们占据头寸,买进国库券、可转让大额定期存单、外汇以及联储基金,伺机出售。很快,利奇每日经营的市场交易量达10亿美元。1966年,《财富》杂志声称,利奇"在一年中经营的钱很可能比其他任何一个在私营部门工作的人都多"。[30]

在某种程度上,利奇过于锋芒毕露,以至于政府开始干预了。1962年8月,财政部出售三月期总额为13亿美元的国库券。利奇投标,金额达到令人震惊的6.5亿美元巨额,是迄今为止购买国库券的最大一标。华尔街看出这是试图垄断市场。尽管利奇温文尔雅地否认有任何恶念,财长道格拉斯·狄龙还是针对摩根银行颁布了一条新政策。此后,单个投标人最多只能购得每周出售的证券的四分之一。摩根份额被减半为3.25亿美元。

普通百姓要花许多时间才能理解这些变化。购入资金、可转让大额定期存单以及无所顾忌的资金交易的崛起将对银行业产生深远的影响。从前,银行家特别注重业务的"资产"方面,即发放贷款。现在,负债方面,即贷款所依附的资金也变得同等重要。增加利润有两种途径,提高贷款利率或在市场上购进更廉价的资金。在这一新环境中,摩根财团这一保守主义的阵营,已将资金交易人抬高到一个陌生而显赫的位置。

然而,对银行来说不幸的是,这一新的批发货币市场对银行的公司客户也同样有利。正如摩根银行可以在全世界出售它的可转让大额定期存单一样,通用汽车或美国钢铁公司也可以绕过摩根银行,出售一种叫作商业票据的本票,其利率低于这些公司向银行支付的贷款利率。在摩根所经营的批发公司业务中,银行家已经不再扮演那个特殊的角色——衔接资金供给方和资金使用方的桥梁。在赌场时代,大型公司愈来愈多地自我充当银行家,对批发贷款业务构成了威胁。而在1935年,对于J.P.摩根公司的合伙人们来说,批发贷款业务曾是如此的可靠。

60年代初,欧洲市场的崛起加速了银行革命。几乎没有遭到什么公开的抗议,这些不受管制的海外市场把格拉斯-斯蒂格尔的精神实质给否定了。50年代,只要美国富裕,其他国家穷困,摩根聪明、年轻的银行家就不做海外银行业务。亨利·亚历山大的业绩就有典型性,他没有与各国外长的关系,而这样的关系是汤姆·拉蒙特和拉塞尔·莱芬韦尔事业中的一个显著标记。尽管如此,他预见到美国经济生活的下一阶段发展重点是对外贸易和投资。美国公司均快速向海外扩展。摩根与担保银行合并不久,亚历山大和沃尔特·佩奇就跨出国门,在法兰克福、罗马和东京开设摩根分行,使原来的国际业务网起死回生。摩根利用了1919年颁布的边界法案,该法案规定:如果一国不允许美国银行在该国设立分行,则该法案允许美国银行得以持有外国银行的股权。到1962年,摩根财团已在澳大利亚、秘鲁及摩洛哥等地的11家金融机构中持有股权。在赌场时代,美国银行又一次在追寻其跨国公司客户,而不是领导这些客户。

为了充实国际业务,亨利·亚历山大聘用了艾森豪威尔的最后一位国防部长小托马斯·索夫林·盖茨。他们俩的社交面正好可以互补,亚历山大认识公司和主要的银行家,盖茨与各国总理和外长混得挺熟。人们对盖茨寄予希望,希望他运用其行政方面的才能,管理合并后更加庞大、更为官僚的银行。

盖茨似乎是少有的从旁门左道进入摩根统治集团的人，但事实上他却是正统的摩根苗裔，而且忠心耿耿。他父亲曾是德雷克塞尔公司的合伙人，宾夕法尼亚大学的校长。30年代，盖茨是德雷克塞尔的证券经销商，并在J.P.摩根公司学艺。他热衷于情报工作，二次大战期间在海军航空情报局服役。1953年他开始了在华盛顿的事业，任海军部副部长、部长，最后接替尼尔·麦克尔罗伊任国防部长。

盖茨富有，和气，是一位身穿裁剪考究的衣服的牛仔。他热衷于交际，表现出一种平和的权威。对下属而言，他是位强壮的英雄，喜欢美酒、女人和战斗机。一位同僚不无羡慕地回忆说："盖茨是我认识的人中最喜欢享受生活和美酒的。"在五角大楼，他生硬直率，从不胡搞。一次，他收到一份冗长的报告，申辩要保留一个讨厌的交通信号灯。这个信号灯位于弗吉尼亚州一个海军军火库附近，常常造成交通堵塞。盖茨在报告顶端潦草批示："关掉那盏该死的灯。"[31]他借助海军部长的权力，下令关闭了那些派不上用场的基地。由于他未与林顿·约翰逊商议就关闭了一个位于德克萨斯州的基地，这位未来总统从此不肯原谅他，后来派联邦调查局对他进行调查。

当国防部长的时候，盖茨喜欢做地下活动。他通过国家安全委员会为一项旨在推翻菲德尔·卡斯特罗的四点计划出谋划策，四点计划是以惨败告终的猪湾事件的早期蓝图。他敬仰国务卿约翰·福斯特·杜勒斯，后者经常到盖茨家出席晚餐。尽管艾克下令中央情报局中止U-2侦察机的研制，盖茨还是深入地参与了这个侦察机的活动并授权最后试飞。在当摩根董事长的时候，他不无留恋地说："那个U-2简直不可思议！我常梦见U-2。"[32]恰逢艾森豪威尔赴巴黎与尼基塔·赫鲁晓夫高峰会晤前夕，U-2侦察机被击落，盖茨建议总统承担责任。在剑拔弩张的会晤过程中，他将美国军队处于战备状态，这一举动使得人们更加众说纷纭。沃尔特·李普曼说："选择此时进入战备状态，比在会晤前两周把U-2送上凶多吉少的旅程还要稍微糟糕一点。"[33]

在约翰·肯尼迪就任总统的前一天，盖茨向他汇报工作，他描绘出一幅老挝即将倒向共产党的可怕画面，并建议美国适度介入。他说美军大约需要几周时间进驻老挝。原先的计划是重新任命盖茨为国防部长，鲍比·肯尼迪为副部长，一年后再由鲍比接任部长。但这个计划遇上了麻烦，因为约翰·肯尼迪的顾问指出，肯尼迪竞选演说中提到的美苏"导弹差距"与盖茨的重新任命两者相互矛盾，会让总统难堪。后来福特汽车公司的总裁罗伯特·麦克纳马拉当了国防部长。亨利·福特二世建议两人"交换"——盖茨任福特汽车总裁，罗伯特·麦克纳马拉当国防部长。通用电器公司也请盖茨当家。但是，盖茨却选择了摩根。他的女婿乔·蓬斯说："他说他从来就是个银行家，不想学如何制作烤面包机。"[34]

盖茨给摩根银行带来一种轻松的工作方式。一位下属仍然记得盖茨与吉米·林之间的一次会谈。吉米·林是收购欲强的大型航空和电子公司林-特姆科-沃特的总裁。盖茨滔滔不绝地讲述自己对战斗机的喜爱和热情，而林则不断地问摩根能不能资助他收购威尔逊体育用品公司。"没问题，吉米。"盖茨答道，然后话题又回到他热爱的战斗机上。最后盖茨派一位下属同信贷政策委员会的负责人斯图尔特·克拉金谈这件事，克拉金越级否定了盖茨的草率决定，并直截了当地回绝了林的申请。摩根因而成为华尔街上第一家中止林购买计划的银行。

盖茨从来不曾完全从政治狂热中冷静下来。他不仅是艾森豪威尔的好朋友（艾森豪威尔主动支持他竞选参议员），也是后来两位共和党总统理查德·尼克松和杰拉尔德·福特的好朋友（他的下属猜测也许盖茨桌上的第二部电话是直通白宫的热线）。他的关系网无所不在：他参加了一个专门的组织，1954年该组织由位于旧金山的一家隐秘建筑公司的老斯蒂芬·比奇特尔和摩根的一位活跃的部门经理共同组建。在卡莱尔饭店，比奇特尔定期召集课题组开会。该课题组成员包括泛美公司创始人胡安·特里普、德士古总裁奥古斯塔斯·朗、卢修斯·克莱上将，以及盖茨。在这些喝着白兰地，抽着雪茄的讨论中，比奇特尔总是谈论沙特阿拉伯和伊朗分析石油价格走势，盖茨阐述北约及俄罗斯威胁。[35]盖茨总是运用他众多的关系，扩大摩根在全球的影响。

在肯尼迪新任总统之际，没有人能预见60年代银行业向海外挺进的形势。显而易见,如今总统不得不阻止美国资金的大规模外流。

1962年初,艾森豪威尔召集他的旧内阁成员及共和党领导人开会。阿瑟·伯恩斯的一席话让汤姆·盖茨印象颇深,他警告说持续不断的美元和黄金外流会严重地损害美国的收支平衡,约翰·肯尼迪将不得不采取极端措施。盖茨提醒亚历山大,伯恩斯"认为剩下的唯一办法就是直接管制。虽然政府不愿意直接管制,但迫于形势他们很可能不得不这么做。"[36]摩根财团迅速地做好了准备,以迎接一个美国跨国公司在海外筹资的新时代。正如亚历山大所言:"商业发达,银行兴旺。"

1962年底的一天,亚历山大主持一个情绪激昂的会议,提出了一个30年来闻所未闻的问题:摩根财团要不要重操承销证券的旧业,这回是在巴黎?联储做了一个让华尔街23号小有惊讶的决定(这个惊讶银行家们是心照不宣的),并通过了一项暂行规定:格拉斯-斯蒂格尔法案在美国境外并不构成障碍。但是,这样做经得起法律推敲吗?人们对此战战兢兢。当时在摩根银行工作,后来任驻法大使的埃文·加尔布雷思回忆说:"高层决策人员中有另一派不愿这么干,这容易被人们看成是打擦边球,但亨利对此充满希望。"亚历山大在屋子里转来转去,听取不同意见。最后,他力排异议,说:"好了,我想这就是你们所说的业务决策。"[37]该决定计划在巴黎建立一个证券承销分部,名叫摩根股份有限公司。摩根建富及荷兰米斯-霍普公司是该公司不参与决策的小股东(自从与担保银行合并后,巴黎的"摩根公司"这个名字就暂时不用了)。但是由于满足于美国国内业务,摩根士丹利不屑一顾地拒绝了这第一份进入欧洲的请柬。

1963年7月18日,肯尼迪提议征收利息平衡税,以抑制美元外流。由于这项法令对于出售给美国投资者的外国证券进行惩罚,因此鼓励银行大量向海外扩展。听到这个消息后,凭直觉,亚历山大推测将发生转折。当天下午,他召开摩根管理人员大会,作了一番简短而有先见之明的讲话:"你们将永远记住今天。它将改变美国银行业的面貌,迫使所有的业务转向伦敦。要消除这一法令的影响尚需若干年。"[38]两年后,林顿·约翰逊对发放给外国借款人的贷款实行自愿限制,并在白宫会议期间与盖茨面谈这些限制措施的重要性。[39]一夜之间,海外银行业务成了许多有志者偏爱的事业。

值得庆幸的是，美国境外的美元充足（部分原因是美国的国际收支逆差），形成了一个游离国土的货币资金库。二次世界大战后，苏联唯恐美国报复，把美元存入巴黎的北欧商业银行和伦敦的莫斯科罗纳尼特银行，欧洲美元应运而生。后来，"欧洲"一词用来表示任何所属国境外的货币。也就是说，欧洲美元即是美国境外的美元，欧洲日元则是日本境外的日元，如此等等。到80年代中期，这个自由商人们梦想的不受法律约束的自由浮动市场的存款额已达2.5万亿美元。

欧洲市场是一个迎合大企业、各国政府及各机构的批发市场，因而即刻与摩根财团情投意合。在这里，银行无需为美元存款支付存款保险费，也无需为贷款预留规定的准备金，可以随心所欲地放贷。由于已习惯于新政法令的规定，美国银行家起初对这种灵活做法有些紧张，但不久也就适应了。购买资金取代吸收存款的新趋势，以及欧洲市场的建立，均为发展扫清了障碍。如果联储在美国紧缩银根，各银行可以在伦敦大量出售大额定期存单，并用购得的欧洲美元支持其国内贷款。

纽约各银行负隅顽抗，维护他们的特权。约翰逊执政初期，华盛顿试图取消美国银行在其海外分支机构保留的欧洲美元账户。一位名叫保罗·沃尔克的副财长邀请摩根国际银行业务部主任沃尔特·佩奇及其他一些人到华盛顿商议此事。银行家们发出了严正警告。佩奇回忆说："当时我们说，这是美国银行界的末日，你会把我们从欧洲、新加坡和日本撵出来的。我的天，那天晚上保罗与我把整个法案修改了一遍。他的速度惊人，说话之间就干完了。"[40]这个法案后来被取消了。在未来的25年中，保罗·沃尔克则成了为摩根奋斗的干将。

在摩根建富打瞌睡之际，西格蒙德·沃伯格，这个无孔不入的伦敦反崇拜偶像者已于1963年为意大利的高速公路公司发行了第一笔欧洲债券。摩根新的巴黎分支机构是这个市场上早早升起的一颗明星。与担保银行的合并使得摩根的巴黎分公司重复设置，办公大楼闲置着，这让人挺难堪。因此，摩根将其在巴黎旺多姆广场的分公司留在原地，而把新成立的巴黎摩根股份有限公司搬进位于马克西姆餐厅附近的协和广场4号，这个悬挂着枝形吊灯的大楼原来是担保银行分行。这座建筑原名夸林饭店，是国家纪念馆。本杰明·富兰克林曾在这里与法国签署承认美国独立的协议，夏多布里昂曾在此写他的爱情小说。从它那流光溢彩的大楼内部，摩根财团将向全球证券市场发起冲击。

除开展巴黎业务外，新开发的欧洲市场为摩根各银行扩展与梵蒂冈的关系提供了机会。50年代，梵蒂冈在纽约的资金几乎全部由J.P.摩根的信托部管理，梵蒂冈在伦敦的资金则几乎全部受摩根建富的监管。50年代末，贝尔纳迪诺·诺加拉退休了。他神秘莫测，威力无穷，是"罗马教皇特别行政署"的创始人。诺加拉的退休使摩根财团失去了它最重要的罗马教皇同盟军。为了加固这一关系，1963年摩根担保银行、摩根建富和摩根士丹利与梵蒂冈一起组建了一个名为"欧美利坚"的罗马投资银行。60年代，梵蒂冈资金充裕，富有金融创新精神，它控制着在华盛顿建造的水门饭店的罗马房地产公司。"欧美利坚"是意大利第一家美式投资银行。

这项新的业务由尼古拉·凯奥拉博士负责，他父亲战前曾主管梵蒂冈贸易部门，而他本人在梵蒂冈城长大。40年代末，他在诺加拉手下当一名低级的股票分析员，而后得到了意大利银行的一项奖学金，于50年代初在J.P.摩根和摩根士丹利公司当学徒。60年代初，当凯奥拉访问罗马的时候，梵蒂冈就表示有兴趣与摩根财团共同拥有一家投资银行。凯奥拉回到美国后就开始准备合作方案。摩根担保银行和摩根建富公司立即抓住这一机遇，而摩根士丹利那时对外部世界持一种奇怪的偏狭和夜郎自大的态度，非常勉强地加入这一新银行。在凯奥拉奔赴罗马的前夕，哈里·摩根召见了他并对他说："记住。我们花了漫长的时间建立自己的声誉，现在就在你手里。"[41]

新银行股权的三分之一属梵蒂冈，三分之一属摩根财团，余下的部分在意大利各银行中分配。诚然，欧美利坚银行主要为梵蒂冈服务，但它的确是第一流的大银行，是欧洲市场的开拓者。尽管它位于罗马，它却做美元融资，从而向万能的梅地奥银行在意大利投资银行界的垄断地位发起挑战。直至1971年，这家银行一直盈利，可是在这一年，由于与摩根财团蓬勃兴起的巴黎业务之间产生冲突，所以摩根财团自动引退了。

与此同时，在巴黎的摩根股份有限公司的开张似乎极为顺利。1963年2月，这家银行为德国最大的拥有23家百货商店的邮购公司——内克曼公司发行欧洲股权股票。在将公司变为上市公司时，创始人约瑟夫·内克曼想拥有多数股份。弗里德里希·弗利克这个可能是德国最富有的人、钢铁世家和一个已定罪的战争罪犯的后裔，有意出售他的内克曼股份。内克曼担心这些股份会落入德国银行之手，因为德国银行是可以拥有工业股份的。内克曼尤其想绕过德意志银行这家操纵了整个工业王国的德国第一大银行。他倾向于全球辛迪加，而只分给德国一小部分股份。

对摩根的巴黎新分行而言，内克曼股票的发行似乎是大获全胜。摩根买进3000万美元的股份，然后转售给比利时、瑞士和荷兰的银行。在伦敦，摩根建富牵头组织了一大批购买股份的群体，股票直线上升至溢价。当时摩根巴黎分行的一位叫埃文·加尔布雷斯的人说："这是第一次在国际范围销售的股票。人们认识到我们可以在国际范围进行分销。"[42]但是，当时也出现了发生麻烦的迹象。摩根财团发出售股电传后德国银行不做反应。当德意志银行抱怨股票在德国境外发行的时候，加尔布雷斯说摩根财团只注重客户的意愿。他并不完全了解他自己引发的愤慨的深度，也不完全了解自己是如何深深地触犯了传统。德意志银行会伺机等待，以极富戏剧性的方式打个平手。

尽管欧洲市场本质上是跨国界的，但早期的欧洲市场却为激烈的民族纠纷所困扰。除了欧洲美元市场以外，银行都希望作为主干行发行本国货币证券（甚至美国财政部也曾在短时期内坚持应由美国公司作为主干行发行欧洲美元证券）。如今已昂首阔步的摩根财团起而反对这种地方狭隘主义，因为它正试图侵袭最为神圣不可侵犯的瑞士银行垄断系统。瑞士信贷银行、瑞士银行公司和瑞士联合银行组成卡特尔，主宰了瑞士法郎证券的发行，外部的银行向它们发起挑战，可能自己倒霉。1963年9月，摩根巴黎分行还真是这么干了。当时，哥本哈根市要筹资，财政部门的人征求摩根建富的意见。正如摩根建富的蒂姆·柯林斯回忆说："有人心生一计，既然瑞士利率低，为什么不发瑞士法郎的债券呢？"[43]

这一次，尽管没什么人预见到有场怒火将要爆发，加尔布雷斯还是警告华尔街23号可能会遭到愤怒的反响。加尔布雷斯说:"瑞士各银行气坏了。它们打电话叫醒亨利·亚历山大,说'你不能这么做。瑞士法郎不是国际货币,应当由瑞士人掌管……'亨利被数不清的电话所困扰,电话里尽施各种威胁恐吓。"[44]瑞士政府告知华盛顿,如果再发这种债券,他们将把美元转换成黄金,抛售美元。他们拒绝使本国货币发挥国际货币的功能。他们还对英格兰银行施压。柯林斯回忆说:"一段时间,英格兰银行和瑞士中央银行之间关系冷漠。"[45]这次倒霉的哥本哈根债券发行是那一代人第一次也是最后一次以瑞士法郎发行的欧洲债券。

这时,德国人仍为内克曼股票而刺痛,并伺机报仇。当巴黎摩根股份有限公司宣布认购另一家德国邮购公司——弗里德里希·施瓦布公司的股票时,德意志银行认为这是报仇的绝好机会。摩根财团没有与承销者签订书面合同,而只得到较为玄乎的"表示兴趣"的答复就开始进行了。这实际上是一个致命的错误。尽管摩根有一家德国小工会银行的支持,但毕竟势单力薄,无法阻止临头大祸的发生。股票发行刚刚宣布,德意志银行出其不意地开始玩手腕,对世界各地的银行施加高压,不让它们参与认购。这次摩根财团的灾难是全方位的:股票发行金额1300万美元,摩根有900万美元的股票不能脱手,那时候这可是个庞大的数目。纽约总部震惊了。

作为被动的合伙方,摩根建富对摩根担保银行无礼的"美国式"做法感到恼火。根据美国法律,华尔街23号不能再注入更多资金,摩根建富不得不在伦敦各商人银行间组织一次临时救援;而摩根建富认为这一活动未获得其美国堂兄弟的充分赏识。后来,胜家公司的董事长唐纳德·科切尔——他也在摩根担保银行董事会任董事——以1600万美元买进施瓦布股票,摩根巴黎公司的业务得以挽救。

祸不单行,这时又发生了一件事,加深了巴黎公司的灾难感。美国证券交易委员会规定,摩根财团不能既做纽约各银行的受托方,又在巴黎为这些银行承销证券。这是最后的致命一击,摩根担保公司最终从其经营的巴黎业务中撤出。加尔布雷斯回忆说:"国际业务部经理约翰·迈耶对施瓦布股票的结局灰心丧气到了极点。"[46]在施瓦布事件受挫后,摩根担保银行在其后的十多年时间都没有重返欧洲市场发行证券。20年代,对于这样一家在国外市场已站稳脚跟的银行而言,这次失败是摧毁性的,它从此对证券市场交易畏缩不前,缺乏自信。

这时,摩根士丹利进来了,但它发现欧洲市场多少晚了点。当亨利·亚历山大忙于开办世界各地业务的时候,摩根士丹利却连一个欧洲办事处也没有。1966年,摩根士丹利开始摆脱自己的狭隘主义,比尔·斯沃特和弗兰克·贝蒂托秘密访问罗马并会晤意大利银行行长吉多·卡利。贝蒂托生于新泽西州特伦顿,是摩根士丹利的第一个美籍意大利人,向来是一个可用以对付意大利的秘密武器。然而,他却不会说意大利语。50年代仍任摩根财团顾问,年迈而高傲的乔瓦尼·富米嘲笑他为乡下人。

贝蒂托富有想象力,他想出了一个好主意。卡利已经通过意大利出口和海外汇款,囤积40亿过剩美元。贝蒂托建议,摩根士丹利在意大利的大客户,如埃克森、通用汽车、杜邦公司等,可以借里拉贷款,并在当天转换成美元,以缓解卡利的美元过剩。卡利对此很高兴,并让摩根士丹利发誓严守这笔独家交易的秘密。在两个月时间里,摩根士丹利旋风般地完成了6亿美元等值的里拉贷款,公司对欧洲业务上了瘾,并由此赢得了公司能在世界各地淘金的名声。

1967年1月,摩根担保银行在巴黎业务举步维艰之际,请摩根士丹利来解围,并把巴黎业务的三分之二卖给它;而摩根担保银行自己则与摩根建富、荷兰的米斯-霍普公司以及瓦伦伯格家族的斯德哥尔摩恩斯克达银行一起拥有其余的三分之一业务。这种保留三分之一股份的做法,是承袭了摩根担保银行拥有摩根建富三分之一股份的做法。尽管贝蒂托愿意与摩根担保银行平分巴黎业务,但该银行在施瓦布事件后信心大挫,宁愿持少数股。

新的摩根国际公司赶走了老雇员,而由谢泼德·普尔领导的一批更富有经验的摩根士丹利人员来经营这家公司。他们正赶上欧洲债券兴盛时期。一旦摩根士丹利摆脱了作茧自缚的做法,发现了外面的世界,它在巴黎便取得了辉煌的胜利:为新泽西标准石油公司、美国钢铁公司、伊思特曼·柯达、德士古、美国烟草公司、普罗克特和甘布尔、阿莫科等等一大批企业融资。巴黎业务的忧郁气氛消失了,并超越了所有对手。到1975

年,它每年可发行50亿美元的证券。

创建了摩根国际公司以后,摩根的集团利益更直接地涉足海外证券交易。摩根财团又不声不响地融为一体,尽管这是一种松散的伙伴关系。摩根担保公司对巴黎业务的参与比较被动,仅是其掌握的众多少数股份之一,而且,小约翰·迈耶主要视之为一种避免将欧洲业务客户转给大通银行或第一国民城市银行的途径。尽管摩根国际公司有其局限性,但它毕竟代表了部分地废除了格拉斯-斯蒂格尔法案。

在华尔街23号,摩根担保银行由于将巴黎业务控制权拱手送给摩根士丹利而痛心疾首。摩根士丹利的人认为摩根担保银行从来就不曾履行诺言,介绍原有的客户,而摩根担保银行则认为自己将摩根士丹利送出国门后并未得到充分的感激(令人惊骇的是,摩根财团内部互相之间总是这么敏感)。对摩根士丹利而言,这是个转折点,在欧洲已有了至关重要的立足点,并轮流向巴黎派送称为"左轮枪手"的轮训人员,以获取国际业务经验。摩根士丹利自豪地将其除澳大利亚以外的所有海外发行的证券均打上新的摩根国际公司的招牌。那时,摩根担保银行还不曾醒悟,不知道它正在扶植一个竞争对手,或者说不知道到80年代这将是一家与摩根抗争的投资银行。

摩根担保银行还是自己保留了一块欧洲业务。1968年,它在布鲁塞尔开设了名为"欧洲清算"的最大的欧洲证券清算系统,这也是第一个对市场实行自动化管理的清算系统。一开始,这一系统遭到了各欧洲银行偏执而强有力的抵制。这些银行认为它们的内部机密会因此而泄露给摩根财团。而实际上,"欧洲清算"的聪明之处并不在此,而在于其极为有利可图。交易商留在系统里的钱可贷给其他系统成员,借款人可用他们的欧洲证券作抵押。摩根士丹利从未被邀请加入布鲁塞尔业务。摩根各银行之间的集团利益总是集团自利。一旦一家银行发掘了宝藏,总是把它藏起来,不让其他摩根兄弟知道。所以,在这一时期,摩根各银行之间的合作,与其说是把它们拉到一起,不如说是最终把它们拆开,使它们互相猜疑,相互谴责对方在耍两面手法。它们的关系最终发展到家族积怨所特有的仇恨。

日本这个国家造成了摩根担保银行和摩根士丹利之间最为持久的摩擦。除欧洲和北美洲外，各国财长总是认为各摩根公司实际上都密切隶属于摩根财团。这一误解在日本最甚，因为日本有其自己的财团，这些财团都是围绕核心银行组织起来的。摩根担保银行的杰克·洛克伦回忆说："日本报纸每次报道我们，都称我们为控制通用汽车和美国钢铁公司的'摩根财团'。"[47]

战后很长一段时间，由于日本从其惨败中缓慢复苏，这个问题似乎一直停留在学术界。1949年，东京证券交易所重新开张，这一事件影响不大，只是区域性的。在美统期间，道格拉斯·麦克阿瑟将军根据美国做法改革了日本金融，甚至还授权颁布了一项与格拉斯-斯蒂格尔法案相类似的65条款，将银行业务与证券业务分离开来。麦克阿瑟将军想分化财团，消除它们的力量。这些财团在第一和第二次世界大战之间的年代里主宰着日本，并且与军方勾结征服东亚。一段时间，日本各银行都改用占领区的中立名字。美国人撤走后，三菱、住友以及其他银行又返用传统名字。日本被占领期间，有4家美国银行建立了分行为军人服务，包括国民城市银行、美洲银行、大通银行和制造商银行。在允许美国运通公司经营旅行支票业务后，日本大藏省不再允许外国金融渗透，"竹帘子"垂落下来。

珍珠港事件后，日本停止了债务偿付。50年代初，日本经济复苏，因而想以偿还摩根两笔旧债而重新树立其完美无瑕的信贷声誉。这两笔旧债就是1923年的地震贷款和1930年的金本位贷款。日本人吹牛说他们有两千年不欠账的历史，并举办了一个盛大仪式，表明已恢复偿债并与摩根重修旧好。1951年，日本与美国签订和平协议，此后，一位大藏省官员来到华尔街23号，说："我来兑现我的签字。"[48]在史密斯-巴尼和银行家信托公司的帮助下，日本全额偿清债务，裕仁天皇还为两位史密斯-巴尼的官员授了勋章。

J.P.摩根公司一直以自己在日本出类拔萃的地位而引以为荣。这家银行总是津津乐道于裕仁天皇为杰克·摩根、汤姆·拉蒙特和拉塞尔·莱芬韦尔所授的勋章。但在50年代，这家银行倾其有限的资金，都投在英国和法国，无法与日本重建特殊关系。在与担保银行合并后，这一情况发生了变化：担保银行是日本政府和电业债券的主要受托人，也是许多日本银行家在华尔街的培训基地。这些银行家照抄担保银行的单证格式，把它们带回日本，用于自己的银行业务。

这两家银行做日本生意还有另一个有利条件——它们实际上垄断了"美国证券托存收据"业务，这是早在1927年由银行家信托公司发明的。美国证券托存收据使得美国投资者在美国购买外国股票几乎没有什么麻烦。实际上，他们购买的是存放在外国银行保险库中的股票的收据。协作的美国银行把股息转成美元，免去了投资者外汇兑换的麻烦。1960年，摩根担保银行的美国证券托存收据业务的传播者里吉斯·莫克斯利访问日本，宣传这一业务的好处。日本大藏省担心这一业务会削弱国家对资金的控制，只是谨慎地同意索尼公司做这一业务。这也是该项业务有史以来的第一个日本股。后来，野村证券公司的董事长田渊节也说："如果说日本金融市场国际化有一个里程碑的话，那就是1961年索尼在美国发行美国证券托存收据。"[49]

自从施瓦布事件后，摩根担保银行很长时间未涉足海外市场，现在却又像上次那样无意间引发了日本国内市场的怒火。美国证券托存收据业务要求摩根财团在纽约发行可交易的票证时，须指定一家外国银行保留实际股份。莫克斯利天真地想在日本各银行间民主地普及这个业务，并试探让东京银行作为索尼美国证券托存收据业务的监护人。他没有认识到索尼的主要银行三井对这种侵蚀其领地的做法十分反感。一个三井代表团怒气冲冲地来到摩根门前，抗议这一严重违反常规的行为。摩根担保银行的鲍伯·温声称："他们差点要了我的脑袋。"当这家银行向东芝、日立及富士钢铁公司发行美国托存票证时，没有重犯这个错误。

在60年代，摩根担保银行决定钻过"竹帘子"，将其办事处升格为日本分行，这在当时是极其困难的事。摩根士丹利对日本的态度就是一大障碍。摩根士丹利将绝大多数海外业务局限于加拿大、澳大利亚、法国和意大利这样的"久经考验"的西方客户。摩根士丹利被美国客户捧惯坏了，它和摩根担保公司不一样，对国外市场的态度比较矛盾。使问题更为复杂的是，摩根士丹利的几位合伙人还是老军人，公开对日本表示敌意。50年代,这种态度还无所谓,因为日本当时仍然贫穷,从世界银行大量举债。然而,到50年代末,世界银行行长尤金·布莱克告诉两位日本大藏省的代表说,日本经济已经复苏,从世界银行毕业了,日本应该自己到华尔街寻找贷款。当他们问及该见见什么银行时,行长给了一份世界银行募资说明书。完全出于巧合,第一波士顿银行和摩根士丹利排在最前面。

当时,日本正在准备为东京市发行债券。日本人先拜访了第一波士顿,印象非常深,因此接受这家银行担任联合主干行。日本期望在摩根士丹利受到同样的礼遇,心想难道摩根财团不是日本的忠实朋友吗?但是,日本人却被冷冰冰地毫不客气地回绝了。摩根担保银行的洛克伦说:"大藏省的元老们真的是震惊了。"[50]洛克伦当时不得不为华尔街23号处理这一不愉快事件的后果。

为什么摩根士丹利狂傲地拒绝日本呢?这包含了生意盘算和排外情绪这两方面的因素。摩根士丹利仍坚持一种坚定不移的政策,即证券发行的经营要么独揽,要么不干。这种势利狂妄的做法油水甚丰,这家公司可独吞所有的管理费。日本人盲目地冒冒失失撞进来,并不知道由于他们草率地首先接受了第一波士顿银行,使得摩根士丹利无法再介入,否则就要触犯它自己的戒规。但摩根士丹利对世界银行做过唯一的例外,这无疑对日本有误导作用。

为什么不再做一次例外呢?曾是摩根士丹利合伙人的亚历山大·汤姆林逊解释说:"给世界银行融资要比给一个战败国融资风光得多。日本人不了解这个问题对我们而言有多么敏感:参与过战争的合伙人对与日本做生意不感兴趣,而且年长些的合伙人对袭击珍珠港事件很反感,他们认为自己与日本的私人关系受到了伤害。"[51]此外,在西方人的眼里,日本似乎只是发展中国家中的强者,而非羽翼丰满的工业强国。60年代初,日本紧随印度,是第二大负债国。

无论业务角度合理性如何,摩根士丹利的决定还是带有微妙的种族歧视色彩,因为类似的反对从没有阻止该公司与意大利或德国做生意。一位前合伙人讥讽地说:"德国人有点改邪归正了,似乎所有的纳粹都被清洗了。"当时,摩根士丹利的一个合伙人就可以投票反对一项重大决定。有一个合伙人曾是战斗机飞行员,他做了一次煽动性的爱国演说,引用了裕仁、偷袭珍珠港事件、出售战争债券等等事实。时至今日,佩里·霍尔对这一决定终无悔意:"即使现在,我也不会与日本人做生意。"[52]尽管年轻的合伙人认为老家伙们都是一帮顽固不化的笨蛋,老家伙们也毫不动摇自己的立场。

这种不妥协的态度给J.P.摩根公司带来了大麻烦,因为该公司当时力争从日本大藏省拿到一大笔资金。由于担心摩根士丹利羞辱日本从而产生不良后果,J.P.摩根公司国际部的负责人约翰·迈耶与他的密友、负责摩根士丹利海外业务的高级合伙人约翰·扬进行了冗长而怒气冲冲的对话。1964年9月东京会议后,这一问题对摩根担保银行变得尤为紧迫。摩根担保银行董事老史蒂夫·比克特尔和他的朋友、前德国军管司令卢修斯·克莱上将一起说服迈耶,力争开设东京分行。比克特尔说,东京正成为世界信息之都,更重要的是,他自己的公司也计划在东京开设办事处——这一直是使得摩根人步其后尘的强大诱惑。摩根的战略计划是在世界上的主要市场建立分行,结束以欧洲为中心的一边倒现象。作为该计划的一部分,摩根决定开设日本分行。

当时的日本远比今天封闭得多,而且没有一个官僚愿意沾染上准入摩根财团这样的政治污点。日本政府认为外国银行已经够多的了,批准更多的外国银行进入是极其敏感的问题。1965年,曾在硫磺岛和冲绳打过仗的汤姆·盖茨首先向日本外相水田稻男申请分行许可证。即使跟日本人打交道,盖茨仍然是不拘礼仪,单刀直入地要求成立一家分行。这次会晤远远没有解决什么问题,只是开始了一场漫长而抑郁的斗争。日本人让摩根卑躬屈节达29个月之久,足以补偿日本对该银行的点头哈腰和低三下四。日本大藏省定下两条规矩:摩根不能与美国大使馆商谈此事(此点可以遵守),也不能和某个律师商谈此事(此点不能接受)。有时会谈好像是耐力比赛,日本人煞费苦心地用耸肩、叹气等方式暗示种种无名的困难。

一开始,摩根派了许多使者以及主管国际业务的小约翰·迈耶参加会谈。迈耶后来于1969年接任盖茨成为摩根担保银行董事长,是战后该银行董事长中最严厉和不具幽默感的一位,他魁梧而刚毅,圆脑秃顶,眉毛又宽又浓,日本人认为这是伟大的武士精神的标志。当他带着戒备神情,莫测高深地吸烟斗的时候,很少面带微笑。他记忆力强,经验丰富,总是显得比别人超前几步,因而他工作的细致和全面在摩根传为佳话。他1927年开始在担保公司工作,至今仍能隐隐约约记得40年前的铁路债券的细节。

与风度翩翩的亨利·亚历山大和汤姆·盖茨不同,迈耶让下属觉得不安。他从富兰克林·迪拉诺·罗斯福那里借来了一个法宝:尽管他事先知道谁干得最好,他还是把同一份活让不同的人干。他总是装着同意某个年轻银行职员对一笔巨额贷款的判断,而后看着他为此而辗转不安。他对细节了如指掌,没人能比得上他。但是,有的同僚认为这种做法有反作用。一位曾与他共事的人说:"即使是一份有关提供给爱尔兰的金额小至900万美元的信贷报告,他也从头至尾读得一字不漏。"

迈耶使摩根财团严守秘密和小心谨慎的作风更进一步。尽管熟知政坛动静,他却是摩根董事长中最不愿抛头露面的。他一直关注世界金融信息,与接替威廉·麦克切斯尼·马丁的联邦储备委员会主席阿瑟·伯恩斯亲密无间,两人每星期日都进行电话长谈。一位崇拜他的前同僚说:"迈耶应该在中央情报局工作,他是一个真正的有内涵的人,不动声色而颇具影响力。"迈耶在位期间,摩根银行不再在华尔街起着显眼的领先作用,而对其前任们来说,充当领导是顺理成章的。

迈耶体力超凡,他心中的东京快乐周末就是爬富士山,而且比日本人还有耐力。每次迈耶在纽约问东京的洛克伦需要什么东西,洛克伦总是拍回电报说:"耐心,耐心,耐心。"[53]耐心终于得到了报偿:摩根担保银行成为1952年以来第一家获准在日本开设分行、穿破"竹帘子"的美国银行。

在冲破日本封锁线的过程中,摩根谈判代表意外地受益于历史。大藏省的许多老人仍记得汤姆·拉蒙特,而且也记得一位命运多舛的美丽艺妓,这就更有帮助了。1904年,杰克·摩根的侄子乔治·摩根住在横滨,收集日本艺术品,与加滕由纪结婚。乔治的朋友告诉记者:"我认为与他结为伉俪的年轻女子出自一个良好家庭。"但乔治真的是赎回了一个年轻艺妓的契约。[54]他们在纽波特和长岛度蜜月的时候,由纪·摩根被摩根家族所排斥,这对夫妇最后只好定居巴黎。乔治1915年死于西班牙,他妻子继承了财产。

由纪的信托基金由J.P.摩根管理，该公司在二次世界大战期间没有办法给她付款。战后，亨利·亚历山大作为美国战略轰炸调查委员会的副主席访问科隆，他找到了由纪的下落，不仅付给她所有的利息，而且连复利也一同支付。后来，由纪迁回京都，她告诉邻居："摩根永远值得信赖。"[55]

1969年3月24日，摩根东京分行终于开张了，由纪在京都的一个邻居赶来存入她一生的积蓄800万日元（这时，由纪已去世），她被友善地告知摩根不是储蓄银行。有一部以由纪生平为素材的音乐剧也增加了她的知名度，该剧描写她被赎出来嫁给乔治·摩根时，仍在恋慕着一位年轻学生。摩根谈判代表在东京周旋的时候，沉稳的官僚们常常会转而问起由纪·摩根。摩根的洛克伦解释说："日本人很容易动感情，40岁以上的每个人都知道这个故事。"[56]

摩根箭筒里的另一支箭是桦山爱辅。在战前他是桦山伯爵，曾陪同汤姆·拉蒙特和弗洛伦斯·拉蒙特访问东京，在30年代帮助拉蒙特建立一家情报局。美统期间，他不得不放弃他的头衔，而现今是杰出的摩根顾问，受雇于新摩根分行，他只提供建议而不做枯燥无味的辛苦的具体工作。即使没有头衔，他那贵族身份也广为人知，可以约见任何人，上至裕仁天皇。

在其追求建立东京分行的努力中，摩根财团还有一个最后武器，一位国籍不明的人。他叫杉山觉，又叫戴维·菲利普斯。50年代，一位叫约翰·菲利普斯的美国教授在日本的美国空军部队工作，结识了《朝日新闻》社的杉山先生，后者想让他儿子受美国教育（当时，受美国教育的人在日本很吃香）。菲利普斯收养了这个男孩，重新洗礼，起名为戴维·菲利普斯。戴维在加利福尼亚的长滩与菲利普斯一家生活了13年。他每天都学日语，从伯克利大学毕业后，到纽约摩根担保公司的证券交易部工作。后来，移民及归化管理局对戴维的收养问题提出质疑并威胁将他驱逐出境；戴维斯-波尔克法律事务所的律师据理力争也无济于事。所以，1964年戴维·菲利普斯（杉山觉）被送往东京办事处任摩根代表。

菲利普斯的被驱逐在摩根王国内产生了意想不到的结果。他出任办事处代表后，很快就被人发觉在为摩根设立分行一事进行秘密游说。他说："由于我的日本面孔，日本报界从来也没有想到为什么我总是出入大藏省。"[57]尽管没有受过真正的银行培训，他却善于寻求新业务，而且乐于深夜走访东京的主要商业区银座。他是个完美无缺的摩根混血儿——受两种文化的彻底熏陶，并且能流利地使用两种语言，穿着考究而昂贵的衣服，佩戴翻边袖口链扣，口衔"登喜路"雪茄。

菲利普斯的出现帮助摩根担保公司解决了摩根士丹利问题。为了消除日本人对摩根银行任何残存的疑虑，约翰·迈耶一直催促摩根士丹利的约翰·扬开设一个日本办事处。美国实行资本管制后，摩根士丹利必须到世界各地为其客户寻求资金，而此时日本已强大得不容忽视。1970年，摩根士丹利同意在满足以下两个条件的情况下开设东京办事处：办公地点毗邻世界银行东京联络处，戴维·菲利普斯担任办事处代表。摩根担保公司答应了上述要求。

菲利普斯在摩根士丹利的工作非常出色，1977年成为第一位非白种人常务董事。他总是让新客户感到惊讶。摩根士丹利的鲍伯·格林希尔说："我有几次与戴维一起参加会见，你能看到的就是难题迎刃而解。"[58]菲利普斯从日立、三菱、日本兴业银行和新日本制铁株式会社那里都拿到了生意。索尼公司的一笔生意竞争极为激烈，以至于有消息说，高盛公司都请求亨利·基辛格与索尼董事长鞠田爱了说情，可是他却能从索尼争取到一大笔私募生意。尽管摩根担保银行的人十分崇拜菲利普斯，但有时也感到吃惊，因为他们发现他在利用人们对摩根"财团"原来那种混乱概念。比如，摩根担保银行曾为日本一家医药公司武田制药发行一笔可转换欧洲债券，而老武田死后，他的儿子让摩根士丹利发行债券，想以此报答老朋友。摩根担保银行的人认为，戴维·菲利普斯从来不曾澄清这一误解。

摩根担保银行新分行的业务盈利极高，贷款的借贷差额盈利很大。该银行向美国在日本的跨国公司发行日元贷款，向日立、东芝、新日本制铁株式会社、本田及日本电话电报等日本公司提供美元贷款。这两家摩根公司均瞄准了三菱集团，该集团重点是造船和重工业，与摩根烟囱为主的业务正好吻合。而摩根银行战前的如意伙伴、负责提供衣服及其他军需的三井公司,在停战后日子就没有这么好过了。

做日本业务之所以具有不可抗拒的吸引力,是因为向日本公司提供的美元贷款均由日本银行提供担保。1976年,日本第三大贸易公司安宅公司投资的一家纽芬兰精炼厂因亏损而告破产,当时摩根在该公司还有一笔未偿贷款。那天早上,鲍伯·温一听到这个消息就给国际业务部主任刘易·普雷斯顿打电话,他说:"刘易,看来你在日本第一次赔钱了!"但是,就在当天,日本银行就介入并命令安宅公司的主要银行——住友银行解救该公司。当天下午,温不无惊讶地又给普雷斯顿打电话,说日本方面要偿还那笔未投保的贷款。"他们到底为什么要这么干?"普雷斯顿百思不得其解地问。温答曰:"他们从政府那儿得到了进军的命令。"[59]在日本这个银行家的乐园,摩根担保公司不断扩大其贷款的国别限额。从不曾有人为开设日本分行所经历的马拉松式的艰苦磨难而后悔过。

— 本章参考文献 —

1. 詹姆斯·布鲁格:给作者的信,1988年11月21日。
2. 《财富》(Fortune),1955年8月。
3. 同上。
4. 同上。
5. 《时代周刊》(Time),1959年11月2日。
6. 同上。
7. 《福布斯》(Forbes),1958年12月15日。
8. 《财富》(Fortune),1955年8月。
9. 堪萨斯阿比林德怀特·艾森豪威尔图书馆,第34箱,乔治·惠特尼卷,给乔治·惠特尼的信,1956年3月12日。
10. 亨利·克莱·亚历山大:在芝加哥高级管理人员俱乐部的讲演,1956年12月7日。
11. 堪萨斯阿比林德怀特·艾森豪威尔图书馆,第34箱,乔治·惠特尼卷,乔治·惠特尼的信,1956年12月26日。
12. 同上,约翰·福斯特·杜勒斯的备忘录,1957年1月4日。
13. 泽肯多夫:《泽肯多夫》(Zeckendorf),第269~270页。
14. 《福布斯》(Forbes),1958年12月15日。
15. 作者和吉多·韦贝克的访谈。
16. 作者和布鲁斯·布拉肯里奇的访谈。
17. 作者和弗兰克·罗森巴赫的访谈。
18. 泽肯多夫:《泽肯多夫》(Zeckendorf),第269~270页。
19. 作者和罗伯特·林赛的访谈。
20. 作者和道格拉斯·狄龙的访谈。
21. 施莱辛格:《罗伯特·肯尼迪和他的时代》(Robert Kennedy and His Times),第1卷,第235页。
22. 《纽约时报》(New York Times),1969年12月15日。
23. 霍普斯:《钢铁危机》(Steel Crisis),第21页。
24. 迈耶:《银行家》(Bankers),第199页。
25. 作者和布鲁斯·尼科尔斯的访谈。
26. 作者和拉尔夫·里奇的访谈。
27. 同上。
28. 同上。
29. 同上。
30. 《财富》(Fortune),1966年12月。
31. 《纽约时报》(New York Times),1959年11月29日。
32. 费城宾夕法尼亚大学范·佩尔特图书馆小托马斯·盖茨资料,口传历史项目,第33页。
33. 贝斯洛斯:《五一风云——U-2事件内幕》(May-Day),第281页。
34. 作者和约瑟夫·庞斯的访谈。
35. 麦卡特尼:《身居高位的朋友》(Friends in High Places),第138页。
36. 费城宾夕法尼亚大学范·佩尔特图书馆小托马斯·盖茨资料,第12箱,给亨利·克莱·亚历山大的备忘录。
37. 作者和埃文·加尔布雷思的访谈。
38. 作者和布鲁斯·布拉肯里奇的访谈。
39. 德克萨斯州奥斯汀林登·贝恩斯·约翰逊图书馆,托马斯·盖茨的信,1965年2月25日。

40. 作者和沃尔特·佩奇的访谈。
41. 作者和尼科拉·凯奥拉的访谈。
42. 作者和埃文·加尔布雷思的访谈。
43. 作者和蒂姆·柯林斯的访谈。
44. 《机构投资者》（Institutional Investor）：《从前如此》（Way It Was），第339页；作者和埃文·加尔布雷思的访谈。
45. 作者和蒂姆·柯林斯的访谈。
46. 作者和埃文·加尔布雷思的访谈。
47. 作者和杰克·洛克伦的访谈。
48. 同上。
49. 《机构投资者》（Institutional Investor）：《从前如此》（Way It Was），第806页。
50. 作者和杰克·洛克伦的访谈。
51. 作者和亚历山大·汤姆林森的访谈。
52. 作者和佩里·霍尔的访谈。
53. 作者和杰克·洛克伦的访谈。
54. 《纽约时报》（New York Times），1904年2月2日。
55. 作者和杰克·洛克伦的访谈。
56. 同上。
57. 《纽约时报》（New York Times），1982年3月30日。
58. 同上。
59. 作者和罗伯特·温的访谈。

第二十八章
小 报

尽管人们认为格拉斯-斯蒂格尔法案已将银行从证券市场中排除出去,但摩根财团和华尔街其他的银行集团仍然通过其信托部门对股票市场施加了很大的影响。虽然J.P.摩根公司和信托担保公司的规模不等,但仅信托资产一项就各自给合并后的公司带来了30亿美元,形成了美国最大的信托业务。摩根的资金主要由养老金组成,担保公司以个人信托资金为主。合并后的银行还提供"公司信托"服务,构成了华尔街大量股票交易的主要基础。作为近600家公司的过户代理机构,它每天收到25000多份证书,有时其经手的股票交易额占纽约证券交易所和美国证券交易所的股票交易总额的四分之一。它每年寄出1200万份股利支票,并为许多公司保持最新的股东名单。

老摩根财团曾在自己的账户上保留数额很大的有价证券,不过当时这样的业务操作不太科学。30年代初,它与古根海姆家族和奥本海默家族一起,将其30%的有价证券投机到铜的股票上。在1940年以前,摩根银行为富有的个人和有悠久历史的古老家族提供非正式的投资建议。合伙人为其关系密切的机构管理资金,如德怀特·莫罗为阿默斯特学院、汤姆·拉蒙特为菲利普斯·埃克塞特学院、拉塞尔·莱芬韦尔为卡内基公司管理资金。摩根财团对基督教会一直有吸引力，他们在谨慎处事和保持庄重尊严方面有共同点。1917年，杰克·摩根为圣公会派教会的养老金提供了启动资金，从此以后摩根银行一直管理该教会的部分资金。在亨利·亚历山大主持时，长老会将其资金转移至摩根财团信托部门。

1940年组建成公司后，可以从事信托业务，银行将杰克·摩根的用镶镜、大理石墙装饰的理发店改为客户的接待室。第一个目标是盯着富有和刚去世的这批人的不动产。这需要耐心，一直等到足够的客户死去。一天，在晚餐中疲倦地筛选了可能的豪富名单之后，乔治·惠特尼转向一位年轻副手——朗斯特里特·欣顿，并抱歉地说道："朗斯特里特，我认为该由你来干了。"[1]那时，由一个非律师出身的人来经营信托部门是非常胆大和不可思议的，因为信托业务经常涉及不动产方面的法律问题。

朗斯特里特·欣顿来自密西西比州维克斯堡市，他使大家联想起南方的骑兵将军。他又高又瘦，身材挺拔，脾气不好，长脸，长着一副招风耳。其父最终当上了槐树谷拉廷敦圣约翰教堂的牧师，这是杰克·摩根非常钟情的"百万富翁的教堂"。欣顿在初学期间的经验是处理杰克·摩根的不动产。欣顿回忆他向艺术交易界的首次进军时，吸收了贝勒·达科斯塔·格林的艺术技巧。"她告诉我五十七街是世界上尔虞我诈最厉害的地方，不要信任任何人。"[2]他为人十分强硬，在公司合并之后，很快就大权在握。他对曾经管理信托部门的鲍勃·琼斯说："你凭什么认为你知道如何经营一个信托部门？"他提醒琼斯他们当初最大的客户，福特汽车公司的账户就被J.P.摩根财团夺了去。在公司合并以后的这场戏就由欣顿一个人来唱了。[3]

信托部门一向被看成亏损最严重的部门，而欣顿认为他们应该赚钱。许多信托部门的人都是满头铁灰色头发，一本正经，他们将钱投资在政府债券上，从来没有想象力丰富的名声。当摩根信托部门在1949年首次购买普通股票时，这被认为是一个胆大妄为之举，以至于欣顿不得不给正在纽约的乔治湖度假的拉塞尔·莱芬韦尔打电话，以批准这次购买。1950年以后，税法的改变和劳资间的集体协定使得养老金激增，许多养老金被商业银行吸收。在通用汽车公司选定摩根作为其养老金管理机构之一并允许其中的50%的养老金投资于股票以后,其业务突然兴隆起来。欣顿说:"是通用汽车公司使我们有了今天,我们在那里一马当先,这样其他人就会找上门来。"[4]

在60年代初期,摩根信托部门的营业厅面对纽约证券交易所,里面摆设着古老的家具,墙壁镶着护板。40位身着黑色西装,脚登黑色皮鞋的摩根人员,坐在光亮的拉盖写字桌后面的皮扶手椅上。欣顿推出皮尔庞特·摩根的思想,开始购买并持有股票。当一位公司董事问其政策根据时,他答道:"非常简单。我们没有政策,我们从来不出售股票。"[5]

欣顿的头脑很灵活,比他承认的要更灵活,他是一位刁滑的管理人员。在与证券经理开会时,如果他想买股票,他就会给长期做多头的彼得·弗米利耶去电话;如果他想出售股票,他就会倾向长期做空头的霍默·科克伦。在肯尼迪时期的多头市场上,摩根信托部门成为了人心所向的地方。常青藤联合会年轻的名牌大学毕业的证券经理手上抓满了当时最热门的发展股票——所谓最让资金管理者们动心的50家最佳公司股票。欣顿那批野心勃勃的年轻人在人们还不会叫施卢姆贝格尔的名字时,就购买了它的股票,并是施乐静电复印机公司股票的早期买主,后来施乐公司的价值成百倍地增长。卡尔·哈撒韦是新风格的象征,他开着一辆像救火车那样的火红色赛车,并发表一些庄严的格言,如"不要对胖子开的公司投资""懒人让我讨厌""我最成功的朋友让我想起了波音727起飞时的情景:开足马力,直上云霄"。[6]

到20世纪60年代中期,摩根管理着规模庞大的无与伦比的150亿美元的资产,但同时也潜伏着祸害。控制如此巨额的资金再次引起了公众,特别是众议院银行委员会主席赖特·帕特曼的密切监视,此人脖子粗短,有人民党的思想倾向。如同路易斯·布兰代斯一样,帕特曼发现银行家可能滥用"其他人的钱",并担心银行会以信托资产用来影响其他的业务。1966年,他发表了一份报告,指责大型商业银行的"经济力量像滚雪球一样不断壮大",存在着对美国的很大一部分工业施加影响的危险。[7]

帕特曼的报告披露了银行如何把新的投资资本控制在手中。在美国机构投资者所拥有的1万多亿美元的资产中,60%的资金存入了商业银行的信托部门。由于华尔街的兼并浪潮,这些财产中的大部分集中在摩根和其他4家银行手中。摩根持有的财产数字惊人。它拥有老古根海姆的两个支持机构很大比例的股份:肯尼科特铜业公司的17.5%的股份和美国冶炼公司的15.5%的股份;它控制了环球航空公司的7.4%的股份、美国航空公司7.5%的股份和联合航空公司的8.2%的股份,因此甚至可以左右整个航空工业。其危险与其说是实际的不如说是潜在的,因为保守的摩根银行在争议中总是与管理当局站在一起,而不想以自己的判断来代替管理部门的意见。但是因为在股权分散化的年代,拥有5%的股票就可以控制大多数公司,因此这一数目是相当令人担忧的。

另外还有对内幕交易新的担忧,这种内幕交易也常使银行大吃一惊。在20世纪20年代,通过交头接耳和暗地里使眼色可以赚大钱。当初公众容忍这些是因为拥有股票的人还很少。随着50年代末和60年代初个人投资的增长,公众不希望参与被人操纵的游戏。银行过了一段时间才意识到这一危险,或至少意识到公众的担心。在60年代,信托部门还未与其他部门分开。在摩根集团内,高级银行官员——其中许多人是5家或10家公司的董事——是信托委员会的成员,信托委员会还有摩根银行界外的外聘董事,在不同时期包括通用汽车公司的艾尔弗雷德·斯隆和国际镍公司的亨利·温盖特。摩根财团期望这些人为其选择股票提供专业知识。在这一点上,银行并不担心他们将利用贷款方进行投资决定的内部消息,因为那时在商业银行和信托部门之间还没有法律障碍或"中国长城式的隔离层"。

就在这种新的担忧产生之际,1965年4月美国证券交易委员会指控与德克萨斯州海湾硫磺公司有关的13个人,通过从安大略省富矿的内部消息中获利。报纸的新闻大标题上赫然出现一个鼎鼎大名——汤米·拉蒙特。他是一个著名的合伙人的儿子、最近刚退休的摩根担保公司的副董事长。拉蒙特被指控为向朗斯特里特·欣顿透露信息,欣顿为摩根财团信托账户购买了德克萨斯州海湾硫磺公司的股票。这一指控令人吃惊,因为30年代以来摩根银行一直信守诚实,并且毫无疑问是世界上声誉最卓赫的银行之一。朗斯特里特·欣顿崇拜乔治·惠特尼,看到惠特尼为他哥哥的丑闻不胜痛苦。汤米·拉蒙特经历了佩科拉的听证会,在听证会上,他被指控为给他的妻子"虚抛股票"——他不想再来一次这样的经历——他一直非常看重坚持原则的银行家。

托马斯·史迪威·拉蒙特长得很像他的父亲。他也许脸圆一些，脖子稍微粗一些，令人惊奇的是他身材瘦小，而声音同样十分洪亮。像摩根财团中的许多人一样，他以父亲这位圣人为楷模，并且爱父亲之所好。他成为了菲利普斯·埃克塞特学院理事会的主席，并在哈佛公司和对外关系委员会任会员。他继承对父亲的文学嗜好，给朋友寄去生日祝福诗和充满感情的问候，并自豪地撰写拉蒙特的家史。然而，尽管外表相似，与其以爱好社交而闻名的父亲相比，汤米·拉蒙特更加正统，更加高傲，当然也更加隐而不露。

汤米·拉蒙特曾经是摩根集团在采矿界的大使，于1927年加入德克萨斯州海湾硫磺公司董事会。他还出力把克劳德·斯蒂芬斯扶为公司的总裁，对他的评价非常高，以至于在60年代初向朗斯特里特·欣顿所在的信托部门推荐德克萨斯州海湾硫磺公司的股票。当该公司减少股利时，已经持怀疑态度的欣顿就更加讨厌这股票了，这种情形持续了一段时间。

在1963年11月，德克萨斯州海湾硫磺公司在安大略省的蒂明斯悄悄地钻了一口矿井，这使其采矿总工程师大吃一惊，他从未看到过这么丰富的矿藏，在技术文献中从未记载有如此丰富的矿藏。这是铜、锌、银和铅的主矿体，后来估价为可达20亿美元以上，此矿藏是如此的丰富，以至于它可满足加拿大10%的铜和25%的锌的需求。这一矿脉简直像神话那样奇妙，矿石就在地面上，正如一个矿工所说的那样："可以用勺子像挖大块的鱼子酱一样挖。"[8]德克萨斯州海湾硫磺公司在那年的冬天试井，此时谣言四起，据说发狂的矿工用其住房抵押购买此公司的股票，其股票增值了一倍。德克萨斯州海湾硫磺公司没有公布这一发现，因为害怕这将推动其他近邻地产的成本增加。

这简直就像传说中16世纪的冒险家所发现的埃尔·多拉多金银宝城。如何秘而不宣？在1964年4月10日，克劳德·斯蒂芬斯给汤米·拉蒙特去电话，询问他是否听到这一谣言。拉蒙特说他已有所闻。拉蒙特问道："其中是否有真实的成分？""我们不知道，"斯蒂芬斯回答道，"我们需要时间来估价我们在这一地区的规划。"⁹拉蒙特建议他推迟发表任何声明，并建议他等到4月23日在纽约开年会时，召开一个正式的新闻发布会。

第二天早上，《纽约先驱论坛报》报道了自从育空时代以来最大矿藏的发现，具有传奇式的600英尺厚的铜矿。4月12日，在美国证券交易委员会的催促下，德克萨斯州海湾硫磺公司发表了一个冷静低调的声明，后来政府谴责这是谎言和误导。尽管公司知道至少有1000万吨铜和锌，但它平淡地将蒂明斯作为"正在勘探的矿地"，需要进行更多的钻探以便"进行确切的估价"。¹⁰德克萨斯州海湾硫磺公司计划于4月16日在纽约的泛美航空公司大楼召开董事会和新闻发布会。斯特里特·欣顿注意到股票疯涨，要拉蒙特在会议结束后向他通报。

1964年4月16日这一天犹如恶梦般印在欣顿和拉蒙特记忆中。德克萨斯州海湾硫磺公司会议于7点钟正式开始，15位董事全部到会。大约在10点钟，20名记者蜂拥而入，来参加记者招待会。《华尔街日报》的杰里·毕晓普说："当年老勘探者冲进沙龙宣布发现富矿，这是纽约公司昔日景象的翻版。"¹¹公司想让所有的记者待在此屋中，直至新闻发布会结束后再出去。但是克劳德·斯蒂芬斯刚刚宣布这一消息，第一次为美林公司的月刊杂志作现场报道的诺玛·沃尔特设法从边门溜了出去。她在上午10点29分在公司内部的信息网络中发布了这条消息。加拿大一家用专线电报发稿的通讯社记者从另一扇门溜走了。与此同时，其他的记者不得脱身，被迫看有关矿藏的彩色幻灯片。在获得自由的一刹那，他们都冲向电话报告这一轰动的消息。杰里·毕晓普的新闻电讯于上午10点55分出现在道琼斯"新闻屏幕"中的市场新闻上。

在会议结束后，拉蒙特和记者挤在一起，观看蒂明斯的重要样品和彩色幻灯片。大约在上午10点40分，他从德克萨斯州海湾硫磺公司的办公室给欣顿打电话。"看看股票公布自动行情显示器，"拉蒙特说，"是有关德克萨斯州海湾硫磺公司的有意思的消息。""是好消息吗？"欣顿问道。"是的，是好消息。"¹²拉蒙特说。后来，欣顿必须证实他非常好奇地在新闻屏幕上看到了这条消息。实际上，他未能证实出现过这条新闻。欣顿在那时是拿骚医院协会的财务主任并亲自管理其有价证券。他立即给交易柜台打电话，为医院购买了3000股德克萨斯州海湾硫磺公司股票。然后他又建议彼得·弗米利耶将股票加入摩根担保公司的利润分配计划和为200个养老金计划投资的混合资金中；弗米利耶分别购买了1000和6000股股票。在这一段时间内，尽管这一消息已迅速传遍美林公司的159家分公司，但还未出现在道琼斯的新闻屏幕上。

拉蒙特没有意识到他已犯了罪，回到了他在百老汇街15号的办公室，并于下午12点33分为自己和家里购买了3000股德克萨斯州海湾硫磺公司股票。现在这一消息在道琼斯电讯中已出现一个半小时。股市的反应达到了疯狂的程度。由于德克萨斯州海湾硫磺公司股票上升7点，纽约证券交易所刷新了以往所有交易量的纪录。欣顿一点也没有感到有罪，不仅如此，当他第二天了解到弗米利耶购买的股票数量很少，感到很失望。拉蒙特是在12天以后才知道，由于他打了电话，信托部门购买了股票。他并没有建议欣顿买股票。他后来声明他只是在履行责任，并没有打电话通告热门消息。

一年后，德克萨斯州海湾硫磺公司董事计划再次聚会，以品味蒂明斯的胜利。尽管汤米·拉蒙特仍然是摩根财团的董事，他在65岁时按规定退休。在德克萨斯州海湾硫磺公司会议的前夜，一位记者打电话到他家里，告诉他美国证券交易委员会指控他向"其他的银行官员透露"有关蒂明斯趋势的信息。拉蒙特被击晕了。"我并没有通告其他官员。"他反击道。[13]他的名气之大，知名度之高，以至于第二天早晨上了《泰晤士报》的头版头条新闻。他和德克萨斯州海湾硫磺公司的管理人员和地质学家一起受到指控，这批人肆无忌惮地根据内部消息进行交易——有点像社论中的一番话，这使他感到痛苦。《泰晤士报》派了一位记者到83岁的法官费迪南德·佩科拉那里，他现在是纽约高级法院年长的法官。靠在东第七十大街大大的红色皮椅子上，佩科拉很惊奇地听说托马斯·拉蒙特的儿子卷入了内幕交易丑闻的"惊人的巧合"："这是历史的重现，这是华尔街诱惑的症状。"[14]

由于拉蒙特是摩根信托委员会的成员，这使得美国证券交易委员会注意到了机构投资的更加广泛的问题。它将这整个部门都看成内幕交易者。尽管欣顿没有直接被起诉，但还是被压垮、击倒了。在银行内部，他有时十分自以为是，对富有且有权势的人指手划脚。现在担任巴林美国资产管

理部门经理的彼得·弗米利耶回忆道:

> 一次,美国电话电报公司找到欣顿并告诉他:"我们想请你担任美国电话电报公司养老金的主要管理经理,但我们只付你很低的费用。"欣顿说他的收费不能比其他客户更低,因而拒绝与他们做生意。埃克森石油公司对欣顿说:"我们想与你们做生意,但我们要控制中介费。"欣顿认为埃克森公司的财务主任想从他在汉普顿的朋友的中介费中赚去一大笔钱,因而说道:"没门。"另外一次,梅舒兰·里克利斯购买并控制了一个公司,此公司是摩根的客户,并希望将此养老金用于他的规划。欣顿将其推出办公室。[15]

对欣顿来说,拉蒙特指责他购买股票使这件事更是火上加油(这也许是证明拉蒙特无罪的更具有说服力的证据)。"他从不原谅我,"欣顿伤感地回忆,"摩根财团其他的职员都试图说服他,是他错了,但他从来不原谅我。"[16]拉蒙特被这个案子骚扰,他将这件事当作对他个人的讨伐。他坚持自己无罪,给戴维斯-波尔克法律事务所付了大量的诉讼费,并在法律和政界两个战场进行抗争。受《泰晤士报》的刺激,他在打字机上打出12页的批评文章,在午餐时交给执行编辑特纳·卡特利奇。文章说该报"在报道德克萨斯州海湾硫磺公司的情况时,一遍又一遍地特别提到我。……由于报道不准确,编辑不仔细,使我很受困扰。"[17]卡特利奇避开这个问题,说报纸的大标题本身就是模棱两可的。

美国证券交易委员会起诉的一些人很明显是犯有内幕交易罪的。一位地球物理学家在新闻发布会之前购买了股票;另外一位公司官员在此前一个晚上也购买了股票。通常情况下一旦消息公布,内部禁令也就消失了。现在美国证券交易委员会公布了一条新的标准,认为必须在消息公布之后,并且公众充分理解之后,内部人员才可以进行交易。这是模糊的定义,可以禁止在此后的几分钟或几天之后购买股票。首先,美国证券交易委员会确定上午10点55分是法律禁令结束的时刻,这时有关蒂明斯的消息已出现在道琼斯新闻屏幕上。一年后该委员会又任意将这一时限延长,以将汤米·拉蒙特下午12点33分在办公室买股票的时刻包括在内——这在新闻发布会解散后已经过了很长的时间了。正如欣顿气愤地说:"如果美国证券交易委员会在这个问题上确定新的规定,那很好……但制定追溯性规定是不公平的。"[18]

拉蒙特的辩护小组极力声辩由于技术原因,杰里·毕晓普的消息在道琼斯的新闻屏幕上发布被延误了20分钟,拉蒙特是个受害者。但是毕晓普和他的编辑认为一点也不可能有延误。在审理之后,毕晓普终于弄明白了为什么会出现延误,拉蒙特的律师原来认为诺玛·沃尔特在新闻发布会结束后发出对美林公司的报道的;事实上,她比其他记者提前20分钟发出这一消息。无论毕晓普是对还是错,对汤米·拉蒙特是有罪还是无罪都没有影响,他只是让欣顿注意新闻屏幕。但如果他是对的,拉蒙特必然会立即走到电话那儿去。

在1966年12月,地方初审法院法官达德利·邦斯尔宣布13个被告中的11个,其中包括拉蒙特无罪。他说事实是公共信息一旦于1964年8月16日通过记者公布,拉蒙特和欣顿的行为都是合理合法的。在美国证券交易委员会上诉期间,拉蒙特的健康急剧恶化。他的心脏本来就不太好,由于紧张和面临压力,他的心房纤维颤动更加严重。在1967年4月,他住进了哥伦比亚长老会医疗中心的病房;在进行了心脏手术以后,他就再也没有恢复知觉。当美国证券交易委员会知道这一消息后,他们给哈泽德·吉莱斯皮打电话,他是拉蒙特请的戴维斯-波尔克法律事务所的律师,说他们打算放弃上诉。也许是作为过意不去的表示,《泰晤士报》刊登了整三栏的长篇讣告,其篇幅之长与拉蒙特的历史重要性已不相称。这是摩根过去情况的再现——公开曝光和政治骚扰致人于死命。

无论在起诉拉蒙特中有多少误导,美国证券交易委员会通过德克萨斯州海湾硫磺公司案例注意到,在赌场时代金融集团的危险不断增加。随着商业银行和投资银行开发了大量的、多样化的业务,证券交易委员会越来越难以区分多样化,且往往是法律上不相容的业务。几年以后,摩根银行被指控为根据一个贷款官员提供给信托部门的信息,出售了行将破产的宾夕法尼亚中央公司的股票——银行常常否认这些指控,最后不了了之。它的信托部门最后迁往五十七街,这样就同银行的其他部门离得远远的。多年后,由于集团化带来的问题在摩根银行进入兼并业务时再次出现,对二战后不断发展的华尔街银行和经纪所带来了阴影。

与此同时,伦敦金融城除掉了昏昏欲睡的气氛。到60年代中期,出现了两个伦敦金融城。一个是俱乐部般的、绅士聚集的伦敦金融城,从事英镑业务并受英格兰银行的保护,不受外国机构的竞争。在这里向"祖母"悄悄地询问参考意见,意指向英格兰银行行长询问意见。进入这个世界需要上过名牌学校,获得成功要有很好的背景,并由贵族家庭统治。

第二个伦敦金融城是在新的欧洲市场做交易的富裕的外国人,它将最终超过本国人的伦敦金融城的规模。就像调度军队去打仗那样,摩根担保公司将其一流的年轻管理人员送往伦敦。因而许多美国人拥向这个伦敦金融城,以至于英国新闻界咕哝着"杨基银行",并给莫尔门街起了个诨名,叫作美利坚大街。这些外国银行家首先在1967年由银行家信托公司为奥地利的银行发了一笔债,此后他们为许多国家组织了大量的银团贷款,从而为70年代向拉美大量提供贷款开辟了道路。在这个更加公平的伦敦金融城,决定成功的因素是资本而不是关系。

和担保公司合并后,摩根财团在朗伯德大街继承了一个完整的伦敦分公司,离摩根建富只有一箭之地。这一点更加重了以前的两难处境:摩根建富和摩根担保公司算是合伙人还是竞争对手?兄弟情谊常常由于相互怀疑而罩上阴影。摩根担保公司的伦敦职员认为摩根建富"并没有比其他的商人银行更有帮助,事实上他们还更加怀疑摩根担保公司"。罗德·林赛这么说,他后来成为摩根担保公司的总裁。[19]当刘易·普雷斯顿在60年代后期管理伦敦分公司时,他发现摩根建富是投机主义者,分担坏的生意很快,但却囤积好的生意。"刘易发现这里的事情好像是一条单行道,"一位助手说,"好处总是向一个方向流动的。"普雷斯顿发现很难说服其下属相信摩根建富不是竞争者。

还有文化摩擦。当高级职员进入大温彻斯特街23号的合伙人会晤室内时,摩根担保公司的低级职员不能进去。特别令人气愤的是摩根建富对一位年轻的英国外汇交易员丹尼斯·韦瑟斯通倚老卖老的态度,他是一位伦敦运输工人的儿子。在1946年,韦瑟斯通16岁时开始在摩根担保公司做簿记员,同时还去上夜校。他对数字的反应很快,在闪电般快速交易中表现出色,而这种交易正在改变银行业。在60年代中期,刘易·普雷斯顿注意到了他,发现人们不断地到他的办公桌前向他请教;普雷斯顿将他提升为伦敦分公司副总经理。在伦敦金融城出身于工人阶级的雇员的心目中,这位短小精悍的韦瑟斯通是他们身边的英雄。摩根建富的贵族在这个无产阶级的成功故事中并没有发现有什么浪漫之处,并故意怠慢他,而他后来最终成为摩根财团的总裁。他认定其在纽约的事业发展机会要比在这个等级森严的伦敦金融城多得多。

摩根建富是近亲繁殖的、获利甚微的公司,正如剧烈的铝业大战已表明的那样,它由于自己的傲慢而窒息。它的停滞孕育了阴郁的幽默。一位伦敦金融城的记者克里斯托夫·菲尔德记得编辑准备好了一条排好字的大标题"摩根建富的首次成功",这位编辑开玩笑说他可能在将来某一天会需要它。[20]摩根建富董事坚持其老式的、非正式的经营方式。他们不做广告,也很少开正式会议,只在合伙人的会晤室内非正式地做出决定。

进入20世纪60年代时,此银行由关系密切的几个家族——格伦费尔家族、史密斯家族、哈考特家族与卡托家族和摩根担保公司共同拥有,摩根担保公司拥有三分之一的股份。为提高年轻管理人员的积极性,银行发行了新的股份,这将逐渐削弱古老家族的权力。摩根建富还创立了"董事助理"——似乎这是微不足道的组织上的细节,首次允许平民进入以前对外关闭的董事阶层,高级合伙人哈考特子爵希望结束这种僵化的状况。在1967年,就在比斯特勋爵二世——快乐的鲁菲——在一次交通事故中死去之前,哈考斯聘用了年富力强的英格兰银行执行董事约翰·史蒂文斯爵士,来开发海外分支机构。

在其青年专业人员中,摩根建富墨守成规的名声更加剧了他们对自由的渴望。在1967年,斯蒂芬·卡托,前合伙人的儿子,邀请电影制片人迪米特里·德格林瓦尔德到大温彻斯特街23号共进午餐。德格林瓦尔德有一个妙主意：如果批发商可以通过全球财团资助拍电影，他们可以打破美国在电影制片上的垄断；他否认只有美国才可以拍西部片。摩根建富急于表明它可以跟上时代的步伐，决定支持这个风险事业。

为了证明这一点，德格林瓦尔德与肖恩·康纳里和碧姬·芭铎签署了拍摄《沙拉克》的合同，这部电影描述一个欧洲贵族徒步旅行队深入阿帕奇的领土。此事马到成功。要稳定、古老的商人银行资助碧姬·芭铎是摩根建富的内在激励，它渴望进行试验。德格林瓦尔德得意洋洋地谈到他开发电影才能的梦想。伦敦的《泰晤士报》指出："他相信成功的秘诀不是稳扎稳打。"上述这著名的几个字注定了要使他卷入到灾难性的《墨菲的战争》（也许墨菲定律*更加合适），摩根建富几乎遭到了灭顶之灾，亏得英格兰出面进行了干预，"老祖母"派了一个人到大温彻斯特去处理这件事。卡托勋爵很有哲理地说："至少此事使我们免除了70年代初运输和地产方面的灾难。"[21]

但是这家公司过快地摆脱了过去小心谨慎的处事方法。加快这一进程的是威廉·哈考特勋爵，他是朱尼厄斯·摩根的曾孙。长长的脸，留着整齐的胡子，戴着圆圆的眼镜，打着蝴蝶结，比尔·哈考特是一位滑稽的、势利的人，他从来都不屈尊同银行内的一位低级职员握手。在他那傲慢的气势背后，隐藏了满肚子的阴险，对可笑的事极为敏感。他曾是英国驻华盛顿的经济参赞，以及英国驻世界银行——国际货币基金组织的执行董事，人们都知道他是摩根建富的政治调停者。

哈考特是殖民局大臣的儿子和英国财政大臣的孙子，毕业于伊顿公学和牛津大学，娶了伊伯里男爵的独生女儿。哈考特和他的妻子在斯坦顿哈考特过着豪华的生活，斯坦顿哈考特是他们自家的地产，高高的围墙，里面的花园占地好几英亩。摩根担保公司的丹尼·戴维森曾经参观过，记得当时看到这番豪华景象时他惊得目瞪口呆。"哎呀，你住的地方真是豪华

---

* "墨菲定律""帕金森定理"和"彼德原理"并称为20世纪西方文化三大发现。墨菲定律的内容主要有四个方面：一、任何事都没有表面看起来那么简单；二、所有的事都会比你预计的时间长；三、会出错的事总会出错；四、如果你担心某种情况发生，那么它就更有可能发生。

呀,"他天真地对哈考特说,"你什么时候得到的?""1080年。"哈考特干脆地答道。

自相矛盾的哈考特将这家公司引导到了有争议的兼并领域的急流险滩中。当时产生了一种新的管理信条:只有跨国公司才能在新时代生存。在这种信条的驱使下,60年代中期兼并在伦敦金融城中司空见惯。截至1968年,在两年内,英国100家最大的公司中有70家参与了收购业务。当初摩根建富曾愤怒地抗议西格蒙德·沃伯格在铝业大战中所使用的战术,而现在它却下决心要比沃伯格更有气势,甚至更冷酷。

争夺加勒赫公司的兼并大战反映了摩根建富的这种转变。加勒赫公司是本森和海奇士的香烟制造商。在1968年5月,摩根建富和卡泽诺夫,一个出身贵族的股票经纪人,帮助帝国烟草公司卖掉了36.5%的加勒赫股份;帝国烟草因为反托拉斯的原因不得不卖掉这些股份。此次承购包销是一次大失败,承购包销者手上滞留着三分之一下跌的股票,使加勒赫公司面临着被不受欢迎的兼并者吞并的危险。的确,在6月,菲利普莫里斯在摩根建富的复仇女神、沃伯格公司的支持下,步步逼迫它捕捉的目标。

美国烟草公司的巴尼·沃克注视着在纽约的这些动态,他对摩根士丹利的比尔·斯沃德和杰克·埃文斯说,他想扩大他在加勒赫公司的股票,以挽救该公司,不让菲利普莫里斯吞并。斯沃德给摩根建富的肯·巴林顿打电话,巴林顿刚参加了白金汉宫女王的夏天草坪晚会后回到他的公寓。巴林顿和他的同事乔治·劳立即飞往纽约。在美国烟草公司董事会会议室,巴尼·沃克,这位没有大学学位的脸色红润的爱尔兰人,给斯沃德和巴林顿发出了进军令。"注意,我要赢",他说,"我要绝对保证我们能赢。如何做到这一点?""也许取决于你兜里有多少钱。"巴林顿说。"他刚才说什么?"沃克不高兴地问道。"这要看我们准备付多少钱。"一位助手解释道。沃克大声说钱不是问题。在这一关键时刻,是企业而不是银行家需要一种新的激烈的、你死我活的经营风格。摩根担保公司和摩根建富事后也不无道理地申辩说,他们是在客户的煽动下进行收购的,他们也不是在金融真空状态下摇身一变成为兼并的艺术家。在60年代,银行家仍然是收购的工具,而不是动因。

摩根士丹利-摩根建富联合小组飞往伦敦金融城,去发动在伦敦证券交易史上最猛烈的一场业务,由摩根担保公司为主提供的1.5亿美元信贷为后盾。由于林顿·约翰逊的资本控制,美国烟草公司只能部分投标,而正是这种强制的做法造成了问题。在伦敦金融城里,保险公司、养老金以及其他的承销商手里拿着不想要的加勒赫掉价的股票,对摩根建富恨得咬牙切齿。在周日晚召开的会议上,收购小组与安东尼·霍恩斯比爵士共商战略,安东尼·霍恩斯比爵士是卡泽诺夫公司的高级合伙人,被指定为从事证券交易业务。他们决定第二天上午去交易所,并从梅承销商手中购买这些股票。这一有争议的战术——这也许会使摩根建富恢复在承销商心中的形象——也保证了收购可以使少数机构发财,而小额持股者要到以后才能知道这一切。

最近人们对伦敦金融城提出了许多问题。当收购越来越冷酷无情和不讲道德时,工党政府威胁要实施严厉的规定。为了避免发生这种情况,英格兰银行已经成立了一个委员会,由摩根建富的肯·巴林顿主持,以加强"收购法规"。为了执行这个法规,英格兰银行行长莱斯利·奥布莱恩爵士已设立了一个兼并监督组,办公室就安排在摩根建富内。兼并监督组缺乏法定权力,人们批评此小组与其监管的人们不正常地接近,尽管巴林顿在设计新的法规中发挥了作用,摩根建富发起了首次同时也是最为严峻的挑战。收购法规的第七条款规定,在目标公司中任何持股者得到的报价,"都不能比在此后向其他持股者提供的一般报价更优惠"。[22]这一原则受到美国烟草公司兼并的挑战,这被称为"马路清扫"——不经过报价就购买大量的股票。

在星期一早上,霍恩斯比开始了伦敦史无先例的疯狂购买。他从梅承销商那里购买了已经跌到每股18先令的加勒赫股票,每股付了35先令,他接受指令购买了500万股,但是他却在那天近中午时狂购了1200万股。许多小股民直到中午才知道突如其来的横财,但太晚了。他们原来的股票大约只有一半得到35先令,并对大机构和商人银行间的共谋行为极为愤慨。

摩根建富一贯本能地与英格兰银行合并,站在金融当局一边。而现在它却更像厚颜无耻、大胆的旁观者,一心要把水搅浑,试试新的兼并监督组的规定到底有何能耐。突然之间,它倒像是华宝公司。10年前,自信武断、反对偶像崇拜的华宝公司曾深深地刺伤它处事崇尚礼仪的情感。摩根建富发生了令人惊异的转变,成为自己最凶恶的敌人。

兼并监督组严厉指责了摩根建富和卡泽诺夫公司,令新闻界感到惊异的是伦敦金融城的"小神"哈考特和霍恩斯比并没有捶胸顿足、悔恨莫及。在兼并监督组作出规定的一个小时后,他们断然拒绝!萨伏伊大饭店和克拉里奇董事会的安东尼·霍恩斯比爵士和拥有巨大的财产的威廉·哈考特勋爵对政府当局不屑一顾,拒绝堂堂英格兰银行授权的兼并监督组。霍恩斯比像恶棍一样叫道:"在市场上就是有点你死我活的味道,这是伦敦金融城交易的本质。如果你要等外行的话,业务都得停止。"[23]

比尔·哈考特的傲慢令人难以释怀。他以典型的方式进行了反驳,表达了他狡猾的幽默和极大的轻蔑:"难道一个人在星期一早上进入交易所不能买几股股票?"令新闻发布会震惊的是他在结束时宣布他将拒绝回答任何问题。"我绝对相信这次购买股票是符合伦敦金融城的法规的。"[24]比尔·斯沃德后来声称美国烟草公司的行动得到兼并监督组的批准,但哈考特勇敢地秘而不宣,怕这样会削弱兼并监督组的权力。但他最初的态度与其说是尊重还不如说是蔑视兼并监督组,报上是这么报道的。

这一下舆论哗然。不仅新闻界支持兼并监督组,而且日益强大的机构投资者几乎一致支持监督组的谴责。四分之三的投资者甚至倾向于采取进一步的行动。这些机构是新的平衡力量,商人银行再也不可能把所有的牌都握在手中。就像将在华尔街出现的那样——共同基金、保险公司等等——正在逐渐强大,遭到削弱的是资本短缺的伦敦的商人银行和纽约的投资银行。

经过仔细安排和调停之后,哈考特爵士放下架子,态度顺从地对兼并监督组说:"我应向委员会保证,我的银行的本意决不是不尊重当局的兼并监督组。"[25]兼并监督小组也就接受了他和霍恩斯比误解了有关规定的说法。尽管摩根建富安然无恙地躲过了这一天,并捞到了100万美元巨额费用,然而名声扫地。正如伦敦的《星期日电讯报》所说的:"摩根财团只对卡泽诺夫公司负责和卡泽诺夫公司只对上帝负责的时代一去不复返了。"[26]

对摩根建富来说，美国烟草公司的收购表明资本微薄和客户众多的商人银行可以从新的收购游戏中赚大钱——这恰恰是西格蒙德·沃伯格早已看到的情况。他们可以利用传统的关系，而贷款和证券业务成为商品交易，并被最大和最强者所主宰。最初，旧的金融巨头对敌意兼并裹足不前，从而使沃伯格能够捷足先登。但是现在，仅仅10年以后，古老的金融卫士已不再内疚，证明其可以采取乡间绅士通常做不出的冷酷无情的行动。

在美国烟草公司收购了加勒赫公司几个月以后，摩根建富介入了新闻界的争夺，这证实它有了新的好斗的兴趣。这次它帮助鲁伯特·默多克购买伦敦的小报《世界新闻》。这份报纸主要报道乱七八糟的大杂烩，运动、美女照、英国保守党社论以及有关皇室的绯闻。这份小报大出风头的一次是在1964年购买了关于克里斯蒂娜·基勒的回忆录，回忆录描述了克里斯蒂娜与陆军大臣约翰·普罗富莫和一个俄罗斯武官之间的风情。这小报每周日售出600万份，在所有的英语报纸中名列榜首。英国成人中有一半喜欢读这份报上的情色新闻。

当时，打进英国报界是极其困难的，报社集中的舰队街是家庭封地的保留地，很少有哪家大报社会出卖。斯蒂芬·卡托勋爵说："报纸几乎被有产者看作玩物之类的东西。"他后来给默多克提供咨询。[27]自从19世纪以来，《世界新闻》一直由卡尔家族控制，威廉·卡尔爵士一个人就持有该报30%的股份。一位观察家说，他对此报的日薄西山一点也不在乎，"因为他每天上午十点半左右都喝得酩酊大醉，这一习惯使他得到了一个著名的外号'酒鬼比利'"。[28]

当澳大利亚第三大出版商默多克于1967年开始侦察英国报纸的情况时，其目的不是为了以最低价买进哪家报纸，而是准备闯入弗利特街的大门。他与卡托勋爵关系友好。卡托娶了一位澳大利亚人，他作为汇丰银行的董事，在亚洲之行期间常来看望默多克。斯蒂芬·卡托悠然自得，爱交酒肉朋友，与其曾为英格兰银行行长的父亲相比，不那么古板、固执正直，但是他活泼的性格和笑脸常开之后藏着其精明的超脱态度。他在伊顿公学和剑桥大学受过教育，并在摩根士丹利和J.P.摩根受过培训，并与

"殖民者"关系融洽。

卡托是他那一时代的代表，正如他父亲是战前伦敦金融城正直公正的象征。小卡托并不怕出头露面，并喜欢看到默多克为了做一笔热门的生意，日日夜夜待命，等他的电话。在1967年，默多克拜访了卡托，说他想把业务拓展到澳大利亚以外。卡托回忆道："令我惊奇的是，他坐下来说'我想收购《每日镜报》'。"他耐心地解释说默多克必须让极难对付的国际出版公司有所松动。"那么让我们先收购国际出版公司。"默多克说道。[29]卡托喜欢默多克自信、直率的作风，并对将发生的大事有预感。

积累了伦敦《每日镜报》的少量股票以后，卡托和默多克又发现了一个极好的机会：威廉·卡尔爵士的表兄德里克·约翰逊决定出售其在《世界新闻》26%的股份。约翰逊住在法国和瑞士，先后当过飞行员、障碍赛马骑手、牛津大学的光谱学教授。他想用出售股票的办法为其第六任妻子解除麻烦的遗产税问题。然而他对卡尔家族有成见，因而没有自动将股票出售给他们。

卡尔知道通过控制股票，他将稳稳地持有这份小报的多数股，因此出价以每股28先令收购这些股份。这是小气得愚蠢的报价，比伦敦证券交易所目前的价格还少1先令。约翰逊在伦敦的融资银行后台是雅各布·罗斯柴尔德。罗斯柴尔德根本不屑答复，将股票以37先令一股的价格整个卖给了企鹅出版社的出版商罗伯特·马克斯韦尔——这个国家最大的科技出版商。卡尔将这一举动看作"厚颜无耻"的行动，他让自己的融资银行后台——汉布罗斯购买《世界新闻》的股票。

当时，马克斯韦尔尚不是《每日镜报》的鲸吞世界的大老板。他同默多克一样，看到卡尔的这份小报是他进入出版界上层的第一步。马克斯韦尔出生于捷克斯洛伐克的农民家庭，原名叫扬·卢德维克·霍克，1940年移民英国，改了名字，在英国军队服军役，并在战后接管了佩尔格曼出版社。他魁伟、英俊，有着棕色的头发，但其暴躁的性格往往吓得尊敬他的人们六神无主。他是一个靠个人奋斗起家的人，作为一个坚定的社会主义者被选入议会。当回忆这一插曲时，卡托强调马克斯韦尔当时糟糕的生意名声："企鹅出版社很难卖动其百科全书。他们实际上将它们强卖给穷人。他们还对他管理资金的方法有疑问。他将自己的私人公司同公开上市的公司混在一起，使人感到心里很不踏实。"[30]但是，马克斯韦尔对《世界新闻》投标价为37先令一股，使卡尔的投标在比较中显得报价过低和无竞争力。

对卡尔家族来说，马克斯韦尔是一个外国人，不适合经营英国保守党报纸。这使他们讨好鲁伯特·默多克。1968年的一天上午，卡托的妻子听到《世界新闻》的股票要出售的消息。"为什么不让你的朋友默多克去买呢？"她问斯蒂芬。他不久打电报给默多克，说他已与威廉·卡尔爵士的银行后台汉布罗斯谈过，他表示对他反对马克斯韦尔的活动有兴趣。默多克不需要花言巧语去做工作了。

10月19日，星期六，卡托召唤默多克立即到伦敦来，当时他正在墨尔本运动会上。默多克立即登上去悉尼的飞机，他的妻子安娜在悉尼递给他一只手提箱和一本护照。然后他登上去法兰克福的汉莎航空公司的飞机，再转机去伦敦。他的飞机停靠在伦敦希思罗机场的第二候机厅，他躲过了挤在第三号候机厅的记者。伦敦现在到处都传播着有关默多克到来的谣言，记者锲而不舍地追着他。默多克认为他在萨伏伊的房间可能装有窃听器，因而卡托将他安排在自己的乡村别墅里，他在那里踱来踱去，时时在信封背面记点东西。这场摆开架势的战斗又给摩根建富一个摆脱昔日陈腐形象的机会。正如伦敦《观察家报》所说的那样："摩根建富一直被看作是一个打松鸡猎场的银行，其记录向来是防守失利，现在可以表明它和其他银行一样富有进攻性。"[31]

尽管卡尔一伙人对马克斯韦尔进行了极力的诋毁，默多克在许多方面与他的竞争者十分相似。他们俩都不合群，都讨厌什么委员会，都喜欢斗一场。他们的政治立场也不无相同：默多克在牛津大学读书时，曾一度参与激进的政治，据说他同情反英，这一点被用作反对他拥有《世界新闻》的理由。如西格蒙·沃伯格一样，默多克认为英国上层社会虚弱、衰落，这使他耍起手腕来胆子很大。默多克的出版物已十分混杂。尽管他出版了比较踏实的《澳大利亚人报》，但他也出版了很有刺激性的《真理》周刊。然而，威廉·卡尔爵士还是将默多克作为完美的白衣骑士来拥抱。

他们在乡下住所度过的周末里，卡托向默多克简要描述了需要卡尔支持的三叉战略,即争取卡尔支持打败马克斯韦尔,然后完全控制《世界新闻》(后来事情一丝不差地按照这个程序发展)。卡尔想利用默多克来击败马克斯韦尔,但又不能将所有的权力让给他。正如默多克以后所说的:"我并没被看作白衣骑士,而是卡尔这位唐·吉诃德的桑丘·潘沙。"[32]卡托制定了一个计划再转过来对付卡尔。在买了《世界新闻》的少量的股票之后,他们将利用卡尔的破绽来获得对小报的控制。一位专栏作家说,默多克向来认为伦敦金融城尽是仁义道德,卡托的诡计是他从来没有想到过的,但就有这么一位卡托勋爵,伦敦金融城最著名的银行之一的首领,提出了一个马基雅维利式的狡猾战略——正如这个战略的受害者威廉·卡尔爵士后来所说的那样,甚至是骗人的、欺诈性的。[33]

经过卡托的指点,默多克于10月22日星期二与卡尔在他的克莱韦登的宅邸共进早餐。默多克傲慢地对卡尔说他准备买下《世界新闻》的大部分股票,但他希望卡尔让出首席执行官的位置。起初卡尔犹豫不决,默多克站起来准备离开。"我到这里是准备帮助你,如果你需要的话,"默多克说,"但是我不希望将时间浪费在犹豫不决上。""坐下,默多克先生。"卡尔回答道。[34]他们达成了一笔复杂的交易,默多克将购买更多的《世界新闻》的股票,以确保他俩的股票合在一起能占股票的多数。作为交换条件,默多克将得到该报社新发行的股票中的40%。他们将共同管理该报,但卡尔仍将留任董事长。默多克对此十分不满,但卡托让他确信这正是"他需要的踏进门槛的一步"。[35]

这场小报大战的第一场战役有点像直接投标大战。马克斯韦尔通过购买德里克·约翰逊的大宗原始股及其他股票,持有30%的股票。默多克一伙采用了更有争议的战略。卡尔的银行后台汉布罗斯明显违反了收购法规关于禁止本公司购买自己的股票的规定,购买了《世界新闻》的股票。卡托通过摩根建富的账户购买了该报3.5%的股票,留给默多克。

在美国烟草公司-加勒赫公司的事件中,哈考特勋爵傲慢地不顾危险,无视新闻界。现在,默多克在公布他与卡尔的契约时,聘用了一位公关专家。卡托发现这一手非常令人激动。而他的父亲肯定会认为这样做令人讨厌和有损银行家的尊严。在10月23日召开的新闻发布会上,37岁的默多克在伦敦舞台上首次登台。伦敦新闻界对他很不了解,把他称为"安静的澳大利亚人"。他开始还很轻松地微笑,并坦率地回答问题,但后来指责他违反收购法规那连珠炮式且充满敌意的发问把他击晕了。卡托安静地坐在他的身边,若有所思地将手指头放在嘴上。

罗伯特·马克斯韦尔向兼并监督组抗议,他发现报社的管理部门与默多克之间有不为股东最佳利益考虑的内幕交易。他声称卡尔家族通过一个代理人汉布罗斯购买了本公司的股票,违反了收购法规。马克斯韦尔曾将每股投标的价格急升至50先令,但被在克莱韦登宅邸的早餐时达成的协议击败了。兼并监督组发现指控方与反指控方都有一定的道理,因此暂时中止《世界新闻》的股票交易两个月。在中止交易期间,双方持有的股票都不超过51%。兼并监督组将这次大战转变为争夺代理权战,由1969年1月29日召开的股东大会决定。卡托重振默多克的精神,声称这次决定将强化其获胜的机会。在这次大会前不久,兼并监督组宣布双方都不许以马克斯韦尔投第一标之前得到的票数投票。

英格兰银行行长莱斯利·奥布莱恩爵士担忧愤怒的抗争将损害有关法规。也许自我约束是一种虚弱无力的方法,难以限制赌场时代唯利是图的倾向。在11月11日伦敦市长的宴会上,首相哈罗德·威尔逊再次表示了他对伦敦金融城新出现的抢劫掠夺作风的厌恶,要求商人银行家们自律。摩根建富虽然向来是伦敦金融城体系中的一员,但是再次公开与当局发生争斗。

卡尔-默多克交易在1月2日的特别股东大会上进行投票,当时的气氛是阴沉和排外的。皇后大街大厅里挤满了冒名顶替者。默多克后来承认有些支持卡尔而又不能与会的股东暂时将其股票转让给了《世界新闻》的职员。当威廉·卡尔爵士像位令人尊敬的权贵一样阔步走进会场时,他受到了大家的热烈欢呼。而马克斯韦尔身着光亮的蓝色西服,一进会场,只听得一阵嘘声,大家并齐声高叫:"可耻!""撤回去!""滚回家去!"[36]

尽管马克斯韦尔的50先令一股的长期有效的报价从资金上看是相对有优势的,但是讨论的焦点集中在他是否适合管理这份报纸。默多克假装仍让卡尔担任董事长,马克斯韦尔却当即决定将取代他,他告诉此报的出版商:"我每次下午四点钟在萨伏伊理发时,我就发现你和你《世界新闻》的亲密朋友仍然在喝马丁尼酒，这么干怎么能当我的董事长呢！"[37]马克斯韦尔的好斗作风没有默多克的灵活、谦卑的作风效果好。在最后一轮投票中，卡尔-默多克小组得到了450万股股票，而马克斯韦尔得到了320万股股票。默多克那天晚上在泰晤士河堤的公寓里举办了一个晚会进行祝贺。对摩根建富来说，它开始了与世界上势力最强大的出版商的长期合作关系。作为默多克的国际新闻董事会最有影响的成员，卡托后来为他未来收购英国的报纸进行谈判，其中包括伦敦的《泰晤士报》。但是默多克和摩根建富之间的关系很矛盾，因为公司负责银行业务的一方不愿贷款给默多克，认为他的业务经营的债务太大，很危险。

1969年中期，威廉·卡尔爵士发现他和默多克合作等于是接受了一匹特洛伊木马。这位澳大利亚人在这次股东大会后继续收购股票，因而他将稳稳得到该报50%以上的股票。他解雇了卡尔富有侵略性的编辑斯塔福德·萨默菲尔德。然后将卡尔降为总裁，自己当董事长。默多克在英国开始飞黄腾达。那年的12月，他买下了伦敦的《太阳报》，后来证明这份报纸的确给他挣了不少钱。他的报上尽是美人照片，其发行量扩大了一倍，达到200万份，并创立了英国销量最大的报纸。

美国烟草公司-加勒赫公司的事件和默多克-马克斯韦尔的争斗加速了兼并监督组的改革，因此设立了一个专职的主席，由哈特利·威廉·肖克罗斯勋爵担任，他是摩根担保公司的顾问和摩根国际公司的董事。对有关法规进行了修改，以禁止美国烟草公司那种部分投标的方式，并引入了新的制裁条款。就在动乱的一年里，摩根建富的特点变得面目全非，兼并所带来的利润突然间占其总利润的三分之一。它已成为上市公司，其藐视当局的态度，在10年前难以置信。尽管该公司仍然发行股票和管理货币，它日益采用海盗般兼并世界的风格。这一变化将影响这家银行的社会观，它现在更加重视智慧和经验。摩根建富将吸引富有才华和受过良好教育的律师和会计师，他们可以掌握这种复杂交易的秘密，新的伦敦金融城将更加无情，但也更加民主，并且看起来更像50年代的沃伯格家族，而不像50年代的摩根建富。

本章参考文献

1. 欣顿、迈耶和罗德:《论摩根银行》(Comments about the Morgan Bank),第46~47页。
2. 作者和朗斯特里特·欣顿的访谈。
3. 作者和彼特·弗米利耶的访谈。
4. 作者和朗斯特里特·欣顿的访谈。
5. 同上。
6. 卡普兰和韦尔斯:《货币管理者》(Money Managers),第157页。
7. 《纽约时报》(New York Times),1968年7月9日。
8. 《商业周刊》(Business Week),1966年11月26日。
9. 舒尔曼:《十亿美元的横财》(Billion Dollar Windfall),第137~138页。
10. 同上,第156页。
11. 杰丽·毕晓普:给作者的信,1989年3月7日。
12. 美国证券交易委员会:《关于德克萨斯海湾硫磺公司的问题》(In the Matter of Texas Gulf Sulphur Co.),第5页。
13. 《纽约时报》(New York Times),1965年4月20日。
14. 同上,1965年4月25日。
15. 作者和彼特·弗米利耶的访谈。
16. 作者和朗斯特里特·欣顿的访谈。
17. 帕特里克:《永久的破坏》(Perpetual Jeopardy),第110页。
18. 《纽约时报》(New York Times),1965年4月21日。
19. 作者和罗伯特·林赛的访谈。
20. 法伦和斯罗兹:《兼并》(Takeovers),第169页。
21. 作者和斯蒂芬·卡托勋爵的访谈。
22. 桑普森:《英国新剖析》(New Anatomy of Britain),第549页。
23. 英国广播公司第二套电视节目,1968年7月18日。
24. 《时代周刊》(Time),1968年7月17日。
25. 《金融时报》(Financial Times),1968年8月24日。
26. (伦敦)《星期六电讯》(Saturday Telegraph),1968年7月28日。
27. 作者和斯蒂芬·卡托勋爵的访谈。
28. 鲍尔:《马克斯韦尔》(Maxwell),第126页。
29. 作者和斯蒂芬·卡托勋爵的访谈。
30. 同上。
31. 《观察家》(Observer),1969年1月5日。
32. 基尔南:《公民默多克》(Citizen Murdoch),第94页。
33. 同上,第96页。
34. 同上。
35. 同上,第97页。
36. 海恩斯:《马克斯韦尔》(Maxwell),第361页,1969年1月5日。
37. 海恩斯:《马克斯韦尔》(Maxwell),第360页。

第二十九章
武 士

和摩根建富一样,摩根士丹利在20世纪60年代初是温文尔雅的样板,但而后就发生了彻底的转变。60年代初,它充满了胜利者的自信。在华尔街2号,有20多名身着布鲁克斯兄弟公司名牌西装和饰有交织字母衬衫的合伙人在拉盖办公桌后工作。这个饰有英国狩猎图的工作区有着一种神秘的力量,正如一位合伙人所言:"很少有像这样的地方,一个电话就能筹到1亿美元。"[1] 摩根士丹利的合伙人在生意上不搞蓄谋控股投资,不与他人竞争,也不粗鲁地拉生意,他们与客户保持着排他性关系。他们在从其他公司招聘人的时候,总是要先礼貌地征得对方公司的同意。

一个承袭了辉煌遗产的公司总是尊重传统的。老摩根财团以发放金币的方法鼓励合伙人参加会议。现在则变换了一种形式,摩根士丹利在合伙人参加会议时,发给他们10或20美元的钞票。缺席者的份额将被到会者瓜分。因此,唯一一次全体合伙人都出席的会议是在一个暴风雪的日子,那次大家都想着能大捞一把。

在20世纪60年代,想要吸引毕业生到华尔街工作是很困难的,因为学生们都在抗议越南战争。当弗兰克·贝蒂托去哈佛商学院,到学生中招募职员时,他一无所获,独自一人待在教室里,直到有位教授于心不忍,走过来与他谈话。尽管摩根士丹利的合伙人大多来自普林斯顿、耶鲁或哈佛，但他们的背景却各不相同。摩根士丹利和老摩根银行一样，尽管被带有成见的人不公正地称为社会登记公司，但还是乐于接受家境贫寒却天赋很高的青年。比如日后当上总裁的迪克·费希尔，当初就没有勇气去求职，因为哈佛商学院一位教授对他说，摩根士丹利用人标准包括出身、天赋和金钱三个条件，而其中有两个条件他都不具备。

尽管如此，高级合伙人的傲慢有时实在令人难以忍受。有一次，费希尔与一位合伙人开车去加拿大，做丘吉尔瀑布水电项目的工作。在边境上，一位移民局的官员盯着后排的费希尔向那合伙人问道："你后面的那人是谁？"合伙人答道："我是一个人旅行。"当移民局官员示意他所问的是后排的人时，那合伙人粗声答道："他谁也不是，不过是一个统计员。"[2]

到了60年代，华尔街的宗教界线已被打破。许多犹太人的公司都雇用了新教合伙人，尤其是在银团中，这是因为它们要讨好摩根士丹利和第一波士顿。摩根士丹利在1963年雇用了第一位犹太职员——刘易斯·伯纳德。他在普林斯顿时曾是弗兰克·贝蒂托儿子的室友，且常常去贝蒂托家小住。一位前合伙人回忆道："在面试伯纳德时，人人都希望录用他；但是要想消除一些老合伙人的偏见却是十分困难的。"有位摩根士丹利的合伙人甚至跑到新泽西标准石油公司向一位官员打探："如果摩根士丹利派一位犹太职员来贵公司，是否会引起不满？"那人被激怒了："我想你应该知道，如果你不知道的话，那我告诉你，我们的首席执行官就是犹太人。"[3]于是，那位合伙人便灰溜溜地离开了。在1973年，年仅31岁的伯纳德便成了摩根士丹利有史以来最年轻的一位合伙人（除查理·摩根的特例之外），日后他成长为重要的战略思想家。

进入60年代以后，摩根士丹利几近无懈可击的霸主地位看来是稳坐无疑了。这家无可匹敌的美国投资公司的客户除了澳大利亚、加拿大、埃及、委内瑞拉和奥地利，还有世界25大实业公司中的15家。这些囊括一切、排他性的关系是昔日的遗产，当年客户需要沐浴在有权有势的银行的光环之中。摩根士丹利勤勉地为客户服务，总梦想着能找到新的方法为美国电话电报公司或通用汽车公司融资。然而，随着赌场时代的发展，资本已不是那么稀缺的资源，传统的纽带遭到了削弱。

摩根士丹利总是殚精竭虑，想方设法为其忠实的客户服务。在20世纪50年代，它曾负责一家农业设备制造商凯斯公司的证券发行。1961年，当凯斯公司面临倒闭，各银行威胁着要抽回它们的贷款时，摩根士丹利的塞谬尔·佩恩担任了该公司的临时董事长。6个月之中，佩恩每周花三至四天到凯斯公司设在威斯康星州拉辛的总部去办公，从而扭转了局面。后来，重整后的凯斯公司被卖给了坦尼科公司。另一个类似的情况是摩根士丹利破纪录地对位于纽芬兰拉布拉多的丘吉尔瀑布水电项目融资10亿美元。这个项目的规模是大古力大坝的两倍。一连8年，每天都有摩根士丹利的合伙人在那儿工作。当丘吉尔瀑布有限公司的总裁在1969年的一次飞机失事中遇难后，摩根士丹利的合伙人威廉·马尔霍兰便接任了经营该公司的职务。

这个由一流的银行家和一流的客户组成的完美世界，也会出现裂痕。第一个看到这种情况的摩根士丹利的合伙人是罗伯特·鲍德温——佩里·霍尔的门生，霍尔已于1961年退休。鲍德温是一个很有争议的人，有人认为他是公司的救星；而另一些人视其为公司的孽障。无论如何，他一扫陈规陋习，带领摩根士丹利跨入了新世纪。在这个绅士圈子里，鲍德温是个精力充沛、好发奇想、支配欲很强的人。他身材高大，有着运动员的体魄，犀利的目光，但举止鲁莽，缺乏幽默，与典型的摩根成员截然相反。其他合伙人认为他是个冷漠且很难对付的人，他在与人交往中总是很难放松，且不善闲聊。把他放在华尔街这个最高雅的地方，似乎是错了位。不过，这也许正是他的优势所在，因为他在攫取权力时，表现得就像一个绅士一样，从不感到难为情。

人们对于鲍德温的智慧问题也存在着意见分歧。他在校时学习成绩出类拔萃，在普林斯顿时曾是体育三项——橄榄球、篮球和垒球能手；此外，他还以最优异的学业成绩获得了经济学学位。不过，他的头脑不敏锐，不善反思，非常偏执，有了什么主意很难改变。他的办公室中有一个靠垫，上面绣着"幸运来自努力"。[4]在这个言谈举止谨慎有名的地方，鲍德温竟会不礼貌地说别人过胖或吸烟太多。每次约见客户时，他都会突然掉转话题，滔滔不绝地大谈自己的成就。

鲍德温逐渐变成了一个典型的"谁遇见谁倒霉"的上司，他主宰摩根士丹利多年，使他的部属日子难熬，难以忘却。一位前合伙人说道："看他那副对下属颐指气使的自负样真像个狗杂种。"另一位合伙人说道："他在往上爬的过程中也做过一些大蠢事；他很不谦逊，唯我独尊，靠不住，没有幽默感，你根本不会和他一起出去喝酒。不过，他同时也是个诚实、宽容的人。"他突出的特点是对投资银行业的战略方向有着非凡的洞察力。

鲍德温在提出自己的主张时总是坚持到底。在华盛顿的一次听证会上，他向议员们大放厥词，继而又在出租车中对同伴大放厥词，同伴下车后，他又向司机大放厥词。他心目中的英雄不是诗人，也不是思想家，而是海军上将切斯特·尼米兹。20世纪70年代初，他儿子还在菲利普斯·埃克塞特学院时，鲍德温这个无所顾忌的鹰派就曾向学生团体发表谈话，内容是"声名狼藉的军事-工业社会的另一面"。[5]

如同摩根建富中的少壮派，鲍德温对被他称为白鞋派*的现象非常愤怒。这是指摩根士丹利的合伙人靠着血统和社会关系而取得成功，但却是些愚不可及和自以为是的人。为此他曾说过："我祖父是宾夕法尼亚铁路上的列车长，而我却拥有13英尺长的翻车鱼游艇。"[6]要不，他就会说："我一听到他们谈论白鞋派的事儿，就会非常生气。我们为什么会称老大？是因为我们是善人？是因为我们能打高尔夫球？我可是干出来的。"[7]和在摩根建富的情况一样，这种对过去四平八稳、图安稳的态度不满的情绪激发了青年合伙人的反叛，从而使得鲍德温能对公司的经营方式进行彻底的改革。

鲍德温在60年代中期还注意到了摩根士丹利的缺陷。公司管理不善，机构庞大，以至于达成一致意见的传统管理方法不再适用。公司没有预算，没有规划，也没有现代化的管理——只有没完没了的学会式的讨论。记账方式还是由坐在高凳上的职员趴在斜面桌上，把账目抄在皮面账本上。与此同时，公司却在不断地壮大，小小的总部已经快要被挤炸了。公司总部在1967年搬出了它在华尔街2号狭小的办公室。当时很难想象摩根

---

* 在华尔街上，历史悠久、信誉卓著、专做大生意的专业服务机构，如投资银行、律师事务所等，通常被称为"白鞋公司"（White-Shoe Firms），这类公司的典型雇员就是通过裙带关系或财富而进入公司的人。

士丹利的地址竟然不在华尔街上。哈里·摩根担心公司的地址若是在百老汇的话，伦敦的朋友们就会认为他成了个戏剧出资商。不过当搬到了百老汇140号新的办公楼，哈里心里也想开了，因为那儿曾是担保信托公司的地址。

鲍德温在60年代一再试图管理公司，但都遭到拒绝。他因自己晋升的缓慢而处境困难。1965至1967年之间，他跑到华盛顿去当了几年海军部副部长。在这些年里，他总是在学院的校园中鼓吹战争。他的合伙人认为他太冲，所以都不欢迎他回到摩根士丹利工作。后来，在他回来工作后，他们再次拒绝了他希望负责日常业务的要求；于是他决定再次离开公司。

鲍德温几乎要脱离摩根到庞大的哈特福德保险公司去任职。当时，拉扎尔兄弟公司的费利克斯·罗哈廷正在为国际电话电报公司的董事长哈罗德·吉宁和哈特福德的董事会撮合。鲍德温作为哈特福德公司的投资银行方面的人，冷漠地拒绝了罗哈廷的这一建议。哈特福德的董事会决定让鲍德温作为单枪匹马的"白马骑士"来救援，抵挡住国际电话电报公司的进攻。1968年12月，鲍德温被指派为哈特福德的总经理。当吉宁听到报告后，勃然大怒，于是发起一场敌意竞购，迫使鲍德温退回摩根士丹利。在这种别无出路的局面下，鲍德温与摩根士丹利只能妥协。鲍德温经历过重重挫折，鼓足干劲想要再一次改组公司，他于1969年使公司召开了一次少有的计划会议，不过他因票数不足而没成功；后来他不得不承认那真是一次"重大之灾"。[8]不过公司成员年龄的变化，在一定程度上挽救了他。随着老一代从大萧条时代过来的合伙人退离岗位，60年代初招聘的一批新人逐渐接替了他们的位置。在70年代，公司的28个合伙人中已有了6个青年人，其中包括迪克·费希尔和鲍勃·格林希尔。这伙被称为"无礼六人帮"的人最终使权力的天平倾向鲍德温，使他有足够的选票去发起改组运动。不过，起初他们还是要那个老派的文雅严谨和富有的摩根士丹利。

鲍勃·鲍德温与缺乏远见的合伙人不同，他看到摩根士丹利必须为其生存而奋斗。他很不安地看到所罗门兄弟公司和高盛公司的崛起。这些公司利用它们的交易技术不断蚕食四大公司——摩根士丹利、第一波士顿、库恩-洛布和狄龙-里德公司——的地盘。这时候，摩根士丹利仍然表现出从皮尔庞特·摩根时代留传下来的那种视"交易商"低"银行家"一等的势利偏见。在第一波士顿也存在着这种情况;在那儿,人们把承销部门称为上议院,而把交易部门称为下议院。交易业务仍被认为是粗劣的商品生意,它只配留给像所罗门和高盛那样的犹太公司去做。所罗门兄弟公司和高盛公司的情况恰恰相反,交易员称公司财务人员为"换灯泡的人"或"受支使的人"。[9]

所罗门兄弟公司的约翰·古特福罗因德利用交易方面的技巧赢得了新的业务,确保其公司在银团中的优势地位。正如摩根士丹利一位前合伙人谢泼德·普尔所言:"在所罗门和其他公司,人们都向首席财务官提供许多主张和建议,我们根本无法比得上。他们创造了许多金融工具。"[10]摩根士丹利总是与资本的使用者——大公司保持良好关系;而所罗门和高盛则与之相反,它们与资本的提供者——占纽约证券交易量四分之三的投资机构保持着密切的关系。而力量的天平正在倾向于资本的提供者。

在动荡的60年代,因为越战开支引起了通货膨胀,养老基金和保险公司等机构便更加积极地管理其证券投资。它们不再购入大宗债券并将其保留到期满;而是把老债券换为新债券。像摩根士丹利这类没有证券交易业务的承销公司在这方面就无能为力了。大额投资者都有其他一些特别的需求。在做复杂的大宗证券交易时,需要有中介人来占据大宗头寸,这样他们就可以暂时地将大宗证券脱手,一次性地或分批卖掉。所罗门兄弟公司拥有资金和交易方面的力量来完成这种复杂的工作,并且通过提供这些服务开拓它们的证券承销业务。约翰·古特福罗因德作为局外人,对于那种对客户进行蓄谋控股投资或其他为华尔街俱乐部所不齿的事情毫无顾忌。是他第一个指出:"证券经销能力将成为证券承销能力。"[11]

古特福罗因德似乎很喜欢刺激摩根士丹利。前国防部长罗伯特·麦克纳马拉在1968年成为世界银行第一位没有华尔街背景的行长时,想在承销人之间制造竞争。于是他将所罗门兄弟公司连同摩根士丹利和第一波士顿一起请来。在与三家公司进行的艰苦谈判中,当麦克纳马拉要求得到更有利的价格时,摩根士丹利的拉里·帕克起身说道:"我得去和我的合伙人商量一下。"古特福罗因德显出一种顽皮的神态,但也表示他要在价格上竞争,站起身要去咨询他的合伙人。可突然他又坐了下来,诡秘地说:"无论我做什么,他都赞成。"这样一来,他就对摩根士丹利和第一波士顿银行施加了压力,牵着他们走。[12]

鲍德温认为,要想保持在银团中的主导地位,摩根士丹利必须吸收那些长期被视为商业中乌合之众的推销员和交易员。向证券交易和经销方面转化,而不是简单地将证券分销给其他公司去出售,这一举措将打破摩根士丹利小巧高雅的、当时只有250人的格局。它再也不能像从前那样,高高在上地监测证券市场的情况了。在1971年的一次规划会议上,鲍勃·鲍德温最终使会议通过了开发证券的销售和交易业务的决定,从而结束了摩根士丹利自1935年创立以来的高贵的承销商历史。它将通过股票和债券的交易和经销来发展与机构投资者的关系。后来,迪克·费希尔曾说道:"我们作出了一项决定,就是这项简单的决定才使我们公司有了日后所有这一切的发展。"[13]这些改革是逐步实施的;先是费希尔被指派负责公司债券的交易,后来,水门事件特别起诉人的儿子小阿奇·考克斯主持了证券和股票交易的工作。

证券交易意味着要担风险并需要大量的资金,而摩根士丹利在1970年所拥有的750万美元资本根本不够用。年轻一些的合伙人一直担心,随着年长的合伙人不断去世,公司的宝贵资本会消耗殆尽。为了保存资本,摩根士丹利在1970年从合伙制改变为部分股份公司。这也使得摩根国际公司的红利能在不被课以惩罚性税收的情况下从巴黎流回美国。

随着摩根士丹利发展为一个业务齐全的公司,它的公司文化也发生了变化。40年来,摩根士丹利的人都是在一个稳重、优越的世界中周旋,他们只与各公司的主要领导打交道。而交易人则生活在一个较为粗俗的世界中。许多老合伙人都对交易人嗤之以鼻。一位交易人说:"这是一种不同的文化。这批人不是不动声色的白鞋派,而是处于很大的压力中的一伙吵闹、强横、满嘴污言秽语的人,令人感到紧张。"一位前交易员回忆道:"有些青年合伙人也看不起我们,好像我们的指甲缝里都是泥,好像我们这些人都是劣种。"不过,现在风气变了,摩根士丹利忽然在麦迪逊广场公园运动场有了一座看台。一位前合伙人注意到:"在那之前,摩根士丹利的人从不去看打篮球。"

起初，招聘交易员遇到了许多困难，因为没有人会相信高贵的摩根会真心作证券交易业务。交易员生活在一个要当机立断、竞争压力很大的决策环境中；每天九点半到十点，当公司融资部的人员慢条斯理地到公司上班时，交易员早在八点钟就已开始上班了。费希尔曾试图禁止职员们在办公桌前用午餐，但他的规定却无法得到贯彻。在重新创立公司的超人努力中，有人通常夜以继日地工作。来自通用食品公司的负责监督计划工作的弗雷德里克·肖尔茨回忆道："我还记得一天清早，有人问我是来上班还是回家去。"[14]他的秘书会偷偷地换掉衣服，不让人看出她一夜没有回去。

摩根士丹利在纽约证券交易所内没有自己的场内交易员，所以证券交易业务要从零开始。有些合伙人曾杞人忧天，害怕如果摩根的交易员抛出通用汽车和美国电话电报公司的股票的话，就会引起一场抛售狂潮。而现在安排了交易人，却没有引发任何市场大波动。

这种匆匆忙忙的扩展也有其正面的影响——特别是它结束了公司作为清一色种族的历史。不久，享有特权的白人堡垒中便有了奇特异族姓氏的合伙人。在1975年，曾在阿尔特曼的地下室里打包的、操着浓重西班牙口音的古巴难民路易斯·门德斯被从债券交易部吸收为合伙人。他的成功表明公司开始更加注重实绩。这一倾向在罗伯特·麦克纳马拉来访时显得尤为突出。在一次由摩根士丹利的高级管理人员参加的午餐会上，他无视职位更高的要人，向坐在远处的门德斯提问题，门德斯把有关世界银行债券发行定价的奥妙情况解释得一清二楚。说话直率、能够应付复杂环境的门德斯告诉麦克纳马拉，世界银行债券的发行价格太高，把客户都给吓跑了。后来，麦克纳马拉对同行的尤金·罗特伯格说："这个公司不像我想象的那么封闭。"[15]

摩根士丹利屏弃了许多旧习，公司再也不可能只是培养自己的人并灌输摩根的风格。在招聘交易员时，它不得不优先选择那些有胆识、坚韧不拔的年轻人；在1970年以后招聘的执行董事中，几乎有一半的人年龄在35岁以下。为了吸引交易员，公司打破了平均主义，推行了注重实绩的报酬制度，带来了新的竞争和紧张的气氛。鲍德温对形成这种严酷竞争的环境感到非常自豪，每当他听到摩根的成员对竞争不屑一顾时，他就会反驳道："投资银行若要想具有竞争力，唯一的途径就是要不择手段。"[16]在10年之中，公司发展壮大了10倍；同时也经历着巨大的磨难，承受着新的紧张关系的震动。

为了能争取到机构投资者，摩根士丹利设立了一个股票研究部。1973年4月，弗兰克·贝蒂托招来了一位叫巴顿·比格斯的人。此人毕业于耶鲁大学，曾在海军陆战队服役，后来在康涅狄格州格林威治管理套利基金。他属于60年代末那种专爱投机的、"枪手"式的证券投资的管理人，但他是这批人中很有教养的人。正如《机构投资者》所言："比格斯正是可以介绍给你女儿的那种枪手。"[17]贝蒂托给比格斯提供了一个合伙人的位置，后者当即就接受了。这种任何人都可以请来当合伙人的例子在摩根士丹利的历史上是不多见的。

做股票研究是个很有争议的决定。佩里·霍尔和其他老资格的人都持反对意见。他们认为这会威胁到他们经营蓝筹股票的特许权，并会与客户发生利益冲突。合伙人拉里·帕克曾说："当摩根士丹利开始股票研究时，我们大吃一惊。"为了建立其自主权，比格斯在《巴伦》杂志1974年的一篇文章上猛攻IBM。摩根士丹利一扫华尔街传统的禁忌，对其他公司进行蓄谋控股投资。它肆无忌惮地雇用分析人员，以至于鲍德温接二连三地接到愤怒的电话。他说："有几个好友打电话来，对我大为光火。我已保证就此罢休。"[18]

绅士银行家准则的主要内容很快被逐条打破。和摩根建富一样，摩根士丹利只有在它的地盘不受侵犯的情况下才保持着绅士的光环；一旦遭到威胁，它就会进行报复。不论是在华尔街还是在伦敦金融城，证券银团优雅、安逸的世界都被兼并者掠夺性的世界和交易商无所顾忌、冒犯冲撞的世界所替代。形式完全服从于功能。

在这一转变过程中，哈里·摩根的身上始终体现着一个公司的准则，而这些准则很容易被人忘却。尽管他在1970年变成了有限责任的合伙人，而且在严格的法律意义上没有否决权，但他却仍旧发挥着他的余威。在摩根士丹利成为股份公司之后不久，美国运通公司曾试图将它兼并；于是便出现了意见分歧：一些老合伙人表示赞同；而许多青年合伙人坚决反对。哈里·摩根在一次情绪激动的讲话中表示，他不会用天生的权利去换取一碗粥："你们干什么都行，但是摩根的名字不卖。"于是，美国运通公司被撵走了。

在1969年当摩根士丹利与布鲁克斯-哈维公司共同对一项房地产进行融资的风险投资时，也出现了类似的情况。这一房地产分支机构的开端很不稳定。有一次，运输行业工会提出了一项诱人的建议：他们想让摩根士丹利管理他们在美国的所有资产。几乎所有的人都对此表示赞同，唯独哈里·摩根反对。他在讨论中一直一言不发，直到最后才说道："年轻人，只要我还活着，这个公司就不能和这班人做生意。"[19]讨论就这样结束了。

到1973年时，摩根士丹利在满城挑选新的办公地点。许多合伙人都不愿为追随着客户搬到商业区与住宅区交界的地段而放弃华尔街。鲍德温虽不同意，但又奈何他们不得。后来他曾与已迁到洛克菲勒中心去的拉扎尔兄弟公司的安德烈·迈耶一起共进午餐，并对他讲了这个有争议的事情。迈耶听罢大笑道："那好，以后我到住宅区和你的客户共进午餐；而你就去商业区和你的竞争对手一起吃午饭。"鲍德温于是怒气冲冲地回到商业区，劝说同事们去看第六大道埃克森大厦3层的空房子。

鲍德温带他们乘地铁在西四街换车后经第六大道去住宅区，而不是走第七大道那条线：因为距它最近的那站，也就是第五十街和第七大道，是个妓女出没的地方。这一招真灵。1973年8月，华尔街的标志——摩根士丹利迁址到坐落在住宅区与商业区交界地段的埃克森大厦。这行动表明了赌场时代至高无上的一个现实——曾几何时骄傲而法力无边的银行家从此开始屈尊于它们的公司客户了。

正值鲍勃·鲍德温在摩根士丹利发动宫廷政变之时，有人偏巧也在绝密地试图在海外重建昔日的摩根财团。随着金融业日益国际化，摩根财团内部也在暗地里相互争斗，造成一片混乱。日本人对摩根财团的偏执看法很能说明这个问题：无论摩根担保公司和摩根士丹利多么狡猾地为自己的目的加以辩解，它们毕竟属于同一个财团。随着摩根建富60年代末在全球的扩张，这一情况自然变得戏剧化，更为复杂。

在呆滞沉闷的50年代，摩根建富因外汇管制和担心在海外与摩根担保公司发生冲突而被困在英国。为了把摩根建富从昏睡中唤醒，哈考特勋爵在1967年挑选他的朋友约翰·史蒂文斯爵士出任公司的新总裁。史蒂文斯和哈考特一样，都在华盛顿担任过经济公使，并在国际货币基金组织-世界银行当过英国的执行董事。在其任职的7年之中，史蒂文斯对摩根建富产生了广泛的影响。在一个缺乏宏大战略思想家的公司里，他对世界未来的看法是与众不同的，他还给墨守成规的老银行带来了勇于冒险的风气。在第二次世界大战期间，他曾作为英国谍报机构——特别行动部的成员空降到意大利，去向皮德蒙特解放委员会提供资金支持。他深入希腊和法国的被占领土，并于1945年接受了驻扎在意大利北部诸德军师的投降。他还与意大利游击队共同努力，解放了都灵市。由于能够流利地讲六七种语言，他担任了英格兰银行的巡回密使，并在1957年任执行董事。第二年，他出访俄国，侃晕了莫斯科人，英格兰银行与苏联国家银行发生了第一次接触。此后摩根建富就在与苏联的关系方面占据了金融上的优势。60年代初，史蒂文斯曾经被列入过英格兰银行行长的短名单，但后来未能如愿。于是，他接受了哈考特的邀请来到了摩根建富。

当史蒂文斯利用外交部招募来的人员为摩根建富在世界各地开办新的办公机构的时候，公司非常高兴能利用华尔街23号的名望。摩根建富的海外客户多是在摩根担保公司存款的美国公司。正如史蒂文斯从外交部招来的一位职员戴维·本多尔所言："当摩根建富来到海外做生意时，没人知道这家公司，但他们都知道J.P.摩根公司，因而，我们就利用了这个名字。"[20]史蒂芬·卡托不得不承认："人们都知道他们是头号的美国银行，所以当我们在海外开展业务时，摩根担保公司的股本帮了大忙。"[21]当然，由于摩根士丹利和摩根建富都利用摩根的名字做生意，就使得摩根担保公司在世界各地遇到了越来越多的困难。

由于摩根担保公司禁止摩根建富进入活跃、有利可图的美国市场，摩根建富日益不满。按照格拉斯-斯蒂格尔法案，摩根建富在纽约不能够经营投资银行业务。罗德·林赛说道："我敢保证，在摩根建富元老们的眼里，反正我们都是美国的暴发户、二等公民，都属清算银行那一类。"

与此同时，摩根担保公司在欧洲市场上拼命活动。到了20世纪70年代初，它在伦敦已有了一个近600人的机构，这几乎是50年代整个银行的人数。在国内市场上利用摩根担保公司的公司，如米舍兰和西门子都跑到伦敦，聚集在它的周围。60年代末，当丹尼·戴维森担任摩根担保公司的伦敦经理时，他发现摩根建富是个如此枯燥乏味、令人昏睡的地方。所以他更情愿与拉扎尔甚至华宝公司做生意，这正刺到了摩根建富的痛处。作为大温彻斯特街23号的联络员，戴维森自以为有权分享交易的秘密。在他刚到伦敦不久，有一次他去参加合伙人的会议，发现他拿到的资料中有关机密的那部分材料都被巧妙地处理掉了。这使他受到了莫大的侮辱，他发誓再也不去那个地方了。人们历来在摩根财团概念上的混乱，也是由这样一种奇怪的情况造成的：摩根担保公司掌握着大量的摩根建富的股份，但应该保持不参与经营管理。如果说这种情况能令英格兰银行和美联储满意，但它却是不合逻辑的、有悖情理的。

几乎是与此同时，刘易·普雷斯顿去信给约翰·史蒂文斯勋爵，向他抗议摩根建富日益增加的外汇交易。作为摩根建富在纽约的出资银行后台，普雷斯顿为摩根担保公司要处理过多的未抛补头寸而感到烦恼。摩根建富的一位前管理人员回忆道："从那以后，相互间的关系明显冷却下来，尽管表面客客气气。"作为负责摩根士丹利新开展的交易业务的银行，摩根担保公司也时常受到其透支的困扰。

就像美国烟草公司大举兼并加勒赫所表明的那样，摩根建富和摩根士丹利因搞兼并业务而结合在一起。摩根建富的约翰·史蒂文斯爵士和摩根士丹利的比尔·斯沃德计划在全球范围进行更紧密的合作。但这一切却离不开摩根担保公司，因为它拥有摩根建富三分之一的股份，在摩根士丹利继承的巴黎经营承销业务的摩根国际公司中也有股份（该公司在欧洲市场的融资量至少是任何其他美国投资银行的两倍）。摩根建富的代表团在1972年8月的纽约秘密会议上开始讨论与国外公司合并的问题，这引起了摩根担保公司的兴趣。围绕着摩根这一名称发生的纠纷，特别是在日本和中东地区，导致了无休止的冲突。既然一些国外客户弄不清楚整个摩根财团拜占庭式的历史，为什么不因势利导，利用这一优势呢？巴黎的情况已显示出了合作的巨大潜力。

因此在1973年6月20日,也就是佩科拉进行雷鸣般地谴责整整40年之后,摩根财团的三方成员来到度蜜月的世外桃源——百慕大的岩洞湾饭店,举行秘密会议。会议的目的是要在美国法规所能控制的范围之外重建摩根财团。这次会议是极其保密的,它的代号是"三角",只有最高级的人员才知道此事(16年后,当有人向摩根担保公司当时的执委会主席拉尔夫·利奇问及百慕大会议时,他反问:"什么百慕大会议?"当别人向他讲述会议的情况时,他抱怨道:"哎,要能成为摩根内部的人可真好。"[22])。在摩根的老人们看来,所建议的联合似乎是一次重建昔日辉煌的机会。这个计划要成立一个叫作摩根国际的公司,对三家各自在海外的证券业务进行统筹。摩根担保公司和摩根士丹利将各出45%的股本,摩根建富出剩下的10%。而新的实体又将拥有摩根建富一半的股份。三家公司将在过去相互争斗的海外阵地进行合作。这将使长久以来的摩根的身份问题得到圆满的解决。

这些讨论中遇到的一个重要问题是摩根担保公司的迅猛发展。它在1969年成立了一个叫J.P.摩根公司的独家银行控股公司,恢复了自担保公司1959年合并后一直沉睡的名字。吉多·维倍克解释道:"在控股公司中去掉担保的名称是很有争议的。不过我们只是想不断扩大摩根的名声,因为它很有魔力。"[23]起初,J.P.摩根公司几乎完全是由摩根担保公司组成的,但随着摩根财团变为一个多样化的金融联合体,摩根担保公司所占的比例逐渐缩小。这种独家银行控股的公司使得银行能够将其业务扩大到租赁和其他领域,并且可以发行商业票据而不受美联储利率上限的约束。它利用大额定期存单、商业票据和欧洲美元存款帮助华尔街23号摆脱了格拉斯-斯蒂格尔法案的束缚。这一新的自由也许使这家银行更不愿与他人联合。

无论百慕大会议如何像人们想象的那样诱人,如何引起了历史性的反响,但它还是彻底地失败了。一个主要障碍来自政治方面:如果银行不像20世纪20年代提供国外贷款时那样接受直接的政治监督,它们还会大体上依国家利益行事。在向国外贷款时,它们会本能地寻求政府的保护,而不会随便违抗美国国务院或英国外交部的意愿。就像在30年代,美国和英国的政策在地缘政治上的分歧使合作很难进行。摩根担保公司当时的总裁沃特尔·佩奇说:"那时摩根建富向我们哈瓦那的朋友卡斯特罗提供贷款,它们还把钱借给北朝鲜;而我们却不能,摩根士丹利也不能。在这种情况下几乎不可能合作。"[24]古巴和北朝鲜的贷款实际上是由英国政府担保的。多亏了约翰·史蒂文斯爵士,摩根建富还能向铁幕国家提供出口信贷。

这次会议使摩根建富自重而敏感的青年合伙人又勾起了对"老大哥"长期抱有的矛盾情绪。作为摩根财团中最小的一家公司,这家英国公司总担心被较大的两家美国公司挤垮。这种情绪在公司融资部尤为盛行,那儿的人威胁道如果这笔交易达成的话,他们就要造反。鉴于英国将要进入共同市场,摩根建富的戴维·本多尔要求赋予英国特殊地位——因为他的公司最易进入英联邦国家,所以在进入欧洲的新的合资中应该起"领导"的作用。他说:"我猜想,只有我才是唯一面对现实的人。美国人说这是他们所听到过的最严重的沙文主义的话。可我们却觉得正被别人捆住手脚。"[25]刘易·普雷斯顿和摩根担保公司的人觉得他们被摩根建富的热情极大地误导了。人们催他们来开会时,他们还以为摩根建富和摩根士丹利很快就要达成一项协议。此外,本多尔有关美国人在欧洲不受欢迎的暗示也深深地惹恼了两家美国公司。普雷斯顿愤怒地威胁要卖掉摩根担保公司三分之一的股份。当然,摩根的董事长埃尔莫尔·帕特森使他很快平静了下来。

鲍德温在摩根士丹利的夺权活动使得情况更为复杂。这次夺权带来了一代新人。这些人狂猛的爆发力和对上不恭的作风触犯了敏感的摩根建富。摩根建富的一位官员回忆道:"摩根士丹利的小伙子们真是一群一往直前、贪婪攫取的人;你会看到,在一英里之外他们就在那里准备抢了。他们自以为有权支配一切,领导一切。"与之相反,摩根士丹利那些唱反调的人则认为,摩根建富是一个死气沉沉的商人银行,那儿净是些懒惰、自以为是的公爵和伯爵,使用的都是过时方法,他们坐不了英国的第二把交椅。

摩根担保公司的人在与摩根士丹利合作时,在暗地里留了一手。正如华尔街23号的一位前职员观察到的那样:"银行里总是有这么一种看法,认为华尔街(即摩根士丹利)的人都是些暴发户。"工资的差别一直是个令人恼火的焦点：一个摩根士丹利的合伙人在不景气的年头能挣15万美元，而遇上好年景则能赚上50万美元。所以，即使一个低级合伙人也比摩根担保公司董事长挣得多。凡在摩根担保公司工作过的人都不得不相信，摩根担保公司代表着更高的层次，否则，为什么人们不跳槽，到更能赚钱的摩根士丹利去呢？

摩根担保公司还十分珍惜在惊人发展的10年中所取得的成就。在这期间，它建立了海外分支机构，在外国银行里参与股份。在这三个公司中，它的发展最为迅速，远远超出了一个50年代处于摩根士丹利阴影之中的弱小温室银行的规模。沃尔特·佩奇解释道："到百慕大会议时，摩根担保公司已成为一个真正的实体，它比其他任何银行都涉足更广。要是联合的话，我们就得放弃在日本、澳大利亚、新加坡和香港所取得的很多业务。"[26]到1972年，J.P.摩根公司利润的三分之一来自海外。这个数字在几年之内就猛增了50%以上。公司进一步向全球发展，它不愿与他人分享赢得的战利品。

在这场复杂的游戏中，最终的保留意见还是来自于摩根士丹利。在巴黎胜利的鼓舞下，公司理所当然地感到高傲和自信，想独自向国外发展。一个观察家回忆道："他们认为自己强大、独立、成功，不需要保姆。"然而，并不是每个人都持这种观点。谢泼德·普尔后来说道："主张国际化的人认为扩大其海外联系有利可图；而主张国内业务的人则认为我们会得不偿失。"[27]由于担心摩根士丹利的资金有限，弗兰克·贝蒂托强烈地意识到，他的公司需要摩根担保公司雄厚的资金（三个公司的幻想家总是念念不忘资金的问题）。尽管鲍德温对摩根财团的名声及其历史很有感情，但他对国外业务心存疑虑，认为那是浪费时间和金钱，所以就没有对此事进行必要的推动。

在百慕大会议上，作为一场梦、一种可能性和飘忽不定的鬼火，摩根财团就不再存在了。此后，三家公司便分道扬镳，并渐渐发展为完全不同并相互争斗的对手。连锁合伙关系、休戚相关和金融力量之间不可捉摸地相互影响的时代一去不复返了。1979年，摩根建富建立了反攻的滩头阵地——纽约办事处。百慕大的失败给它造成的损失，比其他两家公司更大。不然的话，它本可以早日在全球证券市场上站稳脚跟，尽管这要以丧失独立身份为代价。以卡托爵士为首的少数人颇有见识，他们宁可在全球市场上担任主要的角色，即使起较小的作用，也不愿沦落到二流之列。1976年，摩根士丹利收买了巴黎业务中剩余的三分之一股权，改名为摩根士丹利国际公司，并迁往伦敦，合并在小阿奇·考克斯名下。1979年，摩根担保公司终于从施瓦布创伤中恢复过来，在伦敦开设了摩根担保有限公司，经营欧洲市场的证券承销业务，与考克斯的业务形成对峙。由于怕被吞并，摩根建富两次拒绝了合作。现在，摩根财团三家公司之间将进行无情的争斗。

在百慕大会议上，摩根财团悄然去世。葬礼是典型的摩根方式，外界对此一无所知。报纸上也未登讣告，它秘密地死了。

摩根担保公司在20世纪70年代中期保持着一种悠闲、安逸的银行作风，而摩根士丹利则尝试了一种更加刚健的经营风格。由于面临着竞争的威胁，它不能够按照摩根文质彬彬的老方式办事了。正如鲍德温在极力推动一项新股票和债券交易业务时所意识到的那样，尽管公司口出狂言，无所畏惧，实际上不乏脆弱之处。作为对他最直接的帮助，他要举起一个老的募资碑铭，表明大批被他击败的竞争对手的名字。现在，摩根士丹利面临一大批劲敌，有所罗门兄弟、高盛那些交易巨头和美林那样庞大的零售经销公司。因而，绅士般的经营作风正变为公司越来越享用不起的特权。

从摩根士丹利的精神面貌看不出有什么危机感。掌握着像通用汽车、埃克森、通用电器公司、美国电话电报和德士古石油公司这样的客户，它还不至于惊慌失措。就像《商业周刊》在1974年所指出的那样："它仍是一个有声望的投资银行，它的牌子仍然到处吃得开。"[28]即使在外表上摩根士丹利的合伙人似乎也不受当时安逸的表象的影响。《商业周刊》1974年的一篇文章上曾刊登了一幅照片，上面是摩根士丹利24个忧郁的合伙人。一位作家指出："这看起来像是开追悼会的样子。"[29]

尽管如此，在表面现象的后面隐藏着危机。投资银行作为中介人和资本市场的把门人的历史作用愈来愈小。成熟的公司现在可以出售商业票据或向投资机构私募资金。有些变得很富有的公司,像福特、西尔斯-罗巴克和通用电器公司,它们自己就充当了银行。摩根士丹利的刘易斯·伯纳德准确地预言道:"客户们将尽量自己解决问题,所以我们面临的主要竞争来自我们的客户。"[30]

新的交易和经销部门支撑着摩根士丹利的承销业务。这同时也表明,承销已经变成了一项经营平凡产品的业务。摩根士丹利需要另一项主要的活动,而不只是些新鲜花样。它在掠夺性的兼并、收购领域找到了答案,在70年代初设立起华尔街第一家兼并和收购部。就像摩根建富已经看到的那样,这对于那些一流、但缺乏资金的公司来说,真是一个理想的业务。

兼并工作对这家公司来说并不新鲜。在20世纪50年代,诺西·琼斯就把几家地毯公司合并到了莫哈什公司中。阿历克斯·汤姆林森充当了牵线人,促成了英国石油公司购买俄亥俄标准石油公司的大量股份(摩根士丹利的作用被隐藏了起来,以免激怒它的7个姐妹客户,因为它们可能不希望美国市场上出现一个新的石油巨人)。在美国烟草公司对加勒赫公司的兼并过程中,比尔·斯沃德为摩根建富提供了帮助。过去,摩根士丹利因提供此类服务收取了小笔费用或作为一种赔本的买卖来招揽承销业务。兼并业务组成了公司与客户之间咨询关系的一部分。现在,摩根士丹利的一些合伙人反对把它当作一项独立的服务来推销。这种业务分离被称作交易性银行业,它会渐渐替代以前那种与客户进行综合性交易、亦即关系银行业的体系。

面对60年代企业联合的浪潮,摩根士丹利在很大程度上采取袖手旁观的态度。这场运动试图减少各种公司的数目,把它们变成一些共担盈亏的集团。联合企业把业务不相干的企业合并到一起以绕过可能阻碍同业合并和反托拉斯法的限制。这股狂热的运动改变了公司界的局面,产生了美国百强企业中的18家。60年代中,有25000家企业消失了。许多兼并者的融资来源就是联合体本身价格膨胀了的股票。这种金融欺诈使摩根士丹利感到不安。公司其实并不急于参与这股狂热运动,因为大多数联合体都是些贪得无厌的暴发户,而不是摩根士丹利客户名单上那些稳健的蓝筹公司。

华尔街上的一些规矩反对非自愿的接管,从而进一步限制了公司的重组。由于害怕与客户发生冲突，摩根士丹利制定了一项反对敌意兼并的措施。1970年，当沃纳-兰伯特决定要接管埃佛夏普的一部分剃须刀业务时，摩根士丹利差点卷进它的第一场敌意收购活动。那次，仅仅是接管的威胁就足以使得目标公司屈服，所以摩根士丹利一直等到国际镍公司（英科公司）在1974年追逐总部设在费城的蓄电池公司时才打破禁忌，开始敌意控股投资活动。

这时，一位叫鲍勃·格林希尔的雄心勃勃的年轻合伙人主持了有4个成员组成的兼并和收购部的工作。他不情愿地进入了接管的领域，因为他认为走这条路爬到上面太慢。后来，他看到了钱，有好多钱可赚。格林希尔作为华尔街的第一位接管能手，要重写这一游戏的规则。他想要使这项活动成为棘手的、专业性强、纪律性特别严格的工作。他尤其想使这项工作变成有利可图的活动，而不是给客户的免费馈赠。一些老合伙人仍想提供免费兼并服务，而格林希尔、叶戈尔·约翰斯顿和比尔·斯沃德设计了一套收费价目表，按照接管中所涉及金额的比例收费。此后，公司某些雇员的任务只是搜寻想要合并的公司。在这一过程中，雇员们坐在一起幻想着如何促成兼并。

当兼并工作是一项为保持与客户的承销关系而提供的免费服务时，投资银行对于批准或拒绝一项合并并无偏好，因而能保持其客观性，而现在的激励机制则是大大地倾向于鼓动接管。因此，接管的规模越大，次数越频繁，则摩根士丹利的利润就越大。这项新的服务收费的想法与承销业务的重要性逐渐减少是有直接联系的。刘易斯·伯纳德解释道："如果蓝筹客户提供的债券发行业务较少，为什么还要宠他们，给额外的好处呢？我们收取的是服务费。当有客户请我们接手一桩业务时，我们是要他付钱的。"[31]

鲍勃·格林希尔是瑞典移民、巴尔的摩成衣公司老板的儿子。他在耶鲁和哈佛商学院毕业后，在美国海军中服兵役，然后才来到摩根士丹利。他曾与"无礼六人帮"的其他成员一起参加了鲍勃·鲍德温不流血的夺权行动。在海军服役时，人们叫他格林尼。在摩根士丹利这个有着预科生般爱叫外号风气的公司里，人们仍这么称呼他（鲍德温被称作鲍迪）。他留着短而整齐的卷发、膀阔腰细,他那孩子般的憨笑掩盖着他强烈的思想感情。

格林希尔是华尔街80年代横冲直撞、拳打脚踢作风的化身,他在斗争中非常活跃,真不知他哪来的精力能通宵地进行讨价还价。他生就一副在金融领域争斗的身板。一位前合伙人说:"鲍勃脑子很灵,而且对别人的心情漠然置之。他根本不重视别人的想法,也不需要同事接受或认可,他只是我行我素。他做事很合理,而且精力集中。在他办公室的墙上有一副阿尔·卡普的漫画,上面是无畏的福斯迪克,浑身都是弹孔,标题是'只伤了点皮'。鲍勃认为他自己就是这样的人。"格林希尔曾被称作"太上武士",他所具有的素质使他成为难以击败的谈判能手,但同时也是个难以相处的人。另一位前合伙人评论道:"鲍勃知道自己很优秀,所以与顾客谈话时总是盛气凌人。尽管如此,首席执行官不能不用最优秀的人才,所以他们只能容忍他,因为他太优秀了。"

格林希尔是摩根少有的人物,在公众的眼里与众不同。交易性银行业需要大搞公关,正如关系银行业需要秘密一样。摩根的衣着风格是平淡而深沉的,而格林希尔却常穿着印有美钞图案的背带裤(哈罗德·斯坦利看了肯定会大惊失色的!)。他更像是个突击队员,而不是个从前饮马蒂尼酒的摩根银行家。他是个足智多谋、行动果敢的人物。一次,他在沙特阿拉伯误了航班,仅仅因为他和其他两位合伙人要去沙特另一城市参加晚宴,他就租用了架私人飞机。

格林希尔不喜欢打网球或高尔夫,而喜爱那些能够考验忍耐力的个人运动。每天早晨,他都在其坐落在康涅狄格州格林威治的住宅附近跑步。此外,他还是一个摩托车迷。有一次在度假时,一架飞机在无人区内把他和几个去划独木舟的同伴一起丢进了北极圈内的一条冰河。一个多月之后,这位飞行员与这些荒野探险者在500英里之遥的大西洋会合了。格林希尔的接管活动就像是这样的假期。正如一个朋友告诉作家戴维·哈伯斯塔姆的那样:"鲍勃把这些较量看作是冲绳岛上的微型战斗。"[32]格林希尔欣赏公司间较量的一个新的豪言壮语:"了解一个首席执行官是否好斗是很重要的。你要看到人们被撕去外皮后露出的本来面目。"[33]曾因悠闲和高雅而具有吸引力的投资银行世界,如今已变成了一个身穿细条子西服的格斗手的竞技场。

1974年格林希尔担任"大元帅",组织了摩根士丹利的第一次敌意收购活动——加拿大镍矿企业英科公司以股票操纵世界上最大的电池制造商——蓄电池公司。这并不是华尔街历史上第一次非自愿的收购活动。爱德华·哈里曼1901年囤积北太平洋公司股票的活动不叫蓄谋控股投资,那又叫什么呢?但摩根士丹利经管这项业务使华尔街大为震惊,因为英科是一家保守的蓝筹公司,而摩根士丹利则是绅士银行家准则的正式捍卫者。

老摩根财团长期控制着采矿业,它一直对下列公司提供融资:英-美矿业公司、肯尼科特、阿诺康达、纽蒙特矿业公司、费尔普斯-道奇和德克萨斯海湾硫磺公司。英科公司的情况代表了摩根士丹利成熟的矿业客户所面临的困境。20世纪50年代,这家加拿大公司出人意料地控制了西方镍产量的85%。到了70年代,它的垄断地位逐渐下降。在镍和铜价格波动的冲击下,公司管理当局决定增加业务种类。在1973年阿拉伯石油禁运后,英科公司对费城蓄电池公司发生了兴趣,欲罢不能。有这样一种谣传说,电车用的是蓄电池公司的电池,电池里用的是英科公司的镍粉。

应该注意到,是英科公司,而不是摩根士丹利推动了这次具有历史意义的收购。英科公司的首席财务官查克·贝尔德曾在鲍勃·鲍德温手下当过海军部长助理。是查克·贝尔德说服了上司,不管摩根士丹利是否参与都要对蓄电池公司发动进攻。英科公司新的管理班子希望通过这样的蓄谋控股投资来改变公司迟钝的形象。所以,有个可靠的客户提出了一个建议,就把摩根士丹利推了上来。

在1973至1974年的熊市期间,兼并活动盛行一时。上百家经纪公司歇业;旅游车从"大峡谷"消失了,商业区的租金直线下降。人们午餐时经常光顾的"赶车人餐馆"打出这样的招牌:"色拉菜任吃"和"点了酒水后就可随便吃"。[34]老辈人说,自从30年代之后还没有像现在这样不景气过。然而,新的滞胀,即通货膨胀和经济停滞同时发生的现象,给投资银行带来了希望。滞胀突然使得购买华尔街上的公司比投资于空地上的新项目更便宜。用哈佛经济学家罗伯特·莱希的话说,"证券企业家主义"的时代已经到来。

因为公司中的重大问题仍然以达到一致意见的方式来决定，所以近40位摩根士丹利的合伙人（从技术上说是1970年股份公司化之后的董事们）聚集一起讨论，究竟应该拒绝英科公司，还是违背近150年以来高额融资所遵循的法则。格林希尔团结了鲍德温和总裁弗兰克·贝蒂托，来对付那些过于拘谨的人。后者的角色是很奇怪的，羞涩、内向的贝蒂托虽然是公司名义上的董事长，但他却不太参与公司的管理层，把工作交给了鲍德温。不过，在公司的重大政策方面，他的一票是占很大分量的。他是公司的主心骨，接替了哈利·摩根的角色。贝蒂托认为公司需要新的好斗、进取的风气。一个很说明问题的习语被收入了摩根士丹利的行话，当格林希尔的班子需要激励一个怠惰的高级主管积极大胆地采取措施时，他们就说这个人需要"被踢拖"——贝蒂托。

格林希尔为敌意收购所作的辩护是：这是一个不可避免的趋势，如果对于管理部门来说并不是很公平，但对于股东却是公平的。认为兼并不可避免的论调可能是具有决定性的。一位合伙人回忆道："问题在于，如果我们不按照客户的意愿去做的话，那么会有其他人这样做的。"在摩根士丹利和摩根建富开展工作后，合伙人们就更容易接受这一观点了。叶戈尔·约翰斯顿曾援引伦敦的不受欢迎的控股投资作为美国的先例。鲍勃·鲍德温对此表示同意，他说："在这方面，我们动了许多脑筋。……伦敦的水位一升高，纽约马上就要发大水。"[35]

弗兰克·贝蒂托想出了一个办法，如何把亵渎传统的事情做得像是尊重传统。在对英科公司承担义务时，公司只是在遵循摩根财团为忠实客户服务的老传统。不过，贝蒂托对他们如何才能把即将进行的英科公司控股投资作为例外来处理一事还心存许多顾虑。后来，他想出了一个折衷的方案，银行以后只为现有客户进行敌意控股投资，并且充分提醒他们将产生的令人不愉快的后果。当然，这不会丢掉太多生意。摩根士丹利的大客户就是那些正要进行蓄谋控股投资的公司，对于那些令人不愉快的后果，他们心里都很清楚。这个折衷方案多半是让公司的客户放心，公司今后不会把他们也当成目标。

正值此时，摩根士丹利又作出了另一项有悖于传统的决定。它像摩根担保公司一样，长期依靠戴维斯-波尔克-沃德韦尔法律事务所。这是一家清高的、享有特权的白种人法律事务所，一直认为兼并是件粗俗的事情，所以不愿沾边。摩根士丹利的合伙人由于害怕因兼并而招致的法律诉讼，所以他们需要一个强硬的、老练的专家。格林希尔极力要聘用斯凯敦-阿普斯-斯莱特-马尔-弗洛姆法律事务所的经验丰富的乔·弗洛姆。他是通过比尔·斯沃德认识弗洛姆的。这是个戴眼镜、为人友好的小个子，曾在曼哈顿免费授课的市立学院学习，后又就读于哈佛的法学院。早在50年代，当斯凯敦-阿普斯还是一个不起眼的四人公司时，他就率先经营了敌意兼并业务。在20年中，他靠许多法律事务所丢弃的生意发达起来，那些事务所因太傲慢或太高贵而不做蓄意控股投资业务。

摩根士丹利聘用弗洛姆作为特别顾问的决定把戴维斯-波尔克的合伙人深深地得罪了，掀起一场轩然大波。无论其他方面的结果如何，敌意兼并的潮流使纽约的法律界变得民主化，为犹太律师进入华尔街打开了大门。乔·弗洛姆和瓦赫泰尔-利普顿-罗森-卡茨法律事务所的马蒂·利普顿都大获其利，因守旧的特权白人事务所早期怕弄脏了自己的手而拒绝做兼并业务。那时，弗洛姆一年能挣300万到500万美元，他的事务所也跃居纽约法律事务所之首，共有900名律师。弗洛姆成为摩根士丹利兼并机器中不可缺少的一部分。格林希尔在后来说道："我们太了解对方的工作了，所以我们几乎可以相互替换。"[36]摩根士丹利因不愿为格林希尔的风险经营承担无限责任，因而在1975年完成了全部股份公司化的过程。

有关英科公司的蓄谋控股投资之事，鲍勃·格林希尔于1974年7月17日打电话给蓄电池公司的弗雷德·波特，说他与英科公司的代表想在第二天到费城去拜访他。当时，波特正要出发去肯尼亚原野观光，接到这个电话后他很惊讶。他私下没把格林希尔这自命不凡的毛头小子放在眼里，尽管如此，他还是取消了他的旅行计划。英科公司的外聘董事们对此都一无所知，直到第二天上午，查克·贝尔德和格林希尔向他们简要地介绍了情况。几乎所有人对此都表示赞同，唯一一个例外的是摩根担保公司的埃尔莫尔·帕特森，他以其董事席位在蓄电池公司的一家竞争对手——联合电石公司为借口而弃权。

于是，这些蓄谋控股投资者便乘直升飞机前往费城。他们的进攻将是典型的弗洛姆-格林希尔式的——一场出其不意的闪电战。这一战术在初期用以对付那些缺乏经验的高级管理人员时创造了一些奇迹。当蓄电池公司的波特被告知，英科公司想以每股28美元的价格购买他的公司时，他大为震惊，因为这大大高于每股19美元的市场价格。当贝尔德告诉他，不管蓄电池公司愿意与否，他们都要购买他的公司时，波特变得满脸通红。

波特争取到高盛公司史蒂夫·弗里德曼的支持，发出了一封谴责这种卑鄙行为的信。弗里德曼猜想，在华尔街廉耻已不复存在，因此建议波特或是以反托拉斯为由进行斗争，或是自己去物色接管公司——"白衣骑士"*，从而不让对方得手。这样，摩根士丹利和高盛公司进入了各自在接管业中的位置。摩根士丹利代表着那些永不满足、正值发展高峰、一心想在不同领域开拓的公司，因而，它所采取的是进攻的战略。与高盛公司保持联系的多是那些可能被吞并的中等规模的零售公司，所以，它采取了防御战略。高盛公司擅长防御，因标榜自己是华尔街的绿林好汉，所以虽然它有时也为进攻者出些主意，但总是拒绝代表进攻者。渐渐地，华尔街就被分成了两大阵营——进攻方（摩根士丹利、第一波士顿、德雷克塞尔、伯纳姆、美林和拉扎尔兄弟公司）和防御方（高盛公司、基德-皮博迪、所罗门兄弟、狄龙-里德和史密斯-巴尼）。乔·弗洛姆将不断地与防御方的专家马蒂·利普顿对垒交战。

蓄电池公司的确找到了一位白衣骑士——联合飞机公司（后为联合技术公司）的哈里·格雷。在他加入了投标战后，这家电池制造商的价格比初始的标价提高了许多。英科公司在格林希尔的驱使下，向对方采取了致命的一击，在一天之内，把最终标价从每股38美元哄抬到每股41美元。英科公司的身价顿时比狂乱的竞购开始前增加了一倍多。

格林希尔以后一直都很留恋英科公司，而弗兰克·贝蒂托则对由摩

---

* 当公司成为其他企业的并购目标后（一般为恶意收购），公司的管理层为阻碍恶意接管的发生，去寻找一家"友好"公司进行合并，而这家"友好"公司被称为"白衣骑士(White knight)"。一般来说，受到管理层支持的"白衣骑士"的收购行动成功可能性很大，并且公司的管理者在取得机构投资者的支持下，甚至可以自己成为"白衣骑士"，实行管理层收购。

根士丹利所合法化的蓄谋控股投资有着清醒的认识,心里很矛盾。他后来说:"有许多不成功的例子。不过,我们不应该忘记当时的情形,总是管理部门想这么干。"[37]摩根士丹利在20世纪70年代的信条是,公司是其客户的被动的工具,有时甚至是不情愿的同伙。格林希尔坚持认为:"华尔街并没有创造兼并的潮流。……我们只不过是使交易得以完成。"[38]如果说,这一宿命论的看法解脱了公司的责任,但它同时也表露了一些没有说出来的不安之感。格林希尔嘴上从来说不出"敌意"或"不友善"等词。1974年他曾对《商业周刊》说:"我们不想把它们称作'不友善'的接管。管理部门的不示意并不意味着这笔交易不符合股东的最大利益。摩根士丹利永远不会如此深入地参与不符合股东最大利益的活动。"[39]

英科-蓄电池公司的兼并与罗伯特·扬对纽约中央铁路的蓄意控股投资一样,都表现出敌意接管胡乱瞎抓的性质。当格林希尔俯击弗雷德·波特时,这家公司本财年的收益达创纪录的3亿多美元。无论前景如何看好,英科公司不会再提高其收益。蓄电池公司在与杜拉塞尔电池公司和德尔科-西尔斯免修汽车电池公司的竞争中败下阵来。到了1980年,因蓄电池公司不断地亏损,公司的新总裁查克·贝尔德将其拿出来拍卖。他承认,他不满意以零售业为导向的业务。鲍勃·格林希尔后来对英科-蓄电池公司惆怅的心情表明,投资银行正变得脱离现实经济生活中的工作、工厂和民众。收购能在什么意义上被解释为成果呢?投资银行的银行家们开始以短期眼光来看待其客户业务。

一旦摩根士丹利认可了敌意收购,竞争者们就扑了过来。一年之后,第一波士顿的乔治·希恩伙同布鲁斯·沃赛斯顿和乔·佩雷拉组织了一个单独的兼并和收购业务部门。1974年,1亿美元还被认为是一笔大生意;而到了1978年,一年就有八桩生意的成交额超过了这个数字,而且5至6亿美元的生意已属常见。新的收购与60年代那种以收购方公司的股份资助的兼并收购不同,它在很大程度上是以现金进行的。摩根士丹利因按成交总额的百分比收取服务费,所以其利润扶摇直上。

兼并业务与交易业务一样,都有利于公司的多样化。尽管有三名女性专业人员被分配到兼并和收购部工作,但格林希尔及其男同事们却在女同事周围建起了一道墙,把她们称为"统计师"而将她们隔离开来。他们的太太们也伙同他们一起,把妇女贬低为公司的二等公民。当摩根士丹利的未婚女职员将要到伦敦或克利夫兰去联系接管业务时,有两个愤怒的太太打来电话,粗声粗气地抱怨这一安排。直到20世纪80年代中期,摩根士丹利才有女性执行董事。

1975年5月1日,当证券交易委员会取消了股票交易固定的手续费后,华尔街的兼并业务就迅速增加并陷入了混乱。因为取消固定手续费剥夺了可靠易得的财源,迫使证券公司开展新的业务。正在为机构进行大宗交易的摩根士丹利拼命游说,抵制这一措施。鲍勃·鲍德温借用他在海军时的术语发出警告:"May-day"(无线电中呼救信号)这可能会致使150到200家地区性公司破产。这一警报预计的数字证明是偏低的。摩根士丹利把地区性的公司看作是它与美林公司那样的零售巨人之间的缓冲体。作为一个长期与地区性交易员结盟的批发公司的首脑,鲍德温不愿意看到他所珍爱的银团世界灭亡。

当"May-day"在1975年到来时,摩根士丹利试图逆转潮流,抱守老的收费率。在华尔街上流传着没有根据的谣言:如果任何公司屈服于压力而削价,摩根士丹利就会把它们从其银团中开除出去。鲍德温将这种说法斥为"无耻的谎言"。不过,要想阻止住大海的浪潮是不可能的;机构投资者的手续费直落了40%。在这些废墟上建起了新的、海盗式的华尔街。甚至连那些保守的公司也采用了曾被认为只适用于心怀不满的场外公司的战术。在英科-蓄电池公司的兼并活动中,是摩根士丹利这艘华尔街的旗舰首先挂起了海盗旗,并将穿越风浪日增的海洋。

— 本章参考文献 —

1. 《商业周刊》（Business Week），1969年12月13日。
2. 《欧洲货币》（Euromoney），1982年3月。
3. 作者和亚历山大·汤姆林森的访谈。
4. 《财富》（Fortune），1978年2月27日。
5. 《纽约》（New York），1979年11月12日。
6. 《商业周刊》（Business Week），1974年1月19日。
7. 霍夫曼：《成交者》（Deal Makers），第36~37页。
8. 《财富》（Fortune），1978年2月27日。
9. 《商业周刊》（Business Week），1985年12月9日。
10. 作者和谢泼德·普尔的访谈。
11. 《商业周刊》（Business Week），1985年12月9日。
12. 《机构投资者》（Institutional Investor）：《从前如此》（Way It Was），第101页。
13. 摩根士丹利：《五十周年回顾》（Fiftieth Anniversary Review），第20页。
14. 作者和弗雷德里克·肖尔茨的访谈。
15. 作者和尤金·罗特伯格的访谈。
16. 《商业周刊》（Business Week），1974年1月19日。
17. 《机构投资者》（Institutional Investor），1976年6月。
18. 同上。
19. 作者和路易斯·门德斯的访谈。
20. 作者和戴维·本多尔的访谈。
21. 作者和斯蒂芬·卡托勋爵的访谈。
22. 作者和拉尔夫·里奇的访谈。
23. 作者和吉多·韦贝克的访谈。
24. 作者和沃尔特·佩奇的访谈。
25. 作者和戴维·本多尔的访谈。
26. 作者和沃尔特·佩奇的访谈。
27. 作者和谢泼德·普尔的访谈。
28. 《商业周刊》（Business Week），1974年1月19日。
29. 詹森：《金融家》（Financiers），第21页。
30. 《财富》（Fortune），1978年2月27日。
31. 《机构投资者》（Institutional Investor），1979年5月。
32. 哈伯斯塔姆：《算账》（Reckoning），第675~676页。
33. 费里斯：《银行家大师》（Master Bankers），第111页。
34. 《纽约时报》（New York Times），1974年8月28日。
35. 布鲁克斯：《兼并游戏》（Takeover Game），第4页。
36. 《美国律师》（American Lawyer），1981年11月。
37. 马德里克：《接管美国》（Taking America），第24页。
38. 《纽约时报》（New York Times），1978年5月17日。
39. 《商业周刊》（Business Week），1974年12月14日。

第三十章
酋 长

　　1973至1974年的萧条在摩根担保公司面前也展现出一幅充满动荡的景象。阿拉伯世界的石油禁运和随之而来的世界石油价格暴涨导致了通货膨胀和金融市场的滑坡。70年代初固定汇率取消之后，外汇交易变成了一场疯狂的游戏。1973年11月，摩根的总裁沃尔特·海因斯·佩奇提醒他在富兰克林国民银行的朋友们，不要过分炒外汇，并悄悄提醒纽约联邦储备银行注意这一问题。1974年5月，富兰克林国民银行的外汇损失导致了大萧条以来的第一次严重的银行挤兑和美国历史上最大的银行破产。联邦德国最大的私人银行赫施塔特银行在6月份莫名其妙地倒闭，致使摩根担保公司损失了1300万美元。那年秋天，《财富》杂志警告道："国家的金融体系正面临着1933年'银行假日'以来最严重的危机。这是一场信任危机，公众甚至对经营最好的银行的偿债能力也变得越来越忧心忡忡。"[1]

　　正当银行界乌云密布的时候，许多银行又突然受到了一场阿拉伯石油美元*的诱惑。虽然阿拉伯引起了金融危机，但显然也带来了一剂良药。对

---

* 石油美元（Petrodollar）是指20世纪70年代中期石油输出国由于石油价格大幅提高后增加的石油收入。因石油输出收入大增，石油输出国家的国际收支出现巨额顺差；而石油消费国家的国际收支因石油输入支出剧增，出现了巨额赤字。目前的石油美元估计有8000亿到1万亿美元。

于极力维持平衡的摩根担保公司,石油美元如暴雨从天而降,带来了一幅雨中彩虹般的超现实美景。沃尔特·佩奇说道:"我们当时担心没有美元。后来沙特人给我们带来了那么多的美元,我们真不知道如何保管才好。很快,你都不得不变成沙特人了。"[2]大部分石油美元都流到了四家美国银行——摩根担保公司、大通银行、花旗银行和美洲银行。阿拉伯人是典型的势利眼,他们偏爱保守的蓝带银行,珍视摩根老派理财气氛、谨慎的作风和毫不动摇的基督教传统(直到本世纪80年代之前,该银行的高级职员中还不曾有过一个犹太人)。

当银行家们蜂拥到中东,拜倒在沙特酋长脚下的时候,摩根担保公司得益于其他投机钻营者无从效法的关系。摩根与沙特之秘而不宣的关系可追溯到30年代伊本·沙特创建沙特王国的年代。那时充当着临时银行的,是泥土地面的货币兑换所。在1933年春天,加利福尼亚标准石油公司与沙特财政大臣阿卜杜勒·苏莱曼就第一个石油特许开采权进行了谈判。谈判的结果是以一笔3万英镑的黄金贷款和以黄金支付的5000英镑作为第一年的租金。由于沙特原始的货币体系只使用金属铸币,这样就出现了付款的难题。于是轮船把成堆的黄金运到沙特作为其石油出口的收入。直到20年以后该王国才接受纸币。

富兰克林·罗斯福听取了沃尔特·李普曼和拉塞尔·莱芬韦尔的意见后,对黄金出口采取了禁运。这险些使摩根与沙特间的这笔生意搁浅。加利福尼亚标准石油公司作为一家美国公司,要等财政部批准后才能向沙特输出黄金。加利福尼亚标准石油公司在等候官方的指令时,其在沙特的前途似乎就寄托在那一船黄金之上了。1933年7月26日,美国当时的财政部副部长迪安·艾奇逊拒绝了加利福尼亚标准石油公司的请求。惊慌的石油公司无视管制,从担保信托公司在伦敦的分支机构提取了35000个金币。

1933年8月初,大英轮船公司的一艘货轮载着这批黑市黄金驶向了波斯湾。货轮抵岸之后,加利福尼亚标准石油公司的代表即在苏莱曼警惕的目光注视之下,点出35000金币交给了他。当沙特人问及如何保存这笔钱时,这位代表就向他推荐担保信托公司。在以后好多年内,美国石油商人用轮船或飞机将上百万的金币运到了沙特。到20世纪40年代,加利福尼亚标准石油公司把德士古、新泽西标准石油公司以及美孚石油公司组成了一个新的阿拉伯-美国石油公司（阿美石油公司）。阿美石油公司的经营范围从建造医院到骆驼饲料槽无所不包，从而使它在沙特王国的影响足以与沙特王室分庭抗礼。由于阿美石油公司经营着大量物资的进口，因而不断地需要信用证和其他老式的银行服务。它所依靠的就是实力雄厚的担保信托公司。

尽管荷兰人和法国人都已在沙特安营扎寨（荷兰贸易协会为印尼香客去麦加朝圣提供服务），但担保公司的哈罗德·安德森可能是二战后唯一经常去美国和沙特的美国银行家。作为长期从事驼队运输的商人，阿拉伯人很注重私人关系和友情。因此，为人随和的安德森就用丰富多采的礼品，例如装饰着金属钉的鞍座赢得了他们的友谊。担保公司以沙特的石油收入作为担保向其提供贷款（其中也许还包括提供给沙特国王个人的小笔贷款），并为沙特的巨头管理美元账户。担保公司作为阿美石油公司的开户行，还管理着沙特的美元石油收入。

尽管J.P.摩根公司在50年代与沙特阿拉伯没有什么来往，但它却是比奇特尔公司的开户行。这家公司是影响力遍及阿拉伯半岛的世界建筑巨人，阿美石油公司的大楼就是它建造的。比奇特尔与沙特商人苏莱曼·奥拉扬建立起了密切的伙伴关系。这个曾经身无分文的阿美石油公司送信员最终掌握了10亿美元和沙特阿拉伯比奇特尔公司50%的股份。作为摩根担保公司国际委员会的一名成员，奥拉扬是一个密不透风的关系网的一部分，这张网把摩根担保公司、比奇特尔、沙特王室和美国石油公司都结成一体。

财政大臣苏莱曼像故事书中的守财奴一样。常常传闻他将国家的财富——利亚尔银币和金镑藏在床底下的箱子里。这是世界上少有的几个可随身携带的中央银行之一。50年代之后，沙特将开采特许权分为更平均的对半分，它与阿美石油公司各占一半。铸币填满了70英尺长、70英尺宽、8英尺高的地窖。这种古老的中世纪理财方式再也不能满足需要了。但是若想使货币体系现代化，就会触犯伊斯兰教禁收利息的戒律。

沙特人在1952年成立中央银行时，由于害怕触怒忠实的教徒而躲躲闪闪不敢冠以这个名称,而是狡猾地称之为沙特阿拉伯货币署,简称沙特货币署。该机构在启动时拥有1500万美元。它负责铸造沙特金币并为到麦加朝圣的香客发行了王国的第一批纸币。渐渐地,纸币替代了王国沉重的硬币。不过许多沙漠勇士和王国的侍从还是偏爱结实、贵重的金属,费萨尔国王自己就情愿将一袋袋白银存在荷兰贸易协会的地下室里。

摩根担保公司通过一个叫安瓦尔·阿里的巴基斯坦人对沙特的财政进行改革。这个很了不起的人第一次对沙特阿拉伯进行为期两周的访问时,其身份是国际货币基金组织中东局局长。1958年,沙特人聘请他担任沙特货币署的总裁。他的任务是整顿这个王国的财政,当时腐败、通货膨胀和无度挥霍已把财政搅得混乱一团(沙特王宫拥有仅次于五角大楼的世界上第二的空调系统)。阿里这个戴银边眼镜、身着西服、文雅、具有学者风度的伊斯兰教的忠实信徒成了费萨尔国王的私人金融顾问。作为沙特货币署的总裁,他所支配的石油美元超过了世界上的任何人,所支配的黄金之多胜过能施展点石成金术的弗里吉亚国王米达斯。记者塔德·肖尔茨在1974年写道:"没有几个国王或总统能拥有这么大的个人权力。"[3]他巧妙地用文字游戏把"利息"变成了投资的"回报",从而使沙特货币署能够聚集各种时兴的证券,却同时避免触怒真主。当时在美国驻沙特使馆工作的威廉·图米回忆道:"在谈到他所面临的财政混乱现象时,安瓦尔首先告诉我的事情之一就是,他惊讶地发现沙特在纽约的许多账户都不提取利息。银行对沙特拒收利息的宗教顾忌如此敏感,他对此深有感触。"[4]

为制定投资战略,阿里招募西方银行家组成了一个小组从事这项神秘的行动,这个小组有时被称作"资深元老"或"三贤士"。在这些人中,有个头高高、眉毛粗黑,当时任摩根国际部主任,后来成为董事长的小约翰·迈耶。阿里喜欢购买国库券这类保守的投资,而迈耶正是这种老派的典型,因而就对他很有吸引力(在银行内,他被戏称为穆迪·迈耶,因为他能够极其细致地记住穆迪公司登记的每一笔证券,甚至是数值最小的一张)。此外,迈耶做事不张扬,难以捉摸,但为人坦诚,因而受到他的信赖。而迈耶也因阿里能在这个腐败成风的国家保持清廉而对他深表钦佩(哈罗德·安德森的助手约翰·博霍夫总是尖刻地对同事们说:"永远不要到那些一年中大部分时间不用穿外套的国度去做生意。"）。阿里把沙特货币署的存款放到摩根担保公司，使之成为沙特的保藏处，这家银行雇用了阿里的儿子帕夏——耶鲁大学毕业生。

在几年当中，摩根担保公司一直向沙特货币署提供投资咨询。然而，这家美国银行的成功却在60年代给其自身带来了损失。作为政府顾问，它不能招揽在沙特的生意，否则就发生利益的冲突。摩根需要在其与沙特之间保持一定的回旋余地。摩根的一位前高级管理人员解释道："你不可能派人到一个政府机构当顾问，而同时又和该政府做生意。"于是，摩根便脱身出来，而将纽约的怀特-韦尔德公司、巴林兄弟公司和伦敦的理查德-弗莱明公司引荐进去。

在石油美元如油井喷油一般滚滚而来的时候，摩根便处于一个极佳的位置。它能够以保护人的身份保护无自卫能力的沙特，免受贪财、利己的银行的侵害。由于认识到沙特需要有新的金融专业知识，阿里思量着建立一个国际商人银行。到1973年，沙特货币署仍在利雅得机场附近的一座摇摇欲坠、缺少电报机的建筑内办公。它那只有十名专业人员的配备力量却调动着存在世界各地的上千亿的美元。

在国际货币基金1973年的内罗毕会议上，迈耶、沃尔特·佩奇和刘易·普雷斯顿把阿里团团围住，提出建立一个以伦敦为基地的沙特商人银行的计划，把这个银行作为沙特王国在欧洲市场的窗口。佩奇回忆道："我们告诉他必须在金融界开一个窗口；必须正确地进行投资并要跟得上世界潮流。"[5]当时，欧洲美元市场正在伦敦全速发展，时机看来很有利。

起先，沙特人希望通过与欧洲和日本的5家主要的开户行组成一个国际财团来分享这笔丰厚的赐物。而摩根则对这种流行的概念不以为然。佩奇曾说："我们告诉沙特，他们必须拴住一家，让他占大份额，这样才行。"[6]而这负责任的一方，请问，又是谁呢？在1975年，沙特国际银行成立的时候，沙特货币署持有其股份的50%，摩根担保公司持有20%，其他银行分享5%。摩根财团的埃德加·费尔顿受派遣去伦敦管理新银行。对摩根担保公司来说，与沙特中央银行搭档是绝妙的一招，这令他人望尘莫及。

摩根担保公司私下精心策划的关于沙特国际银行这桩交易的新闻，

使其与摩根士丹利的特殊关系遭受了致命的打击。这正值巴黎伙伴关系日益冷淡的时期,摩根士丹利仅在消息即将公布之前才知此事,对此大为震惊。作为沙特货币署董事的阿里·阿里列扎将这笔交易的事情告诉了他在摩根士丹利工作的侄子希沙姆。公司简直不能相信居然被蒙在鼓里。据摩根士丹利的一位前合伙人说:"这件事非常令摩根士丹利和摩根建富光火。沙特巨额财富的诱惑力如此之大,所能赚得的钱如此之多,而这一切都归摩根担保公司独享真不公平。这根本就不再是同盟了,摩根担保公司在百慕大会议上就已打定了单干的主意。"一位摩根担保公司的前官员同意这种说法:"当石油美元滚滚而来时,我们就不再需要摩根士丹利了。"

沙特国际银行使华尔街23号浮想联翩,幻觉环生。有些人认为沙特可能通过这家银行对其整个进出口提供融资;另一些人则想沙特国际银行可能会在华尔街23号开一个大户头。最具体的期望是沙特国际银行会培养沙特阿拉伯未来的金融精英,使得摩根财团能够将其亲信安插到沙特的各级权力机构。沙特急需一批能够胜任的金融家,而沙特国际银行答应向其提供这些人员。看来,摩根财团将从强调"沙特金融沙特化"中大获其利。

实际上,沙特国际银行从未留住过送到它那里进行培养的富有的沙特青年。1973年末和1974年初的石油价格暴涨带来的巨大财富等着沙特青年去支配,国内的商业机会也在向他们频频招手。此外,由于太留恋他们的文化和家庭,这些贝督因-阿拉伯人不愿在伦敦长待。摩根的一位人士说:"沙特人太少了。他们都想在沙特阿拉伯出名或施加影响。银行业太令人生厌,最后我们便和技术官僚,而不是和王室打交道了。"摩根的一些人士认为,沙特王室从未以其力量和威望全力支持过这家银行。它搞过一些小额主权债务,但从未有过真正大的发展。因此,它对于华尔街23号的主要作用仅仅在于维护与沙特货币署的关系。

摩根担保公司是沙特阿拉伯在美国政治中的保护人。1975年初,参议员弗兰克·丘奇由于担心阿拉伯人会以取出他们的短期存款来要挟美国政府,试图弄到石油美元的存款数字。摩根和其他银行不愿泄露这一情况。摩根的总裁埃尔莫尔·帕特森郑重地说:"你们所要求的许多信息都涉及到我们保守客户个人秘密的义务。"一些瑞士银行竟然盗窃客户存款的行径使摩根大为震惊。美联储主席阿瑟·伯恩斯和这些银行做了一笔交易，透露了中东国家存款总额数目。石油输出国组织成员国的145亿美元存款中有78%存放在摩根担保公司、美洲银行、花旗银行、大通银行、制造商汉诺威银行和化学银行这六家银行之中。

参议员丘奇担心石油美元会导致银行家们的政治效忠，产生不良结果，事实证明他是正确的。酋长们想要利用信用证迫使人们遵从阿拉伯人对以色列进行抵制。在这种情况下，各银行不得不证实向中东出口的商品的原产地不是以色列，也不是黑名单上所列的美国公司的产品。产品上不得有大卫之盾的标志；不得用以色列的船只和飞机运输这些产品。1976年，美国犹太人大会指出摩根担保公司和花旗银行是这一肮脏交易的忠实执行者，并引用他们自己的话说："在执行阿拉伯国家的抵制活动中起到了关键性的作用。"[7]尽管摩根担保公司对20多个信用证中的一些无理措辞提出了抗议，并终于将其删除，但他们还是执行了824个带有抵制语言的信用证。有一些银行欢迎出台严格的反抵制立法，化学银行和摩根财团都出面作证，说明反对出台的理由，但这项立法最后还是在1977年被通过了。

摩根银行在战后通常都避免汤姆·拉蒙特所擅长的那种为外国政府进行政治游说和争取的活动。然而在对待沙特的问题上，摩根银行似乎又回到了当年。摩根担保公司与比奇特尔、通用汽车公司、通用电器公司、福特汽车公司以及石油公司一道，出资兴建了乔治敦大学的现代阿拉伯问题研究中心。一位观察家说道："在该中心极端活跃的计划中，最为突出的主题就是猛烈地抨击以色列以及美国对它的支持。"[8]英国电视片《公主之死》在1980年播映之后，威严的摩根也一反常态，闯入电视屏幕。在这个有争议的纪录片中，沙特亲王下令处死了他那不服从婚姻安排的孙女。那女人中意的夫婿看着她被枪决，而后他自己也被斩首。沙特对该剧的播映极为愤慨，于是国务院就赶紧设法息事宁人。摩根财团和德克萨斯仪器公司、哈里斯公司以及福特汽车公司一起出资拍摄了一部有关沙特阿拉伯的赏心悦目的三集电视连续剧，以抵消《公主之死》的影响。[9]

摩根士丹利与摩根担保公司不同，它在中东事务方面缺乏经验。它急急忙忙笨拙地，常常是可笑地拉拢阿拉伯人，最终与当时号称世界上首屈一指的富商——诡诈的阿德南·卡舒吉结成联姻。这位沙特国王御医的儿子做成了和沙特阿拉伯之间的几十亿美元的军火生意，并从四分之三以上的国防合同中提取佣金。他在10个城市中拥有宫殿般的住所。他有自己的道格拉斯8型飞机和配有黄金设施的游艇。沙特驻联合国大使于1974年向摩根士丹利引见了卡舒吉。据说卡舒吉对两极分化的阿拉伯世界感到忧虑，在那里，一方面是沙特酋长驾驶着凯迪拉克；另一方面是广大民众食不果腹。他告诫沙特王室不能如此穷奢极欲，因为苏丹国的人民正遭受着贫困的折磨，苏丹有意无意地想搞点社会主义，使得一些保守的产油国深感恐惧。因此，卡舒吉希望把农工综合企业引入该地区从而改变这种局面。在征得了埃及总统安瓦尔·萨达特的同意之后，他计划在苏伊士运河畔建立一个17000英亩的奶牛场，并在苏丹的青尼罗河畔建立一个百万英亩的养牛场。为了寻求适用的技术，卡舒吉瞄上了亚利桑那-科罗拉多土地及家畜公司。这家公司在西部拥有万顷牧场和畜群。然而，直到摩根士丹利介入并通过谈判为它争得900万美元的股份后，它才同意出售技术。

为了实现他的目标，卡舒吉与摩根士丹利的简·斯坦贝克经常形影不离。斯坦贝克是个单身汉，出身于瑞典的一个数得上的豪富之家，相貌英俊、金发碧眼。斯坦贝克似乎满肚子奇闻轶事，常常给朋友们讲述他在喀土穆与苏丹总统在风沙中坐在机场跑道边上的情景。卡舒吉常会心血来潮地突发许多有关灌溉和农业的奇想，但很快他的兴趣就转移到其他事务上去了。他特别喜欢捉弄斯坦贝克。有一次，斯坦贝克下榻开罗一家饭店以便去和阿拉伯人会晤。他到的时候已经很晚了。他感到筋疲力尽，因此告诉前台服务员，即使有电话找他也请不要打扰。午夜过后，卡舒吉来到了饭店。在听了斯坦贝克的留言之后，卡舒吉的脑海里就闪出了一个恶作剧的念头。于是，他学着接线员的口吻打电话叫醒了斯坦贝克，对他说，他那摩根士丹利的老板从纽约给他来电话，线很快就接通。然后，他就在斯坦贝克强打着精神等电话的时候开始津津有味地享用他的晚餐。时不时地，他还会抓起电话提醒斯坦贝克他老板的线马上接通，别把电话挂了。就这样，斯坦贝克一直绝望地握着听筒直到再也支持不住，倒头昏睡。

聪明伶俐的卡舒吉还用另一幅充满财富的美景来诱惑摩根士丹利。他说，他的朋友法赫德王储因在摩纳哥赌博时破纪录地输掉了600万美元而在费萨尔国王面前无地自容。为改善形象，王储计划设立一笔10亿美元的基金行善事，并有可能请摩根士丹利担当他的财务顾问。摩根士丹利是否会有兴趣到法国西北部的都维尔与法赫德王储会晤呢？斯坦贝克、帕克·吉尔伯特和比尔·斯沃德在都维尔租了一套房间。卡舒吉在他们下面一层下榻，法赫德则在上面一层。

一天晚上，8点半的时候，卡舒吉带着这3个人到他的套间来见王储。房间里有20多把椅子排成了一圈，每把椅子旁边都有一个凳子。王储一本正经地走了进来，坐在斯沃德旁边，然后表达了一番为人类做贡献的意愿。当一位身着华丽晚礼服的妇人走进房间时，卡舒吉走近斯沃德低声问道："你不介意我的秘书坐在法赫德王储身边吧？"斯沃德这个矮小、虔诚的长老会教徒说了声没关系，便挪到另一把椅子上，好奇地打量着这位美丽的秘书。又过了一会儿，另一位年纪稍大，但同样迷人的40多岁的女士也走了进来，坐在法赫德的另一侧。卡舒吉对斯沃德耳语道："这是《巴黎竞赛报》编辑的夫人。她正在撰写一则有关王储的专题报道。"此后，每隔几分钟便有一位美丽女郎走进来，直到每个男人身边都坐上一位为止。当房间里人坐满后，法赫德宣布他已在一家特卢维尔餐馆订了晚宴。在会谈结束时，斯沃德走近《巴黎竞赛报》编辑的夫人，认真地与她谈论起亨利·卢斯、阿克塞尔·斯普林格以及其他出版商。然而令他诧异的是，这位女士对出版界却几乎一无所知。

回到饭店关上房门之后，吉尔伯特和斯坦贝克放声大笑。他们比斯沃德先明白卡舒吉的把戏："他是让'模特们'从巴黎飞来参加聚会的。"斯坦贝克逗斯沃德说："你给王储和姑娘们留下了深刻的印象，因为你看上了那个为首的女人、《巴黎竞赛报》的编辑，不过她可是她们中最老牌的妓女。"[10]卡舒吉的传记作者对斯坦贝克所作的结论，可算是对摩根士丹利极力招揽沙特生意的初期努力盖棺定论："他（与卡舒吉一起）去拜谒各国首脑，与他们讨论将沙漠变为伊甸园的规划。可是当旅行结束，外表花哨的东西除去之后，就没有什么实质性的结果了。"[11]

对摩根建富来说，石油美元的繁荣是上苍恩赐的机遇，在20世纪60年代兼并热潮跌向低谷的时候，这种繁荣使萧条得以减缓。尽管摩根建富在1972年经办了第一次欧洲英镑债券的发行，但要想成为欧洲市场上的一流竞争者，它还需要有足够的财力。因此，需要采取新的举措才能站稳脚跟。在那个不景气的年代，衰退的阴影笼罩着整个英国工业，使得出口一蹶不振，利率不断攀升。伦敦金融城也受到房地产市场崩溃和1973至1974年间的次级银行业危机的严重冲击。当有人问及拉扎尔的普尔勋爵是如何度过那场大崩溃时，他答道："很简单，我只借钱给上过伊顿公学的人。"[12]

阿拉伯人常会临时性地帮助摩根建富应付一些困难。阿拉伯人喜欢保守秘密，欣赏英国商人银行保密的作风，所以高深莫测的伦敦金融城对他们很有吸引力。阿拉伯人还喜爱古式建筑上高贵的标志。此外，英国外交部比美国国务院更加同情阿拉伯人的事业。摩根建富副董事长克里斯托弗·惠廷顿声称："摩根建富能够利用美国无能为力之机采取行动。我们可以向阿拉伯人出售飓风式战斗机，而美国因受国会钳制则不能。"[13]摩根建富的另一个优势在于，它不像伦敦的许多商人银行那样带有犹太祖先的烙印。因此，大温彻斯特街23号就成了伦敦金融城中与中东做生意最多的公司。摩根建富在70年代达到鼎盛时期，其收入的70%来源于阿拉伯国家的业务。

在这方面，最初打头阵的是约翰·史蒂文斯爵士。他酷爱旅游，通晓许多语种，曾任英格兰银行高级管理人员，担任过伊朗中央银行的顾问。那时，他已把摩根的旗帜插到了昔日帝国的前哨：香港、新加坡、澳大利亚和新西兰，并且把办事处设到了莫斯科。从外交部招来的戴维·本多尔也在拉丁美洲从事着同样的工作。

与其发展初期的情形一样，摩根建富日益扩大的海外业务加强了与英国政府的密切关系。摩根建富专门安排英国政府当时用于睦邻友好的政府担保的出口信贷。这些信贷使摩根建富为阿曼和约旦的电站、炼油厂以及其他基建项目提供融资，而且还能为向这些国家的军火出口提供融资。此外，这家银行与东欧的关系也因出口信贷而日益密切。摩根建富在1975年因提供了四分之一以上的政府担保信贷而获得了女王的"出口成就奖"。通过出人意料的兼并，公司雄厚的出口信贷和优异的投资管理总是使其资产负债状况得到改善。归根结底，有板有眼、扎实的素质成了它的救星。

1973年之前，除沙特阿拉伯之外，大多数阿拉伯国家都因太穷而被认为信贷风险较高。随后，它们的金融状况突然地，几乎在一夜之间发生了彻底的改变。揭示出这一巨变的是约翰·史蒂文斯爵士在1973年秋的"赎罪日战争"期间谈成的一笔贷款。埃及、叙利亚和伊拉克在这一年的10月6日向以色列发动了进攻。10月20日，也就是在血腥激战期间，就有消息透露摩根牵头向阿布扎比提供了一笔贷款。当时，以色列的坦克刚刚越过苏伊士运河向前推进15英里，摧毁了埃及人的地对空导弹阵地。这消息使舆论哗然，特别是在伦敦金融城的犹太人的公司中掀起了轩然大波。英国官方奉行的是中立政策。摩根建富坚持认为其贷款用于和平目的，一贯如此。按照克里斯·惠廷顿的说法："给阿布扎比的贷款在战前就生效了，我们只是没有把它取消而已。"[14]

银行这笔在战后发放的最有争议的贷款引起了激烈的论战。每次报道这笔神秘的贷款时，数额好像就增加一次。开始时所宣布的贷款额是4000万英镑（1亿美元），但三天内就很奇怪地涨到了2亿美元。尽管史蒂文斯声称这笔贷款是用于医院和预算目的，但它还是显得非常可疑。泡在石油财富中的享有特权的7万阿布扎比居民可能拥有当时世界上最高的人均收入。在那个年代，2亿美元是一笔巨额欧洲美元贷款，每个阿布扎比居民可摊到3000美元。在正常情况下，这笔贷款对于一个小小的产油酋长国来说简直是一种浪费，没有必要。

同样可疑的是，10月20日的伦敦《泰晤士报》透露，贷款的谈判刚刚开始。这意味着贷款的起始根本没有先于这次战争，令人吃惊的是，连贷款都是以美元计算的。整个夏天，苏联人都在向埃及和叙利亚输出军火，所以目前外汇拮据。外交界都清楚，苏联人在用军火向阿拉伯人换取硬通货，即美元。另一件事也引起了人们的颇多猜测：摩根建富的两名中东问题专家都是内阁部长的儿子。戴维·道格拉斯-霍姆是外长亚历山大·道格拉斯-霍姆之子；鲁珀特·卡林顿是国防部长彼得·卡林顿之子。

由于阿布扎比刚刚对美国实行了石油禁运，所以美国银行对这笔贷款非常不安。这笔贷款令伦敦金融城头痛，更遭华尔街诅咒。摩根担保公司和第一国民城市银行都不声不响地退出了这项银团贷款。就摩根来说，这一举动更是引人注目，因为它是这个小酋长国的25亿美元证券的投资顾问。参加这个银团是摩根所经历的最引人注目的一件事。不过，日本人对参加这个银团没有什么顾虑。实际上，日本人想通过直接购买石油来与阿布扎比拉关系，因此绕开了主要的石油公司。这是一个收买友谊的机会。于是日本的东海银行便组织了一项3000万到5000万美元的银团贷款。

由于钱是可以替换着用的，所以就连史蒂文斯也无法说清楚这笔巨款的最终去向。直接参与的人也不再装模作样了，有人声称：

> 这当然是笔战争贷款。当时这种规模的欧洲美元贷款非常少有，但这笔贷款在几周内就准备好了。实际上，这笔贷款对摩根建富没有任何好处。当石油价格翻了两番之后，阿布扎比的债信就从"很好"跃到"非同寻常的好"了。因此，很难向阿布扎比解释为什么利率这么高，这似乎纯粹是在向他们放高利贷。利率之所以高，是因为这是笔战争贷款。

在摩根建富工作了6年后，约翰·史蒂文斯爵士于1973年10月27日去世，享年59岁。在此之前，他已从洛-皮特曼股票交易公司招募了他妻子的表弟比尔·麦克沃思·扬来摩根建富工作。麦克沃思·扬非常聪明，是伦敦金融城发行交易员中的新秀。他将接任史蒂文斯首席执行官的职务，并将在公司未来的工作中担任重要的角色。回顾此事，史蒂文斯之死使公司失去了一位重要人物，他本来能够让公司发展成为一个具有全球影响的公司，如同其竞争对手华宝公司一样。尽管如此，他已经向公司注入了新的活力，并把它送入了上升的国际航程，恢复了其一流伦敦商人银行的地位。借助于与阿拉伯国家之间的赚钱生意，摩根建富在衰退的环境中取得了创纪录的盈利水平。

摩根建富以其商人银行变色龙般的应变能力迅速地披上了阿拉伯的外

衣。为了取悦中东人，它采取了至少在国际业务中不雇用犹太人的政策。尽管该公司总是用诸如"阿拉伯导向"或"非以色列导向"等委婉的措辞来描述这一原则，但归根结底，它反对雇用犹太职员，不愿与以色列人做生意。刚刚阿拉伯化的摩根建富向卡塔尔和迪拜提供投资战略咨询，与约旦的阿拉伯银行建立合资银行，在伊朗和埃及开设办事处，并与法国的苏伊士金融公司建立联系，因为这家公司的子公司印度支那银行在整个中东都设有分支机构。

随着摩根建富在中东事务方面的名气愈来愈大，在国内便有许多人向它打听阿拉伯金融界的内部信息，或请它引荐进入波斯湾的外交圈子。1975年，它吸引了一个要求严守机密的追求者——亨利·福特二世（亨利·福特之孙）。福特汽车公司的使者提出了这样一个棘手的难题：这个公司已上了阿拉伯人抵制的黑名单，它怎样才能既在以色列，同时又在埃及开业呢？这在政治上势比登天。

福特汽车公司在中东是个不受欢迎的弃儿。在1950到1966年间，它在埃及的亚历山大开办了一个装配厂。后来福特汽车公司的一个以色列经销商获准在以色列办厂，以进口部件组装福特汽车。尽管福特公司没有对以色列进行直接投资或派遣人员，但阿拉伯联盟仍威胁福特公司，倘若它不撤消以色列的这笔生意，那么福特汽车将在这一地区遭到抵制。对福特而言，作何种决定是件很敏感的事情，因为他祖父反犹的历史令他处境尴尬。因而，老福特的这个孙子便拒绝放弃自己的原则或屈服于阿拉伯人的压力，公司与以色列的业务仍照常进行。福特后来说道："这只是一个很务实的商业程序。我并不在乎人们说我仍受着公司反犹历史的牵连。我们希望摆脱这一影响。"[15]一些观察家也确信福特是一位精于公关的老手。

当福特汽车公司于1966年被列入阿拉伯人的黑名单时，它在亚历山大的业务也就中止了，从此就被逐出了穆斯林世界。尽管在阿拉伯业务上遭受了损失，但亨利·福特二世在这个问题上从未动摇过，就像他曾对密友、在美国负责为以色列募资的马克斯·费希尔所说的那样："谁也别对我指手画脚。"[16]1972年费希尔陪同福特到以色列出访，他们在那里受到了以色列总理果尔达·梅厄，以及摩西·达扬和希蒙·佩雷斯的接见。福特似乎对其所作的决定非常满意。

不过，亨利·福特二世从未告诉过马克斯·费希尔的一件事，就是他曾暗地里通过摩根建富努力使其公司重新返回阿拉伯世界。他想将亚历山大的工厂作为与埃及合资的企业重新开业，制造柴油机、拖拉机和卡车。有一系列事情需要政界高层人士去办。福特二世认为他在埃及的公司可以减弱阿拉伯人的敌意，消除"亲阿"和"亲以"的美国公司间的明显区别。尽管埃及仍制造了不少麻烦，但与其他阿拉伯国家相比，在抵制问题上却更具有灵活性。福特公司从华盛顿和阿拉伯世界那儿得到了令人鼓舞的暗示：它可能会很快被从黑名单上划掉。

福特首先对摩根担保公司和其他银行摸了一下底，以便搞清楚谁与中东联系最为密切，然后便拐弯抹角地接近摩根建富。鉴于摩根财团与通用汽车公司的历史渊源，福特汽车公司在战后的初期都一直对它小心提防。不过在几年中，摩根建富出色地经办了福特公司的各种业务。它曾负责监督将福特的英国公司卖给底特律母公司（母公司当时只掌握一部分股权）的最终成交；使福特的股票和拉扎尔一起在伦敦证券交易所上市；管理福特在英国的养老基金。摩根建富曾受埃及中央银行委托研究其外国投资法，甚至还参与了埃及国会发言人的合资。这就使福特二世对它更感兴趣。

摩根建富在1975年具体制定了一系列躲避阿拉伯人黑名单的步骤。公司知道哪些酋长说话算数，怎样才能够在阿拉伯火药味浓重的外表下做生意而不受宗教和政治狂热的影响。摩根建富建议把亚历山大工厂的股本出售给整个阿拉伯世界有名望的银行家、望族和机构，而不仅限于埃及。这将赢得一批有权有势的阿拉伯人，支持把福特公司从黑名单中划去，并将形成廉价的中东融资。最后这一点对福特二世来说是至关重要的，因为他相信只有廉价的融资才能弥补在埃及昂贵的营业费用。

安瓦尔·萨达特总统个人对推进这个项目很感兴趣。如果美国公司在阿拉伯世界的投资与其在以色列的投资相当，那么他就同意将美国公司从黑名单中划去。他坚持应把福特公司从阿拉伯国家的黑名单上除去作为亚历山大工厂开业的先决条件，但又宣布说，他可以先走一步，单方面地将福特公司从埃及的黑名单中除去。不过，他最终是否有勇气不顾阿拉伯兄弟的意见走自己的路，或是放弃自己的主张，却一直不太清楚。

两年来，摩根建富和福特都在诱惑各式各样的酋长。他们充分利用了阿拉伯王室凭借其地位谋私利的愿望。摩根建富的战略把阿拉伯人玩世不恭的态度了解得一清二楚。一些酋长要得到福特汽车的独家经营权，才同意参加。一些银行家想以贷款为其个人换取福特在亚历山大工厂的股份。在沙特阿拉伯，摩根建富选中了在其公司和埃及金融公司持股的哈立德·阿里列扎。阿里列扎家族在商业界很有影响力，享有很高的威望。它们是许多美国、英国和德国公司的进口商，在阿拉伯国家发起抵制之前，他们甚至还是福特公司经销商。尽管如此，作为虔诚的穆斯林和坚定的反犹太复国主义者，它们最终还是拒绝参与。一般来讲，科威特人比好斗、强硬的沙特人更为开明。

这一暗中进行的游说一直进行到美国1976年的总统竞选。亨利·福特二世那时是吉米·卡特的主要企业界筹款人。在秋季竞选期间，摩根建富关照着福特公司在海湾国家的人员。这是个要求严守机密的使命，一方面因为福特与卡特之间关系密切，另一方面也是为了避免在犹太选民中遇到政治上的尴尬局面。福特为了推动其在埃及的业务，于1977年2月私下会晤了埃及的萨达特总统。福特的工厂在萨达特眼里是一块能够把其他公司吸引到亚历山大工业区来的磁铁。他向福特、可口可乐、施乐以及其他被拒于阿拉伯大门之外的美国公司提议做一笔交易——美国公司到埃及来投资，而他则将出力把它们从黑名单中剔除。

在1977年5月，摩根建富几乎在中东政治上赢得大满贯，当时埃及宣布要与福特合资装配卡车和柴油发动机，但条件是福特能保证把埃及从泛阿拉伯黑名单中勾除。倘若合资能够实现的话，埃及将出资40%，福特汽车公司出资30%，其余的部分全都包给摩根建富招揽的阿拉伯朋友。当埃及于1977年将福特从自己的黑名单中除去后，协定便签署了。

不过，由于几个显而易见的原因，这个项目最终还是胎死腹中。当时有来自阿拉伯方面激烈的反对意见，说明游说的努力并没有使激进的阿拉伯人沉默，金钱也没有买到所需的高层合作。穆罕默德·马哈古卜——阿拉伯抵制运动中的苏丹首领——尖刻地谴责福特并威胁要抵制亚历山大工厂生产的产品。由于该工厂生产的产品除了内销还要出口,这样的话,该厂对福特的价值就会减少。最难解决的问题也许是埃及人在和摩根建富没完没了地讨价还价后,埃及还拒绝修改它那对外国投资定下苛刻条件的埃及第43号投资法案。福特公司认为,若不改变这些情况,它就无法使工厂盈利。

尽管在1977年公布了这笔交易,而且在那一年中,福特的经理与安瓦尔·萨达特举行了更多次的会谈,这项埃及投资倡议还是消失了。一切都好像没有发生过似的,就这样被埋葬、被忘却了。每当提及这件事时,福特汽车公司的人不愿发表任何评论,他们只是说,要有"法律的特权"才能得到这个信息。当亨利·福特的密友马克斯·费希尔被问及此事时,他答道:"说实话,我从未听说过此事。"[17]这是福特进行的一次典型的特迪·格伦费尔式的行动——在身后不留脚印。

阿拉伯实行石油禁运以后,油价和利率都失去了控制,致使许多企业倒闭。在1975年间的大部分时间内,摩根担保公司都在绝望地做着徒劳的努力。摩根担保公司是美国第三大多种经营连锁店格兰特公司的领头银行,那年格兰特公司的倒闭是历史上最大的零售业破产事件。摩根财团账面上损失了5000万美元。摩根的罗德·林赛说道:"我们没犯多少错误;但不错则已,错则惊人。"[18]

无论摩根财团在全球的生意做得多大,它仍旧是个纽约市的银行。它一贯把这个城市的信誉看作几乎是美国的信誉。为此,它在1907年的恐慌中,以及在1914年8月和1933年拯救了纽约。从这些早期的危机中,可以看出摩根银行的力量。然而到了1975年,纽约的人口已与瑞典相当,预算与印度相当。在该市那一年的财政危机中,摩根的作用与其在昔日排忧解难中所起的作用相比微不足道。

自从60年代约翰·林赛(摩根担保公司罗德的兄弟)担任市长以来,纽约市大量举债用以资助其扩大的社会福利计划。到1974年末,市政债券充斥市场,推动利率上扬,使包括摩根在内的承销商损失巨大(商业银行可以承销以税收担保的市政债券)。那年12月,市长亚伯拉罕·彼姆在格雷西大厦召开了一次紧急早餐会。在会上,三家有影响的银行的总裁组成了一个顾问组,他们是大通银行的戴维·洛克菲勒、第一国民城市银行的沃尔特·里斯顿和摩根的埃尔莫尔·帕特森。由于里斯顿在意识形态上对政府反感,而戴的兄弟纳尔逊·洛克菲勒又是当时的副总统,所以帕特森就成了顾问组的组长。

埃尔莫尔·帕特森(帕特)是个典型的中西部人,悠闲不迫,说起话来拖腔拖调。他对摩根职员的描述也可用来形容他自己:"我们有名气并不是因为我们的天才到处冲锋陷阵,而是因为我们的人扎实稳重,对银行的感情深厚。"[19]他身材高大,腰板挺直,笑口常开;他不是一个足智多谋的领导,但他为人谦逊,人缘很好。尼克松将美元贬值,并征收进口附加税以后,帕特森与住友银行的领导共进了一次午餐。当后者问他是如何让尼克松采取不利于日本的措施时,帕特森和颜悦色地答道:"我不认识总统,我从未见过他。"共进午餐的客人大为惊讶:"你,作为摩根担保公司的首脑竟不认识美国总统?"帕特森微笑着说:"不认识。"这个故事虽然颇能说明日本人,同时也颇能说明帕特森的坦诚。他不愿将解救纽约市之难说成是出于虚假的利他主义动机:"我只是不想让过多的债务变成坏账,我只是保护自己,我真不想让我们的投资付诸东流。"[20]他的金融界联络小组常在华尔街23号举行(多为不公开的)会议。

1975年初,当金融市场再不能容纳更多的市政债券时,帕特森的小组便在事实上担负起了政府的职责。无论彼姆在公众面前如何大喊大叫,他都不得不忍受大权旁落银行家们之手的事实。于是大权便从民选的市政最高首脑的手中转移到了新的、非经选举的"市长"帕特森的手中。蒙耻的彼姆总是缠着帕特森要情况,有时还在深夜给他打电话。在帕特森打高尔夫球时,每当看见一辆高尔夫球车疾驶过来时,他就知道,市长又捎信来了。帕特森回忆道:"他总是不断地打电话给我,问我'进展如何?'。由于他越来越失去控制,渐渐地我们不得不告诉他能做什么,不能做什么。"[21]

尽管银行家看起来似乎无所不能,但事实上1975年的情况表明其影响力大大减少。与昔日领头拯救纽约市的摩根不同,银行家自己与城市一样都是自身难保。他们贷给了该市几十亿美元,手里拿着它的债券。单单摩根担保公司一家的投资盘子中就有该市3亿美元的中、长期债券。到了5月份,纽约市的债务的交易已经基本停止了。负责保持预算平衡和审查市政财务的帕特森小组希望能得到联邦的担保,以便撬开紧闭的市场。从此,他们的"救援"内容就包括了对华盛顿和纽约州首府奥尔巴尼的游说。他们不但请求政府解救纽约市,同时也要求解救他们自己。

帕特森与福特总统在白宫预约了一次会晤。在大学时,他与总统曾是橄榄球场上的对手。在椭圆型的办公室里,洛克菲勒和里斯顿跟着帕特森一道向总统说明:如果纽约市违约的话,就会引发一场大范围的破坏,使得所有市政债券都跌价。福特总统感谢小组前来会谈,但并未作出任何允诺。很久以后彼姆还常常站在帕特森的办公室里,凝视着那次在椭圆型办公室会晤时拍摄的照片,叹息道:"那天福特如果答应了的话,他的总统还会一直当到现在。"[22]

纽约市的危机表明了商人间在意识形态上的冲突。财政部长威廉·西蒙曾说道:"那是我一生中所经历过的最令人沮丧的时期之一。当时像摩根担保公司的帕特森和沃尔特·里斯顿等金融巨子都力不能支,最终不得不联合其他人一道向华盛顿要求联邦的援助。"[23]不过,摩根财团从未追随过共和党放任自流的纲领。它与皮尔庞特的摩根银行一样,重视金融秩序,与联邦储备银行的关系密切,并主张政府采取措施避免金融动荡。它不会造就出像沃尔特·里斯顿那样意识形态上的激进人物。

1975年5月26日,大都会人寿保险公司的领导人迪克·希恩邀请拉扎尔兄弟公司的费利克斯·罗哈廷和纽约州州长休·凯里的其他代表在他家开会。他们拟定了一个计划,由市政援助公司在纽约州的领导下,以城市销售税为担保发行债券。这使得各银行能够以不可靠的10亿美元的市政债券换取新的A级债务。是由于凯里而不是银行的介入,才使局面得以扭转。9月,该市再次面临违约的危险,凯里组建了一个紧急金融控制董事会,承担起市政预算的责任。

1975年10月中旬,世界金融市场处于一个不同寻常的时刻。崩溃的压力预示着风暴的来临。出于对纽约市违约的恐惧,帕特森、里斯顿和洛克菲勒向参院银行委员会请求联邦援助。他们警告说，他们正被卷入一个吉凶未卜的无人控制之境，这会造成一场"大规模的经济滑坡"。[24]三家银行要求提供直接的联邦贷款或联邦担保的贷款，否则的话，违约就不可避免了。

11月份，纽约州公布了对16亿美元短期债务的延期偿付。由于担心发生大范围的危机，福特总统让国会通过了给纽约市的23亿美元的一笔信贷限额。就如同州政府将纽约市置于其控制之下一样，联邦政府也把纽约州置于它的控制之下。帕特森辩解道："许多人巴不得纽约市赶紧破产。他们认为把它清除掉和解除劳动合同是件好事。幸好我们的委员会却全力地支持它。"[25]劳工领袖和政府官员都对帕特森建设性的、调和的方式极为赞赏。

最后，银行家们将他们风险大的短期证券换成了保险的纽约市政援助公司的长期债券。事实证明寻求州和联邦政府的帮助是必要的。摩根财团再也不能主持解决金融危机了。银行的力量日益减弱，它们只能与政府发起的救援活动进行合作，而再不能起领导作用。即使最大的银行也不能控制庞大的金融市场，正像他们不能命令红海分开一样。像皮尔庞特·摩根那样能够坐下来当场开张票据拯救这座城市的那种时代一去不复返了。

— 本章参考文献 —

1. 《财富》（Fortune），1974年10月。
2. 作者和沃尔特·佩奇的访谈。
3. 《华盛顿邮报》（Washington Post），1974年11月16日。
4. 威廉·图米，给作者的信，1989年3月16日。
5. 作者和沃尔特·佩奇的访谈。
6. 同上。
7. 《纽约时报》（New York Times），1976年9月12日。
8. 埃默森：《沙特家族》（House of Saud），第306页。
9. 同上，第308页。
10. 作者和威廉·索德的访谈。
11. 凯斯勒：《世界上第一巨富》（Richest Man in the World），第91页。
12. 桑普森：《演变着的英国剖析》（Changing Anatomy of Britain），第278页。
13. 作者和克里斯托弗·惠廷顿的访谈。
14. 同上。
15. 赫恩登：《福特》（Ford），第238~239页。
16. 同上。
17. 马克斯·费希尔：给作者的信，1988年12月20日。
18. 《财富》（Fortune），1981年7月13日。
19. 作者和埃尔莫尔·帕特森的访谈。
20. 同上。
21. 同上。
22. 同上。
23. 西蒙：《真理的时机》（Time for Truth）第159页。
24. 美国国会参院银行、住房和城市事务委员会：《纽约市的财政危机》（New York City Fiscal Crisis），第644页。
25. 作者和埃尔莫尔·帕特森的访谈。

第三十一章
募资碑铭

对外界来说，在20世纪70年代末期，摩根士丹利表面上仍然显得温文尔雅。《大西洋月刊》的一位记者在参观埃克森大厦顶端的6层楼时，对那种表现出沉着自信以及富有艺术性的褐色与赭色的室内装饰甚为叹服。"漫步于摩根士丹利的大厅，就如同倘佯在一幅圆顶办公桌与布鲁克斯兄弟公司服装所构成的风景画中。"这位记者感慨道。[1]虽然摩根士丹利在中东跌了一跤，但它却非常聪明地从石油业的繁荣中获得了很大好处——它为那些石油大公司安排了令人瞠目结舌的40%的筹资。作为为俄亥俄标准石油公司融资的投资银行，摩根士丹利为环阿拉斯加输油管道私募了创纪录的17.5亿美元资金。1977年，它监管了英国政府拥有的10亿美元的英国石油公司股在华尔街这一头的上市业务，这是历史上最大的股份上市。直至70年代中期，这笔业务一直列在摩根士丹利所经营的股票和债券上市业务的第一位。

摩根士丹利表面上似乎很宁静，实际上并不安分。每年，它都要发展一项新的业务：有价证券管理（1975年），政府债券交易及为机构提供的自动化经纪业务（1976年），以及通过购买旧金山的舒曼·阿格纽公司为富裕投资者提供的零售经纪业务（1977年）。老摩根士丹利引以为豪甚至沾沾自喜的事情，是其在人员雇用方面的巨大的可选择性。到目前为止，10年之内，公司雇员已从200人增加到1700人，而其资本则从750万美元猛增到1.18亿美元。由于增长速度之快，它已不能保持单一性质的公司文化。

作为这个新世界的缔造者，鲍勃·鲍德温经常被一连串的新业务弄得晕头转向。他凭本能知道需要将各种证券进行交易并予以分销，但他却从来不曾完全掌握这些陌生的业务。他发现，要适应市场行情起伏不定而且充满高风险的这样一个异乎寻常的世界是不容易的。毕竟，风险与老摩根士丹利是毫不相干的，它只做那些非常保险的事情。当一笔2000万美元的长期国库券的走势出乎意料时，鲍德温惊惶失措地召集了一次由所有高级合伙人参加的会议。另一次，当来自华盛顿的一个坏消息使市场行情出现下跌时，鲍德温则在大厅里固执地喊道："市场行情应该看涨，市场错了！"然而这个世界是无法控制的，即使是像鲍勃·鲍德温这样强硬而固执的人也毫无办法。

鲍勃·鲍德温或许拯救了公司，但却摧毁了公司的灵魂。这个新的摩根士丹利是他的力量和敏锐的眼光的丰碑，是对不停变化的环境的一次聪明的适应。可是他却糟糕地使一个长期以来由特殊的团队精神所凝聚的公司充满了政治气氛。他的管理哲学就是挑起人们之间的相互争斗。这样做的目的是为了改进工作实绩，但是却造成了一种紧张而令人不快的气氛。在该公司历史上，第一次发生了高级合伙人投奔其他公司的情况。在某种程度上来说，争权在一个富有的大公司中是不可避免的。可鲍德温却使这种紧张气氛更加严重。有一个例子可以说明这一点，路易斯·门德斯和达蒙·梅扎卡帕是一对非常要好的朋友，是公司新的交易业务中的双子星。鲍德温给了门德斯2.5万美元的奖励，而回过头去便将此事告诉了梅扎卡帕，并说门德斯的工作做得更出色一些。这样做不是愚蠢就是不懂体谅别人的感情。由于鲍德温变得越来越跟人过不去，难以相处，前世界银行行长的儿子比尔·布莱克便充当起大调停者的角色，在鲍德温和那些觉得很难直接与他接触和相处的人之间进行斡旋。布莱克通过缓和鲍德温暴躁的脾气，保持了公司的凝聚力，避免了银行业务人员与交易人员之间的彻底决裂，使公司没有遭遇后来雷曼兄弟公司所面临的困境。

对摩根士丹利辉煌业绩的主要威胁是公司那条著名的但已日显脆弱的政策，即要使公司的名字作为独家干事行出现在证券公司募资碑铭，也就是报纸上用黑色线条框起来的证券承销者名单公告栏的顶端。对于华尔街的公司来说，在募资碑铭上的位置是一件生死攸关的事情。那些在募资碑铭上处于较高层次或栏目的公司，可以获得较大的份额分配。而那些小公司则要拼命挣扎着往上爬。在募资碑铭的各个等级中，所有公司都按字母顺序排列。在1976年的字母大战中，哈尔西-斯图尔特公司采用了其母公司的名字贝奇，才得以使自己的名字在募资碑铭上上升了几位。这决不是一件闹着玩的事情。1964年5月13日，沃尔斯顿公司在通讯卫星公司证券发行业务中一下子从募资碑铭顶端跌了下来，第二天，其执行董事弗农·沃尔斯顿便开枪自杀了，从而给这种募资碑铭下了一个新的可怕的贴切定义——墓碑*。

在60年代末70年代初，处于募资碑铭第一栏——称为加宽栏目——的公司是摩根士丹利、第一波士顿、库恩-洛布公司以及狄龙-里德公司。头两家公司带来的业务量最大，而摩根士丹利不愿放弃独家干事地位所拥有的独享利润。一位前执行董事解释道："在我刚到摩根公司时，一位高级人员曾笑着对我说，我们晓着人们请我们做独家干事行，只有一半情况能这么办，但我们的情况仍然很好。"让公司的名字单独出现在募资碑铭的左上角会有一种自我陶醉般的安慰感。还有一种未公开的说法：在70年代以前，摩根士丹利缺乏销售力量，掩盖这一弱点的方法是通过牵头组织银团让其他公司进行销售。正如刘易斯·伯纳德后来所说，公司"必须要谨防华尔街明白皇帝是没有穿衣服的"。[2]尽管其他公司纷纷效仿摩根士丹利的独家干事行的战略，但没有一家能像它那样经常地取得成功。

为了保持政策的连续性，摩根士丹利不得不舍弃一些有权势的客户，因为它们要求有联合主干行承担发行业务（这方面早期的且众所周知的例子是摩根士丹利拒绝一家日本公司的要求）。

由于休斯顿工业公司坚持要求主干行应轮流坐庄，摩根士丹利便放弃了一项承销业务。另外，胜家公司为了答谢高盛公司所做的兼并工作，要任

---

* 募资碑铭（Tombstone）也被称为墓碑广告，其英文原意为墓碑。当年募资说明书和讣告常刊登在报纸的同一版面上，且都加黑色边框，因而得名。

命高盛为联合主干行,摩根士丹利又放弃了该笔业务。然而这一做法却是摩根公司的永久性秘诀,这一秘诀使许多公司——从杜邦到J.P.摩根公司——在所有的承销业务上仍然乖乖地被束缚在摩根士丹利的黄金锁链上。

由于有多达两百余家公司参加了摩根士丹利组织的银团,它们都很害怕摩根士丹利不满意。1975年以前,摩根银团的总裁是弗雷德·惠特莫尔。此人聪明伶俐,说话尖刻,口若悬河,是皮尔庞特·摩根遗物的贪婪的收集者,人们称他为"教父"或"弗雷德神父"。他在华尔街有至高无上的权力。当威廉·西蒙当了几年财政部长后想回到所罗门兄弟公司时,是弗雷德神父向约翰·古特福罗因德说的情。70年代初期,许多人将赫顿公司令人吃惊的崛起归因于弗雷德神父的庇护,可他在排挤诸如雷曼兄弟公司之类的对手时却又毫不含糊。每次债券发行之后,弗雷德神父都将银团中每个公司的实绩填写在一些很大的黄色卡片上。有时候,银团的参加者谎报业绩或自己承担损失,用虚假的数字表明自己干得不错。

人们总有一种猜疑,认为摩根士丹利利用其独家干事行的权力挡住了竞争的威胁。"我们可以对它们的客户谈论投资银行的关系问题,但如果摩根公司知道了,他们可能会阻止我们而不是给我们50万股。"一位竞争对手在1975年这样对《纽约时报》说。[3]摩根士丹利对时常出现在报刊上的这些匿名攻击很是恼火。弗雷德神父创造了现代华尔街的阵容。他从加宽栏目中剔除了日渐衰落的库恩-洛布公司和狄龙-里德公司,而带进了美林公司、所罗门兄弟公司和高盛公司。在摩根公司历史上最可怕的竞争对手库恩-洛布公司被雷曼兄弟公司于1977年兼并之后,其高级合伙人约翰·希夫在大都会艺术博物馆的一次董事会上遇到了哈里·摩根。当摩根问及怎么会弄成这样时,希夫回答道:"哈里,你所选择的合伙人比我的合伙人强。"[4]希夫的话道明了一点,即摩根财团源源不断的力量完全来自于其优秀的人才。

但到70年代末期,摩根士丹利的独家干事行的政策实际上是一种给自己贴金的过时措施。试问,在全球金融市场上,当各公司的财务主任们有如此众多的证券承销公司可以选择,有如此宽畅的回旋余地时,你能捆住其手脚吗?这里值得一提的是,摩根士丹利从来没有令其与摩根担保公司的巴黎合资公司坚持独家干事行的政策。像通用汽车承兑票据公司这样一个忠实的国内客户,也公开地利用其他国外银行机构来进行其证券发行业务。1977年4月,摩根士丹利关闭了其设在巴黎的分公司,与华尔街23号最后决裂,转而在伦敦建立了其开展欧洲市场业务的核心机构——摩根士丹利国际公司。澳大利亚自1946年以来一直是摩根士丹利最忠实的客户,当它投奔摩根的宿敌德意志银行时,摩根新公司大为震惊。这一事件不仅深刻地说明全球分销有了新的力量,也说明互相联系的金融市场更不是一个必定挂上某个人牌子的世界。

甚至在美国国内,也有一些新的力量在削弱着将公司捆绑在银行身上的锁链。自路易斯·布兰代斯时期以来,政治改革家们主张企业公司与投资银行之间应保持适当的距离。这是罗伯特·扬在梅迪纳大法官面前所作的证词中以及他为纽约中央铁路所进行的斗争中宣扬的观点。然而,这种体制还是存在下来了,因为许多公司都渴望与威严的摩根财团保持关系,这是资金短缺的旧时代的遗迹。但是,当资金不再需要作定量供应,而可以在不同市场以很多种方式获得时,银行又如何能对那些企业公司称王称霸呢?当新的金融中介不断涌现时,银行又能产生怎样的杠杆影响呢?从客户的观点来看,它们还有理由只与一家银行保持关系吗?答案是否定的。

因此,美国公司界现在所做的正是改革家们曾经为之奋斗的唯一事业。公司的财务主任们一个接着一个地打破了银行的锁链。70年代,德士古石油公司、美孚石油公司、国际收割机公司以及其他一些客户摆脱了摩根士丹利,直接向机构投资者发债。而其他一些公司则利用红利再投资计划或雇员入股计划来筹集资金。为了应付通货膨胀和汇率波动,公司的财务主任们就会采纳相互竞争的银行所出的聪明主意,以处理这些新的多变的问题。埃克森公司的杰克·贝内特专爱让摩根士丹利与其他公司竞争。他说:"我们决定,任何时候哪一家银行想出一个好主意,我们就会和他们谈。"当贝内特就债券发行创立了"荷兰式拍卖",鼓励几家银团竞争时,摩根士丹利开始意识到其独家干事行的政策面临着致命的威胁。

对于摩根士丹利而言,末日来临的号角在1979年吹响。那一年,IBM为其新一代计算机的研制要发行10亿美元的债券,该公司要求摩根士丹利接受所罗门兄弟公司作为联合主干行来承担这笔业务。赌场时代的公司独立自主的一个有力证据是IBM拥有60亿美元的巨额现金。IBM从不曾需要公募资金（摩根公司的一些人说，由于没有人想到IBM也会需要钱，因此名义上属于鲍勃·格林希尔主管的与IBM的业务关系处理得很糟糕）。在运用其独立干事行政策过程中，摩根士丹利以前从来没有被迫拒绝过地位如此重要的客户。而现在，摩根公司所面对的是世界最大的公司之一，是一个拥有AAA级偿债信誉的有20年关系的客户，进行着历史上最大的一笔工业借款。

摩根士丹利的董事们围绕着是否拒绝IBM从而失去大约100万美元代理费的问题，进行了一场激烈而拖沓的争论。会上许多人慷慨陈词，坚持维护传统。鲍勃·鲍德温和弗雷德·惠特莫尔属于强硬派成员，他们担心对IBM一开口子，其他奴隶就会壮大胆子，纷纷挣脱身上的锁链。在经过多次激烈讨论之后，几乎所有人都赞成拒绝IBM并要求独家经营这笔业务。当IBM回话说，不做丝毫让步，仍按计划由所罗门公司牵头这次发行时，摩根士丹利大吃一惊。这是华尔街历史上的一个里程碑——黄金锁链被砸碎了。

随后不久，一些投资银行便开始大肆抢夺摩根士丹利的其他客户，打破了绅士银行家准则。摩根的一个竞争对手高兴地说："一旦摩根公司的客户开始对别的公司开放，就会全部开放，这只是一个时间问题。"[5]此后，IBM的大部分业务都转向了所罗门公司。而摩根士丹利则开始放下架子，同意与别的公司分担通用电气信贷公司、杜邦公司以及坦尼科公司的证券发行业务。它甚至开始以低于干事行的身份参加承销团——这种情形让那些守旧者们感到非常吃惊，就如同看见主人突然穿着其仆人的衣服出现在大庭广众面前一般。关系银行业的时代已经一去不复返了。

在遭受了那些蓝筹客户的冷落之后，摩根士丹利开始以新的姿态接受新兴公司。对那些未经检验的公司，摩根公司一向采取谨慎的态度，不会轻易给它们挂上自己的牌子——"摩根"的名字就是"老牌"的同义词——避免经营初始股票的公开发行业务。这种过于挑剔的做法至少从1929年的"优惠客户名单之祸"时起就开始了。1980年，也许是为了打击IBM，摩根士丹利把IBM的竞争对手苹果计算机公司引入了股票市场（摩根士丹利还为办公室添置了日立计算机，而在1979年以前是不会做这些事情的）。长时期内，摩根士丹利一直拒绝那些高技术的创立业务。而现在，摩根士丹利开始把自己的名字借给新的商业风险事业。就像一个将自己的城堡出租给旅游者的贫穷的贵族一样，摩根士丹利也会厚着脸皮利用其显赫的社会地位谋求利益。

由于承销业已成为一项更大众化的、不为个人所操纵的业务，摩根士丹利便更多地依赖于其企业兼并和收购部，该业务部在鲍勃·格林希尔的指导下得以迅速发展。早在70年代末期，投资银行就把兼并看作是最后的金矿，因为它们认为格拉斯-斯蒂格尔法案总有一天会被撤消，从而导致证券业务被商业银行所占领。

兼并业务改变了摩根士丹利的信仰。作为证券业的组织者，老摩根士丹利曾经树立了一个高贵而拒不受腐蚀的形象。经历了费迪南德·佩科拉的折磨之后，早期的合伙人对丑闻的任何蛛丝马迹都感到胆战心惊。这种传统现在受到了更赚钱的兼并业的考验。70年代末期，由4人组成的兼并和收购部已经扩大为一个由50人组成的精锐部门。成为分水岭的英科-蓄电池公司蓄谋控股投资之后仅5年，摩根士丹利现在已每年经营价值100亿美元的交易，同时还拥有上百笔任何时候都可进行的潜在交易。兼并和收购部现在已是公司的主要利润创造者。同时，兼并业务也已从那种陈旧的与忠实客户之间的天衣无缝的关系中脱离出来。这是一个与公司其他部门相分离的庞然大物，是一架有条不紊地运转的机器。

格林希尔强硬的蓄谋控股投资活动并不那么容易适用于老派的权力共享的公司，尤其是他的部门所创造的利润之多，已不成比例。正如一位前合伙人所回忆的那样："格林希尔在创造极大的财富，他也在对每个人称王称霸。"可以预料的是，银团内部也反对他了。代替弗雷德神父成为银团总裁的托马斯·桑德斯三世就发出了具有挑衅性的警告："格林希尔应该记住，他所获得的无论什么样的成功，都来自于经营特许权。"[6]

现在，随着恣肆控股的作风取代了证券承销商的稳健风格，摩根士丹利也将其白鞋派的陈规陋习抛至脑后。接管业务一干就是好几周，热火朝天，急速而干脆的节拍取代了过去那种从容不迫的银团步调。现在人们都腰挂寻呼机，一周工作90小时，周末也要随时待命，限制从事各种外界社交和政治活动——而这些活动正是老摩根财团合伙人所具有的特点。由于执行董事的人数急剧增加，公司作决策不再向各方征求意见，管理采取更加专制的从上到下的方式。

由于摩根士丹利迅速发展，现在较难严格挑选人员或者灌输其传统的公司文化。就像在20世纪20年代发生的情况那样，新兴的金融行业很快就吸引了新一代的年轻人。未经考核的大学毕业生很容易地被安排到责任很重要的岗位，几乎立即可以得到价值连城的信息，人才的使用向年轻化倾斜。

当公司兼并业务中可能存在的利益冲突问题暴露出来时，鲍勃·鲍德温会引用杰克·摩根以第一流的方式来开展第一流的业务的至理名言："没有人是完美无缺的，但我们认为我们具有最崇高的行业道德标准。"[7]1973年，《纽约时报》刊登了一篇关于内幕交易的文章，在鲍德温的照片下面署着这样一个标题："摩根士丹利的罗伯特·鲍德温认为内幕交易已成过去。""也许我太天真"，他说，"但我认为合伙人交换这种信息的时代已一去不复返了。"[8]虽然鲍德温对于道德标准问题并非满不在乎，但他特别相信所谓"中国长城"的威力，可以把格林希尔的业务和公司其他部门分开。

摩根士丹利试图加强兼并业务专业人员警钟长鸣的意识，并密切监督他们的活动。年轻的专业人员在了解了法律和道德方面的注意事项后，必须签署一项声明，表明他们懂得了公司的"家规"。为了加强有益的恐惧感，使公司职员不至于为个人利益而滥用公司的内部信息，公司定期地将列有解职原因的"震慑备忘录"在公司内进行传阅。石油分析员巴里·古德说："我想象有人悄悄地走进我的办公室，撕掉我的肩章，砸碎我的计算器，把我轰出公司。"[9]每过两周，安全保卫官员们就进行电子清扫工作，项目都用英国国王或希腊哲学家的名字加以伪装。公司职员不得在大厅内或电梯里议论这些项目，也不能相互打听对方所从事的交易情况。股票研究人员甚至不能翻阅图书馆里有关公司融资情况的资料。

由于"格林希尔磨坊"加工的业务越来越多，这些安全保卫措施变得更加重要。业务量，还有收费，均天文数字般地增长。1977年是摩根士丹利业务的一个里程碑。这一年，摩根士丹利代表巴布科克-威尔科克公司对付麦克德莫特公司提出的一项接管要求，获得了270万美元的酬金。

麦克德莫特的这项接管计划由史密斯-巴尼公司的约翰·摩根当顾问（他是哈里·摩根的儿子，长着一副鱼鳞鼻子，脸色红润，在查理·摩根那场争议之后被摩根士丹利公司拒绝雇用）。巴布科克公司打破了亿万美元大公司不会被兼并的神话。其股票价格在竞标期间翻了一番，大大高出通常40%的盈利水平，因而吸引了一批新型的职业套利者。这些投机者们将兼并对象们的剩余股票一抢而空，将其集中在少数人手中，并因此形成了一个兼并狂潮期。

1977年秋天，摩根士丹利卷入了一桩职业道德纠纷之中，此后始终未完全摆脱此事的影响。像摩根士丹利资助的其他大矿业公司一样，肯尼科特铜业公司也想使其公司业务多样化，并且请格林希尔当顾问。格林希尔搜索的目标中，有一个路易斯安那的林木产品企业奥林克拉夫特公司。在估计有希望得到一个比较友好的报价的情况下，奥林克拉夫特公司向肯尼科特公司提供了秘密的收益估计数。但此后肯尼科特公司的注意力却转移到了一个称为碳化硅公司的身上，并且最终买下了这个公司。对奥林克拉夫特公司失去兴趣之后，肯尼科特公司将那些秘密的数据资料退还给了该公司，但摩根士丹利显然没有退还资料。

1978年初，摩根公司组建的另一个矿业联合企业约翰斯-曼维尔公司，也来征询进行业务多样化的建议。此事被分派给了格林希尔的伙伴叶戈·约翰斯顿。在谈判奥林克拉夫特公司时，摩根士丹利提起了早先与该公司的会谈情况，但未提及那些有价值的数据资料。6月末，约翰斯-曼维尔决定不找奥林克拉夫特公司了。稍后两周，德克萨斯东方公司提出以每股51美元的价格购买奥林克拉夫特公司的股份，奥林克拉夫特公司的董事会批准了这一方案。此时，在得知奥林克拉夫特公司到1981年每股将获利8美元以上的保密预测的情况下，摩根士丹利意识到该公司卖价非常便宜。于是，摩根士丹利将其所获得的数据资料告知了约翰斯-曼维尔公司，约翰斯-曼维尔公司立即改变了原来的决定，径直加入到与德克萨斯东方公司的一场竞标大战之中，并且以每股65美元的最高价格最终赢得了奥林克拉夫特公司。在一场混乱平息下来之后，问题便提了出来：摩根士丹利出卖了奥林克拉夫特公司吗？

按照其后来的辩护,摩根士丹利在开始行动之前,已向戴维斯-波尔克-沃德韦尔和乔·弗洛姆的斯卡顿-阿普斯法律事务所进行了咨询。这两家法律事务所都批准向约翰斯-曼维尔公司公开资料,只要这些保密估计数出现在向证券交易委员会登记投标的文件中即可。这点做得很妥贴。然而,当1978年9月这份文件被公布于众时,却引起了人们的极大震惊,因为摩根士丹利未曾获得奥林克拉夫特公司的许可,让它和他人共享其内部资料。客户与银行的信任关系——一个世纪以来商人银行赖以生存的基石,在投机取巧的做法中被破坏了。《华尔街日报》在10月26日披露此事时,指出了这场令人震惊的轩然大波预示着更大的问题:"没有人指责摩根士丹利行为不轨,但密切观察该公司的人,包括一些客户,近来已日益忧虑,因为他们看见摩根士丹利拼命争夺巨大的兼并投标业务咨询费,同时也就更加横冲直撞,一发不可收拾。"[10]

一开始,摩根士丹利的辩解不能自圆其说。在进行了几个小时的执行董事会议之后,公司的一个发言人漏洞百出地说:"恐怕我们已决定我们不能作任何评论。"[11]公司有些人对新闻界反应强烈,非常愤怒,而其他一些对格林希尔神气看不惯的人则非常欢迎给他一个下马威,也好教训他一下。贝蒂托和鲍德温在《华尔街日报》上发表了一篇分为九个段落的长篇辩辞,宣称在将奥林克拉夫特公司的资料透露给约翰斯-曼维尔公司时,摩根士丹利"表现出了最高标准的职业责任感"。[12]他们指出,摩根士丹利的行为有益于奥林克拉夫特的股东,这些股东们获得了比德克萨斯东方公司标价高出25%的红利。够真实的了!然而这种竞标对德克萨斯东方公司来说公平吗?格林希尔认为,不把那些极其重要的信息透露给约翰斯-曼维尔公司同样也会产生一些问题:"如果有人想找麻烦,他可能会跑来说,'嘿,这些家伙想用一些不公开的秘密资料来买一家公司。'"[13]这种观点颇为站得住脚,要完全退出这笔交易也是一种很好的托词。

摩根士丹利企图解释清楚,却把事情变得更糟。在对《机构投资者》发表谈话时,格林希尔和迪克·费希尔说他们的公司与奥林克拉夫特公司之间在加强资料的保密问题上既无口头协议也无书面协议。摩根财团在历史上坚持信守"我的话就是我的保证"的方法从事经商活动,因此这种辩解似乎有违摩根的传统。正如《机构投资者》所说："摩根士丹利似乎在阐明投资银行的一个新的理论——一个公司提供给投资银行的任何信息资料不一定得到完全和长期的保密，除非这家公司从该投资银行那里得到书面的或口头的对该资料予以保密的承诺。"[14]

然而还有比这更糟的事情。大约两年前，摩根士丹利设立了一个"风险套利"部门，以便在那些兼并目标身上进行投机业务。这种业务与兼并和收购部门的工作是不相容的，这一点在后来80年代的内幕交易丑闻中可以看得很清楚。一个公司如何一边从事兼并咨询业务而另一边却在这些业务对象身上打赌呢？摩根士丹利再次鼓吹起其"中国长城式"的隔离保密政策，断言从事套利部门与格林希尔集团严格分开，处于封闭的环境之中。尔后，《华尔街日报》又登出了一篇文章，披露风险套利部7月中旬占据了奥林克拉夫特公司15万股的头寸。此事发生在奥林克拉夫特公司与德克萨斯东方公司之间最初那场谈判被公布之后不久。这700万美元的股本投资异乎寻常的巨大。只是在两个月之后，约翰斯-曼维尔公司才明白，摩根士丹利公司的一个部门希望看到公司为奥林克拉夫特公司支付大价钱，是有其巨大的既得利益存在的。

鲍勃·鲍德温拒不承认公司在自诩的诚实方面有任何失误："如果你问华尔街上任何50家投资银行哪家银行的职业道德水准最高，我敢向你保证口碑最好的是摩根士丹利。"[15]在华尔街的其他地方，奥林克拉夫特公司事件给人们带来了深深的忧虑。摩根士丹利是华尔街的旗手，它的这些麻烦玷污每个公司的名声。"摩根士丹利的情况将损害我们所有的公司，"摩根的一个竞争对手说，"多年来，我们都沐浴于摩根士丹利在公司界所表现出来的高风亮节之中。"[16]

奥林克拉夫特事件表明，在华尔街公司不断发展和经营业务多样化的过程中，存在着许许多多的作弊和走捷径的机会。对于一些冷静地注视着摩根士丹利前10年业务发展的前合伙人来说，奥林克拉夫特事件证实了他们的担心。有一些人早就认为"事故"迟早会发生，这只不过是时间问题。一个前合伙人说：

摩根士丹利从事的业务明显有着利益冲突，迟早会惹来麻烦。以前，人们对待问题的态度是，如果你发现某项业务存在利益冲突，会立即予以拒绝。你不会去抢那最后一枚硬币。而且，如果任何一笔钱会对维持客户关系的基本问题产生不良影响的话，你从来不会予以考虑。摩根士丹利很快就将这些东西抛弃了，我总觉得他们丢掉的是他们的灵魂。

现在，企业兼并业已势不可当。1979年，摩根士丹利为贝尔利基石油公司就其出售给壳牌石油公司提供咨询，获得了1430万美元的巨额报酬——这是历史上最大的一宗兼并业务。在贝尔利基公司拍卖竞标中失利的公司中有两家摩根士丹利的客户——美孚石油公司和德士古石油公司，他们十分愤怒。怒气冲天的美孚公司此后逐渐将其业务转向美林公司，而格林希尔则装出一副无可奈何的样子："我们总是尽我们最大的努力为客户服务，而贝尔利基公司也是我们的客户。"[17]与银团业务不同，兼并咨询业务需要得罪一些客户来取悦另外一些客户，因此它损害了华尔街的历史纽带关系。

当1981年8月杜邦公司用78亿美元买下康诺科公司时，这种情况再次被暴露出来。在摩根士丹利的建议下，康诺科公司求助于杜邦公司，请它充当"白衣骑士"来抵御西格拉姆公司的兼并攻势。由于格林希尔和弗洛姆已与康诺科公司进行合作，杜邦公司不得不放弃摩根士丹利，转向势头日盛的第一波士顿的乔·佩雷拉和布鲁斯·沃塞斯顿小组。从第一次世界大战时期摩根的出口部和1920年通用汽车公司的兼并开始，杜邦公司一直都是摩根财团的中坚。三个月的争斗使摩根公司获得了1500万美元的报酬。后来，摩根士丹利又与第一波士顿分享杜邦公司的承销业务。通过兼并业务发展起来的新的银行纽带关系在承销业务上同样也表现得不那么忠诚了。

1981年，摩根士丹利命中注定要陷入到比奥林克拉夫特兼并事件更为窘迫的境地之中。此事阴沉地预示着后来华尔街所发生的丑闻。事情起于对阿德里安·安东纽的雇用。安东纽一家是60年代在纽约定居的罗马尼亚难民，他们家境贫寒，不会讲英语。阿德里安的经历是一部经典的成功故事：

在他父亲死后,他给母亲当帮手,靠打工读完了纽约大学,并于1972年毕业于哈佛商学院。当年被摩根士丹利作为职员雇用后,他就担心钱的问题。他为他母亲在皇后区所经营的纺织业不景气而感到苦恼,同时又担心他所借的学生贷款的偿还问题。

安东纽聪明而且善于交际,他着迷于围绕在他周围的新的财富,并且开始接受一种时髦的生活方式,开宝马牌小汽车,住派克大街公寓。他是一家称为"双倍"的高贵俱乐部的成员,他时常出入于高档饭店,在汉普顿闲荡。许多感觉灵敏的人都想知道他荣耀的表象下所掩盖着的某些东西。"他只是外表看起来很不错,穿着讲究,保养良好。"他的一个朋友说。[18]他一开始从事的是公司融资业,但很快就被吸收到格林希尔日益增长的兼并业务中去了,在这里,一个新来者可以很快就获得许多有价值的信息资料。

1973年,安东纽与他以前纽约大学的同学、现在在一家交易所工作的詹姆斯·纽曼一起策划了一笔交易。安东纽向纽曼提供被兼并公司的备选名单,纽曼花钱购买这些公司的股票,获利后两人平分。他还与其商学院的另外两个同学做了同样的交易。开始时,他们所下的赌注非常有节制。他们总共进行了18笔交易。在第一笔交易时,安东纽告诉纽曼,摩根士丹利代表塞尔坦特德公司处理圣戈班蓬-穆松公司兼并该公司的投标。他们因此而购买的塞尔坦特德公司的股票净赚了1375美元。在第二笔交易中——纽曼此时已搬到迈阿密并接受了另外一份经纪工作——安东纽透露,由摩根士丹利提供咨询的西巴-盖吉公司将要出价兼并芬克西兹公司。他们随即投下了较大的赌注购买芬克西兹公司的股票。再有,当摩根士丹利帮助北美菲利普公司投标兼并马格纳沃克公司时,安东纽和纽曼购买了1.76万股马格纳沃克公司股票。这两个年轻人真正开始摆起派头来了,使用国外的巴哈马银行账户。

他们竟然全不顾这样做的危险。后来,他们在报纸上看到一篇文章,报道索格印刷公司的三个人利用从其印刷的投标报价文件中获取的内部资料进行内幕交易的情况。"瞧瞧索格公司的这些人都怎么了?"安东纽说道,稍稍显得有些惊愕。"得了,你看见的是在这种情况下可能发生的最坏的事情,"纽曼回答道,"他们要回你的钱,还给你一记耳光。人们不得不去偷去抢这种钱财,但却用不着为此去坐牢。"[19]

1975年初,这个阴谋几乎就要到此为止了,当时安东纽被挤出摩根士丹利,受雇于后来很快与雷曼兄弟公司合并的库恩-洛布公司从事兼并咨询工作。很幸运的是,安东纽在摩根士丹利找到了新的同谋,是该公司中1972届哈佛商学院毕业的第五个成员。与安东纽的自由洒脱不同,法裔加拿大人雅克·库尔图瓦显得认真而谨慎,他的父亲是个富有的蒙特利尔律师,领导着一个当地的一个运动团体,还是一家银行的董事。在哈佛俱乐部下棋的过程中,安东纽使库尔图瓦加入了他的计划。作为回报,库尔图瓦立即向其透露了一条秘密信息——摩根士丹利的客户泛洋石油公司在与马拉松石油公司进行合并谈判。他们很快赚得了11.9万美元。在1973和1978年之间,他们共获利80万美元。

有关当局花费了一段时间才把注意力集中在安东纽身上。这期间,安东纽已与有权有势的20世纪福克斯电影公司总裁丹尼斯·斯坦菲尔的女儿弗朗西斯卡·斯坦菲尔处于热恋之中。到1978年春天,当政府把安东纽作为主要嫌疑犯进行侦查时,他与弗朗西斯卡订了婚,她专为《纽约时报》星期天杂志写作有关流行时装方面的文章。不知什么原因,安东纽没有将他正被调查的事情告诉他在雷曼兄弟库恩-洛布公司兼并和收购部的老板埃里克·格利切尔。当格利切尔在安东纽婚礼前夕得知这一情况时,感到面临着双重灾难:不仅仅安东纽是他的雇员,而且20世纪福克斯公司也是雷曼兄弟公司的一个重要客户。他对安东纽语气坚决地说:"如果你没有责任问题,并且如果你在向调查部门解释时想得到斯坦菲尔家的支持的话,你真的应该告诉他们一切。"[20]

1978年6月28日,安东纽在威尼斯举行的世俗婚礼上与斯坦菲尔结婚,但没有将联邦政府对他进行调查的事情告诉斯坦菲尔家。格利切尔在得知这一情况后,从纽约打电话给安东纽,他在电话里咆哮说:"除非你在教堂婚礼前把事情告诉斯坦菲尔先生,否则我会告诉他的!"[21]7月1日,教堂婚礼在威尼斯的卡斯泰洛圣彼得罗大教堂举行,即将成为教皇约翰·保罗一世的枢机主教阿尔比诺·卢恰尼写了书面贺词来祝福这对新婚夫妇。阿德里安发表了诗一般热情洋溢的祝酒词："为20世纪福克斯最长久的演出干杯。"[22]当客人纷纷告别离去之时，这对新婚伴侣登上一艘白色的游船去观赏威尼斯的风光。回到纽约后，格利切尔解雇了安东纽。一个月之内，大概是因为斯坦菲尔家族知道了有关调查的事，安东纽的婚礼被宣告无效。

1979年，雅克·库尔图瓦主动离开摩根士丹利给公司带来了很大的烦恼。"摩根士丹利当时被震惊了，"库尔图瓦的一个同事说，"在大约3周的时间里，包括雅克在内，他们损失了3个人。他们召开了一连串的会议进行调查研究，以确信他们尚牢牢地控制着我们这些剩下的人。"[23]库尔图瓦说他可能会去搞计算机软件或经营他自己的投资业。和哥伦比亚总统的侄女结婚后，他移居波哥大。由于在兼并和收购部中只有库尔图瓦未参与过上述公司兼并业务，因此他受到政府调查人员的监视。这就对摩根士丹利所作的关于其公司职员从不与别人谈论兼并业务方面的事情的声明提出了疑问。

1981年2月下达了刑事起诉，对投资银行进行刑事这种起诉是史无前例的。纽曼被判处一年监禁，而安东纽表示服罪，恳求从宽处理，故获得了缓刑。安东纽说："任何熟悉证券市场业务的人都知道这些情况并不罕见。"[24]库尔图瓦被判一年监禁并处以15万美元的罚款。

摩根士丹利与政府配合并与客户联系以重申其公司的诚实。公司让刘易斯·伯纳德出面将情况通知所有执行董事。伯纳德回忆起当时的情景时说："办公室里大家都哭了。他们因为愤怒而哭了。我们有一种被侮辱的感觉。"[25]尽管大多数的内部信息的透露都出在摩根士丹利，鲍勃·鲍德温仍抱怨对雷曼兄弟公司的舆论曝光没有那么多："那些新闻报道说什么？摩根！我们在这些该死的事情中成了新闻主角……事实上，我们的职员都在痛哭，他们工作是如此的努力，总是以第一流的方式从事第一流的业务。"[26]

公众对这次内幕交易曝光的反应显然与对1933年的优惠客户名单丑闻及理查德·惠特尼事件的反应相同。与摩根士丹利无关的人觉得似乎公众的信任遭到了愚弄。"我总认为摩根士丹利是最优秀的，"福特汉姆商学院院长本尼迪克特·哈伯说，"它就像一尊偶像一样被打破了。"

— 本章参考文献 —

1. 《大西洋月刊》（Atlantic Monthly），1979年7月。
2. 《华尔街日报》（Wall Street Journal），1985年6月27日。
3. 《纽约时报》（New York Times），1975年5月25日。
4. 《欧洲货币》（Euromoney），1982年3月。
5. 《纽约时报》（New York Times），1979年10月8日。
6. 《华尔街日报》（Wall Street Journal），1980年7月17日。
7. 同上。
8. 《纽约时报》（New York Times），1973年5月14日。
9. 《机构投资者》（Institutional Investor），1974年6月。
10. 《华尔街日报》（Wall Street Journal），1978年10月26日。
11. 同上。
12. 同上。
13. 《机构投资者》（Institutional Investor），1979年2月。
14. 同上。
15. 同上。
16. 同上。
17. 《华尔街日报》（Wall Street Journal），1980年7月17日。
18. 同上，1981年2月13日。
19. 霍夫曼：《成交者》（Deal Makers），第165页。
20. 同上，第173页。
21. 同上。
22. 同上。
23. 《华尔街日报》（Wall Street Journal），1981年2月13日。
24. 霍夫曼：《成交者》（Deal Makers），第176页。
25. 《华尔街日报》（Wall Street Journal），1981年2月13日。
26. 《欧洲货币》（Euromoney），1982年3月。

第三十二章
桑巴舞

到20世纪70年代中期，J.P.摩根公司——摩根担保公司的控股公司——已经从海外20多个营业所得到一半的利润。摩根银行在全球的迅速发展居然没有冲淡职员的凝聚力，真是一个小小的奇迹。正如帕特·帕特森所说："我们严密紧凑地从事全球的业务。"[1]银行采用各种各样的方式，从在餐厅里提供免费午餐到轮换负责人等，来保持血缘亲近的感情。拒绝在国外开设分行的做法，能够集中使用工作人员，进一步加强了亲密的关系。模样显得像大伯、秃顶的沃尔特·佩奇在1978年接替帕特森担任董事长，他说："我们在这里就没有分行系统，因此到德国或英国去搞分行系统有点像鱼儿离开了水。"[2]

20世纪60年代初期，当摩根在巴黎开始进行证券承销业务时，欧洲市场究竟定在何处尚未明了，甚至日内瓦和苏黎世都在竞争。但是，到20世纪70年代石油景气的时候，伦敦脱颖而出，以暴风雨般的速度把欧佩克（OPEC）的剩余资金输入债务国家。霎时间，伦敦金融城的美国银行比华尔街还多！它们一头扎进欧洲美元银团贷款，从而形成了拉丁美洲债务危机的滥觞。拉丁美洲国家支付的贷款利率，远远高于本国公司支付的利率。在赌场时代，这些公司绕过银行，在证券市场上筹资。因此，各银行纷纷对拉丁美洲提供贷款,一时间趋之若鹜的情形,典型地反映了这些银行商业贷款业务的恶化。在20世纪50和60年代,工业国家吸收了大部分跨国贷款,而现在向外筹资的已经不仅仅是工业国家了。

向拉丁美洲贷款而后发生违约的循环至少可以追溯到1820年代。在大萧条时期,除了阿根廷以外,所有的拉丁美洲国家都有外债违约行为。银行家们狠狠地教训了这些国家,今后它们将永远不可能得到贷款。然而,在伦敦浮华的交际场合中的年轻银行家们,很容易就把这段历史忘记得一干二净。他们提供的巨额贷款还是给了这样一些国家。作为一家受人敬重的老字号银行的成员,摩根人的记忆力应当更好,在一定的程度上他们也确实如此。70年代后期的一位高级信贷官布鲁斯·布拉肯里奇回忆道:"刘易·普雷斯顿和我花了很多时间谈论这两者的相似之处。我们往往提到英国向我们提供的铁路贷款。当年J.P.摩根和皮博迪筹集的用以建设美国的资金,和我们为巴西的伊泰普大坝提供的资金是属于同一种性质的。这里的相似之处显而易见。"[3]可惜的是,将这两者相提并论是错误的,它忽视了许多拉丁美洲国家灾难性的先例,而且还忽视了美国在19世纪的许多州政府贷款和铁路贷款发生坏账的事实。这段历史像幽灵一样骚扰着乔治·皮博迪,后来也使摩根对任何一笔贷款的批准对欧洲债权人来说是如此神圣。

在上几代人中,罗斯柴尔德、巴林和摩根向拉丁美洲提供贷款都是通过发行大量债券进行的,风险由成千上万的小额投资者分担(据估计,在20世纪30年代约有50万美国人持有分文不值的外国债券,无法脱手)。相比之下,现代的拉丁美洲贷款都采用银行债务的形式,风险集中在银行系统。像摩根担保公司和花旗银行等这些大银团管理者,为组织一笔贷款所必须联合的银行可达200家之多。如果这样做分散了风险,那么参与者的数量制造了一种虚假的安全感。

为什么银行不发售拉丁美洲的债券?布拉肯里奇解释说:"因为这些债券无法销售出去。"这本来就是高风险的警告。[4]因为只有极少的发展中国家发行销售债券,所以摩根士丹利和其他的投资银行大多没有遭遇到拉丁美洲债务危机之苦(摩根建富用美国的标准来说既是商业银行又是投资银行,参与了向巴西和其他国家的出口信贷和银团贷款)。所以投资者不敢涉足之处，银行则蜂拥而至。这固然使以前债务危机中"小百姓"流血的情况得以避免，但也为全球金融体系产生大动荡播下了隐患。

因为拉丁美洲的债务危机起因是阿拉伯石油美元存款的输出，所以银行后来都指出当时是经官方的批准才提供这种贷款的。事实上，华盛顿和其他的西方政府都怯懦地把这个问题的责任推给私人银行。但是，正如20世纪20年代德国的赔款和协约国的战争债务那样，即使贷款是有官方明确的批准，也并不保证在遇到问题时政府一定会给予支持。人们普遍会讥讽外国欠债的人花钱大手大脚，更不必提银行家们贪得无厌，从而妨碍政府去解决问题。具有讽刺意义的是，丘奇参议员如此担心的石油美元讹诈并不是真正的问题。由于银行保持石油美元并把它贷给拉丁美洲国家，它们伤害了自己和世界经济。

摩根担保公司是美国在对拉丁美洲贷款问题上改变态度的前导。在20世纪20年代，这家银行骄傲地吹嘘它拒绝了多少南美的政府。20世纪40年代，富兰克林·罗斯福主张向巴西提供战后贷款，汤姆·拉蒙特为此惊得目瞪口呆，而拉塞尔·莱芬韦尔告诫世界银行行长约翰·麦克洛伊不要向该地区提供贷款。20世纪50年代，以欧洲为中心的摩根把对外贷款大多限于英国和法国。但是，随着它的核心贷款业务在赌场时代遭到削弱，它在20世纪70和80年代突然作为"MBA"银行出现而声名鹊起。这个称呼取自拉丁美洲三个最大的债务国英文名字的首字母——它向墨西哥提供了12亿美元贷款，向巴西提供了18亿美元贷款，向阿根廷提供了7.5亿美元贷款。华尔街最保守的银行把最大的国外本钱押在巴西，正表明了它为了利润而日甚一日地依赖风险更大的贷款。

若干使人高枕无忧的幻觉影响了判断。一个幻觉是国家不可能破产——这种无稽之谈和花旗公司的沃尔特·里斯顿有关，这几乎是颠倒历史事实。150年来主权债务违约屡见不鲜，即使是非常挑剔的老摩根财团，最后到第二次世界大战时也背上了对奥地利、德国和日本贷款的大量欠款。债务违约的近例则更多，包括1949年的中国、1961年的古巴和1974年的北朝鲜。银行可以对公司取消抵押品赎回权，但不可能对国家如此办理，从而使后者更加不把还款当回事，而政治风险总是由经济风险积压起来的。

另一个让银行家们宽慰的因素是国际货币基金组织。到20世纪70年代时,炮舰外交已成为历史。由于外交政策的原因,华盛顿更加希望安抚拉丁美洲国家政府,而不是拿贷款来威胁它们。银行家们不愿意到外国去折腾,特别是他们现在在海外已有了分支机构。在1976年,当秘鲁濒临破产之际,花旗、摩根和其他银行以紧缩政策为条件,提供了4亿美元的贷款。由于食品和汽油需大幅度涨价,在利马发生了骚乱,引起了对美元外交的新的谴责。这种反作用使银行大惊失色。国会的一位工作人员说:"要解释为什么没有吃的,只要说摩根财团和美帝国主义如何如何,就很容易煽动农民。"[5]银行家们被负面影响蜇伤以后,就把国际货币基金组织推出来,作为代理人来顶住债务国的政治批评。这是一块有用的挡箭牌,可在后面推行痛苦的经济改革。

国际货币基金组织对贷款规定了严格的条件。由于各银行的贷款要以接受国际货币基金组织的紧缩规划为条件,基金组织的权力大大增加。问题是基金组织只解决临时性的收支不平衡,而不是旷日持久的债务问题。谁也不知道它的正统药方——削减支出、取消补贴和紧缩经济——究竟是恢复经济还是逼着这些国家还债。另外一个更大的问题是第三世界一些强大的国家,如巴西,完全绕过基金组织,只向商业银行借款。然而,不管基金组织有何局限,它却使银行家们相信他们对这些误入歧途的债务国有某些控制力量,能迫使他们实施健全的政策。在拉丁美洲债务危机之时,基金组织真的对债务国实行了某种形式的控制,那是前几代的银行家们闻所未闻的。

银团贷款的结构使众银行推卸责任,随波逐流。全世界1500家左右的银行都一头扎在业务娴熟的摩根或花旗等一家银行的怀里,尤其是在巴西。对国外贷款往往是小银行陌生的业务,它们就把审查贷款的事交给大银行去做。在一个由传真电报驱动的芸芸众生的世界里,银行往往会收到大多以格式固定的语言发来的简短的"报价备忘录"。通过众多的1000万美元的参与,就可以组织数百亿美元的贷款。到70年代末,一场残酷的价格战大大降低了贷款的利润,以至不能反映所承担的巨大的风险。一位参与其中的摩根银行家说:"到70年代时,放款者和借款者都已疯狂得一发不可收拾,事情显然已经无法控制。"一个庞大的机制疯了。

和大多数银行相比,摩根似乎更想回避这棵疯狂的摇钱树。1979年,它的伦敦银团业务是由一位名叫玛丽·吉本斯的年轻女子负责的,她是史密斯学院毕业的,以强硬闻名。《机构投资者》撰文说:"31岁的吉本斯行使着摩根担保公司在欧洲货币市场上的所有权力,也许不能说她是整个国际银行业世界中最有影响的女性决策者,但毫无疑问在伦敦金融城是如此。"[6]她甚至对英国、瑞典和加拿大的信贷都举步不前,担心标准降低。但是,总的来说,摩根也被卷入了银行家们自杀性的冲锋陷阵之中。摩根以前的一位银行家回忆说:"许多贷款都是很不慎重的,是逼着这些国家接受的。只要能把一项贷款借给一个政府,他们什么都干。"

巴西是摩根的一个新客户,摩根和巴西的关系是最为复杂和最让人头痛的。即使是摩根财团给巴西当顾问,这个国家也不愿允许它在那儿开设分支机构,华尔街23号为此愤愤不平。摩根以前的一位官员说:"他们说如果摩根开设了一个分支机构,那么摩根就会一统天下,这样政府就不得不对其他40多家银行开放。这实在是一个棘手的问题。"摩根人对巴西的贷款非常引以为豪,这些贷款似乎都是用于经营良好的采矿业和电力企业。受益者包括由世界银行支持的伊泰普水电项目。摩根银行还夸口说巴西的信贷形象非常好——即该国各项贷款的到期都互相错开,安排得当。听摩根人的口气,好像历史欺骗了他们,使他们如此出色的巴西贷款显得很糟糕。

在拉丁美洲,摩根是个后来者,因此它当巴西的首席顾问是了不起的成绩。这是一位国籍混杂的迷人的年轻银行家施展才能的结果。此人名叫安东尼奥·格鲍尔,出生在哥伦比亚一个原籍德国的富裕的委内瑞拉酿酒商人的家庭,就读于哥伦比亚大学的研究生商学院,娶了一位巴西太太。他在摩根时保留了委内瑞拉国籍。他身材矮小,一头沙色的头发,戴一副角质架的眼镜,说一口流利的西班牙语、葡萄牙语、德语和其他语言。他讨人欢喜,又很急躁,聪敏伶俐,但是易于鲁莽傲慢。当他20世纪60年代开始在摩根工作时,国内的银行家们都像国王似的,他似乎没有什么晋升的机会。后来,在70年代随着对拉丁美洲贷款的急剧增加,倾向欧洲、亲英的摩根银行发现他们有格鲍尔真是天意，能使他们在拉丁美洲赶上大通银行和花旗银行。格鲍尔的老板乐不可支，给了他很大的权力。

托尼·格鲍尔开拓新的业务，成绩辉煌，深受巴西官员的信任。他在上流社会里广交朋友，也许和每个财政部长和中央银行行长都能相互以名字称呼。在70年代回笼石油美元的狂热时代里，格鲍尔是个坐着喷气式飞机环球旅行的大明星，巴西咖啡种植园里的常客，里约热内卢八卦专栏作家常报道关于他的种种活动。他在巴西电视上露面，他的照片登在该国最大的新闻杂志《请看》的封面上，成为巴西-美国商会的主席。摩根银行会容忍这种令人注目的方式来从事银行业务，实属罕见。其他银行目睹这一切，十分惊奇。在美国，格鲍尔在他的东边公寓或周末在他的东汉普顿家里举行排场极大的招待会。他的周末宅邸叫作"萨玛巴依亚"，葡萄牙语为"蕨类"。巴西年轻的中央银行行长卡洛斯·兰戈尼在那里度周末。格鲍尔一直对巴西的贷款利率按摩根的成本加两个百分点计算——加息率带来如此之高的利润，以至于人们不去好好考虑这些贷款是否可靠。

银行高层间或也对这样大肆贷款有所担心。有一次，帕特·帕特森董事长荣获巴西的表彰，被授予"该国最佳银行家"的称号。他略有点不安，私下对沃尔特·佩奇行长说这种成就有点可疑："下回我们最好不要再因得奖而弄得一塌糊涂。"[7]但是，这只是瞬间的疑虑。银行家们把对每个国家的风险限度一点一点地放宽，就没有看到危险在不断地增加。布拉肯里奇回忆道："我们没有说：'我们应该把多少资本投入到这些贷款中去？'我们就这么做了，但是我们的确没有说：'嘿，我们决不能因为有风险加息率而把我们50%以上的资本放到对巴西的贷款中去。'"[8]

尽管格鲍尔神通广大，但是摩根银行面对巴西大手大脚花钱，引起通货膨胀的做法，却没有多少力量能加以遏制。1980年，摩根好说歹说叫巴西去找国际货币基金组织，却无济于事。后来，摩根银行自己去找国际货币基金组织，以了解巴西的全面情况——这样做的用意是增加市场的信心。身材短小矮胖、戴着眼镜的巴西计划部长德尔芬·内托非常生气，他认为摩根在背着他的国家调查他们的情况。因此，银行发现要想监督主权客户而又不得罪他们，实在很难。他们逐渐陷入了这种局面，成了债务大国的人质。直到

1982年，这种枷锁的全部约束力才充分地表现出来。此时，大家都重新发现了这句古老的格言：债务人欠债足够大，就能控制银行。

1982年4月爆发的福克兰岛战争*，为拉丁美洲贷款罩上了一层乌云，使人们感到整个地区不稳定。阿根廷入侵福克兰岛以后，英国采取了报复行动，冻结了该国在伦敦的资产。敌对状况结束以后，摩根财团进行了秘密外交，以修复两国的关系。英国和阿根廷两国的中央银行不知该如何恢复关系又不丢面子。由谁来促成对话呢？现任主管拉丁美洲业务的高级副行长托尼·格鲍尔当了协调人。两个中央银行的代表飞到纽约，深藏在华尔街23号的会议室里——进行了解冻的接触。

战争以后，银行要明确区分拉丁美洲的债务国，变得越来越困难。摩根认为巴西是第三世界国家的典范，投资于健全的基础设施，对此观点地区银行不敢苟同。相反，他们认为这个国家债台高筑，有900亿美元的巨额债务，为世界之最，靠每月15亿美元的借款来支撑。摩根敦促巴西经济学家卡洛斯·兰戈尼到纽约来演讲，以稳定人心，而且还采取不寻常的举动，让国务卿乔治·舒尔茨——比奇特尔的总裁，70年代摩根的董事——和巴西财政部长厄纳尼·高尔维斯一起接受巴西-美国商会的表彰。舒尔茨很少同意做这种兼公带私的事。

1982年8月，墨西哥宣布它不能履行870亿美元外债的还本付息，此举使所有拉丁美洲国家的形象黯然失色。这些国家都被淹没在共同的经济洪水之中：利率上升、全球衰退和商品价格暴跌。1982年9月21日，美国驻巴西的大使兰霍恩·莫特利向国务院报告说，墨西哥的困境已经使人们对巴西的债务躲得远远的："日本银行退出了市场，欧洲银行吓破了胆，美国的地区银行不想理会巴西，美国的大银行处事特别谨慎。"9

1982年10月，在巴西总统在联合国发言的掩护下，内托和高尔维斯到华尔街23号秘密会谈。各银行被墨西哥吓得惊魂未定，拼凑了给巴西的30亿美元短期贷款。内托和高尔维斯真不知道，巴西如果得不到25亿到30亿

---

* 福克兰岛战争，又称为马尔维纳斯群岛战争，简称马岛战争。1982年4月到6月间，英国和阿根廷为争夺福克兰群岛（阿根廷称"马尔维纳斯群岛"）的主权而爆发的一场战争。

美元的紧急贷款,再加上调整期限以降低利率和延长本金的偿还期,怎么才能避免违约。按照发生这种危机时的常规处理方式,信贷业务量最大的银行通常负责债务偿还期的重新安排。但是,巴西对托尼·格鲍尔信赖备至,即使其他4家美国银行的债权更大,仍要求摩根来主持这庞大的救助活动。花旗银行对巴西的贷款达46亿美元,理所当然是牵头者。为了防止刺伤对方的感情,格鲍尔建议花旗银行作为委员会的联合主席。他对巴西人说:"你们必须按适当的礼仪来办事。"花旗银行表示默许,杰勒德·芬纳兰任花旗银行的代表。

选择摩根和花旗银行有着错综复杂的政治背景。华尔街的有些人认为,摩根在巴西开设分行的努力遭到挫折,因而抓住联合主席的位置。这个看法激怒了摩根。也许更加符合实际的原因是美联储主席保罗·沃尔克和刘易·普雷斯顿之间的特别亲密的关系。普雷斯顿在1980年接替沃尔特·佩奇任摩根董事长。这个鲜为人知的关系从未在新闻界披露,然而精明者有时发现,在金融危机时期,在普雷斯顿的行动背后,是保罗·沃尔克的巧手在活动。1980年,普雷斯顿主持了一场挽救亨特兄弟公司的行动。亨特兄弟因企图垄断白银市场而倒闭,几乎拖垮了贝奇和其他的经纪商。亨特兄弟公司算不上是典型的摩根客户,然而摩根银行应沃尔克的要求采取了救助活动。

沃尔克显然又把普雷斯顿作为代理人来处理巴西问题。正如摩根财团在20世纪20年代为政府的行动提供了方便的后备渠道,沃尔克可以通过普雷斯顿来指挥紧急救助,而不张扬他本人的作用。摩根对巴西的贷款数额相对较小,这是有利之处。一位深得普雷斯顿信任的人解释说:"在1982年秋天,沃尔克对刘易说,摩根必须负责这个委员会。他要求摩根接过巴西的贷款,因为摩根的风险比华尔街其他银行要小得多。如果必要,摩根可以多承担一些巴西的贷款,而不会弄得不可收拾。"(应该说,其他银行对这个解释嗤之以鼻,认为是格鲍尔的关系。)自亨利·亚历山大以来,没有任何一位董事长像普雷斯顿那样充满着摩根意识:正人君子理应品行崇高,应有华尔街的政治家风度。普雷斯顿的这位心腹说:"刘易越来越多地考虑这个制度,甚至不顾有损于这个银行。"他总是抱怨花旗银行,他往往看到它做事很自私,单方面行动,而不考虑大家的利益。

就像在两次大战之间时的那样，债务危机使美国银行和欧洲银行之间产生了很大的矛盾。巴西的债务有一半以上挂在非美国银行的账上，然而只有摩根和花旗两家银行在唱主角，就像以前许多银团贷款一样。伦敦金融城的有些人怀疑巴西把摩根作为其宠爱的银行，以获得宽宏大量的待遇。劳合国际银行的盖伊·亨特劳兹担心巴西的策略是和纽约的银行勾结起来搞成一个交易，然后把私货塞给欧洲人。那年10月，他拒绝了巴西提出的紧急贷款的请求，除非国际货币基金组织同时也给予贷款，并有死板的紧急条件。因此，由摩根和花旗银行组成的清一色的美国队领导了第一阶段的巴西救助活动。

80年代的债务救助活动既反映了金融方面的利害关系，也说明了全球的政治现实。美国银行几乎囊括了协调委员会。日本对第三世界的贷款仅次于美国，然而在最初的救助活动中，只有对拉丁美洲贷款最多的东京银行作为唯一的、象征性的代表。正如美国作为崛起的金融大国曾在20年代听命于蒙蒂·诺曼有智谋的领导，而今日本即使在赶上华尔街的时候，也得向保罗·沃尔克的权威鞠躬。直到80年代末，日本才开始要求它在国际货币基金组织和世界银行中的发言权应与它作为新的金融大国的地位完全相称。

在20世纪20年代，汤姆·拉蒙特曾代表了全球20万个墨西哥的债券持有者。在当代棘手的庞大债务危机中，摩根和花旗银行必须对付一个庞大的官僚怪物——向巴西提供大大小小额度贷款的700家左右的银行。这两家银行和巴西及国际货币基金组织秘密地炮制了一个救助计划之后，就在1982年12月20日把巴西的债权者召集到纽约的广场旅馆。卡洛斯·兰戈尼向他们宣布巴西不能履行1983年到期债务的还本付息，使他们大吃一惊。国际货币基金组织的总裁雅克·德拉罗西耶向他们披露了一项复杂的分成四部分的摩根-花旗救助巴西计划。花旗银行将重新安排40亿美元的本金，大通银行将继续保持贸易信贷，银行家信托公司将恢复对巴西的短期"银行间"信贷限额。关键是摩根将牵头为巴西筹措一笔44亿美元的新贷款——是摩根有史以来最大的一笔贷款。

这个计划开创了一个命中注定的先例：以增加债务来"治疗"债务

危机。在这场游戏中,银行家们一手把更多的钱借给巴西,另一手又拿回来。在银行的资产负债表上,虚假的账面价值能得以保持。银行家们组织一个新的庞大的银团贷款,作为救助,提高了利率和债务重新安排费。多年来盛行的这种贪得无厌难以制止。欧洲人在一旁瞧着心里直难受。固执、秃顶、善言的盖伊·亨特劳兹成为英国处理拉丁美洲债务问题的关键人物。他说:"这简直就是一场美国招待会。巴西人光听花旗和摩根的,概不征求别人的意见。让我们回家去,听候指示。这样做给我们的印象极坏。"[10]

华尔街银行和地区银行之间的关系顿然紧张起来。前者对巴西负有不可撤回的巨额承诺,后者则想减少相对较小的损失而一走了之。一位德国银行家评论道:"我参加了这些会议,发现这些人都是乡巴佬。美国的大银行提供了贷款,并把部分贷款卖给了小银行。而这些连波罗的海和巴伦支海都分不清楚的人都大哭小叫'把钱还给我。'"[11]这样的分歧使大小银行彼此怨恨,破坏了第一场救助的气氛。

在1983年上半年,摩根信贷官员夜以继日地筹措44亿美元。虽然这笔巨额贷款在惊人的两个月之内安排到位,但是,托尼·格鲍尔也由此遭到怨恨,因为他体现了华尔街银行挥舞大棍的处事方式。小银行都感到他们被迫参与其中,而有些人对格鲍尔的高压手段愤愤不平,不愿提供新贷款。[12]但是又不敢和联储及华尔街银行唱对台戏,只能满腹牢骚地执行这个计划。

1983年2月24日,巴西在纽约的华尔道夫酒店举行宴会,感谢银行家们的救助贷款。在吃甜点时,巴西人露出口风,他们可能也不会对这些新贷款按时还款。尽管如此,第二天在广场旅馆,被搞得焦头烂额、无可奈何的几百个银行家在摩根和花旗银行为他们安排的贷款协议上签字。国际货币基金组织为巴西提供了5亿美元贷款,看上去是一个成功的大圆场。

这种成功是虚幻的。尽管许多银行承诺了摩根牵头的44亿美元贷款,但他们也相应地减少了对巴西的短期信贷限额。有些银行就这样暗中报复。这种金融戏法冲淡了贷款的效果。格鲍尔看到这些银行破坏协议,不禁大怒。这套骗局使他怒不可遏,因为在他怀疑不守信用的银行中,就有花旗银行——救助活动的联合主席。到1983年春天,巴西未能达到国际货币基金组织制定的经济改革目标。基金组织和各银行都停止了对巴西的紧急支付。巴西的短期信贷限额不断减少使联储十分惊恐。5月31日,沃尔克召集普雷斯顿和其他的董事长商量救援活动。联储听到关于格鲍尔对待地区银行的态度的报告后非常担心,而普雷斯顿害怕他会疏远那些英国银行。格鲍尔在会上公开和花旗银行的芬纳兰争吵,使银行家们更加士气低落。于是联储作出决定,由曾经主持过救助墨西哥工作的花旗银行的威廉·罗兹代替格鲍尔。

这对骄傲的摩根真是当头棒喝,尤其是考虑到摩根和花旗银行之间的对峙。当时纽约联储银行的总裁安东尼·所罗门评论道:"摩根非常热衷于巴西,无奈主席这把交椅被夺,心中着实不快。"[13]摩根的有些人抱怨花旗权欲熏心,要把巴西像墨西哥和阿根廷一样置于自己的控制之下。然而,恰恰是普雷斯顿要求花旗银行董事长沃尔特·里斯顿帮摩根卸下领导负担。华尔街23号暗自松了一口气,因为它本来就不习惯在债务谈判中出头露面。摩根一位前官员说:"人们从来没有把摩根和拉丁美洲混为一谈,而这一下突然成了大包袱了。"格鲍尔的作用使人们的注意力集中到该银行对拉丁美洲令人难堪的巨额信贷上。

在第二轮巴西救援中,比尔·罗兹认为格鲍尔形象不佳,不想和他共事。他请摩根的莱顿·科尔曼作为副主席,以安抚摩根银行,请劳合银行的盖伊·亨特劳兹任另一位副主席,以安抚英国人。这次债务的重新安排更体现了全球化的特点,极大地加强了债权者的团结,避免了国家之间的互相残杀,而这种残杀在30年代曾使商业银行大伤元气。在第一轮救助中,主要是由商业银行来解决问题。而现在罗兹要使债权者的政府更多地参与,并和国际货币基金组织、世界银行、美国财政部、联储和国务院联手。他的行动肯定了主权贷款本质上是属于政治性质的——这是老生常谈。

托尼·格鲍尔的"幽灵"并未完全被放逐。1983年夏天,随着巴西经济的恶化,罗兹决定采用秘密谈判的方式,希望强硬的口气能使巴西人有所震动,从而能采取有力的行动。1983年8月16日,罗兹、亨特劳兹和科尔曼乘私人飞机飞到巴西。罗兹和亨特劳兹因为有科尔曼而感到紧张。这倒不是因为私人原因,而是他们担心他和格鲍尔已经互通了信息。在巴西利亚,他们相信他们最担心的事情确实发生了。在财政部长高尔维斯的家里和内托、兰戈尼及其他官员会晤时,他们提出了严厉的警告。罗兹开言道:"我们不可能再长久地把那些银行凑合在一起了。"科尔曼附和说:"你们应该用一个声音说话。"亨特劳兹发表了一个戏剧性的演说:"在巴西利亚有一种大溃败的气氛,使人想起了在敦刻尔克大溃败之前的法国。"[14]因为内托从来没有听说过敦刻尔克,接下来就上了一节短短的历史课。

亨特劳兹感到他们已经失去了让对方震惊的最关键的因素。他相信已经有人给巴西人通风报信了。亨特劳兹斩钉截铁地说:"我们有确凿的证据,科尔曼的老板格鲍尔早已把我们的计划电话通告了巴西人。我们对此没有任何疑问。"他认为格鲍尔或者想讨好巴西人,或者是出于嫉妒而想破坏第二轮救助。最后,格鲍尔再也没有重新进入这场游戏。有人说他在摩根的前途此后就终结了。银行家们都认为,罗兹的新班子创造了一个更加合作的气氛,发挥了银行之间共同做出牺牲的精神。

归根结底,第二轮救助是应付债务危机更加可行的方式,使不可避免的结局得以推迟。商业银行的集体力量按住了高压锅盖,而这在以前是不可能做到的。这些庞大的全球银行比20年代的投资银行有更多的杠杆,能使债务者无法断然赖账。他们的办法之一是取消违约国的贸易信贷,或者减少他们的隔夜"银行间"信贷限额。其结果,在80年代,这些银行能够逐步提高坏账准备金,经受危机,而与此同时,拉丁美洲债务国家的生活水平却一落千丈。在80年代的大部分年代里,贝克计划——即以提供新贷款以换取经济改革的原则——被捧为危机的解决方法,得到了刘易·普雷斯顿的支持。但是,预期的经济增长始终没有出现。相反,由于利息负担过重,尽管工业国家持续景气,拉丁美洲经历着严重的衰退。拉丁美洲债务国如何能经受下一轮全球衰退,而不发生大量的违约,实在是不甚明朗的。

巴西的债务经过多次重新安排,已经达到1210亿美元,尤如巨魔般扼住了它的咽喉。1987年2月,巴西宣布暂停还本付息,延期还款一直持续了一年半之久。在20世纪70年代被视为模范债务国的巴西老实不客气地使摩根大失所望。1988年初,阿根廷停止还款,拖欠款达数十亿美元之多。

在处理80年代的债务危机中,尽管诸银行显示了强大的力量和聪敏才智,但这次的结局却仍和早期的违约浪潮令人沮丧地相似。1989年,老布什总统的新政府承认,唯一真正的出路是债务豁免。到这个时候,阿根廷的暴徒们已经在抢劫超级市场,跟以前在巴西发生的情况一样。1989年9月,摩根银行在其坏账准备金上增加了20亿美元,对期限较长的贷款完全损失做了准备,从而承认其拉丁美洲债务是无可挽回的大失败。摩根对第三世界的尝试暂时中止。

巴西的债务危机的另一个结局是打破了摩根不可战胜的形象,并使所谓"只有摩根才不为赌场时代的腐败所影响"的概念成为无稽之谈。托尼·格鲍尔即使在主持巴西救助计划的时候,他过的秘密、非法的日子也说明他是个侵吞者——后来大家也都非常尴尬地对这个说法含糊其辞,因为这听起来像是劣等骗子伸到钱柜里的贪婪之手,根本不像世界上的大牌银行。由于显而易见的原因,在高额融资的世界里侵吞是非常罕见的:在这里人们大把大把地赚钱,如果还嫌不够,总有合法的方式来拿钱。

奇怪的是在华尔街23号,大家对格鲍尔毫不留意,有一种不去管他的倾向。他所享受的企业家的自由,在摩根是十分罕见的。后来大家回忆起他令人怀疑的铺张和恣意挥霍的结果——一套500万美元的曼哈顿双层公寓,在东汉普顿价值总共为200万美元的两套房子,法国的一套公寓,以及在巴西的一个咖啡农场的股份。这和他一年15万美元的收入很不相称。沃尔特听说格鲍尔从长岛的牛尾洲岛上的一个富有的朋友那儿买了一条游艇,微微一惊。到后来,这些细节才组成一个整体而使人豁然开朗。

之所以无人对格鲍尔提出疑问,有两个原因。大家都有一个模糊的,也算是较为正确的概念:他来自委内瑞拉一个富裕的家庭。更重要的是,他为银行获取了数千万美元的利润,补偿了该行在巴西开拓业务落于人后因而有失贵族身份的隐痛。从1981年到1984年,格鲍尔作为摩根主管拉丁美洲的高级副行长,控制了除北美以外摩根对西半球的贷款。在一个长期积压有才干的年轻管理人员的银行里,他是少数不可替代的明星之一。

除了巨额贷款之外,格鲍尔还负责监管数百个拉丁美洲商人的账户。从技术上说,这些都不是私人账户,而是属于和银行有商务关系的负责人的——这是摩根引以为荣的技术，用以博取有影响者的友谊。1976年，格鲍尔开始把有些巴西人账户上的钱转出去，以装修他的双层公寓房。到后来，他动用了四个账户，其中包括一个大地主和一个建筑大王的账户。这些钱大多数存在六个巴拿马控股公司，他从中给自己开银行本票。这样非法挪用款项的情况持续了9年，达到600万美元——此事发生在一个以内部控制严密为豪的银行里。在巴西债务危机救助的过程中，挪用的情况居然始终没有停止。

这还不只是一个简单的侵吞问题，因为格鲍尔显然利用了某种形式的"外逃资本"——为逃避税收或外汇控制而从拉丁美洲非法转移出来的钱。甚至就在他提取这些钱的时候，大家还在讨论这些外逃资本如何破坏他和摩根银行主持的债务救助活动的问题。当巴西、墨西哥和阿根廷在筹措数十亿美元新贷款的时候，它们那些不忠诚的、缺乏道德的国民正往手提箱里塞满钞票，飞到北美去开账户。向拉丁美洲提供巨额贷款的华尔街的大银行引诱资本外逃，最后把新近借出去的钱又作为存款吸收回来。

摩根和其他银行在从事国际私人银行业的招牌后面，还帮助有钱的拉丁美洲人投资于海外信托和投资公司。这些办法可以帮助那些无所顾忌者逃税。在70年代，摩根担保公司和其他的银行还在迈阿密开设了分支机构，以利用来访的拉丁美洲的个人财富。摩根的保密账户一旦被人滥用，就会成为非法活动的绝妙掩护。华尔街所有银行都有难得露面的神秘的拉丁美洲存款户主。《财富》杂志在1982年说："他们特别不要每个月的对账单或其他任何邮件寄到他们本国去。他们的账户在摩根或其他银行那里都贴上'保存邮件'，他们有时亲自到银行来看看账单。"[15]

根据极端的估计，商业银行得到的外逃资本存款超过它们对拉丁美洲新提供的贷款的数量，使它们成为从该地区的净借款者。据估计，外逃资本转移的资金占墨西哥借款的一半，占阿根廷借款的三分之一。像不少人一样，摩根的经济学家里默·德弗里斯对此深为不安，他说："外逃资本加快、加剧和加深了现存的问题。"[16]摩根董事长刘易·普雷斯顿同样非常担心，他在一次年会上说："这是各个银行的严重问题。如果墨西哥在海外的投资——如果那些利息——能回到墨西哥，就可以弥补他们的还本付息。"[17]即使美国银行可以合法地接受外逃资本，摩根有一个明确的政策，凡属可疑的账户来源和目的，都要向存款者问清情况。然而，格鲍尔显然在盗窃"保存邮件"活期存款。否则的话，为什么多年以后存款者才发现他们被窃？为什么他们不更加密切地注意检查他们的账户？据报道，一位被窃的巴西存款者五年没有去查账。

巴西人由于被禁止在美国开设美元存款账户，他们往往放手给华尔街银行很大的权限去管理他们的投资。格鲍尔从某些账户里提款究竟是否得到许可，后来也没有搞清楚——他的律师对此有所暗示。然而这其中不可能都没有问题，因为格鲍尔伪造了摩根的账单，然后寄给客户。为了堵塞账户上的漏洞，他搞到了摩根290万美元的贷款。如果他的客户同意他的做法的话，为什么还要采取这种不寻常的措施呢？

1982年，甚至在巴西摇摇欲坠之时，格鲍尔从一个名叫弗朗西斯科·卡涛的巴西人的账户上提取了150万美元。这是卡涛把一位军火商介绍给格鲍尔而从该商人处得到的"佣金"。这又导致了摩根银行向该军火商提供3500万美元的贷款。或许格鲍尔感到对这150万美元有拥有权？同样奇怪的是，格鲍尔把侵吞的钱又转到他在巴西的个人生意中去，用这笔钱低息贷放出去，似乎他在进入银行系统，成为摩根银行的一个小小的竞争者。

托尼·格鲍尔没有任何正常的犯罪动机。这和常规案子不同，他的罪行不是与其在国际银行业中的失利巧合，而是与其惊人的成功巧合。他没有任何理由憎恨摩根银行或出其洋相。事实上，他对摩根银行的传统怀有深厚的、持久的感情，他在书架上摆满了摩根历史的书籍，并以属于摩根而感到无比自豪。他极大地牺牲了个人的利益，因为他本来能以他个人的关系网换取在一家投资银行获得一年100万美元的年薪。也可能他犯罪的目的是想留在摩根银行，同时又可按符合他幻想的生活方式过日子。他显然好几个月都没有去碰巴西人的账户，所以并没有一心想作案。这更多的是一种超越常规的举动，以满足他尽管事业上有突出成就却仍未得到满足的心理需要。

就像许多侵吞者一样，格鲍尔计划在将来做出赔偿。犹如他所拯救的巴西人那样，摧毁他的不是本金，而是沉重债务累计的利息——200万美元。在1985年夏末，经过二十四年的摩根生涯以后，他到了德雷克塞尔-伯纳姆-兰伯特公司，和迈克尔·米尔肯去搞一个"特殊的项目"，即把第三世界的债务重新包装成垃圾债券（20年代的解决方法）。摩根的有些人认为，他的事业被有争议的巴西债务重新安排给毁了。就在他离开以后不久，一位大惑不解的巴西客户使摩根对格鲍尔的罪行有所警觉，他的钱应该是存在纽约的，却从委内瑞拉电汇过来。这个时间似乎是个巧合：无论是巴西还是摩根都已经不再需要托尼·格鲍尔了。在他的罪行被揭露的时候，除他以外已经没有任何人会为此遭难了。摩根财团派普华永道会计师事务所的审计员和可信赖的戴维斯-波尔克法律事务所的律师到巴西去调查。他们查出了格鲍尔的同谋——基思·麦克德莫特。他是一个副总裁，代表两个客户做摩根的生意而据说得到20万美元的回扣。摩根银行的调查者把这个情报送给了联储和美国地方检察官。格鲍尔受到德雷克塞尔-伯纳姆官员的指控后，当场就辞职了。

  这件事情在1986年见报后，在巴西和纽约都成了头条新闻。世界上管理最好的银行怎么会九年没有发现这个丑闻？据说格鲍尔相信一个正在对付数十亿美元债务的银行是不会去注意区区几百万美元的。这个丑闻被披露后，摩根银行处于十分难堪的境地，其罪过不是无能，就是共谋。摩根银行把格鲍尔描绘成唯一的罪犯，发誓说最后没有一个客户损失一分钱。摩根银行发言人宣布说："我们经过调查以后确信，错误的责任在于一个人。……我们认为指责其他人是不公正的。"[18]格鲍尔的话题很快地在华尔街23号成为禁忌。到现在摩根官员仍然感到难以提到他的名字，总是说"那个家伙"，似乎对他从来不太了解。

  格鲍尔对他的指控没有反驳。为了避免侵吞的污名，他承认犯有银行欺诈、逃税和窜改账单的罪行。因为他报了几份假税单——有一年他的应税收入达到100万美元以上，可是他只报了21000美元——他应向税务署缴纳数百万美元的欠交税款和罚款。他也向摩根银行偿还了800万美元的本金和利息。他精明的律师斯坦利·阿金转弯抹角地提到外逃资本，暗示格鲍尔可能得到授权使用巴西的钱："这种授权是以异常的、拜占庭式的关系为前提的，而这种关系在于银行家和外逃资本家之间很普遍。"[19]如此无拘束的言谈使摩根非常紧张，迫切想把此事了结。

1987年2月，悔恨的托尼·格鲍尔身穿蓝色的细条纹西服，站在罗伯特·斯威特法官面前接受审判。法官看到格鲍尔对生活表现出一种虚幻的狂想，代表了时代的贪婪。他对格鲍尔说："你确实是一个魔鬼，银行世界里堕落的天使。虽然你在你的行业中已经达到了高峰，你有王子般丰厚的收入，但是你却像国王一样花钱。"[20]格鲍尔被判了三年半徒刑，但是实际只服刑了一半时间。

格鲍尔事件在摩根银行遗留下了很多矛盾，影响了许多人的前途。大约有五六个高级管理人员被调动工作。非常可悲的结局是，为在摩根就业而感到无比自豪的托尼·格鲍尔最终使这个银行蒙受了耻辱。

— 本章参考文献 —

1. 《商业周刊》（Business Week），1975年11月3日。
2. 同上。
3. 作者和布鲁斯·布拉肯里奇的访谈。
4. 同上。
5. 《机构投资者》（Institutional Investor），1976年10月10日。
6. 同上，1979年3月。
7. 作者和沃尔特·佩奇的访谈。
8. 作者和布鲁斯·布拉肯里奇的访谈。
9. 《华尔街日报》（Wall Street Journal），1983年8月30日。
10. 作者和盖伊·亨特洛兹的访谈。
11. 《时代周刊》（Time），1983年1月10日。
12. 《商业周刊》（Business Week），1986年6月2日。
13. 作者和安东尼·所罗门的访谈。
14. 朗佩：《在密室之中》（Behind Closed Doors），第176页。
15. 《财富》（Fortune），1982年11月1日。
16. 《商业周刊》（Business Week），1983年10月3日。
17. 刘易·普雷斯顿：在J.P.摩根公司年会上的发言，1989年4月12日。
18. 《华尔街日报》（Wall Street Journal），1986年10月10日。
19. 《纽约时报》（New York Times），1986年10月9日。
20. 《华尔街日报》（Wall Street Journal），1987年2月2日。

第三十三章
交易者

20世纪80年代初期,随着摩根财团内亲缘关系的最后一丝痕迹的消失,摩根担保公司放弃了批发贷款业务,进入全球投资银行业务,于是它和摩根士丹利的业务发生了冲突。此时它和摩根建富又狭路相逢,在英格兰银行附近,有一幢由豪华的烟色玻璃和棕色花岗岩构成大楼,当摩根担保公司在这里安营扎寨时,这种悠久的英美纽带也受到了威胁。这幢大楼被势利地称为"摩根银行",把几个街口以外的可怜的摩根建富全不放在眼里。从1979年开始,以伦敦为基地的摩根担保有限公司成为欧洲市场上主要的承销商,当摩根担保公司和摩根建富争夺海外据点,互占对方国内地盘之际,摩根担保公司怎么还能在摩根建富中保持三分之一的股份呢?正如摩根建富的比尔·麦克沃思-扬所说:"让你的对手占有33%的份额,实在是没有道理。"[1]

摩根建富需要扩大规模的资本,但不能从华尔街23号挖到分文。这家银行在伦敦本土上的成功,孕育了在海外特别是在纽约干得更加红火的希望。公司从1974年以来就在纽约有一个小小的办事处。但是只要摩根担保公司持有三分之一的股份,要超越这种象征性的存在是不可能的。因此,在1981年,摩根董事长刘易·普雷斯顿和总裁罗伯特·林赛飞到伦敦,和斯蒂芬·卡托勋爵共进晚餐，席间向他通报，华尔街23号已经决定出售其股份。摩根财团渐趋消亡，为之哀悼者寥寥无几。林赛回忆道："我和摩根建富的一些资深人士及周围其他一些人都有点难过，但是大家都明白他们需要更加自由地走自己的路。"[2]摩根建富中原来那些贵族家族的人都在华尔街23号受过训练，随着他们逐渐退出舞台，刘易·普雷斯顿日益感到和这家公司难以相处。他解释说："英格兰银行指望我们分担每笔亏损的三分之一，但这里的管理部门在发生演变，我们根本不认识经营这个公司的人。"[3]首席执行官克里斯托弗·里夫斯则是新一代人的代表，他原来在希尔塞缪尔当人事经理助理，从未接受过摩根担保公司的培训。

摩根财团逾一个多世纪的轴心和赖以建立的基础，就此终结。卡托说："我很遗憾地看着此事发生。当时我们有个要求，他们不要把股份一下子都卖掉，这显得对我们失去了信心。他们同意逐步出售。"[4]在一年之内，该行将其股份降到4%以下，收回4000万美元，使劳合保险经纪人威利斯·费伯成为最大的股东，占24%。1981年，摩根建富宣布独立，在纽约成立了一个投资银行子公司，扩大货币管理和国际兼并和收购业务。1985年，它又加入纽约证券交易所。兄弟情谊的矫饰已经让位于赤裸裸的竞争。

作为市场的产物，J.P.摩根公司——摩根担保公司的母公司——现在按照新的原则来经营了。它在货币市场上每天筹措数十亿美元的资金，从依赖贷款利差和存款的桎梏中解放出来。虽然该银行仍然没有零售业务分行，但银行里的人开玩笑说他们曾经有过一个零售业务银行——美林公司，它的货币市场基金买了摩根的大额定期存单。摩根财团完全放弃了批发贷款业务，既然它的蓝筹客户可以在市场上借到更加便宜的钱，就像他们在80年代初期不断增加这种借款那样，那么再搞批发贷款就不合时宜了。在1983年，国际债券发行的规模首次超过了全球银行贷款。刘易·普雷斯顿不想加入灭种的行列。他预言："基本贷款将永远不会恢复到50和60年代的盈利水平。"[5]外国银行的竞争也缩小了贷款利差。

结果是摩根银行开始从投资银行业务费和交易收入中赚到更多的钱。这个未来的银行在伦敦成形，在那里摩根担保公司在众多的美国商业银行中成为第一号欧洲债券承销商，其客户包括埃克森、IBM、杜邦，甚至花旗公司。在欧洲债券业务上，从1980年的第46位在四年以后一跃成为名列第二。它还在黄金、外汇和金融期货买卖上加速发展交易。

刘易·普雷斯顿是推动这些改革的动力。他体现了这个银行悠久而雅致的魅力，但是注入了一种新的、有时是猛烈的能量。这个哈佛大学的毕业生出身于韦斯特切斯特一个富裕的家庭，他在20世纪50年代初期从摩根的邮件收发室干起（每人都是如此）。开始时年长者把他视为花花公子、社会名流和运动员。他身材魁梧，和长岛鸭队打半职业冰球，一天晚上他头上缝了六针回到家里，他的太太说："你这个大傻瓜，你怎么长不大呢？"[6]他的第二任夫人帕齐是新闻出版商、普利策奖的创办人约瑟夫·普利策的孙女，和布鲁克·阿斯特、简·恩格尔哈特和其他社会名流过从甚密。

刘易·普雷斯顿十分崇尚传统，在他办公室的古董摆设中，有一幅杰克·摩根的油画肖像、一张拉盖书桌，还有一张皮尔庞特和杰克昂首步入普约听证会的照片。他戴一副半月形眼镜，用的是红色的背带，抽唐迭戈雪茄烟，显示出一种特别尊严的风度。有一次，他向竹下登——当时的日本大藏相、后任首相——介绍情况，这位要人佩服地说："你的发言达到了首相水平，我真是惊呆了。"

这种雅致的风度和冷静逗人的智慧掩盖了早年的伤痕。普雷斯顿在尚未成年时，他父亲就自杀身亡。他还受到诵读困难的折磨（他说："现在成了一种时髦，好像每个人都有这种毛病。"[7]）。他17岁时应征入伍，参加海军陆战队，被派遣到中国。他当了詹姆斯·福里斯特的警卫，此人后来担任杜鲁门的国防部长，也是他们家人的好朋友。退役以后，普雷斯顿上了哈佛大学，1951年毕业。他后来一直保持着哈佛名流和强硬的海军陆战队军人合二为一的风格。他对蠢人毫不客气，在开会时有时态度生硬，但是对生病住院者、鳏寡丧偶者和新近离异者，则表现出格外的关心。在华尔街23号，有些人敬佩普雷斯顿，有些人对他有几分畏惧，也有人则对他既敬佩又害怕。

这种双重性格反映了摩根的转轨。普雷斯顿试图永远保持摩根那种合作共事和个人服从集体的悠久传统："我要的是想干一番事业的人，而不是想出人头地的人。"他按照惯例每周和各部门的负责人开会，鼓励高级管理人员在高级职员餐厅共进午餐。他承认"银行保守一点不是坏事"。他不无敬意地谈到花旗公司的沃尔特·里斯顿:"他在经营一个金融集团,而我们只是管一家银行。"[8]他关心这个银行的形象,就像是在布置舞台。他说:"我们整天操心的是氛围问题。"[9]

与此同时,家长式的风格在一个有15000名职员的银行里也不那么灵了。摩根的长者一直像父亲一样的对待他们的下属,总说某人在华尔街23号"长大"。现在,在一个快速发展的银行里,没有时间发展大学预科班的那种友情。普雷斯顿必须重新培训大批资格较老的商业银行家和债信分析家,使他们成为承担风险的市场高手。这就意味着要鼓励闯劲和想象力,而不只是礼貌和谨慎。为了和投资银行竞争,普雷斯顿不得不发放巨额奖金和使用其他会引起彼此之间不和的报酬方式。到1987年股市崩溃时,摩根的有些交易员赚的钱超过了普雷斯顿本人130万美元的薪水。到了80年代以后,许多人离开了银行,或者是被委婉地挤了出去。即使是留下来的人,也是别有一番苦甜兼有的滋味,感到这个银行已不像当年那样有意思和有人情味了。银行的人员构成也比以前更加多样化了。例如,在1984年,鲍里斯·贝科维奇成为银行的副董事长——这是第一位犹太人进入摩根管理高层。

这场大变革戏剧的领衔角色是普雷斯顿的门生——丹尼斯·韦瑟斯通,一位来自伦敦的外汇业务奇才。韦瑟斯通身材矮小,头发卷曲,衣冠楚楚,笑逐颜开。这位英国人从未改掉他工人阶级的口音。他举止温雅,待人友善,出乎自然,不同于他的摩根同事们的那种修炼出来的温文尔雅。他调侃地谈到早年当簿记员时他"没有鞋子"的时代。他在英国皇家空军短暂的服役期间,在模拟飞行中监视雷达屏幕,计算飞机的耗油量——他说这个经历锻炼了他从事外汇交易的思维能力。韦瑟斯通是赌场时代银行家的精英,熟谙新的金融工具、利率掉期*和货币掉期**。早些时

---

* 利率掉期,也叫作利率互换。即两方间签订一份协议,约定一方与另一方在规定时期内的特定时间点上按照事先敲定的条件交换一笔借款。此借款的本金相同,但是其中一方提供浮动利率,另一方提供的则是固定利率。
** 货币掉期,也叫作货币互换。是指两笔金额相同、期限相同、计算利率方法相同,但货币不同的债务资金之间的调换。简单来说,利率掉期是相同货币债务间的调换,而货币掉期则是不同货币债务间的调换。货币掉期双方互换的是货币,它们之间各自的债权债务关系并没有改变。初次互换的汇率以协定的即期汇率计算。

候,他看到了"证券化"——即把贷款包装以后作为可买卖的证券——对传统贷款业务的影响。在1980年,他成为该银行执行委员会的主席,直接位居于出身名门望族的总裁林赛之下,而后在1987年接替林赛。

普雷斯顿和韦瑟斯通取长补短,缺一不可。一位同事回忆说:"他们说的是同行话,他们好像是连体双胞胎,说一句话也是一个先开头,另一个把话说完。他俩不太一样,但是想法一致。"由于摩根对中央银行的影响主要来自其所做的财政部的业务,韦瑟斯通非常适合于保持和联储的特殊关系。纽约联储银行前总裁安东尼·所罗门说:"他和普雷斯顿在华盛顿决策者和管理者眼里的可信度,也许比我所想到的其他银行家都要高。"[10]因此,可以推断,普雷斯顿与韦瑟斯通的搭档是1984年救援大陆伊利诺银行和信托公司的关键因素。

摩根的对大陆银行的作用也有某些讽刺意义。大陆伊利诺,这家芝加哥银行是摩根的强劲对手,其风格和结构也是如此相似,以至于被称为中西部的摩根。在坐落于拉萨尔南街的一幢庄严的、大柱耸立的楼里,这家有声望的传统批发贷款银行一向取悦于豪富之家,为美国的汽车和钢铁业融通大量资金。在20世纪80年代初期,它和摩根争夺首席公司贷款银行的头衔。就像摩根一样它一头扎进"负债管理"的轮盘赌世界,即从货币市场而不是通过存款来为其业务筹措资金。它每天筹集80亿美元,拆借过夜联储基金,出卖大额定期存单,或者发行商业票据。摩根财团自从拉尔夫·利奇时代起就神气地玩这种游戏,而其风险却被掩盖了。大陆银行的倒台反映了这种新的业务本身存在着很大的风险。

摩根早就猜测大陆银行的成功是海市蜃楼。它在房地产、农业和能源贷款上竞争过猛,以骑士般的殷勤姿态对克莱斯勒、国际收割机公司和其他处于困境中的企业提供贷款。摩根的一位合伙人回忆说:"我们所有年轻的银行家都说,'这些人究竟是怎么干的?他们一定是看着镜子里的相反的影像在干的。'他们提供的贷款是任何一家银行都不敢问津的。"大陆银行还得为其每天80亿美元的借款支付高额利息。它主要是依靠热钱——来自国外和本国机构的大量热钱。这些大额且不稳定的存款在500万到2亿美元之间,远高于存款保险所规定的10万美元的限额。这些存款的管理者草木皆兵，一见苗头不对就抽走资金。然而，即使是像摩根银行这样保守的银行，也从"热钱"里吸收75%的存款。

1982年7月4日是周末，随着潘恩斯奎银行的倒闭，大陆银行开始支撑不住了。潘恩斯奎银行是臭名昭著的俄克拉荷马购物中心银行，它把账面记录一笔假的10亿美元能源贷款卖给了大陆银行（潘恩斯奎银行倒台的一个最具现代化形象的特点是通过专设出纳窗口，人们可以"坐着汽车挤兑"）。为了让各机构不要抛售其票据，大陆开始提高其大额定期存单利率。当国内的短期资金管理者退缩时，它更多地依靠了日本和欧洲的基金，并派其金融家像福音传道士那样到海外去游说，稳定军心。大陆银行的董事长戴维·泰勒在1984年说："我们有大陆伊利诺的释疑大队，在全世界扇形展开我们的部队。"[11]

潘恩斯奎使大陆银行从此一蹶不振，造成了1984年5月的全球电子银行挤兑。开始时东京城里沸沸扬扬，谣传一家美国投资银行正在寻找大陆银行的买主。这就触发了在远东抛售10亿美元的大陆银行大额定期存单，第二天蔓延到惊慌万端的欧洲，引起大量抛售。大陆银行挤兑就像是现代主义的幻象：不是歇斯底里的存款户挤成一团，而是计算机屏幕上冷冷的噩梦般的闪光。

新上任的银行董事长戴维·泰勒，身材修长瘦削，贵族气度，嗓音低沉。他挣扎着控制损失。为了制止谣言，他把自认为能稳定情绪的电传发向200多家银行。但是，这一招把大陆银行的困境暴露在聚光灯下，反而使人们更加恐慌。第二天，保罗·沃尔克打电话给刘易·普雷斯顿，可后者对提供私人安全网抱有怀疑。但是华盛顿希望由大银行筹措的私人信贷能够恢复人们对大陆银行的信心。这是政治上的偏好——里根政府正着迷于"市场解决"。银行家们也认为，如果他们不老是乞求联邦保护的话，就可以更加合法地要求扩大证券权力。即使在调动私人信贷的那个星期五，大陆银行还向芝加哥联储借了40亿美元。在下一周，"私人救援"也略有一点虚构的味道，掩盖了联邦政府更为深入的、更加关键的卷入。

为什么大陆银行选择摩根来牵头救援？这个选择使人回想起1907年和1929年的情形。大陆银行的一位前高级官员说："当时选摩根银行是显然的，它金融实力最强，声誉无可置疑。"摩根也是大陆银行的孪生兄弟。"我们感到摩根与我们的机构相似，它没有我们所面临的问题，但融资方式相似。"泰勒回忆说。[12]摩根未出席而得到了这份差使。花旗银行曾想侵入大陆伊利诺的领土，结果却结下深仇。

在母亲节的周末，通过繁忙的电话线路，普雷斯顿和泰勒从16家银行筹集到45亿美元的信贷限额。这些练达的银行家们依靠的是最原始的方法。他们往往只是给银行打电话，找到值班的保安人员，请他们找到董事长。令人惊奇的是，联储委员会居然没有美国最有势力的大银行家的应急宅电。太平洋证券公司的首席信贷官正在冲浪。尽管银行家们在为信贷份额讨价还价，但他们都知道这场危机的严重性。正如大陆银行一位官员所说："他们知道大陆银行的问题可能会波及若干其他银行。"人们担心大陆银行将会非常糟糕地使人们把注意力集中到制造商汉诺威银行的第三世界的债务，或者美洲银行的房地产贷款的坏账上。普雷斯顿说："还有50多家中西部银行在大陆银行的存款超过他们的全部资本，那就是为什么值得去救。"[13]到星期天晚上，45亿美元的信贷限额已经具备。

到星期一早上，全球市场睡眼蒙眬地看到美国最富有的银行所展示的力量。一个皮尔庞特·摩根那样的人有可能指挥黄金市场，但是现在私人资金在全球市场上相形失色。在沃尔克和普雷斯顿频频通话之际，挤兑一直未停。联邦存款保险公司的欧文·斯普拉格回忆说："在那个星期一，沃尔克除了和普雷斯顿通电话以外，没有给任何人打电话，甚至未给政府打电话。"看来，银行家的救援并不奏效。"显然，第二天政府不得不介入了。"[14]

此事牵一发而动全局，影响极大。大陆银行比大萧条时代倒闭的所有银行加起来的规模还要大。作为一个"热钱"银行，它的400亿美元的"存款"只有10%是有保险的。世界真的能应付360亿美元的损失吗？没有人想弄明白。在5月15日星期二早上的会议上，沃尔克、货币主计长托德·康诺弗，以及联邦存款保险公司的威廉·伊萨克和欧文·斯普拉格都认为，大陆银行的倒闭将是一场大灾难，决定由联邦存款保险公司注入资本。

他们把这个意思兜售给了财政部长唐纳德·里甘。他要求私人银行救援继续进行，各银行要拿出所需的部分资金。午饭后，沃尔克打电话给普雷斯顿，请他于次日上午在纽约召集7家银行董事长的高峰会议。他们在位于四十四街和第五大道的摩根银行办公室里秘密开会，到会的有摩根、大通、花旗、美洲、化学银行、银行家信托、制造商汉诺威银行的董事长，以及高级银行监管人员，包括沃尔克。会议由普雷斯顿主持，充满着既感伤、又有斗志的气氛。有些银行家慷慨陈词，回顾华尔街昔日的光荣，当时摩根财团张罗私人救援活动。制造商汉诺威银行的约翰·麦吉利卡迪争论说银行家们应该单干。普雷斯顿采取低调处理和调解的态度，让那些较为激烈的银行家们把话说完。欧文·斯普拉格回忆说："他的态度十分冷静。他向后靠着，有点在推动别人。我感到他非常有技巧。"[15]

在这场银行家的救援活动中颇有点装模作样的成分，因为他们摆出一副解囊相助的架势，却没有拿出需要的资金。有些银行监管人员发现银行家们想抢功，但要把真正的风险和责任推给政府。花旗银行副董事长托马斯·西奥博尔德（后任大陆银行董事长）提出了他的银行参加的特别苛刻的条件，要求政府绝对担保风险。斯普拉格后来写道："他们想表现出往里投钱的样子，但与此同时，他们要绝对保证不承担任何风险。我说我不会对这种虚假的行径投赞成票。"[16]

那天和第二天，坐卧不宁的监管者请银行家们在20亿美元的资本注入中提供5亿美元。在最后一分钟，花旗银行试图加上保护银行不受损失的文字。只是在沃尔克给在加利福尼亚的花旗银行董事长沃尔特·里斯顿打了电话之后，才结束了这个僵局。这基本上是银行家们冒牌的英雄行为：在同意投入5亿美元资金之后，他们又坐下来争论如何把风险推到其他银行那里去。联邦存款保险公司的威廉·伊萨克直截了当地说："银行家们什么钱也没有损失，回过头来看他们的参与完全没有必要。"[17]

最后，联邦存款保险公司有效地把大陆银行收归国有，掌握了80%的股份。联邦存款保险公司定了一条惊人的先例，规定所有的存款者都得到保险。该公司从来没有为小银行的倒闭提供过全额保险。华盛顿现在说有些银行太大了，不能倒闭。然而，即使是美国政府的担保和信用都不能立即制止银行挤兑。普雷斯顿回忆说："全世界的银行家们都在说，'那又怎样?'存款有美国政府担保,他们全不以为然,真使我吃惊。"[18]大陆伊利诺银行的后果富有讽刺意味。虽然此事暴露了现代金融市场上大银行倒闭的无法接受的风险,但是政府创造了新的激励机制,促使人们绕过小银行,在大银行里存款。

大陆伊利诺银行的倒闭对80年代商业银行的状况提出了警告。随着银行失去了核心贷款业务并试图保持利润,它们遇到了一大堆不断增加的灾难——运输业、房地产投资信托业务、能源贷款、农业贷款和拉丁美洲贷款等等。格拉斯-斯蒂格尔法案曾试图通过分离证券业务来确保商业银行不受风险。这样反而把银行束缚在日薄西山的业务中去,剥夺了本来可使它们保持明智和健康的利润。到1984年,倒闭达到了大萧条之后的最高峰。在80年代期间,商业银行长期处于不稳定之中,而证券公司则得到了创纪录的利润。这对格拉斯-斯蒂格尔来说正好是事与愿违,也使J.P.摩根公司确信了自己的决定,朝着成为全球投资银行的方向继续前进。到1987年股市崩溃时,它从这种收费业务中获得的利润,远远超过了标准的贷款利差。

1982年3月,证券交易委员会颁布了"415规则",对"暂搁注册"作了规定*,这为老华尔街举行了葬礼。这个平淡无奇的专业术语掩盖了一场大胆的革命。蓝筹公司不必逐笔登记新发行的证券,而是可以登记大宗证券,然后在两年之内临时通报,分数次发行。这样,公司财务主任可以抓住利率突然下跌的机会。"415规则"把承销业务变成了快速交易和瞬息决定的新局面,而不再是摩根士丹利原来那种耗费数个星期组成的雅致的银团。公司甚至可以不要投资银行,直接把证券售给机构。正如狄龙-里德的一位官员得意地说的那样:"摩根最大的客户都是最老练的。他们很有可能说,'伙计,你可以去散步了!'"[19]

---

* 415规则(Rule 415)规定,符合一定条件的公司,可以为其在之后两年内所有可预期的证券发行,预先到证券交易委员会办理被称为"暂搁注册(Shelf Registration)"的手续,并自主决定证券发行的具体时机。所谓"暂搁注册"即表示,公司将其近期发行证券的意向登记注册,向证券交易委员会提供相关的并在需要筹资时可以迅速更新的财务数据。一旦公司产生实际的筹资需求,只要及时更新现有资料,便可取消"暂搁",立即进行证券发行。

摩根士丹利银团负责人托马斯·桑德斯三世是个肌肉发达,薄嘴唇、宽嘴巴的弗吉尼亚人。他正在外面跑步,"415规则"传来,其潜在影响给他当头一棒。他惊得目瞪口呆,第二天早上他到办公室气急败坏地说:"等等,伙计们,这简直不可思议。"他随即操起电话告诉华尔街许多人:"我的天,这简直是疯了。"[20]正如1975年取消固定佣金时的国际无线电求救信号那样,鲍勃·鲍德温想牵头撤消这个规定,再次把这种努力打扮成为挽救地区公司所进行的斗争。托马斯·桑德斯向证券交易委员会当面提交一份抗议书:"这条规则可能会对筹资过程产生根本性的影响……造成意想不到的后果。"[21]"415规则"将损害较小的公司,造成华尔街被少数大公司所垄断,很快他的警告不幸言中。

虽然摩根士丹利此时的客户在美国100家最大的公司中占了28家,但大多数公司都赞成"415规则"。埃克森、美国钢铁公司和杜邦公司甚至写信给证券交易委员会表示支持。这些有钱的大客户终于甩掉了束缚它们的枷锁。有些批评者担心"415规则"将把50年来投资银行保证债券正常发行、进行"尽职调查"的做法完全冲垮。摩根士丹利认可的大印,总是能使投资者放心的。但在赌场时代,蓝筹公司不再需要银行家们为他们开"健康证明"。他们的资信往往胜过他们的银行。

"415规则"的威力很快在1982年美国电话电报公司的试用中显示出来了。一年以前,摩根士丹利为该公司拼凑了由255家公司组成的传统的银团。而现在,该公司发行1亿美元的暂搁债券,邀请21家承销商投标。"415规则"是通过"承购交易"而不是银团来操作的。所谓承购交易就是由一家公司或一组公司买下全部债券,然后很快再卖掉。所罗门兄弟和第一波士顿多年来一直是这么做的。摩根士丹利感到承受着难以忍受的压力,要在这场公开竞争中获胜。桑德斯三世说:"我们以前一直是为美国电话电报公司筹集所有股份的银行,也是为它发行大多数债券的银行。我们需要表明我们仍然是他们的银行。"[22]一份内部备忘录提到了关于美国电话电报公司这项交易的"名誉风险":"我们不一定非得第一,但这将有助于奠定我们的作用。"[23]这就摆开了摩根士丹利准备蛮干的架势,以表明它可以在激烈竞争的新环境中站稳脚跟。疯狂的拼搏是胜利了,但这毕竟是愚蠢的举动。

1982年5月6日,摩根士丹利同意按55.4美元一股的价格购买200万股美国电话电报公司的股份,每股比市价高出0.15美元。它希望在第二天把所有股份再卖掉。这种"承购交易"实际上是美国电话电报公司向摩根士丹利的大宗证券出售,而没有银团来缓冲风险。摩根的首席股权交易者安森·比尔德彻夜未眠,如坐针毡,事后承认是"为了有吹牛的本钱而做了一笔玩命的买卖"。[24]他运气很好,在第二天脱手了这200万股,大多是每股55.65美元,盈利0.25美元。如果说广告做得很灵的话,这种手段也暴露了"415规则"所带来的风险。一晚上承担一亿美元的风险,摩根士丹利的净收入只是微不足道的40万美元。后来在那年,当美国电话电报公司通过传统的银团方式来融资10亿美元时,摩根士丹利突然容忍四家联合干事行。公司的财务主任成为新的当权派。不久以后,甚至是通用汽车公司也依靠四家投资银行进行融资,其中包括摩根士丹利。

1981年,摩根士丹利是第一号承销商霸主,自1953年以来基本上都是如此。到1983年,经过"415规则"的震动以后,它骤然屈居第六位,以交易为主的所罗门兄弟公司上升为新的首领。承销现在成了陈腐的商品买卖,在这种买卖中资本和交易本领远比与公司间的关系重要。曾经是华尔街上流社会弃儿的交易公司一举推翻达官显贵,把他们打得落花流水、晕头转向。摩根士丹利并没有沦落到穷困潦倒的地步,它在股票承销业务上保持第一位,在欧洲市场上则位居第二,但是它的相对地位已经下降,失去了特殊的胜利的光环。它有时候似乎对这个世界十分不满。正如银团负责人桑德斯发牢骚说的那样:"公司财务主任和你我完全一样。他们要想创新,他们想告诉董事会:'你们看我干的!我创造了一个竞争的环境,我使这五家银行都找到我门上来了,这有多好啊!'我挣脱了枷锁。发债人现在控制了市场,我来了!"[25]

路易斯·布兰代斯所畅导的关于公司和银行之间应保持一定距离的关系,现在听命于市场的力量和美国公司界的要求而发展起来了。这种基于市场的改革远远未能使华尔街民主化,而仅仅是导致最大的公司重排座次而已。只有华尔街能量最大的银行——摩根士丹利、高盛、第一波士顿、美林、所罗门兄弟公司和希尔逊-雷曼公司——才有资本吞进大宗股份，然后再很快脱手。在"415规则"颁布之前，这六个大公司处理的新债务仅占四分之一，而在此之后，它们承销的数量几乎达到债务的一半之多。因此，改革家们事与愿违，关系银行业务的消亡并没给芸芸众生的新银行打开大门，而只是巩固了那些已成霸业的公司的地位。

"415规则"颁布时，正值鲍勃·鲍德温在摩根士丹利的任期行将结束之时，拉下了他那银团世界的幕布。他曾经说如果格拉斯-斯蒂格尔法案被撤消，第二天早上他将在摩根担保公司第一个排队。然而，作为证券行业协会1977至1978年期间的主席，他猛烈地反对扩大商业银行承销的权力。当时摩根担保公司的说客杰克·洛克伦说："他给了我们几下致命的打击。"[26]鲍德温在证券行业协会任期结束以后，回到了他越来越不了解的摩根士丹利。同事们都认为他在自己创造的交易和风险的世界里迷失了方向。

一位前合伙人说："鲍德温从证券行业协会回来以后，成了绊脚石。他失去了对公司的控制，而只是四面树敌。他把大家当成小孩子对待。他会滔滔不绝地讲话，别人谁也没法说话。他总是想回到海军副部长那光荣的日子。他不愿意听别人的。最后谁也不想跟他在一起。"另一位说："他含沙射影，故作姿态，总想当摩根士丹利的'老爷'。他总是在吹嘘自己，讲他当年的英雄业绩。"

鲍德温直到最后都不肯让人，一意孤行。然而，尽管他有许多缺点，但强硬而不讲政策的鲍德温仍是摩根士丹利现代史上重要的人物，他赋予了该公司在一个不复立足于老式关系的世界里进行竞争的市场技能。他把公司从缓慢绅士、一种颓然死亡的困境中拯救出来。在1983年下半年，当鲍德温时代结束，而显然没有接班人的时候，三位竞争者——鲍勃·格林希尔、迪克·费希尔和刘易斯·伯纳德进行了紧张的角逐。此事利害关系极大。在十年之间，摩根士丹利壮大了十倍，现在有雇员3000人，资本3亿美元。虽然执行董事没有黑人或女性，但是80个执行董事的种族之多样化却很惊人。然而，它气氛紧张，对抗性强，强手如林，已不像当年。

为了防止争吵，鲍德温的接替者爆出冷门，选择的是49岁的耶鲁大学毕业生帕克·吉尔伯特。他有独特的摩根关系。他父亲是神童，在20年代当过德国的总代理，在30年代是J.P.摩根的合伙人。吉尔伯特身材高大，温文尔雅，大脸庞，鹰钩鼻。他有像父亲那样孩子般的笑容，但像他继父哈罗德·斯坦利那样谨慎。一位前合伙人说："帕克是个妥协派，他不会触怒格林希尔、费希尔或伯纳德。在要价很高的交易员中，他在调解分歧时处事轻巧。"据前执行董事罗伯特·杰勒德说："帕克占了两个长处，他有特殊的本能来化解尴尬局面，能把人们撮合在一起共事。大家都很敬佩他的人格。他真有把公司团结起来的凝聚力。"[27]

吉尔伯特是高级管理人员中最有国际经验的，经常去巴黎，也处理过中东事务。就像人们所期望的那样，他和摩根担保公司非常接近，擅长于拉拢老客户。摩根担保公司的一位副总裁说他是"传统，是水底下的梭鱼，根本不知道上面的关系"。他的使命是在急剧的变革时代保持传统的含义。他以前的一位同事说："帕克适得其所，因为他父亲和继父适得其所。他是一个象征性人物，就像哈里·摩根一样。"据另一位前合伙人说："在摩根士丹利的普遍传说是，他想证明他之所以得到晋升，不是因为他是哈罗德·斯坦利的继子，而是由于其他原因。然后他就走了，去打高尔夫球了。"事实上，不管原来计划如何，吉尔伯特不是充当傀儡，而成为出乎意料的强人。正如由于他的谨慎，摩根士丹利才避免了1987年股市崩溃的浩劫。

鲍勃·鲍德温的真正继承者也许是迪克·费希尔。他因小儿麻痹症，髋部以下肌肉萎缩，拄着拐杖走路。他在哈佛商学院毕业以后，到摩根士丹利来求职，但是，他首先必须排除自己心中存在的能否干好的疑虑，合伙人也在纳闷，一个残疾人怎么能够出差，自由来去。他聪敏，热情，人缘好，证明是一个娴熟的政客，擅长和私人打交道。他以前的一位同事说："迪克骨子里很厉害，但表面上看不出来。他绵里藏针，铁石心肠。"

费希尔在需要"坐功"的世界里找到了解决残疾问题的答案。他的工作间是一个隔音的玻璃厢房，即所谓交易大厅的斜坡房。在这里，他在70年代组织了新的债券交易业务部门（与此对应的是，他哥哥戴维负责J.P.摩根的证券业务部门）。这是一个幸运的选择。就像摩根担保公司的丹尼斯·韦瑟斯通，费希尔在摩根士丹利的身价随着华尔街交易的日益流行而不断上升。

另一个关键人物是刘易斯·伯纳德,绰号是"智多星伯纳德",第一个犹太合伙人,也许是公司里的最佳战略思想家。他在1977年担任一个特别工作组主席,设计摩根士丹利的"十年计划"。是伯纳德推出了计算机化的多种货币系统,用于全球交易,从而使摩根士丹利成为潮流的领导者。1983年,他任固定收入处处长,使公司从事早就应该进行的业务:黄金、贵金属和外汇交易,发行和买卖商业票据,市政债券,抵押担保的证券——动用一切工具来满足要求越来越高的公司客户。这些活动也需要更多的交易员和推销员,进一步把摩根士丹利变成芸芸众生世界中的全球金融集团公司。

摩根士丹利在战后的早年讨厌国外市场,只是在一个关键的战略步骤中,才下决心从事海外证券交易和销售。它很明智地取消了国内和国际业务的所有管理上的区别。随着交易和兼并替代了承销,摩根士丹利一改其雅致的风度,变得急躁起来,这是安详的公司文化所很难忍受的。正如《纽约时报》1984年的报道所说:"摩根的官员们世代以来都似乎为'投资银行贵族'的名声而感到得意,而现在好像对自己的形象不注意了。"[28]由于排他性的客户关系的弱化,它必须去承揽生意,鼓励激烈竞争,就像在摩根建富一样,曾经被讥讽为死板的公司,证明如有必要为了保持其权力,是会变得很残酷的。

在兼并时代,摩根士丹利一扫虚假的消极态度。1978年,企业兼并专家布拉德福·埃文斯说:"我们不去为难客户,对他们说'你们为什么不接受这家公司的报价,或那家公司的报价,只要成交就行了。'"[29]1981年,摩根士丹利在华尔街仍然号称第一,兼并费4000万美元,占所有交易的三分之一。此后,高盛、第一波士顿和雷曼兄弟超了过去。1983年,在激烈竞争的压力下,摩根兼并部的75位专家在地图上搜索,寻找目标公司。他们开始敲人家的大门,强行推销。鲍勃·格林希尔说:"过去不愿意上门找人,这里的风俗习惯是让客户来找你。"[30]现在,摩根士丹利越来越成为兼并热潮的引擎。

随着承销业务的减少,摩根士丹利转向它过去嗤之以鼻的生意,进入了垃圾债券的下层世界。发行这些高风险、高收益债券往往是支持那些实力有疑问的公司所进行的收购。新设立的垃圾债券部和摩根士丹利突然对小型新企业发生兴趣刚好巧合。鲍勃·格林希尔解释说："摩根当时正在大力推动提高技术公司，我说，'对于我们日益发展的客户如此必要的业务，我们怎么能不去做呢？'"[31]

垃圾债券使公司的蓄谋控股投资者能得手的资金大增，从而使华尔街发生革命性的变化。企业集团兼并在20世纪60年代用的是"股份交换"，在70年代可以选择使用"现金法"，而垃圾债券市场使公司蓄谋控股投资者藐视华尔街机构，通过向投资者直接出售债券来为大举控股筹措资金。兼并热因商业银行的大量资金而火上加油，这些银行批发贷款的前景日益黯淡，使它们对为兼并融资大感兴趣。因此，华尔街的两方面——商业银行业务和投资银行业务——都发现兼并工作是大救星，把它们从贷款和承销这些核心业务的根本性危机中拯救出来。里根时代华尔街的狂欢将掩盖根本的脆弱，传统业务传统银行不可能扭转的衰退和沉沦。

摩根士丹利开始大肆宣扬，要使垃圾债券登上大雅之堂。但是，自我庆贺太早了一些。在1982年中期，摩根士丹利与汉布里奇和奎斯特公司联手为人民特快航空公司主办首次公募。这是一家创新的不摆排场的廉价航空公司。人民特快航空公司的创办人唐纳德·伯尔买了汉莎航空公司的旧飞机，拆掉了头等仓，想为人民大众创办廉价旅行的条件。他那跃跃欲试，连卖带推的航空公司和摩根典型的客户正好相反。在1983至1986年间，摩根士丹利为人民特快航空公司承销了5亿美元的垃圾债券。好像对垃圾债券业务的上马不够放心，公司打破了惯例，让查尔斯·菲利普——垃圾债券部主任——在人民特快五人董事会上担任董事。

人民特快航空公司在纽瓦克国际机场开业时很不起眼，但很快一跃上升到美国航空公司的前列。最后，伯尔成了自己野心的牺牲品，动手收购"前沿"航空公司，想在主要航空公司的领地上把它们都打翻在地，这一步使他自己倒了霉。他拼命高筑债台，以便为疯狂地扩大规模筹集资金。后来，在诉讼时被揭露，据说菲利普鼓动伯尔借钱，快速发展。不管真实情况如何，当人民特快航空公司发生危机时，有些股东感到被摩根士丹利出卖了。他们不仅仅蒙受了极大的损失,票据的有些流通价格只有原发行价格的35%,而且还指控摩根士丹利在动乱中未能维持市场。据一种说法,摩根士丹利买的人民特快航空公司的债券,在其账上一直达到400万美元。

在这场争议中还有第二个方面的问题。在两个半月内,当股东们遭受损失时,摩根的兼并和收购部向有些客户兜售人民特快航空公司的债券,有利害冲突之嫌。查尔斯·菲利普遵守"中国长城式"的隔离规定,对兼并的谈判严守秘密,并未把这些情况告诉债券交易者。然而,债券持有人感到被剥夺了信息,摩根士丹利作为承销商是应该提供这些信息的。这里的问题不是摩根士丹利玩忽职守。这里的问题是现代华尔街的集团结构给了摩根士丹利不相称的责任。对人民特快航空公司的投资者来说,结局是快速的、糟糕的、惨重的。当德克萨斯航空公司的弗兰克·洛伦佐把人民特快航空公司买下来时,他对未担保的债券支付面值的75%,对担保的债券支付95%。

在兼并的早年,摩根士丹利对其中坚客户和他们的收购目标公司两者加以明确地区别。它决不会代表蓄谋控股投资者来兼并自己的客户,因为这有可能丧失其客户丰厚的承销费。但是,随着与蓝筹企业承购关系的消亡,公司就没有理由不代表蓄谋控股投资者了。客户名单——一批神圣的公司——这种概念被打破了。在新的交易环境中,摩根士丹利今年有可能代表一位蓄谋控股投资者,明年有可能为其客户对付同一位蓄谋控股投资者。所以在那庞大的兼并部里,萌发着许多交易——背信弃义和利害冲突是不可避免的。

摩根士丹利和梅萨石油公司的布恩·皮肯斯的关系说明了这种不可避免的危险。在20世纪70年代,摩根士丹利决不可能代表皮肯斯这种公司蓄谋控股投资者,因为他威胁到摩根的"七姐妹"客户。但是,随着这些石油公司对摩根士丹利的忠诚日益消亡,摩根也就痛痛快快地和其他能源公司打交道。1982年,布恩·皮肯斯聘请摩根士丹利来控制以达拉斯为基地的通用美国石油公司的股份。皮肯斯回忆说:"他们很高兴接到这笔生意,因为通用美国石油公司不是摩根所迎合的那种体系的一部分。"[32]1983年1月6日,皮肯斯和该石油公司签署了一份停顿协议,说明他不会购买股份或试图控制该公司。菲利普石油公司第二天把它买了下来。摩根做了一笔经纪生意，使菲利普·皮特买了梅萨38%的股份，甚至拿了给银行和律师的1500万美元的手续费。在1983年夏天，摩根士丹利和皮肯斯曾经想联合起来搞掉一家大石油公司。这笔生意未做成，皮肯斯认为"摩根决定不疏远某些客户——确实的铁杆哥们儿"。[33]

1984年12月，皮肯斯试图吞并菲利普·皮特，而现在皮特的代理人是摩根士丹利年轻的约瑟夫·福格三世。他戴着宽边框架眼镜，头发早脱，有着冷静的、精确的、智慧的神色。客户感到他和格林希尔一样，很有锋芒，但因为他有才智而能容忍他。他在石油公司的兼并中雷厉风行，横扫一切。1984年，他担任加利福尼亚标准石油公司的咨询顾问，参与该公司以134亿美元收购海湾石油公司的一笔交易。这是历史上最大的一次兼并。摩根士丹利获得1650万美元的巨额收入，尽管它没有投入分文资本，或许只用了十几个人。

1984年，菲利普斯石油公司大战的焦点最后集中在1983年初的停顿协议上，局势非常微妙。福格和皮肯斯这对昔日的合伙人现在成了对手。他们对协议的记忆不一样。福格说他和乔·弗洛姆曾经告诉皮肯斯这个协议对通用美国石油公司和菲利普公司都适用。福格争辩说，皮肯斯"承认这个事实，表示不担心，进而执行了这个协议"。[34]皮肯斯回答说："参与这个交易的其他人记的情况不是这样。"他说这个协议只适用于通用石油公司。法庭的裁决是皮肯斯获胜。他说："由于福格当时为我们工作，这使他和摩根士丹利在华尔街的可信赖程度受到了损失。"[35]

正如"415规则"似乎把各公司从华尔街的银行家们那里解放出来，并在两者之间拓开了永久的距离，一种叫作商业银行业务的新的趋势又发展起来，扼杀了那种趋势。摩根士丹利一直是服务工具，从来不同时作为投资者而使其客观立场打折扣。鲍勃·鲍德温在1980年曾说："我们一心想着客户，忙得不亦乐乎，以至于大多数人都没有把自己的钱好好地投资。有些公司的情况就不是这样，它们有各种各样的企业投资。"[36]那一年，摩根改变了自己谨慎的作风。它在澳大利亚埃克森页岩油项目中占了股份，寻找木材投资，扩大房地产证券，并且开始投资于高科技新企业。摩根士丹利第一次成为当事人（自己进行投资），而不只是充当代理人（为投资客户咨询）。这些投资活动预示了华尔街的时髦活动将退回到领主时代最糟糕的局面。

1982年，为了开拓新的商业银行业务，摩根士丹利聘用了唐纳德·布伦南——国际纸业公司前董事长，一位有十五年工作经历的老手。工业家到华尔街工作实属罕见。强硬、凶猛的布伦南带来了独特的管理技巧，因为他像企业负责人那样思索。摩根和信诺保险公司建立了一笔短期杠杆收购基金，获利达原投资的25倍，因而胃口大开，谁也想不到小小的商业银行业务组最终成为摩根士丹利的中心。

1980年，摩根士丹利打破了另一传统，开始为个人和机构管理短期资金。在另一个部门的周围又筑起了一道"中国长城"。华尔街有些公司对做这种业务畏缩不前，担心他们把钱投入于兼并，还有可能与承销客户发生冲突。摩根士丹利的决定再一次对这种令人疑虑的做法赋予合法性。正如短期资金管理者桑福德·伯恩斯坦所说："如果摩根士丹利再这么干，那说明我们也可以。"[37]1980年，公司管理的资金只有10亿美元，到1985年时猛增到100亿美元。当报界披露了花旗银行管理科威特资金的细节后，这个酋长国把40亿美元的证券交给摩根士丹利的短期资金管理者。在哈里·摩根时代，摩根公司拒绝和运输行业工会做生意。现在，它击败了十二家其他公司，夺得了一个合同来经营美国最大的、最有争议的养老基金——47亿美元的运输行业工会中部州基金。

摩根士丹利新的部门使它和摩根担保公司的关系有所恢复。摩根银行在法律上仍然不能经销共同基金，但是可以提供投资建议。因此，它和摩根士丹利在1982年达成协议，建立新的皮尔庞特基金，由摩根士丹利经营，摩根担保公司咨询。这一基金后来吸收了20亿美元，仍然采用摩根"藐视贱民"的老办法。他们规定最低数额为25000美元，而不是标准的1000美元。而且不像其他共同基金那样，他们不在报纸上公布每天的结果。用摩根士丹利的马修·希利的话来说："我们不想把皮尔庞特基金放到竞争的战场上去。"[38]但是，在其他方面，摩根士丹利第一次处于激烈的竞争之中，比谁斗得都凶。

— 本章参考文献 —

1. 《纽约时报》（New York Times），1981年9月15日。
2. 作者和罗伯特·林赛的访谈。
3. 作者和刘易·普雷斯顿的访谈。
4. 作者和斯蒂芬·卡托勋爵的访谈。
5. 《财富》（Fortune），1986年4月28日。
6. 《机构投资者》（Institutional Investor），1980年1月。
7. 作者和刘易·普雷斯顿的访谈。
8. 《纽约时报》（New York Times），1983年4月10日。
9. 同上。
10. 《商业周刊》（Business Week），1986年10月20日。
11. 作者和戴维·泰勒的访谈。
12. 同上。
13. 作者和刘易·普雷斯顿的访谈。
14. 作者和欧文·斯普拉格的访谈。
15. 同上。
16. 斯普拉格：《拯救》（Bailout），第158页。
17. 作者和威廉·伊萨克的访谈。
18. 作者和刘易·普雷斯顿的访谈。
19. 《华尔街日报》（Wall Street Journal），1982年6月21日。
20. 费里斯：《银行家大师》（Master Bankers），第154页。
21. 《机构投资者》（Institutional Investor），1982年6月。
22. 布鲁克斯：《兼并游戏》（Takeover Game），第115页。
23. 同上。
24. 《华尔街日报》（Wall Street Journal），1989年6月27日。
25. 费里斯：《银行家大师》（Master Bankers），第155页。
26. 作者和杰克·洛克伦的访谈。
27. 作者和罗伯特·杰勒德的访谈。
28. 《纽约时报》（New York Times），1984年4月1日。
29. 《机构投资者》（Institutional Investor），1978年12月。
30. 《华尔街日报》（Wall Street Journal），1985年6月27日。
31. 《机构投资者》（Institutional Investor），1987年11月。
32. 皮肯斯：《布恩》（Boone），第172页。
33. 同上，第186页。
34. 《纽约时报》（New York Times），1984年12月7日。
35. 皮肯斯：《布恩》（Boone），第225页。
36. 《机构投资者》（Institutional Investor），1980年8月。
37. 同上，1980年9月。
38. 《华尔街日报》（Wall Street Journal），1988年5月31日。

第三十四章
大冲击

1986年下半年,摩根建富表现出形成鲜明对照的特点,值得玩味。从表面看,摩根建富依然保留着一种稳重的气氛。银行保持150年来的传统,门外不挂公司的牌子,只是在接待大厅中悬挂着古老的铜质徽章。内部装饰则显示了对其历史的敬意。在铺着厚厚地毯的拱形过道四周的墙上,悬挂着圣保罗教堂、英格兰银行以及双轮双座马车穿行在19世纪末伦敦金融城煤气路灯照明的马路上的油画。摩根建富被认为是伦敦金融城最后一个"戴着圆顶硬礼帽的人"。看上去,这依然是个雍容尔雅的场所。

但是,这种宁静是虚假的。事实上摩根建富已经制定了一条路线,与摩根士丹利的路线大致相同,抛弃文质彬彬的姿态,而成为一家强硬的、富有进攻性的公司。20年来,它已经反叛了其死气沉沉的过去。从60年代末美国烟草公司接管加勒赫公司大战之后,摩根建富一直喜欢打擦边球。公司原来的一位收购专家形容说:"他们喜欢作为伦敦金融城最敢打敢拼的公司的形象,竭力扩大其业务界限。每一笔交易总比上一笔更有挑逗性、更厚颜一些、更少一些绅士味道。"

摩根建富在20世经80年代早期的两位领导人正好反映了伦敦金融城新旧两种风格。董事长比尔·麦克沃思-扬在贵族式经纪公司洛-皮特曼公司工作了21年，该公司的威望仅次于卡泽诺夫公司。如果说摩根建富并不因为杰出的高层管理人员而著称，那么书生气的麦克沃思-扬则赋予公司以智慧的威望。他与后来成为英格兰银行行长的罗宾·利-彭伯顿一起曾是伊顿公学的明星。麦克沃思-扬的父亲是一个英国公务员和印度考古学家，他本人娶了一个伯爵的女儿为妻。他是一个优秀的销售人员，晚宴后谈起天来娓娓动听。他十分善于与美国人打交道，每年都要前往加州的波希米亚谷，参加美国政界掮客的乡村男女社交聚会。他充满热情，身材矮胖，经常带着长辈式的笑容，善良友好，十分受人欢迎和尊敬。

1984年，抽烟很凶的麦克沃思-扬突然死于肺癌。后来，伦敦金融城常常反复提起，如果他活着，摩根建富就会避免发生吉尼斯丑闻。按照他的一个竞争对手的说法，"麦克沃思-扬会放手让兼并专家自由发挥，但他对一切也会掌握得十分清楚。对于应该如何发展业务，他的眼光会更远"。摩根建富出了一些问题后，麦克沃思-扬在人们记忆中却变得愈加圣洁。

在摩根建富的执行总裁兼副董事长克里斯托弗·里夫斯身上，集中体现了伦敦金融城新一代自我奋斗的高级管理人员的特点。在莫尔文学院毕业后，他曾在英格兰银行和希尔·萨缪尔商人银行工作。1968年，他由约翰·史蒂文斯爵士吸收加入摩根建富。他是摩根建富的第一代非出身于名门望族、且未经在纽约摩根银行当学徒的高级管理人员。里夫斯身材瘦削、金发碧眼、面部轮廓分明，带着十分上镜的微笑和坚毅的神情。在这家曾是羞于寻求新业务的公司中，里夫斯并不在乎做硬性推销的生意。他坚韧而懂行，在其部下看来高深莫测。一位前公司融资部门的负责人回忆道："他高不可及而且有些神秘，常常保持沉默。"他对"公司融资"的强硬战术非常有兴趣。"公司融资"在英国意味着企业兼并收购活动。

里夫斯和麦克沃思-扬都不是杰出的战略大师。不像摩根担保公司或是摩根士丹利，摩根建富从来没有根据一张蓝图或是对未来的金融发展的综合性看法进行操作。从其历史看，公司缺少计划会议或是专题讨论会，没有抓住公司可以重新进行战略性定位的机会。战后，它既没有鲍勃·鲍德温或刘易斯·伯纳德，也没有亨利·亚历山大或刘易·普雷斯顿，当然更没有西格蒙德·沃伯格这类人物。公司总是即兴而动，攫取突如其来的机会。套用温斯顿·丘吉尔的话来形容，就像是一道没有主题的布丁，而正是缺乏明确的谋略导致了其垮台。里夫斯和麦克沃思-扬都十分成功地经营了一系列的业务，但这些业务经常毫无关联，中间缺乏一条主线将它们有机地结合起来。相比之下，摩根担保公司和摩根士丹利均有各项业务间结合紧密、天衣无缝的特点，协调有方，能预见金融市场的变化。

摩根建富取得的令人瞩目的成就掩盖了长期性问题。它为世界上最富有的两个人物——文莱的苏丹和伊丽莎白二世女王管理钱财，并且是其英国银行同行中管理美国退休基金最多的公司。当许多短视的资产管理人员还埋头于当地市场时，摩根建富已精于国际性的投资组合。经过多年的迅速发展，在1987年股市崩溃之前，它管理的资产达250亿美元。当时摩根士丹利在资产管理方面是美国经营大额业务公司中的佼佼者，经营110亿美元，但与250亿美元相比不可同日而语。旧金山、加州、沃斯堡和洛克菲勒基金会等的退休基金都在大温彻斯特23号进行管理。

摩根建富在贸易和项目融资方面也成绩斐然。它组织了北海石油的融资，而且还在另外多个能源项目上频频告捷。其中包括创纪录的澳大利亚伍德赛德石油公司16亿美元的天然气项目的融资，这是欧洲市场上同类项目中数额最大的一笔贷款。它在为苏联项目的融资方面也很活跃。70年代当其他银行由于非洲的贫穷和无望清偿债务而冲销贷款时，摩根建富建立了一项向撒哈拉沙漠以南的非洲国家提供咨询的业务。为了取悦这些国家，它甚至中止了大部分与南非的交易。它向欧洲之外的40个国家提供咨询，其中包括苏丹、乌干达、坦桑尼亚和赞比亚。

虽然取得了上述成就，但摩根建富依然是很脆弱的。像其他缺少资本的商人银行一样，在某种程度上讲，摩根建富在现代全球性市场中有点脱离时代。与华宝不同，它从来就没有跻身于伦敦金融城欧洲债券和外汇市场的前列。在规模更加壮大的伦敦金融城中，资本是决定性因素，而私下的关系所起作用甚小。因而，兼并业务对摩根建富来说是如此重要，犹如上帝的恩赐。公司向来只在封闭的伦敦金融城从事英国业务，以此获得发展，随着时间的推移，这成了一个很危险的短处。

1986年10月的放松管制被称为"大冲击",它推倒了欧洲市场自20世纪60年代出现的隔断两个金融城的大墙。为了保住伦敦作为金融中心的地位,撒切尔政府决定不再保护伦敦的银行,使之面对更多的国内外竞争。英国的商人银行虽然名声显赫,但与那些新型的全球性财团比较显得十分渺小。日本野村证券公司的资本总额达200亿美元,是摩根建富的40倍。它可以不费吹灰之力吞掉所有的商人银行。通过向外国公司打开伦敦金融城的大门,英国政府确保了伦敦作为金融中心的地位,但并不保证单个英国公司的存活。它们必须与美国的商业银行进行竞争。这些美国商业银行要在伦敦建立投资银行业务,并等美国格拉斯-斯蒂格尔法案被撤消以后,再把这项业务转回美国。与此同时,庞大的英国清算银行——国民西敏寺银行、米德兰银行、巴克莱银行以及劳合银行开始向商人银行的世袭领地进军。

大冲击的具体内容并无害处。它结束了伦敦金融城中银行、经纪公司和造市公司之间业已过时的分隔,允许国外公司进入这些领域,并取消了固定的经纪代理费用。这些措施使得原来封闭的伦敦金融城向竞争敞开门户。在1975年废止固定经纪代理费后,克里斯托弗·里夫斯预见到华尔街将会有一场血战。他警告说:"那些不及时调整业务以寻找新机会的公司会有更大的风险。"[1]奇怪的是,摩根建富正是这样一种落后者,遭到大冲击的重创。由于缺乏远见,它的行动过于谨慎、迟疑,丧失了将其出色的业绩扩展到国际性范围的机会。

伦敦金融城小作坊式的行业被大冲击一扫而光。那些能吞下世界的巨型公司,接管了几十个小型私人合伙公司,这些公司曾赋予伦敦金融城以令人愉悦的狄更斯风味。与此同时,银行界与公司之间的关系变得更为松散和非个人化。随着英国公司的财务主任们被国外银行家们团团包围住,他们有了一种新的感觉,懂得在全球市场中能取得什么样的成就,因而不满足于依赖单个银行。公司的合并对年轻的交易员来说同时意味着突然间暴富,不出几年,他们的薪金增加了10倍。年轻的债券交易员们突然间驾驶着法拉利赛车,挣着6位数的年薪。

伦敦金融城的生活随着交易员们的节奏而加速,而原先商人银行的精英世界逐渐在消失。在布德尔斯或怀特斯长时间的午餐让位于一天12个小时的工作。由于伊顿公学的人不可能占据所有的交易席位，伦敦金融城成为了一个公平竞争的场所。当然有些人拒绝这种新的方式。当《经济学人》追踪伦敦金融城的高级管理人员时，也发现了若干缺席者："人们看到很多人在观看温布尔登网球赛、亨利市划船比赛以及爱斯科特赛马。"[2]但总的说来，伦敦金融城现在已是一个十分繁忙和使人精疲力竭的地方，大量的三明治店在瓦仑教堂和新的办公楼周围到处都是，人们在这里匆忙地抓点东西吃就算完事。这里变得如此匆忙和慌张，使得华尔街相对而言是那么温文尔雅。

与华宝和克兰沃特·本森一样，摩根建富同样有机会将过去的荣耀转变成现代的势力。克里斯托弗·里夫斯欢迎大冲击这个机会，可以借机组成一个一体化的证券公司，在世界市场上竞争。这对摩根建富来说是一个巨大的转变，以前它对与证券交易有关的风险和资本投入总是退避三舍。就像20世纪50年代的摩根士丹利，它与市场保持着一种贵族式的距离，只是依靠经纪人来对它发行的证券定价。在英式承销体系下，诸如摩根建富这样有尊严的"证券发行公司"，并不将其资本直接投入风险，而是在机构承销者中销售，机构承销者提供应急保证。大冲击使人预言是"承购交易"或称包销将使伦敦发生革命性变化，就像"415规则"后交易在纽约造成的效果。这意味着承销突然间需要大量的资本投入。在商人银行中，华宝对大冲击的反应十分灵活，而摩根建富摇摆不定，从而致命地大大滞后。

摩根建富在对待大冲击问题上的错误所造成的损害，比吉尼斯丑闻的损害持续时间更长。在早些时候，公司内部就已发生了分歧，主要是年轻的董事和老派董事之间的矛盾。年轻的董事们倾向于采取大胆而有深远影响的行动来迎接挑战，而传统的董事们则不敢冒险闯入充满风险的新业务之中。1984年，麦克沃思-扬从前的经纪公司——洛-皮特曼公司——主动与摩根建富接触，探讨联手的可能性。大温彻斯特街23号担心代价太大，战战兢兢地丧失了机会。后来，华宝抓住了这家公司，从而成为国际市场上一家杰出的商人银行。兼并部主任格雷厄姆·沃尔什很显然是洛-皮特曼交易最顽固的反对者。一位以前的同事回忆道："沃尔什非常坚决地加以反对，他说'我们现在做得很好，我们名列前茅，而进行这项交易则很危险。'"就这样,在一个关键时刻,由于兼并业务唾手可得、富有诱惑力的利润给公司的战略性观点蒙上了阴云。

摩根建富同时还丧失了其他机会:它错过了收购菲利普-德鲁以及伍德-麦肯齐;因为要求多数股控制权而失去了与戈维特-霍尔合并的机会;接管金融服务集团埃克科公司的行动起先由于英格兰银行的否决,然后是内部的优柔寡断而中止。摩根建富最后收购了许多人认为是末等奖的两家公司——过时了的彭伯-博伊尔公司(经纪公司)和平钦-丹尼公司(造市公司*)后,把大冲击的机遇算是给糟蹋了。一位前董事愤慨地说:"他们犹豫不定,最终收购了一家廉价的造市公司和一家经纪公司,他们得到了世上最糟糕的东西。"这番话表达了一种共同的评价。时间已经证明,新的金融体系只容纳可以提供综合性服务的国际公司或是提供几种专业性服务的国内公司,而对于像摩根建富这样的介于两者之间的公司毫不怜惜。

就在大冲击前夕的1986年6月,摩根人放弃了历来的留守地,向公众出售股份,加大资本用于交易业务。公司筹集了1.54亿英镑(2.29亿美元),又另外借了1.4亿英镑(2亿美元)。虽然有些顽固分子十分惊恐,担心股东们会要求缩短午餐时间甚至干预周末狩猎(但愿别这样!),但大多数还是接受了这种冷酷的现实。英格兰银行刚刚责罚了公司缺乏足够的资本来支持吉尼斯兼并酿酒公司,而蓄谋控股投资愈加成为资本密集型的艺术。就像其华尔街上的同行,摩根建富某一天也不得不通过提供临时性的"夹层"融资或甚至是发行垃圾债券来从事兼并业务。

公司上市还有一个未予启口的原因。一位前公司融资部门的董事解释道:"一个主要原因是想把公开报价的股份作为收购的货币。但结果并不是这样。"还有人猜测这是一种安抚公司兼并明星罗杰·西利格和乔治·梅根的方式:"我猜他们没有挣到足够的钱,需要在股份上大大得到补偿。美国一些投资银行一直请他们去,给他们100万美元的报酬——而这比他们在摩根建富挣的多得多。"

---

* 又称为"做市商",在香港证券市场被称作"庄家"。是指金融市场上的一些独立的证券交易公司,为投资者承担某一只证券的买进和卖出,买卖双方不需等待交易对手出现,只要有做市公司出面承担交易对手方即可达成交易。

摩根建富对大冲击反应混乱、犹抱琵琶半遮面的态度反映了公司很有害地一味依赖兼并业务。公司可以吹嘘能提供32项服务，有22个海外机构，但最主要的业务还是兼并。到大冲击时，据报120人组成的兼并部门创造的利润占这个2000人公司税前利润的一半。作为伦敦主要的兼并公司，它从事这项业务的数量十分惊人，1986年进行了51项交易，价值140亿英镑。

与摩根士丹利一样，摩根建富通常采取攻势，用《欧洲货币》杂志的语言来讲，它获得了"伦敦金融城中敌意竞标者来势最凶的代理"的名声。[3]作为一家贵族血统的公司，它创造了一种新的、天不怕地不怕的金融风格。在华尔街和伦敦金融城，如果某些有争议的活动得到一家摩根公司的认可，传统主义者总是得到了安抚。意识到美国的兼并狂潮来势凶猛，摩根建富决定表明可以把任何来到伦敦的美国佬打得落花流水。

麦克沃思-扬和里夫斯对兼并明星这套班子的管理十分放手。因为西利格和梅根这批人能招徕新客户，他们在公司中权力很大。不能去挖别人客户的旧戒律在逐步消失。摩根建富有一种个人主义的公司文化，这与摩根担保公司、华宝公司以及高盛公司向其新雇员灌输的团体精神十分不同。因此毫不奇怪，这种公司文化在其年轻的专业人员中造成了一种浮夸的、放任自流式的明星制度。这些专业人员成为伦敦引人注目的流行明星式的人物。这种放任自流虽然有益于创新的兼并工作，但同时也会诱发盲目的自我膨胀的危险心态，轻率的无懈可击的感觉。

这个小组的超级明星是罗杰·西利格。在更为纯洁的年代里，他的背景可能会使他去从事一些较为平淡的工作。西利格在伦敦经济学院获得学位并在埃勃公司工作了一段时间之后，在1971年加入了摩根建富（显然，在石油美元繁荣之前的日子里，他的犹太裔血统并无太大影响）。他和他母亲同住在一座三层楼的格洛斯特郡式的大宅子中，一座很有气派的正式住宅，屋顶上装有栏杆，与威尔士亲王和王妃的海格拉夫宅邸相距不远。西利格是个单身汉，他和女朋友在他大理石拱门公寓中同居，但他承认"太忙"而没有时间结婚，好像婚礼会耽误一两个价值不菲的交易。他参加蒲福公爵的狩猎，是皇家艺术协会的成员，对官方舞会有某种癖好——他不是你通常想象的一心捕捉公司的追踪者。

在摩根建富，西利格唱自己的戏，而里夫斯则自豪地把他作为最有"创业精神"的兼并明星推荐给客户。西利格有自己的时间表，自己当老板。他会带着移动电话突然出现在剧院或昂贵的夜总会，伯克利广场的安纳布尔夜总会是他最喜欢的地方。他是一个掌握高技术的花花公子、金融舞台指挥以及绅士捣毁者。他说话喜欢用缩略词，语调造作，带着自鸣得意式的戏剧性微笑，嘴唇皱撅着，嘴角下撇，就像王政复辟时期喜剧中的无赖。他打上阿斯科式的领带，在西服上口袋饰着手帕，一派雍容文雅的风度，将乡村的风气带到了无情的兼并世界。

据一位前公司融资部门的董事回忆道："罗杰酷爱自己驾着大三角帆飞翔。他穿着卡腰的西服，挺起胸膛，走路的步子像布鲁梅尔花花公子*。这是他个性的写照。他喜欢与像雅各布·罗斯柴尔德或亨利·克拉维斯这样的大人物'搅'在一起。他是一个天才的银行家，但在其外表下掩藏的是自卑情结。"西利格的年薪为25万英镑，其任务是搜索兼并目标，是伦敦最好的成交人。他在抓住有"兼并饥饿症"的企业方面特别在行，例如拥有英国的住所家具商店和美国肯兰商店的大零售商大仓库上市有限公司。公司的负责人特伦斯·康兰爵士是他的朋友。摩根建富的兼并部有16个专业人员，西利格赚的利润据称占了四分之一，这更使管理层宽容地看待他的战术，并给他留下了很大的自由度。他发展了一种概念，认为兼并规则是愚蠢的障碍，要由聪敏的金融家们加以克服。在1985年，他吹嘘道："对手只是遵从规则，而我们改变了大多数的规则。"[4]

摩根建富公司个性分裂的另一面的代表则是另一个兼并明星乔治·梅根，一个面廓分明、戴着眼镜的矮个子。乔治·梅根的风格与西利格完全不同，他出生在一个爱尔兰家庭，弹得一手好钢琴，才智超人，极受同事的喜欢。由于光亮的头发和鲜亮的西服，他有个绰号叫特迪，即特迪男孩**的简称。虽然其他方面与西利格不同。梅根同样信奉强烈攻势战略，要

---

* 乔治·布莱恩·布鲁梅尔（Beau Brummel），18世纪末19世纪初英国有名的花花公子。他甚至在20世纪被称为"男性服装之父"。他的着装习惯对英国上流社会影响深远。
** 指1960年代英国的一批无赖青年，因崇尚英皇爱德华七世的服饰而得名。特迪是爱德华的昵称。

"利用战场的每一英寸"。[5]在伦敦的兼并舞台上,他无处不在,1985年参与了当年英国10个最佳交易中的6个。

明星之间尽是勾心斗角。摩根建富创造了一种没有固定程式的环境,使得他们可以在不发生冲撞的情况下运行和交易。这需要有一个和稀泥的傀儡来掌管公司融资部门。他的名字叫格雷厄姆·沃尔什。他是会计师,以前担任过兼并监督组的主任,很害羞,整洁,性格内向,从不与人进行眼神交流。大家都知道他患有忧郁症,会在冬天不停地把窗户关上又打开。沃尔什和西利格长期不合,最后彼此之间几乎不说话。沃尔什有板有眼地推动着他的部门向前发展,因此,做梦也想不到玛格丽特·撒切尔本人某天会对他的工作发生兴趣。

这类业务要求有一个强硬的主管来遏制沃尔什的兼并专业人员们的野性。但克里斯托弗·里夫斯却在鼓励兼并组的鲁莽急躁。有时候他使规则听上去可有可无似的:"商人银行业务就是要进行创新。我们不应该相信规则是刻在石板上的"。[6]摩根建富的一位前官员曾经尖刻地说道:"他完全采取不惜任何代价或不择手段的态度。这种态度一直影响到公司融资部门的业务中。如果你的部门有一个这样心理的臭蛋时,你就要遭殃了。"在1980至1984年间,在里夫斯的热血冲动和麦克沃思-扬聪明的谨慎之间保持了很好的平衡。一位外部顾问回忆道:"克里斯托弗·里夫斯有着极其强大的推进能力,但他需要麦克沃思-扬这个略为宽广的、更有一些公众观点的精神来加以平衡。克里斯托弗·里夫斯是一个没有制动的加速器。"1984年麦克沃思-扬的突然去世使得摩根建富中的稳重的影响力消失了。

西利格和梅根的令人注目的小组使得摩根建富在兼并业务中无人能望其项背,第二位的华宝只能远远地尾随在后。1982至1987年期间,摩根建富年复一年地雄踞兼并收购业务的榜首。这是一个多么令人陶醉的年景——1985年董事们的收入比上一年增加了一倍——摩根建富的那些老头默许了不可一世的年轻人们的离奇古怪行为。随着兼并战争的迅猛升级,想要打破规则的诱惑力变得更大了。1985年以前伦敦从没有出现过10亿英镑的兼并投标,但在1985年年底已经有四个摆到了桌面上。使得英国财政部感到恼怒的是摩根建富轻率地拒绝了参与玛格丽特·撒切尔大张旗鼓的私有化计划。为何拒绝？因为公司融资部门的人认为收费太少，不愿意将明星从闪闪发光的兼并旋转木马上撤下来。

这种趋势促使摩根建富日益铤而走险。一位前公司融资部门的董事解释道："商人银行往往用自己的信誉来吸引客户，而现在却有越来越多的挑逗性的人来找摩根建富，因为他们在做着更有挑逗性的业务。"报界注意到了这个恶性循环。伦敦的《商务》杂志在1986年说道："在某些银行圈子中一提到摩根建富，人们的反应就好像在罗马看到了匈奴王阿提拉。"[7]一位观察家指出："他们完全是以1939年波兰精锐骑兵团的傲慢姿态快步推进。"[8]这种判断真有先见之明。

摩根建富的气球最终被"吉尼斯丑闻"捅破。这个丑闻剧烈振荡了英国，使大家把怒气都集中到伦敦金融城，自18世纪"卑鄙的股票造市者"以来发生的任何丑闻都未引起这么大的愤怒。这件事始于一位攻势特别激烈的客户——吉尼斯啤酒公司的主席欧内斯特·桑德斯，后来他把自己描绘成陷于伦敦金融城狡猾的家伙们设置的机关中的可怜的羔羊。随着吉尼斯最著名的产品爱尔兰黑啤酒在爱好葡萄酒的城市青年专业人员中失去市场，桑德斯想将他巨大的企业集团从事多样化经营。与罗伯特·马克斯韦尔一样，桑德斯这位移民渴望得到英国社会的接受。他的犹太父母在1938年逃离了纳粹控制下的奥地利，在伦敦定居。这位生下来时属犹太教的欧恩斯特·施莱尔的人被重新改造成信奉英国国教的欧内斯特·桑德斯。他得到了所有成功上层人士的外部标志，包括在白宫汉郡的一幢大宅邸。

在开始进行无节制的狂热收购时，桑德斯解雇了他原来的顾问N.M.罗斯柴尔德，聘请了摩根建富。1985年初在康诺特饭店的一次晚宴上，克里斯托弗·里夫斯向桑德斯建议，吉尼斯应该大举扩展，以避免成为别人收购的目标。1985年6月，由摩根建富的托尼·里士满-沃森建议，桑德斯发起了一次价值3.3亿英镑的敌意投标，试图收购经营苏格兰威士忌酒和旅馆业的阿瑟·贝尔父子公司。贝尔的董事长雷蒙德·米克尔对此大为惊愕，因为20年来摩根建富一直是他的财务代表，帮助它收购了格兰伊格尔旅馆集团，甚至在1971年帮助公司处理公开上市业务。当米克尔向兼并监督组抱怨时，摩根建富拿出证据表明贝尔公司已在1984年11月中止了公司对它的服务，但米克尔却举出一些例子说明还有更近的联系。

不管真正的事实是什么，摩根建富掌握贝尔公司20年来的内部情况，因而破坏了商人银行保密的传统（需要一个保持传统关系的银行的理由在于可以使公司的内部机密对竞争者保密）。兼并监督组一开始就轻描淡写地谴责了摩根建富，后来甚至也不加谴责了。克里斯托弗·里夫斯向兼并监督组通报，摩根建富在过去的两年中向吉尼斯公司收取了600万英镑。相对而言，从贝尔公司只收了2万英镑，有人因而认为这是监督组对他从宽发落。人们认为这种论点对偏向银行的监督组是有影响的。

虽然在贝尔的收购交易中没有公然违法的行为，但事情已经到了悬崖的边缘。据说，一位显然是吉尼斯的雇员装扮成苏格兰记者向雷蒙德·米克尔采访。[9]而且，桑德斯向贝尔的股东们保证，他可能会卖掉伦敦的皮卡迪里饭店，但会保留其余的旅馆，然后，他通过摩根建富的地产部门对爱丁堡的苏格兰人旅馆和北不列颠旅馆进行了荷兰式拍卖。赢得这次竞标的诺福克资金公司让人大吃一惊，因为它的董事长不是别人，正是摩根建富的托尼·里士满-沃森。不出所料，人们指责他们偏袒和搞两面手法。到这时，吉尼斯和摩根建富似乎都免不了遇到麻烦了。而同时，克里斯托弗·里夫斯还在喋喋不休地对桑德斯讲，如果吉尼斯想要保持独立，需要再收购一家公司。

1986年1月，桑德斯进行了更大规模的收购，其创纪录的规模可以使伦敦金融城为之战栗。超级市场连锁店阿盖尔向一家比自己大得多的苏格兰威士忌酒的酿造商——酿酒公司——提出了兼并要求。这种大卫王向哥利亚进攻的以小打大是伦敦金融城的新现象，有着明显的阶级含义在内。阿盖尔的詹姆斯·格利弗是一个粗野的大个子杂货商的儿子，而酿酒公司则是一家气派高雅的苏格兰公司。酿酒公司位于伦敦圣詹姆士广场，铺着丝绒地毯的总部，销售的是带着"优等光环"的酒类——约翰沃克·海吉和海吉·白马威士忌以及布斯和高登杜松子酒。但在漂亮的门面后面，这家经营不善的公司正在丧失其威士忌市场。而且，因为孕妇服用其生产的镇静剂酞胺哌啶酮后，引起胎儿畸形，所以公司始终没有洗刷掉这个恶名。

酿酒公司对苏格兰平民格利弗大加嘲笑。公司一位副董事长说："格利弗只与土豆和罐装豆子打交道,我们不是在卖廉价瓶子装的棕色水,我们卖的是威士忌。"[10]格利弗的人则表现出他们自己的阶级倾向。他们期望给酿酒公司突然袭击,想在8月进行攻击,称:"当他们在猎场打松鸡时,让我们在他们背后射击。"[11]

于是在1986年1月出现了欧内斯特·桑德斯,自告奋勇作为"白衣骑士",从恶棍詹姆斯·格利弗手中拯救酿酒公司。这可不是助人为乐,不管怎样,桑德斯早就想突袭酿酒公司。如果他能从正门堂堂正正地进入,当然再好不过。他甚至得到协议保证,酿酒公司将支付给吉尼斯费用用于收购自己——一种十分不寻常的方式。

桑德斯慷慨地到处许愿以赢得酿酒公司的支持。酿酒公司的董事长约翰·康奈尔显然感到他一定会主持合并后的企业。同样,苏格兰银行行长托马斯·里斯克爵士也这么认为。愚弄里斯克是整个吉尼斯事件中最卑鄙的部分。吉尼斯还需要抚慰苏格兰民族主义者,这些人会抗议酿酒公司失去了自主权。爱丁堡律师、苏格兰的摩根建富董事长查尔斯·弗雷泽就是其中之一,他要求公司有一位苏格兰的非行政职务的董事长。在这一点上,桑德斯和西利格诱骗了尊敬的里斯克同意在新公司中担任这一职务,新公司的总部将设在苏格兰。这一承诺写进了收购文件中,酿酒公司董事会将此还作为"友善"竞标的前提条件。许多机构投资者都支持吉尼斯,因为相信其实力。但是,吉尼斯后来却背信弃义,声称从商业的观点出发,两层式结构不可行。他们甚至散布谣言诋毁里斯克的名誉,说他一心想为其银行保住吉尼斯的业务。摩根建富虽然也对他们这么对待里斯克表示不满,但没有撤出这项业务。在一次特别的全会上,里斯克被吉尼斯抛弃了,但没有引起法律上的反响。然而,对于这场纠纷久久不能消失的怨愤给吉尼斯事件增加了异常的毒液。

摩根建富指定托尼·里士满-沃森作为吉尼斯收购业务的负责人。但那时他正忙着完成10亿英镑的联合饼干公司与帝国集团的合并交易,因此,他退了出来,西利格接替了他的位置(有些说法是桑德斯点名要西利格,因为他认为西利格更厉害)。按照桑德斯的说法,里夫斯警告他说西利格有着"非常强的个性,将会独断独行"。[12]作为所谓的吉尼斯战争的内阁成员，西利格在开会时坐在桑德斯身旁，深知其中所有发生的一切。这场接管活动看上去已经是极不光彩的了，更何况后来还揭露出操纵股份之事。双方全不顾面子，竟使用非常粗野的广告，以至于兼并监督组不得不加以禁止。

吉尼斯丑闻的关键是操纵股票价格。小小的杂货商吉米·格利弗想要购买大于本公司3倍的酒类公司。在美国类似的竞标需要通过现金和垃圾债券来筹措资金，格利弗希望主要通过本公司的股票来付款，这在很大程度上像美国大公司在60年代的行为。当吉尼斯与格利弗竞争时，也是依靠将本公司的股票交换成现金，因而阿盖尔公司和吉尼斯公司的股票价格就成了决定性因素；股票价格涨得越多，他们各自的竞价就越值钱。

吉尼斯开始发起一场运动来抬高其股票价格从而来提高竞价。人们购买吉尼斯的股票并不违法，同样摩根建富争取别人购买股票也不违法。罗杰·西利格找到他的朋友，强壮的戴着眼镜的斯彭斯勋爵——从前在摩根建富工作但现在是亨利·安斯巴克的公司融资部门的主管——诱使他的客户购买了200万股。雅各布·罗斯柴尔德也购买了。据报道罗伯特·马克斯韦尔也购买了200万股。罗斯柴尔德·恩特伯格·托宾买下了600万股吉尼斯的大宗股票，在"争斗"结束后又卖回给了摩根建富。只有当吉尼斯承购股票，或是向购买者保证补偿因购买而造成损失时才构成违法。因为这违反了1985年的《公司法》，该法禁止任何公司购买自己的股份或帮助别人购买自己的股份。

虽然有法律规定，但西利格、桑德斯和吉尼斯财务主任奥利维尔·鲁据说精心组织了一个所谓的协力团体或是发烧友俱乐部，以抬高吉尼斯的股票价格，压低阿盖尔的股票价格。他们明目张胆地进行如此大规模和无耻的秘密交易，人们不禁要问，从长远来看，他们如何能指望不被察觉呢？吉尼斯战争内阁成员们所做的交易单子可以成为反省的教材。英国商人、赫伦公司总裁杰拉尔德·龙森把西利格介绍给了声名狼藉的美国套利者艾万·伯斯基。在西利格的要求下，伯斯基向吉尼斯拨入了1亿英镑，并且更有甚者，"卖空"阿盖尔的股票以压低价格。与伯斯基的关系后来澄清了吉尼斯收购交易的一个谜团：为什么伦敦的每个下午，差不多在纽约市场开盘之前，阿盖尔股票价格都要下跌。美国的申雷工业公司购买了6000万英镑的吉尼斯股票。一个巧合是，它事后得到了延长在美国销售迪尤尔威士忌的合同。受人尊敬的瑞士最古老的银行瑞士狮标银行拿到了最大的股份，该银行据称购买了几千万股并得到补偿任何损失的保证。

受联合购买的影响，吉尼斯股票的价格飞涨，格利弗向兼并监督组抱怨股票价格的上升。自从1968年创立以来，英国依然依靠私人团体来实施兼并规则。这种自我规范的团体似乎太文雅了，无法与现代伦敦金融城中残酷的战术和雇用文化打交道。兼并监督组没有对格利弗的抱怨进行处理，这在很大程度上造成了它后来的窘境。摩根建富也在控告阿盖尔抬高其股票价格。吉尼斯股票25%的涨幅最终在收购中起到了决定性的作用。1986年4月18日，欧内斯特·桑德斯宣布战胜了阿盖尔，声称用价值25.3亿英镑的竞价获得了酿酒公司50%以上的股份。摩根建富赢得了10年来最大、最肮脏、最有破坏性的收购交易，从而戴上了可疑的"桂冠。"

撇开道德，吉尼斯也使摩根建富卷入了一些危险的金融活动，进一步证明了其不惜一切代价取胜的心态。它购买了1.8亿英镑酿酒公司的股票，至少是滥用了1.7亿英镑的资本。英格兰银行认为这种行为极不负责，因此它马上颁布了新规则，规定银行购买的股票不得超过其资本的25%——不言而喻地批评了摩根建富。摩根建富在特迪·格仑费尔时代曾经是英格兰银行最坚定的同盟军，而现在却成为其主要的对手了。

正如任何操纵的股票交易一样，其中都有一个关键的弱点：在秘密的支持力量撤走之后，被人为推上去的股票价格会发生什么情况呢？罗杰·西利格显然很害怕同盟军会突然在市场上抛出20%吉尼斯的股票。事实上股票价格确实从收购价的355便士急剧下降。由于吉尼斯向协力团体保证弥补股票价格下跌的损失，因此如果价格直线下降，将使其债务变得十分庞大。西利格请求各个机构保留他们持有的股份直至秋天，那时一份良好的吉尼斯报告会支持股票价格。他和吉尼斯的经纪人卡泽诺夫公司的大卫·梅休同时也制定了一份方案，计划从摩根建富手中买回其在吉尼斯的股份。

为了阻止卖出股票，还采取了更多的直接手段。斯彭斯勋爵买下了200万股大宗股票，据说吉尼斯向他支付了760万英镑。西利格和桑德斯的财务顾问奥利维尔·鲁巧妙地玩弄文字游戏，美其名曰无息存款以劝阻斯彭斯出售，因此这760万英镑不是贿赂。这种事实上的担保和直接的购买之间很难加以区别。瑞士的狮标银行也得到了吉尼斯5000万英镑的"存款"，从而确保狮标银行不能去兑现持有的股票。1986年夏天，吉尼斯将6900万英镑转移到了由艾凡·伯斯基管理的一个风险基金，这个风险基金在吉尼斯公司的股票有很大的投资。正是这笔款项后来激怒了吉尼斯的董事会，促使他们解雇了欧内斯特·桑德斯。当所有的幕后交易最终由报刊揭露出来时，操纵股票显然已达到了令人眩目的2亿英镑。

要理解公众对吉尼斯丑闻的异常愤怒，必须注意到几个因素。达10亿英镑的敌意竞标第一次变得十分普遍。在撒切尔执政的年代中，英国的持股人增加了3倍，达到了900万，在这以前，伦敦金融城的所作所为从来没有得到这样多的人的注目。大冲击同时带来的大曝光，令人应接不暇。至少有一部分平民敬畏新的挣钱机器。就在吉尼斯事件期间，红火的摩根建富每年要收到15000份大学毕业生的求职报告，其中一半来自于牛津和剑桥，他们总共竞争30个位置。因此一些公众的醒悟反映了早先对新偶像的崇拜。

另一个因素是人们越来越感觉到金融城正在毁掉大众文化，危害经济。《新政治家》称金融城"是一个没有爱国之心的赌场，因为在英国工业的坟墓上跳舞而付给自己悖逆常理的高薪"。[13]N.M.罗斯柴尔德公司的克劳斯·莫泽爵士警告说："金融城吸引了我们太多的人才。如果我是英国的独裁者，我会把其中的九成转移到制造业、工业和教育领域。"[14]与华尔街一样，高额融资不再用于工业运行的本身，而用于工业产权的变化，给银行家们和蓄谋控股者们带来令人瞠目结舌的高额收益。除此之外，金融城的最高薪金也使一般的英国人十分嫉妒。因此，公众对吉尼斯事件强烈的反应就不难理解了。

1986年对摩根建富来说真是祸不单行。就在大冲击之后，吉尼斯阴谋暴露之前，公司正在被内幕交易丑闻所困扰。出于对大冲击的考虑，摩根建富用年薪28.4万英镑聘用了新的首席证券交易员，35岁的杰弗里·科利尔。科利尔在为维克斯·德科斯塔设立纽约公司以后，于1984年加入摩根建富。德科斯塔后来并入了花旗公司，成立了斯克林杰·维克斯公司。过去英国有关当局对内幕交易的态度比较宽容。在1980年以前这甚至不算刑事犯罪。这种放任自流的态度与大冲击鼓励的新的集团公司是两不相容的。现在人们担心交易员们滥用其兼并部门的内部消息。在国际金融市场上也需要更高的统一标准——这也正是撒切尔政府要想保证伦敦金融城国际地位而特别关注的领域，就在大冲击之前，摩根建富散发了一本公司内部小手册，声明任何雇员购买股票都必须通过摩根建富自己的经纪人，违者将被立即开除。

科利尔通过他原来的公司、现在的斯克林杰·维克斯，非法购买股票。当他得知摩根的一家客户霍利斯公司要收购联合工程公司之后，购买了6万股该公司的股票而小赚一笔。他购买了卡德伯里·施韦珀的股票买进期权，几乎要发一大笔财，因为该公司正要被摩根建富的另一个客户通用影院收购。但由于他购买联合工程公司的股票受到怀疑，被迫亏本提前卖出他的期权。在斯克林杰·维克斯向摩根建富透露了科利尔的交易后，公司逼迫他在1986年11月10日辞职，震惊了金融城。科利尔缓刑一年，罚款25000英镑（44250美元）。这个事件加强了有些人的决心，他们要求更加严格的管理，因为随着各个公司组成新的集团公司，充满了利益冲突。

科利尔丑闻只不过是拉开大幕，好戏还在后面。1986年下半年对摩根建富来说是极其振奋的，资本金高达8.33亿美元，比上一年增加了一倍。接着，艾万·伯斯基在11月对一项指控承认有罪，同意因为内幕交易交付1亿美元的罚款。这时人们尚未想到摩根建富会与此有染。但在调查科利尔时，根据一项新的双边协议，美国证券交易委员会已和英国的贸易和工业部互相交换情报。正是美国当局向英国有关部门传递的关于伯斯基的情报推动了吉尼斯事件的调查。在收购期间股票上升这个可疑现象本身并没有引发一场彻底的追查。

运用大冲击赋予的权力，贸易和工业部开始采取行动。12月上旬，科利尔事件之后的3个星期，他们对位于波特曼广场的吉尼斯公司总部和摩根建富同时发动了清晨袭击，冻结了所有的记录。接下来的一个月，伦敦报刊上排山倒海地登载了揭露文章，使公众对金融城蕴蓄的愤怒都发泄出来了。大温彻斯特23号中没有人看出已经是山雨欲来风满楼。西利格觉得公司会替他撑腰。有记者说:"西利格先生,你的同事要把你扔入狼窝。"他对此并不相信。他说:"你让我感到非常愤怒。我们这里非常团结。"¹⁵然而在强大压力下,摩根建富告诉西利格他太引人注目了,不得不被牺牲。经过12月下旬一系列纷乱的决定后,摩根建富宣布不再充当为吉尼斯融资的商人银行,并将其最耀眼的明星西利格解雇。由于吉尼斯董事会已经聘用拉扎德兄弟公司作为新的顾问,一些观察家认为摩根建富的退出只是一种空洞的公共关系姿态。

摩根建富希望这一举动能够把公司洗刷干净,结束丑闻。它向股东们就这一点散发了一份告慰信函。但公众不肯就此罢休,要求进一步处理的压力很大。即使在金融城内部,有人也对摩根建富受到惩罚而抑制不住地面露喜色。"要是一家公司依靠非常富有攻击力的雇员取得巨大的成功,而且从来不想搞人缘关系或帮助其他公司——那么,一旦他们摔了个大跟头,立刻就成了孤家寡人,"一位竞争对手说,"大家看得很清楚,谁也没有奋勇地营救他们。"

在公司内部,本来就在晃动的地面突然之间变成了流沙。一位前雇员回忆道:"最初的反应绝对是震惊和恐惧。这不像宣布一个重大事件,而好像水龙头滴出肮脏的水。事情不断发展。这确实是一件恐怖的事,使整个公司魂飞魄散。"1987年1月9日,桑德斯从吉尼斯董事长的位置上下台。一星期之后,普华永道概述了数额达2亿英镑的股票抬价阴谋,涉及的关系有好几个国家。他们向吉尼斯董事会报告还有2500万英镑神秘的发票单据。这场阴谋的规模之巨大,几乎难以令人置信。

曾几何时,摩根建富还可以仰仗英格兰银行的善意,但它却已经让这一具有历史意义的关系逐渐消失了。自从1973年约翰·史蒂文斯爵士去世之后,摩根建富就再也没有一位董事能加入英格兰银行的理事会。有些人认为这说明官方不满意摩根建富,而对其他人来说,这表明摩根建富缺少有地位的高级管理人员。英格兰银行的副行长乔治·布伦登对于开除西利格并不感到满意,他认为里夫斯和沃尔什不是恶棍就是笨蛋。直到1987年1月18日,年薪30万英镑的里夫斯和年薪20万英镑的沃尔什仍然认为自己很安全,坚持继续留在银行里。他们不认为存在着系统性的腐败,需要采取进一步的行动,因此,也是这么对雇员说的。一位前董事说:"他们把所有在公司融资部门的人员召集在一起说,管理层对大的交易进行了彻底的内部审查,没有什么可以担心的。他们说'我们就待在这里了,不会再有辞职。'"

这种一相情愿在48小时之内就破碎了。考虑到临近的大选,保守党担心因显得在迁就金融城而受到打击。玛格丽特·撒切尔可能认为这是个机会,可以表现出严惩自己的支持者,从而削弱工党的攻击。金融城的许多人也害怕丑闻的蔓延会使人们呼吁建立法定的规章制度,而这种制度对金融城来说,总是很讨厌的。一位前董事说,英格兰银行行长鲁宾·利-彭伯顿在一次晚餐会上说,吉尼斯事件"是对信任基础的全面威胁,这种信任在我们的商业生活中,特别是在伦敦金融城依然占主导地位"。[16]人们非常担心会轻饶这批金融家们,据说,保守党的主要人物,撒切尔夫人的亲密顾问约翰·威克汉姆说:"我们必须马上将其铐上。"[17] "铐上"成了使公众十分激动的比喻,表示严惩不贷,把不可一世者打倒在地。这个词出现在几篇匿名报刊文章之中,这个威胁是由政府官员透露出来的。

布伦登找到英格兰银行前行长莱斯利·奥布莱恩。奥布莱恩设立了兼并监督组,具有讽刺意味的是,早在一代人之前就严厉批评了摩根建富在加勒赫-美国烟草公司与《世界新闻》大战中的行为。斗转星移,奥布莱恩现在已是摩根建富国际顾问委员会的成员。布伦登引述法律的规定,指出《银行法》第17条规定:英格兰银行有权对经营不善的银行官员予以除名。这一手显然没有对里夫斯和沃尔什产生预想的效果。公司发表了一份声明否认还将会有任何除名。

撒切尔开始向财政大臣奈杰尔·劳森施加压力,要对吉尼斯事件进行更加严厉的处罚。她进行了一次异常的干预。据说,她告诉劳森:"我要里夫斯和沃尔什今天就离开,不是下一个星期或下一个月,而是今天中午以前。"这个指示及时地传达到英格兰银行,接着又转达到卡托勋爵率领的摩根建富代表团。在英格兰银行行长鲁宾·利-彭伯顿的办公室,摩根的人得到直截了当的警告,如果不采取行动,劳森会在下院宣布政府将挑选一届新的摩根建富的管理成员。之后,卡托和另一位摩根董事彼得·凯里爵士与里夫斯和沃尔什进行了会面,引用一位摩根建富的官员的说法,他们被"礼貌地逐出大门"。[18]按照撒切尔的要求,这两巨头在中午前滚蛋了。这是一个令人吃惊的逆转:信奉自由市场的首相在伦敦金融城多年来最糟糕的一次灾难中,沉重地打击了伦敦金融城中最富有创新精神的公司。伦敦《金融时报》的一位专栏作家在论述科利尔和吉尼斯双重丑闻时说道:"看上去市场能够想象(或希望)摩根遭到的灾难似乎没有尽头。"[19]

吉尼斯丑闻对伦敦金融城产生了广泛的影响。在议会里有人呼吁严厉整肃银行家们。作为大冲击的一个部分,政府成立了新的证券和投资委员会来监督一些自律组织。吉尼斯事件之后,改革者们想要加强这个委员会,使它更像美国证券委员会,而不应再是一个金融城主宰的团体。有人建议在收购期间,向购买股票提供第三方担保应视为非法("西利格条款")以及阻止在兼并结果中有商业利益的公司购买股票的"里克利斯条款"(因申雷工业公司的梅舒兰·里克利斯而命名)。伦敦金融城进一步从老朋友关系网络转成接受更为严格监管的金融中心。

在等待无休止的政府调查结果的过程中,摩根建富发现自己犹如身陷囹圄。1987年5月,欧内斯特·桑德斯被控损毁和伪造吉尼斯文件被捕。当年下半年罗杰·西利格被控伪造250万英镑发票,并将至少其中一部分用于补偿"发烧友"成员而被捕。西利格进一步被控企图制造错误市场,并在贸易和工业部1986年12月上旬对摩根建富第一次袭击后两个星期偷走了100万英镑。另有5名金融城著名人物被捕。

那年,兼并监督组裁定吉尼斯在酿酒公司大战中违反了规定,这使吉尼斯有责任向前酿酒公司的股东支付8500万英镑的补偿。吉尼斯可以挺得住这一打击。但如果吉尼斯公司转过来反诉摩根建富,那么,这家相对较小的银行就会摇摇欲坠了。摩根建富的官员们在这场贸易和工业调查中一直生活在噩梦中,吉尼斯可以给它致命的一击。

然而,这种结果并没有发生,吉尼斯似乎无意对它造成致命的伤害。公司长期的竞争对手华宝踩着摩根建富流血的躯体敏捷地登上了兼并业务第一名的位置,但在1987年摩根依然坚守在第二名的位置上。如果只看上市公司，它在当年实际上保持住了头名。客户基本上保住了，雇员也没有大量地流走。可能最恼火的要数第三世界的客户，他们与摩根建富打交道主要是因为摩根上等典雅的名望，但现在却成了在跟一家有污点的银行交往。

1987年上半年的几个月中，摩根建富还受到英格兰银行的保护，彼得·凯里爵士——一位矮个、大胡子、受人尊敬的前公务员被指定担任董事长。公司不能再纵容收购明星，对他们放任自流。委员会、行政机关和严密的管辖——这些都是必要的纠正手段。吉尼斯事件暴露了公司缺乏强有力的领导，以及"寡头政治"式的管理缺陷，这种管理方式把公司当成私人合伙制。年长的执行董事们和年轻的收购艺术家们相距甚远。由于兼并专家现在需要受更多的纪律制约，一些人辞职了，包括著名的乔治·"特迪"·梅根和纽约兼并小组的大多数人。

一位离任的"明星"说："他们要给从来是光背的野马安上马鞍，这里从前是一个充满生机、自由创新精神的机构，人们就是冲着这一点来的。现在最富有冲劲的商人银行开始成立各种委员会。但这一特许权从来就不是建立在谨慎、程序和相互制衡的基础之上的。里夫斯和沃尔什创造了一个魔术般的气泡，一个火爆的公司，现在没有机会再做到这一些了。"而英国的许多人却因此会说"阿门"——但愿如此。

在收购刚刚完成后，摩根建富的一位官员曾对报界说："如果我们告诉具备桑德斯才干的人说，兼并监督组的规则规定哪些事情不可以做，那么他就不会用摩根建富了。"[20]这种曲解或修改规则的习惯20年来一直在无情地发展着。而这种习惯现在把摩根建富直接引入了危境。摩根这个名字一直是诚实和信任的同义词。由于发生了吉尼斯事件，现在它成了现代伦敦金融城丑闻的一个俗称。

— 本章参考文献 —

1. 《金融时报》（Financial Times），1986年10月22日。
2. 《经济学人》（Economist），是1987年7月4日。
3. 《欧洲货币》（Euromoney），1987年2月。
4. 法伦和斯罗兹：《兼并》（Takeovers），第169页。
5. 同上。
6. 皮尤：《吉尼斯有益于你吗？》（Is Guinness Good for You?），第149页。
7. （伦敦）《商业》（Business），1986年7月。
8. 同上。
9. 《商业周刊》（Business Week），1989年8月14日。
10. 科昌和皮姆：《吉尼斯事件》（Guinness Affair），第65~66页。
11. 法伦和斯罗兹：《兼并》（Takeovers），第180页。
12. 桑德斯：《恶梦》（Nightmare），第142页。
13. 《纽约时报》（New York Times），1986年10月28日。
14. 《经济学人》（Economist），1987年2月21日。
15. 皮尤：《吉尼斯有益于你吗？》（Is Guinness Good for You?），第138页。
16. 《金融时报》（Financial Times），1987年1月27日。
17. （伦敦）《商业》（Business），1987年6月。
18. 《华尔街日报》（Wall Street Journal），1987年1月21日。
19. 《金融时报》（Financial Times），1986年12月4日。
20. （伦敦）《商业》（Business），1986年5月。

第三十五章
牛市

里根时代的华尔街自觉地在重走20年代的老路。时事评论员注意到了这两个年代之间神秘的相似之处——繁荣的股市、共和党削减税率、拉丁美洲债务危机、货币的波动不定、公司兼并浪潮、贸易大战、农业和能源工业的不景气。联邦储备银行的主席保罗·沃尔克促使通货紧缩变成了通货膨胀,正像20年代的本·斯特朗所起的作用。整个世界好像突然变得现金充裕。报纸把库利奇和胡佛时代的证券市场的曲线表覆盖到里根时代的曲线表上,既安慰了牛市,又安慰了熊市。就像在20年代,智者说,老的价值标准已经过时了,而又开始担心普通股的短缺。

华尔街上的投机泡沫再度被认为是经济出现活力的迹象。

在20世纪20年代,美国是世界上最大的债权国,是贸易顺差不断增大,实力正在上升的强国。美国公司利用优越的科技,在全球范围内不断扩张。但是,80年代繁荣的华尔街掩盖了美国经济地位相对于日本和欧洲已经开始衰弱的局面。由于里根政府的税率削减和预算赤字,美国变成了世界上的净债务国。股市的狂热既没有增加美国的竞争力,也没有削减贸易赤字。这些赤字从20世纪70年代起就连年不绝。晨报的大标题写着令人震惊的一笔笔10亿美元的交易,这些交易似乎可以促进经济,但实际上它们好像从未加强美国在世界市场上的地位。

随着华尔街的重新得宠,美国年轻人趋之若鹜,拥向这个大赌场。到1986年,耶鲁大学的每10个毕业生中就有一个去第一波士顿求职。哈佛大学商学院的毕业生中30%进入摩根士丹利、高盛、美林或第一波士顿。他们所进入的这个世界与二战刚结束时安静、严肃的绅士派华尔街几乎没有相似之处。即使是"华尔街"这个名字现在看来也好像是名不副实。爱德华-戈登公司的马丁·图尔钦说:"除了布朗兄弟哈理曼公司,我几乎想不出哪一个主要的投资金融公司的总部设在华尔街。"[1]所有主要的金融公司都尾随它们的客户到了非商业区。

在里根时代,关系银行业寿终正寝。随之消亡的是华尔街文质彬彬、温文尔雅的气质。华尔街比以前任何时候都更冷酷、吝啬、精明、强硬。在"415规则"颁布以后,悠闲的辛迪加世界也慢慢消失了,绅士银行家准则被彻底废弃。随着对客户蓄谋控股投资和贸然打电话等禁忌的解除,投资银行家之间互相冲突起来。大家都认可的礼节不复存在,无以控制金融中随时存在的贪婪欲望的冲动。现在管理华尔街的是一批年轻聪明的经理。他们追求自己狭隘的利益,令人难以理解地缺少博大的政治或社会观念。

1985年,摩根士丹利提名埃里克·格利切尔接替乔·福格作兼并和收购部门的负责人。在雷曼兄弟-库恩-洛布公司时,格利切尔曾是阿德里安·安东纽的老板。埃里克·格利切尔是一个身材矮小、穿戴整洁的前海军陆战队步枪排枪队的指挥官。他在芝加哥大学取得了工商管理硕士学位。他信仰一种同心协力的兼并风格,用军队的纪律来管理他的部门。在谈判桌上,他被称为"铜墙铁壁"。他有着过人的精力,业余时间经常滑雪,打高尔夫球,跑马拉松。通过格利切尔,摩根士丹利的业务范围从代表蓝筹公司经营接管扩充到了更直接地参与公司的蓄谋控股投资。例如,格利切尔招聘了摩根士丹利的客户、爱抽雪茄的罗纳德·佩雷尔曼。佩雷尔曼经过1985年的激烈的竞争收购了里夫伦股份有限公司。

格利切尔的"兼并工厂"拥有10个聪明的年轻人。他们什么都不做,只是为公司造出交易再卖给客户。1978年,鲍勃·格林希尔曾经说过,摩根士丹利只是履行客户的交易,而不是创造交易。[2]现在这种消极状态已经被一扫而空，对晨报中所宣布的每一笔交易都要从盈利的角度进行研究。每天早晨，这10个高薪聘请的受过良好教育的"梦想家们"都在格利切尔的办公室前排队，等着似连珠炮似的推销他们的主意。当一个下级职员带来一个3英寸厚的、写满有关可能成交的一笔交易的数字的笔记本，格利切尔把它扔进了废纸篓。他说："等你明白你自己在说些什么时再回来。"[3]

华尔街似乎不再对他们的客户公司唯命是从，或只是实施它们的愿望。它自己采取了一种不安的生活态度。《财富》杂志宣称，格利切尔非但不从客户那里接受暗示，而且笃信"做生意的人永远不应该听从'不'的答复"。[4]杂志中叙述了格利切尔是如何缠着休斯敦库珀工业公司的罗伯特·齐泽克，直到他收购了麦格劳·爱迪生公司。格利切尔贸然打电话说："让我坐飞机去和你谈。还是我麻烦一次吧。"[5]第二天他富有说服力的表现终于使库珀工业公司做了价值10亿美元的收购。摩根士丹利从中获纯利400万美元。格利切尔还说服潘特里·普赖德收购了里夫伦，在罗纳德·佩雷尔曼通过发行大批垃圾债券融资的蓄谋控股投资中挣了3000万美元酬金。10年前，朴实的银行家连开口要100万美元的酬金都直哆嗦。

美国正在经历兼并的那部分公司现在达到惊人的数额。1982年，摩根士丹利经营的兼并交易为85亿美元。两年内，这一数字直线上升到破纪录的520亿美元。福格领导下的摩根士丹利发生滑坡之后，1985年，摩根士丹利以微弱的优势击败了第一波士顿公司的布鲁斯·沃塞斯顿和乔·佩雷拉组成的团体，夺回了兼并业务第一位的宝座，获得了令人吃惊的8200万美元的收费，使摩根士丹利达到华尔街上最高的资产回报。在直到1987年股市崩溃之前的四年中，摩根士丹利参与了价值2380亿美元的兼并和收购交易。就像乔·弗洛姆在1989年说的那样："我们在15年中经历了历史上最大规模的企业改组。"[6]这个数字大得让人难以置信，以至于公众对此都目眩神迷，动心骇目。

很多交易确实是因需要变革所促成的。在一个技术进步的时期，成熟的企业需要把钱从正在没落的行业转向兴旺的行业。来自国外的竞争和放松管制刺激了迄今为止受保护行业中的剧烈变化。这些行业包括航空、电信、能源、大众传媒和金融业自身。投资银行是全球市场一体化的代理，就像在皮尔庞特·摩根时代他们曾帮助国内市场融合在一起那样。

但是,太多的交易看起来都只是投资银行和公司蓄谋控股者为了自己发财而策划出来的。20世纪80年代公司蓄谋控股者的典型——布恩·皮肯斯、卡尔·英卡和詹姆斯·戈德史密斯爵士——伪善地说他们是把一些公司从其顽固不化的管理部门的控制下"净化"或"解放"出来。他们宣称被兼并的公司是残酷的进化论的必然牺牲品,暗示这些公司总是管理蹩脚的公司。然而在1978年,在这一说法还未成为参与兼并的公司的路线时,鲍勃·格林希尔曾经说过:"收购公司不只是寻找便宜货和陷入困境的公司。典型的是,他们对那些管理良好的公司最感兴趣。"[7]事实经常是这样的。

除了城镇和工人们遭受折腾、流离失所的痛苦之外,兼并的一个结果就是这场收购风惩罚了资产负债表良好、现金充裕、几乎没有债务的公司。要想继续保持独立,它们只能增加债务从而受到掣肘。老摩根士丹利喜欢正统保守的金融,保护客户资信评级。新的摩根士丹利迫使公司卷入承担债务的风潮,不管这些公司是想发起兼并还是想阻止兼并。

摩根士丹利兼并和收购部门的人员根本不承认存在任何问题。1986年,当全国性的收购浪潮达到每年2000亿美元时,埃里克·格利切尔说:"当你看着世界的债务、国家的债务和私人部门的债务时,你难道能绷着脸对我说有几个投机兼并交易会打破平衡,制造灾难?"[8]请注意,格利切尔不是在赞许债务,这句话更像是一种自我辩护式的论据——"每个人都在这么做"。现在已经不只这几个投机兼并交易了。1970年,只有10笔收购交易的交易额超过百万美元的水平。到1986年,在席卷经济领域的合并浪潮中,超过百万美元的交易数已上升到346个。

乔·福格也用类似的方法否认有任何问题。当问及大批债款是否耗尽了生产领域的资金时,他说这问题是"很愚蠢,也很肤浅的……事实上,收购交易只反映了资产所有权的变化,钱本身并没有消失。这些钱被用于其他投资了"。[9]这对收购交易中资金发生转手来说当然是正确的,但是首先额外的收购资金又是怎么样的呢?一般来说,都利用银行贷款或发行垃圾债券来解决,而这些资金的利息就从生产性投资中转移出来。这种倾向于举债的做法和老摩根士丹利的观点有明显的冲突。近在1980年,老摩根士丹利的公司文化还被鲍勃·鲍德温形容为"躲避风险"。

华尔街的兼并狂热给80年代制造了令人震惊的怪事：在里根时期持续的繁荣中，公司财务状况反而变弱了。到1987年股市崩溃时，非金融公司的债务达到了1.8万亿美元。公司盈利的一半都付给了债权人——这比前些年的百分比要高多了。很难看到美国公司界能够经受一场严重的衰退而不遭到难以形容的毁灭。就像在爵士乐时代那样，大部分的金融魔术都是建立在一种默示的假设上的：永久持续的繁荣、周期性经济动荡的终结、对联邦储备委员会避免灾难的能力的盲目信任。

毫不奇怪，摩根士丹利被20世纪80年代最赚钱的风尚吸引住了。这一风尚就是利用贷款买下某一公司的全部产权，简称为杠杆收购股权。作为一种危险的投机形式，杠杆收购能与20年代金字塔形的控股公司相匹敌。在最基本的杠杆收购中，一家公司的经营者们和一群外部的投资者借钱来收购另一家公司，并使其作为不公开招股的公司；这家公司自己的资产被用做贷款的附属担保品，而贷款则通过将来的获利或资产销售来偿还（非常重要的是利率支付是可以享受税收减免的），在70年代，这被称为"自力融资"，而且很少超过10万美元。拉扎尔兄弟公司的安德烈·迈耶多年来一直进行股权投资，但直到1979年，华尔街才加以注意。那一年，第一波士顿为一家名为"康戈洛姆"的联合大企业经营了一次杠杆收购。当60年代的联合大企业解体，经理们接管了企业的各个部分后，杠杆收购开始大受欢迎。杠杆收购作为接管的副产品大肆盛行起来。经营者们借助这种方法来挡开蓄谋控股投资者，甚至把他们赶跑。这样，杠杆收购就成为兼并浪潮的自然延续。

摩根士丹利凭着它对有利可图的活动的准确直觉，注意到了杠杆收购带给第一波士顿和美林的利益。1985年，摩根与信诺保险公司联合建立杠杆收购基金。摩根士丹利做成了惊人的交易。和这些交易比起来，兼并的利润看上去只是一些小零钱。1986年，摩根士丹利与一家爱尔兰纸板企业杰斐逊-斯默尔菲特合作，从美孚那里用12亿美元买下了美国纸箱有限公司。杰斐逊和摩根士丹利每家只出了1000万美元，剩下的都是借来的。摩根士丹利轻轻松松地获利3240万美元：1100万美元是安排杠杆收购的收费，2040万美元是因为包销了7亿美元的垃圾债券，以及100万美元的咨询费。这些费用使人想起投资银行本世纪初时靠发行信托公司证券大获其利的情形。在杠杆收购中，目标公司承受了痛苦，承担着风险，因为它们需要卖掉资产和减少成本来偿还债务。同时，作为有限的合伙制，摩根士丹利的收购基金最多也就损失1000万美元的小本初始投资。这种风险与巨大的潜在利益比较起来是很有限的。仅仅三年之后，摩根士丹利的1000万美元的"赌金"就价值1.4亿美元了。

不久之后，摩根士丹利帮助杠杆收购公司科尔伯格-克拉维斯-罗伯茨（KKR）用42亿美元收购了欧文斯-伊利诺斯公司。摩根士丹利又获得了上述3笔收费——这次达到5400万美元。虽然摩根士丹利只有15亿美元的资本，但它发放了6亿美元的短期桥梁式贷款来做成这项交易（哪家银行能放出这么多钱而不受制裁？但投资银行通过控股公司发放桥梁式贷款[*]，绕过证监委的监督）。老摩根士丹利力图缩小资本风险，保持金融中介的性质，而新摩根士丹利则在迈向"商人银行业"的新的进军中，用更多的资本赌博。尽管华尔街喜欢"商人银行业"这个术语所包含的历史联系，但它与乔治·皮博迪和朱尼厄斯·摩根所致力于的重商主义的融资几乎没有相似之处。这一术语只是指管理收购，在兼并中进行股权投资或为兼并的融资提供短期桥梁式贷款。

1986年，摩根士丹利为了给它的新业务筹集资金，也为了加强在世界资本市场的地位，向公众出售20%的股份。这是个很大的讽刺：摩根士丹利公开招股是为了把别的公司变成不公开招股的公司。为了使这些股份能分布到全球，其中的三分之一是在北美以外的地区销售的。摩根士丹利内部股票的销售价为每股15.33美元。每个人所分配到的股份是通过一个复杂的公式来决定的，部分依据雇员在公司原有投资的多少而定。一开始，摩根士丹利的股票就从每股56.5美元跳到了71.25美元。这使摩根士丹利商行

---

[*] 桥梁式贷款（Bridge Loan）指为并购交易双方"搭桥铺路"而提供的款项，也称为过桥贷款。可以理解为银行和其他金融机构向借方提供的一项临时或短期借款。它的形式可以是定期贷款，也可以是循环信用证，只是在时限方面更短暂些。所以它只能是一种短期融资，在并购交易中起着"桥梁"的作用。桥梁式贷款的利率比一般的贷款利率要高2%到5%。

净获利2.5亿美元,而且使70年代改造本公司的那些"大不敬"的年轻人直接发财致富。到这一天结束的时候,帕克·吉尔伯特拥有的772133股已经值5730万美元了(对一个妥协的董事长来说,这是一笔很丰厚的回报);迪克·费希尔拥有729574股(5410万美元);鲍勃·格林希尔拥有710275股(5270万美元);刘易斯·伯纳德拥有673521股(5000万美元)。随着股票的公开出售,摩根士丹利失去了与过去的最后一点联系。摩根士丹利现在是一个巨大的公开上市的公司,有114个执行董事(包括第一位女性执行董事),148位有限合伙人和世界范围内的4000名雇员。公司还雇用了多得令人吃惊的大富豪。只有高盛还是华尔街旧式的合伙制。即使这样,高盛也向日本的住友出售了股份。

摩根士丹利通过公开招股,加强了实力,大力推进商人银行业的发展。第二年,摩根士丹利又发行了第二期杠力股份基金。汤姆·桑德斯最后聚集了22亿美元的"备战基金"。这是投资银行所聚集过的最多的资金,仅位于科尔伯格-克拉维斯-罗伯茨之后,列第二。摩根士丹利在其新的双重角色中,既管理这份基金,又将它自己2.25亿美元资本投资于其中。正如敌意收购和发行垃圾债券那样,摩根士丹利采取了一种值得怀疑的盈利活动,并使它在上层社会中能被接受。摩根士丹利为该基金征募了60个机构的钱。这些机构包括通用汽车公司和美国电话电报公司的养老基金、日本的信托基金公司、中东政府机构、沃尔沃汽车公司、巴克莱银行和几家美国商业银行。摩根士丹利不仅将从基金的资本收益中获得三分之一,而且还将收取2%的酬金。这仅仅是开始,杠杆收购伯林顿工业公司就显示了这一点。

1987年4月初,报告透露阿舍·埃德尔曼在大量积聚伯林顿工业公司的股票。伯林顿是美国最大的纺织公司,基地在北卡罗来纳州的格林斯堡。伯林顿的总经理弗兰克·格林伯格到处寻找"白衣骑士"来阻止埃德尔曼及其合伙人加拿大的多米尼欧纺织品公司来对其进行收购。本杰明·斯特恩在1987年8月的《巴伦》杂志上发表文章,详细地把有关事件串连起来,记述了后来发生的一切。4月15日,摩根士丹利32岁的艾伦·戈尔德贝格打电话给格林伯格,说摩根士丹利对收购伯林顿很感兴趣,并会保留目前的管理部门。在随后4月21日的信中,鲍勃·格林希尔赤裸裸地强调了此事对格林伯格自身的利益。他说:"除非是在你们管理部门同意的基础上,否则我们对此事没有兴趣。"[10]摩根士丹利在4月29日与格林伯格的会谈中摆出了一个计划:在收购中让原管理部门保留10%的股份,如果达到一定标准再加上10%。

弗兰克·格林伯格面临着明确的抉择,究竟是选择敌意控股投资者,还是摩根士丹利的杠杆收购基金?前者威胁到他的生存,后者以丰厚的利益在吸引他。在这种情况下,他怎么能作出对他的股票持有者公平的不偏不倚的判断呢?正像本杰明·斯特恩所指出的,摩根士丹利惯常向管理部门许诺,收购之后他们的工资将提高50%到125%。格林伯格在这样具有诱惑力的情况下对摩根做出了特别的让步。他同意如果收购伯林顿失败,就给摩根士丹利2400万美元的"中止费"。摩根士丹利证明自己得到如此丰厚的费用也是正当的,因为它在谈判期间要锁定资本,从而放弃利息收入。然而,正像斯特恩所指出的,摩根士丹利的资金在收购完成之前是没有风险的,而且仅有1.25亿美元是它自己的。然而,"中止费"会抵消两个星期中70亿美元应付的利息。斯特恩下结论说:"万一这笔交易不成功,这笔'中止费'只能算是伯林顿董事会的合伙人对摩根士丹利把他们包括进这一交易的一种补偿。否则就说不通了。"[11]直到5月中格林伯格才公开了他与摩根士丹利的秘密会谈。这个会谈是公司的秘密,阿舍·埃德尔曼和多米尼欧都不知道。这里看不出两个投标者得到的是平等待遇。

6月末,摩根士丹利出价每股78美元,也就是总共将近24亿美元,击败了埃德尔曼的蓄谋控股。摩根士丹利用仅仅1.25亿美元就得到了全美最大纺织品公司的将近三分之一的股权。即使这1.25亿美元也大部分来自银行家信托公司和公平人寿保险公司。摩根士丹利同时还挣到8000万美元酬金,包括为这项交易筹措资金而认购近20亿美元的垃圾债券所得到的利润。伯林顿在这场金融炼金术中赚到了与摩根士丹利同样的利益了吗?收购之前,伯林顿收支平衡,债务不到普通股持有人总资产的一半。杠杆收购后,公司突然要应付超过30亿美元的债务。债务是总资产的30倍。结果是它必然要解雇上百名中级管理者,卖掉世界上最先进的生产粗斜纹棉布的工厂（具有讽刺意义的是，这家工厂卖给了多米尼欧），关闭研究与发展中心，把5年内的资金预算压减到5000万美元。所有这些不仅搅乱了伯林顿雇员的生活，而且急剧削弱了公司在全球市场的竞争力。

到1987年的最后一个季度，伯林顿工业公司开始亏损，尽管公司经营的收入有了增加。这是为什么？因为它要付这一季度6600万美元的利息。支持杠杆收购的人称赞高额债务可以刺激管理者更努力地工作。这个论点使人想起约翰逊博士的观察——绞刑特别容易让人集中思想。难道公司必须要面对绞架才能做得更好吗？杠杆收购后所做的削减成本和出售资产的行动大部分都不是为了促进公司的经营。这些行动只是为杠杆收购所付出的代价。如果没有杠杆收购，也就往往是不必要的。很多杠杆收购行动只是对公司破产后价值的一次赌注，而不是真的试图对收购的公司进行长年管理。

杠杆收购的支持者称，公司的拥有者比经营者更有魄力。他们不需要被股票价格牵着鼻子走。每次证券交易获利的时候，这句话就会被机械地重复一遍。摩根士丹利的汤姆·桑德斯说："这个国家管理的时间大部分都花在管理股票市场价格上了。"然而，几年来鲍勃·格林希尔、乔·福格和埃里克·格利切尔都在警告公司应提高股票价格——否则的话就会如此如此。有一种偏见认为，每个季度从股票价格中赚到的钱正在拯救公司。是谁创造了这种偏见？具有讽刺意义的是，很多杠杆收购专家都在从兼并工作中调过来，在这里他们突然需要采取长远的观点。这种辩护听起来很怪，因为这个公司在80年代曾管理过几家公司最初的股票上市。最后，它忽视了一个简单的事实，那就是使公司不公开招股的目的是为了今后的股票上市，并很快获得巨大的收益。公司到那时可能会大肆吹嘘公开发行股票的益处。

在杠杆收购的潮流中，还存在着深刻的政治和社会问题。当银行家们拿自己的资本进行冒险时，参与杠杆收购的人都为这种趋势回到了"美好的过去"而欢呼。他们没有仔细看看那段"美好的过去"的历史以及银行家与他们出资支持的公司之间相互勾结的关系所引起的利益上的冲突。就像我们所看到的那样，为了实现路易斯·布兰代斯所主张的投资银行与公司保持适当距离，我们经历了几十年的焦虑与改革。这是梅迪纳诉讼案和规定对铁路及公用事业进行竞争性招标的各种政府措施的目的，也是没完没了调查的目的——普约、佩科拉和惠勒的目的。正当1982年的"415规则"似乎在结束银行与公司勾结所产生的问题时，投资银行通过商人银行业务又重新造成了这种问题。摩根士丹利在"415规则"公布之后进入商人银行业务并不是巧合，因为通过杠杆收购，它可以恢复它在交易时代所失去的排他性关系。还有什么比得到一个公司的大部分股份能更好地控制它呢？伯林顿公司董事会5人中的3人突然成了摩根的执行董事。

工业与金融的兼并在领主时代里是有些意义的，这给美国经济带来了一些稳定因素。公司在那个时代还比较弱，在开发资本市场特别是国外资本市场时还有困难，只有银行家的信誉才能使胆小的债权人放心。在赌场时代里，这种情况已经不存在了，因为公司的声誉往往胜过银行家。伯林顿工业公司对投资者来说就不需要任何介绍。新的商人银行业不同于50年代老式的关系银行业。当时华尔街的公司只起咨询的作用，而且能够提供客观的建议。如果老摩根士丹利能紧紧抓住它的客户，那么，它也没有内在的诱惑去误导或欺骗客户。

杠杆收购的潮流诱使投资银行陷入了另一场潜在的利益上的冲突。他们现在是顾问呢，还是投资者？委托人和代理人的利益是一致的吗？杠杆收购使投资银行处于和接受他们承销服务的客户进行竞争的位置。摩根士丹利在收购了美国纸箱公司后，又收购了福特·霍华德纸业公司。摩根的造纸业客户都被这事吓坏了。詹姆斯·里弗的首席财务官戴维·麦基特立克曾用摩根士丹利去经营许多股票上市业务。他说："我们非常关注摩根士丹利在造纸业中不断上升的股东位置。"[12]对于收购的客户来说也存在相同的问题。如果摩根士丹利兼并业务的职员发现了一家估价过低的公司，他们应该把这家公司给客户呢，还是由本公司占了？如果他们向一家公司推荐杠杆收购，又站在一边等着通过顾问费及垃圾债券承销而发一笔横财时，他们能说自己是客观的吗？据一项报告说，信诺保险公司没有接受摩根的第二期杠杆收购基金，就是因为他们相信摩根在追求像"大象"那样大笔的交易。这种交易可以带给他们巨额酬金。

摩根士丹利的职员意识到了这一潜在的问题，但很快就对此不屑一顾。迪克·费希尔说："我们的生意充满了矛盾，在像我们这样一体化的一种实业里，我不知道怎样才能避免冲突。"[13]他注意到，如果摩根士丹利为一家客户寻找到一个可收购的公司，一般是这家客户先做一次尝试。但是如果摩根士丹利是主动地去寻找机会呢？它首先是对它的客户忠诚还是首先对其股东忠诚？鲍勃·格林希尔回答说："最先做出尝试的是客户。我们曾和好几家公司谈过伯林顿，但是没有人感兴趣。关键是因为我们的传统，我们退避三舍，以迁就我们的老顾客。"[14]所以摩根士丹利就该为自己留下废料，只能拣别人不要的买卖吗？华尔街现在已经深深地陷在道德的灌木丛里，纠缠不清了。它再也无法挣脱了。

1987年10月19日，当道琼斯工业指数平均下跌了508点后，与20年代的相似之处产生了不可避免的后果。账面价值大约5000亿美元——相当于法国的国民生产总值——化为乌有，尽管在"街角"还没有出现不幸的情景，破产的投资者没有成为暴徒，也没有证券经纪人像做"燕式跳水"那样从高处跳下来。现在70%的证券交易都由机构来进行，像共同基金和养老基金之类。这些基金不喜欢发生戏剧效果，它们只通过电脑屏幕来跟踪市场。据后来的报道，心情压抑、周期性偏头疼甚至阳痿都出现在投资者身上，但没有1929年那种从空中飞下来的"艺术表演"。除了在纽约证券交易市场里参观者的队伍长了些以外，在这个黑色的星期一，"街角"并没有显示出大灾难的迹象。

摩根财团在1987年股市崩溃中所受到的影响实际上比1929年大。现在，所有的银行和证券经纪所都在进行交易业务。摩根士丹利是从事股票指数套利的主要商行之一。股票指数套利是由电脑控制的，利用纽约股票价格与芝加哥股票指数化期货间的差价来赚钱。人们指责这种交易造成了市场疯狂的波动，甚至不公平地谴责这种交易是造成股市崩溃的原因。在一个秘密的、限制进入的电脑房里，50名摩根士丹利的交易员和分析家注视着电脑上的信息，寻找套汇的机会。这个电脑房因其先进的软件被称为黑匣子，其中一些软件甚至需要交易员戴上三维眼镜去使用。这些交易员及分析员所采取的冒险可能会折磨哈罗德·斯坦利的灵魂。1986年9月11日,在市场经历了严重的衰退后,摩根士丹利把赌注押在经济回升上,买了10亿美元的股票期货,结果损失惨重。这种与期货有关的交易把利用贷款投资重新引入了市场。而政府认为他们已经在30年代用更加严厉的保证金规定取消了用贷款投资的做法。

从1984年到1987年,股票价格持续上涨,没有一次回落超过10%。这使买空的投机商欢呼雀跃,使卖空的投机商缄默不动,使人们对警报的信号无动于衷。与1929年的形式完全一样,债券市场的行情在1987年春天暴跌。联邦储备银行在9月份提高了贴现率。10月初,摩根士丹利害怕客户会在牛市中失去更多,激励客户把钱全部投资在普通股上。后来,当摩根士丹利给金融评论员亚当·史密斯提出了一个过于乐观的收购建议时,史密斯想了想说:"10月份你让我投资,我丢了一半的钱,现在我还怎么买呢?"[15]

1929年是美国国内发生的大崩溃,而1987年则是个全球性的大恐慌。在世界范围内股票上升、下跌,然后又全面反弹。把市场交织在一起的同样的金融管制放松导致了东京、香港、纽约、伦敦、巴黎和苏黎世的股票同时下跌。摩根士丹利的巴顿·比格斯说:"几天来,人们只是看着时钟等待熊市过去。"世界股票市场的新的联系看起来好像夸大了两个方向的行动,增加了世界金融体制的不稳定性,而不是消除了波动。

从摩根历史的观点看,黑色星期一重要的一方面就是在援救中没有任何明显的角色。这与1929年有很大的历史差别——缺少银行家的援救。里根总统急于去效仿胡佛。他说:"经济的基本面一直保持良好。"[16]纽约证券交易所主席约翰·费伦所起的作用和理查德·惠特尼的作用相同。他和顾问们争辩是否应关闭交易所。股票市场又出现了购回股票及提早关闭交易所以处理票据的情形。但是没有一个银行家迈上华尔街23号的台阶。费伦大部分是与美林的威廉·施赖尔及所罗门兄弟的约翰·古特福罗因德商讨,而不是与摩根士丹利商量。这显示了交易与零售公司的新的重要性,这类公司在1929年是登不上这种大雅之堂的。

联邦储备银行采取的行动敏捷迅速,其决心之大没有人会怀疑。10月

20日,艾伦·格林斯潘发表了一篇言简意赅很有作用的声明,肯定地说:"联邦储备银行准备作为一种清偿力来源来帮助经济和金融体制。"[17]联邦储备银行购买了美元,策划了利率的大幅度下降。联邦储备银行纽约分行的行长杰拉尔德·科里根亲自恳求银行继续借钱给健全的证券公司。纽约证券交易所的一些专家在试图阻止股票市场的下跌时,通过大量购进股票,增加存货,结束了黑色的星期一。他们的主要贷款人也向他们抛售了股票。这些贷款人包括摩根担保公司、制造商汉诺威银行以及纽约银行。联邦储备银行的行动是令人钦佩的。华尔街不再需要摩根财团了。摩根在这么重大的危机面前不可能处理得这么好。就像大陆伊利诺斯事件所说明的,在巨大的没有枷锁的全球市场里,私人公司的拯救已经是过去式,不起作用了。像皮尔庞特·摩根或汤姆·拉蒙特一样显得那么重要的金融家再也不会出现了。

这场崩溃显示了在牛市中被人们所遗忘的一种包销股票的风险。1987年11月,当英国政府出售英国石油公司32%的股份时,投资者在经历了黑色星期一后已没有能力这么快就吸收巨额的1320亿美元股票了。美国的四个承销商——摩根士丹利、高盛、所罗门兄弟以及希尔逊-雷曼——眼睁睁地看着3.5亿美元的账面损失。英格兰银行同意以70便士每股的价格购回股票。这才避免了一场灾难。石油价格的上涨和科威特购买了20%的英国石油公司的股份,又救了英格兰银行。

股市崩溃过后,美国务实派大众又一次祈求华尔街能够吸取教训,好好地看一看这次不幸。一位通用汽车公司的工人说:"对世界上一无所有的人来说这是绝妙的一个星期。"股票经纪人收回了他们戴了几年的光环。一个经纪人悲叹道:"股市崩溃前,每个人都想让你去娶他们的女儿。现在我们成了土地上的渣滓。"[18]但持续繁荣的怪物——用户第一主义、贪心和投机——不会这么快就被杀死。《新闻周刊》的封面上写着:"聚会结束了吗?"摩根士丹利的一些固执的年轻职员用这光滑的封面当作狂欢会的邀请信,上面挑衅似地潦草地写着:"他妈的,没门儿。"[19]埃里克·格利切尔的"兼并作坊"曾经进行过200个交易。他问:"为什么不能再干下去了?"[20]值得骄傲的是,摩根士丹利在崩溃中没有受到什么损害。它甚至还要对一家遭到打击的商业银行扩大信贷。但是摩根士丹利自己的职员对公司新发行的证券20点的跌幅吓得心绪不宁。

因为崩溃并没有造成衰退，所以公众也就没有受到很大的刺激，从而要求立刻采取改革措施。然而，1929年崩溃后的金融改革就比崩溃滞后了三四年——在长期的萧条暴露了20年代的投机生意所带来的全面的经济后果之后才进行了改革。与1929年后反对联营和卖空的最相似的一点是现在对电脑程序交易的争论。一种把崩溃归咎为市场内部机制的趋势又出现了。1988年1月，美林、希尔逊-雷曼-赫顿和高盛对自己的账户暂停了利用指数套利的交易。但摩根士丹利不需要担心那些生气的小投资者，它显示了新的背叛的姿态，尽管帕克·吉尔伯特是纽约证券交易所的理事。在众议员爱德华·马基所领导的电信和金融分委员会给摩根士丹利施加压力后，它才停止了其"业主"账户电脑程序交易活动。一家纽约保险公司——美国国际集团——的总经理莫里斯·格林伯格也通知它，他的公司将停止与那些仍然为自己的账户做股票指数套利的公司做生意。

1988年5月10日，通过引人注目的共同努力，摩根士丹利、所罗门兄弟-贝尔斯特恩-佩因韦伯和基特-皮博迪宣称他们将停止套利活动。摩根士丹利显然是把自己的计划通告给了其他公司，提醒他们注意，从而组织起这一行动。在美国电脑程序交易被制止了，摩根士丹利在同年12月转向日本，在日本推行这种做法，引起轰动，刺激东京的股票交易达到破纪录的程度。1989年，仅仅间隔了9个月，摩根士丹利又泰然自若地在主要商行中领先恢复了计算机程序交易活动。程序交易是否增加了波动，这个问题很复杂，没有得到解决。值得注意的是，摩根士丹利显然对舆论不屑一顾，而且就是要对金融管理当局表示公然藐视。这种行为显然与摩根担保公司的强烈的"公司公民"意识完全不同。

如果美国务实派大众希望黑色星期一能够使华尔街心存戒惧，谨慎行事，那就彻底错了。这只促使华尔街的行为更加武断，更加鲁莽。证券公司已经失去了很多保险可靠的生意。1975年5月1日后，经纪佣金费有所下降，承销业的赚头在1982年"415规则"后也缩小了。现在交易利润随着股市崩溃而大幅度下降，引起华尔街及纽约的工作机会大大减少。兼并已经占了华尔街所得利润的一半。随着另外一些机会的减少，从事这种业务的吸引力变得无法抗拒。而且股市崩溃和疲软的美元为兼并带来了非常便宜的价格。如果蓄谋控股投资者没有出现，华尔街就准备通过新的商人银行部门及垃圾债券辛迪加亲自进行蓄谋控股投资。

现在已经有太多的公司被兼并作坊加工过了，要找下一个合适的目标已经越来越困难了。每个人通常都用相同的方法仔细检查同一个名单。一个解决办法是寻找一些实业为目标。这些实业从法律或习惯角度来看向来是可以避免敌意兼并的。埃里克·格利切尔以及摩根士丹利的所有人推翻了一个神圣的金融上的禁忌：你决不能向银行发起敌意蓄谋控股。因为通常认为这种做法会动摇储户的信任或损害拿着银行股票的众所周知的孤儿、寡妇的股息。所以在过去，银行兼并者或是友善性的，或是管理当局对处于困境的银行强行兼并。

在股市崩溃发生前不久，纽约银行对欧文信托公司发动10亿美元的蓄谋控股投资，从而把这种礼仪打得粉碎。这是两家历史悠久的机构之间的冲突。纽约银行是由亚历山大·汉密尔顿及他的合伙人在1784年创建的。没有别的银行能够经营这么长久而始终不易其名。欧文是根据华盛顿·欧文的名字命名的*，建立时间可以追溯到19世纪中叶。纽约银行由摩根士丹利的埃里克·格利切尔、沙利文和克伦威尔公司的罗钦·科恩作顾问，而欧文信托公司是由高盛和摩根担保公司来作顾问的。

长达一年的战斗只是表明华尔街已变得多么恶毒和残忍。这些曾是斯文的老牌银行，这种银行对富裕的老客户关怀备至。欧文是这么的昏昏欲睡，以至于它一直没有参加到外汇交易的大潮中去。而其他商业银行却从中大获其利。欧文很少开除人，而且在圣诞节时给每个人相当于工资15%的丰厚奖金。

纽约银行的董事长卡特·巴科发动对欧文的蓄谋控股投资，因为他害怕纽约银行会被另一家银行兼并。欧文的经理们坐在华尔街1号（欧文信

---

* 华盛顿·欧文（Washington Irving, 1783－1859），美国著名作家、短篇小说家，享有"美国文学之父"的美誉。他还做过律师、政府官员，是对西班牙及英国的外交官。他的代表作有《见闻札记》《沉睡谷传奇》《瑞普·凡·温克尔》等。

托公司）艺术装饰豪华的总部里，开始时对此嗤之以鼻，相信联储不会纵容敌意接管银行，格利切尔和科恩准确地预言联储的主席艾伦·格林斯潘将会打破前例。纽约银行通过诉讼案、争夺代表权以及刺耳的新闻稿交战步步逼近了欧文。在纽约银行胜利之后，格利切尔的话很快就使经济界充满了恐惧。他告诉新闻界，敌意收购是"将要来临的事件的预兆"。[21]纽约银行已经答应通过正常减员来弥补接管的费用。到1989年初，纽约银行已经解雇100名海外员工了。一位欧文的经理说："大屠杀已经开始了。"[22]再没有任何一种形式的金融掠夺对摩根来说是出格的了。

随着黑色星期一而来的一种新精神也吹过了华尔街23号。当它从一个纯粹的商业银行进化成带有许多投资银行活动的新奇的混合体时，它的特征也变了。在股市崩溃后的一次盛大的圣诞聚会上，刘易·普雷斯顿说他看到这么多对夫妇同来非常高兴。因为他们知道他们的丈夫或妻子在下一年中每天将工作到很晚。在第二天晚上的另一次招待会上，他说他要确保每个人都听到了他说的话。因为前一天晚上"一些人没有听到我说的话，他们回家的时候非常高兴"。[23]好像是为了强调银行所面临的新的危险，穆迪投资服务公司把摩根担保公司的母公司J.P.摩根公司AAA的评级降了下来,标准普尔公司仍然为J.P.摩根公司这一控股公司保留了AAA级。而且这两家评级公司都认为摩根担保公司是唯一可得AAA级的美国大银行。穆迪的行动是摩根闪光的盔甲上微小却显眼的凹痕。

J.P.摩根公司逐渐变成了15000人的集团公司。它试图保留旧的合伙人制的风格。新的管理人员接受严格的为期六个月的训练，旨在使他们适应银行文化。华尔街23号几乎不从外面招人。它每年花费上百万美元供应免费午餐来增进同事间的友谊。华尔街23号还保留着不侵占别人的荣誉或不排挤同事的道德标准。摩根前行长罗德·林赛说："摩根合作共事的感情是我们所得到的最重要的东西。"普雷斯顿定期发一些备忘录，告诫雇员们他们是在为客户和银行工作，而不是为他们自己。用林赛的话来说："我们不想要那种总是独自高高在上的人。"[24]

摩根担保公司比摩根士丹利或摩根建富更尊重传统，无疑是古老的贵族式的摩根财团的继承者。但是它独特的礼仪受到了威胁。它忙着进行彩排，等待着有朝一日重返舞台，再次成为全功能银行，就像老摩根财团。在国内，它把商业贷款及资本市场的活动熔成一个公司融资部门，这是投资银行的雏形。用普雷斯顿的话说，它专门"对付非常复杂的交易，这些交易不可能由商业票据市场去处理"。[25]它从每一个合法的证券交易中尽量获得利润。它经营国库券，承销市政债券，为市政府提供咨询，提供证券调查及经纪业服务，做条金、条银及外汇买卖。它仍然经营最高档的私人银行业务，通过广告追求富裕的客户，答应为他们解除拥有5000万美元的"忧虑"。

在国外，摩根财团增加了资本市场的活动，专门做利率掉期、货币掉期，以及其他深奥莫测的金融交易。它在日本、香港、比利时和德国都设有商人银行。在伦敦——它的全球资本市场经营的总部，它花费了5亿美元把临近泰晤士河的两座古老的建筑装修成巨大的交易场所。这两座建筑以前是空着的吉尔德霍尔音乐和戏剧学校以及伦敦市女子学校。装修后，1500名雇员将工作在染色玻璃，木制天花板下，周围是莎士比亚和弥尔顿的半身像。普雷斯顿悲叹道："我们可能成为世界性的证券公司，却不能在本国的市场承销债券。这种状况真有讽刺性。"[26]

为了标志从商业银行业务中解脱出来，摩根财团在广告中更多地用J.P.摩根来代替摩根担保公司。摩根担保公司是古老的、正在缩小的银行核心。伦敦的摩根担保有限公司重新更名为J.P.摩根证券公司。摩根财团需要把商业银行家重新改变为交易员和推销员。摩根花在训练雇员上的时间可能比任何其他银行都多。公司融资部门经理罗伯特·恩格尔说："我们几乎是在这儿开办了一个小型大学。"[27]摩根希望通过聪明和创新的精神来保持银行绅士派的文化。然而，是否能以老办法兜售新产品还不太清楚。一个发放贷款的官员可以成为一名绅士或淑女，但当货币交易员可以吗？可以成为一名"兼并艺术家"吗？

兼并工作是新摩根财团的试金石。一直到60年代末期，摩根免费提供这种咨询，作为一揽子交易的一部分。这种非正式的服务（只是买主和卖主的一个档案）提供给客户，作为交换的是百万美元的存款。早在1973

年，摩根就试图使这种经营制度化，甚至安排了英-美烟草公司收购金伯尔兄弟公司，获得了60万美元的酬金。但这一经营从来没有真正开始。就像摩根士丹利那样，银行被长长的客户名单所牵制——很难代表一家客户的利益而不伤害到另一家。作为一家商业银行，它希望皆大欢喜。

这一问题在1979年很明显地暴露了。当时，美国运通正试图收购麦格劳-希尔出版帝国。美国运通的董事长詹姆斯·罗宾逊三世请摩根为兼并提供资金。罗宾逊曾在摩根工作过，60年代汤姆·盖茨作董事长时，罗宾逊曾是他的助理。一开始，罗宾逊认为他可以安排一次友善的兼并。但是，他却激起了小哈罗德·麦格劳的愤怒的反应。小麦格劳请来摩根士丹利的耶格·约翰斯通以及辩护律师马丁·利普顿发起了一场凶狠的反击。

麦格劳利用一切现成的理由口诛笔伐。他起诉美国运通犯有诽谤罪。他说美国运通与阿拉伯联合起来抵制以色列。他要求联邦通讯委员会及联邦贸易委员会研究一下反垄断的问题，指责美国运通是对第一修正案的威胁，同时他还提出了几十桩其他问题，有捏造的，也有真实的。麦格劳在最后一击中指责美国运通没有支付发行旅行支票的利息。

美国运通曾经打算从摩根担保公司为首的银行借款7亿美元来做这次兼并。这激怒了麦格劳，因为麦格劳自认为是摩根的忠实客户。1977年，摩根的董事长帕特·帕特森为麦格劳举办了一次午宴，庆祝出版公司与摩根银行的合作50周年。麦格劳仍然在抽屉里保存着午宴时发的纯银雪茄盒。

现在，麦格劳很想知道罗宾逊是否故意选择摩根来夺取他的银行，是否摩根曾泄露了一些机密信息给罗宾逊。他谴责美国运通运用它的"金融力量来促使一家银行打破与它客户的关系"。[28]结果发现摩根信托部在信用账户上拥有180万股麦格劳-希尔的股票。不管是投票还是不投票，这些股份肯定会使摩根纠缠在关于利益冲突的问题上。建议中的兼并退化成了这么一个嘈杂的、不体面的争吵。美国运通决定放弃，而摩根士丹利收取了150万美元的酬金。很难想象，无所不在的摩根担保公司能够进行敌意收购而不会立即捅到马蜂窝，引起诉讼和客户的冲突。同时，银行与公司客户的紧密关系造成了设立一个令人生畏的兼并部门的可能性。

1985年，摩根银行组成了一个单独的兼并和收购部门，由古巴出生、耶鲁毕业的罗伯托·门多萨领导。罗伯托身材高大，喜欢沉思，微微有着威迫的目光。这使他看起来比摩根内的一般银行家更冷酷和坚定。他让人更多地联想起摩根士丹利的交易人员而不是旧时代的严肃的摩根担保公司的银行家。作为肾上腺发达的一类人，他喜欢午夜打网球这类激烈的运动，并推动他所管理的年轻人去设计非正统的交易。门多萨认为投资银行在榨取客户的钱，他希望通过价格与它们展开竞争——这可能仍然是华尔街认为神圣不可侵犯的禁忌。门多萨还认为高额收酬金有时会歪曲对投资银行家的判断。摩根担保公司为它的收购部门做广告，这刺激了华尔街。这则广告说："在兼并和收购部门，需要完全客观的和不受利益冲突的客户……能够信任一家商行——J.P.摩根。"[29]一个广告画了一个空白的"募资碑铭"，并且尖锐指出："我们推进兼并和收购的交易不是只为了赚钱。"[30]它很快会为"比你更神圣"的广告付出代价。

摩根银行知道在刀耕火种般的收购竞争中，自己绅士风度的形象会受到损害。就像鲍勃·恩格尔说的："当一位董事长半夜被人打电话吵醒，对他说'我们要买你的公司'时，他会想起摩根士丹利而不是摩根担保公司。这是一项销售工作，毫无疑问。"[31]除了形象问题，摩根还面临着一个问题，即公司不愿与大的借款机构分享秘密。这些机构可能难以保守秘密，也可能会用这些信息来拒绝提供以后的贷款。

到80年代末期，普雷斯顿和门多萨公开宣布，摩根不仅会支持非友善控股投资，而且会在一项兼并业务中为双方融资，形成两军对峙。一旦J.P.摩根公司以其权威的姿态肯定了敌意蓄谋控股投资，华尔街就彻底脱胎换骨了。这情况与1929年相同，当时摩根银行也顺应时尚，和阿利甘尼联合公司组成了控股公司。

在股市崩溃之前，门多萨的部门只取得几次小小的胜利，而没有令人刮目相看的大交易。1988年1月，摩根成了第一家在10亿美元敌意蓄谋控股投资的交易中出谋划策的商业银行，为霍夫曼-拉罗奇出价42亿美元收购斯特灵药业公司的交易提供咨询。瑞士的霍夫曼-拉罗奇药业公司一年营业额有60亿美元。1985年，这家公司的安眠药安定的专利权到期了，它需要新产品来补充商品供应线。斯特灵制造拜尔阿斯匹林、菲利普镁乳和许多其他产品。制药业原来有着卡特尔式的特殊关系,向来按君子协定管理,没有经历过血腥的收购战争。这是第一次一家大制药公司向一个公平竞争者发起敌意的进攻。使人更为震惊的是,J.P.摩根公司曾是支持了斯特灵公司50多年的银行。

霍夫曼-拉罗奇接受了门多萨的建议,采取了一种疯狂的蓄谋控股投资战略。这种战略被称为"拥抱熊"。它先出价每股72美元收购斯特灵,而且还未等对方正式拒绝又很快连续两次提高价格。斯特灵的董事长约翰·皮埃特拉斯基曾经把公司从以前的懒散状态中震醒,使其盈利达到相当大的两位数的水平。于是他被霍夫曼-拉罗奇的提议激怒了。他请来了摩根士丹利的乔·福格及斯凯敦-阿普斯的乔·弗洛姆作为顾问。

皮埃特拉斯基学哈罗德·麦格劳的样子,刮起了一阵旋风。这阵风使摩根担保公司难以忘怀。在一封公开信中,他说他"非常震惊和沮丧"。他认为摩根银行资助并唆使对其长期客户突然进行蓄谋控股是不道德的。他说:"摩根银行知道我们最机密的金融信息。"[32]他摆出了最近这些年他们之间的关系,包括借款,摩根是斯特灵负责股票登记转让的信托公司,以及摩根对斯特灵欧洲市场证券的经营。这是一种聪明的谴责,因为皮埃特拉斯基重复着老华尔街的语言,好像在用回忆羞辱摩根银行:"你和你的客户必须有多少信任关系和信心,你才不会采取有损于他最大利益的行动?"[33]

在一次不寻常的公开答辩中,刘易·普雷斯顿暗示那封信是由一位公关人员制造出来的伪善的空话。他后来说:"有意思的是我们仍然是他们的股票转让信托公司。"这场大战过去后,普雷斯顿解释说:"那不是斯特灵的董事长写来的信,那是投资银行家写的信,目的是要使本公司难堪。"[34]他不同意摩根背叛一位非常忠实的客户的说法。他觉得斯特灵的主要银行是欧文信托公司。华尔街23号只起"机械的作用"。对普雷斯顿来说,提出背叛这个问题并不很让人吃惊——显然在计划收购时已考虑到这一点。令人吃惊的是华尔街联合起来指责摩根进行这次交易。

实际上,投资银行家觉得霍夫曼的第一次出价太低了,结果吸引了更多的大鲨鱼。摩根士丹利带来了柯达作为友好的竞争者。柯达以每股89.5美元夺取了斯特灵。尽管华尔街对摩根担保公司搞坏了这次交易幸灾乐祸——

这种高兴几乎是不加掩饰的,摩根银行则暗示柯达多付了钱。这个价格是很高的,是斯特灵1988年预计盈利的22倍。当然,投资银行对贬低摩根担保公司的经营实绩有既得利益,因为摩根担保公司侵入了他们的领地去赚钱。当门多萨要求为失去的努力付出微不足道的100万美元酬金时,这些投资银行非常愤怒,他们认为这种行为当然是最不能原谅的罪过。

很明显,摩根认为霍夫曼-拉罗奇是比斯特灵药业更密切而且更有利可图的客户。但这就是新的选择目标的标准吗?银行应该用弱小客户去喂饱强壮的客户吗?应该牺牲那些看起来不太重要的客户吗?那么以后谁还会相信银行呢?随着大银行开始进行蓄谋控股投资,这种争议也突出说明存在着利益冲突的多种可能性。比如说,作为斯特灵药业股票转让的信托公司,摩根担保公司保存着机密的股票持有者名单——对任何蓄谋控股投资者来说这是无价之宝(那年下半年,摩根银行把其股票持有者服务经营权卖给了第一芝加哥,结束了一个多世纪的公司信托业务。普雷斯顿否认与斯特灵的联系,尽管这种股票持有者服务显然是和兼并活动不相容的)。尽管摩根银行实行内部控制,保护机密信息,但是它鼓励贷款官员以"一家银行"的合作精神向门多萨领导的小组传递信息。

好像唯恐麦格劳-希尔或斯特灵成为独特的怪事,摩根银行在1988年4月又陷入了麻烦。科宁玻璃器皿公司的董事长詹姆斯·霍顿宣布了以每股26美元价格收购国际医学实验室有限公司的协定。霍顿坚决反对敌意蓄谋控股投资,他以为这次交易已经做成了,委托摩根担保公司作为他的保管人和借款人。接着,史密斯克兰·贝克曼抛出了一个出人意料的标价,很快使价格上升到37美元一股,从而获胜。被打败的霍顿十分吃惊,因为史密斯克兰的顾问也是他自己的坚定的银行——摩根担保公司。更让人震惊的是霍顿是摩根的董事会成员!在摩根年会的前一天晚上,霍顿威胁说要辞职。在与刘易·普雷斯顿谈了一番话之后才平息下来。摩根为史密斯克兰咨询比为科宁做保管人赚得多。但这种短期的赚钱是新的经营标准吗?摩根银行是否打算把自己也拍卖给出价最高的人?摩根银行正向双层结构发展,在这种结构中它牺牲小客户来悉心照料大客户。在这一过程中,它开始——仅仅是开始——效仿华尔街的其他公司,这些公司这么干已经有好些年了。

— 本章参考文献 —

1. 《机构投资者》（Institutional Investor）：《从前如此》（Way It Was），第604页。
2. 《纽约时报》（New York Times），1978年5月17日。
3. 《财富》（Fortune），1986年2月17日。
4. 同上。
5. 同上。
6. 《华尔街日报》（Wall Street Journal），1989年6月8日。
7. 《机构投资者》（Institutional Investor），1987年11月。
8. 《财富》（Fortune），1986年2月17日。
9. 《纽约时报》（New York Times），1984年7月3日。
10. 《巴伦》（Barron's），1987年8月3日。
11. 同上。
12. 《纽约时报》（New York Times），1989年5月18日。
13. 《机构投资者》（Institutional Investor），1987年11月。
14. 同上。
15. 迈耶：《市场》（Markets），第60页。
16. 《时代周刊》（Time），1987年11月2日。
17. 《华尔街日报》（Wall Street Journal），1987年11月20日。
18. 同上，1988年10月7日。
19. 同上，1987年10月26日。
20. 《纽约时报》（New York Times），1988年9月28日。
21. 同上，1988年5月1日。
22. 《华尔街日报》（Wall Street Journal），1989年2月2日。
23. 同上，1988年3月22日。
24. 作者和罗伯特·林赛的访谈。
25. 作者和刘易·普雷斯顿的访谈。
26. 《财富》（Fortune），1986年4月28日。
27. 作者和罗伯特·恩格尔的访谈。
28. 《纽约时报》（New York Times），1979年1月23日。
29. 《华尔街日报》（Wall Street Journal），1989年3月6日。
30. 《纽约时报》（New York Times），1988年2月7日。
31. 作者和罗伯特·恩格尔的访谈。
32. 《华尔街日报》（Wall Street Journal），1988年1月7日。
33. 同上。
34. 作者和刘易·普雷斯顿的访谈。

第三十六章
摩天大楼

1989年，拥有6400个职员的摩根士丹利在第六大道的埃克森大楼里占了17层楼面——超过了埃克森本身。现在这幢大楼的所有权属于三井的一个分支机构。跨出电梯，进入30层的接待处，迎面而来的是一幅杰克·摩根的肖像，可以瞥见被现已退休的合伙人保存下来的拉盖书桌。在豪华的餐厅里，间隔很宽地排列着餐桌和皮制的扶手椅。身穿制服的男性服务员会斟上麦底拉或干雪利酒，但是（按照摩根的传统）没有烈性酒。除了这些特点之外，新的摩根士丹利勇敢大胆，财大气粗，和1935年9月在华尔街2号一间摆满鲜花的办公室里开始创业的温文尔雅的公司几乎没有什么共同之处。

摩根士丹利现在集中做兼并和商人银行业方面的业务，而非证券承销。股市崩溃以后，公司不再重视证券承销业务，逐步取消了几十个执行董事的职位，并且主要是销售部门和交易部门。1988年，曾被讥笑为平民的美林公司首次在国内承销业务中取得第一把交椅，而摩根士丹利则跌落至第六位。摩根大多从事垃圾债券业务，现在是最有利可图的承销业务，也是兼并工作不可取代的附属业务。在对垃圾债券大王迈克尔·米尔肯调查时，随着德雷克塞尔-伯纳姆失去地盘，摩根士丹利在短时间内居然成为美国最大的垃圾债券公司！皮尔庞特、杰克和哈利·摩根的在天之灵是否会发抖？

毫无疑问，摩根士丹利有着煌煌业绩，令人敬畏。50年来，它一直处于或接近于投资银行业务的顶峰——除第一波士顿之外，无人可以如此称雄。它在每次竞争性的威胁中，都安然无恙。它聪明机灵，具有一种不可捉摸的战略意识，似乎只有它才有免疫能力，不染上华尔街股市崩溃后的忧郁伤感。1987年，只有这家公开上市的证券公司增加了收入。它似乎是不可战胜的，把五个最高管理人员的年薪提高到大约300万美元的水准，从而使这五个人的收入都超过与他们相竞争的公司的董事长的工资。公司支付给帕克·吉尔伯特的工资和奖金为440万美元。1988年的利润达到3.95亿美元——在交易环境不景气的情况下，异乎寻常地上升了71%。与此同时，它的对手都长期困于内部矛盾、有伤元气，而它却无此弊端。

然而，尽管有此惊人的成绩，摩根士丹利的实际情况也深深地令人担心。它遵循着彻头彻尾追求利润的本能，从事风险越来越大的活动，对整个国家的经济造成更大的潜在的危害。在20世纪80年代行将终结时，与其说它是一个金融服务公司，倒不如说它更像一个工业控股公司。它在40家公司里都有股份，它们的资产达到70亿美元以上，72000个雇员。摩根士丹利突然成了连锁食品商店、造纸厂、纺织厂和飞机发动机制造厂家的部分所有者。这些投资获得的收益率达到40%，预示着甚至强烈的商业银行的倾向，减少在纽约、伦敦和东京的交易和证券销售业务，而这些业务在80年代曾经是该公司的生路。

在20世纪70年代，杠杆收购均为小额，并大多是友善的交易，涉及稳定且能经受衰退的公司。而现在，由杠杆收购基金筹措的机构资金在1988年为250亿美元，即足以收购价值可达到2500亿美元的许多公司。如此庞大的资金规模产生了要兼并各种各样公司的不可抗拒的压力。在华尔街的大银行的贷款规模中，其中有40%的资金进入杠杆收购基金，生动地说明了美国金融业的投机倾向。美国公司界正在通过把养老基金投入于这类活动而自我吞食。由于有这么多轻易得来的资金可自由支配，杠杆收购资金转向敌意控股投资，资金的运用也遵循着兼并工作那样无情的逻辑。

RJR纳贝斯克公司250亿美元的交易是迄今为止最大的一宗杠杆收购交易，可以作为一个归谬法。1985年，在纳贝斯克被R.J.雷诺收购时，摩根士丹利代表纳贝斯克，大家都称赞这种业务的多样化。现在，3年以后，同一批人又发现了使其破产的隐蔽的价值。摩根士丹利的埃里克·格利切尔与德雷克塞尔-伯纳姆、美林公司，以及沃塞斯顿和佩雷拉一起，为亨利·克拉维斯作咨询。克拉维斯击败了由RJR纳贝斯克的首席执行官罗斯·约翰逊及其投资银行希尔森-雷曼牵头的投资集团。

这一项兼并对进行收购的公司本身看不到什么经济利益，然而，RJR纳贝斯克交易却给银行家们带来了巨大的报酬——佣金和支出几乎达到10亿美元。摩根士丹利整整拿走了2500万美元。就像许多杠杆收购那样，整个交易都是用借来的钱进行操作的。而RJR纳贝斯克却是债台高筑，背上了200亿美元的债务负担。它在每年销售一支香烟或一块饼干以前，就已经留下了30亿美元的利息付款的窟窿。公司被迫承受的债务负担，相当于玻利维亚、牙买加、乌拉圭、哥斯达黎加和洪都拉斯国债的总和。世界上只有10个国家的债务比纳贝斯克的债务多。在过去比较单纯的年代，投资银行家们都让公司稳扎稳打，谨慎地保护它们的信用评级。现在，就在克拉维斯大军举杯庆贺胜利之时，RJR纳贝斯克债券持有人发现他们A级的债券已经一落千丈，降至垃圾债券的地步。一夜之间损失10亿美元。到1989年夏天，公司宣布解雇1640名员工，以便节省开支，偿还令人窒息的债务。那年秋天，垃圾债券市场的崩溃说明RJR纳贝斯克确实是这个时代登峰造极的破产工程。

有些观察家们在摩根士丹利的高风险、高收益的杠杆收购战略中，看到了最终交易的前奏——摩根士丹利会把自身卖给出价最高者。公司的管理人员已经从1986年的公司公开上市中获得了巨额利润，每人数千万美元。现在他们又可以第二次发一笔大财。根据一种理论，这个最终的交易要等到董事长帕克·吉尔伯特卸任。据推测，作为J.P.摩根合伙人的儿子和哈罗德·斯坦利的继子，他不想成为摩根士丹利的最后一位董事长。争夺地盘的势力斗争，特别是迪克·费希尔和鲍勃·格林希尔之间的斗争，也在分裂公司。上层人士对内部的争斗非常厌烦。

体现时代的另一个特征是，摩根士丹利发生了一个内幕交易的丑闻，其规模仅次于伊凡·布斯基丑闻*。1986年6月，摩根士丹利雇用了小斯蒂芬·王，王不久前离开了伊利诺斯大学，显然没有毕业。24岁的王先被分配到杠杆收购处，1987年3月，又被调到兼并部门。

1987年年中，一个名叫费雷德·李的台湾投资者诱骗王参与一个内幕交易计划。从1987年7月至1988年4月，王无视股市崩溃，向李提供了25笔即将进行交易的情报，换取了一笔数额不大的酬金——25万美元。在一年之内，年轻而无经验的王获得了25项兼并建议的情报，尽管多数活动他本人并没有参与。就在丹尼斯·利文和伊凡·布斯基内幕交易的丑闻闹得满城风雨之后，王开始了他的犯罪活动。李依靠王提供的情报，在10个月之内获利1650万美元。相比之下，布斯基花了5年才赚了5000万美元，利文在5年内只得了1260万美元。

虽然摩根士丹利并未参与犯罪活动，但是也未能免于批评。美国地方检察官鲁道夫·朱利亚尼说："你们应该能想到必须要有更好的控制，更好的程序。"[1]据有些宣誓书说，年轻的分析员们坐在一个叫作"牛栏"的很大的场所，公开讨论他们的交易。更加令人尴尬的是，厚颜无耻的弗雷德·李在摩根士丹利共有5个交易账户，通过公司本身来获取交易的机会。他的账户表明利润达200万美元以上。他经常到摩根士丹利登门造访，而且因为经常打电话找杠杆收购分析员的麻烦，弄得公司里人人都知道他的大名。摩根士丹利的计算机已经注意到李的交易，但是当调查者对其中9笔交易提出疑问时，他把超常的运气归因于小道消息和报上的新闻。李的交易恰好发生在消息公布之前，和公司本身的交易完全一致，摩根士丹利的调查者却不了了之。除此之外，证券交易委员会的专员戴维·鲁德看到公司竟然不能觉察这种无耻之徒，感到大惑不解。

---

* 伊凡·布斯基是华尔街最有名的套利人，曾被称为"华尔街上的四大天王"之一。他的套利公司创办于1975年，到1981年，他的资产已经达到9000万美元，实力最强时入仓能力达30亿美元，一个电话就足以使几乎任何公司胆战心惊。上世纪80年代后期，伊凡·布斯基因交易丑闻被捕入狱。

1988年10月,斯蒂芬·王被判3年徒刑,投入联邦监狱。联邦初审法院法官凯文·达菲对他说:"你本来有很好的前途,你却因为贪婪而把它葬送了。……你平生第一次有机会当骗子,你就干了。"[2]而李至今逍遥法外。公众对王一案的反应和对20世纪80年代初的阿德里安·安东纽案的反应有明显的不同。报界再次注意到摩根的声望,但是却不像报道上次新闻那样,表示怀疑或显出那种偶像被打破的悲哀感。公司已经把它的道德特权丧失殆尽。摩根士丹利现在已经摇身一变,成了一个庞大、有钱的华尔街公司,全力赚钱,其出人头地全在于它比任何人都干得好。

在大温彻斯特街23号内,摩根建富似乎没有什么骚动。绿色的地毯,淡黄色墙上挂着镶在精致框架里的画像,一派贵族的尊严气势依然如故。然而,摩根建富却在为自身的前途而挣扎。继吉尼斯事件之后,公司雇用约翰·克雷文任首席执行官,以2500万美元买下了他的小公司——凤凰证券公司,给了他摩根建富5%的股份。在他那内容丰富的简历上,已经有了好几个重要职务。他是西格蒙德·沃伯格的门徒,他曾任瑞士信贷怀特韦尔德和美林国际的董事长。后来,他认为纽约在插手,就和美林当时的董事长唐·里甘发生冲突,于是拂袖而去,离开了美林。他在家乡肯辛顿-切尔西区创立并经营凤凰证券公司,从事了20多项大冲击时代的兼并交易,一举成为成功的成交者。他相貌堂堂,要求严格,一刻不停,在1986年,他连续住在英国的时间从未超过一个星期,横渡大西洋四十多次。

虽然克雷文打算按照美国的模式把摩根建富办成全球投资银行,但是这个公司却不能实现他的目标。大温彻斯特街23号不同于摩根士丹利和摩根担保公司,它一贯缺乏深思熟虑的战略,积重难返。证券交易的世界对其先前的领导来说,如同陌路。它对变化没有思想准备,也没有把公司分散的力量集中起来。回过头来看,20世纪70年代它在百慕大把摩根兄弟一脚踢开,是致命的错误。它牺牲了不可估量的优势——它和美国的摩根财团的联系。

最糟糕的是,它被兼并的偶然获利转移了注意力,对大冲击的准备却小心翼翼,和小打小闹的生意人搞在一起而不能脱身。它在交易金边证券

（英国政府债券）和股票方面从来没有建立重要的地位。公司的兼并客户从未把业务扩大到公司较弱的证券方面。继黑色星期一之后，股票交易量大跌，克雷文本人已经发出警告，过于拥挤的伦敦市场大祸临头了。摩根建富的交易厅在给公司放血。

1988年12月6日，摩根建富突然关闭了证券业务，从此使其再也没有机会成为一体化全球投资银行。整批辞退450人，这次解雇占在职人员总数的四分之一——在伦敦金融城的历史上是规模最大的一次裁员。有些交易人员的年薪为20万英镑（约37万美元），他们的命运深刻地说明了伦敦金融城的财富犹如过眼云烟。他们辞退的方式也很有象征性：消息是意外泄露出去的，首先在交易的屏幕上出现。消息走漏后，采取了补救措施，公司在人们上班时仓促发出通知。在这一片混乱之中，有些金边债券的交易员尚不知道自己已经丢了工作，还继续干了一个小时。虽然克雷文处理这个大屠杀很有策略，值得称道，安排了非常慷慨的离职津贴，但是对摩根建富来说却是一个可怕的打击。对伦敦金融城来说，自从宇宙大爆炸以来这次规模最大的裁员犹如晴天霹雳，象征性地结束了疯狂的80年代。1989年3月，约翰·克雷文宣布1988年亏损——也许在摩根建富151年的历史上，这还是第一次。

现代世界对资本短缺的银行没有大慈大悲的心肠，而摩根建富则由于泥古不化、因循守旧而深陷危险之中。公司尚有一批精良的业务，特别是生意十分兴隆的兼并和全球资产管理部门。它先前已经买下了纽约的C.J.劳伦斯，一家优秀的机构研究和经纪公司。摩根建富把该公司和它本身在美国的业务结合起来。由于出口和项目融资强劲，它得到了由政府担保的6亿多美元的贷款，加强其资产负债表。最后，作为对苏联贸易提供融资的专家，它已是摆开阵势，最能利用"改革"的商人银行。克雷文闯劲十足，放开手脚利用这些有利条件。然而，没有证券业务，这些优势无法汇合起来组成一个全球银行。

去掉了亏损的证券业务以后，摩根建富顿时显得成了被兼并的目标。据伦敦金融城的许多玩世不恭者猜测，克雷文这个积习很深的跳槽者、精明的成交者的任务是要使投资银行的战略奏效，否则就把公司拍卖了。一位朋友说:"我想约翰的目标是扭转摩根建富的局面,把它搞好,然后就把它卖了,也许卖给德意志银行(德意志银行在1984年买了它4.9%的股份)。他是凶猛的斗牛犬——他咬在嘴里的东西是不会掉的。"长期以来,摩根建富得到忠诚的机构持股人的保护。然而在股市崩溃的第二天,保险经纪人威利斯·费伯说公司把五分之一的股票拿来出售。摩根建富正在加入到无信无义、无根无基的现代金融之中。

到1989年,摩根建富被其更加强大的对手接管的时机似乎已经成熟。克雷文取消了公司的证券业务,并且迅速地恢复了盈利,这样一来反倒增加了被兼并的吸引力。于是,在11月,这家擅长于敌意兼并的银行发现自己成了目标,法国东方汇理银行向它伸出不受欢迎的双臂。克雷文求助于德意志银行,让它充当白衣骑士——出价收购其公司,从而为公司捞了个极好的价格:超过14亿美元,比它的账面价值高出一倍以上。这场惊险的投标决定了鹿死谁手的角逐。克雷文这位老谋深算的谈判家,成为应邀进入德意志银行董事会的第一个外国人。由于德意志银行的头号人物阿尔弗雷德·赫尔豪森惨死于恐怖主义分子之手,大张旗鼓的宣告才告终止。此事慷慨成交,但也掩盖了这个事实,151年显贵独立的历史突然被一扫而空。

经过了50年后再来看,J.P.摩根公司在1935年选择商业银行业务这一步棋似乎是走错了。如果说此举在大萧条时代拯救了很多就业机会,那么这也给摩根财团压上了证明是垂死业务——批发贷款——的负担。大公司不再向银行要求短期信贷或季节性贷款——这些活动现已下放到商业票据市场。因此,摩根逐步地结束了它的历史,发展成为混合型投资银行,很像其对手——位于下一个街口的银行家信托公司。

摩根财团带头斗争,要求取消格拉斯-斯蒂格尔法案。像许多银行一样,它也希望挤进很多投资银行的活动中去,从而使国会不得不盖上橡皮图章,接受市场的现实。刘易·普雷斯顿也认为应该从理论上提出改革的理由。1984年,摩根银行发表了一篇题为《重新考虑格拉斯-斯蒂格尔法案》的文章。当时任摩根董事的艾伦·格林斯潘对此非常支持。他后来接替保罗·沃尔克担任联储主席。摩根内部一位人士说:"作为董事,格林斯潘起了很大的作用。"

刘易·普雷斯顿知道，实施"415规则"以后，纯粹的蓝筹承销并不是很有利可图的拍卖业务。摩根银行承销公司债券的目的，主要是给客户提供整套金融服务，也有必要为兼并融资。虽然摩根银行的绰号是"联储的银行"，但是普雷斯顿却从来未能使沃尔克在格拉斯-斯蒂格尔法案问题上有所松动。沃尔克仍然担心各银行进行"有风险"的证券业务，他的回答总是说，他并不担心摩根，而是三四家其他的银行。在沃尔克年代，摩根在股票和资产上的收益超过任何一家美国银行。普雷斯顿承认说："不幸的是，我们的收益相当不错，所以联储主席有点猜疑。"[3]

普雷斯顿为沃尔克排难解忧至少有3次，即亨特兄弟、大陆伊利诺斯和巴西债务重组，故对于未能得到回报而甚觉不快。普雷斯顿的一位朋友说："刘易和沃尔克密切配合，帮助解决这些问题。这三件事使他累弯了腰。我记得刘易说：'保罗欠了我很多人情，但是保罗还是反对银行进入债务市场。'我敢绝对肯定，普雷斯顿感到沃尔克有点背叛了他。"摩根的其他官员感到他们当了顺从的模范，并没有什么实惠。摩根的一位内部人士说："我厌倦了，不想再当联储的宠物。"

就在1984年，《纽约时报》说如果格拉斯-斯蒂格尔法案被撤消，摩根担保公司和摩根士丹利重新合二为一，"乃是瞬间之事"。20年以前，这是无可争议的。[4]但是，进入20世纪80年代以来，摩根兄弟之间的热情淡薄了。摩根士丹利的少壮派感到和富有闯劲的银行家信托公司更加亲近。这家银行专长于风险交易和商人银行业务，而不像摩根担保银行那样严厉刻板，谨小慎微。人们会立刻想象摩根担保银行结合的对象是高盛，而不是摩根士丹利。这两家摩根公司已经不再是天然的一对，而是劲敌，尤其是在东京和伦敦市场上。

投资银行家们都认为，格拉斯-斯蒂格尔法案的撤销是命中注定。正如摩根士丹利在1986年决定公开上市时弗雷德·惠特莫尔所说的那样："趁着各银行还没有成为羽毛丰满的竞争对手，我们正在抓紧三到五年的时机，尽快发展壮大。"[5]摩根士丹利的杠杆收购业务的专项资金和巨额资本使它能够为兼并业务融通资金，而不必依赖商业银行。确立了新的商人银行业务的方向以后，摩根士丹利对于格拉斯-斯蒂格尔法案的消亡并不在乎，这只影响其很小的正在萎缩的业务。摩根士丹利的执行董事罗伯特·杰勒德用奇怪的人民党的语气说，如果格拉斯-斯蒂格尔法案被撤销，"经济力量将会极大地集中到庞大的银行组织手里"。[6]但是他的公司却只是马马虎虎地做了点准备，在他们看来这条法律基本上是毫不相干的。

商业银行对格拉斯-斯蒂格尔法案已是忍无可忍，因为从汽车贷款到房屋抵押贷款都被一揽子作为证券业务，他们只能望洋兴叹。沃尔克的固执使普雷斯顿心中隐隐作痛。在《财富》杂志1986年4月号期刊上，普雷斯顿令人震惊地承认，摩根银行已经考虑放弃其商业银行的章程，干脆变成投资银行。这将可能使其牺牲20%的业务，放弃活期存款和存款保险业务。虽然这个声明显然未经深思熟虑，有欠明智，但是，普雷斯顿毫不在乎由此引起的轩然大波。鲍勃·恩格尔重新强调了这一点："如果我们确信我们从事证券业务的权力永远不能得到充分的扩展，那么，我们要请股东们重新考虑是否仍然作为银行。我们仍然可以是个私人银行——退出联储和支付系统。"[7]其中有些言论是策略，吓唬吓唬而已，但也暴露了华尔街23号的不耐烦。

1929年股市崩溃直接导致了格拉斯-斯蒂格尔法案的产生。具有讽刺意味的是，1987年股市崩溃成为其终结，因为黑色星期一加深了全国对华尔街的不满。摩根士丹利和其他的证券公司越来越显得像是默契的卡特尔，处于格拉斯-斯蒂格尔法案的保护之下——这个结局和新政改革派的预期正好相反，他们当初的目的是打破华尔街集中的权力。与此同时，商业银行在20世纪80年代明显遭受重挫。拉丁美洲的债务危机表明贷款的风险远远高于交易风险。这场危机嘲弄了格拉斯-斯蒂格尔精神，其宗旨原是要保证存款银行的稳定。由于外国银行能够在美国承销证券，格拉斯-斯蒂格尔法案似乎只是在惩罚美国银行，促使它们作出鲁莽的决定。鉴于现在日本的七大银行已经进入世界上十家最大银行之列，这种竞争劣势不可等闲视之。

许多银行发现，参院银行委员会主席威廉·普罗克斯迈尔参议员是个意想不到的同盟者。他愿意准予他们有权承销股票和债券，条件是大的商业银行和大的投资银行不能合并。《经济学人》杂志说："华盛顿不希望看到摩根担保公司和摩根士丹利经过这么多年以后重又结合。"[8]艾伦·格林斯潘作为联储主席曾经许诺,鉴于他本人曾任摩根董事10年,他担任联储主席后将不作任何影响银行的决定。然而,格林斯潘在背后悄悄地支持部分撤消格拉斯-斯蒂格尔法案。银行已经得到了承销商业票据和市政收入债券的许可。1989年1月,联储增加了发行公司债券的有限的权力。在最早通过开放的大门的5家银行中,就有J.P.摩根证券公司——它凭着4亿美元的资本和700名雇员,轻而易举地在这类业务中达到最大规模。1989年10月,它成为自大萧条以来发行公司债券的第一家美国商业银行,为萨凡纳电力和动力公司发行3000万美元的债券担任干事行。

在这里也有令人担心的一面。银行是否会以垃圾债券来为公司蓄谋控股投资者融资呢?他们会不会像在20年代那样故伎重演,使个花招把拉美的债券塞给债券持有人?银行将如何把存款者和将来证券业务中的任何风险隔离开来?这些担心都是事出有因。但是,解决这些问题必须要靠国会和银行监管人员的智慧,因为维持现状对商业银行造成的危险,比扩大证券经营权所能带来的危险要大得多。

在今后的岁月里,庞大的全功能银行将在国内外兴起,摩根银行当然也在其中。根据《机构投资者》的观点,商业银行有"宏大的计划"要成为"闪光的金融机构,像格拉斯-斯蒂格尔法案之前的老摩根财团那样威力无比"。[9]J.P.摩根公司现在已经是全球机构,而不只是一家在海外经营的美国银行。在其6个最高管理人员中有3个不是美国人。在参加纽约的管理培训的人员中,也有一半不是美国人。每个高级官员都在海外任职一段时间。

到1989年,摩根银行的发展程度,已经使得华尔街23号的圣地不再能够容纳。刘易·普雷斯顿要求在每一个银行家的办公桌上都有一台电脑,而交易办公桌上则需要奇怪的丛林似的电线。为了适应高科技银行的需要,摩根在华尔街60号买了一幢47层的玻璃和石结构大楼。这是由凯文·罗奇设计的。这幢大楼和华尔街23号的情况不同,并不是为摩根财团专门建造的。为了节省时间和财力,摩根银行买的是由房地产开发商乔治·克莱因安排的一揽子交易。华尔街60号最初的预算为5.3亿美元,但是由于工程成本超支,造价上升到8.3亿美元。1988年,摩根银行向第一共同生命保险公司借了4亿美元，以解决新大楼的资金需要。普雷斯顿说他没有选定新大楼的陈设，因为丹尼斯·韦瑟斯通不一定中意。他就这样调皮地透露了这个消息：韦瑟斯通——这位独自奋斗成才的伦敦运输工人的儿子——将接替他，成为华尔街第一位外国出生的银行董事长。1989年夏天，在乔迁至华尔街60号前夕，银行通知说不得不裁员10%，即大约1500人。此事再次提醒人们，那种家长式的溺爱和终身雇用的情况早就已经过去了。

华尔街23号向来反映了摩根财团的特点。当你一走进大门，站在装缀着1900颗水晶片的光彩夺目的路易十五吊灯底下，你感到这里充满着自信心，体会到传统的万鼎千钧之力。它有着一种精彩的戏剧效果。在银行搬迁至华尔街60号时，有人谈到卖掉华尔街23号。刘易·普雷斯顿予以否认。他若有所思地说："这是纪念碑。除了我们以外，对其他人都没有价值。"[10]这个小小的金融神殿所目击的历史之多，超过任何其他的美国银行，而现在成了一个业已逝去的礼仪世界的昂贵文物。

还有其他的银行也会像摩根银行那样如此神秘吗？也许不会有了。按今天较为平等的标准来说，摩根合伙人装缀着一个过于封闭、过于诡秘的世界。汤姆·拉蒙特、德怀特·莫罗和拉塞尔·莱芬韦尔的宽广的视野和修养，产生于这样一个世界，这里合伙制公司的规模较小，而且金融权力的竞争性来源也很有限。他们在较为安静的、缓慢的华尔街工作，因而有条件当绅士和学者。

摩根银行的特殊风韵大多来自于其全球观念。作为美国和欧洲之间资本转移的渠道，老摩根财团理所当然地放眼海外，当美国还处于狭隘和自我封闭状态时，它就已经独一无二地具有全球性了。现在，美国的其他各方也已赶上来了。摩根银行的国外关系曾经是无可比拟的，而现在许多外国政府部门、中央银行，甚至是跨国公司的关系都可以与之匹敌。金融势力已经广泛地分散在美国、欧洲和日本的公司中间。再也不会有哪一家公司像皮尔庞特和杰克·摩根的财团那样尊如贵族，出人头地。

老摩根财团的势力，正是来自政府的财政部、公司和资本市场的不成熟状态。它看守着相对较小和原始的资本市场。今天，钱已经成了普通的商品，需要资本的公司只要去找投资银行、商业银行或者保险公司。它可以通过银行贷款、发行债券、私募或商业票据来筹措资金；它可以利用许多货币、许多国家和许多市场。钱失去了神秘性，而银行业也失去了一点魔术味道。

  摩根的故事是现代金融本身的故事。皮尔庞特时代的摩根银行所行使的权力，在今天已经被分散在大量的全球银行集团之中。当年由少数几个蓄着连鬓胡须的先生在摆着红木家具的营业厅里进行的活动，现已遍布全球，分散在众多的交易室里；我们生活在一个规模更大，节奏更快，个人知名度更低的时代。成交数量更多，赚的钱更多，但是再也不会出现像摩根财团那样的男爵了。

— 本章参考文献 —

1. （纽约）《每日新闻》（Daily News），1988年9月8日。
2. 《纽约时报》（New York Times），1988年10月27日。
3. 作者和刘易·普雷斯顿的访谈。
4. 《纽约时报》（New York Times），1984年4月15日。
5. 帕特里克和塔凯：《今日的日本和美国》（Japan and the United States Today），第146页。
6. 《纽约时报》（New York Times），1988年9月15日。
7. 作者和罗伯特·恩格尔的访谈。
8. 《经济学人》（Economist），1987年12月5日。
9. 《机构投资者》（Institutional Investor），1982年2月。
10. 作者和刘易·普雷斯顿的访谈。

致　谢

　　虽然我在开始时尚未意识到这一点，但是，现在撰写摩根财团历史一书，正是合适的时候，而且也许这是人们第一次可以公正客观地对待摩根的历史。"秘不外露"向来是摩根的信条，以前几乎所有的著作都是以第二手资料和某些猜测为依据的。但是，由于近年来一些档案对外开放，人们可以清晰地窥见五里雾中的摩根世界，从而能够写出有权威性的历史。在1940年以前，作为一家私人银行的成员，摩根合伙人对他们的文件抱有一种所有者的态度，慷慨地捐献给教育机构。其结果，摩根银行失去了对第二次世界大战以前关于自己的历史资料的控制，对于这样一个神秘的机构，这是难以理解的，而且我想他们也是感到很不自在的。

　　皮尔庞特·摩根的一生激发了十来本书的问世，而且都值得注意。他是一个令人有无穷兴趣的人物。但是摩根银行1913年以后的历史却一直是块处女地，虽然这是摩根全球势力的鼎盛时期。只有1984年出版的薄薄一本学术性著作，是小J.P.摩根的年谱。我想弥补这方面异乎寻常的疏漏。因此，我在对19世纪摩根历史作新的研究的同时，特别强调摩根银行20世纪的历史。非常神秘的是，三家摩根公司在二次大战以后的历史是一片空白。因此，这是迄今为止第一部全面描写摩根帝国的历史。

幸运的是，新的档案和我的重点恰好吻合。哈利·摩根经过多年的犹豫以后，终于在1982年他去世以前，把他收藏的家族和经营活动的丰富资料捐献给了皮尔庞特·摩根图书馆。虽然有关乔治·皮博迪-朱尼厄斯·摩根-皮尔庞特·摩根时代的资料还较为零碎，但是这批资料包含一整套关于皮尔庞特·摩根的文件。除此之外，摩根图书馆还加上了在第一次和第二次大战之间那段时期在摩根银行担任公关工作的马丁·伊根的文件。我在此感谢图书馆的英奇·杜邦和伊丽莎白·阿格，以及不可缺少的戴维·赖特，他们帮助我在这些资料中理出头绪。我衷心地感谢约翰·摩根二世和摩根家族允许我大量引证这些资料，尽管他们对于我使用某些有争议的材料有所顾虑。

我大量地利用了哈佛大学所藏汤姆·拉蒙特卷帙浩瀚的文件和耶鲁大学所藏拉塞尔·莱芬韦尔的文件。承蒙丹尼·戴维森的孙子的雅意，我获得哈利·戴维森的电子文本。其次，我也在一定程度上利用了哥伦比亚大学所藏乔治·珀金斯的文件，弗吉尼亚大学所藏爱德华·斯退丁纽斯的文件和阿默斯特学院所藏德怀特·莫罗的文件。我也从哥伦比亚大学收集的若干口传历史中引用了一些材料，特别是关于乔治·惠特尼的情况。我在此感谢所有这些院校的工作人员，特别是哈佛大学的弗洛伦斯·莱思罗普，耶鲁大学的朱迪思·希夫和威廉·马萨，以及哥伦比亚大学的罗纳德·格雷尔。关于二次大战以后的历史，我参考的资料来自哈利·杜鲁门图书馆、德怀特·艾森豪威尔图书馆、约翰·菲茨杰拉德·肯尼迪图书馆、林登·约翰逊图书馆、杰拉尔德·福特图书馆和吉米·卡特图书馆。

所有这些文件集中起来，提供了摩根银行几十年来秘密活动的大量历史资料。深入研究这些资料，我感到自己犹如一位探险者，在一个已是荒无人迹的大陆之中开辟出一条路来，发掘出了雄伟的、长满苔藓的断壁残垣。我希望我表达了每天体会到的激动之情。这些记载不仅是对一些熟悉的事件提供了新的细节。在许多情况下，它们撰写了我们历史的新篇章，特别是关于摩根银行与意大利、德国、墨西哥和日本的交往。我做的研究使我深信金融史是历史专业中最为可悲的弃儿。

在三个摩根银行中，有两个对我的这个项目持积极态度。我得到写本书的合同，恰好在吉尼斯丑闻发生之前，这将危及我接触摩根建富的人员。但是1987年我在伦敦住的两个月期间，该公司做出了异乎寻常之举。他们毫无保留地把档案向我悉数开放。他们把我安排在一个会议室里，为我从泰晤士河旁边的仓库里拿来了积满烟灰的档案。我查阅了关于20世纪最初几年直至60年代和70年代的有争议问题的历史记载。摩根建富的目的，是在发生吉尼斯丑闻以后为了表明公司对本身的道德有信心，或者是为了强调其没有丑闻的年代，我不得而知。但是，公司的慷慨给我留下了深刻的印象，使我非常感动。我特别要感谢德斯蒙德·哈尼和摩根建富的历史学家凯思琳·伯克。前者带领我参观了大温彻斯特街23号，后者表现出一种真正的合作精神，寄给我她写的三章官方历史的清样。我感到遗憾的是，由于收到太晚，我未能在注释中注明引证她的材料的出处。

在我第一次出现时，J.P.摩根公司的反应十分矛盾，担心与突然变得臭名昭著的摩根建富有何联系。然而在这里，时机对我也非常有利，因为在转向投资银行业的过程中，摩根银行采取了一种高姿态。摩根银行尽管在最初颇为勉强，但是最后对本书采取了习惯的优雅姿态，为我安排了许多会见，其中包括采访每个在世的董事长，无论是已退休的和还是现任的。我非常欣赏摩根银行对我犹如行贿般的午宴，这是无与伦比的最好的公关武器。弗雷德·艾伦和杰克·莫里斯始终为我提供了热情有礼、富有才智和专业水平的帮助。他们表现出一流的水平。我也要感谢梅拉尼·史密斯安排我利用摩根银行的内部图书馆，其中有些很有价值的未发表的回忆录。

在摩根银行中，只有摩根士丹利拒绝合作，连一次会见都不同意安排。使我感到惊讶的倒不是这个决定，而是他们处理此事的方式。管理部门和公关人士彼得·罗奇试图在公司周围盖上一层厚厚的铁幕。他们阻拦在职人员和退休人员和我谈话。我写信给帕克·吉尔伯特和迪克·费希尔，对这种敌视的态度表示遗憾，要求予以解释，也没有得到任何答复。

我特别感激那些给予合作的摩根士丹利前合伙人。他们这些人非常出众，相比之下，他们是我所采访的人中信息最多、最有见地的人。许多采访都持续了好几个小时，弥补了官方资料的不足。他们决不是对公司不忠诚，相反，真正起了帮助的作用，增进了我对公司的理解。他们的热情使我对公司现任领导的固执更加感到遗憾。

在写赌场时代一部分时，我进行了上百次采访，以便得到与前两部分相似的"身临其境"的感受，而前两部分是在阅读数以百计的书籍和成千上万的未出版的文件的基础上撰写的。由于摩根银行家们宁可吞服砒霜也不愿意公开客户，这决不是易事。他们深受保守秘密的教育，养成了缄默不语的习惯，不会公开谈论他们的业务。这使我特别感激接受我采访的人。有些人耐心地坐在那儿，从早上一直谈到暮色降临。还有的人在打字机上打出一页页的回忆录。他们的慷慨相助使我为之折服，我无法给予充分的报答。和他们相处得愉快，是写作本书的真正乐趣。我庆幸有特权能够分享他们对往事的回忆。

为了不致因为处理不当而得罪任何人，我干脆把所有通过面谈、电话或邮件回答问题的人的姓名都列在下面，我特别感谢杰克·摩根和皮尔庞特·摩根、德怀特·莫罗、汤姆·拉蒙特、乔治·珀金斯、哈利·戴维森、拉塞尔·莱芬韦尔、乔治·惠特尼、维维安·史密斯、特迪·格伦费尔、小托马斯·盖茨、蒙塔古·诺曼、南希·阿斯特和查尔斯·林德伯格的后代允许我引用他们未发表的文件。感谢爱德华·普林，保罗·彭诺耶，塞西利·彭诺耶和劳拉·菲利普斯，他们不仅回答了我的问题，而且允许我复制了他们家庭照相册中的照片。我感谢的还有一些人，他们的处境使他们的名字不便列在下面应予致谢的名单中：戴维·班德、约翰·贝利斯、戴维·本多尔、杰瑞·毕晓普、H.P.K.登·博斯特、布鲁斯·布拉肯里奇、威廉·布鲁尔、詹姆斯·布鲁格、尼古拉·凯奥拉博士、鲁珀特·卡林顿、罗伯特·卡斯韦尔、斯蒂芬·卡托勋爵、兰德尔·科迪尔、多萝西·科尔比、弗兰克·科尔比、J.E.H.（蒂姆）科林斯、爱德华·科斯蒂根、丹尼尔·戴维森、哈利·戴维森二世、道格拉斯·迪龙、戴维·道格拉斯·霍姆、罗伯特·恩格尔、埃德加·费尔顿、马克斯·费希尔、约翰·道格拉斯·福布斯、乔治·富兰克林、海伦娜·富兰克林、约翰·弗雷泽、埃文·加尔布雷思、罗伯特·杰勒德、杰克逊·吉尔伯特、哈泽德·吉莱斯皮、维克托·戈特鲍姆、拉菲尔·德拉格罗尼尔、佩里·霍尔、查尔斯·汉布罗、基思·哈里斯、卡尔·哈撒韦、罗伯特·海曼、罗伯特·亨德森、迈克尔·希尔德斯利、戴维·巴兹尔、希尔·伍德爵士、朗斯特里特·欣顿、盖伊·亨特劳兹、希罗·因诺、威廉·伊萨克、罗伯特·伊索姆、马丁·雅各布爵士、罗伊·詹金斯勋爵、弗雷德·柯比、科利斯·拉蒙特、爱德华·拉蒙特、拉尔夫·利奇、杰罗姆·莱文森、安妮·莫罗·林德伯格、罗伯特·林赛、杰克·洛克伦、约翰·麦克丹尼尔斯、路易斯·门德斯、约翰·迈耶、小戴蒙·梅扎卡帕、乔治·莫尔、凯瑟琳·亚当斯·摩根、康斯坦斯·莫罗、杰里米·莫尔斯爵士、布鲁斯·尼古拉斯、莱斯利·奥布莱恩爵士、简·尼古拉斯·佩奇、沃尔特·佩奇、埃尔莫尔·帕特森、弗朗西斯·特雷西·彭诺耶、约瑟夫·蓬斯、谢泼德·普尔、刘易斯·普雷斯顿、托马斯·普林、克利福德·拉姆斯德尔、查尔斯·罗林森、贾德森·赖斯、威廉·罗兹、富兰克·罗森巴赫、尤金·罗特贝格、乔治·罗、查尔斯·赖斯坎普、威廉·萨洛蒙、戴维·希夫、弗雷德里克·肖尔茨、安东尼·所罗门、安德鲁·斯平德勒、欧文·斯普拉格、威廉·索特、戴维·泰勒、弗雷德·特策尔、亚历山大·汤姆林森、威廉·图米、吉多·费尔贝克、波得·弗米利耶、弗雷德·文顿、诺尔马·沃尔特、安东尼·韦尔、约翰·温伯格、克里斯托弗·惠廷顿和罗伯特·温。

在出版方面，我要感谢我的伦敦代理人德博拉·罗杰斯很能干地处理了我的手稿，感谢西蒙舒斯特有限公司的编辑主任认真地阅读了手稿。在美国国内，我也不断地得到了很多人极为出色的支持。我的代理人梅拉尼·杰克逊是作家梦寐以求但难以寻觅的人。她一直是中流砥柱，发奋工作，和她合作十分愉快。没有她就不可能有这本书。我的编辑摩根·恩特里金从一开始就对这个故事有个明确的视野，其热情或慷慨从未有所减退。他给了我极为有益的指导意见和及时给我精神力量，使我能完成这项复杂而漫长的任务。我不可能得到比这更大的信心。我的父母鲁斯和伊斯雷尔在本书的最后阶段提供了唯一的研究助理工作，并帮助我进行收集照片的艰巨工作。他们真是最理想的、亲爱的、自我牺牲的父母——这一点我早就已经知道了。我最感谢的是瓦莱里——我圣洁的妻子和可爱的缪斯。她不得不为摩根财团这个在我们的心中突然升起的神圣的庞然大物腾出位置。她聪明温和，热情体贴，无微不至地帮助我实现了我的梦想。也许在最后，这个庞然大物把我们俩都吞噬了。

人名、专有名词中英文对查表

（人名按姓氏首字母排列，其他以首字母顺序为准）

A

Abu Dhabi 阿布扎比

Accepting Houses Committee 承兑行委员会

Acheson, Dean 迪安·艾奇逊

Adams, Charles Francis
查尔斯·弗朗西斯·亚当斯

Adams, Evangeline 伊万杰琳·亚当斯

Adams, Henry 亨利·亚当斯

Aetna Fire Insurance Company
埃特纳防火灾保险公司

Alaska 阿拉斯加

Albany and Susquehanna Railroad
奥尔巴尼和萨斯奎汉纳铁路

Alcoa 阿尔科尔

Aldenham Village 奥尔登纳姆

Aldrich, Nelson W. 纳尔逊·奥尔德里奇

Aldrich, Winthrop W. 温斯罗普·奥尔德里奇

Aldrich – Vreeland Currency Act
奥尔德里奇 – 弗里兰货币法案

Alexander, Sir Harold
哈罗德·亚历山大爵士

Alexander, Henry Clay
亨利·克莱·亚历山大

Alexandra, Queen 亚历山大王后

Ali, Anwar 安瓦尔·阿里

Ali, Pasha 帕夏·阿里

Alireza, Ali 阿里·阿里列扎

Alireza, Hisham 希沙姆·阿里列扎

Alireza, Khalid 哈立德·阿里列扎

Alleghany Corporation 阿利甘尼公司

Allen, Frederick Lewis
弗雷德里克·刘易斯·艾伦

Allen, Julian 朱利安·艾伦

America First 美国第一

American Bankers Association
美国银行家协会

American depositary receipts (ADRs)
美国证券托存收据

American Express 美国运通公司

American Friends of France
法兰西的美国盟友协会

American International Group (AIG)
美国国际集团

American Jewish Congress
美国犹太人大会

American Museum of Natural History
美国自然历史博物馆

American Smelting and Refining
美国冶炼公司

American Telephone and Telegraph (AT&T)美国电话电报公司
American Tobacco 美国烟草公司
American Tobacco Trust 美国烟草托拉斯
American Viscose Company 美国粘胶纤维公司
America's Cup 美国杯
Amherst College 阿默斯特学院
Amory, D. Heathcoat 希斯科特·艾默里
Anaconda 阿诺康达
Anderson, Arthur 阿瑟·安德森
Anderson, Harold 哈罗德·安德森
Anglo-American alliance 英美联盟
Anglo-American Corporation 英美公司
Anti-Catholicism 反天主教主义
Anti-Semitism 反犹太主义
Antitrust sentiment 反托拉斯情绪
Anti-Zionism 反犹太复国主义者
Antoniu, Adrian 阿德里安·安东纽
Apple Computer 苹果电脑公司
Arab Bank 阿拉伯银行
Arabian-American Oil Company（Aramco）阿拉伯-美国石油公司，即阿美石油公司
Arab League 阿拉伯联盟
Arabs 阿拉伯人
Argentina 阿根廷
Argyll 阿盖尔
Arizona-Colorado Land and Cattle 亚利桑那-科罗拉多土地及家畜公司
Arkin, Stanley 斯坦利·阿金
Armstrong, William 威廉·阿姆斯特朗
Asquith, Herbert H. 赫伯特·阿斯奎斯
Assay Office, U.S. 美国检测所
Associated Electric Industries 联合电力工业公司

Associated Press 美联社
Astor, Brooke 布鲁克·阿斯特
Astor, John Jacob 约翰·雅各布·阿斯特
Astor, Lady Nancy 南希·阿斯特夫人
Astor, Lord Waldorf 沃尔多夫·阿斯特勋爵
Astor Trust Company 阿斯特信托公司
Ataka and Company 安宅公司
Atlantic Monthly 《大西洋月刊》
Attlee, Clement 克莱门特·艾德礼
Australia 澳大利亚公司
Austria 奥地利
Austrian Anschluss 对奥地利的吞并
Austrian National Bank 奥地利国家银行
Axten, John 约翰·阿克斯腾
Azzolini, Vincenzo 温琴佐·阿佐利尼

B

Babcock and Wilcox 巴布科克-威尔科克公司
Bache 贝奇公司
Bacon, Robert 罗伯特·培根
Bacot, J. Carter 卡特·巴科
Baird, Chuck 查克·贝尔德
Baird, David 戴维·贝尔德
Baker, George F. 乔治·贝克
Baker, Newton 牛顿·贝克
Baker, Ray Stannard 雷·斯坦纳德·贝克
Baker Plan 贝克计划
Bakhmeteff, Boris 鲍里斯·巴赫梅捷夫
Balance of payments 国际收支
Baldwin, Robert H. B. 罗伯特·鲍德温
Baldwin, Stanley 斯坦利·鲍德温

Ballets Busses 俄罗斯芭蕾舞剧团
Ballin, Albert 艾伯特·鲍林
Ballinger, Richard 理查德·巴林杰
Banca d'Italia 意大利银行
Banker – government collaboration
银行家–政府之间的合作
Bankers, fall from grace of 银行家失宠
Bankers Trust 银行家信托公司
Bank failures 银行倒闭
Bank for International Settlements (BIS)
国际清算银行
Bankhaus Herstatt 赫施塔特银行
Bank holidays 银行假日
Banking Act of 1933
1933年银行法（见格拉斯–斯蒂格尔法案）
Banking Act of 1935 1935年银行法
Banking reform
银行改革（见格拉斯–斯蒂格尔法案）
Bank Leu 狮标银行
Bank mergers 银行兼并
Bank of America 美洲银行
Bank of England 英格兰银行
Bank of Japan 日本银行
Bank of Manhattan 曼哈顿银行
Bank of New York 纽约银行
Bank of Tokyo 东京银行
Bank of the United States 合众国银行
Banque Commerciale pour l'Europe du Nord 北欧商业银行
Banque de France 法兰西银行
Banque de l'Indochine 印度支那银行
Barclays Bank 巴克莱银行
Baring, House of 巴林财团
Barkley, Alben W. 阿尔本·巴克利
Barnes, Harry Elmer 哈里·埃尔默·巴恩斯

Barney, Charles T. 查尔斯·巴尼
Barnum, P. T. 巴纳姆
Baronial Age 领主时代
Barrie, Sir James 詹姆斯·巴里爵士
Barrington, Ken 肯·巴林顿
Barron, Clarence W. 克拉伦斯·巴伦
Barron's《巴伦》杂志
Bartow, Frank D. 弗兰克·巴托
Baruch, Bernard 伯纳德·巴鲁克
Bates, Joshua, 乔舒亚·贝茨
Beame, Abraham 亚伯拉罕·彼姆
Beard, Anson 安森·比尔德
Bear raiders 大量抛空者
Bear Stearns 贝尔斯特思
Beaverbrook Lord 比弗布·鲁克爵士
Beebe, Morgan and Company, J. M.
毕比–摩根公司
Bechtel, Stephen, Sr. 斯蒂芬·比奇特尔爵士
Bechtel Company 比奇特尔公司
Beecher, Henry Ward 亨利·沃德·比彻
Behn, Sosthenes 索斯特内斯·贝恩
Belgium 比利时
Bell and Sons, Arthur 阿瑟·贝尔父子公司
Belmont, August, Jr. 小奥古斯特·贝尔蒙特
Belmont, August, Sr.
奥古斯特·贝尔蒙特爵士
Belridge Oil 贝尔利基石油公司
Bendall, David 戴维·本多尔
Bendix Corporation 本迪克斯公司
Benét, Stephen Vincent
斯蒂芬·文森特·贝内特
Bennett, John 约翰·贝内特
Berenson, Bernard 伯纳德·贝伦森
Berkovitch, Boris S. 鲍里斯·贝科维奇
Berle, Adolf A. 阿道夫·伯利

Bernard, Lewis W. 刘易斯·伯纳德

Bethlehem Steel 伯利恒钢铁公司

Bicester, Lord 比斯特勋爵（见维维安·休·史密斯）

Big Bang deregulation 放松管制的大冲击

Biggs, Barton 巴顿·比格斯

Bishop, Jerry E. 杰里·毕晓普

Bismarck, Otto von 奥托·冯·俾斯麦

Black, Eugene 尤金·布莱克

Black, William 威廉·布莱克

Blackett, Basil 巴兹尔·布莱克特

Black Monday 黑色星期一

Black Thursday 黑色星期四

Block Community Organization 社区组织

Blood Brotherhood 血盟会

Blough, Roger M. 罗杰·布劳

Blum, Léon 利昂·布卢姆

Blumenthal, Charles 查尔斯·布卢门撒尔

Blunden, George 乔治·布伦登

Blyth, Charles 查尔斯·布莱斯

Boer War 布尔战争

Boesky, Ivan 艾万·伯斯基

Bolivia 玻利维亚

Bolshevism 布尔什维克主义

Bonsai, Dudley J. 达德利·邦斯尔

Boocock, Howard and Adele 霍华德和阿黛尔·布科克

Booth, Willis 威利斯·布思

Borglum, Gutzon 格曾·博格勒姆

Boston and Maine Railroad 波士顿和缅因州铁路公司

Brackenridge, A. Bruce 布鲁斯·布拉肯里奇

Brady, Diamond Jim 钻石大亨吉姆·布拉迪

Brain trust 智囊团

Brandeis, Louis D. 路易斯·布兰代斯

Brazil 巴西

Brazilian - American Chamber of Commerce 巴美商会

Brennan, Donald P. 唐纳德·P·布伦南

Bretton Woods, New Hampshire 新汉布什尔州布雷顿森林

Brewster, Kingman 金曼·布鲁斯特

British Aluminium 英国铝业公司

British - American Tobacco 英－美烟草公司

British General Electric 英国通用电气公司

British Petroleum 英国石油公司

Broderick, Joseph A. 约瑟夫·布罗德里克

Brooks, Harvey and Company 布鲁克斯－哈维公司

Browder, Earl 厄尔·白劳德

Brown Brothers 布朗兄弟公司

Brown Brothers Harriman 布朗兄弟哈里曼

Brugger, James 詹姆斯·布鲁格

Brunei, sultan of 文莱的苏丹

Bruning, Heinrich 海因里希·布吕宁

Bryan, William Jennings 威廉·詹宁斯·布莱恩

Buchanan, James 詹姆斯·布坎南

Burleigh, Harry T. 哈里·伯利

Burlington Industries 伯林顿工业公司

Burlington Northern Railroad 伯林顿北方铁路

Burnham, I. W. "Tubby," "矮胖子"伯纳姆

Burns, Arthur 阿瑟·伯恩斯

Burns, Walter Hayes 沃尔特·海斯·伯恩斯

Burns, Walter Spencer Morgan 沃尔特·斯潘塞·摩根·伯恩斯

Burr, Donald C. 唐纳德·伯尔

Bush, George 乔治·布什

C

Cadbury Schweppes 卡德伯里·施韦珀
Caesar, Herr 赫尔·西泽
Caetani, Prince Gelasio
杰拉西奥·卡埃塔尼王子
Caiola, Dr. Nicola 尼古拉·凯奥拉
Calles, Plutarco Elías
普卢塔科·埃利亚斯·卡列斯
Campbell, Sir Gerald 杰拉尔德·坎贝尔爵士
Camp Uncas 安卡斯营地
Canada 加拿大
Canterbury Cathedral 坎特伯雷
Cantor, Eddie 埃迪·坎托
Carey, Hugh 休·凯里
Carey, Sir Peter 彼得·凯里爵士
Carli, Guido 吉多·卡利
Carlisle, John G. 约翰·G·卡莱尔
Carnegie, Andrew 安德鲁·卡内基
Carnegie Corporation 卡内基公司
Carr; Sir William 威廉·卡尔爵士
Carr family 卡尔家族
Carranza, Venustiano 贝努斯蒂亚诺·卡兰萨
Carrington, Peter A. R. 彼得·卡林顿
Carrington, Rupert F. J. 鲁珀特·卡林顿
Carson, Ralph M. 拉尔夫·卡森
Carter, Bernard S. 伯纳德·卡特
Carter, Jimmy 吉米·卡特
Carter, Ledyard, and Milburn
莱迪亚德和米尔本·卡特
Case, J. I. 凯斯公司
Casino Age 赌场时代
Cassel, Sir Ernest 欧内斯特·卡斯尔爵士
Castro, Fidel 菲德尔·卡斯特罗

Catledge, Turner 特纳·卡特利奇
Catto, Stephen 斯蒂芬·卡托
Catto, Lord Thomas S. 洛德·托马斯·卡托
Cazenove and Company 卡泽诺夫公司
Celler, Emmanuel 伊曼纽尔·塞勒
Central banks 中央银行
Central Intelligence Agency (CIA)
中央情报局
Century Club 世纪俱乐部
Certificates of deposit (CDs) 定期大额存单
Chamberlain, Sir Austen 奥斯汀·张伯伦爵士
Chamberlain, Joseph 约瑟尔·张伯伦
Chamberlain, Neville 内维尔·张伯伦
Chase Harris Forbes 大通-哈里斯-福布斯
Chase Manhattan 大通曼哈顿
Chase Manhattan Plaza 大通曼哈顿大厦
Chase National Bank 大通国民银行
Chemical Bank 化学银行
Chesapeake and Ohio Railroad
契萨佩克和俄亥俄铁路
Chevrolet, Louis 路易斯·雪佛莱
Chiang Kai-shek 蒋介石
Chicago, Burlington, and Quincy
芝加哥-柏林顿-昆西铁路
China 中国
Chrysler, Walter 沃尔特·克莱斯勒
Chrysler Corporation 克莱斯勒公司
Church, Frank 弗兰克·丘奇
Churchill, Winston 温斯顿·丘吉尔
Churchill Falls Corporation
丘吉尔瀑布有限公司
Ciano, Galeazzo 加莱亚佐·齐亚诺
CIGNA Insurance 信诺保险公司
Citibank 花旗银行
Citicorp 花旗公司

City Smiths 伦敦金融区史密斯

Civil War 内战

Clarke, Sir Purdon 珀登·卡拉克爵士

Clay, General Lucius 卢修斯·克莱上将

Clayton Antitrust Act 克莱顿反托拉斯法案

Cleveland, Grover 格罗弗·克利夫兰

Cleveland, J. Luther 卢瑟·克利夫兰

Clews, Henry 亨利·克卢斯

Cliveden 克利夫顿

Club of Seventeen, lawsuit against 对17家俱乐部的诉讼

Cobbold, Lord 洛德·科博尔德

Cochran, Homer 霍默·科克伦

Cochran, Thomas 托马斯·科克伦

Cohen, Benjamin V. 本杰明·科恩

Cohen, H. Rodgin 罗钦·科恩

Cohn, Roy 罗伊·科恩

Colby, Frank 弗兰克·科尔比

Coleman, Leighton 莱顿·科尔曼

Collier, Geoffrey, scandal involving 杰弗里·科利尔

Collins, Tim 蒂姆·柯林斯

Columbia University 哥伦比亚大学

Commager, Henry Steele 亨利·斯蒂尔·康马杰

Commercial banking 商业银行业

Commercial paper 商业票据

Commissions on stock trades, end of fixed 废止固定经纪代理费

Committee to Defend America by Aiding the Allies 援助同盟保护美国委员会

Commonwealth and Southern Corporation 联邦和南方电力控制公司

Communism 共产主义

Compagnie Financière de Suez 苏伊士金融公司

Compensating balances 补偿性余额

Competition 竞争

Comstock, Anthony 安东尼·康斯托克

Con Edison 科恩·爱迪生公司

Congress, U.S. 美国国会

Congress of Industrial Organizations (CIO) 工业组织代表大会

Conoco 康诺科

Conovor, Todd 托德·康诺弗

Conran, Sir Terence 特伦斯·康兰爵士

Consumers Power 消费者电力公司

Container Corporation of America 美国纸箱公司

Continental Illinois Bank and Trust Company 大陆伊利诺银行和信托公司

Continental Oil 大陆石油公司

Conway, Carle C. 卡尔·康韦

Cooke, Jay 杰伊·库克

Coolidge, Calvin 卡尔文·库利奇

Cooper Industries 库珀工业公司

Copenhagen, Denmark 丹麦哥本哈根

Corcoran, Thomas G. 托马斯·科克伦

Corfu, invasion of 科孚岛

Corn Exchange Bank 谷物交易银行

Corning Glass 科宁玻璃器皿公司

Corrigan, E. Gerald 杰拉尔德·科里根

Corsair 海盗船

Corsair II 海盗船二号

Corsair III 海盗船三号

Corsair IV 海盗船四号

Cortelyou, George B. 乔治·科特柳

Coster, Charles 查尔斯·科斯特

Coughlin, Father Charles E. 查尔斯·库格林教父

Council on Foreign Relations 对外关系委员会

Courtauld, Samuel 塞缪尔·库尔托

Courtois, E., Jacques 雅克·库尔图瓦

Cox, Archie, Jr. 小阿奇·考克斯

Cox, James M. 詹姆斯·考克斯

Cragin, Stuart 斯图尔特·克拉金

Cragston 克赖格斯顿

Cravath, Paul 保罗·克拉瓦斯

Cravath, Henderson, Leffingwell and de Gersdorff 克拉瓦斯-亨德森-莱芬韦尔-德格斯多夫

Craven, John 约翰·克雷文

Crawford, Lady Anne 安妮·克劳福德女士

Crawford and Balcarres, Earl of 克劳福德和巴尔卡里斯伯爵

Credit Anstalt 阿斯特尔特信贷银行

Crédit Mobilier 动产银行

Crédit Suisse 瑞士信贷

Croly, Herbert 赫伯特·克罗利

Cromer, Lord (Evelyn Baring) 克罗默勋爵

Crosby, Mrs. Stephen 斯蒂芬·克罗斯比太太

Cuba 古巴

Cunard Line 丘纳德航运公司

Cunliffe, Geoffrey 杰弗里·坎利夫

Curtis, William E. 威廉·柯蒂斯

Czolgosz, Leon 利昂·乔尔戈什

D

Dabney, Charles H. 查尔斯·达布尼

Dabney, Morgan and Company 达布尼-摩根公司

Dai-Ichi Mutual Life Insurance Company 第一共同生命保险公司

Dan, Baron Takuma 团琢磨男爵

Danat Bank 达纳银行

Davis, John W. 约翰·戴维斯

Davis, Norman 诺曼·戴维斯

Davis, Polk, and Wardwell 戴伯思-波尔克-沃德韦尔法律事务所

Davison, Danny 丹妮·戴维森

Davison, Frederick Trubee 弗雷德里克·特鲁伯·戴维森

Davison, Henry Pomeroy (Harry) 亨利·波默罗伊·戴维森（哈里）

Davison, Henry Pomeroy, Jr. 小亨利·波默罗伊·戴维森

Davison, Kate Trubee 凯特·特鲁伯·戴维森

Dawes, Charles Gates 查尔斯·盖茨·道斯

Dawes Plan 道斯计划

Dawkins, Sir Clinton 克林顿·道金斯爵士

Dayton Power 戴顿电力公司

Dean, Arthur 阿瑟·迪安

Deflation 紧缩通货

De Gaulle, Charles 查尔斯·戴高乐

De Grunwald, Dimitri 迪米特里·格德林瓦尔德

Delaware and Hudson Railroad 特拉华至哈德逊铁路

Delmonico's 戴尔摩尼科

De Martino, Giacomo 贾科莫·德马蒂诺

Democratic party 民主党

Department of Trade and Industry, Britain 英国贸易和工业部

Depew, Chauncey M. 昌西·迪普

Depression, the Great 大萧条

Deutsche Bank 德意志银行

De Vries, Rimmer 里默·德夫里斯

Dewey, Thomas E. 托马斯·杜威

De Wolfe, Elsie 埃尔西·德·沃尔夫

Diaghilev, Sergey 佳吉列夫·谢尔益
Diaz, Porfirio 波菲里奥·迪亚斯
Dickens, Charles 查尔斯·狄更斯
Dickey, Charles 查尔斯·迪基
Dillon, C. Douglas 道格拉斯·狄龙
Dillon, Read 狄龙-里德公司
Diplomatic Age 外交时代
Disraeli, Benjamin 本杰明·迪斯雷利
Distillers 酿酒厂
Dollar diplomacy 美元外交
Dominion Textile 多米尼欧纺织品公司
Donner, Fred 弗雷德·唐纳
Donovan, William 威廉·多诺万
Douglas, Lewis 刘易斯·道格拉斯
Douglas, William O.,Ⅲ
威廉·道格拉斯三世
Douglas-Home, Alexander
亚历山大·道格拉斯-霍姆
Douglas-Home, David
戴维·道格拉斯-霍姆
Dover House 多佛尔庄园
Dreiser, Theodore 西奥多·德莱塞
Drew, Daniel 丹尼尔·德鲁
Drexel, Anthony J. 安东尼·德雷克塞尔
Drexel, Anthony, Jr. 小安东尼·德雷克塞尔
Drexel, Elizabeth 伊丽莎白·德雷克塞尔
Drexel, Francis M. 弗朗西斯·德雷克塞尔
Drexel, Joseph 约瑟夫·德雷克塞尔
Drexel and Company 德雷克塞尔公司
Drexel Burnham Lambert
德雷克塞尔·伯纳姆·兰伯特
Drexel, Harjes 德雷克塞尔-哈耶斯
Drexel, Morgan and Company
德雷克塞尔-摩根公司
Dubai 迪拜

Duke, James B. 詹姆斯·杜克
Dulles, John Foster 约翰·福斯特·杜勒斯
Duncan, Sherman and Company
邓肯-舍尔曼公司
Dunne, Finley Peter 芬利·彼得·邓恩
Du Pont 杜邦
Du Pont, Coleman 科尔曼·杜邦
Du Pont, Irénée 伊雷内·杜邦
Du Pont, Pierre 皮埃尔·杜邦
Du Pont family 杜邦家族
Du Pont Securities 杜邦证券公司
Durant, William Crapo
威廉·克拉波·杜兰特
Durant, William West 威廉·韦斯特·杜兰特
Duveen, Joseph 约瑟夫·杜维恩

E

Eastman Kodak 伊斯门·柯达克
Eaton, Cyrus 塞勒斯·伊顿
Eccles, Marriner Stoddard
马里纳·斯托达德·埃克尔斯
Economic nationalism 经济民族主义
Economic royalists 经济保皇主义
Edelman, Asher B. 阿舍·埃德尔曼
Eden, Sir Anthony 安东尼·伊登爵士
Edge, Walter E. 沃尔特·埃奇
Edge Act 边界法案
Edison, Thomas Alva
托马斯·阿尔瓦·爱迪生
Edison Electric Illuminating Company
爱迪生电业照明公司
Edward VII, King 爱德华国王七世
Edward VIII, King 爱德华国王八世

E. F. Hutton 赫顿

Egan, Martin 马丁·伊根

Egypt 埃及

Egyptian Finance Company 埃及金融公司

Eisenhower, Dwight D. 德怀特·艾森豪威尔

Elizabeth, Queen 伊丽莎白王后

Elizabeth II, Queen 伊丽莎白女王二世

Elliott, Howard 霍华德·埃利奥特

Elliott, Maxine 马克辛·埃利奥特

Emergency Financial Control Board 紧急金融控制会

Empire State Building 帝国大厦

Engel, Robert 罗伯特·恩格尔

England 英格兰

Enskilda Bank of Stockholm 斯德哥尔摩恩斯克达银行

Episcopal church 圣公会

Equitable Life Assurance Society 公平人寿保险公司

Equitable Trust 公平信托银行

Erie Railroad 伊利铁路

Ernst, Morris 莫里斯·厄恩斯特

Erskine, Sir George 乔治·厄斯金

Esso 埃索

Ethiopia 埃塞俄比亚

Euramerica 欧美

Euro-clear 欧洲清算

Euromarkets 欧洲市场

Evans, Jack 杰克·埃文斯

Ewing, William 威廉·尤因

Exco 埃克科

Exxon 埃克森公司

F

Faber, Willis 威利斯·费伯

Fahd, Crown Prince 法赫德王储

Faisal, King 费萨尔国王

Falkland Islands 福克兰岛

Farley, James 詹姆斯·法利

Farm-equipment trust 农用机械托拉斯

Fascists 法西斯主义者

Federal Communications Commission (FCC) 联邦通讯委员会

Federal deposit insurance 联邦存款保险

Federal Deposit Insurance Corporation (FDIC) 联邦存款保险公司

Federal funds market 联邦基金市场

Federal Reserve Bank of New York 纽约联储银行

Federal Reserve Board 联邦储备委员会

Federal Reserve System (Fed) 联邦储备体系

Federal Trade Commission (FTC) 联邦贸易委员会

Felton, Edgar 埃德加·费尔顿

Field, Cyrus 塞勒斯·菲尔德

Finneran, Gerard 杰勒德·芬纳兰

First Boston 第一波士顿

First Chicago 第一芝加哥

First National Bank 第一国民银行

First National Bank of Boston 波士顿第一国民银行

First National City Bank 第一国民城市银行

Fish, Stuyvesant 施托伊弗桑特·菲什

Fisher, David 戴维·费希尔

Fisher, Dick 迪克·费希尔

Fisher, Irving 欧文·费希尔

Fisher, Max 马克思·费希尔
Fisk, Jim 吉姆·菲斯克
Fitzgerald, F. Scott 斯科特·菲茨杰拉德
Fletcher, Duncan U. 费莱彻·邓肯
Flick, Friedrich 费里德里希·弗利克
Flight capital 资本外逃
Flom, Joe 乔·弗洛姆
Fogg, Joseph G. III 约瑟夫·福格三世
Forbes, B. C. 福布斯
Ford, Gerald 杰拉尔德·福特
Ford, Henry 亨利·福特
Ford, Henry II 亨利福特二世
Ford Motor 福特汽车公司
Ford U.K. 英国福特
Foreign Policy Association 外交政策协会
Forrestal, James 詹姆斯·福里斯特
Fort Howard Paper 福特·霍华德纸业公司
Fortune 《财富》杂志
France 法国
Franco, Francisco 费朗西斯科·佛朗哥
Frankfurter, Felix 费利克斯·法兰克福特
Franklin National Bank 富兰克林国民银行
Fraser, Charles 查尔斯·弗雷泽
Frémont, General John C. 约翰·弗雷蒙上将
Frick, Henry Clay 亨利·克莱·弗里克
Friedman, Milton 米尔顿·弗里德曼
Friedman, Steve 史蒂夫·弗里德曼
Frontier Airlines 前沿航空公司
Fry, Roger 罗杰·弗赖伊
Fummi, Giovanni 乔瓦尼·富米
Funk, Walther 瓦尔特·冯克

G

Galbraith, Evan 埃文·加尔布雷斯
Gallaher 加勒赫公司
Galveas, Ernane 厄纳尼·高尔维斯
Gannochy Lodge 甘诺奇山庄别墅
Garner, John Nance 约翰·南斯·加纳
Garrison, William Lloyd 威廉·劳埃德·加里森
Gary, Judge Elbert H. 埃尔贝特·加里法官
Gates, John W. "Bet-a-Million," 约翰·"一赌一百万"盖茨
Gates, Thomas S., Jr. 小托马斯·盖茨
Gay, Charles R. 查尔斯·盖伊
Gebauer, Antonio 安东尼奥·格鲍尔
Geneen, Harold 哈罗德·吉宁
General American Oil 美国通用石油公司
General Electric 通用电气公司
General Electric Credit 通用电气信贷公司
General Foods 通用食品公司
General Motors 通用汽车公司
General Motors Acceptance Corporation 通用汽车承兑票据公司
Gentleman Banker's Code 绅士银行家准则
George V, King 乔治国王五世
George VI, King 乔治国王六世
George Peabody and Company 乔治·皮博迪公司
Georgetown University, Center for Contemporary Arab Studies 乔治敦大学，现代阿拉伯问题研究中心
Gerard, Robert A. 罗伯特·杰勒德
Germany 德国
Gesell, Gerhard A. 格哈德·格塞尔

Gibbons, Mary 玛丽·吉本斯

Gifford, T. J. Carlyle 卡莱尔·吉福德

Gifford, Walter 沃尔德·吉福德

Gilbert, Louise 路易丝·吉尔伯特

Gilbert, S. Parker 帕克·吉尔伯特

Gilbert, S. Parker, Jr. 小帕克·吉尔伯特

Gimbel Brothers 金伯尔兄弟公司

Gladstone, William 威廉·格拉德斯通

Glass, Carter 卡特·格拉斯

Glass‐Steagall Act 格拉斯‐斯蒂格尔法案

Gleacher, Eric 埃里克·格利切尔

Goebbels, Joseph 约瑟夫·戈培尔

Gold 黄金

Goldberg, Alan E. 艾伦·戈尔德贝格

Goldman, Henry 亨利·戈德曼

Goldman, Sachs 高盛公司

Goldman Sachs Trading Corporation 高盛交易公司

Goldsmith, Sir James 詹姆斯·戈德史密斯

Gold standard 金本位

Gooch, Charles C. 查尔斯·古奇

Good, Barry 巴里·古德

Goodwin, James J. 詹姆斯·J·古德温

Gordon, Albert H. 艾伯特·戈登

Göring, Hermann 赫尔曼·戈林

Gould, Jay 杰伊·古尔德

Graf, Lya 利亚·格罗夫

Grant, W. T. 格兰特

Greenberg, Frank 弗兰德·格林伯格

Greenberg, Maurice, G. 莫里斯·格林伯格

Greene, Belle da Costa 贝勒·达科斯塔·戈林

Greenhill, Bob 鲍勃·格林希尔

Greenspan, Alan 艾伦·格林斯潘

Grenfell, Edward C. (Teddy) 爱德华·格伦费尔（特迪）

Grenfell, Florence Henderson 弗洛伦斯·亨德森·格伦费尔

Grew, Henry Sturgis 亨利·斯特吉斯·格鲁

Gridiron Club 橄榄球俱乐部

Guaranty Trust 担保信托公司

Guggenheim, Daniel 丹尼尔·古根海姆

Guggenheim, Harry 哈里·古根海姆

Guggenheim family 古根海姆家族

Guggenheim Foundation for the Promotion of Aeronautics, Daniel 丹尼尔·古根海姆航空促进基金

Giuliani, Rudolph 鲁道尔·朱利亚尼

Guinness 吉尼斯

Gulf Oil 海湾石油公司

Gulliver, James 詹姆斯·格利弗

Gutfreund, John 约翰·古特福罗因德

H

Halifax, Lord 哈利法克斯勋爵

Hall, Alice 艾丽斯·霍尔

Hall, Perry 佩里·霍尔

Hall Carbine Affair 政府卡宾枪事件

Halsey, Stuart and Company 哈尔西‐斯图尔特公司

Hambrecht and Quist 汉布里奇和奎斯特

Hambro, Charles E. A. 查尔斯·汉布罗

Hambro, Eric 埃里克·汉布罗

Hambro, Olaf 奥拉夫·汉布罗

Hambros Bank 汉布罗斯银行

Hamburg‐Amerika Steamship Line 汉堡‐美国轮船公司

Hanna, Mark 马克·汉那

Hanover Bank 汉诺威银行

Hapgood, Norman 诺曼·哈普古德

Harcourt, Lewis 刘易斯·哈考特

Harcourt, Mary Burns 玛丽·伯恩斯·哈考特

Harcourt, Lord William 威廉·哈考特勋爵

Harding, Warren G. 沃伦·哈丁

Harland and Wolff 哈兰特和沃尔夫

Harper's Weekly 《哈泼斯周刊》

Harriman, Averell 埃夫里尔·哈里曼

Harriman, Daisy 戴西·哈里曼

Harriman, Edward H. 爱德华·哈里曼

Harrison, George 乔治·哈里森

Hartford, Huntington 亨廷顿·哈特福德

Hartford Insurance Company 哈特福德保险公司

Harvard Corporation 哈佛公司

Harvard University 哈佛大学

Harvey, Sir Ernest 欧内斯特·哈维爵士

Hathaway, Carl 卡尔·哈撒韦

Havemeyer, H. O. 哈夫迈耶

Hawley‐Smoot Tariff Act 霍利‐斯莫特关税法案

Hay, John 约翰·海

Healey, Matthew 马修·希利

Hearst, William Randolph 威廉·伦道夫·赫斯特

Heinz, H. J. (company) 海因茨（公司）

Heinze, F. Augustus 奥古斯塔斯·海因茨

Hepburn, A. Barton 巴顿·赫伯恩

Heron Corporation 赫伦公司

Herrick, Myron 迈伦·赫里克

Higginson, Henry Lee 亨利·李·希金森

Hill, James J. 詹姆斯·希尔

Hill, Samuel 塞缪尔·希尔

Hilles, Charles O. 查尔斯·希尔斯

Hill‐Wood, Sir David Basil 戴维·巴兹尔·希尔‐伍德爵士

Hill‐Wood, Wilfred William Hill 威尔弗雷德·威廉·希尔‐伍德

Hindenburg, Oskar 奥斯卡·兴登堡

Hinton, Longstreet 朗斯特里特·欣顿

Hirohito, Emperor 裕仁天皇

Hitachi 日立公司

Hitler, Adolf 鲁道夫·希特勒

Hoare, Govett 戈维特‐霍尔

Hoare, Samuel 塞缪尔·霍尔

Hoch, Jan Ludwig 扬·路德维格·霍克

Hodges, Amory 艾默里·霍奇

Hoffmann‐LaRoche, F. 霍夫曼‐拉罗什

Holden, Sir Edward 爱德华·霍尔登爵士

Holding companies 控股公司

Hombert, M. Octave 奥克塔夫·翁尔贝

Honduras 洪都拉斯

Hong Kong 香港

Hongkong and Shanghai Bank Corporation (HSBC) 汇丰银行公司

Honnold, William 威廉·哈诺尔德

Hoover, Herbert 赫伯特·胡佛

Hopkins, Harry 哈里·霍普金斯

Hornsby, Sir Antony 安东尼·霍恩斯比爵士

Hostile takeovers 敌意收购

Houghton, Alanson 阿兰森·霍顿

Houghton, James R. 詹姆斯·霍顿

House, Colonel 豪斯专员

House Banking and Currency Committee 银行和货币委员会

Houston Industries 休斯顿工业公司

Hovey, Carl 卡尔·霍维

Howe and Mather 豪马瑟

Hughes, Charles Evans 查尔斯·埃文斯·休斯
Hugo, Victor 维克托·雨果
Hull, Cordell 科德尔·赫尔
Hunt brothers 亨特兄弟公司
Huntrods, Guy 盖伊·亨特劳兹
Hutchins, Robert 罗伯特·哈钦斯

I

IBM 国际商用机器公司
Ibn Saud 伊本·沙特
Icahn, Carl 卡尔·英卡
Ickes, Harold 哈罗德·伊克斯
Illinois Bell Telephone 伊利诺斯州贝尔电话公司
Imperial Chemical Industries 帝国化学工业公司
Imperial Tobacco 皇家烟草公司
Inco 英科
Income taxes 所得税
Industrial Bank of Japan 日本兴业银行
Inflation 通货膨胀
Inouye, Junnosuke 井上准之助
Insider trading 内幕交易
Institutional investors 《机构投资者》
Insult, Samuel 塞缪尔·英萨尔
Interest Equalization Tax 利息平衡税
Interest rates 利率
International Committee of Bankers on Mexico (ICBM) 国际墨西哥债权银行委员会
International Harvester 国际收割机公司
International Mercantile Marine 国际商业海运公司
International Monetary Fund 国际货币基金组织
International Nickel (Inco) 国际镍公司（英科）
International Paper 国际纸业公司
International Telephone and Telegraph (ITT) 国际电话电报公司
Interstate Commerce Commission (ICC) 州际商务委员会
Interstate Commerce Railway Association 州际商业铁路协会
Inukai, Tsuyoshi 犬养毅
Invergordon mutiny 因佛戈登兵变
Investment banking 投资银行
Investment trusts 投资信托
Iran 伊朗
Irving Trust 欧文信托公司
Isaac, William 威廉·伊萨克
Ismay, J. Bruce 布鲁斯·伊斯梅
Isolationism 孤立主义
Israel 以色列
Italy 意大利
Italy-America Society 意美协会
Iwasaki, Baron and Baroness 岩崎男爵夫妇

J

Jackson, Andrew 安德鲁·杰克逊
Jackson, Robert H. 罗伯特·杰克逊
Japan 日本
Japanese Exclusion Act 排除日本人法
Jay, Dean 迪安·杰伊
Jazz Age 爵士乐时代
Jefferson Smurfit 杰斐逊-斯默尔菲特

Jekyll Island Club 杰基尔岛俱乐部
Jewish bankers 犹太裔银行家
John Paul I, Pope 教皇约翰·保罗一世
Johns–Manville 约翰斯-曼维尔
Johnson, Derek 德里克·约翰逊
Johnson, F. Ross 罗斯·约翰逊
Johnson, Hiram W. 海勒姆·约翰逊
Johnson, Hugh 休·约翰逊
Johnson, Louis 路易斯·约翰逊
Johnson, Lyndon B. 林顿·约翰逊
Johnson Act 约翰逊法案
Johnstone, Yerger 叶戈尔·约翰斯顿
Jordan 约旦
Josephson, Matthew 马修·约瑟夫森
J. P. Morgan companies J. P. 摩根诸公司
J. S. Morgan and Company J. S. 摩根公司
Junk bonds 垃圾债券
Justice Department, U.S. 美国司法部

K

Kabayama, Count Aisuke 桦山爱辅
Kahn, Otto 奥托·卡恩
Keene, James, R. 詹姆斯·基恩
Kellogg, Frank 弗兰克·凯洛格
Kennan, George F. 乔治·凯南
Kennecott Copper 肯尼科特铜业公司
Kennedy, John F. 约翰·肯尼迪
Kennedy, Joseph P. 约瑟夫·肯尼迪
Kennedy, Robert 罗伯特·肯尼迪
Keyes, Leonhard A. 莱昂哈特·凯斯
Keynes, John Maynard
约翰·梅纳德·凯恩斯

Keynes, Lydia Lopokova 莉迪亚·凯恩斯
Khashoggi, Adnan 阿德南·卡舒吉
Khruschev, Nikita 尼基塔·赫鲁晓夫
Kidder, Peabody 基德-皮博迪
Kienbock, Dr. 金博克博士
Kindersley, Lord 金德斯利勋爵
King, Edward 爱德华·金
Kipling, Rudyard 拉迪亚德·基普林
Kirby, Allen P. 艾伦·柯比
Kircher, Donald 唐纳德·科切尔
Kissinger, Henry 亨利·基辛格
Kitchener, Lord 基奇纳勋爵
Kleinwort Benson 克兰沃特·本森
Knickerbocker Trust 尼克博克信托公司
Knight, Harry F. 哈里·奈特
Knox, Philander C. 菲兰德·诺克斯
Kohlberg Kravis Roberts
科尔伯格-克拉维斯-罗伯茨
Köhler, Heinrich 海因里希·克勒
Korean War 朝鲜战争
Kraftmeier, Edward 爱德华·克拉弗特梅尔
Krupp von Bohlen; Gustav
古斯塔夫·克虏伯·冯·波伦
Kravis, Henry 亨利·克拉维斯
Kuhn, Loeb & Co. 库恩-洛布公司
Kuwait 科威特
Kwantung army 关东军

L

La Farge, Grant 格兰特·拉法热
La Follette, Robert 罗伯特·拉福莱特
Lamont, Corliss 科利斯·拉蒙特

Lamont, Daniel 丹尼尔·拉蒙特

Lamont, Florence 弗洛伦斯·拉蒙特

Lamont, Thomas W. 托马斯·拉蒙特

Lamont, Tommy S. 汤米·拉蒙特

Land, Edwin H. 埃德温·兰德

Lang, Dr. Cosmo 科斯莫·兰德

Langoni, Carlos 卡洛斯·兰戈尼

Lansing, Robert 罗伯特·兰辛

Lateran Treaty 拉特兰条约

Latin America 拉丁美洲

Law, Bonar 博纳·劳

Law, George 乔治·劳

Lawrence, C.J. C.J. 劳伦斯

Lawrence, T.E. T.E. 劳伦斯

Lawrence, Bishop William
毕晓普·威廉·劳伦斯

Lawson, Nigel 奈杰尔·劳森

Lazard Brothers 拉扎德兄弟公司

Lazard Freres 拉扎尔兄弟公司

Leach, Ralph 拉尔夫·利奇

League of Nations 国际联盟

Ledyard, Lewis Cass
刘易斯·卡斯·莱迪亚德

Lee, Fred 弗雷德·李

Lee, Higginson 希金森·李

Lee, Ivy 艾维·李

Leffingwell, Russell C. 拉塞尔·莱芬韦尔

Lehman, Herbert H. 赫伯特·莱曼

Lehman, Philip 菲利普·雷曼

Lehman Brothers 雷曼兄弟公司

Lehman Brothers Kuhn Loeb
雷曼兄弟-库恩-洛布公司

Leigh-Pemberton, Robin 罗宾·利·彭伯顿

Leith-Ross, Sir Frederick
弗雷德里克·利恩-罗斯爵士

Lend-Lease 租借法案

Lenin 列宁

Leo XIII, Pope 教皇莱奥十三世

Leopold, King 利奥波尔德国王

Leveraged buy-outs (LBOs) 杠杆收购

Levine, Dennis 丹尼斯·莱文

Lewis, John L. 约翰·刘易斯

Liberty League 自由联盟

Liberty Loan 自由事业贷款

Lincoln, Abraham 亚伯拉罕·林肯

Lincoln Trust 林肯信托公司

Lindbergh, Anne Morrow
安妮·莫罗·林德伯格

Lindbergh, Charles A., Jr.
小查尔斯·林德伯格

Lindbergh, Charles A., Sr.
老查尔斯·林德伯格

Lindsay, John V. 约翰·林赛

Lindsay, Robert V. "Rod,"
罗伯特·"罗德"林赛

Lindsay, Sir Ronald 罗纳德·林赛爵士

Ling, Jimmy 吉米·林

Link, Arthur 阿瑟·林克

Linlithgow, marquess of
马克斯·林利思戈侯爵

Lippman, Faye 费·李普曼

Lippmann, Walter 马蒂·利普顿

Lipton, Marty 马蒂·利普顿

Lloyd George, David 戴维·劳埃德·乔治

Lloyds International Bank 国际劳合银行

Lloyd's of London 伦敦劳合

Lodge, Henry Cabot 亨利·卡伯特·洛奇

London Times 伦敦《泰晤士报》

Long, Augustus 奥古斯塔斯·朗

Long, Huey P. 休伊·朗

Lopokova, Lydia 莉迪亚·洛波科瓦
Lorenzo, Frank 弗兰克·洛伦佐
Lothian, Lord 洛西恩勋爵
Loughran, Jack 杰克·洛克伦
Louisiana Purchase 路易斯安那购地
Lovett, Robert 罗伯特·洛维特
Lowell, A. Lawrence 劳伦斯·罗厄尔
Lowenthal, Max 马克斯·洛温索尔
Luce, Henry 亨利·卢斯
Lusitania 露茜塔尼亚号

M

McAdoo, William G. 威廉·麦卡杜
MacArthur, Douglas 道格拉斯·麦克阿瑟
McClellan, George B. 乔治·麦克莱伦
McCloy, John J. 约翰·麦克洛伊
McCormick, Cyrus Hall, Jr. 小赛勒斯·霍尔·麦考密克
MacDonald, Ramsay 拉姆齐·麦克唐纳
McGraw, John 约翰·麦吉利卡迪
McGillicuddy, Harold W., Jr. 小哈罗德·麦格劳
McGraw Edison 麦克劳·埃迪森
McGraw‑Hill 麦克劳‑希尔
McKenna, Reginald 雷金纳德·麦克纳
McKim, Charles F. 查尔斯·麦金
McKinley, William 威廉·麦金利
Mackworth‑Young, Bill 比尔·麦克沃恩‑扬
McLeod, A. Archibald 阿奇博尔德·麦克利欧德
Macmillan, Harold 哈罗德·麦克米伦
MacNab, Alexander J. 亚历山大·麦克纳伯

McNamara, Robert S. 罗伯特·麦克纳马拉
McReynolds, James C. 詹姆斯·麦克雷诺兹
Magan, George 乔治·马根
Manchukuo 满洲国
Manchuria, Japanese invasion of 日本人入侵满洲里
Manufacturers Hanover 制造商汉诺威银行
Manufacturers Trust 制造商信托公司
Mao Tse‑tung 毛泽东
Marais, Baron Emile du 巴龙·埃米尔·迪·马雷
Marathon Oil 马拉松石油公司
Marbury, Bessie 贝西·马伯里
Marcus, Bernard K. 伯纳德·马库斯
Markoe, Annette 安妮特·马科
Markoe, Dr. James W. 詹姆斯·马科
Markoe, Mrs. John 约翰·马科太太
Marshall Plan 马歇尔计划
Martin, William McChesney 威廉·麦克切斯尼·马丁
Masefield, John 约翰·梅斯菲尔德
Massachusetts Institute of Technology(MIT) 麻省理工学院
Matinicock Point (also spelled Matinecock Point) 马蒂尼科克角，亦称马蒂内科克
Maxwell, Robert (né Hoch) 罗伯特·马克斯韦尔
May Committee 五月委员会
Mayhew, David 戴维·梅休
Means, Gardiner 加德纳·米恩斯
Medina, Harold 哈罗德·梅迪纳
Mees and Hope 米斯-霍普
Meir, Golda 果尔达·梅厄
Mellen, Charles S. 查尔斯·梅林
Mellon, Andrew 安德鲁·梅隆

Mendez, Luis 路易斯·门德斯

Mendoza, Roberto 罗伯特·门多萨

Merchant banks 商人银行

Mergers 兼并

Merrill Lynch 美林

Mesa Petroleum 大都会俱乐部

Metropolitan Club 大都会艺术博物馆

Mexico 墨西哥

Meyer, André 安德烈·迈耶

Meyer, John, Jr. 小约翰·迈耶

Mezzacappa, Damon 达蒙·梅扎卡帕

Milken, Michael 迈克尔·米尔肯

Miner strike of 1902 1902年的矿工罢工

Miguel, Raymond 雷蒙德·米克尔

Missouri Pacific Railroad 密苏里太平洋铁路

Mitchell, Charles E. 查尔斯·米切尔

Mitchell, John 约翰·米切尔

Mitsubishi, House of 三菱财团

Mitsui, House of 三井财团

Mobil 美孚

Mohasco Corporation 莫哈什公司

Money Trust 货币托拉斯

Monnet, Jean 让·莫奈

Montagu, Samuel 塞缪尔·蒙塔古

Moody, John 约翰·穆迪

Moore, George S. 乔治·穆尔

Moore and Schley 穆尔施莱公司

Moreau, Emile 埃米尔·莫罗

Morgan, Amelia Sturges (Mimi) 阿米莉亚·斯特奇斯·摩根（咪咪）

Morgan, Anne Tracy 安妮·特雷西·摩根

Morgan, Catherine Adams 凯瑟琳·亚当斯·摩根

Morgan, Charles F. 查尔斯·摩根

Morgan, Frances 弗朗西丝·摩根

Morgan, Frances Tracy (Fanny) 弗朗西丝·特雷西·摩根（范妮）

Morgan, George 乔治·摩根

Morgan, Henry Sturgis (Harry) 亨利·斯特奇斯·摩根（哈里）

Morgan, Jane Norton 简·诺顿·摩根

Morgan, Jane Norton Grew (Jessie) 简·诺顿·格鲁·摩根（杰西）

Morgan, John Adams 约翰·亚当斯·摩根

Morgan, John Pierpont, Jr. (Jack) 小约翰·皮尔庞特·摩根（杰克）

Morgan, John Pierpont, Sr. (Pierpont) 老约翰·皮尔庞特·摩根（皮尔庞特）

Morgan, Joseph 约瑟夫·摩根

Morgan, Juliet Pierpont Ⅰ 朱丽叶·皮尔庞特·摩根一世

Morgan, Juliet Pierpont Ⅱ 朱丽叶·皮尔庞特·摩根二世

Morgan, Junius, Jr. 小朱尼厄斯·摩根

Morgan, Junius Spencer 朱尼厄斯·斯潘塞·摩根

Morgan, Junius Spencer, Jr. 小朱尼厄斯·斯潘塞·摩根

Morgan, Louisa 路易莎·摩根

Morgan, Louise 路易丝·摩根

Morgan, Mary 玛丽·摩根

Morgan, Miles 迈尔斯·摩根

Morgan, Sally Spencer (Sarah) 萨莉·斯潘塞·摩根（萨拉）

Morgan, Sarah Ⅱ 萨拉·摩根二世

Morgan, Yuki Kato 加藤由纪·摩根

Morgan et Compagnie 巴黎摩根公司

Morgan et Compagnie International 摩根国际公司

Morgan et Compagnie, S. A. 摩根股份有限公司

Morgan family 摩根家族

Morgan Grenfell and Company 摩根建富公司

Morgan Guaranty 摩根担保公司

Morgan Guaranty Limited 摩根有限担保公司

Morgan, Harjes 摩根－哈耶斯公司

Morgan Memorial Park 摩根纪念公园

Morgan New York State 摩根纽约州

Morgan Securities, J.P. J.P.摩根证券公司

Morgan Stanley 摩根士丹利

Morgan Stanley International 摩根士丹利国际公司

Morgan Stanley Leveraged Equity Fund II 摩根士丹利杠杆股本基金II

Morgenthau, Henry, Jr. 小亨利·摩根索

Morita, Akio 鞠田爱子

Morris, Benjamin Wistar 本杰明·威斯塔·莫里斯

Morrow, Anne 安妮·莫罗

Morrow, Betty 贝蒂·莫罗

Morrow, Dwight 德怀特·莫罗

Morrow, Elisabeth 伊丽莎白·莫罗

Morton, Bliss 布利斯·莫顿

Moss, Fred 弗雷德·莫斯

Motley, Langhorne 兰霍恩·莫特利

Moxley, Regis 里吉斯·默克斯里

Muenter, Erich 埃里希·明特尔

Mulholland, William D. 威廉·马尔霍兰

Munich Pact 慕尼黑条约

Municipal Assistance Corporation 市政援助公司

Munroe, Vernon 弗农·门罗

Murdoch, Anna 安娜·默多克

Murdoch, Rupert 鲁珀特·默多克

Murray, Philip 菲利普·默里

Murrow, Edward R. 爱德华·默罗

Mussolini, Benito (il Duce) 贝尼托·墨索里尼"领袖"

N

Nabisco Brands 纳贝斯克公司

Nassau Hospital Association 拿骚医协会

Nasser, Gamal Abdel 加麦尔·阿卜杜勒·纳赛尔

National Bank of Commerce 国民商业银行

National City Bank of New York 纽约国民城市银行

National City Company 国民城市公司

National Monetary Commission 国家货币委员会

National Westminster 国民西敏寺银行

NATO 北约组织

Nazis 纳粹

Neckermann 内克曼

Negotiable certificates of deposit 可转让定期大额存单

Netto, Delfim 德尔芬·内托

Neutrality Acts 中立法案

New Deal 新政

New Haven Railroad (New York, New Haven and Hartford) 纽黑文铁路（纽约－纽黑文－哈特福德铁路）

Newman, James 詹姆斯·纽曼

Newmont Mining 纽蒙特矿业公司

New School for Social Research 社会研究新学校

News International 国际新闻

News of the World 《世界新闻报》

New York Central Railroad 纽约中央铁路公司

New York City 纽约市

New York Clearing House 纽约清算行

New York Life Insurance Company 纽约人寿保险公司

New York Lying-in Hospital 纽约妇产科医院

New York Stock Exchange 纽约证券交易所

New York Times,The 《纽约时报》

New York Trust 纽约信托公司

New York World 纽约世界

New York Yacht Club 纽约游艇俱乐部

Nicholas Ⅱ, Czar 沙皇尼古拉斯二世

Nicholas, Bruce 布鲁斯·尼古拉斯

Nicolson, Sir Harold 哈罗斯·尼科尔森爵士

Nimitz, Chester M. 切基特·尼米兹

Nippon Steel 新日本制铁株式会社

Nippon Tel and Tel 日本电话电报公司

Nixon, Richard 理查德·尼克松

Nogara, Bernardino 贝尔纳迪诺·诺加拉

Nomura Securities 野村证券

Norman,Montagu (Monty) 蒙塔古·诺曼（蒙蒂）

North American Philips 北美菲利普公司

Northcliffe, Lord 诺思克利夫勋爵

Northern Pacific Railroad 北太平洋铁路公司

Northern Securities Company 北方证券公司

North German Lloyd 北德劳合

Noyes, Alexander Dana 亚历山大·达纳·诺伊斯

Nuremberg Trials 纽伦堡审判

Nye, Gerald P. 杰拉尔德·奈

Nye hearings 奈听证会

O

Obregón, A'lvaro 阿尔瓦罗·奥夫雷贡

O'Brien, Sir Leslie 莱斯利·奥布莱恩爵士

Ochs, Adolf 阿道夫·奥克斯

Olayan, Suliman 苏莱曼·奥拉杨

Olds, Irving S. 欧文·奥尔兹

Olds, Ransom E. 兰塞姆·奥尔兹

Olinkraft 奥林克拉夫特公司

Olney, Richard 理查德·奥尔尼

O'Mahoney, Joseph 约瑟夫·奥马奥尼

Oppenheimer, Sir Ernest 欧内斯特·奥本海默爵士

Oppenheimer family 奥本海姆家族

Orteig Prize 奥泰格奖

Other People's Money - and How the Bankers Use It 《其他人民货币-银行家是如何利用的》

Otis and Company 奥蒂斯公司

Owens-Illinois 欧文-伊利诺斯

P

Page, Walter Hines, Jr. 小沃尔特·海因斯·佩奇

Paine Webber 佩因韦伯

Paish, Sir George 乔治·佩什爵士

Palmer, A. Mitchell 米切尔·帕尔默

Panama Canal 巴拿马运河

Panic of 1857 1857年大恐慌

Panic of 1873 1873年大恐慌

Panic of 1893 1893年大恐慌

Panic of 1907 1907年大恐慌

Panic of 1914 1914年大恐慌

Pankhurst, Sylvia 西尔维亚·潘克赫斯特

Pan Ocean Oil 泛洋石油公司

Pantry Pride 潘特里·普赖德

Paris Peace Conference 巴黎和平会议

Parker, Larry 拉里·帕克

Patman, Wright 赖特·帕特曼

Patterson, Ellmore C. 埃尔莫尔·彼得森

Payne, Samuel B. 塞缪尔·佩恩

Peabody, Reverend Endicott 恩迪科特·皮博迪牧师

Peabody, George 乔治·皮博迪

Peabody, S. Endicott 恩迪科特·皮博迪

Peacock, Edward 爱德华·皮科克

Peacock Point 孔雀角

Pearl Harbor 珍珠港

Pecora, Ferdinand 费迪南德·佩科拉

Pecora hearings 佩科拉听证会

Pember and Boyle 彭伯-博伊尔

Penn Central 宾夕法尼亚中央公司

Pennoyer, Paul G. 保罗·彭诺耶

Penn Square Bank 潘恩斯奎银行

Pennsylvania Railroad 宾夕法尼亚铁路

Pension funds management 养老金基金管理

People Express 人民特快航空公司

Perella, Joe 乔·佩雷拉

Perelman, Ronald O. 罗纳德·佩雷尔曼

Pergamon Press 佩尔格曼出版社

Perkins, George W. 乔治·珀金斯

Perkins, Thomas W. 托马斯·珀金斯

Perlman, Alfred E. 艾尔弗雷德·珀尔曼

Perlman, Thomas 托马斯·珀曼

Perón, Juan 胡安·贝隆

Pershing, General 潘兴将军

Peru 秘鲁

Pesson‑Didion, Maurice 莫里斯·佩松-迪迪翁

Pétain, Marshall Henri Philippe 亨利·菲利浦·贝当元帅

Petito, Frank A. 弗兰克·贝蒂托

Phelan, John 约翰·费伦

Phelps, Isaac N. 伊萨克·费尔普斯

Phelps, Dodge 费尔普斯-道奇

Phillips, Charles G. 查尔斯·菲利普斯

Phillips, David (né Sugiyama) 戴维·菲利普斯,原名杉山觉

Phillips, John 约翰·菲利普斯

Phillips, William 威廉·菲利普斯

Phillips Exeter Academy 菲利普斯·埃克塞特学院

Phillips Petroleum 菲利普斯石油公司

Phoenix Securities 凤凰证券公司

Physick, Henry 亨利·菲齐克

Pickens, T. Boone 布恩·皮肯斯

Pierpont, Reverend John 约翰·皮尔庞特牧师

Pierpont Fund 皮尔庞特基金

Pierpont Morgan Library 皮尔庞特摩根图书馆

Pieruski, John 约翰·皮埃特拉斯基

Pinchin Denny 平钦-丹尼公司

Pinchot, Gifford 吉福德·平肯

Pirrie, Lord 洛德·皮里

Pius X, Pope 教皇庇护十世

Pius XI, Pope 教皇庇护十一世

Pius XII, Pope 教皇庇护十二世

Poincaré, Raymond 雷蒙德·普安卡雷

Poland 波兰

Ponce, Joe 乔·蓬斯

Poor, Sheppard 谢泼德·普尔

Populism 人民党主义

Port, Fred 弗雷德·波特

Portal of Hungerford, Lord
亨格福特的波特尔勋爵

Porter, Captain W. B. 波特船长

Potter, William C. 威廉·波特

Preferred list of friends 优惠朋友名单

Preston, Lew 刘易·普雷斯顿

Price Waterhouse 普华公司

Princes Gate 王子门

Princeton University 普林斯顿大学

Procter and Gamble 普罗克特-甘布尔

Program trading, computerized
计算机程序交易

Progressive party 进步党

Prohibition 禁酒

Prosser, Seward 苏厄德·普罗瑟

Proxmire, William 威廉·普罗克斯迈尔

Proxy fights 争夺代表权

Publishing industry 出版业

Pujo, Arsène 阿尔塞纳·普若

Pujo Committee 普若委员会

Pulitzer, Joseph 约瑟夫·普利策

Pure Oil 纯石油公司

Pu Yi 溥仪

Q

Qantas Airlines 坎塔斯航空公司

Qatar 卡塔尔

R

Radio Corporation of America (RCA)
美国无线电公司

Railroads 铁路

Rainey, Henry 亨利·雷尼

Rainsford, Reverend William S.
威廉·雷恩斯福德牧师

Ramsdell, Clifford H.
克利福德·拉姆斯德尔

Ramsey, Joseph H. 约瑟尔·拉姆齐

Raskob, John J. 约翰·拉斯科布

Reading, Lord 里丁勋爵

Reagan, Ronald 罗纳德·李根

Reciprocal Trade Agreements Act
互惠贸易协定法案

Reconstruction Finance Corporation (RFC)
复兴金融公司

Red Cross 红十字会

Reed, Lansing 兰辛·里德

Reeves, Christopher R. 克里斯托弗·里夫斯

Regan, Donald T. 唐纳德·里甘

Reichsbank 帝国银行

Reid, Ogden Mills 奥格登·米尔斯·里德

Reiland, Karl 卡尔·赖兰

Relationship banking 关系银行业

Rennell, Lord 伦内尔勋爵

Republican party 共和党

Revelstoke, Lord 雷维尔斯托克勋爵

Revlon Incorporated 里夫伦股份有限公司

Reynolds, Jackson 杰克逊·雷诺兹

Reynolds Metal 雷诺兹金属公司

Rhineland 莱茵兰

Rhodes, William 威廉·罗兹

Rhondda, Lord 朗达勋爵

Richmond‐Watson, Tony 托尼·里士满‐沃森

Riggs, Elisha 伊莱沙·里格斯

Riklis, Meshulam 梅舒兰·里克利斯

Ringling Brothers 凌林兄弟报社

Risk, Sir Thomas 托马斯·里斯克爵士

Rist, Charles 查尔斯·里斯特

Rist, Leonard 莱奥纳尔·里斯特

RJR Nabisco 纳贝斯克

Roberts, George H. 乔治·罗伯茨

Robinson, James D., III 詹姆斯·鲁滨逊三世

Rockefeller, David 戴维·洛克菲勒

Rockefeller, John D. 约翰·洛克菲勒

Rockefeller, John D., Jr. 小约翰·洛克菲勒

Rockefeller, Nelson 纳尔逊·洛克菲勒

Rockefeller, William 威廉·洛克菲勒

Rockefeller Foundation 洛克菲勒基金

Rodd, Francis 弗朗西斯·罗德

Rogers, Henry 亨利·罗杰斯

Rogers, Will 威尔·罗杰斯

Rohatyn, Felix 费利克斯·罗哈廷

Ronson, Gerald 杰拉尔德·龙森

Roosa, Robert V. 罗伯特·鲁萨

Roosevelt, Franklin Delano (FDR) 富兰克林·迪拉诺·罗斯福

Roosevelt, Theodore 西奥多·罗斯福

Root, Elihu 伊莱休·鲁特

Rosen, Walter T. 沃尔特·罗林巴赫

Rosenbach, Frank 弗兰克·罗森巴赫

Rosière, Jacques de la 雅克·德拉罗西耶

Rotberg, Eugene 尤金·罗特伯格

Rothschild, Baron Henri 巴龙·亨利·罗斯柴尔德

Rothschild, Jacob 雅各布·罗斯柴尔德

Rothschild, James de 詹姆斯·罗斯柴尔德

Rothschild, Lionel 莱昂内尔·罗斯柴尔德

Rothschild, Baron Louis von 路易斯·冯·罗斯柴尔德

Rothschild, N. M. N. M. 罗斯柴尔德

Rothschild, House of 罗斯柴尔德财团

Roux, Olivier 奥利维尔·鲁

Rowe, George Whitney 乔治·惠特尼·罗

Rowe and Pitman 罗‐皮特曼

Rubio, Pascal Ortiz 帕斯卡尔·奥尔蒂斯·鲁维奥

Rublee, George 乔治·鲁布利

Rule 415 (Shelf Registration) 415规则（暂搁注册）

Russell, Lillian 莉莲·拉塞尔

Russia 俄罗斯

Russo‐Japanese War 日俄战争

Ryan, Thomas Fortune 托马斯·福琼·瑞安

S

Sachs, Walter E. 沃尔特·萨克斯

Sackville‐West, Lady Victoria 维多利亚·萨克维尔‐韦斯特小姐

Sadat, Anwar 安瓦尔·萨达特

Sage, Russell 拉塞尔·塞奇

Saint George's Church 圣乔治教堂

Saint John's of Lattingtown cemetery 拉廷敦圣约翰教堂公墓

Saint Just, Lord, see Grenfell, Edward C. (Teddy) 圣贾思特勋爵，爱德华·格伦费尔（特迪）

Saint Paul's School 圣保罗学校

Salomon Brothers 所罗门兄弟

Samuel, Sir Herbert 赫伯特·塞缪尔爵士

Sarnoff, David 戴维·萨尔诺夫

Satterlee, Herbert L. 赫伯特·萨特利

Saturday Review of Literature 《星期六文学评论》

Saud, King 沙特国王

Saudi Arabia 沙特阿拉伯

Saudi Arabian Bechtel Company 沙特阿拉伯比奇特尔公司

Saudi Arabian Monetary Agency (SAMA) 沙特阿拉伯货币署

Saudi International Bank 沙特国际银行

Saunders, Ernest (né Schleyer) 欧内斯特·桑德斯

Saunders, Thomas A III 托马斯·桑德斯三世

Saxon, James J. 詹姆斯·萨克森

Schacht, Dr. Hjalmar Horace Greeley 亚尔马·霍勒斯·格里利·沙赫特博士

Schenley Industries 申雷工业公司

Schieffelin, William Jay 威廉·杰伊·希费林

Schiff, Jacob 雅各布·希夫

Schiff, Mortimer 莫蒂默·希夫

Schley, Grant B. 格兰特·施莱

Schlumberger 施卢姆贝格尔

Schoales, Dudley 达德利·肖尔斯

Scholtz, Frederick H. 弗雷德里克·肖尔茨

Schreyer, William 威廉·施赖尔

Schröder, House of 施罗德财团

Schuschnigg, Kurt von 库尔特·冯·舒施尼格

Schwab, Charles M. 查尔斯·施瓦布

Schwab and Company, Friedrich 弗里德里希·施瓦布公司

Schwarz, Frederick A. O. 弗雷德里克·施瓦茨

Seagram's 西格拉姆公司

Sears, Roebuck 西尔斯－罗巴克公司

Securities Act of 1933 1933年证券法

Securities and Exchange Commission (SEC) 证券交易委员会

Securities and Investment Board 证券投资委员会

Securities Exchange Act (1934) 证券交易法（1934年）

Securities Industry Association 证券工业协会

Seelig, Roger 罗杰·西利格

Seligman, Henry 亨利·塞利格曼

Seligman, Joseph 约瑟夫·塞利格曼

Seligman, Theodore 西奥多·塞利格曼

Selznick, David O. 大卫·塞尔兹尼克

Senate Banking and Currency Committee 参院银行业和货币委员会

Sharp, Dale 戴尔·夏普

Shawcross, Lord Hartley William 哈特利·威廉·肖克罗斯勋爵

Shearson Lehman 希尔逊－雷曼

Shearson Lehman Hutton 希尔逊－雷曼－赫顿

Sheffield, James R. 詹姆斯·谢菲尔德

Shelf registration, see Rule 415 暂搁注册，见415规则

Shell Oil 壳牌石油公司

Sherman Antitrust Act 舍曼反托拉斯法

Sherman Silver Purchase Act of 1890 1890年舍曼白银购买法案

Sherry, Louis 路易斯·谢里

Shinn, Dick 迪克·希恩

Shinn, George 乔治·希恩

Shipley, Brown 布朗·希普利

Shipping trust 航运托拉斯

Short selling 卖空

Shultz, George 乔治·舒尔茨

Shuman Agnew and Company 舒曼·阿格纽公司

Siemens Brothers 西门子兄弟公司
Simon, Sir John 约翰·西蒙爵士
Simon, William 威廉·西蒙
Simpkin, Thomas W. 托马斯·辛普金
Simpson, Thacher, and Barnum
辛普森-撒切尔-巴纳姆
Sinclair Oil 辛克莱石油公司
Singer Company 胜家公司
Sing Sing prison 辛辛监狱
Skadden, Arps, Slate, Meagher and Flom
斯凯敦-阿普斯-斯莱特-马尔-弗洛姆
Sloan, Alfred P., Jr. 小艾尔弗雷德·斯隆
Smalley, George 乔治·斯莫利
Smith, Adam 亚当·史密斯
Smith, Alfred 埃弗雷德·史密斯
Smith, Bernard E. "Sell'Em Ben,"
伯纳德·"抛出·本"史密斯
Smith, Lancelot 兰斯洛特·史密斯
Smith, Randal Hugh Vivian
兰德尔·休·维维安·史密斯
Smith, Lady Sybil 西比尔·史密斯太太
Smith, Sydney 悉尼·史密斯
Smith, Vivian Hugh (Lord Bicester)
维维安·休·史密斯（比斯特勋爵）
Smith and Company, Edward B.
爱德华史密斯公司
Smith, Barney 巴尼-史密斯公司
Smith College 史密斯学院
Smithkline Beckman 史密斯克兰·贝克曼
Smuts, Jan 简·斯马茨
Snowden, Philip 菲利普·斯诺登
Snyder, John 约翰·斯奈德
Solomon, Anthony M. 安东尼·所罗门
Sonoda, Saburo 园田三郎
Sony 索尼

Southern Pacific Railroad 南方太平洋铁路
South Manchuria Railway 南满铁路
Soviet State Bank 苏联国家银行
Soviet Union 苏联
Spanish-American War 西美战争
Spanish Civil War 西班牙内战
Speer, Albert 艾伯特·斯皮尔
Spencer, Samuel 塞缪尔·斯潘塞
Spens, Lord 斯彭斯勋爵
Speyer & Co. 斯派尔公司
Spirit of St. Louis, The 圣路易斯精神号
Sprague, Irvine 欧文·斯普拉格
Springer, Axel 阿克塞尔·斯普林格
Spring-Rice, Sit Cecil Arthur
塞西尔·阿瑟·斯普林-赖斯爵士
Sproul, Alan 艾伦·斯普劳尔
Stamford, Julian 朱利安·斯坦福
Standard Brands 标准牌公司
Standard Oil of California (Socal)
加利福尼亚标准石油公司
Standard Oil of Indiana
印第安那标准石油
Standard Oil of New Jersey
新泽西标准石油公司
Standard Oil of Ohio 俄亥俄标准石油
Standard Oil trust 标准石油托拉斯
Stanfill, Dennis 丹尼斯·斯坦菲尔
Stanfill, Francesca 法朗西斯哥·斯坦菲尔
Stanley, Harold 哈罗德·斯坦利
Stanley, Louise 路易斯·斯坦利
Stannard, E. Tappan 塔潘·斯坦纳德
Stars and Stripes Forever pool
星条旗永不落联营基金
State Department, U.S. 美国国务院
Statesbury, Edward T. 爱德华·斯托茨伯里

Steagall, Henry 亨利·斯蒂格尔
Stedeford, Sir Ivan 艾万·斯特德福德爵士
Steele, Charles 查尔斯·斯蒂尔
Steel trust 钢铁托拉斯
Steffens, Lincoln 林肯·斯蒂芬斯
Steichen, Edward 爱德华·斯泰肯
Stenbeck, Jan 简·斯坦贝克
Stephens, Claude 克劳德·斯蒂芬斯
Sterling Drug 斯特灵药业公司
Stetson, Francis Lynde
弗朗西斯·林德·斯特森
Stettinius, Edward R., Jr.
小爱德华·斯退丁纽斯
Stettinius, Edward R., Sr.
老爱德华·斯退丁纽斯
Stevens, Sir John 约翰·史蒂文斯爵士
Stewart, Bernard 伯纳德·斯图尔特
Stillman, James 詹姆斯·斯蒂尔曼
Stimson, Henry L 亨利·斯廷森
Stock-index arbitrage 股票指数套利
Stock market crash of 1929
1929年的股票市场崩溃
Stock market crash of 1987
1987年的股票市场崩溃
Storehouse PLC 大仓库上市有限公司
Straight, Dorothy Whitney
多萝西·惠特尼·斯特雷特
Straight, Willard Dickerman
威拉德·迪克曼·斯特雷特
Strauss, Frederick 弗雷德里克·施特劳斯
Strauss, Richard 理查德·施特劳斯
Stringher, Bonaldo 博纳尔多·斯特林格尔
Strong, Benjamin 本杰明·斯特朗
Strong, George Templeton
乔治·坦普尔顿·斯特朗

Strong, Katherine Converse
凯瑟琳·康弗斯·斯特朗
Stuart, Harold 哈罗德·斯图尔特
Sudameris 苏达迈利斯
Sudan 苏丹
Sudetenland 苏台德
Suez affair 苏伊士运河事件
Suffragettes 妇女参政活动积极分子
Sugiyama, Satoshi,
杉山觉，见约翰·菲利普斯
Sulaiman, Abdullah 阿卜杜勒·苏莱曼
Sullivan and Cromwell 沙利文和克伦威尔
Sumitomo Bank 住友银行
Sumner, William Graham
威廉·格雷厄姆·萨姆纳
Sun Yat-sen, Dr. 孙中山
Suvich, Fulvio 富尔维奥·素威
Sweet, Robert W. 罗伯特·斯威特
Swiss Bank Corporation 瑞士银行公司
Switzerland 瑞士
Sword, William 威廉·斯沃特
Syria 叙利亚

T

Tabuchi, Setsuya 田渊节
Taft, Robert A. 罗伯特·塔夫脱
Taft, William Howard 威廉·霍华德·塔夫脱
Takahashi, Korekiyo 高桥是清
Takeover Panel and Code
兼并监督小组和收购法规
Takeovers 兼并
Takeshita, Noboru 足下登
Talleyrand 塔莱朗

Tams, J. Frederic 弗雷德里克·泰姆斯
Taylor, David 戴维·泰勒
Taylor, Francis Henry 弗朗西斯·亨利·泰勒
Taylor, Myron 迈伦·泰勒
Taylor, Telford 特尔福德·泰勒
Teagle, Walter 沃尔特·蒂格尔
Teamsters 运输行业工会
Teamsters Central States fund 运输行业工会中部州基金
Temporary National Economic Committee 临时国民经济委员会
Tenneco 坦尼科公司
Tennessee Coal and Iron Company 田纳西煤铁公司
Tennessee Valley Authority 田纳西河流管理局
Texaco 德士古石油公司
Texas Air 德克萨斯航空公司
Texas Company 德克萨斯公司
Texas Eastern 德克萨斯东方公司
Texas Gulf Sulphur 德克萨斯海湾硫磺公司
Texas instruments 德克萨斯仪器公司
Thatcher, Margaret 玛格丽特·撒切尔
Theobold, Thomas C. 托马斯·西奥博尔德
Third Reich, see Nazis 第三帝国
Thomas, Ransom H. 兰塞姆·托马斯
Thomas Cook and Sons 托马斯·库克父子公司
Thomson, Frank 弗兰克·汤姆森
Thyssen, Fritz 弗里茨·蒂森
Tilden, Samuel j. 塞缪尔·蒂尔登
Tilney, Dr. Frederick 弗雷德里克·蒂尔尼医生
Time 《时代》杂志
Titanic 泰坦尼克号

Tomlinson, Alexander 亚历山大·汤姆林森
Toomey, William D. 威廉·图米
Toshiba 东芝
Towbin, L. F. Rothschild Unterberg 罗斯柴尔德·恩特伯格·托宾
Tracy, Charles 查尔斯·特雷西
Traders 交易者
Transactional banking 交易性银行业
Trans Alaska Pipeline 环阿拉斯加输油管道
Transatlantic cable 跨大西洋电缆
Trans World Airlines 环球航空公司
Treasury Department, U.S. 美国财政部
Treaty of Versailles 凡尔赛和约
Trippe, Betty Stettinius 贝蒂·斯特蒂纽斯·特里普
Trippe, Juan 胡安·特里普
Trowbridge and Livingston 特罗布里奇和利文斯顿
Truman, Bess 贝斯·杜鲁门
Truman, Harry 哈里·杜鲁门
Truman, Margaret 玛格丽特·杜鲁门
Truman administration 杜鲁门政府
Trustbusters 设法解散托拉斯者
Trust certificates 信托证书
Trust companies 信托公司
Trust Company of America 美国信托公司
Trusts 信托或托拉斯
Tube Investments 地铁投资公司
Tugwell, Rexford G. 雷克斯福德·特格韦尔
Tuteleers, Louis 路易斯·度特列尔
Twentieth Century Fox 二十世纪福克斯电影公司

U

Union Bank of Switzerland 瑞士联合银行

Union Carbide 联合电石公司

Union Club 联合俱乐部

Union League Club 联盟俱乐部

Union Pacific Railroad 联合太平洋铁路公司

United Aircraft 联合飞机公司

United Air Lines 联合航空公司

United Auto Workers 汽车工人联合会

United Biscuit 联合饼干公司

United China Relief 援华联合会

United Copper 美国铜业公司

United Corporation 联合公司

United Lutheran Church 路德教联合教会

U.S. Steel 美国钢铁公司

U.S. Treasury 美国财政部

U.S. v. Henry S. Morgan et al. 美国政府诉亨利·摩根等人案

United Technologies 联合技术公司

University Club 大学俱乐部

University of Chicago 芝加哥大学

Untermyer, Samuel 塞缪尔·昂特迈耶

U-2 spy plane U-2 侦察机

V

Vanderbilt, Commodore Cornelius 科尼利厄斯·范德比尔特商船队长

Vanderbilt, Cornelius II 科尼利厄斯·范德比尔特二世

Vanderbilt, Mrs. Cornelius 科尼利厄斯·范德比尔特夫人

Vanderbilt, Harold 哈罗德·范德比尔特

Vanderbilt, William 威廉·范德比尔特

Vanderbilt, William Henry 威廉·亨利·范德比尔特

Van Sweringen, Oris P. and Mantis J. 范·思韦林根，奥里斯和曼蒂斯

Vatican 梵蒂冈

Verbeck, Guido 吉多·维倍克

Vermilye, Peter 彼得·弗米利耶

Victoria, Queen 维多利亚女王

Villa, Pancho 潘乔·维拉

Volcker, Paul 保罗·沃尔克

Volpi, Count Guiseppe 朱塞佩·沃尔皮伯爵

Voting trust 股权信托

W

Wachtell, Lipton, Rosen, and Katz 瓦赫泰尔-利普顿-罗森-卡茨法律事务所

Wadsworth Atheneum 瓦兹瓦斯博物馆

Wagg, Helbert 赫尔伯特·瓦格

Walker, Barney 巴尼·沃克

Walker, Elisha 伊莱沙·沃克

Wallace, Henry 亨利·华莱士

Wallace, Lila Acheson 莉拉·艾奇逊·华莱士

Wall Hall 沃尔霍尔

Wall Street 华尔街

Walsh, Graham 格雷厄姆·沃尔什

Walston, Vernon 弗农·沃尔斯顿

Walston and Company 沃尔斯顿公司

Walter, Norma 诺尔马·沃尔特

Wang, Stephen Sui-Kuan, Jr. 小斯蒂芬·王

Warburg, Paul M. 保罗·沃伯格

Warburg, Siegmund 西格蒙德·沃伯格

Warburg bank, S. G. 华宝银行
Ward, Thomas 托马斯·沃德
Wardwell, Allan 阿伦·沃德韦尔
Warner-Lambert 沃纳-兰伯特
War Resources Board 战争资源委员会
Washington Post 《华盛顿邮报》
Wasserstein, Bruce 布鲁斯·沃塞斯顿
Weatherstone, Dennis 丹尼斯·韦瑟斯通
Webster, Daniel 丹尼尔·韦伯斯特
Webster Edwin 埃德温·韦伯斯特
Weinberg, Sidney 悉尼·温伯格
Welles, Sumner 萨姆纳·韦尔斯
Wells, H. G. 韦尔斯
Westinghouse 西屋公司
West Shore Railroad 西岸铁路
Wheeler, Burton K. 伯顿·惠勒
Wheeler hearings 惠勒听证会
Whigham, Charles F. 查尔斯·惠格姆
White, Stanford 斯坦福·怀特
White, William Allen 威廉·艾伦·怀特
White Star line 白星航运公司
White, Weld 韦尔德·怀特
Whitney, Dorothy 多萝西·惠特尼
Whitney, George 乔治·惠特尼
Whitney, Gertrude 格特鲁德·惠特尼
Whitney, Jock 乔克·惠特尼
Whitney, Martha Bacon 马萨·培根·惠特尼
Whitney, Richard 理查德·惠特尼
Whitney, Robert 罗伯特·惠特尼
Whitney, William C. 威廉·惠特尼
Whittemore, Fred 弗雷德·惠特莫尔
Whittington, Christopher 克里斯托弗·惠廷顿
Widener, P. A. B. 怀德纳
Wiggin, Albert 艾伯特·威金

Wilhelm, Kaiser 威廉国王
Willer, Arthur 阿瑟·威勒
Willis Faber 威利斯·费伯
Willkie, Wendell 温德尔·威尔基
Wilson, Charles E. 查尔斯·威尔逊
Wilson, Harold 哈罗德·威尔逊
Wilson, Woodrow 伍德罗·威尔逊
Wilson Sporting Goods 威尔逊体育用品公司
Winchell, Walter 沃尔特·温切尔
Winchester Repeating Arms 温彻斯特转轮枪兵工厂
Winsor, Robert 罗伯特·温莎
Wiseman, Sir William 威廉·怀斯曼爵士
Witte, Count 威特伯爵
Wood, Kingsley 金斯利·伍德
Woodin, William H. 威廉·伍丁
Wood Mackenzie 伍德-麦肯齐
Woodside Petroleum 伍德赛德石油公司
Woolf, Virginia 弗吉尼亚·伍尔夫
World Bank 世界银行
World War I 第一次世界大战
World War II 第二次世界大战
Wright, J. Hood 胡德·赖特
Wriston, Walter 沃尔特·里斯顿
Wynn, Bob 鲍勃·温

#

Xerox 施乐公司

Y

Yale University 耶鲁大学

Yellow Cab Company 黄色出租车公司

Yerkes, Charles Tyson 查尔斯·泰森·耶基斯

Yokohama Specie Bank 横滨正金银行

Yom Kippur War 赎罪日战争

York, Edward H. 爱德华·约克

Young, John 约翰·扬

Young, Owen 欧文·扬

Young, Robert 罗伯特·扬

Young, Roy A. 罗伊·扬

Young Plan 扬氏计划

Yugoslavia 南斯拉夫

Yule and Company, Andrew 安德鲁·尤尔公司

Z

Zeckendorf, William 威廉·泽肯多夫

Zodiac Club 黄道俱乐部

图书在版编目（CIP）数据

摩根财团：美国一代银行王朝和现代金融业的崛起：1838～1990 /（美）罗恩·彻诺（Ron Chernow）著；金立群译. -- 上海：文汇出版社，2017.8
ISBN 978-7-5496-2061-6

Ⅰ．①摩… Ⅱ．①罗… ②金… Ⅲ．①摩根财团—历史—1838～1990 Ⅳ．① F837.129
中国版本图书馆 CIP 数据核字（2017）第 067848 号

Copyright © 1990 by Ron Chernow

中文版权 © 2017 上海读客图书有限公司
经授权，上海读客图书有限公司拥有本书的中文（简体）版权
图字：09-2017-239 号

摩根财团：美国一代银行王朝和现代金融业的崛起：1838～1990

作　　者 / 【美】罗恩·彻诺
译　　者 / 金立群

责任编辑 / 金　蕴
特邀编辑 / 赵　贺　姜一鸣
封面装帧 / 莫晓娟　陈艳丽

出版发行 / 文汇出版社
　　　　　上海市威海路 755 号
　　　　　（邮政编码 200041）

经　　销 / 全国新华书店
印刷装订 / 北京中科印刷有限公司
版　　次 / 2017 年 8 月第 1 版
印　　次 / 2017 年 8 月第 1 次印刷
开　　本 / 680×990mm　1/16
字　　数 / 816千字
印　　张 / 55

ISBN 978-7-5496-2061-6
定　　价 / 198.00 元

侵权必究
装订质量问题，请致电010-85866447（免费更换，邮寄到付）